BROCKHAUS ENZYKLOPÄDIE

JAHRBUCH 2003

F. A. BROCKHAUS
Leipzig · Mannheim

Dieser Band wurde zusammen mit dem Redaktionsbüro LOOP erarbeitet.
Redaktionelle Leitung:
Mathias Münter-Elfner, Heike Pfersdorff M.A.
(F.A. Brockhaus, Mannheim)
Michael Venhoff M.A. (LOOP, Xanten)
Redaktion:
Ellen Astor (Dipl.-Geogr.), Henning Aubel,
Christa Becker, Wieland Eschenhagen (Diplom-Politologe),
Elke Eßmann M.A., Dietmar Falk (Dipl.-Geogr.),
Petra Frese M.A., Lars Günther M.A.,
Brigitte Lotz M.A., Ingrid Reuter, Erwin Tivig M.A.
Bild- und Grafikredaktion: Manfred Brocks
Satz und Infografiken: Böcking & Sander,
Kommunikationsdesign, Bochum
Herstellung: Nicole Rieser

Bibliografische Information der Deutschen Bibliothek
Die Deutsche Bibliothek verzeichnet diese Publikation in der Deutschen Nationalbibliografie; detaillierte bibliografische Daten sind im Internet über http://dnb.ddb.de abrufbar.

ISBN 3-7653-1913-9

Typographische Konzeption: H. P. Willberg, Eppstein
Druck: ColorDruck, Leimen
Papier: **LuxoSamtoffset,** holzfrei, weiß, matt gestrichen, Bilderdruck
Bindearbeit: Großbuchbinderei Lachenmaier, Reutlingen
Printed in Germany

VORWORT

Von Ereignissen, handelnden und leidenden Menschen berichtet das Jahrbuch 2003; auch von solchen, die später in keinem Nachschlagewerk mehr zu finden sein werden. Die klare Gliederung des Bandes erleichtert die Lektüre wie die gezielte Suche. Während im **Einleitungsessay** eine prominente Persönlichkeit, in diesem Jahr *Sabine Christiansen*, ihre Gedanken über das Jahr 2003 zu Papier bringt, führt die **Weltchronik** die wichtigen Ereignisse des Weltgeschehens in knapper Form Tag für Tag auf. Es folgt das **Lexikon A-Z**, das Kernstück des Jahrbuchs. In knapp 800 Artikeln findet der Leser Informationen über das vergangene Jahr: 193 Staatenartikel; zahlreiche Kurzbiografien; Artikel zu gesellschaftlichen, kulturellen, politischen, wirtschaftlichen Entwicklungen und aktuellen Schlagwörtern; Übersichtsartikel zu Themenbereichen wie Börse, Film, Musik und Theater; Chroniken zu Sport und Kultur – und zu Katastrophen und Unglücksfällen. **Nekrolog** und **Personenregister** bilden den Abschluss des Bandes. Durchgehend werden die Texte des Jahrbuchs durch sorgfältig ausgewählte Abbildungen, die ihrerseits das Zeitgeschehen dokumentieren, durch informative Grafiken und erläuternde Karten ergänzt.

Die Essays, in denen namhafte Persönlichkeiten zu Themen Stellung nehmen, die die Menschen 2003 bewegten, sind Teil des Lexikons. Unter der Überschrift »Amerikas Krieg. Amerikas Frieden?« untersucht *Hans von Sponeck*, 1998–2000 UNO-Koordinator im Irak, kritisch die amerikanische Irakpolitik. *Ulrich Tilgner*, ZDF-Korrespondent in Bagdad während des Krieges und davor, schreibt über die Berichterstattung im Zeichen der Kriegspropaganda. *Egon Bahr* beleuchtet die »neue Weltordnung des George W. Bush«. *Prof. Klaus Ziemer*, Direktor des Deutschen Historischen Instituts in Warschau, äußert sich zu der Frage »Polen – das trojanische Pferd der USA in Europa?«. Mit Serbien und Montenegro nach der Ermordung von Zoran Djindjić befasst sich der ARD-Korrespondent *Peter Miroschnikoff*, und der Historiker *Thomas Fischer* überschreibt seinen Essay »Kolumbien – ein Staat als Geisel von Terroristen und Drogenkartellen«. Auf historischem Hintergrund beschreibt *Prof. Udo Steinbach* gegenwärtige Tendenzen des Panislamismus, die er vor allem mit dem Kampf der Muslime gegen die Dominanz des Westens erklärt. Mit den intensiv diskutierten Reformen des deutschen Sozialstaats beschäftigt sich kritisch *Marc Beise*, stellvertretender Ressortchef Wirtschaft bei der Süddeutschen Zeitung. Zur Lungenkrankheit SARS gibt *Dr. Wolfgang Preiser*, Oberarzt am virologischen Institut des Universitätsklinikums Frankfurt am Main, Erläuterungen. Mit den verstärkten Sonnenaktivitäten 2003 befasst sich *Prof. Gottfried Mann* (Universität Potsdam). Die evangelische Bischöfin von Hannover, *Margot Käßmann*, nimmt anlässlich des ökumenischen Kirchentages in Berlin zum Verhältnis zwischen den christlichen Konfessionen Stellung. Beiträge zur Entwicklung der »Esskultur 2003« *(Udo Pini)*, zur Verschärfung des Problems Doping *(Joachim Mölter)* und zum Erfolgsphänomen Harry Potter *(Harald Martenstein)* runden die Reihe der Jahrbuch-Essays ab.

Mannheim, im Januar 2004 F. A. BROCKHAUS

INHALT

Chroniken, Essays und Übersichtsartikel

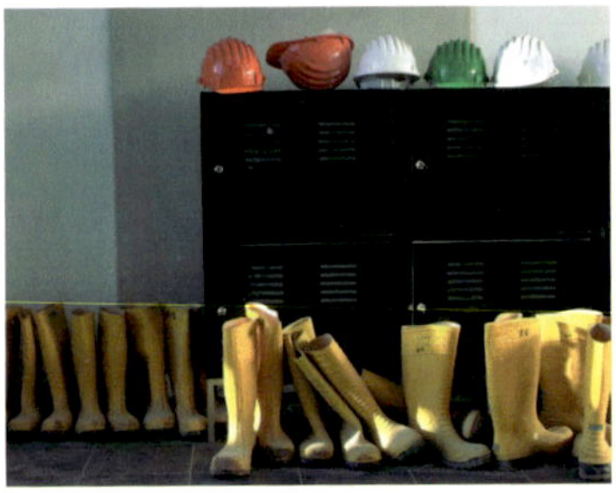

2003 – GEDANKEN ÜBER EIN JAHR

Die Autorin:
Sabine Christiansen
geb. 1957.
1987–97 Redakteurin ARD-aktuell, Moderatorin der ›Tagesthemen‹; seit 1997 Leitung der ARD-Sendung ›Sabine Christiansen‹

Jahresrückblicke haben notwendigerweise eine Art Ausstellungscharakter. Mit den Menschen, den Ereignissen und den Wörtern oder auch Unwörtern des Jahres wird das zurückliegende Jahr anschaulich gemacht. Das hat durchaus seine Berechtigung, weil auf diese Weise Vergangenes noch einmal gegenwärtig wird, das schon im Strom der Neuigkeiten untergegangen ist. Doch bleiben Rückblicke immer selektiv und an den Standpunkt des Betrachters gebunden; der ›Geist der Zeiten‹ ist in der Tat zuallererst »der Herren eigner Geist, in dem die Zeiten sich bespiegeln«, wie ihn Goethes ›Faust‹ schon so folgerichtig sieht.

Vielleicht lässt sich aus dieser Not eine Tugend machen, wenn man danach fragt, ob es in der Vielzahl von Geschehnissen, die erinnernswert sind, auch solche gab, die das zurückliegende Jahr in besonderer Weise geprägt haben. Vielleicht sind es im Jahr 2003 mehr Entwicklungen denn Ereignisse, die nachhaltige Spuren hinterlassen haben. Es war ein Jahr der Neuorientierung und des Aufbruchs: in Deutschland, in Europa und in der internationalen Politik.

›Aller Anfang ist schwer‹ weiß leidgeprüft der Volksmund, und das mussten auch die reformwilligen Kräfte in unserem Land erfahren. Das größte Maßnahmenpaket aller Zeiten zur Modernisierung unseres Landes ist am Ende eines monatelangen Diskussionsprozesses endlich auf den Weg gebracht worden. Anders am politischen Schauplatz Europa: Dort geht die Europäische Union vier Monate vor ihrer größten Erweiterung wegen der ungelösten zukünftigen Machtverhältnisse zerstritten ins neue Jahr. Die Bürgerinnen und Bürger werden deshalb bei der Europawahl im Juni 2004 möglicherweise nicht in Kenntnis der neuen EU-Verfassung abstimmen können. Stattdessen könnte die EU nun auf ein Europa der zwei Geschwindigkeiten zusteuern. Werden am Ende die sechs Gründungsstaaten zu einer Art Kerneuropa und Motor der Gemeinschaft, oder finden wir ein gemeinsames Tempo auch in vergrößerter Runde? Gab es keine Alternative zum Scheitern des EU-Verfassungsgipfels im Dezember? Zu diesem Zeitpunkt offenbar nicht.

Politiker bemühten in diesem Jahr oft das Wort von der Alternativlosigkeit ihres Handelns. »There is no alternative« – diese Formel, ehemals von Margaret Thatcher als Mittel politischer Strategie perfektioniert, hat sich offenbar als Leitlinie für politische Durchsetzungskraft etabliert – beim Kanzler wie beim amerikanischen Präsidenten.

» Politiker bemühten in diesem Jahr oft das Wort von der Alternativlosigkeit ihres Handelns. «

Der Krieg gegen den Irak

Im Kampf gegen den internationalen Terror gäbe es keine Alternative zum Irakkrieg, ließ George W. Bush die Welt wissen. Diese Mission begann am 20. März dieses Jahres und erlebte ihren Höhepunkt erst in einer Nacht im Dezember, als der Despot Saddam Husain in der Nähe seiner Heimatstadt Tikrit im Nordirak nach monatelanger Jagd auf ihn endlich gefasst wurde. »We got him«, »wir haben ihn«, meldete Paul Bremer, US-Zivilverwalter im Irak, am Morgen des 14. Dezember. Das sei ein großer Tag in der Geschichte des Irak. Die Festnahme des Gewaltherrschers war auch ein großer Erfolg für den US-Präsidenten, kann sie doch endlich den entscheidenden Schub für Freiheit und Demokratie, ein Ende des Terrors und den Wiederaufbau im Irak bringen.

Dass 2003 das Jahr eines erneuten Irakkrieges werden würde, galt vielen politischen Beobachtern – und auch vielen Bürgerinnen und Bürgern – schon früh als sicher. Die US-Regierung hatte sich eindeutig auf die militärische Option zur Durchsetzung der von der UNO-Resolution 1441 geforderten Abrüstung des Irak festgelegt. So war nicht damit zu rechnen, dass man den Waffeninspekteuren der UNO mehr Zeit geben würde, um den Beweis anzutreten, Saddam Husain besäße Massenvernichtungswaffen. Innenpolitisch wurde diese Haltung mit dem Kampf gegen den internationalen Terrorismus begründet. Der Beseitigung der Diktatur im Irak wurde in diesem Kampf eine Schlüsselstellung zugesprochen.

» Wohl selten wurde so viel investiert, um die Alternativlosigkeit eines Krieges unter Beweis zu stellen. «

Mal ganz abgesehen von der Rhetorik der Bush-Administration, die den amerikanisch-britischen Angriff gegen den Irak zum Kampf des Guten gegen das Böse stilisierte, wird man eines sagen können: Wohl selten wurde so viel investiert, um die Alternativlosigkeit eines Krieges unter Beweis zu stellen. Die Anstrengungen reichten von der umfangreichen Beweisführung des US-Außenministers vor dem UNO-Sicherheitsrat über zahlreiche, inzwischen teilweise als zweifelhaft oder eindeutig falsch entlarvte Geheimdienstdossiers bis hin zu intensiven diplomatischen Bemühungen auf allen Ebenen. Auch Initiativen wie der ›Letter on just war‹, in dem amerikanische Wissenschaftler bereits Ende 2002 die ethische Begründung für einen Krieg zu liefern versuchten, kann man als Teil dieser Kampagne im Vorfeld des Krieges betrachten. So war früh der öffentliche Eindruck entstanden, dass es tatsächlich keine Alternative zu diesem Krieg gäbe – weil seitens der Amerikaner, aber auch der Briten, keine andere mehr in Betracht gezogen wurde. Das Empfinden, nur mehr ohnmächtiger Zuschauer bei der öffentlich inszenierten Vorbereitung eines bereits beschlossenen Krieges zu sein, war sicherlich ein wesentliches psychologisches Merkmal der weltweiten Proteste in den ersten Monaten des vergangenen Jahres.

Kriegsvorbereitung
US-Außenminister Colin Powell (links) berichtet am 10. Januar auf einer Pressekonferenz über die angeblichen Massenvernichtungswaffen des Irak; rechts der Direktor der Internationalen Atomenergie-Agentur, Mohammed El Baradei

Als Bush allerdings am 1. Mai erklären konnte, die Kampfhandlungen im Irak seien »weitgehend beendet«, da waren es die Kriegsgegner, die ins Unrecht gesetzt schienen. Weder war der von ihnen prognostizierte ›Flächenbrand‹ im Nahen und Mittleren Osten eingetreten noch war es ein langer und verlustreicher Krieg gewesen. Der Umgang der amerikanischen und britischen Regierung mit nebulösen geheimdienstlichen Erkenntnissen über die angeblich im Irak befindlichen Massenvernichtungswaffen wirft durchaus die Frage auf, ob der Krieg nicht zu verhindern gewesen wäre. Aber es ist auch die Frage, wie eine wirkungsvolle politische Lösung hätte

Waffensuche
Ein amerikanischer Soldat durchsucht am 18. Dezember bei einer Patrouille in Tikrit einen Iraker auf Waffen

aussehen können. Das bloße ›Nein‹ zum Krieg ist zunächst nicht mehr als politische Rhetorik und noch kein Alternativkonzept. Die Entwicklung nach dem »weitgehenden« Ende der Kampfhandlungen, insbesondere die Eskalation terroristischer Gewalt, führt die Problematik der mit Krieg und Besatzung verfolgten Strategie nachdrücklich vor Augen. Es ist andererseits trotz aller Kritik sicher, dass ohne die Entmachtung des Regimes von Saddam Husain die freiheitlichen Kräfte in der irakischen Gesellschaft auf lange Sicht keine Chance gehabt hätten, den Irak zu demokratisieren. Der unbeschreibliche Jubel der Iraker nach der Festnahme Saddams sagte alles: Es war für die Menschen ein Freudentag. Der Alptraum, der Diktator könne zurückkommen, war endgültig gewichen.

Der Irak braucht Stabilität

Der Irak ist heute ein durch Diktatur, mehrere Kriege und Sanktionen materiell und sozial zerstörtes Land, in dem die Mehrheit der Bevölkerung in existenzieller Unsicherheit oder sogar Armut lebt. In meiner Eigenschaft als UNICEF-Botschafterin war ich direkt nach dem offiziellen Ende der Kampfhandlungen im Südirak. Dort fehlte es den Menschen an allem: Medikamenten, Wasser, erschwinglichen Nahrungsmitteln – und Sicherheit. Eine Sicherheit, die dringend für effektive Hilfeleistungen und beispielsweise den Aufbau von Schulen benötigt wird. Es ist essenziell, dass im Irak schnell stabile Verhältnisse entstehen. Der Neuaufbau staatlicher und zivilgesellschaftlicher Strukturen wird eine lange Zeit in Anspruch nehmen, und er bedarf internationaler Unterstützung. Dabei dürfen die USA über den Wahlkampf und den damit verbundenen Blick auf die Innenpolitik den Nahostkonflikt nicht von der Agenda verdrängen. Die Auseinandersetzungen zwischen Israel und den Palästinensern haben 2003 einen neuen grausamen Höhepunkt erreicht. Weitere Jahre ohne eine Lösung werden immer neue Gewalt provozieren.

›› Der Neuaufbau staatlicher und zivilgesellschaftlicher Strukturen wird eine lange Zeit in Anspruch nehmen, und er bedarf internationaler Unterstützung. ‹‹

Nicht nur die Menschen im Irak sehen sich fortgesetztem Terror ausgeliefert, überall in der Welt werden terroristische Gruppen aktiv – die Anschläge in Istanbul und anderswo geben Zeugnis davon. Stehen wir am Ende dieses Jahres vor einer Welle der Gewalt? Der Kampf gegen den internationalen Terrorismus kann offensichtlich nicht allein durch den mi-

Agenda 2010
Auf dem Sonderparteitag von Bündnis 90/ Die Grünen in Cottbus schwört Bundesaußenminister Joschka Fischer die Basis auf den Reformkurs der Regierung ein

Ausblick

Die Aufgaben, denen sich die deutsche Politik zu stellen hat, betreffen so viele Lebensbereiche, dass es kaum möglich scheint, mit konkreten Reformen adäquat die Herausforderung anzunehmen. Die größten Anstrengungen müssen auch in Zukunft dem begonnenen Umbau der Sozialsysteme und der Steuerpolitik gelten. Deutschland bedarf vieler auf lange Sicht angelegter Reformen. Für diese langfristigen Anstrengungen braucht die Politik Vertrauen. Sie muss die Menschen beim schnellen Wandel mitnehmen, an einen gemeinsamen Gestaltungswillen und mehr Selbstverantwortung appellieren.

Im Gegenzug hoffen wir alle auf mehr Orientierungshilfe, auf Glaubwürdigkeit der Parteien und ihrer Vertreter, auf weniger taktisches Manövrieren als am Ende dieses Jahres 2003 – ein hehrer Wunsch vor einem Jahr mit 15 Wahlen, der Bundespräsidentenwahl und der EU-Erweiterung. Bleibt abzuwarten, ob der erste minimale Konsens der Parteien in schwierigen Zeiten ein Sinnversprechen für die Zukunft beinhaltet: diesen Staat zu erneuern zum Wohl seiner Bürger und der nachfolgenden Generationen.

Für die Zukunft ist es von Bedeutung, nicht die Alternativlosigkeit des jeweiligen politischen Standpunktes in den Vordergrund der Argumentation zu stellen, sondern die jeweiligen Beweggründe und Ziele des Handelns deutlich zu machen. So wäre es beispielsweise gut, nicht die Reduzierung von Arbeitslosigkeit als Hauptperspektive zu nennen, sondern die Notwendigkeit eines Beschäftigungswachstums herauszuarbeiten.

Dass andererseits Alternativlosigkeit gerade dann zur politischen Maxime wird, wenn die Lage von Unsicherheit beherrscht wird, ist durchaus verständlich. Handlungs- und Durchsetzungsfähigkeit sind Eigenschaften, die bei politischen Entscheidungsträgern gemeinhin erwartet werden. Zweifel oder Skepsis scheinen sich damit nur schlecht zu vertragen, und auch Selbstkritik ist eine Eigenschaft, die in der politischen Arena bisher nur bedingt honoriert wird. Es spricht manches dafür, dass gerade dies die ›soft skills‹ sind, die zukünftig stärker zählen. Denn es zeigt sich allzu oft, dass sich heute als politischer Fehler erweist, was gestern noch als alternativlos richtig behauptet wurde. Damit aber wird nicht nur die Nachhaltigkeit, sondern auch die Glaubwürdigkeit politischen Handelns aufs Spiel gesetzt.

JANUAR

1. **Europäische Union.** Mit dem Jahreswechsel übernimmt Griechenland von Dänemark turnusgemäß die Präsidentschaft der EU.
Deutschland. In der Bundesrepublik treten zum Jahresbeginn zahlreiche neue Gesetze und Verordnungen in Kraft, so die fünfte und letzte Stufe der Ökosteuer, die Hartz-Reform sowie die Pfandpflicht für Getränkedosen und Einwegflaschen.
UNO/Deutschland. Mit Jahresbeginn ist Deutschland für zwei Jahre Mitglied im Sicherheitsrat der Vereinten Nationen und wird im Februar den Vorsitz des Gremiums übernehmen.
USA/Irakkonflikt. Ungeachtet weltweiter Friedensappelle zum Neujahrstag verstärken die USA ihre Streitkräfte in der Golfregion. Rund 17 000 Soldaten erhalten den Marschbefehl für den sich abzeichnenden Krieg gegen den Irak.
Brasilien. Der im Oktober mit deutlicher Mehrheit gewählte frühere Gewerkschaftsführer LUIS INÁCIO ›LULA‹ DA SILVA wird als neuer Präsident vereidigt.

1. Januar. Eine Kundin steckt in einem Supermarkt in Düsseldorf Leergut in einen Rücknahmeautomaten für Pfandflaschen und Einweggetränkeverpackungen

3. **Nord-Korea/USA.** Im Streit um sein Atomprogramm bietet Nord-Korea den USA Verhandlungen an, fordert als Bedingung für eine Einigung jedoch einen Nichtangriffsvertrag. Die USA weisen die Forderung zurück und lehnen auch Verhandlungen mit Nord-Korea ab.
Deutschland. Nach dem Start des Dosenpfands zu Jahresbeginn, der von Handel und Verbrauchern als teilweise chaotisch, von Vertretern der Umweltverbände dagegen als weitgehend erfolgreich bezeichnet wird, erwägt das Bundesumweltministerium die Einführung einer Pfandpflicht für alle Einweggetränkeverpackungen.
Israel. Bei zwei nahezu zeitgleichen Selbstmordanschlägen in der Nähe des alten Busbahnhofs in Tel Aviv kommen neben den beiden palästinensischen Attentätern 24 Menschen ums Leben. Mehr als hundert Personen werden verletzt.

5. **Litauen.** Mit 54,9 % der Stimmen gewinnt der ehemalige Ministerpräsident ROLANDAS PAKSAS überraschend die Stichwahl um das Präsidentenamt. Für Amtsinhaber VALDAS ADAMKUS stimmen nur 45,0 %.

7. **Deutschland.** Das Land Berlin kündigt seinen Austritt aus den kommunalen Arbeitgeberverbänden an und wird damit einen Tarifabschluss im öffentlichen Dienst nicht übernehmen.
USA. Präsident GEORGE W. BUSH stellt das neue Konjunkturprogramm der Regierung vor, das in zehn Jahren Steuererleichterungen von über 674 Mrd. US-$ vorsieht. Kernpunkt des Programms ist die Abschaffung der Dividendensteuer.
UNO/Deutschland. Der UNO-Sicherheitsrat überträgt Deutschland formell den Vorsitz des Irak-Sanktionsausschusses der UNO.
USA/Katar. Als Vorbereitung auf einen möglichen Krieg gegen den Irak verlegt das Zentralkommando der amerikanischen Armee seinen Planungsstab nach Katar. Derzeit sind rund 4 500 amerikanische Soldaten in dem Golfstaat stationiert.

8. **Europäische Union.** Die EU-Kommission verlangt von Deutschland und den Euroländern Frankreich, Italien und Griechenland eine größere Haushaltsdisziplin und fordert Berlin zu einer raschen Haushaltssanierung auf.

9. **Irakkonflikt.** Der Chefinspekteur der UNO, HANS BLIX, erklärt vor dem UNO-Sicherheitsrat, er sehe keine Beweise für versteckte Massenvernichtungswaffen im Irak. Zuvor haben die USA nach langem Zögern den Waffeninspekteuren im Irak erstmals Geheimdienstmaterial über mögliche Waffenverstecke und -programme übergeben.

10. **Deutschland.** Gewerkschaften und Arbeitgeber einigen sich auf einen Tarifkompromiss für die 2,9 Mio. Arbeiter und Angestellten im öffentlichen Dienst. Ein drohender Arbeitskampf kann dadurch abgewendet werden. Bei Ländern und Kommunen sowie bei der Opposition stößt der Tarifabschluss auf heftige Kritik.
Nord-Korea. Die Ankündigung Pjöngjangs, aus dem Vertrag zur Nichtverbreitung von Atomwaffen auszutreten, löst weltweit Besorgnis und Kritik aus.
Djibouti. Mit 62,7 % der Stimmen gewinnt die regierende Parteienkoalition von Präsident ISMAIL OMAR GUELLEH die Parlamentswahlen.

11. **USA.** Zwei Tage vor dem Ende seiner Amtszeit hebt der Gouverneur des Bundesstaats Illinois, der Republikaner GEORGE RYAN, alle 156 rechtskräftigen Todesurteile auf und wandelt sie in lebenslange Haftstrafen um.

12. **USA.** Verteidigungsminister DONALD RUMSFELD erteilt rund 62 000 Soldaten den Marschbefehl in die Golfregion. Bis Mitte nächsten Monats sollen die amerikanischen Truppen am Golf auf 150 000 Mann angewachsen sein.

13. **Deutschland.** Die Deutsche Bundesbank, Interessenverbände und führende Wirtschaftsforschungsinstitute kritisieren große Teile des Steueränderungspakets der rot-grünen Bundesregierung und warnen vor deren Umsetzung.
Deutschland. Bundesfinanzminister HANS EICHEL schließt wegen der anhaltend schlechten Konjunktur eine höhere Neuverschuldung in diesem Jahr nicht mehr aus. Bislang war EICHEL ein Verfechter eines strikten Sparkurses.

14. **Deutschland.** Die Dienstleistungsgewerkschaft ver.di bricht die Tarifverhandlungen für das Boden- und Kabinenpersonal der Lufthansa vorläufig ab und kündigt zugleich Warnstreiks an. Für die 52 000 Beschäftigten fordert die Gewerkschaft 9 % Tariferhöhung.

15. **USA/NATO.** Die USA bitten die NATO offiziell um Unterstützung im Falle eines Irakkriegs. Die sechs Punkte umfassende Bitte der USA bezieht sich auf den Schutz der Türkei sowie auf die Nutzung des Luftraumes und von Häfen und Militärbasen der Verbündeten. Eine direkte Beteiligung der NATO an Kämpfen im Irak wird nicht angefragt.

16. Januar. Der Vorsitzende Klaus Uwe Benneter (rechts, SPD) vor der ersten Sitzung des Bundestagsausschusses ›Wahlbetrug‹ mit Hans-Peter Friedrich (links, CSU) und Dieter Wiefelspütz (SPD)

16. **Deutschland.** Der am 20. 12. 2002 vom Bundestag eingesetzte Untersuchungsausschuss ›Wahlbetrug‹ nimmt seine Arbeit auf. Er soll klären, ob Mitglieder der rot-grünen Bundesregierung im Wahljahr 2002 über die Lage des Bundeshaushaltes und der Sozialkassen falsche Angaben gemacht haben.
Deutschland. Das Bundesverwaltungsgericht weist die Klagen von 33 Getränkeherstellern gegen die Pfandpflicht für Getränkedosen und Einwegflaschen ab.

17. **Deutschland.** Bundeswirtschaftsminister WOLFGANG CLEMENT (SPD) plant eine Neuregelung des Kündigungsschutzes für Kleinbetriebe. Die strengen Regelungen für Unternehmen ab sechs Mitarbeitern behinderten notwendige Einstellungen.

20. Januar. Nach der Sitzung des Weltsicherheitsrats stellt sich Bundesaußenminister Joschka Fischer den Fragen der Journalisten

Die SPD-Bundestagsfraktion lehnt die Pläne CLEMENTS ab, die Gewerkschaften kündigen »Widerstand« an.
USA. Außenminister COLIN POWELL bekräftigt erneut die Haltung der amerikanischen Regierung, nach der die USA für ein Vorgehen gegen den Irak keine zweite UNO-Resolution benötigten. Mit der Entsendung von sieben Kriegsschiffen setzen die USA unterdessen die Verstärkung ihrer Truppen in der Golfregion fort.

18. **Irakkonflikt.** Weltweit kommt es zu Demonstrationen gegen einen drohenden Krieg gegen den Irak. Allein in Washington kommen 50 000 Menschen zu einer Protestkundgebung zusammen.

19. **Kuba.** Bei der Wahl eines neuen Volkskongresses stimmen 95 % der Wähler für ›Revolution und Sozialismus‹. Gegenkandidaten zu den 609 Kandidaten der Einheitsliste gab es nicht.

20. **Irakkonflikt.** Die USA weisen das von der irakischen Regierung mit der UNO geschlossene Abkommen zur künftigen Zusammenarbeit mit den Waffeninspekteuren als unzureichend zurück.
Deutschland/UNO. Bundesaußenminister JOSCHKA FISCHER bekräftigt bei seinem ersten Auftritt vor dem UNO-Sicherheitsrat die deutsche Ablehnung eines möglichen Krieges gegen den Irak und warnt vor den Folgen eines Militärschlags.
Kriegsverbrechertribunal. Der ehemalige serbische Präsident MILAN MILUTINOVIĆ stellt sich freiwillig dem Internationalen Kriegsverbrechertribunal für das frühere Jugoslawien in Den Haag. MILUTINOVIĆ ist u. a. wegen Verbrechen gegen die Menschlichkeit in Kosovo angeklagt.
UNO. Gegen den Widerstand der USA erhält Libyen mit 33 von 53 Stimmen den Vorsitz der UNO-Menschenrechtskommission. Drei Staaten stimmen dagegen, 17 enthalten sich.

21. **Europäische Union/Deutschland.** Die Finanzminister der EU beschließen die Einleitung eines formellen Defizitverfahrens gegen Deutschland. Außerdem einigen sie sich auf einen Kompromiss zu einer europaweiten Zinsbesteuerung.
katholische Kirche. Mit ungewöhnlich scharfen Worten verurteilen die deutschen katholischen Bischöfe einen drohenden Krieg gegen den Irak. Er sei sittlich unerlaubt und ein Verstoß gegen das Völkerrecht.

Deutschland. Der Begriff ›Ich-AG‹ wird zum ›Unwort des Jahres 2002‹ gewählt. Der von der Hartz-Kommission in Umlauf gebrachte Begriff sei eine »Herabstufung menschlicher Schicksale auf ein sprachliches Börsenniveau«.

22. **Niederlande.** Bei den vorgezogenen Parlamentswahlen können die Christdemokraten (CDA) von Ministerpräsident JAN PETER BALKENENDE ihre führende Stellung mit 44 der 150 Mandate knapp behaupten. Die sozialdemokratische Partei der Arbeit (PvdA) erhält 42 Sitze.

23. **USA/Deutschland/Frankreich.** Mit ihrem Eintreten für eine friedliche Lösung des Irakkonflikts stoßen Deutschland und Frankreich bei der amerikanischen Regierung auf zunehmend harsche Kritik. Insbesondere die Äußerungen von Verteidigungsminister RUMSFELD lösen in Berlin und Paris Empörung aus.
Deutschland. Der nationale Ethikrat spricht sich mehrheitlich für die Präimplantationsdiagnostik (PID) aus. Bei künstlicher Befruchtung sollen unter strengen Auflagen Genuntersuchungen an Embryonen zugelassen werden.
Weltwirtschaftsforum/Weltsozialforum. Unter scharfen Sicherheitsvorkehrungen wird im schweizerischen Davos das 33. Weltwirtschaftsforum (WEF) eröffnet. Gleichzeitig beginnt in der brasilianischen Hafenstadt Porto Alegre das dritte Weltsozialforum, zu dem etwa 100 000 Globalisierungskritiker aus 157 Ländern erwartet werden.

24. **Elfenbeinküste.** Nach viermonatigen Kämpfen, bei denen Hunderte Menschen ums Leben kamen, einigen sich die Konfliktparteien des westafrikanischen Bürgerkriegslands auf einen umfassenden Friedensplan. Präsident LAURENT GBAGBO stimmt am Tag darauf dem Plan zu.

25. **Irakkonflikt.** Der Irak kündigt an, sich im Kriegsfall »erbittert« und mit »allen Mitteln« zu verteidigen. Daraufhin drohen die USA im Fall eines Einsatzes von Massenvernichtungswaffen mit einem atomaren Gegenschlag.

26. **Elfenbeinküste.** Nach der Unterzeichnung des Friedensabkommens kommt es in der ivorischen Wirtschaftsmetropole Abidjan zu schweren, vorwiegend gegen französische Einrichtungen gerichteten Krawallen.
China/Taiwan. Zum ersten Mal seit 54 Jahren landet ein taiwanesisches Passagierflugzeug auf chinesischem Boden. Die Chartermaschine wird in Schanghai von chinesischen Regierungsvertretern empfangen.

27. **Irakkonflikt.** Die Chefinspekteure für den Irak, HANS BLIX und MOHAMMED EL BARADEI, legen dem UNO-Sicherheitsrat den ersten 60-Tage-Bericht über ihre Waffenkontrollen vor. Unmittelbar nach Vorlage des Berichts beschuldigen die USA den Irak der »klaren Verletzung« der Abrüstungsauflagen. Bagdad kritisiert den Bericht als »unausgewogen«.
Deutschland. Das Bundesfinanzministerium lehnt die Forderung des Deutschen Städtetags ab, die Kommunen mit Finanzhilfen zu unterstützen. Die erwarteten Einnahmeausfälle für dieses Jahr werden mit 10 Mrd. € beziffert.
Deutschland. Anlässlich des Holocaust-Gedenktags unterzeichnen Bundeskanzler GERHARD SCHRÖDER und der Vorsitzende des Zentralrats der Juden in Deutschland, PAUL SPIEGEL, einen Staatsvertrag, in dem sich beide Seiten zu kontinuierlicher und partnerschaftlicher Zusammenarbeit bekennen.
Serbien und Montenegro. Mit 166 gegen 47 Stimmen bei drei Enthaltungen verabschiedet das Parlament der Teilrepublik Serbien die Verfassung für einen künftigen Staatenbund mit Montenegro. Am 30. Januar stimmt auch das montenegrinische Parlament zu.

28. **USA.** Die Rede von Präsident BUSH zur Lage der Nation stößt wie erwartet weltweit auf unterschiedliche Reaktionen. Zwar wird seine Ankündigung begrüßt, dem UNO-Sicherheitsrat Beweise für die Existenz von irakischen Massenvernichtungswaffen vorzulegen, doch steht die Legitimation für einen Militärschlag der USA weiterhin infrage.
Israel. Bei der Parlamentswahl gewinnt der rechtsgerichtete Likud-Block von Ministerpräsident ARIEL SCHARON 38 von 120 Sitzen und wird damit stärkste Fraktion in der Knesset. Die oppositionelle Arbeitspartei verliert sechs Mandate und stellt künftig nur noch 19 Abgeordnete.
Italien. Der Oberste Gerichtshof in Rom lehnt den Antrag auf Verlegung des in Mailand laufenden Korruptionsprozesses gegen Regierungschef SILVIO BERLUSCONI ab. BERLUSCONI ist wegen Bestechung eines Richters angeklagt.

26. Januar. Das erste taiwanesische Passagierflugzeug seit der Spaltung Chinas 1949 wird auf dem Flughafen Pudong in Schanghai begrüßt

29. **Deutschland.** In dem von Bundeswirtschaftsminister CLEMENT vorgelegten Jahreswirtschaftsbericht rechnet die Bundesregierung für 2003 mit einem Wirtschaftswachstum von nur 1 % und mit 4,2 Mio. Arbeitslosen im Jahresdurchschnitt.

30. **Irakkonflikt.** In einem gemeinsamen Aufruf stellen sich acht europäische Staats- und Regierungschefs, u. a. von Großbritannien, Spanien, Italien und Polen, in der Irakpolitik eindeutig auf die Seite der USA.

FEBRUAR

1. **USA.** Beim Landeanflug auf Cape Canaveral bricht die amerikanische Raumfähre Columbia in 60 km Höhe über Texas auseinander und stürzt ab. Die sieben Besatzungsmitglieder, unter ihnen der erste israelische Astronaut, kommen ums Leben.

1. Februar. Spezialisten untersuchen in einem Hangar des Kennedy Space Centers in Florida ein Trümmerteil der abgestürzten Raumfähre Columbia

2. **Deutschland.** Die Landtagswahlen in Niedersachsen und Hessen werden zu einem Debakel für die SPD. Sie verliert 14,5 bzw. 10,3 Prozentpunkte und erzielt die jeweils schlechtesten Ergebnisse bei Landtagswahlen seit dem Krieg. In Niedersachsen wird die CDU stärkste Kraft, in Hessen erreicht sie sogar die absolute Mehrheit. Auch Bündnis 90/Die Grünen und die FDP können in beiden Bundesländern zum Teil erhebliche Stimmengewinne erzielen.

3. **USA.** Nach einem von der Regierung vorgelegten Entwurf wird der Staatshaushalt mit 304 Mrd. US-$ in diesem und 307 Mrd. US-$ im nächsten Jahr neue Rekorddefizite aufweisen.

4. **Deutschland.** Der frühere nordrhein-westfälische FDP-Vorsitzende JÜRGEN MÖLLEMANN bleibt Mitglied der Landtagsfraktion. Bei einer Abstimmung in der FDP-Fraktion stimmen nur 15 Abgeordnete für einen Ausschluss MÖLLEMANNS, 16 Stimmen wären dafür nötig gewesen.
Frankreich/Großbritannien. Beim 25. französisch-britischen Gipfeltreffen im nordfranzösischen Badeort Le Touquet kommt es zwischen Präsident JACQUES CHIRAC und Premierminister TONY BLAIR zu keiner Annäherung der unterschiedlichen Positionen in der Irakpolitik.
Serbien und Montenegro. Beide Kammern des jugoslawischen Parlaments stimmen der Verfassungscharta für den künftigen Staat ›Serbien und Montenegro‹ zu, der damit an die Stelle Jugoslawiens tritt.

5. **Deutschland.** Die Zahl der Arbeitslosen hat im Januar mit 4,623 Mio. den bislang höchsten Stand seit dem Amtsantritt der rot-grünen Bundesregierung erreicht.
Australien. Im Streit um die Irakpolitik der Regierung spricht der Senat mit 33 gegen 30 Stimmen Premierminister JOHN HOWARD das Misstrauen aus. Es ist das erste derartige Votum in der Geschichte des Landes.

6. **Deutschland.** Gewerkschaften und Arbeitgeber lehnen die von der jeweils anderen Seite aufgestellten Bedingungen für eine Neuauflage des Bündnisses für Arbeit ab.
Nord-Korea/USA. Die Regierung in Pjöngjang schließt für den Fall einer weiteren Konzentration amerikanischer Truppen im Pazifik einen militärischen Erstschlag auch mit Atomwaffen nicht aus.
Türkei/USA/Irakkonflikt. Das türkische Parlament stimmt der Stationierung von 3 500 amerikanischen Soldaten zu, die in den kommenden Monaten Flugplätze und Häfen für einen Militärschlag gegen den Irak ausbauen sollen.

7. **USA/UNO/Irakkonflikt.** Die USA dringen auf eine zweite Resolution des UNO-Sicherheitsrats im Irakkonflikt. Russland, Frankreich und Deutschland sehen dagegen derzeit keine Notwendigkeit für eine zweite UNO-Resolution.

8. **Deutschland.** In München beginnt die 39. Konferenz für Sicherheitspolitik. Themenschwerpunkte des zweitägigen Treffens sind der Irakkonflikt und die Rolle der NATO im Falle eines Irakkriegs.

9. **NATO/Irakkonflikt.** Belgiens Außenminister LOUIS MICHEL kündigt an, sein Land werde den von NATO-Generalsekretär GEORGE ROBERTSON eingebrachten Vorschlag zur Planung von Militärhilfen für die Türkei im Fall eines Irakkriegs nicht unterstützen. Die USA reagieren mit Verärgerung auf die belgische Ankündigung.
Serbien und Montenegro. Die Wiederholung der Präsidentenwahl in der Teilrepublik Montenegro scheitert wie die vorherige an der geringen Wahlbeteiligung, die nur bei rund 47 % und damit unter dem Quorum von 50 % liegt.

10. **Irakkonflikt.** Die irakische Regierung genehmigt ohne Bedingungen den Einsatz von amerikanischen Aufklärungsflugzeugen vom Typ U 2 bei den Rüstungsinspektionen.
NATO. Frankreich und Deutschland schließen sich dem Veto von Belgien gegen den Vorschlag von Generalsekretär ROBERTSON an, mit der Planung von Unterstützungsmaßnahmen für die Türkei zu beginnen.
Afghanistan/Deutschland/Niederlande. Deutschland und die Niederlande übernehmen in der afghanischen Hauptstadt Kabul für wenigstens sechs Monate die gemeinsame Führung der Internationalen Schutztruppe für Afghanistan (ISAF).

11. **Deutschland.** Die Bundestagsfraktion der FDP schließt ihren Abgeordneten JÜRGEN MÖLLEMANN aus. Für den Antrag stimmen 39 von 45 anwesenden Abgeordneten. MÖLLEMANN kündigt an, sein Bundestagsmandat im März niederzulegen.
USA/Irakkonflikt. Die USA werten ein Tonband, auf dem USAMA BIN LADEN die Iraker dazu aufruft, sich gegen einen Angriff der USA zu verteidigen und Selbstmordanschläge gegen Amerikaner zu verüben, als Beleg für eine Zusammenarbeit zwischen al-Qaida und dem Irak.

12. **Belgien/Israel.** Der israelische Ministerpräsident SCHARON kann in Belgien wegen Völkermordes angeklagt werden. Mit dieser Entscheidung gibt das höchste belgische Berufungsgericht den Klagen von Überlebenden eines Massakers an palästinensischen Flüchtlingen im Jahr 1982 statt. In Israel löst das Urteil Empörung aus.

13. **USA.** Kongressabgeordnete, Militärangehörige und Eltern von Soldaten reichen bei einem Gericht in Boston Klage gegen Präsident BUSH und Verteidigungsminister RUMSFELD ein. Der Präsident habe nicht das Recht, einen Krieg gegen den Irak zu erklären, das laut Verfassung allein dem Kongress zustünde.
Bolivien. Bei bürgerkriegsähnlichen Unruhen in der Metropole La Paz werden 16 Menschen getötet und 150 verletzt. Auslöser war eine von der Regierung verfügte Sondersteuer von 12 % auf die Gehälter von 750 000 Arbeitnehmern. Präsident GONZALO SÁNCHEZ DE LOZADA kündigt daraufhin die Rücknahme der Steuererhöhung an.

14. **UNO/Irakkonflikt.** Die Mehrheit im UNO-Sicherheitsrat stimmt einer Verlängerung der Waffenkontrollen im Irak zu. Zuvor hatten die Chefinspekteure HANS BLIX und MOHAMMED EL BARADEI dem UNO-Sicherheitsrat ihren zweiten Bericht über die Waffenkontrollen im Irak vorgelegt. Hinweise für die Existenz von Massenvernichtungswaffen, so BLIX, hatten die UNO-Inspekteure bislang noch nicht gefunden.
Deutschland. Die Bundesregierung bringt das vom Bundesverfassungsgericht am 18. 12. 2002 für nichtig erklärte Zuwanderungsgesetz in unveränderter Form im Bundesrat in das Gesetzgebungsverfahren ein.
Gentechnik. Die sechs Jahre alte Dolly, das erste geklonte Schaf der Welt, muss wegen einer Lungenentzündung eingeschläfert werden.

15. **Irakkonflikt.** Weltweit demonstrieren Millionen Menschen gegen einen Irakkrieg. Allein in London und Madrid werden jeweils mehr als eine Million Teilnehmer gezählt. In Berlin kommt es zur größten Friedensdemonstration in der Geschichte der Bundesrepublik. Unter den 500 000 Demonstranten sind mehrere Bundesminister und der Bundestagspräsident.

16. **Zypern.** Aus der Präsidentenwahl in der Republik Zypern geht der bürgerliche Politiker TASSOS PAPADOPOULOS als Sieger hervor. Etwa 476 000 Angehörige der griechischen Volksgruppe auf der geteilten Insel waren zur Wahl aufgerufen.
Irakkonflikt. Im Zusammenhang mit einem drohenden Irakkrieg kündigt USAMA BIN LADEN auf einer Tonbandaufzeichnung weltweite Anschläge auf amerikanische Ziele an.

17. **Europäische Union/Irakkonflikt.** Auf einem Sondergipfel zum Irakkonflikt, an dem auch UNO-Generalsekretär KOFI ANNAN teilnimmt, einigen sich die Staats- und Regierungschefs der EU in Brüssel auf eine gemeinsame Erklärung, wonach Krieg nur das letzte Mittel bei der Entwaffnung des Irak sei. Die vom französischen Staatspräsidenten CHIRAC geäußerte Kritik an der Haltung mehrerer Beitrittsländer zum Irakkonflikt wird von den betreffenden Ländern scharf zurückgewiesen.
USA/Nord-Korea. Die amerikanische Regierung droht Pjöngjang mit Sanktionen für den Fall, dass Nord-Korea sein Atomwaffenprogramm weiter vorantreibt, und kündigt die Anrufung des UNO-Sicherheitsrats an. Nord-Korea reagiert am Tag darauf mit der Drohung, den 1953 geschlossenen Waffenstillstand zu beenden, sollten die USA Sanktionen gegen das Land verhängen.
Deutschland. Wegen überhöhter Abfindungszahlungen anlässlich der Übernahme von Mannesmann durch den britischen Mobilfunkkonzern Vodafone erhebt die Staatsanwaltschaft Düsseldorf Anklage gegen sechs Manager und ehemalige Aufsichtsräte, unter ihnen der damalige Vorstandsvorsitzende KLAUS ESSER, der Aufsichtsrat und jetzige Vorstandsvorsitzende der Deutschen Bank, JOSEF ACKERMANN, sowie der IG-Metall-Vorsitzende KLAUS ZWICKEL.

18. **Deutschland.** Bereitschaftsdienst von Ärzten wird auch weiterhin nicht der Arbeitszeit zugerechnet. Mit dieser Entscheidung weist das Bundesarbeitsgericht entsprechende Klagen zurück.

19. Februar. Der wegen Beihilfe zum Mord angeklagte Mounir El Motassadeq (2. von links) vor der Urteilsverkündung in einem Saal des Hamburger Landgerichts

19. **Deutschland.** Im weltweit ersten Prozess wegen der Anschläge vom 11. September 2001 verurteilt das Oberlandesgericht in Hamburg den Marokkaner MOUNIR EL MOTASSADEQ wegen Beihilfe zum Mord in mehr als 3000 Fällen und Mitgliedschaft in einer terroristischen Vereinigung zur Höchststrafe von 15 Jahren Gefängnis.
Armenien. Bei der Präsidentenwahl verfehlt ROBERT KOTSCHARJAN knapp die nötige 50-Prozent-Mehrheit, um im Amt bestätigt zu werden. Am 5. März muss sich KOTSCHARJAN einer Stichwahl gegen den Kandidaten der Volkspartei, STEPAN DEMIRTSCHJAN, stellen.

20. **Deutschland.** Mit breiter Mehrheit sprechen sich die Abgeordneten des Bundestages gegen jede Form des Klonens aus und erzwingen damit einen

Richtungswechsel in der Regierungspolitik bei den UNO-Verhandlungen über eine Konvention gegen das Klonen.

21. **Deutschland.** Mit den Stimmen der Regierungskoalition beschließt der Bundestag das umstrittene Steuergesetz, das den Etats von Bund, Ländern und Gemeinden 15,6 Mrd. € Mehreinnahmen bringen soll. Die Opposition kündigt an, das Gesetz im Bundesrat abzulehnen.

22. **Irakkonflikt.** Der UNO-Chefinspekteur HANS BLIX fordert den Irak ultimativ auf, bis zum 1. März alle Raketen vom Typ Al Samoud 2 zu vernichten, da diese die erlaubte Reichweite von 150 km überschritten. Unterdessen verlegt der Irak mobile Raketen des Typs Ababil-100 in den Süden des Landes.

24. **Irakkonflikt.** Die USA, Großbritannien und Spanien bringen eine zweite Resolution zur Beendigung des Irakkonflikts im UNO-Sicherheitsrat ein. Die Resolution soll nach Vorlage des dritten Berichts von UNO-Chefinspekteur BLIX am 10. März zur Abstimmung kommen. China, Frankreich, Deutschland und Russland vertreten die Ansicht, die Verabschiedung einer zweiten Resolution sei nicht nötig.
Kriegsverbrechertribunal. Der wegen Kriegsverbrechen angeklagte Vorsitzende der Serbischen Radikalen Partei, VOJISLAV ŠEŠELJ, stellt sich dem Internationalen Kriegsverbrechertribunal für das ehemalige Jugoslawien in Den Haag. Ihm wird vorgeworfen, für Vertreibungen und andere Verbrechen während der Kriege in Bosnien, Kroatien und der nordserbischen Provinz Vojvodina zwischen 1991 und 1993 verantwortlich gewesen zu sein.

25. **USA/Nord-Korea.** Ungeachtet des Konflikts um das nordkoreanische Atomprogramm kündigt der amerikanische Außenminister POWELL die Wiederaufnahme der im Dezember 2002 eingestellten Nahrungsmittelhilfe für die leidende Bevölkerung Nord-Koreas an.
USA. Ein Bundesrichter in Boston weist die u. a. von sechs oppositionellen Kongressabgeordneten eingereichte Klage gegen Präsident BUSH und Verteidigungsminister RUMSFELD wegen eines möglichen Kriegs gegen den Irak ab.
Börse. Aus Angst vor einem Krieg gegen den Irak und wegen schlechter Wirtschaftsaussichten kommt es weltweit zu Kurseinbrüchen an den Aktienmärkten. Der deutsche Aktienindex DAX fällt um 4 % auf seinen tiefsten Stand seit August 1996.

26. **Deutschland/NATO.** Die Bundesregierung lehnt eine über die bisherige Unterstützung hinausgehende Militärhilfe für die Türkei ab. Die NATO hatte u. a. weitere Luftabwehrraketen vom Typ Patriot angefordert.
Deutschland. Trotz Bedenken der EU-Kommission beschließt das Bundeskabinett die Einführung einer Autobahnmaut für Lastwagen. Die Maut, die ab Ende August erhoben werden soll, wird bei durchschnittlich 15 Cent pro Kilometer liegen.

27. **Europäische Union.** Die Innenminister der EU einigen sich nach vierjährigen Verhandlungen auf einen Kompromiss in der Frage der Familienzusammenführung bei Zuwanderung. Eine Einigung auf Mindeststandards für den gemeinsamen Schutz von Flüchtlingen aus Krisengebieten kommt dagegen nicht zustande.
Kriegsverbrechertribunal. Die ehemalige Präsidentin der Serbischen Republik in Bosnien und Herzegowina (Republik Srpska), BILJANA PLAVŠIĆ, wird vom Internationalen Kriegsverbrechertribunal für das ehemalige Jugoslawien in Den Haag wegen Verbrechen gegen die Menschlichkeit Anfang der 1990er-Jahre zu elf Jahren Gefängnis verurteilt.

28. **Tschechische Republik.** In der dritten Runde im dritten Wahlgang der Präsidentenwahl wird der Kandidat der konservativen Demokratischen Bürgerpartei (ODS), VÁCLAV KLAUS, vom tschechischen Parlament zum neuen Präsidenten gewählt. KLAUS erhält 142 Stimmen, sein von den Regierungsparteien nominierter Gegenkandidat JAN SOKOL kommt auf 124 Stimmen.
Österreich. Mehr als drei Monate nach der vorgezogenen Nationalratswahl vom 24. 11. 2002 einigen sich ÖVP und FPÖ auf die Bildung einer Koalitionsregierung. Koalitionsverhandlungen der ÖVP sowohl mit SPÖ als auch mit den Grünen waren zuvor gescheitert.

MÄRZ

1. **Türkei/Irakkonflikt.** Das türkische Parlament lehnt die Stationierung amerikanischer Truppen auf türkischem Boden ab und stellt damit eine Nordoffensive gegen den Irak infrage. Die USA äußern sich enttäuscht über die Entscheidung.
Pakistan. In der Hauptstadt Islamabad gelingt Sicherheitskräften die Festnahme von KHALID SCHEICH MOHAMMED, einem der meistgesuchten Al-Qaida-Terroristen. Scheich MOHAMMED gilt als einer der mutmaßlichen Drahtzieher der Terroranschläge vom 11. September.

1. März. Nachdem das türkische Parlament die Stationierung von amerikanischen Truppen abgelehnt hat, setzt das Militär einen Konvoi in Richtung irakische Grenze in Marsch

2. **Deutschland.** Bei den Kommunalwahlen in Schleswig-Holstein erleidet die SPD schwere Verluste. Sie kommt auf 29,3 % der Stimmen, 13,1 Prozentpunkte weniger als vor fünf Jahren. Die CDU gewinnt 11,7 Prozentpunkte dazu und erreicht 50,8 %.
Frankreich/Algerien. Staatspräsident CHIRAC trifft zu einem dreitägigen Staatsbesuch in Algerien ein. Es ist der erste offizielle Staatsbesuch eines französischen

Präsidenten seit der Unabhängigkeit Algeriens im Jahr 1962. Von der Bevölkerung wird CHIRAC mit Begeisterung und Jubel empfangen.
Estland. Aus den Parlamentswahlen gehen die linkspopulistische Zentrumspartei unter EDGAR SAVISAAR mit 25,4 % der Stimmen und die konservative Res Publica unter JUHAN PARTS mit einem Stimmenanteil von 24,6 % als stärkste Kräfte hervor. Beide Parteien erringen jeweils 28 der 101 Parlamentssitze.

4. **Deutschland.** Mit den Stimmen von CDU und FPD wird CHRISTIAN WULFF (CDU) zum neuen Ministerpräsidenten von Niedersachsen gewählt.

5. **Irakkonflikt.** In einer gemeinsamen Erklärung sprechen sich in Paris die Außenminister von Frankreich, Russland und Deutschland gegen den von den USA, Großbritannien und Spanien im UNO-Sicherheitsrat eingebrachten Resolutionsentwurf zum Irakkonflikt aus.
Israel/Palästinensische Autonomiegebiete. Bei einem Selbstmordanschlag in der israelischen Hafenstadt Haifa kommen 17 Menschen ums Leben. Ein palästinensischer Attentäter hatte in einem Bus eine 50 kg schwere Bombe gezündet. Am folgenden Tag reagiert Israel darauf mit dem Einmarsch in das Flüchtlingslager Dschabalia im Gazastreifen. Bei der Militäraktion werden elf Palästinenser getötet.
Armenien. In der Stichwahl um die Präsidentschaft erringt Amtsinhaber ROBERT KOTSCHARJAN mit 67,5 % der Stimmen einen deutlichen Sieg vor seinem Herausforderer STEPAN DEMIRTSCHJAN. Wahlbeobachter der OSZE berichten von zahlreichen Manipulationen und Wahlfälschungen.

6. **Europäische Union.** Die Europäische Zentralbank (EZB) senkt ihren Leitzins von 2,75 auf 2,50 %. Es ist das niedrigste Zinsniveau seit drei Jahren. EZB-Präsident DUISENBERG begründet die Zinssenkung mit der Lähmung der Wirtschaft durch den drohenden Irakkrieg.

7. **UNO/Irakkonflikt.** Die Chefinspekteure HANS BLIX und MOHAMMED EL BARADEI legen dem UNO-Sicherheitsrat den dritten Bericht über die Waffenkontrollen im Irak vor. BLIX spricht sich darin für eine Fortsetzung der Waffenkontrollen aus. Die USA, Großbritannien und Spanien wollen dem Irak dagegen nur eine letzte Frist bis zum 17. März einräumen. Zuvor hatte der amerikanische Präsident BUSH deutlich gemacht, dass seine Entscheidung über einen Krieg gegen den Irak nicht von der möglichen Ablehnung einer zweiten UNO-Resolution beeinflusst werde.
Serbien und Montenegro. SVETOZAR MAROVIĆ wird zum ersten Präsidenten des Nachfolgestaats von Jugoslawien gewählt. Für ihn stimmen 65 der insgesamt 126 Abgeordneten des in Belgrad tagenden Parlaments.

8. **Malta/Europäische Union.** Bei einem Referendum stimmen 53,6 % der Wähler für die Mitgliedschaft in der EU. Über den Beitritt müssen nun Regierung und Parlament entscheiden, für die der Ausgang der Volksabstimmung rechtlich nicht bindend ist.

10. **Irakkonflikt.** Der russische Außenminister IGOR IWANOW kündigt an, Russland werde im Falle einer Abstimmung im UNO-Sicherheitsrat sein Veto gegen eine zweite Irakresolution einlegen. Auch

12. März. Hunderttausende Menschen folgen beim Trauerzug durch Belgrad dem Sarg des bei einem Attentat getöteten serbischen Ministerpräsidenten Zoran Djindjić

Frankreich will eine neue Resolution im Sicherheitsrat blockieren.
Deutschland. Das Frankfurter Oberlandesgericht verurteilt vier algerische Islamisten wegen Verabredung zum Mord und der Vorbereitung eines Sprengstoffverbrechens zu Haftstrafen zwischen zehn und zwölf Jahren. Die Angeklagten werden wegen der Planung und Vorbereitung eines Bombenanschlags in Straßburg am 23. 12. 2000 schuldig gesprochen, der durch den Zugriff der Polizei verhindert wurde.
Deutschland. Die Deutsche Telekom AG hat im Jahr 2002 einen Rekordverlust von nahezu 25 Mrd. € erwirtschaftet. Die Börse reagiert auf die Bekanntgabe mit einem Kurssturz der T-Aktie um fast 10 %.

11. **Türkei.** Staatspräsident AHMED NECDET SEZER beauftragt den Vorsitzenden der Regierungspartei AKP, REPCEK ERDOGAN, mit der Bildung einer neuen Regierung. ERDOGAN war erst am 9. März bei einer Nachwahl zum Abgeordneten gewählt worden.
Zypern/UNO. UNO-Generalsekretär ANNAN erklärt die Zypern-Verhandlungen für gescheitert, nachdem der Führer des türkischen Nordteils der Insel, RAUF DENKTASCH, den UNO-Friedensplan und ein Referendum über diesen abgelehnt hat. Der geplante EU-Beitritt für ein geeintes Zypern ist damit infrage gestellt.

12. **Serbien und Montenegro.** Der serbische Ministerpräsident ZORAN DJINDJIĆ wird von unbekannten Attentätern vor dem Regierungsgebäude in Belgrad erschossen. Parlamentspräsidentin MICIĆ ruft auf Bitte der serbischen Regierung noch am gleichen Abend den Ausnahmezustand aus.
NATO/Europäische Union. Der NATO-Rat beschließt, die Operation ›Allied Harmony‹ in Makedonien mit Ablauf des Monats vorzeitig zu beenden. Von April an soll die EU diese Mission in ihrem ersten Militäreinsatz übernehmen.
Deutschland. Einzelhandelsgeschäfte können künftig auch an Samstagen bis 20 Uhr geöffnet haben. Mit den Stimmen der rot-grünen Koalitionsmehrheit verabschiedet der Bundestag einen entsprechenden Gesetzentwurf.

14. **Deutschland.** Bundeskanzler SCHRÖDER legt in der ›Agenda 2010‹ seine mit Spannung erwarteten Vorschläge zum »Umbau des Sozialstaats« vor.

lichkeit unabhängig davon verfolgen, wo und von wem die Straftaten begangen worden waren.

3. **Demokratische Republik Kongo.** Bei Kämpfen zwischen den rivalisierenden Stämmen der Hema und Lendu im Nordosten des Landes kommen mehr als 200 Menschen ums Leben. Bei den Opfern soll es sich überwiegend um Hema handeln.
USA/Europäische Union. In Brüssel diskutieren der amerikanische Außenminister Powell sowie Vertreter der EU und der europäischen NATO-Partner über den politischen und wirtschaftlichen Wiederaufbau des Irak nach Ende des Kriegs. Über die Forderung der EU nach einem Irakmandat der UNO wird kein Einvernehmen erzielt.

4. April. Die Außenminister Deutschlands, Russlands und Frankreichs (von links), Fischer, Iwanow und Villepin, sprechen in Paris über die Rolle der UNO im Irak

4. **Frankreich/Deutschland/Russland.** Nach einem Treffen in Paris bekräftigen die Außenminister Villepin, Fischer und Iwanow die Forderung der drei Länder nach Mitwirkung der Vereinten Nationen beim Wiederaufbau des Irak und bei der Gewährleistung der Sicherheit in der Region.

5. **Europäische Union.** Die Finanzminister der Euroländer einigen sich darauf, dass der Präsident der Europäischen Zentralbank, Wim Duisenberg, länger im Amt bleiben soll als beabsichtigt. Der Niederländer wollte am 9. Juli zurücktreten und für seinen vorgesehenen Nachfolger, den französischen Notenbankchef Jean-Claude Trichet, den Weg frei machen. Dieser muss sich jedoch wegen Beihilfe zur Bilanzfälschung bei der Großbank Crédit Lyonnais derzeit vor Gericht verantworten.

6. **Irakkrieg.** Amerikanische Truppen schließen zweieinhalb Wochen nach Kriegsbeginn den Ring um Bagdad und stoßen mehrfach bis ins Zentrum vor. Bei einem irrtümlichen Angriff eines amerikanischen Kampfjets auf eine Kolonne kurdischer Peschmerga, die gemeinsam mit amerikanischen Einheiten gegen die irakischen Streitkräfte vorrücken, werden im Nordirak nach Presseberichten zwölf Kurden getötet und 45 weitere zum Teil schwer verletzt. Unter Beschuss gerät auch ein Konvoi mit Diplomaten der russischen Botschaft, der sich auf dem Weg von Bagdad nach Syrien befand.

7. **SARS.** Seit Ausbruch der Lungenkrankheit SARS im November 2002 sind weltweit mittlerweile mehr als 100 Menschen der hochinfektiösen Krankheit zum Opfer gefallen. Insgesamt zählt die Weltgesundheitsorganisation fast 2 800 Patienten.
Deutschland/Israel. Bundesaußenminister Fischer beginnt einen dreitägigen Arbeitsbesuch in Israel, wo er mit Staatspräsident Katzav, Ministerpräsident Scharon und Außenminister Schalom Gespräche über den Nahost-Friedensprozess führt. Am dritten Tag trifft er auch mit Palästinenserpräsident Arafat und dem künftigen Ministerpräsidenten Abbas zusammen.

8. **Irakkrieg.** Ein amerikanischer Panzer beschießt in Bagdad das zum größten Teil von internationalen Berichterstattern bewohnte Hotel ›Palestine‹. Dabei werden ein spanischer und ein ukrainischer Kameramann getötet und mehrere Journalisten verwundet. Wenige Stunden zuvor war bei einem alliierten Luftangriff auf ein Bürogebäude, in dem verschiedene arabische Nachrichtensender ihre Sendeeinrichtungen hatten, ein Journalist von al-Dschasira ums Leben gekommen.
Deutschland. Das Bundesverfassungsgericht hebt die zeitliche Begrenzung der Steuervorteile bei doppelter Haushaltsführung auf zwei Jahre auf, da sie in bestimmten Fällen gegen den Schutz der Familie und das Gleichheitsgebot verstoße.

9. **Irakkrieg.** Ohne auf größeren Widerstand zu stoßen, nehmen amerikanische Truppen große Teile der Innenstadt Bagdads ein. Hunderte Einwohner feiern das Ende der Diktatur Saddam Husains mit Freudenbekundungen.

9. April. Amerikanische Soldaten fahren in Saddam-City mit Panzern an Plünderern vorbei. In dem Armenviertel Bagdads leben rund zwei Millionen Menschen

10. **Irakkrieg.** Kurdische Peschmerga und Amerikaner erobern Kirkuk, das Zentrum der irakischen Erdölindustrie. Einen Tag später fällt auch Mossul, nachdem sich das gesamte 5. Korps des irakischen Heeres kampflos ergeben hat.
Deutschland. Die rot-grüne Koalitionsregierung und die Union einigen sich im Vermittlungsausschuss von Bundestag und Bundesrat auf einen Steuerkompromiss. Dabei entfällt die Kürzung der Eigenheimzulage ebenso wie die höhere Belastung für Dienstwagenbenutzer und die vorgesehene Mindestbesteuerung für Unternehmensgewinne.

11. **Deutschland.** Der Bundestag billigt mehrheitlich das neue Urheberrecht, das auch die Verbreitung von Druckerzeugnissen über das interne Datennetze von Universitäten, Schulen und anderen Bildungseinrichtungen regelt.

12. **Ungarn/Europäische Union.** 83,8 % der Wähler stimmen in einem Referendum für den Beitritt zur Europäischen Union, der von allen großen Parteien befürwortet worden war.
Nigeria. Chaotisch, aber weitgehend friedlich verlaufen die ersten Parlamentswahlen seit Einführung der Zivilregierung vor vier Jahren. Deutliche Siegerin wird die ›People's Democratic Party‹ von Präsident OLUSEGUN OBASANJO.
Deutschland. Leipzig wird vom Nationalen Olympischen Komitee zum Bewerber für die Olympischen Spiele 2012 gewählt. Damit setzt sich die sächsische Stadt gegen ihre Mitbewerber Stuttgart, Frankfurt am Main, Düsseldorf und Hamburg durch.

13. **Irakkrieg.** Amerikanische Truppen rücken in Tikrit, der Heimatstadt SADDAM HUSAINS, ein, ohne auf nennenswerten Widerstand zu stoßen. Von dem Diktator fehlt nach wie vor jede Spur.
Malta. Bei den Parlamentswahlen gewinnt die Nationalistische Partei mit 51,8 % der Stimmen die absolute Mehrheit. Damit wird Ministerpräsident EDWARD FENECH ADAMI im Amt bestätigt und Maltas EU-Beitrittsgesuch bekräftigt.

14. **Irakkrieg.** Nach der Einnahme Tikrits kontrollieren die alliierten Streitkräfte den gesamten Irak. Sie erklären den Irakkrieg für faktisch beendet. Unterdessen gehen die Plünderungen in den Städten weiter, die auch vor Krankenhäusern und Kulturgütern nicht Halt machen.
Deutschland. Das Verteidigungsministerium gibt weitere Einschränkungen der Wehrpflicht bekannt. So sollen zum Beispiel künftig weder Verheiratete noch Männer über 23 Jahre zum Wehrdienst eingezogen werden können.

15. **Irak.** Nahe der südirakischen Stadt Nassirija findet ein erstes Treffen verschiedener politischer, ethnischer und religiöser Gruppen statt, das jedoch von dem schiitischen Hohen Rat für die Islamische Revolution im Irak boykottiert wird. In Nassirija demonstrieren derweil tausende Schiiten gegen die Präsenz amerikanischer Truppen. Die Schiiten stellen rund 60 % der Bevölkerung des Irak.

16. **Europäische Union.** In Athen unterzeichnen die Staats- und Regierungschefs der 15 heutigen und der zehn zukünftigen Mitgliedstaaten die Beitrittsverträge und besiegeln damit die größte Erweiterung in der Geschichte der EU.

17. **Finnland.** ANNELI JÄÄTTEENMÄKI von der Zentrumspartei wird als Ministerpräsidentin eingesetzt. Als einziges europäisches Land wird Finnland nun von zwei Frauen geführt: Seit 2000 ist TARJA HALONEN Staatspräsidentin.
Großbritannien/Nordirland. Sir JOHN STEVENS, ranghöchster britischer Polizeibeamter, legt nach fast zehnjähriger Arbeit seinen Untersuchungsbericht über ein dunkles Kapitel im »schmutzigen Krieg« in Nordirland vor. Darin beschuldigt er die Armee und die nordirische

12. April. Mit einem Feuerwerk feiern die Budapester die Entscheidung der Ungarn für einen EU-Beitritt des Landes

Polizei, protestantischen Terroristen bei der Ermordung von Katholiken geholfen zu haben.

19. **Nigeria.** Bei der Präsidentenwahl wird Amtsinhaber OLUSEGUN OBASANJO mit knapp 62 % der Stimmen bereits im ersten Wahlgang in seinem Amt bestätigt. Sein Kontrahent MUHAMMADU BUHARI erhält rund 32 % der Stimmen. Ausländische Wahlbeobachter berichten von zahlreichen Unregelmäßigkeiten und Wahlfälschungen.

20. **China/SARS.** Gesundheitsminister ZHANG und Pekings Bürgermeister MENG werden ihrer Parteiämter enthoben, nachdem die chinesische Regierung eingestehen musste, dass das Ausmaß der Lungenkrankheit SARS in der Hauptstadt vertuscht worden war. Die Zahl der SARS-Fälle sei zehn Mal so hoch wie bisher angegeben. Rund 100 Menschen sind in China bislang an der Krankheit gestorben.

21. **USA/Irak.** Der amerikanische Leiter der Übergangsverwaltung im Irak, der pensionierte General JAY GARNER, trifft in Bagdad ein. Als seine zunächst wichtigste Aufgabe bezeichnet GARNER die Wiederherstellung der Wasser- und Stromversorgung.
Internationaler Strafgerichtshof. Die Versammlung des Internationalen Strafgerichtshofs der UNO mit Sitz in Den Haag wählt in New York den argentinischen Juristen LUIS MORENO OCAMPO zum ersten Chefankläger.

22. **Deutschland.** Bei Bündnis 90/Die Grünen beginnt die Urabstimmung über die Trennung von Amt und Mandat. Die rund 44 000 Mitglieder sollen entscheiden, ob Mitglieder des Bundesvorstands künftig gleichzeitig auch Abgeordnete des Bundestags oder eines Landtags sein dürfen.
UNO/Irak. Der UNO-Sicherheitsrat berät über die Wiederaufnahme der Waffeninspektionen im Irak und über die von den USA geforderte sofortige Aufhebung der 1990 gegen das Land verhängten Sanktionen. Frankreich und Russland wollen die Sanktionen erst aufheben, wenn der Irak nachweislich abgerüstet habe und über keine Massenvernichtungswaffen mehr verfüge.
Zypern. Die Regierung des Nordteils der geteilten Insel öffnet die Grenze und erlaubt seinen türkischen Bewohnern zum ersten Mal seit der Teilung 1974, für einen Tag den griechischen Südteil des Landes zu besuchen.

23. **Palästinensische Autonomiegebiete.** Unter Vermittlung des ägyptischen Geheimdienstchefs OMAR SULEIMAN einigen sich der Vorsitzende der Autonomiebehörde, JASIR ARAFAT, und der designierte Ministerpräsident MAHMUD ABBAS nach tagelangem Streit auf ein palästinensisches Kabinett.
USA/Frankreich. In ungewöhnlich scharfer Form kritisiert der amerikanische Außenminister POWELL Frankreich für seine ablehnende Haltung zum Irakkrieg und droht mit Konsequenzen für die Beziehungen zwischen beiden Staaten.

24. **Deutschland.** Die Expertenkommission zur Rentenreform unter Leitung von BERT RÜRUP spricht sich für die Anhebung des Renteneintrittsalters auf 67 Jahre bis 2030 aus. Weiterhin sollen die Renten in Zukunft in geringerem Maß als die Löhne steigen.
Irak. Ohne größere Zwischenfälle gehen in Kerbela die Gedenkfeierlichkeiten zum gewaltsamen Tod des Prophetenenkels HUSAIN BIN ALI im Jahr 680 zu Ende, zu denen sich in den vergangenen Tagen rund eine Million Schiiten eingefunden hatte. Es waren die ersten Feiern seit den 1970er-Jahren.

27. **Großbritannien/Nordirland.** Die nordirische Untergrundorganisation IRA kündigt ihre vollständige Entwaffnung an.
Argentinien. Bei der Präsidentenwahl erhält der frühere Präsident CARLOS MENEM mit 24,3 % die meisten Stimmen. MENEM muss nun am 18. Mai in einer Stichwahl gegen seinen parteiinternen peronistischen Rivalen NÉSTOR KIRCHNER antreten, der auf einen Stimmenanteil von 22 % kommt.
Paraguay. Der Kandidat der regierenden Colorado-Partei, NICANOR DUARTE FRUTOS, gewinnt erwartungsgemäß die Präsidentenwahl. Mit 37,6 % der Stimmen liegt er deutlich vor dem Zweitplatzierten JULIO CÉSAR FRANCO, dem Kandidaten der Liberalen Partei, der knapp 24 % erhält.
Jemen. Aus den Parlamentswahlen geht erwartungsgemäß der Allgemeine Volkskongress, die herrschende Partei von Staatspräsident ALI ABDALLAH SALEH, als Sieger hervor.

28. **SARS/China.** Die Zahl der SARS-Erkrankungen ist in China auf mehr als 3 100 angestiegen. In Peking, wo mehr als 7 700 Menschen unter Quarantäne gestellt sind, ist das öffentliche Leben weitgehend zum Erliegen gekommen.
Irak. Bei einem Treffen in Bagdad ruft der amerikanische Leiter der Übergangsverwaltung JAY GARNER mehr als 200 ethnische, politische und geistliche Führer der irakischen Bevölkerung zum Aufbau einer Demokratie auf.

29. **Europäische Union.** In Brüssel kommen die Staats- und Regierungschefs von Belgien, Deutschland, Frankreich und Luxemburg zu einem ›Vierer-Gipfel‹ zusammen. Mit Vorschlägen zu einer gemeinsamen Sicherheits- und Verteidigungspolitik wollen die vier Länder die außen- und sicherheitspolitische Handlungsfähigkeit der EU stärken.
Palästinensische Autonomiegebiete. Das palästinensische Parlament, der Autonomierat, bestätigt das Kabinett von Ministerpräsident MAHMUD ABBAS. Die Abgeordneten in Ramallah sprechen sich mit 51 zu 18 Stimmen bei drei Enthaltungen für die neue Regierung aus.

30. **Burundi.** Der stellvertretende Präsident DOMITIEN NDAYIZEYE wird als neues Staatsoberhaupt vereidigt. Er löst den bisherigen Präsidenten PIERRE BOYOYA ab. Mit NDAYIZEYE wird zum ersten Mal ein Angehöriger der Hutu Präsident, die mit 80 % die Bevölkerungsmehrheit des ostafrikanischen Landes stellen.

22. April. Griechische und türkische Zyprer passieren am Ledra-Palaca-Kontrollpunkt in Nikosia die Grenze

MAI

1. **USA/Irak.** Sechs Wochen nach Beginn des Kriegs erklärt der amerikanische Präsident BUSH in einer Rede an Bord des Flugzeugträgers ›USS Abraham Lincoln‹ die wesentlichen Kampfhandlungen im Irak für beendet.
Deutschland. Die Gewerkschaften rufen auf ihren Maikundgebungen, an denen bundesweit rund eine Million Menschen teilnimmt, zum Widerstand gegen die Reformpläne der Bundesregierung auf und fordern deutliche Korrekturen.
Deutschland. Im Berliner Stadtteil Kreuzberg kommt es zu den traditionellen 1.-Mai-Krawallen. Randalierende Demonstranten bewerfen Polizisten mit Steinen und Flaschen und zünden etwa zehn geparkte Autos an. Bei den Ausschreitungen werden 175 Polizeibeamte verletzt, 139 Personen werden festgenommen.

3. **USA/Irak.** Die USA erklären, ihre Truppen im Irak bis zum Herbst von derzeit 130 000 auf höchstens 30 000 Mann reduzieren zu wollen. Der Irak soll unter amerikanischem Oberkommando in eine nördliche, mittlere und südliche Militärzone unter Führung Polens, der USA und Großbritanniens aufgeteilt werden.
katholische Kirche. Auf seiner 99. Auslandsreise trifft Papst JOHANNES PAUL II. in Spanien ein. Bei seinem zweitägigen Aufenthalt ruft er zum Frieden in der Welt und in Europa auf und spricht zwei Priester und drei Ordensfrauen des 19. und 20. Jahrhunderts heilig.

5. **Italien/Europäische Union.** Der italienische Ministerpräsident BERLUSCONI beschuldigt bei seiner Aussage vor einem Mailänder Strafgericht den Präsidenten der EU-Kommission, ROMANO PRODI, der Verwicklung in eine Korruptionsaffäre.

6. **Polen/Deutschland/Irak.** Der Vorschlag des polnischen Verteidigungsministers JERZY SZMAJDZINSKI, Deutschland solle sich an der von Polen geführten multinationalen ›Friedenstruppe‹ im Norden des Irak beteiligen, wird in Berlin mit Verblüffung und Verärgerung zur Kenntnis genommen.
USA/Afghanistan. Die Vereinigten Staaten wollen rund zwei Dutzend Gefangene aus dem Internierungslager Guantanamo Bay auf Kuba freilassen. Insgesamt sind seit Januar 2002 etwa 660 Gefangene unter dem Vorwurf, Al-Qaida- oder Talebanangehörige zu sein, in dem Lager der amerikanischen Kriegsmarine interniert.

8. **Deutschland.** Der Prozess vor dem Lüneburger Landgericht um das Zugunglück von Eschede wird eingestellt, da die drei angeklagten Ingenieure keine schwere Schuld treffe. Bei dem Zugunglück am 3. 6. 1998 waren 101 Menschen ums Leben gekommen.
Deutschland. Der Gegenvorschlag des Deutschen Gewerkschaftsbunds (DGB) zu den Reformplänen ›Agenda 2010‹ der Bundesregierung wird von Regierung, Opposition, Vertretern der Wirtschaft und Wirtschaftswissenschaftlern als unrealistisch und nicht finanzierbar zurückgewiesen. Nach den Vorstellungen des DGB soll das Wirtschaftswachstum durch staatliche Investitionshilfen und Steuersenkungen auf Kosten höherer Neuverschuldung gefördert werden.
Europäische Union. Die Justizminister der EU einigen sich darauf, Geldstrafen und Geldbußen für Verkehrsvergehen gegenseitig anzuerkennen.

10. **Island.** Bei den Parlamentswahlen verliert die bürgerliche Unabhängigkeitspartei von Ministerpräsident DAVID ODDSSON vier Mandate, bleibt mit 22 Sitzen aber stärkste Partei, gefolgt von der Sozialdemokratischen Allianz, die 20 Mandate erzielt. Die bäuerliche Fortschrittspartei stellt zwölf Abgeordnete.
Irak. Nach 23-jährigem Exil kehrt der Schiitenführer BAQIR AL HAKIM aus der iranischen Hauptstadt Teheran in den Irak zurück. Tausende seiner Anhänger bereiten ihm einen begeisterten Empfang.

10. Mai. Der Führer der größten schiitischen Partei im Irak, Ajatollah Muhammad Baqir al Hakim, hält anlässlich seiner Rückkehr nach 23 Jahren Exil in seiner Heimatstadt Nadschaf eine Rede, in der er auch den Abzug der amerikanischen Truppen fordert

11. **Litauen/Europäische Union.** Bei einem zweitägigen Referendum stimmen 91 % der Wähler für einen Beitritt des Landes zur EU.
Serbien und Montenegro. Sieger der dritten Präsidentenwahl innerhalb eines halben Jahres in der Teilrepublik Montenegro wird der Regierungskandidat FILIP VUJANOVIĆ mit 64,2 % der Stimmen. Für den Kandidaten der Opposition, MIODRAG ŽIVKOVIĆ, stimmen 31,4 % der Wähler.

12. **Saudi-Arabien.** Bei einer Serie von Selbstmordattentaten in der Hauptstadt Riad kommen 34 Menschen ums Leben, darunter Staatsangehörige westlicher Länder. Fast zeitgleich werden in drei Wohnvierteln mit Sprengstoff beladene Fahrzeuge zur Explosion gebracht. Bei einem vierten Anschlag auf das Gebäude eines amerikanisch-saudischen Unternehmens entsteht nur Sachschaden.
Deutschland. Bund und Länder einigen sich über die Finanzierung der schulischen Ganztagsbetreuung. Bis zum Jahr 2007 wird der Bund dafür insgesamt 4 Mrd. € zur Verfügung stellen.
Großbritannien. Entwicklungshilfeministerin CLAIRE SHORT tritt zurück, weil sie sich von Premierminister BLAIR getäuscht sieht. Dieser hatte ihr zugesagt, der Wiederaufbau des Irak werde Sache der Vereinten Nationen sein.
Niederlande. Drei Jahre nach der Feuerwerkskatastrophe von Enschede, bei der 22 Menschen getötet worden

waren, spricht ein Berufungsgericht den zuvor zu 15 Jahren Haft verurteilten Hauptangeklagten vom Vorwurf der Brandstiftung frei.

13. **Europäische Union.** Nach einer Entscheidung des Europäischen Gerichtshofs dürfen gesetzlich Krankenversicherte im Ausland einen Arzt aufsuchen, ohne dies vorher durch ihre Krankenkasse genehmigen zu lassen. Krankenhausbehandlungen bleiben indes weiterhin genehmigungspflichtig.
Algerien. Die Armee befreit 17 in der Südsahara entführte europäische Touristen, unter ihnen zehn Österreicher und sechs Deutsche. Bei der Befreiungsaktion kommen neun Entführer und mehrere Soldaten ums Leben. Die Touristen waren seit mehreren Wochen in der Hand einer militanten Islamistenorganisation, 15 weitere Geiseln werden weiterhin von einer zweiten Terroristengruppe festgehalten.

14. Mai. In einem Massengrab südlich von Bagdad sind die sterblichen Überreste von zahlreichen Menschen gefunden worden. Sie sind wahrscheinlich Opfer des Regimes von Saddam Husain

14. **Irak.** Hundert Kilometer südlich von Bagdad werden Massengräber mit bis zu 15 000 Leichen entdeckt. Bei den Toten handelt es sich vermutlich um die sterblichen Überreste von Schiiten, die 1991 nach dem gescheiterten Aufstand gegen SADDAM HUSAIN ermordet worden waren.

15. **Argentinien.** NÉSTOR KIRCHNER wird neuer Präsident des Landes werden, da sein parteiinterner peronistischer Rivale, der ehemalige Präsident CARLOS MENEM, auf eine Kandidatur bei der für den 18. Mai vorgesehenen Stichwahl verzichtet. Umfragen hatten MENEM einen Stimmenanteil von nur 30 % vorausgesagt.

16. **Deutschland/USA.** Auf seinem zweitägigen Deutschlandbesuch trifft der amerikanische Außenminister POWELL u. a. mit Bundeskanzler SCHRÖDER und Außenminister FISCHER zusammen. Die Gespräche sind überschattet von den tief greifenden Verstimmungen zwischen beiden Staaten.
Marokko. Bei fünf gleichzeitig verübten Selbstmordanschlägen auf ein Hotel, zwei jüdische Einrichtungen, das belgische Konsulat und ein Restaurant in Casablanca werden 42 Personen, unter ihnen acht Ausländer, getötet und mehr als 100 verletzt. Am Tag darauf geht die Polizei gegen islamistische Gruppen vor und verhaftet 33 Verdächtige.
Deutschland. GUIDO WESTERWELLE wird auf dem Parteitag der FDP in Bremen erneut zum Parteivorsitzenden gewählt. Er erhält rund 80 % der Stimmen, 10 % weniger als vor zwei Jahren.

17. **Slowakische Republik/Europäische Union.** Bei einer zweitägigen Volksabstimmung entscheiden sich 92,5 % der Wähler für einen EU-Beitritt. Mit einer Wahlbeteiligung von nur 52,2 % wurde das Quorum von 50 % jedoch nur knapp erreicht.

18. **Belgien.** Bei der Parlamentswahl können die Sozialisten einen starken Zuwachs verbuchen. Sie gewinnen elf Mandate hinzu und stellen 48 der 150 Abgeordneten. Die Liberalen können die Zahl ihrer Sitze von 41 auf 49 ausbauen. Der rechtsextreme Vlaams Blok verbessert sich um drei auf 18 Mandate. Die oppositionellen Christdemokraten verlieren drei Mandate und kommen auf 29 Sitze. Wahlverlierer sind die Grünen; sie büßen sieben ihrer bisher elf Mandate ein.

19. **Deutschland.** Die Deutsche Bahn kündigt an, unter dem Druck sinkender Kunden- und schlechter Umsatzzahlen ihr umstrittenes Preissystem zu ändern. Die beiden für den Personenverkehr zuständigen Vorstandsmitglieder werden entlassen. Der Vertrag von Bahnchef HARTMUT MEHDORN wird am Tag darauf vorzeitig bis 2008 verlängert.

20. **USA/Irak/UNO.** Die USA legen einen veränderten Resolutionsentwurf zur Nachkriegsordnung im Irak vor. Darin kommen die USA den Wünschen von UNO-Sicherheitsratsmitgliedern wie Deutschland, Frankreich und Russland nach einer stärkeren Rolle der UNO entgegen.

21. **Europäische Union/Deutschland.** Die EU-Kommission hält die Reformpläne ›Agenda 2010‹ der Bundesregierung für nicht ausreichend zur Konsolidierung der deutschen Staatsfinanzen. EU-Kommissar PEDRO SOLBES fordert weitere Schritte zum Abbau des Haushaltsdefizits. Unterdessen kündigt Bundeskanzler SCHRÖDER eine Verdopplung der Neuverschuldung auf rund 38 Mrd. € an.
Deutschland. Bundesverteidigungsminister PETER STRUCK kündigt die Schließung von neun weiteren Bundeswehrstandorten an. Davon betroffen sind rund 7 000 Soldaten.

22. **UNO/Irak.** Der UNO-Sicherheitsrat verabschiedet die von den USA vorlegte neue Irakresolution mit 14 von 15 Stimmen. Damit werden die Handelssanktionen gegen den Irak aufgehoben und die USA und Großbritannien als Besatzungsmächte anerkannt. Am Tag darauf erkärt die amerikanisch geführte Zivilverwaltung die irakischen Streitkräfte für aufgelöst.

23. **Deutschland.** Bei einer Urabstimmung sprechen sich etwas mehr als zwei Drittel der Parteimitglieder von Bündnis 90/Die Grünen dafür aus, die Trennung von Amt und Mandat teilweise aufzuheben. Künftig dürfen zwei der sechs Vorstandsmitglieder auch ein Mandat des Bundestags oder eines Landtags innehaben.

Deutschland. In Anwesenheit von sozialdemokratischen Parteiführern aus dem europäischen Ausland feiert die SPD mit einem Festakt in Berlin ihr 140. Gründungsjubiläum.

24. **Irak.** Die amerikanische Zivilverwaltung in Bagdad ordnet die Entwaffnung aller Zivilisten und Milizen bis Mitte Juni an. Die kurdischen Peschmerga im Norden des Landes sind von der Anordnung ausgenommen.

25. **Deutschland.** Bei der Bürgerschaftswahl in Bremen kann die SPD trotz leichter Verluste mit 42,3 % der Stimmen ihre Position als stärkste Partei ausbauen. Die CDU dagegen verliert 7,2 % und erreicht nur noch 29,9 %. Die Grünen gewinnen 3,9 Prozentpunkte dazu und kommen auf 12,8 %. SPD und CDU erklären, die große Koalition fortsetzen zu wollen.
Armenien. Wegen gefälschter Wahlprotokolle und anderer Unregelmäßigkeiten üben Wahlbeobachter der OSZE deutliche Kritik am Ablauf der Parlamentswahl. Als stärkste Kraft geht die ›Republikanische Partei‹, die bisher den Ministerpräsident stellte, aus der Wahl hervor.

27. **Deutschland.** Das Oberlandesgericht Düsseldorf ordnet die Entlassung von METIN KAPLAN aus der Auslieferungshaft an und untersagt dessen Auslieferung an die Türkei, da ihm dort politische Verfolgung drohe. Die vierjährige Haftstrafe des als ›Kalif von Köln‹ bekannt gewordenen Islamistenführers, der wegen Aufruf zur Tötung eines Rivalen verurteilt worden war, ist Ende März abgelaufen.
Europäische Union. Der Wechselkurs der europäischen Gemeinschaftswährung Euro steigt auf einen historischen Höchststand von 1,1933 US-$; sie wird damit erstmals höher bewertet als an ihrem ersten Handelstag am 4. 1. 1999.

28. **Ökumene.** Mehr als 150 000 Gläubige nehmen am Eröffnungsgottesdienst des ersten ökumenischen Kirchentags am Brandenburger Tor in Berlin teil.

29. **Deutschland.** Der Präsident des europäischen Verfassungskonvents, VALÉRY GISCARD D'ESTAING, wird mit dem Internationalen Karlspreis der Stadt Aachen ausgezeichnet. Er erhält den Preis in Würdigung seiner Lebensleistung und der historischen Aufgabe, eine Verfassung für das Vereinte Europa auszuarbeiten.

30. **Russland.** Anlässlich der 300-Jahr-Feier von St. Petersburg empfängt Präsident WLADIMIR PUTIN die Staats- und Regierungschefs aus den G-8-Staaten, der Europäischen Union und den EU-Beitrittsländern sowie aus China und Indien zum ersten großen Gipfeltreffen seit dem Irakkrieg.
UNO/Demokratische Republik Kongo. Der UNO-Sicherheitsrat beschließt einstimmig die Entsendung einer internationalen Kongo-Friedenstruppe. Die bis zu 1400 Mann starke Truppe unter Führung Frankreichs soll in der Stadt Bunia in der Region Ituri im Nordosten des Landes stationiert werden und weitere Massaker verhindern.
Ökumene. Vertreter von 16 Kirchen in Deutschland unterzeichnen auf dem Ökumenischen Kirchentag in Berlin die ›Charta Oecumenica‹, mit der die Zusammenarbeit der Kirchen in Europa gefördert werden soll.

31. **Russland/Europäische Union.** Die Osterweiterung der Europäischen Union und die Reisefreiheit zwischen Russland und der EU sind die zentralen Themen des EU-Russlandgipfels in St. Petersburg.
Birma (Myanmar). Die Militärregierung nimmt die Vorsitzende der oppositionellen Nationalen Liga für Demokratie (NLD), die Nobelpreisträgerin AUNG SAN SUU KYI, in ›Schutzhaft‹. Erst im Mai vergangenen Jahres war SUU KYI aus mehrjährigem Dauerhausarrest entlassen worden.
Frankreich. Zum letzten Mal landet eine Concorde der Air France im Linienbetrieb in Paris. Der kommerzielle Betrieb des Überschalljets wird wegen mangelnder Rentabilität nach 27 Jahren eingestellt.

JUNI

1. **USA/Russland.** Bei ihrem ersten Treffen seit Beginn des Streits um den Irakkrieg bekräftigen die Präsidenten der USA und Russlands, BUSH und

30. Mai. In der früheren Zarenresidenz Peterhof gibt der russische Präsident Wladimir Putin (links) anlässlich der 300-Jahr-Feier von St. Petersburg ein Dinner für 300 Gäste – unter ihnen US-Präsident George W. Bush (rechts sitzend)

PUTIN, in St. Petersburg ihren beiderseitigen Willen zur Partnerschaft.
G 8. In Evian am Genfer See eröffnet der französische Präsident CHIRAC die dreitägige Konferenz der führenden Industriestaaten und Russlands (G 8). Der erste Tag des Treffens wird von gewaltsamen Protesten in Genf und Lausanne überschattet.
Togo. Präsident GNASSINGBÉ EYADÉMA wird laut amtlichem Wahlergebnis bei der Präsidentenwahl mit 57 % der Stimmen in seinem Amt bestätigt. Für den Oppositionskandidaten BOB AKITANI stimmen 34 % der Wähler.
China. Nach fast zehnjähriger Bauzeit wird planmäßig mit der Flutung des Drei-Schluchten-Staudamms begonnen. Für den Bau des umstrittenen Staudamms am Oberlauf des Jangtse wurden bislang mehr als 700 000 Bewohner der Region zum Teil zwangsweise umgesiedelt.

2. **G 8/USA/Frankreich.** Auf dem G-8-Gipfel in Evian erklären der amerikanische Präsident BUSH und Frankreichs Staatspräsident CHIRAC ihr Zerwürfnis im Irakkonflikt für beendet.

3. **USA/Israel/Palästinensische Autonomiegebiete.** Im ägyptischen Scharm esch Scheich trifft der amerikanische Präsident BUSH mit mehreren arabischen Staats- und Regierungschefs zusammen. Auf dem Treffen spricht sich BUSH für einen freien Palästinenserstaat aus.
Deutschland. Mit der Vorlage ihrer Vorstellungen eines Regierungsprogramms für die verbleibende Legislaturperiode stellt die nordrhein-westfälische SPD den Koalitionsvertrag mit Bündnis 90/Die Grünen infrage.

4. **Israel/Palästinensische Autonomiegebiete/USA/Jordanien.** Im jordanischen Aqaba treffen der israelische Ministerpräsident SCHARON und der palästinensische Ministerpräsident ABBAS mit dem amerikanischen Präsidenten BUSH und dem jordanischen König ABDULLAH II. zu Gesprächen über den internationalen Nahostfriedensplan zusammen. SCHARON und ABBAS verpflichten sich auf dem Gipfeltreffen zur Umsetzung des Friedensplans.

5. **Deutschland.** Der frühere stellvertretende FDP-Vorsitzende MÖLLEMANN stürzt bei einem Fallschirmabsprung in den Tod. Vermutlich hat MÖLLEMANN Selbstmord begangen, nachdem wenige Stunden zuvor der Bundestagspräsident MÖLLEMANNS Immunität aufgehoben und die Staatsanwaltschaft mit der

5. Juni. Blumen stehen auf dem Stuhl von Jürgen Möllemann im deutschen Bundestag. Er ist bei einem Fallschirmsprung ums Leben gekommen

Durchsuchung seiner Privat- und Geschäftsräume begonnen hatte.
Europäische Union. Die Europäische Zentralbank (EZB) senkt ihren Leitzins von 2,5 auf 2 %. In allen Ländern des Euroraums ist der Leitzins damit auf dem niedrigsten Stand seit Ende des Zweiten Weltkriegs.
Deutschland. Der Thüringer Landtag wählt den CDU-Landesvorsitzenden DIETER ALTHAUS zum Nachfolger von BERNHARD VOGEL, der unmittelbar zuvor vom Amt des Ministerpräsidenten zurückgetreten war.
katholische Kirche. Papst JOHANNES PAUL II. trifft zu einer viertägigen Reise in Kroatien ein. Es ist seine 100. Auslandsreise seit 1979.

6. **Deutschland.** Mit den Stimmen aller Fraktionen verabschiedet der Bundestag den Staatsvertrag mit dem Zentralrat der Juden in Deutschland.
Russland. Die Duma nimmt mit großer Mehrheit die von Präsident PUTIN vorgeschlagene Amnestie für Tschetschenien an. Sie sichert tschetschenischen Kämpfern, die ihre Waffen abgeben, Straffreiheit zu. Ausgenommen von der Amnestie sind jedoch Straftaten wie Mord.
Japan. Das Oberhaus verabschiedet drei Notstandsgesetze. Sie sollen die Verteidigungsbereitschaft des Landes im Falle eines Angriffs erhöhen.

7. **Deutschland/Afghanistan.** Beim bislang schwersten Anschlag auf Bundeswehrangehörige im Ausland werden in der afghanischen Hauptstadt

7. Juni. Trauerfeier für die vier deutschen ISAF-Soldaten, die bei einem Selbstmordanschlag in Kabul getötet wurden

Kabul vier Soldaten getötet und 29 verletzt. Ein Selbstmordattentäter hatte sich in einem Auto in die Luft gesprengt, als er an einem Bus der Bundeswehr vorbeifuhr.

8. **Polen/Europäische Union.** In einem zweitägigen Referendum spricht sich die Mehrheit der rund 29,8 Mio. Wahlberechtigten für einen EU-Beitritt aus. Bei einer Wahlbeteiligung von 58,9 % stimmen 77,45 % der Wähler einem Beitritt zu.
Mauretanien. Bei einem Putschversuch arabisch-nationalistischer Militärs gegen die Regierung von Präsident MAOUIA OULD SIDI MOHAMMED TAYA werden Dutzende von Soldaten und Zivilisten getötet.

9. **Großbritannien.** Die britische Regierung gibt bekannt, dass Großbritannien vorerst nicht der Europäischen Währungszone beitreten werde. Die wirtschaftlichen Bedingungen seien zurzeit noch nicht gegeben.
Israel/Palästinensische Autonomiegebiete. Die israelische Armee beginnt mit dem angekündigten Abriss von Siedlungen im besetzten Westjordanland, die jüdische Siedler ohne Regierungsgenehmigung errichtet hatten.

10. **Israel/Palästinensische Autonomiegebiete.** Die israelische Armee greift in Gaza-Stadt ABDALAZIZ RANTISI, einen der wichtigsten Sprecher der Hamas-Bewegung, an. Zwei Passanten sterben, als Kampfhubschrauber mit Raketen auf das Auto von RANTISI feuern, der bei dem Angriff verletzt wird.
Georgien. Die in der abtrünnigen Provinz Abchasien entführten vier UNO-Militärbeobachter – zwei Bundeswehrsoldaten, ein dänischer Soldat und ein georgischer Dolmetscher – werden nach fünftägiger Geiselhaft freigelassen.

11. **Österreich.** Mit den Stimmen der Koalitionsfraktionen ÖVP und FPÖ billigt der Nationalrat die seit zehn Wochen umstrittene Regierungsvorlage zur Rentenreform. Der Gewerkschaftsbund ÖGB hatte mit den größten Massendemonstrationen und Streiks seit Ende des Zweiten Weltkriegs gegen das Gesetz angekämpft.
Israel/Palästinensische Autonomiegebiete. Auf der belebten Jaffa-Straße in Jerusalem sprengt sich ein palästinensischer Selbstmordattentäter neben einem Bus in die Luft; dabei sterben 16 Menschen, 70 weitere werden verletzt. Am Tag darauf kündigt der israelische Ministerpräsident SCHARON einen verstärkten Kampf gegen terroristische palästinensische Gruppen an.

12. **UNO/USA.** Der UNO-Sicherheitsrat verlängert auf Antrag der USA die Immunität amerikanischer Soldaten bei UNO-Einsätzen um ein Jahr. Deutschland, Frankreich und Syrien enthalten sich der Stimme.

13. **Europäische Union.** Der EU-Konvent nimmt den Entwurf für eine europäische Verfassung an. Dieser sieht einen hauptamtlichen Präsidenten des Europäischen Rats der Staats- und Regierungschefs und einen europäischen Außenminister vor.
Liberia. Bei Kämpfen zwischen Regierungstruppen und Rebellen in der Hauptstadt Monrovia sind in der vergangenen Woche mehr als 300 Menschen getötet worden, darunter auch zahlreiche Zivilisten.

14. **Tschechische Republik/Europäische Union.** Bei der ersten Volksabstimmung in der tschechischen Geschichte sprechen sich 77,3 % der Wähler für die EU-Mitgliedschaft ihres Landes aus. An dem Referendum beteiligen sich 55,3 % der rund 8,3 Mio. Wahlberechtigten.

16. **Internationaler Strafgerichtshof.** Der erste Chefankläger des Internationalen Strafgerichtshofs, der Argentinier LUIS MORENO OCAMPO, wird in Den Haag vereidigt.

17. **Jordanien.** Bei den Parlamentswahlen gewinnen die regierungsnahen royalistischen Unabhängigen erwartungsgemäß die Mehrheit der 110 Mandate. Zweitstärkste Kraft wird die oppositionelle Islamische Aktionsfront.
USA/Irak. Zwei amerikanische Soldaten erliegen ihren Verletzungen, die sie bei Angriffen von Heckenschützen an den Vortagen erlitten hatten. Die Zahl der seit dem offiziellen Ende der Kampfhandlungen am 1. Mai im Irak ums Leben gekommenen Amerikaner ist damit auf 50 gestiegen.

14. Juni. Zuschauer bei einem Popkonzert vor der Prager Burg, das anlässlich des Referendums zum EU-Beitritt veranstaltet wird

18. **Italien.** Mit 302 Ja- gegen 17 Neinstimmen bei 13 Enthaltungen verabschiedet die Abgeordnetenkammer das umstrittene Immunitätsgesetz, das bereits zuvor den Senat, die zweite Kammer des Parlaments, passiert hatte. Das Gesetz schützt Ministerpräsident BERLUSCONI vor einer drohenden Verurteilung wegen Bestechung eines Richters.
Finnland. Nach nur zweimonatiger Amtszeit tritt Ministerpräsidentin ANNELI JÄÄTTEENMÄKI zurück. Ihr wird vorgeworfen, im Wahlkampf ein geheimes Protokoll über ein Gespräch zwischen dem früheren Minis-

terpräsidenten PAAVO LIPPONEN und dem amerikanischen Präsidenten BUSH missbräuchlich benutzt zu haben.

19. **Europäische Union.** Auf der griechischen Halbinsel Chalkidiki nahe Thessaloniki wird das dreitägige Gipfeltreffen der Staats- und Regierungschefs der EU eröffnet. Im Mittelpunkt der Gespräche stehen der am 13. Juni vorgelegte Entwurf für die EU-Verfassung sowie die gemeinsame Sicherheits- und Zuwanderungspolitik.
USA/Iran. Der amerikanische Präsident BUSH warnt die iranische Regierung davor, Atomwaffen zu entwickeln. Die internationale Staatengemeinschaft werde den Bau von Atomwaffen in Iran nicht tolerieren.
Türkei/Europäische Union. Das türkische Parlament stimmt einem von der EU geforderten Reformpaket zur Verbesserung der Menschenrechte zu. Die Regierung hofft, damit dem Beitritt zur Europäischen Union einen Schritt näher zu kommen.

20. **Deutschland.** Mit den Stimmen der unionsgeführten Länder lehnt der Bundesrat das umstrittene Zuwanderungsgesetz abermals ab. Der rotgrüne Gesetzentwurf wird nun an den Vermittlungsausschuss überwiesen.
Frankreich/Europäische Union. Auf Druck Frankreichs setzt der griechische Ministerpräsident und EU-Ratspräsident KOSTAS SIMITIS die Verhandlungen um die umstrittene EU-Agrarreform vorerst aus. Die Gespräche der EU-Agrarminister sollen nun am 25. Juni in Luxemburg fortgesetzt werden.
Europäische Union. Die Staats- und Regierungschefs der EU erklären den französischen Notenbankpräsidenten JEAN-CLAUDE TRICHET zum Kandidaten für das Präsidentenamt der Europäischen Zentralbank (EZB). TRICHET war erst zwei Tage zuvor von einem Pariser Gericht vom Vorwurf der Bilanzfälschung freigesprochen worden.

21. **Weltwirtschaftsforum.** Die Konflikte in Palästina und im Irak stehen im Mittelpunkt einer Sonderkonferenz des Weltwirtschaftsforums im jordanischen Badeort Schuneh am Toten Meer. An der dreitägigen Konferenz nehmen rund 1 200 Politiker und Unternehmer aus 65 Ländern teil.

28. Juni. Mexikanische Polizisten begleiten den wegen Völkermords angeklagten Argentinier Ricardo Cavallo zum Flugzeug

22. **katholische Kirche.** Papst JOHANNES PAUL II. ruft auf seiner 101. Auslandsreise in Banja Luka in Bosnien und Herzegowina zur Versöhnung nach Jahren des Krieges auf.

23. **Deutschland.** Der seit Anfang Juni andauernde Streik um die 35-Stunden-Woche in der ostdeutschen Metall- und Elektroindustrie verursacht erstmals Produktionsausfälle in Westdeutschland. Bei BMW muss wegen ausbleibender Lieferungen aus ostdeutschen Betrieben Kurzarbeit angemeldet werden.

24. **Europäische Union/Deutschland.** Die EU-Kommission warnt die Bundesregierung vor einem Verstoß gegen den Stabilitätspakt im kommenden Jahr. Zusätzliche Steuerentlastungen durch das Vorziehen der für 2005 vorgesehenen dritten Stufe der Steuerreform dürften nicht durch eine höhere Neuverschuldung finanziert werden.
USA/Europäische Union. Der amerikanische Präsident BUSH wirft der EU in scharfem Ton vor, mit dem Importverbot für genmanipulierte Lebensmittel die Bekämpfung des Hungers in Afrika zu torpedieren. Die USA haben bereits im Mai bei der WTO eine Klage gegen das Einfuhrverbot der EU angestrengt.
Irak/Großbritannien. Nach schweren Unruhen in der von Schiiten bewohnten Stadt Madschar al Kabir im Süden des Irak werden sechs britische Militärpolizisten von der aufgebrachten Bevölkerung getötet.

25. **Deutschland.** Nachdem Bundesfinanzminister HANS EICHEL und Bundesgesundheitsministerin ULLA SCHMIDT sich im Streit über das Einsparvolumen im Sozialetat mit einem Kompromiss geeinigt haben, beschließt das Bundeskabinett einen Haushaltsentwurf mit zahlreichen drastischen Einschnitten, so bei der Entfernungspauschale, dem Weihnachtsgeld im öffentlichen Dienst und der Eigenheimzulage.

26. **Liberia/USA.** In der liberianischen Hauptstadt Monrovia gehen die seit Tagen anhaltenden Kämpfe zwischen Regierungstruppen und Rebellen unvermindert weiter. Der amerikanische Präsident BUSH fordert den Präsidenten des westafrikanischen Landes, CHARLES TAYLOR, zum sofortigen Rücktritt auf, um weiteres Blutvergießen zu verhindern.

28. **Deutschland.** Die IG-Metall erklärt den seit vier Wochen andauernden Streik in der ostdeutschen Metall- und Elektroindustrie um die Einführung der 35-Stunden-Woche für gescheitert.
Deutschland. Die PDS wählt auf einem Sonderparteitag in Berlin LOTHAR BISKY zum neuen Parteivorsitzenden.
Peru. Präsident ALEJANDRO TOLEDO MANRIQUE ernennt BEATRIZ MERINO LUCERO zur neuen Ministerpräsidentin. Damit übernimmt erstmals in der Geschichte des Landes eine Frau das Amt des Regierungschefs.
Spanien. Auf Antrag des Richters BALTASAR GARZÓN liefert Mexiko den früheren argentinischen Korvettenkapitän RICARDO CAVALLO an die spanischen Behörden aus. CAVALLO werden Terrorismus und Völkermord während der Militärdiktatur zwischen 1975 und 1983 in Argentinien vorgeworfen.

29. **Deutschland.** Nach einer Klausurtagung des Bundeskabinetts spricht sich Bundeskanzler SCHRÖDER dafür aus, die für 2005 geplante dritte Stufe der Steuerreform auf 2004 vorzuziehen.

30. **Deutschland.** Auf dem Flugplatz Manching bei München erhält der ›Eurofighter‹ seine Typenzulassung. Damit kann mit der Serienproduktion des gemeinsam mit Italien, Spanien und Großbritannien gebauten neuen Jagdflugzeugs begonnen werden. Die vier Länder werden für ihre Streitkräfte bis 2015 insgesamt 620 Maschinen beschaffen.
Deutschland. Mit einer Einigung in den letzten strittigen Punkten zwischen SPD und Bündnis 90/Die Grünen wird die sechswöchige Koalitionskrise in Nordrhein-Westfalen beigelegt.

JULI

1. **Europäische Union.** Turnusgemäß übernimmt Italien von Griechenland die Präsidentschaft der EU. Der italienische Ministerpräsident BERLUSCONI erhält damit die Funktion des Ratspräsidenten.
China. In Hongkong demonstrieren 500 000 Menschen gegen die geplanten neuen Sicherheitsgesetze. Sie befürchten eine Einschränkung der Bürgerrechte in der ehemaligen britischen Kronkolonie und heutigen chinesischen ›Sonderverwaltungsregion‹.

2. Juli. Italiener demonstrieren vor der deutschen Botschaft in Rom gegen die Entgleisung von Ministerpräsident Silvio Berlusconi im EU-Parlament (›vergogna‹: Schande)

2. **Italien/Europäische Union.** Bereits am zweiten Tag der EU-Ratspräsidentschaft seines Landes provoziert der italienische Ministerpräsident BERLUSCONI im Europäischen Parlament in Straßburg einen Eklat, als er den deutschen SPD-Abgeordneten MARTIN SCHULZ indirekt mit einem Nazi vergleicht. Von führenden deutschen und europäischen Politikern wird die Äußerung BERLUSCONIS als »inakzeptabel« bezeichnet.

3. **Italien/Deutschland.** In einem Telefongespräch mit Bundeskanzler SCHRÖDER drückt der italienische Ministerpräsident BERLUSCONI sein Bedauern für seinen Nazi-Vergleich vom Vortag aus, verweigert aber eine Entschuldigung.
Deutschland. Mit der überwältigend großen Mehrheit von 575 Ja-Stimmen bei vier Enthaltungen und einer Gegenstimme billigt der Bundestag die Osterweiterung der EU.

4. **Deutschland.** Der SPD-Politiker HENNING SCHERF wird zum dritten Mal zum Bremer Bürgermeister gewählt. SCHERF steht einer großen Koalition von SPD und CDU vor.
USA/Türkei. Amerikanische Streitkräfte nehmen im Nordirak elf türkische Elitesoldaten fest. Sie werden beschuldigt, einen Anschlag auf den von der USA eingesetzten Gouverneur von Kirkuk geplant zu haben.
Pakistan. Bei einem Anschlag auf eine schiitische Moschee in der Stadt Quetta im Südwesten des Landes werden 44 Menschen, darunter die drei Attentäter, getötet und mehr als 50 verletzt. Die Terroristen hatten Handgranaten in die betende Menge geworfen.
Kriegsverbrechertribunal. Der ehemalige Kommandeur des berüchtigten bosnischen Internierungslagers Omarska, ZELJKO MEAKIC, wird an das Internationale Kriegsverbrechertribunal für das ehemalige Jugoslawien in Den Haag ausgeliefert.

5. **Kuwait.** Bei den Parlamentswahlen können die Islamisten und die dem Herrscherhaus nahe stehenden Kandidaten ihre Mehrheit ausbauen. Die westlich orientierten Liberalen müssen schwere Verluste hinnehmen.

6. **Frankreich.** Bei einer Wahlbeteiligung von 60 % sprechen sich 51 % der abstimmenden Einwohner Korsikas in einem Referendum gegen die von der Regierung in Paris gewünschte territoriale Neuordnung der Insel aus.
Mexiko. Bei den Wahlen zum Abgeordnetenhaus erleidet Präsident VICENTE FOX eine deutliche Niederlage. Seine konservative Partei der Nationalen Aktion (PAN) verliert rund acht Prozentpunkte und kommt auf nur noch 30,5 % der Stimmen.
Großbritannien/Nordirland. Unter scharfen Sicherheitsvorkehrungen verläuft die alljährliche Oranier-Parade im nordirischen Portadown unerwartet friedlich. In den vergangenen Jahren war es bei dem Marsch häufig zu Zusammenstößen zwischen gewalttätigen Demonstranten und der Polizei gekommen.

7. **Großbritannien.** Im Streit um die Frage der irakischen Massenvernichtungswaffen erklärt der außenpolitische Ausschuss des Unterhauses, Premierminister BLAIR habe das Parlament nicht absichtlich irregeleitet und das Land nicht unter einem Vorwand in den Krieg geführt.

8. **Deutschland.** Der Fernsehmoderator und stellvertretende Präsident des Zentralrats der Juden in Deutschland, MICHEL FRIEDMAN, tritt von allen seinen Ämtern zurück. Am Vortag hatte das Berliner Amtsgericht einen Strafbefehl gegen FRIEDMAN wegen Kokainbesitzes in zehn Fällen verhängt.
USA/Senegal. Der amerikanische Präsident BUSH beginnt seine erste Afrikareise in der senegalesischen Hauptstadt Dakar. In den kommenden fünf Tagen wird BUSH noch Südafrika, Botswana, Uganda und Nigeria besuchen.

9. **Deutschland/Italien.** Bundeskanzler SCHRÖDER sagt seinen geplanten Italienurlaub ab. Grund hierfür sind die polemischen, deutschlandfeindlichen Äußerungen des italienischen Staatssekretärs für Tourismus, STEFANO STEFANI.
USA. Demokratische Senatoren ziehen zunehmend die Glaubwürdigkeit von Präsident BUSH in Zweifel. Das

Weiße Haus hatte zuvor eingestehen müssen, dass BUSH sich in einer Rede vor der Irakinvasion auf plump gefälschte Geheimdienstinformationen gestützt hatte.

10. **USA/Deutschland/Frankreich.** Die USA verstärken ihre Bemühungen, durch Soldaten aus verbündeten Staaten die amerikanischen und britischen Besatzungstruppen im Irak zu entlasten. Deutschland lehnt eine Beteiligung der Bundeswehr weiterhin ab, Paris macht die Entsendung französischer Truppen von einem UNO-Mandat abhängig.

11. **Italien.** Auf Drängen von Ministerpräsident BERLUSCONI tritt der Staatssekretär für Tourismus, STEFANO STEFANI, zurück. STEFANIS antideutsche Tiraden hatten eine Krise in den deutsch-italienischen Beziehungen und einen heftigen Streit innerhalb der italienischen Regierung ausgelöst.
USA. Der Chef des CIA, GEORGE TENET, übernimmt die politische Verantwortung für falsche Informationen seines Geheimdienstes über Urankäufe des Irak im Niger, die für Präsident BUSH ein wichtiges Argument für die Irakinvasion waren.

12. **Belgien.** Knapp zwei Monate nach den Parlamentswahlen wird die neue Regierung unter dem bisherigen Premierminister GUY VERHOFSTADT vereidigt. VERHOFSTADT steht einer Vierparteienkoalition aus den liberalen und sozialistischen Parteien Flanderns und Walloniens vor.
Afrikanische Union. Ohne konkrete Ergebnisse geht in der moçambiquischen Hauptstadt Maputo das dreitägige Gipfeltreffen der Afrikanischen Union (AU) zu Ende. Mehr als 40 Staats- und Regierungschefs hatten vor allem über den Kampf gegen Hunger, Armut und Aids beraten.

13. Juli. Der neue ›Übergangsrat‹ im Irak stellt sich nach der ersten Sitzung den Fotografen

13. **USA/Irak.** Der neue irakische ›Übergangsrat‹, der dem Aufbau einer irakischen Übergangsregierung dienen soll, kommt in Bagdad zu seiner konstituierenden Sitzung zusammen. Der vom Chef der amerikanischen Zivilverwaltung, PAUL BREMER, eingesetzte Rat umfasst 25 Mitglieder, davon 13 Schiiten.

Deutschland/USA. Bundesaußenminister FISCHER, der sich zu politischen Gesprächen für vier Tage in den USA aufhält, bekräftigt in einer Rede in New York die ablehnende Haltung der Bundesregierung zur Entsendung deutscher Truppen in den Irak.
Deutschland/Italien. Die deutschen Bauern fordern Notbeihilfen, da sie wegen der anhaltenden Hitze und Trockenheit Ernteausfälle mit Schäden in Milliardenhöhe fürchten. Auch in Italien droht der Landwirtschaft eine katastrophale Missernte.

16. **Deutschland.** Zur Finanzierung der um ein Jahr vorgezogenen Steuerreform will die Bundesregierung die Neuverschuldung um rund 5 Mrd. € erhöhen. Die Neuverschuldung stiege damit auf knapp 29 Mrd. €.
São Tomé und Príncipe. Nach einem Militärputsch übernimmt in der westafrikanischen Inselrepublik die Armee die Macht. Ministerpräsident MARIA DE NEVES und andere Mitglieder der Regierung werden gefangen genommen.

17. **USA/Irak.** Der derzeitige Oberbefehlshaber der amerikanischen Truppen im Irak, General JOHN ABIZAID, gesteht ein, dass die Koalitionstruppen im Irak mit einem Guerillakrieg konfrontiert sind. Demgegenüber lehnt der amerikanische Verteidigungsminister RUMSFELD die Einordnung der Kampfhandlungen als Guerillakrieg ab.

18. **Großbritannien.** Der wissenschaftliche Berater des Verteidigungsministeriums DAVID KELLY wird tot aufgefunden. Der 59-jährige frühere Irak-Waffeninspekteur hat offenbar Selbstmord begangen. KELLY war die Hauptquelle für einen brisanten BBC-Bericht, dem zufolge die britische Regierung Geheimdienstberichte über Massenvernichtungswaffen des Irak aus propagandistischen Gründen bewusst »nachgebessert« habe.

19. **Deutschland.** Mit dem Rekordergebnis von 97 % der Stimmen wird der bayerische Ministerpräsident EDMUND STOIBER auf dem zweitägigen Parteitag der CSU in Nürnberg als Parteivorsitzender bestätigt.

21. **Deutschland.** Nach wochenlangem Führungsstreit in der IG Metall setzen sich der Zweite Vorsitzende JÜRGEN PETERS und der baden-württembergische Bezirksleiter BERTHOLD HUBER durch. Sie sollen die Gewerkschaft künftig als ›Tandem‹ führen. Aus Protest erklärt der bisherige Vorsitzende KLAUS ZWICKEL seinen Rücktritt.
Deutschland. SPD und Union einigen sich über die Eckpunkte der Gesundheitsreform. Der Kompromiss sieht unter anderem vor, Zahnersatz aus der gesetzlichen Krankenversicherung auszugliedern und eine Praxisgebühr von 10 € pro Quartal einzuführen. Dafür sollen die Beitragssätze schon im kommenden Jahr von durchschnittlich 14,4 auf 13,6 % gesenkt werden.
Liberia. Nach den anhaltenden heftigen Kämpfen zwischen Rebellen und Regierungstruppen in der Hauptstadt Monrovia entsenden die USA Elitesoldaten zum Schutz ihrer Botschaft. Seit 19. Juli sollen bei den Kämpfen mehr als 500 Menschen getötet worden sein.
WHO. Der Südkoreaner LEE JONG WOOK wird neuer Generaldirektor der Weltgesundheitsorganisation (WHO). LEE übernimmt die Amtsgeschäfte von der frü-

heren norwegischen Ministerpräsidentin GRO HARLEM BRUNDTLAND.

22. **Irak.** Die beiden Söhne von SADDAM HUSAIN, KUSAI und UDAI HUSAIN, werden bei einer Razzia in Mossul von amerikanischen Soldaten getötet.

22. Juli. Amerikanische Soldaten stehen vor einer Villa in Mossul, in der sich die Saddam-Söhne Kusai und Udai verschanzt haben sollen

23. **Europäische Union/Deutschland.** Wegen möglicher Verstöße gegen das EU-Wettbewerbsrecht eröffnet die EU-Kommission ein Prüfverfahren zur deutschen Lkw-Maut. Die Bundesregierung geht aber davon aus, dass die geplante Einführung zum 31. August nicht infrage gestellt ist.
São Tomé und Príncipe. Nach nur einer Woche geben die Putschisten in der westafrikanischen Inselrepublik auf. Der Anführer des Putsches, Major FERNANDO PEREIRA, hatte sich zuvor auf ein Abkommen verständigt, das die verfassungsmäßige Ordnung wiederherstellen soll und eine Amnestie für die Aufständischen vorsieht.

26. **Argentinien.** Präsident NÉSTOR CARLOS KIRCHNER hebt ein Dekret seines Amtsvorgängers FERNANDO DE LA RÚA auf, das die Auslieferung von Militärangehörigen untersagt, die während der Diktatur von 1973 bis 1983 Menschenrechtsverletzungen begangen hatten. Damit können die 46 Personen, gegen die der spanische Richter BALTASAR GARZÓN einen internationalen Haftbefehl erwirkt hatte, an Spanien überstellt werden.

27. **Israel.** Kurz vor einem Treffen des Ministerpräsidenten SCHARON mit dem amerikanischen Präsidenten BUSH stimmt das Kabinett für die Freilassung von hundert inhaftierten palästinensischen Islamisten. Der palästinensische Ministerpräsident ABBAS hatte zuvor verlangt, Tausende von Häftlingen auf freien Fuß zu setzen.
Philippinen. Etwa 350 Soldaten, unter ihnen 70 vorwiegend jüngere Offiziere, besetzen in Manila ein Einkaufszentrum und fordern den Rücktritt von Präsidentin GLORIA MACAPAGAL ARROYO. Nach mehrstündigen Verhandlungen geben die schwer bewaffneten Meuterer jedoch auf.
Kambodscha. Bei den Parlamentswahlen wird die regierende Kambodschanische Volkspartei (CPP) von Ministerpräsident HUN SEN mit 47,3 % der Stimmen stärkste Kraft. Die oppositionelle Sam-Rainsy-Partei erreicht 21,9 %, der bisherige Koalitionspartner der CPP, die monarchistische Funcinpec-Partei, kommt auf 20,8 %.

28. **Deutschland.** Das Frankfurter Landgericht verurteilt den 28 Jahre alten MAGNUS GÄFGEN zu einer lebenslangen Freiheitsstrafe. GÄFGEN hatte im September vergangenen Jahres im Frankfurter Stadtteil Sachsenhausen den elfjährigen Schüler JAKOB VON METZLER entführt und ermordet.

29. **Israel.** Auf einer Pressekonferenz in Washington erklärt Ministerpräsident SCHARON, dass der kritisierte Sicherheitszaun zu den Palästinensischen Autonomiegebieten »zum Schutz der Siedler und Israels« weitergebaut werde. Bisher sind 150 km der insgesamt 650 km langen Absperranlage fertig gestellt.
Liberia. Die LURD-Rebellen, die größere der in den Bürgerkrieg verwickelten Rebellengruppen, verkünden einen einseitigen Waffenstillstand. Sie wollen sich in den Hafen der Hauptstadt Monrovia zurückziehen, um dort die Ankunft der westafrikanischen Friedenstruppe abzuwarten. Unterdessen wird die Stadt Buchanan von der kleineren Rebellengruppe, der ›Bewegung für die Demokratie in Liberia‹, erobert.

30. **Belgien.** Das Parlament schafft das umstrittene Gesetz über die Verfolgung von Kriegsverbrechen, Verbrechen gegen die Menschlichkeit und Völkermord faktisch ab. Die Einleitung von Verfahren gegen den israelischen Ministerpräsidenten SCHARON und den amerikanischen General FRANKS vor einem belgischen Gericht hatten vor kurzem zu diplomatischen Streitigkeiten mit Israel und den USA geführt.

31. **Deutschland.** Das Bundesverkehrsministerium und das Betreiberkonsortium einigen sich darauf, die Einführung der geplanten Lkw-Maut um zwei Monate zu verschieben. Die Maut hätte ursprünglich zum 31. August eingeführt werden sollen.

AUGUST

1. **Liberia.** Die westafrikanischen Staatschefs beschließen auf einem Sondergipfel in der ghanaischen Hauptstadt Accra die Entsendung der ersten Soldaten einer internationalen Friedenstruppe nach Monrovia bis zum 4. August. Präsident CHARLES TAYLOR muss spätestens drei Tage nach der Stationierung der gesamten Friedenstruppe von mehr als 3 000 Mann das Land verlassen.

4. **Deutschland.** Bei einem Treffen mit Bundeskanzler SCHRÖDER verständigen sich in Hannover die Spitzenvertreter der rot-grünen Regierungskoalition und die zuständigen Minister auf ein Entlastungsprogramm für die Kommunen im Zuge einer Gemeindesteuerreform. Die geplante Einbeziehung der Freiberufler in die Gewerbesteuer stößt auf heftige Kritik der Opposition, die ankündigt, das Reformgesetz im Bundesrat abzulehnen.
Liberia. Die ersten Soldaten der afrikanischen Friedenstruppe treffen auf dem Flughafen der Hauptstadt Monrovia ein. Von der Bevölkerung werden die rund 350 nigerianischen Infanteristen begeistert empfangen. Mit dem Beginn der Friedensmission nehmen die Kämpfe in dem westafrikanischen Land ab.

Aserbaidschan. Das Parlament wählt ILHAM ALIJEW, den Sohn des schwer kranken Präsidenten HAJDAR ALIJEW, zum Ministerpräsidenten. Im Falle des Todes oder der Amtsunfähigkeit des 80-jährigen Präsidenten gehen damit dessen Vollmachten auf seinen 42 Jahre alten Sohn über.
Portugal. Wegen der verheerenden Waldbrände in 15 der 18 Landesbezirke ruft die Regierung den Notstand aus und erklärt das Land zum Katastrophengebiet. Damit kann Portugal Finanzhilfen aus dem Solidaritätsfonds der Europäischen Union erhalten.

6. August. Gene Robinson während der Kirchenversammlung in Minneapolis, die ihn zum Bischof wählt

6. **Israel/Palästinensische Autonomiegebiete.** Israel beginnt mit der angekündigten Freilassung palästinensischer Gefangener. Insgesamt 339 Palästinenser werden an die Grenze zum Westjordanland bzw. zum Gazastreifen gebracht. Dort werden sie von Vertretern der palästinensischen Autonomiebehörde, die die Freilassung von 6000 weiteren Gefangenen fordert, in Empfang genommen.
USA. Die anglikanische Kirche in den Vereinigten Staaten wählt erstmals einen Geistlichen zum Bischof, der sich offen zu seiner Homosexualität bekennt. Die Wahl von GENE ROBINSON führt zu heftigen Protesten innerhalb der anglikanischen Gemeinde.

7. **Indonesien.** Ein Gericht in der balinesischen Provinzhauptstadt Denpasar verurteilt den 41 Jahre alten AMROZI BIN NURHASYIM zum Tode. AMROZI hatte gestanden, den Sprengstoff für den Bombenanschlag beschafft zu haben, bei dem am 12. 10. 2002 auf der Ferieninsel Bali 202 Menschen, unter ihnen viele Touristen, getötet worden waren.
Irak. In einem vor der jordanischen Botschaft in Bagdad geparkten Auto detoniert eine Bombe. Dabei werden 17 Menschen getötet, die Zahl der Verletzten wird mit über 50 angegeben.

8. **Deutschland.** Mit 40,8 °C wird in Perl-Nennig im Saarland ein neuer Hitzerekord für Deutschland gemessen. Wegen der erhöhten Wassertemperaturen der Flüsse müssen die Kernkraftwerke ihre Produktion drosseln oder abgeschaltet werden.
Deutschland. Die Präsidentin des Deutschen Städtetags, Frankfurts Oberbürgermeisterin PETRA ROTH (CDU), und ihr Stellvertreter, der Münchener Oberbürgermeister CHRISTIAN UDE (SPD), lassen verlautbaren, dass die deutschen Städte ihre Leistungen erheblich einschränken werden, falls die Pläne der Bundesregierung zur Reform der Gewerbesteuer Gesetz werden sollten.

11. **Deutschland.** Arbeitgeber und Gewerkschaften kritisieren die Pläne der Bundesregierung zur Gesundheitsreform als unzureichend. In einem Schreiben an Bundesgesundheitsministerin ULLA SCHMIDT fordern Arbeitgeberpräsident DIETER HUNDT und der DGB-Vorsitzende MICHAEL SOMMER mehr Wettbewerb im Gesundheitssystem.
Afghanistan/NATO. Die NATO übernimmt den Oberbefehl über die Internationale Schutztruppe für Afghanistan (ISAF), die seit dem 10. Februar von Deutschland und den Niederlanden gemeinsam geführt worden war. Es ist der erste Einsatz der NATO außerhalb Europas in ihrer 54-jährigen Geschichte.
Liberia. Präsident CHARLES TAYLOR tritt von seinem Amt zurück. Zu seinem Nachfolger wird erwartungsgemäß der bisherige Vizepräsident, MOSES BLAH, ernannt. Nach der Übergabe der Amtsgeschäfte verlässt TAYLOR das Land noch am selben Tag und geht nach Nigeria ins Exil.

12. **Israel/Palästinensische Autonomiegebiete.** Durch zwei Selbstmordanschläge in Israel und im Westjordanland, bei denen vier Personen getötet und 13 verletzt wurden, gerät die seit Ende Juni andauernde Waffenruhe in Gefahr. Die israelische Regierung setzt nach den Anschlägen die geplante Freilassung weiterer palästinensischer Häftlinge aus.

13. **Deutschland.** Das Bundeskabinett beschließt das geplante Reformpaket zur Sozial- und Steuergesetzgebung. Das Gesetzespaket sieht u. a. das Vorziehen der dritten Stufe der Steuerreform um ein Jahr, die Reform der Gewerbesteuer, die Zusammenlegung von Arbeitslosen- und Sozialhilfe und die Abschaffung der Eigenheimzulage vor.
Argentinien. Das Abgeordnetenhaus hebt die Amnestiegesetze für Menschenrechtsverletzungen während der Militärdiktatur von 1976 bis 1983 auf. Damit kann rund 2600 Mitgliedern der ehemaligen Sicherheitskräfte, denen Mord, Folter und Entführung vorgeworfen wird, der Prozess gemacht werden.
Deutschland. Auf dem Weinbiet bei Neustadt an der Weinstraße wird mit einer Minimaltemperatur von 27,6 °C die wärmste Sommernacht seit Beginn der Wetteraufzeichnungen gemessen.

14. **USA/Kanada.** Wegen eines Stromausfalls sind 50 Mio. Einwohner im Nordosten der USA und im Süden Kanadas teilweise mehr als 48 Stunden ohne Elektrizität. Mindestens sieben amerikanische Bundesstaaten, insbesondere New York, New Jersey, Ohio und Michigan, sowie die kanadischen Städte Ottawa und Toronto sind von dem größten Stromausfall in der Geschichte Nordamerikas betroffen. Innerhalb weniger Minuten hatten sich mehr als 20 Kraftwerke aus noch ungeklärten Gründen automatisch abgeschaltet. Allein in der Stadt New York entsteht durch den Stromausfall ein Schaden von 700 Mio. US-$.
Deutschland. Die Bundesrepublik befindet sich in einer Rezession. Nachdem bereits im ersten Quartal 2003 die Wirtschaftsleistung um 0,2 % zurückgegangen war, ist auch im zweiten Quartal ein Rückgang von 0,1 % zu verzeichnen.
UNO/Irak. Der UNO-Sicherheitsrat erkennt in einer neuen Irakresolution den provisorischen Regierungsrat in Bagdad an und autorisiert die Schaffung der UNO-Unterstützungskommission für den Irak (UNAMI). Für den von den USA eingebrachten Resolutionsentwurf stimmen 14 der 15 Ratsmitglieder; Syrien enthält sich der Stimme.
Liberia. Mit der Unterstützung von 200 amerikanischen Soldaten wird der Hafen der Hauptstadt Monrovia offiziell unter die Kontrolle der westafrikanischen Friedenstruppe ECOMIL (ECOWAS-Mission in Liberia) gestellt, sodass die Hilfslieferungen für die Bevölkerung wieder aufgenommen werden können.

16. **Libyen/UNO.** In einem Schreiben an die UNO übernimmt Libyen die Verantwortung für den Lockerbie-Anschlag von 1988 und erklärt sich zu Entschädigungszahlungen an die Angehörigen bereit. Der UNO-Sicherheitsrat kann nun über die Aufhebung der Sanktionen gegen das Land abstimmen.

19. August. Auf der Pressekonferenz nach der Entlassung des Hamburger Innensenators Ronald Schill (links) erklärt der Erste Bürgermeister Ole von Beust (rechts), Schill sei für das Amt »charakterlich nicht geeignet« (in der Mitte Senatssprecher Christian Schnee)

17. **Irak.** In Bagdad wird ein Kameramann der Nachrichtenagentur Reuter erschossen, als er in der Nähe eines unter amerikanischer Verwaltung stehenden Gefängnisses dreht. Die amerikanischen Soldaten hatten seine Kamera für einen Granatwerfer gehalten und das Feuer eröffnet.

14. August. Passanten queren während des großen Stromausfalls in Nordamerika den Time Square in New York, der durch Autoscheinwerfer und vereinzelte Notaggregate nur noch spärlich beleuchtet wird

18. **Mali/Deutschland.** Nach langwierigen Verhandlungen mit den Entführern wird die zweite Gruppe der seit knapp einem halben Jahr in der Sahara entführten 14 europäischen Touristen, darunter neun Deutsche, malischen Unterhändlern übergeben. Am nächsten Tag werden sie mit einem Flugzeug der Bundeswehr nach Deutschland ausgeflogen. Eine deutsche Frau war im Juli gestorben.
Liberia. Regierungsvertreter und Rebellen unterzeichnen in der ghanaischen Hauptstadt Accra ein Friedensabkommen. Es sieht die sofortige Einstellung aller Kämpfe und die Bildung einer Übergangsregierung vor.

19. **UNO/Irak.** Bei einem Bombenanschlag auf das Hauptquartier der Vereinten Nationen im ›Canal Hotel‹ in Bagdad werden 17 UNO-Mitarbeiter getötet, unter ihnen der Irakbeauftragte der UNO, SERGIO VIEIRA DE MELLO. Ein mit Sprengstoff beladener Lastwagen war in der Nähe des Bürofensters von DE MELLO explodiert. Die USA weisen Vorwürfe zurück, dass das UNO-Hauptquartier nur ungenügend von der amerikanischen Armee gesichert worden sei.
Deutschland. Der Erste Bürgermeister von Hamburg, OLE VON BEUST (CDU), entlässt Innensenator RONALD SCHILL und dessen Staatsrat WALTER WELLINGHAUSEN. SCHILL hatte gedroht, im Falle der Entlassung von WELLINGHAUSEN, dem unerlaubte Privatgeschäfte vorgeworfen werden, VON BEUSTS angebliche homosexuelle Beziehungen zu Justizsenator ROGER KUSCH publik zu machen.
Marokko. Ein Gericht verurteilt vier Terroristen wegen Beteiligung an den Selbstmordanschlägen am 16. Mai zum Tode. Weitere 83 Angeklagte werden zu Freiheitsstrafen, einige davon zu lebenslanger Haft verurteilt.

20. **Frankreich.** Die französische Wirtschaft ist im zweiten Quartal um 0,3 % geschrumpft. Mit Deutschland, Italien und den Niederlanden ist damit die vierte der fünf größten Volkswirtschaften des Euroraums von einer Rezession bedroht.

21. **Deutschland.** Bundesgesundheitsministerin ULLA SCHMIDT (SPD) und der Verhandlungsführer der Union, HORST SEEHOFER (CSU), einigen

sich auf einen parteiübergreifenden Kompromiss in der Gesundheitspolitik. Durch Leistungseinschränkungen und höhere Zuzahlungen soll der Beitragssatz der gesetzlichen Krankenversicherungen von derzeit 14,3 % auf 12,15 % bis zum Jahr 2006 gesenkt werden.
Israel/Palästinensische Autonomiegebiete. Als Vergeltung für den Terroranschlag in Jerusalem, bei dem zwei Tage zuvor 20 Israelis ums Leben gekommen waren, beschießen israelische Kampfhubschrauber im Gazastreifen den Wagen des Hamasführers ISMAIL ABU SCHANAB mit Raketen. SCHANAB und zwei seiner Begleiter werden dabei getötet. Radikale Palästinenserorganisationen erklären daraufhin die Waffenruhe für beendet.

23. **UNO/Irak.** Unter dem vorläufigen Irakbeauftragten, dem Portugiesen RAMIRO LOPES DA SILVA, nehmen die Vereinten Nationen ihre Arbeit in Bagdad wieder auf.

25. **Ruanda.** Bei den ersten demokratischen Präsidentschaftswahlen geht Amtsinhaber PAUL KAGAME, ein Angehöriger der Tutsi-Minderheit, mit 97 % der Stimmen als Sieger aus der durch zahlreiche Unregelmäßigkeiten gekennzeichneten Wahl hervor.

26. **Deutschland/Europäische Union.** Zwischen Berlin und Brüssel kommt es in dem seit Monaten andauernden Streit um die Maut für Lastwagen zu einer Übereinkunft. Die Lkw-Maut kann nun ab November eingeführt werden. Über die für deutsche Spediteure geplanten Ausgleichszahlungen kann indes keine Einigung erzielt werden.

28. **Deutschland.** Die Rürup-Kommission zur nachhaltigen Sicherung der Sozialsysteme verabschiedet ihren Abschlussbericht. Die Vorschläge, die eine stärkere Belastung der Rentner vorsehen, u. a. die Anhebung des Renteneintrittsalters von 65 auf 67 Jahre, stoßen auf zum Teil heftige Kritik.
Deutschland. Bundeskanzler SCHRÖDER (SPD) und Außenminister FISCHER (Bündnis 90/Die Grünen) geben bekannt, bei der nächsten Bundestagswahl im Jahr 2006 noch einmal gemeinsam antreten zu wollen.
Großbritannien. Vor dem Untersuchungsausschuss über den Tod des wissenschaftlichen Beraters des Verteidigungsministeriums, DAVID KELLY, weist Premierminister BLAIR alle Vorwürfe zurück, die britische Regierung habe Geheimdienstberichte über Massenvernichtungswaffen des Irak wahrheitswidrig »nachgebessert«. Am Tag darauf kündigt der ›Kommunikationsdirektor‹ von BLAIR, ALASTAIR CAMPBELL, seinen Rücktritt an.

29. **Irak.** Bei der Explosion einer Autobombe vor dem Heiligen Schrein des Imams Ali in der Stadt Nadschaf werden mindestens 90 Menschen getötet, unter ihnen der Vorsitzende des Obersten Rats der Islamischen Revolution im Irak, Ajatollah MUHAMMAD BAQIR AL HAKIM. Als Tatverdächtige werden am Tag darauf zwei Iraker und zwei Saudi-Araber festgenommen, die in Verbindung mit dem Terrornetzwerk al-Qaida stehen sollen.
Deutschland/Europäische Union. Nach Schätzungen des Bundesfinanzministeriums wird die Bundesrepublik auch dieses Jahr gegen den Stabilitätspakt der EU verstoßen. Mit 3,8 % des Bruttoinlandsprodukts wird das Staatsdefizit erneut deutlich über dem Maastricht-Kriterium von 3 % liegen.
Nord-Korea. Nach dreitägiger Dauer gehen in Peking die Sechsergespräche über das nordkoreanische Atomprogramm ohne Ergebnis zu Ende. Die Verhandlungen zwischen Nord- und Süd-Korea sowie den USA, Russland, China und Japan sollen innerhalb von zwei Monaten fortgesetzt werden.
Kriegsverbrechertribunal. Entgegen ihrem ausdrücklichen Wunsch löst der UNO-Sicherheitsrat CARLA DEL PONTE als Chefanklägerin des Kriegsverbrechertribunals für Ruanda ab. Ihr Nachfolger ab 15. September wird der frühere Justizminister Gambias, HASSAN BUBACA JALLOW.

31. **Deutschland.** Auf dem Gewerkschaftskongress der IG Metall in Frankfurt werden JÜRGEN PETERS und BERTHOLD HUBER mit 66,1 und 67,1 % der Stimmen zum Ersten und Zweiten Vorsitzenden gewählt. Es ist das schlechteste Ergebnis, das je bei einer solchen Wahl erzielt wurde.

29. August. Menschen versuchen, sich kurz nach der Bombenexplosion an der Imam-Ali-Moschee in Nadschaf in Sicherheit zu bringen. Bei dem Anschlag wird auch Schiitenführer Ajatollah Muhammad Baqir al Hakim getötet

SEPTEMBER

1. **Irak.** Der von der amerikanischen zivilen Übergangsverwaltung im Juli eingesetzte ›Übergangsrat‹ ernennt die erste Regierung seit dem Sturz von SADDAM HUSAIN. Das Kabinett soll bis zu den für Mitte kommenden Jahres vorgesehenen Parlamentswahlen im Amt bleiben.
Türkei. Die ›Arbeiterpartei Kurdistans‹ (PKK) kündigt an, den nach der Verhaftung und Verurteilung ihres Vorsitzenden ABDULLAH ÖCALAN am 1. 9. 1999 einseitig erklärten Waffenstillstand nicht zu verlängern.
Demokratische Republik Kongo. Die seit Anfang Juni in der ostkongolesischen Stadt Bunia stationierte EU-Eingreiftruppe unter der Führung Frankreichs übergibt ihr Mandat an die Einheiten der UNO-Mission ›Monuc‹ unter dem Kommando Bangladeshs.

2. **Europäische Union.** Die Neuverschuldung wird in diesem Jahr im gesamten Euroraum erstmals 3 % übersteigen. Die Hauptverantwortung für das Verfehlen des Defizitkriteriums liegt nach Aussagen der EU-Währungskommission bei Frankreich und Deutschland.
Deutschland/Afghanistan. Das Bundeskabinett beschließt die Entsendung von 450 Soldaten im Rahmen der ISAF-Mission in die nordafghanische Stadt Kundus.

3. **Deutschland.** Mit knapper Mehrheit wählt die Hamburger Bürgerschaft DIRK NOCKEMANN (Partei Rechtsstaatliche Offensive) zum Nachfolger des vor zwei Wochen entlassenen Innensenators RONALD SCHILL.

4. **Deutschland.** Bundespräsident JOHANNES RAU erklärt, nicht mehr für einen zweite Amtszeit kandidieren zu wollen.
Deutschland/Frankreich. Bei einem Treffen in Dresden äußern sich Bundeskanzler SCHRÖDER und der französische Präsident CHIRAC kritisch zu dem amerikanischen Entwurf für eine neue Irakresolution. Weder Frankreich noch Deutschland könnten dem Entwurf in seiner jetzigen Form im UNO-Sicherheitsrat zustimmen.

5. **Europäische Union.** In Riva am Gardasee kommen die Außenminister der EU zu einem zweitägigen Treffen zusammen. Neben der EU-Verfassung ist der amerikanische Entwurf für eine neue Irakresolution Hauptthema der informellen Gespräche.

7. **Palästinensische Autonomiegebiete/Israel.** Der palästinensische Ministerpräsident MAHMUD ABBAS tritt von seinem Amt zurück. Unterdessen setzt die israelische Armee ihre Angriffe auf die Hamas im Gazastreifen fort. Der Hamas-Führer, AHMED SCHEICH JASSIN, wird dabei leicht verletzt.
USA. In seiner Rede zur Nation kündigt Präsident BUSH an, vom Kongress die Freigabe von Haushaltsmitteln in Höhe von 87 Mrd. US-$ zu beantragen. Davon sind rund 66 Mrd. US-$ für Militär- und Geheimdienstaufgaben im Kampf gegen den Terrorismus und 20 Mrd. für den Wiederaufbau des Irak vorgesehen. Von Europa fordert BUSH eine Beteiligung an den Kosten bei der Befriedung des Irak.
Deutschland. Mehr als 500 Repräsentanten zahlreicher Religionen sowie Persönlichkeiten des öffentlichen Lebens aus 50 Ländern kommen in Aachen zum Friedenstreffen der Weltreligionen unter dem Motto ›Zwischen Krieg und Frieden. Religionen und Kulturen begegnen sich‹ zusammen.

7. September. Kirchenführer vor dem Friedensgebet während des Friedenstreffens in Aachen

8. **Deutschland.** Bei einem ersten Treffen zwischen Bundeskanzler SCHRÖDER und dem Vorsitzenden des Deutschen Gewerkschaftsbunds (DGB), MICHAEL SOMMER, seit der Absage eines geplanten Gesprächs durch den DGB am 6. Mai können die grundsätzlichen Differenzen zwischen Gewerkschaften und Bundesregierung über die ›Agenda 2010‹ nicht ausgeräumt werden.
Palästinensische Autonomiegebiete. Der von Palästinenserführer ARAFAT als Nachfolger des zurückgetretenen Ministerpräsidenten ABBAS vorgeschlagene Parlamentssprecher ACHMED KUREI erklärt sich unter Bedingungen bereit, das Amt anzunehmen.

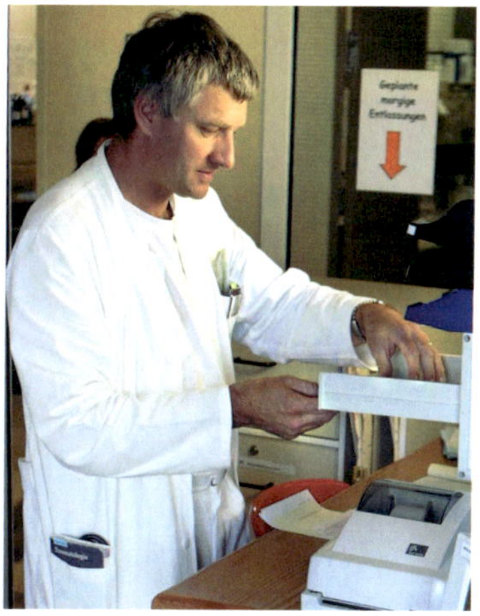

9. September. Der Europäische Gerichtshof gibt der Klage des Assistenzarztes Norbert Jaeger aus Kiel Recht, nach der Bereitschaftsdienst als Arbeitszeit zu bewerten ist

9. **Europäische Union/Deutschland.** Nach einer Entscheidung des Europäischen Gerichtshofs (EuGH) in Luxemburg müssen Bereitschaftsdienste von Klinikärzten der Arbeitszeit zugerechnet werden. Deutschland muss nun die bisherige Regelung ändern, wonach Bereitschaftsdienste als Ruhezeit eingestuft werden.

Deutschland. Mehrere Bundesländer, darunter auch SPD-regierte Länder, beantragen, die von Bundesumweltminister JÜRGEN TRITTIN vorgelegte Verpackungsnovelle zum Pflichtpfand nicht wie vorgesehen am morgigen Tag in den zuständigen Ausschüssen des Bundesrats zu behandeln. Damit kann die Novelle nicht mehr vor dem uneingeschränkten Inkrafttreten des Pflichtpfandes am 1. Oktober vom Bundesrat verabschiedet werden.

10. **Schweden.** Außenministerin ANNA LINDH wird in einem Kaufhaus in Stockholm von einem Mann angegriffen und durch Messerstiche verletzt. Am Tag darauf erliegt sie ihren schweren Verletzungen.
WTO. Der mexikanische Präsident VICENTE FOX QUESADA und UNO-Generalsekretär KOFI ANNAN eröffnen in Cancún (Mexiko) die fünfte Ministerkonferenz der Welthandelsorganisation (WTO). Wichtigstes Thema des fünftägigen Treffens ist die Forderung von 21 Dritte-Welt-Staaten nach Zugang zu den Agrarmärkten der Industrieländer. Diese sollen Exportsubventionen abschaffen und staatliche Beihilfen kürzen.

10. September. Am Rand des WTO-Treffens in Cancún kritisieren Nobelpreisträgerin Rigoberta Menchu (links) und die indische Wissenschaftlerin Vandana Shiva u. a. die Vernichtung von Arbeitsplätzen durch den Verfall der Kaffeepreise

Deutschland. In München werden mehrere Rechtsextremisten festgenommen. Sie sollen einen Sprengstoffanschlag bei der Grundsteinlegung des jüdischen Gemeindezentrums in München am 9. November geplant haben, zu der Bundespräsident RAU, der bayerische Ministerpräsident STOIBER und der Präsident des Zentralrats der Juden in Deutschland, SPIEGEL, erwartet werden. Bei den Verdächtigen werden 14 Kilogramm Sprengstoff sowie Waffen sichergestellt.

11. **Liberia.** Der westafrikanischen Eingreiftruppe ECOWAS ist es noch immer nicht gelungen, den Frieden umfassend zu sichern. Aus einem 50 km von der Hauptstadt Monrovia entfernten Ort werden die schwersten Kämpfe seit der Unterzeichnung des Friedensvertrags zwischen Regierung und Rebellen vor drei Wochen gemeldet.
katholische Kirche. Papst JOHANNES PAUL II. trifft auf seiner 102. Auslandsreise seit 1979 in der slowakischen Hauptstadt Bratislava ein.

12. **Israel/Palästinensische Autonomiegebiete.** Die Entscheidung der israelischen Regierung vom Vortag, Palästinenserführer ARAFAT auszuweisen, stößt weltweit auf Ablehnung. Die USA, die UNO und die EU protestieren gegen den Beschluss. Bei den Palästinensern führt er zu einer Welle der Solidarisierung mit dem PLO-Chef.
Iran. Die Internationale Atomenergiebehörde (IAEA) in Wien fordert Teheran auf, sein Atomprogramm bis zum 31. Oktober vollständig offen zu legen. Andernfalls drohen dem Iran Sanktionen durch den UNO-Sicherheitsrat.
UNO/Libyen. Der UNO-Sicherheitsrat hebt die gegen Libyen verhängten Sanktionen auf. Die Zwangsmaßnahmen waren Ende der 1980er-Jahre als Reaktion auf die Attentate auf ein amerikanisches und ein französisches Passagierflugzeug verhängt worden.

13. **UNO/Irak.** Bei Gesprächen der Außenminister der fünf ständigen Vertreter im UNO-Sicherheitsrat in Genf zur Befriedung des Irak können die Differenzen zwischen den USA und Frankreich über den neuen amerikanischen Resolutionsentwurf nicht beigelegt werden.

14. **Israel/Palästinensische Autonomiegebiete.** Trotz weltweiter Proteste besteht die israelische Regierung auf der Option Palästinenserführer ARAFAT auszuweisen. Der stellvertretende Regierungschef EHUD OLMERT bezeichnet darüber hinaus auch eine Ermordung ARAFATS als »legitim«.
Schweden/Europäische Union. In einem Referendum lehnen 56,1 % der Schweden den Beitritt ihres Landes in die europäische Währungszone ab, dafür stimmen 41,8 %. Mit 81,2 % war die Wahlbeteiligung ungewöhnlich hoch.
Estland/Europäische Union. Bei einer Volksabstimmung befürworten 67 % der Wähler den Beitritt Estlands zur EU. Die Wahlbeteiligung lag bei etwa 70 %.
WTO. Mit einem Eklat geht die fünfte Ministerkonferenz der Welthandelsorganisation (WTO) im mexikanischen Cancún zu Ende. Nachdem mehrere Entwicklungsländer Gespräche über vier umstrittene Handelsthemen verweigert haben, bricht der mexikanische Außenminister LUÍS ERNESTO DERBEZ das Treffen der 148 Staaten ab.
Guinea-Bissau. Mit einem Putsch übernimmt das Militär die Macht in dem westafrikanischen Staat. Präsident KUMBA YALA wird festgenommen.

18. **Deutschland/Frankreich.** Bei den 81. deutsch-französischen Regierungskonsultationen vereinbaren Bundeskanzler SCHRÖDER und Staatspräsident CHIRAC eine Initiative zur Ankurbelung der Wirtschaft Europas. Dafür werden zehn Großprojekte auf europäischer Ebene beschlossen, darunter die Vernetzung der beiden Hochgeschwindigkeitszüge ICE und TGV.
Deutschland/USA. Bundesfinanzminister EICHEL fordert die Vereinigten Staaten auf, ihren Staatshaushalt zu konsolidieren und die Defizite in Etat und Außenhandel von jeweils rund 500 Mrd. US-$ abzubauen.

19. **Deutschland.** Das Landgericht Düsseldorf lässt die Anklagen gegen ehemalige Aufsichtsräte, darunter der Vorstandssprecher der Deutschen Bank JOSEF ACKERMANN, im Zusammenhang mit der Übernahme von Mannesmann durch den britischen Mobil-

funkkonzern Vodafone zu. Den Angeklagten wird Untreue wegen überhöhter Abfindungszahlungen vorgeworfen.
Bildungspolitik. Bei einer Konferenz in Berlin verpflichten sich die Bildungsminister von 40 europäischen Staaten, einheitliche Studienabschlüsse zu schaffen. Bis zum Jahr 2005 sollen zweistufige Bachelor- und Masterabschlüsse sowie ein dritter Ausbildungsgang als Doktorandenstudium eingeführt werden.

20. **Lettland/Europäische Union.** Bei einer Wahlbeteiligung von 72,5 % stimmen 67 % der Wähler in einem Referendum für den Beitritt Lettlands zur EU.

21. **Deutschland.** Bei der Landtagswahl in Bayern gewinnt die CSU 7,8 Prozentpunkte dazu und erreicht mit 60,7 % der Stimmen eine Zweidrittelmehrheit der Mandate. Die SPD verliert 9,1 Prozentpunkte und erzielt mit einem Stimmenanteil von 19,6 % das schlechteste Ergebnis bei einer bayerischen Landtagswahl seit 1946. Bündnis 90/Die Grünen können sich von 5,7 auf 7,7 % verbessern, die FDP verpasst mit nur 2,6 % der Stimmen erneut den Sprung in den Landtag.

22. **NATO.** Der Niederländer ›JAAP‹ DE HOOP SCHEFFER wird neuer Generalsekretär der NATO. Der derzeitige niederländische Außenminister wird Ende des Jahres die Nachfolge des Briten GEORGE ROBERTSON antreten.
Lettland. Zwei Tage nach dem Volksentscheid zum EU-Beitritt gerät die Regierungskoalition in Riga in eine Krise. Drei der vier Regierungsparteien kündigen Ministerpräsident EINARS REPSE das Vertrauen auf.

23. **UNO/USA.** In seiner Eröffnungsrede zur UNO-Vollversammlung übt UNO-Generalsekretär ANNAN deutliche Kritik an der amerikanischen Doktrin vorbeugender Selbstverteidigung. Der amerikanische Präsident BUSH dagegen verteidigte den Einmarsch der USA im Irak und den Sturz SADDAMS.

24. **Deutschland.** Die Einstellung als Beamtin darf einer angehenden muslimischen Lehrerin, die auf dem Tragen eines Kopftuchs im Unterricht besteht, nur auf einer gesetzlichen Grundlage verwehrt werden. Mit dieser Entscheidung im so genannten Kopftuchstreit gibt das Bundesverfassungsgericht der Verfassungsbeschwerde einer Klägerin aus Baden-Württemberg statt. Allerdings dürfen die Bundesländer das Tragen von Kopftüchern zukünftig grundsätzlich verbieten.
USA/Deutschland. In New York kommen der amerikanische Präsident BUSH und Bundeskanzler SCHRÖDER zu einem 40-minütigen Gespräch zusammen. Beide Politiker erklären, ihre Differenzen über den Irakkrieg gehörten der Vergangenheit an. In seiner anschließenden Rede auf der UNO-Vollversammlung plädiert SCHRÖDER für das Gewaltmonopol der Vereinten Nationen.

25. **USA/Irak.** Einem Bericht der amerikanischen Iraq Survey Group (ISG) zufolge hat die 1 200 Mann starke ISG nach wochenlanger intensiver Suche und der Befragung von Dutzenden von Zeugen bisher keine Hinweise auf Massenvernichtungswaffen im Irak gefunden.

24. September. Nach einem Gespräch in New York erklären Bundeskanzler Gerhard Schröder (hinten) und US-Präsident George W. Bush den Streit über den Irakkonflikt für beendet

Israel/Palästinensische Autonomiegebiete. In einer öffentlichen Erklärung weigern sich 27 Piloten der israelischen Luftwaffe, weiterhin Angriffe in den Palästinensergebieten zu fliegen und »unschuldige Zivilisten« zu töten. Am Tag darauf werden sieben der Dissidenten aus der Armee entlassen, die übrigen 20 suspendiert.

26. **Deutschland.** Der Bundestag billigt die Gesetze zur Modernisierung der gesetzlichen Krankenkassen und Reformen zum Arbeitsmarkt im Rahmen von Hartz III. Sie bilden einen Kernbereich der Gesetze, die die Regierung in der ›Agenda 2010‹ zum Umbau des Sozialstaats angekündigt hat.
Deutschland. Der Bundesrat lehnt mit der Mehrheit der unionsregierten Länder den Haushaltsentwurf der Bundesregierung und die begleitenden Steuergesetze – Vorziehen der Steuerreform, Steueramnestie und Kürzung der Pendlerpauschale – im ersten Durchgang ab.

28. **Italien.** Nachdem drei Stromversorgungsleitungen aus der Schweiz und Frankreich ausgefallen sind, kommt es zum größten Stromausfall in der Geschichte Italiens. Das gesamte Land, mit Ausnahme der Insel Sardinien, ist für Stunden ohne Elektrizität. Infolge des Stromausfalls sterben mindestens fünf Personen.

30. **Deutschland.** Die Ministerpräsidenten von Hessen und Nordrhein-Westfalen, ROLAND KOCH (CDU) und PEER STEINBRÜCK (SPD), legen ihr Konzept zum Abbau von Subventionen vor.

Deutschland. Die Reformkommission ›Soziale Sicherheit‹ der CDU unter Leitung des ehemaligen Bundespräsidenten Roman Herzog fordert einen Systemwechsel in der Kranken- und Pflegeversicherung sowie einen gedämpften Rentenanstieg und ein höheres Renteneintrittsalter, um einen Kollaps der deutschen Sozialsysteme zu verhindern.

OKTOBER

1. **Deutschland.** Nach den Plänen von Bundesverteidigungsminister Struck soll die Bundeswehr um weitere 35 000 Soldaten auf 250 000 Mann verkleinert werden. Die Zahl der Standorte will er auf 400 verringern.
UNO/Liberia. In Liberia beginnt der größte Truppeneinsatz in der Geschichte der UNO. Rund 15 000 Blauhelmsoldaten und 1000 Polizisten der ›United Nations Mission in Liberia‹ (UNMIL) sollen das Waffenstillstandsabkommen zwischen Regierung und Rebellengruppen überwachen.

1. Oktober. Zwei Liberianer warten inmitten von 70 weißen UNO-Wagen am Flughafen von Monrovia auf die Ankunft von Blauhelmsoldaten der UNO-Friedenstruppe

2. **Ruanda.** In dem ostafrikanischen Land gehen die viertägigen Parlamentswahlen zu Ende. Bei den ersten Wahlen seit dem Völkermord 1994 gewinnt die Koalition um die ›Patriotische ruandische Front‹ (FPR) von Präsident Paul Kagame mit 41 von 80 Sitzen die absolute Mehrheit.
Nobelpreise. Der südafrikanische Schriftsteller John M. Coetzee erhält den Nobelpreis für Literatur. Er wird für seine Romane ausgezeichnet, die den »göttlichen Funken des Menschen« einfangen, indem sie menschliche Schwächen und Niederlagen schonungslos erforschen.

3. **Nord-Korea.** Nach einer Meldung der amtlichen Nachrichtenagentur KCNA will Pjöngjang das durch die Wiederaufbereitung von Brennstäben gewonnene Plutonium in Reaktion auf die »feindliche Politik der Vereinigten Staaten« der »Steigerung seiner nuklearen Abschreckungskraft zuführen«.
Schweden. Nachfolgerin der vor drei Wochen ermordeten Außenministerin Anna Lindh wird die frühere langjährige Justizministerin Laila Freivalds.

4. **Israel/Palästinensische Autonomiegebiete.** Bei einem Bombenanschlag einer palästinensischen Selbstmordattentäterin in einem Restaurant in der israelischen Hafenstadt Haifa werden mindestens 19 Israelis getötet und 45 zum Teil lebensgefährlich verletzt.
Oman. Zum ersten Mal gilt bei der Wahl zur Beratenden Versammlung (Madschlis al Schura) ein allgemeines Wahlrecht. Um die Posten der 83 Mitglieder bewerben sich mehr als 500 Kandidaten, darunter 16 Frauen.

5. **Israel/Palästinensische Autonomiegebiete.** Als Reaktion auf das Selbstmordattentat in Haifa vom Tag zuvor bombardiert die israelische Luftwaffe ein angebliches Ausbildungslager für Terroristen in der Nähe der syrischen Hauptstadt Damaskus. Bundeskanzler Schröder und der ägyptische Präsident Hosni Mubarak kritisieren bei ihren Gesprächen in Kairo das israelische Vorgehen.
Russland. Bei den Präsidentenwahlen in der Kaukasusrepublik Tschetschenien erhält der bisherige Verwaltungschef Achmed Kadyrow nach Angaben der Wahlkommission rd. 80 % der Stimmen. Die Wahlbeteiligung soll bei 86 % gelegen haben.

6. **Israel/Palästinensische Autonomiegebiete.** Der israelische Luftangriff auf Syrien wird international heftig kritisiert. Neben China, Russland und mehreren arabischen Staaten beanstandet auch die EU das Vorgehen Israels. Der amerikanische Präsident Bush heißt den Vergeltungsschlag jedoch gut.
Nobelpreise. Der Nobelpreis für Physiologie oder Medizin wird den Pionieren der Kernspintomographie in der Krankenbehandlung, dem Amerikaner Paul Lauterbur und dem Briten Sir Peter Mansfield, zuerkannt.

7. **ASEAN.** Die Staats- und Regierungschefs Südostasiens unterzeichnen auf der indonesischen Insel Bali einen Vertrag über eine umfassende Zusammenarbeit. Bis 2020 will die Vereinigung der zehn südostasiatischen Staaten einen gemeinsamen Markt bilden.
USA. Mehr als 55 % der Wähler sprechen sich für die Amtsenthebung des seit fünf Jahren regierenden demokratischen Gouverneurs Gray Davis aus. Gleichzeitig wird der aus Österreich stammende Filmschauspieler Arnold Schwarzenegger mit fast 49 % der abgegebenen Stimmen zum neuen Gouverneur des Bundesstaates Kalifornien gewählt.

7. Oktober. Der russische Physiker Vitalij Ginzburg, einer der drei diesjährigen Nobelpreisträger für Physik, gibt im Moskauer Lebedew-Institut eine Pressekonferenz

Nobelpreise. Den Nobelpreis für Physik teilen sich die Russen ALEXEJ ABRIKOSOW und WITALIJ GINZBURG sowie der Brite ANTHONY LEGGETT für ihre Theorien über Supraleitung und Suprafüssigkeiten.

8. **Nobelpreise.** Die amerikanischen Biochemiker PETER AGRE und RODERICK MACKINNON erhalten den Nobelpreis für Chemie für ihre Entdeckungen zum Verständnis von Herz- und Nervenkrankheiten. Der Nobelpreis für Wirtschaftswissenschaften geht an den Amerikaner ROBERT ENGLE und den Briten CLIVE GRANGER für die Entwicklung grundlegender statistischer Methoden.

9. **USA/Syrien.** Der auswärtige Ausschuss des Repräsentantenhauses stimmt mit 33 gegen zwei Stimmen für den ›Syrian Acountability Act‹, der die amerikanische Regierung zu Sanktionen gegen Syrien ermächtigt, da das Land angeblich terroristische Organisationen unterstützt.

10. **Deutschland.** Nach dem Kompromiss zwischen SPD und Bündnis 90/Die Grünen bei der Reform der Gewerbesteuer kündigt die Union an, das Gesetz im Bundesrat abzulehnen. Vom Präsidium des Deutschen Städtetags wird die geplante Änderung dagegen begrüßt.
Nobelpreise. Das Nobelkomitee des norwegischen Parlaments in Oslo vergibt den diesjährigen Friedensnobelpreis an die iranische Menschenrechtlerin SCHIRIN EBADI und würdigt damit deren Einsatz für die Menschenrechte in Iran und der muslimischen Welt.

12. **Deutschland.** In der Frankfurter Paulskirche wird der amerikanischen Schriftstellerin SUSAN SONTAG der mit 15 000 € dotierte Friedenspreis des Deutschen Buchhandels verliehen.

13. **Bolivien.** Nach blutigen Protesten, bei denen allein am Vortag 29 Menschen ums Leben kamen, beruft die Partei Neue Republikanische Kraft (NFR) ihre drei Minister aus der Regierungskoalition ab und löst damit eine schwere Regierungskrise aus.

14. **UNO/Afghanistan/Deutschland.** Der UNO-Sicherheitsrat verabschiedet eine Resolution zur Verlängerung und Erweiterung des Mandats der Internationalen Schutztruppe in Afghanistan (ISAF). Damit kann der Bundestag über die Entsendung von Bundeswehrsoldaten in die Stadt Kundus im Nordosten des Landes entscheiden.
Liberia. GYUDE BRYANT wird als neuer Präsident vereidigt. Er übernimmt das Amt von MOSES BLAH, der nach der Ausreise von CHARLES TAYLOR am 11. August die Amtsgeschäfte vorübergehend geführt hatte.

15. **China/Raumfahrt.** China startet seinen ersten bemannten Raumflug. Der als ›Taikonaut‹ bezeichnete Astronaut YANG LIWEI landet nach 14 Erdumkreisungen am Tag darauf planmäßig in der Wüste Gobi.
Israel/Palästinensische Autonomiegebiete. Bei einem palästinensischen Bombenanschlag auf einen Fahrzeugkonvoi der amerikanischen Botschaft im Gazastreifen werden drei amerikanische Sicherheitsbeamte getötet, und ein vierter wird schwer verletzt. Wenige Stunden zuvor waren im UNO-Sicherheitsrat zwei israelkritische Resolutionen am Veto der USA gescheitert.

Aserbaidschan. Bei der Präsidentenwahl erhält ILHAM ALIJEW, der Sohn des bisherigen Präsidenten HAJDAR ALIJEW, nach offiziellen Angaben 79,5 % der Stimmen. Auf den Oppositionsführer ISSA GAMBAR entfallen 12 %. Nach der Wahl liefern sich in der Hauptstadt Baku Anhänger der Opposition und Sicherheitskräfte heftige Straßenschlachten, bei denen mindestens zwei Menschen getötet werden.

15. Oktober. Der erste chinesische Astronaut, der 38-jährige Yang Liwei, auf dem Weg zum Start in den Weltraum mit der Rakete ›Langer Marsch 2F‹

16. **UNO/USA/Irak.** Die von den USA vorgelegte, mehrfach geringfügig modifizierte neue Irakresolution wird vom UNO-Sicherheitsrat einstimmig angenommen. Deutschland, Frankreich und Russland gaben kurz vor der Abstimmung ihren Widerstand gegen die Resolution auf, obwohl auf ihre Änderungsvorschläge nicht eingegangen worden war.

17. **Deutschland.** Mit der Mehrheit der rot-grünen Koalition stimmt der Bundestag für das Reformpaket der Bundesregierung, das u. a. das Vorziehen der dritten Stufe der Steuerreform, die Gewerbesteuerreform, die Erhöhung der Tabaksteuer, die Zusammenlegung von Arbeitslosen- und Sozialhilfe sowie die Reform der Sozialhilfe vorsieht.
Bolivien. Mit 97 gegen 30 Stimmen nimmt das Parlament den Rücktritt von Präsident GONZALO SÁNCHEZ DE LOZADA an. Als sein Nachfolger wird Vizepräsident CARLOS MESA GISBERT vereidigt. MESA ruft das Land zur Einheit auf und kündigt an, ausschließlich parteilose Minister in sein Kabinett zu berufen.

19. **Deutschland.** Bundesregierung und Vertreter der rot-grünen Koalition verständigen sich darauf, die Renten im kommenden Jahr nicht zu erhöhen. Außerdem müssen Rentner vom 1. 1. 2004 an den vollen Beitragssatz zur Pflegeversicherung zahlen.
Schweiz. Sieger der Parlamentswahl wird die nationalkonservative Volkspartei (SVP). Mit 26,6 % der Stimmen gewinnt sie elf Mandate im Nationalrat hinzu und hat nun 55 der 200 Sitze. Die bürgerlichen Parteien mit den Christlichen Demokraten (CVP) und dem liberalen Freisinn (FDP) büßen jeweils sieben Sitze ein, während Grüne und Sozialdemokraten leichte Zugewinne verzeichnen können.
Rumänien. In einem zweitägigen Referendum stimmen rund 90 % der Wähler für eine neue Verfassung, die zahlreiche Änderungen im Hinblick auf den für 2007 angestrebten Beitritt des Landes zu EU enthält.

katholische Kirche. Bei einer Feier vor Hunderttausenden von Gläubigen auf dem Petersplatz spricht Papst JOHANNES PAUL II. die vor sechs Jahren verstorbene, als MUTTER TERESA VON KALKUTTA bekannte Ordensfrau AGNES GONXHA BOJAXHIU selig.

21. **Deutschland/Europäische Union.** Die EU-Kommission leitet ein Vertragsverletzungsverfahren gegen Deutschland wegen des Dosenpfands ein. Der Bundesregierung wird vorgeworfen, das Zwangspfand auf Dosen und Einwegflaschen sei eine unverhältnismäßige Behinderung des EU-Binnenmarkts und verstoße damit gegen europäisches Recht.
APEC. In der thailändischen Hauptstadt Bangkok geht das 11. Gipfeltreffen des ›Asiatisch-Pazifischen Wirtschaftsforums‹ (APEC) zu Ende. An dem zweitägigen Treffen hatten die Staats- und Regierungschefs der 21 pazifischen Mitgliedsländer teilgenommen, unter ihnen der amerikanische Präsident BUSH. Hauptthema war die Bekämpfung des internationalen Terrorismus.
Aserbaidschan. Die Regierung gibt Unregelmäßigkeiten bei der Präsidentenwahl am 15. Oktober zu und annulliert mit 673 000 mehr als ein Fünftel aller abgegebenen Stimmen. ILHAM ALIJEW hat demnach 77 %, Oppositionsführer ISSA GAMBAR 14 % der Stimmen erhalten.
katholische Kirche. Papst JOHANNES PAUL II. ernennt 31 neue Kardinäle. Das Kardinalskollegium zählt damit 195 Mitglieder. 60 davon sind über 80 Jahre alt und bei Wahl eines Papstes nicht mehr stimmberechtigt.

23. **Deutschland.** Nach dem von Bundesfinanzminister EICHEL vorgelegten Nachtragshaushalt wird der Bund in diesem Jahr 43,4 Mrd. € neue Schulden machen. Die Neuverschuldung übersteigt damit die Marke von 4 % des Bruttoinlandsprodukts.

24. Oktober. Die ersten aufgebauten Stelen auf der Baustelle für das Holocaust-Mahnmal in Berlin (im Hintergrund der Reichstag); die Bauarbeiten werden vorübergehend eingestellt

24. **Spanien/Irak.** In der spanischen Hauptstadt Madrid geht die zweitägige internationale Geberkonferenz für den Irak zu Ende. Neben dem von den USA versprochenen Betrag in Höhe von 20 Mrd. US-$ werden von den Teilnehmerstaaten mindestens 15 Mrd. US-$ für den Wiederaufbau des Irak zugesagt.
Deutschland/Afghanistan. Gegen die Stimmen der FDP und von Teilen der Union billigt der Bundestag die Verlängerung und Ausweitung des Bundeswehreinsatzes im Rahmen des ISAF-Mandats. Noch am gleichen Tag fliegt ein Vorauskommando von 27 Soldaten nach Kundus im Nordosten Afghanistans ab.
Deutschland. Die am 4. April begonnenen Bauarbeiten am Holocaust-Denkmal in Berlin werden vorerst eingestellt. Grund ist die Verwendung eines Produktes der Firma Degussa bei den Bauarbeiten. Eine Tochterfirma der Degussa war Hersteller des Giftgases Zyklon B, das von den Nationalsozialisten in den Vernichtungsstätten des Dritten Reiches eingesetzt wurde.

25. **Russland.** Der Vorstandsvorsitzende des zweitgrößten russischen Ölkonzerns Yukos, der 40-jährige MICHAIL CHODORKOWSKIJ, wird während einer Dienstreise in der sibirischen Stadt Nowosibirsk festgenommen und inhaftiert. Ihm werden u. a. Betrug und Steuerhinterziehung vorgeworfen.
Deutschland. Der Schriftsteller und Filmregisseur ALEXANDER KLUGE wird in Darmstadt mit dem Georg-Büchner-Preis ausgezeichnet.

26. **Irak.** Bei einem Raketenangriff auf das Raschid-Hotel in Bagdad wird ein amerikanischer Soldat getötet. Der in dem Hotel wohnende stellvertretende amerikanische Verteidigungsminister PAUL WOLFOWITZ entgeht dem Anschlag unverletzt.
Deutschland. Auf dem Bundesparteitag der PDS in Chemnitz beschließen die Delegierten mit 77,8 % der Stimmen ein neues Parteiprogramm.

27. **Irak.** Bei einer Serie von Selbstmordanschlägen auf die Vertretung des Internationalen Roten Kreuzes und mehrere Polizeistationen werden in Bagdad 35 Personen, größtenteils Zivilisten, getötet.
Russland. Die Verhaftung von Yukos-Chef CHODORKOWSKIJ führt zu einem Kurssturz an der Moskauer Börse. Der Aktienindex RTS fällt um bis zu 14 %.

30. **Russland.** Die Generalstaatsanwaltschaft beschlagnahmt 61 % der Yukos-Aktien. Die Aktien befinden sich im Besitz des am 25. Oktober verhafteten Yukos-Chefs CHODORKOWSKIJ. Die Moskauer Börse reagiert darauf mit einem neuerlichen Kurssturz.

31. **Deutschland.** In einer Entscheidung zur Normenkontrollklage von 63 Abgeordneten der Oppositionsfraktionen CDU, FDP und Bündnis 90/Die Grünen im Berliner Abgeordnetenhaus erklärt das Landesverfassungsgericht den Berliner Doppelhaushalt der Jahre 2002 und 2003 für verfassungswidrig.

NOVEMBER

2. **Irak/USA.** Beim Absturz eines amerikanischen Militärhubschraubers nahe der Stadt Falludscha werden mindestens 15 Soldaten getötet und etwa 20 verletzt. Der Hubschrauber war von einer Rakete getroffen worden.
Georgien. Begleitet von Protesten und Vorwürfen des Wahlbetrugs, finden in der Kaukasusrepublik Parlamentswahlen statt. Das Wahlbündnis ›Für ein neues Georgien‹ von Präsident EDUARD SCHEWARDNADSE erreicht rund 25 % der Stimmen, dicht gefolgt von der oppositionellen radikaldemokratischen ›Nationalen Bewegung‹ unter dem ehemaligen Justizminister MICHAIL SAAKASCHWILI. Insgesamt erhält die Opposition mehr als 60 % der Stimmen.

USA. Mit dem 56 Jahre alten GENE ROBINSON von der zur anglikanischen Kirche gehörenden Episkopalkirche wird zum ersten Mal ein homosexueller Priester zum Bischof einer der großen christlichen Glaubensgemeinschaften des Landes geweiht. Zahlreiche konservative Geistliche und Gläubige protestieren gegen die Amtseinführung ROBINSONS.

3. November. Bei einer Demonstration für Freiheit und Demokratie in Moskau hält ein Mann am 7. November ein Plakat mit der Aufschrift »Chodorkowskij, gib nicht auf!« hoch

3. **Afghanistan.** Die Übergangsregierung stellt den Entwurf für eine neue Verfassung vor. Danach soll das Land als ›Islamische Republik‹ ein demokratisches Präsidialsystem mit zwei Parlamentskammern erhalten. Der Entwurf soll im Dezember von der ›Loya Jirga‹, der Stammesversammlung, beschlossen werden.
Russland. Der am 25. Oktober verhaftete Ölmilliardär CHODORKOWSKIJ tritt als Vorstandsvorsitzender des Erdölkonzerns Yukos zurück. Sein Nachfolger wird der bisherige Aufsichtsratsvorsitzende, der aus Russland stammende amerikanische Staatsbürger SIMON KUKES.
Deutschland. Die CDU-Führung rügt den Abgeordneten MARTIN HOHMANN und entbindet ihn von seinem Posten in der Bundestagsfraktion. HOHMANN war mit antisemitischen Äußerungen in einer Rede zum Tag der Deutschen Einheit in die Kritik geraten.

5. **evangelische Kirchen.** Die Synode der Evangelischen Kirche in Deutschland (EKD) wählt den 61-jährigen Bischof von Berlin-Brandenburg, WOLFGANG HUBER, zum neuen Ratsvorsitzenden. HUBER erhält 121 der 135 abgegebenen Stimmen. Er tritt die Nachfolge des aus Altersgründen ausscheidenden MANFRED KOCK an.

6. **Deutschland.** Der Bundestag beschließt ein Rentennotprogramm. Die rund 19,5 Mio. Rentner müssen 2004 auf eine Rentenanpassung verzichten und von April an die Beiträge zur Pflegeversicherung allein tragen.

Europäische Union/Russland. Anlässlich des halbjährlich stattfindenden Gipfeltreffens zwischen der EU und Russland verteidigt der italienische Ministerpräsident und amtierenden EU-Ratspräsident BERLUSCONI das russische Vorgehen gegen den Ölmilliardär CHODORKOWSKIJ und lobt Präsident PUTIN für dessen Tschetschenienpolitik. Die EU-Kommission distanziert sich am Tag darauf von den Äußerungen BERLUSCONIS.

7. **Deutschland.** Der Bundesrat ruft mit der Mehrheit der Unions- und FDP-regierten Länder zu mehreren Gesetzesvorlagen der rot-grünen Koalition den Vermittlungsausschuss an. Dazu zählen unter anderem die Arbeitsmarktreform, das Vorziehen der dritten Stufe der Steuerreform, die Streichung der Eigenheimzulage und die Kürzung der Entfernungspauschale.
Sri Lanka. Präsidentin CHANDRIKA KUMARATUNGA hebt den vier Tage zuvor verhängten Ausnahmezustand auf. KUMARATUNGA hatte am 4. November in Abwesenheit von Premierminister RANIL WICKREMASINGHE das Parlament suspendiert sowie die Minister für Verteidigung, Inneres und Information entlassen und deren Ressorts selbst übernommen.
Mauretanien. Bei der Präsidentschaftswahl wird der amtierende Präsident MAAWIYA OULD SIDI AHMED TAYA bereits im ersten Wahlgang mit knapp 67 % der Stimmen in seinem Amt bestätigt. Erfolgreichster Oppositionskandidat ist der frühere Staatschef MOHAMMED KHOUNA OULD HAIDALLA mit rund 17 % der Stimmen.

8. **Saudi-Arabien.** Bei einem Bombenanschlag in einem Wohnviertel der Hauptstadt Riad werden 17 Menschen getötet. Die meisten von ihnen sind Ausländer aus anderen arabischen Staaten. Als Urheber des Anschlags wird das Terrornetzwerk al-Qaida vermutet.

9. **Japan.** Bei den Unterhauswahlen erhält die regierende Liberaldemokratische Partei (LDP) von Ministerpräsident JUNICHIRO KOIZUMI 237 der 480 Sitze und verliert damit ihre absolute Mehrheit von 247 Sitzen. Die oppositionelle Demokratische Partei (DPJ) gewinnt 40 Sitze dazu und kommt auf 177 Mandate.
Guatemala. Bei der Präsidentenwahl erreicht keiner der Kandidaten die nötige absolute Mehrheit. Die Stichwahl am 28. Dezember werden OSCAR BERGER, der ehemalige Bürgermeister von Guatemala-Stadt, für das Rechtsparteienbündnis ›GANA‹ und ÁLVARO COLOM für die sozialdemokratische Partei ›Nationale Einheit der Hoffnung‹ (UNE) bestreiten. BERGER und COLOM hatten 37,9 bzw. 27,3 % der Stimmen erhalten.

10. **Deutschland.** Die I. G. Farbenindustrie AG beantragt beim Amtsgericht Frankfurt die Eröffnung des Insolvenzverfahrens. Der einst größte Chemiekonzern der Welt ist zahlungsunfähig, nachdem der Verkauf einer Immobilie gescheitert ist.
WTO/USA/Europäische Union. Die Welthandelsorganisation (WTO) bestätigt ihr Urteil gegen die amerikanischen Schutzzölle für die Stahlindustrie. Sollten sich die USA dem WTO-Urteil bis Mitte Dezember nicht beugen, darf die EU Strafzölle erheben. Betroffen wären amerikanische Importe im Wert von 2,2 Mrd. US-$ im Jahr.

11. **Deutschland.** Sieben Wochen nach dem entsprechenden Urteil des Bundesverfassungsgerichts legt Baden-Württemberg als erstes Bundesland einen Gesetzentwurf zum Kopftuchverbot für Lehrerinnen an öffentlichen Schulen vor.

12. **Irak.** Bei einem Anschlag auf einen italienischen Militärstützpunkt in der Stadt Nassirija im Süden des Landes kommen 19 Italiener und neun Iraker sowie die vier Selbstmordattentäter ums Leben. Die Attentäter hatten einen mit Sprengstoff beladenen Lastwagen in den Stützpunkt gefahren und zur Explosion gebracht.

14. November. Ein Reaktortechniker schaltet mit einem Knopfdruck den Reaktor des vor mehr als 31 Jahren in Betrieb genommenen Atomkraftwerks im niedersächsischen Stade ab

14. **Deutschland.** Die Bundestagsfraktion von CDU und CSU schließt ihren Abgeordneten HOHMANN aus und folgt damit einem Antrag der Fraktionsvorsitzenden MERKEL. Von den 248 Abgeordneten stimmen 195 für den Ausschluss HOHMANNS.
Deutschland. Dreieinhalb Jahre nach der Einigung zwischen Bundesregierung und Stromkonzernen auf den ›Atomkonsens‹ wird das niedersächsische Kernkraftwerk Stade als erstes vorzeitig abgeschaltet.

15. **Türkei.** Bei Selbstmordanschlägen auf zwei Synagogen in Istanbul kommen 23 Menschen ums Leben, mehr als 300 werden verletzt. Zwei mit jeweils 400 kg Sprengstoff beladene Kleinlastwagen wurden gleichzeitig während des Schabbatgottesdienstes zur Explosion gebracht. Die zum Terrornetzwerk al-Qaida gehörende Gruppe ›Brigaden des Märtyrers ABU HAFZ AL MASRI‹ übernimmt die Verantwortung für den Anschlag.

16. **Irak.** Beim Abschuss von zwei amerikanischen Militärhubschraubern in der nordirakischen Stadt Mossul werden mindestens 17 Soldaten getötet und fünf verwundet.
Serbien und Montenegro. Da die vorgeschriebene Mindestwahlbeteiligung von 50 % nicht erreicht wird, scheitert auch der vierte Versuch innerhalb von 14 Monaten, in der Teilrepublik Serbien einen Präsidenten zu wählen. Erfolgreichster Bewerber um das Präsidentenamt ist der Kandidat der nationalistischen ›Serbischen Radikalen Partei‹ (SRS), TOMISLAV NIKOLIĆ, mit 46,4 % der Stimmen.

17. **Deutschland.** Bundeskanzler SCHRÖDER wird auf dem SPD-Parteitag in Bochum im Amt des Parteivorsitzenden bestätigt. Mit 80,8 % der Stimmen fällt das Ergebnis jedoch deutlich schlechter aus als zwei Jahre zuvor.
Deutschland. Der parlamentarische Untersuchungsausschuss zu den vermeintlichen Wahllügen der Bundesregierung legt seinen Abschlussbericht vor. Darin wird der Vorwurf, die Regierung habe vor der Bundestagswahl im September 2002 bewusst falsche Angaben zur Wirtschafts- und Finanzlage des Landes gemacht, entkräftet.

19. **Japan.** Ministerpräsident KOIZUMI wird vom Parlament in seinem Amt bestätigt. Bei der Abstimmung im Unterhaus, das am 9. November neu gewählt wurde, erhält er 281 der 479 abgegebenen Stimmen.
Deutschland. Zum Abschluss des dreitägigen SPD-Parteitags in Bochum sprechen sich die Delegierten mit großer Mehrheit für den Einstieg in die ›Bürgerversicherung‹ und die Erhöhung der Erbschaftsteuer aus.
Europäische Union. Das Europäische Parlament stimmt mit einer deutlichen Mehrheit für eine liberale Regelung bei der Embryonenforschung. Demnach soll die Förderung der Forschung nicht nur an embryonalen Stammzellen, sondern auch an Embryonen selbst möglich gemacht werden. Die Entscheidung wird von den deutschen Europaabgeordneten von Union und Grünen scharf kritisiert.

20. **Türkei.** Bei zwei neuerlichen Selbstmordattentaten in Istanbul werden 27 Menschen getötet, unter ihnen vier britische Staatsbürger, und etwa 550 verletzt. Ziele der zeitgleich verübten Bombenanschläge waren das britische Generalkonsulat und das Verwaltungsgebäude einer britischen Bank. Auch zu diesen Attentaten bekennt sich die Al-Qaida-Gruppe ›Brigaden des Märtyrers ABU HAFZ AL MASRI‹.

21. **Deutschland.** Eine Woche nach dessen Ausschluss aus der Bundestagsfraktion der Union beschließt der Landesvorstand der hessischen CDU einstimmig die Einleitung eines Parteiausschlussverfahrens gegen den Bundestagsabgeordneten HOHMANN.

23. **Georgien.** Nach wochenlangen Machtkämpfen tritt Präsident SCHEWARDNADSE zurück. Zwei Tage zuvor hatte die Regierung Fälle von Betrug und Manipulation bei der Parlamentswahl vor drei Wochen eingestanden. Die Amtsgeschäfte werden bis auf weiteres von der Parlamentspräsidentin NINO BURDSCHANADSE übernommen.
Kroatien. Mit 66 statt bisher 34 Parlamentssitzen geht die konservative ›Kroatische Demokratische Gemeinschaft‹ (HDZ) unter Führung von IVO SANADER als Siegerin aus der Parlamentswahl hervor. Die regierende Sozialdemokratische Partei (SDP) von Ministerpräsident IVICA RAČAN verliert 19 ihrer bisher 62 Mandate.

24. **Deutschland.** Der Vorstandsvorsitzende der Bundesanstalt für Arbeit (BfA), FLORIAN GERSTER, schließt einen Rücktritt aus. GERSTER war

wegen eines 1,3 Mio. € umfassenden Beratungsvertrags mit einer Medienberatungsfirma in die Kritik geraten.
USA. John Allen Muhammad, der ältere der beiden Heckenschützen, die im Oktober 2002 im Großraum Washington zehn Menschen aus dem Hinterhalt erschossen haben sollen, wird von einem Geschworenengericht in Virginia Beach wegen Mordes und Terrorismus zum Tode verurteilt.

25. **Europäische Union.** Die Finanzminister der EU setzen das Defizitverfahren gegen Deutschland und Frankreich aus. Mit Mehrheit sprechen sie sich gegen den Vorschlag von EU-Kommissar Pedro Solbes aus, den beiden Ländern, die 2004 zum dritten Mal in Folge gegen den Stabilitäts- und Wachstumspakt verstoßen werden, zusätzliche Einsparungen vorzuschreiben.

26. **Deutschland.** Im ersten Prozess gegen die islamistische Terrorgruppe al-Tawhid verurteilt das Oberlandesgericht Düsseldorf den 27 Jahre alten Palästinenser Shadi Mohamed Abdallah wegen »Mitgliedschaft in einer terroristischen Vereinigung« zu vier Jahren Haft.

23. November. Der 35-jährige georgische Oppositionspolitiker Michail Saakaschwili führt die wochenlangen Proteste an, die zum Rücktritt von Präsident Schewardnadse führen

27. **USA/Irak.** Der amerikanische Präsident Bush stattet der irakischen Hauptstadt Bagdad einen überraschenden Kurzbesuch ab, um anlässlich des amerikanischen ›Thanksgiving Day‹ an einem Essen mit 600 Soldaten teilzunehmen. Die Nachricht von der Reise wird erst bekannt gegeben, als das Präsidentenflugzeug wieder auf dem Rückflug nach Washington ist.
Großbritannien/Nordirland. Bei den Regionalwahlen in Nordirland legen die radikalen Parteien stark zu. Bei den Protestanten überflügeln die ›Demokratischen Unionisten‹ (DUP) des Pfarrers Ian Paisley die ›Ulster Unionisten‹ (UUO) von David Trimble. Bei den Katholiken lässt die Partei Sinn Féin die gemäßigte ›Sozialdemokratische und Labour Partei‹ (SDLP) hinter sich.

28. **Deutschland.** Mit den Stimmen der rot-grünen Regierungskoalition beschließt der Bundestag in dritter Lesung den Bundeshaushalt 2004. Er sieht Ausgaben von 257,3 Mrd. €, eine Nettokreditaufnahme von 29,3 Mrd. € und Investitionen von 24,6 Mrd. € vor.

29. **Irak.** Bei mehreren Angriffen auf die Besatzungsmächte kommen mindestens 13 Menschen ums Leben, unter ihnen sieben spanische Geheimdienstmitarbeiter, zwei japanische Diplomaten und drei Amerikaner. Am Tag darauf werden zwei südkoreanische Techniker bei einem Anschlag getötet.

30. **Deutschland.** In Leipzig beginnt der 17. Bundesparteitag der CDU. Schwerpunktthemen des dreitägigen Treffens sind die Reformen des Sozial- und Steuersystems.
Deutschland. In Dresden geht der dreitägige Parteitag von Bündnis 90/Die Grünen zu Ende. Die Delegierten hatten sich zuvor für die Einführung einer Vermögensteuer auf private und betriebliche Vermögen sowie für einen Bürgerentscheid über die künftige EU-Verfassung ausgesprochen.

DEZEMBER

1. **Deutschland/China.** Bundeskanzler Schröder trifft zu einem viertägigen Besuch in der chinesischen Hauptstadt Peking ein. In Gesprächen mit chinesischen Politikern spricht sich Schröder für ein Ende des Waffenembargos gegen China aus.
Israel/Palästinensische Autonomiegebiete. In Anwesenheit von politischen Würdenträgern aus aller Welt stellen israelische Oppositionspolitiker und Vertreter der Palästinenser in Genf einen unabhängigen Nahost-Friedensplan vor. Während der israelische Ministerpräsident Scharon das Vorgehen der israelischen Politiker als Subversion bezeichnet, stimmen der amerikanische Präsident Bush und Außenminister Powell der ›Genfer Initiative‹ vorsichtig zu.
USA/WTO/Europäische Union. Die USA kündigen an, sich dem Urteil der Welthandelsorganisation (WTO) zu beugen und die Schutzzölle für ihre Stahlindustrie abzuschaffen. Die EU und andere Handelspartner hatten angedroht, ansonsten ab Mitte Dezember ihrerseits Strafzölle auf amerikanische Importe zu erheben.

2. **Deutschland/China.** Die Zusage von Bundeskanzler Schröder an China über einen möglichen Export der stillgelegten Hanauer Brennelemente-Fabrik ruft scharfe Kritik bei Grünen und Umweltverbänden hervor.

3. **Deutschland.** Das Bundeskabinett beschließt die Rentenreform 2004, mit der die Rentenbeiträge langfristig stabilisiert werden sollen.
Deutschland. Bundespräsident Rau begnadigt den ehemaligen RAF-Terroristen Rolf Clemens Wagner. Wagner war unter anderem wegen der Entführung und Ermordung des Arbeitgeberpräsidenten Hanns-Martin Schleyer 1979 zu lebenslanger Haft verurteilt worden.

4. **Japan/Irak.** Die japanische Regierung beschließt die Entsendung von 1100 Soldaten in den Irak. Die ersten Soldaten, sollen noch in diesem Monat in Marsch gesetzt und in der südirakischen Stadt Samawa stationiert werden.
Litauen/USA. Auf Anraten aus Washington sagt der litauische Präsident ROLANDAS PAKSAS seine für den 8. Dezember geplante Reise in die USA ab. PAKSAS werden enge Kontakte zur ›Russenmafia‹ nachgesagt.

5. **Russland.** Bei einem Bombenanschlag auf einen Pendlerzug nahe der Stadt Jessentuki im Nordkaukasus werden 41 Menschen getötet und etwa 175 verletzt. Die vier Täter, drei Frauen und ein Mann, hatten eine Tasche mit Sprengstoff in dem voll besetzten Zug gezündet.

6. **Deutschland.** Der Bundesrechnungshof hat bei der Prüfung des umstrittenen Beratungsvertrags der Bundesanstalt für Arbeit (BfA) mit einer Medienberatungsfirma erhebliche Mängel festgestellt. Er bestätigt damit die Vorwürfe gegen den Vorstandsvorsitzenden der BfA, FLORIAN GERSTER.
Italien. Mehr als eine Million Menschen demonstriert in Rom gegen die geplante Rentenreform von Ministerpräsident BERLUSCONI.

7. **Russland.** Bei der Wahl zur Staatsduma, dem Unterhaus des russischen Parlaments, erreichen die regierungsnahen Parteien eine Zweidrittelmehrheit. Stärkste Kraft mit 222 der 450 Sitze wird die von Präsident PUTIN unterstützte Partei ›Einiges Russland‹. Verlierer der Wahl sind die Kommunisten; sie fallen von 113 auf nur noch 53 Mandate zurück.

8. **Simbabwe.** Präsident ROBERT MUGABE erklärt den Austritt seines Landes aus dem Commonwealth. Tags zuvor war beim Commonwealth-Treffen in Nigeria die Suspendierung Simbabwes von den Ministertreffen auf unbestimmte Zeit verlängert worden.

9. **Deutschland.** Nach erneuten Angriffen des früheren Innensenators SCHILL erklärt der Erste Bürgermeister VON BEUST die Koalition aus CDU, Partei Rechtsstaatlicher Offensive und FDP in Hamburg für beendet und kündigt die Neuwahl der Hamburger Bürgerschaft für den 29. 3. 2004 an.

10. **USA.** Die amerikanische Regierung gibt bekannt, dass sie Firmen aus Staaten, die sich gegen den Irakkrieg ausgesprochen hatten, bei Ausschreibungen für Wiederaufbauprojekte im Irak nicht berücksichtigen wird. Begründung für den Ausschluss deutscher, französischer, kanadischer oder russischer Firmen ist der »Schutz grundlegender Sicherheitsinteressen der Vereinigten Staaten«.
Deutschland. Im Prozess des Medienunternehmers LEO KIRCH gegen die Deutsche Bank und deren ehemaligen Vorstandssprecher ROLF BREUER gesteht das Oberlandesgericht München KIRCH den Anspruch auf Schadensersatz wegen Verletzung des Bankgeheimnisses durch BREUER zu.
Schweiz. Mit der Wahl von CHRISTOPH BLOCHER zum Bundesrat vollzieht sich ein deutlicher Rechtsruck in der Schweizer Regierung. BLOCHERS nationalkonservative Volkspartei (SVP) war eindeutige Siegerin der Parlamentswahl vom 20. Oktober.
Nobelpreise. In Oslo und Stockholm werden die diesjährigen Nobelpreise verliehen.

11. **Deutschland.** Das Hamburger Oberlandesgericht hebt den Haftbefehl gegen den wegen Beihilfe zu den Anschlägen vom 11. 9. 2001 angeklagten Marokkaner ABDELGHANI MZOUDI auf. Das Gericht war vom Bundeskriminalamt über eine entlastende Aussage eines Zeugen informiert worden.
Deutschland. Bei einer Polizeiaktion in 13 Bundesländern werden mehr als 1 170 Wohnungen und Geschäftsräume von Anhängern der radikalislamistischen Organisation ›Kalifatstaat‹ des wegen Mordaufrufs verurteilen METIN KAPLAN durchsucht.
WHO. In einer auf der Klimakonferenz in Mailand vorgestellten Studie schätzt die Weltgesundheitsorganisation (WHO), dass etwa 20 000 Menschen der Hitzewelle in Europa zum Opfer gefallen sind.

12. **Deutschland.** Der ehemalige Innensenator und Gründer der Partei Rechtsstaatliche Offensive, RONALD SCHILL, wird aus seiner Fraktion in der Hamburger Bürgerschaft ausgeschlossen.

5. Dezember. Rettungskräfte bergen nahe Jessentuki in Südrussland Tote und Verletzte aus dem durch einen Bombenanschlag zerstörten Zug

13. Dezember. Ein amerikanischer Soldat steht im Schlafzimmer des Hauses bei Tikrit, in dem sich der irakische Exdiktator Saddam Husain versteckt hatte

13. **Irak.** Amerikanischen Soldaten und kurdischen Peschmerga gelingt die Festnahme des früheren Diktators SADDAM HUSAIN. SADDAM hatte sich in der Nähe seiner Heimatstadt Tikrit in einem Erdloch versteckt.
Europäische Union. Auf dem zweitägigen Gipfeltreffen in Brüssel können sich die Staats- und Regierungschefs der EU nicht auf einen Verfassungsvertrag einigen. Die Unstimmigkeiten entzünden sich an der Frage der künftigen Stimmenverteilung der einzelnen Mitgliedstaaten.
Deutschland. Der Präsident des Europäischen Parlaments, der Ire PATRICK COX, wird im kommenden Jahr mit dem Internationalen Karlspreis der Stadt Aachen ausgezeichnet. Mit dem Preis werden u. a. seine »herausragenden persönlichen Verdienste« bei der Erweiterung der Union und der Ausarbeitung einer europäischen Verfassung gewürdigt.

14. **Afghanistan.** In Kabul beginnt die ›Loya Jirga‹, die große Ratsversammlung der Stämme. Etwa 500 Delegierte, darunter etwa 100 Frauen, sollen über die neue Verfassung abstimmen.
Zypern. Mit einem Patt zwischen Befürwortern und Gegnern einer Wiedervereinigung der geteilten Insel endet die Parlamentswahl im türkischen Nordteil. Regierung und Opposition kommen auf jeweils 25 der 50 Parlamentssitze.

15. **Deutschland.** Im Vermittlungsausschuss einigen sich Bundesregierung und Opposition auf einen Kompromiss über die vorgezogene Steuerreform und die Arbeitsmarktreformen.
Europäische Union. In einem Schreiben an EU-Kommissionspräsident ROMANO PRODI sprechen sich die Staats- und Regierungschefs von sechs Geberländern – Deutschland, Frankreich, Großbritannien, der Niederlande, Österreich und Schweden – gegen höhere EU-Ausgaben nach der Osterweiterung aus.
Russland. Tschetschenische Islamisten erschießen in der Teilrepublik Dagestan neun russische Grenzsoldaten, besetzen ein Bergdorf und nehmen die Bewohner als Geiseln.
Europäische Union/Makedonien. Der im April begonnene EU-Militäreinsatz ›Concordia‹ in Makedonien läuft aus. ›Concordia‹ war die erste von der EU geführte Militärmission.

16. **Deutschland/Frankreich.** Nach Gesprächen mit dem amerikanischen Sonderbeauftragten JAMES BAKER wollen die Regierungen beider Länder dem Irak eine Umschuldung und einen Teilschuldenerlass gewähren.
Deutschland. Die Partei Rechtsstaatliche Offensive schließt ihren Gründer RONALD SCHILL aus.
Italien. Staatspräsident CARLO CIAMPI weist ein Mediengesetz zurück, das Ministerpräsident BERLUSCONI den weiteren Ausbau seines Medienkonzerns ermöglicht hätte, und fordert dessen Neubehandlung im Parlament.
Litauen. Das Parlament leitet ein Amtsenthebungsverfahren gegen Präsident PAKSAS ein. Dem Staatsoberhaupt werden Kontakte zur ›russischen Mafia‹ sowie die Verletzung von Verfassung und Amtseid vorgeworfen.

17. **Frankreich.** Staatspräsident CHIRAC kündigt ein Gesetz an, das deutlich sichtbare religiöse Zeichen und Kleidungsstücke wie das islamische Kopftuch in öffentlichen Schulen verbietet.

18. **Deutschland.** Der letzte Staats- und Parteichef der DDR, EGON KRENZ, wird auf Bewährung nach vier Jahren aus der Haft entlassen. KRENZ war 1997 wegen Totschlags zu einer sechseinhalbjährigen Freiheitsstrafe verurteilt worden.

16. Dezember. Der Bundesvorsitzende der Partei Rechtsstaatliche Offensive, Mario Mettbach, informiert die Presse über den Ausschluss des Parteigründers Ronald Schill

19. **Deutschland.** Koalition und Opposition verabschieden in Bundestag und Bundesrat die Reformvorhaben zur Wirtschafts-, Steuer-, Renten- und Arbeitsmarktpolitik. Zwölf Abgeordnete der rot-grünen Koalition stimmen jedoch gegen die Zumutbarkeitsregelung für Langzeitarbeitslose.
Deutschland. Mit der Kanzlermehrheit weist der Bundestag die Einsprüche des Bundesrats gegen die Neuregelung der so genannten Anti-Terror-Gesetze zurück.
USA. Ein amerikanisches Gericht erklärt den Umgang der Regierung BUSH mit den Gefangenen auf dem Militärstützpunkt Guantanamo für rechtswidrig.
Libyen. Staatspräsident MOAMMAR AL-GADDHAFI räumt Bemühungen seines Landes um die Beschaffung

von Massenvernichtungswaffen ein und kündigt an, deren Entwicklung einzustellen.
Deutschland. Die Gesellschaft für deutsche Sprache (GfdS) kürt »das alte Europa« zum Wort des Jahres 2003. Der vom amerikanischen Verteidigungsminister RUMSFELD geprägte Ausdruck sei ursprünglich polemisch gemeint gewesen, stünde nun aber für ein neu gewonnenes positives Selbstverständnis der Europäer.

21. **Israel.** In einem Brief an die Regierung kündigt eine Gruppe von 13 Soldaten einer Spezialeinheit des Generalstabes an, den Militärdienst in den Palästinensergebieten zu verweigern. Die Militärführung droht den Elitesoldaten mit einem Verfahren wegen Meuterei.
Guinea. Der Oppositionspolitiker und frühere Ministerpräsident SIDYA TOURÉ wirft der Regierung Betrug bei der Präsidentenwahl vor. An der Abstimmung sollen sich nur 10 % der Wahlberechtigten beteiligt haben.
USA. Nach Hinweisen auf Anschläge während der Weihnachtstage wird der Terroralarm von ›erhöht‹ auf ›hoch‹ heraufgestuft. Damit herrscht zu den Feiertagen wieder die zweithöchste Alarmstufe.

22. **Deutschland.** Das Kammergericht Berlin verurteilt den Texter der rechtsextremen Musikgruppe ›Landser‹ wegen Bildung und Mitgliedschaft in einer kriminellen Vereinigung zu drei Jahren und vier Monaten Haft. Der Bassist und der Schlagzeuger der Band erhalten Bewährungsstrafen von 22 und 21 Monaten.
Deutschland. Das frühere Mitglied der Terrorgruppe ›Revolutionäre Zellen‹, HANS-JOACHIM KLEIN, wird vom hessischen Justizminister begnadigt. KLEIN war im Februar 2001 im so genannten OPEC-Prozess wegen Mordes, versuchten Mordes und Geiselnahme zu neun Jahren Haft verurteilt worden.
Serbien und Montenegro. Gut neun Monate nach der Ermordung des serbischen Ministerpräsidenten ZORAN DJINDJIĆ beginnt vor einem Sondergericht in Belgrad der Prozess gegen den mutmaßlichen Mörder und zwölf weitere Verdächtige.

23. **USA.** Nach Angaben des Landwirtschaftsministeriums ist in den Vereinigten Staaten der erste Fall von BSE aufgetreten. Mindestens zwölf Länder verhängen daraufhin ein Importverbot für amerikanisches Rindfleisch.
USA. Der jüngere Heckenschütze von Washington, der 18 Jahre alte JOHN LEE MALVO, wird von einem Geschworenengericht in Chesapeake (Virginia) wegen Mordes und Terrorismus zu zweimal lebenslänglicher Haft verurteilt.

26. **Iran.** Bei einem starken Erdbeben im Südosten Irans kommen vermutlich rd. 30 000 Menschen ums Leben.

27. **Irak.** Bei mehreren Selbstmordattentaten in der Stadt Kerbela werden mindestens 19 Menschen getötet und mehrere Dutzend verletzt. Ziele der Angreifer waren u. a. ein polnischer und ein bulgarischer Militärstützpunkt.

28. **Serbien und Montenegro.** Bei der Parlamentswahl in Serbien wird die Serbische Radikale Partei (SRS) die stärkste Kraft. Sie erhält 27 % der Stimmen und gewinnt damit 82 der 250 Parlamentssitze. Die Demokratische Partei Serbiens des letzten jugoslawischen Präsidenten KOŠTUNICA kommt auf 18 % und wird mit 53 Mandaten die zweitgrößte Fraktion stellen.
Guatemala. Der für das rechte Parteienbündnis ›GANA‹ antretende ehemalige Bürgermeister von Guatemala-Stadt, OSCAR BERGER, setzt sich beim Stichentscheid zur Präsidentenwahl mit rd. 54 % der Stimmen gegen den Mitte-links-Kandidaten ÁLVARO COLOM durch. BERGER kündigt eine Regierung der »nationalen Einheit« an.

30. **Europäische Union.** Bei der europäischen Ermittlungszentrale Eurojust in Den Haag geht eine Briefbombe ein. Es ist die vierte Briefbombe, die innerhalb von vier Tagen an Persönlichkeiten und Institutionen der EU gesendet wurde. Frühere Empfänger waren EU-Kommissionspräsident PRODI, EZB-Chef TRICHET und das Büro von Europol.
Deutschland. Polizeikräfte mit gepanzerten Fahrzeugen riegeln das Hamburger Bundeswehrkrankenhaus in Wandsbek weiträumig ab. Nach Angaben von Sicherheitsbehörden sollen radikale Islamisten einen Autobombenanschlag auf das Krankenhaus geplant haben.

26. Dezember. Eine Frau steht in der weitgehend vom Erdbeben zerstörten Stadt Bam neben den Trümmern ihres Hauses

LEXIKON A–Z

A

0190, → Internet und Telekommunikation.

Abbado, Claudio, italien. Dirigent und Pianist, *Mailand 26.6. 1933. – A. wurde am 23.Okt. mit dem Praemium Imperiale der Japan Art Association in der Sparte Musik ausgezeichnet. Er erhielt den mit 125 000 US-$ dotierten ›Nobelpreis der Künste‹ für sein über 40-jähriges künstler. Wirken.

Nach Stationen als leitender Dirigent (ab 1968) und künstler. Direktor (1977–79) der Mailänder Scala, Chefdirigent des London Symphony Orchestra (1979–83) und Musikdirektor der Wiener Staatsoper (1986–91) war A. 1989–2002 in der Nachfolge von HERBERT VON KARAJAN künstler. Leiter der Berliner Philharmoniker. Als Gründer des Jugendorchesters der Europ. Gemeinschaft (1978) machte er sich um die Förderung des musikal. Nachwuchses verdient.

Abbas, Mahmud (genannt Abu Mazen), palästinens. Politiker (Al-Fatah), *Safed (heute Israel) 26.3. 1935. – Vom 19.März bis 7.Sept. amtierte A. als erster MinPräs. der Palästinens. Autonomiebehörde.

A. wuchs nach der Flucht seiner Familie im 1.Nahostkrieg 1948 aus Galiläa in Syrien auf, studierte in Damaskus und Moskau und promovierte als Jurist mit einer Arbeit über die Geschichte des Zionismus. In arab. Staaten erwarb er sich als Geschäftsmann ein Vermögen, zugleich engagierte er sich im palästinens. Widerstand. A. gehörte zu den Gründern der Kampforganisation Al-Fatah (1958) und stieg in der Palästinens. Befreiungsorganisation (PLO), in der er seit 1989 für die internat. Beziehungen zuständig war, zum Stellv. des PLO-Vors. JASIR ARAFAT auf. Auf einen dauerhaften Ausgleich mit Israel bedacht, beteiligte er sich maßgeblich an den Verhandlungen über den Osloer Friedensvertrag (1993). Als GenSekr. der PLO (ab 1996) geriet er mit ARAFAT, Chef der Autonomiebehörde, bald in Konflikt über die Fortführung des Friedensprozesses. Die USA verhalfen A. zur Berufung in das neu geschaffene Amt des Regierungschefs. Wenig populär in der Bevölkerung und ohne den Rückhalt ARAFATS, scheiterte A. in dem Bemühen, den Nahost-Friedensplan (→ Roadmap) umzusetzen.

Palästinenserpräsident Jasir Arafat in Ramallah im Gespräch mit Mahmud Abbas, der sich kaum sechs Monate im Amt des Ministerpräsidenten halten kann

Der katholische Priester Gotthold Hasenhüttl und die evangelische Pfarrerin Brigitte Enzner-Probst am 29.Mai zu Beginn eines ökumenischen Gottesdienstes in Berlin

Abendmahlstreit: Während des ökumen. Kirchentags in Berlin (→ Ökumene) vom 28.Mai bis 1.Juni nahmen zahlreiche Katholiken in Gottesdiensten kirchl. Reformgruppen an ökumen. Abendmahlsfeiern teil. Sie verstießen damit jedoch gegen Regularien, die Papst JOHANNES PAUL II. noch in seiner am 17. April veröffentlichten Enzyklika ›Ecclesia de Eucharistia‹ bekräftigt hatte. Der Priester BERNHARD KROLL aus Dietenhofen wurde am 5.Juni vom Bischof der Diözese Eichstätt, WALTER MIXA, wegen des kirchenrechtl. Straftatbestands einer ›verbotenen Gottesdienstgemeinschaft‹ von seinem Amt suspendiert. Er hatte demonstrativ das ev. Abendmahl empfangen. Der Trierer Bischof REINHARD MARX suspendierte am 17.Juli den Priester GOTTHOLD HASENHÜTTL und entzog dem emeritierten Theologieprof. vorläufig die Lehrerlaubnis, weil er in einer Eucharistiefeier Protestanten eingeladen hatte, an der Kommunion teilzunehmen. Der Gemaßregelte legte daraufhin Beschwerde beim Apostol. Stuhl in Rom ein.

Abendmahlstreit

Die **theolog. Grundlage** des Abendmahlstreits ist eine unterschiedl. Auslegung des Abschiedsmahls Jesu und der Bedeutung der Abendmahlsfeier, die das Christentum seit dem frühen Mittelalter entzweite. Nach päpstl. Dogma ist die Kommunion, in der der auferstandene Christus als real gegenwärtig erscheint, ein zentrales Sakrament, von dem alle Nichtkatholiken auszuschließen sind. Die ev. Kirche, die davon ausgeht, dass Brot und Wein stellv. für Leib und Blut Christi gegeben werden, lässt auch Katholiken an ihrer Abendmahlsfeier teilnehmen.

Abrikosow, Alexej Alexejewitsch, russ.-amerikan. Physiker, *Moskau 25.6. 1928. – Für seine Forschungen zum Phänomen der sog. Supraleitung – des Verlusts des elektr. Widerstands bei Temperaturen nahe dem absoluten Nullpunkt – bei bestimmten Metallen wurde A. mit dem → Nobelpreis für Physik ausgezeichnet. Er teilt ihn mit seinen Kollegen WITALIJ GINZBURG und ANTHONY LEGGETT, auf deren Theorien er seine Untersuchungen in den 1950er- und 1960er-Jahren teilweise aufbaute.
A. promovierte 1951 am Inst. für Physikal. Probleme in Moskau und wurde 1965 Professor. 1991 ging er in die USA und forscht seitdem am National Laboratory in Argonne (Illinois). Für sein Werk, das u.a. mit den techn. Begriffen ›A.-Suhl-Resonanz‹, ›A.-Gitter‹ und ›A.-Phase‹ verbunden ist, wurde er vielfach ausgezeichnet. A. gehört der Nat. Akademie der Wiss. der USA und der Russ. Akademie der Wiss. an.

Abu Abbas, auch **Mohammed Abbas**, eigtl. **Mohammed Zaidan**, Führer der Palästinens. Befreiungsfront (PLF), *Safed (heute Israel) 10.12. 1948. – Amerikan. Spezialtruppen nahmen am 14. April in der Nähe von Bagdad den als Terroristen gesuchten A. A. gefangen. Er gilt als Drahtzieher der Entführung des mit 450 Passagieren besetzten italien. Luxus-Kreuzfahrtschiffes ›Achille Lauro‹ 1985, bei der ein Amerikaner ermordet wurde.
A. A. wuchs in Syrien auf und soll engl. und arab. Literatur studiert haben. 1977 spaltete er die PLF als eine bes. militante Splittergruppe von der Palästinens. Befreiungsorganisation (PLO) ab. Mit ihr führte er einen terrorist. Kleinkrieg gegen Israel, von dem er sich mit Beginn des Nahost-Friedensprozesses lossagte. Wegen der Schiffsentführung, durch die Israel – vergeblich – zur Freilassung von 50 palästinens. Gefangenen gezwungen werden sollte, wurde A. A. 1986 in Italien in Abwesenheit zu lebenslanger Haft verurteilt. Er fand Zuflucht im Irak, wo er südlich von Bagdad eine Kiwifarm betrieb.

Adonis von Zschernitz: In der Nähe von Zschernitz im Landkreis Delitzsch (Sachsen) entdeckten Archäologen am 19. Aug. den Torso einer männl. Tonfigur, die sie nach dem Fundort A. v. Z. tauften. Das 8 cm große Bruchstück ist vermutlich Teil einer ursprünglich 25 cm großen Figur und wird auf etwa 5000 v. Chr. datiert. Bes. auffällig ist die detailreiche Modellierung des Körpers mit betont herausgearbeitetem Gesäß und Geschlecht. Dies veranlasste die Forscher zu der Vermutung, dass die Figur bei Fruchtbarkeitsriten als Idol gedient haben könnte. Der Fund gilt als Sensation, da man in Mitteleuropa bisher nur weibl. Idole aus der Jungsteinzeit kannte.

Aero Lloyd, → Luftverkehr.

Afghanistan

Hauptstadt: Kabul
Einwohner: 28 Mio
Einwohner/ km²: 42
Staatsoberhaupt und Regierungschef:
H. Karsai
BIP/Einwohner: -

Der Übergangsreg. von Präs. HAMID KARSAI gelang es nicht, A. zu befrieden. Wirtschaftlich bleibt das Land abhängig von internat. Hilfsleistungen. Auch die Rückkehr von ca. 2,5 Mio. Flüchtlingen (UNO-Schätzung vom Sept.) war eine große Belastung.

Wirtschaft am Tropf des Auslands

Auf der Geberkonferenz vom März versprachen die USA 820 Mio. US-$ Aufbauhilfe für 2003, die EU 400 Mio. US-$ bis 2004, und die Weltbank gewährte mit 108 Mio. US-$ erstmals seit 1979 wieder einen zinslosen Kredit auf 40 Jahre. Der größte Teil der internat. Hilfe war projektgebunden und stand der Reg. nicht zur Verfügung. Wichtigster Erwerbszweig blieb der Opiumanbau: Nach Schätzungen des UNO-Drogenkontrollprogramms war A. 2003 mit einer Rekordernte von 4000 t der weltgrößte Produzent von Rohopium.
Um einen Staatsbankrott abzuwenden und die Provinzgouv. zur Entrichtung ausstehender Steuern und Zölle zu zwingen, drohte die Reg. im Mai mit Rücktritt. Nur zwölf von 24 Prov. erklärten sich jedoch zur Zahlung bereit. Stabilisierend wirkte die Einführung eine neuen Währung (Nov. 2002 bis Jan. 2003): Im Okt. hatte sich der Kurs des neuen Afghani (AFA) auf 0,02 US-$ eingependelt. Nach wie vor bedeutet das Fehlen eines privaten Bankensektors ein Entwicklungshindernis. Die Asiat. Entwicklungsbank (ADB) sicherte A. im Juni weitere Hilfen in Höhe von 610 Mio. US-$ zu (davon 580 Mio. US-$ Darlehen).

Schwache Zentralregierung

Präs. KARSAI konnte gegen die als Provinzgouv. und Regionalbefehlshaber eingesetzten ehem. Kriegsherren (›Warlords‹) wenig ausrichten. Um ihre Milizen zu finanzieren, ließen sie eigene Zölle und Abgaben erheben sowie Rauschgift anbauen und ins Ausland schmuggeln. Für den selbst ernannten Gouv. der Prov. Herat, den Tadschiken ISMAIL KHAN, hatte dessen Absetzung als Militärkommandant für

West-A. im Aug. keine Bedeutung. Im Norden teilten sich ATTA MOHAMMED, Gouv. in Mazar e-Sharif und Führer der tadschik. Jamiat e-Islami, und RASHID DOSTUM, Führer der usbek. Jubesh-Miliz, die Macht. Im April und Okt. lieferten sich beide Seiten blutige Kämpfe. Die seit Dez. 2002 von den USA und Großbritannien aufgebaute afghan. Armee trug zur Stärkung der Zentralreg. wenig bei, da Verteidigungsmin. MOHAMMAD FAHIM über eigene Truppen verfügte.

Schleppende Demokratisierung

Der im Sept. vorgelegte Verfassungsentwurf sieht ein Präsidialsystem mit einem direkt gewählten Staatspräs. und eine islam. Republik ohne Einführung der Scharia vor. Die Große Versammlung der Stämme (Loya Jirga), die am 14. Dez. vom ehem. König MOHAMMAD SAHIR SCHAH in Kabul eröffnet wurde, muss dem Entwurf zustimmen. Ihr gehören rd. 500 Delegierte an, darunter etwa 100 Frauen. Für Juni 2004 sind freie Wahlen geplant.

Blick auf eine der einstigen Prachtstraßen Kabuls. Zwar dominieren immer noch zerstörte Gebäude das Bild der afghanischen Hauptstadt, aber an vielen Stellen wurde bereits mit dem Wiederaufbau begonnen

Rolle der ISAF

Die Führung der internat. Schutztruppe (ISAF, rd. 5 000 Soldaten) ging am 11. Aug. an die NATO über. Am 14. Okt. beschloss der UNO-Sicherheitsrat eine von Deutschland eingebrachte Resolution, die das Mandat der ISAF bis zum 20. 12. 2004 verlängert und die regionale Zuständigkeit der Truppe, zuvor auf die Region Kabul begrenzt, erweitert. Zum Schutz von Hilfsorganisationen, zur Entwaffnung von Milizen und zur Vorbereitung der Wahlen soll die ISAF in zwölf Städten (›Sicherheitsinseln‹) stationiert werden.

Widerstand der Taleban

Obwohl US-Verteidigungsmin. DONALD RUMSFELD im Mai das Ende des Krieges in A. erklärt hatte, setzten mind. 8 500 amerikan. Soldaten die Operation ›Enduring Freedom‹ fort. Sie führten im März und April zwei große Offensiven gegen die Taleban, die v. a. im Südosten wieder an Einfluss gewonnen hatten. Anhaltende Kämpfe und eine Reihe von Anschlägen, v. a. in den Prov. Helmand und Kandahar, waren Anzeichen für eine Neuorganisation des islamist. Widerstandes, der nach amerikan. Angaben aus Pakistan unterstützt wird. Anschläge gab es auch in Kabul. So starben am 7. Juni bei einem Selbstmordattentat auf einen ISAF-Konvoi vier Bundeswehrsoldaten. ■

Afrikanische Union, Abk. **AU,** am 26. 5. 2001 gegr. Nachfolgeorganisation der Organisation für Afrikan. Einheit (OAU) mit Sitz in Addis Abeba (Äthiopien), 53 Mitgliedsländer. Auf ihrem am 10. Juli in Maputo (Moçambique) eröffneten zweiten Gipfeltreffen wurde Moçambiques Staatschef JOAQUIM CHISSANO zum AU-Vors. gewählt; er löste Südafrikas Präs. THABO MBEKI ab. Den Vorsitz der AU-Kommission übernahm Malis ehem. Präs. Alpha Oumar → Konaré. Obwohl das Gipfeltreffen der nach dem Vorbild der EU gestalteten AU unter dem Schwerpunktthema Konfliktlösung stand, scheiterte die Gründung eines Friedens- und Sicherheitsrats an der Beschlussfähigkeit des Gremiums. Auch die Bildung eines Panafrikan. Parlaments und eines gemeinsamen Gerichtshofs sowie einer Afrikan. Zentralbank steht noch aus.

Agenda 2010, Bez. für ein Paket von Reforminitiativen der rot-grünen Bundesreg., das Bundeskanzler GERHARD SCHRÖDER (SPD) am 14. März vor dem Bundestag mit dem Ziel vorstellte, »Deutschland bis Ende des Jahrzehnts bei Wohlstand und Arbeit wieder an die Spitze [zu] bringen«. Für den Bereich Konjunktur und Haushalt kündigte SCHRÖDER neben der Umsetzung der nächsten Stu-

Während einer Rede des SPD-Fraktionsvorsitzenden Franz Müntefering am 24. Oktober halten Gewerkschafter in Berlin ein Plakat mit der Aufschrift ›AGENDA 2010 macht arm‹ hoch

fen der Steuerreform (→ Steuerpolitik) und der Einführung einer → Zinssteuer Entlastungen für die Kommunen an, u.a. durch eine → Gemeindefinanzreform. Im Bereich Arbeit und Wirtschaft sieht die A. 2010 Maßnahmen vor, um Beschäftigungshindernisse auf dem → Arbeitsmarkt abzubauen, die bereits in die Gesetzentwürfe zum Kündigungsschutz und zur → Handwerksreform eingingen; weiterhin sollen Arbeitslosen- und Sozialhilfe zusammengelegt (→ Arbeitslosengeld II) und der Bezug von Arbeitslosengeld neu geregelt werden. Der notwendige Umbau des Sozialstaates soll durch eine → Rentenreform und eine → Gesundheitsreform verwirklicht werden; dazu arbeitete u.a. die → Rürup-Kommission Vorschläge aus.

SCHRÖDER gelang es, den Widerstand des linken Flügels der SPD und der Gewerkschaften gegen die A. 2010 zu überwinden. Dagegen musste er der Opposition aus Union und FDP, die im Bundesrat eine Mehrheit besitzt, entgegenkommen. Der Vermittlungsausschuss erzielte am 14./15. Dez. einen Kompromiss, sodass wesentl. Teile der A. 2010 zum 1.1. 2004 in Kraft treten konnten.

Agrarpolitik: Nach der anhaltenden Diskussion des vergangenen Jahres über eine Beschleunigung der Reformen einigte sich der Rat der Agrarmin. am 26.6. 2003 auf eine Neuausrichtung der A. in der EU; u.a. sind die teilweise Entkopplung der Direktzahlungen von der Produktion ab 2005 und deren schrittweise Kürzung um 3–5% bis 2007 vorgesehen. Die einbehaltenen Mittel sollen u.a. für Investitionen und für die Erschließung von alternativen Einkommensquellen für Landwirte verwendet werden. Direktzahlungen sind nun daran gebunden, ob Vorschriften für Pflanzen-, Tier- und Umweltschutz eingehalten werden (Cross-Compliance-Regelung). Darüber hinaus werden Stützpreise gesenkt und Finanzhilfen für Landwirte umgestellt, z.B. bei der Erzeugung von Milch, Roggen sowie Trockenfutter.

Die Reformen wurden von außereurop. Ländern kritisiert. Die Konferenz der Welthandelsorganisation → WTO vom 10. bis 14. Sept. in Cancún (Mexiko) scheiterte nicht zuletzt deshalb, weil die Schwellenländer den Subventionsabbau in der EU als zu gering erachteten.

Der amerikanische Biochemiker Peter Agre erhält zusammen mit seinem Landsmann Roderick MacKinnon den Chemienobelpreis 2003

Agre, Peter, amerikan. Biochemiker, *Northfield (Minnesota) 30.1. 1949. – Für die Entschlüsselung von winzigen Kanälen in der Zellmembran erhielt A. zus. mit dem Amerikaner RODERICK MACKINNON den → Nobelpreis für Chemie. Ihre Entdeckungen ermöglichen neue Einblicke in den Stoffwechsel der Zellen und die Entwicklung neuer Medikamente. Seit Mitte des 19. Jh. ist bekannt, dass Zellen Wasser durchleiten. Zur Erforschung dieses Vorgangs auf atomarer Ebene haben A. und MACKINNON maßgeblich beigetragen. A. entdeckte 1990 die sog. Aquaporine-Proteine, die Wasser durch die Zellmembran schleusen.

A. schloss sein Studium 1974 an der Johns Hopkins School of Medicine in Baltimore ab. Nach weiterer Ausbildung an anderen Einrichtungen kehrte er 1984 als Assistant Prof. nach Baltimore zurück und erhielt 1993 eine Professur für Biolog. Chemie und eine weitere für Medizin.

Ägypten

Hauptstadt: Kairo
Einwohner: 66,4 Mio.
Einwohner/km²: 65
Staatsoberhaupt: H. Mubarak
Regierungschef: A. Obeid
BIP/Einwohner: 1296 US-$

Die erneute Verschärfung des Nahostkonflikts und der → Irakkrieg prägten die wirtschaftl. und polit. Situation. Nach Angaben des IWF hatte sich die Wirtschaft Ende 2002 vom Rückgang des Handels und Tourismus infolge der Terroranschläge vom 11.9. 2001 zu erholen begonnen. Der Irakkonflikt stürzte sie jedoch erneut in eine Krise. Seit dem Abschluss eines bilateralen Handelsabkommens 2001, das die zollfreie Wareneinfuhr in den Irak im Rahmen des UNO-Programms ›Öl für Lebensmittel‹ erlaubte, war Ä. nach Russland und Frankreich drittgrößter Handelspartner des Regimes von SADDAM HUSAIN geworden. Im Jan. sah sich die Reg. von MinPräs. ATEF OBEID gezwungen, den Kurs des ägypt. Pfunds freizugeben, das daraufhin gegenüber dem US-Dollar ein Viertel seines Wertes verlor, und die Devisenbestände zu bewirtschaften (Zwangsablieferung bzw. -umtausch). Außerdem verhängte sie im März einen dreimonatigen Importstopp für den öffentl. Sektor.

Innenpolitischer Balanceakt

Der militär. Aufmarsch gegen den Irak rief heftige Reaktionen bei der Bevölkerung hervor. Erste antiamerikan. Demonstrationen im Febr. beschränkten sich auf die Univ. (seit 1981 sind nur dort und vor

■ 200 000 Menschen demonstrieren am 27. Februar im Fußballstadion von Kairo gegen den bevorstehenden amerikanischen Angriff auf den Irak

Moscheen Kundgebungen erlaubt). Eine Großdemonstration in Kairo, zu der sich am 5. März mehr als 100 000 Menschen versammelten, stand noch unter der Regie der Behörden und der Regierungspartei NDP. Im Folgenden kam es jedoch in allen Städten zu teils genehmigten, teils spontanen Demonstrationen, die zunehmend von Kritik an der prowestl. Haltung des Regimes von Präs. HOSNI MUBARAK bestimmt waren; sie wurden von den Sicherheitskräften gewaltsam unterdrückt. Nach den Angaben von Menschenrechtsorganisationen verhaftete die Polizei in den ersten drei Tagen nach Kriegsbeginn mehr als 800 Demonstranten.

Scheinreformen

Am 23. Febr. verlängerte das Parlament das seit 1981 geltende Notstandsrecht um weitere drei Jahre bis Mai 2006. Ein von der NDP eingebrachtes ›Reformpaket‹ wurde am 16. Juni von den Volksvertretern gebilligt. Es sieht die Einrichtung einer staatl. Menschenrechtskommission sowie die Abschaffung von Zwangsarbeit für Strafgefangene und einiger Staatssicherheitsgerichte vor, darunter jener Instanz, die 2002 den ägypt.-amerikan. Menschenrechtler SAAD EDDIN IBRAHIM zu sieben Jahren Gefängnis verurteilt hatte. IBRAHIM wurde in einem von MUBARAK nach internat. Protesten angeordneten Wiederaufnahmeverfahren am 18. März vom Obersten Berufungsgericht freigesprochen. Zugleich erweiterte das Parlament die Befugnisse der Justiz: Ermittlungsbehörden dürfen in Zukunft Verdächtige bis zu 60 Tage in Untersuchungshaft halten (zuvor vier Tage) und erhalten weitgehende Vollmachten bei der Überwachung von Telekommunikationseinrichtungen. ■

Aids, Abk. für **a**quired **i**mmune **d**eficiency **s**yndrome (dt. erworbenes Immunschwächesyndrom): Am 13. Febr. stellte ein frz. Forscherteam unter Leitung der ANRS (Agence Nationale de Récherche sur le Sida) die Ergebnisse zweier Studien zum therapeut. Impfen von HIV-Infizierten vor. Die Forscher hatten 81 Personen ein Jahr lang einen Impfstoff verabreicht, der das Immunsystem zur Bildung von Antikörpern gegen das Virus anregen und so den Ausbruch der Krankheit verhindern sollte. Bei jedem vierten Versuchsteilnehmer konnte die Vermehrung der Viren gestoppt werden, in einigen Fällen sank die Virenzahl sogar.

Die Suche nach einem vorbeugenden Impfmittel gegen Aids blieb weiterhin erfolglos. Im Febr. wurden die Ergebnisse der ersten internat. Langzeitstudie zur Wirksamkeit eines Präparats veröffentlicht. Der von dem amerikan. Biotechnologieunternehmen Vaxgen entwickelte Impfstoff konnte das Infektionsrisiko bei den rd. 5400 Versuchsteilnehmern nicht senken. Mit HIV infizieren sich täglich ca. 15 000 Menschen; ein Großteil der weltweit 42 Mio. Infizierten lebt in der Südhälfte Afrikas.

Albanien

Hauptstadt: Tirana
Einwohner: 3,2 Mio.
Einwohner/ km^2: 115
Staatsoberhaupt: A. Moisiu
Regierungschef: F. Nano
BIP/Einwohner: 1522 US-$

Der Machtkampf zw. dem orth. und dem reformer. Flügel der regierenden postkommunist. Sozialist. Partei (PSSH) setzte sich fort. Am 19. Juli trat Außenmin. ILIR META zurück, der als Reformer und innerparteil. Rivale des MinPräs. und PSSH-Vors. FATOS NANO gilt. Dessen Kandidat für die Nachfolge METAS fand jedoch keine Mehrheit im Parlament. Daraufhin ernannte NANO am 29. Juli den bisherigen stellv. Außenmin. LUAN HAJDARAGA zum Interimschef des Ressorts.

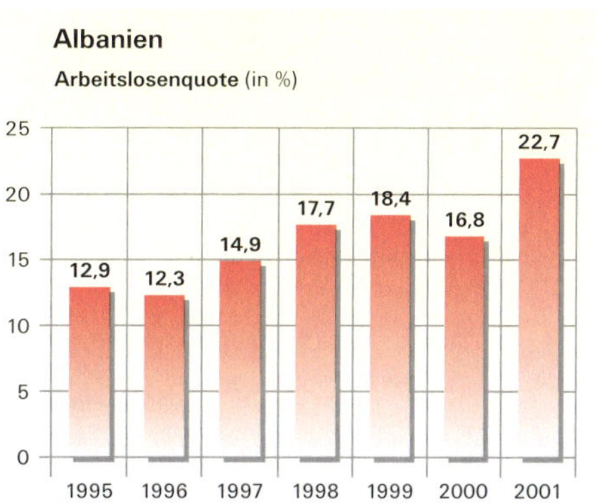

Amerikaorientierte Außenpolitik

Im Irakkonflikt stellte sich die Reg. demonstrativ auf die Seite der US-Regierung. Als Beitrag zu den amerikan. Militäroperationen entsandte sie im April 70 Soldaten nach Kuwait. MinPräs. Nano und US-Außenmin. Colin Powell unterzeichneten am 2. Mai in Tirana ein Abkommen, in dem sich A. verpflichtete, keine amerikan. Bürger an den → Internationalen Strafgerichtshof in Den Haag auszuliefern. Im Gegenzug versprachen die USA in der bei gleicher Gelegenheit unterzeichneten ›Adriat. Charta‹, dem Balkan-Kleinstaat zus. mit Kroatien und Makedonien den Weg in die NATO zu öffnen. Zur Modernisierung der Armee sicherte sich Verteidigungsmin. Pandeli Majko im Juli in Warschau die Unterstützung Polens. ■

Algerien

Hauptstadt: Algier
Einwohner: 31,3 Mio.
Einwohner/km²: 13
Staatsoberhaupt:
A. Bouteflika
Regierungschef:
A. Ouyahia
(seit 5. 5. 2003)
BIP/Einwohner:
1730 US-$

Für 2003 prognostizierten Weltbank und IWF ein reales BIP-Wachstum zw. 3,5 % und 2,4 % (2002: 2,3 %). Die von ihnen verordnete Liberalisierung gestaltete sich wegen der anhaltend hohen Unterbeschäftigung (mind. 30 %) sehr schwierig. Im Febr. organisierte der Gewerkschaftsbund UGTA einen zweitägigen Generalstreik gegen die Privatisierung der staatl. Energiegesellschaft Sonatrach. Der Konkurs der vom Militärregime geförderten Khalifa-Bank – Kernstück der ersten privaten Unternehmensgruppe A.s – im Juni brachte 250 000 private Anleger um ihre Ersparnisse, staatl. Garantien belasteten den Haushalt nach offiziellen Angaben mit 1,2 Mrd. US-$.

Machtkampf innerhalb des Regimes

Auseinandersetzungen um die Privatisierung führten zum Konflikt innerhalb der staatstragenden Nat. Befreiungsfront (FLN). Am 5. Mai wurde MinPräs. Ali Benflis, Vertreter des Gewerkschaftsflügels und Befürworter einer Erhaltung der Staatsbetriebe, von Staatspräs. Abd al-Asis Bouteflika abgesetzt; zugleich wurde das Ministerium für Privatisierung aufgelöst. Zum neuen Regierungschef wurde Ahmed Ouyahia, der Führer der Koalitionspartei Demokrat. Sammlung (RND), ernannt. Benflis, GenSekr. der FLN, dem aufgrund seiner Zusagen an die Berber und seiner sozialreformer. Versprechen die guten Wahlergebnisse der FLN bei den Parlaments- und Kommunalwahlen des Vorjahres zugeschrieben wurden, hatte seine Position auf dem FLN-Kongress im März gefestigt und ließ sich auf einem (von Bouteflika verbotenen) Sonderparteitag am 4. Okt. zum Kandidaten für die Präsidentschaftswahlen im April 2004 küren. Damit war der Bruch mit dem Staatspräs., der eine weitere Amtszeit anstrebt, vollzogen.

Politische Konflikte

Mit Streiks und einer Demonstration von mehr als 10 000 Menschen im April in Tizi Ouzou, der Hauptstadt der Kabylei, versuchten die Berber erneut, kulturelle Autonomie durchzusetzen. Präs. Bouteflika sagte im Juli zu, die Berbersprache an den Schulen zuzulassen, und kündigte eine Verfassungsänderung an, die sie offiziell zur zweiten Staatssprache machen soll.

Trotz mehrerer Massaker im Jan., bei denen etwa 60 Menschen starben, ging die Zahl der Anschläge durch islamist. Untergrundgruppen zurück. Die Armee, die seit 2002 von den USA Militärhilfe für den Kampf gegen den Terrorismus erhält, erklärte im Sept., mehr als 150 Kämpfer der Salafit. Gruppe für Predigt und Kampf (GSPC) getötet zu haben.

Nach Verbüßung ihrer zwölfjährigen Haftstrafe wurden der ehem. Führer der Islam. Heilsfront (FIS), Madani Abassi, und sein Stellv. Ali Benhadj im Juli aus der Haft entlassen; beiden bleibt jede polit. Betätigung untersagt.

Monatelanges Geiseldrama

Ab Ende Febr. wurden in der südalger. Sahara 32 ausländ. Touristen als vermisst gemeldet (→ Saharatouristen). Das Militär befreite am 13. Mai 17 Entführte. Mit den verbliebenen Geiseln zogen sich die Entführer in die unwegsame Grenzregion zu Mali zurück. Diplomat. Bemühungen, insbes. Deutschlands, führten am 18. Aug. zur Freilassung der letzten Geiseln. Zu den Entführungen bekannte sich wenige Tage später die GSPC.

Schweres Erdbeben

Beim schwersten Erdbeben seit 20 Jahren am 21. Mai in der Region Algier kamen nach Angaben der Behörden mehr als 2 000 Menschen ums Leben. In dessen Folge kam es zu öffentl. Protesten, die sich gegen die unzureichenden staatl. Hilfsmaßnahmen und die Korruption in der Bauwirtschaft richteten. Bes. viele Opfer hatte es durch einstürzende Plattenbauten in den Armenvierteln gegeben. ■

Alhambra: Das Sammel- und Legespiel ›Der Palast von A.‹ aus dem Bonner Verlag Queen Games wurde als ›Spiel des Jahres 2003‹ ausgezeichnet. Die Jury lobte das Gesellschaftsspiel von Dirk Henn für seinen einfachen Einstieg, den log. Ablauf und die vielen takt. Möglichkeiten beim Bau eines islam. Palastes. Die Thematik wecke Träume und entführe in fremde Welten. Das Spiel besitze das Potenzial, »Menschen zum Spielen zu verführen und sie von der Schönheit und vom Wert des Spielens an sich zu überzeugen«. ›Der Palast von A.‹ konnte sich gegen ›Clans‹ von Leo Colovini und ›Die Dracheninsel‹ von Tom Schoeps durchsetzen, die ebenfalls für den Hauptpreis nominiert waren. Der undotierte, in der Branche hoch geschätzte Preis der dt. Spielekritik wurde zum 25. Mal vergeben.

Spieleerfinder Dirk Henn mit seinem Sammel- und Legespiel ›Der Palast von Alhambra‹, das mit dem Kritikerpreis ›Spiel des Jahres 2003‹ ausgezeichnet wird

Alijew, Ilham, aserbaidschan. Politiker, * 24.12. 1961. – A. folgte seinem Vater Hajdar Alijew im Okt. im Amt des Präs. von Aserbaidschan. Die Höhe seines Wahlsieges – offiziell erhielt er fast 80 % der Stimmen – wurde von internat. Beobachtern und der Opposition angezweifelt. A. besitzt nur geringe polit. Erfahrung. Er war stellv. Präs. der staatl. Erdölgesellschaft Socar und Chef des nat. Olymp. Komitees.
A. wuchs in Baku auf und promovierte am Moskauer Inst. für internat. Beziehungen. Lange Zeit galt er als Playboy. Die Familie stammt aus Nachitschewan, der aserbaidschan. Exklave in Armenien an der Grenze zur Türkei; dort hatte der Vater seine persönl. Machtbasis. Das A. am 4. Aug. übertragene Amt des MinPräs. hätte ihm laut Verfassung noch vor den Wahlen die Übernahme der Staatsgeschäfte erlaubt. Hajdar Alijew verzichtet im Okt. schließlich auf seine Kandidatur und erklärte A. zum ›polit. Nachfolger‹; am 12. Dez. starb er.

Alinghi: Mit einem klaren Sieg gegen den Titelverteidiger ›Team New Zealand‹ im Finale des America's Cup schrieb die schweizer. Jacht ›A. Challenge‹ Sportgeschichte. Als erstes europ. Boot gewann sie die seit 1851 ausgetragene Segelregatta.
Überraschend dominierte die ›A.‹, im Besitz des schweizer. Milliardärs Ernesto Bertarelli, von Beginn an das auf neun Rennen angesetzte Finale. Die Crew um den dt. Sportdirektor Jochen Schümann fuhr gegen den neuseeländ. Favoriten schnell einen 4:0-Vorsprung heraus. Am 2. März sicherte sie sich mit ihrem Erfolg im fünften Aufeinandertreffen auf dem Hauraki Golf vor Auckland vorzeitig die begehrte Trophäe.

al-Qaida: Nach amerikan. Angaben ist seit den Anschlägen vom 11. 9. 2001 mehr als die Hälfte der Führungskader des islamist. Terrornetzwerks al-Q. getötet oder gefangen genommen worden. Als die größten Fahndungserfolge wurden die Festnahmen von Khalid Scheich Mohammed am 1. März in Pakistan – er gilt als Chefplaner der Terroranschläge in New York und Washington – und des Indonesiers Hambali am 12. Aug. in Thailand gewertet. Ein Gutachten von UNO-Experten vom Juni hielt al-Q. jedoch weiterhin für intakt und handlungsfähig. Der Organisation bzw. ihr verbundene Gruppe wurden zahlreiche → Terroranschläge (z. B. in Casablanca, Riad, auf die UNO in Bagdad, Istanbul) zugeschrieben. Der katar. Nachrichtensender al-Djasira zeigte am 10. Sept. ein Videoband, in dem Al-Qaida-Führer Usama bin Laden, der sich im pakistan.-afghan. Grenzgebiet aufhalten soll, den USA mit weiteren Attacken drohte. Kurz darauf kündigte sein Stellv. Ayman al-Zawahiri Angriffe in Indien und Pakistan an.

al-Tawhid-Prozess, → Islamistenprozesse.

Alternativer Nobelpreis: Die Stiftung für verantwortungsbewusste Lebensführung (Right Livelihood Award Foundation) in Stockholm verlieh den A. N. am 8. Okt. an den ehem. neuseeländ. Premiermin. David Lange sowie an zwei philippin. Wissenschaftler, eine südkorean. Bürgerinitiative und ein ägypt. Agrarunternehmen.

Die Jacht ›Alinghi‹ (rechts) liegt im vierten Rennen des America's Cup am 28. Februar in Führung vor der Jacht des Cup-Verteidigers New Zealand Team

LANGE erhielt die Auszeichnung, weil er sein Land 1984 gegen den erbitterten Widerstand der USA zur atomwaffenfreien Zone erklärt hatte. WALDEN BELLO und NICANOR PERLAS wurden für ihre Beiträge gewürdigt, die Effekte der Globalisierung zu analysieren und theoret. und prakt. Grundlagen für eine gerechte Weltordnung zu entwickeln. Die ›Bürgerkoalition für wirtschaftl. Gerechtigkeit‹ setzt sich dafür ein, die Wirtschaftsentwicklung Süd-Koreas sozialer und demokratischer zu gestalten. In dem Ansatz, den der Ägypter IBRAHIM ABOULEISH mit

Bernhard Vogel (rechts), Ministerpräsident von Thüringen, präsentiert Ende Mai auf dem Landesparteitag der CDU in Gera Dieter Althaus (links), den Landesvorsitzenden der Partei, als seinen Nachfolger

seinem Unternehmen SEKEM zur Ausbreitung biodynam. Anbaumethoden entwickelte, erkannte die Jury ein »Geschäftsmodell des 21. Jh., das wirtschaftl. Erfolg mit sozialer und kultureller Entwicklung verbindet«.

Althaus, Dieter, Politiker (CDU), * Heiligenstadt 29. 6. 1958. – Am 5. Juni trat der Landesvors. der CDU Thüringens die Nachfolge von BERNHARD VOGEL auch als MinPräs. des Bundeslandes an.
A. stammt aus kath. Elternhaus, studierte Physik und Mathematik in Erfurt und wurde 1983 Diplomlehrer, 1989 stellv. Schuldirektor in Geismar. Seit 1990 Kulturdezernent im Landkr. Heiligenstadt, holte ihn MinPräs. VOGEL 1992 als Kultusmin. ins Landeskabinett. Seine Parteikarriere nach dem Beitritt der DDR zur Bundesrep. (1990) führte A., der 1985 in die Ost-CDU eingetreten war, über die Posten des Kreisvors. (1991 – 2001) und des Vize-Landesvors. (seit 1993) im Jahr 2000 an die Spitze der Landespartei. Schon im Jahr zuvor hatte A., seit 1990 Mitgl. des Landtags, den Fraktionsvorsitz übernommen. A. gilt als polit. Ziehsohn von VOGEL, der mit dem schrittweisen Rückzug aus seinen Führungsämtern einen reibungslosen Übergang der polit. Macht gewährleistete.

Amazonas-Kultur: Ein Forscherteam unter Leitung von MICHAEL HECKENBERGER (Univ. Florida, USA) ist im brasilian. Bundesstaat Mato Grosso auf Spuren einer bislang unbekannten Kultur gestoßen. Am Oberlauf des Xingu entdeckten die Forscher Überreste von 19 großen und mehreren kleinen Siedlungen, die einst Zehntausende von Menschen beherbergt hatten und durch befestigte Straßen verbunden gewesen waren. Ähnlich wie die Mayas oder die Inkas verfügte auch die A.-K. über Kenntnisse in Mathematik und Landwirtschaft. Neben einem ausgeklügelten System von Kanälen, Brücken und Deichen fanden die Wissenschaftler Reste von Obstplantagen und Ackerflächen. Die meisten Fundstücke stammten aus dem 13. – 17. Jh. Die Forschungsergebnisse wurden in der Septemberausgabe des Magazins ›Science‹ veröffentlicht. Bislang hatte man angenommen, dass sich im tropischen Amazonasbecken keine höher stehende Zivilisation entwickelt hatte.

Ameisen: Austral. Wissenschaftler warnten im Febr. vor einer Ausbreitung der A.-Art Anoplolepis gracilipes. Die 1 cm großen gelben Allesfresser werden wegen ihrer schnellen Bewegungen auch ›crazy ants‹ (dt. verrückte A.) genannt. Ihr Gift führt beim Menschen zur Erblindung und ist für Tiere meist tödlich. Auf der zu Australien gehörenden Weihnachtsinsel starben seit 1995 ca. 15 Mio. Landkrabben, deren Wanderwege durch das Revier der A. führen. Trotz des Einsatzes von Insektiziden vermehrten sich die A. auch auf dem Festland, v. a. in Nordaustralien.

Andorra

Hauptstadt: Andorra la Vella
Einwohner: 70 000
Einwohner/ km²: 140
Staatsoberhaupt: J. Chirac und J. E. Vives (seit 13. 5. 2003)
Regierungschef: M. Forné Molne
BIP/Einwohner: –

In den Verhandlungen mit der EU über die Erhebung einer Quellen- bzw. → Zinssteuer in Höhe von 15 % auf von Ausländern in A. angelegte Vermögen lehnte sich A. zus. mit anderen Kleinstaaten an die Schweiz an, hielt sich eine Besteuerung in Höhe von 15 % ab Anfang 2004 aber noch offen. Gleichwohl listete die OECD A. weiterhin als unkooperatives Steuerparadies. ■

anglikanische Kirche: Am 2. Nov. wurde Reverend GENE ROBINSON zum neuen Bischof von New Hampshire geweiht. Die Bischofsversammlung der 2,3 Mio. Gläubige zählenden amerikan. Episkopalkirche hatte ihn im Aug. mit 62 zu 45 Stimmen gewählt. Da der 56-Jährige der erste bekennende homosexuelle Bischof ist, steht die weltweit 75 Mio. Christen umfassende a. K. vor einer Zerreißprobe. Vor allem asiat. und afrikan. Bischöfe wandten sich gegen die Weihe eines Homosexuellen und drohten mit Kirchenspaltung. Nach den Kirchenrichtlinien

dürfen Homosexuelle weder Priester noch Bischöfe werden.
Die a.K., die ev. und röm.-kath. Glaubenselemente vereint, ist ein urspr. aus der Kirche von England hervorgegangener Zusammenschluss von 38 weitgehend unabhängigen Kirchen, deren Oberhaupt der Erzbischof von Canterbury ist. Ca. 42 Mio. anglikan. Christen leben in Großbritannien, die größte ›Provinz‹ der a.K. mit 17,5 Mio. Angehörigen ist Nigeria.

Angola

Hauptstadt: Luanda
Einwohner: 13,9 Mio.
Einwohner/km²: 11
Staatsoberhaupt: J.E. dos Santos
Regierungschef: F.P.D. dos Santos
BIP/Einwohner: 823 US-$

Die Rebellenbewegung UNITA (União Nacional para a Independência Total de A.) wählte im Juni ISAIAS SAMAKUVA zu ihrem neuen Führer. Er löste PAULO ›GATO‹ LUKAMBA ab, der die Bewegung nach dem Tod ihres langjährigen Anführers JONAS SAVIMBI lenkte; SAVIMBI war am 22.2.2002 in Gefechten mit Regierungstruppen getötet worden. Es wird erwartet, dass SAMAKUVA als Präsidentschaftskandidat in der für das Jahr 2004 angekündigten Wahl antritt. Präs. JOSÉ EDUARDO DOS SANTOS hatte erklärt, nicht mehr kandidieren zu wollen, doch bisher wurde noch kein Nachfolgekandidat bestimmt.
Die gesellschaftl. Wiedereingliederung der UNITA-Anhänger stellte das Land vor enorme Herausforderungen. 2002 hatte das Parlament den verbliebenen Rebellen nach Unterzeichnung des Friedensvertrages Generalamnestie gewährt. Daraufhin wurden etwa 85000 UNITA-Mitgl. und 300000 Familienangehörige in Lager gebracht und entwaffnet. Der 27 Jahre andauernde Bürgerkrieg kostete mehr als 500000 Menschenleben und hinterließ etwa 4 Mio. Vertriebene. Das Ausmaß der humanitären Katastrophe wurde erst mit Kriegsende sichtbar, als internat. Hilfsorganisationen erstmals in bislang abgeschnittene Gebiete vordringen konnten, in denen Hunderttausende von Hunger bedroht waren. Derzeit sind etwa 2 Mio. Angolaner von humanitärer Hilfe abhängig. Hunderte von Flüchtlingen, die inzwischen aus den Nachbarländern Sambia, Namibia und der Demokrat. Rep. Kongo nach A. zurückgekehrt sind, verschärfen die Lage. Der Wiederaufbau des Landes wird durch etwa 5 Mio. Landminen erschwert. ■

Anstand und Benehmen: Unter dem Motto ›Aller Anstand ist schwer‹ stellte der saarländ. Bildungsmin. JÜRGEN SCHREIER (CDU) Mitte Sept. seinen Plan vor, A.u.B. auf den Stundenplan der saarländ. Schulen zu setzen. Das Ende der Unhöflichkeit sei längst überfällig. Bes. die Gemeinschaft und die Leistungsfähigkeit der Schule hätten unter den Spätfolgen eines Zeitgeistes zu leiden, der Autorität und Respekt unter Generalverdacht gestellt habe.
Die neuen Benimmregeln sollen den Schülern von der Grundschule bis zur sechsten Klasse an den weiterführenden Schulen im Rahmen des regulären Unterrichts beigebracht werden. Eine Arbeitsgruppe wird entsprechende ›Benimmbausteine‹ inhaltlich erarbeiten.

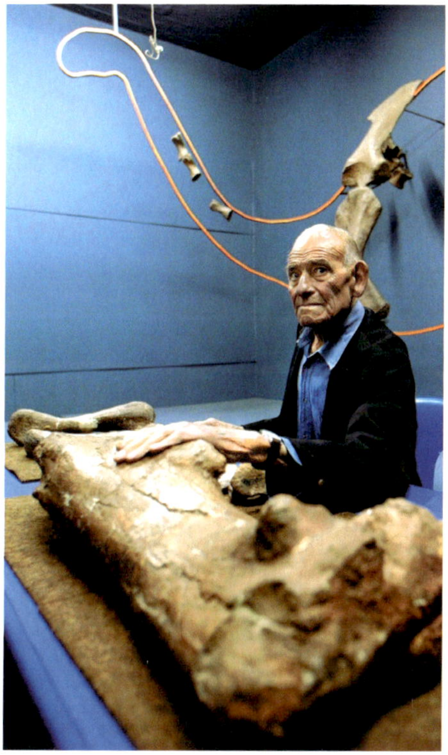

■ Der südafrikanische Paläontologe James Kitching mit einem Beinknochen der neu entdeckten Dinosaurierart Antetonitrus ingenipes

Antetonitrus ingenipes: Der austral. Wissenschaftler ADAM YATES präsentierte im Juli seine Untersuchungsergebnisse zu einer bisher unbekannten Dinosaurierart, die er lateinisch A.i. nannte. Er war 2001 in der University of Witwatersrand (Johannesburg/Südafrika) auf dort lagernde Knochen von zwei ungefähr 10 m langen und 1,8 t schweren Jungtieren gestoßen. Sie waren bereits 1981 von dem Südafrikaner JAMES KITCHING ausgegraben worden, konnten aber keiner bestimmten Dinosaurierart zugeordnet werden. Die zur Gruppe der Sauropoden gehörenden, vor rd. 215 Mio. Jahren lebenden Tiere waren vierbeinige Pflanzenfresser und gelten als die größten Landlebewesen überhaupt.

Antigua und Barbuda

Hauptstadt: Saint John's
Einwohner: 69 000
Einwohner/ km²: 156
Staatsoberhaupt: Elisabeth II.
Regierungschef: L. Bird
BIP/Einwohner: 9 540 US-$

Antisemitismusaffäre, → Tätervolk-Affäre.

Antitabakkonvention: Als einen »Meilenstein in der Geschichte« bezeichnete die scheidende GenSekr. der Weltgesundheitsorganisation (WHO), GRO HARLEM BRUNDTLAND, das Rahmenabkommen zum Schutz der heutigen und künftigen Generationen vor Tabakkonsum und Tabakrauch. Die von der 56. Versammlung der 121 Mitgliedstaaten der WHO am 21. Mai verabschiedete A. tritt nach der Ratifizierung durch mind. 40 Staaten in Kraft.
Die A. verpflichtet die Nationen zu konkreten Maßnahmen, um den Tabakverbrauch zu senken. Im Vordergrund stehen Beschränkungen bei der Werbung für Tabakwaren und bei ihrem Marktauftritt sowie die Minderung des Anreizes zum Rauchen durch deutl. Warnhinweise und der Schutz von bes. gefährdeten Bevölkerungsgruppen. Deutschland stimmte der A. erst zu, nachdem es zus. mit den USA den Verzicht auf ein urspr. vorgesehenes vollständiges Werbeverbot und weitere Entschärfungen der Vorschriften durchgesetzt hatte.

Antje: Das Walross A., das als langjähriges Maskottchen des NDR-Fernsehens bekannt geworden war, starb in der Nacht zum 17. Juli im hohen Alter von 27 Jahren im Hamburger Tierpark Hagenbeck. Seit 1978 hatte A. als Pausenfüller im NDR-Fernsehen für Schmunzeln gesorgt. Bis 2001 war das Walross auch im Logo des Senders abgebildet gewesen. A. soll ausgestopft und im Zoolog. Museum der Stadt Hamburg ausgestellt werden. Im Sept. startete in der ARD innerhalb der Kindersendung ›Tigerentenclub‹ eine neue, von JANOSCH gezeichnete Trickserie, in der das berühmte Walross als Hauptfigur auftritt.

■ Die 750 kg schwere Antje mit einem Pfleger des Hamburger Tierparks Hagenbeck; das Walross kam als Junges aus Russland und wurde als Maskottchen des NDR populär

AOL Time Warner, → Time Warner.

Äquatorialguinea

Hauptstadt: Malabo
Einwohner: 481 400
Einwohner/ km²: 17
Staatsoberhaupt: T. Obiang Nguema Mbasogo
Regierungschef: C. Muatetema Rivas
BIP/Einwohner: 5 397 US-$

Gegen die Reg. von Präs. TEODORO OBIANG NGUEMA MBASOGO wurden weiterhin massive Vorwürfe wegen Menschenrechtsverletzungen und Korruption erhoben. Im Aug. erhielten 18 polit. Häftlinge die Freiheit. Sie waren im Juni 2002 zus. mit weiteren 50 Personen – vorwiegend Angehörigen der größten Oppositionspartei – wegen eines angebl. Putschversuches verhaftet worden. Etwa 20 Mitgl. von Oppositionsparteien riefen im Aug. in der span. Hauptstadt Madrid eine Exilreg. aus. ■

Arabische Liga: Die seit ihrer Gründung 1945 von Interessenkonflikten geprägte Liga der Arab. Staaten geriet durch den → Irakkrieg erneut in eine Krise. Auf dem Gipfeltreffen der 22 Mitgliedstaaten am 1. März in Scharm esch-Scheich (Ägypten) kam die einhellige Verurteilung des Angriffs auf den Irak und jeder Beteiligung arab. Staaten daran nur nach sehr kontroversen Diskussionen zustande. So hatte der libysche Revolutionsführer MOAMAR AL-GADDHAFI die Rolle Saudi-Arabiens als Bündnispartner der USA kritisiert und seine Drohung erneuert, dass Libyen die A. L. verlassen werde. Auf dem Außenministertreffen der Liga am 24. März, auf dem die Positionen von Scharm esch-Scheich bekräftigt wurden, distanzierten sich die Golfstaaten Kuwait und Katar von der Abschlusserklärung, die ohne vorherige Abstimmung veröffentlicht worden war.
Nach dem Sturz des Regimes von SADDAM HUSAIN forderten die USA die A. L. auf, sich an Friedensmissionen im Irak zu beteiligen und die von den USA eingesetzte Übergangsreg. anzuerkennen. Am 9. Sept. beschloss die Außenministerkonferenz der A. L., dem irak. Interimskabinett für ein Jahr den Sitz des Irak in der A. L. zu übertragen, lehnte aber die Entsendung arab. Streitkräfte ab.

Arbeitslosengeld II, neue bedarfsorientierte Leistung für alle Erwerbsfähigen, die keinen Anspruch mehr auf das reguläre Arbeitslosengeld (›A. I‹) haben; die bisherige Arbeitslosen- und die

Sozialhilfe wurden zusammengeführt. Mit der Einführung des A. II. setzt die rot-grüne Regierungskoalition – mit Konzessionen an die Opposition – einen der zentralen Punkte der → Agenda 2010 und der Vorschläge zur Reform der → Arbeitsvermittlung (›Hartz IV‹) um. Die neue monatl. pauschale Regelleistung – 345 € in Westdeutschland, 331 € in Ostdeutschland – ist mit strengen Auflagen für die Bezugsberechtigten versehen. Grundsätzlich gilt für die Betroffenen künftig jede legale Arbeit als zumutbar.

Das A. II. wird – im Unterschied zum Sozialgeld für Nichterwerbsfähige – vom Bund finanziert, die Betreuung der A. II.-Bezieher können die Kommunen jedoch an sich ziehen. Das komplizierte Regelwerk, auf das sich Koalition und Opposition im Vermittlungsausschuss verständigten, wurde am 19. Dez. als Gesetz verabschiedet und kann zum 1. 1. 2004 in Kraft treten.

Arbeitsmarkt: Der wirtschaftl. Stillstand (→ Branchenkonjunktur) wurde von einer steigenden Erwerbsneigung begleitet, was den A. von der Nachfrage- wie von der Angebotsseite her belastete. Die Stagnation des BIP führte in Verbindung mit der Zunahme der Stundenproduktivität um 0,9 % zu einem entsprechenden Rückgang des Arbeitsvolumens (- 0,9 %); die Zahl der Erwerbstätigen sank dadurch um 392 000 auf 38,279 Mio., also um 1 %. Die Arbeitszeit hatte kaum Einfluss auf diese Entwicklung. Zwar gab es 2003 mehr Arbeitstage als im Vorjahr, wodurch sich die durchschnittl. Arbeitszeit um 0,1 % verlängerte; dies wurde aber durch einen Rückgang bei den Überstunden (infolge der schwachen Konjunktur), den Abbau von Arbeitszeitkonten und mehr Kurzarbeit wieder ausgeglichen. Auch nahm die Teilzeitarbeit weiter zu.

Dieser geringeren Nachfrage nach Erwerbstätigen stand ein um 86 000 Personen gestiegenes Angebot an Arbeitssuchenden (Erwerbspotenzial) gegenüber. Einerseits wurden diejenigen, die aus Altersgründen ausschieden (- 152 000), nicht mehr vollständig durch jüngere Kräfte ersetzt. Andererseits erhöhte

Arbeitslosenquoten* in den Bundesländern 2003

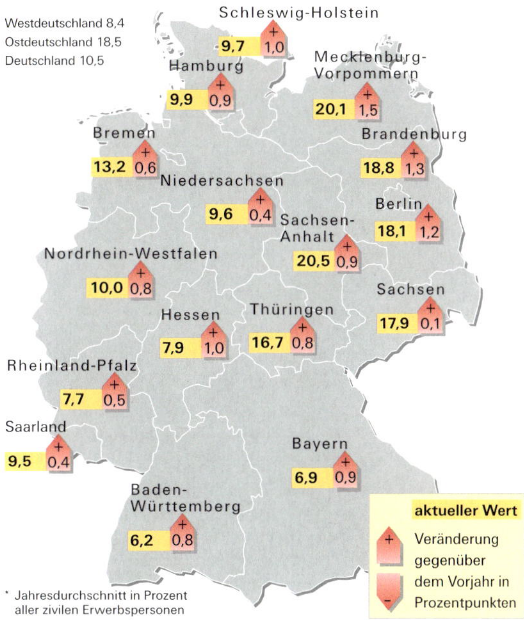

sich das Angebot an Arbeitskräften infolge der nach wie vor steigenden Erwerbsneigung von Frauen (+150 000) und der Zuwanderung (+90 000) weiter.

Steigende Arbeitslosigkeit

Insgesamt nahm das Ungleichgewicht zwischen Nachfrage und Angebot kräftig zu. Die Zahl der registrierten Arbeitslosen stieg um 316 000 Personen auf 4,376 Mio., die Arbeitslosenquote erhöhte sich von 9,8 % auf 10,5 %. Mit 162 000 Personen wuchs die sog. stille Reserve weiter an und zwar fast ausschließlich in Westdeutschland. Zur stillen Reserve werden Personen gerechnet, die in arbeits- oder so-

Arbeitslose in Deutschland (saisonbereinigt; in 1 000)

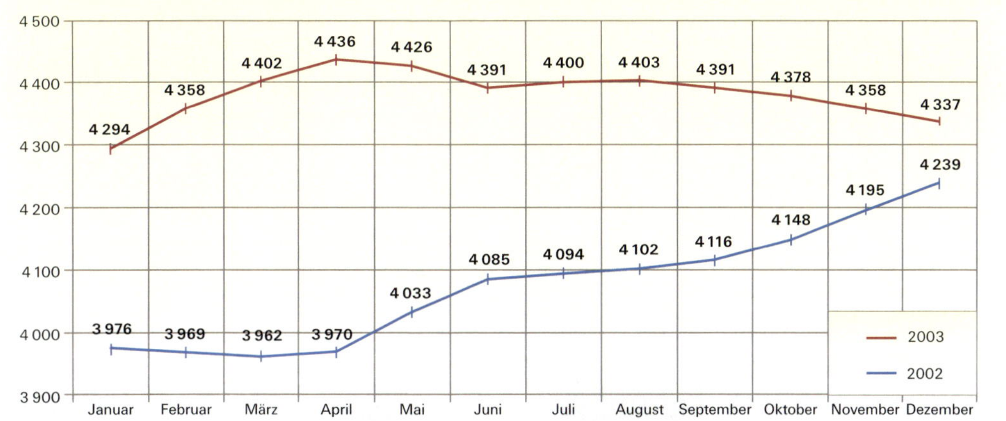

zialpolit. Maßnahmen wie berufl. Weiterbildung, Vorruhestandsregelungen u.a. gefördert werden; daneben spiegelt sie Entmutigungs- und Verdrängungseffekte wider. Ihr Anstieg wird aber auch auf die verschärften Zumutbarkeitsregelungen zurückgeführt. Insgesamt belief sich die Unterbeschäftigung in Deutschland auf etwa 7 Mio. Personen.

Regionale Unterschiede

Bei ähnlich ausgeprägten Grundtendenzen in Ost- und Westdeutschland blieben die regionalen Unterschiede bestehen: Die im Osten immer noch stärkere Veränderung der Stundenproduktivität, +1,3 % gegenüber +0,8 % im Westen, wurde durch eine leicht verkürzte durchschnittl. jährl. Arbeitszeit (– 0,2 %; im Westen +0,2 %) etwas ausgeglichen. Die Zahl der Erwerbstätigen verringerte sich um 1,1 % auf 7,180 Mio., im Westen um 1,0 % auf 31,091 Millionen. Somit nahm in Ostdeutschland die registrierte Arbeitslosigkeit um 70000 auf 1,633 Mio. und in Westdeutschland um 268000 auf 2,765 Mio. Personen zu. Die Arbeitslosenquote lag im Osten bei 18,5 % und war damit nach wie vor mehr als doppelt so hoch wie im Westen (8,4 %).

Auch das v.a. in Westdeutschland ausgeprägte Nord-Süd-Gefälle bestand als Grundtendenz weiter fort. Bei der Arbeitslosenquote reichte die Spannweite von 17,7% in Bremerhaven bis 4,0% im bayr. Erding.

Schwenk in der Arbeitsmarktpolitik

Die Neuausrichtung der Bundesanstalt für Arbeit (ab 1. 1. 2004 Bundesagentur für Arbeit) schlug sich auch in einer veränderten Arbeitsmarktpolitik nieder. Gegenüber früher stark an Bedeutung gewonnen haben Hilfen zur direkten Eingliederung von Arbeitslosen in den ersten A., insbes. Eingliederungszuschüsse und die Förderung von zuvor arbeitslosen Existenzgründern. Die traditionellen Instrumente Weiterbildung (FbW) und Arbeitsbeschaffungsmaßnahmen (ABM) trugen nach wie vor dazu bei, offene Arbeitslosigkeit zu vermeiden, jedoch mit abnehmender Tendenz. So ging die Zahl der Beschäftigten in ABM und Strukturanpassungsmaßnahmen (SAM) von 234000 auf 187000 zurück. In FbW befanden sich nur noch 224000 Personen, im Vorjahr waren es noch 300000 gewesen.

Misere auf dem Lehrstellenmarkt

Im Berufsberatungsjahr 2002/03 (1. Okt. – 30. Sept.) wurden bundesweit nur noch 546700 Ausbildungsstellen gemeldet, 6,7 % weniger als im Vorjahreszeitraum. Dieser Rückgang ging ausschließlich zulasten betriebl. Stellen. Zugleich haben sich 719600 Jugendliche, 1,2 % mehr als im Vorjahr, bei den Arbeitsämtern um einen Ausbildungsplatz beworben. Ende Sept. waren 14800 Ausbildungsstellen noch nicht besetzt, 17,8 % weniger als vor Jahresfrist. 35000 Bewerber, d.h. 45,8 % mehr als im Vorjahr, waren noch nicht vermittelt. Rechnerisch ergab sich also eine Ausbildungsplatzlücke von 20200 gegenüber 5400 im Jahr zuvor.

Dabei hat sich die Lage in den westl. Bundesländern stärker verschlechtert als in den östlichen. So gab es im Westen ein rechner. Defizit von rd. 8300 Stellen nach einem geringen Überschuss im Vorjahr. Im Osten erhöhte sich im selben Zeitraum die Lücke zw. unversorgten Bewerbern und unbesetzten Ausbildungsplätzen von 9300 auf 11900. Insgesamt konnten aber rd. 95 % der Bewerber versorgt werden. Eine größere Zahl von Jugendlichen nutzte Alternativen: 139800 besuchten weiterführende Schulen (+5100), 73100 nahmen eine Arbeit auf bzw. suchten eine (+5400), 31800 nahmen an berufsvorbereitenden Maßnahmen teil (– 2500). Der größte Teil war aber weiterhin an einer Ausbildungsstelle interessiert, sodass viele auch im kommenden Jahr wieder als Lehrstellenbewerber auftreten werden.

Arbeitsvermittlung: Mit Beginn des Jahres wurden die im Aug. 2002 vorgelegten Reformvorschläge der Hartz-Kommission umgesetzt. Am 1. Jan. trat das Erste Gesetz für moderne Dienstleistungen am Arbeitsmarkt (›Hartz I‹) in Kraft. Hinzu kamen zum 1. Jan. und 1. April Teile des ›Zweiten Gesetzes für moderne Dienstleistungen am Arbeitsmarkt‹ (›Hartz II‹). Um die A. zu intensivieren, wurden 4000 zusätzl. Stellen für Vermittler geschaffen und die Einschaltung Dritter massiv verstärkt; eingesetzt wurden auch Gutscheine, mit deren Hilfe Arbeitslose private Vermittler einschalten können. ›Hartz III und ›Hartz IV‹ wurden im Dez. von Bundestag und Bundesrat gebilligt.

Mit ›Hartz I‹ wurden Personal-Service-Agenturen (PSA), ein Kernstück der Reformvorschläge, eingeführt; die ersten nahmen im April ihre Arbeit auf. Im Gesetz (§ 37c Sozialgesetzbuch III) ist vorgegeben, dass jedes Arbeitsamt mind. eine PSA einzurichten hat; Priorität hat hierbei die Beauftragung Dritter. Aufgabe der PSA ist die sog. vermittlungsorientierte Arbeitnehmerüberlassung. Hierzu stellt sie vom Arbeitsamt vermittelte Arbeitslose befristet ein und verleiht sie an andere Betriebe. Ziel ist die möglichst schnelle Übernahme durch den Entleiher (›Klebeeffekt‹).

›Hartz II‹ gewährt seit 1. Jan. einen Anspruch auf einen Existenzgründerzuschuss, um die sog. Ich-AG bzw. Familien-AG zu unterstützen. Zum 1. April wurde die geringfügige Beschäftigung neu geregelt. Für Mini-Jobs (auch als Nebenbeschäftigung) wurde die Verdienstgrenze von bis dahin 325 € auf 400 € angehoben. Daneben gibt es einen weiteren Niedriglohnbereich zw. 400 € und 800 € Monatsverdienst (Midi-Jobs) mit ermäßigtem Sozialversicherungsbeitrag.

Mit dem ›Dritten Gesetz für moderne Dienstleistungen am Arbeitsmarkt‹ (›Hartz III‹) soll die Umstrukturierung der Bundesanstalt für Arbeit (BA) eingeleitet werden; ein weiteres Ziel ist die Vereinfachung des Leistungsrechts und der Arbeitsmarktinstrumente. So wurden Arbeitsbeschaffungs- und Strukturanpassungsmaßnahmen (ABM, SAM) zu einem Förderinstrument zusammengefasst; die Versicherungspflicht zur BA in diesen Beschäftigungsverhältnissen wurde beseitigt, sodass keine neuen Ansprüche auf Arbeitslosengeld mehr erworben werden können. Neu geregelt wird die Verhängung von Sperrzeiten wegen Arbeitsaufgabe, Arbeitsablehnung, unzureichenden Eigenbemühungen und Meldeversäumnissen. Die Zentrale der am 1. 1. 2004 zur Bundesagentur für Arbeit umgewandelten BA bleibt weiterhin in Nürnberg; aus den Landesarbeitsämtern werden Regionaldirektionen, aus den Arbeitsämtern Agenturen für Arbeit.

Das ›Gesetz über die Grundsicherung für Arbeitssuchende‹ (›Hartz IV‹) ist Teil der Maßnahmen zur finanziellen Entlastung der Kommunen (urspr. als → Gemeindefinanzreform geplant) und führt zu einer Zusammenlegung von Arbeitslosen- und Sozialhilfe. Erwerbsfähige Hilfsbedürftige erhalten das neue → Arbeitslosengeld II, die Mitgl. ihrer Bedarfsgemeinschaft Sozialgeld. Beide Leistungsarten sind Fürsorgeleistungen. Von der Einführung sind 2,1 Mio. Haushalte mit 4,3 Mio. Personen betroffen. Im Vermittlungsausschuss von Bundestag und Bundesrat hatte sich im Dez. das Modell des hess. Min.-Präs. ROLAND KOCH (CDU) durchgesetzt, das den Kommunen die Wahl lässt, ob und inwieweit sie die Betreuung von Beziehern des Arbeitslosengeldes II übernehmen.

Arbeitszeit: In der arbeitsmarktpolit. Diskussion forderten die Arbeitgeber eine Flexibilisierung und Verlängerung der A. ohne zusätzl. Bezahlung. So könnten die Betriebe besser auf die Marktanforderungen reagieren, zudem würden längere A. zu mehr Beschäftigung führen. Die Gewerkschaften lehnten jedoch eine generelle Verlängerung der A. ab. Abseits dieser Debatte reduzierten dt. Unternehmen die Wochenarbeitszeit ihrer Beschäftigten mit dem Ziel, angesichts der schwachen Konjunktur Kosten einzusparen bzw. Arbeitsplätze zu sichern; so sank z. B. die A. im Nov. bei Opel im Werk Rüsselsheim von 35 auf 30 Stunden. Meist gab es keinen oder nur einen partiellen Lohnausgleich.

Die effektive Wochenarbeitszeit der Arbeitnehmer in Deutschland lag mit knapp 40 Std. um rd. 2,5 Std. über der tarifvertragl. A. und damit im EU-Durchschnitt. Nach den tarifvertragl. Verkürzungen der 1980er-Jahre war die tatsächl. A. Ende der 1990er-Jahre wieder länger geworden. Eine positive Auswirkung von langer A. auf die Beschäftigungssituation lässt sich nicht nachweisen. Im Gegenteil ist es nachweislich so, dass Länder mit niedrigen Arbeitslosenraten, z. B. Dänemark und die Niederlande, sehr kurze A. aufweisen. Generell zeigt der EU-Vergleich, dass kurze A. mit hohem Produktivitätsniveau einhergehen.

Argentinien

Hauptstadt: Buenos Aires
Einwohner: 37,9 Mio.
Einwohner/ km²: 14
Staatsoberhaupt und Regierungschef: E. N. C. Kirchner (seit 25. 5. 2003)
BIP/Einwohner: 2 846 US-$

Das von Krisen geschüttelte Land stand 2003 im Zeichen der polit. und wirtschaftl. Konsolidierung, v. a. aber normalisierte sich die Stimmung in der Bevölkerung. Dem neuen Präs. NÉSTOR KIRCHNER gelang es, Vertrauen aufzubauen und den Menschen eine positive Perspektive zu bieten.

Innenpolitischer Neuanfang

Übergangspräs. EDUARDO DUHALDE zog die ursprünglich für Ende 2003 vorgesehenen Präsidentschaftswahlen vor, sodass der erste Durchgang am 27. April stattfand. Der Wahlkampf wurde von den Konflikten zw. den drei Kandidaten der regierenden peronist. Partei, den Expräs. CARLOS MENEM und ADOLFO SAÁ sowie dem von DUHALDE favorisierten Gouv. der Prov. Santa Cruz, NÉSTOR KIRCHNER, geprägt. Die linke Kandidatin ELISA CARRIÓ sowie Exmin. LÓPEZ MURPHY hatten keine Siegeschancen. KIRCHNER errang im ersten Wahlgang 22 % der Stimmen und qualifizierte sich damit für die Stich-

Mit Streiks versucht die IG Metall, in den neuen Bundesländern eine Arbeitszeitverkürzung durchzusetzen

wahl. Sein wichtigster Gegenkandidat, Expräs. Menem, erreichte zwar 24,3 %, verzichtete aber nach Umfragen, die ihm eine Niederlage voraussagten, auf den zweiten Wahlgang. Kirchner wurde somit am 15. Mai ohne Stichwahl als Präs. ausgerufen und trat sein Amt am 25. Mai an.
Spektakuläre Initiativen zur Korruptionsbekämpfung und zur Strafverfolgung von Vergehen gegen die Menschlichkeit aus der Zeit der Diktatur, wie etwa die Aufhebung von Amnestiegesetzen sowie die konstruktive außenpolit. Kooperation mit Brasilien, steigerten Kirchners Ansehen.
A. und Brasilien bemühten sich um die Wiederbelebung ihrer Zusammenarbeit im Mercosur am 16. Okt. durch den Schulterschluss im ›Konsens von Buenos Aires‹.

Wirtschaftliche Konsolidierung

Seine Auslandsschulden – mit Ausnahme derjenigen bei internat. Organisationen – bediente A. auch 2003 nicht. Kirchner beließ aber Wirtschaftsmin. Roberto Lavagna im Amt und demonstrierte damit Kontinuität. Mit dem IWF verhandelte Kirchner hart, aber berechenbar. A. brüskierte dagegen die privaten ausländ. Gläubiger durch Umschuldungsvorschläge, die einen Kapitalverlust von über 90 % bedeutet hätten. Diese Haltung Kirchners steigerte zwar seine Popularität im Inland, verhinderte aber vorerst die Gewährung neuer Auslandskredite.
Nach dem Einbruch der Wirtschaftsleistung um fast 11 % im Jahr 2002 erreichte A. 2003 wieder ein Wachstum von ca. 7 %. Zwar gab es eine deutl. Steigerung der Importe, doch blieben Handels- und Leistungsbilanz mit 17 bzw. 8 Mrd. US-$ positiv. Die Inflationsrate sank, und das Vertrauen der Verbraucher in die Wirtschaft stieg wieder.
Trotz Konsolidierung und leichter Verbesserung der wirtschaftl. Situation befinden sich große Teile der Bevölkerung weiterhin in einer sehr prekären sozialen Lage: Das Pro-Kopf-Einkommen ging gegenüber 2002 um ein Drittel zurück. Die (offizielle) Arbeitslosigkeit verharrte 2003 weiterhin auf über 15 %. Die in A. einst gesellschaftlich dominierende Mittelschicht ist der Hauptverlierer der Krisenjahre: Statistiken zufolge lebt heute die Hälfte der Argentinier in Armut. A. schöpfte 2003 wieder etwas Hoffnung, aber tief greifende marktwirtschaftl. Reformen stehen noch aus. ■

Armenien

Hauptstadt: Jerewan
Einwohner: 3,1 Mio.
Einwohner/ km²: 135
Staatsoberhaupt: R. Kotscharjan
Regierungschef: A. Markarjan
BIP/Einwohner: 622 US-$

Erst in der Stichwahl vom 5. März wurde Präs. Robert Kotscharjan mit 67,5 % der Stimmen wieder gewählt. Wie schon der erste Urnengang am 19. Febr. war auch der zweite nach Angaben von OSZE-Beobachtern von Fälschungen, Massendemonstrationen und Verhaftungen Oppositioneller begleitet. Überschattet von Manipulationen war auch die Wahl zur Nationalversammlung im Mai, bei der die Parteien, die den Präs. stützten, zus. mit unabhängigen Kandidaten eine deutl. Mehrheit (etwa 100 der 131 Sitze) erreichten. Die Republikan. Partei von MinPräs. Andranik Markarjan (23,5 %), die Partei ›Land des Rechts‹ (12,4 %) sowie die Armen. Revolutionäre Föderation (11,4 %) bildeten am 11. Juni eine Koalitionsregierung. Das Oppositionsbündnis ›Gerechtigkeit‹ unter Stepan Demirtschjan (13,7 %) forderte vom Europ. Gerichtshof für Menschenrechte eine Annullierung der Präsidentschafts- und Parlamentswahlen.
Im Juni beschloss das Parlament einen von der Reg. vorgelegten Aktionsplan zur Bekämpfung von Korruption, Schattenwirtschaft und Armut sowie zur Förderung marktwirtschaftl. Strukturen. Heftig umstritten war ein neues Mediengesetz, das von Journalisten die Offenlegung ihrer Informationsquellen verlangt.
Das Verhältnis zur Türkei blieb gespannt; ein Treffen der Außenmin. beider Länder im Juni in der spanischen Hauptstadt Madrid trug nicht zur Normalisierung bei. Ankara hält seine Grenze zu A. weiterhin geschlossen und unterstützt Aserbaidschan im Konflikt um die von A. besetzte Exklave Bergkarabach. Dort kam es im Juni und Juli zu anhaltenden Verletzungen des Waffenstillstands. Die angestrebte außenpolit. Balance in den Beziehungen zu den USA, zur EU, zu Russland und zu Iran gelang wegen der militär. und energiewirtschaftl. Abhängigkeit von Moskau nicht. ■

Armutsbericht der UNO: Während in Europa jede Kuh täglich mit 3 US-$ subventioniert wird, müssen in Afrika 40 % aller Menschen mit weniger als 1 US-$ auskommen – und leben damit nach Definition der UNO in »absoluter Armut«. Der Anfang Juli veröffentlichte Jahresbericht des United Nations Development Programme (UNDP) zum ›Entwicklungsstand der Menschheit‹ verweist mit solch drast. Vergleichen auf die wachsende Kluft zwischen Reich und Arm. Gemessen am Pro-Kopf-Einkommen sind heute 54 Länder ärmer als 1990, und in 21 Staaten stieg der Anteil der Hungernden an. Zugleich verzeichnet das UNDP für die letzten drei Jahrzehnte »dramat. Fortschritte«, z. B. beim Rückgang der Armuts- und der Analphabetenrate sowie bei der Erhöhung der Lebenserwartung. Diese Verbesserungen beschränken sich jedoch auf einige bes. bevölkerungsreiche Länder wie China und Indien, die seit Jahren ein hohes Wirtschaftswachstum erzielen.
Um das Ziel des UNO-Millenniumsgipfels von 2000 doch noch zu erreichen, die Zahl der derzeit 1,2 Mrd. absolut Armen bis 2015 zu halbieren, unterbreitete das UNDP einen Katalog von Vorschlä-

gen, die v.a. darauf abzielen, die Voraussetzungen für eine eigenständige wirtschaftl. Entwicklung der ärmsten Länder zu verbessern.

Aserbaidschan

Hauptstadt: Baku
Einwohner: 8,2 Mio.
Einwohner/km²: 94
Staatsoberhaupt: I. Alijew (seit 15.10.2003)
Regierungschef: A. Tair ogly Rasi-zade
BIP/Einwohner: 779 US-$

Die Monate vor den Präsidentschaftswahlen am 15. Okt. standen im Zeichen eines Generations- und Machtwechsels: Präs. HAJDAR ALIJEW war trotz schwerer Erkrankung im Juni zum Kandidaten der regierenden Partei ›Neues A.‹ (PNA) nominiert worden. Im Juli kürte eine ›Initiativgruppe‹ aus Nachitschewan seinen 40-jährigen Sohn ILHAM ALIJEW, stellv. PNA-Vors. und Fraktionsvors., ebenfalls zum Kandidaten. Erst Anfang Okt. verzichtete HAJDAR ALIJEW darauf, erneut anzutreten. Die von der Regierungspartei ›Neues A.‹ (PNA) dominierte zentrale Wahlkommission untersagte unterdessen zwei wichtigen Führern der Opposition, RASUL GULIJEW (Demokrat. Partei) und AJAS MUTALIBOW (Partei der Bürgereinheit), wegen ihres Exils in den USA bzw. in Russland eine Kandidatur für das höchste Staatsamt. Aber auch unabhängig von den Repressionen durch den Staatsapparat waren die Gegner der Reg. und der ›Dynastie‹ Alijew schwach und gespalten. Ein großes Armee- und Polizeiaufgebot und heftige Straßenschlachten begleiteten die Wahl, aus der ILHAM ALIJEW offiziell mit 77 % der Stimmen als Sieger hervorging; nach unabhängigen Schätzungen erzielte er aber nur 58 %.

Ein Oppositioneller flieht vor Polizisten. Am 16. Oktober demonstrieren in Baku 20 000 Menschen gegen die Wahlfälschung bei der Präsidentenwahl

Um den Wechsel an der Staatsspitze auch außenpolitisch abzusichern, entspannten sich die Beziehungen zu Russland; der symbol. Beitritt zur → Koalition der Willigen im Irakkrieg sollte helfen, das Verhältnis zu den USA zu verbessern.

ASLSP: Am 28. Febr. erklang in der leer stehenden Burchardikirche in Halberstadt (Sachsen-Anhalt) der erste Ton des Orgelstücks ›Organ²/ASLSP‹ (›As Slow As Possible‹/So langsam wie möglich) von JOHN CAGE (* 1912, † 1992). Das Besondere des Halberstädter Orgel-Kunst-Projekts ist seine Dauer: Die Aufführung der auf vier Seiten notierten Komposition des amerikan. Avantgardisten ist auf 639 Jahre angelegt. Dieser Zeitraum soll an die Einweihung der ersten modernen Orgel Europas 1361 in Halberstadt erinnern, die 2000 – zum Zeitpunkt

Der erste Ton des John-Cage-Stückes ›Organ²/ASLSP‹ erklingt in der Burchardikirche in Halberstadt am 28. Februar auf den eigens dafür installierten Orgelpfeifen

der Konzertplanung – 639 Jahre zurücklag. Die neue ›Cage-Orgel‹ wächst gemäß den Anforderungen des Stückes. Für den Anfang, eine notierte Pause, waren im Sept. 2001 nur der Orgelmotor und ein Blasebalg vorhanden. Erst 2003 kamen die ersten Pfeifen hinzu.

ASP, 1) Abk. für Application Service Provider: Dienstleister, der Software zur Nutzung über ein Computernetzwerk anbietet; i.d.R. handelt es sich um Anwendungen für Unternehmen, u.a. Personalverwaltung, Finanzbuchhaltung und Kundendatenbanken sowie branchenspezif. Lösungen. Aber auch Firmen, die z.B. E-Mail-Dienste für Privatkunden anbieten, werden als ASP bezeichnet. Der Markt für ASP hat sich 2003 weiter konsolidiert; die Zahl der Anbieter ist gesunken, und die Angebote konzentrierten sich auf Firmenlösungen.

Bei ASP greifen die Anwender i.d.R. über ihren Browser auf Anwendungen zu; es werden jedoch auch andere Techniken eingesetzt, etwa die Übertragung der Bildschirmdarstellung auf einen anderen Rechner. Die Vorteile gegenüber herkömml. Software, die auf den einzelnen Rechnern installiert wird, sind die zentrale Verwaltung der Anwendungen und geringere Lizenzkosten.
2) Abk. für **A**ctive **S**erver **P**ages: Technik von Microsoft, um Internetseiten oder Teile davon erst beim Abruf zu erzeugen statt sie unveränderlich auf dem Server abzulegen. Als ASP.NET ist ASP Bestandteil der 2002 gestarteten ›.NET-Strategie‹ von Microsoft, die zum Ziel hat, Informationen jederzeit und überall über das Internet verfügbar zu machen. Mit .NET lassen sich PCs, Server und mobile Geräte programmieren. Dazu dient auch die von Microsoft neu geschaffene Programmiersprache C# (C sharp). .NET steht in Konkurrenz zu Java der Firma Sun.

Äthiopien

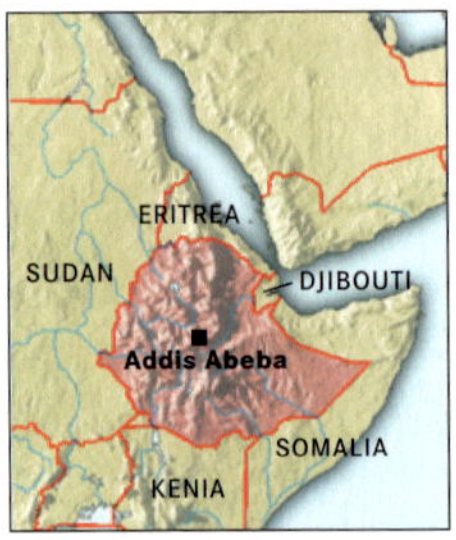

Hauptstadt: Addis Abeba
Einwohner: 67,3 Mio.
Einwohner/ km²: 66
Staatsoberhaupt: W. Giorgis
Regierungschef: M. Zenawi
BIP/Einwohner: 89 US-$

Das ostafrikan. Land litt 2003 unter der schlimmsten Dürre seit 1984. Nach Angaben des IWF verzeichnete die Wirtschaft im Haushaltsjahr 2002/03 (bis Juli) einen Rückgang des BIP um 3,8 %, die Inflationsrate stieg von 7,8 % auf 14 %. Für 2003/04 sagte der IWF ein reales Wirtschaftswachstum von 6,7 % voraus. Die Weltbank und die Internat. Entwicklungsagentur (IDA) wollten Ä. Nothilfe und neue Kredite gewähren.

Drohende Hungerkatastrophe

Nach Schätzungen internat. Organisationen sind elf bis 15 Mio. Menschen auf Nahrungsmittelhilfe angewiesen, um dem Hungertod zu entgehen. Die Folgen der ausbleibenden Niederschläge zeigten sich jedoch regional sehr unterschiedlich. Im Jan. beschloss das Internat. Komitee vom Roten Kreuz (IKRK), seine Hilfe von 100 000 auf 700 000 Menschen auszudehnen. Die Welternährungsorganisation (FAO) übernahm im Juni die Versorgung von 1,8 Mio. Äthiopiern. Mit einem Anteil von 40 % waren die USA größter Geberstaat.

Autoritäres Regime

In ihrem Länderbericht vom Jan. 2003 kritisierte die Menschenrechtsorganisation Human Rights Watch willkürl. Verhaftungen und die Unterdrückung der Meinungsfreiheit. Das im Sept. gegr. Bündnis von 15 Oppositionsgruppen, United Ethiopian Democratic Forces (UEDF), machte MinPräs. Meles Zenawi und die Regierungspartei EPRDF für die Hungerkatastrophe verantwortlich – wegen Vernachlässigung von Landreformen, Bewässerungsprojekten und Vorsorgemaßnahmen.

Konflikt mit Eritrea

Im Sept. stellte sich Ä. gegen die im März getroffene Entscheidung der internat. Grenzkommission (EEBC), die Stadt Badme (um die 1998 der zweijährige Krieg mit Eritrea entbrannt war) Eritrea zuzuschlagen. Der UNO-Sicherheitsrat wies die Forderung zurück, die für Okt. geplante Grenzziehung konnte jedoch nicht durchgeführt werden. ■

ATV Plus: Am 1. Juni ging der erste österr. landesweit terrestrisch ausstrahlende Privatfernsehsender ATV-Plus auf Sendung. Er löst den bisherigen Privatsender ATV ab, der nur über Kabel und Satellit empfangen werden konnte. In Österreich endete damit – 20 Jahre nach Einführung des Privatfernsehens in Deutschland – die lange Ära des öffentl.-rechtl. ORF-Monopols.
Das dem dt. Sender RTL 2 nachempfundene Unterhaltungsprogramm richtet sich mit jungen Moderatoren und den Programmbereichen Boulevard, Comedy, Show und Magazin an die Zielgruppe der Zwölf- bis 29-Jährigen.

Auslandsüberweisung: Am 1. Juli trat eine EU-Verordnung zur Verbilligung grenzüberschreitender Geldüberweisungen in Kraft. Die Gebühr für Überweisungen in einen EU-Staat darf demnach nicht höher sein als die Gebühr für Überweisungen auf ein inländ. Bankkonto. Bislang mussten Bankkunden für eine A. in der EU durchschnittlich 17,50 € zahlen. Der neue, günstigere Tarif gilt nur für die sog. EU-Standardüberweisung und für Beträge von max. 12 500 €.
Auf einem bes. Formular müssen Bankkunden die internat. Kontonummer (IBAN, Abk. für **I**nternational **B**ank **A**ccount **N**umber) des eigenen Kontos und des Empfängerkontos angeben sowie die internat. Bankleitzahl (BIC, Abk. für **B**ank **I**dentifier **C**ode) der Empfängerbank. Über die eigene IBAN und BIC informiert die jeweilige Bank, die Empfängerdaten müssen selbst recherchiert werden.

Auslandsüberweisung: Aufbau der IBAN

Die IBAN besteht in Deutschland immer aus 22 Zeichen (international maximal 34 Zeichen)

Beispiel:

DE 13 44050199 0223344556
1. 2. 3. 4.

1. zweistelliger alphabetischer Ländercode (DE)
2. zweistellige Prüfziffer, die nach einem festgelegten System ermittelt wird
3. achtstellige Bankidentifikation (Bankleitzahl)
4. zehnstellige Kundenkontonummer (ggf. mit vorgestellten Nullen)

Australien

Hauptstadt: Canberra
Einwohner: 19,6 Mio.
Einwohner/ km²: 3
Staatsoberhaupt:
Elisabeth II.
Regierungschef:
J. W. Howard
BIP/Einwohner:
20 268 US-$

A. verzeichnete 2002 ein Wirtschaftswachstum von 3,5 % des BIP, das sich v. a. auf eine starke Konsumgüternachfrage im Inland stützte. Für 2003 rechnete die Reg. mit einer niedrigeren Wachstumsrate von etwa 3,0 %, nachdem eine monatelange Dürre und verheerende Buschbrände zum Jahreswechsel schwere Schäden in der Landwirtschaft verursacht hatten. Die Flammen waren im Jan. bis zur Hauptstadt Canberra vorgedrungen und hatten dort über 500 Häuser zerstört.

Innenpolitische Probleme

Menschenrechtsorganisationen kritisierten die menschenunwürdige Unterbringung von Asylsuchenden. Nach Hungerstreiks von Insassen wurde im April das Lager Woomera für illegal eingereiste Flüchtlinge geschlossen. Gleichzeitig begann die Reg. damit, Flüchtlingsboote bereits in internat. Gewässern zum Abdrehen zu zwingen, um illegale Einreisen zu unterbinden. – Im Mai musste der austral. Stellv. von Königin ELISABETH II., Generalgouv. PETER HOLLINGWORTH, zurücktreten. Ihm war vorgeworfen worden, 1965 eine Frau vergewaltigt und in den 1990er-Jahren als Bischof Fälle von Kindesmissbrauch durch Geistliche vertuscht zu haben. Zum neuen Generalgouv. wurde der ehem. austral. General MICHAEL JEFFEREY ernannt.

Teilnahme am Irakkrieg

Aus dem Terroranschlag auf Bali/Indonesien, dem im Okt. 2002 vorwiegend austral. Touristen zum Opfer gefallen waren, zog die austral. Reg. unter Premiermin. JOHN HOWARD die Schlussfolgerung, die USA vorbehaltlos in ihrem Krieg gegen den internat. Terrorismus zu unterstützen und eine stärkere Rolle als pazif. Regionalmacht anzustreben, um terrorist. Angriffen auf A. vorzubeugen. A. nahm als dritte militär. Kraft neben den USA und Großbritannien mit 2000 Soldaten sowie Kriegsschiffen und Kampfflugzeugen am Irakkrieg teil. Dagegen kam es zu großen Protestkundgebungen, u. a. in Sydney mit 250 000 Teilnehmern. Eine Misstrauenserklärung des Senats gegen die Reg. wurde vom Repräsentantenhaus überstimmt.
Ende Juli intervenierte A. an der Spitze einer internat. Eingreiftruppe von 2 500 Soldaten auf den Salomoninseln, um die bürgerkriegsähnl. Zustände zu beenden und zu verhindern, dass sich auf den Inseln Terroristen einnisten. Im Aug. schlug HOWARD auf einem Gipfeltreffen der 16 Staaten des Pazif. Insel-Forums im neuseeländ. Auckland die Bildung einer Wirtschafts- und Währungsunion nach dem Vorbild der EU vor. Die Presse der kleinen Inselstaaten kritisierte den Plan als neokolonialistisch. ■

■ Kriegsgegner malen mit leuchtend roter Farbe ›Kein Krieg‹ auf ein Dachsegel des Opernhauses in Sydney, nachdem der australische Premierminister John Howard am 18. März die Teilnahme seines Landes am Irakkrieg angekündigt hat

B

Badawi, Abdullah Ahmad, malays. Politiker (United Malays National Organization, UMNO), *Kepala Batas 26. 11. 1939. – Der bisherige Stellv. von MinPräs. MAHATHIR BIN MOHAMAD trat am 31. Okt. die Nachfolge seines Mentors an, von dem er für dieses Amt nominiert worden war.
B. stammt aus einer einflussreichen Familie von Geistlichen – sein Vater gehörte zu den Begründern der UMNO – und studierte Islamwiss., bevor er 1964 eine polit. Laufbahn einschlug. 1987 wurde er erstmals für seinen Heimatdistrikt Pinang ins Parlament gewählt. Seit 1984 gehörte er (mit Unterbrechungen) der Reg. an, nacheinander verantwortlich für die Ressorts Erziehung, Verteidigung, Außen- und Innenpolitik. 1999 trat er als Innenmin. und Vizeregierungschef an die Stelle von ANWAR IBRAHIM. Im Schatten des autokratisch regierenden MAHATHIR unauffällig, aber effektiv arbeitend, erwarb sich B. den Ruf eines ›Mr. Nice Guy‹.

Baden-Württemberg

Hauptstadt: Stuttgart
Einwohner: 10,7 Mio.
Einwohner/ km²: 297
Regierungschef:
E. Teufel
BIP/Einwohner:
27 031 €

Das Wirtschaftswachstum schwächte sich in B.-W. weiter ab. Mit einem Anstieg des BIP um 0,1 % im Jahresdurchschnitt 2002 fiel es noch geringer aus als 2001 (+0,9 %) und erreichte auch im 1. Halbjahr 2003 den gleichen Wert. Analog stieg auch die Arbeitslosenquote im Jahresvergleich um 0,5 Prozentpunkte auf 5,4 %. Damit konnte B.-W. aber immer noch den niedrigsten Wert aller Bundesländer vorweisen. Der negative Trend verstärkte sich 2003: Im Nov. waren 6,0 % aller Erwerbspersonen arbeitslos gemeldet, 0,4 % Prozentpunkte mehr als ein Jahr zuvor.

Einbruch bei Steuereinnahmen

Angesichts der prekären Haushaltslage, verstärkt durch weitere zu erwartende Steuerausfälle in Höhe von rd. 284 Mio. €, verhängte MinPräs. ERWIN TEUFEL (CDU) im Mai eine Haushaltssperre über 100 Mio. €. Auch für den Landeshaushalt 2004 zeichneten sich drast. Sparmaßnahmen ab: Im Sept. beschloss das Kabinett Einsparungen in Höhe von 1 Mrd. €. Rd. 200 Mio. € sollen durch Kürzungen bei Urlaubs- und Weihnachtsgeld der Beamten eingespart werden, die restl. 800 Mio. € müssen Städte und Gemeinden sowie die einzelnen Ressorts aufbringen.
Einsparungen von rd. 20 % der bisherigen Personal- und Sachkosten verspricht sich die Landesreg. auch von der Verwaltungsreform, deren Eckpunkte am 15. Juli vom Kabinett gebilligt wurden. Im Zuge der Umstrukturierung ist die Schließung von über 400 Behörden vorgesehen; die Zuständigkeiten sollen in den vier Regierungspräsidien, 35 Landratsämtern und neun Stadtkreisen gebündelt werden.

Vorreiter in der Bildungspolitik

Als erstes Bundesland führte B.-W. flächendeckend zum Schuljahr 2003/04 im Sept. in der ersten Grundschulklasse eine Fremdsprache als Pflichtfach ein. In der Regel wird Englisch unterrichtet, nur am Oberrhein steht Französisch auf dem Stundenplan. Der Fremdsprachenunterricht in der Grundschule ist Teil einer umfassenden Bildungsreform, die das Kabinett im April beschloss. Im Vorgriff auf die Entwicklung nat. Bildungsstandards (→ Bildungspolitik) werden zum Schuljahr 2004/05 schulartspezif. Bildungsstandards eingeführt. Sie sollen festlegen, über welche Kompetenzen die Schüler zu einem bestimmten Zeitpunkt verfügen müssen und so die Unterrichtsergebnisse besser vergleichbar machen; zugleich erübrigen sich die bisherigen Lehrpläne. Die Gymnasialzeit wird von neun auf acht Jahre verkürzt. Parallel dazu wird die Ausbildung der Lehrkräfte geändert.

Niederlagen vor dem Bundesverfassungsgericht

Die Initiativen des Landes in der Bildungspolitik stieß in zwei Punkten an Grenzen: Am 19. März erklärte das Bundesverfassungsgericht in Karlsruhe die Rückmeldegebühr, die Studenten 1997 abverlangt wurde, für nichtig. Am 24. Sept. entschied es im sog. → Kopftuchstreit, den die Lehramtsanwärterin FERESHTA LUDIN seit sechs Jahren mit dem Land austrägt, dass für ein Kopftuchverbot nicht die Anordnung einer Schulbehörde genügt, sondern eine gesetzl. Grundlage geschaffen sein muss. ■

Bafög-Betrug: Nach einer bundesweiten Überprüfung der Vermögensverhältnisse von Bafög-Empfängern wurde im Juni bekannt, dass Tausende der Geförderten eigenes Vermögen nicht oder nur teilweise angegeben hatten. Gemäß dem Bundesausbildungsförderungsgesetz (Bafög) darf ein Bafög-Empfänger zz. pro Jahr nicht mehr als 100 € aus Zinseinkünften erhalten und nicht mehr als 5200 € an Vermögen besitzen.
Die Überprüfung hatte im Juli 2002 auf Anweisung des Bundesbildungsministeriums begonnen. Dabei verglichen die Landesbafög-Ämter und das Bundesamt für Finanzen ihre Daten. In NRW hatten beispielsweise 16 400 der insgesamt 55 000 Empfänger regelmäßiger Bafög-Leistungen falsche Angaben zu ihren Vermögensverhältnissen gemacht; sie hatten u. a. Bausparverträge oder vermögenswirksame Leistungen verschwiegen. Allein in diesem Bundesland entstand dadurch ein Schaden in Höhe von 29 Mio. €.

Bahamas

Hauptstadt: Nassau
Einwohner: 314 000
Einwohner/ km²: 31
Staatsoberhaupt: Elisabeth II.
Regierungschef: P. G. Christie
BIP/Einwohner: 16 370 US-$

Bahrain

Hauptstadt: Menama
Einwohner: 672 000
Einwohner/ km²: 917
Staatsoberhaupt: Hamad ibn Isa al-Chalifa
Regierungschef: Chalifa ibn Sulman al-Chalifa
BIP/Einwohner: 11 619 US-$

Das Emirat wandte sich gegen die Militärintervention im Irak (→ Irakkrieg), blieb aber durch Stationierungsverträge aus den 1970er-Jahren an die USA gebunden: Menama ist das regionale Hauptquartier der 5. US-Flotte, seit Jan. 2002 auch der Sitz des Marinekorps-Kommandos für Zentralasien. Der Militärflughafen Shaikh Isa wurde während des Aufmarsches gegen den Irak als Luftleitzentrale für die brit. und amerikan. Luftwaffe eingerichtet. In B. leben insgesamt mehr als 5000 amerikan. Militär-

angehörige. Im Jan. und Febr. gab es in der Hauptstadt mehrere Demonstrationen gegen diese Militärpräsenz und den Irakkrieg, an denen sich bis zu 3000 Menschen beteiligten; es kam zu einer Reihe von Verhaftungen.
Nach den Parlamentswahlen ernannte Emir HAMAD IBN ISA AL-CHALIFA im Nov. 2002 ein neues Kabinett, in dem die schiit. Bevölkerungsmehrheit erstmals durch zwei Min. (Justiz, Arbeit und Soziales) vertreten ist. ■

Bakoyiannis, Dora, griech. Politikerin (Nea Dimokratia, ND), *Athen 1954. – Nach ihrem Sieg bei der Kommunalwahl im Okt. 2002 übernahm B. das Amt der Bürgermeisterin von Athen. Die Tochter des ehem. liberalkonservativen MinPräs. KONSTANTIN MITSOTAKIS ist das erste weibl. Stadtoberhaupt in der 3000-jährigen Geschichte der griech. Hauptstadt.
B. lebte während der Militärdiktatur (1967–74) in Deutschland und studierte in München Politologie. Nach ihrer Rückkehr war sie Beraterin, seit 1984 Büroleiterin ihres Vaters, der sie 1990 als Kulturmin. in sein Kabinett berief (bis 1993). Nach der Ermordung ihres Mannes, des Journalisten und Abgeordneten PAVLOS B., durch Linksterroristen der Gruppe ›17. Nov.‹ gewann sie 1989 dessen Parlamentsmandat, das sie bis zu ihrem Wechsel in das Athener Rathaus hielt. Im Dez. 2002 entging die prominenteste griech. Politikerin einem Attentat.

Bali: Den Hauptbeteiligten des Bombenanschlags auf der indones. Ferieninsel B., der am 12.10. 2002 über 300 Verletzte und 202 Todesopfer gefordert hatte, wurde von April bis Okt. der Prozess gemacht. Drei Angeklagte wurden zum Tod verurteilt, einer zu lebenslanger Haft. Zwei weitere Angeklagte erhielten am 8. Sept. wegen finanzieller Unterstützung des Anschlags Freiheitsstrafen von je 15 Jahren. ABU BAKAR BASHIR, geistl. Führer der islamist. al-Djemaah al-Islamija, der die Verantwortung für das Attentat zugeschrieben wird, wurde am 2. Sept. zu vier Jahren Haft verurteilt.

Bangladesh

Hauptstadt: Dhaka
Einwohner: 135,7 Mio.
Einwohner/km²: 923
Staatsoberhaupt:
I. Ahmed
Regierungschef:
K. Zia
BIP/Einwohner:
349 US-$

Die Ausweisung von Bürgern aus B. durch Indien führte im Jan. und Febr. an der Grenze zu militär. Auseinandersetzungen. Am 8. Jan. hatte der ind. Innenmin. die Ausweisung von bis zu 20 Mio. Bangladeshi angekündigt, weil deren illegaler Aufenthalt die innere Sicherheit gefährde. Ein weiterer Konflikt kündigte sich im Aug. an, als Indien Pläne vorstellte, für Bewässerungsprojekte in seinen Nordwestprov. Wasser aus etwa 30 Flüssen zu entnehmen, darunter aus den für B. lebenswichtigen Strömen Ganges und Brahmaputra.
Eine Welle von Anschlägen, die islamist. Gruppen zugeschrieben wurden, erschütterte das Land. Bei Explosionen in vier Kinos der Stadt Mymensingh am 8.12. 2002 starben 18 Menschen. Neun Todesopfer forderte am 18. Jan. ein Anschlag auf ein Volksfest in Shakhipuir. Hinzu kamen fortgesetzte Attentate auf Polizeistationen. Am 24. und 26. Aug. wurden außerdem zwei hochrangige Oppositionspolitiker ermordet. ■

Barbados

Hauptstadt: Bridgetown
Einwohner: 269 000
Einwohner/km²: 624
Staatsoberhaupt:
Elisabeth II.
Regierungschef:
O. S. Arthur
BIP/Einwohner:
9 346 US-$

Die Parlamentswahlen am 21. Mai gewann die regierende B. Labour Party (BLP) von Premiermin. OWEN S. ARTHUR mit 55,8 % der Stimmen; sie erhielt 23 der 30 Sitze . Die oppositionelle Democratic Labour Party (DLP) kam auf sieben Sitze. ■

Bayern

Hauptstadt: München
Einwohner: 12,4 Mio.
Einwohner/km²: 175
Regierungschef:
E. Stoiber
BIP/Einwohner:
28 150 €

Das Wirtschaftswachstum schwächte sich 2002 leicht ab: Im Jahresdurchschnitt stieg das BIP nur um 0,6 % (2001: 0,9 %). Im 1. Halbjahr 2003 setzte sich der negative Trend mit einer Quote von -0,1 % im Vergleich zum Vorjahreszeitraum weiter fort. Die Arbeitslosenquote stieg im Jahr 2002 auf 6,0 % (2001: 5,3 %). Im Nov. erreichte sie 6,6 % (Nov. 2002: 6,1 %).
Angesichts leerer Kassen beschloss die Staatsreg. unter MinPräs. EDMUND STOIBER (CSU) Ende Juli drastische Sparmaßnahmen. Dazu zählen Kürzungen und Streichungen beim Weihnachts- und Urlaubsgeld der Beamten, die 2004 und 2005 wirksam werden sollen.

Die beiden Superminister des neuen bayerischen Kabinetts, Erwin Huber (links) und Werner Schnappauf. Huber ist Leiter der Staatskanzlei und Staatsminister für Bundesangelegenheiten und Verwaltungsreform, Schnappauf Staatsminister für Umwelt, Gesundheit und Verbraucherschutz

Erstmals Zweidrittelmehrheit

Mit einem triumphalen Erfolg für die CSU und v. a. für MinPräs. STOIBER endete die Landtagswahl am 21. Sept.: Mit einem Stimmenanteil von 60,7 % (+7,8 Prozentpunkte) eroberte sie erstmals in der Geschichte des Landes zwei Drittel der Landtagsmandate – 124 von 180 Sitzen. Dieses deutl. Votum stärkt die Stellung des MinPräs. nicht nur im eigenen Land und unter den Regierungschefs der Bundesländer, sondern v. a. in der bundespolit. Auseinandersetzung mit der Schwesterpartei CDU und ihrer Vors. ANGELA MERKEL. – Am 6. Okt. wählten die Mitgl. der CSU-Fraktion JOACHIM HERRMANN mit 94,9 % der Stimmen zu ihrem neuen Vorsitzenden.

Einen Einbruch von 9,1 Prozentpunkten erlebte dagegen die SPD unter ihrem Spitzenkandidaten Franz → Maget: Mit 19,6 % der Stimmen, die ihr 41 Sitze einbrachten, erzielte sie ihr schlechtestes Ergebnis der Nachkriegsgeschichte. Dennoch wurde MAGET am 30. Sept. im Amt des SPD-Fraktionsvors. bestätigt. – Bündnis 90/Die Grünen konnten um 2 Prozentpunkte zulegen und kamen auf 7,7 % der Stimmen; sie stellen im neuen Landtag 15 Abgeordnete, die seit 30. Sept. von MARGARETE BAUSE und SEPP DÜRR als gleichberechtigten Vors. angeführt werden. Steigern konnten sich außerdem die Freien Wähler mit 4,0 % (+0,3) und die FDP mit 2,6 % (+0,9); beide Parteien verfehlten damit jedoch den Einzug in das Landesparlament.

Neues Kabinett

Am 14. Okt. wurde das um ein Ressort verringerte neue Kabinett vereidigt. Der bisherige Umweltmin. WERNER SCHNAPPAUF steht nun an der Spitze des neu geschaffenen Doppelministeriums Umwelt, Gesundheit und Verbraucherschutz, der ehem. Verbrauchermin. EBERHARD SINNER vertritt als neuer Europa-Ressortchef die Interessen des Freistaats nach außen. Neue Justizmin. wurde BEATE MERK, und das Wissenschaftsministerium übernahm der bisherige CSU-GenSekr. THOMAS GOPPEL. Zu dessen Nachfolger wurde im Nov. MARKUS SÖDER gewählt. Als Gewinner ging insbes. Staatskanzleichef ERWIN HUBER mit erheblich erweiterten Kompetenzen, v. a. der Zuständigkeit für das Verhältnis zum Bund, aus dem Revirement hervor.

Bombenanschlag verhindert

Die Planung eines Sprengstoffanschlags in München, der durch die Aushebung der Gruppe ›Kameradschaft Süd‹ am 10. Sept. durch die Polizei vereitelt werden konnte, verwies auf den aufkeimenden → Rechtsterrorismus in Deutschland.

Becker, Hans-Josef, kath. Theologe, * Belecke/Warstein 8. 6. 1948. – Am 28. Sept. wurde B. in sein Amt als Erzbischof von Paderborn eingeführt. Sein

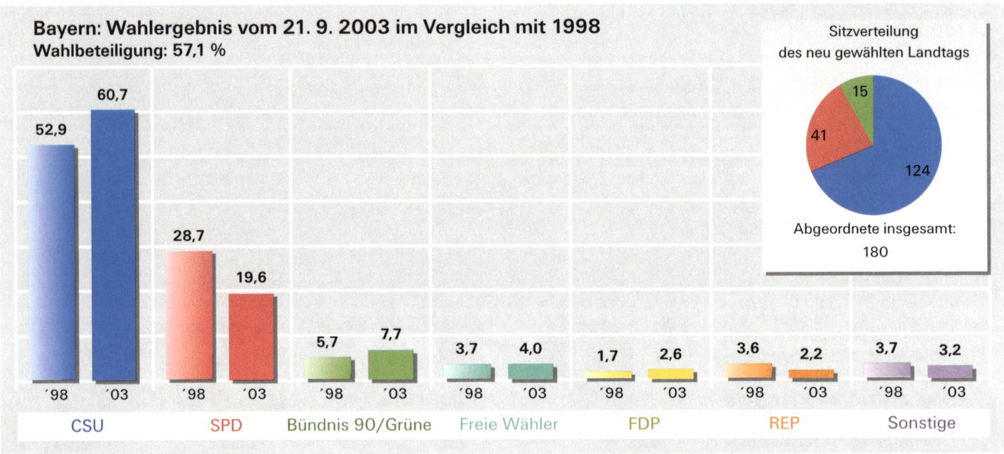

Vorgänger, Kardinal JOHANNES JOACHIM DEGENHARDT, war 2002 nach 28-jähriger Amtszeit verstorben.
Nach einem Lehramtsstudium ging B. 1975 zum Studium der Theologie und Philosophie nach Paderborn und München. 1977 wurde er zum Priester geweiht und wirkte als Vikar in Paderborn und Lippstadt. Als Leiter der Zentralabteilung Pastorales Personal koordinierte B. 1995–99 den Einsatz der Priester und Gemeindereferenten im Erzbistum. Nach der Ernennung zum Weihbischof von Paderborn 1999 wurde er Bischofsvikar für die Priesterfortbildung.

Der bisherige Weihbischof Hans-Josef Becker umarmt am 28. September während einer Messe zu seiner Amtseinführung als Paderborner Erzbischof ein Mitglied des Domkapitels

Becker, Wolfgang, Filmregisseur, *Hemer (Sauerland) 22.6. 1954 – Mit ›Good Bye Lenin!‹ gelang B. der seit langem erfolgreichste dt. Film, der auch mit den wichtigsten Dt. Filmpreisen (u.a. bester Film, beste Regie) bedacht wurde. Außerdem erhielt die Ost-West-Komödie bei der Verleihung des Europ. Filmpreises am 6. Dez. als erste dt. Produktion die Auszeichnung als bester Film. Erzählt wird die Geschichte einer SED-Aktivistin, die den Mauerfall im Koma verschläft. Um ihre Gesundheit nicht zu gefährden, lässt ihr Sohn für sie den Sozialismus wieder auferstehen und spielt ihr DDR-Alltag vor.
B. absolvierte ein Studium an der Dt. Film- und Fernsehakademie in Berlin. Für seine Abschlussarbeit ›Schmetterlinge‹ (1987) erhielt er bei den Filmfestspielen von Locarno den Goldenen Leoparden. Nach der ›Tatort‹-Folge ›Blutwurstwalzer‹ (1991) und dem viel beachteten Fernsehspiel ›Kinderspiele‹ (1992), in dem B. eine Kindheit in den 1960er-Jahren rekonstruiert, entstand 1997 sein erster Kinofilm ›Das Leben ist eine Baustelle‹, der in Berlin spielt.

Belgien

Hauptstadt: Brüssel
Einwohner: 10,3 Mio.
Einwohner/km^2: 313
Staatsoberhaupt: Albert II.
Regierungschef: G. Verhofstadt
BIP/Einwohner: 24 452 US-$

Nach der konjunkturellen Abschwächung im Vorjahr mit einem Wirtschaftswachstum von 0,7% des BIP (2001: 1,5%) war für 2003 ein leichtes Anziehen der Konjunktur und eine Steigerung des BIP um ca. 1% zu erwarten. Der angestrebte Abbau der Staatsverschuldung (2002: 105,6%) wurde nicht erreicht, doch hielt sich das von der Reg. für 2003 disponierte Haushaltsdefizit von 0,4% des BIP im Vergleich zu den großen Nachbarstaaten auf niedrigem Niveau. Die Inflationsrate lag im Vorjahr bei 1,6% und könnte nach Angaben der OECD im Jahr 2003 stabil bleiben. Die Arbeitslosenquote stieg im Jahresdurchschnitt 2002 auf 7,7%, im Aug. 2003 lag sie bei 8%.

Wechsel vom Regenbogen zu Blau-Rot

Zwei Wochen vor den Parlamentswahlen am 18. Mai trat Verkehrsmin. ISABELLE DURANT von den wallon. Grünen (Ecolo) zurück, nachdem sie in der Auseinandersetzung über die Nachtanflüge zum Brüsseler Flughafen in Konflikt mit MinPräs. GUY VERHOFSTADT geraten war.

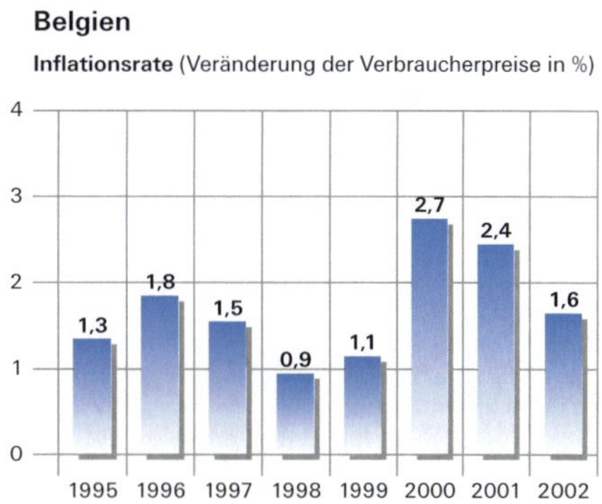

Die Parlamentswahl endete für die Grünen mit einem Debakel und brachte für die Liberalen und die Sozialisten leichte Gewinne. Am 12. Juli bildete der Liberale VERHOFSTADT die neue Reg. auf der Basis einer blau-roten Koalition, in der die Grünen nicht mehr vertreten sind. In dem 150 Sitze umfassenden Parlament verfügen die liberalen Parteien Flanderns und Walloniens zus. über 49 Sitze; die Sozialisten erhielten 48, die Christdemokraten 29 Sitze. Der

Belgien

Ein weltweit einmaliges **Kriegsverbrechergesetz** von 1993 ermöglichte es der belg. Justiz, unabhängig vom Tatort und von der Nationalität der Täter oder der Opfer aktiv zu werden. 1999 wurde es um den Tatbestand des Völkermords erweitert. Die Anklageerhebung gegen amtierende Staatsvertreter führte zu diplomat. Verwicklungen u. a. mit Israel und den USA. Nach der Novellierung des Gesetzes im Juli/Aug. sind Klagen nur noch zulässig, wenn Täter oder Opfer seit längerem in Belgien leben oder belg. Staatsbürger sind.

rechtsextreme Vlaams Blok konnte erneut zulegen und verbesserte sich um drei auf 18 Mandate.

Schwerpunkte: Wirtschafts- und Sozialpolitik

Das Regierungsprogramm und die ersten Maßnahmen der sozialliberalen Koalition zielten auf eine Rundumerneuerung der wirtschaftl. Grundlagen. Dazu gehören die Vorhaben, die Staatsverschuldung bis 2007 auf 89 % des BIP zu senken und die Lohnnebenkosten durch Einsparungen in den Sozialsystemen um jährlich 800 Mio. € abzubauen; zugleich sollen 200 000 neue Arbeitsplätze geschaffen werden. Eine Amnestie für geständige Steuersünder, die Schwarzgeld ins Ausland verschoben haben, soll dieses wieder zurücklocken.

Gespanntes Verhältnis zu den USA

Zus. mit Frankreich, Deutschland und Luxemburg gehörte B. zu den entschiedenen Kritikern der USA in ihrem Vorgehen gegenüber dem Irak innerhalb der EU. Nachdem im Rahmen des umstrittenen Kriegsverbrechergesetzes auch Klagen gegen führende Mitgl. der US-Reg. eingereicht worden waren, stellten die USA Brüssel als Sitz der → NATO infrage. Nach der weitgehenden Entschärfung des Gesetzes im Aug. und der Abweisung der Klagen normalisierten sich die Beziehungen wieder. ■

Belize

Hauptstadt: Belmopan
Einwohner: 253 000
Einwohner/ km²: 11
Staatsoberhaupt: Elisabeth II.
Regierungschef: S. W. Musa
BIP/Einwohner: 3 308 US-$

Bei den vorgezogenen Neuwahlen am 5. März wurde die People's United Party (PUP) des amtierenden Premiermin. SAID WILBERT MUSA erneut stärkste Partei und errang im Repräsentantenhaus 22 Sitze. Die oppositionelle United Democratic Party (UDP) erhielt die restlichen sieben Sitze in dem insgesamt 29 Abgeordnete umfassenden Parlament. SAID bleibt daher weiterhin im Amt. ■

Bello, Walden, philippin. Sozialwissenschaftler, *Manila 1945. – B. erhielt zus. mit seinem Landsmann NICANOR PERLAS den → Alternativen Nobelpreis. Die Auszeichnung würdigt seinen Einsatz für die Menschenrechte und seine Beiträge zur wiss. und polit. Auseinandersetzung mit der Globalisierung.
B. ist Prof. für Soziologie und Öffentl. Verw. an der Univ. der Philippinen, Direktor der Nichtregierungsorganisation ›Focus on the Global South‹ (Sitz: Bangkok/Thailand) und gehört dem Vorstand von Greenpeace Südostasien sowie weiteren umwelt-, friedens- und menschenrechtspolit. Initiativen an. Während der Diktatur von FERDINAND MARCOS (1965–86) lebte B. in den USA; an der Princeton University (New Jersey) begann er seine wiss. Laufbahn (Promotion 1975). Öffentl. Aufsehen erregte sein 2002 publizierter weltökonom. Alternativentwurf ›Deglobalization: Ideas for a New World Economy‹.

■ Der philippinische Menschenrechtler und Sozialwissenschaftler Walden Bello in seiner Wohnung in Manila. Bello erhält den Alternativen Nobelpreis 2003 zusammen mit seinem Landsmann Nicanor Perlas

Benetton-Werbung: Schockwerbung mit provozierenden Bildern, wie sie die italien. Modefirma Benetton in den 1990er-Jahren einsetzte, bleibt zulässig. Mit diesem Beschluss, der von dem Werbemotiv eines mit »H.I.V.-positive« gestempelten nackten Hinterteils als Beispiel ausging, hob das Bundesverfassungsgericht am 25. März nach mehr als achtjährigem Rechtsstreit ein Verbotsurteil des BGH zum zweiten Mal auf. Auch wenn die Werbung als anstößig empfunden werde, weil das Anprangern eines Missstandes kommerziellen Zwecken diene oder kein inhaltl. Zusammenhang mit dem beworbenen

Eines der umstrittenen Plakate des Textilherstellers Benetton: ein nacktes Hinterteil mit einem »H.I.V.-positive«-Stempel. Das Bundesverfassungsgericht sieht die Schockwerbung des Unternehmens durch das Recht auf Meinungsfreiheit gedeckt

Produkt mehr bestehe, sei sie vom Recht der freien Meinungsäußerung gedeckt. Gegen das Verbot des BGH hatte sich der Verlag Gruner+Jahr gewehrt, der die Motive gedruckt hatte.

Benin

Hauptstadt: Porto Novo
Einwohner: 6,6 Mio.
Einwohner/ km²: 58
Staatsoberhaupt und Regierungschef: M. Kérékou
BIP/Einwohner: 403 US-$

Bereitschaftsdienst: Im Streit um die Anerkennung des B. von Ärzten als Arbeitszeit kam der Europ. Gerichtshof (EUGH) in Luxemburg am 9. Sept. zu einem viel beachteten Urteil. Er entschied, dass der B. des Personals in dt. Krankenhäusern in vollem Umfang als Arbeitszeit anerkannt werden muss und schob damit Dauerdiensten der Klinikärzte von mehr als 30 Stunden einen Riegel vor. Künftig muss B. durch Geld oder Freizeit vergütet werden.
Der Entscheidung lag der Fall eines Assistenzarztes in Kiel zugrunde, der, wie in dt. Kliniken üblich, nach der regulären Schicht oft Nachtbereitschaften auf sich nehmen musste, die nicht vollständig als Arbeitszeit bezahlt wurden. Die Ärzteorganisation Marburger Bund wertete das Urteil als »einen histor. Sieg für die dt. Krankenhausärzte« und errechnete einen Mehrbedarf von bis zu 15 000 Ärzten.
Bereits am 25. Sept. beschloss der Bundestag eine entsprechende Änderung des Arbeitszeitgesetzes, das nach einer Vereinbarung im Vermittlungsausschuss von Bundestag und Bundesrat jedoch erst nach einer Übergangsfrist von voraussichtlich zwei Jahren in Kraft treten soll.

Berlin

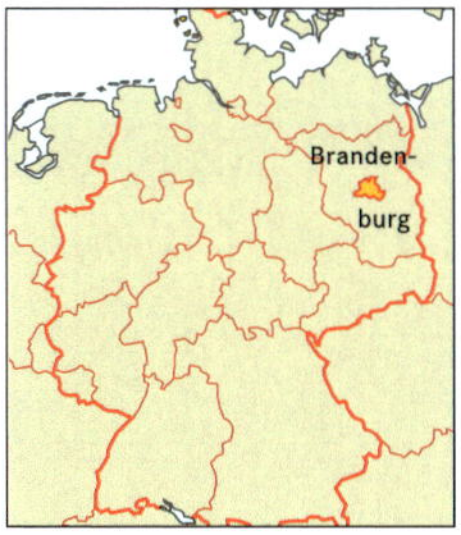

Einwohner: 3,4 Mio.
Einwohner/ km²: 3 800
Regierungschef: K. Wowereit
BIP/Einwohner: 21 406 €

Die Wirtschaftslage B.s blieb desolat. Im Jahresdurchschnitt 2002 schrumpfte das BIP erneut um 0,7 % (2001: - 0,8 %). Mit diesem Wert rangierte B. unter allen Bundesländern an letzter Stelle. Im 1. Halbjahr 2003 setzte sich die Abwärtstendenz fort (- 1,1 %). Zwar fiel der Anstieg der Arbeitslosenquote 2002 mit 0,8 Prozentpunkten auf 16,9 % relativ gering aus, doch verstärkte sich 2003 der negative Trend: Im Nov. waren 17,7 % aller Erwerbspersonen ohne Beschäftigung (Nov. 2002: 16,9 %).

Am Rande des Bankrotts

Trotz aller Versuche, die Haushaltslage zu verbessern, erhöhte sich der Schuldenstand des Landes weiter: Im Sept. überschritt er die Marke von 50 Mrd. €; das Haushaltsdefizit wird 2003 vermutlich 4,3 Mrd. € betragen. Der Senat reichte im Sept. Klage vor dem Bundesverfassungsgericht auf Unterstützung durch die Bundesreg. und die anderen Bundesländer ein, nachdem er als Voraussetzung hierfür im Nov. 2002 die ›extreme Haushaltsnotlage‹ festgestellt hatte. Am 31. Okt. erklärte das Landesverfassungsgericht auf Antrag der Opposition den Haushalt der Jahre 2002 und 2003 für verfassungswidrig, weil die Neuverschuldung der Hauptstadt mit 10 Mrd. € die Summe aller Investitionen bei weitem überstieg.
Angesichts der leeren öffentl. Kassen kündigte das Land im Jan. den Tarifvertrag für Arbeiter im öffentl. Dienst und trat aus den kommunalen Arbeitgeberverbänden aus; allerdings musste es eine vorläufige Niederlage vor dem Arbeitsgericht hinnehmen, das im Mai den fristlosen Austritt für unwirksam erklärte. Die im Juli erzielte Tarifvereinbarung für den öffentl. Dienst mit der Gewerkschaft ver.di führte nach dem Prinzip ›Zeit gegen Geld‹ zu durchschnittl. Gehaltskürzungen von rd. 10 % gegen entsprechenden Freizeitausgleich.

Privatisierungspläne gescheitert

Der angestrebte Verkauf der hoch verschuldeten Bankgesellschaft Berlin AG, an der das Land eine Mehrheitsbeteiligung von 81 % hält, kam nicht zustande. Im März lehnte der Senat das Übernahmeangebot eines amerikan. Investors ab und verschob die Privatisierung auf 2006. Im Mai scheiterte auch die Übernahme der drei Berliner Flughäfen durch ein privates Konsortium. Der geplante Großflughafen Schönefeld soll jetzt unter der Regie von B. und Brandenburg sowie des Bundes entstehen.

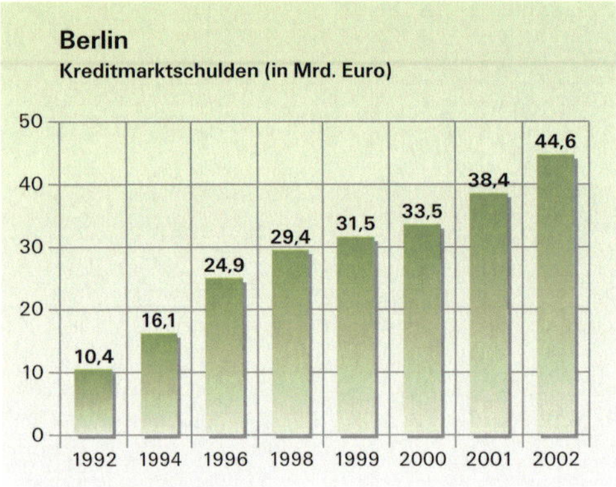

Aus den Parteien

Im Febr. wählten die Mitgl. von Bündnis 90/Die Grünen ALMUTH THARAN zur neuen Landesvors. und lockerten gleichzeitig durch eine Satzungsänderung die bisherige Unvereinbarkeit von Amt und Mandat: Künftig dürfen bis zu vier Abgeordnete oder Regierungsmitgl. dem neu geschaffenen erweiterten Landesvorstand angehören.
Nach dem Rücktritt des umstrittenen Fraktionsvors. der CDU, FRANK STEFFEL, im Mai übernahm NICOLAS ZIMMER die Führung der Partei im Abgeordnetenhaus. JOACHIM ZELLER löste im gleichen Monat CHRISTOPH STÖLZL an der Spitze der Landespartei ab.

Bernsteinzimmer: Der russ. Staatspräs. WLADIMIR PUTIN und Bundeskanzler GERHARD SCHRÖDER übergaben am 31. Mai im Katharinenpalast in St. Petersburg eine exakte Kopie des B. der Öffentlichkeit. Mehr als zwei Jahrzehnte lang hatten russ. Restauratoren das auch als ›achtes Weltwunder‹ bezeichnete Kabinett unter Verwendung von sechs Tonnen Bernstein rekonstruiert. Nach Finanzierungsproblemen konnten die Arbeiten ab 1999 durch eine Spende der Essener Ruhrgas AG in Höhe von 3,5 Mio. US-$ vollendet werden.
Das Original des B., das der preuß. König FRIEDRICH WILHELM I. 1716 an den russ. Zaren PETER I. verschenkt hatte, befand sich seit Mitte des 18. Jh. im Sommerpalast von Zarskoje Selo (Puschkin). Während des Zweiten Weltkriegs wurde das B. von der dt. Wehrmacht demontiert und nach Königsberg (Kaliningrad) verschleppt. Mit Ausnahme eines Mosaiks und einer Kommode, die Ende der 1990er-Jahre überraschend auf dem dt. Kunstmarkt auftauchten und von der Bundesreg. an Russland zurückgegeben wurden, gilt das Original bis heute als verschollen.

Bertelsmann AG: Die zur B. AG gehörende Verlagsgruppe Random House erwarb am 11. Febr. rückwirkend zum 1. Jan. die Verlagsgruppe Ullstein Heyne List von der Axel Springer AG. Da mit der Übernahme für die B. AG eine marktbeherrschende Stellung auf dem Taschenbuchsektor von ca. 40 % entstanden wäre (zulässige Obergrenze: 30 %), verweigerte das Bundeskartellamt am 22. Mai die Genehmigung. Die Verlagsgruppe entschied daraufhin Anfang Okt., nur den Kauf des Heyne-Verlags zu vollziehen und den anderen Teil der Verlagsgruppe (Ullstein, Econ, List) an das schwed. Medienunternehmen Bonnier weiterzuverkaufen.
Wegen unterschiedl. Auffassungen über die strateg. Ausrichtung des Konzerns, insbes. die geplante Fusion der Bertelsmann-Musiksparte (BMG) mit Sony-Music, trat der langjährige Konzernmanager GERD SCHULTE-HILLEN am 19. Nov. mit Wirkung zum Jahresende überraschend von seinem Posten als Aufsichtsratvors. sowie als Präsidiumsmitgl. der Bertelsmann-Stiftung zurück.

Der russische Präsident Wladimir Putin (links) und Bundeskanzler Gerhard Schröder betreten am 31. Mai das rekonstruierte Bernsteinzimmer im St. Petersburger Katharinenpalast

Bhutan

Hauptstadt: Thimphu
Einwohner: 851 000
Einwohner/ km²: 18
Staatsoberhaupt:
Jigme Singhye Wangchuk
Regierungschef:
Lyonpo Kinzang Dorji
BIP/Einwohner:
696 US-$

Im Sept. forderte König JIGME SINGHYE WANGCHUK unter dem Druck Indiens die Rebellen der United Liberation Front of Assam (ULF) und der National Democratic Front of Bodoland (NDFB) erneut zu Verhandlungen über die Räumung ihrer Stützpunkte in B. auf. Das Militär hatte den Rebellen, die für die Unabhängigkeit des ind. Bundesstaates Assam kämpfen, schon im Juli ein Ultimatum gestellt und ihre Nachschubwege abgeschnitten. ■

Bienensterben: Knapp ein Drittel aller Bienenvölker in Deutschland fiel 2003 einem B. zum Opfer, das von den Alpen bis nach Skandinavien reichte. Hauptverursacher war nach Ansicht von Fachleuten die Varroa-Milbe, ein Parasit, der erst in den 1970er-Jahren in Europa heimisch wurde und sich vom Blut der Bienenlarve ernährt. Aufgrund der milden Witterung konnte sich die Varroa-Milbe in den letzten Jahren stark vermehren. Außerdem ist das Immunsystem vieler Bienen durch Insektizide und das einseitige Nahrungsangebot geschwächt. Das B. bedroht nicht nur die Existenz der rd. 90 000 Imker in Deutschland. Obstbauern beklagten Ernteeinbußen, weil viele Blüten nicht bestäubt worden waren. Auch der Bestand zahlloser Wildpflanzen ist infolge des B. gefährdet.

Bildungsbericht, nat. Bilanz des dt. Schulsystems, die von Fachleuten des Dt. Inst. für internat. pädagog. Forschung im Auftrag der Kultusministerkonferenz (KMK) erarbeitet wurde. Der lang erwartete B., den die KMK am 10. Okt. verabschiedete, stellt dem dt. Bildungswesen insgesamt ein schlechtes Zeugnis aus.
Die 300 S. umfassende Bestandsaufnahme, die künftig jährlich erscheinen soll, bietet im Wesentlichen eine Zusammenfassung schon bekannter Forschungsergebnisse. Insbes. kritisieren die Wissenschaftler die unübersichtl. Struktur des Schulsystems in den 16 Bundesländern mit einer kaum überschaubaren Zahl von Lehrplänen. Nachteilig wirke sich auch der vergleichsweise späte Beginn des schul. Lernens für die Kinder aus. Die Leistungen der Schulen seien insgesamt zu gering, und sie genügten auch nicht ihrem Grundauftrag der Chancengerechtigkeit. Positiv wird vermerkt, dass die Notwendigkeit von Reformen allg. erkannt wurden

Bildungspolitik: Im Vordergrund der Reformdebatte im Bildungswesen standen Konsequenzen aus den internat. Vergleichsstudien (v. a. PISA und PISA-E der OECD), die im Vorjahr Deutschland schwere Defizite im Bildungssystem bescheinigt hatten. Die passablen Ergebnisse der → IGLU-Studie gaben weitere Anstöße für eine Bildungsreform. Zu den wichtigsten ersten Schritten gehörten eine neue Vereinbarung zw. Bund und Ländern über die Koordination der bildungspolit. Maßnahmen, die in die Kompetenz der Bundesländer fallen, eine begrenzte Vereinheitlichung der Schulausbildung, die Entwicklung nat. Bildungsstandards und der Ausbau der → Ganztagsschulen.

Aufgabenverteilung zwischen Bund und Ländern

Am 13. Juni beschlossen der Bund und die Kultusmin. der Länder eine Neuregelung der Zuständigkeiten in der Bildungspolitik. Damit schuf die Kultusministerkonferenz (KMK) die Voraussetzung, um die anstehenden bildungspolit. Reformen bundeseinheitlich durchzuführen. Die Reform der schul. Bildung – Kernstück der Länderkompetenz – soll in gemeinsamer Verantwortung aller Länder koordiniert werden, die KMK, in der die Bundesreg. vertreten ist, sichert die bundesweite Vergleichbarkeit des Schulsystems (z. B. bei der Entwicklung nat. Bildungsstandards) auf der Basis von Ländervereinbarungen. Ob das bislang geltende Einstimmigkeitsprinzip zugunsten von Mehrheitsentscheidungen in der KMK in bestimmten Bereichen der Bildungspolitik aufgegeben werden soll, wird zunächst eine Ministerarbeitsgruppe beraten.

■ Mittagstisch in einer Ganztagsschule in Berlin-Reinickendorf. Als Konsequenz aus den wenig erfreulichen Ergebnissen der PISA-Studien sollen die Ganztagsschulen nach dem Willen von Bund und Ländern ausgebaut werden

Nationale Bildungsstandards

Die Vors. der KMK, Hessens Kultusmin. KARIN WOLFF (CDU), stellte am 24. Juni die ersten Entwürfe für nat. Bildungsstandards vor. Anders als Lehrpläne beschreiben diese auf einzelne Fächer und Schultypen bezogene Lernziele, die Schüler künftig deutschlandweit erreichen müssen. Die von den Kultusmin. der SPD- und unionsgeführten Bundesländer in gemeinsamen Arbeitsgruppen entwickelten Anforderungen für die Mittlere Reife in den Fächern Deutsch, Mathematik und Fremdsprachen sollen schon im Frühjahr 2004 eingeführt und regelmäßig kontolliert werden.

Birma (Myanmar)

Hauptstadt: Rangun (Yangon)
Einwohner: 48,9 Mio.
Einwohner/km²: 73
Staatsoberhaupt und Regierungschef: Than Shwe
BIP/Einwohner: 175 US-$

Die wirtschaftl. Talfahrt hat sich aufgrund schärferer Wirtschaftssanktionen v.a. der USA und der EU beschleunigt. Das BIP-Wachstum lag 2002 nur noch bei 3,3 %, die Inflationsrate stieg auf über 50 %. Die großzügige Militär- und Wirtschaftshilfe Chinas linderte die prekäre Situation nur wenig.

Erneute Inhaftierung der Oppositionsführerin

Die erstmalige Erlaubnis für die Menschenrechtsorganisation amnesty international, im Febr. eine Delegation nach B. zu entsenden und Gespräche mit polit. Gefangenen zu führen, weckte vergebl. Hoffnungen auf eine Lockerung der Repression. Ende Mai ließ die Militärjunta die erst vor einem Jahr aus dem Hausarrest entlassene populäre Führerin der oppositionellen Nat. Liga für Demokratie (NLD), AUNG SAN SUU KYI, erneut unter Hausarrest stellen. Den internat. Protesten schloss sich die ASEAN an, die damit erstmals öffentlich Stellung zu innenpolit. Problemen eines Mitgliedslandes nahm.
Der als gemäßigt geltende General KHIN NYUNT wurde im Aug. zum wenig einflussreichen MinPräs. ernannt, nachdem er seine führende Rolle im militär. Planungsstab aufgegeben hatte. Gegenüber dem zw. Junta und Opposition vermittelnden UNO-Sondergesandten ISMAIL RAZALI erklärte AUNG ihre Bereitschaft zur Zusammenarbeit mit NYUNT. ■

Bisky, Lothar, Kulturwissenschaftler und Politiker (PDS), *Zollbrück 17.8.1941. – Die Delegierten des Sonderparteitags der PDS in Berlin wählten B. am 28. Juni mit 78,2 % der Stimmen erneut an die Spitze der Partei. Er löste nach zweieinhalbjähriger Pause GABI ZIMMER ab, der es nicht gelungen war, die zerstrittene Partei zu einen.
Der gebürtige Pommer kam als Flüchtlingskind nach Schleswig-Holstein; mit 18 Jahren zog er in die DDR. Er studierte Kulturwiss. an der Karl-Marx-Univ. in Leipzig, wo er auch seine wiss. Laufbahn begann. 1986 wurde er ordentl. Prof. an der Hochschule für Film und Fernsehen (HFF) in Potsdam-Babelsberg. 1991–93 leitete er den PDS-Landesverband Brandenburg, anschließend (bis 2000) die Gesamtpartei. Als – neben GREGOR GYSI – führender Vertreter des Reformflügels trat er das Amt nun erneut an, um die Partei aus ihrer existenziellen Krise herauszuführen. Vorwürfe, für die Staatssicherheit der DDR aktiv gewesen zu sein, wies er zurück.

■ Für eineinhalb Monate hängt als neue Attraktion neben der Tower Bridge in London ein Plexiglaskäfig, in dem der amerikanische Magier David Blaine öffentlich fastet

Blaine, David, amerikan. Magier und Aktionskünstler, *New York 4.4.1973. – Der 30-jährige B. unterzog sich vom 7. Sept. bis 19. Okt. in London öf-

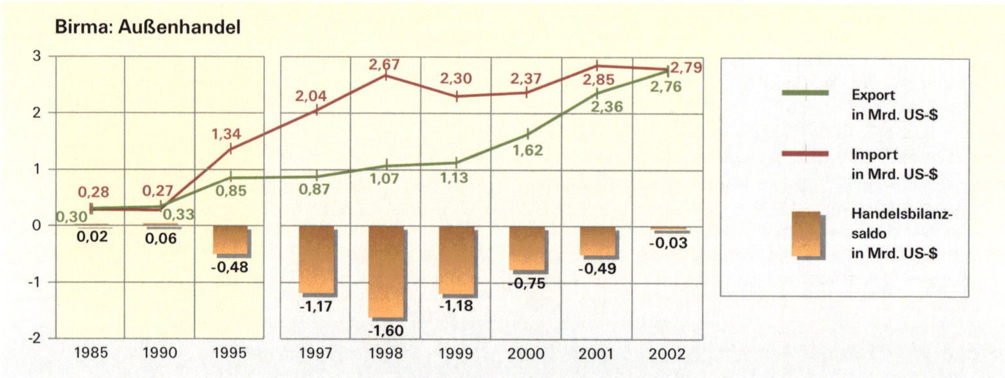

fentlich einem 44-tägigen Fastenmarathon. Dazu ließ er sich in eine 2x2m große transparente Plexiglasbox einschließen, die in 12m Höhe von einem Kran nahe der Tower Bridge über der Themse schwebte. Die Aktion lockte eine Viertelmillion Schaulustige an.
Schon mehrfach hat sich B. freiwillig in Extremsituationen begeben, um seine phys. und psych. Leistungsfähigkeit zu testen. 1999 ließ er sich sieben Tage lang in einem gläsernen Sarg beerdigen; 2000 verbrachte er 61 Stunden in einem sechs Tonnen schweren Eisblock am Times Square in New York.

Blix, Hans, schwed. Jurist und Diplomat, * Uppsala 28.6. 1928. – B. leitete die Mission der UNO-Waffeninspekteure im Irak (UNMOVIC). Seine Berichte über das Rüstungsprogramm des Irak und die Suche nach Massenvernichtungswaffen Anfang 2003 wurden vom Weltsicherheitsrat kontrovers aufgenommen.
Der Prof. für Völkerrecht gehörte 1962–78 der schwed. Delegation auf der Genfer Abrüstungskonferenz an. 1978–81 war B. Außenmin., danach leitete er bis 1997 die Internat. Atomenergie-Agentur (IAEA, Wien). Im März 2000 vom Sicherheitsrat zum Leiter der Waffeninspekteure für den Irak ernannt, konnte B. mit seiner Arbeit vor Ort erst im Nov. 2002 beginnen. Da die Untersuchungsergebnisse und Vorschläge der UNMOVIC von den USA nicht akzeptiert wurden, ließ B. seinen Vertrag im Juni 2003 auslaufen.

blockfreie Staaten, Mitgl. eines Verbundes von 116 Staaten (Movement of Non Aligned Countries, NAM), der 1961 in Belgrad gegr. wurde und vorwiegend Länder der Dritten Welt umfasst. Das 13. Gipfeltreffen der b.S. am 24./25. Febr. in Kuala Lumpur (Malaysia), an dem Staats- und Regierungschefs aus 60 Staaten teilnahmen, stand im Schatten der Irakkrise und des Kampfes gegen den Terrorismus. Als Gastgeber und neuer Vors. beschuldigte Malaysias Premiermin. MAHATHIR BIN MOHAMAD die Industriestaaten, die armen Länder auszubeuten und zu unterdrücken. Der Westen und Israel seien für den Anstieg des Terrorismus selbst verantwortlich. Die USA hätten begonnen, unter dem Vorwand des Kampfes gegen den Terrorismus einen Krieg um die Weltherrschaft zu führen. In einer gemeinsamen Erklärung forderten die b.S. den Irak auf, bedingungslos mit den UNO-Waffeninspekteuren zusammenzuarbeiten und alle Resolutionen des UNO-Sicherheitsrats zu erfüllen.

Bohlen, Dieter, Schlagersänger, Komponist, Musik- und Fernsehproduzent, * Oldenburg 7.2. 1954. – Als prominentestes Jurymitgl. bei der RTL-Talentshow ›Deutschland sucht den → Superstar‹ setzte sich B. mit flapsigen, z.T. abfälligen Kommentaren über das Gesangstalent der Kandidaten medienwirksam in Szene.
Große öffentl. Aufmerksamkeit sicherte er sich auch mit der Veröffentlichung des zweiten Teils seiner Biografie ›Hinter den Kulissen‹. Da mehrere Prominente wegen Verletzung ihrer Persönlichkeitsrechte im Okt. eine einstweilige Verfügung erwirkten, wurde das Buch auf der zeitgleich beginnenden Frankfurter Buchmesse mit geschwärzten Passagen präsentiert.
B. studierte Betriebswirtschaft in Göttingen. 1983 gründete er zus. mit THOMAS ANDERS → Modern Talking. Nach Auflösung des äußerst erfolgreichen Popduos 1987 arbeitete B. als Songschreiber und Produzent u.a. für C.C. Catch, Engelbert und Smokie. B. geriet häufig in die Schlagzeilen der Boulevardpresse; dazu trugen u.a. seine kurze Ehe mit VERONA FELDBUSCH und seine langjährige Beziehung mit NADJA ABD EL FARRAG (›Naddel‹) bei. 2002 veröffentlichte er seine Autobiografie ›Nichts als die Wahrheit‹, die auch als Hörbuch – von B. selbst gelesen – erschien.

Bolivien

Hauptstadt: Sucre (Regierungssitz: La Paz)
Einwohner: 8,7 Mio.
Einwohner/km²: 8
Staatsoberhaupt und Regierungschef: C. Mesa Gisbert (seit 17.10. 2003)
BIP/Einwohner: 1012 US-$

Machtwechsel nach politischen Protesten

Die seit Jahresbeginn dauernden Unruhen fanden am 13. Febr. ihren blutigen Höhepunkt, nachdem die Reg. eine Sondersteuer von 12% auf die Einkommen von 750000 Angestellten angekündigt hatte. In La Paz kam es zu Zusammenstößen zw. streikenden Polizeieinheiten und Militärs, bei denen 16 Menschen den Tod fanden. Die Lage beruhigte sich erst, nachdem Präs. GONZALO SÁNCHEZ DE LOZADA die Rücknahme seiner Steuerpläne bekannt gegeben und den streikenden Polizisten Lohnerhöhungen versprochen hatte. Nach dem Rücktritt seines Kabinetts am 18. Febr. zeigte sich Präs. DE LOZADA reformbereit und präsentierte einen Tag später eine verkleinerte Regierungsmannschaft. Anhaltende Rücktrittsforderungen ließen jedoch erkennen, dass seine Position durch die Ereignisse des 13. Febr. dauerhaft geschwächt war.
Mitte Sept. begannen erneut landesweite Proteste, v.a. ausgelöst durch das umstrittene Vorhaben der Reg., einem internat. Konsortium die Ausbeutung der riesigen Erdgasvorkommen zu überlassen. Weite Teile der Bevölkerung sehen darin und in der Tatsache, dass der Export per Schiff über Häfen des ungeliebten Nachbarn Chile erfolgen soll, einen fortgesetzten Ausverkauf der nat. Güter durch die weiße Minderheit. Zuletzt brachte auch die von DE LOZADA verkündete Aussetzung dieses Plans keine Entspannung. Die Mehrheit der Bevölkerung verlangte nach den blutigen Übergriffen der Sicherheitskräfte in El Alto und über 80 Todesopfern den bedingungslosen Rücktritt des Präs. und forderte effektive Maßnahmen zur Bekämpfung der Armut, eine echte Landreform sowie den Ausstieg aus den Verhand-

lungen zur gesamtamerikan. Freihandelszone. Am 17. Okt. kam DE LOZADA den Forderungen nach, und noch am selben Tag wurde der parteilose Vizepräs. CARLOS MESA GISBERT als Übergangspräs. vereidigt. Am 18. Okt. stellte er sein Kabinett aus 14 parteilosen Technokraten vor. Der verarmten indigenen Bevölkerungsmehrheit B.s signalisierte MESA durch die Einrichtung eines Ministeriums für ethn. Angelegenheiten, das ebenso wie das Bildungsministerium mit einem Ureinwohner besetzt wurde, sein Entgegenkommen.
Der in die USA geflüchtete SÁNCHEZ DE LOZADA erklärte sich bereit, sich der bolivian. Justiz zu stellen und die Opfer der Unruhen aus seinem Privatvermögen zu entschädigen.

Desolate Wirtschaftslage

Da die Reg. die geplante Steuererhöhung und Einsparungen nicht durchsetzen konnte, erreichte sie nicht das vom IWF geforderte Ziel, das Budgetdefizit von 8,75 % (2002) auf 5 % des BIP zu senken. Auch ging das Pro-Kopf-Einkommen zum fünften Mal in Folge zurück. Um das verarmte Land zu unterstützen, verkündeten China, Deutschland und Japan bereits im März, B. bilaterale Schulden in Höhe von 700 Mio. US-$ zu erlassen. ■

Bombodrom, umgangssprachl. Bez. für einen 144 km^2 großen Luft-Boden-Schießplatz in der Kyritz-Ruppiner Heide (Brandenburg): Das Potsdamer Verwaltungsgericht verbot der Bundeswehr am 19. Sept. vorläufig, den Truppenübungsplatz in Betrieb zu nehmen. Das Gericht entsprach damit Eilanträgen von Anwohnern und Naturschutzverbänden, die eine erneute militär. Verwendung des zu DDR-Zeiten von der Sowjetarmee genutzten Areals verhindern wollen. 80 % des B.-Geländes sind als Europ. Naturschutzgebiet ausgewiesen. Ungeachtet eines seit elf Jahren geführten, in der Hauptsache noch nicht entschiedenen Rechtsstreits hatte Verteidigungsmin. PETER STRUCK (SPD) im Juli die Inbetriebnahme für bis zu 1700 Übungsflüge im Jahr angekündigt.

■ Im brandenburgischen Neuruppin demonstrieren am 2. September junge Reiter gegen den Truppenübungsplatz Bombodrom

Bono, eigtl. **Paul Hewson,** ir. Rockmusiker, * Dublin 10. 5. 1960. – Der Leadsänger der ir. Rockband U 2 wurde am 28. Febr. für seinen humanist. Einsatz ausgezeichnet und vom frz. Staatspräs. JACQUES CHIRAC in den Rang eines Ritters der Ehrenlegion erhoben. Er stand zudem auf der Auswahlliste der 150 Kandidaten für den Friedensnobelpreis.

■ U 2-Sänger Bono (rechts) am 26. Mai und der italienische Tenor Luciano Pavarotti bereiten sich auf das Benefizkonzert ›Pavarotti & Friends‹ in Modena vor

B. gründete die Band U 2 1976 zusammen mit DAVID EVANS (genannt The Edge, Gitarre), ADAM CLAYTON (Bass) und LARRY MULLEN (Schlagzeug). Mit der LP ›War‹ (1983) schaffte U 2 den weltweiten Durchbruch und feierte danach Erfolge mit den Alben ›The Joshua Tree‹ (1987) und ›Achtung Baby‹ (1991). B. unterstützte die Aktionen ›Band Aid‹ (1984), ›Live Aid‹ (1985) und ›Net Aid‹ (1999) sowie die Arbeit von amnesty international. Mit der Kampagne ›Jubilee 2000‹ setzte sich der Musiker für einen Schuldenerlass für Dritte-Welt-Länder ein und warb um Unterstützung für Aidskranke in Afrika.

Book Crossing, Onlinetauschbörse für Bücher. Der amerikan. Programmierer RON ALLEN HORNBAKER entwickelte 2001 die Website www.bookcrossing.com. Die Interessenten lassen gelesene Bücher registrieren und kennzeichnen sie mit dem zugewiesenen Code. Anschließend wird das Buch an einem öffentl. Ort (Parkbank, Bushaltestelle, Café, Raststätte u. Ä.) liegen gelassen. Wer das Buch findet, kann es lesen, auf der B.-C.-Homepage seine Leseeindrücke mitteilen und das Buch anschließend erneut ›auswildern‹. Ausgehend von den USA, hat sich der neue Lesetrend bereits in 130 Ländern verbreitet und insgesamt mehr als 115 000 Buchliebhaber erfasst, in Deutschland etwa 3000.

Wasserdicht eingeschweißt hat eine begeisterte Leserin den Roman ›Schiffbruch‹ von Paul Gallico zum Buchthema passend in einem Brunnen in Erfurt ›ausgewildert‹, damit er von einer anderen Leseratte gefunden und gelesen werden kann

BÖRSE

An allen großen B. der Welt bewegten sich die Kurse seit dem Frühjahr nach oben. Das rasche Ende des Irakkriegs hatte die Aktienmärkte belebt, zumal der Anfang des Jahres bis auf 34 US-$ je Barrel gestiegene Erdölpreis rasch wieder gesunken war. Positiv wirkten sich auch die extrem niedrigen Leitzinsen aus (→ Geld- und Währungspolitik). Der MSCI-Weltaktienindex übertraf mit 1036,32 Punkten den Vorjahreswert um 30,8 % – der größte Anstieg seit 17 Jahren – und den Tiefstand vom März (710,79 Punkte) um 45,8 %.

DAX im Aufwärtstrend

Gut in Form präsentierte sich der dt. Aktienmarkt. Der durch Reformen auf polit. und unternehmer. Ebene geförderte Aufwärtstrend hatte im April eingesetzt. Das Jahreshoch des Dt. Aktienindex (DAX®) von 3965,16 Punkten am 30. Dez. übertraf das Jahrestief vom 12. März um 81,2 %. Überdurchschnittlich hohe Kursgewinne verzeichneten Finanzwerte, zykl. Titel und Technologieunternehmen. Gewinner waren die Aktien von Commerzbank und SAP, die im Jahresvergleich um 109 % auf 15,55 € bzw. um 76,0 % auf 133,15 € an Wert zulegten. Reifenhersteller Conti, der im Sommer den Platz des Finanzdienstleisters MLP im DAX eingenommen hatte, verzeichnete eine Kursverdoppelung. Verlierer war der Versicherungskonzern Münchner Rück, dessen Aktie um 11,4 % auf 96,12 € einbrach. Insgesamt lasteten auf den Versicherern noch die in den vorangegangenen Jahren erlittenen Verluste auf dem Aktienmarkt.

Neuordnung des deutschen Aktienmarkts

2003 kam das endgültige Aus für den Neuen Markt, das 1997 von der Dt. Börse AG ins Leben gerufene, durch hohe Kursverluste und Betrugsfälle in Verruf geratene Segment für Wachstumswerte. Zum 24. März wurde der dt. Aktienmarkt neu geordnet: An die Aktienwerte des Prime Standard werden die höchsten gesetzl. Anforderungen gestellt, insbes. bei Rechnungslegung und Berichterstattung. Im General Standard müssen nur Mindeststandarts erfüllt werden. Die Mitgliedschaft im Prime Standard ist Voraussetzung für die Aufnahme in den DAX, der weiterhin die 30 wichtigsten börsennotierten Aktiengesellschaften umfasst. An die Stelle des Nemax-50-Index rückte der ebenfalls 30 Werte umfassende Technologiewerte-Index TecDAX®. Der zuvor aus 70 Titeln bestehende MDAX® wurde auf 50 Werte verringert und allein auf die traditionellen Branchen ausgerichtet.

Bis zum Jahresende stieg der TecDAX um 50,9 % auf 541,31 und der MDAX um 47,8 % auf 4469,23 Zähler. Dabei konnten einige Werte, z. B. Comdirect Bank, Puma, Rheinmetall (Vz.) und Techem, ihren Kurs mehr als verdoppeln. Noch höheren Zuwachs verzeichneten Internettitel wie United Internet, Web.de, T-Online und Freenet.

Ein Börsenhändler telefoniert am 24. März in der Frankfurter Wertpapierbörse vor einer Anzeigetafel mit den Werten des neuen Marktsegments TecDAX

Aktienboom auf den Weltmärkten

Auch an den europäischen Aktienmärkten war 2003 ein gutes Jahr, doch blieben die Indices fast alle hinter dem DAX zurück. So legte der Londoner FTSE-100-Index um 13,6 % auf 4476,90 Zähler zu. Der Euro STOXX 50®, der die größten Werte der Eurozone umfasst, erreichte mit einem Plus von 15,7 % 2760,66 Zähler. An der Spitze der Einzelwerte stand die frz. Alcatel mit einem Plus von 144 %. Die Aktie des in Schwierigkeiten geratenen niederländ. Einzelhandelskonzerns → Royal Ahold büßte dagegen knapp die Hälfte ihres Wertes ein.

In den USA gewann der die großen Standardwerte umfassende Dow Jones 25,3 %; er hatte Anfang Dez. erstmals wieder seit Mai 2002 über 10 000 Punkten gelegen. Deutl. Kursgewinne verbuchten insbes. amerikan. Technologie- und Internetwerte. Der Technologieindex Nasdaq Composite kletterte im Jahresverlauf um 50,0 % und verbesserte sich auf 2003,37 Punkte.

Das Ende der Deflation in Japan machte sich auch an der B. bemerkbar: Der Nikkei-225-Index legte um 20 % zu und erreichte 10 326 Punkte. Überdurchschnittlich hohe Gewinne verzeichneten die Aktienbörsen in Schwellenländern, z. B. Thailand (+85 %), Indien (+55 %), Indonesien (+52 %), Argentinien (+95 %) und Brasilien (+82 %). Der russische Aktienmarkt steigerte sich, gemessen am RTX-Index, um 98 %.

Staatsanleihen und Euro

Aus den Rentenmärkten wanderte unterdessen Kapital ab. Nachdem die Rendite für zehnjährige Bundesanleihen von 4,2 % Ende 2002 auf 3,5 % im Juni 2003 gefallen war, zogen deren Zinsen wieder deutlich an, bis sie Ende des Jahres mit 4,3 % rentierten. Zehnjährige US-Staatsanleihen hatten im Juni nur noch eine Rendite von 3,2 %, gegen Jahresende warfen sie wieder 4,27 % ab.

Der Euro gewann bis zum Sommer gegenüber dem US-Dollar deutlich an Wert: Er legte von 1,0422 US-$ bis auf ein neues Rekordhoch von über 1,26 US-$ Ende Dez. zu.

Bosnien und Herzegowina

Hauptstadt: Sarajevo
Einwohner: 4,1 Mio.
Einwohner/km²: 80
Staatsoberhaupt: Im Wechsel: S. Tihić, D. Čović, B. Paravać
Regierungschef: A. Terzić
BIP/Einwohner: 1382 US-$

Der Integrationsprozess stagniert

Die geringen Fortschritte beim Zusammenwachsen der beiden 1995 geschaffenen Teilrepubliken führten zu zunehmender Kritik an der Rolle des Hohen Repräsentanten der internat. Gemeinschaft. Der in dieser Funktion amtierende Brite PADDY ASHDOWN räumte in einer Rede vor dem Parlament am 10. Sept. Schwierigkeiten im Demokratisierungsprozess und bei der wirtschaftl. Entwicklung ein. Als nächste Schwerpunkte seiner Mission benannte ASHDOWN die Einführung eines indirekten Steuersystems, die Reform der Geheimdienst- und Sicherheitsstrukturen sowie die Durchsetzung einer einheitl. Verwaltung für die noch immer zwischen Kroaten und muslim. Bosniaken aufgeteilte Stadt Mostar.

Problematische Sicherheitsstrukturen

Die EU-Polizeimission (EUPM) nahm am 1. Jan. ihre Arbeit auf. Ihre 900 Mitarbeiter, davon 500 Polizisten, widmen sich der Bekämpfung der organisierten Kriminalität und der Grenzsicherung. Der NATO-GenSekr. GEORGE ROBERTSON forderte am 10. April in Sarajevo eine grundlegende Reform der Sicherheitsstrukturen und machte die Aufnahme des Staates in das NATO-Programm ›Partnerschaft für den Frieden‹ von der Bildung einer einheitl. Armee beider Teilstaaten abhängig.

Zwei Bauarbeiter stehen im August in einem zerstörten Wohngebäude in Mostar. Nur langsam geht der Wiederaufbau der im Bürgerkrieg verwüsteten Stadt voran

Russland schloss Mitte Juni den Abzug seiner Kontingente der internat. Friedenstruppe Stabilisation Force (SFOR) aus B. u. H. vollständig ab. Das unter dem Oberkommando der NATO stehende SFOR-Kontingent umfasst gegenwärtig noch 1000 Soldaten.
Wegen illegaler Waffenlieferungen der Serb. Teilrep. (RS) an den Irak musste der Präs. des bosn. Staatspräsidiums, der Serbe MIRKO ŠAROVIĆ, am 2. April zurücktreten. Der Hohe Repräsentant ASHDOWN löste aufgrund der Affäre den Obersten Verteidigungsrat als höchstes verteidigungspolit. Organ der RS auf.

Gedenkstätte für Srebrenica-Opfer

Im Laufe des Jahres wurden in Srebrenica mehrere Hundert exhumierte und identifizierte Opfer des Massakers von Srebrenica während des Bosnienkrieges 1995 bestattet.
An der Einweihung der Srebrenica-Gedenkstätte am 20. Sept. nahm auch der frühere US-Präs. BILL CLINTON teil. Mehrere Versuche der SFOR, die vor dem Internat. Kriegsverbrechertribunal (ICTY) in Den Haag angeklagten Hauptkriegsverbrecher RADOVAN KARADŽIĆ und RATKO MLADIĆ zu verhaften, schlugen fehl. ■

Botswana

Hauptstadt: Gaborone
Einwohner: 1,7 Mio.
Einwohner/km²: 3
Staatsoberhaupt und Regierungschef:
F. G. Mogae
BIP/Einwohner:
3170 US-$

Mit rd. 40 % der Bevölkerung weist B. die höchste Rate an HIV-Infizierten der Welt auf. Die Aidsepidemie hat nach Schätzungen bereits 80 000 Waisenkinder hinterlassen; die durchschnittl. Lebenserwartung ist auf 44 Jahre gesunken. Dennoch gilt die Gesundheitspolitik des Landes als vorbildlich: Der Staat zahlt mit ausländ. Unterstützung die Medikamente für die Behandlung der an Aids Erkrankten.
B., einer der weltgrößten Diamantenexporteure, zählt zu den wenigen afrikan. Ländern mit stabiler Wirtschaftslage und ist Afrikas älteste Mehrparteiendemokratie. Das in der Schweiz ansässige Weltwirtschaftsforum zeichnete B. im Juni in einem Vergleich mit 21 Ländern für die beste Regierungsführung und die geringste Korruption aus.
Die Ausweisung von einigen Hundert San-Nomaden (Buschleuten) aus ihrer angestammten Heimat, einem Naturreservat in der Kalahari-Wüste, stieß auf internat. Kritik. Ziel der Reg. ist es, das Gebiet für die Diamantenproduktion zu reservieren. ■

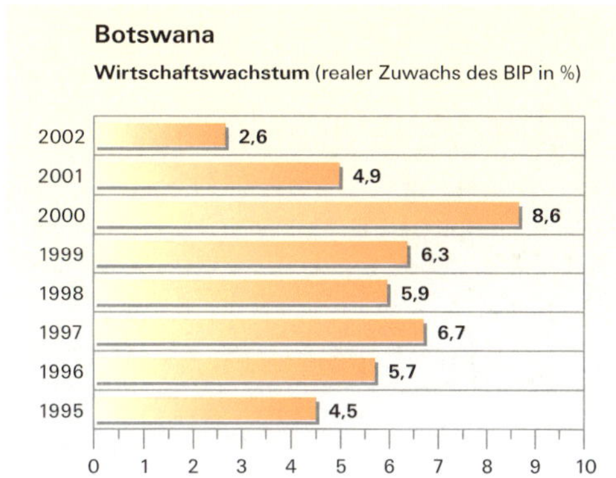

Bozizé, François, zentralafrikan. Militär und Politiker, * Mouila (Gabun) 14.10. 1946. – B. stürzte am 15. März den Diktator ANGE-FÉLIX PATASSÉ und erklärte sich selbst zum Staatschef.
Der Berufsoffizier wurde 1981 Generalstabschef der Zentralafrikan. Rep. (ZAR), 1983 floh er nach einem misslungenen Putschversuch ins Exil. 1989 wurde B. aus Benin in die ZAR entführt und dort bis 1993 interniert. Zunächst ein Gefolgsmann von PATASSÉ, ging er nach dessen Wandlung zu einem

repressiven Diktator in die Opposition. Nach mehreren vergebl. Umsturzversuchen gelang es B. Mitte März, während sich PATASSÉ in Niger aufhielt, die Hauptstadt Bangui kampflos einzunehmen.

BRANCHENKONJUNKTUR

Die seit drei Jahren stagnierende Wirtschaftsentwicklung schwächte sich 2003 real um 0,1 % ab. Ursachen waren die schwache Binnennachfrage und die v.a. durch den anhaltend starken Euro gesunkene Auslandsnachfrage. Ab Jahresmitte zeichnete sich eine Konjunkturerholung ab, im Durchschnitt verharrte das reale BIP jedoch auf dem Niveau des Vorjahres.

Automobilindustrie

Die umsatzstärkste Branche steigerte ihre Produktion in den ersten neun Monaten um fast 2 % im Vergleich zum Vorjahreszeitraum. Die Binnennachfrage wirkte weniger dämpfend als zuvor, die Zahl der Neuzulassungen unterschritt den Vorjahresstand nur noch wenig. Der Anteil importierter Kfz erhöhte sich z.T. deshalb, weil Modelle ausländ. Tochterfirmen dt. Konzerne Marktanteile gewannen, aber auch, weil durch den starken Euro u.a. asiat. Anbieter Preisvorteile erzielten. In der Gunst der Abnehmer sowohl im Inland als auch im Ausland standen bes. Luxus- und Geländewagen, Großraumlimousinen und Sportwagen. Im Nutzfahrzeugbereich konnte die mehrjährige Flaute überwunden werden, da sich die Exportnachfrage belebte. Die Beschäftigung im Automobilbau stagnierte bei 750000 Arbeitnehmern. Die Erzeugerpreise stiegen mit 0,8 % nur wenig, da importierte Vorerzeugnisse billiger geworden waren und der starke internat. Wettbewerb nur wenig Spielraum für Preiserhöhungen ließ.

Chemische Industrie

Die zweitgrößte Industriebranche hatte einen guten Start, da die Nachfrage vieler Verarbeiter von chem. Vorerzeugnissen anzog; sie wollten einem weiteren Preisanstieg im Zuge des Irakkonflikts entgehen. Als dieser ausblieb, fiel die Produktion wieder zurück. Eine konjunkturelle Belebung setzte erst zum Jahresende ein, insbes. aufgrund steigender Ausfuhren. Im Durchschnitt der ersten neun Monate stagnierte die Produktion. Deutl. Steigerungen gab es bei anorgan. Grundchemikalien, Düngemitteln, Pharmazeutika und chem. Konsumgütern (z.B. Wasch- und Körperpflegemittel); bei organ. Grundstoffen und Kunststoffen in ihrer Primärform ging die Erzeugung zurück. Die Zahl der Beschäftigten verharrte bei 466000. Für den Anstieg der Erzeugerpreise um 2 % war das anhaltend hohe Preisniveau für Rohöl als Ausgangsstoff für viele Chemieprodukte verantwortlich.

Maschinenbau

Im Maschinenbau unterschritt die Produktion der ersten neun Monate den Vorjahresstand um 2,5 %, da sich die Unternehmen bei rückläufiger Kapazitätsauslastung mit Käufen zurückhielten. Ab Jahresmitte besserte sich zwar das Investitionsklima, doch reagierte die Nachfrage kaum. Steil abwärts ging es u.a. mit der Produktion von Werkzeugmaschinen, Walzwerkseinrichtungen und Maschinen für die Konsumgüterherstellung. Bei Armaturen, Getrieben und Kugellagern sorgte dagegen die Automobilkonjunktur für Aufwind. Trotz der insgesamt schlechten Auftragslage schwächte sich der Anstieg der Erzeugerpreise nur wenig ab – von 1,4 % auf 1,0 % –, da die Erhöhung der Lohnkosten noch nachwirkte und sich die Marktposition versch. Unternehmen, bes. im Spezialmaschinenbau, nicht verschlechterte. Die Zahl der Beschäftigten sank allerdings um 2 % auf 869000.

Elektroindustrie und Elektrotechnik

Die Erzeugung in der viertgrößten Industriebranche schwankte zunächst noch infolge der labilen Exportentwicklung. Ab Jahresmitte gewann sie aber wieder an Schwung, da Inlands- wie Auslandsnachfrage sich belebten. Wachstumsträger waren die EDV sowie die Kommunikations- und Nachrichtentechnik. Auch die Hersteller von Geräten der Unterhaltungselektronik konnten nach der Internat.

Produktionsindexe ausgewählter Zweige der Industrie

1995 = 100

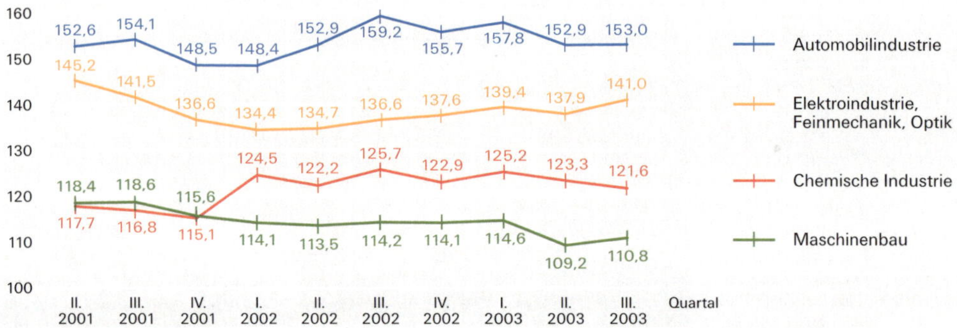

Funkausstellung in Berlin (IFA) im Aug. wieder mehr Aufträge verbuchen; steigendes Interesse fanden v.a. Fernsehgeräte mit Flachbildschirmen. Auch die Fertigung von herkömml. elektrotechn. Investitionsgütern kam, bedingt durch die Auslandsnachfrage, wieder in Gang. Im Durchschnitt des ersten Dreivierteljahrs erhöhte sich die Gesamtproduktion um 3%. Der Personalstand wurde in der ersten Jahreshälfte um 20000 auf 820000 Beschäftigte reduziert. Die Produkte der Branche verbilligten sich auf der Erzeugerstufe um durchschnittlich 2,5%, da hohe Produktivitätssteigerungen zur Senkung der Stückkosten geführt hatten.

Umkleideraum einer Baustelle mit Arbeitsstiefeln und Helmen. Die Talfahrt in der deutschen Bauwirtschaft ging im Jahr 2003 weiter

Baugewerbe

In der Bauwirtschaft setzte sich die seit 1995 andauernde Abwärtsbewegung fort. Im 1. Halbjahr 2003 sanken die Bauinvestitionen um 6%, in Ostdeutschland sogar um 9%. Bei weiterhin schlechten Einkommensaussichten hielt die Talfahrt im Wirtschafts- und Wohnungsbau an. Auch die öffentl. Auftragsvergabe ging aufgrund der defizitären Finanzlage der Gebietskörperschaften weiter zurück, der Leerstand an Wohn- und gewerblich genutzten Gebäuden nahm weiter zu. Insgesamt gab es für Investoren trotz sinkender Zinsen und nachgebender Baupreise kaum Anreize zu bauen, doch führte die Diskussion um die Kürzung der Eigenheimzulage vorübergehend zu einem Anstieg der Baugenehmigungen, durch die jedoch kaum zusätzl. Bauaktivitäten ausgelöst wurden. Da die Bewilligungen für eine längere Zeit gelten, ging es den meisten Bauherren eher darum, sich die Zulage zu sichern. Auch vom ›Wohnraummodernisierungsprogramm‹ gingen kaum positive Impulse aus. Die erhofften Wirkungen der Wiederaufbauarbeiten nach der Flutkatastrophe vom Sommer 2002 hielten sich ebenfalls in Grenzen.

Brandenburg

Hauptstadt: Potsdam
Einwohner: 2,6 Mio.
Einwohner/km²: 88
Regierungschef: M. Platzek
BIP/Einwohner: 16169 €

Nachdem das BIP im Vorjahr um 0,6% zurückgegangen war, schrumpfte es 2002 erneut um 0,7%. Auch im 1. Halbjahr 2003 zeichnete sich mit einem Minus von 0,7% keine Besserung ab. Die Arbeitslosenquote, die 2002 im Jahresdurchschnitt bei 17,5% gelegen hatte (2001: 17,4%), lag im Nov bei 17,7%.

Koalition in der Krise. Kommunalwahlen

Im März drohte der Regierungskoalition aus CDU und SPD das Ende, nachdem der CDU-Landesvors. und Innenmin. JÖRG SCHÖNBOHM eine Solidaritätsadresse von 16 brandenburg. Landtagsabgeordneten an den amerikan. Präs. GEORGE W. BUSH zum Irakkrieg unterstützt hatte; außerdem waren Äußerungen SCHÖNBOHMS kritisiert worden, in denen er sich in der Debatte über → Folter anlässlich eines Entführungsfalles (→ Metzler-Prozess) unter bestimmten Umständen für härtere Verhörmethoden der Polizei ausgesprochen hatte. Der Landesausschuss der SPD lehnte jedoch die Einberufung eines Sonderparteitages und damit einen Wechsel des Koalitionspartners ab.
Bei den Kommunalwahlen am 2. Dez. musste die SPD zweistellige Stimmenverluste hinnehmen, im Landesdurchschnitt fiel sie gegenüber den Kommunalwahlen 1998 um 15,4% auf 23,4% zurück. Die CDU legte um 6,4% zu und wurde mit 27,8% stärkste Kraft in vielen Kommunen.

Großprojekt gescheitert

Die Hoffnung, das strukturschwache B. als Standort zukunftsträchtiger Industrien zu etablieren, erfuhr nach der Pleite des Luftschiffbauers Cargolifter im Vorjahr einen weiteren schweren Rückschlag. Wegen nicht gesicherter Finanzierung, gaben die ausländ. Investoren Ende Nov. das Vorhaben auf, in Frankfurt an der Oder ein Werk für die Herstellung von Halbleitern für die Kommunikationsindustrie zu errichten. Die bereits im Rohbau fertig gestellte Chipfabrik hätte 1300 Arbeitsplätze geboten.

Sparhaushalt

Der im Juli vom Kabinett gebilligte Haushalt 2004 sieht Einsparungen in Höhe von rd. 600 Mio.€ vor; Einschnitte gab es u.a. bei den 180 Förderprogrammen des Landes, von denen 21 komplett gestrichen wurden; rd. 100 Mio.€ sollten bei den Personalkosten gespart werden. Angesichts des verringerten

Steueraufkommens rechnete die Landesreg. mit einem Budgetdefizit von mehr als 1,5 Mrd.€.

Katastrophenschutz verbessert

Als erstes Bundesland richtete B. ein Lagezentrum für Brand- und Katastrophenschutz ein, in dem im Krisenfall die Informationen aus allen Landesteilen zusammenlaufen sollen. Damit zog die Landesreg. die Konsequenzen aus den Mängeln, die während der Flutkatastrophe 2002 zutage getreten waren. ■

Brasilien

Hauptstadt: Brasília
Einwohner: 174,5 Mio.
Einwohner/km^2: 20
Staatsoberhaupt und Regierungschef:
L. I. da Silva
(seit 1. 1. 2003)
BIP/Einwohner:
2620 US-$

Am 1. Jan. trat in B. erstmals ein sozialist. Präs. sein Amt an: LUIS INÁCIO DA SILVA, genannt LULA, der als Vertreter der Arbeiterpartei (Partido dos Trabalhadores) im vierten Anlauf auf die Präsidentschaft am 6. 10. 2002 spektakulär über den Kandidaten der bisherigen Regierung, JOSÉ SERRA, gesiegt hatte.

Hoffnungsvoller Neubeginn

Die neue Reg. musste einen polit. Spagat wagen: Einerseits war sie gezwungen, die stabilitätsorientierte Politik ihrer Vorgänger fortzusetzen und die Kontinuität zu garantieren, um das Vertrauen der Investoren zu bewahren, das zu hohe Zinsniveau zu senken und dennoch das internat. Kapital im Land zu halten. Andererseits wollte sie den Hoffnungen ihrer Wähler auf strukturelle Reformen gerecht werden und diese im gesellschaftl. Konsens durchsetzen. Diese Konsenssuche wurde durch die Einbindung der Gouv. und die Wahl führender Vertreter traditioneller Interessen in hohe Ämter – Expräs. JOSÉ SARNEY wurde z. B. Senatspräs. – demonstriert.

■ Im Juli besetzen 4000 Familien von Landlosen aus Protest gegen die Wohnungsnot armer Familien ein brachliegendes Gelände des VW-Werks

Präs. und Reg. entsprachen dieser doppelten Herausforderung durch eine pragmat., zielbewusste Politik, auch wenn diese in der eigenen Partei zuweilen auf Widerstand stieß. Innenpolit. stärkte DA SILVA seine Basis, obwohl er – anders als sein Vorgänger FERNANDO HENRIQUE CARDOSO – sofort Strukturreformen in Angriff nahm, u. a. des Pensionssystems und der Steuergesetzgebung.
Der Reg. gelang es, die Haushaltsausgaben zu begrenzen. Das Zinsniveau konnte gesenkt werden, was angesichts der hohen Inlandsverschuldung überlebensnotwendig war, und der Real festigte sich. Während die Wirtschaftsentwicklung insgesamt stagnierte, verzeichnete die Handelsbilanz einen Rekordüberschuss von 21 Mrd. US-$.

›Fome Zero‹ – ein ehrgeiziges Programm

Zusätzl. innenpolit. Spielraum verschaffte der Reg. das Programm ›Fome Zero‹ (›Null Hunger‹), das mit großem propagandist. Aufwand lanciert wurde und die Sparmaßnahmen aus der öffentl. Wahrnehmung verdrängte. Die Reg. stand dabei stets unter dem doppelten Druck einer hohen Arbeitslosigkeit (ca. 13 %), besonders in Industriezentren wie São Paulo, und der Landlosenbewegung MST (Movi-

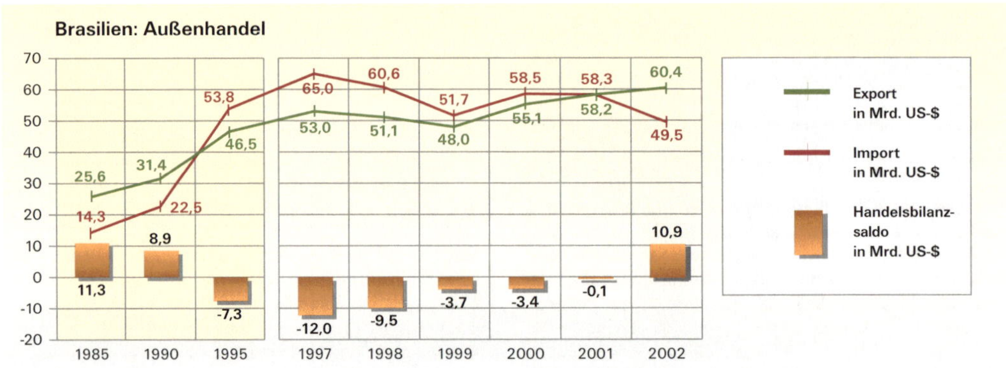

mento dos Trabalhadores Rurais Sem Terra) im Agrarbereich, die sich nicht in die Politik der Reg. einbinden ließ.

Verstärkte internationale Zusammenarbeit

Außenpolitisch verfolgte B. gegenüber den USA zwei Schwerpunkte: Es lehnte den Irakkrieg ab und bestand bei den Handelsverhandlungen darauf, in gleicher Weise wie die entwickelten Länder behandelt zu werden. Konsequent wurde die Zusammenarbeit mit Argentinien im Mercosur gesucht. Im sog. Konsens von Buenos Aires machten beide Länder die Rückzahlung ihrer Auslandsschulden vom Rückgang der Armut abhängig. B. forderte ein Ende des Protektionismus seitens der Industrieländer, wobei bes. die EU-Agrarmarktordnung und die Agrarsubventionen der USA kritisiert wurden. Als Co-Vors. der Verhandlungen um die gesamtamerikan. Freihandelszone (FTAA) suchte B. die Länder Lateinamerikas von einer vorschnellen Zustimmung zu den Plänen der USA abzuhalten. Die internat. Präsenz B.s wurde konsequent verstärkt.

Die Reg. kam somit ohne größere Reibungsverluste durch ihr erstes Amtsjahr, ohne allerdings das Land bereits strukturell verändern zu können. Der Beliebtheit des Präs. tat dies jedoch keinen Abbruch: Nach einem knappen Jahr hielten 71 % der Brasilianer die Reg. von LULA DA SILVA immer noch für besser als die seines Vorgängers CARDOSO. ■

Bremen

Hauptstadt: Bremen
Einwohner: 662 000
Einwohner/km²: 1632
Regierungschef: H. Scherf
BIP/Einwohner: 32 625 €

Das Wirtschaftswachstum im kleinsten Bundesland blieb 2002 mit einer Steigerungsrate von 0,8 % des BIP konstant. Im 1. Halbjahr 2003 schrumpfte es jedoch um 0,1 % im Vergleich zum Vorjahreszeitraum. Die Arbeitslosenquote stieg 2002 leicht auf 12,6 % (2001: 12,4 %); im Nov. 2003 lag sie bei 12,7 %.

Landtagswahlen

Aus den Wahlen zur Bürgerschaft am 25. Mai ging die SPD trotz eines geringen Verlustes von 0,3 Prozentpunkten als stärkste Kraft hervor: 42,3 % der Wähler votierten zwar für die Partei, ein großer Teil von ihnen jedoch nur, um den beliebten Bürgermeister HENNING SCHERF im Amt zu halten. Damit stellt sie in der Bürgerschaft, deren Mitgl. von 100 auf 83 verringert wurden, 40 Abgeordnete. Die CDU büßte unter ihrem Spitzenkandidaten HARTMUT PERSCHAU 7,2 Prozentpunkte ein und kam auf 29,9 % der Stimmen (29 Sitze). Bündnis 90/Die Grünen konnten sich auf 12,8 % (plus 3,9 Prozentpunkte) und zwölf Sitze verbessern. FDP (4,2 %) und DVU (2,3 %) sind ebenfalls mit jeweils einem Sitz in der Bürgerschaft vertreten, da sie im Wahlbezirk Bremerhaven mehr als 5,0 % der Stimmen erhielten.

Fortsetzung der großen Koalition

Am 4. Juli wurde SCHERF zum dritten Mal als Bürgermeister der Hansestadt vereidigt. In dem neuen Kabinett stellen die Koalitionspartner je drei Senatoren. Der bisherige Finanzsenator PERSCHAU (CDU) wechselte an die Spitze des Wirtschaftsressorts, Nachfolger des bisherigen Innensenators KUNO BÖSE wurde THOMAS RÖWEKAMP (CDU), und das Ressort für Bau, Umwelt und Verkehr übernahm JAN ECKHOFF (CDU) von CHRISTINE WISCHER (SPD). ■

Bremer, Lewis Paul, amerikan. Diplomat, *Hartfort (Connecticut) 30.9. 1941. – Am 6. Mai ernannte Präs. GEORGE W. BUSH den Experten für Sicherheitsfragen zum neuen Zivilverwalter für den besetzten Irak. B. löste in dieser Funktion den Exgeneral JAY GARNER nach nur wenigen Wochen ab.

Bremen: Wahlergebnis vom 25. 5. 2003 im Vergleich mit 1999
Wahlbeteiligung: 61,3 %

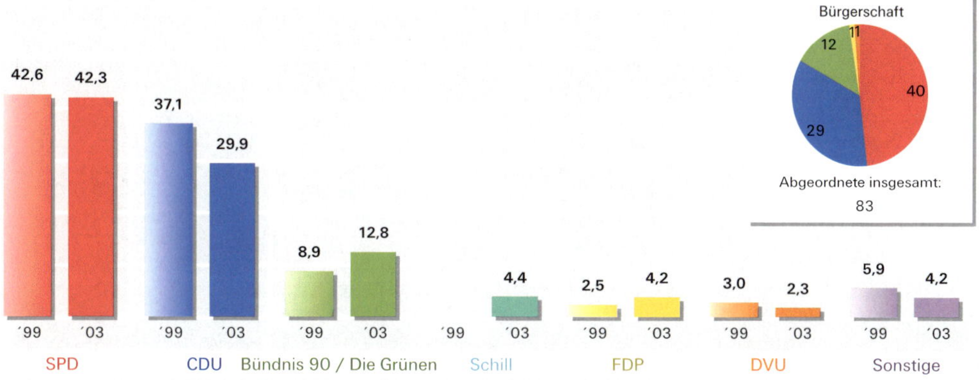

B. studierte Ökonomie und Politologie an den Univ. Yale und Harvard sowie in Paris. 1966 trat er in das Außenministerium ein und war dann zwei Jahrzehnte unter sechs Außenmin. diplomatisch tätig, u.a. auch als Botschafter in den Niederlanden (1983–86). Unter Präs. RONALD REAGAN leitete er im Außenmin. den Arbeitsstab für Terrorismusbekämpfung (ab 1986). 1989 wechselte er als Experte für polit. Risikoabschätzung in die freie Wirtschaft. Als Vors. der Nat. Terrorismuskommission (ab 1999) warnte B. im Juni 2000 vor einem Terroranschlag ungekannten Ausmaßes in den USA. Im Juni 2002 holte ihn Präs. BUSH in sein Beratungsgremium für Heimatschutz.

Brody, Adrien, amerikan. Filmschauspieler, *New York 14.4. 1973. – Für seine schauspieler. Leistung in ROMAN POLANSKIS Film ›Der Pianist‹ erhielt B. am 23. März den ›Oscar‹ als bester männl. Hauptdarsteller. Er verkörpert darin einen jüd. Klaviervirtuosen, der im Warschauer Getto überlebt.
Der Sohn einer ungar. Journalistin besuchte die American Academy of Dramatic Arts. Eine erste Chance erhielt er in STEVEN SODERBERGHS ›King of the Hill‹ (1992). Weitere Rollen folgten in ›Der schmale Grat‹ (1998) von TERRENCE MALICK, in ›Summer of Sam‹ (1999) von SPIKE LEE, in ›Liberty Heights‹ (1999) von BARRY LEVINSON und ›Bread and Roses‹ (2000) von KEN LOACH. Der dt. Regisseur PETER SEHR gab ihm die Hauptrolle in seinem in New York gedrehten Film ›Love the Hard Way‹ (2003).

Brunei

Hauptstadt: Bandar Seri Begawan
Einwohner: 351 000
Einwohner/ km²: 65
Staatsoberhaupt: Haji Hassan al-Bolkiah Mu'izzaddin Waddaulah
BIP/Einwohner: -

Brüstle, Oliver, Neurobiologe und Stammzellforscher, *Ulm 7.10. 1962. – Am 25. Febr. wurde durch eine Fernsehsendung der Öffentlichkeit bekannt, dass der Grundlagenforscher B. bereits seit 1999 ein dt. Patent hält, das ihm u.a. das dt. Monopol einräumt, bestimmte Zellen aus embryonalen Stammzellen herzustellen. Entgegen der Interpretation von Kritikern der Gentechnik schließt das Patent nach Auffassung seines Inhabers nicht das Verwertungsrecht auf das umstrittene Klonen menschl. Embryonen ein. Als erster dt. Wissenschaftler hatte B. im Dez. 2002 die offizielle Genehmigung erhalten, embryonale Stammzellen zu Forschungszwecken aus Israel einzuführen.
B. habilitierte sich 2000 als Neuropathologe an der Univ. Bonn. 1993–97 arbeitete er an einem der führenden mit Stammzellforschung befassten Inst. der USA. Seit 2002 hat B. in Bonn einen neu eingerichteten Lehrstuhl für Rekonstruktive Neurobiologie inne.

Bryant, Gyude, liberian. Unternehmer und Politiker (Liberia Action Party, LAP), *Monrovia 17.1. 1949. – Bei den Friedensverhandlungen zur Beendigung des Bürgerkriegs in Liberia wurde der bis dahin relativ unbekannte und an den Konflikten nicht aktiv beteiligte Geschäftsmann B. überraschend als Chef der Übergangsreg. nominiert. Am 14. Okt. löste er MOSES BLAH ab, der am 11. Aug. vorübergehend die Amtsgeschäfte übernommen hatte. B. soll bis 2006 im Amt bleiben. Zu seinen ersten großen Herausforderungen gehören die Entwaffnung und die Demobilisierung der bewaffneten Gruppen.
B. entstammt der kleinen indigenen Volksgruppe der Grebo. Seine moral. Autorität erwarb er sich als einer der Führer der Episcopal Church, die zu den größten Glaubensgemeinschaften in Liberia zählt. Zudem ist er Vors. der LAP, die sich aus dem Bürgerkrieg weitgehend heraushielt.

Gyude Bryant am 14. Oktober in Monrovia während der Zeremonie zu seiner Vereidigung als Staats- und Regierungschef des westafrikanischen Liberia

Bujor, Flavia, frz. Fantasyautorin, *Bukarest 8.8. 1988. – B. machte als Autorin des Bestsellers ›Das Orakel von Oonagh‹ von sich reden. Die dt. Ausgabe erschien am 20. Febr. mit einer Startauflage von 60 000 Exemplaren.
Mit zwölf Jahren hatte B. begonnen, den Roman zu schreiben, der 2002 in Frankreich unter dem Titel ›La prophétie des pierres‹ erschien und in kürzester Zeit zum Bestseller wurde. Seither wird B. als neues Wunderkind gefeiert. Der Roman verknüpft die reale Welt mit einer von B. akribisch ausgestalteten zweiten Welt, in der drei junge Mädchen allerlei Abenteuer zu bestehen haben, um schließlich den »hellen Kräften« zum Sieg über die »dunklen Mächte« zu verhelfen. Neben der hohen Komplexität der Fantasiewelt ist es v.a. das erzähler. Geschick, das bei der jugendl. Autorin überrascht.

Bulgarien

Hauptstadt: Sofia
Einwohner: 7,9 Mio.
Einwohner/ km^2: 73
Staatsoberhaupt: Georgi Parwanow
Regierungschef: S. Sakskoburggotski
BIP/Einwohner: 1939 US-$

Die wirtschaftl. Entwicklung verlief mit einem Zuwachs des BIP zw. 4 % und 5 % vergleichsweise positiv (2002: 4,8 %). Die Inflationsrate, die im Vorjahr bei 5,8 % gelegen hatte, konnte weiter gedrückt werden. Die Staatseinnahmen erhöhten sich deutlich, sodass die Reg. plant, ab 2004 auf Zahlungsbilanzhilfen des IWF zu verzichten. Die Lebensumstände der Bevölkerung hingegen besserten sich kaum. Die Arbeitslosenrate ist weiterhin hoch und lag im Aug. 2003 bei 17,2 % (2002: 16,3 %). Um seiner sinkenden Popularität entgegenzuwirken, nahm Min.-Präs. SIMEON SAKSKOBURGOTSKI am 16. Juli eine umfangreiche Kabinettsumbildung vor.

Organisierte Kriminalität und Justizreform

Spektakuläre Verbrechen verwiesen auf die fast uneingeschränkte Aktivität krimineller Organisationen. Der Unternehmer ILIJA PAWLOW, der mit einem Vermögen von 1,5 Mrd. US-$ als reichster Mann B.s galt, wurde am 7. März in Sofia erschossen. Mit TODOR TOLEW fiel am 16. Juni ein weiterer prominenter Unternehmer einem mutmaßl. Auftragsmord zum Opfer. Nach energ. Abmahnungen der USA und der EU, die ein konsequenteres Vorgehen der Behörden gegen die organisierte Kriminalität forderten, leitete die Reg. im Sept. eine Reform des Justizwesens ein.

In der ›Koalition der Willigen‹

Als nichtständiges Mitgl. des UNO-Sicherheitsrates stellte sich B. im Irakkonflikt auf die Seite der USA. Bereits am 7. Febr. gewährte die Reg. den amerikan. Streitkräften Überflugrechte für geplante Militäroperationen und stellte den Militärflughafen Sarafowo zur Verfügung. In Meinungsumfragen sprach sich eine deutl. Mehrheit der Bevölkerung gegen den Regierungskurs in der Irakfrage aus. Die oppositionelle postkommunist. Bulgar. Sozialist. Partei (BSP) sammelte 900 000 Unterschriften gegen die Kriegsbeteiligung. Dennoch beschloss das Parlament am 29. Mai die Entsendung von 500 Soldaten zur Sicherung des Nachkriegs-Irak.

Da B. jedoch nicht bereit war, mit den USA ein Abkommen über die Nichtauslieferung amerikan. Staatsbürger an den → Internationalen Strafgerichtshof in Den Haag abzuschließen, sperrte der US-Präs. ab 1. Juli die Militärhilfe für B. in Höhe von 20 Mio. US-$. ■

Bulgarien
Inflationsrate (Veränderung der Verbraucherpreise in %)

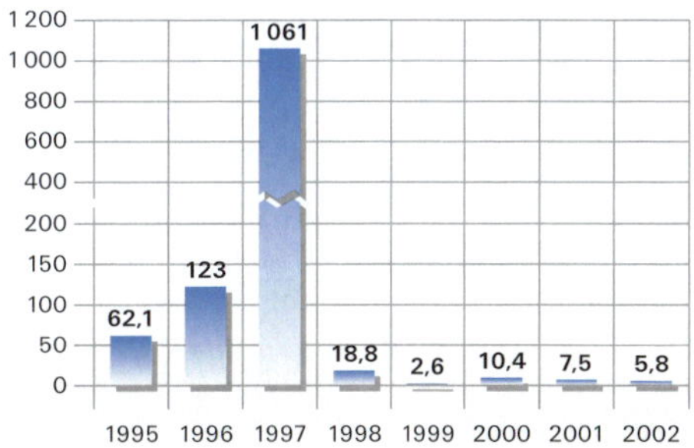

■ Als Sitz für den Bundesnachrichtendienst in Berlin war auch das ehemalige US-Hauptquartier in Zehlendorf im Gespräch

Bundesnachrichtendienst, Abk. **BND:** Das Sicherheitskabinett der Bundesreg. beschloss am 11. April den kompletten Umzug des dt. Auslandsgeheimdienstes von Pullach bei München nach Berlin. Aufgrund der veränderten Sicherheitslage und der neuen Rolle Deutschlands in der Weltpolitik soll der BND stärker in den polit. Betrieb integriert werden. Die Verlagerung der Behörde soll 2008 abgeschlossen sein. Von den rd. 5 800 Mitarbeitern arbeiten etwa 1 000 schon seit 2001 in Berlin.

Bundeswehr: Im Mai erließ Verteidigungsmin. PETER STRUCK neue Verteidigungspolit. Richtlinien (VPR), mit denen er eine Neuausrichtung der dt. Verteidigungspolitik vornahm, um der veränderten globalen sicherheitspolit. Lage Rechnung zu tragen. Unter der Prämisse, dass eine Gefährdung dt. Staatsgebietes durch konventionelle Streitkräfte auf absehbare Zeit nicht zu erwarten ist, gilt nicht länger die Landesverteidigung als erste Aufgabe der B., sondern die Sicherung der außenpolit. Handlungsfähigkeit im Sinne einer aktiven Rolle Deutschlands in der internat. Friedenssicherung.

Neue Aufgaben, neue Struktur und Ausrüstung

Die Streitkräfte sollen in die Lage versetzt werden, sich an der internat. Konfliktverhütung und Krisenbewältigung zu beteiligen und den internat. Terrorismus zu bekämpfen. Dabei wird am Grundsatz der

Multinationalität nicht gerüttelt: Bewaffnete Einsätze der B. – mit der mögl. Ausnahme von Evakuierungs- und Rettungsoperationen – sollen nur gemeinsam mit Verbündeten und Partnern im Rahmen von UNO, NATO und EU stattfinden.
Die gewandelten Aufgaben haben Auswirkungen auf die Struktur und die Ausrüstung der Streitkräfte. So wird bereits über eine Reduzierung der Streitkräfte nachgedacht, die zz. noch 282 000 Soldaten umfassen. In einer ›Weisung für die Weiterentwicklung der B.‹ vom Okt. kündigte STRUCK an, die B. bis 2010 nach dem Grundsatz ›Klasse statt Masse‹ auf ca. 250 000 Soldaten und 75 000 zivile Dienstposten verkleinern zu wollen. Mit den Einsparungen in Höhe von mehreren 100 Mio. € soll die Investitionsquote von gegenwärtig 25 % auf 30 % des Verteidigungshaushaltes erhöht werden.
Damit die B. ihrem Auftragsspektrum gerecht werden kann, fordern die VPR ein Fähigkeitsprofil mit Schwerpunkt auf sechs eng miteinander verzahnten Kategorien: Führungsfähigkeit, Nachrichtengewinnung und Aufklärung, Mobilität, Wirksamkeit im Einsatz, Unterstützung und Durchhaltefähigkeit sowie Überlebensfähigkeit und Schutz.
Daraus resultiert auch eine neue Beschaffungs- und Ausrüstungsplanung, um die B. mit Fähigkeiten auszustatten, auf die sie bisher weitgehend verzichten konnte – nämlich zur »strateg. Verlegung« und »weltweiten Aufklärung« sowie zur Bereitstellung »leistungsfähiger und interoperabler Führungssysteme und -mittel«. Des Weiteren wird der Ausbau der Flugkörperabwehr gefordert.

Wehrpflichtdebatte

Im Zusammenhang mit der Verkleinerung der B. wurde wieder die allg. Wehrpflicht diskutiert. Die VPR rücken nicht von der Wehrpflicht ab, gehen aber davon aus, dass sie angesichts der Veränderung der Prioritäten im Auftrag der B. angepasst werden müssen. STRUCK will an der Wehrpflichtdauer von neun Monaten festhalten, doch sollen künftig weniger Wehrpflichtige eingezogen werden. Allerdings stellt sich dann die Frage, ob der Gleichheitsgrundsatz noch aufrechterhalten werden kann.

Gelöbnis – aktualisierte Fassung

Im Ausland

Im Jahr 2003 war die B. mit rd. 8 000 Soldaten bei internat. Missionen auf drei Kontinenten vertreten. Im Rahmen des Antiterroreinsatzes ›Enduring Freedom‹ sind dt. Soldaten in Afghanistan, am Horn von Afrika und in Kenia engagiert. In Afghanistan lösten im Febr. Deutschland und die Niederlande die Türkei bei der Führung der internat. Schutztruppe ISAF in Kabul ab, im Aug. ging diese auf die NATO über. Nach Ausweitung des ISAF-Mandats auf ganz Afghanistan durch den UNO-Sicherheitsrat genehmigte der Bundestag Ende Okt. die Stationierung von rd. 450 Soldaten im nordafghan. Kundus. Zugleich kehrte das Kommando Spezialkräfte (KSK) nach knapp zwei Jahren Einsatz in Afghanistan zurück. Am 7. Nov. verlängerte der Bundestag das Mandat der B. im Rahmen von ›Enduring Freedom‹ um ein weiteres Jahr.

Mit europäischem Auftrag

Zunehmend muss die B. auch dem Ausbau der Gemeinsamen Außen- und Sicherheitspolitik der EU Rechnung tragen. So übernahm die EU Ende März die internat. Friedenstruppe in Makedonien (FYROM). Im Rahmen des ersten EU-Militär-

Bundeswehrsoldaten erwarten am 9. November auf dem Flughafen von Kundus in Afghanistan die Ankunft von Fallschirmjägern einer Sondereinheit, die das Bundeswehr-Vorauskommando in Kundus auf 50 Soldaten erweitern einsatzes stellt die B. mit bis zu 70 der insgesamt 350 Soldaten das größte Kontingent, nachdem der Bundestag seine Zustimmung zur EU-Eingreiftruppe gegeben hatte. Im Juni billigte das Parlament logist. Hilfsleistungen für die EU-Militäroperation im Kongo (Bunia). Die EU-Länder hatten 1999 auf der Gipfelkonferenz in Helsinki beschlossen, europ. Streitkräfte in der Größenordnung von 60000 Soldaten aufzustellen, die für militär. Einsätze der EU an ihren Peripherien zur Verfügung gestellt werden sollen. Deutschland hat dabei ein Kontingent von 18000 Soldaten zugesagt, dessen Aufbau in diesem Jahr intensiviert wurde.

General entlassen

Verteidigungsmin. STRUCK versetzte am 3. Nov. den Kommandeur der KSK, Brigadegeneral REINHARD GÜNZEL, in den sofortigen einstweiligen Ruhestand. Mit der unehrenhaften Entlassung reagierte er auf die Solidaritätserklärung GÜNZELS mit dem CDU-Bundestagsabgeordneten MARTIN HOHMANN, der die → Tätervolk-Affäre auslöste.

Radaropfer sollen entschädigt werden

Ende Juni schlug eine Expertenkommission vor, die Opfer von Radarstrahlung bei der Bundeswehr und der früheren Nat. Volksarmee (NVA) zu entschädigen. Bis dahin waren von den rd. 3000 Anträgen ehem. Soldaten, die in Radarbereichen gearbeitet hatten und an Krebs erkrankt waren, nur 13 positiv beschieden worden. 2001 hatte Verteidigungsmin. RUDOLF SCHARPING eine schnelle und großzügige Hilfe für die Betroffenen versprochen.

Bündnis 90/Die Grünen: Als drittstärkste Fraktion sind B90/D.G. mit 55 Abgeordneten im 15. Dt. Bundestag vertreten. Mit der SPD wurde die Koalition auf Bundesebene fortgesetzt, dem Kabinett gehören weiterhin JOSCHKA FISCHER (Auswärtiges Amt), JÜRGEN TRITTIN (Umwelt, Naturschutz und Reaktorsicherheit) und RENATE KÜNAST (Verbraucherschutz, Ernährung, Landwirtschaft) an.

Erfolge bei Wahlen

Nach dem guten Wahlergebnis bei der Bundestagswahl 2002 (8,6%) konnte die Partei auch bei den Landtagswahlen des Jahres 2003 durchweg Zugewinne erzielen. So verbesserte sie sich im Febr. in Niedersachsen mit 7,6% leicht und in Hessen mit 10,1% deutlich. Bei der Bürgerschaftswahl in Bremen im Mai stieg der Anteil von B.90/D.G. gar auf 12,8% (1999: 8,9%), bei der Landtagswahl in Bayern kam sie auf 7,7% (1998: 5,7%).
Im Herbst 2003 war die Partei in zwei SPD-geführten Landesreg. (Nordrhein-Westfalen, Schleswig-Holstein) sowie in zehn Landtagen vertreten. Mit Ausnahme des Stadtstaates Berlin ist die Partei in keinem ostdt. Landesparlament repräsentiert.

Lockerung der Ämtertrennung

Nachdem ein Parteitag im Dez. 2002 nicht die erforderl. Zweidrittelmehrheit erbracht hatte, um durch Satzungsänderung eine teilweise Aufhebung der rigiden Trennung von Amt und Mandat zu ermöglichen, wurde diese Entscheidung durch eine Urabstimmung unter den Parteimitgl. im April und Mai 2003 herbeigeführt. Bei einer Wahlbeteiligung von 56,4% waren 66,9% der Abstimmenden damit einverstanden, dass ein Drittel der Mitgl. des Bundesvorstands zugleich ein Landtags- oder Bundestagsmandat wahrnimmt.
Innerhalb der Bundesreg. wurden die Vertreter von B.90/D.G. etwas marginalisiert, als die SPD mit der CDU/CSU im Sommer den Kompromiss über die → Gesundheitsreform aushandelte. Verbrauchermin. KÜNAST und Umweltmin. TRITTIN versuchten zwar, auf ›urgrünen‹ Politikfeldern (z.B. Windenergie, → Dosenpfand und ökolog. Landwirtschaft) Boden gutzumachen, ihre Initiativen wurden in der Bevölkerung jedoch eher kritisch aufgenommen.

■ Beginn der Stimmenauszählung nach der Urabstimmung von Bündnis 90/Die Grünen über die Trennung von Amt und Mandat am 19. Mai

Bürgerentscheid, in den Verfassungen mehrerer Bundesländer verankertes Element unmittelbarer und direkter Demokratie auf kommunaler Ebene. Mit dem B. befinden die Bürger anstelle des Rates – ggf. gegen ihn – über Angelegenheiten der Gemeinde. In Nordrhein-Westfalen wurde der B. 1994 eingeführt.
In Leverkusen brachten die Wähler am 9. Febr. erstmals durch ein doppeltes Votum zwei Beschlüsse des Stadtrates zu Fall: Sie stoppten den Neubau eines Kombibades (78,6%) und die Sanierung des Rathauses (81,6%). Bürgerinitiativen, die beide Projekte aus Kostengründen ablehnten, hatten durch Unterschriftensammlungen im Vorfeld die rechtl. Basis für den B. geschaffen. Trotz des Boykottaufrufs des Leverkusener Bürgermeisters PAUL HEBBEL (CDU) beteiligten sich mehr als 30000 Bürger an der Abstimmung. Damit überwanden sie das für die Gültigkeit eines Bürgerbegehrens erforderl. Quorum von 20%.

Bürgerkonvent: Am 8. Mai trat in Bonn der B. an die Öffentlichkeit. Er versteht sich als »eine überparteil. Plattform von Bürgern für Bürger« gegen den »bedrohl. Reformstau« und verbindet sein Werben für eine Protestbewegung zur Erzwingung tief greifender Reformen im Sinne neoliberaler und konservativer Konzepte mit Kritik am Parteienstaat.

Der B. wurde von MEINHARD MIEGEL (CDU), Leiter des Inst. für Wirtschaft und Gesellschaft in Bonn, und dem Bonner Politologen GERD LANGGUTH (CDU) gegründet, der als Experte für Protestkultur gilt. Als Anschubfinanzierung für ihre Öffentlichkeitsarbeit planten die Initiatoren für 2003 Ausgaben von rd. 6 Mio. € ein; die Herkunft der Spendengelder legten sie nicht offen. In großformatigen Anzeigen kritisierte der B. die Wirtschafts- und Sozialpolitik der rot-grünen Bundesregierung.

Bürgerversicherung, Schlagwort für eine alle Bürger umfassende, nicht nur durch Arbeitnehmer und Arbeitgeber finanzierte Krankenversicherung. Die B. wurde im Zusammenhang mit der → Gesundheitsreform diskutiert. Polit. Parteien und Expertenkommissionen (→ Rürup-Kommission, → Herzog-Kommission) zogen in diesem Zusammenhang auch einen Systemwechsel bei den Sozialversicherungen in Betracht.

Der FDP-Vorsitzende Guido Westerwelle stellt am 15. September vor der Berliner Parteizentrale ein Plakat vor, das sich gegen die Bürgerversicherung richtet

Bei der B. geht es im Kern um die Einbeziehung von Freiberuflern und Beamten in die gesetzl. Krankenversicherung (GKV). Würde diese Erwerbsgruppe in die GKV eingegliedert und zusätzlich das gesamte Einkommen, z. B. auch aus Aktien- und Immobilienbesitz, berücksichtigt, bedeutete dies für die GKV eine erhebl. Kapitalzufuhr. So ließe sich der Faktor Arbeit entlasten; gleichzeitig würden die Lohnnebenkosten sinken. Die Privatkrankenkassen lehnen eine B. vehement ab, da sie um ihre Existenz fürchten. Experten äußerten auch verfassungsrechtl. Bedenken.

Burkina Faso

Hauptstadt: Ouagadougou
Einwohner: 11,8 Mio.
Einwohner/ km^2: 42
Staatsoberhaupt: B. Compaoré
Regierungschef: P. E. Yonli
BIP/Einwohner: 239 US-$

Burundi

Hauptstadt: Bujumbura
Einwohner: 7,1 Mio.
Einwohner/ km^2: 270
Staatsoberhaupt und Regierungschef: D. Ndayizeye (seit 30. 4. 2003)
BIP/Einwohner: 93 US-$

Die Reg. unter DOMITIEN NDAYIZEYE, einem Hutu, der im April zum Übergangspräs. ernannt wurde und dieses Amt bis zu den für 2004 geplanten demokrat. Wahlen ausüben soll, bemühte sich um die Stabilisierung des Friedens. Im Okt. wurde in der südafrikan. Hauptstadt Pretoria mit der größten Hutu-Rebellengruppe Forces pour la Défense de la Démocratie (FDD) ein Abkommen unterzeichnet, das den im Dez. 2002 geschlossenen Waffenstillstand endgültig sichern soll. Ausgehandelt wurde die polit. Beteiligung der Rebellen: Die ehem. FDD-Kämpfer erhalten 40 % der hochrangigen Positionen in der von Tutsis dominierten Regierungsarmee und übernehmen vier Ministerposten sowie das Amt des Vizepräs. und stellv. GenSekr. in der Nationalversammlung.

Im Gegenzug sicherte Rebellenführer PIERRE NKURUNZIZA der Reg. zu, seine etwa 15 000 Rebellen unter die Aufsicht der Soldaten der → Afrikan. Union zu stellen, die seit Mai in B. stationiert sind, um den Entmilitarisierungsprozess zu überwachen. Polit. Beobachter räumen dem Friedensprozess gute Chancen ein, obwohl die zweitgrößte Rebellengruppe, Forces Nationales de la Libération (FNL), sich weiterhin weigert, den Vertrag zu unterzeichnen.

Bush-Doktrin: Der Irakkrieg galt als erster Praxistest der neuen Nat. Sicherheitsstrategie der USA, die Präs. GEORGE W. BUSH im Sept. 2002 vorgelegt hatte. Die Kernelemente dieser als B.-D. bezeichneten, von Neokonservativen um den stellv. Verteidigungsmin. PAUL WOLFOWITZ formulierten Leitlinien wurden als revolutionäre Umorientierung der amerikan. Außenpolitik gewertet.

Angesichts der Terroranschläge vom 11. 9. 2001 geht die B.-D. davon aus, dass die USA verwundbarer als früher, zugleich aber die einzige, mit weitem Abstand führende Supermacht sind. Ihre Politik müsse diesen Status dauerhaft gegen potenzielle Rivalen verteidigen. Diesem Ziel dienten u. a. die spürbare Aufstockung des Rüstungsetats und eine nat. Raketenabwehr. Sicherheitsrisiken, die von ›Schurkenstaaten‹ wie dem Irak, Iran und Nord-Korea ausgingen (Förderung des Terrorismus, Erwerb, Weitergabe von Massenvernichtungswaffen, Pläne für deren Einsatz), müsse man notfalls durch vorbeugende Militärinterventionen – allein oder in ›Koalitionen der Willigen‹ – begegnen, noch ehe die Bedrohung konkret werde.

Angepasste Rechtsprechung

Busunfälle: Am 20. Dez. prallte ein dt. Reisebus an der belg.-frz. Grenze bei Hensies gegen eine Fahrbahnabsperrung aus Beton und brannte aus; elf Menschen starben. Das Unglück setzte eine Unfallserie fort, die die bis dahin als relativ sicher geltende Busbranche in Verruf brachte.
Am 8. Mai starben 33 Menschen, als ein dt. Reisebus auf einem unbeschrankten Bahnübergang in Ungarn von einem Zug erfasst wurde. Neun Tage später stürzte ein dt. Bus bei Lyon eine Böschung hinunter, 28 Insassen kamen ums Leben. Am 7. Juni starben sechs Passagiere, als ein dt. Reisebus nahe Vincenza gegen eine Tunnelwand prallte. 23 Fahrgäste erlitten am 6. Aug. Verletzungen, als ihr Bus bei Clermont-Ferrand in einen Graben rutschte. Am 19. und 20. Okt. starben an einem einzigen Wochenende bei drei Busunfällen in der Türkei 22 Menschen.

Schwer zerstört ist der deutsche Doppeldecker-Reisebus, der am 17. Mai bei Lyon auf nasser Fahrbahn verunglückte

Im Okt. ergaben Kontrollen des ADAC bei 25 von 35 Busreisen z. T. schwere Mängel, u. a. Fahren mit überhöhter Geschwindigkeit, Verstöße gegen Lenk- und Ruhezeiten und fehlende Notfallausbildung der Fahrer.

C

Casablanca, → Terroranschläge.

Cavallo, Ricardo Miguel, ehem. argentin. Marineoffizier, * Buenos Aires 29. 9. 1951. – Nach einem fast dreijährigen Auslieferungsverfahren überstellte Mexiko den früheren Korvettenkapitän am 28. Juni der span. Justiz. Mit C. muss sich erstmals ein Scherge der argentin. Militärdiktatur (1976 – 83) in einem Drittstaat gerichtlich verantworten. Die Militärjunta hatte zw. 9 000 und 30 000 Menschen ermorden lassen.
C. wird von dem span. Untersuchungsrichter BALTASAR GARZÓN beschuldigt, für die Verbrechen in einem Folterzentrum der Militärs mitverantwortlich gewesen zu sein. In der sog. ›Mechanikerschule‹ der Marine (Esma) in Buenos Aires wurden schätzungsweise 5 000 polit. Gefangene gefoltert und ermordet, unter ihnen auch span. Staatsbürger. Nach Ende der Militärjunta lebte C. unter neuem Namen als Geschäftsmann in Mexiko. Die argentin. Reg. griff in das Auslieferungsverfahren nicht ein. Vielmehr setzte Präs. NÉSTOR KIRCHNER am 25. Juli ein Dekret außer Kraft, das eine Auslieferung an Drittländer verboten hatte.

CDU, Abk. für **C**hristlich **D**emokrat. **U**nion: Als zweitstärkste polit. Kraft hinter der SPD ist die CDU im 15. Dt. Bundestag mit 190 von 603 Abgeordneten vertreten. Zus. mit der CSU bildet sie eine Fraktion, deren Vorsitz ANGELA MERKEL in Personalunion mit dem Amt der Parteichefin ausübt.

In den Bundesländern auf Siegeskurs

Die 2003 abgehaltenen Landtagswahlen brachten der CDU große Erfolge. Im Febr. konnte sie in Hessen mit MinPräs. ROLAND KOCH ihren Anteil von 43,4 % (1999) auf 48,8 % erhöhen. Das bedeutete die absolute Mehrheit an Mandaten und ermöglichte die Alleinregierung. In Niedersachsen steigerte sich die CDU mit CHRISTIAN WULFF von 35,9 % (1998) auf 48,3 % und eroberte in einer Koalition mit der FDP die Regierungsmacht. Als ›Ausreißer‹ erwies sich das Ergebnis der Bürgerschaftswahl in Bremen, die von singulären Eigenheiten des Stadtstaats geprägt war: Hier musste die CDU herbe Verluste hinnehmen und sank von 37,1 % (1999) auf 29,9 %.
Im Herbst regierte die CDU allein in Sachsen, Thüringen, Hessen und im Saarland; in Baden-Württemberg, Niedersachsen und Sachsen-Anhalt koalierte sie mit der FDP, in Hamburg mit der FDP und der Schill-Partei. In Bremen und Brandenburg beteiligte sie sich an großen Koalitionen unter MinPräs. der SPD.

Zwischen Reform und Blockade

Seit der Landtagswahl in Hessen verfügte die unionsgeführte Opposition im Bundesrat über 41 der 69 Stimmen, besaß damit die Mehrheit in Abstimmungen über zustimmungspflichtige Gesetze und rückte immer mehr in die Funktion einer auch auf Bundesebene mitregierenden Kraft: Wo es ihr möglich war, versuchte sie bei der Gesetzgebung den reformpolit. Initiativen der Reg. (→ Agenda

Neues aus dem Koch-Studio

2010) ihren Stempel aufzudrücken. Parteivors. MERKEL gab Anfang Okt. den weiteren Kurs vor, nachdem CDU/CSU mit der rot-grünen Koalition in der → Gesundheitspolitik schon erfolgreich kooperiert hatten.Nicht zuletzt durch Widersprüche in den eigenen Reihen – so beharrten der hess. Min.-Präs. ROLAND KOCH und die CSU lange auf einer kompromisslos harten Linie in der Frage der Gegenfinanzierung der vorgezogenen Steuerreform (→ Steuerpolitik) – konnte ein parteiübergreifender Kompromiss für die wichtigsten Reformprojekte erst am 19. Dez. im Bundestag verabschiedet werden. Mit der Annahme der Vorschläge der → Herzog-Kommission zum Umbau der Sozialstaats und des Vize-Vors. FRIEDRICH MERZ zur Steuerreform durch den Parteitag in Leipzig Anfang Dez. nahm die CDU einen umfassenden programmat. Paradigmenwechsel vor.

Hohmann-Affäre

Erstmals in ihrer Geschichte schloss die Bundestagsfraktion am 14. Nov. mit MARTIN HOHMANN einen Abgeordneten aus ihren Reihen aus. Der hess. Landesverband leitete gegen HOHMANN ein Parteiausschlussverfahren ein (→ Tätervolk-Affäre).

Chailly, Riccardo, italien. Dirigent, * Mailand 20.2. 1953. – Der langjährige Chefdirigent des Concertgebouworkest Amsterdam (1988–2004) wird ab der Saison 2005/06 als Chefdirigent das Gewandhausorchester in Leipzig leiten. Gleichzeitig soll er der Oper Leipzig als Generalmusikdirektor vorstehen.
Bereits im Alter von 19 Jahren Assistent von CLAUDIO ABBADO an der Mailänder Scala, kam C. 1982 als Chefdirigent des Radio-Sinfonie-Orchesters nach Berlin, bevor er 1988 seine Position in Amsterdam übernahm.

Cheney, Richard Bruce (›Dick‹), amerikan. Politiker (Republikaner), * Lincoln (Nebraska) 30.1. 1941. – Der Vizepräs. der USA (ab 2001) spielte als außenpolit. ›Falke‹ eine entscheidende Rolle im Irakkonflikt. Schon unmittelbar nach den Terroranschlägen vom 11.9. 2001 hatte C. den Irak als Gegner ausgemacht, im Aug. 2002 befürwortete er öffentlich einen Krieg der USA gegen das arab. Land, um das Regime von SADDAM HUSAIN zu stürzen.
C. diente ab den 1970er-Jahren vier Präs. in versch. Funktionen. In seine erste Amtszeit als Verteidigungsmin. unter dem Vater des derzeitigen Präs., GEORGE BUSH, fiel der 2. Golfkrieg (1991). Der konservative Politiker gehört zum engsten Beraterkreis von Präs. GEORGE W. BUSH. Er ist eng mit der amerikan. Erdölindustrie verbunden. Der Halliburton-Konzern, dessen Vorstandschef C. vor seiner Berufung in die Reg. war, erhielt nach dem Irakkrieg Großaufträge zum Wiederaufbau des kriegszerstörten Landes.

Chile

Hauptstadt: Santiago
Einwohner: 15,6 Mio.
Einwohner/km²: 21
Staatsoberhaupt und Regierungschef:
R. Lagos Escobar
BIP/Einwohner:
4129 US-$

Neue Korruptions- und Finanzskandale

Abgeordnete der Regierungskoalition sowie staatl. Institutionen waren in Korruptions- und Finanzskandale verwickelt, die in den ersten Monaten des Jahres die Innenpolitik prägten. So wurde im Febr. bekannt, dass die staatl. Entwicklungsorganisation CORFO Einlagezertifikate über rd. 100 Mio US-$ veruntreut hatte; der Skandal kam durch ein Finanz-
inst. ans Licht, das die Wertpapiere illegal auf dem internat. Finanzmarkt verkauft hatte. Vor diesem Hintergrund brachten Reg. und Opposition einen Gesetzentwurf zur Bekämpfung der Korruption ein, der vorsieht, die Zahl der politisch ernannten öffentl. Angestellten zu reduzieren, Wahlkampffinanzierung und Parteispenden stärker zu regulieren sowie die öffentl. Finanzen transparenter zu machen.

Auseinandersetzungen mit Ureinwohnern

Der Konflikt zw. der indigenen Gruppe der Mapuches und der Zentralreg. spitzte sich weiter zu. Während die Mapuches mit Demonstrationen, Landbesetzungen und Brandanschlägen die Anerkennung des Abkommens 169 der Internat. Arbeitsorganisation (ILO) sowie Selbstbestimmungsrechte für Land- und Ressourcennutzung forderten, lehnte der Senat im Juni eine Anerkennung der indigenen Völker in der Verfassung grundsätzlich ab.

Anzeichen eines wirtschaftlichen Aufschwungs

Die 2002 unterzeichneten Freihandelsverträge mit der EU, den USA und Süd-Korea werden in absehbarer Zeit zu einem Rückgang der Zolleinnahmen

um rd. 400 Mio. US-$ führen. Neben Ausgabenkürzungen soll eine zeitlich begrenzte Erhöhung der Mehrwertsteuer um 1 % ab Okt. diesen finanziellen Engpass überbrücken und zusätzl. sozialpolit. Maßnahmen finanzieren. Das durchschnittl. Exportwachstum von 8,1 % in den ersten vier Monaten des Jahres geht auf die zunehmende Kupferausfuhr bei steigendem Kupferpreis sowie auf den wachsenden Absatzmarkt in Asien zurück, wohin mittlerweile 31 % aller chilen. Exporte gehen.
Im Okt. ratifizierte das Parlament ein Freihandelsabkommen mit den USA, das zum 1. 1. 2004 in Kraft tritt. Für 85 % des bilateralen Warenverkehrs fallen von diesem Zeitpunkt an keine Zollabgaben mehr an. Von dieser Maßnahme erhofft sich C. eine deutl. Belebung der Wirtschaft. ■

China

Hauptstadt: Peking
Einwohner: 1 281,0 Mio.
Einwohner/ km²: 136
Staatsoberhaupt:
Hu Jintao
(seit 15. 3. 2003)
Regierungschef:
Wen Jiabao
(seit 16. 3. 2003)
BIP/Einwohner:
963 US-$

Nach Angaben der Weltbank verzeichnete die VR C. (ohne Hongkong und Macao) 2002 ein Wirtschaftswachstum von 8,0 %, nachdem das BIP bereits im Vorjahr um 7,3 % gestiegen war. Mit einem Rückgang der Verbraucherpreise – nach IWF-Angaben um 0,8 % – verstärkten sich die Deflationstendenzen. Das staatl. Statistikbüro meldete im Okt. eine erneute Expansion der Wirtschaft: In den ersten neun Monaten legte das BIP um 8,5 % im Jahresvergleich zu. Das Land erwies sich als Motor der asiat. Wirtschaft und ist nach Angaben der WTO inzwischen die fünftstärkste Exportnation nach den USA, Deutschland, Japan und Frankreich.
Der wachsenden Bedeutung der Wirtschaftsbeziehungen zw. C. und der EU, insbes. Deutschland, gaben auch die Besuche hochrangiger Vertreter von Politik und Wirtschaft Ausdruck. So nahm Bundeskanzler Gerhard Schröder im Dez. 2002 die Magnetschwebebahn Transrapid in Schanghai in Betrieb, und Bundespräs. Johannes Rau absolvierte im Sept. 2003 einen Staatsbesuch. Im Okt. fand sich eine EU-Delegation unter Leitung von Kommissionspräs. Romano Prodi und des italien. MinPräs. Silvio Berlusconi als EU-Ratspräs. in Peking zu Gesprächen mit der polit. Führung ein. C. erwarb das europ. Satelliten-Navigationssystem ›Galileo‹ anstelle des amerikan. Systems GPS.

SARS-Epidemie

Im 1. Halbjahr wurde die wirtschaftl. Entwicklung durch den Ausbruch der Lungenkrankheit → SARS (Schweres akutes Atemwegssyndrom) vorübergehend beeinträchtigt. Um die Epidemie zu bekämpfen, griff die Reg. zu teilweise drast. Maßnahmen, die bis zur Androhung der Todesstrafe im Falle der absichtl. Verbreitung von SARS gingen. U. a. wurde ein Reiseverbot erlassen, das Handel und Tourismus lahm legte und 24 Mio. Wanderarbeiter auf dem Land festhielt. Im Juli galt die Epidemie weltweit als besiegt; in C. (einschl. Hongkong) waren 7 082 SARS-Fälle registriert worden, von denen 648 tödlich verlaufen waren.

Neue Partei- und Staatsführung

Der jährlich tagende Nat. Volkskongress schloss im März den fast vollständigen Generationswechsel der Partei- und Staatsführung ab: Er wählte Hu Jintao, der im Nov. 2002 zum GenSekr. der KP berufen worden war, in das Amt des Staatspräs. und Wen Jiabao zum neuen Regierungschef. Neuer Verteidigungsmin. wurde General Cao Gangchuan, und das Außenministerium übernahm Li Zhaoxing, der Botschafter bei der UNO und in den USA gewesen war.

Reformen und Projekte

Zugleich beschloss der Volkskongress weit reichende Reformen in der Leitungsstruktur der Volkswirtschaft. Das System der früheren Fünfjahrpläne und die Staatl. Plankommission wurden abgeschafft. Neu installiert wurden ein Superministerium zur Verwaltungsreform, eine Bankenaufsicht, ein Handelsministerium sowie eine Behörde zur Verw. und ggf. Privatisierung des Staatsvermögens. Als neues wirtschaftspolit. Staatsziel wurde eine ›Gesellschaft bescheidenen Wohlstands‹ anvisiert. Ein Schwerpunkt der Verwaltungsreformen ist die Bekämpfung der Korruption.

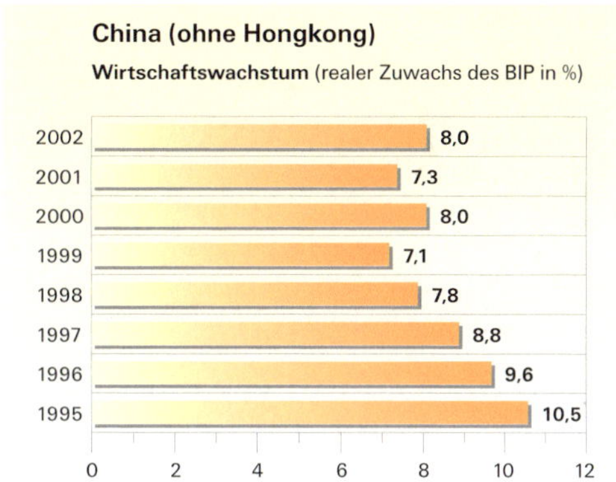

MinPräs. Wen deutete im Sept. an, dass C. langfristig die chin. ›Volkswährung‹ (chin. Renminbi, Einheit: Yuan) zur frei konvertierbaren Währung machen könnte. Der derzeitige Wechselkurs von 0,1208 US-$ für einen Yuan wird von den USA als zu niedrig angesehen. Sie forderte die Aufwertung des Renminbi, da die chin. Exportindustrie durch den schwachen Yuan unfaire Konkurrenzvorteile erhalte. Im Okt. beschloss das neue Zentralkomitee der

KP Leitlinien zum besseren Schutz des Privateigentums und privater Unternehmen im Rahmen einer sozialist. Marktwirtschaft.
Im Juni wurde mit der Flutung des größten Stausees der Welt am neuen Drei-Schluchten-Staudamm des Jangtse begonnen. Bis 2009 werden 1000 Städte und Dörfer überschwemmt, rd. 2 Mio. Ew. müssen umsiedeln. Das Stauwerk soll das Jangtsehochwasser regulieren und eine Stromleistung von 18 200 Megawatt erbringen. Während Umweltschutzorganisationen vor einer ökolog. Katastrophe durch ein ›Umkippen‹ des künstl. Sees warnten, feierte die Reg. das Projekt als chin. Weltwunder.
Als großer nat. Erfolg wurde im Okt. auch der erste chin. bemannte Weltraumflug bewertet Der Taikonaut YANG LIWEI war in seiner Raumkapsel Shenzhou-5 (chin. Götterschiff) von einer Rakete des Typs ›Langer Marsch‹ in den Weltraum befördert worden und hatte 14-mal die Erde umkreist. Langfristig strebt C. als zweite Nation nach den USA eine Mondlandung an.

Der scheidende chinesische Ministerpräsident Zhu Rongji (rechts) erhebt sich während der Plenartagung des Volkskongresses in Peking, um seinen letzten Rechenschaftsbericht abzugeben; links der neue Staatspräsident Hu Jintao

Kontinuität in der Außenpolitik

Im UNO-Sicherheitsrat, dem es als ständiges Mitgl. mit Vetorecht angehört, unterstützte C. die Position Frankreichs und Russlands gegen den Irakkrieg und kritisierte das Vorgehen der USA als Verletzung des Völkerrechts. Partei- und Staatsführer HU bekräftigte bei einem Staatsbesuch in Moskau im Mai die strateg. Partnerschaft mit Russland. Bei einem Besuch des ind. MinPräs. ATAL BIHARI VAJPAYEE in Peking setzte sich die Reg. im Juni für eine engere Zusammenarbeit und eine friedl. Lösung der Grenzstreitigkeiten ein, die sie als Hinterlassenschaft der Kolonialzeit bezeichnete. Im Okt. schloss C. mit den zehn südostasiat. ASEAN-Staaten einen Nichtangriffspakt und vereinbarte Verhandlungen, die bis 2010 zur Schaffung eines gemeinsamen Marktes nach dem Vorbild der EU führen sollen.
Im Konflikt um das nordkorean. Atomprogramm setzte sich C. für eine atomwaffenfreie korean. Halbinsel ein und forderte von den USA Sicherheitsgarantien für Nord-Korea. Im April und Aug. war Peking Gastgeber der erfolglosen Verhandlungen zwischen Nord-Korea, den USA und weiteren Staaten.

Sonderverwaltungsregion Hongkong

Nach Angaben der Weltbank verzeichnete die frühere brit. Kronkolonie 2002 ein Wirtschaftswachstum von 2,3 % des BIP, nachdem es 2001 im Gefolge der Asienkrise nur um 0,5 % gestiegen war. Die SARS-Epidemie löste in der Bevölkerung Panik aus und führte zu schweren wirtschaftl. Einbußen. Die Arbeitslosigkeit stieg erstmals seit Jahrzehnten auf über 8,0 %. Die Asiat. Entwicklungsbank rechnete für 2003 dennoch mit einem Wachstum von 2,1 % bei anhaltender Deflation. Im Vorjahr waren die Verbraucherpreise um 3,0 % gesunken.
Nachdem es am 1. Juli aus Anlass des sechsten Jahrestags der Rückgabe Hongkongs an C. zu einer Protestdemonstration von 500 000 Menschen gekommen war, zog Hongkongs Chefverwalter TUNG CHEE-HWA den umstrittenen Entwurf eines neuen Sicherheitsgesetzes zurück. Kritiker hatten befürchtet, dass Menschenrechte wie Meinungs- und Pressefreiheit aufgrund des Gesetzes eingeschränkt und in Peking erlassene Vorschriften gegen Vereinigungen wie die Meditationsbewegung Falun Gong auch in Hongkong wirksam werden könnten.
Hongkong ist im brit.-chin. Vertrag über die Rückgabe des Gebietes an C. bis 2047 die Beibehaltung der Gesellschaftsordnung nach dem Grundsatz ›Ein Land, zwei Systeme‹ garantiert. Am 1. Juli sowie bei weiteren Demonstrationen wurden freie Parlamentswahlen für Hongkong gefordert. Im 60-köpfigen Legislativrat sitzen derzeit nur 24 direkt gewählte Abgeordnete, die anderen werden gemäß den Statuten von einem Auswahlkomitee sowie von Standesorganisationen bestimmt.

Coetzee, John Maxwell, südafrikan. Schriftsteller, * Kapstadt 9. 2. 1940. – Die Königl. Schwed. Akademie in Stockholm verlieh C. am 10. Dez. den → Nobelpreis für Literatur. Sie würdigte den Autor, der sich in seinen Werken mit den Folgen von Kolonialismus und Rassismus auseinander setzt, als »gewissenhaften Zweifler, schonungslos in seiner Kritik der grausamen Vernunft und der kosmet. Moral der westl. Zivilisation«.
C. entstammt einer im 18. Jh. eingewanderten burischen Familie. Er arbeitete und studierte in Großbritannien und den USA. 1984 wurde er Prof. für Lit. an der Univ. Kapstadt. Sein literar. Durchbruch gelang ihm 1980 mit ›Warten auf die Barbaren‹. In Deutschland wurde er v. a. durch den Roman ›Schande‹ (dt. 2000) bekannt, für den er – als bisher erster Autor schon zum zweiten Mal – mit dem renommierten brit. Booker Prize ausgezeichnet wurde. Neben neun Romanen hat er zahlreiche Aufsätze und Essays veröffentlicht. Seit 2002 lebt C. in Australien.

Als zweiter weißer Südafrikaner nach Nadine Gordimer erhält der in Australien lebende John Maxwell Coetzee den Nobelpreis für Literatur

Collins, Kim, karib. Leichtathlet, * St. Kitts 5. 4. 1976. – Mit der Goldmedaille über 100 m bei der Leichtathletikweltmeisterschaft in Paris ist der 27-jährige Sprinter der erste Weltmeister der Karibikinseln St. Kitts und Nevis. Bei der knappsten 100-m-Entscheidung in der WM-Geschichte lief C. am 25. Aug. die Strecke in 10,07 s. Damit ist er gleichzeitig der langsamste Weltmeister seit CARL LEWIS (USA) 1983.
Aufgewachsen auf einer Insel ohne Stadion, begann C. erst im Laufe seines Studiums in Texas mit einem professionellem Training. 1996 startete er bei den Olymp. Spielen in Atlanta, blieb jedoch, wie auch bei der WM 1999 in Sevilla und bei der Olympiade 2000 in Sydney, ohne Medaille. Mit WM-Bronze in Edmonton (2001) feierte er seinen bislang größten Erfolg.

Coltan, Kurzform für das Erz Columbit-Tantalit: C. enthält das seltene Metall Tantal, das wegen seiner hohen Energiedichte sowie seiner Hitze- und Säurebeständigkeit zur Herstellung von Mikroprozessoren benötigt wird. Von hohem Stellenwert in der Rüstungs- und Raumfahrtindustrie, wurde es von der US-Reg. als ›strateg. Rohstoff‹ eingestuft. Von dem kostbaren Mineral soll sich mehr als die Hälfte des Weltvorkommens in der Demokrat. Rep. Kongo befinden. Mit den Einnahmen aus dem Abbau von C. – wie aus dem anderer Bodenschätze (Diamanten, Gold) – finanzieren sich die Krieg führenden Armeen und die Interventionsmächte, v. a. Ruanda und Uganda, im kongoles. Bürgerkrieg. Große C.-Vorkommen befinden sich im Osten des Kongo um die Region Bunia, die sich zu einem Zentrum der blutigen Kämpfe entwickelt hat. Die weltweite Nachfrage nach C. ist in den letzten Jahren stark gestiegen, sein Preis hat sich entsprechend vervielfacht.

Columbia: Die älteste amerikan. Raumfähre (Erstflug im April 1981) stürzte am 1. Febr. während ihres 28. Einsatzes beim Landeanflug über Texas aus rd. 60 km Höhe ab. Bei dem Unglück starben alle sieben Astronauten: die Amerikaner RICK DOUGLAS HUSBAND (Kommandant), MICHAEL P. ANDERSON, DAVID M. BROWN, KALPANA C. CHAWLA, LAUREL CLARK und WILLIAM C. MCCOOL sowie der erste Astronaut des Staates Israel, ILAN RAMON.
Durch herabfallende Isolierteile des Außentanks war schon beim Start die Vorderkante des linken Flügels beschädigt worden. Nach dem Wiedereintritt in die Atmosphäre drang durch einen Riss im Hitzeschild mehr als 2000 °C heißes Plasma in das Innere des Flügel vor und brachte dort Bauteile zum Schmelzen. Die Raumfähre zerbrach; obwohl drei Viertel von ihr verglühten, fielen noch mehr als 22 500 Wrackteile zur Erde. Die Weltraumbehörde NASA stoppte das Shuttle-Programm für mehr als ein Jahr.

Concorde: Nach 27 Jahren wurde der kommerzielle Luftverkehr mit dem einzigen Überschallverkehrsflugzeug der Welt eingestellt. Mit dem letzten Flug der C. am 10. Nov. endete auch die Ära des zivilen Überschallflugs, denn Nachfolgemodelle gibt es nicht und sind auch nicht geplant. Die verbliebenen zwölf der ehemals 16 Flugzeuge gingen an versch. Museen, u. a. an das Technikmuseum Sinsheim, Einzelteile wurden versteigert. Die C. verkehr-

Mit einer Hundertstelsekunde Vorsprung vor dem Zweitplatzierten gewinnt Kim Collins aus Saint Kitts und Nevis (rechts) das 100-m-Finale bei der Leichtathletik-Weltmeisterschaft in Paris

te seit 1976 zw. London (British Airways) bzw. Paris (Air France) und New York.
Die Einstellung des Betriebs war u.a. Folge des Absturzes vom 25.7. 2000 bei Paris. Erhebl. Investitionen in zusätzl. Sicherheitseinrichtungen hatten den weiteren Rückgang des Passagieraufkommens, u.a. infolge der teuren Flugtickets, nicht aufhalten können. Außerdem waren die Kosten für Wartung und Erhalt der veralteten Maschinen sowie Treibstoff unverhältnismäßig hoch. Hinzu kam Kritik an der großen Lärmentwicklung der C. bei Start und Landung.

Cooper, Chris, amerikan. Filmschauspieler, *Kansas City (Missouri) 9.7. 1951. – Für seine Darstellung eines Orchideenwilderers in dem Film ›Adaption‹ erhielt C. am 23. März einen ›Oscar‹ als bester männl. Nebendarsteller.
C. begann seine Karriere am Broadway und Off-Broadway, bis er in ›Matewan‹ von John Sayles 1987 sein Kinodebüt gab. Mit diesem Regisseur arbeitete er u.a. auch in ›Lone Star‹ (1996) zusammen. Weitere Auftritte hatte er in ›Guilty by Suspicion‹ (1991) und ›Time to Kill‹ (1996). Seine ›Spezialität‹ sind verschrobene, schwierige Charaktere. So überzeugte er in ›American Beauty‹ (2000) in der Nebenrolle des konservativen Nachbarn, der sich mit seiner Homosexualität konfrontiert sieht.

■ Mit gestutzten Flügeln wird eine ausrangierte Concorde am 19. Juli auf einem Ponton auf dem Rhein transportiert. Letztes Ziel des 60 m langen und 92 t schweren Überschalljets ist das Technikmuseum in Sinsheim

Costa Rica

Hauptstadt: San José
Einwohner: 3,9 Mio.
Einwohner/km^2: 76
Staatsoberhaupt und Regierungschef: A. Pacheco de la Espriella
BIP/Einwohner: 4136 US-$

Ermittlungen der parlamentar. Sonderkommission zur Untersuchung der Parteien- und Wahlkampffinanzierung brachten Präs. Abel Pacheco de la Espriella im Juli unter Druck. Im Laufe der Nachforschungen stellte sich heraus, dass er vor einem Ausschuss nicht alle auf ihn laufenden Konten angegeben hatte und dass der ehem. Schatzmeister der Partei der Christlich-Sozialen Einheit, Rodolfo Montero, in fragwürdige Geldtransaktionen verwickelt war. Geschwächt wurde die Reg. auch durch den Rücktritt der Präsidialmin. Rina Contreras; ihr wurde polit. Einflussnahme bei einem Wohnungsbauprojekt vorgeworfen.
Wegen des anhaltenden Widerstandes der Bevölkerung konnte die Reg. die nötigen Strukturreformen bislang nicht umsetzen, was Ende Mai zum Rücktritt von Finanzmin. Walter Bolaños führte. Die fehlenden Reformen werden auch als Ursache für das schwache Wirtschaftswachstum des BIP von 2,0 % (2002: 2,8 %) angesehen. ■

Couchepin, Pascal, schweizer. Politiker (Freisinnig-Demokrat. Partei, FDP), *Martigny 5.4. 1942. – Die Bundesversammlung wählte C. am 4.12. 2002 als Nachfolger von Kaspar Villiger (FDP) zum Bundespräs. für das Jahr 2003.
Nach Jurastudium und Eröffnung einer Anwaltspraxis begründete C. seine polit. Laufbahn mit dem Eintritt in den Rat seiner Vaterstadt, dem er von 1984 bis 1998 als nebenamtl. Stadtpräs. vorstand. Zugleich gehörte er seit 1979 dem Nationalrat an, bis er 1998 in den Bundesrat gewählt wurde, in dem er das Wirtschaftsressort übernahm. In dieser Funktion war er auf internat. Ebene Gouv. der Weltbank und der Osteuropabank (BERD) und vertrat die Schweiz in der WTO. Seit 1.1. 2003 steht er dem Eidgenöss. Department des Innern vor.

Cross-Border-Leasing, Abk. **CBL:** Bei CBL werden die Vorteile der unterschiedl. steuerl. Handhabung eines Leasingvertrages im Land des Leasingnehmers und des Leasinggebers genutzt. Seit Mitte der 1990er-Jahre nutzen dt. Kommunen CBL angesichts ihrer angespannten Finanzlage als neue Einnahmequelle; 2003 waren ca. 150 in solchen Geschäften engagiert, meist mit Investoren in den USA. Ein Gesetzentwurf der bayer. Reg., der den Kommunen diese als riskant eingeschätzten Geschäfte verbieten sollte, wurde im Mai zurückgezogen.

Bei CBL werden Messehallen, Heizkraft- und Wasserwerke, Müllverbrennungsanlagen, Abwasserkanäle, Straßenbahnen und andere Anlagen durch einen i.d.R. über 99 Jahre laufenden Hauptmietvertrag einem Finanzinvestor übertragen und zugleich von diesem über eine kürzere Laufzeit, meist 25 bis 30 Jahre, zurückgemietet (lease-in/lease-out transaction). Der Investor nutzt dabei steuerl. Abschreibungsmöglichkeiten in den USA und gibt einen Teil dieser Steuerersparnis sofort an die dt. Kommune weiter. Das Eigentum an der Anlage bleibt nach dt. Recht bei der Kommune, auch wenn nach amerikan. Recht aufgrund der langen Laufzeit des Vertrags eine dauerhafte wirtschaftl. Verfügungsbefugnis unterstellt wird, die erst zur Ausschöpfung der Steuervorteile berechtigt. Die Kommune kann spätestens nach dem Auslaufen des Rückmietvertrags gegen Zahlung eines vorher vereinbarten Preises von ihren Vertragsverpflichtungen zurücktreten.

Kritiker halten CBL für ein fragwürdiges Instrument, da die Kommunen für relativ geringe einmalige Einnahmen unverhältnismäßige Risiken eingingen. Es bedürfe einer Vielzahl spezialisierter Anwälte, Steuerberater, Bankberater und Vermittler, um diese Geschäfte so zu arrangieren, dass nach dt. Recht die Kommune Eigentümer bleibt, es nach amerikan. Recht aber die US-Gesellschaft wird. Auch gibt es Bedenken, ob die Kommunen ihre Vertragsverpflichtungen (z.B. die verleaste Anlage für die gesamte Rückmietzeit zu betreiben sowie die Anlage auf dem Stand der Technik zu halten) auch tatsächlich einhalten können; so seien Schadenersatzforderungen der amerikan. Investoren nicht auszuschließen.

CSU, Abk. für Christlich Soziale Union: Am 21.Sept. erzielte die CSU unter ihrem Vors., dem bayer. MinPräs. EDMUND STOIBER, mit 60,7% einen triumphalen Sieg bei Landtagswahlen in Bayern. Als bisher einzige Partei in der Geschichte bundesdt. Wahlen errang sie mehr als zwei Drittel aller Mandate. Zugleich war es das zweitbeste Wahlergebnis nach dem Rekord, den die CSU 1974 unter ALFONS GOPPEL (62,1%) aufgestellt hatte.

Stärkeres Gewicht Stoibers in der Bundespolitik

Die CSU stellt im neuen bayer. Landtag 124 von 180 Abgeordneten. Im 15. Dt. Bundestag ist sie mit 58 Abgeordneten vertreten, die als Landesgruppe eine Fraktionsgemeinschaft mit der → CDU bilden. Als Vors. der Landesgruppe (seit 1993) ist MICHAEL GLOS ›geborener‹ erster Stellv. der Fraktionsvors. ANGELA MERKEL (CDU).

Mit dem eindrucksvollen Wahlsieg rehabilitierte sich MinPräs. STOIBER nach seiner knappen Niederlage bei der Bundestagswahl im Vorjahr. Zugleich gewann STOIBER stärkeren Einfluss auf die gemeinsame Unionspolitik, nicht nur auf der Ebene der Parteivorstände, auf der er sich mit der CDU-Parteivors. MERKEL verständigen muss, sondern auch in der Runde der Länderregierungschefs der Union. Hier muss er sich allerdings mit dem ambitionierten MinPräs. ROLAND KOCH (Hessen) messen.

Programmschwerpunkt Bildungspolitik

In ihrem im Juli 2003 für den Zeitraum 2003–08 beschlossenen Regierungsprogramm setzt sich die CSU u.a. für eine Bildung auf internat. Niveau und für die spezielle Förderung von Talenten ein. Bayerns Schulen sollen innerhalb der nächsten zehn Jahre unter die ersten fünf der Weltrangliste aufrücken. Auch die Qualität der Hochschulen will die CSU entscheidend verbessern – durch Deregulierung, Verschlankung und mehr Autonomie. Für die Leistungselite unter den Studierenden sollen Elitestudiengänge mit besonders hoher Betreuungsintensität und einem herausragenden Lehrangebot eingeführt werden.

D

Daegu, Hauptstadt der Prov. Nord-Kyosang im Südosten Süd-Koreas, drittgrößte Metropole des Landes. Ein Brandanschlag löste am 18.Febr. eines der bisher schwersten U-Bahnunglücke aus: 133 Menschen starben, mehr als 150 wurden teilweise schwer verletzt. Als Brandstifter wurde ein Mann festgenommen, der sich zur Tat bekannte und als

Passanten schauen zu, wie Feuerwehrleute ein Opfer des Brandanschlags in Daegu aus dem U-Bahnhof heraustragen

Motiv angab, Selbstmord an einem belebten Ort begehen zu wollen. Er hatte in einem U-Bahnhof in einem Waggon einen mit Benzin gefüllten Kanister in Brand gesetzt, wodurch zwei Bahnen in Flammen aufgingen. Die katastrophalen Auswirkungen des Anschlags waren offenbar auch durch mangelhafte Sicherheitsvorkehrungen mitbedingt. So gab es in dem U-Bahnhof keine Wassersprinkler.

Dänemark

Hauptstadt: Kopenhagen
Einwohner: 5,4 Mio.
Einwohner/km²: 126
Staatsoberhaupt: Margarethe II.
Regierungschef: A. F. Rasmussen
BIP/Einwohner: 32 112 US-$

In den wichtigsten Wirtschaftskennzahlen hielt sich D. auch 2003 in der Spitzengruppe der EU. Die OECD erwartete Mitte des Jahres ein BIP-Wachstum auf dem Niveau des Vorjahres (1,6 %). Der Anstieg der Konsumentenpreise bewegte sich bei 2,4 %. Der Staatshaushalt wies einen Anstieg des BIP um 2,5 % auf. Die Arbeitslosenquote lag im 1. Halbjahr bei 5,1 %. Als positive Auswirkung der Arbeitsmarktreformen Mitte der 1990er-Jahre konnte die Zahl der jungen und der dauerhaft Arbeitslosen gesenkt werden.

Schwerpunkte der Außenpolitik: Irak und EU

Innenpolitisch heftig umstritten war die von der Mitte-rechts-Reg. unter Anders Fogh Rasmussen beschrittene Irakpolitik an der Seite der USA. Das Parlament beschloss sogar mit knapper Mehrheit eine förml. Kriegserklärung – die erste seit 1864. Mit Entsendung von zwei Schiffen und 380 Soldaten in die Kriegsregion beteiligte sich D. auch aktiv an der Kriegskoalition.
Das Parlament billigte im Juni einstimmig die Osterweiterung der EU und ratifizierte als erstes Mitgliedsland die Beitrittsverträge mit den Kandidaten. In der Auseinandersetzung über die zukünftige Verfassung der EU kündigte MinPräs. Rasmussen ein Referendum an.

Grönland: Enoksen regiert weiter

Die sozialdemokrat. Siumut-Partei bildete Mitte Jan. eine Koalitionsreg. mit der bürgerl. Atassut-Partei, womit die Linkskoalition nach nur vier Wochen Amtszeit abgelöst wurde. MinPräs. blieb allerdings Hans Enoksen. Der Linkrutsch bei den Wahlen am 3.12. 2002 hatte die separatist. Bestrebungen gefördert, an deren Umsetzung in ein Regierungsprogramm die Koalition jedoch scheiterte. – Auf Widerstand der Grönländer stießen Pläne der USA, die Thule-Militärbasis auszubauen, die eine wichtige Rolle im Raketenabwehrprogramm der USA spielt.

Stromausfall

Insel-D. war (wie auch ganz Südschweden) im Sept. von einem halbtägigen Stromausfall betroffen, der die gesamte Infrastruktur lahm legte und einige Menschenleben kostete. (→ Stromausfälle)

Datenschutz: Unter dem Vorzeichen der Bekämpfung des internat. Terrorismus und der organisierten Kriminalität sowie der Verbesserung der inneren Sicherheit wurde der D. in vielen Bereichen Einschränkungen unterworfen (→ Lauschangriff). Gleichwohl resümierte der scheidende Bundesbeauftragte für den D., Joachim Jacob (FDP), in seinem am 7. Mai vorgestellten Bericht für die Jahre 2001 und 2002, zw. den Sicherheitsinteressen des Staates und den Freiheitsrechten des Einzelnen sei ein »tragbarer Kompromiss« gefunden worden.
Der Bundesbeauftragte kritisierte u.a. die starke Zunahme der richterlich angeordneten Telefonüberwachungen, deren Zahl sich seit 1995 auf 21 874 verfünffacht habe. Rechtsstaatlich problematisch sei die massenhafte Erhebung und lange Aufbewahrungsdauer personenbezogener Daten einer Vielzahl von Unverdächtigen, die von der elektron. Rasterfahndung nach mögl. islamist. Terroristen erfasst worden seien. Gefahren des Missbrauchs eröffneten neue Überwachungsmöglichkeiten wie die Nutzung des sog. Imsi-Catchers zur Ortung von Mobilfunknutzern oder – zu anderen Zwecken – das System für die → Lkw-Maut und die Sammlung von DNA-Analysen.

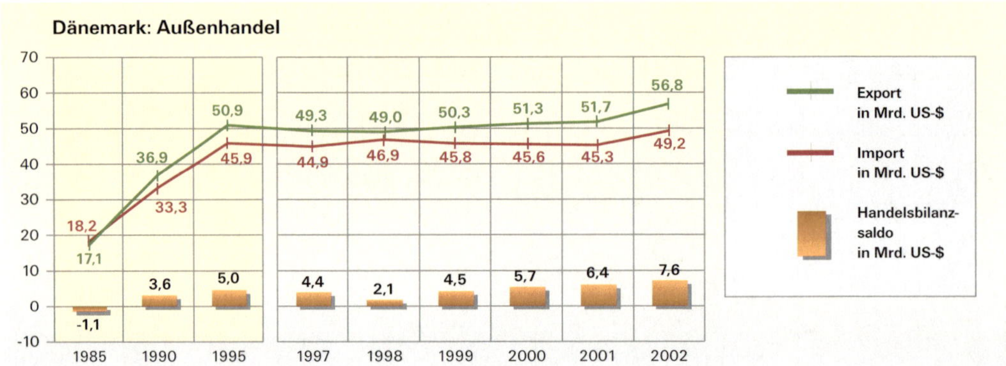

»Ideal für Journalisten also!«

Seit 5. März kann die Einreisebehörde der USA online auf die Buchungssysteme der in der EU niedergelassenen Fluggesellschaften zurückgreifen und neben den Reisedaten auch sämtl. persönl. Angaben der Passagiere abrufen. Die EU-Kommission erteilte diese Befugnis dem US-Justizministerium, obwohl sie geltendem EU-Recht und nat. Datenschutzvorschriften widerspricht. Neuer Bundes-Datenschutzbeauftragter wurde am 13. Nov. Peter → Schaar (Bündnis 90/Die Grünen).

Deep Links, Verweise (Links), die auf nachfolgende Unterseiten von Webseiten zielen. Der Benutzer von D. L. gelangt also nicht auf die Hauptseite eines Anbieters im Internet und muss von dort weiter navigieren, sondern direkt auf die Seite, die mit dem Ursprungsangebot verknüpft ist. – Der Inhaber einer Webseite muss D. L. grundsätzlich dulden – auch dann, wenn ihm dadurch Einnahmen für Werbung auf der Startseite entgehen.
Der BGH bestätigte in seiner Entscheidung vom 17. Juni die rechtl. Zulässigkeit dieses Verfahrens, das den allg. Gebrauchswert des Internet mitbegründet. Die Verlagsgruppe Handelsblatt hatte dem Betreiber einer auf die Onlinepresse spezialisierten Suchmaschine wegen Verstoßes gegen das Urheberrecht und das Wettbewerbsrecht untersagen lassen wollen, einen auf D. L. beruhenden kostenlosen Informationsservice anzubieten.

Designerbaby: In Sheffield kam am 16. Juni das erste brit. D. zur Welt. Die Stammzellen des Kindes sollen seinem vierjährigen Bruder helfen, der an einer lebensbedrohl. Blutkrankheit leidet. Die Eltern hatten sich im Vorjahr entschlossen, mithilfe künstl. Befruchtung (außerhalb des Mutterleibs) und der → Präimplantationsdiagnostik (PID) einen Embryo erzeugen zu lassen, der als Spender infrage kommt. Ein auf natürl. Weg gezeugtes Kind hätte nur mit 25-prozentiger Wahrscheinlichkeit die gewünschten Eigenschaften gehabt und wäre infolgedessen als Spender möglicherweise nicht geeignet gewesen.
Künstl. Befruchtung und PID wurden in den USA durchgeführt, da die brit. Behörden einen entsprechenden Antrag der Eltern abgelehnt hatten. Diese Entscheidung wurde jedoch im April 2003 durch ein Londoner Berufungsgericht aufgehoben.

Deutsche Bahn AG: Die erhebl. Kritik seitens der Fahrgäste und der Umsatzrückgang im Personenfernverkehr veranlassten die D. B. AG, das erst 2002 eingeführte neue Preissystem erneut zu reformieren. Das aus dem Flugverkehr übernommene System mit gestaffelten Rabatten für Frühbucher und hohen Stornogebühren war an den Bedürfnissen der auf Flexibilität bedachten Fahrgäste vorbeigegangen, und der Wegfall der Bahncard 50 mit einer Fahrpreisermäßigung von 50 % hatte viele Stammkunden enttäuscht. Die rückläufige Nachfrage im Personenfernverkehr – auch infolge der schwachen Konjunktur und der zunehmenden Konkurrenz durch Billigflieger – soll durch Zugeständ-

Auf zur nächsten Runde

nisse beim Preissystem aufgefangen werden. So wurden zum 1. Aug. die Stornogebühren gesenkt, das Frühbuchersystem vereinfacht und die Bahncard 50 wieder eingeführt. Nach Protesten nahm das Unternehmen auch die geplante Abschaffung der Speisewagen zurück.
Im Herbst hatte die D. B. AG erneut mit Verspätungen im Zugverkehr zu kämpfen, die mit Traktionsproblemen durch nasses Laub auf den Gleisen und der Bautätigkeit im Streckennetz begründet wurden. Auf Druck einzelner Bundesländer – sie sind die Besteller der Nahverkehrsleistungen in den Verkehrsverbünden – erklärte sich die D. B. AG bereit, im Einzelfall auch Fernreisezüge für die Benutzung durch Nahverkehrskunden freizugeben.
Die Entscheidung über einen Börsengang der D. B. AG, auf den der Vorstandsvors. HARTMUT MEHDORN das Unternehmen verstärkt ausrichtete, soll erst 2005 fallen. Ursachen sind neben der z. T. unbefriedigenden Geschäftsentwicklung die ungünstige Lage am Kapitalmarkt und der Streit darüber, ob das Schienennetz eingeschlossen werden soll, wie vom Aufsichtsrat favorisiert, oder dieses in der Verantwortung des Bundes verbleiben soll, wie von den polit. Parteien bevorzugt.

Deutscher Fernsehpreis, → Kulturchronik.

Deutsches Historisches Museum: Der von dem amerikan. Stararchitekten IEOH MING PEI (* 1917 in Kanton, China) entworfene Anbau des D. H. M. wurde am 23. Mai offiziell der Öffentlichkeit übergeben. Mit der gläsernen Turmspirale an der Eingangsseite des ansonsten außen schlicht gehaltenen Baus bildet der sog. Pei-Bau einen reizvollen Kontrast zum architekton. Umfeld mit Neuer Wache und Altem Museum. In der 47 Mio. € teuren repräsentativen Ausstellungshalle wird das D. H. M. künftig auf rd. 2700 m² Wechselausstellungen zeigen. Das Hauptgebäude des Museums, das histor. Zeughaus Unter den Linden, befindet sich zz. im Umbau. Ab 2004 wird dort die neue Dauerausstellung ihren Platz finden.

Der neue Anbau am Deutschen Historischen Museum in Berlin von Ieoh Ming Pei. Reizvoller Blickfang ist das spiralförmige Treppenhaus

Deutsche Telekom AG: Mit 24,6 Mrd. € musste die D. T. AG 2002 den größten Verlust der dt. Unternehmensgeschichte hinnehmen. Der Kurs der T-Aktie brach nach Bekanntgabe der Zahlen am 10. März um rd. 10 % ein. Der Rekordverlust ist überwiegend auf die im dritten Quartal vorgenommenen Abschreibungen auf Beteiligungen (T-Mobile in den USA) und die Lizenzen für den Mobilfunkstandard → UMTS zurückzuführen (insgesamt 22 Mrd. €); ohne diese Sondereinflüsse hätte der Verlust des Konzerns bei 4,8 Mrd. € gelegen. Bis Ende 2003 sollen die Nettoverbindlichkeiten von 61,1 Mrd. € auf rd. 50 Mrd.€ gesenkt werden. Nach mehr als zwei Jahren wies die D. T. AG. im ersten Quartal 2003 mit 850 Mio. € wieder einen Gewinn aus.

Deutsch-Französischer Vertrag, auch Élysée-Vertrag: Im Jan. wurden in Versailles, Paris und Berlin die Festlichkeiten zum 40-jährigen Jubiläum des Vertrags begangen, der das historisch belastete Verhältnis freundschaftlich neu begründete. Der am 22. 1. 1963 von dem frz. Präs. CHARLES DE GAULLE und Bundeskanzler KONRAD ADENAUER in Paris geschlossene Vertrag sieht eine enge Zusammenarbeit in der Außen-, Verteidigungs- und Kulturpolitik vor, die auf halbjährl. Konsultationen beider Reg. abgestimmt wird. Im Sept. 2003 fand das 81. Treffen dieser Art statt. Das Dt.-Frz. Jugendwerk, das durch den Vertrag ins Leben gerufen wurde, kann inzwischen auf den gegenseitigen Besuch von mehr als 7 Mio. Jugendlichen zurückblicken. Wenngleich es immer wieder zu Spannungen in den dt.-frz. Beziehungen kam – und wohl auch in Zukunft kommen dürfte –, hat der Mechanismus des Vertrags für die Verbesserung der Beziehungen eine stabile Basis geschaffen.

Deutschland

Hauptstadt: Berlin
Einwohner: 82,5 Mio.
Einwohner/km²: 231
Staatsoberhaupt: J. Rau
Regierungschef: G. Schröder
BIP/Einwohner: 24128 US-$

Die wirtschaftl. Stagnation im dritten Jahr in Folge und die schwere Finanzkrise in allen Sektoren der öffentl. Hand verstärkten den Reformdruck. Regierungskoalition, Oppositionsparteien, Expertenkommissionen und die Vertretungen der großen gesellschaftl. Interessengruppen wetteiferten mit Vorschlägen, wie die Leistungsfähigkeit der dt. Wirtschaft zu steigern sei und wie die öffentl. Finanzen von den Kostensteigerungen der Sozialsysteme entlastet werden könnten. Das Dilemma der Reformpolitik zeigte sich in der geringen Akzeptanz des Sozialabbaus bei den Wählern, die bei Landtags- und Kommunalwahlen die im Bund regierende SPD abstraften. Hinzu kam die Schwierigkeit, angesichts der dramat. Finanzlage der öffentl. Hand kostenträchtige Reformvorhaben (wie die Steuerentlastung) zu finanzieren. Die Opposition, im Bundesrat mit einer fakt. Vetomacht in wichtigen Punkten ausgestattet, konnte die von ihr als unzureichend kritisierten Reformvorhaben der rot-grünen Regierungskoalition lange blockieren, setzte sich aber dadurch dem Vorwurf aus, den von ihr selbst geforderten Erneuerungsprozess aus taktischen Gründen zu behindern. Erst zum Jahresende fanden beide Lager zum Kompromiss.

Konjunkturwende geschafft?

Die Talfahrt der Wirtschaft setzte sich zunächst fort. Nach einem bereits schwachen Anstieg des BIP im Vorjahr von lediglich 0,2% (2001: 0,6%) wurde zunächst mit einem Nullwachstum gerechnet. Im 3. Quartal zeigten die Indikatoren eine Konjunkturerholung an. Der Sachverständigenrat zur Begutachtung der gesamtwirtschaftl. Entwicklung erwartete im Nov. für 2004 eine leichte Steigerung des BIP um 1,5%, bei vorgezogener Steuerreform um 1,7% – womit D. der erwarteten kräftigen Belebung der Weltkonjunktur mit großem Abstand weiter hinterherhinken würde.

Als Hemmnis für den schon für 2003 erhofften Aufschwung erwies sich u.a. die schwache Binnennachfrage: Sinkende Realeinkommen, Angst vor Verlust des Arbeitsplatzes und die aus dem Umbau des Sozialstaats folgende stärkere finanzielle Belastung veranlassten viele Verbraucher, sich weiterhin zurückzuhalten. Auf Jahressicht erhöhten sich die privaten Konsumausgaben real nur um 0,2% (2002: -0,1%). Entsprechend stabil blieben die Verbraucherpreise mit einer Inflationsrate von 1,1% (2002: 1,4%).

Angesichts der schlechten Wirtschaftslage musste die Bundesreg. alle Hoffnungen auf eine durchgreifende Besserung der Situation am Arbeitsmarkt vorläufig begraben. Für das Gesamtjahr lag die Arbeitslosenquote nach nat. Definition bei 10,5% (2002: 9,8%), nach EU-Standard bei 9,3%. In den ostdt. Bundesländern blieb sie mit 18,5% weiterhin mehr als doppelt so hoch wie in Westdeutschland (8,4%).

Solidargemeinschaft

Rekorddefizit

Die Fehleinschätzungen zur wirtschaftl. Entwicklung und das Scheitern der Steuerpläne (Ablehnung des ›Steuervergünstigungsabbaugesetzes‹ im Bundesrat am 14. März) führten zu einem »steuerpolit. Chaos«, wie der Sachverständigenrat diagnostizierte (→ Steuerpolitik). Nach der amtl. Steuerschätzung Mitte Mai musste Bundesfinanzmin. HANS EICHEL endgültig sein Ziel aufgeben, bis 2006 einen ausgeglichenen Haushalt vorlegen zu können (→ Haushaltspolitik). Die mit dem Nachtragshaushalt für 2003 am 25. Nov. beschlossene Nettokreditaufnahme erhöhte sich um 24,5 Mrd. € auf das Rekordniveau von 43,4 Mrd. €. Zugleich überstieg die Defizitquote mit rd. 4% (2002: 3,8%) erneut die im EU-Stabilitätspakt vorgeschriebene Höchstgrenze von 3% des BIP. Für 2004 prognostizierte die EU-Kommission bei einem Wachstum von 1,6% einen Fehlbetrag von 3,9%.

Seit Jan. läuft gegen D. ein EU-Defizitverfahren. Einen nach den Richtlinien des Stabilitätspakts eigentlich fälligen Beschluss des EU-Finanzministerrats (Ecofin), D. durch Zwangsauflagen zu weiteren Sparmaßnahmen zu veranlassen, wehrte Finanzmin. EICHEL am 25. Nov. ab, unterstützt v.a. vom seinem frz. Kollegen, der sich in ähnl. Lage befand. Die

Deutschland: Leistungsbilanzsaldo

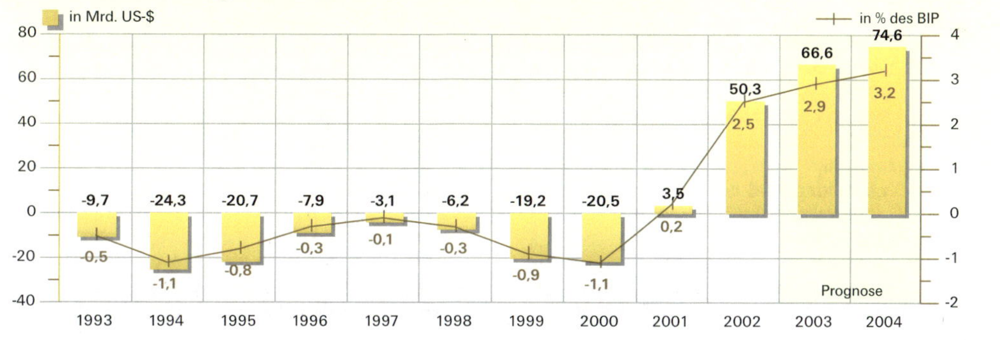

Auf terrorist. Dimensionen des → Rechtsextremismus verwiesen Aktivitäten der ›Kameradschaft Süd‹, die am 10. Sept. in München ausgehoben wurde. Dadurch konnten offenbar zugleich Sprengstoffanschläge und Attentate auf Persönlichkeiten des öffentl. Lebens vereitelt werden (→ Rechtsterrorismus).

Irakkonflikt: Konfrontation mit den USA und Spaltung in Europa

Während sich die CDU-Führung hinter die USA stellte und dies auch durch einen Besuch der Parteivors. im Febr. in Washington deutlich zum Ausdruck brachte, lehnte die rot-grüne Bundesreg. weiterhin eine aktive Beteiligung D.s an einem sich abzeichnenden → Irakkrieg ab. Dass diese Haltung auch von der Bevölkerung geteilt wurde, zeigten die zahlreichen Demonstrationen Hunderttausender im Febr. und März. Zus. mit Frankreich und Russland setzte sich D., seit Jan. nichtständiges Mitgl. im UNO-Sicherheitsrat, vehement für die Fortsetzung der Waffeninspektionen im Irak ein und lehnte ei-

■ Begegnung nach dem Irakkonflikt beim G-8-Gipfel in Evian am 1. Juni: US-Präsident George W. Bush (links) wendet sich nach einem Arbeitsessen zum Gehen; im Hintergrund der britische Premier Tony Blair und Gerhard Schröder

nen zweiten Resolutionsentwurf ab, der die USA und ihre Verbündeten zu einem militär. Einsatz ermächtigt hätte. Im Rahmen der NATO beteiligte sich die Bundeswehr jedoch an der Überwachung des türk. und von Teilen des irak. Luftraumes durch AWACS-Aufklärungsflugzeuge, deren Besatzungen sie stellte.

Mit seinem klaren Antikriegskurs an der Seite des frz. Präs. Jacques Chirac nahm Bundeskanzler Schröder die bisher schwerste Krise im transatlant. Verhältnis und ein persönl. Zerwürfnis mit US-Präs. George W. Bush in Kauf. Differenzen mit den USA ergaben sich auch auf weiteren Problemfeldern, so über die Autorität des → Internat. Strafgerichtshofs und die Sicherheitspolitik. Mit der Zustimmung Schröders zu einer Erklärung des Sondergipfels der EU in Brüssel am 17. Febr., Gewalt gegen der Irak könne »als letztes Mittel« gerechtfertigt sein, ließ sich die Spaltung Europas über den Irakkonflikt nur scheinbar überbrücken, die mit dem ›Offenen Brief der Acht‹ vom 30. Jan. und der Erklärung von zehn weiteren Staaten am 5. Febr. offenbar geworden war.

Nach dem Ende der Kampfhandlungen schloss Schröder weiterhin ein Engagement D.s im Irak aus, solange der Wiederaufbauprozess nicht unter der Verantwortung der internat. Staatengemeinschaft erfolge. Im Okt. stimmte D. im Sicherheitsrat einer Resolution zu, die u. a. die Aufstellung einer multinat. Schutztruppe unter amerikan. Kommando vorsieht.

Mit Zustimmung des Bundestages am 24. Okt. weitete die Bundesreg. den Einsatz dt. Soldaten in Afghanistan aus: Das Mandat wurde um weitere zwölf Monate verlängert; zudem können Bundeswehrsoldaten nun außer in der Hauptstadt Kabul auch in anderen Orten eingesetzt werden, bis zu 450 werden in der nordafghan. Stadt Kundus stationiert.

Einigkeit mit Frankreich, Reibungen mit anderen Nachbarn

40 Jahre nach dem Abschluss des → Deutsch-Französischen Vertrages demonstrierten Paris und Berlin nicht nur in der Irakfrage Einigkeit. Gemeinsam mit Belgien und Luxemburg schlugen sie im April die Gründung einer Europ. Sicherheits- und Verteidigungsunion vor, die eine von der NATO teilweise unabhängige europ. Sicherheitspolitik ermöglichen soll. Im Hinblick auf die geplante europ. Verfassung (→ EU-Konvent) befürworteten Schröder und Chirac im Jan. eine Doppelspitze aus einem Ratspräs. und einem Kommissionspräsidenten. Außerdem präsentierten sie im Sept. umfassende Pläne für eine europ. Wirtschafts- und Sozialpolitik. Im Nov. gelang es D. und Frankreich, das gegen sie gerichtete EU-Defizitverfahren auszuhebeln. Der enge Schulterschluss der beiden Großen bestärkte den Argwohn anderer europ. Partner. Nachdem er schon während des Irakkonflikts zum Ausdruck gekommen war, zeigte er sich Ende Nov. erneut in der verhärteten Diskussion über die EU-Verfassung auf der Regierungskonferenz in Neapel.

Einen Eklat löste der italien. MinPräs. und amtierende EU-Ratspräs. Silvio Berlusconi im Juli aus, als er im Europ. Parlament den sozialdemokrat. Abgeordneten Martin Schulz (SPD) als Idealbesetzung für den Aufseher in einem KZ-Film bezeichnete. Nach abfälligen Bemerkungen des italien. Staatssekr. Stefano Stefani über dt. Touristen wenige Tage später sagte Bundeskanzler Schröder seinen Sommerurlaub in Italien ab.

Belastungen im Verhältnis zu Polen und der Tschech. Rep. brachte die Auseinandersetzung über den möglichen Standort eines → Zentrums gegen Vertreibung. ■

Reformherbst oder Aktionismus?

Innenpolitisch war 2003 ein Rekordjahr. Noch nie in der Geschichte des Landes redeten die Politiker so viel über Reformen und setzten zugleich einen Teil davon in Taten um. Noch nie gab es so viele Reformkommissionen, noch nie wurde so sehr in den über Jahrzehnte gewachsenen Sozialstaat eingegriffen. Noch nie wohl waren die Bürger so verunsichert darüber, was in den kommenden Jahren noch auf sie zukommen wird. Im Dezember verhandelten die 32 Mitglieder des Vermittlungsausschusses von Bundestag und Bundesrat über gleich 16 Reformgesetze, auch dies ein Rekord. Dennoch bleibt das letzte Wort über 2003 ungesprochen. Es wird zu klären sein, ob der spätherbstliche Reformeifer in Berlin nur ein politisches Strohfeuer war und das vorweihnachtliche Ringen bereits die ganze Kraft der politischen Klasse aufgebraucht hat – oder ob wirklich ein Anfang gelungen sein sollte bei dem großen und auf Jahre angelegten Werk, einen zunehmend unfinanzierbaren Sozialstaat veränderten Zeiten anzupassen.

Wann, wenn nicht jetzt?

Die vielfältigen Probleme sind dem Land nicht über Nacht erwachsen. Die Vergreisung einer Gesellschaft, in der die Alten immer älter werden und zugleich die Kinder fehlen, woraus sich eine wachsende Finanzierungsnot der Sozialsysteme ergibt, ferner eine sich stetig verfestigende Massenarbeitslosigkeit, Defizite bei Bildung und Forschung sowie

In einem Elektromarkt in Würzburg wird am 14. März auf den Fernsehbildschirmen die ›Ruckrede‹ von Gerhard Schröder übertragen. Der Bundeskanzler stellt darin das Reformprogramm ›Agenda 2010‹ vor

die trotz mancher Exporterfolge nachlassende Wettbewerbsfähigkeit der deutschen Wirtschaft in der Welt – all dies ist seit Jahren bekannt. Es wurde von Wissenschaftlern vielfach beschrieben und von Politikern in Sonntagsreden als Herausforderung pro-

Der Autor:
Marc Beise
geboren 1959.
Studierte Rechts- und Wirtschaftswissenschaften. Wissenschaftliche Arbeit an der Universität Tübingen. 1997–99 Ressortleiter Wirtschaftspolitik des ›Handelsblatts‹, seitdem stellvertretender Leiter des Ressorts Wirtschaft der ›Süddeutschen Zeitung‹

klamiert – aber im gesetzgeberischen Alltag seit der Ära des CDU-Langzeitkanzlers HELMUT KOHL grandios missachtet. »Die Rente ist sicher« – diese bedenkenlose Parole von KOHLS Sozialminister NORBERT BLÜM (CDU) stand beispielhaft für eine die Wirklichkeit ausblendende Politik des ›weiter so‹ zu Zeiten, als längst schon nichts mehr hätte so weitergehen dürfen.

Nicht besser packte es der sozialdemokratische Kohl-Nachfolger GERHARD SCHRÖDER an, der seit 1998 erklärtermaßen nicht alles anders, aber vieles besser machen wollte. In Wirklichkeit machte er weniges anders und noch weniger besser. Die erste Legislaturperiode von SPD und Bündnis 90/Die Grünen bedeutete wirtschaftspolitisch vier verlorene Jahre. Rückschritte gab es besonders auf dem Gebiet des Renten- und des Arbeitsrechts, wo zaghafte Reformansätze der späten Kohl-Ära bedenkenlos wieder zurückgenommen wurden. Der Auftakt der zweiten Amtszeit übertraf noch den Dilettantismus der ersten Partie. Dann aber kam Freitag, der 14. März 2003: die ›Ruckrede‹ des Kanzlers im Reichstag, die Proklamation der ›Agenda 2010‹ – ein Meisterwerk politischer Taktik und, jedenfalls von der Phonetik her, ein Renner. ›Zwanzigzehn‹ für ein besseres Deutschland – die Kampagne rollte. Aber stand hinter der Taktik auch eine Strategie?

Die große Linie, im Tagesgeschäft kaum zu erkennen, offenbart sich erst beim Blick aus der Distanz. SCHRÖDERS Reformjahr mag nicht schachgemäß vorausgeplant gewesen sein, aber die Etappen fügten sich denn doch im Ablauf gut aneinander. Erst die Berufung eines Doppelministers für Wirtschaft und Arbeit, WOLFGANG CLEMENT (SPD), dann eine neue Politik. Der selbst ernannte ›Macher‹ aus Nordrhein-Westfalen hatte schon zu Jahresbeginn 2003 das richtige Gespür dafür, dass die Regierung SCHRÖDER noch genau eine Patrone im Magazin hatte, und dies vor dem Hintergrund einer selten günstigen Ausgangsposition für unpopuläre Strukturreformen: Distanz zu den nächsten wichtigen Wahlen in Nordrhein-Westfalen (2005) und im Bund (2006) und ein nach drei Jahren der Konjunkturflaute hinreichendes Problembewusstsein in der Bevölkerung. Wann, wenn nicht jetzt?

»2003 muss für Deutschland das Jahr der entscheidenden wirtschafts- und finanzpolitischen Weichenstellungen werden«, hämmerte CLEMENT den Seinen ein. Kaum eine Woche verging ohne neue Anstöße. Absenken der sozialen Standards, Erhöhung der Zumutbarkeitsgrenzen für Arbeitslose, Lockerung des Kündigungsschutzes, Abschaffung der Zwangsverwaltung bei den Handwerkern und den freien Berufen, ja selbst Eingriffe in die Tarifautonomie konnte sich CLEMENT vorstellen – vieles davon tönte derart wirtschaftsliberal, dass nicht nur den Sozialdemokraten die Ohren klangen, sondern auch den getarnten Sozialisten bei CDU und CSU.

Bundeswirtschaftsminister Wolfgang Clement spricht am 10. Februar in Berlin auf einer Kundgebung, zu der sich protestierende Handwerker unter dem Motto »Jetzt reicht's« versammelt haben

»Unser Land muss wieder zu einem Zentrum der Zuversicht in Europa werden«, so der Bundeskanzler in seiner Agenda-Rede: »Nicht alle Probleme, vor denen wir heute stehen, sind erst gestern entstanden. Nicht alle Lösungen, die wir heute diskutieren, können schon morgen wirken. Aber ich bin entschlossen, nicht mehr zuzulassen, dass Probleme auf die lange Bank geschoben werden, weil sie kaum überwindbar erscheinen.« Große Worte, gefolgt von einem Sommer des Palavers. Erst langsam wuchs die Einsicht bei den Beobachtern, dass SCHRÖDER, der Meister des Themenhopsens, sich dieses Mal in eine Aufgabe verbissen hatte. Besser gesagt vielleicht: verbeißen musste – denn je tiefer die Kanzler-Partei in den Umfragen abstürzte, je mehr Niederlagen bei Landtagswahlen sie erdulden musste, desto weniger konnte und wollte der SPD-Vorsitzende noch zurück. Der Platz in der Geschichte als erster Kanzler der Republik, der wirklich Strukturreformen anzupacken gewagt hat, wäre ihm kaum noch zu nehmen – wenn er nur hart bliebe und konsequent, und sei es um den Preis des Verzichts auf ein zermürbendes Amt, das für den Menschen GERHARD SCHRÖDER ohnehin zunehmend zur Qual wurde.

Von der Reform zum Reförmchen

Der Wille war groß, aber die Tat? Von den im März genannten Vorgaben ist nur Weniges geblieben. Vorgenommen hatte sich die Regierung unter anderem Reformen der gesetzlichen Krankenversicherung, der Gemeindefinanzen, des Handwerksrechts und des Arbeitsmarktes. Entscheidungen sollte es zum Ende des Jahres auf all diesen Gebieten geben, aber in der Regel wurden es Kompromisse auf ziemlich kleinem Nenner. Die mutigsten Ansätze hatte die eigene SPD-Fraktion kassiert, den Rest halbierten Gewerkschaften und Verbände, ehe überhaupt erst die Opposition auf den Plan trat, um ihre Blockademehrheit im Bundesrat einzusetzen. Der Kompromiss des Vermittlungsausschusses, ermittelt in einer Runde der Parteichefs, war von Anfang an mit Makeln behaftet. Nicht nur, weil er sich binnen 24 Stunden als in Teilen dilettantisch erwies. So hatten sich die Parteichefs bei der Finanzierung auf der

Der Vermittlungsausschuss berät am 10. Dezember im Berliner Bundesratsgebäude über die Reformgesetze der Bundesregierung

Basis veralteter Zahlen glatt um eine Milliarde Euro verrechnet; kann ja mal passieren, merkten die Spötter an. Andere schlossen von der Art, wie der Kompromiss zustande kam, auf dessen Qualität. Aber auch abseits der Welt der Zahlen: Vieles von dem, was im Dezember verabschiedet worden ist, wirkt kleinmütig. Die Unterhändler beharrten auf dieser und jener Subvention, je nach der Interessenlage ihres Wahlkreises oder ihres Bundeslandes, oder sie gaben dem Druck der Interessenverbände nach. Ganz zu schweigen von den vielen Widersprüchen im Detail, mit denen sich die Praxis wird herumquälen müssen und die Stoff genug bieten für die nächsten Änderungsgesetze – nichts Neues in der Vermittlungsausschuss-Republik.

Gerhard Schröder begrüßt die CDU-Vorsitzende Angela Merkel am 14. Dezember zu den entscheidenden Beratungen; hinten Guido Westerwelle (links) und Henning Scherf

Lehrstück Steuerreform

Symptomatisch für die Sprunghaftigkeit der Politik war die Diskussion über die Steuerreform, besser: die Senkung der Einkommensteuersätze in mehreren Etappen; in der Spitze von früher 53 % auf bald 42 %, beim Eingangssteuersatz von 23,9 % auf 15 %. Schon seit Jahren stand die Reform im Bundesgesetzblatt, festgeschrieben in drei Stufen: 2001, 2003, 2005 – »und daran wird nichts mehr geändert, auf uns kann man sich verlassen«, so schwor einst Bundesfinanzminister HANS EICHEL (SPD); das ist lange vergessen. Erst kam im Wahljahr 2002 die große Flut in Ostdeutschland, und flugs hatte Regierungschef SCHRÖDER die zweite Stufe um ein Jahr verschoben, um mit dem gesparten Geld die Reparaturen zu finanzieren – die sich später als weniger kostspielig herausstellen sollten als zunächst kalkuliert. Dann sollte umgekehrt, wieder so eine spontane Eingebung des Kanzlers, die dritte Stufe der Steuerreform um ein Jahr vorgezogen werden, um die weiterhin lahmende Konjunktur anzukurbeln – vergleichsweise eine Petitesse, die aber zum beherrschenden Thema des Jahres 2003 wurde, so als hätte die Republik keine anderen Sorgen: ein völlig verkorkstes Steuerrecht etwa, oder eine immer noch überbordende Bürokratie und einen unflexiblen und deshalb leistungsschwachen Arbeitsmarkt, und vor allem eine jede Vorstellung sprengende Staatsverschuldung von mittlerweile rund 1,4 Billionen Euro, die der Politik den Gestaltungsspielraum nimmt und kommenden Generationen eine gewaltige Erblast aufbürdet.

Die verbissene Diskussion um die Steuerreform war ein Lehrstück auch in anderer Hinsicht: Die Union, die dem Aktionismus des Kanzlers zunächst Widerstand leistete, ließ sich von einem einzelnen Massenblatt einen neuen Kurs vorschreiben. »Gegen Bild kann man keine Politik machen«, erkannte der frühere Unions-Kanzlerkandidat EDMUND STOIBER (CSU) und zwang die CDU im Vermittlungsverfahren zum Kompromiss: Die dritte Stufe der Steuerreform wurde vorgezogen, wenngleich wegen der Kosten nur zur Hälfte und damit erst recht unbeachtlich für die Konjunktur. Und im Übrigen dauerte es genau zwei Tage, ehe auch der Boulevard begriff, dass von der herbeigeschriebenen Steuersenkung (»das haben Sie nächstes Jahr mehr in der Tasche«) nichts bleiben würde, sondern im Gegenteil die Belastung wegen der anderswo munter steigenden Steuern und Abgaben eher größer als kleiner werden würde.

Die Botschaft von der Wende ist angekommen

Der Wert der Vereinbarungen vom Dezember 2003 liegt weniger in den einzelnen Maßnahmen, sondern in der politischen Signalwirkung: Strukturreformen sind möglich, und sie sind sogar gewollt. Und obwohl sie kurzfristig vor allem den ›kleinen Mann‹ belasten, der erst auf längere Sicht durch mehr Wirtschaftswachstum und mehr Jobs profitieren wird, werden sie erstmals von der großen Mehrheit der politischen Elite als notwendig erachtet. Vergeblich warnte HEINER FLASSBECK, der einstige Chefdenker von OSKAR LAFONTAINE, der ganze Reformprozess sei ein »kollektiver Wahn«, weil er fälschlicherweise die Logik privaten Wirtschaftens (wenn kein Geld mehr da ist, muss gespart werden) auf den Staat übertrage und damit das Land ruinieren würde. Der Wille zur Veränderung hatte die Politik nachhaltig erfasst, und auch in der Bevölkerung gab es eine verbreitete Grundstimmung, dass nun endlich etwas passieren müsse; am liebsten allerdings – insofern wirkten die alten Grundmuster fort – nicht zulasten der eigenen Bedürfnisse. Nicht einmal die Gewerkschaften waren noch ohne weiteres bereit, als Bremser der Nation dazustehen. Selbst deren hartnäckigste Sozialpolitiker leisteten dem Strukturreformdruck nur noch matten Widerstand.

Der im Dezember verabschiedete Kompromiss ist unvollkommen, auf einzelnen Feldern sogar kontraproduktiv, aber er folgt einem richtigen, und in der politischen Praxis eher neuen Grundgedanken: Es geht um mehr Freiheit, um mehr Eigenverantwortung. Das zeigt sich bei der Steuersenkung ebenso wie bei der – zaghaften – Lockerung der Handwerksordnung, den neuen Regeln für Arbeitslose (Zumutbarkeit von Arbeit aller Art) und beim Kün-

Mitglieder des SPD-nahen sozialistischen Jugendverbandes Die Falken versenken am 30. Mai symbolisch die ›Agenda 2010‹ von Bundeskanzler Schröder in der Elbe

digungsschutz. LUDWIG ERHARD, der Vater des deutschen Nachkriegs-Wirtschaftswunders, schlich sich wieder in die öffentlichen Überlegungen ein; der ganze ERHARD wohlgemerkt, nicht nur jener des »Wohlstands für alle«, sondern auch der Mahner, der darauf bestand, dass Sozialleistungen erst einmal erwirtschaftet werden müssen und dass dazu Freiheit und Wettbewerb entscheidende Voraussetzungen sind.

Aufgaben für die Zukunft

Die großen Reformaufgaben stehen erst noch an. Von den großen Parteien hatte sich dafür zunächst nur die CDU Blaupausen zurechtgelegt; sehr zum Argwohn bereits der schwesterlichen CSU. Diese wollte und will – ganz im Stile der alten Volksparteien – die Bürger nicht über Gebühr verunsichern. In falscher Sicherheit gewogen aber wurden die Bürger lange genug, und die Folgen kann man an den wichtigen Subsystemen der Wirtschaftsordnung ablesen. Der zwischen SPD und Union ausgehandelte Gesundheitskompromiss des Jahres 2003 wird nicht lange halten. Weiter nach vorn blickte da die CDU-Kommission unter dem Vorsitz des früheren Präsidenten des Bundesverfassungsgerichts und späteren Bundespräsidenten ROMAN HERZOG. Sie schlug vor, das Gesundheitssystem mittels einer Kopfpauschale für alle Versicherten neu zu organisieren.

Ein anderer ehemaliger Verfassungsrichter nahm sich ein weiteres Feld vor: PAUL KIRCHHOF, der bis 2001 mit zupackenden höchstrichterlichen Steuerrechtsurteilen die Politiker vor sich her getrieben hatte, legte den Vorschlag für ein völlig renoviertes Steuerrecht vor: einfach, klar und gerecht, mit einer einzigen Einkommensteuer für Angestellte, Selbstständige und Unternehmen, einem Spitzensteuersatz von 25 Prozent und der Streichung fast aller lieb gewordenen Ausnahmen und Steuervergünstigungen. Wieder war es zunächst nur die CDU, die reagierte – in Gestalt des Steuerexperten und Fraktionsvize FRIEDRICH MERZ (CDU), der es freilich noch nicht wagte, den deutschen Unternehmen die Möglichkeiten der Steuergestaltung so konsequent zu nehmen wie KIRCHHOF und der deshalb angreifbarer blieb als jener.

Auf dem Gebiet der Steuerpolitik und auf vielen anderen Feldern wird sich in den kommenden Jahren die Reformfähigkeit des Landes entscheiden: Wird es gelingen, die Partikularinteressen zu zähmen und neue Strukturen zu schaffen? Wird der Umbau der Sozialversicherungen weiter in Richtung Eigenverantwortung gehen? Kann die Tarifpolitik trotz der Beharrungskräfte von Arbeitgebern und Gewerkschaften ausreichend flexibilisiert, d.h. in die Betriebe verlagert werden? Lässt sich der deutsche Föderalismus erneuern, einschließlich der Entflechtung der komplizierten und widersprüchlichen Finanzströme zwischen allen staatlichen Ebenen? Wird eine neue Verteilung der öffentlichen Ausgaben mit dem Schwerpunkt Schule und Universität gelingen? Erhält die staatliche Kinderbetreuung die Qualität, die eine Einheit von Beruf und Familie möglich macht? Erst wenn die Antworten auf diese Fragen vorliegen, wird klar sein, ob 2003 für Deutschland wirklich ein Wendejahr war.

Alt-Bundespräsident Roman Herzog winkt am 1. Dezember nach seiner Rede auf dem CDU-Parteitag in Leipzig den Delegierten zu. In Leipzig diskutieren die Christdemokraten u.a. über das Reformkonzept der Herzog-Kommission

Diamandouros, Nikiforos, griech. Politikwissenschaftler, *Athen 25.6. 1942. – Das EU-Parlament wählte am 16.Jan. D. zum neuen europ. Bürgerbeauftragten. In diesem Amt, das 1992 im Vertrag von Maastricht geschaffen wurde, um die Bürgerferne der europ. Institutionen zu überwinden, kümmert sich D. seit 1.April um Belange von Bürgern, die sich von den Behörden der EU schlecht behandelt fühlen.
D. promovierte 1972 an der Columbia University in den USA. In Forschung und Lehre erwarb er sich als Spezialist für demokrat. Institutionen einen herausragenden Ruf. Erfahrungen für seine Aufgabe auf europ. Ebene sammelte er seit 1998 als erster nat. Ombudsmann in Griechenland.

Nikiforos Diamandouros, neuer Bürgerbeauftragter der Europäischen Union, beantwortet nach seiner Wahl am 16. Januar in Straßburg die Fragen von Journalisten

Diarra, Seydou Elimane, ivor. Diplomat und Politiker (parteilos), *Katiola 23.11. 1933. – Auf der Basis des am 24.Jan. unterzeichneten Friedensvertrages zw. den Bürgerkriegsparteien beauftragte Präs. LAURENT GBAGBO einen Tag später den aus dem muslim. Norden stammenden Altpolitiker D. mit der Regierungsbildung. Doch erst im März stellte D. eine Übergangsreg. der nat. Versöhnung vor, in die er Vertreter aller Konfliktparteien aufnahm. Ohne entscheidende Machtbefugnisse, konnte er den weiteren Zerfall des Landes nicht stoppen.
Der in Frankreich ausgebildete Agraringenieur war Direktor einer Kakaofabrik in Abidjan, bevor er in den diplomat. Dienst eintrat und sein Land u.a. als Botschafter in Brasilien (1970–77) und Europa (Beneluxstaaten und EG 1977–83, Großbritannien 1983–85) vertrat. In den polit. Wirren des Jahres 2000 war er von Mai bis Okt. erstmals MinPräs. unter ROBERT GUEÏ. Seit 2001 leitete er das Forum zur Nat. Versöhnung, das Vorschläge zur Beendigung der Konflikte ausarbeitete.

Diekmann, Michael, Versicherungsmanager, *Bielefeld 23.12 1954. – Am 29.April übernahm D. den Vorstandsvorsitz der Allianz AG von HENNING SCHULTE-NOELLE, der auf den Posten des Aufsichtsratsvors. der weltweit führenden Versicherungsgruppe wechselte.
D. studierte 1973–82 Jura und Philosophie in Göttingen. Nach dem Berufseinstieg als Finanzchef im familieneigenen Fachverlag wechselte er 1988 zur Allianz Versicherungs-AG und stieg bis 2000 zum Vorstandsmitgl. auf. Schwerpunkt seiner Tätigkeit in der Konzernzentrale waren die Aktivitäten der Allianz im asiatisch-pazif. Raum, später in Osteuropa und Südamerika.

Distomo, griech. Dorf, in dem die 4.SS-Polizei-Panzergrenadierdivision im Juni 1944 im Rahmen einer Racheaktion zwölf Partisanen und mind. 214 unbeteiligte Bürger erschoss. Der BGH in Karlsruhe wies am 26.Juni die Klage von vier Hinterbliebenen der Opfer des Massakers ab, die Schadenersatz durch die Bundesreg. erstreiten wollten.
Das Gericht stellte fest, nach der damaligen, Ausschlag gebenden Völkerrechtsprechung hätten nur Staaten, nicht aber Privatpersonen Anspruch auf Reparationen wegen Kriegsverbrechen. Deutschland hatte 1960 Reparationszahlungen in Höhe von 115 Mio.DM an Griechenland geleistet. Auch der Europ. Gerichtshof (EuGH) hatte 2002 Schadenersatzzahlungen Deutschlands an Griechen abgelehnt, die griech. Gerichte den Hinterbliebenen der Ermordeten seit 1997 mehrfach zugesprochen hatten. 2002 wäre es deshalb fast zur Pfändung und Zwangsversteigerung des Goethe-Inst. und des Dt. Archäolog. Inst. in Athen gekommen.

Djibouti

Hauptstadt: Djibouti
Einwohner: 657 000
Einwohner/km²: 28
Staatsoberhaupt: I. O. Guelleh
Regierungschef: D.M. Dileita
BIP/Einwohner: 758 US-$

Bei den Parlamentswahlen am 10.Jan. wurde die regierende Parteienkoalition Union für die Mehrheit des Präs. (UMP) mit 62,7% der Stimmen bestätigt. Die Opposition warf Präs. ISMAIL OMAR GUELLEH Wahlbetrug vor und kündigte rechtl. Schritte an. In D. waren mehrere Tausend Soldaten stationiert – neben frz. auch dt. –, die die strategisch wichtige Lage des Landes für den internat. Kampf gegen den Terrorismus nutzten. Nach einem Ultimatum der Reg. verließen im Sept. etwa 90 000 illegale Einwanderer das Land, mehrere Tausend suchten Schutz in einem UNO-Flüchtlingslager südlich der Hauptstadt. Die Reg. begründete die Massenausweisung mit der grassierenden Armut in dem Kleinstaat.

Djukanović, Milo, montenegrin. Politiker (Demokrat. Partei der Sozialisten, DPS), *Nikšić 15.2. 1962. – Im Ämtertausch mit FILIP VUJANOVIĆ übernahm der bisherige Präs. der Teilrep. Montenegro am 8.Jan. das Amt des Regierungschefs.

Nach dem Studium der Wirtschaftswiss. stieg D. in die Führungsriege der jugoslaw. kommunist. Partei auf, die sich später in die DPS umwandelte. 1991 wurde er in Montenegro jüngster MinPräs. Europas. Als Befürworter eines von Serbien unabhängigen Reformkurses setzte er sich gegen die Anhänger des serb. Präs. SLOBODAN MILOŠEVIĆ durch und wurde 1997 zum Vors. der montenegrin. DPS und zum Präs. der Teilrep. gewählt. Nach dem Wahlsieg des von der DPS geführten Parteienbündnisses im Okt. 2002 trat D. als Präs. zurück, um als MinPräs. die Reg. bilden zu können.

Nach seinem frühen Tod im Alter von sechs Jahren steht das Klonschaf Dolly präpariert und ausgestopft im Royal Museum in Edinburgh

Dolly: Das Klonschaf D. wurde am 14. Febr. im Alter von sechs Jahren wegen einer Lungenentzündung eingeschläfert; es hatte seit 2002 auch unter Arthrose gelitten. Beide Erkrankungen sind typ. Alterskrankheiten bei Schafen und traten bei D. ungewöhnlich früh auf.
D. war 1996 am Roslin-Inst. bei Edinburgh (Schottland) als erstes Säugetier erfolgreich aus der Zelle eines erwachsenen Tieres geklont worden. 1999 entdeckten Wissenschaftler eine Eigenheit im Erbgut von D.: Die Endabschnitte der Chromosomen (Telomere) waren deutlich kürzer als bei nicht geklonten Altersgenossen. Telomere verkürzen sich mit fortschreitendem Alter. Bei D. hatte sich dieser Prozess beschleunigt.

Dominica

Hauptstadt: Roseau
Einwohner: 72 000
Einwohner/ km²: 96
Staatsoberhaupt:
V. Lorden Shaw
Regierungschef:
P. Charles
BIP/Einwohner:
3 538 US-$

Dominikanische Republik

Hauptstadt:
Santo Domingo
Einwohner: 8,6 Mio.
Einwohner/ km²: 176
Staatsoberhaupt und Regierungschef:
R. H. Mejía Domínguez
BIP/Einwohner:
2 479 US-$

Mehrfache drast. Preiserhöhungen bei stagnierenden Löhnen und einem Verfall der Währung führten im Laufe des Jahres zu schweren Unruhen.
Der Zusammenbruch der zweitgrößten Bank der D. R. infolge betrüger. Finanzmanipulationen in Höhe von über 2 Mrd. US-$ stürzte die Wirtschaft in eine schwere Krise. Dank der wirtschaftlich stabilen Ausgangslage rechnet man damit, dass das Land die Krise schnell überwinden wird und der Rückgang des BIP um 3,0 % ein einmaliger Vorgang bleibt.

Doping: Auf dem Weg zu einem sauberen Sport gelang den Internat. Sportverbänden und Vertretern von 73 Reg. am 5. März ein wichtiger Schritt: In Kopenhagen verabschiedeten sie auf der 2. Welt-Anti-Doping-Konferenz einstimmig den Anti-Doping-Code. Das weltweit gültige Regelwerk sieht vor, dass jeder Dopingsünder bereits beim erstmaligen Vergehen für zwei Jahre gesperrt wird. Gegen die Einführung des Reglements hatten bis zuletzt Vertreter des Radsport-Weltverbandes (UCI) und des Fußball-Weltverbandes (FIFA) Widerstand geleistet. Sie plädierten für ein individuelles Strafmaß je nach Vergehen.
Mit der Erklärung von Kopenhagen steht der Welt-Anti-Doping-Agentur (WADA) nun ein verbindl. Code für ihre Arbeit zur Verfügung. Dennoch erschütterten auch 2003 mehrere Dopingskandale die Sportwelt. Bei der Leichtathletik-WM in Paris (23. – 31. August) wurde KELLI WHITE (USA), Weltmeisterin über 100 und 200 m, der Einnahme des Stimulanzmittels Modafinil überführt. Einen weiteren Skandal löste ihr Landsmann JEROME YOUNG aus: Der Weltmeister über 400 m gestand in Paris, dass er 1999 positiv auf Nandrolon getestet worden war. Der amerikan. Leichtathletikverband (USATF) hatte den Vorfall vertuscht. Bereits im April war bekannt geworden, dass der USATF mehr als 100 positiv getestete Sportler ungestraft gelassen hatte – Dopingsünder aus diesem Kreis hatten zwischen 1988 und 2000 mindestens 19 olymp. Medaillen gewonnen.

THG stellt amerikanische Sportverbände an den Pranger

Im Okt. erschütterte ein weiterer Dopingskandal noch nicht absehbaren Ausmaßes die USA. Die A-Probe des amerikan. Kugelstoßers KEVIN TODT wurde positiv auf das bislang nicht (Forts. S.113)

Höher, schneller, weiter – Wunderwerke der Chemie?

Der Autor:
Joachim Mölter
Geboren 1963.
Studierte Geschichte. Ab 1990 Redakteur der ›Süddeutschen Zeitung‹, ab 2002 als Sportkorrespondent bei der ›Frankfurter Allgemeinen Zeitung‹, seit 2003 freier Sportjournalist

Das Unaussprechliche im Sport geht leichter von der Zunge, wenn es auf drei Buchstaben reduziert ist: HGH zum Beispiel, das steht für den englischen Begriff Human Growth Hormone. Oder EPO, das sagt sich einfacher dahin als Erythropoietin. Neuerdings wird viel von THG geredet, das klingt nicht so umständlich wie Tetrahydrogestrinon. Die Abkürzungen hören sich harmlos an, aber sie bezeichnen chemische Zusammensetzungen. Und wenn die Chemie ins Spiel kommt, führt das im Sport zu dem einen Begriff, den man am liebsten gar nicht ausspricht: Doping. Nun ist es nicht neu, dass Athleten ihre sportliche Leistung mit unerlaubter Hilfe steigern, um sich Vorteile im Konkurrenzkampf zu verschaffen. Das interessierte Publikum hat davon schon in den 1960er-Jahren erfahren, und spätestens seit dem Fall des kanadischen 100-m-Läufers Ben Johnson bei den Olympischen Spielen 1988 in Seoul weiß auch eine größere Öffentlichkeit davon. Aber selbst die Fachleute haben im Jahr 2003 erstaunt registriert, in welche Dimensionen das Doping inzwischen vorgestoßen ist.

THG – eine neue Qualität der Manipulation

HGH und EPO sind Hormone, die der Mensch selbst produziert – das eine in der Hirnanhangdrüse, wo es für das Körperwachstum sorgt, und das andere in der Niere, wo es die Bildung roter Blutkörperchen fördert. Hormone kann man auch künstlich herstellen, in der Regel geschieht dies für medizinische Zwecke: Da wird HGH zum Beispiel Kleinwüchsigen, Aids-Kranken oder Schwerverletzten verordnet, EPO bei Blutarmut eingesetzt. Gesunde Athleten nehmen diese Mittel ebenfalls – damit ihre Muskeln schneller wachsen und sie mehr Kraft entwickeln oder damit der Sauerstoff im Blut flotter transportiert wird und sie dadurch ausdauernder werden. Im Grunde war Doping deshalb immer auch der Missbrauch von Medikamenten. THG aber ist kein Medikament, zumindest ist es nicht als solches getestet, geprüft oder gar zugelassen. THG wird zu keinem anderen Zweck hergestellt und verabreicht als dem, die Leistung von Athleten zu verbessern. Damit hat die Manipulation im Sport eine neue Qualität erreicht; eine, die ihn fundamental erschüttert. »Das kann in die Luft fliegen wie eine Atombombe«, glaubt der amerikanische Professor Chuck Yesalis, der als Dopingexperte gilt.

Um die Explosivität des Gemischs THG einschätzen zu können, muss man es in seine Einzelteile zerlegen. Die Anti-Doping-Forscher arbeiten ja seit langem an Methoden, um die als leistungssteigernd bekannten Arzneien im Blut oder im Urin von getesteten Sportlern herauszufiltern; meist handelt es sich dabei um Präparate zur Muskelbildung, so genannte Anabolika oder anabole Steroide. Die Untersuchung ist aufwendig, wie Wilhelm Schänzer erklärt, der Leiter des Instituts für Biochemie an der Deutschen Sporthochschule in Köln: »Für jeden Wirkstoff muss eine eigene, substanzspezifische Analyse durchgeführt werden.« Und weil es allein Tausende von Steroiden gibt, suchen die Wissenschaftler nur nach bekannten Mitteln – es ist quasi eine Zielfahndung.

Das in Fachkreisen bis dato unbekannte THG hätten sie auf diesem Weg also nie entdeckt. Aber im Sommer lieferte ein Leichtathletiktrainer der amerikanischen Anti-Doping-Agentur einen anonymen Hinweis samt einer Spritze mit den Resten einer THG-Injektion. Nun erst konnte Don Catlin in Los Angeles die Substanz zerlegen – es war eine

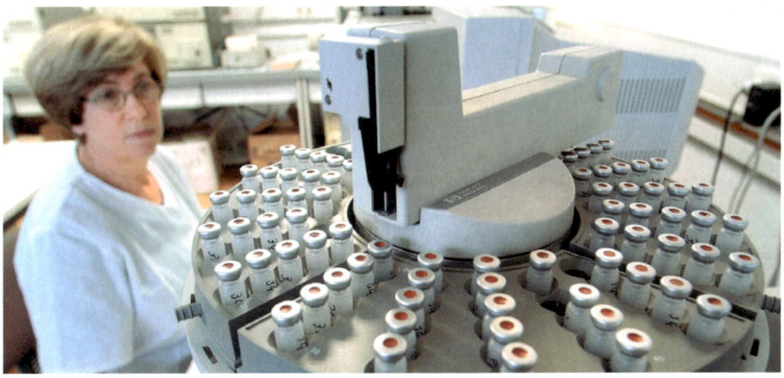

Eine Laborantin des Dopinginstituts in Kreischa bei Dresden bereitet Urinproben von Sportlern zur Untersuchung vor. Etwa zehn Prozent aller internationalen Proben werden hier analysiert

Modifikation des bekannten Steroids Gestrinon, dem lediglich vier Wasserstoffatome zugefügt worden waren. Die muskelbildende Wirkung von Gestrinon sei dadurch verstärkt worden, glauben Wissenschaftler; entscheidend aber ist, dass mit dieser Manipulation sein Nachweis im Grunde unmöglich gemacht wurde. Denn noch ist die ›Rasterfahndung‹ nicht so engmaschig, als dass auch ähnlich strukturierte Stoffe im Sieb hängen bleiben würden. So einfach lassen sich die Kontrollen also überwinden: Eine Zutat an der richtigen Stelle, und schon wird aus dem Spitzensport der Spritzensport.

Nur die Spitze des Eisbergs?

Dass nach der unverhofften Entdeckung bei etlichen amerikanischen Sportlern – vor allem Leichtathleten und Footballprofis – das so genannte Designer-Steroid THG im Körper gefunden werden konnte, wurde zunächst als Schlag gegen die Dopingszene gefeiert. Wer jedoch genauer darüber nachdachte, musste es eher als Rückschlag für die Dopingbekämpfer empfinden. »Wir haben keine Ahnung, wie lange das Zeug schon auf dem Markt ist«, gab CATLIN zu, »seit Monaten, vielleicht seit Jahren.« Zudem lässt die Existenz dieses einen Designer-Steroids vermuten, dass es noch andere, weiterhin unbekannte gibt. »Meine Instinkte sagen mir: Ja«, sagte CATLIN, der ein vom Internationalen Olympischen Komitee (IOC) anerkanntes Anti-Doping-Labor leitet. Nun hört man sogar, dass es in den USA Labors gibt, die in kurzen Abständen immer wieder neue Modifikationen legaler Arzneien unter die Sportler bringen. Eine traurige Aussicht: Wie sollen die Dopingfahnder diese Mittel jemals finden und nachweisen, außer durch Zufälle oder mithilfe weiterer Tippgeber?

Organisierte Kriminalität

TERRY MADDEN, der Chef der amerikanischen Anti-Doping-Agentur, vermutet hinter der THG-Affäre eine »Konspiration von Athleten, Trainern und Chemikern mit internationalem Ausmaß«. Tatsächlich muss man davon ausgehen, dass Doping keine Grenzen mehr kennt, weder moralische, noch geographische, noch disziplinäre. Alle Athleten aus allen Ländern in allen Sportarten sind verdächtig. Und alle Doper sind skrupellos, auch sich selbst gegenüber. Abgabe und Einnahme eines Mittels wie THG, dessen Nebenwirkungen nicht erforscht sind, sind jedenfalls verantwortungslos. Aber mit Herstellung, Vertrieb und Verkauf von Dopingsubstanzen machen die Hintermänner einen ebenso leichten Gewinn wie die Athleten durch den Gebrauch. Die müssen freilich ihre erschwindelten Prämien mit Trainern, Managern, Ärzten und Lieferanten teilen; nur den gesundheitlichen Schaden, den dürfen sie allein behalten.

Das Dopinggeschehen als organisierte Kriminalität zu bezeichnen, ist also begründet, auch wenn dies die meisten Funktionäre der Welt-Sportverbände

Wilhelm Schänzer, Leiter des Instituts für Biochemie an der Sporthochschule Köln, im Labor

weiterhin abstreiten. Noch im Dezember ließ beispielsweise der Senegalese LAMINE DIACK, Präsident des Internationalen Leichtathletik-Verbandes IAAF, die frohe Botschaft verbreiten, dass man »nur über ein paar Athleten redet, die nicht sauber sind. Es ist einfach falsch, zu sagen, dass alle Athleten betrügen.« Seine Behauptung belegte er mit zwei Zahlen: Von 3018 Dopingtests, die die IAAF im Jahr zuvor vorgenommen hat, seien nur 81 positiv gewesen – weniger als drei Prozent. Nun hat der THG-Fund eine erschreckende Erkenntnis mit sich gebracht: Eine Urinprobe, in der kein unerlaubtes Mittel gefunden wurde, bedeutet nicht mehr, dass der betreffende Athlet nicht gedopt hat – es konnte ihm bloß nichts nachgewiesen werden.

Verlust der Glaubwürdigkeit

Und damit gelangt man zum Kern der Atombombe, von der YESALIS sprach: Die Glaubwürdigkeit des modernen Leistungssports ist dahin. Der Philosoph GUNTER GEBAUER hat dies bei einem Vortrag in Basel in einem Satz anschaulich formuliert: »War früher der Sieger aufgrund seines Triumphes ein Guter, so steht er jetzt erst einmal, bis zum Nachweis des Gegenteils, unter dem Verdacht, möglicherweise betrogen zu haben.« Dabei geht es beim Doping nicht allein um Betrug im wirtschaftlichen Sinn, weil Konkurrenten geschädigt werden, die auf ehrliche Weise um den finanziellen Lohn ihrer Arbeit kämpfen. Sport beruht auf anderen Grundlagen als den ökonomischen: Er lebt von der bedingungslosen Begeisterung der Zuschauer, ihrem Staunen vor ungewöhnlichen Darbietungen. Und dieses Publikum, so folgert GEBAUER, wird um seinen Glauben betrogen: »Wenn die Leistungen keine wirklichen Leistungen, die Siege keine wirklichen Siege mehr sind [...], bleibt nichts vom Sport.« Nichts, außer fünf Buchstaben, hinter denen sich Unsägliches verbirgt.

nachweisbare anabole Steroid Tetrahydrogestrinon (THG) getestet. Entwickelt wurde diese Substanz offenbar in den kaliforn. BALCO Laboratories, die gute Kontakte zu zahlreichen Spitzensportlern unterhalten, u.a. zu über 250 Spielern der National Football League (NFL). Die nat. Anti-Doping-Agentur (USADA) reagierte mit einer groß angelegten Nachuntersuchung alter Urinproben. Ende Okt. konnten drei Teilnehmer der US-Trials, der nat. Leichtathletik-Titelkämpfe, die im Juni im kaliforn. Palo Alto stattgefunden hatten, des Dopings mit THG überführt werden. Zudem wurde sechs Sportlern die Einnahme von Modafinil nachgewiesen.

doppelte Haushaltsführung: Die Befristung von zwei Jahren für die steuerl. Abzugsfähigkeit von Mehraufwendungen für die d.H. ist verfassungswidrig. Von diesem Beschluss des Bundesverfassungsgerichts vom 8.April profitieren berufstätige Ehegatten, von denen der eine aus berufl. Gründen eine Zweitwohnung unterhält, während der andere weiterhin am Erstwohnsitz beruflich tätig ist. Die seit 1996 geltende Zwei-Jahres-Frist widerspricht dem Grundgesetz, weil sie die Vereinbarkeit von Ehe und Berufsausübung erschwert.

Dörrie, Doris, Regisseurin, Film- und Buchautorin, Filmproduzentin, *Hannover 26.5. 1955. – Für ihr Buch ›Das blaue Kleid‹ (2002) wurde D. am 20.März auf der Leipziger Buchmesse mit dem Dt. Bücherpreis ausgezeichnet. In ihrer zweiten viel beachteten Regiearbeit für das Musiktheater inszenierte D. die Oper ›Turandot‹ von GIACOMO PUCCINI an der Staatsoper Unter den Linden mit einem farbenprächtigen Bühnenbild als Comicgeschichte.
Die Arzttochter studierte in Kalifornien und New York Theaterwiss. und Schauspiel (1973–75) sowie in München an der Hochschule für Film und Fernsehen (1975–78). Mit ›Mitten ins Herz‹, ihrem ersten Spielfilm (1983), avancierte D. zu einer der erfolgreichsten dt. Filmemacherinnen. Ihre Komödie ›Männer‹ (1985) wurde ein großer Publikumserfolg. Viele Leser und Kritiker schätzen D. auch als Autorin von Kurzgeschichten, Erzählungen und Romanen (u.a. ›Was machen wir jetzt?‹, 1995; ›Happy‹, 2002).

Dosenpfand: Am 1.Jan. wurde das Pflichtpfand auf Einwegverpackungen für Mineralwasser, Limonade, Cola und Bier eingeführt. Getränkewirtschaft und Bundesreg. hatten sich am 20.12. 2002 darauf geeinigt, das D. während einer achtmonatigen Übergangsfrist direkt vom Einzelhandel erheben und erstatten zu lassen. Zugleich hatte sich die Getränkewirtschaft verpflichtet, bis zum 1.Okt. ein bundesweites Pfandsystem einzurichten. Im Juni meldete die Bundesvereinigung Ernährungsindustrie e.V. den Aufbau eines solchen Systems. Parallel dazu führten einige Discounter bis Jahresende eigene, ebenfalls bundesweit gültige Rücknahmesysteme ein (›Insellösungen‹). Die EU-Kommission hält das Nebeneinander versch. Systeme für unzulässig; sie strengte deshalb am 21.Okt. ein Verfahren wegen Verletzung europ. Rechts gegen Deutschland an.

Drei-Schluchten-Damm: Am Jangtsekiang (Chang Jiang) wurde am 1.Juni die Flutung des Wasserreservoirs am D.-S.-S. eingeleitet. Der Stausee in der zentralchin. Prov. Hubei soll bis zur endgültigen Fertigstellung des Damms 2009 rd. 630 km lang und 175 m tief sein; das so geschaffene Gefälle von rd. 65 m dient der Stromerzeugung im dann weltweit größten Wasserkraftwerk (Leistung: rd. 18 000 MW). Mit dem D.-S.-D. soll auch die Hochwassergefahr gebannt werden.
Für den Schiffsverkehr wurden am nördl. Flussufer eine fünfstufige Schleusentreppe und ein Schiffshebewerk angelegt. Insgesamt müssen rd. 1,3 Mio. Menschen umgesiedelt werden. Die Kosten des Projekts wurden auf 25 Mrd. US-$ geschätzt. Projektgegner warnen seit Jahren vor den unabsehbaren Auswirkungen auf die Umwelt.

Dresden: Am Abend des 6.Juni wurde im Dresdner Hauptbahnhof ein Koffer mit einem Sprengsatz sichergestellt. Nach Angaben des Landeskriminalamts Sachsen hätte die »unkonventionelle Spreng- und Brandvorrichtung« verheerende Folgen gehabt, wenn sie nicht rechtzeitig entdeckt und entschärft worden wäre. Zur Aufklärung des versuchten Explosionsverbrechens wurde eine ›Sonderkommission Bahnhof‹ gegründet, der es nach über 300 Hinweisen aus der Bevölkerung am 21.Sept. ge-

Ingenieure beobachten bei einem Test am 30. Mai, wie Wasser aus dem Drei-Schluchten-Damm austritt

■ Das sächsische Landeskriminalamt zeigt bei einer Pressekonferenz einen Schnellkochtopf, wie er für die Herstellung der Bombe im Dresdner Hauptbahnhof verwendet wurde

lang, den Bombenleger festzunehmen. Der 62-jährige Geschäftsmann, der die Tat gestand, wollte die Dt. Bank in Frankfurt erpressen. In versch. Schreiben hatte der verschuldete und vorbestrafte Mann rd. 120 Mio.€ gefordert. Bei der Durchsuchung mehrerer Wohnungen und Geschäftsräume in Sachsen und Hessen fanden die Ermittler umfangreiches Beweismaterial, darunter Sprengstoff und Waffen sowie die Schreibmaschine, auf der die Erpresserbriefe verfasst worden waren.

Dresdner Frauenkirche: Ende Febr. wurde bekannt, dass sechs der sieben neu gefertigten Glocken für die D.F. der Klangprüfung nicht standgehalten hatten. Da die reliefartigen Verzierungen zu dick geraten waren, trat bei ihnen ein Teilton zweimal auf, was das Klangbild beeinträchtigte. Die Glocken wurden am 4. April mit dünneren Reliefs ein zweites Mal gegossen, bestanden vier Tage später die Werkabnahmeprüfung und konnten am 4. Mai in Dresden feierlich geweiht werden.

Drnovšek, Janez, slowen. Politiker (Liberaldemokrat. Partei, LDS), *Celje 17.5. 1950. – Nach seinem Wahlsieg am 1.12. 2002 wechselte der bisherige MinPräs. als Nachfolger von MILAN KUĆAN ins Präsidentenamt.
Der Arbeitersohn studierte Nationalökonomie und war Bankmanager, bevor er in den diplomat. Dienst ging. Seine polit. Laufbahn begann Mitte der 1980er-Jahre als Abgeordneter in der slowen. Teilrep. und in der Nationalitätenkammer der jugoslaw. Föderation. Während des Umbruchs 1989/90 amtierte er turnusmäßig als Staatspräsident. Nach seinem Austritt aus dem Staatspräsidium betrieb D. die Unabhängigkeit Sloweniens und wurde Vors. der aus der kommunist. Jugendorganisation hervorgegangenen LDS. Seit 1992 – mit Unterbrechung im Jahr 2000 – brachte er als MinPräs. in Zusammenarbeit mit Präs. KUČAN Slowenien auf einen Reformweg, der das Land als einzigen Balkanstaat 2004 in die EU und in die NATO führen wird.

Drogenpolitik: Im Jahr 2002 starben insgesamt 1513 Menschen an den Begleitumständen des zwanghaften Gebrauchs illegaler Drogen, 18 % weniger als im Vorjahr. Das Bundeskriminalamt registrierte insgesamt 20230 (–19 %) erstauffällige Konsumenten sog. harter Drogen wie Heroin und Kokain. Nach Schätzungen des Bundesministeriums für Gesundheit und soziale Sicherung sind darüber hinaus 250000–300000 Menschen als Konsumenten harter Drogen einzustufen, etwa die Hälfte davon weist zwanghafte und hochriskante Gebrauchsmuster auf. In Deutschland werden Schätzungen zufolge inzwischen etwa 50000 Menschen mit Opioiden, meist Methadon, behandelt.
Cannabisprodukte und Partydrogen wie Ecstasy dominieren das Verbrauchsverhalten Jugendlicher und junger Erwachsener bei den illegalen Drogen. Weitaus größere Probleme ergeben sich aus dem Gebrauch und Missbrauch legaler Drogen (Alkohol, Nikotin), sodass Gesundheitsmin. ULLA SCHMIDT (SPD) die Bekämpfung des Alkohol- und Tabakkonsums auf die gesundheitspolit. Agenda setzte.

Duarte Frutos, Óscar Nicanor, paraguay. Politiker (Colorado-Partei, ANR), *Coronel Oviedo 11.10. 1956. – D. wurde am 27. April mit 37,6 % der Stimmen zum Staatspräs. gewählt und trat am

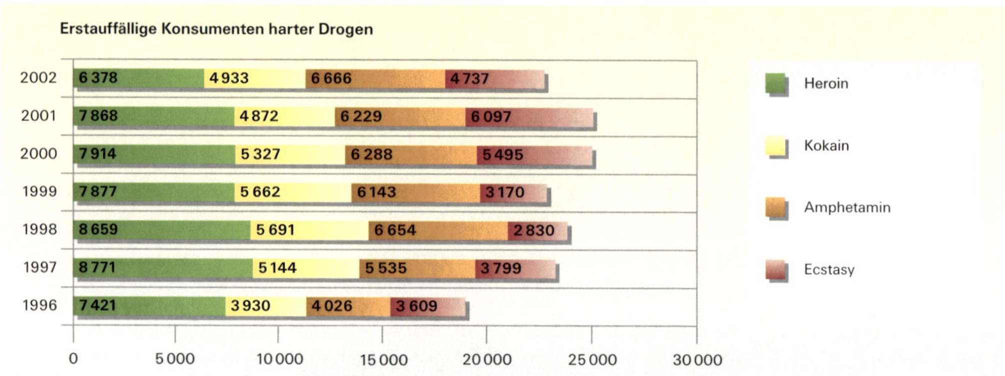

15. Aug. die Nachfolge von LUIS ÁNGEL GONZÁLEZ MACCHI an.
D. studierte Rechtswiss., Philosophie und Politologie, arbeitete 1981–91 als Journalist und lehrte als Prof. für Soziologie und Ethik an der Nationaluniv. in der Hauptstadt Asunción. Nach Ende der jahrzehntelangen Diktatur von ALFREDO STROESSNER stieg er in die Führung der Colorado-Partei auf und trat 2001 an ihre Spitze. Als Erziehungsmin. unter den Präs. JUAN CARLOS WASMOSY und GONZÁLEZ MACCHI erwarb er sich den Ruf eines Ausnahmepolitikers, weil er sein Amt effizient und anscheinend korruptionsfrei ausübte. D. stellte für seine fünfjährige Präsidentschaft dem wirtschaftlich angeschlagenen Land eine Reg. der »harten Hand« zur Schaffung einer »neuen Ordnung« in Aussicht.

Nicanor Duarte Frutos, Chef der Colorado-Partei, übernimmt am 15. August als Nachfolger von Luis Ángel González Macchi das Amt des Präsidenten von Paraguay

Duden: Der ›sprechende D.‹ des Mannheimer Duden-Verlags soll Deutsch Lernenden sowie Sehbehinderten den Zugang zur dt. Sprache erleichtern. Die CD-ROM-Version der 5. Aufl. des ›Duden – Dt. Universalwörterbuch‹ enthält neben 250 000 Wörtern, Redewendungen und Anwendungsbeispielen auch 10 000 Audiodateien. Die Sprachbeispiele können vom Benutzer per Mausklick aufgerufen werden und liefern die korrekte Aussprache häufiger oder auch besonders schwieriger Wörter.

E

Ebadi, Schirin, iran. Juristin, *Teheran 1947. – Das Nobelpreiskomitee in Oslo vergab am 10. Okt. den Friedensnobelpreis an die iran. Rechtsanwältin und würdigte damit ihr Wirken für Demokratie und Menschenrechte in ihrer Heimat sowie für den Dialog zw. versch. Kulturen und Religionen: E. sei in einer Zeit der Gewalt stets für Gewaltfreiheit eingetreten. E. ist die erste Muslimin, die erste Iranerin und die elfte Frau, die mit dem Friedensnobelpreis ausgezeichnet wurde.
Außerhalb ihrer Heimat weniger bekannt, machte sie sich in Iran als Vorkämpferin für die Rechte der Schwachen, Frauen und Kinder einen Namen und publizierte zu diesem Themenkreis mehrere Werke, von denen einige auch in den USA und in Dänemark erschienen sind. 1975–79, noch zu Zeiten des Schah-Regimes, war E. oberste Richterin des Landes, verlor dieses Amt jedoch nach der islam. Revolution 1979. Danach eröffnete sie eine Anwaltspraxis, widmete sich auch der Verteidigung von Bürgerrechtlern und gründete eine Menschenrechtsorganisation. 1999/2000 setzte sie sich für die Angehörigen von Regimekritikern ein, die Opfer einer Mordserie des Geheimdienstes geworden waren. Mit ihrem Engagement für einen toleranten Islam, das der gläubigen Muslimin v. a. die Feindschaft fundamentalistischer Kreise eingetragen hat, nahm sie persönl. Gefährdung in Kauf, mehrmals war sie inhaftiert.

Ebola: Eine durch das E.-Virus ausgelöste Epidemie in der zentralafrikan. Rep. Kongo forderte nach Angaben der Weltgesundheitsorganisation (WHO) bis Anfang April 120 Tote. Die Seuche war zu Jahresbeginn 800 km nördlich der Hauptstadt Brazzaville in den Dörfern Kele und Mbou ausgebrochen. Bereits im Jan. waren in der Region West Cuvette mehrere tote, an E. verendete Gorillas entdeckt worden. WHO-Experten zufolge könnte der Ausbruch der Seuche auf den Verzehr von infiziertem Gorillafleisch zurückzuführen sein. Der ohnehin bedrohte Bestand an Flachlandgorillas verringerte sich durch das Virus drastisch. E. gehört zur Gruppe der hämorrhag. Fieberkrankheiten. Das v. a. in den Äquatorregionen Afrikas unregelmäßig auftretende Virus wird durch den Kontakt mit Körperflüssigkeiten übertragen. Die Infektion führt zu hohem Fieber und Blutungen und endet meist tödlich. Ein Gegenmittel gibt es bislang nicht.

Ecuador

Hauptstadt: Quito
Einwohner: 13,1 Mio.
Einwohner/km²: 47
Staatsoberhaupt und Regierungschef:
L. E. Gutiérrez Borbúa (seit 15. 1. 2003)
BIP/Einwohner:
1822 US-$

Am 15. Jan. nahm die Reg. von Präs. LUCIO EDWIN GUTIÉRREZ BORBÚA ihre Tätigkeit auf; ihr gehört u. a. die prominente indian. Anführerin NINA PACARI als Außenmin. an.

Koalitionsinterne Konflikte

Bereits die ersten steuer- und wirtschaftspolit. Maßnahmen des Präs., der sich die Sanierung der Staatsfinanzen zur Aufgabe gemacht hatte, stießen bei den Koalitionspartnern auf Kritik. Diese befürchteten, dass v.a. erneut die ärmsten Bevölkerungsschichten betroffen wären. Für polit. Zündstoff sorgten auch die Verhandlungen über die gesamtamerikan. Freihandelszone FTAA und der Konflikt in Kolumbien: Während GUTIÉRREZ in beiden Fragen einen USA-freundl. Kurs verfolgte, lehnte der Pachakutik, der polit. Arm der indian. Organisationen, diese Position ab. Die Krise spitzte sich zu, bis die Confederación de Nacionalidades Indígenas de Ecuador (CONAIE) im Mai ihre polit. Unabhängigkeit von der Reg. erklärte und der Pachakutik im Juli die Reg. verließ. Bereits Anfang Juli hatte der Movimiento Popular Democrático (MPD) sein Bündnis mit GUTIÉRREZ aufgekündigt.

Unvermindert hohe Verschuldung

Beistand erhielt GUTIÉRREZ nur durch den IWF, der E. Unterstützungskredite gewährte. Am 25. Sept. stimmte GUTIÉRREZ einer Forderung des IWF in abgeschwächter Form zu und setzte ein Gesetz zur Reform des öffentl. Dienstes durch. Trotz anhaltend hoher Ölpreise gelang es der Reg. nicht, die Staatsverschuldung zu senken. ■

El Baradei, Mohammed, ägypt. Völkerrechtler und Diplomat, *Kairo 17. 6. 1942. – Als Direktor der Internat. Atomenergie-Agentur (IAEA) war der Ägypter E. B. neben dem Schweden HANS BLIX verantwortlich für die Waffenkontrollen im Irak. Hinweise darauf, dass das Regime SADDAM HUSAINS Atomwaffen entwickelt hat, fand er nicht. Die von E. B. geleitete Behörde spielte auch eine zentrale Rolle in den Auseinandersetzungen um die Atomprogramme Nord-Koreas und Irans.

E. B. trat 1964 in den diplomat. Dienst seines Landes ein. 1980 wechselte er zur UNO, seit 1984 arbeitet er für die in Wien ansässige IAEA, deren Leitung er 1997 von BLIX übernahm. Als dessen Stellv. war er ab 1991 für die Außenbeziehungen der Behörde verantwortlich und leitete u. a. Kontrollinspektionen im Irak (ab 1991) und in Nord-Korea (ab 1994).

Elbekanalbrücke: Am 10. Okt. wurde das europaweit größte Wasserstraßenkreuz eröffnet (Kosten: rd. 500 Mio. €). Damit besteht eine direkte, vom Wasserstand der Elbe unabhängige Verbindung zw. Mittellandkanal und Elbe-Havel-Kanal. Zentrales Bauwerk ist die als Stahlkonstruktion ausgeführte 918 m lange Trogbrücke über die Elbe. Für den Bau der E. wurden 24 000 t Stahl und 68 000 m^3 Stahlbeton verbaut. Der Trog hat eine Breite von 35 m und eine Wassertiefe von 4,25 m; er kann in einer Richtung von bis zu 110 m langen und 11 m breiten Schiffen mit 3500 t Bruttogewicht befahren werden.

Schon Planungen aus den 1930er-Jahren sahen eine durchgehende Wasserstraße zw. Rhein und Oder vor. Die 1934 begonnenen Bauarbeiten an einer E. mussten 1942 kriegsbedingt eingestellt werden. Als Teil des Verkehrsprojekts ›Nr. 17 Dt. Einheit‹ wurde der Ausbau der Wasserstraßenverbindung Hannover – Magdeburg 1996 neu begonnen.

elektronischer Schiedsrichter: Dank eines drahtlosen Ortungssystems sollen strittige Torentscheidungen im Fußball bald der Vergangenheit angehören. Am 28. April stellten das Fraunhofer Inst. für integrierte Schaltungen und die Cairos Technologies AG in Nürnberg die Wireless-Tracking-Technologie vor: Sender übermitteln die genauen Positionen der Spieler und des Balles an einen Empfänger am Handgelenk des Schiedsrichters. Dieser kann binnen Sekunden entscheiden, ob ein Ball die Tor- oder die Außenlinie überschritten hat.

Elf-Aquitaine-Prozess: Mit z. T. hohen Haftstrafen für 37 Angeklagte endete in Paris am 12. Nov. der Prozess um den größten Bestechungsskandal in der frz. Nachkriegsgeschichte. Im Vordergrund standen die Machenschaften des ehem. staatl. Erdölkonzerns Elf (1994 übergegangen in die privatisierte Gesellschaft Elf-Aquitaine). Die früheren Chefmanager LOÏK LE FLOCH-PRIGENT und ALFRED SIRVEN wurden als Drahtzieher zu jeweils fünf Jahren Haft und hohen Geldstrafen verurteilt.

In dem Prozess ging es um Schmiergeld- und Bereicherungsoperationen im Schadensumfang von über 300 Mio.€. Die Verurteilten nutzten die verdeckten außen- und wirtschaftspolit. Aktivitäten des Konzerns, um ein System von schwarzen Kassen aufzubauen, aus dem sich Politiker, Parteien und sie selbst bedienten. Ein großer Teil der Vorgänge

Viele Schiffe und Schaulustige benutzen am Eröffnungstag des Wasserstraßenkreuzes bei Magdeburg die neue Trogbrücke über die Elbe

konnte nicht aufgeklärt werden. So trug der Prozess auch wenig zur Aufklärung der → Leuna-Affäre bei. Im Berufungsverfahren zu einem Sonderkomplex der Affären hatten die beiden Hauptangeklagten im Jan. schon Haftstrafen von vier bzw. zweieinhalb Jahren erhalten, während der frühere Außenmin. ROLAND DUMAS, der 2001 zu 30 Monaten Haft verurteilt worden war, freigesprochen wurde.

Elfenbeinküste

Hauptstadt: Yamoussoukro
Einwohner: 16,8 Mio.
Einwohner/km²: 52
Staatsoberhaupt: L. Gbagbo
Regierungschef: S. E. Diarra (seit 10. 3. 2003)
BIP/Einwohner: 649 US-$

Trotz Beendigung des Bürgerkrieges blieb die E. politisch gespalten in einen südl. Teil unter Führung von Präs. LAURENT GBAGBO und einen nördl. muslim. Teil, der von den Rebellen kontrolliert wird. In dem einst als Modell für Stabilität gepriesenen Land war es im Sept. 2002 zu militär. Auseinandersetzungen gekommen, in deren Verlauf Hunderte Menschen getötet worden waren. Die ehem. Kolonialmacht Frankreich hatte sich an den Friedensverhandlungen beteiligt und etwa 3700 frz. Soldaten zw. den beiden gegner. Regionen stationiert. Verhandlungen zw. der Reg. und den Rebellen über einen dauerhaften Frieden verliefen ergebnislos. ■

El Salvador

Hauptstadt: San Salvador
Einwohner: 6,5 Mio.
Einwohner/km²: 309
Staatsoberhaupt und Regierungschef: F. G. Flores Pérez
BIP/Einwohner: 2225 US-$

Am 16. Jan. erklärte der UNO-GenSekr. KOFI ANNAN die Überwachung des Friedensprozesses in El Salvador nach elf Jahren offiziell für beendet.

Stärkung der Opposition im Wahljahr

Die Parlaments- und Kommunalwahlen am 16. März wurden überschattet durch einen seit Monaten andauernden Streik des medizin. Personals gegen Privatisierungen im Gesundheitswesen. Während die regierende Partei Alianza Republicana Nacionalista (ARENA) im Parlament nur 27 statt wie bisher 29 Sitze erhielt, behauptete sich die stärkste Oppositionspartei, der Frente Farabundo Martí para la Liberación Nacional (FMLN), mit 31 Sitzen. Die Stimmenverluste von ARENA wurden ausgeglichen durch den mit ihr verbündeten Partido de Conciliación Nacional (PCN), der auf 16 Sitze kam. Die übrigen im Parlament vertretenen Parteien, der Partido Demócrata Cristiano (PDC) und der Centro Democrático Unido (CDU), erhielten je fünf Sitze.

El Salvador
Inflationsrate (Veränderung der Verbraucherpreise in %)

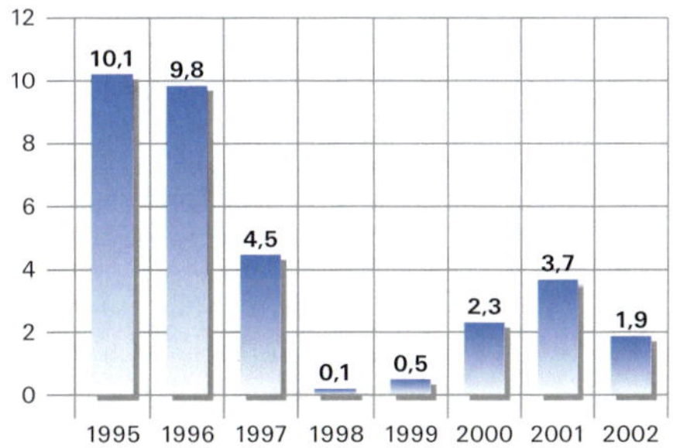

Auftakt zu den Präsidentschaftswahlen 2004

Die Nominierung von SHAFIK HÁNDAL (FMLN) und ANTONIO SACA (ARENA) als Kandidaten leitete den Wahlkampf für die 2004 stattfindenden Präsidentschaftswahlen ein. Kritiker von Präs. FRANCISCO FLORES (ARENA) brachten die von ihm am 23. Juli verkündete Operation ›Mano Dura‹ (›Harte Hand‹) sowie die Einführung eines Antibandengesetzes mit den anstehenden Wahlen in Verbindung. Beide Maßnahmen richten sich gegen die weit verbreiteten Jugendbanden und sind auf die Wahlkampfdauer begrenzt. Damit in Zusammenhang standen auch die von der Reg. verkündeten wirtschaftspolit. Maßnahmen, die Investitionen im Energiebereich, Pensionserhöhungen sowie Hilfen für den geschwächten Kaffeesektor versprachen. ■

Elysee-Vertrag, → Deutsch-Französischer Vertrag.

Eminem, eigtl. **Marshall Mathers,** amerikan. Musiker (Rap), * St. Joseph bei Kansas City (Missouri) 17. 10. 1972. – E. feierte 2003 nicht nur Erfolge als Musiker, sondern auch als Schauspieler. Er erhielt u. a. Grammys für das Album ›The E. Show‹ und das Musikvideo ›Without Me‹. Bei der Oscarverleihung wurde er für den besten Filmsong ausgezeichnet: E. hatte ›Lose Yourself‹ für den Film ›8 Mile‹ produziert, in dem er selbst die Hauptrolle spielt. In Anlehnung an seine eigene Biografie verkörpert er darin einen jungen weißen Underdog aus zerrütteten Familienverhältnissen in Detroit, der die im Filmtitel genannte Straßengrenze zum Wohlstand überschreiten und es mit seinen Rap-Versen zu etwas bringen will.

Dem wegen seiner hasserfüllten, frauenfeindlichen und Gewalt verherrlichenden Texte umstrittenen

Musiker ist es gelungen, sich gegen die starke Konkurrenz der farbigen Rapper zu behaupten. Der Rapper Dr. Dre produzierte 1999 das erste Album ›Slim Shady LP‹, dem 2000 ›The Marshall Mathers LP‹ und 2002 ›The E. Show‹ folgten.

Engle, Robert F., amerikan. Finanzwissenschaftler, *Syracus (N.Y.) 10.11. 1942. – Für die Entwicklung von statist. Methoden zur Analyse von ökonom. Zeitreihen – d.h. Schwankungen im Wirtschaftsprozess, etwa auf den Finanzmärkten (sog. Volatilität) – erhielt E. den → Nobelpreis für Wirtschaftswiss., den er sich zur Hälfte mit dem Briten Clive Granger teilt. Die von E. seit den 1980er-Jahren entwickelten Modelle sind unverzichtbare Werkzeuge für Forscher und Finanzanalysten, u.a. zur Risikobewertung von Wertpapieranlagen.
E. promovierte 1969 an der Cornell University in Ithaka (N.Y.). 1990–99 lehrte er an der University of California in San Diego, seitdem an der Stern School of Business der New York University.

Ministerpräsident Erdogan bei der Eröffnung eines Parks in Istanbul hoch zu Ross

Erdogan, Recep Tayyip, türk. Politiker (Ak-Partisi, ›Partei für Gerechtigkeit und Entwicklung‹, AKP), *Istanbul 26.2. 1954. – Nach mehreren polit. Winkelzügen gelangte der Vors. der regierenden konservativ-islam. ausgerichteten AKP am 14. März ins Amt des Regierungschefs.
Der in ärml. Verhältnissen aufgewachsene E. ging als Anhänger des Islamisten Neçmettin Erbakan in die Politik. Als Oberbürgermeister von Istanbul (seit 1994) wurde er mit seiner sozialen Reformpolitik zum nat. Hoffnungsträger. 2001 gründete E. die AKP als Nachfolgepartei der verbotenen Wohlfahrtspartei und führte sie 2002 bei den Parlamentswahlen zum Sieg. Nach einer vom neuen Parlament beschlossenen Amnestie, die seine Vorstrafe wegen ›Volksverhetzung‹ (1998) annullierte, konnte sich E. bei einer Nachwahl am 9. März ins Parlament wählen lassen. Zu seinen Gunsten trat der erst drei Monate amtierende MinPräs. Abdullah Gül zurück und übernahm das Außenressort.

Erdö, Peter, ungar. kath. Theologe, *Budapest 25.6. 1952. – Am 11. Jan. wurde E. in sein Amt als 82. Erzbischof von Esztergom-Budapest eingeführt und ist damit Primas der kath. Kirche in Ungarn. Kardinal Laszlo Paskai hatte das Amt 2002 aus Altersgründen niedergelegt. Seit König Stefan, der von 997 bis 1038 regierte, ist der Erzbischof von Esztergom der führende unter Ungarns Bischöfen.
E. empfing 1975 die Priesterweihe. Seine Studien setzte er 1977–80 an der Gregoriana in Rom fort, wo er 1986 einen Lehrauftrag erhielt. 1997 wurde er Dekan der Jurist. Fakultät der kath. Peter-Pazmany-Univ. (Budapest) und 1998 deren Rektor. Im Jan. 2000 erklärte Papst Johannes Paul II. ihn zum Weihbischof der Diözese Szekesfehervar.

Erdwärmekraftwerk: Am 12. Nov. wurde in Neustadt-Glewe (Mecklenburg) das erste dt. E. in Betrieb genommen. Zur Stromerzeugung nutzt das Kraftwerk 97 °C heißes Wasser, das aus 2200 m Tiefe gewonnen wird. Mit der Wärmeenergie des Wassers wird ein spezieller Stoff erhitzt, der bereits bei 30 °C siedet und dessen Dampf eine Turbine antreibt. Die 800 000 € teure Anlage soll pro Jahr etwa 1,4 Mio. kWh Strom erzeugen, was den gesamten Strombedarf der Kleinstadt Neustadt-Glewe deckt.
Das E. nutzt die Wärme, die in der Erdkruste durch den Zerfall radioaktiver Elemente frei wird. Die dabei entstehenden warmen Tiefenwasser stellen praktisch einen unerschöpfl. Energievorrat dar. Erdwärme (Geothermie) gehört deshalb wie Wind- oder Sonnenenergie zu den erneuerbaren (regenerativen) Energien. Die USA, Japan und Neuseeland nutzen Erdwärme bereits seit langem für die Stromerzeugung. In Deutschland spielte Erdwärme bislang nur bei der Gewinnung von Heizwärme (z.B. für Schwimmbäder und Wohngebäude) eine Rolle. Die rot-grüne Bundesreg. will den Anteil erneuerbarer Energien an der Stromerzeugung bis 2010 verdoppeln und strebt daher einen Ausbau der Erdwärmenutzung an.

Eritrea

Hauptstadt: Asmara
Einwohner: 4,3 Mio.
Einwohner/km²: 42
Staatsoberhaupt und Regierungschef: I. Afewerki
BIP/Einwohner: 153 US-$

In E. drohte nach Angaben der UNO rd. 1,4 Mio. Menschen infolge der anhaltenden Dürre der Hun-

gertod. Internat. Geber hatten Anfang des Jahres weniger als ein Viertel der von E. erbetenen humanitären Hilfe in Höhe von 105 Mio. US-$ zugesagt.
Im Sept. prangerten Menschenrechtsorganisationen erneut an, dass seit zwei Jahren alle unabhängigen Medien in E. verboten und noch immer mind. elf Journalisten und zehn Parlamentsabgeordnete ohne Anklage in Haft sind. Staatspräs. ISAYAS AFEWERKI hatte im April die Verhaftungen von 2001 mit dem Hinweis gerechtfertigt, es handele sich um »Agenten ausländ. Mächte«. Das im Okt. 2002 gegr. Bündnis von 13 Oppositionsgruppen (Eritrean National Alliance, ENA), das von Äthiopien und Sudan unterstützt wird, kündigte im Mai die Aufstellung einer Guerillatruppe an. ■

Eschede-Prozess: Nach 53 Verhandlungstagen stellte das Landgericht Lüneburg den Strafprozess um die ICE-Katastrophe von Eschede ein. Den drei Angeklagten – zwei Ingenieuren und einem Techniker –, denen fahrlässige Tötung in 101 Fällen vorgeworfen worden war, konnte keine schwere Schuld nachgewiesen werden. Sie müssen jeweils eine Geldbuße von 10 000 € an die Staatskasse zahlen, gelten aber weiterhin als unschuldig. Das folgenschwerste Eisenbahnunglück in Deutschland war am 3. 6. 1998 durch ein zerborstenes Eisenbahnrad verursacht worden.

Esskultur: Nach der im Sept. 2003 veröffentlichten Studie ›Küche und Kochen in Deutschland‹ der Gesellschaft für Konsumforschung (GfK) sind die Deutschen, was die Nahrungsmittel und ihre Zubereitung betrifft, sehr gesundheitsbewusst und achten darauf, möglichst frische Lebensmittel zu verwenden. Über die Hälfte der 5 000 Befragten greift nur gelegentlich zu Fastfood oder Fertiggerichten. Am beliebtesten sind regionale dt. Speisen, gefolgt von italien. Gerichten. Fernöstl. Küche ist v. a. bei den unter 35-Jährigen beliebt. Kochanregungen holen sich die Köche aus Themenkochbüchern (80 %); Kochzeitschriften (60 %) und aus dem Internet (20 %).

Estland

Hauptstadt: Tallinn
Einwohner: 1,4 Mio.
Einwohner/ km²: 32
Staatsoberhaupt: A. Rüütel
Regierungschef: J. Parts (seit 10. 4. 2003)
BIP/Einwohner: 4 278 US-$

Insgesamt zeigten die Wirtschaftsdaten wie im Vorjahr ein positives Bild. Für das BIP wurde ein Anstieg um 4,9 % erwartet (2002: 5,0 %), das Haushaltsdefizit lag bei rd. 0,5 % des BIP, die Inflationsrate im Herbst bei 3,5 %; die Arbeitslosigkeit hielt sich mit knapp 10,0 % weiterhin auf hohem Niveau, war jedoch deutlich niedriger als in den meisten anderen osteurop. Reformstaaten.

Regierungswechsel nach Parlamentswahlen

Die Parlamentswahlen am 2. März brachten der regierenden Zentrumspartei mit 25,4 % eine knappe Stimmenmehrheit vor der neuen rechtsliberalen Partei Res Publica, die auf Anhieb 24,6 % erzielte. Beide erhielten damit im neuen Parlament je 28 von

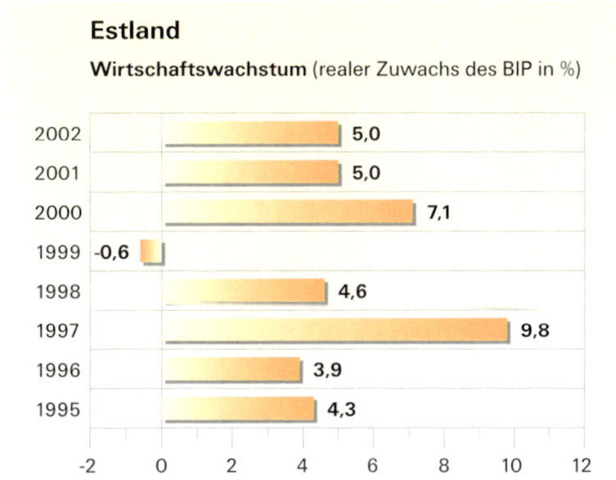

101 Sitzen. Der Vors. der Res Publica, JUHAN PARTS, wurde von Staatspräs. ARNOLD RÜÜTEL mit der Regierungsbildung beauftragt. Seiner vom Parlament Anfang April bestätigten Dreiparteienkoalition gehören neben der Res Publica die liberale Reformpartei (Stimmenanteil: 17,7 %) des bisherigen MinPräs. SIIM KALLAS sowie die konservativ-bäuerl. Volksunion (Rahvaliit, 13,0 %) an.
Der überraschende Erfolg der erst ein Jahr vor der Wahl gegr. Res Publica beruhte v. a. auf Stimmen von Protestwählern, die mit dem polit. Establishment und der Korruption in E. abrechnen wollten.

Beitritt zur EU

Bei der Volksabstimmung am 14. Sept. votierten 67,0 % der wahlberechtigten Esten für den Beitritt des Landes zur EU. MinPräs. PARTS kündigte an, E. werde ein aktives Mitgliedsland sein und seinen nat. Interessen Gehör verschaffen. ■

EU-Agrarreform, → Agrarpolitik.

Eugenides, Jeffrey, amerikan. Schriftsteller, *Detroit (Michigan) 8. 3. 1960. – Für seinen zweiten Roman ›Middlesex‹ (2002) erhielt E. am 8. April den Pulitzer-Preis, die höchste literar. Ehrung in den USA. Das Epos folgt der Geschichte einer griech. Einwandererfamilie, in deren Zentrum das Schicksal eines Hermaphroditen steht. Der Roman erregte weltweites Aufsehen und gilt als herausragende Auseinandersetzung mit dem großen amerikan. Thema der Identitätsbestimmung.
Der Sohn einer griech.-irischen Einwandererfamilie veröffentlichte nach seinem Studium in New York und Stanford 1993 seinen Debütroman ›The Virgin Suicides‹ (dt. ›Die Selbstmord-Schwestern‹), der ein internat. Bestseller wurde und von (Forts. S.122)

Mit neuen Trends gegen die Krise in der Gastronomie

Das zweite Jahr nach der Euroumstellung begann für die Gastronomie so düster, wie das erste geendet hatte. Ende 2002 waren die einschlägigen Hotel- und Restaurantführer erschienen und hatten das Ausmaß des Schadens offensichtlich gemacht: Im ›Guide Michelin‹ waren sieben Sterne-Restaurants verschwunden. Das krisenbedingte ›Aufräumen‹ unter den Spitzenrestaurants in Deutschland ging auch 2003 weiter. Die im November erschienene aktuelle Ausgabe des ›Guide Michelin‹ führte elf geschlossene Häuser nicht mehr auf, degradierte fünf andere und erwähnte zwei weitere nicht einmal mehr. Damit blieben den Gourmets fünf Häuser mit drei, 13 mit zwei und 176 mit immerhin einem der begehrten Sterne – zwei mehr als noch im letzten Jahr. Als Beleg für den erhofften Aufschwung mögen Branchenkenner dies jedoch nicht gelten lassen.

Anhaltender Teuro-Schaden

Die deutsche Küche hatte bis zur Jahrtausendwende hohes und höchstes Niveau erreicht – um sich dann ihr Erfolgssüppchen gründlich selbst zu versalzen. Die Euroumstellung wurde recht unfair und oft schamlos für Preiserhöhungen ausgenutzt. Einstellige Eurobeträge waren der Branche offenbar peinlich, ihre Gäste raunten von einer 1:1-Umstellung. Die Dreistigkeit der Pizzabetriebe, Gasthöfe und Restaurants wurde von Politik und Medien so lange geleugnet, bis der Gästeschwund unübersehbar war. »Geiz ist geil« – der Erfolgsslogan eines Elektronik-Handelshauses – äußerte sich plötzlich allenthalben in der fröhlichen Lust zu dem Bekenntnis, den »Igel in der Tasche« zu haben. »Günstig essen und trinken ist ein neuer Sport der Reichen geworden«, klagte der Inhaber des Münchner Edelrestaurants ›Ederer‹: »Die Gourmet-Gastronomie hängt am DAX«.

Blick in eine Filiale von ›Starbucks Coffee‹. Die amerikanische Kaffeehauskette will in den nächsten Jahren bundesweit 180 Geschäfte eröffnen

Der Autor:
Udo Pini
geboren 1941.
Hamburger Magazin-Journalist, Gastropolit, Autor des ›Gourmet Handbuchs‹ und freier Testesser

Tief erschrocken reagierten manche Gastronomiebetriebe mit Lockangeboten für den Mittagstisch, die gerade die Selbstkosten deckten, propagierten andere Häuser mancherorts pressewirksam ›Rezessionsmenüs‹ oder retteten sich in Sonderaktionen (»Zwei essen, einer bezahlt«).

Die Sorgen der Branche sind berechtigt: Um gut sechs Prozent ging der Umsatz der Gastronomiebetriebe 2002 zurück, allein im ersten Halbjahr 2003 waren es schon zwölf und regional auch mehr Prozent. Der Deutsche Hotel- und Gaststättenverband (DEHOGA) beklagte außerdem eine zunehmende ›Grau- oder Paragastronomie‹ von preiswert einkaufenden Veranstaltern, die mit Eigencatering und originellen Locations aufwendige Partys organisieren, dabei aber gerne nicht nur die GEMA-Gebühren sparen.

Durch die horrenden Preise vor allem beim Wein (0,2 Liter für 6 bis 9 €) erzog sich die bessere Gastronomie nicht den wählerischen Kenner, sondern eher den künftigen Schnäppchenjäger. Der checkt neuerdings schon im Internet Menü und Weinkarte oder tauscht in einschlägigen Foren Erfahrungen über Preise aus. Als neuer Maßstab für das Preis-Leistungsverhältnisses wird dabei der Preis der Flasche puren Wassers herangezogen (mancherorts 8 bis 9 €).

Getränkemix im Jahrhundertsommer

Die hausgemachte Zurückhaltung der Deutschen beim Restaurantbesuch tat andererseits der Freude am Ausgehen keinen Abbruch – wenn es bezahlbar blieb. Boomartig etablierte sich an belebten Innenstadtecken oder in Passagen allenthalben ein neuer Café-Typ, der sich mal amerikanisch gibt (Starbucks), mal literarisch anmutet (Balzac Coffee) oder einer Franchise-Kette von Tchibo, Segafredo, Lavazza oder Nescafé angehört. Kaffeeliebhaber bemängeln allerdings die in diesen Coffeeshops fast banalisierte Kaffeekultur, weil die Hightech-Brühautomaten nicht die italienische Perfektion hätten und die Palette süßender ›flavours‹ selbst beste Kaffeearomen überlagerte.

Den deutschen Winzern bescherte der Jahrhundertsommer beste Aussicht auf einen ›Jahrhundertwein 2003‹. Zwar fiel die Ernte um bis zu 30 % geringer aus, doch ARMIN GÖRING, Geschäftsführer des Deutschen Weininstituts, zeigte sich schon im Oktober »froh und glücklich«, dass die anhaltende Wärme und die vielen Sonnenstunden nur »kräftige, gehaltvolle Weine mit blitzblankem Aroma« erwarten ließen.
Die Bierbranche dagegen musste vor dem heißen Sommer einen leichten Rückgang des Absatzes um 4,1 % im ersten Halbjahr 2003 verkraften. Gewaltige Steigerungen gab es im Markt für Bier-Mischgetränke, die schon 2002 um 29,1 % zugelegt hatten. Noch beliebter aber waren – vor allem bei Jugendlichen – die so genannten Alcopos. Die bunten Wodka- oder Rum-Mixdrinks wurden von Suchtforschern und Jugendschützern angeprangert, weil ihr Alkoholgehalt durch Übersüßung verharmlost werde. Die Bundesregierung diskutierte deshalb Ende des Jahres sogar die Einführung einer ›Strafsteuer‹.

Esskultur mit Unterhaltungswert

Weil das so genannte ›Cocooning‹, der Rückzug in die eigenen vier Wände, in wirtschaftlichen Krisenzeiten die erste Konsequenz ist, wurde vermehrt zu Hause gegessen. Passende Kochbücher blieben in der allgemeinen Bücherflaute ein Renner. Die Rezeptsammlungen des umtriebigen ALFRED BIOLEK überschritten die Millionengrenze, seine Kochsendung im Fernsehen blieb weiterhin auf Erfolgskurs. Nur wenige der inflationär vielen Kochmützenträger mit TV-Ambitionen, wie Sternekoch JOHANN LAFER, hielten dabei das kulinarische Niveau hoch. Aus Großbritannien kam JAMIE OLIVER als ›The Naked Chef‹ zu RTL und kochte mit einer faszinierenden Unbekümmertheit. Als perfekter Selbstdarsteller wurde OLIVER schnell zum Publikumsliebling und ließ das gute Dutzend der selbst ernannten ›Jungen Wilden‹ unter den deutschen Köchen bald alt aussehen ...
2003 wurde in so vielen Fernsehstudios geschmort und um die Wette gekocht, dass sich die Sendeformate abzunutzen begannen. Immerhin taugte BIOLEKS Popularität zum kulinarischen Richtungswechsel der deutschen Bahn: Hungrige Fahrgäste werden in den – 2002 vorübergehend totgesagten – ICE-Speisewagen künftig mit regionalen, eher deftigen Rezepten von BIOLEK und ECKART WITZIGMANN verwöhnt. Das ›rasende Schlemmen‹ von Sous-Vide-Gerichten (sautiert, vakuumiert und im Zug zu Ende erhitzt) hat damit die Bahn dem Catering im ›Flieger‹ voraus.
Mit immer größerer Beliebtheit konnte das so genannte Eatertainment, das gutes Essen durch Show- oder Theatereinlagen zum Erlebnis macht. Die etablierte Spiegelzelt-Show ›Pomp Duck and Circumstance‹ von Manager-Koch HANS-PETER WODARZ fand 2003 etliche Nachahmer und Konkurrenten. In Hamburg eröffnete ein In-Restaurant in der riesigen ›Turnhalle St. Georg‹; im Flughafen Salzburg reüssierte das vom umtriebigen Starkoch WITZIGMANN mit wechselnden Spitzen-Gastköchen gemanagte ›Ikarus‹ auf Anhieb.

Zurück zu Qualität und gutem Geschmack

Als neue Verbraucherorganisation machte Foodwatch von sich reden. Mit dem ehemaligen Greenpeace-Chef THILO BODE als Spiritus rector setzte sie sich kämpferisch (»Beim Essen hört der Spaß auf!«) für Lebensmittelwahrheit ein. Ein Jahr nach dem Acrylamid-Alarm bei Fritten und anderen in heißem Fett ausgebackenen Genüssen wies Foodwatch mit Nachtests auf die nach wie vor bestehende Krebsgefahr hin – überraschenderweise sogar in Lebkuchen.

Starkoch Eckart Witzigmann (rechts) und TV-Moderator Alfred Biolek präsentieren in einem ICE-Speisewagen Gerichte, die nach ihren Rezepten zubereitet wurden

Daneben entwickelte sich die Forderung nach Authentizität zur magischen Formel für den Feinschmecker. Regionale Spezialitäten wurden deutschlandweit als große Wiederentdeckung gefeiert, selbst feinere und feinste Küchen setzten veredelte Linsen-, Kartoffelpuffer- oder Sauerkrautvariationen auf ihre teuren Menükarten. Als Gegenbewegung zu der ›McDonaldisierung‹ der Esskultur hatten Gourmets in Deutschland inzwischen genug von der ursprünglich italienischen Slow-Food-Bewegung gelernt, um zu wissen, wie gut beste regionale Produkte und alte Rezepturen sein können.
Damit bleibt die Hoffnung, dass die Esskultur zu Hause weiter gedeiht und ›auswärts‹ von Kochkünstlern wieder schmackhaft gemacht wird. Die Zutaten sind bekannt: Reduzieren bis auf die Essenz, Komponieren mit neuer Lust und Kreativität – und das mit einem Service für Gäste, die sich wieder faszinieren lassen. Ein eigentlich simples, aber doch so schweres Erfolgsrezept.

Sofia Coppola 1999 verfilmt wurde. 1999 kam E. mit einem Stipendium des Dt. Akadem. Austauschdienstes (DAAD) nach Berlin, wo er seitdem lebt.

EU-Konvent: Versammlung von 105 Delegierten der Mitgliedstaaten der EU und der Beitrittskandidaten unter Vorsitz des ehem. frz. Präs. Valéry Giscard d'Estaing. Das Gremium legte nach 15-monatigen Beratungen am 13. Juni einen Verfassungsentwurf für die EU vor, der nach dem Beitritt der zehn neuen Mitgl. Mitte 2004 unterzeichnet werden soll.
Der EU-K. konstituierte sich am 28.2. 2002 nach einem Beschluss des Europ. Rates vom 15.12. 2001. Mitgl. des Gremiums sind die Vertreter der Reg. (28), der EU-Kommission (2), der Parlamente der EU (16), der Mitgliedstaaten (30) und der Beitrittsländer (26). Als Vertreter Deutschlands gehören dem Reformkonvent der Bundestagsabgeordnete Jürgen Meyer (SPD), der baden-württemberg. MinPräs. Erwin Teufel (CDU) und für die Bundesreg. zunächst der Medienexperte Peter Glotz (SPD), ab Okt. 2002 Außenmin. Joschka Fischer (Bündnis 90/Die Grünen) an.
Um die unterschiedl. Ansichten zu harmonisieren, riefen die Staats- und Regierungschefs am 4. Okt. in Rom eine Regierungskonferenz ins Leben, die bis spätestens zum Frühjahr 2004 die noch strittigen Punkte klären soll.

Eurofighter: Mit der Erteilung der Typenzulassung am 30. Juni fiel der Startschuss für die Serienproduktion des europ. Kampfflugzeugs. Deutschland hat sich zum Kauf von 180 Maschinen zum Gesamtpreis von 24 Mrd. € verpflichtet. Das E.-Konsortium unter Führung des Luft- und Raumfahrtkonzerns EADS soll insgesamt 620 Stück produzieren. Der Bundesrechnungshof wies in einem im Sept. an die Öffentlichkeit gelangten Bericht auf schwere techn. Mängel hin, deren Behebung eine Kostenexplosion erwarten lasse.

Eurojust, Koordinierungsstelle auf EU-Ebene zur Verfolgung von grenzüberschreitenden schweren Straftaten; sie gilt als Vorstufe einer europ. Staatsanwaltschaft. Am 29. April wurde die neue Behörde, die Ende 2002 ihre Arbeit aufnahm und sich v.a. der Bekämpfung von Terrorismus, organisiertem Verbrechen, Computerkriminalität, Korruption und Geldwäsche widmet, in Den Haag eingeweiht. Ihr Kollegium besteht aus je einem Justizvertreter aller EU-Staaten. E. dient als Anlaufstelle für die nat. Behörden und koordiniert die Strafverfolgung, besitzt jedoch selbst keine staatsanwaltl. Befugnisse zu Durchsuchungen oder Festnahmen. Dem stehen noch nat. Vorbehalte und unterschiedl. Rechtsordnungen in den Mitgliedstaaten entgegen.

EUROPÄISCHE UNION

Im Zentrum der polit. Entwicklung in der EU standen die Vollendung der Osterweiterung und die Vorlage eines Verfassungsentwurfs durch den → EU-Konvent.
Mit ersten zivilen und militär. Kriseninterventionen außerhalb des eigenen Gebiets begann die EU, sich sicherheitspolitisch als aktionsfähiger Faktor zu etablieren: Mit Beginn des Jahres startete eine auf drei Jahre befristete Polizeimission (EUPM) in Bosnien und Herzegowina; am 1. April übernahm die EU in Makedonien von der NATO die Mission zur militär. Sicherung des Friedensprozesses; und mit der Entsendung einer Eingreiftruppe in die Demokrat. Rep. Kongo im Juni wurde die EU erstmals außerhalb Europas militärisch aktiv.
Zugleich gab es im 1. Halbjahr tief greifende Differenzen über die Frage des Engagements im → Irakkrieg und beim Wiederaufbau des Irak sowie im Verhältnis zu den USA.

Osterweiterung

Nach Abschluss der Beitrittsverhandlungen mit Estland, Lettland, Litauen, Polen, der Slowak. Rep., der Tschech. Rep., Ungarn, Malta und Zypern im Dez. 2002 in Kopenhagen wurde der Beitritt auf dem EU-Gipfel in Athen am 16. April durch Unterzeichnung der Beitrittsverträge vollendet. Zuvor hatte das Europ. Parlament mit 458 gegen 68 Stimmen bei 41 Enthaltungen den Gesamtbericht über die Erweiterung angenommen und der Mitgliedschaft der zehn Staaten zugestimmt. Nachdem die

Eine Militärkapelle marschiert am 26. September auf dem Flughafen Rostock-Laage an einem Eurofighter vorbei

Beitrittsverträge in allen EU-Staaten ratifiziert und in allen Beitrittsländern durch Volksabstimmungen im Sommer und Herbst angenommen worden sind (lediglich in Zypern entschied das Parlament allein), wird sich die EU am 1.5. 2004 um zehn Mitgl. erweitern.
Mit dem Beitritt müssen die neuen Mitgliedsländer den gemeinschaftl. Besitzstand vollständig übernehmen. Allerdings wurde ihnen eine Übergangszeit v.a. in den Bereichen Landwirtschaft, Arbeitnehmerfreizügigkeit, Kapitalverkehr und Umwelt zugestanden. Auch werden die neuen Mitgl. nur schrittweise in das System der Direktzahlungen an die Landwirte einbezogen.
Mit der Erweiterung wird die Bevölkerung der EU auf 450 Mio. Menschen wachsen, das BIP jedoch nur um 5 %. Somit wird das Wohlstandsgefälle innerhalb der Gemeinschaft zunächst größer. Demnächst werden alle neuen EU-Staaten in die sog. Ziel-1-Gebiete (BIP pro Kopf weniger als 75 % des EU-Durchschnitts) eingereiht und haben damit Anspruch auf Förderung.

Ringen um eine Europa-Verfassung

Im Juni 2003 legte der Konvent den Entwurf über einen Verfassungsvertrag für die EU vor. Er sieht eine Dreiteilung der Zuständigkeiten vor: Ausschließlich in die Kompetenz der EU fallen z.B. die Währungs-, Zoll- und gemeinsame Handelspolitik; mit den Mitgliedstaaten teilt sich die EU die Kompetenzen u.a. für den Binnenmarkt, den Bereich Sicherheit und Recht, Landwirtschaft, Verkehr, Umwelt und Verbraucherschutz; nur unterstützend wird die EU aktiv in den Sektoren Industrie, Gesundheit, Bildung, Jugend, Sport, Kultur und Zivilschutz.
Die Institutionen sollen modernisiert und umgestaltet werden: Die EU erhält einen Präs., der für größere Kontinuität sorgen kann als die bisherige rotierende halbjährige Ratspräsidentschaft. Er wird von den Staats- und Regierungschefs, dem Europ. Rat (ER), für zweieinhalb Jahre gewählt und kann einmal wiedergewählt werden. Gleichfalls neu eingeführt werden soll das Amt des EU-Außenmin.: Vom ER mit qualifizierter Mehrheit ernannt und vom Präs. der Europ. Kommission bestätigt, vereint er die Funktionen des bisherigen Hohen Vertreters für die Gemeinsame Außen- und Sicherheitspolitik (GASP) sowie des Kommissars für Außenbeziehungen. Er ist gleichzeitig stellv. Kommissionspräs. und soll somit eine enge Verbindung zw. Rat und Kommission ermöglichen. Das Europ. Parlament erhält weitere Rechte: Es wählt den vom ER nominierten Präs. der Kommission und ist an der gemeinschaftl. Gesetzgebung stärker beteiligt. Die Kommission soll von derzeit 20 auf 15 Mitgl. verkleinert werden, sodass nicht mehr jeder Mitgliedstaat einen Kommissar stellt. Die Charta der Grundrechte, die im Dez. 2000 in Nizza proklamiert worden war, wird in die Verfassung übernommen.
Die Verabschiedung der Verfassung auf dem EU-Gipfeltreffen am 12./13. Dez. in Brüssel scheiterte jedoch, v.a. weil sich die Staats- und Regierungschefs nicht auf die Gewichtung der Stimmen bei Abstimmungen im Ministerrat mit qualifizierter Mehrheit einigen konnten.

Wirtschaftsentwicklung

Im 1. Halbjahr stagnierte die Wirtschaft in der EU nahezu. Sie wurde insbes. durch die schwächere Weltkonjunktur und die kräftige Aufwertung des Euro gegenüber dem US-Dollar beeinträchtigt, sodass die Ausfuhren deutlich zurückgingen. Im 2. Halbjahr belebte das sich verbessernde weltwirtschaftl. Klima auch die EU-Konjunktur. Für das

Europäische Union

Ein **EU-Defizitverfahren** wird gegen jene Länder der Eurozone eröffnet, deren Staatsbudget eine Nettoneuverschuldung von mehr als 3 % des BIP beträgt und die damit den EU-Stabilitätspakt verletzen. 2003 leitete die EU-Kommission erstmals gegen drei Mitgl. das mehrstufige Strafverfahren ein: 2001 hatten Portugal (4,2 %) und 2002 Deutschland (3,6 %) sowie Frankreich (3,1 %) das Referenzkriterium verfehlt. Gelingt es den dreien 2004 nicht, ihr Defizit unter die 3 %-Marke zu drücken, kann die EU entsprechende Maßnahmen verhängen. Außerdem droht ihnen eine Geldstrafe von 0,2 bis 0,5 % des BIP. Im Nov. vereinbarten die EU-Finanzmin. in Brüssel, das Defizitverfahren vorerst auszusetzen; dafür verpflichteten sich diese, 2005 den Grenzwert von 3 % einzuhalten.

Europäische Union

Bruttoinlandsprodukt pro Einwohner 2002

alte Mitgliedstaaten	**US-$**
Luxemburg	46 021
Dänemark	32 112
Schweden	26 881
Großbritannien	26 286
Niederlande	26 081
Finnland	25 413
Österreich	25 361
Belgien	24 453
Deutschland	24 128
Frankreich	23 269
Irland	22 850
Italien	20 465
Spanien	16 253
Griechenland	12 155
Portugal	11 980
neue Mitgliedstaaten	**US-$**
Zypern	15 742
Slowenien	10 639
Malta	9 497
Tschechische Republik	6 874
Ungarn	6 460
Polen	4 878
Slowakische Republik	4 389
Estland	4 278
Lettland	3 581
Litauen	3 431

Gesamtjahr wird mit einer geringen Steigerung des realen BIP um durchschnittlich 0,8 % gerechnet. Die Investitionen waren nochmals rückläufig, der Tiefpunkt wurde jedoch überwunden. Die Einfuhren stiegen leicht, der private Verbrauch blieb außergewöhnlich schwach, v.a. wegen der schlechten Lage auf dem Arbeitsmarkt.
Der ungünstigen Konjunktur konnte sich kaum ein EU-Mitgl. entziehen. Nur in Griechenland war die Expansion mit 4 % kräftig; in Spanien und in Großbritannien wuchs die Wirtschaft mit 2,4 % bzw. 1,9 % noch spürbar. In Deutschland, Frankreich und Italien stagnierte das BIP mehr oder weniger, in den Niederlanden und Portugal ging es zurück.
Die Inflation beruhigte sich im Jahresverlauf, nachdem höhere Erdölpreise infolge des Irakkriegs für einen vorübergehenden Anstieg des Preisniveaus gesorgt hatten. Im Durchschnitt lag die Teuerung nahe der von der Europ. Zentralbank angestrebten Inflationsrate von 2,0 %. Mit Raten zw. 4,0 % in Irland und 1,1 % in Deutschland waren die Unterschiede im EU-Raum jedoch groß.
Die Arbeitslosigkeit nahm aufgrund der Konjunkturschwäche in nahezu allen Ländern zu. Im EU-Durchschnitt stieg die Arbeitslosenquote auf 8,1 %. Die Ausweitung der Beschäftigung und der Abbau der Arbeitslosigkeit gelangen v.a. in Spanien, Griechenland, Italien und Irland. Dennoch hatte Spanien mit 11,3 % unverändert die höchste Arbeitslosenquote in der EU. Aufgrund der wachsenden Bedeutung der Teilzeitbeschäftigung nahm aber die Erwerbslosigkeit nicht so stark zu, wie angesichts der schwachen Wirtschaftsdynamik befürchtet worden war.

evangelische Kirchen: Die 10. Synode der Ev. Kirche in Deutschland (EKD) wählte am 5. Nov. den Bischof der Ev. Kirche in Berlin-Brandenburg, WOLFGANG HUBER, zum neuen Ratsvors. der EKD. Er trat damit die Nachfolge von MANFRED KOCK an, der in den Ruhestand ging. Weitere 13 Personen, sowohl Laien als auch Theologen, wurden ebenfalls für sechs Jahre in den Rat der EKD gewählt, darunter der thüring. Landesbischof CHRISTOPH KÄHLER als Stellv. des Ratsvorsitzenden. Der Rat leitet die EKD in allen Angelegenheiten, die nicht ausdrücklich anderen Organen vorbehalten sind. Er sorgt insbes. für die Zusammenarbeit der kirchl. Werke und Verbände, vertritt die ev. Christen in der Öffentlichkeit und nimmt zu Fragen des religiösen und gesellschaftl. Lebens Stellung. Bereits im Mai wurde die Nordhausener Oberbürgermeisterin BARBARA RINKE zur neuen Präses der EKD-Synode gewählt. Das Kirchenparlament mit 120 Mitgl. ist das höchste Entscheidungsorgan der EKD.

Die erste aufblasbare Kirche Deutschlands steht zum Auftakt einer Tournee durch Württemberg auf dem Stuttgarter Flughafen

Ende Mai zog der damalige EKD-Ratsvors. KOCK eine positive Bilanz des ersten ökumen. Kirchentags (→ Ökumene). Mehr als 200 000 Teilnehmer hätten in Berlin »ein deutl. Signal für mehr Gemeinschaft zw. den Menschen und den Zusammenhalt innerhalb der Gesellschaft« gesetzt. Nach der Veröffentlichung der päpstl. Eucharistie-Enzyklika, in der das Oberhaupt der kath. Kirche aufgrund der fehlenden Kirchengemeinschaft ein gemeinsames Abendmahl von Katholiken und Protestanten erneut ausgeschlossen hatte, erklärte der Rat der EKD, dass ev. Abendmahlsgottesdienste auch eine ökumen. Dimension hätten. Schließlich sei die Abendmahlseinladung durch JESUS CHRISTUS wichtiger als alle konfessionellen Unterschiede im Amtsverständnis. Deshalb seien alle getauften Christen, die von ihren eigenen Kirchen zum Abendmahl zugelassen sind, zur ev. Abendmahlsfeier eingeladen.
Am 12. Juni unterzeichneten KOCK und der schwed. Erzbischof KARL GUSTAV HAMMAR im Dom von Uppsala einen Vertrag zw. der EKD und der ev.-luther. Kirche von Schweden. Der Vertrag regelt u.a. die Zusammenarbeit in der seelsorgl. Betreuung schwed. Bürger in Deutschland sowie deutschsprachiger Protestanten in Schweden. Außerdem ist nun eine Abendmahlsgemeinschaft zw. beiden Kirchen möglich.
Der Bischof der Ev.-Luther. Kirche in Oldenburg, PETER KRUG, wurde am 23. Sept. in sein Nebenamt als neuer Militärbischof der EKD eingeführt. Das dt. Modell der Militärseelsorge ist weltweit einzigartig, da sie unter alleiniger kirchl. Verantwortung und Regie stattfindet und vom Staat sowohl organisatorisch als auch finanziell getragen wird.

F

Fahd-Akademie: Ende 2003 geriet die vom saud. Königshaus gestiftete und finanzierte F.-A. in Bonn – eine private Ergänzungsschule mit Lehrplänen nach Grundsätzen der strengen Lehre des wahabit. Islam – in Verdacht, auch Sympathisanten islamist. Terroristen auszubilden. Um diplomat. Verwicklungen zu vermeiden, verzichtete die Bezirksreg. Köln auf eine Schließung und gestattete unter strengen Auflagen die Weiterführung des Schulbetriebs. Das 1995 gegr. Inst. soll v.a. Diplomatenkindern aus Saudi-Arabien eine Erziehung nach den

Regeln ihrer Heimat sichern. Von den derzeit rd. 450 Schülern, die von der dt. Schulpflicht befreit wurden, sind rd. 200 dt. Staatsangehörige.

FC Bayern München: Im Febr. machte der 18-malige dt. Fußballmeister nicht nur sportlich Schlagzeilen: Es wurde bekannt, dass der Verein mit der inzwischen insolventen → Kirch-Gruppe 1999 einen Geheimvertrag geschlossen hatte, der dem Medienkonzern umfangreiche Rechte an der Vermarktung des Clubs sicherte. In die Kassen des FC B. M. flossen 21,47 Mio. €. Im Gegenzug sollte sich die Vereinsführung im Ligaausschuss der Dt. Fußball-Liga (DFL) dafür einsetzen, LEO KIRCH die gesamten Rechte für die TV-Vermarktung der Bundesliga zu übertragen. Nach Auffassung der DFL

FDP-Spitze auf dem Parteitag: Cornelia Pieper, Wolfgang Gerhardt (Mitte) und Guido Westerwelle

hätte der Club den Vertrag vorlegen und zudem einen Teil der zw. 2000 und 2002 eingenommenen Gelder der Liga zur Verfügung stellen müssen. Im April einigten sich beide Seiten auf einen Vergleich: Der Bundesligaclub erklärte sich mit der Zahlung von 3 Mio. € einverstanden, dafür verzichtete die DFL auf jurist. Schritte.

FDP, Abk. für **F**reie **D**emokrat. **P**artei: Nachdem sie bei der Bundestagswahl 2002 ihr sehr ambitioniertes Ziel des ›Projekts 18‹ weit verfehlt hat, ist die FDP im 15. Dt. Bundestag mit 46 Abgeordneten vertreten und bildet die kleinste Fraktion. Bei den Landtagswahlen in Hessen (7,9 %), Niedersachsen (8,1 %) und Bremen (4,2 %) konnte sie deutlich zulegen, in Bayern (2,6 %) scheiterte sie trotz Zuwachs an der Fünfprozentklausel. In Niedersachsen kehrte sie in den Landtag zurück und bildet als Juniorpartner mit der CDU die neue Landesregierung. Außerdem regieren die Liberalen zus. mit den Konservativen in Baden-Württemberg, Hamburg und Sachsen-Anhalt, zus. mit den Sozialdemokraten in Rheinland-Pfalz.

Möllemann-Affäre

Nachdem Jürgen → Möllemann im Herbst 2002 schon von seinen Führungsämtern auf Bundes- und Landesebene zurückgetreten war, wurde er am 11. 2. 2003 aus der Bundestagsfraktion ausgeschlossen; einem Parteiausschluss kam er durch seinen Austritt am 17. März zuvor. Für seine politisch und persönlich scheinbar ausweglose Situation, die seine mutmaßl. Entscheidung für den Freitod am 5. Juni mitbewirkt haben mag, machte seine Familie die FDP moralisch mitverantwortlich. Im Dez. zeichnete sich durch Aussagen eines ehem. Vertrauten MÖLLEMANNS ab, dass dieser – über die bisher schon bekannten Fälle hinaus – möglicherweise zw. 1996 und 2000 Geldbeträge in Millionenhöhe illegal in die Parteikassen geschleust hat.

Konsolidierung der Führungsebene

Der Bremer Parteitag (16. – 18. Mai) war von der Möllemann-Affäre überschattet. Die Parteiführung wurde bestätigt, aber die Debatten und Wahlergebnisse reflektierten die teilweise heftige Kritik an der Strategie zum Bundestagswahlkampf 2002 und am Krisenmanagement. Anstelle von MÖLLEMANN wurde ANDREAS PINKWART zum Stellv. Bundesvors. mit 61,7 % der Delegiertenstimmen gewählt. Auch Parteichef GUIDO WESTERWELLE erzielte mit 79,3 % ein relativ schwaches Ergebnis, ebenso wie GenSekr. CORNELIA PIEPER (60,9 %). Mehrere Vertreter der Jungliberalen schafften den Sprung in den Vorstand nicht, sodass von diesem Parteitag kein Signal des Aufbruchs ausging.

Federer, Roger, schweizer. Tennisspieler, * Basel 8. 8. 1981. – Mit einem 7:6, 6:2 und 7:6-Finalerfolg über den Australier MARK PHILIPPOUSSIS gewann F. das Tennisturnier in Wimbledon. Damit gelang dem 21-Jährigen als erstem Schweizer der Sieg bei einem Grandslam-Turnier. Einen einzigen Satz gab der Basler in seinen sieben Duellen ab – nur der Schwede BJÖRN BORG war 1976 ganz ohne Satzverlust geblieben. Im Nov. gewann F. auch den Masters Cup in Houston. Bei dieser inoffiziellen Tennis-WM besiegte er im Finale ANDRE AGASSI mit 6:3, 6:0 und 6:4.

F. sammelte bereits auf der Juniorentour Titel in Wimbledon: 1998 siegte er sowohl im Einzel als auch im Doppel und beendete die Saison als Erster der Weltrangliste. Der Durchbruch bei den Senioren gelang ihm 2001 mit einem Turniersieg in Mailand und dem Erreichen der Grandslam-Viertelfinale von Paris und Wimbledon. Nach Erfolgen in Sydney und Hamburg 2002 eroberte F. 2003 bereits vor Wimbledon durch Siege in Marseille, Dubai, München und Halle einen Platz in der Weltspitze.

Fiat S. p. A.: Mit dem Tod von GIOVANNI AGNELLI am 24. Jan. endete eine Ära. AGNELLI hatte dem Konzern 30 Jahre lang (1966 – 96) als Präs. vorgestanden und galt auch danach als ›graue Eminenz‹ der Gründerfamilie. Im Febr. übernahm sein Bruder UMBERTO AGNELLI, der größte Aktionär, als neuer Präs. die Führung des angeschlagenen Konzerns. Neues Aufsichtsratsmitgl. wurde LUCA DI MONTEZEMOLO, Chef der 70-prozentigen Tochter Ferrari. Als aussichtsreichster Nachfolger des Vorstandsvors. GIANCARLO BOSCHETTI, der Anfang 2004 in den Ruhestand geht, gilt der ehem. Vorstandschef der Audi AG, HERBERT DEMEL.

Um die Autosparte zu sanieren, verkaufte die F.S.p.A. im März das Versicherungsunternehmen Toro für 2,4 Mrd.€ und stieß im Juli seine Flugzeugsparte Fiat Avio für 1,5 Mrd.€ ab. Die Bemühungen zeigten im 2. Quartal erste Früchte: Der operative Verlust sank auf 25 Mio.€; im gleichen Vorjahreszeitraum hatte er noch bei 127 Mio.€ gelegen.

Fidschi

Hauptstadt: Suva
Einwohner: 823 000
Einwohner/km²: 45
Staatsoberhaupt: R. Iloilo
Regierungschef: L. Qarase
BIP/Einwohner: 2 169 US-$

Am 11. Dez. begann vor dem Obersten Gericht in Suva der Prozess gegen den früheren Vizepräs. RATU JOPE SENILOLI sowie fünf weitere, teils ehemals führende Politiker und Militärs der Inselrepublik. Sie werden beschuldigt, an der Verschwörung beteiligt gewesen zu sein, die im Mai 2000 zum Putsch geführt hatte. Das im Febr. 2002 gegen Rebellenführer GEORGE SPEIGHT verhängte Todesurteil wurde in lebenslange Haft umgewandelt. ■

FILM

Das dt. Kino hat in einer Zeit, in der die Zukunft immer ungewisser scheint, verstärkt Rückschau gehalten – auch auf die DDR. Der riesige Erfolg von WOLFGANG BECKERS Komödie ›Good Bye, Lenin!‹ mag sich zum einen aus dem derzeitigen Ostalgietrend erklären. Gleichzeitig setzt das dt. Kino mit diesem Film seine Aufarbeitung der ostdt. Vergangenheit fort, die es zögerlich in den späten 1990er-Jahren begonnen hatte. Dabei macht es BECKER den Zuschauern nicht leicht: Sein Film ist nicht nur eine Zeitreise in ein irgendwie schräges oder witziges Land. BECKERS Kunstgriff besteht darin, dass seine Figuren die Geschichte umschreiben dürfen. Eine aufrechte Kommunistin fällt vor der Wende ins Koma und verschläft so den Fall der Mauer und die Eroberung des Ostens durch die freie Marktwirtschaft. Als sie wieder erwacht, gaukeln ihr ihre Kinder nicht nur den Fortbestand der DDR vor, sondern erfinden deren weitere Entwicklung neu: Sie behaupten z.B., dass die Westler ins Arbeiter- und Bauernparadies kommen wollen. Wie in einem Spiegel lebt der DDR-Alltag wieder auf – vom Spreewaldgurken-Etikett bis zum Trabi; doch immer wieder macht BECKERS Tragikomödie deutlich, dass es kein richtiges Leben im falschen gibt. Und der Zuschauer merkt, dass Alex, dargestellt von dem Newcomer DANIEL BRÜHL, das Ganze nicht nur für seine Mutter inszeniert, sondern sich dabei langsam über seine eigene verlorene Jugend klar wird.

Internationale Filmpreise 2003 (Auswahl)

Academy Awards (›Oscars‹) der Academy of Motion Picture Arts and Sciences, Los Angeles-Hollywood (USA): Preis für den besten Film an ›Chicago‹ (Rob Marshall), für die beste Hauptdarstellerin an Nicole Kidman (›The Hours‹), für den besten Hauptdarsteller an Adrien Brody (›Der Pianist‹), für die beste Regie an Roman Polanski (›Der Pianist‹)

53. Internationale Filmfestspiele Berlin (›Berlinale‹): Goldener Bär an ›In This World‹ (Michael Winterbottom)

56. Internationale Filmfestspiele Cannes: Goldene Palme an ›Elephant‹ (Gus Van Sant), Preise für die besten Darsteller an Marie-Josée Croze (›Die Barbaren-Invasionen‹), Muzaffer Özdemir und Mehmet Emin Toprak (›Uzak‹), Preis für die beste Regie an Gus Van Sant (›Elephant‹)

60. Internationales Filmfestival Venedig: Goldener Löwe für ›Vozvrašcenje‹ (Andrej Svjagintzew), Preise für die besten Darsteller an Katja Riemann (›Rosenstraße‹) und Sean Penn (›21 Grams‹)

Die Retro-Welle rollt

Noch ein anderer dt. Film handelte vom Mitschleppen der DDR-Vergangenheit: ›Die Datsche‹ von CARSTEN FIEBELER. Ein Paar wird in seinem Wochenendhaus von Gangstern gefangen genommen – in dieser isolierten Situation lotet FIEBELER nicht nur die erkaltete Liebe zw. den beiden aus, sondern auch die Last des Gestern, von dem auch ein Trainingsanzug mit der Aufschrift ›DDR‹ zeugt.
Für die Auseinandersetzung mit der Vergangenheit lassen sich 2003 noch zahlreiche weitere dt. Filme aufführen. Der Bogen reicht von ›Das Wunder von Bern‹, SÖNKE WORTMANNS Rekonstruktion des legendären Weltmeisterschaftsfinales 1954 in Bern, bis hin zu MARGARETHE VON TROTTAS achtbarem Melodram ›Rosenstraße‹, in dem sich ›arische‹ Frauen in der Nazizeit couragiert gegen den Abtransport ihrer jüd. Ehemänner zur Wehr setzen.
Am häufigsten blendete das dt. Kino aber in die 1980er-Jahre zurück. Das mag daran liegen, dass diese Jahre für eine heranwachsende Generation von Filmemachern prägend waren. Es schwingt aber immer auch ein polit. Rückblick auf eine bleierne Zeit mit. In ›Verschwende Deine Jugend‹ versammelt BENJAMIN QUABECK ein begeisterndes Nachwuchsensemble (u.a. TOM SCHILLING, ROBERT STADLOBER und JESSICA SCHWARZ), das offensichtlich Spaß dabei hat, die Musik der Neuen Dt. Welle und das Lebensgefühl der Achtziger wieder aufleben zu lassen. In ›Sie haben Knut‹ beleuchtet STEFAN KROHMER die alternative Szene jener Zeit, als 1968 schon lange und die Friedensbewegung gerade vorbei war. Er lässt die Rituale und Redeweisen aufleben, die heute nur noch wie Floskeln wirken, ohne sie ganz der Lächerlichkeit preiszugeben.

LEANDER HAUSSMANN erinnert in ›Herr Lehmann‹, der Verfilmung des gleichnamigen Romans von SVEN REGENER, an die Kreuzberger Szene im Herbst 1989. Im Jahr 1982 beginnt die Handlung einer weiteren Kultbuch-Verfilmung: HENDRIK HANDLOEGTENS ›Liegen Lernen‹ nach dem Roman von FRANK GOOSEN. Es ist die Geschichte eines jungen Mannes auf der Suche nach der großen Liebe, angereichert mit den Details des Alltags, von den selbst gedrehten Zigaretten bis zur Nicaragua-Arbeitsgruppe. Auch in ›Liegen Lernen‹ geht es um das Sich-Einrichten im falschen Leben, in der Agonie der 1980er-Jahre.
Obwohl auch 2003 wieder die ›Krise‹ des dt. Kinos beschworen wurde, präsentierte sich der dt. Film selten so vielfältig, spannend und lebendig wie in diesem Jahr. Mut zur Wirklichkeit bewies HANS-CHRISTIAN SCHMID, bislang eher mit Jugendthemen hervorgetreten (›Crazy‹, ›Nach Fünf im Urwald‹), in seinem Episodenfilm ›Lichter‹, der in fünf mosaikartig verschachtelten Geschichten von Menschen an der dt.-poln. Grenze in Frankfurt an der Oder erzählt. ›Lichter‹ vermittelt ein sorgsam ausbalanciertes Zeitbild anhand von unspektakulären, alltägl. Schicksalen. Kaputte Beziehungen mit Auswirkungen bis zur Schmerzgrenze führten ISABELLE STEVER in ›Erste Ehe‹ und OSKAR ROEHLER in ›Der alte Affe Angst‹ vor.

Der Trend zum seriellen Kino

Das Plakat zu ›Herr Lehmann‹ zeigte CHRISTIAN ULMEN in einer Pose wie einst HORST BUCHHOLZ oder JAMES DEAN. Das Kino ist ein Medium, das ohne Anspielungen und Zitate auf sich selbst nicht auskommt. Mit ›Kill Bill, Vol. 1‹ kam 2003 ein Film von QUENTIN TARANTINO in die Kinos. Es geht darin um die Rache einer Killerin, die nach einem Attentat auf sie aus dem Koma erwacht und sich auf die Suche nach dem Urheber macht. TARANTINO, der mit ›Pulp Fiction‹ das Kino der 1990er-Jahre beeinflusst hat, versteht ›Kill Bill‹ als Apotheose der Actionfilme, mit denen er aufgewachsen ist, v.a. der Martial-Arts-Filme. Für manchen sind die Filme TARANTINOS, der als Filmemacher ein Autodidakt ist, Inbegriff des postmodernen Kinos: Comicpop mit einer Vielzahl von Anspielungen, mit stilisierten, aber ausführl. Gewaltszenen, mit einer Vermischung von Stilen und Strömungen. Es ist ein Kino, das sich selbst nicht ernst nimmt und vielleicht auch gar nicht ernst genommen werden will – wie auch ›Fluch der Karibik‹ von GORE VERBINSKI, der Überraschungshit des Sommers. JOHNNY DEPP spielt darin einen Piraten, der es nicht nur mit der brit. Marine, sondern auch noch mit seinen eigenen untoten Kollegen aufnimmt. Nie versucht der Film den Eindruck zu kaschieren, dass alles an ihm recycelt ist. Mit einem lustvollen Augenzwinkern versammelt der Film die Ingredienzien eines Genres, das man seit den 1950er-Jahren für ausgestorben hielt – vom Schiffe-Entern bis zur Schatzsuche.
Diese Leichtigkeit ging den beiden großen ›Franchises‹ des Jahres, beide realisiert in Form einer Trilogie, ab: ›Der Herr der Ringe‹ und ›Matrix‹. Ließ PETER JACKSON den zweiten und dritten Teil seiner Tolkien-Adaption immer düsterer und gewalttätiger werden, so rüsteten LARRY und ANDY WACHOWSKI in ›Matrix Reloaded‹ und ›Matrix Revolutions‹ zu einem ultimativen visuellen Spektakel auf. Auch ›Matrix‹ ist postmodernes Kino: eine Mischung aus Videospiel- und Comicelementen, griech. Mythologie, fernöstl. Spiritualität und Actionsequenzen.
Sogar der ›Terminator‹ wurde frisch aufgelegt und erlebte mit einem dritten Teil (›Rebellion der Maschinen‹) – diesmal nicht inszeniert von JAMES CAMERON, sondern von JONATHAN MOSTOW – ein

Filmhits 2003 in Deutschland

1. **Findet Nemo**
   USA 2003. 7,66 Mio. Zuschauer. Start: 20.11.2003.
   Regie: Andrew Stanton.

2. **Der Herr der Ringe – Die Rückkehr des Königs**
   USA 2003. 6,59 Mio. Zuschauer. Start: 18.12.2003.
   Regie: Peter Jackson. Mit Elijah Wood, Ian McKellen, Viggo Mortensen, Orlando Bloom, Liv Tyler.

3. **Good Bye, Lenin!**
   D 2003. 6,44 Mio. Zuschauer. Start: 13.2.2003.
   Regie: Wolfgang Becker. Mit Daniel Brühl, Katrin Saß, Chulpan Khamatova, Maria Simon, Florian Lukas.

4. **Fluch der Karibik**
   USA 2003. 5,84 Mio. Zuschauer. Start: 28.8.2003.
   Regie: Gore Verbinski. Mit Johnny Depp, Geoffrey Rush, Orlando Bloom, Keira Knightley.

5. **Matrix Reloaded**
   USA 2003. 4,74 Mio. Zuschauer. Start: 22.5.2003.
   Regie: Andy und Larry Wachowski. Mit Keanu Reeves, Laurence Fishburn, Carrie-Ann Moss, Hugo Weaving.

6. **Der Herr der Ringe – Die zwei Türme**
   USA 2002. 4,21 Mio. Zuschauer. Start: 18.12.2002.
   Regie: Peter Jackson. Mit Elijah Wood, Ian McKellen, Viggo Mortensen, Orlando Bloom, Liv Tyler.

7. **Catch Me If You Can**
   USA 2002. 3,47 Mio. Zuschauer. Start: 30.1.2003.
   Regie: Steven Spielberg. Mit Leonardo DiCaprio, Tom Hanks, Christopher Walken, Nathalie Baye.

8. **Johnny English**
   GB 2003. 3,46 Mio. Zuschauer. Start: 10.4.2003.
   Regie: Peter Howitt. Mit Rowan Atkinson, John Malkovich, Natalie Imbruglia, Ben Miller, Douglas McFerran.

9. **Bruce Allmächtig**
   USA 2003. 3,45 Mio. Zuschauer. Start: 12.6.2003.
   Regie: Tom Shadyac. Mit Jim Carrey, Jennifer Aniston, Morgan Freeman, Lisa Ann Walter.

10. **Das Wunder von Bern**
    D 2003. 3,29 Mio. Zuschauer. Start: 16.10.2003.
    Regie: Sönke Wortmann. Mit Peter Lohmeyer, Sascha Göpel, Lucas Gregorowicz, Katharina Wackernagel.

Comeback. Wieder muss der Terminator JOHN CONNOR den Anführer der Menschheit in der Zukunft vor einem anderen bösen Terminator retten, den die Maschinen aus der Zukunft geschickt haben. Wie in Teil zwei spielt ARNOLD SCHWARZENEGGER einen Roboter aus einer hoffnungslos veralteten Produktreihe, der es mit dem neuen Modell T-X – diesmal in weibl. Gestalt – eigentlich nicht aufnehmen kann. Mit dieser Figur, dargestellt von KRISTANNA LOKEN, liegt das Big-Budget-Movie ›Terminator 3‹ voll im Trend: Seit einiger Zeit versucht Hollywood, das alte Genre des amerikan. Actionkinos mit weibl. Helden aufzuwerten. Davon konnte man sich 2003 in den eher lustlosen Fortsetzungen von ›Lara Croft – Tomb Raider‹ und ›3 Engel für Charlie‹ überzeugen. Die stärksten Impulse dürften da vom Hongkong-Kino gekommen sein, in dem sich schon seit den 1970er-Jahren Schwertkämpferinnen und Killerinnen tummeln.

Finnland

Hauptstadt: Helsinki
Einwohner: 5,2 Mio.
Einwohner/ km²: 17
Staatsoberhaupt: T. Halonen
Regierungschef: M. Vanhanen (seit 24. 6. 2003)
BIP/Einwohner: 25 413 US-$

Mit einem von der EU im Sommer prognostizierten BIP-Wachstum von rd. 3,0 % nahm F. im Vergleich mit den anderen EU-Ländern einen Spitzenplatz ein. Negativ zu Buche schlug jedoch die weiterhin hohe Arbeitslosenquote von rd. 9,5 %. Die Inflationsrate lag deutlich unter 2,0 %. – Als einziges westeurop. Land hat F. trotz starker Proteste von Umweltschützern beschlossen, einen weiteren Kernreaktor zu bauen. Nach dessen Fertigstellung wird F. nahezu die Hälfte seiner Stromenergie aus Kernkraft beziehen.

■ Die Vorsitzende der finnischen Zentrumspartei, Anneli Jäätteenmäki, ist nur zwei Monate Ministerpräsidentin des Landes

Drei Regierungen in einem Jahr

Das Ergebnis der Parlamentswahlen am 16. März stärkte die beiden großen Parteien auf Kosten der kleineren. Die oppositionelle Zentrumspartei (KESK), die v. a. in ländl. Gegenden und im Mittelstand verwurzelt ist, übertraf mit 24,7 % der Stimmen die Sozialdemokraten (SDP) um 0,1 %. Größter Verlierer war die konservative Sammlungspartei (KOK), auf die statt 21,0 % (1999) nur noch 18,5 % der Stimmen entfielen.

Zur neuen MinPräs. wurde im April ANNELI JÄÄTTEENMÄKI (KESK) gewählt, die eine Koalition ihrer Partei mit der SDP und der Schwed. Volkspartei (SFP, 4,6 %) bildete. Die erste Frau in diesem Amt in der Geschichte des Landes trat jedoch schon nach zwei Monaten zurück, nachdem der sozialdemokrat. Koalitionspartner ihr das Vertrauen entzogen hatte. Auslöser war ihre Rolle in der sog. Irakgate-Krise: Sie hatte während des Wahlkampfes In-

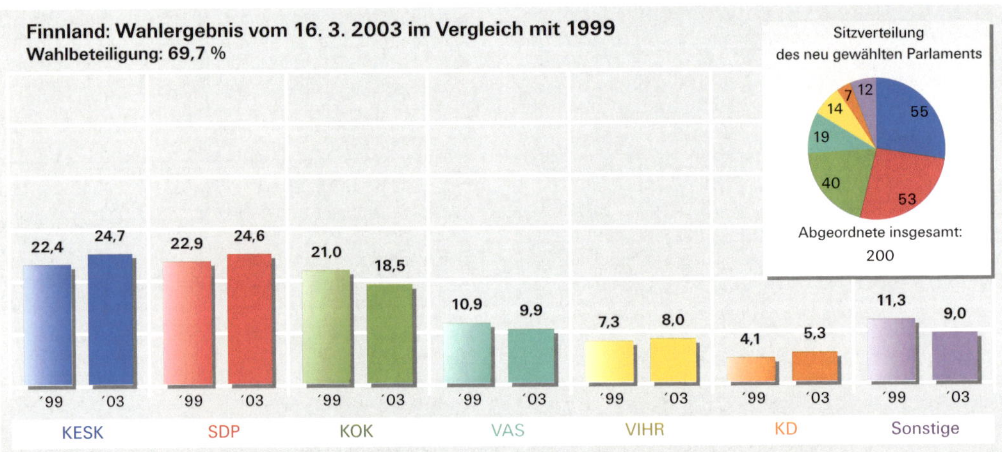

formationen aus einem geheimen Gesprächsprotokoll zw. ihrem Amtsvorgänger LIPPONEN und US-Präs. GEORG W. BUSH vom Dez. 2002 genutzt, um ihrem Rivalen ein doppeltes Spiel in der Irakfrage vorzuwerfen. Die drei Koalitionsparteien setzten nach dem Rücktritt ihre Zusammenarbeit fort und machten Ende Juni den bisherigen Verteidigungsmin. und stellv. Vors. der Zentrumspartei, MATTI VANHANEN, zum neuen Regierungschef.

Wortführer der ›Kleinen‹ in der EU

F. übte deutl. Kritik an dem vom EU-Konvent vorgelegten Entwurf einer Verfassung für das künftige Europa und verlangte im Zusammenspiel mit den meisten kleineren EU-Mitgl. eine Überarbeitung mit dem Ziel, die Einflussmöglichkeiten der kleineren Staaten zu erweitern. Zugleich machte F., das nicht der NATO angehört, auf der EU-Regierungskonferenz im Okt. Vorbehalte gegen das Projekt einer europ. Verteidigungsallianz geltend. ■

Fix und Foxi, dt. Zwillingsfüchse, * Fuxholzen 6.10. 1953. – Schlau wie es ist, feierte das berühmteste Latzhosen-Brüderpaar seinen 50. Geburtstag mit einem Comeback. Nach ihrem fast zehnjährigen Rückzug ins Fernsehen präsentierten sich der pfiffige Draufgänger Fix (gelbe Hose) und der weniger aufmüpfige Foxi (blaue Hose) zum Jubiläum in einem Buch mit den besten Geschichten und neuen Episoden. Das Jubiläumsjahrbuch stellt den Auftakt für das Vorhaben der Verwertungsgesellschaft Kauka Promedia dar, die erfolgreichsten dt. Comicfiguren neu zu vermarkten. Spätestens 2005 soll es einen abendfüllenden F.-u.-F.-Film geben.
Das Zwillingspaar hatte seinen ersten Auftritt in der ›Till Eulenspiegel‹-Heftserie des Zeichners ROLF KAUKA (* 1917, † 2000). In Deutschland wurden insgesamt 750 Mio. Hefte verkauft. Seit 1999 sind F. u. F. auch beliebte Trickfilm-Fernsehhelden.

Flick-Collection: Von Frühjahr 2004 an wird die F.-C., eine Sammlung von 150 Werken berühmter Künstler, in Berlin erstmals der Öffentlichkeit zugänglich gemacht. Eine entsprechende Vereinbarung traf der Eigentümer der Kunstsammlung, der Milliardär FRIEDRICH CHRISTIAN FLICK, Anfang Jan. 2003 mit dem Berliner Senat und der Stiftung Preuß. Kulturbesitz, unter deren Obhut die Werke als Leihgaben kommen.
Das Vorhaben löste eine heftige Kontroverse aus, da das Vermögen des Kunstsammlers aus dem Erbe seines Großvaters FRIEDRICH FLICK stammt, des größten Rüstungsproduzenten im Dritten Reich. Der in der Schweiz ansässige FRIEDRICH CHRISTIAN FLICK hatte sich geweigert, in den von der dt. Industrie eingerichteten Entschädigungsfonds für Zwangsarbeiter einzuzahlen. 2001 gründete er die FC-Flick-Stiftung gegen Rechtsextremismus, Fremdenfeindlichkeit und Intoleranz.

Föderalismusreform: Nach dem Bundestag stimmte auch der Bundesrat am 17. Okt. einstimmig der Einsetzung der ›Kommission zur Reform der bundesstaatl. Ordnung‹ zu, die am 7. Nov. ihre Beratungen aufnahm. Sie soll Vorschläge erarbeiten, welche die Handlungs- und Entscheidungsfähigkeit von Bund und Ländern verbessern, die polit. Verantwortung deutlicher zuordnen und Entscheidungsverfahren effizienter machen. Zur Debatte stehen insbes. die Aufteilung der Gesetzgebungskompetenzen, die Mitwirkungsrechte der Länder bzw. des Bundesrates bei der Bundesgesetzgebung sowie die Finanzbeziehungen.
Dem Gremium gehören als stimmberechtigte Mitgl. 16 MdB sowie alle Regierungschefs der 16 Bundesländer an. Die Bundesreg. ist durch vier nicht stimmberechtigte Min. vertreten, alle Landesparlamente zus. durch sechs Abgeordnete. Der bayer. MinPräs. EDMUND STOIBER (CSU) und der Vors. der SPD-Bundestragsfraktion FRANZ MÜNTEFERING nehmen gemeinsam den Vorsitz wahr.

Folter: Die Aussage-Erpressung durch Gewaltandrohung im Mord- und Entführungsfall des elfjährigen JAKOB VON METZLER löste nach Bekanntwerden in der Öffentlichkeit im Febr. heftige Debatten aus. Der Vizepräs. der Frankfurter Polizei, WOLFGANG DASCHNER, hatte am 1.10. 2002 dem festgenommenen Tatverdächtigen MAGNUS GÄFGEN F. androhen lassen, damit er die Polizei zum Opfer führt.
Politiker, Juristen und Kommentatoren warnten davor, den Verfassungsgrundsatz infrage zu stellen, der die Menschenwürde für unantastbar erklärt. Auch eine Extremsituation rechtfertige nicht die Verletzung des Verbots der F., das auch in internat. Verträgen als unumstößlich festgelegt ist. Daneben gab es auch Gegenstimmen – so von dem Vors. des Dt. Richterbundes, GEERT MACKENROTH, und dem brandenburg. Innenmin. JÖRG SCHÖNBOHM (CDU) –, die F. im Falle eines ›übergesetzl. Notstands‹ für legitim erklärten.
Die erzwungene Aussage des später weiterhin geständigen Mörders verwertete das Gericht für die Urteilsfindung nicht. Er wurde am 28. Juli zu lebenslanger Haft mit bes. Schwere der Schuld verurteilt.

■ Das Ferrari-Tam bejubelt am 12. Oktober auf der Rennstrecke von Suzuka den sechsten Weltmeistertitel von Michael Schumacher

Formel 1: Beim Großen Preis von Japan in Suzuka trug sich MICHAEL SCHUMACHER (Ferrari) am 12. Okt. endgültig in die Annalen der Sport-

geschichte ein: Als erster Formel-1-Pilot gewann der Deutsche seinen sechsten Weltmeistertitel. Mit 93 Punkten verwies der 34-Jährige seinen finn. Konkurrenten KIMI RÄIKKÖNEN im McLaren-Mercedes (91 Punkte) auf Platz 2 der Gesamtwertung.
Die ersten WM-Läufe verliefen für SCHUMACHER zunächst wenig erfolgreich. Beim Saisonauftakt, dem Großen Preis von Australien, triumphierte der Schotte DAVID COULTHARD (McLaren-Mercedes). Auch in den beiden folgenden Rennen blieb SCHUMACHER ohne Sieg. Im weiteren Saisonverlauf fand der Ferraripilot jedoch wieder zu gewohnter Stärke. Beim Großen Preis von San Marino trat er trotz der Nachricht vom Tode seiner Mutter an und gewann. Mit zwei weiteren Erfolgen verkürzte er den Abstand auf den bis dahin in der Gesamtwertung führenden RÄIKKÖNEN auf zwei Zähler. Der Sieg beim Großen Preis von Kanada in Montreal bescherte SCHUMACHER erstmals die Führung im WM-Klassement.
Spannend wie lange nicht mehr verlief die restl. Saison. In den nächsten fünf Rennen blieb SCHUMACHER sieglos. Vor dem Großen Preis von Italien in Monza lag der Kerpener mit 72 Punkten nur noch knapp vor seinen größten Konkurrenten, dem Kolumbianer JUAN PABLO MONTOYA (BMW-Williams/71 Punkte) und RÄIKKÖNEN (70 Punkte). Doch SCHUMACHERS Sieg in Italien und der Triumph beim Großen Preis der USA in Indianapolis sorgten vor dem letzten und entscheidenden Rennen für einen Vorsprung von neun Punkten. In Suzuka genügte dem Deutschen der achte Platz zum vierten WM-Titel in Folge. Neben dem Einzeltitel gab es für Ferrari einen weiteren Grund zum Feiern: Zum fünften Mal hintereinander gewann der italien. Rennstall auch die Konstrukteurs-WM.

Frankreich

Hauptstadt: Paris
Einwohner: 59,4 Mio.
Einwohner/km²: 108
Staatsoberhaupt: J. Chirac
Regierungschef: J.-P. Raffarin
BIP/Einwohner: 23 269 US-$

Die Wirtschaft erreichte im dritten Quartal mit einem Minuswachstum des BIP um 0,3 % gegenüber dem Vorquartal die Talsohle der schwersten Krise seit zehn Jahren. Das Nat. Statistikamt ging im Okt. von einem Anstieg des BIP im Jahr 2003 von lediglich 0,2 % aus (2002: 1,2 %). MinPräs. JEAN-PIERRE RAFFARIN rechnete für 2004 wieder mit einem leichten Wachstum um 1,7 %. Mit einer Neuverschuldung von etwa 4,0 % des BIP konnte F. das EU-Stabilitätskriterium von 3,0 % zum zweiten Mal in Folge nicht erfüllen und wird diese Vorgabe nach Vorlage des Haushaltsentwurfs auch 2004 mit rd. 3,6 % deutlich verfehlen. Die EU-Kommission forderte zusätzl. Anstrengungen zur Reduzierung des Defizits, verzichtete auf Druck F.s und Deutschlands jedoch darauf, die Einhaltung des Defizitziels schon für 2004 zu fordern.
Dessen ungeachtet hielt Präs. JACQUES CHIRAC an seinem Wahlversprechen fest, die Steuern, in erster Linie Einkommen- und Lohnsteuer sowie Unternehmenssteuern, weiter zu senken. Nur die Dieselsteuer soll um 3 % steigen. Mit den Steuererleichterungen soll die stagnierende private Nachfrage wieder angekurbelt werden. Auch mit einer ausgesprochen flexiblen Auslegung der seit 1998 geltenden 35-Stunden-Woche konnte die Arbeitslosenquote, die im Sept. bei 9,7 % lag (2002: 8,9 %), nicht gesenkt werden.

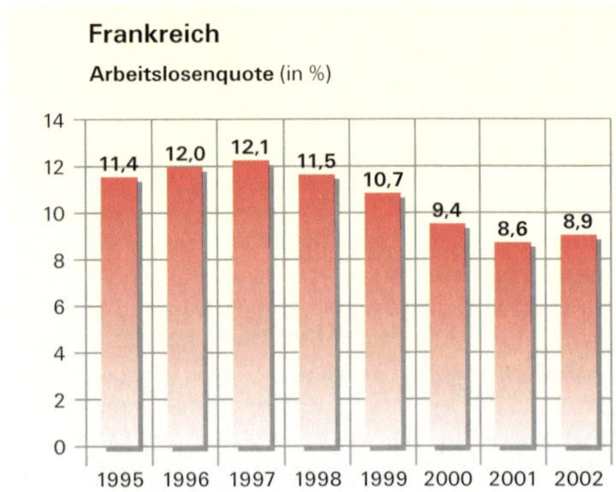

Reformpolitik

RAFFARIN setzte im Febr. in der Nationalversammlung eine umstrittene Wahlrechtsreform durch, die bei Europa- und Parlamentswahlen für die zweite Wahlrunde eine Hürde von 10 % vorsieht. Damit werden die extremist., aber auch alle anderen kleineren Parteien faktisch von der parlamentar. Vertretung ausgeschlossen.
Die Reformen, die das rechtsbürgerliche Wahlbündnis Union pour un Mouvement Populaire (UMP) 2002 versprochen hatte, konnten dagegen nur teilweise umgesetzt werden. Am 13. Febr. billigte das Parlament ein ebenfalls kontrovers diskutiertes Sicherheitsgesetz, das der Polizei erheblich erweiterte Befugnisse einräumt und v.a. die stark gestiegene Kleinkriminalität eindämmen soll.
Nach langen Auseinandersetzungen im Parlament, begleitet von heftigen Streikbewegungen und Massendemonstrationen, verabschiedete die Reg. im Juli eine Rentenreform. Der Kompromiss sieht vor, dass die Versicherungsbedingungen für Staatsangestellte denen für in der Privatwirtschaft Beschäftigte angepasst werden. Zw. 2008 und 2020 soll die Beitragszeit zum Bezug der vollen Rente, die für Staatsbedienstete derzeit noch bei 37,5 Jahren liegt, für alle Beschäftigten stufenweise auf 42 Jahre verlängert werden. Die Mindestrente wird auf 75 % des Mindestlohns gekürzt.

Krise des Gesundheitswesens

Ein im Sept. vorgelegter Untersuchungsbericht über die dramat. Auswirkungen der sommerl. → Hitzewelle deckte gravierende Mängel im Gesundheitswesen auf. Als Konsequenz wurde – trotz eines Rekorddefizits der Krankenkassen – die geplante Gesundheitsreform zunächst verschoben. Ein im gleichen Monat verabschiedetes Notprogramm, das u.a. die Verschreibung billigerer Generika und eine Erhöhung der Krankenhausgebühren vorsieht, sowie die drast. Anhebung der Tabaksteuer sollen der Sozialkasse 3 Mrd. € einbringen. Zur Stützung der Pflegeversicherung kündigte die Reg. Anfang Nov. die Streichung eines arbeitsfreien Tages an.

Schwieriger Prozess der Dezentralisierung

Obwohl Nationalversammlung und Senat am 17. März eine Verfassungsänderung beschlossen, die Art. 1 um den Zusatz »Die Organisation der Rep. ist dezentral« ergänzt, geht die von RAFFARIN unterstützte Dezentralisierung, die den Gebietskörperschaften erweiterte Kompetenzen bringen soll, nur schleppend voran. Das als Testfall gedachte Referendum in → Korsika, bei dem die Korsen im Juli eine erweiterte Autonomie für die Insel abgelehnt hatten, erwies sich als Rückschlag. Anfang Dez. gingen auch zwei konsultative Volksabstimmungen unter der Bevölkerung der beiden frz. Antilleninseln Départments Guadeloupe und Martinique negativ aus. Die Reg. in Paris hatte geplant, die polit. Institutionen im Rahmen einer einzigen Gebietskörperschaft zusammenzulegen.

Politiker vor Gericht

Der frühere Außenmin. und Präs. des Verfassungsrates, ROLAND DUMAS, wurde in einem Berufungsverfahren am 29. Jan. vom Vorwurf der Korruption freigesprochen. Ebenfalls mit einem Freispruch endete am 18. Juni die Verhandlung gegen den Chef der frz. Notenbank, JEAN-CLAUDE TRICHET, gegen den wegen des Verdachts der Bilanzfälschung ermittelt worden war. Damit war der Weg für ihn frei, am 1. Nov. das Amt des Präs. der Europ. Zentralbank (EZB) zu übernehmen. Am 29. Sept. begann in Nanterre der Prozess gegen den früheren MinPräs. und Vors. der UMP, ALAIN JUPPÉ, dem »illegale Einflussnahme« während seiner Zeit als Stellv. CHIRACS als Bürgermeister von Paris vorgeworfen wird. JUPPÉ gilt als designierter Anwärter der UMP für die Nachfolge CHIRACS.

Mit der Verurteilung von 37 Angeklagten im → Elf-Aquitaine-Prozess endete am 12. Nov. der größte Korruptionsprozess in der Geschichte der V. Republik.

Fast menschenleer sind Bahnhofshalle und Bahnsteige im Bahnhof Gare de Lyon in Paris am 13. Mai. Der von den französischen Gewerkschaften initiierte ›nationale Streiktag‹ richtet sich gegen die Rentenreformpläne der Regierung Raffarin

Engagement in Afrika

Die Reg. RAFFARIN setzt wieder auf eine stärkere Einflussnahme F.s in Afrika. Bei seinem Staatsbesuch in Algerien, dem ersten seit der Unabhängigkeit des Landes, kündigte CHIRAC an, eine bessere Zusammenarbeit zw. beiden Staaten durch einen Staatsvertrag besiegeln zu wollen. Zum Schutz europ. Bürger und um Friedensverhandlungen zur Beendigung des Bürgerkriegs vorzubereiten, entsandte F. Truppen in die Elfenbeinküste. Gestützt auf ein UNO-Mandat, übernahm F. von Juni bis Ende Aug. die Führung einer 1500 Mann starken Schutztruppe, um die Massaker im Nordosten der Demokrat. Rep. Kongo zu unterbinden.

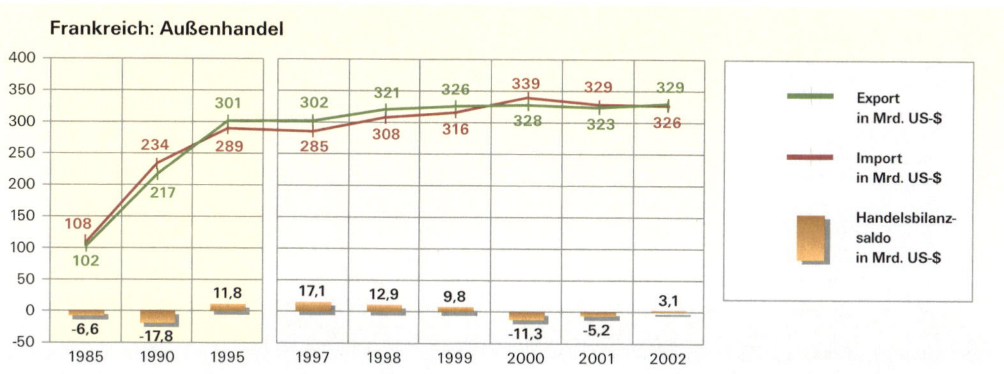

Beziehungen zu den USA auf einem Tiefpunkt

Die ablehnende Haltung CHIRACS gegenüber dem Vorgehen der USA und Großbritanniens in der Irakkrise fand im Land breite Zustimmung. Mehrere Initiativen F.s als Vetomacht im UNO-Sicherheitsrat gemeinsam mit Deutschland, Russland und Belgien, die allesamt von den USA abgelehnt wurden, führten in Europa zu einer Polarisierung zw. den Lagern der Kriegsbefürworter und der Gegner. Dabei übte CHIRAC bes. scharfe Kritik an den mittel- und osteurop. Staaten, die am 30. Jan. und 5. Febr. ihre Solidarität mit den USA bekundet hatten. Den Beginn des → Irakkrieges durch die USA und Großbritannien verurteilte er als Verstoß gegen das Völkerrecht. Nachdem die USA nach Beendigung des Krieges der UNO eine beschränkte Mitwirkung eingeräumt hatten, stimmte F. am 22. Mai einer Resolution im UNO-Sicherheitsrat zu, die eine vorläufige Besatzung des Irak durch die Siegermächte anerkennt. F. drängt allerdings auf eine baldige Übergabe der polit. Macht an die Iraker selbst. ■

Franks, Thomas Ray (›Tommy‹), amerikan. General, *Wynnewood (Oklahoma) 17.6. 1945. – F. war Oberbefehlshaber der amerikan. Truppen im → Irakkrieg. Im Juli verließ er auf eigenen Wunsch die Armee. Sein Nachfolger wurde JOHN ABIZAID.
F. wurde im Vietnamkrieg mehrmals verwundet und ausgezeichnet. Sein 1965 mit dem Eintritt in die Armee abgebrochenes Betriebswirtschaftsstudium holte er an der Univ. von Texas nach. Mit dem Irak machte er sich als Brigadegeneral im Golfkrieg 1991 und als Kommandeur einer seit 1997 in Kuwait stationierten Task Force vertraut, bis er im Juli 2000 die Führung des Zentralkommandos (Centcom, Florida) erhielt. In dieser Funktion befehligte er die amerikan. Truppen im Afghanistankrieg und koordinierte den Aufmarsch 2003 am Pers. Golf.

Friedensbewegung: Der Irakkonflikt bewegte weltweit Millionen Menschen zu Friedensdemonstrationen; in mehreren Ländern, wie z. B. in Spanien, waren sie die größten Kundgebungen seit dem Zweiten Weltkrieg. Höhepunkt war der Weltfriedenstag am 15./16. Febr., an dem weltweit mehr als 6 Mio. Menschen demonstrierten. Mit dem zügigen Vormarsch der Invasionstruppen und dem Ende der Kampfhandlungen ebbten die Proteste ab. Als polit. Erfolg konnte die F. für sich verbuchen, dass die für den Militäreinsatz verantwortl. Politiker in den USA, Großbritannien und Australien unter starken öffentl. Rechtfertigungsdruck gerieten.
Im Unterschied zu den großen Demonstrationen der 1970er- und 1980er-Jahre wurden die Massenproteste nicht von pazifist. Positionen bestimmt. Weitgehend unorganisiert und vielfach zerstritten, präsentierte sich die F. als breites Bündnis versch. Generationen, gesellschaftl. Schichten und Gruppen – von Globalisierungsgegnern bis zu christl. und nat. Konservativen –, das aus mehreren Gründen in der Ablehnung des Irakkriegs zusammengefunden hatte: 1. Der Irakkrieg ließ sich weder rechtlich noch politisch überzeugend begründen (u.a. Verstoß gegen das Völkerrecht, kein Nachweis einer akuten Bedrohung durch Massenvernichtungswaffen); 2. die vermuteten Motive (v.a. Ausbau der Hegemonie der USA, Kontrolle über Erdölreserven) wurden als nicht legitim betrachtet; 3. der Sturz des irak. Diktators beinhaltete das Risiko, dass sich der Nahostkonflikt und der islamistisch motivierte Terrorismus ausweiteten.

Friedman-Affäre: Der Frankfurter Rechtsanwalt und Fernsehmoderator MICHEL FRIEDMAN (CDU) legte am 8. Juli alle Ämter nieder, darunter das des stellv. Präs. des Zentralrats der Juden in Deutschland (ZdJ) und des Präs. des European Jewish Congress. Zugleich gab er auch seine ARD-Talkshow auf und akzeptierte einen Strafbefehl der Staatsanwaltschaft Berlin in Höhe von 17 400 € wegen Besitzes von Kokain in zehn Fällen zum Eigenverbrauch.
Der Fall erregte nicht nur Aufsehen wegen der Prominenz FRIEDMANS, der sich als streitbare Persönlichkeit einen Namen gemacht hat. Das bloßstellende Vorgehen der Berliner Staatsanwaltschaft bei den Ermittlungen entsprach nach dem Eindruck seines Anwalts einer »öffentl. Hinrichtung«. FRIEDMAN war im Zusammenhang mit einem anderen, in Berlin anhängigen Verfahren, in dem es um Menschenhandel im Prostituiertenmilieu ging (→ Zwangsprostitution) und in dem auch angebl. Telefonverbindungen eines Callgirl-Rings in den Dt. Bundestag eine Rolle spielten, unter Drogenverdacht geraten.
Zuletzt war FRIEDMAN durch seinen scharfen Konflikt mit dem FDP-Politiker JÜRGEN W. MÖLLEMANN in die Schlagzeilen geraten, der ihm im Vorjahr die Mitverantwortung für den Antisemitismus in Deutschland zuschreiben wollte.

■ Die deutsche Eisschnellläuferin Anni Friesinger (links) trainiert am 7. November im norwegischen Hamar für den Eisschnelllauf-Weltcup

Friesinger, Anna Christina (Anni), Eisschnellläuferin, *Bad Reichenhall 11.1. 1977. – Die 26-jährige Inzellerin fügte ihrer Karriere weitere Titel hinzu. Vor CLAUDIA PECHSTEIN (Berlin) wurde sie im niederländ. Heerenveen zum dritten Mal nach 2000 und 2002 Mehrkampf-Europameisterin. Bei der Einzelstreckenweltmeisterschaft in Berlin ge-

wann die Sportlerin die Titel über 1000, 1500 und 3000 m.
Die Juniorenweltmeisterin von 1996 eroberte 1998 mit dem Weltmeistertitel über 1500 m und einer olymp. Bronzemedaille über 3000 m einen Platz an der Weltspitze. Nach einer Rückenverletzung schaffte sie 1999/2000 das Comeback. Besonders ihre Paradestrecke, die 1500 m, dominiert sie seitdem als zweimalige Siegerin im Gesamtweltcup (2001, 2002), Weltmeisterin (2001), Olympiasiegerin (2002) und Weltrekordhalterin. 2001 und 2002 gewann F. zudem jeweils die Mehrkampfweltmeisterschaft und den Gesamtweltcup über 3000/5000 m.

Fußball: Der dt. F. erlebte am 11./12. Okt. ein denkwürdiges Wochenende: Am Samstag trat die Nationalmannschaft der Männer in Hamburg zum entscheidenden EM-Qualifikationsspiel an; DFB-Präs. GERHARD MAYER-VORFELDER zog jedoch einen Flug nach Carson/Los Angeles vor, wo am Sonntag die Frauen das WM-Finale bestritten.

Leistungssteigerung sichert EM-Teilnahme

Durchwachsen verlief die Saison der Männerauswahl: Niederlagen gegen Spitzenteams bei Freundschaftsspielen in Spanien (1:3), gegen Italien (0:1) und Frankreich (0:3), Unentschieden und knappe Siege gegen zweitklassige Mannschaften in der EM-Qualifikation. Zudem sorgte Teamchef RUDI VÖLLER am 6. Sept. für einen Eklat, als er nach dem 0:0 gegen Island wegen der seiner Meinung nach überzogenen Kritik ausfallend gegen ARD-Journalisten wurde. Seine Spieler bedankten sich, indem sie vier Tage später gegen die von BERTI VOGTS trainierten Schotten (2:1) und am 11. Okt. gegen Island (3:0) die Teilnahme an der EM-Endrunde 2004 in Portugal sicherten.

Deutsche Frauen erstmals Weltmeister

Nach fünf EM-Titeln, der Vize-WM 1995 und Olympia-Bronze 2000 gewann die dt. Frauenauswahl bei der Weltmeisterschaft den Titel. Die von TINA THEUNE-MEYER trainierte Mannschaft um Spielführerin BETTINA WIEGMANN erzielte in ihren sechs Spielen 25 Tore; allein fünf dt. Spielerinnen wurden ins Allstarteam des Turniers gewählt.
Nach der Vorrunde gelang der Mannschaft im Viertelfinale ein 7:1 gegen Russland, was zugleich die Olympiaqualifikation für 2004 bedeutete. Im Halbfinale gegen Gastgeber und Favorit USA durch ein frühes Kopfballtor von KERSTIN GAREFREKES in

Fußball-Weltmeisterschaft der Frauen

Vorrundenspiele:

Gruppe A:			Gruppe B:		
Nigeria – Nord-Korea	0:3	(0:1)	**Norwegen** – Frankreich	2:0	(0:0)
USA – Schweden	3:1	(2:0)	**Brasilien** – Süd-Korea	3:0	(1:0)
Schweden – Nord-Korea	1:0	(1:0)	**Norwegen** – **Brasilien**	1:4	(1:2)
USA – Nigeria	5:0	(2:0)	Frankreich – Süd-Korea	1:0	(0:0)
Schweden – Nigeria	3:0	(0:0)	**Norwegen** – Süd-Korea	7:1	(4:0)
USA – Nord-Korea	3:0	(1:0)	Frankreich – **Brasilien**	1:1	(0:0)

Gruppe C:			Gruppe D:		
Deutschland – **Kanada**	4:1	(1:1)	Australien – **Russland**	1:2	(1:1)
Japan – Argentinien	6:0	(2:0)	**China** – Ghana	1:0	(1:0)
Deutschland – Japan	3:0	(2:0)	Ghana – **Russland**	0:3	(0:1)
Kanada – Argentinien	3:0	(1:0)	**China** – Australien	1:1	(0:1)
Deutschland – Argentinien	6:1	(4:0)	Ghana – Australien	2:1	(2:0)
Kanada – Japan	3:1	(1:1)	**China** – **Russland**	1:0	(1:0)

Viertelfinale:			Halbfinale:		
Brasilien – **Schweden**	1:2	(1:1)	USA – **Deutschland**	0:3	(0:1)
USA – Norwegen	1:0	(1:0)	**Schweden** – Kanada	2:1	(0:0)
Deutschland – Russland	7:1	(1:0)			
China – **Kanada**	0:1	(0:1)			

Finale:			Spiel um Platz drei:		
Deutschland – Schweden	2:1	(1:1, 0:1) nach Verlängerung	USA – Kanada	3:1	(1:1)

Die Siegermannschaft:
Rottenberg; Stegemann, Hingst, Minnert, S. Gottschlich; Garefrekes (76. M. Müller), Wiegmann, Lingor, P. Wunderlich (88. Künzer); Prinz, Meinert

fett gedruckt: Die Mannschaft erreichte die nächste Runde.

Führung, verteidigte die Mannschaft ihren knappen Vorsprung bis in die Nachspielzeit, in der MAREN MEINERT und die Torschützenkönigin des Turniers, BIRGIT PRINZ (sieben Treffer), zwei Konter zum 3:0-Endstand abschlossen.
Das Endspiel gegen Schweden vor rd. 26 000 Zuschauern begann die dt. Mannschaft verhalten und musste so in der 41. Minute den Rückstand durch HANNA LJUNGBERG hinnehmen. Bereits Sekunden nach der Pause glich MEINERT zum 1:1 aus. In der notwendigen Verlängerung verstärkten die Deutschen ihren Druck und wurden in der 98. Minute durch das Golden Goal der erst zehn Minuten zuvor eingewechselten NIA KÜNZER belohnt.
Der WM-Titel, mit dem die Mannschaft gleichzeitig die USA-Auswahl von der Spitze der Weltrangliste verdrängte, sorgte für einen Boom des Frauen-F. in Deutschland. Millionen verfolgten das Finale am Fernsehen, die Weltmeisterinnen wurden bei ihrer Ankunft in Frankfurt am Main von Tausenden Fans gefeiert und kurzzeitig zu gefragten Medienstars. Ob dies dauerhaft zu einem größeren Interesse an der Frauenbundesliga führt, bleibt abzuwarten.

G

Gabun

Hauptstadt: Libreville
Einwohner: 1,3 Mio.
Einwohner/ km²: 5
Staatsoberhaupt: O. Bongo
Regierungschef: J.-F. Ntoutoume Emane
BIP/Einwohner: 3935 US-$

Im Juli 2003 setzte Präs. OMAR BONGO eine Verfassungsänderung durch, die es ihm ermöglicht, auf unbegrenzte Zeit als Präsidentschaftskandidat anzutreten. BONGO regiert G. seit 1967; seine derzeitige Amtszeit endet 2005. Die Opposition appellierte an die internat. Staatengemeinschaft, gegen den Machtmissbrauch des Präs. zu protestieren.
G. ist reich an Erdöl, doch die Förderung verzeichnete rückläufige Ergebnisse. Ein Drittel des Landeseinkommens erbringen die Exporterlöse aus dem Verkauf von Rohöl und Erdölprodukten; sinkende Weltmarktpreise bestimmen daher massiv die Wirtschaftslage. G. gehört zu den überschuldeten Staaten, und die Mehrheit der Bevölkerung lebt in Armut. ■

G 8, Gruppe der Acht: Zur G8 gehören die – bisher als G7 bezeichneten – sieben führenden Industrieländer (USA, Kanada, Japan, Frankreich, Großbritannien, Deutschland, Italien) und Russland.
Der diesjährige 29. Gipfel der G-8-Staaten im frz. Evian (1.–3. Juni) stand im Schatten des internat. Konflikts über das Vorgehen der USA und Großbritanniens gegen den Irak. Man einigte sich jedoch, im Irak künftig eine gemeinsame Linie verfolgen zu wollen und den Irak »wieder zu einem uneingeschränkt souveränen, stabilen und demokrat. Staat zu machen«. In den Hintergrund rückte dagegen ein weiterer Schwerpunkt des Treffens, zu dem auch Repräsentanten von 20 afrikan., asiat. und lateinamerikan. Ländern geladen waren: die Probleme der Dritten Welt. Neben der Selbstverpflichtung der großen Industriestaaten, die UNO verstärkt bei der Bekämpfung von Seuchen, v. a. Aids, zu unterstützen, wurde Afrika Hilfe beim Aufbau einer Friedenstruppe zugesichert, um die zahlreichen Kriege auf dem Kontinent einzudämmen.

■ Ein Besucher betrachtet am 29. September während des Internationalen Raumfahrtkongresses in Bremen ein Modell der Erde mit dem Satellitennavigationssystem Galileo

Galileo: Im Mai beschloss die EU, bis 2008 unter der Regie der Europ. Raumfahrtagentur (ESA) ein eigenes System zur Satellitennavigation aufzubauen. G. besteht aus Bodenstationen und 30, rd. 525 kg schweren Satelliten, die sich auf 23 600 km hohen Umlaufbahnen bewegen. Sie senden zeitsynchrone Peilsignale und ermöglichen dadurch eine genaue Ortsbestimmung für Flugzeuge, Schiffe und Landfahrzeuge. Dies erlaubt bislang nur das amerikan. Global Positioning System (GPS). G. soll Europa von GPS unabhängig machen. Der Start des ersten G.-Testsatelliten ist für 2005 geplant.

Gallert-Kalmar: Neuseeländ. Fischer zogen im April einen G.-K. aus dem antarkt. Rossmeer. Der Kalmar der Art Mesonychoteuthis hamiltoni ist erst das zweite intakte Exemplar, das gefangen wurde. Normalerweise leben die G.-K. in bis zu 2000 m Tiefe. Das Tier war vermutlich nahe der Meeresoberfläche auf Nahrungssuche. Der weibl., nicht voll ausgewachsene G.-K. wog 150 kg und war 5 m lang. Ein ausgewachsenes Tier kann 12 m erreichen. Der zehnarmige Kopffüßer hat ein schnabelähnl. Maul und Fangarme mit scharfen Haken, mit denen er seine Beute in Stücke reißt. Zu seinen natürl. Feinden gehören v. a. Pottwale.

Gambia

Hauptstadt: Banjul
Einwohner: 1,4 Mio.
Einwohner/km²: 134
Staatsoberhaupt und Regierungschef:
Y. Jammeh
BIP/Einwohner:
252 US-$

Ganztagsschulen: Am 12. Mai unterzeichneten Bundesbildungsmin. EDELGARD BULMAHN (SPD) und die Präs. der Kultusministerkonferenz (KMK), die hess. Bildungsmin. KARIN WOLFF (CDU), eine Verwaltungsvereinbarung über das Ausbauprogramm von Ganztagsschulen. Die Bundesreg. löste damit ein Wahlkampfversprechen von Bundeskanzler GERHARD SCHRÖDER (SPD) ein.
In dem ›Investitionsprogramm Zukunft Bildung und Betreuung‹ stellt der Bund, verteilt über fünf Jahre, 4 Mrd. € für die Entwicklung eines »bedarfsorientierten Angebots« an G. in allen Regionen bereit. Angesichts der Zustimmung in der Bevölkerung zum Ausbau der G. hatten die Unionsparteien und die unionsgeführten Bundesländer ihre urspr. Bedenken gegen die Finanzierungsvorgaben zurückgestellt und sich bereit erklärt, 10 % des Geldes beizusteuern. Der Schlüssel, nach dem die Gelder auf die Länder verteilt werden, richtet sich nach dem Anteil des jeweiligen Landes an der Zahl der Schüler von der ersten bis zur zehnten Klasse. Mit der Förderung der G. will die Bundesreg. der starken Kopplung von sozialer Herkunft und Bildungserfolg entgegenwirken, die Bildungsexperten als eine Ursache für das schlechte Abschneiden des dt. Schulsystems ausmachten.

Garfield, amerikan. Kater, * Muncie (Indiana) 19. 6. 1978. – Faul, fett, frech und fresssüchtig wie jeden Tag feierte der beliebteste Comicstrip-Stubentiger der Welt mit einer Extraportion seines Lieblingsgerichts (Lasagne aus der Dose) sein bibl. Alter von 25 Menschenjahren. 263 Mio. Leser von 2 570 Zeitungen konnten der erfolgreichsten Comicfigur aller Zeiten und ihrem geistigen Vater JIM DAVIS gratulieren. Bei der Lektüre schmunzeln sie täglich über ein neues Comicdrama mit dem orangenen Streifenzottel und seinem menschl. Dosenöffner Jon Arbuckle.
Das Vorbild für G. fand der heute 62-jährige Zeichner DAVIS unter den zahllosen Katzen auf der Rinderfarm seiner Eltern. 1981 gründete er in Muncie das Unternehmen ›Paws‹, aus dem er heute mit 56 Mitarbeitern eine immer noch wachsende Fangemeinde mit iron., boshaften und philosoph. Humorhäppchen versorgt, in denen sich jeder wiedererkennen kann: Denn es geht in der Hauptsache ums Essen und Schlafen!

Gartenschläger-Prozess: Die Tötung des DDR-Regimegegners MICHAEL GARTENSCHLÄGER an der innerdt. Grenze vor 27 Jahren bleibt ungesühnt. Das Berliner Landgericht sprach am 10. April zwei ehem. Offiziere des Ministeriums für Staatssicherheit der DDR frei. Der eine Angeklagte sei nicht an den Befehlen, die zur Erschießung des ›Grenzverletzers‹ führten, beteiligt gewesen. Die Tat des anderen sei nach dem anzuwendenden DDR-Recht verjährt, da die Anweisung zum Schusswaffengebrauch keinen Mord zur Folge gehabt habe. GARTENSCHLÄGER sei wahrscheinlich aus Notwehr getötet worden. Die Todesschützen waren vom Schweriner Landgericht bereits vor drei Jahren freigesprochen worden.
Der ehem. DDR-Bürger GARTENSCHLÄGER hatte vom Westen aus südlich von Lübeck Splitterminen von den Grenzzäumen demontiert. Bei einem erneuten Versuch am 1. 5. 1976 wurde er von Mitgl. eines Sonderkommandos erschossen.

Geflügelpest: Der Ausbruch der G. in der Prov. Gelderland (Niederlande) im Febr. hielt die Geflügelzüchter wochenlang in Atem. Um eine Ausbreitung der Seuche zu verhindern, wurden in NRW entlang der dt.-niederländ. Grenze Sperrgebiete eingerichtet. Für NRW galt bereits ab dem 2. März ein Im- und Exportverbot für Geflügel. Nachdem die Seuche am 8. April auch in der niederländ. Prov. Limburg aufgetreten war, verschärfte das Bundesverbraucherschutzministerium am 10. April die Vorschriften für Geflügelzucht und -transport. Im April griff die G. auf Belgien über. Am schwersten betroffen blieben jedoch die Niederlande, wo bis Ende April ca. 18 Mio. Tiere geschlachtet wurden. Am 17. April starb ein niederländ. Tierarzt an dem G.-Virus, das beim Menschen gewöhnlich meist nur leichte Grippesymptome auslöst. Trotz Sicherheitsvorkehrungen und vorsorgl. Schlachtungen wurde am 13. Mai der erste Fall von G. aus dem Kr. Viersen (NRW) gemeldet. Ein weiteres Ausbreiten der Seuche konnte jedoch verhindert werden, sodass die von der Europ. Kommission erlassenen Handels-

Tote Hühner werden am 5. März in Scherpenzeel per Fließband auf einen Lastwagen befördert. Sie wurden nach Ausbruch der Hühnerpest in den Niederlanden getötet beschränkungen für dt. Geflügelzüchter am 3. Juni weitgehend aufgehoben wurden.

G-21-Gruppe: Während des Gipfeltreffens der → WTO in Cancún (Mexiko) schlossen sich unter der Führung von Brasilien, China und Indien urspr. insgesamt 21 Entwicklungs- und Schwellenländer zusammen. Die G-21-G. trat als ernsthafter Gegenspieler der USA und der EU auf, deren Vorschläge zum Abbau von Subventionen in der Landwirtschaft und zur Liberalisierung des Außenhandels mit Agrargütern den ärmeren Ländern nicht weit genug gingen – v.a. wegen dieser Differenzen scheiterte der Gipfel.

Ein Südkoreaner macht während des WTO-Treffen in Cancún auf die Existenzgefährdung der Landwirte aufmerksam

Ende 2003 gehörten der G-21-G. neben den drei führenden Staaten weitere 19 Länder an: Ägypten, Argentinien, Bolivien, Chile, Costa Rica, Ecuador, Guatemala, Indonesien, Kolumbien, Kuba, Mexiko, Nigeria, Pakistan, Paraguay, Peru, Philippinen, Südafrika, Thailand und Venezuela. Zusammen repräsentieren die 22 Nationen mehr als die Hälfte der Weltbevölkerung und zwei Drittel aller Bauern.

Geld- und Währungspolitik: Nachdem die großen Notenbanken die Leitzinsen bereits im Vorjahr deutlich gesenkt hatten, setzten sie die lockere Geldpolitik im 1. Halbjahr 2003 fort. Dabei bewogen insbes. Risikofaktoren wie der Irakkonflikt und die SARS-Epidemie im Frühjahr die Geld- und Währungshüter dazu, die Leitzinsen auf das bislang niedrigste Niveau zurückzunehmen. Im Jahresverlauf besserte sich dann, gezogen von der Konjunkturlokomotive USA, weltweit die Wirtschaftslage. Allerdings war der Inflationsdruck aufgrund niedriger Kapazitätsauslastung der Unternehmen und hoher Arbeitslosigkeit in den meisten Ländern weiterhin gering, sodass auch die Leitzinsen in der Eurozone, in Japan und den USA niedrig blieben. Zinserhöhungen im vierten Quartal – in Großbritannien und Australien – deuteten jedoch darauf hin, dass bei einer Festigung des Konjunkturaufschwungs in Amerika und in der Eurozone eine Wende in der Geldpolitik bevorsteht.

Weiterhin niedrige Zinsen

Die amerikan. Notenbank (Fed) hielt zunächst an ihrem extrem niedrigen Zielsatz für Tagesgeld (Federal Funds Rate) von 1,25 % fest. Im Juni senkte sie den Zinssatz noch weiter auf 1 %. Als Begründung führte Notenbankchef ALAN GREENSPAN an, dass die Wirtschaft noch Unterstützung von der geldpolit. Seite benötige, um auf einen anhaltenden Wachstumspfad zu gelangen. Außerdem seien die Inflationserwartungen immer noch gering. Die Verbraucherpreise in den USA stiegen gegenüber dem Vorjahr um rd. 2 %. Mit den sinkenden Erdölpreisen nach dem Ende des Irakkriegs verbesserte sich die konjunkturelle Situation im Jahresverlauf deutlich. So kletterte das BIP im dritten Quartal um 8 %. Trotz dieses Konjunkturschubs verharrte die Arbeitslosigkeit auf hohem Niveau (im Sept. 6,1 %) – ein Grund für die Fed, die Leitzinsen noch nicht zu straffen und mit negativen Realzinsen (Tagesgeld minus Inflationsrate) Geld in die Wirtschaft zu pumpen.
In der zweiten Jahreshälfte bauten sich am Anleihemarkt Inflationserwartungen auf. Die Rendite für zehnjährige Staatsanleihen kletterte von 3,3 % Ende Juni bis auf 4,3 % Ende Oktober. Dieser Renditeanstieg wurde von der Schwäche des US-Dollars gegenüber dem Euro begünstigt, der erneut zulegte. Am 31. Dez. erreichte der Wechselkurs des Euro mit 1,2630 US-$ für 1€ einen histor. Höchststand.

EZB folgt amerikanischem Vorbild

In der Eurozone hielt die Europ. Zentralbank (EZB) die geldpolit. Zügel ausgesprochen locker. Hierzu trugen das schwache Wirtschaftswachstum, v.a. in Deutschland und Frankreich, und die nach wie vor hohe Arbeitslosigkeit bei (→ Europäische Union). In diesem Umfeld blieb der Inflationsdruck gering, zumal sich der Euro an den Devisenmärkten – auch gegenüber japan. Yen und brit. Pfund – fest zeigte. Daher senkte die EZB ihren Leitzins, den Mindestbietungssatz für Wertpapierpensionsgeschäfte, im

Geld- und Währungspolitik

Verbraucherpreisindexe (1995=100; Q=Quartal)

Land/Region	2002	2003		
	4. Q	1. Q	2. Q	3. Q
Deutschland	110,1	111,1	111,0	111,3
Frankreich	110,7	111,7	112,1	112,4
Großbritannien	119,6	120,2	121,7	122,0
Japan	99,8	99,4	99,8	99,7
Österreich	112,2	112,7	112,9	113,3
Schweiz	105,8	106,0	106,4	105,7
USA	118,9	120,1	120,5	121,1
OECD insgesamt	**131,8**	**133,1**	**133,8**	**134,1**
Eurozone	**115,7**	**116,6**	**117,2**	**117,4**

März um 0,25 Prozentpunkte auf 2,5 %. Im Juni nahm sie diesen Satz nochmals um 0,5 Prozentpunkte auf 2,0 % zurück.
Die Verbraucherpreise in der Eurozone zogen moderat an, doch lag die Inflationsrate von 2,1 % im Okt. nahe dem Ziel der EZB von 2 %. Im Mai hatte die europ. Notenbank ihre geldpolit. Strategie überprüft. Ihr Hauptziel ist nun mittelfristig eine Preissteigerungsrate von »nahe 2 %« und nicht mehr von »unter 2 %«.

Neuer EZB-Präsident. Bundesbank baut ab

Zum 1. Nov. fand der lange geplante und vielfach diskutierte Wechsel an der Spitze der EZB statt: Auf den Niederländer WIM DUISENBERG (seit 1. 6. 1998) folgte der Franzose Jean-Claude → Trichet, der sich sogleich gegen die Bestrebungen Deutschlands und Frankreichs wandte, den Europ. Stabilitätspakt aufzuweichen. Beiden Ländern gelang es jedoch im Nov., im Rat der Finanzmin. weitere Sanktionen wegen Überschreitung der Defizitgrenze von 3 % des BIP zu vermeiden.
Angesichts der Übertragung von geldpolit. Kompetenzen an die EZB, aber auch aufgrund technisch bedingter Einsparungen im Zahlungsverkehr beschloss die Dt. Bundesbank im Okt. eine Strukturreform. Bis Ende 2007 soll die Zahl der Filialen von 66 auf 45 und der Mitarbeiter von 15 000 auf 11 100 verringert werden.

Zinswende in Sicht

In Japan zeichnete sich ein Ende der Deflation ab. Die Verbraucherpreise lagen zwar im Sept. noch um 0,2 Prozentpunkte unter dem Vorjahresniveau, im Jahr zuvor waren sie noch um 0,9 Prozentpunkte zurückgegangen. Angesichts der weiterhin expansiven Geldpolitik der Bank von Japan – der Diskontsatz verharrte bei 0,1 % – wuchs die japan. Wirtschaft wieder. Ende des 1. Halbjahrs übertraf das reale BIP den Vorjahresstand um 3,0 %.
Die Bank von England erhöhte im Nov. aufgrund starker Binnenkonjunktur und damit mittelfristig wachsender Inflationsgefahr die Base Rate um 0,25 Prozentpunkte auf 3,75 %. In Australien setzte die Notenbank aufgrund der sich verbessernden Weltkonjunktur die Cash Rate um 25 Basispunkte auf 5,0 % herauf.

Gemeindefinanzreform: Für 2004 plante die rot-grüne Bundesreg. Maßnahmen zur Verbesserung der kommunalen Finanz- und Investitionskraft und legte dazu im Aug. Gesetzentwürfe vor, die die Reform der Gewerbesteuer und die Zusammenlegung von Arbeitslosen- und Sozialhilfe (→ Arbeitslosengeld II) betrafen. Eine G. wurde notwendig, weil infolge der wirtschaftl. Stagnation 2001 – 03 die Steuereinnahmen der Kommunen (v. a. die Gewerbesteuer) erheblich gesunken und gleichzeitig die Aufwendungen für Sozialhilfe kräftig anstiegen waren. Dadurch hatte sich der finanzielle Handlungsspielraum der dt. Städte und Gemeinden stark verringert.
Um den Gemeinden ein ergiebiges und stetiges Steueraufkommen zu sichern, sollte die Gewerbesteuer durch die personelle und sachl. Verbreiterung der Bemessungsgrundlagen zu einer Steuerquelle (mit lokalem Hebesatzrecht) weiterentwickelt werden, die sich an der Wirtschaftskraft bemisst (›Gemeindewirtschaftsteuer‹). Die geplante Einbeziehung der Freiberufler und Selbstständigen (rd. 700 000) in den Kreis der Steuerpflichtigen scheiterte jedoch im Dez. im Vermittlungsausschuss von Bundestag und Bundesrat.

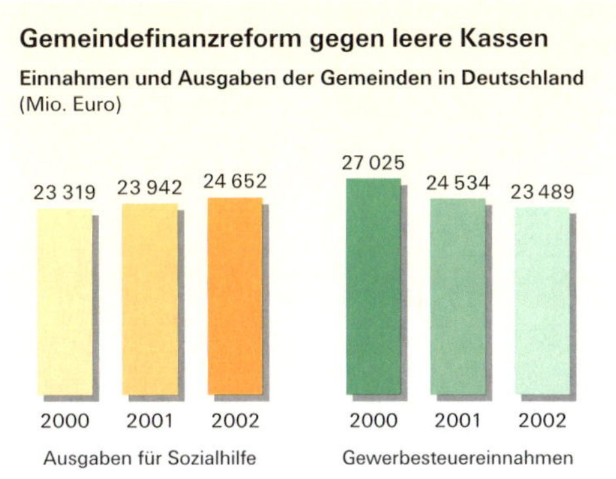

Zur Verbesserung der Finanzlage der Gemeinden wurde neben einer leichten sachl. Verbreiterung der Bemessungsgrundlagen der Gewerbesteuer aber auch eine Senkung der Gewerbesteuerumlage, welche die Kommunen an den Bund und die Länder überweisen, beschlossen. Die sich daraus ergebenden Mehreinnahmen der Kommunen veranschlagte die Bundesreg. für 2004 auf 2,3 Mrd. €, bis 2008 steigend auf 2,8 Mrd. € 2008.

Generika: Nach fast zweijährigen Verhandlungen einigten sich die Mitgl. der WTO im Aug. auf eine neue Regelung für den Handel mit medizin. Nachahmerpräparaten. Danach dürfen Entwicklungsländer ohne eigene Pharmaindustrie künftig preiswerte G. einführen, wenn das Land von Krankheiten wie Aids, Malaria oder Tuberkulose bedroht ist. Bislang waren sie gezwungen, teure Originalprodukte einzuführen, da sie kostengünstige G. nicht selbst produzieren können. Um den G.-Import zu ermöglichen, musste die WTO den Patentschutz für bestimmte Medikamente lockern. Eine Einigung war noch im Dez. 2002 am Widerstand der USA gescheitert, die auf Drängen der heim. Pharmaindustrie gegen eine solche Lockerung gestimmt hatten.

Gen-Food: Im Juli billigte das Europ. Parlament zwei Beschlüsse der EU-Agrarmin. zur Zulassung und Kennzeichnung von Gen-Food. Lebens- und Futtermittel, bei deren Herstellung gentechnisch veränderte Organismen (GVO) verwendet werden, müssen spätestens bis zum Frühjahr 2004 eine entsprechende Kennzeichnung tragen. Kennzeichnungspflicht besteht sowohl für Nahrungsmittel, die mehr als 0,9 % GVO enthalten, als auch für Erzeugnisse, in denen GVO nicht mehr direkt nachweisbar sind (z. B. Rapsöl aus Genraps). Gleichzeitig hob das Parlament den seit sieben Jahren bestehenden Zulassungsstopp für GVO auf.

Die USA, Kanada und Argentinien sehen in der Kennzeichnungspflicht ein Handelshemmnis und legten deshalb am 18. Aug. Beschwerde bei der WTO ein. Nach Ansicht der EU verstößt die Kennzeichnungsregelung aber nicht gegen WTO-Bestimmungen.

Felix Genn ist seit dem 6. Juli neuer Bischof von Essen

Genn, Felix, kath. Theologe, *Burgbrohl 6.3. 1950. – Am 6. Juli wurde G. als dritter Bischof von Essen in sein Amt eingeführt. Sein Vorgänger HUBERT LUTHE war 2002 in den Ruhestand getreten.
Nach dem Theologiestudium und der Priesterweihe war G. zunächst Kaplan in Bad Kreuznach. Von 1978 bis 1994 verantwortete er als Subregens und Spiritual am Bischöfl. Priesterseminar in Trier die geistl. Begleitung und Ausbildung des Nachwuchses. Bis 1997 unterrichtete er Christl. Spiritualität an der Theol. Fakultät Trier. Als Leiter der Heilig-Rock-Wallfahrt 1996 wollte er die Menschen zur Begegnung mit Christus führen, da die Weitergabe der christl. Botschaft seiner Überzeugung nach nur aufgrund von Erfahrungen möglich ist.

GENTECHNIK UND GENETIK

Die Nachricht von der Geburt der ersten → Klonbabys und der frühzeitige Tod des Klonschafs → Dolly rückten in diesem Jahr den umstrittensten Anwendungsbereich der Gentechnik in der Mittelpunkt des Interesses: die Erzeugung ident. Kopien eines Lebewesens (Klone).

Petri-Schalen-Konversation

Ringen um Grenzen

Dürfen menschl. Klone erzeugt werden, wenn dies – wie beim therapeut. Klonen – medizin. Zwecken dient, oder verletzt jede Art des Klonens die Menschenwürde? Diese Frage beherrscht derzeit die internat. Debatte. In Deutschland verbietet das Embryonenschutzgesetz von 1991 das Klonen von Menschen. Dass nat. Verbote allein das Klonen aber nicht verhindern können, machte nicht zuletzt die Nachricht von den Klonbabys der Raelianer-Sekte deutlich. Im Febr. stimmte der Dt. Bundestag einem Antrag von CDU/CSU, Bündnis 90/Die Grünen und SPD zu, der die Bundesreg. auffordert, sich für ein umfassendes internat. Klonverbot einzusetzen. Bislang sind entsprechende Vorstöße gescheitert, denn ein solches Verbot würde auch das therapeut. Klonen einschließen – und darauf wollen viele Staaten nicht verzichten.
Von Nutzen wäre therapeut. Klonen v. a. für die Gewinnung embryonaler Stammzellen. Obwohl man sich in Deutschland erst 2002 auf ein weitgehendes Verbot der Stammzellenforschung geeinigt hatte, wurden schon in diesem Jahr Forderungen nach einer Lockerung des Stammzellengesetzes laut. Denn dieser Zweig der Medizin gilt als Forschungsbereich mit großem Potenzial und könnte z. B. Heilungschancen für Krankheiten wie Alzheimer und Parkinson eröffnen.

Forscher aus Singapur haben diese Zebrafische so mit einem Quallen- und einem Seeanemonen-Gen manipuliert, dass sie rot und grün leuchten

Zum Wohle der Menschheit?

Die genet. Veranlagung für bestimmte Krankheiten vor der Geburt zu erkennen ist dagegen schon heute möglich. Die Untersuchung des Erbguts von Embryos liefert auch Auskunft über Eigenschaften wie Geschlecht oder Blutgruppe. Die Geburt eines → Designerbabys in Großbritannien löste erneut eine Diskussion um das Für und Wider solcher Untersuchungen aus. In Deutschland sind sie bislang verboten – nicht zuletzt wegen der damit verbundenen Auslese von Embryos vor dem Einpflanzen in die Gebärmutter. Richtungsweisend könnte aber die Stellungnahme des Nat. Ethikrats wirken, der sich im Jan. für eine Legalisierung der → Präimplantationsdiagnostik aussprach.

Medizin. Nutzen bietet nicht nur die Beschäftigung mit dem menschl. Erbgut, sondern auch die Erbgutanalyse von Krankheitserregern. Ist die genet. Struktur eines Erregers erst einmal bekannt, steigt die Chance, ein wirksames Gegenmittel zu finden. Im Mittelpunkt des Interesses stehen derzeit Krankheiten wie Malaria und Tuberkulose, an denen jedes Jahr Millionen Menschen sterben. Auch die bislang kostenintensive Herstellung von Medikamenten könnte dank gentechn. Verfahren einfacher werden. Schon heute verwendet man gentechnisch veränderte Bakterien als Plattformen für die Erzeugung bestimmter Stoffe, etwa den sog. Heubacillus für die Herstellung des B-Vitamins Riboflavin.

Gentechnik

Vor 50 Jahren entschlüsselten der engl. Biochemiker Francis Crick und sein amerikan. Kollege James Watson die Struktur der **DNS** – und legten damit den Grundstein für die Gentechnik. 1953 entdeckten die späteren Nobelpreisträger bei ihren Forschungen die Doppelhelix-Struktur der DNS: Sie fanden heraus, dass DNS-Moleküle aus zwei Polynucleotidketten bestehen, die spiralförmig (helixartig) umeinander gewunden sind, wobei Basenpaare die beiden Stränge miteinander verbinden. Damit konnte nicht nur der Kopiermechanismus der DNS bei der Vererbung erklärt werden; da der genet. Code durch die Abfolge der Basenpaare festgelegt wird, war das Wissen um die Doppelhelix-Struktur der DNS auch grundlegend für die Entschlüsselung des menschl. Erbguts.

Grüne Gentechnik

Während über die Grenzen gentechn. Forschung beim Menschen noch nachgedacht wird, ist die Manipulation des Erbguts von Pflanzen bereits Alltag. Dieser Tatsache musste auch die EU Rechnung tragen: Sie hob auf Drängen der USA das Importverbot für gentechnisch veränderte Futter- sowie Nahrungsmittel und gentechnisch veränderte Organismen (GVO) auf, führte aber gleichzeitig eine Kennzeichnungspflicht für → Gen-Food ein.
In den USA, dem weltweit bedeutendsten Hersteller von gentechnisch veränderten Nahrungsmitteln, hat die Gen-Food-Ära schon begonnen: Auf insgesamt 39 Mio. ha werden dort v. a. Gen-Soja, -Mais, -Raps und -Baumwolle angebaut. Eine Kennzeichnungspflicht besteht nicht. Befürworter betonen, dass Gesundheitsrisiken bislang nicht nachgewiesen worden seien. Ihrer Ansicht nach könnte die grüne Gentechnik dazu beitragen, globale Probleme wie den Hunger zu lösen oder Umweltbelastungen zu vermindern, da sich Pflanzen mit erwünschten Eigenschaften kreieren ließen – 2003 etwa eine Kartoffelsorte mit einem bes. hohen Nährstoffgehalt und eine Baumwollpflanze, die Schädlinge mit einem selbst produzierten Gift bekämpft. Erzeugt werden solche transgenen Pflanzen, indem man Gene aus anderen Pflanzen oder aus Bakterien in das Erbgut der Nutzpflanze einschleust. Zukunftsweisend sind auch Versuche, bei denen Pflanzen durch Genmanipulation zu Lieferanten für Arzneimittel werden. Zwar konnte die viel beschworene ›Impfbanane‹ noch nicht erschaffen werden. Tomaten mit einem Wirkstoff gegen Tollwut oder Kartoffeln, die Impfstoffe gegen Cholera enthalten, wurden jedoch bereits mehrfach erfolgreich an Menschen getestet.
Kritiker der grünen Gentechnik verweisen auf die Gefahren, die eine unkontrollierte Ausbreitung transgener Pflanzen auf die natürl. Pflanzenwelt haben könnte. Ihrer Ansicht nach bietet auch der Einsatz unfruchtbarer transgener Pflanzen, sog. Terminatorpflanzen, keinen ausreichenden Schutz. Die Vermarktung von → Terminatorgensaaten ist selbst unter Wissenschaftlern umstritten.
Die Europ. Kommission setzte auf andere Schutzmaßnahmen: Eine im Juli verabschiedete Leitlinie sieht vor, dass beim Anbau genmanipulierter Pflanzen bestimmte Sicherheitsabstände zu konventionellen Anpflanzungen eingehalten werden müssen; auch sollen Hecken verhindern, dass sich die Pollen von Gen-Pflanzen verbreiten.

Die ›Supermilchkuh‹

Ähnlich wie bei Pflanzen versucht man auch, das Nutzungspotenzial von Tieren durch Eingriffe in das Erbgut zu erhöhen. Im Febr. präsentierten neuseeländ. Forscher die ›Supermilchkuh‹. Ihre Milch hat eine erhöhten Gehalt an Kasein, ist dadurch nahrhafer und lässt sich leichter zu Käse verarbeiten. Einen wirtschaftl. Nutzen versprechen solche Eingriffe in das Erbgut v. a. dann, wenn es gelingt, solche Tiere auch zu klonen.

Georgien

Hauptstadt: Tiflis (Tbilissi)
Einwohner: 5,2 Mio.
Einwohner/km²: 76
Staatsoberhaupt: N. Burdschanadse (seit 24.11.2003)
Regierungschef: –
BIP/Einwohner: 656 US-$

Anhaltende öffentl. Proteste gegen die massive Fälschung der Parlamentswahlen vom 2. Nov., die in der Besetzung des Parlaments gipfelten, zwangen den seit 1992 regierenden Präs. EDUARD SCHEWARDNADSE am 23. Nov. zum Amtsverzicht. Die reformorientierten Oppositionsparteien, die seit den Lokalwahlen im Vorjahr größeren Rückhalt in der Bevölkerung besitzen, sahen sich um den sicher geglaubten Wahlsieg betrogen. Maßgebl. Anteil am Rücktritt des Präs. hatte der Oppositionsführer Michail → Saakaschwili. Das Oberste Gericht erklärte die Wahlen am 24. Nov. in weiten Teilen für unrechtmäßig; am selben Tag setzte das Parlament für den 4.1. 2004 Neuwahlen für das Präsidentenamt an. Bis dahin nimmt Parlamentspräs. NINO BURDSCHA-

NADSE die Amtsgeschäfte des Staatsoberhaupts wahr. Den entscheidenden Anstoß zum Machtwechsel gaben die USA, die SCHEWARDNADSE ihre Unterstützung entzogen.
Im März hatte sich G. vorbehaltlos hinter die Antiterrorkoalition unter Führung der USA gestellt. Doch war die Armee trotz Unterstützung durch amerikan. Spezialeinheiten nicht einmal in der Lage, die eigenen Grenzen zu sichern: Im Pankisi-Tal etwa operierten weiterhin Verbrecherbanden und tschetschen. Guerillagruppen.
In der ersten Jahreshälfte stieg das BIP um 8,6 %. Grund waren v.a. die gestiegenen Investitionen in den Bau der Ölpipeline Baku – Tiflis – Ceyhan und in das Projekt der südkaukas. Gaspipeline; auch Industrie und Landwirtschaft erholten sich. Mit dem russ. Energiekonzern Gasprom wurde am 21. Juli ein Liefervertrag über 25 Jahre unterzeichnet. Im Aug. fielen wesentl. Anteile an georg. Energieversorgern und am Verteilernetz ungeachtet öffentl. Proteste in russ. Hände. Auch die amerikan. Gesellschaft AES trat ihre Anteile ab. ■

■ Eine Georgierin bejubelt den Rücktritt von Präsident Schewardnadse, rechts ein Plakat von Oppositionsführer Michail Saakaschwili

Gesetz gegen unlauteren Wettbewerb, Abk. **UWG:** Zahlreiche Wettbewerbsbeschränkungen im Einzelhandel werden aufgehoben; zugleich sollen Verbraucher vor unlauteren Methoden geschützt bleiben. Diesen Prinzipien folgt die Neufassung des UWG, dessen Entwurf das Bundeskabinett am 7. Mai verabschiedete.
Zu den Kernpunkten der neuen Regelungen, die im Frühjahr 2004 in Kraft treten sollen, gehören der Wegfall von Reglementierungen der Sonderveranstaltungen wie Schluss-, Jubiläums- und Räumungsverkäufe, das Verbot der Werbung mit nur scheinbaren Preisnachlässen sowie die Belästigung der Verbraucher durch unerwünschte Werbung über Telefax oder E-Mail (→ Spam).

Gesundheitsreform: Tiefe Einschnitte in das Leistungssystem sollen die Kassen der gesetzl. Krankenversicherung (GKV) stufenweise von

■ Gesundheitsreform – die Senkung der Beitragssätze ist möglich

10 Mrd. € 2004 bis zu 23 Mrd. € 2007 entlasten. Dafür sollen die Beitragssätze bis 2005 von durchschnittlich 14,4 % auf 12,5 % gesenkt werden. Die dadurch erhoffte Entlastung der Lohnnebenkosten wertete die rot-grüne Koalition als wesentl. Teil ihres Reformprogramms (→ Agenda 2010). Der Billigung der G. durch den Bundestag am 26. Sept. und den Bundesrat am 17. Okt. ging eine Einigung von Koalition und Opposition voraus. Eine Verhandlungskommission unter der Leitung von HORST SEEHOFER (CSU) und Gesundheitsmin. ULLA SCHMIDT (SPD) hatte am 21. Juli ein gemeinsames Konzept vorgelegt. Das ›Gesetz zur Modernisierung der GKV‹ tritt am 1. 1. 2004 in Kraft.
Kosten für Zahnersatz werden ab 2005 von der GKV nicht mehr erstattet und müssen zusätzlich versichert werden. Das von der 7. Woche an zu zahlende Krankengeld finanziert der Versicherte ab 2006 allein, d.h. ohne Arbeitgeberzuschuss. 10 % der Sachleistungen und Medikamente muss der Versicherte übernehmen (mind. 5 €, höchstens 10 €); nicht verschreibungspflichtige Medikamente sind selbst zu bezahlen. Beim Arztbesuch ist eine Praxisgebühr fällig (10 € pro Quartal); sie entfällt, wenn eine Überweisung für das laufende Quatal vorgelegt wird. Im Falle eines Krankenhausaufenthalts zahlt der Patient 10 € pro Tag (max. 28 Tage). Die Obergrenze für die Summe aller Zuzahlungen beträgt 2 % des Bruttoeinkommens (bei chronisch Kranken 1 %, Kinder bis 18 Jahre sind von Zuzahlungen befreit).

Gewerbesteuer, → Gemeindefinanzreform.

Ghana

Hauptstadt: Accra
Einwohner: 20,1 Mio.
Einwohner/ km²: 87
Staatsoberhaupt und Regierungschef:
J. A. Kufuor
BIP/Einwohner:
313 US-$

Die Reg. unter Präs. JOHN AGYEKUM KUFUOR erklärte im Okt., sie werde den zweijährigen Ausnahmezustand im nördl. G. nicht erneuern. Blutige Auseinandersetzungen hatten im März 2002 zur Ermordung des traditionellen Königs der Region Dagbon im Norden geführt. Die Reg. hatte daraufhin den Ausnahmezustand verhängt und Ausgangssperren erlassen.
Im Sept. zeigte die Hilfsaktion zur Beendigung der Sklavenarbeit für Kinder, die im Okt. 2002 von der Reg. zus. mit der Internat. Arbeitsorganisation und der Internat. Organisation für Migration (IOM) gestartet worden war, erste Erfolge: 170 Kinder, die als kostenlose Arbeitskräfte an Fischer verkauft worden waren, konnten zu ihren Familien zurückkehren. Die IOM unterstützt die Familien u.a. dabei, kleine Unternehmen zur Eigenversorgung ins Leben zu rufen. Sie schätzt die Zahl der in G. wie Sklaven gehaltenen Kinder auf etwa 3 000. ■

Ginzburg, Witalij Lasarewitsch, russ. Physiker, *Moskau 4. 10. 1916. – G. erhielt zus. mit ALEXEJ A. ABRIKOSOW und ANTHONY J. LEGGETT den → Nobelpreis für Physik. Er wurde v.a. für seine quantenphysikal. Grundlagenforschung ab Anfang der 1950er-Jahre gewürdigt, die zur Erklärung der Supraleitung und Suprafluidität bestimmter Metalle bei Temperaturen nahe dem absoluten Nullpunkt (-273 °C) führten.
G. forschte nach seiner Promotion 1938 am Physikal. Inst. der Sowjet. Akademie der Wiss. und lehrte zugleich von 1945–68 an der Univ. Gorkij, danach am Techn. Physikal. Inst. in Moskau. Zu seinen wiss. Schwerpunkten gehörte die Erforschung der kosm. Radarstrahlung im interstellaren Raum.

Giscard d'Estaing, Valéry, frz. Politiker (Union pour un Mouvement Populaire, UMP), *Koblenz 2. 2. 1926. – Die Stadt Aachen ehrte den ehem. frz. Staatspräs. am 29. Mai mit dem Karlspreis für sein Lebenswerk und seine Verdienste um die künftige europ. Verfassung, deren Entwurf G.d'E. als Präs. des → EU-Konvents am 13. Juni vorlegte.
Seit 1952 engagiert sich der Liberalkonservative in verantwortungsvollen polit. Positionen – u.a. als Kabinettsmitgl. versch. Reg. (1962–73) sowie als Parteivors. der Unabhängigen Republikaner (1966–73) und der von ihm 1978 gegr. Union pour la Démocratie Française (UDF; 1982–96), die 2002 weitgehend in die Präsidentenpartei UMP überging. Bei der Präsidentschaftswahl 1974 siegte G.d'E. über seinen sozialist. Gegenkandidaten FRANÇOIS MITTERRAND, wurde von diesem aber 1981 abgelöst. Im Dez. 2001 ernannte ihn der Europ. Rat zum Präs. des EU-Konvents.

Goldene Aktie: Nachdem der Europ. Gerichtshof (EuGH) schon im Vorjahr staatl. Sonderstimmrechte, sog. G.A., bei privatisierten Unternehmen in Frankreich und Portugal beanstandet hatte, stellte er am 13. Mai in einem weiteren Urteil fest, dass diese bei den span. Unternehmen Repsol, Telefónica, Argentaria und Endesa sowie bei der brit. British Airports Authority (BAA) dem freien Kapitalverkehr im Europ. Binnenmarkt entgegenstehen. Bei Repsol (Erdöl), Endesa (Elektrizität) und Telefónica (Telekommunikation) könne zwar aus Gründen der öffentl. Sicherheit eine Beschränkung des Kapitalverkehrs gerechtfertigt sein, doch hätten die span. Rechtsvorschriften den Grundsatz der Verhältnismäßigkeit nicht beachtet.

■ Rekonstruktion des Sonnenobservatoriums von Goseck zur Wintersonnenwende

Goseck: In der Nähe der Gemeinde G. in Sachsen-Anhalt haben Archäologen das älteste Sonnenobservatorium Europas entdeckt. Die Wissenschaftler waren schon in den 1990er-Jahren durch Luftaufnahmen auf die Anlage aufmerksam geworden. Im Aug. präsentierten sie die Ergebnisse ihrer Grabungsarbeiten der Öffentlichkeit. Das Sonnenobservatorium von G. entstand vor rd. 7 000 Jahren und ist damit deutlich älter als die Kultstätte → Stonehenge im Südwesten Englands.
Die Anlage besteht aus drei Toren, deren Öffnungen jeweils genau nach Südosten, Südwesten und Norden zeigen. Zu Beginn des 5. Jt. v. Chr. ging die Sonne am Tag der Wintersonnenwende (21. Dez.) genau im Südosttor auf und im Südwesttor unter. Die Wiss. vermuten, dass die Anlage dabei half, die Jahreszeiten und damit den richtigen Zeitpunkt für Aussaat und Ernte zu bestimmen. Funde von Tier- und Menschenknochen deuten darauf hin, dass das Observatorium auch für rituelle Zwecke genutzt wurde.

Granger, Clive W.J., brit. Statistiker und Ökonom, *Swansea (Wales) 4. 9. 1934. – G. wurde zus. mit seinem amerikan. Kollegen ROBERT F. ENGLE mit dem → Nobelpreis für Wirtschaftswiss. ausgezeichnet. Beide haben, zeitweise kooperierend, die statist. Erforschung wirtschaftl. Zeitreihen ins Leben gerufen. G. entwickelte z.B. Methoden, um den Zusammenhang zw. Vermögen und Konsum, Wechselkursen und Preisniveau oder kurzfristigen und langfristigen Zinssätzen zu analysieren.
G. promovierte 1959 an der University of Nottingham. Zuletzt lehrte er als Prof. für Wirtschaftwiss. an der University of California in San Diego.

Graz: Als erste Stadt Österreichs erhielt G. 2003 den Titel ›Kulturhauptstadt Europas‹. Die Hauptstadt des Bundeslands Steiermark (250 000 Ew.), deren Altstadt zum UNESCO-Weltkulturerbe ge-

hört, stellte das Festprogramm unter das Motto ›G. darf alles‹. Wichtigstes Bauvorhaben war das futurist. Kunsthaus, genannt ›Friendly Alien‹, das im Sept. eingeweiht wurde. Als sichtbares Zeichen des Kulturjahres entstand eine künstl. Insel in der Mur, die als Café und Bühne diente.
Ein Bestandteil des umfangreichen Kulturprogramms waren die traditionellen Festivals der Stadt – das österr. Filmfestival ›Diagonale‹, das von dem Dirigenten Nikolaus Harnoncourt geleitete Musikfest ›Styriarte‹ und das Avantgardefestival ›steir. Herbst‹ –, die ihr Programm zeitlich wie inhaltlich ausdehnten. Daneben boten die Grazer Bühnen zahlreiche Theateraufführungen, u.a. mit Uraufführungen von Henning Mankell und Anselm Glück. Ein Höhepunkt war die Uraufführung des Musiktheaterstücks ›Begehren‹ von Beat Furrer in der Helmut-List-Halle, die gleichzeitig als neue Veranstaltungsstätte eingeweiht wurde. Zu den Projekten der bildenden Kunst gehörten die Ausstellungen ›M_ARS – Kunst und Krieg‹ mit Exponaten von mehr als hundert Künstlern aus aller Welt sowie ›Der Turmbau zu Babel‹ über den Ursprung von Sprache und Schrift.

Blick auf das neue Kunsthaus in der europäischen Kulturhauptstadt Graz

Grenada

Hauptstadt: Saint George's
Einwohner: 102 000
Einwohner/km²: 295
Staatsoberhaupt: Elisabeth II.
Regierungschef: K. Mitchell
BIP/Einwohner: 2 725 US-$

Griechenland

Hauptstadt: Athen
Einwohner: 10,6 Mio.
Einwohner/km²: 82
Staatsoberhaupt: K. Stephanopoulos
Regierungschef: K. Simitis
BIP/Einwohner: 12 155 US-$

Nach einem kräftigen Wachstumsschub 2002 (4,0 %) konnte G. für 2003 erneut mit einem hohen Anstieg des BIP rechnen (Prognose: 4,0 %). Die Arbeitslosenquote (2002: 10,0 %) sank im 1. Halbjahr 2003 auf 9,3 %. Die Inflation ist zwar rückläufig, aber mit einem Anstieg von rd. 3,5 % weiterhin die höchste innerhalb des Euroraums (2002: 3,9 %). Durch die Teilprivatisierung staatl. Großbetriebe konnte Finanzmin. Nikos Christodoulakis Erlöse von ca. 5 Mrd.€ verbuchen. Das Ziel, die Staatsverschuldung von 105,3 % des BIP auf 100,2 % zu senken, wurde nicht erreicht. Die Neuverschuldung liegt bei 1,4 % des BIP.
Mit einer umfangreichen Kabinettsumbildung am 4. Juli versuchte MinPräs. Kostas Simitis, den negativen Umfragewerten für seine Partei entgegenzuwirken. Für den Fall eines erneuten Sieges seiner Panhellenist. Sozialist. Bewegung (PASOK) bei den Parlamentswahlen 2004 stellte Simitis am 10. Sept. ein Entwicklungs- und Investitionsprogramm von 8,5 Mrd.€ in Aussicht. Damit soll der Lebensstandard in G. von gegenwärtig 68 % des EU-Durchschnitts auf 90 % im Jahr 2008 erhöht werden.

Griechische EU-Ratspräsidentschaft

G. hatte im 1. Halbjahr die Ratspräsidentschaft der EU inne und in dieser Rolle während des Irakkonflikts, als unter den europ. Staaten eine Spaltung offenbar wurde, eine schwierige Mission, zumal G. selbst Kritik am Vorgehen der USA gegenüber dem Irak und der UNO übte. Als amtierender EU-Ratsvors. ermahnte der griech. Außenmin. Georgios Papandreou die acht Alt- und Neumitgl. der EU, die am 30. Jan. vom gemeinsamen, allerdings nur vage formulierten Standpunkt der EU in der Irakpolitik abgewichen waren.
Die Reg. legte während ihrer Ratspräsidentschaft einen Schwerpunkt auf die Erweiterung der EU und setzte sich für einen Beitritt der Nachbarländer, der Staaten des westl. Balkan und der Türkei, ein. Nach einem Zwischenfall in der Ägäis – eine Region, in der es scharfe territoriale Konflikte zw. G. und der Türkei gibt – drohte G. vor dem EU-Gipfel von Thessaloniki (19.–21. Juni) mit einer Blockade des türk. EU-Beitritts.

Keine Ende des linksextremistischen Terrorismus?

Ein Sondergericht in Athen sprach im Dez. 15 Führungsmitgl. der linksterrorist. Organisation ›17. No-

vember‹ schuldig und verurteilte sie zu langjährigen Haftstrafen. Seit 1975 sollen sie 23 Morde sowie Sprengstoffanschläge und Banküberfälle verübt haben. Am 5. Sept. wurde bei einem Bombenattentat auf ein Athener Gericht ein Polizist verletzt. Zu dem Anschlag bekannte sich die bisher unbekannte Gruppe ›Revolutionärer Kampf‹, hinter der die Sicherheitsbehörden Sympathisanten des ›17. November‹ vermuten.
Die Küstenwache stoppte am 22. Juni im Ion. Meer den Frachter ›Baltic Sky‹, der mit 680 t Sprengstoff an Bord in die griech. Hoheitsgewässer eingedrungen war. Das Schiff lief unter Flagge der Komoren und war angeblich nach Sudan unterwegs.

Kein Zugang für Frauen zum Berg Athos

Das Europ. Parlament verlangte am 4. Sept. von G. die Aufhebung eines Gesetzes von 1953, das Frauen der Zugang zum Heiligen Berg Athos verbietet. Das Gesetz, das Haftstrafen bis zu einem Jahr vorsieht, verstößt laut EU-Parlament gegen die EU-Verträge gegen die geschlechtl. Diskriminierung und das Recht auf Freizügigkeit. In der quasi-autonomen ›Mönchsrep.‹ auf dem Athos befinden sich zahlreiche orth. Klöster, in denen ausschließlich Mönche leben. ■

■ Mutmaßliche Mitglieder der linksterroristischen Organisation ›17. November‹ während der Gerichtsverhandlung in Piräus

■ Herbert Grönemeyer tritt am 13. Juni in der Veranstaltungsarena Ferropolis in Gräfenhainichen (Sachsen-Anhalt) auf

Grönemeyer, Herbert, Rockmusiker, * Göttingen 12. 4. 1956. – G. feierte 2003 ein überwältigendes Comeback mit dem Album ›Mensch‹ (2002), mehreren erfolgreichen Single-Auskopplungen und einer ausverkauften Konzerttournee. Am 16. Febr. wurde G. in Berlin bei der Echo-Verleihung gleich zweimal geehrt: als bester nat. Rock/Pop-Interpret und für seine Single ›Mensch‹. Der Musiker hatte sich zuvor – nach dem Tod seiner Frau und seines Bruders – vier Jahre lang ins Privatleben zurückgezogen. Gegen den Vertrieb der im Sept. erschienenen, nicht autorisierten Biografie ›Grönemeyer‹ von ULRICH HOFFMANN erwirkte G. eine einstweilige Verfügung.
G. gründete als 12-Jähriger seine erste Band und war 1974 – 80 als musikal. Leiter und Schauspieler an Theaterbühnen in Bochum, Hamburg, Stuttgart und Köln tätig. Seinen bekanntesten Auftritt als Schauspieler hatte er 1981 in WOLFGANG PETERSENS Spielfilm ›Das Boot‹. Nach dem großen Erfolg seines fünften Albums ›4630 Bochum‹ (1984) konzentrierte sich G. ganz auf seine musikal. Karriere.

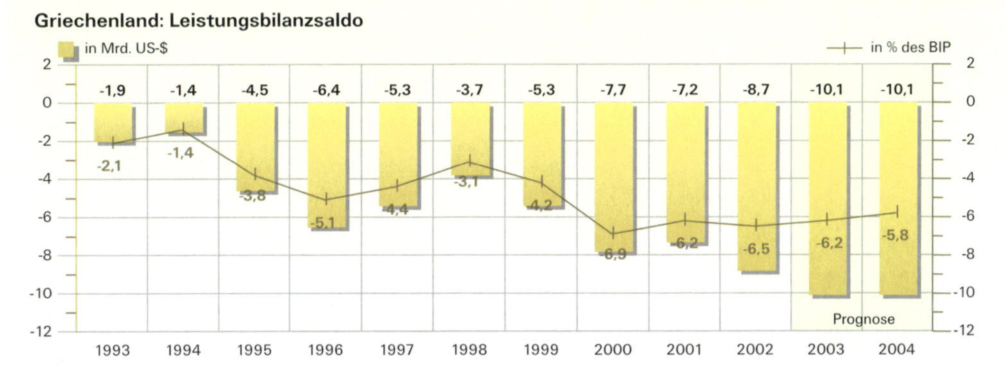

Großbritannien

Hauptstadt: London
Einwohner: 58,9 Mio.
Einwohner/km²: 244
Staatsoberhaupt: Elisabeth II.
Regierungschef: T. Blair
BIP/Einwohner: 26 286 US-$

Die wirtschaftl. Entwicklung verlief erfreulicher als in Kontinentaleuropa: Im 3. Quartal verzeichnete das BIP einen Zuwachs um 1,9 % gegenüber dem Vorjahreszeitraum (Gesamtjahr 2002: 1,8 %). Dennoch war damit die nachhaltigste Wachstumsflaute seit 1992 noch nicht überwunden, zumal sich die bekannten sektoralen Unterschiede teilweise erhalten hatten: Der industrielle Bereich schrumpfte wie schon im Vorjahr. Wachstumsimpulse gingen dagegen von der Steigerung der öffentl. Ausgaben, dem Dienstleistungssektor und dem wieder etwas anziehenden Export aus. Die Inflationsrate lag nach Daten des nat. Statistikamtes nur geringfügig über dem von der Reg. gesetzten Zielwert von 2,5 %, während die Arbeitslosenrate im Jahresdurchschnitt knapp über 5 % lag und sich damit auf dem Niveau des Vorjahres hielt. Als Folge der massiven Ausweitung der öffentl. Investitionen in das Gesundheits- und das Bildungswesen bei einem gleichzeitigen konjunkturbedingten Rückgang der Steuereinnahmen stieg das Haushaltsdefizit weit über die von Finanzmin. GORDON BROWN veranschlagten 32,4 Mrd. £ (rd. 47 Mrd. €); die Neuverschuldung verdoppelte sich nahezu gegenüber dem Vorjahr auf rd. 4,0 % des BIP. Das Engagement im → Irakkrieg und die Unterhaltung der Besatzungsmacht schlugen mit geschätzten 5 Mrd. € zu Buche.

Beteiligung am Irakkrieg, innenpolitische Krise

G. spielt eine wichtige Rolle bei der polit. und militär. Vorbereitung und Durchführung des von den USA geführten Feldzuges gegen den Irak. Zwar stimmten die USA auf Drängen von Premiermin. TONY BLAIR zu, den Untersuchungsauftrag für die UNO-Waffeninspekteure im Jan. und Febr. jeweils zu verlängern, um für die → Koalition der Willigen eine breitere Basis zu finden. Doch als dieses Bemühen im UNO-Sicherheitsrat am Widerstand v. a. Frankreichs, Russlands und Deutschlands gescheitert war, zögerte BLAIR nicht, mit den USA faktisch allein vorzugehen, militärisch nur noch unterstützt von Australien. Dabei hatte er mit erhebl. Widerstand im eigenen Lande und der von ihm geführten Regierungspartei zu kämpfen, die sich tief gespalten zeigte. Im Irakkrieg setzte G. rd. 45 000 Soldaten ein. Der brit. Feldzug konzentrierte sich auf den Südirak, dessen Kontrolle G. nach dem Ende des Krieges als Besatzungsmacht mit rd. 15 000 Soldaten übernahm.

Die Irakpolitik BLAIRS stürzte seine Reg. und seine Partei in die schwerste Krise seiner bisher siebenjährigen Amtszeit. Kritiker in den Medien, der Labour-Fraktion und sogar im Kabinett bezweifelten die von BLAIR und Verteidigungsmin. GEOFF HOON abgegebenen Erklärungen über die angeblich unmittelbare Bedrohung des Landes durch Massenvernichtungswaffen des Irak. Am 16. Febr. erlebte London die bisher größte Antikriegsdemonstration, am 26. Febr. stellten sich 122 Labour-Abgeordnete offen gegen den Kurs ihrer Regierung.
Nach dem mutmaßl. Selbstmord des Waffenexperten DAVID KELLY im Juli setzte der Premiermin. eine unabhängige Untersuchungskommission unter Lordrichter Brian → Hutton ein, um die näheren Umstände zu klären. Die öffentl. Anhörungen trugen weiter dazu bei, dass die Reg. an Glaubwürdigkeit verlor. Noch vor Abschluss der Untersuchungen zog BLAIRS engster Berater, der einflussreiche ›Direktor für Kommunikation und Strategie‹ ALASTAIR CAMPBELL, mit seinem Rücktritt Ende Aug. die Konsequenz aus der Kritik an seiner Mitverantwortung für die → Kelly-Affäre.
Obwohl die Reg. BLAIR im Parlament einige größere Turbulenzen in der Labour-Fraktion (z. T. mithilfe der Opposition) überstand, machte sich der Glaubwürdigkeitsverlust bei den Wählern bemerkbar. Die Popularitätswerte von Premiermin. und Reg. rutschten deutlich ab, und die Labour Party verlor im Sept. bei einer Nachwahl zum Unterhaus spektakulär ihre Hochburg in Brent East (Nord-London) an die Liberaldemokraten, deren Stimmenanteil sich nahezu vervierfachte.

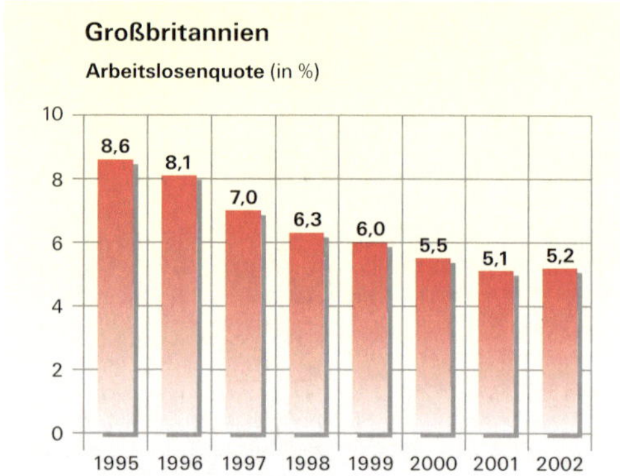

Kabinettsumbildungen

Aus Protest gegen den Irakkrieg traten im März der für das Unterhaus zuständige Kabinettsmin., der frühere Außenmin. ROBIN COOK, und im Mai die Umwelt- und Entwicklungshilfemin. CLAIRE SHORT zurück. Für COOK holte BLAIR seinen Vertrauten JOHN REID wieder ins Kabinett. Schon drei Monate später versetzte er ihn auf den Posten des Gesundheitsmin., den ALAN MILBURN dienstmüde aufgegeben hatte. An die Stelle von SHORT trat die bisherige Staatssekr. Baroness VALERIE AMOS als erstes weibl. Kabinettsmitgl. afrokarib. Abstammung in der Geschichte des Landes. Als Zeichen einer gewissen Schwächung des Premiermin. im Kabinett wurde auch das Ausscheiden von Lordkanzler Derry Irwin of Lairg gesehen, einem engen polit. Vertrauten Blairs. Die Abschaffung dieses Amtes, das die Funktionen des obersten Richters und des Vors. des Oberhauses vereinte, ist Teil einer Verfassungsreform. An die Stelle der Lordrichter, die als Mitgl. des Oberhauses zugleich das höchste Gericht bilden, soll künftig ein autonomer Oberster Gerichtshof treten. Nach dem Tod des Geschäftsführers der Reg. (Leader) im Oberhaus, Lord Williams of Mostyn, am 20. Sept. wurde eine erneute Kabinettsumbildung nötig, in der Baroness Amos nach nur kurzer Amtszeit als Entwicklungshilfemin. in dieses wichtige Amt aufrückte.

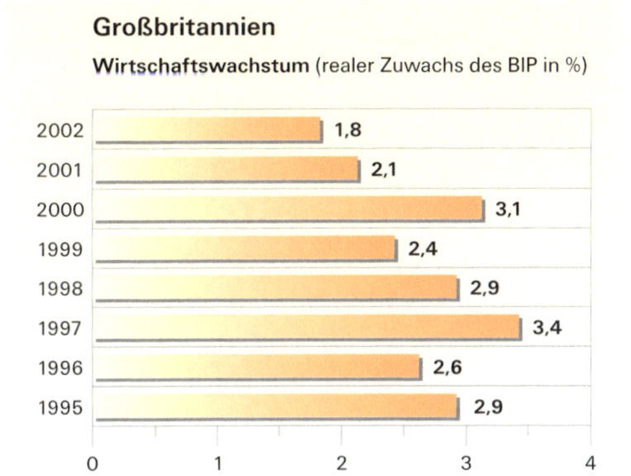

Opposition im Umbruch

Der konservativen Opposition gelang es nicht, aus dem dramat. Popularitätssverlust der Reg. und der Zerstrittenheit der Labour Party nachhaltig Kapital zu schlagen und sich inhaltlich zu profilieren. Der Versuch des Schattenkabinetts, ein geschlossenes Alternativprogramm zu formulieren, konnte über die Führungsschwäche des Partei- und Oppositionsführers Ian Duncan Smith nicht hinwegtäuschen. Ende Okt. erzwang die konservative Fraktion durch ein Misstrauensvotum seinen Rücktritt als Parteiführer. Seinem Nachfolger Michael Howard werden bessere Chancen eingeräumt, die Konservativen mittelfristig zurück auf die Regierungsbank zu führen. Als Voraussetzung dafür wird es dem neuen Hoffnungsträger gelingen müssen, die tiefen Wunden zu heilen, die der konservativen Partei mit dem dritten Sturz eines Vors. innerhalb von sechs Jahren geschlagen wurden.

Probleme im Königshaus

Die königl. Familie blieb durch weitere Enthüllungen im Zusammenhang mit dem Schicksal der 1997 verunglückten Prinzessin von Wales, Lady Diana, in den Schlagzeilen. Nach dem Zusammenbruch der Anklage gegen ihren ehem. Butler Paul Burrell veröffentlichte dieser seine Version ihrer Leidensgeschichte. Seine Vorwürfe gegen das Königshaus

Großbritannien

In der Irakkrise setzte **Premiermin. Tony Blair** sein ganzes polit. und persönl. Renommee ein, um die Invasion des Irak zu rechtfertigen und eine breite ›Koalition der Willigen‹ zur Beteiligung am Irakkrieg zu gewinnen. Dabei scheute er weder den Bruch mit langjährigen polit. Freunden und den Absturz in der Wählergunst noch eine schwere Krise im Verhältnis zu wichtigen europ. Partnern, insbes. Frankreich und Deutschland. Auch nachdem sich im Nachhinein die Fragwürdigkeit zahlreicher Behauptungen über die akute Gefährdung des Weltfriedens durch das Saddam-Regime offenbart hatte, gab sich Blair weiterhin tief überzeugt von der Legitimität des von der UNO nicht mandatierten Angriffs auf den Irak.

untermauerte er mit dem Abdruck persönl. Dokumente Dianas. Ihre Söhne William und Harry verurteilten das Buch als »kalten und offenkundigen Verrat« an ihrer verstorbenen Mutter. ■

Großes Gewächs: Für dt. Prädikatsweine gilt künftig ein neues System zur Qualitätsbestimmung. Das zugrunde liegende Klassifizierungssystem wurde 2002 vom Verband Dt. Prädikats- und Qualitätsweingüter (VDP) verabschiedet und bis Sept. von allen VDP-Regionalvereinen eingeführt. Herzstück sind die Bestimmungen für Spitzenweine, die sog. Großen Gewächse. Ähnlich wie beim frz. Qualitätsprädikat ›Grand Cru‹ dürfen künftig nur solche Weine als G. G. bezeichnet werden, die aus bestimmten Anbaugebieten stammen und nach genau festgelegten Richtlinien erzeugt wurden. Daneben definiert die neue VDP-Klassifizierung die Herkunfts- und Erzeugungskriterien für zwei weitere Qualitätsstufen, die ›Guts- und Ortsweine‹ und die ›Klassifizierten Gewächse‹.

Ground Zero, amerikan. Name für den Punkt, über dem eine Atombombe explodiert ist; seit dem Terroranschlag vom 11. 9. 2001 Bezeichnung für das Areal des zerstörten World Trade Centers in New York. Im Wettbewerb um die Neugestaltung des G. Z. entschied sich die Jury der Stadtplanungsbehörde am 27. Febr. für den Entwurf des Architekten

■ Architekt Daniel Libeskind vor einer Modellaufnahme seines Ground-Zero-Entwurfs

Daniel → Libeskind. Kernstück der Anlage ist der 541 m hohe ›Freedom Tower‹, der mit seiner Höhe von 1776 Fuß an das Datum der amerikan. Freiheitserklärung erinnert; die triumphale Form mit nadelförmiger Spitze korrespondiert mit der Freiheitsstatue. Das obere Drittel des Turms soll begehbare Grünflächen enthalten, die ›Gardens of the World‹. Die Federführung bei der Umsetzung des prämierten Entwurfs übernimmt der Architekt DAVID CHILDS, der mit LIBESKIND zusammenarbeiten soll. Darauf einigten sich im Juli der Investor LARRY SILVERSTEIN und die New Yorker Hafenbehörde, der das Areal gehört.

Grundig AG: Mit der Eröffnung des Insolvenzverfahrens am 1. Juli scheiterten die seit 2000 anhaltenden Bemühungen, den traditionsreichen Elektronikkonzern vor der Zerschlagung zu bewahren. Eine Übernahme durch den taiwanes. Sampo-Konzern war trotz eines im Jan. unterzeichneten Vertrags nicht zustande gekommen. Auch der türk. Elektronikhersteller Beko rückte im April wieder von seiner im Monat zuvor gegebenen Absichtserklärung ab und verzichtete auf einen Einstieg bei dem dt. Traditionsunternehmen. Am 14. April meldete die G. AG daraufhin Insolvenz an. Davon nicht betroffen sind die rechtlich selbstständigen Sparten Car Intermedia Systems (Produktion von Autoradios) und G. Business Systems (Herstellung von Diktiergeräten). Die rd. 1300 Beschäftigten wechselten, zunächst für acht Monate, in eine Auffanggesellschaft, die nach einer Kreditzusage der Banken über 18 Mio. € gegründet worden war.

Guatemala

Hauptstadt: Guatemala
Einwohner: 12,0 Mio.
Einwohner/km²: 108
Staatsoberhaupt und Regierungschef:
A. Portillo Cabrera
BIP/Einwohner:
1547 US-$

Seit dem Amtsantritt von Präs. ALFONSO PORTILLO CABRERA im Jahr 2000 hat sich die Menschenrechtssituation deutlich verschlechtert. So wurde der am 3.10. 2002 als Auftraggeber des Mordes an der Menschenrechtlerin MYRNA MACK zu 30 Jahren Haft verurteilte Armeeoberst JUAN VALENCIA OSORIO im Mai von einer Berufungsinstanz freigesprochen.
Die Wirtschaft litt unter den niedrigen Weltmarktpreisen für Kaffee, die zur Verschlechterung der sozialen Lage insbes. der vom Kaffeeanbau abhängigen Landbevölkerung beitrugen.
Bei den Präsidentschaftswahlen vom 9. Nov. erlitt die Regierungspartei Frente Republicano Guatemalteco (FRG) mit ihrem Kandidaten, dem früheren Diktator EPHRAÍN RÍOS MONTT, mit knapp 17 % der Stimmen eine klare Niederlage. Die rechte Parteienkoalition Gana unter Führung von OSCAR BERGER, dem populist. ehem. Bürgermeister der Hauptstadt, erhielt rd. 38 % der Stimmen, und sein Herausforderer ÁLVARO COLOM von der Mitte-rechts-Partei Unidad Nacional de Esperanza (UNE) kam auf 28 %; damit wurde ein zweiter Wahlgang zwischen den zwei bestplatzierten Kandidaten am 28. Dez. notwendig. Die Stichwahl konnte OSCAR BERGER mit rd. 54 % der Stimmen knapp für sich entscheiden. Er tritt sein Amt am 14. 1. 2004 an. ■

Guinea

Hauptstadt: Conakry
Einwohner: 7,7 Mio.
Einwohner/km²: 31
Staatsoberhaupt:
L. Conté
Regierungschef:
L. Sidimé
BIP/Einwohner:
358 US-$

Bei den Präsidentschaftswahlen am 21. Dez. wurde der amtierende Präs. LANSANA CONTÉ für weitere sieben Jahre im Amt bestätigt. Mit der Begründung, dass eine freie und transparente Abstimmung in G. nicht möglich sei, hatte die Opposition die Wahl boykottiert. Der 69-jährige CONTÉ war 1984 durch einen Militärputsch an die Macht gekommen.
G., das zu den ärmsten Ländern der Welt gehört, ist Zufluchtsort für etwa eine halbe Million Menschen aus den benachbarten Staaten Sierra Leone und Liberia. Die Beendigung des Bürgerkriegs in Sierra Leone ermutigte Zehntausende, in ihre Heimat zurückzukehren. ■

Guinea-Bissau

Hauptstadt: Bissau
Einwohner: 1,3 Mio.
Einwohner/km²: 44
Staatsoberhaupt:
V. Correia Seabra
(seit 14. 9. 2003)
Regierungschef:
H. Rosa
(seit 28. 9. 2003)
BIP/Einwohner:
180 US-$

Nach einem unblutigen Militärputsch erklärte sich General VERISSIMO CORREIA SEABRA am 14. Sept. zum Staatsoberhaupt des Landes und enthob den bisherigen Präs. KUMBA YALA seines Amtes. Nachdem die Armee mit 22 weiteren polit. und gesellschaftl. Gruppen ein Abkommen zur Bildung eines nat. Übergangsrates mit 56 Mitgl. unterzeichnet hatte, wurde der Geschäftsmann HENRIQUE ROSA

am 28. Sept. als Führer einer neuen Übergangsreg. vereidigt. Die Wahl eines neuen Parlaments ist für Jan. 2004 geplant, später soll die Präsidentschaftswahl folgen.
Eine Reihe von Streiks legte im Frühjahr Teile des öffentl. Lebens lahm und verstärkte die bestehenden Spannungen: Schulen und Krankenhäuser blieben geschlossen, die Elektrizitäts- und Wasserversorgung brach zusammen. Die Streikenden forderten die Zahlung ihrer seit Monaten ausstehenden Gehälter. ■

Gutiérrez Borbúa, Lucio Edwin, ecuadorian. Offizier und Politiker (Patriot. Gesellschaft 21. Jan., PSP), *Tena 23. 3. 1957. – Der ehem. Militäroberst und Putschist übernahm am 15. Jan. das Amt des Staatspräs. von Gustavo Noboa Bejarano. G. hatte sich in der Stichwahl am 24. 11. 2002 mit linkspopulist. Versprechungen gegen den Milliardär Álvaro Noboa durchgesetzt.
G. schlug nach seiner Ausbildung zum Ingenieur die militär. Laufbahn ein und stieg zum Oberst auf. Am 21. 1. 2000 stürzte er durch einen Putsch, der von Teilen der aufständ. Indiobevölkerung mitgetragen wurde, den gewählten Präs. Jamil Mahuad Witt. Nach Verbüßung einer sechsmonatigen Gefängnisstrafe vom Parlament amnestiert, gründete G. die PSP, in der er Kräfte der Linken und Bürgerbewegungen sammelte. Nach dem Vorbild des Machthabers in Venezuela, Hugo Chávez, profilierte er sich als Gegner des polit. Establishments und als Anwalt der ärmeren Bevölkerung.

Guyana

Hauptstadt: Georgetown
Einwohner: 772 000
Einwohner/km²: 4
Staatsoberhaupt:
B. Jagdeo
Regierungschef:
S. A. A. Hinds
BIP/Einwohner:
930 US-$

Ende Febr. sicherte der IWF Finanzhilfen für staatl. Programme zur Verbesserung des Lebensstandards der guyan. Bevölkerung zu. Am 14. April ratifizierte die Nationalversammlung das Kyōtō-Protokoll sowie die Vereinbarung zur Zusammenarbeit mit den USA bei der Bekämpfung von illegalem Handel auf dem See- oder Luftweg. ■

H

Haarwirbel: Der amerikan. Genforscher Amar Klar vom National Cancer Institute in Frederick (Maryland) hat einen Zusammenhang zw. der Händigkeit eines Menschen und der Richtung seiner H. entdeckt. Während sich bei 95 % der Rechtshänder die H. im Uhrzeigersinn drehen, lässt sich die H.-Richtung von Links- und Beidhändern nicht vorhersagen. Nach Ansicht des Genetikers, der seine Forschungen im Sept. vorstellte, entscheidet ein einziges Gen sowohl über die Händigkeit als auch über die H.-Richtung: In der dominanten Variante führt das Gen zu Rechtshändigkeit und rechts drehenden H.; die rezessive Variante bewirkt Links- oder Beidhändigkeit sowie rechts oder links drehende Haarwirbel. Sollten weitere Untersuchungen die Existenz eines solchen ›Rechts-links-Gens‹ bestätigen, könnte das z. B. Aufschlüsse über die Entwicklung der beiden Gehirnhälften liefern.

Haffa-Prozess: Die Gründer des Medienunternehmens EM.TV, Thomas und Florian Haffa, wurden im April wegen falscher Darstellung der Unternehmenslage vom Landgericht München verurteilt; der frühere Vorstandschef Thomas Haffa erhielt eine Geldstrafe von 1,2 Mio. €, Florian Haffa, ehedem Finanzvorstand, muss 240 000 € zahlen. Das Gericht sah es als erwiesen an, dass die Brüder im Halbjahresbericht 2000 einen höheren Umsatz als tatsächlich erzielt ausgewiesen haben, um den Börsenkurs von EM.TV positiv zu beeinflussen. Mit den Haffa-Brüdern wurden erstmals Exvorstände wegen Verstoßes gegen § 400 des dt. Aktiengesetzes (falsche Darstellung der Unternehmensverhältnisse) verurteilt. Der H.-P. hat Pilotcharakter bei der strafrechtl. Aufarbeitung von Wirtschaftsdelikten im früheren Börsensegment Neuer Markt.

Haiti

Hauptstadt:
Port-au-Prince
Einwohner: 8,3 Mio.
Einwohner/km²: 295
Staatsoberhaupt:
J.-B. Aristide
Regierungschef:
Y. Neptune
BIP/Einwohner:
434 US-$

Der Streit um die Legitimität von Präs. und Reg., denen Wahlmanipulation vorgeworfen wird, hielt an und lähmte das polit. Leben. Das Ausland anerkannte zwar Jean-Bertrand Aristide als Präs., weigerte sich aber, die manipulierten Parlamentswahlen zu akzeptieren, sodass Hilfsgelder von über 500 Mio. US-$ weiterhin blockiert blieben.
Angesichts der polit. Stagnation formierte sich zu Jahresbeginn eine breite Bürgerbewegung, die mit dem Ziel antrat, für H. einen neuen Gesellschaftsvertrag auszuhandeln. Die 184 beteiligten Gruppierungen zogen in einer ›Karawane der Hoffnung‹ mehrere Monate lang durch das Land. Der Bürgerprotest blieb jedoch folgenlos angesichts der neuerl. Konflikte zw. den polit. Eliten H.s um die Vorbereitung der verfassungsmäßig für 2003 angesetzten,

letztlich aber verschobenen Kommunal- und Parlamentswahlen. Dieser Aufschub schafft ein institutionelles Vakuum, durch das die Macht allein an den Präs. fällt. Die polit. Blockadehaltung der Reg. führte im Okt. zu blutigen Zusammenstößen zw. Anhängern des Präs. und Oppositionellen. ■

Halliburton: Kellogg Brown & Root (KBR), eine Tochterfirma des texan. Konzerns H., wurde Ende 2002 vom US-Verteidigungsmin. mit dem Wiederaufbau der irak. Erdölindustrie beauftragt. Der Vertrag, der im März 2003 bekannt wurde, hat einen Auftragswert von 7 Mrd. US-$. H. erbringt seit Jahrzehnten Dienstleistungen für die amerikan. Streitkräfte. 1995 – 2000 war Vizepräs. RICHARD CHENEY Vorstandsvors. des Konzerns.

■ Arbeiter der irakischen Südlichen Ölkompanie stehen in Rumaila Schlange, um von dem neuen Betreiber Kellogg Brown & Root, einer Tochterfirma des amerikanischen Konzerns Halliburton, Betriebsausweise zu erhalten

Hambali, eigtl. **Ridwan Isamuddin** (indones. Terrorist), * 1966. – Am 12. Aug. fassten thailänd. und amerikan. Sicherheitsorgane den Javanesen H., einen der meistgesuchten Terroristen. Nach seiner Verhaftung in Ayuthatta (Thailand) wurde er an einen unbekannten Ort gebracht. H. gehört zur Führung der islamist. Terrornetzwerke → al-Qaida und al-Djemaah al-Islamija.
H. stammt aus einem Dorf in West-Java und kämpfte schon als Jugendlicher gegen das Militärregime von SUHARTO, vor dem er 1985 nach Malaysia floh. 1987 – 91 stand er in Afghanistan aufseiten der Mudjaheddin gegen die sowjet. Besatzungsmacht und lernte dort auch den Al-Qaida-Führer USAMA BIN LADEN kennen. In den 1990er-Jahren plante H. – sein Kriegsname verweist auf eine islam. Rechtsschule – von Kuala Lumpur aus Terroranschläge. Er gilt als Drahtzieher der Bombenanschläge auf der Insel → Bali und auf ein Hotel in Jakarta.

Hamburg

Einwohner: 1,7 Mio.
Einwohner/km²: 2 286
Regierungschef: O. von Beust
BIP/Einwohner: 40 697 €

Das Wirtschaftswachstum schwächte sich ab: Gegenüber 0,9 % im Vorjahr stieg das BIP 2002 nur noch um 0,4 % und brach im 1. Halbjahr 2003 mit -0,5 % deutlich ein. Ende Okt. waren 85 400 Menschen arbeitslos, die Arbeitslosenquote lag damit bei 9,8 % (Okt. 2002: 8,4 %).

Skandale um Schill

Am 19. Aug. entließ Bürgermeister OLE VON BEUST (CDU) überraschend Innensenator RONALD SCHILL (Partei Rechtsstaatl. Offensive, sog. Schill-Partei). SCHILL hatte VON BEUST gedroht, dessen angebl. homosexuelle Beziehung mit Justizsenator ROGER KUSCH (CDU) an die Öffentlichkeit zu bringen, falls er SCHILLS Parteifreund, den Innenstaatsrat WALTER WELLINGHAUSEN, entlasse. WELLINGHAUSEN, der inzwischen in den einstweiligen Ruhestand gehen musste, wurden unerlaubte Nebentätigkeiten vorgeworfen. Gleichwohl führte VON BEUST die Koalition mit DIRK NOCKEMANN als Nachfolger SCHILLS weiter. Nachdem SCHILL angekündigt hatte, die Regierungsmehrheit aus SPD, FDP und Schill-Partei bei den anstehenden Haushaltsberatungen platzen zu lassen, beendete VON BEUST am 9. Dez. des »politische Kasperletheater«, erklärte die Koalition für gescheitert und kündigte Neuwahlen an.
SCHILLS destruktives Verhalten führte auch in seiner eigenen, vom ihm gegr. Partei zu Konsequenzen: Er wurde 8. Dez. als Vors. des Landesverbandes Hamburg abgesetzt und am 12. Dez. von der Bürgerschaftsfraktion aus der Partei ausgeschlossen.

FDP-Bildungssenator gescheitert

Um seiner Entlassung zuvorzukommen, trat Bildungssenator RUDOLF LANGE (FDP) am 17. Nov. zurück. Er galt schon seit längerem als überfordert mit seiner Amtsführung. An LANGES Stelle im Kabinett trat der FDP-Landesvors. REINHARD SOLTAU. ■

Handwerksreform, Erneuerung der Handwerksordnung (HwO) als Bestandteil der → Agenda 2010: Mit der H. strebt die rot-grüne Regierungskoalition an, strukturelle und bürokrat. Hindernisse für die schwierige Situation des Handwerks zu beseitigen und Existenzgründungen zu erleichtern. Nach der Einigung im Vermittlungsausschuss nahm der Bundestag am 19. Dez. eine ›kleine‹ und eine

Jungmeister zeigen ihre gerade überreichten Meisterbriefe. Bei vielen Handwerksberufen wird der Meisterzwang aufgehoben

›große‹ Novelle zur HwO an. Erstere erlaubt jedem, einen einfach zu erlernenden Handwerksberuf als freies Gewerbe auszuüben (z. B. als Ich-AG). Durch die ›große Novelle‹ wurde für 41 der bisher 94 Handwerksberufe der → Meisterzwang abgeschafft. Nach zehn Berufsjahren sollen Gesellen Anspruch auf Eintragung in die Handwerksrolle haben.

Hanson, Mark S., amerikan. ev. Theologe, *Minneapolis 2.12. 1946. – Am 31. Juli übernahm H. das Amt des Präs. des Luther. Weltbundes (LWB) und trat die Nachfolge von Landesbischof i. R. CHRISTIAN KRAUSE an. H. steht damit für sechs Jahre an der Spitze des weltweiten Zusammenschlusses von 136 luther. Kirchen aus 76 Ländern. Als Vertreter von ca. 62 Mio. Lutheranern will er die »globale Führungsrolle« der Protestanten im ökumen. Dialog weiterführen.
Nach dem Theologiestudium in New York und Minnesota wurde H. 1974 zum Pfarrer ordiniert. Bis zu seiner Wahl 2001 zum leitenden Bischof der ev.-luther. Kirche in Amerika (ELCA) stand er sechs Jahre als Bischof an der Spitze der Gebietssynode Saint Paul (Minnesota).

Harksen-Prozess: Ein auf umfassender Täuschung basierendes System, durch das ein zunächst mittelloser Mann rd. 150 Mio. DM ergaunerte, stand im H.-P. im Mittelpunkt. Das Landgericht Hamburg verurteilte JÜRGEN HARKSEN am 11. April wegen Betrugs in 52 Fällen mit einer Schadenssumme von 28,4 Mio. DM zu sechs Jahren Haft, seine Ehefrau und einen Wirtschaftsprüfer als Beihelfer zu jeweils zwei Jahren, die zur Bewährung ausgesetzt wurden.
Der Hochstapler hatte zw. 1990 und 1992 gutgläubigen Kapitalanlegern märchenhafte Renditen für Investitionen in Anlageobjekte versprochen, die sich später als reine Erfindung erwiesen. 1993 setzte er sich nach Südafrika ab. Erst im Okt. 2002 wurde er nach Deutschland ausgeliefert.

Harry Potter, Titelfigur in bislang fünf von sieben Bänden der brit. Autorin JOANNE K. ROWLING. Die Bücher über die Abenteuer des Waisenjungen H. P. auf dem Hogwarts-Zauberinternat stellten bei ihrer weltweiten Vermarktung erneut Rekorde auf. Vor der Veröffentlichung des fünften Bandes erreichte die in 47 Sprachen übersetzte und in 200 Ländern vertriebene Gesamtauflage der Bücher bereits rd. 190 Mio. Exemplare. Die Startauflage des fünften Bandes, der am 21. Juni im engl. Original (›H. P. and the Order of the Phoenix‹) erschien, betrug weltweit rd. 12 Mio. Exemplare. Die dt. Übersetzung wurde am 8. Nov. unter dem Titel ›H. P. und der Orden des Phönix‹ veröffentlicht.
Für Aufregung sorgte eine von einer H.-P.-Fangemeinde initiierte dt. Übersetzung des fünften Bandes, die vor dem Erscheinungstermin der dt. Buchausgabe ins Internet gestellt wurde. Unter Berufung auf seine Lizenzrechte stoppte der Carlsen Verlag diese Veröffentlichung.

Härtling, Peter, Schriftsteller, *Chemnitz 19.11. 1933. – Als »einer der vielseitigsten, renommiertesten und produktivsten Schriftsteller unseres Landes« wurde H. am 20. März auf der Leipziger Buchmesse mit dem Dt. Bücherpreis für sein Lebenswerk geehrt.
Seit 1952 widmet sich H. publizist. Tätigkeiten, zunächst als Redakteur, Lektor und Verlagsleiter (S. Fischer Verlag 1968–73), ab 1973 als freier Schriftsteller. Das umfangreiche (Forts. S. 152)

»Ich kann Sie beruhigen: Ihre Frau ist völlig normal ...«

Harry Potter und das Phänomen seines Erfolgs

Der Autor:
Harald Martenstein
geboren 1953.
Studierte Geschichtswissenschaften; Redakteur des Berliner ›Tagesspiegels‹ und Kolumnist der ›ZEIT‹

Der moderne Buchhandel kennt zwei Zeitrechnungen: ›vor Potter‹ und ›nach Potter‹. Denn es gibt wahrscheinlich keinen Verkaufsrekord, den die Harry-Potter-Romane nicht gebrochen haben. Der neueste, fünfte Band, ›Harry Potter und der Orden des Phoenix‹, wurde allein in den ersten 24 Stunden zwölf Millionen Mal verkauft. Das Buch landete selbstverständlich schon in der ersten Verkaufswoche an der Spitze aller deutschen Bestsellerlisten – allerdings, und das war denn doch überraschend, in der englischen Ausgabe.
Zum ersten Mal stand ein Werk in englischer Sprache auf Platz eins der deutschen Bücherhitparade. Das war eine Kulturrevolution. Es zeigte, wie selbstverständlich das Englische als Zweitsprache geworden ist, sogar bei den Jugendlichen. Man konnte sie im Bus, im Schwimmbad und in der U-Bahn sehen: 13- oder 14-Jährige, die sich mühsam, aber tapfer durch ein englisches Buch von fast 800 Seiten Länge kämpfen. In anderen Ländern war es genauso, sogar in Frankreich.

Ansturm auf die soeben erschienene englische Originalausgabe des fünften Harry-Potter-Romans in einer Frankfurter Buchhandlung

Ein Held aus einer Zauberwelt

Woher kommt dieser Erfolg? Ist er verdient? Die Autorin JOANNE K. ROWLING entwirft in ihrer Geschichte von dem Jungen, der ein geborener Zauberer ist und eine Zaubererschule besucht, ein Gegenuniversum, eine komplette neue Welt mit eigenen Regeln, ähnlich, wie es die Autoren von ›Herr der Ringe‹ oder von ›Star Wars‹ getan haben, so, wie es schon JONATHAN SWIFT in seinem ›Gulliver‹ vorgemacht hat. Welterfindung ist etwas, das die Literatur immer noch am besten kann. Denn dem Kino gelingt es nur zu zeigen, was sich irgendwie abbilden lässt; es bleibt stärker als das Geschriebene auf unsere Sinne angewiesen. Die Literatur aber kann alles zeigen, was wir uns vorstellen können, ihr Radius ist so groß wie der unseres Gehirns, das heißt größer als der des Kinos. Fast jede Literaturverfilmung ist deshalb ärmer als das Buch.
Harry Potter ist ein Auserwählter, eine Erlöserfigur, das heißt: jemand, mit dem sich Kinder und Jugendliche nur zu gerne identifizieren. Nur er hat die Kraft, den bösen Voldemort zu besiegen, der das geheime Universum der Magier bedroht. Harry, das heilige Kind. Das Kind, das die Welt von dem Übel befreit. Die Geschichte spielt ziemlich unverhüllt mit christlichen Motiven.
Gut und Böse – in ›Harry Potter‹ sind das klare, unmissverständliche Gegensätze. Das Böse wird nicht erklärt oder entschuldigt, es ist einfach da. ROWLING hat sich nicht nur beim Christentum bedient, sie schöpft aus dem Weltvorrat an Mythen, Fabeln, Sagen und Märchen. Gleichzeitig aber ist sie ganz und gar modern. Es gibt bei ihr Zauberspiegel, aber auch fliegende Autos. Die jungen Zauberer reiten auf Besen und üben auf diesen Besen die rasante Kampf- und Ballsportart Quidditch aus. ROWLING nimmt das, was Menschen einander seit Jahrtausenden erzählen, und setzt dieses Material neu zusammen, so, dass es wie selbstverständlich in die Fantasiewelt der Heutigen passt.
Der Zauberstab ist in Harrys Händen eine Art Fernbedienung für die ganze Welt. Man muss nur den richtigen Zauberspruch kennen, also den Code, das Kennwort, dann geschehen wunderbare Dinge. Es sind Dinge, die man als junger Zauberer zwar bewirkt, deren Funktionsweise man aber nicht versteht. Mit anderen Worten: Harrys Welt gehorcht den gleichen Prinzipien wie die Welt der Computerkids. Sie steckt voller Wunder, aber sie ist beherrschbar. Man kann nicht nachvollziehen, wie es passiert. Aber man kann dafür sorgen, dass es passiert.
Das moderne Kind fühlt sich ein bisschen wie ein Zauberer. Wir alle fühlen uns ein bisschen wie Zauberer, wenn wir am Computer sitzen oder auf den Knopf der Mikrowelle drücken.

ROWLING erzählt die einfachste Geschichte der Welt, den Kampf von Gut gegen Böse. Sie siedelt diese einfache, alte Geschichte in einer hochdifferenzierten Parallelwelt an. Sie lässt Gut und Böse in einer scheinbar traditionellen Umgebung miteinander kämpfen, in einem altmodischen England, aber nach den Regeln eines Computerspiels. ›Harry Potter‹ ist also vieles gleichzeitig, traditionell und modern, verständlich und kompliziert. Die Bücher haben mehrere Ebenen und erlauben mehr als eine Lesart.

Ein Kinderbuch auch für Erwachsene

All diese Faktoren spielen eine Rolle. Aber sie reichen natürlich nicht aus, um den Erfolg von ›Harry Potter‹ zu erklären. Was kommt dazu? Das Erzähltalent von JOANNE K. ROWLING. Dass sie eine außergewöhnlich schwungvolle und mit reichlich Fantasie gesegnete Autorin ist, hat wohl kein einziger Kritiker bestritten. ›Harry Potter‹ wird von den Feuilletons in der Regel nicht verrissen. Eher machen die Bücher die Kritik ein wenig ratlos. Sie haben zweifellos Raffinesse, aber sie wirken in ihrer Schwarzweißmalerei und ihrer halbchristlichen Erlöser-Metaphorik auch naiv. Sie betreten das Haus der Literatur durch die Hintertür, indem sie sich selbst zum ›Kinderbuch‹ deklarieren. Ähnlich war es vor ein paar Jahren mit dem Bestsellerautor MICHAEL ENDE, der ebenfalls fantastische, naive Welten für Kinder schuf und genauso gerne von Erwachsenen gelesen wurde.

Die Romanfigur Momo aus dem gleichnamigen Bestseller von Michael Ende (Filmszene mit Radost Bokel) erlangte in den 1970er-Jahren ähnliche Popularität wie Harry Potter

Ja, Millionen von Erwachsenen lesen ›Harry Potter‹. Aber hätte das Buch eine Chance gehabt, wenn es nicht als ›Kinderbuch‹ dahergekommen wäre? Vielleicht hätte man es gar nicht zur Kenntnis genommen. Bestenfalls wäre es in den Leitmedien als Schundprodukt verrissen worden. Wahrscheinlich hätte kaum jemand gewagt, in der U-Bahn ›Potter‹ zu lesen.

Der Verkauf von Kinderbüchern funktioniert vor allem über Mundpropaganda. Ein einziger begeisterter Leser kann eine ganze Schulklasse anstecken. ENDE und ROWLING senkten für sich selbst die Schwelle, machten sich unangreifbar – wer ›Kinderbücher‹ schreibt, der darf naiv und altmodisch sein, darf alle avantgardistischen Erzählmoden ignorieren, darf skrupellos drauflosfabulieren, darf nur an Spannung und Effekt und Leselust denken. Und immer wieder stellt sich heraus: Die Leser sind dankbar dafür.

Triviales für ein Millionenpublikum

›Harry Potter‹ beweist, dass es für Bücher immer noch ein Massenpublikum gibt. Musste es überhaupt bewiesen werden? Neben JOANNE K. ROWLING steht ein anderer Erfolgsautor, der ebenfalls fantastische Welten beschreibt, der ebenfalls skrupellos draufloserzählt, der von sich sagt, er sei ein Fan von ›Harry Potter‹. Es ist der amerikanische Bestsellerautor STEPHEN KING, der Horrorromane verfasst. STEPHEN KING ist vermutlich der Einzige, dessen Weltauflage immer noch mit der von ›Harry Potter‹ mithalten kann.

Und im Windschatten von ›Harry Potter‹ segelte ein zweiter Kinderheld weltweit in die Bestsellerlisten. EOIN COLFER, ein ehemaliger Lehrer aus Irland, schreibt mit der Artemis-Fowl-Reihe ebenfalls einen Erfolgsband nach dem anderen. Die Auflagen gehen in Deutschland in die Hunderttausende. Fowl, eine arrogante, nur begrenzt sympathische Detektivfigur, spricht vor allem die Allmachtsfantasien der Jungen an.

Es ist nicht ganz gerecht, die leicht lesbare, die süchtig machende, die in einer einzigen Nacht zu verschlingende Mega-Erfolgsliteratur gegen Werke wie PHILIP ROTHS ›Der menschliche Makel‹ auszuspielen oder gegen JONATHAN FRANZENS ›Korrekturen‹. Auch diese Bücher lassen einen nicht los, und sie sind nicht einmal schwer zu lesen. Das eine ist eben die Einstiegsdroge, das andere kommt danach, und irgendwann genießt ein fortgeschrittener Leser vielleicht sogar ROBERT MUSILS ›Mann ohne Eigenschaften‹.

Die Harry-Potter-Romane sind Trivialliteratur in ihrer avanciertesten, reichsten Form. Trivial sind sie zum Beispiel deshalb, weil sie das Böse und das Gute auf verschiedene Figuren verteilen. Manchmal entpuppt sich ein Guter später als Böser, aber dann war er schon immer böse, er hat es nur geschickt versteckt. In Wirklichkeit, das hat jeder von uns irgendwann schon einmal leidvoll erfahren, steckt beides in uns drin. In Wirklichkeit sind wir ein bisschen Harry Potter und ein bisschen Lord Voldemort, je nachdem, und müssen sehen, wie wir damit zurechtkommen.

literar. Werk umfasst Gedichte, Romane und Jugendbücher. In vielen seiner teilweise autobiografisch geprägten Bücher geht es um die Erinnerung, die Neuerfindung der Vergangenheit und den Umgang des Menschen mit sich und anderen. Einige seiner großen Romane sind daher auch fiktionale Künstlerbiografien (u.a. ›Hölderlin‹, 1976; ›Schubert‹, 1992), in anderen spiegelt sich sein soziales, ökolog. und polit. Engagement (u.a. ›Das Windrad‹, 1983; ›Der Wanderer‹ 1988).

Hass, Amira, israel. Journalistin, *Jerusalem 1956. – Die in Palästina lebende Korrespondentin der israel. Tageszeitung ›Ha'aretz‹ wurde 2003 gleich zweifach für ihre journalist. Berichterstattung über die Lebensbedingungen der Palästinenser ausgezeichnet, in denen sie auch mit Kritik am Regime von JASIR ARAFAT nicht spart. Am 20. März erhielt sie den im Rahmen der Leipziger Buchmesse verliehenen Demokratiepreis der ›Blätter für dt. und internat. Politik‹. Die UNESCO zeichnete sie am 3. Mai in Kingston (Jamaica) mit dem World Press Freedom Prize aus. Im Frühjahr erschien ihr Buch ›Gaza. Tage und Nächte in einem besetzten Land‹.
Die Tochter bosn.-rumän. Holocaust-Überlebender studierte in Jerusalem Geschichte, trat anschließend in die Redaktion der ›Ha'aretz‹ ein und engagierte sich in Menschenrechtsgruppen. Als einzige israel. Journalistin berichtet sie direkt aus Palästina: 1993 nahm sie ihren Wohnsitz im Gazastreifen, 1997 in Ramallah.

Haushaltspolitik: Die Finanzpolitik war 2003 trotz der Konjunkturschwäche restriktiv ausgerichtet. Zur Entlastung der öffentl. Haushalte wurden insbes. Steuern und Sozialabgaben erhöht (→ Steuerpolitik), die Ausgaben dagegen nur in geringem Umfang beschnitten. Da sich die Konjunktur aber nicht belebte – wie in den Haushaltsplanungen zugrunde gelegt – sondern stagnierte (→ Branchenkonjunktur), wurden die Defizitziele des Stabilitätsprogramms 2002 verfehlt. Das staatl. Budgetdefizit konnte nicht auf 2,75 % des nominalen BIP begrenzt werden, sondern stieg vielmehr von 3,5 % auf 4,0 % des BIP – die Obergrenze des europ. Stabilitätspakts von 3 % des BIP wurde damit zum zweiten Mal in Folge deutlich überschritten. Die im Vergleich zu den Planungen höheren Haushaltsfehlbeträge resultierten aus Mindereinnahmen bei Steuern und Sozialabgaben und Mehrausgaben für den → Arbeitsmarkt.

Konsolidierung, Wachstum, Beschäftigung

Nachdem Finanzmin. HANS EICHEL die Konsolidierung des Staatshaushalts 2003 vorwiegend über Einnahmeverbesserungen hatte erreichen wollen, schwenkte er 2004 auf einen Wachstum und Beschäftigung fördernden Kurs ein: Der Abbau von Steuervergünstigungen und Subventionen wurde forciert, gleichzeitig eine Reform der sozialen Sicherungssysteme angegangen (→ Agenda 2010, → Reformpolitik). Per Saldo wird damit gerechnet, dass die öffentl. Haushalte durch Eingriffe auf der Einnahmen- und Ausgabenseite, Einsparungen im Haushaltsvollzug und durch ›heiml.‹ Steuererhöhungen um rd. 10 Mrd.€ bzw. – in Relation zum BIP – um 0,5 Prozentpunkte entlastet werden. Da die wachstumsfördernden Wirkungen von Subventionsabbau und Strukturreformen erst mit zeitl. Verzögerung greifen, die Konsolidierung aber kurzfristig die gesamtwirtschaftl. Nachfrage dämpft, werden die Steuerentlastungen 2004 z.T. über Kredite finanziert.
Nach den Plänen der Bundesreg. im aktualisierten Stabilitätsprogramm vom Dez. 2003 wird sich die Finanzlage der öffentl. Haushalte in den kommenden Jahren entspannen. Der Anstieg der Staatsausgaben soll auf durchschnittlich 1 % pro Jahr begrenzt werden und damit deutlich hinter dem Zuwachs des nominalen BIP bleiben, der bis 2007 auf jahresdurchschnittlich 2,75 % veranschlagt wird. So soll das Budgetdefizit schrittweise zurückgeführt

»Don Berlusconi ist sehr, sehr traurig, Hans!«

werden: von 85 – 90 Mrd. € 2003 über 74 – 79 Mrd. € 2004, 53 – 58 Mrd. € 2005 und 40 – 35 Mrd. € 2006 auf 30 – 35 Mrd. € 2007.

Nachtragshaushalt

Die Haushaltsplanungen für 2003 wurden von der flauen Konjunktur durchkreuzt. Angesichts des stagnierenden BIP musste mit deutlich mehr Arbeitslosen und weniger Beschäftigten gerechnet werden, als bei der Aufstellung des Haushalts erwartet worden war. Die konjunkturbedingten Steuerausfälle und Mehrausgaben für den Arbeitsmarkt wurden durch eine höhere Kreditaufnahme ausgeglichen und machten die Vorlage eines Nachtragshaushalts erforderlich: Die Nettokreditaufnahme war mit 43,4 Mrd.€ um 24,5 Mrd.€ höher als geplant und überstieg die Summe der im Haushaltsplan 2003 veranschlagten Investitionen; dies ist aufgrund der Ausnahmeregelung von Art. 115 Abs. 1 GG (»Abwehr einer Störung des gesamtwirtschaftl. Gleichgewichts«) zulässig. Angesichts der Konjunkturschwäche erschien es der Bundesreg. als kontraproduktiv, die konjunkturbedingten Haushaltsbelastungen durch Einsparungen auszugleichen, da dies die Inlandsnachfrage weiter geschwächt und die Konjunkturflaute nur noch verstärkt hätte.

Verschuldung, Einsparungen, Mehreinnahmen

Auch der vom Bundestag am 28. Nov. beschlossene Bundeshaushalt 2004 sieht eine Nettokreditaufnahme vor, die mit 29,3 Mrd. € wiederum die geplante Investitionssumme von 24,6 Mrd. € übersteigt. Hier schlägt zu Buche, dass die z. T. vorgezogene dritte Stufe der Steuerreform nicht vollständig gegenfinanziert wird, um das Wirtschaftswachstum zu stärken und so das gesamtwirtschaftl. Gleichgewicht wiederherzustellen. Die Ausgaben sollen durch Einsparungen bei den Sonderzahlungen für Beamte, bei den Arbeitsmarkt- und Rentenausgaben sowie den Subventionen auf 257,3 Mrd. € gesenkt werden; sie sind damit um 1,1 % niedriger veranschlagt als im Nachtragshaushalt 2003.

Im Regierungsentwurf zum Bundeshaushalt 2004 vom 2. Juli war eine Nettokreditaufnahme von 30,8 Mrd.€ geplant gewesen. Dieser Planung lag aber eine zu optimist. Konjunktur- und Arbeitsmarktperspektive zugrunde; außerdem berücksichtigte sie nicht die in Teilen vorgezogene dritte Stufe der Steuerreform. Zur Begrenzung der Neuverschuldung waren gegenüber der vorherigen Finanzplanung Einsparungen von 8,4 Mrd. € eingeplant, und es wurden Mehreinnahmen von 5,6 Mrd.€ angestrebt, insbes. durch den Abbau von Steuervergünstigungen und die Ausweitung der Steueramnestie.

In der mittelfristigen Finanzplanung des Bundes spiegeln sich die Konsolidierungsbemühungen wider: stagnierende Ausgaben 2005 und 2006, ein Anstieg von 1,5 % 2007; die Nettokreditaufnahme soll schrittweise zurückgeführt werden – auf 21 Mrd. € 2005, 15 Mrd. € 2006 und 10 Mrd. € 2007.

Hautamäki, Matti, finn. Skispringer, * Oulu 14. 7. 1981. – In Planica (Slowenien) verbesserte H. den drei Jahre alten Skiflugweltrekord des Österreichers ANDREAS GOLDBERGER (225 m) zw. dem 20. und dem 23. März gleich dreimal: über 227,5 und 228,5 auf schließlich 231 m, und gewann somit beide Weltcupspringen des Wochenendes.

H., der 1997 im norweg. Lillehammer sein Debüt im Weltcup gab, gelang in den Saisons 2000/01 und 2001/02 jeweils ein Weltcupsieg. 2001 wurde er in Lahti (Finnland) vor heim. Publikum Vizeweltmeister mit der Mannschaft. Sein zweiter Platz bei der Vierschanzentournee 2001/02 hatte wegen des souveränen Siegs von SVEN HANNAWALD kaum Beachtung gefunden.

Der Finne Matti Hautamäki kann sich während des Weltcup-Skifliegens in Planica auf 231 m steigern und gewinnt beide Weltcupspringen

Havel, Václav, tschech. Schrifsteller und Politiker, * Prag 5. 10. 1936. – Der ehem. tschech. Staatspräs. wurde am 18. Juni mit dem Nationalpreis der Dt. Nationalstiftung ausgezeichnet, der mit 100 000 € dotiert ist. Zur Begründung heißt es in der Preis-Urkunde, mit seinem Lebenslauf vom inhaftierten Dissidenten zum Staatspräs. verkörpere H. »den Weg seiner Heimat von gewaltsam auferlegter Fremdbestimmung zu eigener, vertrauensvoller Gestaltung von Politik und Gesellschaft«.

H. war Mitbegründer der Charta 77, die als einer der Anstöße für die Überwindung des Kommunismus in Osteuropa gilt. Als erster frei gewählter Präs. (1993 – 2003) führte er die tschech. Nation an die Seite der westeurop. Demokratien.

Heckenschützen: Das Geschworenengericht in Virginia Beach im US-Bundesstaat Virginia sprach am 17. Nov. den ›Sniper‹ JOHN ALLEN MOHAMMED in allen Anklagepunkten schuldig und verurteilte ihn am 24. Nov. zum Tode. Im Okt. 2002 hatte er zus. mit seinem Komplizen JOHN LEE MALVO in Washington D. C. sowie in den Bundesstaaten Virginia und Maryland zehn Menschen aus einem zum Hinterhalt ausgebauten Auto heraus erschossen. MOHAMMED hatte im Prozess bestritten, die tödl. Schüsse abgegeben zu haben. Als Todesschütze bekannte sich dagegen der zur Tatzeit 17-jährige MALVO, gegen den getrennt verhandelt wurde. Gegen MALVO verhängte die Jury am 23. Dez. eine zweifach lebensläng1. Haftstrafe.

Hedgefonds: Mit dem sog. Investmentmodernisierungsgesetz, das am 1.1. 2004 in Kraft trat, sind in Deutschland auch H. zugelassen. Diese Investmentfonds erwirtschaften ihre Erträge oft mithilfe derivativer Finanzinstrumente wie Optionen und Futures und arbeiten in vielen Fällen kreditfinanziert. Daher gelten sie auch als sehr riskante Anlageform. Dies zeigte sich 1998 z.B. in der Schieflage des amerikan. H. Long Term Capital Management (LTCM), der nur mit einer enormen Geldspritze führender Geschäftsbanken gerettet werden konnte. Im öffentlichen Vertrieb dürfen Privatanleger nur H. als Dachfonds erwerben, die ihr Vermögen wiederum in mind. fünf einzelne Unterfonds investieren müssen. Damit ist eine gewisse Risikostreuung gegeben und ein Totalverlust weniger wahrscheinlich. Im Rahmen sog. Private Placements dürfen Anleger allerdings auch einzelne H. kaufen.

Heesen, Peter, Philologe und Verbandsfunktionär, *Krefeld 8.10. 1947. – H. wurde am 13. Nov. an die Spitze des Dt. Beamtenbundes (DBB) gewählt, dessen stellv. Vors. er bereits seit 1995 war. Als oberster Interessenvertreter von rd. 900 000 Beamten und 300 000 Angestellten im öffentl. Dienst kündigte er eine »Politik des Agierens« an – nur so könne der überfällige Perspektivwechsel eingeleitet werden.
H. unterrichtete nach seinem Germanistik- und Philosophiestudium als Gymnasiallehrer. Er ist derzeit Bundesvors. des Dt. Philologenverbandes (DPhV), der als einer von insgesamt 39 Einzelverbänden zum DBB gehört. 1992–2002 war er stellv. Bundesvors., 1982–2002 nordrhein-westfäl. Landesvers. des DPhV.

Elke Heidenreich mit dem Literaturkritiker Marcel Reich-Ranicki vor der Aufzeichnung der ZDF-Literatursendung ›Lesen!‹

Heidenreich, Elke, Fernseh- und Hörfunkjournalistin, Schriftstellerin, *Korbach (Hessen) 14. 2. 1943. – Am 29. April war H. erstmals als Moderatorin der neuen, mit großem Erfolg gestarteten ZDF-Literatursendung ›Lesen!‹ zu sehen. In der 30-minütigen Sendung, die sechs- bis achtmal pro Jahr ausgestrahlt werden soll, stellen H. und ihr jeweiliger Gast literar. Neuerscheinungen vor.
H. begann 1971 als freie Mitarbeiterin für verschiedene Zeitungen und Rundfunkanstalten (Hörspiele, Drehbücher). Einem größeren Publikum wurde sie Mitte der 1970er-Jahre mit ihrer Hörfunkfigur ›Else Stratmann‹ bekannt. Später moderierte H. Talkshows im Fernsehen, z.B. ›Kölner Treff‹ (WDR) oder ›live aus der Oper‹ (ZDF). Seit Mitte der 1980er-Jahre machte sich H. auch als Autorin von Erzählungen einen Namen, in denen die Alltagswelt der sog. kleinen Leute auf ironisch-liebevolle Weise betrachtet wird (u.a. ›Kolonien der Liebe‹, 1992; ›Der Welt den Rücken‹, 2001).

Herzog-Kommission: Am 30. Sept. legte die Kommission ›Soziale Sicherheit‹ ihre Empfehlungen zur Reform der Sozialsysteme vor. Sie war vom Bundesvorstand der CDU unter dem Vorsitz des ehem. Bundespräs. ROMAN HERZOG als Gegengewicht zur → Rürup-Kommission der Bundesreg. eingesetzt worden.
Bei der gesetzl. Rentenversicherung spricht sich die H.-K. u.a. dafür aus, das gesetzl. Renteneintrittsalter schrittweise auf 67 Jahre anzuheben; früher könnten nur noch diejenigen ohne Abschläge in den Ruhestand gehen, die 45 Versicherungsjahre nachgewiesen und das 63. Lebensjahr erreicht haben. Die H.-K. befürwortet die Einführung eines Nachhaltigkeitsfaktors, der den Anstieg der Rentenausgaben dämpft. Die Anrechnung von Kindererziehungszeiten soll ausgeweitet werden.
Für die gesetzl. Krankenversicherung schlägt die H.-K. vor, die Lohnnebenkosten durch Festschreibung des Arbeitgeberbeitrags auf 6,5 % zu begrenzen. Ferner wird ein allmähl. Übergang zu einem kapitalgedeckten Modell mit individuellen, vom Altersrisiko abhängigen Prämien befürwortet. Um eine zu starke Belastung Älterer zu vermeiden, soll aus den Versicherungsbeiträgen ein Kapitalstock für deren Alterssicherung aufgebaut werden. Für die Pflegeversicherung wird ebenfalls der Übergang zu einem kapitalgedeckten System vorgeschlagen.
Um den Versicherungscharakter der Arbeitslosenversicherung zu stärken, empfiehlt die H.-K. u.a., sie auf ihre Kernkompetenzen zurückzuführen sowie versicherungsfremde Leistungen weitgehend zu streichen.

Hessen

Hauptstadt: Wiesbaden
Einwohner: 6,1 Mio.
Einwohner/km²: 288
Regierungschef: R. Koch
BIP/Einwohner: 30 257 €

Mit einer nur geringen Steigerung des BIP um 0,4 % (2001: 1,5 %) im Jahr 2002 und 0,1 % im 1. Halbjahr 2003 brach das Wirtschaftswachstum regelrecht ein.

Die Arbeitslosenquote (2002: 6,9 %) stieg im Sept. auf 7,8 % aller Erwerbstätigen. Angesichts eines dramatisch verringerten Steueraufkommens sah sich die Landesreg. unter MinPräs. ROLAND KOCH (CDU) zu drast. Sparmaßnahmen gezwungen. Nach einer Haushaltssperre im Mai für das laufende Jahr legte er im Sept. für 2004 einen Sparkatalog vor, der eine Haushaltsentlastung von rd. 1 Mrd.€ erbringen soll. Am 18. Nov. demonstrierten 45 000 Menschen gegen die z. T. drast. negativen Auswirkungen der Sparmaßnahmen in vielen Bereichen des öffentl. Dienstes.

Erstmals Alleinregierung der CDU

Die Landtagswahlen am 2. Febr. brachten der CDU zum ersten Mal in der Geschichte des Landes die absolute Mehrheit und damit die Alleinregierung. Bei einem Stimmenanteil von 48,8 %, der einen Zuwachs um 5,4 Prozentpunkte im Vergleich zur Wahl von 1999 bedeutete, entfielen auf die CDU 56 der 110 Sitze im erstmals auf fünf Jahre gewählten Landtag. Herbe Verluste von 10,3 Prozentpunkten musste die SPD hinnehmen: Mit nur noch 29,1 % der Stimmen stehen ihr 33 Sitze zu. Bündnis 90/Die Grünen steigerten sich auf 10,1 % (+2,9). Der bisherige Koalitionspartner FDP kam auf 7,9 % (+2,8) der Stimmen.

Angesichts der verheerenden Niederlage zog der SPD-Spitzenkandidat GERHARD BÖKEL die Konsequenzen und trat noch am Wahlabend als Fraktions- und Parteivors. zurück. An die Spitze der Fraktion wurde im Febr. JÜRGEN WALTER gewählt, zur neuen Parteichefin bestimmte ein Sonderparteitag im März ANDREA YPSILANTI. Bei der CDU löste FRANZ JOSEF JUNG den bisherigen Fraktionsvors. NORBERT KARTMANN ab, der das Amt des Landtagspräs. übernahm.

Der Verzicht der FDP auf die von KOCH angebotene Fortsetzung der Koalition machte diverse Neubesetzungen in dem auf zehn Mitgl. vergrößerten Kabinett nötig. Neuer Wissenschaftsmin. wurde UDO CORTS; ALOIS RHIEL erhielt das ehemals gleichfalls von der FDP besetzte Wirtschaftsressort.

Querelen um Oberbürgermeisterin

Der lange schwelende Streit um die Hanauer Oberbürgermeisterin MARGRET HÄRTEL (CDU) wurde auf kommunalpolit. Ebene im Mai mit ihrer Abwahl beendet. Das jurist. Verfahren, in dem sie sich wegen des Vorwurfs der Untreue und des Betrugs zu verantworten hat, muss neu aufgerollt werden: Das Hanauer Landgericht gab im Sept. einem Befangenheitsantrag der Verteidigung gegen drei Berufsrichter statt. ■

Hisb al-Tahrir al-Islam (arab.: Partei der islam. Befreiung): Bundesinnenmin. OTTO SCHILY verbot am 15. Juni die islamist.-extremist. Gruppierung, ließ zugleich 30 von ihr genutzte Objekte in fünf Bundesländern durchsuchen und Schriftgut beschlagnahmen. SCHILY begründete das dritte Verbot einer islamist. Organisation seit dem 11. 9. 2001 mit deren Gewaltbereitschaft zur Durchsetzung ihrer polit. Ziele. H. al-T. rufe dazu auf, Israel zu zerstören und Juden zu töten. Verbindungen zum Terrornetzwerk al-Qaida seien jedoch nicht bekannt. In ihren Schriften propagiert die Gruppe den Islam als System zur Lösung »sämtl. Probleme des Menschen«. Sie wurde 1953 in Palästina gegründet und sieht als ihren Hauptfeind den Staat Israel an.

Hitzewelle: Zw. Juni und Aug. litt Europa unter der längsten und folgenreichsten H. seit Jahrzehnten; in manchen Gebieten wurden die höchsten jemals gemessenen Temperaturen registriert. In der span. Region Andalusien war es mehrmals heißer als 46 °C. Erstmals seit 45 Jahren erwärmte sich das Mittelmeer auf über 32 °C. In Deutschland wurden in der zweiten Augustwoche an mehreren Orten Temperaturen von über 40 °C gemessen, der saarländ. Ort Perl-Nennig stellte am 8. Aug. mit 40,8 °C einen neuen dt. Hitzerekord auf. Mit einer mittleren Tagestemperatur von 19,6 °C war der Sommer der wärmste seit Beginn der Wetteraufzeichnungen 1901.

Die wochenlange Trockenheit führte in einigen Regionen Europas zu verheerenden → Waldbränden

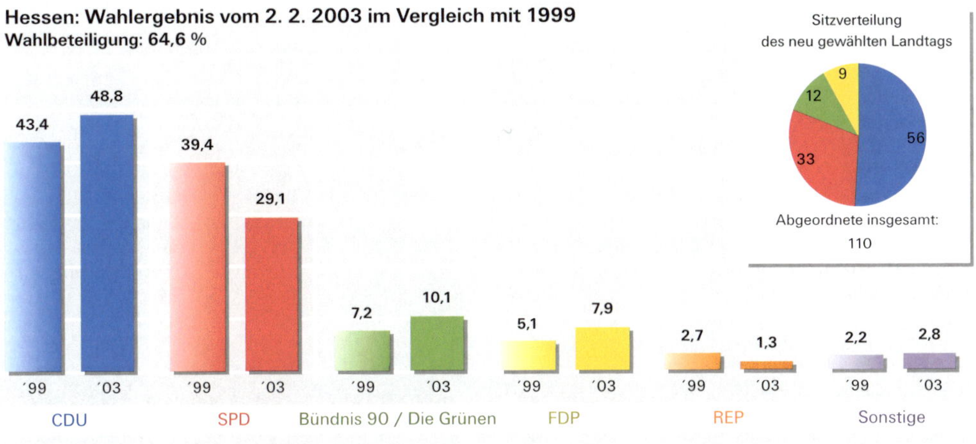

Touristen überqueren einen durch die Hitze trocken gefallenen Teil des Edersees

und schweren Ernteschäden, die Hitze zu zahlreichen Todesfällen. In Frankreich lag die Sterblichkeitsrate im Aug. um 60 % über dem Durchschnittswert; nach offiziellen Angaben kamen 14 802 überwiegend ältere Menschen aufgrund der Hitze ums Leben. Auch Portugal, die Niederlande und Großbritannien meldeten hohe Zahlen von Hitzetoten.
Die H. wird von vielen Experten im Zusammenhang mit einem Klimawandel gesehen, an dem der Mensch maßgeblich beteiligt ist. Im Laufe des 20. Jh. erwärmte sich die Erdatmosphäre um 0,6 °C. Für dieses Jahrhundert ist nach einer Studie des UNO-Klimagremiums Intergovernmental Panel on Climate Change (IPCC), an der 3 000 Experten mitarbeiteten, mit einem Anstieg der Temperatur auf der Erde um bis zu 5,8 °C zu rechnen.

Hohmann-Affäre, → Tätervolk-Affäre.

Holocaust-Denkmal: Im April begannen die Bauarbeiten der zentralen Gedenkstätte für die während des Zweiten Weltkriegs ermordeten Juden am Brandenburger Tor in Berlin. Im Aug. wurden die ersten der 2 751 Betonquader gesetzt, die nach dem Entwurf des amerikan. Architekten PETER EISENMAN ein wellenförmiges Stelenfeld bilden werden. Ein unterirdisch angelegter ›Ort der Information‹ wird die Namen und Sterbedaten der rd. 6 Millionen Holocaust-Opfer dokumentieren. Ende Okt. gerieten die Bauarbeiten ins Stocken, als bekannt wurde, dass beim Bau auch Produkte des Unternehmens Degussa verwendet wurden. Eine Degussa-Tochter hatte das in den Vernichtungslagern verwendete Giftgas Zyklon B hergestellt. Das Kuratorium der ›Stiftung Denkmal für die ermordeten Juden Europas‹ entschied sich am 13. Nov. gegen den Willen von Vertretern der jüd. Gemeinde Berlin und des Zentralrats der Juden in Deutschland, den Bau mit Beteiligung der Firma Degussa fortzusetzen.

Homo sapiens idaltu: Ein internat. Forscherteam hatte im Nov. 1997 im Tal des Awash-Flusses in Äthiopien die bislang ältesten fossilen Überreste des modernen Menschen (Homo sapiens) gefunden. Die Gruppe unter Leitung zweier Professoren der Univ. von Kalifornien (USA) war auf Werkzeuge und fossile Knochenreste gestoßen, darunter die Schädelknochen zweier Erwachsener und eines Kindes. In der Juniausgabe des Fachmagazins ›Nature‹ veröffentlichten die Forscher ihre Untersuchungsergebnisse.
Die Schädelknochen sind rd. 160 000 Jahre alt, also 40 000 Jahre älter als bisherige Homo-sapiens-Funde, und ein weiteres Indiz dafür, dass die Wiege des modernen Menschen – wie auch des Frühmenschen – in Afrika stand. Neben archaischen Merkmalen zeigen die Knochen von H. s. i. auch Eigenschaften des modernen Menschen; die Forscher ordnen sie daher Homo sapiens zu. Ihrer Ansicht nach untermauern die Funde die These, wonach der moderne Mensch und seine Vorfahren (wie etwa der Neandertaler) eine Zeit lang parallel existiert haben.

Honduras

Hauptstadt: Tegucigalpa
Einwohner: 6,8 Mio.
Einwohner/km²: 59
Staatsoberhaupt und Regierungschef:
R. Maduro Joest
BIP/Einwohner:
963 US-$

Der Reg. gelang es 2003 nicht, das Haushaltsdefizit (fast 4 % des BIP) so weit zu senken, dass die Bedingungen für einen Schuldenerlass durch die internat. Gebergemeinschaft erfüllt sind.
Nach Ansicht der Reg. bildete die hohe Kriminalität das Hauptproblem des Landes. Präs. RICARDO MADURO JOEST stellte daher am 8. Aug. die Mitgliedschaft in Jugendbanden unter Strafe und löste damit eine Repressionswelle gegen Jugendliche aus. Seit Jahren beklagen nat. und internat. Organisationen die hohe Zahl von Straßenkindern, die durch offiziell geduldete Todesschwadronen getötet wurden. Am 2. April starben in einer Haftanstalt 69 Menschen, als das Sicherheitspersonal inhaftierte Mitgl. einer Jugendbande regelrecht massakrierte.

Hongkong, → China.

Hoop Scheffer, Jakob Gijsbert (Jaap) de, niederländ. Diplomat und Politiker (Christlich Demokrat. Appell, CDA), * Amsterdam 3. 4. 1948. – Der Ständige Rat der NATO in Brüssel berief am 22. Sept. H. S. zum neuen GenSekr. der Allianz. Der Wunschkandidat der USA trat die Nachfolge des Briten GEORGE ROBERTSON an, der im Dez. sein Amt abgab. Als amtierender niederländ. Außenmin. hatte H. S. in der Irakkrise die Position der USA unterstützt, einen offenen Konflikt mit den europ. Kriegsgegnern jedoch vermieden.
Der Diplomatensohn trat nach dem Jurastudium 1976 in den diplomat. Dienst ein und war u. a. Botschaftssekr. bei der NATO (1978 – 80). 1986 erstmals ins Parlament gewählt, stieg er 1997 zum Oppositionsführer auf. Nach glückloser Amtsführung ließ er sich 2001 von JAN PETER BALKENENDE ab-

lösen, der ihm dafür nach dem Wahlsieg und der Regierungsübernahme 2002 den Posten des Außenmin. antrug.

Jaap de Hoop Scheffer während einer Rede vor der UNO-Vollversammlung. Der niederländische Außenminister übernimmt das Amt des NATO-Generalsekretärs

Hormonersatztherapie: Im Rahmen der ›One Million Women Study‹ haben brit. Forscher den Zusammenhang zw. Brustkrebsrisiko und der Einnahme von Hormonpräparaten im Zuge der Wechseljahre untersucht. An der bislang größten Studie dieser Art hatten mehr als 1 Mio. Frauen zw. 50 und 64 Jahren teilgenommen. Die Untersuchungsergebnisse wurden im Aug. im Fachmagazin ›The Lancet‹ veröffentlicht. Sie bestätigen, worauf frühere Erhebungen bereits hindeuteten: H. erhöhen das Risiko, an Brustkrebs zu erkranken. Dabei gilt: Je länger die H., desto höher das Risiko. Als bes. krebsfördernd erwiesen sich Kombipräparate aus Östrogenen und Gestagenen. Bei Frauen, die solche Präparate zehn Jahre lang eingenommen hatten, erhöhte sich das Brustkrebsrisiko um das Doppelte. Aber auch für andere Präparate (z. B. reine Östrogenpräparate) ließ sich ein erhöhtes Risiko nachweisen. Der Studie zufolge haben H. in Großbritannien in den letzten zehn Jahren zu 20 000 zusätzl. Brustkrebserkankungen geführt.

Horn, Roy, dt.-amerikan. Illusionskünstler und Entertainer, *Nordenham (Niedersachsen) 3.10. 1944. – Der weltberühmte Magier ›Roy‹ wurde an seinem 59. Geburtstag während seiner Dressurnummer mit einer Gruppe weißer Tiger in Las Vegas (USA) von einem der Raubtiere angefallen und schwer verletzt.

H. tritt seit 1970 zus. mit seinem Partner SIEGFRIED FISCHBACHER als Duo ›Siegfried & Roy‹ in der Spielerstadt Las Vegas auf, seit 1990 im Theater des Luxushotels ›The Mirage‹. Die berühmte Show mit ihren weißen Tigern gehörte zu den Hauptattraktionen in Las Vegas. Beide Stars hatten sich Ende der 1950er-Jahre auf dem Kreuzfahrtschiff ›Bremen‹ kennen gelernt, auf dem sie als Stewards und Zauberkünstler angeheuert hatten.

Hotspot, öffentlich zugängl. Computernetzwerk mit Funktechnik (Wireless Local Area Network, Abk. WLAN): Gegen Jahresende waren in Deutschland rd. 2 000 H., meist an Flughäfen, auf Messen sowie in Hotels und Gaststätten, in Betrieb. Nutzer buchen sich beim H. ein und erhalten darüber Zugang zum Internet. Die notwendige WLAN-Hardware ist in moderne mobile Computer (Notebooks, PDAs etc.) integriert und kann i. d. R. vor Ort ausgeliehen werden. Da die H. von einer Vielzahl versch. Anbieter betrieben werden, gibt es zz. keine einheitl. Abrechnung, und der Nutzer muss für fast jeden H. eine andere Prepaid-Karte kaufen oder einen eigenen Vertrag abschließen.

Für den mobilen Internetzugang stehen H. in Konkurrenz zu → UMTS, das ebenfalls zuerst in Ballungsgebieten eingeführt wird. H. erfordern jedoch keine Zusatzhardware, bieten eine schnellere Datenübertragung und sind bereits an wichtigen Verkehrsknoten verfügbar.

Howard, Michael, brit. Politiker (Conservative Party), *Llanelli (Wales) 7. 7. 1941. – Nach dem Sturz des Parteivors. IAN DUNCAN SMITH durch die Unterhausfraktion am 29. Okt. rückte H. als einziger Kandidat am 6. Nov. in das Amt nach.

Der Sohn rumän. Einwanderer studierte Jura in Cambridge und wurde Rechtsanwalt. 1983 erstmals ins Parlament gewählt, stieg er unter Premiermin. MARGARET THATCHER ab 1985 in Regierungsämter auf. Im Kabinett von JOHN MAJOR war er Arbeits- und Umweltmin., bevor er sich als Innenmin. (1993–97) den Ruf eines Hardliners erwarb, der einen resoluten, nationalkonservativen Kurs verfolgt. Innerparteilich umstritten, erlitt er 1997 eine Niederlage, als er erstmals für den Parteivorsitz kandidierte. Ob er als Oppositionsführer Chancen hat, Premiermin. TONY BLAIR die Macht streitig zu machen, wird u. a. davon abhängen, ob er die ganze Partei hinter sich bringen kann.

Michael Howard (rechts), neuer Parteivorsitzender der britischen Konservativen, im Fußballstadion

Huber, Berthold, Gewerkschafter, *Ulm 15. 2. 1950. – Die Delegierten des vorgezogenen Gewerkschaftstags der → IG Metall wählten am 31. Aug. den baden-württemberg. Bezirksleiter H. mit 67,1 % der Stimmen zum Zweiten Vorsitzenden. Von dem

Tarifexperten und Vertreter des Reformflügels wird erwartet, dass er in einer ›Vernunftpartnerschaft auf Zeit‹ mit dem umstrittenen Ersten Vors. JÜRGEN PETERS die Organisation aus ihrer tiefen Krise führt.

Der gelernte Werkzeugmacher war beim Busbauer Kässbohrer in Ulm 14 Jahre beschäftigt und sieben Jahre Betriebsrats- bzw. Gesamtbetriebsratsvors., bevor er 1985 ein Studium der Geschichte und Philosophie begann (ohne Abschluss). Seit 1990 hauptamtlich bei der IG Metall, widmete sich H. zunächst dem Gewerkschaftsaufbau in Sachsen. 1991 ging er als Abteilungsleiter in die Gewerkschaftszentrale nach Frankfurt am Main. Ab 1998 stand er in Stuttgart an der Spitze des zweitgrößten Gewerkschaftsbezirks.

Huber, Wolfgang, ev. Theologe, * Straßburg 12. 8. 1942. – Am 5. Nov. wählte die Synode der ev. Kirche in Deutschland (EKD) H. zu ihrem neuen Ratsvorsitzenden. Er tritt die Nachfolge von MANFRED KOCK an, der in den Ruhestand geht.

Der promovierte (1966) und habilitierte (1972) Theologe war nach zweijähriger Tätigkeit als Vikar und Pfarrer in Württemberg für zwölf Jahre Mitarbeiter und stellv. Leiter der Forschungsstätte der Ev. Studiengemeinschaft in Heidelberg. Als Prof. lehrte er ab 1980 Sozialethik in Marburg und Systemat. Theologie in Heidelberg. Seit 1994 ist H. Bischof der ev. Kirche in Berlin-Brandenburg. H. gilt als Verfechter einer polit. Kirche; die Kirche solle sich »um Gottes willen politisch einmischen«. Die Reformen des Sozialsystems mit Leistungseinschnitten hält er wie sein Amtsvorgänger KOCK für nötig. Dabei müsse die Kirche aber auf der Seite der Schwachen stehen und deren Bedürfnisse im Blick haben.

Hu Jintao, chin. Politiker (Kommunist. Partei, KPCh), * Jixi Dez. 1942. – Im Zuge des ersten geordneten und konfliktfreien umfassenden Führungswechsels in der Geschichte der Volksrep. China löste H. J. am 15. März JIANG ZEMIN auch als Staatspräs. ab. Auf dem Parteitag der KPCh im Nov. 2002 hatte er ihn schon als Parteivors. beerbt. Mit H. J. trat erstmals ein Vertreter der Generation an die Spitze von Partei und Staat, die nach Gründung der Volksrep. in die Politik eintrat.

Der aus der zentralchin. Prov. Anhui stammende Sohn eines Teehändlers absolvierte ein Ingenieurstudium der Wasserkrafttechnik an der Eliteuniv. Qinghua in Peking. Seinen polit. und berufl. Aufstieg begründete er in der Prov. Gansu. 1985 wechselte er in die Parteiführung der Prov. Guizhou. Als Parteichef der Autonomen Region Tibet (1988–92) verhängte er dort 1989 das Kriegsrecht und ließ die Widerstandsbewegung gegen das Besatzungsregime blutig niederschlagen.

Gefördert von dem Parteipatriarchen DENG XIAOPING, stieg H. J. 1992 als jüngstes Mitgl. in den engsten Führungszirkel der Partei auf. 1998 wurde er stellv. Staatspräs., 1999 stellv. Vors. der Zentralen Militärkommission der Partei.

Humana Milchunion GmbH: Einer der führenden dt. Babynahrungshersteller geriet im Nov. in den Verdacht, durch die Falschdeklaration eines Produkts den Tod mehrerer israel. Babys verschuldet zu haben. Die Säuglinge waren mit einer nur in Israel erhältl. Sojamilch des Unternehmens ernährt worden. Das israel. Gesundheitsministerium erklärte am 12. Nov., der Verzehr der Sojamilch sei vermutlich in zwei Fällen die Todesursache gewesen. Ein Humana-Sprecher räumte ein, dass die Sojamilch nur ein Zehntel der auf der Verpackung angegebenen Vitamin-B 1-Menge enthalten hatte. Zugleich wurden Fehler bei der Entwicklung und Qualitätskontrolle des Produkts zugegeben. Am 12. Nov. leitete die Staatsanwaltschaft Bielefeld wegen des Verdachts der fahrlässigen Tötung Ermittlungen gegen das Herforder Unternehmen ein. Vitamin-B 1-Mangel kann bei Babys u. a. Schäden am zentralen Nervensystem verursachen; ob der Mangel auch zum Tod führen kann, ist aber umstritten.

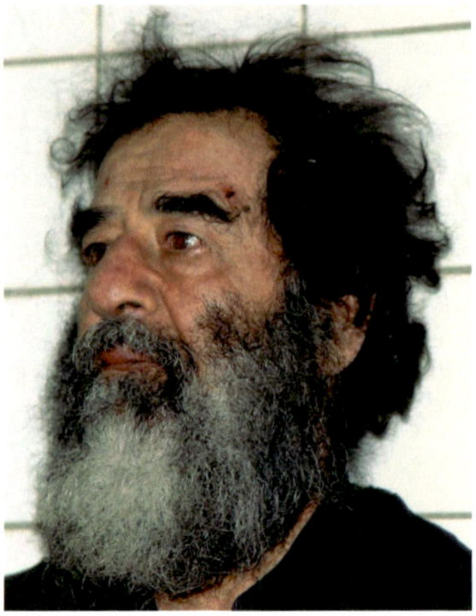

Der irakische Exdiktator Saddam Husain nach seiner Gefangennahme am 13. Dezember

Husain, Saddam, irak. Politiker, * Al Quja (bei Tikrit) 28. 4. 1937. – Mit der Eroberung Bagdads am 9. April durch amerikan. Streitkräfte endete die 24-jährige Herrschaft des Diktators. Während seine beiden Söhne UDAI und KUSAI am 22. Juli getötet wurden, gelang es H., sich dem Zugriff zunächst zu entziehen, bis er am 13. Dez. von amerikan. Soldaten und kurd. Peschmerga-Milizen südlich von Tikrit gefasst wurde.

H. entstammt einfachen Verhältnissen. 1957 schloss er sich der illegalen nationalrevolutionären Arab. Sozialist. Baath-Partei an. Nach der Teilnahme an einem misslungenen Anschlag auf den Militärherrscher ABDEL KARIM KASSEM 1959 floh er nach Kairo, kehrte nach der Ermordung KASSEMS 1963 zurück und rückte in die Führung der Baath-Partei auf. Seit 1968 bestimmte er die Politik aus dem Hintergrund, bis er 1979 Staats-, Regierungs- und Parteichef wurde.

1980 nutzte H. die Wirren der Islam. Revolution in Iran, um den Nachbarn zu überfallen und ihm die Erdölprov. Khusistan zu entreißen. Der 1. Golfkrieg, in dem die USA und Frankreich den Irak indirekt unterstützten, endete 1988 mit einem Waffenstillstand. Im Aug. 1990 besetzte H. Kuwait und löste damit den 2. Golfkrieg (1991) aus, der mit dem Sieg einer von den USA geführten internat. Streitmacht endete. Damals verzichteten die USA auf einen mögl., jedoch nicht von einer entsprechenden UNO-Resolution gedeckten Sturz des Diktators, der – wie schon zuvor – jeden inneren Widerstand, insbes. der aufständ. Schiiten, mit brutaler Gewalt brach. Die nach Autonomie strebenden Kurden im Norden bekämpfte er auch mit Giftgas (1988, 1991). Sein Widerstand gegen die Umsetzung der UNO-Resolutionen und der Verdacht, er sei im Besitz von Massenvernichtungsmitteln und verfolge ein Kernwaffenprogramm, waren der Ausgangspunkt für den jüngsten Irakkonflikt.

Hutton, Brian Edward, brit. Jurist und Politiker (Conservative Party), *Belfast 29.6. 1931. – Seit 11. Aug. leitete H. die »Untersuchung der Umstände, die den Tod von Dr. Kelly umgeben«, so der offizielle Auftrag der Regierung. Die Auswahl des erfahrenen Lordrichters zur Klärung der Hintergründe für die → Kelly-Affäre fand in der brit. Öffentlichkeit breite Zustimmung.
Der prot. Nordire studierte in Oxford und Belfast. 1979 als Richter an den High Court von Nordirland berufen, war er 1988–96 oberster Richter in der Unruheprov. und stand auf der Todesliste der IRA. Seit 1997 ist er einer der zwölf Lordrichter, die als Mitgl. des Oberhauses das höchste Gericht Großbritanniens bilden.

I

ICE 3: Mit der Aufnahme des Regelbetriebs auf der Schnellbahntrasse zw. Köln und Frankfurt am Main am 15.12. 2002 begann eine Pannenserie beim neu entwickelten Hochgeschwindigkeitszug ICE 3. Die bis zu 300 km pro Stunde fahrenden Züge waren unter der Führung von Siemens entwickelt worden. Ursachen für die Zugausfälle und Verspätungen waren v. a. Störungen beim neu entwickelten Bremssystem, in der Elektrik und bei den auf die Achsen verteilten Fahrzeugmotoren sowie Ausfälle bei der Klimaanlage. Die techn. Fehler wurden z. T. mangelhaften Instandhaltungsarbeiten angelastet.

Ich-AG, → Arbeitsvermittlung.

I. G. Farbenindustrie, Kurzbez. für Interessengemeinschaft Farbenindustrie AG, Abk. I. G. F.: Der 1925 durch Fusionen entstandene weltgrößte Chemiekonzern wurde 1950 durch Verfügung der Besatzungsmächte entflochten. Zu den Nachfolgegesellschaften gehörte neben zwölf Chemiefirmen (u. a. BASF, Bayer, Hoechst) die I. G. Farben AG in Abwicklung (I. G. F. i. A.). Ihr wurde bei der Entflechtung das nicht aufteilbare Restvermögen (insbes. Immobilien) zugeteilt. Ihre Aktien wurden an der Frankfurter Wertpapierbörse gehandelt. Als Folge eines geplatzten Transaktionsgeschäfts mit der Frankfurter Beteiligungsgesellschaft WCM beantragte die I. G. F. i. A. am 10. Nov. beim Amtsgericht in Frankfurt am Main die Eröffnung eines Insolvenzverfahrens. Damit schwanden die Hoffnungen ehem., im Zweiten Weltkrieg nach Deutschland verschleppter Zwangsarbeiter auf Entschädigungszahlungen.
Die I. G. F. war als eines der größten Rüstungsunternehmen Sinnbild für die Verstrickung der Wirtschaft in die Verbrechen der nat.-soz. Diktatur. Für die Kriegsproduktion betrieb der Konzern in Auschwitz das Zweiglager Monowitz, in dem mind. 35 000 Menschen Sklavenarbeit verrichteten und etwa 23 000 von ihnen den Tod fanden. Die Degesch, Tochtergesellschaft von I. G. F. und Degussa, stellte das Begasungsmittel Zyklon B her, mit dem Millionen Menschen in den Vernichtungslagern ermordet wurden. Die I. G. F. plünderte die Chemieindustrien der im Krieg besetzten Länder und beutete bis zu 400 000 Zwangsarbeiter aus. 1948 wurden im sog. Nürnberger I. G. F.-Prozess 13 Führungspersonen zu Haftstrafen verurteilt. Bis Anfang der 1960er-Jahre entschädigte die I. G. F. i. A. rd. 6 000 ehem. jüd. Zwangsarbeiter mit insgesamt 28 Mio. DM.

»Darf ich Sie mit einer kostenlosen Tageszeitung erfreuen?«

IGLU-Studie, Kurzform für die ›Internat. Grundschul-Lese-Untersuchung‹. Die am 8. April vorgelegten Teilergebnisse lassen die Schlussfolgerung zu, dass die Defizite in der dt. Schulausbildung hauptsächlich bei den weiterführenden Schulen entstehen.
Vergleichbar mit den Studien PISA und PISA-E (Dez. 2001 bzw. Juni 2002), die Basiskompetenzen von Schülern weiterführender Schulen untersuchten, befasste sich die I.-S. erstmals empirisch mit dem Leseverständnis von Grundschülern in der vierten Klasse. In Deutschland wurde die repräsentative Untersuchung, an der sich im Mai 2001 rd. 10 600 Schüler aus 246 Schulen mit je zwei Klassen in allen Bundesländern beteiligten, vom Inst. für Erziehungswiss. der Univ. Hamburg durchgeführt. Beim Leistungsvergleich unter den 35 teilnehmenden Staaten belegten die dt. Schüler Rang elf. Auch hinsichtlich der mathemat. und naturwiss. Kompetenz offenbarten sich keine generellen Defizite, wie die begleitende Studie (IGLU-E) ergab.

IG Metall: Die erste Niederlage in einem Streik nach fast 50 Jahren stürzte die IG M. in eine Führungskrise. Die Gewerkschaft hatte versucht, in Ostdeutschland eine Angleichung der Arbeitsbedingungen mit Westdeutschland, insbes. eine Senkung der Wochenarbeitszeit von 38 auf 35 Std. durchzusetzen. Der Arbeitskampf, der nach Scheitern der Tarifverhandlungen am 2. Juni in der ostdt. Metall- und Elektroindustrie mit Schwerpunkten in Sachsen und Brandenburg aufgenommen worden war, wurde am 29. Juni ergebnislos abgebrochen. Zuvor war es zu innergewerkschaftl. Auseinandersetzungen gekommen, als der Streik auch die Autoindustrie im Westen lahmzulegen drohte und die Streikfront im Osten zusammenzubrechen begann.
Im Streit um die Frage, wer die Verantwortung für die schwere Niederlage im Tarifstreit um die 35-Stunden-Woche trägt, behauptete sich der Zweite Vors. Jürgen → Peters, obwohl er im Hauptvorstand für die Tarifpolitik verantwortlich war; PETERS wurde am 31. Aug. zum neuen Vors. der IG M. gewählt. Sein Vorgänger Klaus → Zwickel war noch vor Ende seiner regulären Amtszeit zurückgetreten, nachdem er PETERS' Führungsanspruch nicht abwehren konnte. Um die Spaltung in der IG-M.-Führung zu überbrücken, übernahm der als innergewerkschaftl. ›Reformer‹ geltende Berthold → Huber das Amt des stellv. Gewerkschaftschefs.

Indien

Hauptstadt: Delhi (Neu-Delhi)
Einwohner: 1 048,3 Mio.
Einwohner/ km²: 347
Staatsoberhaupt: A. Kalam
Regierungschef: A. B. Vajpayee
BIP/Einwohner: 478 US-$

Neutrale Haltung zum Irakkrieg

I. gab nach den Terroranschlägen vom 11. 9. 2001 seine distanzierte Haltung gegenüber den USA auf, nicht zuletzt in der Hoffnung auf eine Stärkung des eigenen außenpolit. Gewichts in der Region. So lehnte das Land im Dez. 2002 den → Internat. Strafgerichtshof (ICC) in Den Haag ab und schloss mit den USA ein bilaterales Abkommen über die Nichtauslieferung amerikan. Staatsbürger an das Gericht. Mit Blick auf seine Rolle in der Bewegung der Blockfreien und die starke Ablehnung der amerikan.-brit. Militärintervention in der Bevölkerung versuchte I. allerdings, im Irakkonflikt Neutralität zu wahren: Es kritisierte zwar den Irak, verurteilte aber jedes gewaltsame Vorgehen ohne UNO-Mandat. Das Ansinnen der USA, nach Ende der Kriegshandlungen eine ind. Friedenstruppe von 17 000 Soldaten in den Irak zu entsenden – es wäre das zweitstärkste Kontingent nach dem amerikan. gewesen –, wurde nach kontroversen Debatten von der Reg. im Juli abschlägig beschieden.

Wahlen in Unionsstaaten

Der Aufwärtstrend der hinduist. Bharatiya Janata Party (BJP), der sich nach dem klaren Wahlerfolg am 12. 12. 2002 im Unionsstaat Gujarat abzeichnete, setzte sich am 26. 2. 2003 bei vier weiteren Wahlen zunächst nicht fort. Im hinduistisch geprägten Himalajastaat Himachal Pradesh löste die oppositionelle Kongresspartei die BJP-Reg. ab. Auch in den Nordostprov. Meghalaya und Nagaland wurde die Kongresspartei stärkste Fraktion und beteiligte sich an Koalitionen. Allerdings musste sie die Führung in Nagaland der Demokrat. Allianz (DAN) überlassen, die der Separatistenbewegung NSCN verbunden ist. In Tripura errang die seit 1992 regierende Linke Front erneut die absolute Mehrheit. Bei den Regionalwahlen vom 1. Dez. verdrängte die BJP den Kongress aus den Reg. von Chhattisgarh, Madhya Pradesh und Rajasthan; nur in Delhi konnte er seine Parlamentsmehrheit verteidigen.

Beziehungen zu Pakistan

Das Verhältnis zu Pakistan, das sich nach dem Anschlag auf das ind. Parlament im Dez. 2002 verschlechtert hatte, besserte sich seit Anfang des Jahres deutlich. Im Juli nahmen beide Länder wieder volle diplomat. Beziehungen auf, und eine Reihe von Verkehrsverbindungen wurde neu eröffnet. Allerdings setzten I. und Pakistan ihre militär. Aufrüstung fort und führten zahlreiche Raketentests durch. Im Okt. legte die ind. Reg. einen Zwölf-Punkte-Plan zur Normalisierung vor, der erstmals auch direkte Verhandlungen mit den muslim. Separatistenbewegungen im ind. Teil von Kaschmir einschließt. Pakistan reagierte zunächst abwartend, vereinbarte mit I. jedoch im Nov. einen Waffenstillstand entlang der Demarkationslinie in der Himalajaregion.

Die Entspannung in den Beziehungen konnte auch die Explosion zweier Autobomben im Zentrum von Bombay, die am 25. Aug. 52 Todesopfer und mehr als 150 Verletzte forderte, nicht behindern. Die vier kurz nach dem Attentat Verhafteten haben nach Angaben der Behörden mit den von Pakistan unterstützten Separatisten der Lashkar-e-Taiba in Kaschmir zusammengearbeitet. Der angebl. Planer des Anschlags wurde am 11. Sept. in Bombay erschossen, als er sich der Verhaftung widersetzte.

Ethnische und religiöse Konflikte

Die Gewalt im ind. Teil von Kaschmir dauerte unvermindert an. Am 23. März wurden 24 hinduist. Ew. eines Dorfes bei Srinagar von Terroristen in ind. Armeeuniformen öffentlich hingerichtet. 14 Menschen starben im Juni bei einem Angriff auf eine Kaserne, und am 21. Juli tötete ein Anschlag auf ein Hospiz in Banganga sieben Hindupilger.

■ Ein Gruppe von zwölf pakistanischen Parlamentsabgeordneten steht am 8. Mai vor dem Goldenen Tempel von Amritsar

Seit Jahren Schauplatz blutiger Auseinandersetzungen ist auch der Nordosten: Die Befreiungsfront ULFA in Assam wird für einen Anschlag in Bagangopa verantwortlich gemacht, bei dem am 16. März elf Menschen getötet wurden. 34 Todesopfer forderten am 15. Aug. Anschläge und Gefechte mit Separatisten in Manipur und Tripura. Maoist. Rebellen töteten am 8. Sept. in Bihar elf Polizisten.

Im Fischerdorf Marad, im südind. Gliedstaat Kerala, wurden am 4. Mai neun Hindus ermordet; in der örtl. Moschee entdeckte die Polizei ein Waffenlager. Im März folgten in Andhra Pradesh rd. 1 Mio. Menschen dem Aufruf der Telangana Rashtra Samiti Partei zu einem Protestmarsch für die Unabhängigkeit der Telanganaregion.

Wirtschaftsaufschwung

Nach einer dreijährigen Dürreperiode kamen ergiebige Monsunregen der Landwirtschaft zugute. Weiterhin belebte sich die Wirtschaft durch steigende Industrieexporte sowie Investitionen und Kapitalzuflüsse aus dem Ausland. Diese positive Entwicklung wurde z. T. auch der Privatisierung von über 200 Staatsbetrieben zugeschrieben. Der IWF schätzte das reale Wachstum des BIP für 2003 auf 5,6 % (2002: 4,3 %). ■

Indonesien

Hauptstadt: Jakarta
Einwohner: 211,7 Mio.
Einwohner/km²: 115
Staatsoberhaupt und Regierungschef: M. Sukarnoputri
BIP/Einwohner: 803 US-$

Der Irakkrieg löste im bevölkerungsreichsten islam. Staat Massenproteste aus. In der Hauptstadt Jakarta kamen im März über 1 Mio. Menschen zu zwei Großkundgebungen zusammen. Präs. MEGAWATI SUKARNOPUTRI missbilligte eine Militärintervention ohne UNO-Mandat.

Maßnahmen gegen den Terrorismus

Im April begannen die Gerichtsverfahren gegen die Beteiligten am Terroranschlag auf → Bali im Okt. 2002. Aufgrund des im März verabschiedeten Antiterrorgesetzes wurden bis Okt. drei Hauptangeklagte zum Tod verurteilt: AMROZI BIN NURHASYIM als Sprengstoffbeschaffer, IMAM SAMUDRA und ALI GHUFRON als Planer des Attentats. Wie auch ihre Mittäter, die hohe Haftstrafen erhielten, gestanden sie die Tatbeteiligung, leugneten aber eine Anstiftung durch die islamist. Organisation al-Djemaah al-Islamija (JI). Deren geistl. Führer, ABU BAKAR BASHIR, der jede Verbindung zu dem Anschlag bestritt, war im Okt. 2002 verhaftet und im April 2003 des Hochverrats angeklagt worden. Im Sept. erhielt er wegen ›staatsgefährdender Haltung‹ eine Haftstrafe von vier Jahren; weitere Vorwürfe hatten sich nicht erhärten lassen. Nach der Verhaftung des als ideolog. Kopf der JI und Mittelsmann zum Terrornetzwerk → al-Qaida gesuchten Indonesiers HAMBALI im Aug. in Thailand beantragte I. dessen Auslieferung.

Neue Anschläge

Ebenso wie die Anschläge auf das Polizeihauptquartier (2. Febr.), den Flughafen (27. April) und das

Parlament (14. Juli), wurde auch das Selbstmordattentat vom 5. Aug. auf das Marriott-Hotel in Jakarta der JI zugeschrieben. Ihr soll der Attentäter LATIN SANI angehört haben, der ein mit Sprengstoff beladenes Fahrzeug in die Lobby des amerikan. Luxushotels der Hauptstadt lenkte. Zwölf Menschen starben, mehr als 150 wurden verletzt.

■ Am 12. Oktober, ein Jahr nach dem Terroranschlag auf Bali, nehmen 1 500 Angehörige der 202 Opfer an einer Gedenkfeier auf der indonesischen Insel teil

Kein Friede in Aceh, Unruhen in Papua

Präs. MEGAWATI verhängte am 19. Mai das Kriegsrecht über die rohstoffreiche Prov. Aceh im Norden der Insel Sumatra. Mit rd. 45 000 Soldaten begann die Armee eine Großoffensive, welche die Zivilbevölkerung zur Massenflucht trieb und bis Ende Aug. ca. 800 Todesopfer forderte. Zuvor waren Verhandlungen über die Umsetzung des Friedensabkommens gescheitert, das im Dez. 2002 zw. der Bewegung Freies Aceh (GAM) und der Reg. geschlossen worden war; die GAM war nicht bereit, sich ohne polit. Garantien und vollständigen Abzug der Regierungstruppen entwaffnen zu lassen und alle Autonomieansprüche aufzugeben.

In der Prov. Papua führte Ende Aug. der Versuch der Reg., mit der seit 1999 geplanten Aufteilung in drei Prov. zu beginnen, zu erneuten Unruhen. Die Papua-Völker sind in der Frage zerstritten.

Von internationalen Geldgebern abhängig

Obwohl polit. Instabilität und Terroranschläge den Rückgang der Auslandsinvestitionen verstärkt haben, entwickelte sich die Wirtschaft positiv, was u. a. der Austeritätspolitik zugeschrieben wurde. Für 2003 rechnete die Reg. mit einem realen BIP-Wachstum von 4,0 %. Seit der Asienkrise 1997 auf internat. Kredite angewiesen, war I. wiederholt nicht in der Lage, die damit verbundenen Auflagen – v. a. den unpopulären Subventionsabbau – durchzusetzen. Im Jan. etwa nahm die Reg. nach Protestaktionen drast. Preiserhöhungen für Benzin, Strom und Telekommunikation zurück. Zugleich erklärte sie, ab 2004 keine neuen Vereinbarungen mit dem IWF mehr treffen zu wollen. Die vorletzte Tranche der IWF-Kredite in Höhe von insgesamt 5,2 Mrd. US-$ wurde im Okt. ausgezahlt. Im Jan. hatte eine internat. Geberkonferenz I. neue Anleihen in Höhe von 2,7 Mrd. US-$ bewilligt. Im Okt. gewährte die Asiat. Entwicklungsbank dem Land 3,27 Mrd. US-$ auf drei Jahre für Strukturmaßnahmen. ■

Internationaler Strafgerichtshof (International Criminal Court, **ICC**), ständiger internat. Gerichtshof zur Strafverfolgung von Völkermord, Kriegsverbrechen und Straftaten gegen die Menschlichkeit, der sich mit Fällen befasst, die von den nat. Behörden nicht abgedeckt werden. Mit der Vereidigung des argentin. Juristen Luis → Moreno Ocampo als Chefankläger nahm der ICC im niederländ. Den Haag im April seine Arbeit auf.

Der ICC wurde 1998 in Rom gegründet; bis Mitte 2003 unterzeichneten 139 Staaten das Statut, in 91 wurde es bisher ratifiziert. Es trat am 1. 7. 2002 in Kraft und ist nur für Taten gültig, die seitdem begangen wurden. Die 18, bereits im Febr. vereidigten Richter – unter ihnen der dt. Jurist Hans-Peter → Kaul und der Chefankläger – wurden von der Versammlung der Vertragsstaaten gewählt. Die Amtszeit der Richter liegt zwischen drei und neun Jahren. Als Präs. des ICC fungiert der Kanadier PHILIPPE KIRSCH.

Neben der Volksrep. China und Israel boykottieren auch die USA den ICC. Unter ihrem diplomat. und finanziellen Druck erklärte sich eine Reihe von

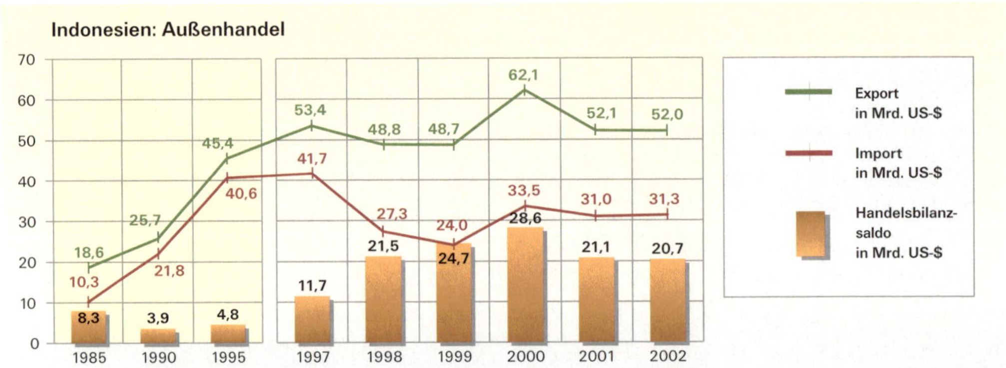

Internationaler Strafgerichtshof

Richter des Internationalen Strafgerichtshofs

Name	Land	Amtszeit (Jahre)
Blattmann, René	Bolivien	6
Clark, Maureen Harding	Irland	9
Diarra, Fatoumata Dembele	Mali	9
Fulford, Adrian	Großbritannien	9
Hudson-Phillips, Karl T.	Trinidad und Tobago	9
Jorda, Claude	Frankreich	6
Kaul, Hans-Peter	Deutschland	3
Kirsch, Philippe	Kanada	6
Kourula, Erkki	Finnland	3
Kuenyehia, Akua	Ghana	3
Odio Benito, Elizabeth	Costa Rica	9
Pikis, Gheorghios M.	Zypern	6
Pillay, Navanethem	Südafrika	6
Politi, Mauro	Italien	6
Slade, Tuiloma Neroni	Samoa	3
Song, Sang-hyun	Süd-Korea	3
Steiner, Sylvia H. de Figueiredo	Brasilien	9
Usacka, Anita	Lettland	3

Staaten zu bilateralen Abkommen bereit, in denen sie sich verpflichteten, US-Bürger nicht dem ICC zu überstellen. Russland hat das Statut unterzeichnet (2000), aber noch nicht ratifiziert.

Internationaler Währungsfonds, Abk. **IWF:** Im Sept. einigten sich IWF und Argentinien über einen Kredit in Höhe von 12,5 Mrd. US-$ mit einer Laufzeit von drei Jahren, dem allerdings Tilgungen in gleicher Höhe gegenüberstehen. Das hoch verschuldeten südamerikan. Land hatte private Verbindlichkeiten bei internat. Anleihegläubigern bereits seit Anfang 2002 nicht mehr bedient und war auch bei der Kreditrückzahlung dem IWF gegenüber in Verzug geraten.

Insgesamt stieg im Geschäftsjahr 2002/03 die Höhe der ausstehenden IWF-Kredite von 72 Mrd. US-$ auf 91,3 Mrd. US-$. Der Anstieg geht v.a. auf einen Rekordkredit an Brasilien in Höhe von 31,5 Mrd. US-$ zurück, durch den eine Ausweitung der argentin. Schuldenkrise auf Brasilien vermieden werden konnte.

Neben den Initiativen z.B. zur Armutsverringerung und Entschuldung bes. armer Staaten beteiligten sich der IWF und seine Repräsentanten an vielen Debatten der internat. Währungspolitik: Auf der Jahrestagung von IWF und → Weltbank im Sept. in Dubai (Vereinigte Arab. Emirate) waren das hohe Leistungsbilanzdefizit der USA und seine mögl. nachteiligen Folgen für die Weltwirtschaft ein zentrales Thema. Zahlreiche Teilnehmer des Treffens befürworteten eine stärkere Flexibilität der asiat. Währungen, die gegenüber dem US-Dollar entweder fixiert waren (chin. Renminbi Yuan) oder aber durch Interventionen der Zentralbanken vor einer Aufwertung geschützt wurden (japan. Yen).

In Deutschlands Bankenwelt sorgte der geschäftsführende Direktor des IWF, HORST KÖHLER, mit seiner Empfehlung für Aufsehen, die dt. Landesbanken zu einem einzigen Spitzeninst. der Sparkassen zu fusionieren.

Internetsucht: Anlässlich der Computermesse CeBIT in Hannover (12.–19. März) warnten Experten vor den Gefahren einer suchtartigen Nutzung des Internets. Auf viele Menschen wirke das Internet wie eine Droge, die ihre psych. und körperl. Gesundheit, ihren Arbeitsplatz und ihre sozialen Beziehungen gefährde. Nach einer – allerdings nicht repräsentativen – Studie an der Berliner Humboldt-Univ. aus dem Jahr 2000 erfüllten 3,2 % der befragten Internetnutzer die Kriterien für Suchtverhalten. Die Hess. Landesstelle für Suchtfragen in Frankfurt am Main schätzt, dass rd. 1 Mio. Internetsurfer von I. betroffen sind. Das Problem wird auch in der Öffentlichkeit zunehmend wahrgenommen; so erschien z.B. im Aug. 2003 das Buch ›OnlineSucht. Wenn Mailen und Chatten zum Zwang werden‹ von GABRIELE FARKE.

»Papa ist im Internet!«

INTERNET UND TELEKOMMUNIKATION

Gegenüber dem Vorjahr stiegen die Preise für Telekommunikation um mehr als 2 %. Den größten Anteil daran hatten die Telefongrundgebühren, welche die Dt. Telekom zum 1. Sept. um rd. 10 % angehoben hat. Dem standen um etwa 5 % gesunkene Kosten für Ortsgespräche gegenüber. Hier machte sich die Einführung des Call-by-Call-Verfahrens bemerkbar. Im Nov. zwang die Regulierungsbehörde für Telekommunikation und Post (RegTP) die letzten Anbieter, die bereits ab Ende des Jahres 2002 verbilligte Ortsgespräche über frei tarifierbare 0190-0-Nummern angeboten hatten, auf das neue Verfahren umzusteigen.

Die Preise für den Internetzugang sanken im Vergleich zum Vorjahr um 2 % auf weniger als 50 Cent pro Stunde. Erstmals waren in Deutschland mehr als die Hälfte der Erwachsenen online, im Sept. 55 % der über 18-Jährigen. Die Teilnahme blieb vom Bildungsstand abhängig: Über einen Internet-

zugang verfügten drei Viertel aller Erwachsenen mit Hochschulreife, aber nur 34 % der Hauptschulabsolventen. Die Zugangsart verschob sich weiter zu schnelleren Anschlüssen. So nutzten im Okt. rd. 4 Mio. Kunden den Breitbandanschluss (A)DSL des Marktführers Dt. Telekom.
Die Zahl der Einkäufe über das Internet erhöhte sich in Deutschland gegenüber dem Vorjahr um 27 %. Mit 45 % hatten Elektrogeräte den größten Marktanteil; Medienprodukte und andere techn. Gebrauchsgüter kamen auf 12 %. Der Jahresumsatz wurde auf mind. 5,3 Mrd.€ geschätzt.

Eine moderne Telefonzelle der British Telecom in Manchester. Die Geräte sind mit einem kleinen Bildschirm und einer Tastatur ausgestattet, die den Internetzugang sowie den Empfang und Versand von E-Mails erlauben

Mehrwertdienste

2003 startete die Umstellung der bislang mit 0190 beginnenden Telefonnummern auf die internat. vereinbarten 0900-Nummern. Anrufe an beide Nummerngruppen kosten mehr als gewöhnl. Telefonate, und der Angerufene erhält einen Teil der Mehreinnahmen, um sog. Mehrwertdienste zu finanzieren (z. B. Faxabrufe der Stiftung Warentest). Unseriöse Anbieter werben per SMS, Telefonanruf, Zeitschriftenanzeige oder E-Mail für die Nutzung bes. teurer Nummern und verlangen in Einzelfällen bis zu 80 € pro Minute.
Auch nutzen sog. Dialer diese teuren Nummern zur Interneteinwahl. Betrüger veranlassen Internetnutzer zur Installation dieser Programme, indem sie eine höhere Internetgeschwindigkeit oder den Zugriff auf gesperrte Inhalte versprechen, i. d. R. Pornographie oder Software-Raubkopien.
Im Aug. trat ein Gesetz gegen den Missbrauch dieser Mehrwert-Rufnummern in Kraft. So werden die Gebühren auf 2 € pro Minute und 30 € pro Anwahl begrenzt. Die RegTP erhält das Recht, rechtswidrig genutzte Nummern zu sperren. Anbieter müssen Dialer bei der Behörde registrieren lassen, die u. a. prüft, ob die anfallenden Kosten dem Anwender deutlich angezeigt werden. Nicht vom Gesetz erfasst wurden Rufnummern, die mit 118 und 0137 beginnen.

Spam

Das beherrschende Internetthema war → Spam, d. h. nicht verlangt zugesandte Massen-E-Mails, die meist Werbung enthalten. Anders als Werbung per Post oder Fax verursacht eine Werbe-E-Mail fast keine Kosten, sodass sich Spam für den Versender auch dann lohnt, wenn nur ein Bruchteil der Empfänger darauf reagiert. Untersuchungen zeigten, dass im Durchschnitt ein Fünftel der bei Unternehmen eingehenden Mails Spam sind. Der amerikan. Wirtschaft entsteht so pro Jahr ein Schaden von schätzungsweise 10 Mrd. US-$, v. a. durch entfallene Arbeitszeit und zusätzl. IT-Kosten.
Als techn. Lösung gegen Spam bieten sich Filterprogramme an, die anhand von Wortlisten, durch Analyse der Übertragungsdaten und mit Methoden der Künstl. Intelligenz versuchen, Spam zu erkennen und zu verwerfen. Diese Programme werden zunehmend auf Einzelrechnern, aber auch auf Mail-Servern eingesetzt. Wichtigstes ungelöstes Problem bleibt jedoch die fälschl. Einordnung erwünschter E-Mails als Spam.

Neue Internetadressen

Das zentrale Internetgremium, die Internet Engineering Task Force (IETF), legte ein Verfahren fest, um Umlaute und andere Sonderzeichen in Rechnernamen zu ermöglichen, z. B. www.enzyklopädie.de. Seit Herbst nehmen Internetdienstleister Anmeldungen für Domains mit Umlauten an. Die techn. Umsetzung ist abhängig von der Anpassung der PC-Software und wird für das Frühjahr 2004 erwartet.
Für Verwirrung sorgte die Abschaffung von Rechnernamen mit der Endung .yu nach der Umbenennung der Bundesrep. Jugoslawien in Serbien und Montenegro. Stattdessen wurde das neue Kürzel .cs eingeführt, das allerdings schon für die 1993 aufgelöste Tschechoslowakei benutzt worden war. Deshalb schlugen Zugriffe auf damals gespeicherte Rechnernamen fehl.

Schnelle Funknetzwerke

Zwei neue Standards ermöglichen nun eine Computervernetzung über Funk (Wireless LAN) mit bis zu 54 MBit/s, d. h. der halben Geschwindigkeit kabelgebundener Netzwerke. Einige Hersteller steigerten den Durchsatz auf 100 MBit/s (→ Hotspot).

Irak

Hauptstadt: Bagdad
Einwohner: 24,3 Mio.
Einwohner/km²: 54
Staatsoberhaupt und Regierungschef: I. al-Dschafari (seit 29. 7. 2003)
BIP/Einwohner: -

Der siegreiche Feldzug einer militär. Allianz unter Führung der USA (→ Koalition der Willigen) beendete im April das diktator. Regime von SADDAM HUSAIN und seiner Baath-Partei. Fortgesetzter bewaffneter Widerstand und Terroranschläge trübten jedoch die Aussichten auf einen baldigen Wiederaufbau und eine Demokratisierung des wirtschaftlich darniederliegenden Landes.

Von der Inspektion zur Intervention

Im Jan. und Febr. wurden die → Waffeninspektionen der UNO zunächst fortgesetzt. In zwei Berichten vom 27. Jan. und 7. März erklärte ihr Leiter, Hans → Blix, dass sich die Kooperation mit den irak. Behörden verbessert habe und keine Waffen gefunden worden seien.
Nachdem die diplomat. Bemühungen der USA gescheitert waren, ein UNO-Mandat für ein militär. Eingreifen im I. zu erlangen (→ Resolution 1441), mussten die Waffeninspekteure am 17. März das Land verlassen. Am 20. März begann der Militäreinsatz: Amerikan. und brit. Truppen eroberten von Kuwait aus innerhalb von vier Wochen das gesamte Land. Am 1. Mai erklärte US-Präs. GEORGE W. BUSH die »Hauptkampfhandlungen« im Irak für beendet.

Nachkriegssituation

Die Besatzungsmächte wurden zahlreicher Vertreter des Baath-Regimes habhaft: U.a. kamen die Husain-Söhne UDAI und KUSAI am 22. Juli bei einem Gefecht mit amerikan. Truppen in Mossul ums Leben. Der polit. und militär. Führungszirkel um den gestürzten Präs. und dessen Stellv. IBRAHIM AD-DURI blieb jedoch zunächst unauffindbar. Im Juli, Sept. und Nov. rief SADDAM HUSAIN noch über zwei arab. Nachrichtensender zum Widerstand auf. Am 13. Dez. wurde er in einem Versteck südlich seiner Heimatstadt Tikrit aufgespürt.
Die unmittelbare Nachkriegssituation war bestimmt von der Auflösung der öffentl. Ordnung: Plünderer drangen in Behörden, Geschäfte, Lager und Krankenhäuser ein, aus den staatl. Museen wurden zahlreiche Kunstschätze gestohlen (→ Kunstraub). Die USA richteten ein ›Amt für Wiederaufbau und Humanitäre Hilfe‹ (ORHA) ein, das der Lage jedoch nicht Herr wurde. Am 7. Mai löste der amerikan. Diplomat PAUL BREMER Exgeneral JAY GARNER an der Spitze dieser Behörde ab. Gestützt auf die Resolution 1438 des UNO-Sicherheitsrats vom 22. Mai, die der Besatzungsmacht die alleinige Kontrolle über den I. gibt und der UNO nur humanitäre Aufgaben zuweist, wurde ORHA durch eine zivile Übergangsverw. ersetzt. BREMER löste per Dekret die Baath-Partei sowie die irak. Streitkräfte und Geheimdienste auf und setzte am 13. Juli einen irak. ›Übergangsrat‹ ein, der die versch. polit. Parteien, ethn. Gruppen und Glaubensrichtungen des Landes und des Exils repräsentieren soll. Die Exekutivgewalt in den drei eingerichteten Besatzungszonen lag weiterhin bei den Alliierten.

Unklare Verfassungsfragen

Am 1. Sept. stellte der Übergangsrat eine Reg. mit 25 Ressorts (ohne MinPräs. und Verteidigungsmin.) vor. Als größte Bevölkerungsgruppe erhielten die

Mühle am Golf

→ Schiiten auch die meisten Posten, sie wurden jedoch durch den Mord an Ajatollah MUHAMMAD BAQIR AL HAKIM am 29. Aug. ihres populärsten Führers beraubt. Die → Kurden strebten einen Bundesstaat an, um ihre im Norden gewonnene Autonomie zu festigen. Oberstes Ziel der Zivilverw. ist, 2004 Wahlen für eine verfassunggebende Nationalversammlung zu ermöglichen.

Kreditabhängige Wirtschaft

Nachdem die UNO im Okt. die internat. Sanktionen gegen den I. und das Programm ›Öl für Lebensmittel‹ aufgehoben hatte (Resolutionen 1438 und 1511), richteten sich alle wirtschaftl. Hoffnungen auf die Erdölförderung, die am 22. Juni wieder aufgenommen worden war. Vorkriegsschätzungen der USA, die von Verkaufserlösen von bis zu 30 Mrd. US-$ jährlich ausgingen, mussten Ende des Jahres angesichts des schlechten Zustands der Förderanlagen auf 12–13 Mrd. US-$ korrigiert werden. Der US-Kongress hatte 20 Mrd. US-$ für den Wiederaufbau bewilligt, eine internat. Geberkonferenz im Okt. in Madrid erbrachte zusätzl. Hilfszusagen in Höhe von 13 Mrd. US-$. Unklar blieb die Verrechnung mit den Auslandsschulden des I.s von rd. 120 Mrd. US-$. Die Gläubiger Frankreich, Russland und Deutschland einigten sich im Dez. mit den USA auf einen Teilschuldenerlass.

Koalition der Willigen

Staaten[1]	Beitrag
offizieller Status:	
Afghanistan	
Albanien	70 Soldaten
Äthiopien	Logistik
Australien	mind. 2 000 Soldaten
Bahrain	Logistik
Bulgarien	150 Militärexperten
Costa Rica	
Dänemark	Kriegsschiffe
Estland	
Großbritannien	mind. 45 000 Soldaten
Italien	Polizei, Soldaten
Kasachstan	Logistik
Kroatien	
Kuwait	Logistik
Lettland	
Mikronesien	Landesverteidigung vertraglich an USA abgetreten
Niederlande	360 Soldaten
Polen	mind. 2 000 Soldaten
Rumänien	278 Militärexperten
Slowakei	
Spanien	Lazarettschiff
Tonga	
Tschechien	Militärexperten
Ungarn	
inoffiziell:	
Dominikan. Rep.	Aufbauexperten
Japan	Aufbauexperten
Philippinen	Aufbauexperten
Türkei	Logistik
inoffiziell ohne Beitrag:	
Angola, Aserbaidschan, El Salvador, Eritrea, Georgien, Honduras, Island, Katar, Litauen, Marshallinseln, Makedonien, Mongolei, Nicaragua, Portugal, Ruanda, Salomoninseln, Singapur, Süd-Korea, Uganda, Usbekistan	

[1] Nach US-Angaben, die wiederholt durch die USA und unabhängige Organisationen korrigiert wurden; Stand: Juli 2003

Anhaltender Widerstand

Ab Mai nahmen die Angriffe auf die Besatzungstruppen und Anschläge auf militär. und zivile Einrichtungen kontinuierlich zu. Experten gingen davon aus, dass sich im Untergrund Anhänger SADDAM HUSAINS und islamist. Terroristen verbündet haben. 22 Tote, darunter der Sondergesandte SERGIO VIEIRA DE MELLO, forderte am 19. Aug. ein Bombenanschlag auf das UNO-Hauptquartier in Bagdad. Nach Angaben der amerikan. Streitkräfte waren bis Ende Okt. im Nachkriegsirak mehr Soldaten umgekommen als während des Feldzugs. ■

Irakkrieg: Nach dem Sieg über das Taleban-Regime in Afghanistan galt den USA der Irak als Hauptfeind auf der ›Achse des Bösen‹. Da sich die Unterstützung des internat. Terrorismus nicht belegen ließ, bezogen sich die Vorwürfe der USA seit Mitte 2002 v. a. auf die Fortsetzung geheimer Programme zur Produktion von Massenvernichtungswaffen.

Vorbereitung

Am 8. 11. 2002 erreichten die USA im UNO-Sicherheitsrat die Annahme der → Resolution 1441, die eine Rückkehr der 1999 ausgewiesenen Waffeninspekteure forderte und dem Irak bei mangelnder Kooperation mit »ernsten Konsequenzen« drohte. Der Irak akzeptierte die Auflagen und lieferte am 19. Dez. eine Dokumentation seiner Waffenproduktion. Die → Waffeninspektionen der UNO ergaben bis Anfang März 2003 keine Belege für die Annahme, der Irak besitze oder produziere Massenvernichtungswaffen. Im Sicherheitsrat fand sich deshalb keine Mehrheit für den Entwurf einer verschärften Resolution, den die USA, Großbritannien und Spanien am 24. Febr. vorgelegt hatten; die Resolution sollte den USA das Mandat für eine Militärintervention erteilen. Nachdem Frankreich sein Veto angekündigt hatte, erklärte US-Präs. GEORGE W. BUSH am 17. März, dass sich die USA zum einseitigen Eingreifen gezwungen sähen, weil die UNO versagt habe. Die schon bis Ende Febr. auf rd. 300 000 Soldaten verstärkten amerikan. und brit. Truppen am Pers. Golf erhielten am 20. März den Angriffsbefehl.

Kriegsverlauf

Strateg. Ziel der Operation ›Iraqi Freedom‹ war der rasche Sturz des Regimes: In einem ›Enthauptungsschlag‹ – so die offizielle Version (→ Kriegsberichterstattung) – sollten zunächst die Befehlszentralen in der Hauptstadt Bagdad und die Führung der regierenden Baath-Partei ausgeschaltet (Forts. S. 171)

Amerikas Krieg. Amerikas Frieden?

Der Autor:
Hans von Sponeck
geboren 1939.
1968 – 2000 in den Diensten der UNO/UNDP, 1998 – 2000 als UNO-Koordinator im Irak (Programm ›Öl für Lebensmittel‹); veröffentlichte u.a. 2003 (mit A. Zumach) ›Irak - Chronik eines gewollten Krieges‹

Als Sonderbeauftragter des damaligen US-Präsidenten RONALD REAGAN für den Mittleren Osten traf DONALD RUMSFELD, heute Verteidigungsminister, 1983 SADDAM HUSAIN. Es ging um bessere Beziehungen zwischen den USA und dem Irak. Beide Länder waren Verbündete im Konflikt mit dem fundamentalistischen Iran des Ayatollahs KHOMEINI. Damals führte der Irak einen verlustreichen und kostspieligen Krieg gegen seinen muslimischen Nachbarn. 20 Jahre später, im März 2003, zogen die USA gegen ihren einstigen Verbündeten in den Krieg. Ein Kopfgeld von 25 Mio. US-$ war ausgesetzt für Hinweise, die zur Gefangennahme oder Tötung SADDAM HUSAINS führen.

Der Feind meines Freundes ist auch mein Feind

Wie ist dieser Wandel in den irakisch-amerikanischen Beziehungen zu erklären? Berichte des US-Geheimdienstes CIA aus den Jahren 1985 bis 1990 besagen, dass der Irak auf dem Gebiet der Massenvernichtungswaffen westliche und auch russische Technologie nutzte. Fähige, oft in den USA ausgebildete irakische Wissenschaftler forschten und bauten an biologischen, chemischen, nuklearen und Raketenwaffen. Und die irakische Armee begann diese auch zu testen. So wurden im Krieg gegen Iran chemische Waffen eingesetzt. In Hallabja, einem kleinen Dorf im kurdischen Norden des Landes, forderten Giftgaseinsätze der irakischen Armee mehrere Tausend Opfer – ein Beweis für den brutalen Umgang des Diktators mit seinem Volk.

Weder Regierung noch Kongress der USA haben damals mehr getan, als den Irakern ihre Besorgnis auszudrücken. Die diplomatischen Beziehungen wurden nicht eingestellt, der Handel zwischen beiden Ländern ging weiter, die militärische und geheimdienstliche Zusammenarbeit wurde aufrechterhalten. Trotz eines Militärembargos versorgten die USA den Irak weiterhin über Drittländer mit Waffen und Material nichtkonventioneller Art. Das Bindeglied blieb der gemeinsame Feind Iran. Allerdings nahmen innerhalb der US-Regierung die Bedenken gegenüber den machtpolitischen Ambitionen SADDAM HUSAINS zu. Die starke und eigenständige Regionalmacht Irak wurde zur Gefahr für die geostrategischen Interessen der USA (Kontrolle der Erdölversorgung und der Schutz Israels). RUMSFELDS Besuch 1983 in Bagdad sollte den Irak auch vor einem Angriff auf iranische Erdölanlagen warnen, da dies Washington in den Krieg hineinziehen könnte.

Zweiter Golfkrieg und Sanktionspolitik

Die Invasion Kuwaits durch den Irak im August 1990 stellte die Weichen in der amerikanischen Irakpolitik um. Am 6. August 1990 beschloss der UNO-Sicherheitsrat unter Führung der USA umfassende Wirtschaftssanktionen und ein Militärembargo. Am 16. Januar 1991 begann der zweite Golfkrieg gegen den Irak, der in sechs Wochen niedergerungen wurde. Die Sanktionen wurden auch nach dem Rückzug des Irak aus Kuwait über Jahre beibehalten, trotz verheerender Folgen für die irakische Bevölkerung.

Die Schwächung des Regimes durch Sanktionen und die außenpolitische Isolation des Landes bilde-

Ein Konvoi bringt Ende Februar 1991 Nachschub zu den Einheiten der internationalen Streitmacht, die am 24. Februar im 2. Golfkrieg die Bodenoffensive gegen den Irak begonnen hat ten die Grundpfeiler der Irakpolitik Präsident BILL CLINTONS. Die Zahl derjenigen, die mit dieser als »zahm« bezeichneten Politik unzufrieden waren, wuchs jedoch. Einflussreiche Politiker und Intellektuelle, darunter RUMSFELD, PAUL WOLFOWITZ, RICHARD PERLE und FRANCIS FUKUYAMA, schrieben am 26. Januar 1998 an CLINTON (›Brief der Achtzehn‹), dass die Eindämmungspolitik der USA (Containment) amerikanische Truppen in der Region und Alliierte wie Israel und einige Golfstaaten sowie »einen wichtigen Teil der Ölversorgung der Welt« gefährde. Die Forderung nach einem Regimewechsel im Irak fand Eingang in die außenpolitische Diskussion.

Am 31. Oktober 1998 verabschiedete der Kongress den Iraq Liberation Act, der den Sturz SADDAM HUSAINS zum offiziellen Ziel amerikanischer Politik erklärte. Wechselseitige Provokationen durch die USA und den Irak während der Arbeit der United Nations Special Commission (UNSCOM), der UNO-Abrüstungskommission im Irak, führten zu immer härteren Auseinandersetzungen und im Dezember 1998 zu viertägigen angloamerikanischen Luftangriffen auf Bagdad, Basra und andere Ziele (Operation ›Desert Fox‹). Außerdem erhielten amerikanische und britische Piloten von ihren Regierungen größere Entscheidungsfreiheit für Aktionen in den beiden Flugverbotszonen, die 1991 – ohne Zustimmung des UNO-Sicherheitsrates – eingerichtet worden waren. Allesamt Zeichen für den deutlich aggressiveren Kurs der USA.

Saddam im Visier

Die Terroranschläge vom 11. September 2001 brachten die Entscheidung für einen Waffengang gegen den Irak. Amerika stand unter Schock und machte sich bewusst, dass es auch als einzig verbliebene Supermacht verwundbar war. Die Verbindung zwischen Terrorismus und Massenvernichtungswaffen schien nun beweisbar. Schon am 20. September erhoben Vertreter des einflussreichen Projects for the New American Century in einem Brief an Präsident GEORGE W. BUSH die Forderung nach dem Sturz SADDAM HUSAINS, »einem der führenden Terroristen der Welt«. Ein Jahr später, am 10. Oktober 2002, erklärte der Vorsitzende der Republikanischen Partei im Repräsentantenhaus, J.C. WATTS: »Es ist immer wieder gesagt worden, dass es keine Beweise dafür gäbe, dass SADDAM HUSAIN eine unmittelbare Gefahr darstellt. Wenn man nach Beweisen sucht, braucht man nur an den 11. September zu denken.«

Präsident BUSH musste nicht überzeugt werden, er hatte den Irak längst im Visier. Die vorrangige Aufgabe seiner Regierung war es nun, der eigenen Bevölkerung, den befreundeten Nationen und dem UNO-Sicherheitsrat glaubhaft darzulegen, dass die politische Ausgrenzung von Diktaturen, denen Massenvernichtungswaffen zur Verfügung stehen, nicht mehr ausreicht, so BUSH am 1. Juni 2002 in einer Rede vor Kadetten der Militärakademie in West Point. Die Umsetzung der neuen strategischen Doktrin des Rechts zur Selbstverteidigung durch präventive Militärschläge hatte begonnen. Ein Krieg gegen den Irak sollte der Anfang dieser neuen Hegemonialpolitik sein.

Die enge Verbindung von Regierung und finanziell großzügig ausgestatteten Stiftungen, die zur amerikanischen politischen Tradition gehört, wurde von der Regierung BUSH genutzt. Das American Enterprise Institute (AEI), das Middle East Media Research Institute (MEMRI), das Center for Security Policy (CSP) und besonders das Project for the New American Century bildeten die intellektuelle Basis für die neue Politik. Im Bann des 11. Septembers 2001 unterstützten auch einflussreiche Vertreter der amerikanischen Medien diesen aggressiven Unilateralismus.

Kriegsvorbereitung an allen Fronten

Die Mehrzahl der UNO-Mitglieder und die Weltöffentlichkeit waren jedoch nicht bereit, einen solchen Kriegskurs hinzunehmen. Gefordert wurden eindeutige Beweise für die unmittelbare Bedrohung des internationalen Friedens durch den Irak und dafür, dass SADDAM HUSAIN und die islamistische Terrororganisation al-Qaida tatsächlich einen ›Pakt der Bösen‹ geschlossen hatten. Die Arabische Liga

UNO-Waffeninspekteure, unter ihnen der ehemalige sambische Präsident Kenneth Kaunda (Mitte), während eines Kontrollgangs in einer irakischen Raketenfabrik am 3. Dezember 2002

und die Bewegung der blockfreien Staaten warnten mehrfach vor den amerikanischen Kriegsplänen.

Widerwillig schien sich Washington daher im Herbst 2002 dem internationalen Druck zu beugen. Doch wurde die Interventionspolitik auf zwei Ebenen weitergeführt. In enger Kooperation mit der britischen Regierung unter TONY BLAIR versuchte die US-Regierung, den bereits beschlossenen Krieg multilateral zu legitimieren. Durch hartnäckige Lobbyarbeit wurde am 8. November 2002 die Resolution 1441 im

Australische und amerikanische Militärs im Kommandozentrum für den Irakkrieg in Doha (Katar); unter ihnen der amerikanische Oberbefehlshaber für den Irakkrieg, Tommy Franks (2. von rechts)

UNO-Sicherheitsrat einstimmig angenommen. Darin wurde dem Irak gedroht: »Schwerwiegende Verletzungen« (material breach) führten zu »ernsten Konsequenzen« (serious consequences). Die Auslegung der vagen Formulierungen überließ der Sicherheitsrat seinen Mitgliedern.
Dass der Irak aufgrund internationalen Drucks am 16. September 2002 UNO-Kontrollen bedingungslos zuließ und dass die Waffeninspekteure nach ihrer Rückkehr Ende November keinen einzigen brauchbaren Fund für die drohende Gefahr durch Massenvernichtungswaffen vorweisen konnten, focht die USA und Großbritannien nicht an. Sie erklärten, dass der Irak seine Massenvernichtungswaffen versteckt oder ins Ausland gebracht habe. Die Tatsache, dass keine Beweise für eine Wiederaufrüstung gefunden wurden, galt den USA als Beweis für die mangelhafte Zusammenarbeit des Irak mit der UNO und als Verstoß gegen die Resolution 1441. Damit war die Berechtigung für »ernste Konsequenzen« gegeben.
Die Kriegsvorbereitungen mit dem britischen Verbündeten liefen weiter, als ob es keinen multilateralen Ansatz für eine friedliche Lösung des Irakkonflikts gegeben hätte. Geheimabkommen über die Stationierung amerikanischer Spezialeinheiten in Jordanien, die Benutzung des ägyptischen Suezkanals, die Einrichtung von Luft- und Versorgungsstützpunkten in Eritrea und Djibouti, ein langsames Anwachsen der Truppen in Kuwait gehörten dazu. Schwieriger gestalteten sich die Verhandlungen über die Verlegung amerikanischer Einheiten auf Stützpunkte in der Türkei. Die Regierung ERDOGAN und das türkische Militär waren grundsätzlich bereit, ihre Zustimmung zu geben. Der Druck der türkischen Öffentlichkeit führte jedoch zur Ablehnung der Stationierung durch das Parlament. Die Verschlechterung der saudi-arabisch-amerikanischen Beziehungen, insbesondere nach dem 11. September 2001, verringerte die Chancen zur Nutzung des im Golfkrieg 1991 angelegten Luftwaffenstützpunkts Sultan als Kommandozentrale. Die US-Regierung entschloss sich daher, den gesamten Planungs- und Kriegskoordinierungsstab nach Katar zu verlegen. Nahe der Hauptstadt Doha gab es bereits eine große Luftwaffenbasis.
Der Weg über die UNO war für die amerikanische Regierung also nicht mehr als ein politisches Experiment, dem die grundsätzliche Entscheidung für einen Krieg gegen den Irak nicht geopfert werden sollte.
Im Oktober 2002 gab der Kongress dem Präsidenten grünes Licht für ein militärisches Vorgehen gegen den Irak. Das Repräsentantenhaus stimmte mit 296 gegen 133 Stimmen für die Irak-Resolution; im Senat gab es 77 Ja- und 23 Nein-Stimmen. Obwohl die Regierung eine »Politik ohne Fakten« betrieb, so der frühere Vizepräsident AL GORE am 7. August 2003, hatte sie die Unterstützung der Volksvertreter und, laut Umfragen, der Mehrheit der amerikanischen Bürger. Ohne die Ereignisse des 11. September wäre die Notwendigkeit, einen Krieg zu führen, mit

Während der Großoffensive im März im Südirak fesseln britische Soldaten gefangene Iraker

oder ohne internationale Hilfe, Volk und Parlament nicht überzeugend erschienen. Die militärische Übermacht der USA, der Glaube, dass die Welt aus einem guten und einem schlechten Teil besteht, und der daraus resultierende moralische Absolutismus, aber auch Furcht vor einem schwer definierbaren Feind hatten die nationale Übereinstimmung herbeigeführt. Zur Verteidigung von Amerikas Sicherheit und seiner Vormachtstellung in der Welt war man bereit, einen vom internationalen Recht nicht gedeckten Krieg zu führen – die UNO-Charta spricht in Artikel 51 nur vom Recht zur Selbstverteidigung gegen einen bewaffneten Angriff. Widerstand im UNO-Sicherheitsrat gegen die Verabschiedung einer zusätzlichen, die USA unterstützenden Resolution – Außenminister COLIN POWELLS Darlegungen am 5. und 14. Februar 2003 galten vielen als nicht glaubhaft – bestärkte die Regierungen in Washington und London in ihrem Vorgehen.

Sieg ohne Frieden

Am 20. März 2003 begann der Feldzug gegen den Irak. Er dauerte weniger als einen Monat. Der Ausgang des ersten Präventivkriegs in der amerikanischen Geschichte überraschte nicht: Am Ende standen der militärische Sieg und der Sturz des Diktators. Der Frieden ließ jedoch auf sich warten. Der irakischen Bevölkerung blieb es verwehrt, die Früchte der Befreiung vom Joch SADDAM HUSAINS zu ernten. »Wer in den Krieg zieht, muss entscheiden, was für einen Frieden er will«, hatte schon der preußische General CARL VON CLAUSEWITZ (*1780, †1831) gefordert. Dass die amerikanische Politik diese Forderung nicht ernst nahm, hatte sich schon in Anhörungen vor dem Kongress im Sommer 2002 gezeigt: Damals ging es fast ausschließlich um Kriegsgründe, Kosten, mögliche Verluste an Mensch und Material und um die Dauer einer Besetzung. Die Gestaltung des Friedens war kein Thema. Ein schwerwiegender Fehler.

Zerstörte Ministerien für Planung, Bildung und Gesundheit, aber eine intakt gebliebene Verwaltung der Erdölförderung, das Hinnehmen von Plünderungen der Universitäten, Museen und Bibliotheken, Verzögerungen bei der Wiederherstellung der Infrastruktur und die Vergabe von Großaufträgen an amerikanische Firmen brachten die Sieger in Misskredit. Das Trauma von Diktatur und Krieg sowie die verheerende Sicherheitslage werden die Lebensverhältnisse noch lange Zeit beeinträchtigen.

Frieden mit Perspektive

Zur Herstellung von Sicherheit und Frieden im Irak muss Europa seinen Partner jenseits des Atlantiks überzeugen, den Unilateralismus aufzugeben und sich erneut der Völkergemeinschaft zuzuwenden. Die Welt braucht die Fähigkeiten Amerikas, wie Amerika die Erfahrungen und alternativen Ansätze der internationalen Gemeinschaft braucht. Nur so werden die USA ihren Vormachtanspruch aufrechterhalten können. Auch müssen die europäischen Staaten den Mut zum gemeinsamen Handeln aufbringen, um ihre Forderungen nach Absicherung des Friedens durch Bildungs-, Sozial-, Gesundheits- und Umweltpolitik international zu verwirklichen.

Bei einem Anschlag auf einen Tanklastwagen nahe Bagdad kommen am 19. Dezember zwei amerikanische Soldaten ums Leben. Nach dem Irakkrieg sterben mehr amerikanische Soldaten als während des Krieges

Der amerikanische Weg zum Frieden im Irak ist gescheitert. Der Ruf Amerikas nach Hilfe muss erhört werden, um den Irakern die Möglichkeit zu geben, ihr Land in eigener Regie aufzubauen und sich bewusst ihrer Vergangenheit zu stellen. Nur so kann ein dauerhafter Frieden geschaffen werden. Sollte die transatlantische Zusammenarbeit im Irak verwirklicht werden, wäre dies auch ein entscheidender Schritt zur Wiederherstellung der internationalen Rechtsordnung.

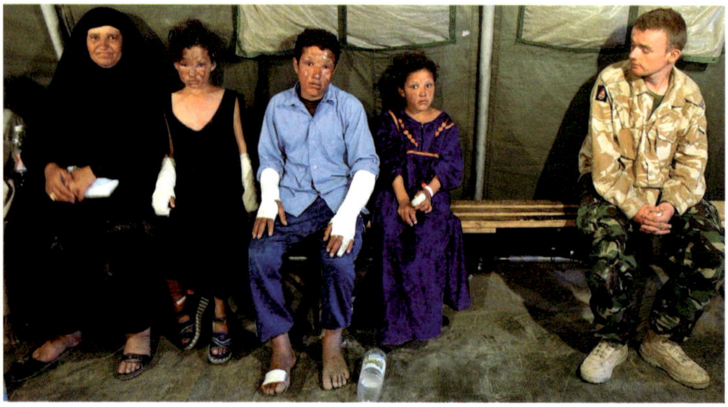

In einem Feldlazarett in Basra warten ein britischer Soldat und verletzte irakische Kinder am 8. April auf den Arzt

Militärzonen im Irak

werden. Trotz massiver Raketenangriffe gelang dies nicht; SADDAM HUSAIN und sein Führungszirkel konnten zunächst entkommen. Die von Süden vorrückenden alliierten Verbände stießen auf Widerstand, sodass der Vormarsch zunächst stoppte. Jedoch gelang es v.a. den USA unter Ausnutzung ihrer Luftüberlegenheit sowie durch anhaltendes Flächenbombardement und massiven Artillerieeinsatz, die gegner. Truppen niederzuhalten und zu demoralisieren.
Ein Angriff von Norden war durch einen Beschluss des türk. Parlaments behindert worden, den USA keine Rechte für eine Truppenstationierung zu gewähren. Zur Errichtung einer zweiten Front mussten die Allierten Truppen vom Pers. Golf heranführen. Ab Ende März kämpften sie dann gemeinsam mit den Milizen (Peschmerga) der → Kurden gegen die irak. Armee. Am 10. April fiel die Stadt Kirkuk, am 11. April Mossul. Brit. Truppen eroberten am 7. April Basra, amerikan. Verbände konnten nach Gefechten mit irak. Elitetruppen am selben Tag ins Zentrum von Bagdad vordringen. Große Teile des irak. Militärs hatten sich zu diesem Zeitpunkt schon abgesetzt oder ergeben. Am 14. April hatten die Alliierten das ganze Land in ihrer Hand.
Die Angaben über die Opfer der Kampfhandlungen gehen weit auseinander. Nach Schätzungen verloren bis zu 10 000 irak. Soldaten und eben so viele Zivilisten ihr Leben. Das US-Verteidigungsministerium nannte am 9. Dez. die Zahl von 448 amerikan. Soldaten, die im Irakkrieg getötet wurden.

Irakkrieg

Der **UNO-Sicherheitsrat (Weltsicherheitsrat)** ist das wichtigste Organ der Vereinten Nationen (UNO). Er trifft für alle UNO-Mitgl. verbindl. Beschlüsse und trägt die Hauptverantwortung für Maßnahmen zur Beilegung internat. Konflikte und zur Wiederherstellung des Friedens. Der Sicherheitsrat hat fünf ständige Mitgl. mit Vetorecht – die VR China, Frankreich, Großbritannien, Russland und USA – und zehn nichtständige Mitgl., die jeweils für zwei Jahre von der Generalversammlung der UNO gewählt werden; bis Ende 2004 gehört auch Deutschland dazu.

Besatzung

Die Sieger richteten im Irak drei Militärzonen ein, eine amerikan., eine brit. und eine unter poln. Befehl, in der Militär- und Polizeikontingente aus 20 Staaten eingesetzt wurden. Die von den USA etablierte ›Wiederaufbaubehörde‹ unter Leitung des ehem. Generals JAY GARNER erwies sich zunächst als unfähig, dem Zusammenbruch der öffentl. Ordnung, Versorgungsengpässen und massiven Plünderungen (→ Kunstraub) wirksam zu begegnen. Im Mai übernahm der Diplomat PAUL BREMER die Führung der Zivilverw. und bildete im Juli einen ›Übergangsrat‹ mit irak. Repräsentanten. Tägl. Angriffe auf die Besatzungstruppen und → Terroranschläge, auch auf internat. Organisationen, Iraker und die Infrastruktur, ließen die Befriedung des Landes nicht gelingen. Vielerorts konnte nicht einmal die Grundversorgung gewährleistet werden, was auch die Bevölkerung zunehmend gegen die Besatzungsmächte aufbrachte.

CHRONIK DES IRAKKRIEGES

17. März. Der amerikan. UNO-Botschafter erklärt die diplomat. Bemühungen um die Entwaffnung des Irak für beendet. US-Präs. GEORGE W. BUSH stellt dem irak. Präs. SADDAM HUSAIN das Ultimatum, binnen 48 Std. ins Exil zu gehen.
20. März. Nach der Ablehnung des Ultimatums beginnt um 3 Uhr MEZ die Operation ›Iraqi Freedom‹. Massive Angriffe mit Marschflugkörpern auf Infrastruktur und Kommandozentralen in Bagdad sollen das irak. Regime handlungsunfähig machen. Alliierte Bodentruppen beginnen ihren Vormarsch im Süden des Landes.
21. März. Die Luftangriffe werden auf weitere irak. Städte ausgeweitet; Invasionstruppen erreichen die Hafenstadt Umm Kasr und stoßen erstmals auf militär. Widerstand.
22. März. Die alliierten Truppen werden bei Nassirija in Kämpfe verwickelt, rücken aber rasch auf Bagdad vor.
24. März. Vor Kerbela entwickeln sich Gefechte zw. irak. Elitetruppen und amerikan. Verbänden. SADDAM HUSAIN fordert im irak. Fernsehen die Bevölkerung zum Widerstand auf.
25. März. Basra ist von brit. Truppen eingekesselt; die Stadt ist ohne Wasser und Strom. Sandstürme behindern den Vormarsch der Alliierten.
27. März. Amerikan. Fallschirmjäger landen im Nordirak, um mit kurd. Peschmerga eine zweite Front zu eröffnen.

Ironman: Ein Novum erlebte der Hawaii-Triathlon zu seinem 25-jährigen Jubiläum. Am 18. Okt. gewann mit Lori Bowden und Peter Reid (beide aus Kanada) erstmals ein Ehepaar gleichzeitig die I.-Weltmeisterschaft. Der 34-jährige Reid sicherte sich in 8:22:36 Std. den dritten Titel nach 1998 und 2000, seine um zwei Jahre ältere Frau wiederholte in 9:11:55 Std. ihren Erfolg von 1999.
Als Verbindung dreier lokaler Wettbewerbe, des Waikiki-Rough-Water-Schwimmens, des Around-Oahu-Radrennens und des Honolulu-Marathons, wurde am 18. 2. 1978 der erste I.-(›Eisenmann‹-)Triathlon ausgetragen. Unter 15 Teilnehmern siegte Gordon Haller (USA) in 11:46:58 Stunden. 1979 ging mit Lyn Lemaire (USA) erstmals eine Frau an den Start. In den 1980er-Jahren wuchs der I. Hawaii zu einer Veranstaltung mit über 1000 Teilnehmern, die seit 1987 in internat. Qualifikationswettbewerben ermittelt werden. Die erfolgreichsten Athleten der bislang 27 Wettbewerbe (1982 fand der I. zweimal statt) waren Dave Scott und Mark Allen (beide USA) mit jeweils sechs Siegen, Paula Newby-Fraser gewann bei den Frauen achtmal. Bislang einziger dt. Sieger war 1997 Thomas Hellriegel.

Islamistenprozesse: Im weltweit ersten Prozess gegen einen Beteiligten der Terroranschläge vom 11. 9. 2001 verurteilte das Hanseat. OLG in Hamburg am 19. Febr. Mounir El Motassadeq zu 15 Jahren Haft. Der 28-jährige Marokkaner wurde für schuldig befunden, als Mitgl. der Hamburger Zelle des Terrornetzwerks → al-Qaida Beihilfe zum Mord in 3066 Fällen geleistet und einer terrorist. Vereinigung angehört zu haben. Er habe zum engsten Kreis der Todespiloten gehört und sei an der Vorbereitung der Anschläge in New York und Washington beteiligt gewesen. Der Verurteilte hatte dies bestritten. Seine Verteidiger legten Revision beim BGH ein, weil der mutmaßl. Rädelsführer der Anschläge, Ramzi Binalshibh, nicht als Zeuge gehört worden war.
Unter der Weigerung der amerikan. und dt. Geheimdienste, ihre Erkenntnisse den Gerichten zur Verfügung zu stellen, litt auch das Verfahren, das am 14. Aug. vor dem OLG Hamburg gegen den 30-jährigen Abdelghani Mzoudi eröffnet worden war. Der Marokkaner soll laut Anklage Mitgl. der Hamburger Terroristengruppe gewesen sein. Am 23. Dez. wurde Mzoudi freigesprochen, nachdem sich der Tatverdacht nicht erhärten ließ.
Wegen Vorbereitung eines Bombenanschlags auf den Straßburger Weihnachtsmarkt Ende 2000 verurteilte das OLG in Frankfurt am Main am 10. März vier alger. Islamisten (sog. Meliani-Gruppe) zu Haftstrafen zw. zehn und zwölf Jahren. Eine urspr. angenommene Verbindung zu al-Qaida konnte ihnen nicht nachgewiesen werden. Der Anschlag wurde durch die Festnahme der Verdächtigen kurz vor Ausführung der Tat vereitelt.
Das OLG Düsseldorf verurteilte am 26. Nov. den 27-jährigen Jordanier Shadi Mohamed Mustafa Abdallah wegen Zugehörigkeit zur sunnitisch-palästinens. Terrororganisation al-Tawhid (›Einheit aller Gläubigen‹) zu vier Jahren Haft. Er hatte gestanden, als Mitgl. der dt. Zelle Anschläge u. a. auf jüd. Einrichtungen geplant zu haben. Im Sept. erhob die Bundesanwaltschaft Anklage gegen drei weitere Aktivisten von al-Tawhid.

Island

Hauptstadt: Reykjavík
Einwohner: 284 000
Einwohner/km²: 3
Staatsoberhaupt: Ó. R. Grímsson
Regierungschef: D. Oddson
BIP/Einwohner: 30 132 US-$

Am 10. Mai wurde ein neues Parlament gewählt, in dem weiterhin trotz erhebl. Stimmeneinbußen die konservative Selbstständigkeitspartei des seit 1991 amtierenden Regierungschefs David Oddson die Mehrheit besitzt. Sie verfügt im 63 Sitze zählenden sog. Althing nunmehr über 22 Sitze (–4) gegenüber 20 (+3) der oppositionellen Sozialdemokraten. Oddson bildete mit dem bisherigen Koalitionspartner, der rechtsliberalen Fortschrittspartei (zwölf Sitze), erneut die Regierung. Damit steht fest, dass I. auch weiterhin kein Mitgl. der EU wird.
Als erstes Land der Erde will sich I. völlig aus der Abhängigkeit von fossilen Brennstoffen als Energielieferanten lösen. Bis 2050, so das in einer Urkunde verbriefte Staatsziel, soll das Land komplett auf eine Wasserstoff-Wirtschaft umgestellt werden, wozu Wasser- und Windkraft sowie die heißen Quellen der Vulkaninsel beste Voraussetzungen liefern. Im April wurde in Reykjavík die erste öffentl. → Wasserstoff-Tankstelle der Welt eröffnet. ■

Israel

Hauptstadt: Jerusalem
Einwohner: 6,5 Mio.
Einwohner/km²: 309
Staatsoberhaupt: M. Katzav
Regierungschef: A. Scharon
BIP/Einwohner: 15 770 US-$

I. begrüßte die Militärintervention im Irak, der seit langem den palästinens. Widerstand unterstützte, enthielt sich aber jeder aktiven Einmischung im Irakkrieg. Der jüd. Staat war v. a. mit inneren Krisen beschäftigt, die sich aus der erneuten Verschärfung des Konflikts mit den Palästinensern ergaben. Hinzu kam die mit hoher Arbeitslosigkeit verbundene anhaltende Rezession. Wegbrechende Steuereinnah-

Israel

Ilan Ramon war der **erste Astronaut** des Staates Israel. Der 48-jährige Luftwaffenoberst startete am 16. Jan. mit der amerikan. Raumfähre Columbia, um wiss. Beobachtungen über Sandstürme auszuführen. Ramon hatte im Jom-Kippur-Krieg 1973 gekämpft und 1981 an der Kommandoaktion gegen den irak. Kernreaktor Osirak teilgenommen. Er stand auch für den Gründungsmythos des Staates: Seine Mutter hatte das KZ Auschwitz überlebt und sein Vater im Unabhängigkeitskrieg gekämpft. Der Traum vom Aufbruch Israels ins Weltall endete tragisch, als ein techn. Defekt die Raumfähre am 1. Febr. beim Landeanflug zerbrechen ließ.

men ließen das Haushaltsdefizit steigen und zwangen die Reg. von MinPräs. ARIEL SCHARON zu scharfen Einsparmaßnahmen bei den staatl. Ausgaben.

Rechte Koalition nach Neuwahlen

Die über der jüd. Siedlungspolitik im Okt. 2002 zerbrochene ›Koalition der Einheit‹ hatte am 28. Jan. vorgezogene Parlamentswahlen notwendig gemacht. Sie führten zu einer polit. Polarisierung. Wahlsieger war der Likud-Block von MinPräs. SCHARON, der 38 (1999: 19) der 120 Mandate in der Knesset gewann; hinzu kamen noch zwei weitere Sitze nach dem Anschluss der rechten Immigrantenpartei Israel B'Alijah an den Likud. Aber auch die säkulare Partei Schinui (›Wechsel‹) legte von sechs auf 15 Mandate zu. Als sich die Arbeitspartei, der große Verlierer (19 statt 26 Sitze), einer Koalition mit rechten Gruppierungen verweigerte, bildete SCHARON Ende Febr. ein Kabinett, dem neben Likud und Schinui auch die Nationalreligiöse Partei – die polit. Vertretung des Siedlerrats – und die ultrakonservative Nat. Union angehören.

Fahrplan zum Frieden führt in die Sackgasse

Diese Koalition bestimmte in der Folge den Kurs der Reg. gegenüber einer neuen Friedensinitiative des sog. Nahostquartetts aus UNO, EU, Russland und – federführend – den USA (→ Roadmap), die bis 2005 einen lebensfähigen Palästinenserstaat schaffen sollte; die Endfassung dieses ›Fahrplans‹ wurde den Konfliktparteien Ende April vorgelegt. Während die palästinens. Autonomiebehörde ihn vorbehaltlos akzeptierte, stellte die Reg. Scharon Bedingungen: eine neue polit. Führung in den → Palästinens. Autonomiegebieten; keine Rückkehr der palästinens. Flüchtlinge; Jerusalem bleibt ungeteilte Hauptstadt des Staates Israel.
Eine wichtige Voraussetzung für die Umsetzung der Friedensinitiative schuf die palästinens. Seite am 19. März mit der Ernennung von MAHMUD ABBAS zum MinPräs.; das Amt war zuvor von Präs. JASIR ARAFAT verwaltet worden war. ABBAS gelang es am 30. Juni, die militanten palästinens. Gruppen Hamas, Islam. Djihad und Al-Aksa-Brigaden auf eine Waffenruhe von drei Monaten zu verpflichten. I. reagierte mit dem Rückzug der Besatzungstruppen aus Gaza und Bethlehem und versprach, inhaftierte Palästinenser freizulassen.
Nach den Selbstmordattentaten vom 5. Jan. in Tel Aviv (24 Tote) und 5. März in Haifa (17 Tote) unterblieben zunächst weitere Terroraktionen. Am 4. Juni traf sich US-Präs. GEORGE W. BUSH in Aqaba (Jordanien) mit SCHARON, ABBAS und dem jordan. König ABDULLAH II. zu einer Friedenskonferenz. Die Vertrauensbildung wurde gefährdet, als Israel Anfang Juli nur 340 der ca. 6000 palästinens. Häftlinge freiließ, darunter keine prominenten polit. Gefangenen. Schwerer wog allerdings die Fortsetzung der israel. Politik der ›gezielten Tötungen‹ in den besetzten Gebieten. Auf die Ermordung des Hamas-Führers ABDULLAH QAWASMEH am 22. Juni in Hebron folgte am 19. Aug. erstmals wieder ein Selbstmordanschlag, bei dem in Jerusalem 23 Menschen getötet wurden. I. brach daraufhin alle Friedensverhandlungen ab und erklärte eine neue Kampagne gegen die verantwortl. Organisationen, die dann ihrerseits den Waffenstillstand beendeten. Auf einen weiteren Selbstmordanschlag in Haifa am 4. Okt. reagierte I. mit Luftangriffen auf vermeintl. Ausbildungslager des Islam. Djihad in Syrien. Der Friedensplan galt als gescheitert.

Ein Palästinenser spricht am 13. November mit einem israelischen Soldaten. Zuvor war es zu Zusammenstößen zwischen der Armee und Mitgliedern einer Friedensgruppe gekommen

Streit um Grenzwall

Die Reg. Scharon forcierte ein 2002 begonnenes Projekt, einen ›Schutzwall‹ gegen das Eindringen von Terroristen aus den von Palästinensern bewohnten Gebieten anzulegen. Der 70 m breite, elektronisch überwachte Sperrzaun mit einem 4 m breiten Graben, z. T. auch mit einer 8 m hohen Mauer und Wachtürmen, soll sich nach israel. Plänen über eine Länge von 700 km erstrecken.
Weil die Anlage aber stellenweise bis zu 30 km in palästinens. Gebiet jenseits der Waffenstillstandslinie

von 1967 (sog. grünen Linie) hineinragt, ergibt sich nach Schätzungen der UNO vom Okt. ein Gebietsverlust von ca. 15% für die Palästinenser. Das Vorhaben, das mit Landenteignungen und großflächiger Zerstörung landwirtschaftl. Nutzfläche verbunden war, wurde auf internat. Ebene scharf verurteilt, u.a. durch eine Resolution der UNO-Vollversammlung vom 21. Okt.; eine Resolution des Weltsicherheitsrates hatten die USA durch ihr Veto verhindert. ■

Italien

Hauptstadt: Rom
Einwohner: 57,9 Mio.
Einwohner/km²: 197
Staatsoberhaupt: C. A. Ciampi
Regierungschef: S. Berlusconi
BIP/Einwohner: 20465 US-$

Schwierige Haushaltslage und Rentenfrage

Die italien. Wirtschaft stagnierte. Die EU-Kommission erwartete in ihrer Herbstprognose von Ende Okt. für 2003 ein BIP-Wachstum von lediglich 0,3% (2002: 0,4%). EU-Kommissar PEDRO SOLBES kritisierte mehrfach die hohe Staatsverschuldung I.s, die mit 107% des BIP (2002) die nach den Kriterien des EU-Stabilitätspakts zulässige Marke von 60% weit überschreitet.
Der Haushalt wird v.a. durch die hohen Ausgaben für Renten und Pensionen belastet, die ca. 15% des BIP verschlingen. Um das Rentensystem vor dem Kollaps zu bewahren, brachte die Reg. im Sept. eine Reform auf den Weg; u.a. sollen die Lebensarbeitszeit von 35 auf 40 Jahre erhöht und Frühverrentungen finanziell abgestraft werden. Ab 2008 sollen die Rentenausgaben auf 10% des BIP begrenzt werden. Gegen den geplanten Sozialabbau, den das Kabinett am 3. Okt. beschloss, protestierten die Gewerkschaften am 24. Okt. mit einem landesweiten Generalstreik.

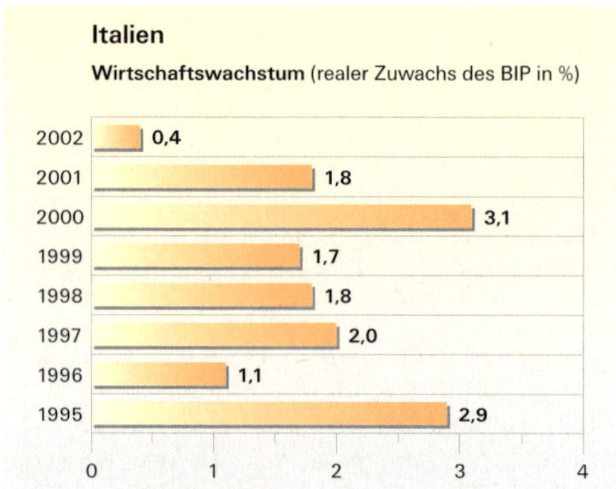

Nach Spannungen in seiner Mitte-rechts-Koalition und mehreren Abstimmungsniederlagen im Parlament verband MinPräs. SILVIO BERLUSCONI am 30. Okt. die Abstimmung über den Haushalt 2004 mit der Vertrauensfrage. Bes. umstritten waren die mit dem Haushaltsgesetz verknüpften sog. Condoni (Sündenerlasse): Durch die Zahlung eines Bußgeldes werden Steuerhinterziehungen amnestiert und illegale Bauten legalisiert. Die Reg. erhofft sich dadurch Einnahmen in Höhe von mehreren Milliarden Euro.

Irak-Engagement fordert Opfer

Als Mitunterzeichner der Solidaritätserklärung von acht europ. Staats- und Regierungschefs stellte sich MinPräs. BERLUSCONI am 30. Jan. demonstrativ auf die Seite der USA. Staatspräs. CARLO CIAMPI und die kath. Kirche verurteilten das Vorgehen der USA und gaben damit einer Mehrheitsmeinung in der Bevölkerung Ausdruck. An einer Demonstration gegen den → Irakkrieg in Rom am 15. Febr. nahmen nach Schätzungen der Organisatoren 4 Mio. Menschen teil. Zwar verbot die Verfassung, die Krieg als Mittel zur Lösung internat. Konflikte ächtet, eine Beteiligung I.s an dem gewaltsamen Vorgehen gegen den Irak. Das Parlament räumte den amerikan. Truppen jedoch am 19. März mit den Stimmen der Regierungsmehrheit Überflugrechte ein und stellte Militärflughäfen zur Verfügung. Am 15. April beschloss das Parlament die Entsendung von 3000 Soldaten und Carabinieri zur Wahrnehmung humanitärer Aufgaben bei der Stabilisierung der Lage im besetzten Irak.
Einem Selbstmordanschlag auf ihr Hauptquartier in der südirak. Stadt Nassirija fielen am 12. Nov. auch 19 Italiener zum Opfer.

Eklat zu Beginn der EU-Ratspräsidentschaft

Am 1. Juli übernahm I. turnusgemäß die EU-Ratspräsidentschaft für sechs Monate. Bei der Vorstellung seines Programms vor dem Europ. Parlament in Straßburg beleidigte BERLUSCONI den dt. Abgeordneten MARTIN SCHULZ (SPD), von dessen Kritik er sich provoziert gefühlt hatte, durch einen Nazi-Vergleich. Der Ausfall löste kurzzeitig eine Krise in den Beziehungen zu Deutschland aus, zumal sich der italien. Staatssekr. für Tourismus, STEFANO STEFANI, wenige Tage später prononciert antideutsch äußerte. Sein Rücktritt und BERLUSCONIS Entschuldigung bewogen Bundeskanzler GERHARD SCHRÖDER nicht, seinen abgesagten Urlaub in Italien doch noch anzutreten.

Berlusconis Kampf mit der Justiz

In seinen Auseinandersetzungen mit der Justiz setzte sich der Regierungschef mehrmals dem Verdacht aus, seine persönl. Interessen mit den Aufgaben seines Amtes zu verquicken. Er griff mehrfach polemisch die Justiz an und bezeichnete Gerichtsverfahren gegen ihn oder seine früheren Mitarbeiter als politisch motiviert.
Am 29. April verurteilte ein Mailänder Gericht den Abgeordneten der Berlusconi-Partei Forza Italia,

Cesare Previti, zu elf Jahren Haft. In seiner Eigenschaft als Anwalt soll er Ende der 1980er-Jahre mit Korruption und Richterbestechung die Übernahme des Mondadori-Verlags durch Berlusconis Unternehmen Fininvest ermöglicht haben. Ein Prozess gegen Berlusconi im Fall Mondadori war zuvor wegen Verjährung eingestellt worden. In einem weiteren Prozess wurde Previti am 22. Nov. wegen Richterbestechung in erster Instanz zu fünf Jahren Haft verurteilt.

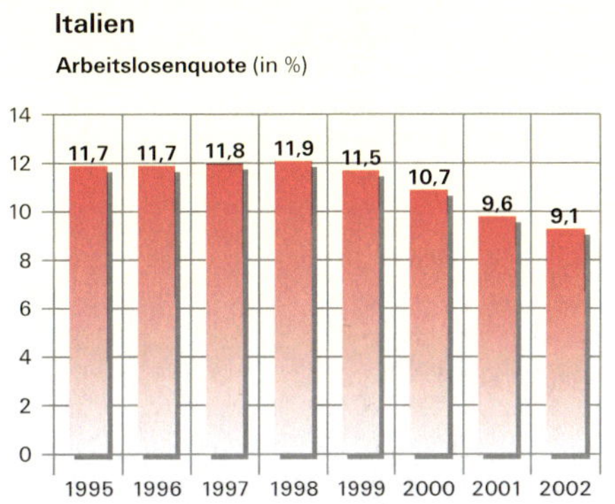

Als Reaktion auf das erste Previti-Urteil setzte die Mitte-rechts-Koalition am 18. Juni im Parlament ein Immunitätsgesetz durch. Es verbietet Strafverfahren gegen die Inhaber der höchsten Staatsämter, solange sie ihr Amt ausüben. Das Gesetz trat sofort in Kraft – gerade noch rechtzeitig, damit das letzte noch gegen Berlusconi anhängige Verfahren am 30. Juni eingestellt werden konnte. ■

J

Jäätteenmäki, Anneli, finn. Politikerin (Zentrumspartei), *Lapua 11.2. 1966. – Der knappe Wahlsieg der von ihr geführten bürgerlich-bäuerlich geprägten Zentrumspartei brachte die bisherige Oppositionsführerin als erste Frau in der Geschichte des Landes am 17. April ins Amt der Regierungschefin. Schon am 18. Juni musste sie es zugunsten ihres Parteifreundes Matti Vanhanen niederlegen. Sie zog damit die Konsequenz aus dem missbräuchl. Umgang mit vertraul. Regierungsunterlagen während des Wahlkampfes.

Die Juristin zog 1987 erstmals in den Reichstag ein und war 1994/95 Justizministerin. 2000 übernahm sie die Führung der Zentrumspartei.

Jallow, Hassan Bucaba, gamb. Jurist und Diplomat, * 14. 8. 1952 in Gambia. – Der Völkerrechtler löste am 15. Sept. die Schweizerin Carla del Ponte im Amt des Chefanklägers des Kriegsverbrechertribunals für Ruanda (ICTR) ab. Der UNO-Sicherheitsrat hatte zuvor entschieden, die Staatsanwaltschaften der für die Kriegsverbrechen im früheren Jugoslawien (ICTY) und den Genozid in Ruanda (1994) zuständigen Ad-hoc-Gerichtshöfe zu trennen.

J. studierte an den Univ. von Daressalam (Tansania), Lagos (Nigeria) und London. 1984–94 war er Generalstaatsanwalt und Justizmin. seines Landes. Er übernahm auch zahlreiche diplomat. Missionen im Ausland und vertrat Gambia zehn Jahre lang bei den Sitzungen der UNO-Menschenrechtskommission. Seit 1998 beriet er den UNO-GenSekr. Kofi Annan in Fragen im Rahmen der Kriegsverbrechertribunale.

Jamaika

Hauptstadt: Kingston
Einwohner: 2,6 Mio.
Einwohner/km²: 239
Staatsoberhaupt:
Elisabeth II.
Regierungschef:
P. J. Patterson
BIP/Einwohner:
2942 US-$

Zum zweiten Mal seit der Erringung seiner Unabhängigkeit 1962 verlor in J. eine regierende Partei die Mehrheit bei den Wahlen auf lokaler Ebene. Bei den am 19. Juni abgehaltenen Bezirkswahlen ging die oppositionelle Jamaica Labour Party (JLP) in elf von 14 Verwaltungsbezirken als Siegerin hervor. In den insgesamt 226 Wahlkreisen gelang es ihr, 126 Sitze zu erringen. Sie verwies damit die amtierende People's National Party (PNP) von Premiermin. Percival J. Patterson, die auf 101 Sitze kam, auf den zweiten Platz.

Der Wirtschaftssektor hatte weiterhin mit ernsten Schwierigkeiten zu kämpfen, die v. a. durch die exorbitante Schuldenlast der öffentl. Haushalte bedingt waren. Sie betrug Anfang des Jahres rd. 90% des BIP, während die Zinslast auf über 40% der staatl. Ausgaben anstieg. Wegen des Vertrauensverlustes bei internat. Investoren und der Abwertung der Landeswährung konnten auch keine weiteren Auslandskredite aufgenommen werden. ■

Japan

Hauptstadt: Tokio
Einwohner: 127,1 Mio.
Einwohner/km²: 349
Staatsoberhaupt:
Akihito
Regierungschef:
J. Koizumi
BIP/Einwohner:
31 343 US-$

Trotz der Nullzinspolitik der Zentralbank herrschte weiterhin Deflation: Die Durchschnittspreise san-

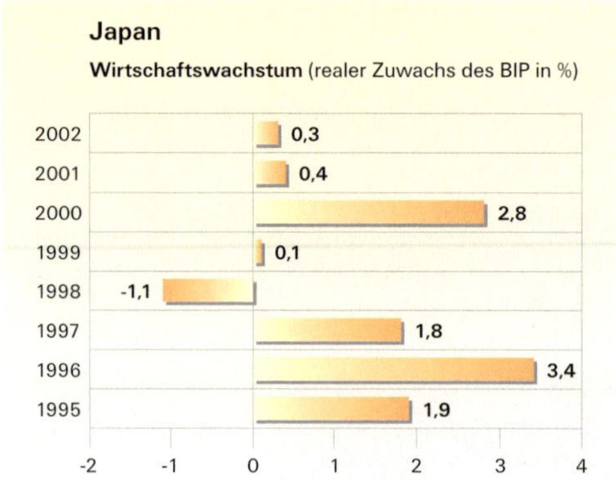

ken nach Angaben der OECD 2002 um 1,7 %, 2003 um 2,5 % (Prognose). Hauptursache der Wirtschaftsprobleme war die Konsumzurückhaltung der Verbraucher, die damit auf die beständig fallenden Produktpreise reagierten. Der IWF hielt eine Sanierung der Wirtschaft ohne Bereinigung der seit Jahren anhaltenden Bankenkrise für unmöglich. Dennoch rettete die Reg. im Mai 2003 die fünftgrößte Bankengruppe Resona mit einer Finanzspritze von rd. 15 Mrd.€ vor dem Zusammenbruch. Die Zentralbank unter ihrem neuen Gouv. TOSHIHIKO FUKUI kaufte seit Juli Kreditforderungen auf, um der Wirtschaft neue liquide Mittel zuzuführen.

Im Herbst zeichnete sich ab, dass die Wirtschaft wohl ihre Talsohle durchschritten hat. Dank steigender Exporte, v.a. nach China und in die USA, rechnete die OECD Anfang Dez. für 2003 mit einem Anstieg des BIP um 2,7 % (2002: 0,2 %)

Neuwahlen: Koizumi bestätigt

Im Sept. wurde MinPräs. JUNICHIRO KOIZUMI auf dem Parteitag seiner Liberaldemokrat. Partei (LDP) als Parteivors. bestätigt. Der 49-jährige populäre Politiker SHINZO ABE wurde neuer GenSekr. der LDP. Nachdem KOIZUMI bereits ein Jahr zuvor den parteilosen reformorientierten Wissenschaftler HEIZI TAKENAKA an die Spitze des Wirtschaftsministeriums berufen hatte, ernannte er im Sept. den gleichfalls als Reformer profilierten SADAKAZU TANIGAKI zum neuen Finanzminister. Polit. Beobachter werteten dies als weiteren Schritt zur Erneuerung der LDP und Rückdrängung der sog. Strukturkonservativen.

Bei den Unterhauswahlen am 9. Nov. verlor die dominierende LDP zwar ihre absolute Mehrheit, konnte sie aber wieder herstellen, als – frisch gewählt – drei unabhängige und vier Abgeordnete der Neuen Konservativen Partei zur LDP wechselten: So hat diese nun 244 der 480 Parlamentssitze inne. Ihr Koalitionspartner, die buddhist. Komeito, verbesserte sich um drei auf 34 Mandate. Die größte Oppositionspartei, die Demokrat. Partei unter ihrem neuen Vors. NAOTO KAN, legte um 40 auf 177 Sitze zu. Sozialisten und Kommunisten verzeichneten starke Stimmenrückgänge. KOIZUMI kündigte eine Fortsetzung seiner gemäßigten Reformpolitik mit unverändertem Kabinett an.

Skandale in der Atomwirtschaft

Nachdem im Herbst 2002 zahlreiche gezielt vertuschte Schäden an Kernkraftwerken und zahlreiche permanente Verstöße gegen Sicherheitsvorschriften aufgedeckt worden waren, musste Tepco, der größte Stromlieferant des Landes, auf öffentl. Druck bis Mitte April alle 17 von ihm betriebenen Atomkraftwerke vorläufig vom Netz nehmen. Im Jan. 2003 wurde die Wiederinbetriebnahme des einzigen Schnellen Brüters in J. aufgrund von Sicherheitsmängeln gerichtlich verboten. Im März wurden frühere Manager des Atomkraftwerks Tokai zu Gefängnisstrafen verurteilt, da sie nach Ansicht des Gerichts für den schweren Atomunfall 1999 mit verantwortlich waren.

Neue Gesetze und Aufgaben für das Militär

Im Juni und Juli verabschiedete das Parlament nach heftigem innenpolit. Streit ein Paket von Notstandsgesetzen, um die Verteidigungsbereitschaft im Fall terrorist. Angriffe oder bei Ausbruch eines Krieges zu verstärken sowie die Entsendung von Soldaten ins Ausland zu regeln. Aufgrund seiner pazifist. Verfassung besitzt J. offiziell keine Armee, sondern nur Selbstverteidigungskräfte, die außer bei einem Angriff auf das eigene Territorium an keinerlei Kampfhandlungen teilnehmen dürfen. Die Gesetze

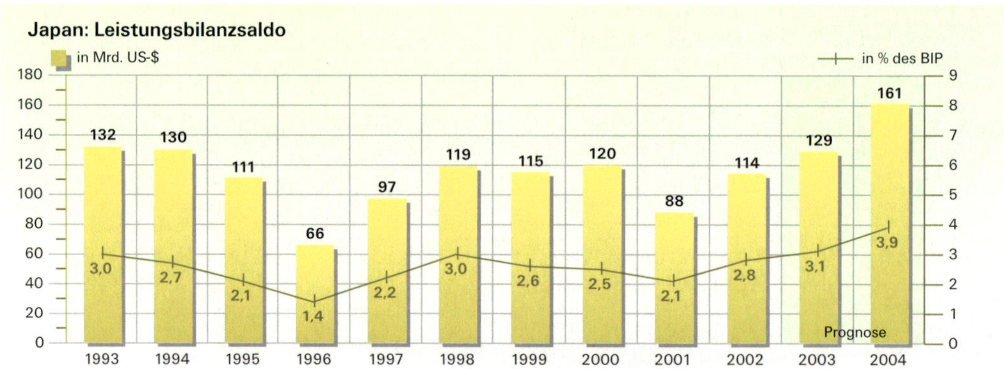

ermöglichen es nun dem Regierungschef, die Streitkräfte im Krisenfall ohne Zustimmung des Parlaments einzusetzen und Grundrechte der Bevölkerung zugunsten der Bewegungsfreiheit der Soldaten einzuschränken. Nichtkämpfende Soldaten, die zivilen Aufgaben dienen und nur zur Selbstverteidigung berechtigt sind, dürfen auch ins Ausland entsandt werden. Schon nach den Terroranschlägen vom 11. 9. 2001 in den USA hatte MinPräs. KOIZUMI mit einem Sondergesetz erreicht, dass sich J. mit Versorgungsschiffen der Marine indirekt an der Bekämpfung des Taleban-Regimes in Afghanistan beteiligen konnte.
Die Reg. unterstützte den Irakkrieg der USA, befand sich damit aber im Widerspruch zur Bevölkerung, die Meinungsumfragen zufolge das amerikan. Vorgehen mit großer Mehrheit ablehnte und dies auch durch Demonstrationen bekundete. Auf der Geberkonferenz für Besatzung und Wiederaufbau im Irak am 23./24. Okt. versprach J. das größte Hilfspaket im Umfang von 5 Mrd. US-$. Ungeachtet eines tödl. Angriffs auf zwei japan. Diplomaten im irak. Tikrit Ende Nov., beschloss die Reg. am 9. Dez. aufgrund der neuen Gesetzeslage, 1 000 Soldaten für zivile Aufgaben in den Irak zu entsenden, legte einen genauen Zeitpunkt dafür jedoch nicht fest.

Spannungen mit Nord-Korea

Nach einem Mittelstreckenraketen-Test Nord-Koreas entsandte J. im März ein Kriegsschiff in die Gewässer vor der korean. Halbinsel, um mögl. weitere Raketenstarts zu beobachten. Ende März wurden zwei japan. Spionagesatelliten ins All geschossen, um unabhängig von den USA eigene Erkenntnisse über Nord-Korea zu sammeln. Formell wurde damit eine Parlamentsresolution verletzt, die für die Raumfahrt nur zivile Zwecke gestattet. Hintergrund der Maßnahmen ist die Verunsicherung der japan. Öffentlichkeit über das Atomprogramm Nord-Koreas, das 1998 eine Langstreckenrakete über J. hinweggeschossen hatte. ■

Jemen

Hauptstadt: Sanaa
Einwohner: 18,6 Mio.
Einwohner/km²: 34
Staatsoberhaupt: A. A. Saleh
Regierungschef: A. K. Bajamal
BIP/Einwohner: 437 US-$

Bei den Parlamentswahlen vom 27. April errang der regierende Allg. Volkskongress (GPC) mit 238 von 301 Sitzen erneut die absolute Mehrheit. Das Oppositionsbündnis unter Führung der Islam. Reformpartei al-Islah erhielt 46 Sitze (zuvor 62 Mandate).
Seit Ende 2001 auf eine Sicherheitszusammenarbeit mit den USA verpflichtet, ging die Reg. von Präs. ALI ABDALLAH SALEH verschärft gegen radikale Islamisten vor und legte im Jan. 2003 neue Antiterrorgesetze vor. Im selben Monat vereinbarten die Außenmin. J.s, Äthiopiens und Sudans eine ›Allianz gegen den Terror‹. Ein islamist. Attentäter, der am 30.12. 2002 drei Mitarbeiter eines von amerikan. Baptisten geführten Krankenhauses in Dschibla erschossen hatte, wurde im Mai 2003 zum Tode verurteilt. Am 25. Nov. wurde der mutmaßl. Drahtzieher der Anschläge auf das amerikan. Kriegsschiff ›USS Cole‹ (2001) und den frz. Öltanker ›Limbourg‹ (2002), MOHAMMAD HAMDI EL AHDAL, in seinem Versteck westlich von Sanaa festgenommen; der 32-Jährige soll zur Führung des Terrornetzwerks → al-Qaida in J. gehören.

■ Eine von den USA ausgebildete Antiterrortruppe am 25. September in Sanaa

Das ärmste Land auf der arab. Halbinsel bleibt auf internat. Hilfe angewiesen, nachdem das BIP drei Jahre in Folge gesunken ist und nur noch 437 US-$ pro Ew. beträgt. ■

Job-Center, → Arbeitsvermittlung.

Jones, James L., amerikan. General, * Kansas City (Missouri) 19.12. 1943. – Der Viersternegeneral übernahm am 17. Jan. als 14. Supreme Allied Commander Europe (SACEUR) den Oberbefehl über die NATO-Streitkräfte in Europa. Der Nachfolger von JOSEPH W. RALSTON ist auf diesem Posten der erste Offizier des Marinekorps, der kleinsten Teilstreitkraft der US-Armee.
J. wuchs in Frankreich auf, studierte an der Georgetown-Univ. in Washington D.C. und kämpfte nach seinem Examen (1967) im Vietnamkrieg. Weitere Auslandseinsätze führten ihn nach Japan, in den Irak, die Türkei, nach Deutschland sowie Bosnien und Herzegowina. 1999 wurde er zum General befördert und erhielt das Kommando über die amerikan. Marineinfanterie.

Jones, Norah, amerikan. Musikerin (Gesang, Klavier), * New York 30. 3. 1979. – Die Tochter des Sitarvirtuosen RAVI SHANKAR war am 23. Febr. die große Siegerin bei der Verleihung der amerikan. Schallplattenpreise und wurde gleich achtmal ausgezeichnet. Sie erhielt u. a. einen Grammy als

Roy Jones (links) trifft den Kopf seines Gegners Antonio Tarver. Jones gewinnt den Kampf am 8. November und holt sich damit den WM-Titel des WBC im Schwergewicht zurück

Newcomerin des Jahres, die von JESSE HARRIS geschriebene Ballade ›Don't Know Why‹ wurde als bester Song gekürt, und ihr Debütalbum ›Come Away With Me‹ (2002) erhielt den Preis als bestes Album des Jahres.
J. mischt in ihrer Musik Pop und Jazz, lässt aber auch Einflüsse von Country und Soul hören. Bereits während ihrer High-School-Zeit in Texas als Jazzsängerin prämiert, studierte sie 1997–99 Jazzklavier an der University of North Texas und tingelte anschließend durch New Yorker Jazz Clubs. Mit JESSE HARRIS (Gitarre), LEE ALEXANDER (Bass) und DAN RIESER (Schlagzeug) gründete sie eine eigene Funk-Fusion-Band.

Jones, Roy, amerikan. Boxer, * Pensacola (Florida) 16.1. 1969. – Durch einen Punktsieg gegen seinen um 15 kg schwereren Landsmann JOHN RUIZ sicherte sich J. am 1. März in Las Vegas (USA) den Schwergewichts-Weltmeistergürtel des Boxverbandes WBA (World Boxing Association). Nach dem ebenfalls aus den USA stammenden MICHAEL SPINKS (1985) ist er der Zweite, der als Halbschwergewichtler auch den Titel im Schwergewicht erringen konnte und sich als ›Weltmeister aller Klassen‹ bezeichnen kann.
Seine ersten Weltmeistertitel gewann J. 1993 im Mittelgewicht und 1994 im Supermittelgewicht. Von 1996 bis 1999 eroberte der in 48 Kämpfen nur einmal besiegte Boxer im Halbschwergewicht die Gürtel der Verbände WBC (World Boxing Council), WBA und IBF (International Boxing Federation).

Jordanien

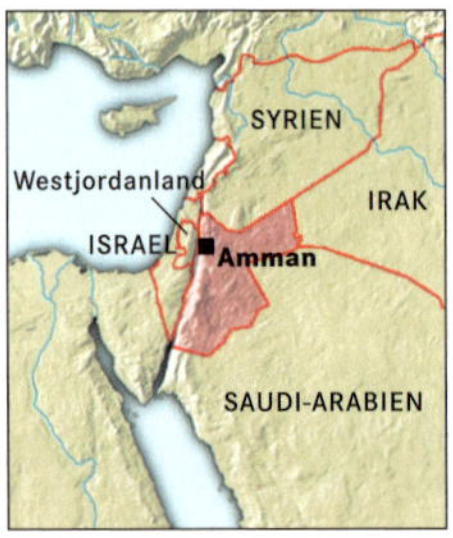

Hauptstadt: Amman
Einwohner: 5,2 Mio.
Einwohner/km²: 57
Staatsoberhaupt: Abdullah II.
Regierungschef: F. al-Fayez (seit 25.10. 2003)
BIP/Einwohner: 1746 US-$

Wie schon der 2. Golfkrieg 1991 zwang auch der → Irakkrieg das Herrscherhaus zu einem Balanceakt zw. der außenpolit. Bindung an den Westen und innenpolit. Rücksichtnahme auf die mehrheitlich palästinens. Bevölkerung. Um das Fehlen des Handels mit dem Irak (rd. 20 % des Außenhandels) und den Ausfall der verbilligten Rohstofflieferungen aus dem Nachbarland auszugleichen, gewährte die US-Reg. J. im April weitere 700 Mio. US-$ Wirtschafts- sowie 400 Mio. US-$ Militärhilfe; 430 Mio. US-$ waren bereits für 2003 bewilligt. Die EU und Japan sagten jeweils 100 Mio. US-$ zu.

Proteste gegen amerikanische Präsenz

Obwohl König ABDULLAH II. am 22. März die Militärintervention im Irak verurteilte, kam es zu Kriegsbeginn in der Hauptstadt Amman und in den palästinens. Flüchtlingslagern zu Demonstrationen gegen die Stationierung amerikan. Soldaten. J. war Übungs- und Aufmarschgebiet; vom Luftwaffenstützpunkt Ruweischah aus wurden Angriffe auf den Irak geflogen. Am 7. Aug. war die jordan. Botschaft in Bagdad Ziel eines Selbstmordanschlags, der elf Todesopfer und über 50 Verletzte forderte.

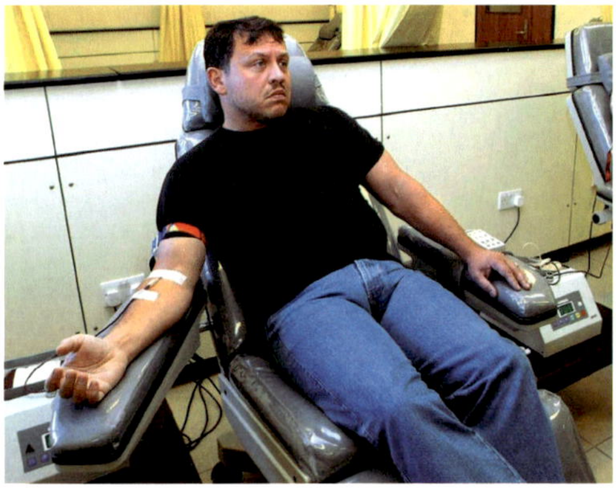

Der jordanische König Abdullah II. spendet am 12. April in der Hauptstadt Amman Blut für die Opfer des Irakkriegs

Parlamentswahlen

Am 17. Juni fanden die mehrfach verschobenen Wahlen zum Unterhaus statt. König ABDULLAH hatte die Volksvertretung im Juli 2001 aufgelöst. Eine Änderung des Wahlgesetzes, u.a. mit einer Ausweitung der Anzahl der Sitze von 80 auf 110 und einer Neueinteilung der Wahlkreise, begünstigte die Kandidaten der königstreuen Beduinenstämme. Sie errangen die absolute Mehrheit (62 Sitze), die Islam. Aktionsfront (IAF) kam auf 18 Mandate. Nach dem Rücktritt von MinPräs. ALI ABU AL-RAGHEB, dem Korruption vorgeworfen wird, ernannte der König am 25. Okt. ein neues Kabinett, dem erstmals drei Frauen angehören. Neuer Regierungschef wurde FAISAL AL-FAYEZ. ■

Jugoslawien, → Serbien und Montenegro.

K

Kadyrow, Achmed, tschetschen. Politiker, *Kasachstan 23.8. 1951. – Der Leiter der proruss. Verw. von → Tschetschenien wurde am 5. Okt. zum Präs. der Kaukasusrep. gewählt. K. verlangte für sein Land keinen polit. Sonderstatus innerhalb Russlands, sondern nur wirtschaftl. Autonomie und die Verfügung über den Großteil der Einnahmen aus der Erdölförderung.
1989 gründete K. in Grosnyj das erste Islam. Inst. im Nordkaukasus. 1997 zum geistl. Oberhaupt aller Tschetschenen ernannt, rief er seine Landsleute zum ›Heiligen Krieg‹ gegen die russ. Besatzer auf, überwarf sich jedoch mit dem 1997 gewählten, damaligen Präs. ASLAN MASCHADOW, der sich in den Untergrund zurückgezogen hat. Im zweiten Tschetschenienkrieg (ab 1999) wandelte sich K. vom erbitterten Gegner zur ›Marionette‹ Moskaus.
Bei der eigenen Bevölkerung war K. sehr unpopulär. Seine Leibgarde agierte genauso brutal wie die Banden der selbst ernannten Feldkommandeure und die russ. Besatzungstruppen. Am 14. Mai entging K. nur knapp einem Selbstmordanschlag zweier Frauen, dem 14 Menschen zum Opfer fielen.

Kagame, Paul, ruand. Politiker (Ruand. Patriot. Front, FPR), *um 1957 im südl. Ruanda. – Nach neun Jahren straffer Herrschaft wurde K. bei der ersten demokrat. Wahl seit der Unabhängigkeit 1962 am 25. Aug. mit 95 % der Stimmen als Präs. bestätigt. Am 13. Sept. folgte seine Vereidigung für weitere sieben Jahre.
K. gehört zur ethn. Minderheit der Tutsi, die lange die traditionelle Herrschaftselite des Landes stellte. Er wuchs als Bürgerkriegsflüchtling in Uganda auf, studierte in Kampala und kämpfte in der Guerillabewegung des späteren ugand. Präs. YOWERI MUSEVINI gegen die ugand. Diktatoren IDI AMIN und MILTON OBOTE. 1987 schloss er sich der FPR an und organisierte die Ruand. Volksarmee, die in Uganda Exil-Tutsi rekrutierte. Mit ihr marschierte er 1994 in Ruanda ein und setzte dem Völkermord ein Ende, dem bis zu 1 Mio. Menschen zum Opfer gefallen waren.
Zunächst übte er – auf Versöhnung der verfeindeten Volksgruppen bedacht – die Macht aus dem Hintergrund aus, 2000 wählte das Parlament in Kigali den bisherigen Vizepräs. und Verteidigungsmin. zum Präsidenten. Er trat die Nachfolge von PASTEUR BIZIMUNGU an.

Kälterekord: Wissenschaftlern des Massachusetts Institute of Technology (MIT) in Cambridge (USA) ist es, wie sie im Sept. berichteten, gelungen, den K. bei der künstl. Abkühlung von Materie zu brechen. Sie unterboten den bisherigen K. um zwei Milliardstel Grad und kühlten Natriumgas auf 500 Pikokelvin ab, also auf ein halbes Milliardstel Grad über dem absoluten Nullpunkt (-273,15 °C).
Die Atome stark abgekühlter Gase haben alle dasselbe niedrige Energieniveau und verhalten sich dadurch wie ein einziges ›Superatom‹. Solche Gase werden u. a. für Präzisionsmessgeräte wie Atomuhren verwendet.

Kambodscha

Hauptstadt: Phnom Penh
Einwohner: 12,5 Mio.
Einwohner/km²: 69
Staatsoberhaupt: N. Sihanouk
Regierungschef: Hun Sen
BIP/Einwohner: 272 US-$

Provoziert durch diffamierende Falschmeldungen, deren Quelle unklar blieb, kam es im Jan. in der Hauptstadt zu pogromartigen Ausschreitungen gegen ansässige Thailänder und ihre Einrichtungen. Nach heftigen Reaktionen der thailänd. Reg. entschuldigte sich die Reg. für die Vorfälle.
Die Reg. und die UNO einigten sich am 17. März nach mehr als fünfjährigen Verhandlungen auf die Einrichtung eines ›internat. gestützten Sondergerichts‹ zur strafrechtl. Aufarbeitung des von den Roten Khmer begangenen Völkermords in den 1970er-Jahren. Die abschließende Billigung des Kompromisses, in dem sich die kambodschan. Seite weitgehend durchsetzen konnte, bleibt noch dem Parlament und der UNO-Vollversammlung vorbehalten.
Bei den Parlamentswahlen am 27. Juli errang die postkommunist. Kambodschan. Volkspartei (CCP) 73 der insgesamt 123 Mandate. Der bisherige Koalitionspartner, die royalist. Funcinpec, gewann 24, die oppositionelle SRP 26 Mandate. Beide erklärten zunächst, nicht mit der Regierungspartei koalieren zu wollen. Da die Verfassung nicht vorschreibt, in welchem Zeitraum eine neue Reg. gebildet werden muss, blieb die alte Koalitionsreg. weiterhin im Amt. Auch ein Drei-Parteien-Gespräch am 5. Nov. blieb ohne Ergebnis.
Die WTO-Konferenz in Cancún (Mexiko) nahm am 14. Sept. K. als 147. Mitgl. der Welthandelsorganisation auf. ■

■ Zerstörtes Gebäude einer thailändischen Firma in Phnom Penh nach den heftigen Ausschreitungen gegen Thailänder im Januar

Kamerun

Hauptstadt: Yaoundé
Einwohner: 15,5 Mio.
Einwohner/km²: 33
Staatsoberhaupt:
P. Biya
Regierungschef:
P. Mafany Musonge
BIP/Einwohner:
558 US-$

Der Streit zw. K. und Nigeria um die erdölreiche Halbinsel Bakassi hielt an. Im Okt. 2002 hatte der Internat. Gerichtshof entschieden, dass K. die Souveränität über die Insel erhalten solle. Nigeria, dessen Militär nach krieger. Auseinandersetzungen mit K. nun Bakassi kontrolliert, wies das Urteil zurück. Der nigerian. Präs. OLUSEGUN OBASANJO erklärte nach Gesprächen in K. im Aug. 2003, sein Land werde die Halbinsel mind. für die nächsten drei Jahre besetzt halten. ■

Kanada

Hauptstadt: Ottawa
Einwohner: 31,4 Mio.
Einwohner/km²: 3
Staatsoberhaupt:
Elisabeth II.
Regierungschef:
P. Martin
(seit 12.12. 2003)
BIP/Einwohner:
23 205 US-$

Günstige Wirtschafts- und Finanzdaten

Nachdem K. in den vergangenen zwei Jahren dem globalen ökonom. Abschwung erfolgreicher als sein Nachbar USA widerstanden hatte, erwies sich die Wirtschaft auch 2003 robust; dabei profitierte das Land von der Belebung der amerikan. Wirtschaft in der zweiten Jahreshälfte. Insgesamt wird ein Wirtschaftswachstum von 2,2–3,2 % erwartet. Die Inflationsrate blieb relativ niedrig (Jahresprognose: 2,8 %), der kanad. Dollar erlebte einen Höhenflug, und der Außenhandelsüberschuss nahm weiter zu. Von Ende 2001 bis Mai 2003 entstanden rd. 600 000 neue Arbeitsplätze; die Beschäftigungsquote erreichte erstmals seit 20 Jahren das Niveau der USA. Finanzmin. JOHN MANLEY gelang es zum sechsten Mal in Folge, einen ausgeglichenen Haushalt vorzulegen und die Schuldenlast in Höhe von 507,7 Mrd. CAN-$ auf rd. 40 % des BIP zu senken. Das im Febr. vorgelegte Budget sah neben einer Erhöhung der Verteidigungs- und Entwicklungshilfeausgaben Mehrausgaben u.a. im Umweltschutz, bei der Infrastruktur sowie in der Bildungs-, Sozial- und Gesundheitspolitik vor.

Hart getroffen wurde K. jedoch durch die monatelange Krise um die Lungenkrankheit → SARS in seiner Metropole Toronto. Auf einen BSE-Fall im Mai in Alberta reagierten 34 Staaten mit Einfuhrsperren; die USA als Hauptabnehmer kanad. Rindfleischs lockerten ihr Einfuhrverbot erst wieder im September.

Politischer Führungswechsel

Die Liberalen bereiteten sich auf das Ausscheiden von Premiermin. JEAN CHRÉTIEN nach dessen zehnjähriger Amtszeit vor; sein Nachfolger wurde am 12. Dez. der ehem. Finanzmin. PAUL MARTIN, der schon im Nov. mit großer Mehrheit zum neuen Vors. der Liberalen gewählt worden war. Mit JACK LAYTON und PETER MACKAY hatten im Jan. und Juli auch Sozialdemokraten (NDP) und Konservative neue Parteiführer bestimmt. Im mehrheitlich französischsprachigen Québec wurde im April nach neun Jahren die separatist. Reg. des Parti québécois abgewählt; die Prov. wird nun regiert von JEAN CHAREST, einem ehem. Min. der konservativen Bundesreg. unter BRIAN MULRONEY. CHAREST unternahm erste Schritte zur Entspannung der Beziehungen zw. Québec, Ottawa und den englischsprachigen Provinzen.

Streit mit den USA

K.s Verhältnis zu den USA war 2003 gespannt. Premiermin. CHRÉTIEN weigerte sich im Einklang mit

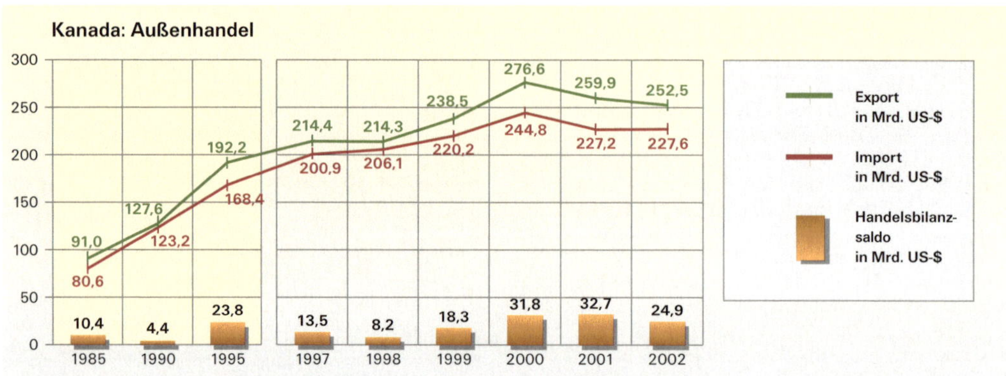

der Bevölkerungsmehrheit, ohne UNO-Mandat und völkerrechtl. Absicherung an Invasion und Besetzung des Irak durch die USA und Großbritannien teilzunehmen, versprach jedoch Wiederaufbauhilfe. Die von den USA geplante Verschärfung der Sicherheitsmaßnahmen an der Grenze zu K., die den bilateralen Handel zu behindern drohten, sowie amerikan. Strafzölle auf kanad. Weizen- und Holzexporte führten zu weiteren Konflikten. Ein Schlichtungsausschuss der Nordamerikan. Freihandelszone (NAFTA) erklärte im Aug. die kanad. Subventionen für Holzproduzenten für unzulässig, hielt jedoch die Strafzölle der USA für zu hoch. ■

Kap Verde

Hauptstadt: Praia
Einwohner: 458 000
Einwohner/ km^2: 111
Staatsoberhaupt:
P. Pires
Regierungschef:
J. M. Neves
BIP/Einwohner:
1407 US-$

Kasachstan

Hauptstadt: Astana
Einwohner: 14,8 Mio.
Einwohner/ km^2: 6
Staatsoberhaupt:
N. Nasarbajew
Regierungschef:
D. Achmetow
(seit 13. 6. 2003)
BIP/Einwohner:
1647 US-$

Nach monatelangen Streitigkeiten, die auch zur Ablösung von MinPräs. Imangali Tasmagambetow durch Danial Achmetow geführt hatten, billigte das Parlament im Juni ein Landreformgesetz, das erstmals Privateigentum an Grund und Boden zulässt. Örtl. Wahlen im Sept., bei denen es nach Angaben internat. Beobachter zahlreiche Unregelmäßigkeiten gab, gewann die Vaterlandspartei (Otan) von Präs. Nursultan Nasarbajew.
Die EU kritisierte die Verfolgung von Oppositionspolitikern und Menschenrechtsaktivisten. Aufsehen erregte der Fall des Journalisten Sergej Duwanow, der Korruptionsfälle in der Präsidentenfamilie aufgedeckt hatte und im Jan. wegen angebl. Vergewaltigung zu dreieinhalb Jahren Gefängnis verurteilt wurde. Der zu sechs Jahren Haft verurteilte Oppositionspolitiker Muchtar Ablijasow wurde im Mai begnadigt. Polit. Parteien mussten sich 2003 neu registrieren lassen und dabei anhand von Mitgliederlisten nachweisen, dass sie in allen Landesteilen vertreten sind.
Außenpolit. setzte K. die enge Zusammenarbeit mit Russland und China fort. Im Febr. vereinbarten Nasarbajew und der russ. Präs. Wladimir Putin in Moskau für K. den Bau eines gemeinsamen Atomkraftwerks. Der Ende des Jahres 2002 in Peking geschlossene chin.-kasach. Freundschaftsvertrag wurde im Juni bei einem Besuch des neuen chin. Präs. Hu Jintao in K. durch einen Fünfjahresvertrag über wirtschaftl. und polit. Zusammenarbeit ergänzt. Den Irakkrieg lehnte K. ab, erklärte aber seine Bereitschaft, an der Minenräumung mitzuwirken. Mit dem Nachbarstaat Kirgistan wurde im Sept. ein Abkommen zur endgültigen Regelung der Grenzfragen geschlossen.
K. erzielte im Vorjahr ein Wirtschaftswachstum von 9,5 %, was v. a. der Erdöl-, Chemie- und Textilindustrie zu verdanken war. Für 2003 rechnet die Reg. mit einer Zunahme zw. 6 % und 7 %. Das größte zentralasiat. Land erwartet einen Wirtschaftsboom, wenn 2005 die Ausbeutung der Kaschagan-Erdölvorkommen am Kasp. Meer beginnt und eine neue Pipeline durch Aserbaidschan und Georgien an das türk. Mittelmeer in Betrieb genommen wird. Experten schätzen, dass K. 2015 Saudi-Arabien als größten Erdölproduzenten der Welt ablösen wird. ■

Katar

Hauptstadt: Doha
Einwohner: 610 000
Einwohner/ km^2: 54
Staatsoberhaupt:
Hamad ibn Chalifa ath-Thani
Regierungschef:
Abdullah ibn Chalifa ath-Thani
BIP/Einwohner:
28254 US-$

Dem Emirat kam eine zentrale Rolle im Irakkrieg zu. Entgegen früheren Erklärungen hatte die Staatsführung im Dez. 2002 einen Vertrag mit den USA über eine erweiterte Nutzung der militär. Einrichtungen des Landes geschlossen. Das Zentralkommando der US-Streitkräfte für den Nahen und Mittleren Osten (CENTCOM) wurde aus Florida auf die Basis al-Sailijah verlegt, der Luftwaffenstützpunkt al-Udaid mit Finanzhilfe der USA aufwendig ausgebaut. Nach dem Sieg über den Irak beschlossen die USA weitere Investitionen in die militär. Infrastruktur in Katar.
Ein am 29. 4. 2003 mit rd. 90 % angenommenes Verfassungsreferendum gibt Frauen das Wahlrecht und schafft ein Parlament mit 45 Vertretern, von denen zwei Drittel durch das Volk gewählt werden. Erbmonarchie und islam. Sittengesetz (Scharia) bleiben erhalten. Am 5. Aug. benannte Emir Hamad ibn Chalifa ath-Thani seinen jüngsten Sohn, den 24-jährigen Tamim ibn Hamad ath-Thani, zum Thronfolger, nachdem der bisherige Kronprinz Jassim sich für die konservative Opposition eingesetzt hatte. ■

KATASTROPHEN UND UNGLÜCKSFÄLLE

1. Februar. Die amerikan. Raumfähre ›Columbia‹ stürzt nach dem Wiedereintritt in die Atmosphäre ab und verglüht teilweise. Keiner der sieben Astronauten überlebt.
18. Februar. In der südkorean. Stadt Daegu wirft ein geistig verwirrter Mann einen Brandsatz in einen U-Bahn-Wagen und löst eine Explosion aus. Im anschließenden Feuer sterben 125 Menschen.
20. Februar. Nach einem Feuerwerk, das während eines Rockkonzerts auf der Bühne gezündet wurde, bricht in einer Diskothek in West Warwick im amerikan. Bundesstaat Rhode Island ein Brand aus, bei dem 98 Menschen getötet werden.
6. März. Beim schwersten Flugzeugunglück in der Geschichte Algeriens kommen 102 Menschen ums Leben, unter ihnen 96 Passagiere und sechs Besatzungsmitglieder.
8. Mai. Auf einem unbeschrankten Bahnübergang bei Siófok am Plattensee in Ungarn wird ein Reisebus mit dt. Urlaubern von einem Schnellzug erfasst. Der Busfahrer und 33 Insassen sterben.
9. Mai. In der Demokrat. Rep. Kongo werden etwa 250 Passagiere aus einem Flugzeug gerissen und stürzen in den Tod. Das Frachtflugzeug des Typs Iljuschin 76 mit 300 Menschen an Bord war auf dem Flug von Kinshasa nach Lubumbashi, als sich in 2 200 m Höhe die Frachtklappe am Heck öffnete.
21. Mai. Der Norden Algeriens wird vom schwersten Erdbeben seit mehr als zwei Jahrzehnten erschüttert. Das Beben der Stärke 6,7 zerstört in Algier und dem östlich davon gelegenen Bezirk Boumerdes zahlreiche Gebäude. Mehr als 2250 Menschen sterben, etwa 10 000 werden verletzt.

Ein Rettungshelfer sucht nach dem verheerenden Erdbeben im Norden Algeriens am 23. Mai in den Trümmern eines eingestürzten Hauses in Boumerdes nach Überlebenden

8. Juni. In Deutschland fordern heftige Gewitterstürme sechs Todesopfer. Weitere sechs Menschen sterben bei Unfällen infolge starker Regenfälle.
22. August. Drei Tage vor dem geplanten Start explodiert auf der brasilian. Abschussbasis Alcantara eine Rakete, nachdem eines der Triebwerke Feuer gefangen hatte. Dabei werden 21 Menschen getötet.
13. September. Mit Windgeschwindigkeiten von über 210 km/h fegt der Taifun ›Maemi‹ über den Süden und Osten Süd-Koreas hinweg. Mehr als 120 Menschen werden getötet, 1,4 Mio. Haushalte sind zeitweise ohne Strom.

Das plötzliche Hochwasser des Flusses Bahorok auf der indonesischen Insel Sumatra hinterlässt am 2. November schwere Verwüstungen

18. September. Durch den Hurrikan ›Isabel‹ kommen an der Ostküste der USA mehr als 30 Menschen ums Leben. Mind. vier Mio. Haushalte sind tagelang ohne Strom.
15. Oktober. Im Hafen von Staten Island im New Yorker Bezirk Richmond prallt eine Fähre in voller Fahrt gegen eine Kaimauer. Zehn Passagiere werden getötet, mehr als 40 zum Teil schwer verletzt.
2. November. Nach heftigen Regenfällen tritt der Fluss Bahorok im Norden der indones. Insel Sumatra über die Ufer und reißt über 400 Häuser mit sich. Die Behörden rechnen mit fast 220 Toten.
24. November. Bei einem Brand in einem Studentenwohnheim der Moskauer Universität für Völkerfreundschaft werden 38 Menschen getötet und etwa 170 verletzt. Die meisten Brandopfer sind ausländ. Studenten aus Asien und Afrika.
25. November. Bei einem Fährunglück auf dem Mai-Ndombe-See rd. 400 km nordöstlich von Kinshasa kommen mehr als 160 Menschen ums Leben. Die mit rd. 400 Menschen stark überladene Fähre war bei einem Gewitter gekentert.
20. Dezember. Nach tagelangen Regenfällen kommen bei Erdrutschen und Überschwemmungen auf den Philippinen mehr als 300 Menschen um.
23. Dezember. Durch einen Ausbruch giftiger Gase bei Bohrungen in einem Erdgasfeld in Südwestchina werden 191 Menschen getötet, mehr als 10 000 müssen ärztlich behandelt werden.
26. Dezember. In der iran. Provinz Kerman fordert ein Erdbeben rd. 30 000 Menschenleben, mehr als 30 000 Personen werden verletzt. Am schwersten betroffen von dem Beben der Stärke 6,6 ist die Stadt Bam rd. 1 000 km südöstlich von Teheran.

katholische Kirche: Am 5. Okt. sprach Papst JOHANNES PAUL II. den 1837 in Goch geb. ARNOLD JANSSEN († 1909) heilig. Der Gründer der Steyler Missionare ist der erste Deutsche seit dem II. Vatikan. Konzil, der in den Stand der Heiligkeit erhoben wurde. Nur sechs Jahre nach ihrem Tod wurde → Mutter Teresa von Kalkutta die Seligsprechung zuteil, die aus Sicht der Kirche ein »heldenhaftes Leben« im Sinne Christi bestätigt. Der feierl. Zeremonie, die der Papst anlässlich seines 25. Pontifikatsjubiläums vornahm, wohnten mehr als 230 000 Menschen bei. Insgesamt sprach JOHANNES PAUL II. bisher 1322 Personen selig und zelebrierte 474 Heiligsprechungen.
Am 31. Juli veröffentlichte die Kongregation für die Glaubenslehre unter der Leitung von Kardinal JOSEPH RATZINGER mit ausdrückl. Zustimmung des Papstes ein offizielles Dokument mit dem Titel ›Erwägungen zu den Entwürfen einer rechtl. Anerkennung der Lebensgemeinschaften zw. homosexuellen

Schwestern und Waisenkinder verfolgen am 19. Oktober im Ordenshaus in Kalkutta die Seligsprechung von Mutter Teresa im Fernsehen

Personen‹. Mit diesem Schreiben ruft der Vatikan weltweit die Bischöfe und kath. Politiker zum Widerstand gegen homosexuelle Lebensgemeinschaften und deren rechtl. Anerkennung auf: »Die Ehe ist heilig, während die homosexuellen Beziehungen gegen das natürl. Sittengesetz verstoßen.« Die Dt. Bischofskonferenz begrüßte das Papier, fügte aber hinzu, dass Homosexuelle nicht diskriminiert werden dürften.
Im Vorfeld des ersten ökumen. Kirchentages, der Ende Mai in Berlin stattfand, veröffentlichte JOHANNES PAUL II. am Gründonnerstag die Enzyklika ›Ecclesia de Eucharistia‹, in der er ein gemeinsames Abendmahl von Katholiken und Protestanten wegen der fehlenden Kirchengemeinschaft ausschloss (→ Ökumene). Neue Einsichten über die Rolle, welche die k. K. gegenüber dem Nationalsozialismus spielte, erhofft sie sich von der vorzeitigen Freigabe der betreffenden Akten (→ Vatikanstadt).
Vehement sprach sich die Kirche für Frieden im Irak und gegen einen krieger. Alleingang der USA aus. Innerhalb der k. K. bestand Einigkeit darüber, dass militär. Gewalt nur mit einem Mandat der Vereinten Nationen angewendet werden dürfe. Kardinal KARL LEHMANN, Vors. der Dt. Bischofskonferenz, bezeichnete gemeinsam mit dem Vors. des Rates der Ev. Kirche in Deutschland, Präses MANFRED KOCK, sowie dem Vors. der Arbeitsgemeinschaft Christl. Kirchen, Bischof WALTER KLAIBER, den Irakkrieg »als Ausdruck des Scheiterns der Politik«. Gemeinsam riefen die Kirchenvertreter dazu auf, dem Krieg unter Ausschöpfung aller polit. Mittel »ein rasches Ende zu bereiten«.
Im Rahmen eines Festaktes in der Landesmedienanstalt München verlieh die Dt. Bischofskonferenz am 8. Okt. erstmals den mit insgesamt 10 000 € dotierten kath. Medienpreis. Ausgezeichnet wurden in den Kategorien Print und Elektronik drei Journalisten, die in ihren Beiträgen »Menschen in ihrer wahren Größe«, eben ›stille Helden‹ und keine hochstilisierten ›Superstars‹, in beispielhafter Weise dargestellt haben.

Kaul, Hans-Peter, Jurist und Diplomat, * Glashütte 25. 7. 1943. – Die niederländ. Königin BEATRIX vereidigte K. am 11. März als einen der 18 Richter des → Internat. Strafgerichtshofs (ICC).
Der gebürtige Sachse studierte Internat. Recht und Völkerrecht in Heidelberg, Wien, Cambridge, Den Haag und Paris. Nach seinem zweiten jurist. Staatsexamen, das er 1975 in Heidelberg ablegte, ging K. in den diplomat. Dienst und war u. a. als Konsul und Presseattaché an den dt. Vertretungen in Oslo, Tel Aviv, Washington sowie bei der UNO in New York tätig. Als Direktor des Referats Völkerrecht im Auswärtigen Amt (seit 1996) leitete er 1998 die dt. Delegation bei der Gründungskonferenz des ICC in Rom und war anschließend Beauftragter der Bundesreg. für den Strafgerichtshof, seit 2002 im Rang eines Botschafters.

Kelly-Affäre, polit. Krise in Großbritannien im Zusammenhang mit dem → Irakkrieg, ausgelöst durch den vermutl. Freitod des Regierungsberaters DAVID KELLY am 17. Juli. Der Mikrobiologe und ehem. Waffeninspekteur der UNO war als wiss. Berater des Verteidigungsministeriums tätig gewesen. Nach einem Treffen KELLYS mit dem BBC-Reporter ANDREW GILLIGAN warf dieser der Reg. Ende Mai mit Verweis auf eine glaubwürdige geheime Quelle vor, sie habe in ihrem Dossier die Bedrohung durch irak. Massenvernichtungswaffen bewusst übertrieben, um die Öffentlichkeit für einen Krieg gegen den Irak zu gewinnen. Am 18. Juli, wenige Tage nachdem KELLY von mehreren Zeitungen als Quelle des Berichts genannt worden war, wurde er tot in einem Wald in Oxfordshire aufgefunden.
Premiermin. TONY BLAIR beauftragte Lordrichter BRIAN HUTTON mit der Untersuchung der genauen Todesumstände. BLAIRS enger Berater und Regierungssprecher ALASTAIR CAMPBELL, dem in Zusammenhang mit der K.-A. eine dubiose Informationspolitik vorgeworfen wurde, legte Ende Aug. sein Amt nieder.
Die Untersuchungen erschütterten sowohl die Glaubwürdigkeit der BBC als auch die der Regierung. KELLY war von Mitarbeitern des Verteidigungsministeriums indirekt bloßgestellt worden,

evtl. auf Betreiben oder mit Billigung höchster Regierungsstellen. Der Vors. des Geheimdienstausschusses sagte aus, dass vonseiten der Reg. Einfluss auf Formulierungen des Dossiers genommen wurde, ohne dass dies als Fälschung zu bewerten sei. BBC-Reporter GILLIGAN musste seinerseits einräumen, die ihm von KELLY zugegangenen Informationen aufgebauscht zu haben.

Kenia

Hauptstadt: Nairobi
Einwohner: 31,3 Mio.
Einwohner/ km²: 54
Staatsoberhaupt und Regierungschef: M. Kibaki
BIP/Einwohner: 377 US-$

Die liberaldemokrat. Reg. der National Rainbow Coalition (NARC) unter Führung von Präs. MWAI KIBAKI, der im Dez. 2002 DANIEL ARAP MOI nach 24 Amtsjahren abgelöst hatte, war bemüht, ihre Wahlversprechen einzulösen und eine wirtschaftl. Konsolidierung und Bildungsreformen herbeizuführen. Mit der Entlassung von 28 zum Tode verurteilten Häftlingen leitete die Reg. im Febr. erste Schritte zu einer Justizreform ein, die u.a. zur Abschaffung der Todesstrafe führen soll. Um Korruptionsvorfälle und schwere Menschenrechtsverletzungen aufzuarbeiten, wurden eine Anti-Korruptionskommission sowie eine Wahrheits- und Versöhnungskommission nach südafrikan. Vorbild ins Leben gerufen. Wegen des Verdachts auf Korruption und Verwicklung in einen Bankenskandal während seiner Präsidentschaft wurde MOI im Juni verhört.
KIBAKI bemühte sich verstärkt, die Beziehungen zur Weltbank und zum IWF zu verbessern; beide hatten ihre finanzielle Unterstützung aufgrund der weit verbreiteten Korruption im Sommer 2000 eingestellt. Die Tourismusindustrie, ein bedeutender Wirtschaftsfaktor, erlitt Einbußen nach Terrordrohungen und Anschlägen. Wegen befürchteter Terrorakte sprachen im Sommer zahlreiche Staaten Reisewarnungen aus; Großbritannien und Israel strichen im Juni sämtl. Flüge nach Kenia.

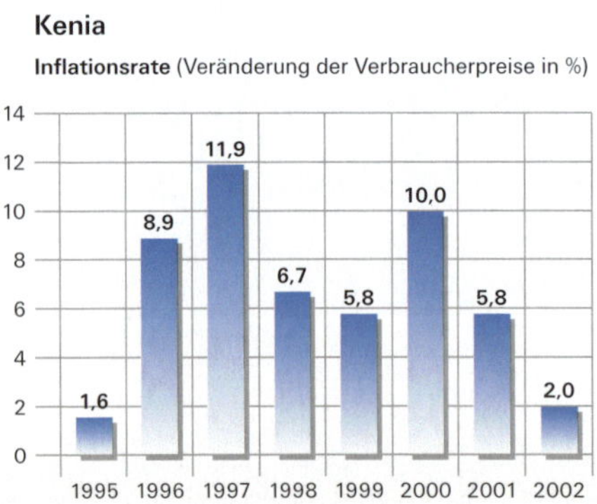

Khalid Scheich Mohammed, → al-Qaida.

Khalilzad, Zalmay, amerikan. Diplomat afghan. Herkunft, *Mazar-e-Sharif 1952. – Als ranghöchster Muslim in der polit. Führung der USA und Sonderbeauftragter von US-Präs. GEORGE W. BUSH kam K. eine Schlüsselrolle bei der Gestaltung der Nachkriegsentwicklung im Irak zu.
Der im Norden Afghanistans geb. Paschtune, dessen Familie zur Herrschaftselite der früheren Monarchie gehörte, studierte in Beirut und Chicago und blieb nach Abschluss des Studiums der Politologie in den USA. Als Spezialist für den Nahen Osten und Zentralasien beriet er die republikan. Präs. RONALD REAGAN und GEORGE BUSH und hielt Verbindung zum Widerstand der Mudjaheddin gegen die sowjet. Besatzungsmacht (1979–89). 1984 trat K. als Mitarbeiter von PAUL WOLFOWITZ in den Planungsstab des Verteidigungsministeriums ein. Während der Präsidentschaft BILL CLINTONS war K. in der Erdölindustrie tätig. GEORGE W. BUSH berief K. 2001 als Beauftragten für die Golfregion und Zentralasien in den Nat. Sicherheitsrat.

Der amerikanische Sonderbeauftragte Zalmay Khalilzad (stehend) spricht am 15. April während einer ersten Konferenz für eine Nachkriegsordnung im Irak mit irakischen Konferenzteilnehmern

Kibaki, Mwai, kenian. Politiker (Democratic Party, DP), *Gatuyaini 15.11. 1931. – Als Spitzenkandidat eines oppositionellen Wahlbündnisses wurde K. im Dez. 2002 zum Präs. gewählt und am 27.12. 2002 als Nachfolger von DANIEL ARAP MOI vereidigt.
K. erwarb seinen Professorentitel für Wirtschaftswiss. in Großbritannien und lehrte an der Univ. der ugand. Hauptstadt Kampala. Als Gefolgsmann des Staatsgründers JOMO KENYATTA gestaltet er seit den 1960er-Jahren das polit. Leben des Landes mit – u.a. als Finanzmin. unter KENYATTA und als langjähriger Vizepräs. unter MOI, bis er mit diesem 1988 brach. 1991 gründete er die DP, scheiterte aber zweimal als Präsidentschaftskandidat. Für die Wahl 2002, für die MOI nicht mehr kandidierte und die weitgehend frei von Manipulationen blieb, gelang es

ihm, zwölf oppositionelle Parteien zu einer ›National Rainbow Coalition‹ zusammenzuschmieden, die ihm zum Sieg verhalf.

Nicole Kidman spielte die Schriftstellerin Virginia Woolf in dem Film ›The Hours‹. Für diese Leistung wurde die Australierin mit einem ›Oscar‹ ausgezeichnet

Kidman, Nicole, austral. Schauspielerin, * Hawaii 20.6. 1967. – Für ihre Verkörperung der Schriftstellerin VIRGINIA WOOLF in dem Film ›The Hours‹ erhielt K. am 23. März den ›Oscar‹ für die beste weibl. Hauptrolle.

K. wurde durch ihre Rollen in dem austral. Thriller ›Tödliche Stille‹ (1989) und dem amerikan. Rennfahrerfilm ›Tage des Donners‹ (1990) einem größeren Publikum bekannt. Seit Mitte der 1990er-Jahre folgten viele anspruchsvolle Rollen: In der schwarzen Komödie ›To Die For‹ (1995) gab sie ein Mädchen vom Lande, das mit allen Mitteln Fernsehansagerin werden will, in ›The Others‹ (2001) von ALEJANDRO AMENÁBAR brillierte sie als eiskalte Mutter. Aufsehen erregte ihr Auftritt in STANLEY KUBRICKS letztem Film ›Eyes Wide Shut‹ an der Seite ihres damaligen Ehemanns TOM CRUISE. Dass die kühl wirkende, elegante K. auch Unterschichtfiguren darzustellen weiß, zeigte sie in LARS VON TRIERS ›Dogville‹ und ROBERT BENTONS ›Der menschl. Makel‹ (2003).

Kinderpornographie: Der dt. Polizei gelang Ende Sept. einer der bislang schwersten Schläge gegen die Verbreiter von K. im Internet. Rd. 500 Wohnungen und Geschäftsräume wurden durchsucht. Dabei beschlagnahmten die Ermittler 740 Computer und 35 000 CD-ROMs; 530 Tatverdächtige wurden festgenommen. Die ›Operation Marcy‹ war Teil einer internat. Polizeiaktion, bei der gleichzeitig in 166 Staaten gegen 26 500 Betreiber und Mitgl. sog. K.-Zirkel ermittelt wurde. Auslöser war eine Anzeige des Verbands der dt. Internetwirtschaft, die 2002 zur Festnahme des Gründers eines K.-Zirkels geführt hatte. Dabei hatte das Landeskriminalamt Sachsen-Anhalt neben Tausenden Bilddateien pornograph. Inhalts auch zahlreiche E-Mail-Adressen sichergestellt.

Das Internet ist in den letzten Jahren zum wichtigsten Verbreitungsmedium für K. geworden. Nach Schätzungen hat sich die Zahl einschlägiger Webseiten seit 2001 mehr als verdoppelt. K.-Zirkel nutzen meist Chatrooms als virtuelle Treffpunkte.

Kindersoldaten: Am 12. Febr., dem ersten ›UNO-Tag gegen K.‹, erinnerten amnesty international (ai) u.a. Menschenrechtsorganisationen der ›Koalition gegen K.‹ daran, dass der Missbrauch von Kindern in bewaffneten Konflikten weiterhin zunimmt – trotz der Ächtung durch das internat. Abkommen gegen K., das 2002 in Kraft getreten war. Nach dem Statut des Internat. Strafgerichtshofs gilt der Einsatz von K. unter 15 Jahren als ein Kriegsverbrechen.

Nach wie vor kommen rd. 300 000 K. in mehr als 30 Staaten zum Einsatz. Viele von ihnen wurden zu diesem Zweck entführt, zwangsrekrutiert oder sie schlossen sich Militär oder bewaffneten Banden an, weil sie keine andere Überlebenschance hatten. Obwohl bis zum Frühjahr 111 Staaten das ›Fakultativprotokoll über Kinder in bewaffneten Konflikten‹ als Ergänzung der UNO-Kinderrechtskonvention von 1989 unterzeichnet hatten, wurde es bis dahin von über 60 Staaten, darunter auch Deutschland, noch nicht ratifiziert. Angesichts der schockieren-

Ein Kindersoldat der Miliz ›Union Kongolesischer Patrioten‹ patroulliert am 10. Juni in Bunia in der Demokratischen Republik Kongo den Bilder und Berichte über die Teilnahme von K. an den außergewöhnlich brutalen Bürgerkriegen in Liberia und im Kongo erklärte Bundesjustizmin. BRIGITTE ZYPRIES Ende Juni ihre Absicht, die Ratifizierung bald einzuleiten.

Kindesmisshandlung: Grausame Eltern, die ihr Kind misshandeln, können sich einer Strafe nicht länger dadurch entziehen, dass beide vor Gericht schweigen, sodass der aktive Täter nicht ermittelt werden kann. In diesem Fall machen sich beide Eltern der Täterschaft durch Unterlassung schuldig, denn Eltern sind verpflichtet, ihr Kind zu schützen. Mit diesem Spruch hob der BGH in Karlsruhe am 18. Aug. ein Urteil des Landgerichts Halle auf und verwies den Fall zur Wiederaufnahme des Prozesses an eine andere Jugendschutzkammer.
Das Landgericht war in dem behandelten Fall zwar von schwerer Misshandlung eines Babys durch seine Eltern ausgegangen, mochte jedoch im Okt. 2002 keine Verurteilung aussprechen, weil beide Eltern jede Aussage verweigert hatten. Ihnen droht nun bei weiterem Schweigen eine Freiheitsstrafe von bis zu zehn Jahren. Das Kleinkind, das ihnen im Alter von 14 Monaten entzogen und Pflegeeltern übergeben worden war, erhielten sie nach dem Freispruch zunächst zurück.

Kirch-Gruppe: Im Zuge der Liquidierung der seit 2002 insolventen K.-G. (mit dem Kernunternehmen KirchMedia AG) wurde die Fernsehkette ProSiebenSat.1 Media AG mit den Sendern Pro Sieben, → Sat. 1, Kabel 1 und N 24 im Aug. an den amerikan. Medienunternehmer Haim → Saban (Saban Capital Group) verkauft. Ein erster Übernahmeversuch war im Juni an Finanzierungsfragen gescheitert. Schon im März hatte sich SABANS Mitbieter, ein Konsortium unter Führung des Hamburger Großverlags Heinrich Bauer, zurückgezogen. Den Zuschlag für das Dt. Sportfernsehen (DSF) erhielten nach der Zustimmung des Bundeskartellamts im Mai der Kaufhauskonzern KarstadtQuelle, das Medienunternehmen EM.TV und ein schweizer. Investor. Der einzige dt. Abonnementsender ›Premiere‹ ging zu 65 % an die Investmentgruppe Permira.
Im Febr. wurde bekannt, dass der Medienunternehmer LEO KIRCH dem Fußballverein → FC Bayern München Geld zugesagt hatte, um dessen Zustimmung zur Zentralvermarktung der Fernsehübertragungsrechte von Spielen der Fußball-Bundesliga durch KIRCH zu gewinnen. Im Mai wurde publik, dass Entscheidungsträger aus Politik, Medien und Sport Beraterverträge mit dem seinerzeit größten europ. Medienkonzern geschlossen hatten, darunter Altbundeskanzler HELMUT KOHL (CDU) sowie die ehem. Min. THEO WAIGEL, WOLFGANG BÖTSCH (beide CSU) und RUPERT SCHOLZ (CDU). Die Insolvenzverwaltung überprüfte, ob es für die damit verbundenen Honorare eine Gegenleistung gegeben oder es sich um Gefälligkeitszahlungen gehandelt hatte. Gegen KIRCH und seinen ehem. Stellvertreter DIETER HAHN leitete die Münchner Staatsanwaltschaft Ermittlungen wegen Betrugs ein.

Kirchner, Néstor Carlos, argentin. Politiker (Peronisten), * Río Gallegos 25. 2. 1950. – Nachdem sein gleichfalls peronist. Gegenkandidat CARLOS MENEM vor der Stichrunde zur Präsidentschaftswahl aufgegeben hatte, rückte K. kampflos in das Amt des Staatsoberhaupts. Im ersten Wahlgang war er mit 22 % der Stimmen Zweiter geworden. Schon bald nach seiner Amtsübernahme am 25. Mai schob K. energisch mehrere fundamentale Reformen an, um Argentinien aus der schlimmsten Wirtschaftskrise seiner Geschichte zu führen.
Der Nachfahre schweizer. und kroat. Einwanderer trat schon als Jugendlicher der peronist. Bewegung bei. Er wurde Rechtsanwalt und war zunächst Bürgermeister seiner Heimatstadt Río Gallegos in der Prov. Santa Cruz, bevor er für diese 1991 zum Gouv. gewählt wurde. Übergangspräs. EDUARDO ALBERTO DUHALDE bewog den zunächst als Außenseiter geltenden K., gegen MENEM, den zweimaligen Staatschef der 1990er-Jahre, anzutreten.

Präsident Néstor Kirchner (rechts) begrüßt in seiner Geburtsstadt einen guten Bekannten

Kirgistan

Hauptstadt: Bischkek
Einwohner: 5,0 Mio.
Einwohner/ km²: 26
Staatsoberhaupt: A. Akajew
Regierungschef: N. Tanajew
BIP/Einwohner: 319 US-$

Der autoritär regierende Präs. ASKAR AKAJEW ließ nach massiven Protesten von Oppositionsgruppen im Febr. eine Volksabstimmung darüber abhalten, ob er bis zum Ende seiner Amtszeit 2005 Präs. bleiben soll, was nach offiziellen Angaben 78,8 % bejahten. Zugleich wurde mit 75,5 % der Stimmen eine neue Verfassung angenommen, die u. a. ein Mehrheitswahlrecht nach brit. Vorbild einführt. Im Juni verabschiedete das Parlament ein Gesetz, das früheren KP-Vors. der Sowjetzeit sowie ehem. Staatspräs. neben hohen Ruhegehältern lebenslange Immunität

gewährt. Neue Bestimmungen schränkten die Versammlungs- und Pressefreiheit ein.
Außenpolit. setzte K. seine enge Kooperation mit Russland fort, das seit Ende 2002 einen Luftwaffenstützpunkt in K. unterhält. Die Reg. unterstützte die russ. Haltung im Irakkonflikt und verbot den USA die Nutzung des von ihnen seit 2001 zu Militäreinsätzen in Afghanistan genutzten Flughafens Manas für den Irakkrieg.
Nach einem Unfall in der Goldmine Kumtor, die 48 % der Industrieproduktion K.s leistet, sank das BIP im Vorjahr um 0,5%. Für 2003 wird wieder mit einem Wirtschaftswachstum in der Größenordnung des Jahres 2001 (+5,3 %) gerechnet. Nach offiziellen Angaben leben 70 % der Bevölkerung unter der Armutsgrenze. Die Auslandsschulden K.s betrugen 130 % des BIP. ■

Kiribati

Hauptstadt: Bairiki
Einwohner: 95 000
Einwohner/ km²: 127
Staatsoberhaupt und Regierungschef:
A. Tong
(seit 4. 7. 2003)
BIP/Einwohner:
557 US-$

Bei den Präsidentenwahlen am 4. Juli setzte sich der Kandidat der Opposition, der Richter ANOTE TONG, mit 900 Stimmen Vorsprung gegen seinen älteren Bruder, den Arzt HARRY TONG, durch. Dieser hatte für die Partei des ehem. Präs. TEBURORO TITO kandidiert, der Ende März durch ein Misstrauensvotum des Parlaments gestürzt worden war. ■

Klaus, Václav, tschech. Politiker (Demokrat. Bürgerpartei, ODS), *Prag 19.6. 1941. – Nach mehreren Wahlgängen wurde K. am 28. Febr. von beiden Kammern des Parlaments zum Staatspräs. gewählt und am 7. März vereidigt. Neben seinem Vorgänger und größten polit. Widersacher VÁCLAV HAVEL, dessen Amtszeit am 2. Febr. abgelaufen war, hat der konservative Politiker maßgeblich die Geschicke der Tschech. Rep. geprägt.
K. studierte und promovierte an der Ökonom. Hochschule in Prag. Wegen seiner Beteiligung am ›Prager Frühling‹ 1968 beruflich gemaßregelt, war er 1971–86 bei der Staatsbank beschäftigt. Im polit. Umbruch 1989 war K. einer der Wortführer der Demokratiebewegung und trat in die erste nichtkommunist. Reg. als Finanzmin. ein. Als Gründer und Vors. der ODS wurde er 1992 MinPräs. der tschech. Teilrep., 1993 der neu gegr. Tschech. Republik. Seit der Niederlage der ODS bei den Parlamentswahlen 1998 war K. Oppositionsführer, nahm über einen umstrittenen Kooperationsvertrag der ODS mit den regierenden Sozialdemokraten jedoch bis 2002 Einfluss auf die Regierungsarbeit.

Klonbabys: Die Nachricht von der Geburt mehrerer K. löste zu Jahresbeginn erneut Diskussionen um die eth. Grenzen der Gentechnik aus. Das von der Raelianer-Sekte gegr. Unternehmen Clonaid hatte im Dez. 2002 und im Jan. 2003 die Geburt von insgesamt drei K. bekannt gegeben, jedoch keine näheren Angaben zur Identität der Eltern und zum Geburtsland gemacht. Mit der Begründung, Eltern und Kinder schützen zu wollen, lehnte das Unternehmen auch die Durchführung eines Gentests ab, mit dem festgestellt werden könnte, ob es sich bei den Kindern tatsächlich um Klone handelt.

■ Sektengründer Claude Vorilhon spricht am 19. Januar in Montreal zu Raelianern

Weltweit bemühen sich auch andere Forscher um die Züchtung von K. wie der italien. Gynäkologe SEVERINO ANTINORI (nach eigenen Angaben).
Beim Klonen wird durch ein gentechn. Verfahren die ident. Kopie eines Lebewesens hergestellt. Theoretisch ist dies, wie Versuche bei Säugetieren zeigten (→ Dolly, → Maultier), auch beim Menschen möglich. Jedoch haben viele Staaten das Klonen von Menschen verboten. Ein weltweites Verbot besteht jedoch nicht; entsprechende Initiativen, etwa für eine UNO-Konvention, scheiterten u.a. am Widerstand der Staaten, in denen das therapeut. Klonen, also das Klonen zu medizin. Zwecken, erlaubt ist.

Klonbabys

Die **Raelianer-Sekte** – nach eigenen Angaben 55 000 Anhänger – glaubt, dass Außerirdische vor 25 000 Jahren das Leben auf der Erde durch Klonen geschaffen haben. Sektengründer Claude Vorilhon, der sich selbst Rael nennt, will diese Information 1973 bei einer Begegnung mit Außeridischen erhalten haben. Die Sekte des ehem. Schlagersängers und Rennfahrers lehrt, dass jeder das Recht habe, über sein Erbgut selbst zu bestimmen und sich ggf. klonen zu lassen. Zu diesem Zweck gründete Vorilhon 1997 das Unternehmen Clonaid mit Sitz in Las Vegas (USA).

Die schwedische Mehrkämpferin Carolina Klüft während der Leichtathletik-WM in Paris

Klüft, Carolina, schwed. Leichtathletin, * Borås 2.2. 1983. – Bei der Leichtathletik-WM in Paris stürmte die 20-jährige Schwedin am 24. Aug. den Thron der Siebenkämpferinnen. Mit 7001 Punkten durchbrach sie als dritte Frau überhaupt die 7000-Punkte-Schallmauer und avancierte durch ihre unbekümmerte Art zum Publikumsliebling. Im März hatte sich K. in Birmingham bereits den Hallen-WM-Titel gesichert.
Die Tochter eines Fußballers und einer Weitspringerin wurde mit 17 Jahren erstmals Juniorenweltmeisterin. Bei der Titelverteidigung 2002 stellte sie mit 6470 Punkten einen neuen Juniorenweltrekord auf. Diesen verbesserte sie noch im gleichen Jahr in München, als sie mit 6542 Punkten vor der dt. Favoritin SABINE BRAUN den Europameistertitel bei den Senioren gewann. Weitere Steigerungen folgten im Juni 2003 beim Mehrkampftreffen in Götzis (6602) und einen Monat später beim Europacup in Tallinn (6692). Die schwed. Kronprinzessin VICTORIA zeichnete K. am 14. Juli mit dem Orden für herausragende sportl. Leistungen aus.

Kluge, Alexander, Schriftsteller und Filmregisseur, * Halberstadt 14.2. 1932. – K. erhielt am 25. Okt. in Darmstadt den Georg-Büchner-Preis.
Der promovierte Jurist arbeitete zunächst als Rechtsanwalt. 1958 kam er als Assistent von FRITZ LANG zum Kino. 1962 war K. Mitinitiator des ›Oberhausener Manifestes‹, in dem der ›neue dt. Film‹ propagiert wurde. Als Regisseur und Produzent realisierte er zahlreiche Filme, darunter ›Abschied von gestern‹ (1966) und ›Die Macht der Gefühle‹ (1983). Seit 1988 produziert er mit seiner Firma DCTP auf mehreren privaten Fernsehkanälen versch. Informations- und (experimentelle) Kultursendungen. Eng verknüpft mit seinem film. Schaffen sind seine literar. Arbeiten, die neben zeitkrit. und medienpolit. Sachbüchern auch Prosatexte umfassen. Seine als Opus Magnum geltende zweibändige ›Chronik der Gefühle‹ (2000) spürt der Macht der Empfindungen in einer rational ausgerichteten Welt nach.

Koalition der Willigen: Nachdem Russland, Frankreich, Deutschland und weitere Länder eine Militärintervention im Irak ohne UNO-Mandat nicht unterstützen wollten, erarbeitete das Außenministerium der USA eine Liste von Staaten, die für die »sofortige Entwaffnung des Irak« eintraten. Bis Ende März umfasste diese ›Coalition of the willing‹ 49 Staaten – darunter auch einige, die ungenannt bleiben wollten.

Kobia, Samuel, kenian. ev. Theologe, * Miathene 20.3. 1947. – K., Pfarrer der Methodist. Kirche in Kenia, wurde am 28. Aug. zum neuen GenSekr. des Ökumen. Rates der Kirchen (ÖRK) gewählt. Er tritt am 1.1. 2004 die Nachfolge des dt. Theologieprof. KONRAD RAISER an, der in den Ruhestand geht.
Nach Ende seines Theologiestudiums engagierte sich K. in zahlreichen sozialen, polit. und ökumen. Belangen für den afrikan. Kontinent. Er war von 1984 bis 1991 Vizevors. der ÖRK-Kommission für das Programm zur Rassismusbekämpfung. 1987 unterstützte er die Gründung der Nairobi-Friedensgruppe und führte 1991 den Vorsitz bei den Friedensgesprächen für den Sudan. Zz. ist K. Direktor und Sonderbeauftragter für Afrika des ÖRK. Als erster Afrikaner in seinem neuen Amt will er afrikan. Akzente setzen. Nach seiner Einschätzung wird der schwarze Kontinent im 21. Jh. zumindest zahlenmäßig zum Zentrum der Christenheit.

Kohlenfeuer: Auf der Jahrestagung der Amerikan. Gesellschaft zur Förderung der Wiss. vom 13. bis 18. Febr. in Denver (Colorado) warnten Forscher vor Umweltbelastungen durch die zahllosen Schwelbrände in stillgelegten Kohlenflözen. K. entstehen, wenn reaktive Teile der Kohle mit Sauerstoff in Berührung kommen, sich erhitzen und so die Kohle entzünden. Das Phänomen ist bereits seit der Antike bekannt, durch den weltweiten Kohleabbau hat die Zahl der K. in den letzten Jahrzehnten jedoch stark zugenommen. Am schwersten betroffen ist die VR China: Entlang des 5000 km langen nördl. Kohlegürtels verglühen jährlich etwa 200 Mio. t Kohle. Diese K. sind für rd. 3% des weltweiten Kohlendioxidausstoßes verantwortlich.

Kokott, Juliane, Juristin, * St. Ingbert 18.6. 1957. – Am 6. Okt. wurde die Rechtsprof. als dt. Generalanwalt am Europ. Gerichtshof (EuGH) in Luxemburg vereidigt. In diesem Amt, das im dt. Justizwesen unbekannt ist, erarbeitet sie unabhängige Rechtsgutachten in Form von Vorschlägen (›Schlussanträgen‹) für die Urteilsfindung der jeweils zuständigen Richter.
Die Saarländerin studierte in Bonn und schloss ihre jurist. Ausbildung mit Promotion in Heidelberg (1985) und dem zweites Jurist. Staatsexamen in Stuttgart (1987) ab. Weitere internat. Graduiertentitel erwarb sie sich in Tunis (1985) und in den USA (1990). 1992 habilitierte sie sich an der Jurist. Fa-

kultät der Univ. Heidelberg. In der Folge war sie ordentl. Prof. für öffentl. Recht in Augsburg, Heidelberg, Düsseldorf und – seit 1999 – für Völkerrecht, Internat. Wirtschaftsrecht und Europarecht in St. Gallen. Die parteilose Juristin, die als moderne Konservative gilt, ist verheiratet und Mutter von fünf Kindern.

Kolumbien

Hauptstadt: Bogotá
Einwohner: 43,7 Mio.
Einwohner/ km²: 41
Staatsoberhaupt und Regierungschef:
Á. Uribe Vélez
BIP/Einwohner:
1739 US-$

Kampf gegen die Guerillas

Anfang Febr. forderte die Explosion einer Autobombe vor einem Nachtlokal in Bogotá 35 Todesopfer, 160 Menschen wurden z. T. schwer verletzt. Zweifellos stand der Gewaltakt in Bezug zum härteren Vorgehen von Präs. ÁLVARO URIBE VÉLEZ gegen den Guerillaterror. Seine Strategie bestand darin, die Guerillagruppen Fuerzas Armadas Revolucionarias de Colombia (FARC) und Ejército de Liberación Nacional (ELN) militärisch zu schwächen und zu Verhandlungen zu zwingen. Als Zugeständnis nahm die Reg. Verhandlungen mit der paramilitär. Gegenguerilla der Autodefensas Unidas de Colombia (AUC) auf; sie hatten bislang in den vom Staat nicht kontrollierten Gebieten die linken Rebellen bekämpft, sich aber zahlreicher Übergriffe gegenüber der Bevölkerung schuldig gemacht. Ein im Juli geschlossenes Abkommen sieht die Demobilisierung aller Kämpfer bis Ende 2005 vor.

Strukturreformen beleben die Wirtschaft

Trotz vermehrter Anschläge fand die Antiterrorstrategie des Präs. breite Zustimmung: Seine Popularität erreichte zur Jahresmitte 70 %, ging im Okt. jedoch deutlich zurück. Um seine Glaubwürdigkeit zu unterstreichen, hatte er die Bevölkerung am 25. Okt. über Maßnahmen zur Bekämpfung der polit. Korruption und über eine umfassende Staatsreform abstimmen lassen. Das Referendum scheiterte jedoch an der mangelnden Wahlbeteiligung, die unter 25 % lag. Bei der zeitgleich abgehaltenen Bürgermeisterwahl in Bogotá siegte außerdem der Kandidat der Linksopposition, der ehem. kommunist. Gewerkschaftsführer LUIS EDUARDO GARZÓN.
Der Grund von URIBES anfängl. Popularität war u. a. sein Reformwille. Als Hauptziel strebte er die Konsolidierung des Staatshaushalts an, der 2002 ein Rekorddefizit von 3,8 % des BIP aufwies. Die im Dez. 2002 eingeleitete Renten- und Steuerreform sowie eine Sondersteuer auf Vermögen zeigten schon bald positive Wirkungen, und die Wirtschaft wies gegenüber 2002 ein Wachstum von rd. 3 % auf. Motor der Entwicklung waren v. a. die Bauwirtschaft und der Industriesektor, der von wachsenden Ausfuhren in die USA profitierte.
Die Austeritätspolitik des Präs. stärkte die internat. Position K.s; zugleich handelte die Reg. mit dem IWF einen Stand-by-Kredit von 2,1 Mrd. US-$ und einer Laufzeit von zwei Jahren aus. Im Okt. begannen außerdem Gespräche mit den USA über ein bilaterales Freihandelsabkommen, von dem sich die Reg. zusätzl. Wachstumsimpulse erhofft. ■

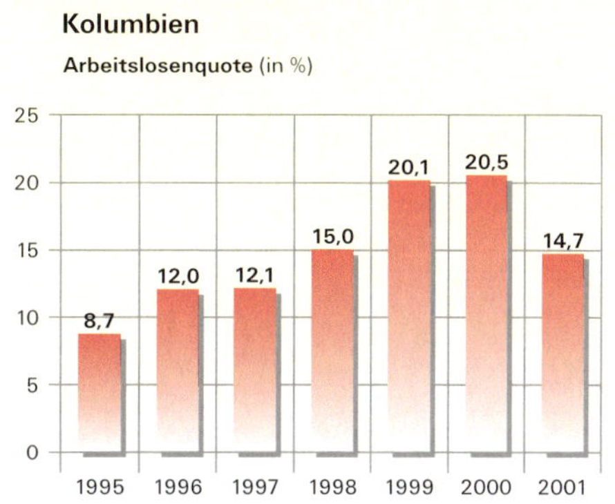

Koma: Nach 19 Jahren erwachte am 11. Juni der 39-jährige TERRY WALLIS, Patient einer Rehaklinik im US-Bundesstaat Arkansas, aus dem Koma. Er war seit einem schweren Autounfall 1984 querschnittgelähmt und ohne Bewusstsein. Für das ›Wunder von Arkansas‹ sei die intensive Betreuung des Patienten durch seine Angehörigen ausschlaggebend gewesen, vermutete der behandelnde Arzt. Wahrscheinlich half WALLIS auch eine neue Therapie, in der ihm zwei Jahre lang ein Medikament gegen Depression verabreicht worden war.

Komoren

Hauptstadt: Moroni
Einwohner: 586 000
Einwohner/ km²: 256
Staatsoberhaupt und Regierungschef:
A. Assoumani
BIP/Einwohner:
409 US-$

Der Streit um die Kompetenzverteilung zw. der Zentralreg. und den drei halb-autonomen, jeweils von einem Präs. regierten Inseln Nzwami (frz. Anjouan), Mwali (frz. Mohéli) und Ndjazidja (frz. Grande Comore) hielt weiter an und führte zu polit. Unruhen. Behauptungen der Sicherheitskräfte zufolge war es im Febr. gelungen, einen Putsch gegen Unionspräs. AZALI ASSOUMANI zu vereiteln. ■

Kolumbien – ein Staat als Geisel von Terroristen und Drogenkartellen

Der Autor:
Thomas Fischer
geboren 1959.
Studierte Geschichte, Germanistik und Medienwissenschaft. Mitarbeit an mehreren Forschungsprojekten zur jüngeren lateinamerikanischen Geschichte. 2003–04 Vertretung der Professur für Lateinamerikanische Geschichte an der Universität Hamburg

Eine der derzeit gebräuchlichsten Redewendungen in Kolumbien lautet ›no darles papaya‹. Sinngemäß heißt dies, man solle sich nicht fahrlässig einer Gefahr aussetzen. Längst hat sich die Bevölkerung damit abgefunden, für die eigene Sicherheit selbst verantwortlich sein zu müssen. Der Staat kann diese nur begrenzt garantieren; allen Beteuerungen von Regierungsvertretern und Behörden zum Trotz sind die offiziellen Institutionen für viele selbst Teil des alltäglichen Risikos. Neben offiziellen Institutionen streiten bewaffnete Guerillaorganisationen und paramilitärische Einheiten um Macht und Einfluss. Hinzu kommen unzählige lokale Banden, die ihre Macht in einem Stadtviertel ausüben. Schließlich spielt das organisierte Verbrechen, das den Drogensektor als eine lukrative Einnahmequelle entdeckt hat, eine wichtige Rolle.

Bürgerkrieg mit vielen Fronten

Die Guerilla hat in den letzten Jahrzehnten ihre militärische Präsenz landesweit ausgedehnt. Dies gilt vor allem für die Fuerzas Armadas Revolucionarias de Colombia (FARC): Zwischen 1964 und 1981 gründeten die aus einer bäuerlichen Selbstverteidigungsorganisation mit sozialistischem Hintergrund hervorgegangenen Guerilleros 18 ›Fronten‹, und zwischen 1982 und 1990 entstanden 30 neue ›Fronten‹; weitere 13 ›Fronten‹ kamen bis 1996 hinzu. Die FARC halten derzeit rund 15 000 Kämpfer unter Waffen, und die zweitgrößte Guerillagruppe, der

Verletzte des Bombenanschlages im Norden Bogotás, der am 7. Februar 35 Todesopfer fordert

Ejército de Liberación Nacional (ELN), zählt 4 000 bis 5 000 Mitglieder. Die Aufständischen operieren vor allem in ländlichen Gebieten und streben fundamentale politische Änderungen an, deren Kernstück eine Landreform ist. Zunächst beschränkten sich ihre Aktionen auf die Taktik der Nadelstiche, um Armee und Polizei zu schwächen. Später kamen auch Sprengstoffanschläge auf Erdölleitungen und Strommasten hinzu, um den großen Firmen des In- und Auslandes sowie der Bevölkerung ihre Macht zu verdeutlichen. Immer häufiger jedoch wurden Zivilpersonen Opfer des Guerillakriegs. Anfang 2003 wurde das Sport- und Vergnügungszentrum El Nogal im Norden Bogotás, dem Stadtteil der Reichen, in die Luft gesprengt; dabei fanden 35 Menschen den Tod und mehr als hundert wurden verletzt. Ende September 2003 forderte ein ähnliches Attentat vor einem Nachtlokal in Florencia elf Opfer sowie zahlreiche Verletzte.
Als Gegenreaktion auf die Ausbreitung bewaffneter Guerillagruppen gründeten Viehzüchter sowie Geschäftsleute aus dem Smaragdbusiness und anderen Bergbausektoren eigene Armeen, die Autodefensas, ›Selbstverteidigungsgruppen‹. Sie versorgten die Streitkräfte (derzeit rund 290 000 Soldaten und Polizisten) mit Informationen und wurden von diesen bei den von ihnen verübten Massakern an Campesinos und vermuteten Guerilleros logistisch unterstützt und toleriert. Die Paras zählen nach eigenen Angaben derzeit rund 12 000 Söldner.

Schweres Leid für die Landbevölkerung

Kolumbien ist für Gewerkschaftsmitglieder, Unternehmer, Menschenrechtler und Journalisten eines der gefährlichsten Länder überhaupt. Im ersten Amtsjahr des seit August 2002 regierenden Präsidenten ÁLVARO URIBE VÉLEZ wurden 88 Gewerkschaftsmitglieder getötet, elf entführt und 37 willkürlich verhaftet. Größte Leidtragende sind jedoch die Campesinos. Auf dem Land tobt ein heftiger Konflikt um die Ressource Boden. 1996 besaßen Großgrundbesitzer mit Ländereien von über 500 Hektar insgesamt 22,6 Mio. Hektar kultivierbaren Bodens, während auf die Bauern mit Fincas unter 5 Hektar Fläche insgesamt 3,4 Mio. Hektar entfielen, doch schon 2001 sank ihre Fläche auf 2,2 Mio. Hektar. In fruchtbares Land wird investiert; jüngsten Daten des Rechnungshofes zufolge stammen bis zu 40 % dieser Investitionen aus dem Drogenhandel. Dies ist der Hintergrund der Landflucht, die durch die Präsenz von Guerilleros und Paras verschärft wird. Rund 85 % der Gemeinden berichten, Einwohner seien wegen Drohungen, Hinrichtungen, Sprühflügen gegen Drogenpflanzungen und mangelnden Schutzes durch den Staat in die Städte geflohen, und die Zahl der seit 1984 Vertriebenen wird auf rund 3 Mio. geschätzt. In dieses Bild passt, dass wegen Drohungen oder versuchter Anschläge etwa 300 der insgesamt 1089 Bürgermeister ihre Gemeinden lediglich von der Departementshauptstadt oder von Bogotá aus ›regieren‹. In weiten Teilen des Landes übernehmen Selbsthilfeorganisationen die Sicherstellung von Erziehung und Gesundheit.

Entführungen — ein lohnendes Geschäft

Zum Boom der bewaffneten Gruppierungen trug wesentlich der verbesserte Zugang zu finanziellen Ressourcen bei. Guerilleros und Paramilitärs partizipieren direkt oder indirekt (durch ›Besteuerung‹) am Drogenanbau und -handel. (Kolumbien produziert 90 % des weltweit konsumierten Kokains.) Ferner floriert das Entführungsgeschäft: Jährlich geraten 2 500 bis 3 500 Personen in Gefangenschaft, für deren Freilassung zumeist hohe Lösegelder bezahlt werden. Man schätzt, dass die FARC einen Umsatz von weit über 1 Mrd. € erzielen.

Militarisierung der Drogenbekämpfung

Es ist umstritten, welches der beste Weg aus dem kolumbianischen Konflikt ist. Präsident ANDRÉS PASTRANA (1998 – 2002) hatte versucht, mit der größten Guerillagruppe, den FARC, zu verhandeln, um ihnen die Rückkehr ins zivile Leben zu ermöglichen. Hierzu war PASTRANA bereit, der Guerilla ein entmilitarisiertes Territorium von der Größe der Schweiz zu überlassen. Der Ansatz scheiterte, weil keine für beide Seiten bindende Agenda vorhanden war. Außerdem setzte PASTRANA auf eine Professionalisierung der Armee, hoffte aber zugleich, die Guerilla würden früher oder später abrüsten. Die Guerilleros, die immer noch glauben, durch Waffengewalt siegen zu können, führten die Regierung monatelang an der Nase herum, bereiteten weitere militärische Aktionen vor und nutzten die Zone zur Unterbringung von Entführungsopfern. Beide Seiten verloren an Glaubwürdigkeit, sodass im Wahlkampf der Weg für PASTRANAS Gegenspieler ÁLVARO URIBE frei wurde. URIBE versprach, die ›Terroristen‹ landesweit entschlossen zu bekämpfen und dadurch den Frieden wiederherzustellen. Gemeint ist damit die Stärkung des Rechtsstaates und von Sicherheit und Ordnung. Seine schärfere Gangart setzt auf die Professionalisierung der Armee und deren Aufrüstung. Er will die Guerilla zwingen, zu seinen Bedingungen zu verhandeln. Ferner erhält Kolumbien seit September 1999 im Rahmen des Plan Colombia massive militärische Unterstützung aus den USA, die zwischen 1999 und 2002 rund 1,6 Mrd. US-$ und 130 Mio. US-$ im Jahr 2003 betrug. 2000 amerikanische Bürger, darunter 323 Militärs, befinden sich derzeit in offizieller Mission in Kolumbien im Einsatz.

Ein Mitglied einer paramilitärischen Einheit liefert seine Waffe ab

Grausamer Alltag: Am 3. September werden in Cucuta fünf Gefolterte und Ermordete gefunden

Ein weiterer Schwerpunkt URIBES liegt auf Verhandlungen mit den paramilitärischen Gruppen, deren Auflösung bis Ende 2005 ein im Juli geschlossenes Abkommen vorsieht. Menschenrechtsorganisationen befürchten, dass als Gegenleistung die Justiz auf die Strafverfolgung verzichten muss. Ungeachtet dessen würde aber ein Hauptargument für die Weigerung der Guerilla, sich zu reintegrieren, hinfällig, sollten sich die Paras tatsächlich demobilisieren.

Noch ist es zu früh, um URIBES Leistungen abschließend zu bewerten, wenngleich derzeit die Mehrheit der Bevölkerung glaubt, dass sich durch die (militärische) Stärkung des Staates die Lage bessern wird. Dafür ist sie bereit, Einschränkungen von Rechten und der Meinungsfreiheit hinzunehmen. Mittel- und langfristig ist aber entscheidend, ob sich die Menschen tatsächlich sicherer fühlen können. Nicht zuletzt wird URIBE daran gemessen werden, ob es ihm gelingt, den Rechtsstaat flächendeckend zu verankern. Schließlich erwartet die leidgeprüfte Bevölkerung auch im Erziehungs-, Bildungs- und Sozialbereich Fortschritte.

Konaré, Alpha Oumar, malischer Historiker und Politiker (Allianz für Demokratie in Mali/Afrikan. Partei für Solidarität und Gerechtigkeit, Adema/PASJ), *Kayes 2.2. 1946. – Der ehem. Staatspräs. Malis wurde am 11. Juli von den Staats- und Regierungschefs der → Afrikan. Union (AU) zum ersten Präs. der AU-Kommission gewählt.
K., der in Archäologie in Warschau promovierte, engagierte sich schon früh politisch. Er war 1978 – 80 Kulturmin. unter dem Diktator MOUSSA TRAORÉ. An dessen Sturz war er 1991 als Mitbegründer der oppositionellen Adema/PASJ beteiligt. Bei den ersten freien Wahlen 1992 zum Präs. gewählt und 1997 im Amt bestätigt, führte er das Land trotz drückender Armut in politisch relativ stabile und demokrat. Verhältnisse. Dabei erwarb er sich den Ruf eines internat. geachteten integren Staatsmannes. Nach den Präsidentschaftswahlen 2002, zu denen er nicht mehr kandidieren konnte, ging sein Amt an AMADOU TOUMANI TOURÉ über.

Kongo (Demokratische Republik Kongo)

Hauptstadt: Kinshasa
Einwohner: 53,8 Mio.
Einwohner/km²: 23
Staatsoberhaupt und Regierungschef: J. Kabila
BIP/Einwohner: -

Obwohl sich Reg. und Rebellen im Dez. 2002 auf einen Friedensvertrag geeinigt hatten, konnte das seit 1998 im Bürgerkrieg lebende Land nicht restlos befriedet werden. Verfeindete Milizen nutzten das Machtvakuum, das mit dem Abzug der am Bürgerkrieg beteiligten ausländ. Soldaten entstanden war, für erneute Auseinandersetzungen.
Präs. JOSEPH KABILA setzte am 5. April eine Übergangsverfassung in Kraft und ernannte am 30. Juni eine Übergangsreg., die bis zu den für 2005 geplanten demokrat. Wahlen im Amt bleiben soll. Im Juli wurden die Führer der ehem. Rebellengruppen als Vizepräs. vereidigt; im Aug. trat das Parlament erstmals zusammen. Vertreter der beiden größten Rebellengruppen, Rassemblement Congolais pour la Démocratie mit Sitz in der Stadt Goma (RCD-Goma) und Mouvement pour la Libération du Congo (MLC), wurden mit jeweils sieben Ministerposten an der Reg. beteiligt.
Im April entlud sich der seit Jahren schwelende Konflikt zw. den Volksstämmen der Lendu und der Hema in einem Massaker. In der nordöstl. Prov. Ituri töteten Lendumilizen fast 1000 Stammesangehörige der Hema. In der Folge kam es in der Region wiederholt zu Unruhen und blutigen Auseinandersetzungen, die etwa 150 000 Menschen zur Flucht veranlassten. Einem Hilfegesuch der kongoles. Reg. folgend, entsandte der UNO-Sicherheitsrat im Juni eine unter frz. Befehl stehende Eingreiftruppe in die Prov. Ituri. ■

■ Ein uruguayischer UNO-Soldat bewacht das UNO-Gelände in der Stadt Bunia, Zentrum der Konflikte in der kongolesischen Nodostprovinz Ituri

Kongo (Republik Kongo)

Hauptstadt: Brazzaville
Einwohner: 3,2 Mio.
Einwohner/km²: 9
Staatsoberhaupt und Regierungschef: D. Sassou-Nguesso
BIP/Einwohner: 953 US-$

Im März unterzeichneten die Reg. und die sog. Ninja-Rebellen einen Friedensvertrag. Die Rebellen sind übrig gebliebene Kämpfer der ehem. Milizen der Pool-Region im Süden des Landes, die während des Bürgerkrieges 1997 – 99 gegen die ethn. Gruppen im Norden, vertreten durch den Präs. DENIS SASSOU-NGUESSO, vorgingen. Neben wiederholten Unruhen erschwerten auch verschiedene Epidemien den Demokratisierungsprozess. Im Jan. infizierten sich im Norden zahlreiche Menschen mit dem Ebola-Virus (→ Ebola). Die Krankheit führt bei neun von zehn Infizierten zum Tod. ■

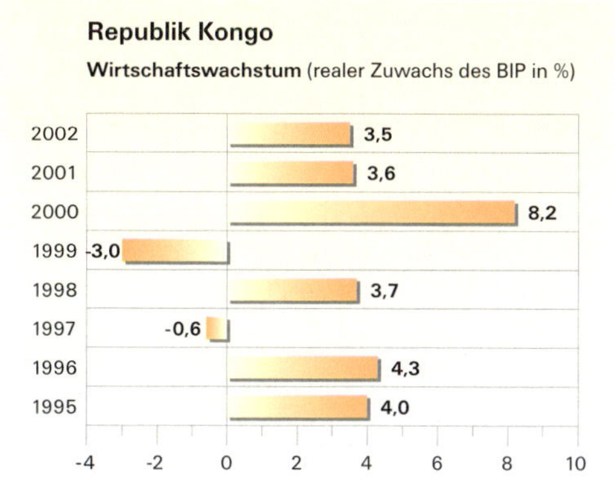

Kopftuchstreit: Eine muslim. Lehrerin darf ihr Kopftuch während des Unterrichts an einer staatl. Schule tragen, wenn der Gesetzgeber für ein Verbot keine gesetzl. Grundlage geschaffen hat. Mit diesem Spruch verwies das Bundesverfassungsgericht (BVerfG) am 24. Sept. den Fall der Lehrerin FERESHTA LUDIN mit fünf gegen drei Richterstimmen an das Bundesverwaltungsgericht zurück. Dieses hatte im Juli 2002 die Klage der dt. Staatsbürgerin afghan. Herkunft gegen das Land Baden-Württemberg auf Wiedereinstellung abgewiesen. Der Lehrerin war 1998 gekündigt worden, weil sie sich der Anordnung ihrer Schulbehörde widersetzt hatte, ihren Unterricht ohne Kopftuch abzuhalten.
Mit seinem Urteil vermied das BVerfG die erwartete inhaltl. Festlegung zu der Frage, wie viel Glaubensfreiheit der Staat seinen Lehrern im Dienst einräumen darf, ohne das Gebot zu religiöser Neutralität zu verletzen. Nun müssen zunächst die Parlamente der Bundesländer diese Frage entscheiden.

Korea (Nord-Korea)

Hauptstadt: Pjöngjang
Einwohner: 22,5 Mio.
Einwohner/km²: 186
Staatsoberhaupt:
Kim Jong Il
Regierungschef:
Hong Song Nam
BIP/Einwohner: -

Die ohnehin prekäre Wirtschaftslage hat sich nach dem Stopp der Schweröllieferungen aus den USA im Nov. 2002 weiter verschlechtert. Das Land ist stärker als zuvor auf Waren und Energielieferungen aus China angewiesen. Infolge der mangelhaften Energieversorgung können schätzungsweise nur noch 20% aller Industriebetriebe arbeiten. Einen Großteil seiner Devisen beschafft sich N.-K. über den Export von Militärtechnologie, aber auch durch den Schmuggel von Drogen oder Falschgeld.
Die UNO-Menschenrechtskommission verurteilte N.-K. im April wegen andauernder Verletzungen der Menschenrechte. In mehreren Zwangsarbeitslagern sollen 150000 bis 200000 Häftlinge unter schlechtesten Bedingungen untergebracht sein.

Das Pokerspiel mit der Atombombe

Nach der Aufkündigung des Nuklearabkommens mit den USA im Nov. 2002 wies N.-K. die Inspektoren der Internat. Atomenergieagentur (IAEA) außer Landes und gab an, seine abgeschalteten Atomreaktoren wieder in Betrieb zu nehmen, zunächst um die Energieengpässe zu überbrücken, später – nach dem Austritt aus dem Atomwaffensperrvertrag im Jan. –, um sein Atomwaffenprogramm forciert weiter zu betreiben. Die USA reagierten zunächst reserviert auf die nordkorean. Androhungen, verstärkten aber ihre militär. Präsenz in Nordostasien und kündigten im Aug. Seemanöver mit Beteiligung Japans im westl. Pazifik an. Ein von China initiiertes Gespräch im April mit Vertretern aus N.-K. und den USA endete ebenso ergebnislos wie das ebenfalls auf Betreiben Chinas zustande gekommene Sechsergespräch vom 27.–29. Aug. in Peking, an dem Verhandlungsführer aus N.-K., den USA, China, Japan, Süd-Korea und Russland beteiligt waren.

■ Eröffnung der ersten Landverbindung zwischen Nord- und Süd-Korea seit dem Koreakrieg: Nordkoreanische Soldaten und Musikkapellen begrüßen Busse mit südkoreanischen Reisenden

Die später noch mehrmals von N.-K. wiederholte Forderung nach einem bilateralen Nichtangriffspakt mit den USA sowie nach Aufnahme diplomat. Beziehungen waren ebenso wie andere Forderungen für die USA inakzeptabel. Schon einen Tag nach dem Sechsergespräch erklärte N.-K. sein Desinteresse an weiteren multilateralen Verhandlungen und drohte am 3. Okt. damit, alle seine inzwischen wiederaufbereiteten 8000 Uranbrennstäbe zur Herstellung von Atomwaffen zu verwenden. Unklar ist, ob das konventionell hoch aufgerüstete Land schon über Atomwaffen verfügt. Bemühungen Süd-Koreas, das ebenso wie Japan unmittelbar von krieger. Handlungen betroffen wäre, N.-K. wieder an den

Verhandlungstisch zu bringen, verliefen bisher ergebnislos. US-Präs. GEORGE W. BUSH signalisierte im Okt. seine Bereitschaft zu weiteren Gesprächen und stellte erweiterte Sicherheitsgarantien für N.-K. in Aussicht. Dessen ungeachtet setzte N.-K. seine Raketentests im Japan. Meer fort. ■

Korea (Süd-Korea)

Hauptstadt: Seoul
Einwohner: 47,6 Mio.
Einwohner/ km²: 480
Staatsoberhaupt:
Roh Moo Hyun
(seit 25. 2. 2003)
Regierungschef:
Goh Kun
(seit 26. 2. 2003)
BIP/Einwohner:
9 602 US-$

Zum ersten Mal seit der Asienkrise 1998 hatte S.-K. im 1. Halbjahr mit einer Rezession zu kämpfen, im dritten Quartal verzeichnete die Wirtschaft jedoch wieder ein Wachstum gegenüber dem Vorquartal um real 1,1 %. Nachdem das BIP 2002 mit 6,3 % die Erwartungen übertroffen hatte, wurde der Anstieg für 2003 auf bis zu 3 % geschätzt. Obwohl nur etwa 12 % aller Arbeitnehmer gewerkschaftlich organisiert sind, hemmen neben der Krise um das Nuklearprogramm Nord-Koreas die streikfreudigen Gewerkschaften das Interesse ausländ. Investoren.
Der verheerende Taifun ›Maemi‹ verursachte am 12. Sept. Schäden in Höhe von 1,1 Mrd. € und kostete mehr als 120 Menschenleben.

Neuer Präsident

Der im Dez. 2002 gewählte Präs. ROH MOO HYUN von der regierenden Millenium Democratic Party trat am 25. Febr. sein Amt an. Die Zusammensetzung des neuen Kabinetts unter MinPräs. GOH KUN, das zwei Tage später vorgestellt wurde, spiegelt den Wunsch nach einer Fortsetzung der bisherigen Politik wider. Größte Überraschung war die Besetzung des Justizministerpostens mit der Rechtsanwältin KANG GUM SIL, die entschieden gegen die Korruption vorgehen will.

Erkaufte Sonnenscheinpolitik

Im Jan. stellte sich heraus, dass das histor. Gipfeltreffen der Staatsoberhäupter beider Koreas im Jahr 2000 mit Schmiergeldern teuer erkauft worden war. Der scheidende Präs. KIM DAE JUNG, Motor der sog. Sonnenscheinpolitik gegenüber dem Norden, entschuldigte sich für die geheimen Kapitaltransfers nach Nord-Korea, bat aber gleichzeitig um Verständnis. Insgesamt waren 100 Mio. US-$ an Staatsgeldern und 400 Mio. US-$ durch die stark ins Nord-Korea-Geschäft involvierte Hyundai-Gruppe in den Norden geflossen. Spitzenmanager CHUNG MONG-HUN, einer der Söhne des Hyundai-Firmengründers, nahm sich am 3. Aug. das Leben. Trotz dieser Affäre machte die Aussöhnungspolitik mit Nord-Korea kleine Fortschritte. So wurde im Febr. die erste grenzüberschreitende Straßenverbindung seit dem Koreakrieg eröffnet, im Juni wurde die noch nicht ganz fertig gestellte Eisenbahnverbindung symbolisch eingeweiht und der Grundstein für einen gemeinsamen Industriepark bei der nordkorean. Stadt Kaesong gelegt.
Die Reg. ROH ist ebenfalls strikt gegen militär. Operationen und ein Wirtschaftsembargo gegen den Norden seitens der USA und bemühte sich um einen Ausgleich durch bilaterale und multilaterale Gespräche mit Nord-Korea. Gebremst wurden diese Bemühungen durch das undurchschaubare Atomwaffenprogramm Nord-Koreas. ■

Korn, Salomon, Architekt und Publizist, *Lublin (Polen) 4. 6. 1943. – Das Präsidium des Zentralrats der Juden in Deutschland (ZJD) wählte am 21. Sept. K. zum neuen Vizepräsidenten. Der Vors. der Jüd. Gemeinde in Frankfurt am Main (seit 1999) tritt an die Stelle von MICHEL FRIEDMAN, der über seine Kokain-Affäre gestürzt war (→ Friedman-Affäre).
K. kam nach dem Ende des Zweiten Weltkriegs mit seinen Eltern nach Frankfurt. Von 1964 bis 1971 studierte er Architektur und Soziologie in Berlin und Darmstadt und promovierte 1976. In Frankfurt arbeitete er als Architekt, dort wurde das jüd. Gemeindezentrum nach seinen Plänen erbaut. Seit den 1980er-Jahren machte sich K. auch als Feuilletonautor einen Namen. Im Präsidium des ZJD, dem er seit 1990 angehört, war er für jüd. Gedenkstätten verantwortlich. Im Unterschied zu seinem Vorgänger und langjährigen Weggefährten FRIEDMAN sucht K. nicht die öffentl. Kontroverse, sondern bevorzugt die argumentative Auseinandersetzung in einem Rahmen, der den rationalen Diskurs fördert.

■ Loki Schmidt präsentiert am 1. April ein Buch mit der Kornrade auf dem Titel

Kornrade, Blume des Jahres 2003. Die von der Stiftung Naturschutz Hamburg und Stiftung zum Schutze gefährdeter Pflanzen ausgewählte K.

(Agrostemma githago) gehört zu den Nelkengewächsen und hat viele Volksnamen (u.a. Rade, Raad, Kornrose). Ihr Samen ist giftig. Früher war die K. ein sehr häufiges Wildkraut und typ. Teil der Ackerbegleitflora. Heute steht die Pflanze auf der Roten Liste der gefährdeten Arten.

Körperwelten: Die umstrittene Ausstellung des Heidelberger Anatoms und Präparators GUNTHER VON HAGENS wurde 2003 in München und Hamburg gezeigt. Sie umfasst rd. 200 plastinierte menschl. Dauerpräparate, darunter sowohl ganze Körper als auch einzelne Organe. Die Ausstellung wurde in den lokalen Medien jeweils sehr kontrovers diskutiert. Während die Befürworter der Schau den pädagog. Wert der Präparate hervorheben und die einmalige Gelegenheit, Einblicke in den menschl. Körper zu nehmen, werfen Kritiker VON HAGENS bedenkenlosen Voyeurismus und Jugendgefährdung vor. Erfolglos verliefen die Bemühungen der Stadt München, die Ausstellung zu verbieten; in Hamburg hatte der Präparator keine rechtl. Probleme.
Bei der Methode der Plastination, die VON HAGENS 1977 entwickelte, werden den Leichnamen Körperflüssigkeit und Fett entzogen und gegen Kunststoffe ausgetauscht. Seit der ersten Ausstellung in Mannheim 1997 haben mehr als 13 Mio. Besucher die umstrittene Leichenschau gesehen.

Korsika: Am 6. Juli verwarfen die Korsen in einem Referendum mit der knappen Mehrheit von 51 % eine von der frz. Reg. und den gemäßigten kors. Nationalisten befürwortete Verwaltungsreform, die u.a. die Zusammenlegung der beiden kors. Départements vorsah. Außerdem sollten dem Inselparlament mehr kulturelle und wirtschaftl. Rechte, u.a. zur Erhebung lokaler Steuern, eingeräumt werden. Nun gilt weiterhin das Autonomiestatut von 1982, das 1992 erweitert wurde. Ein 2001 von der frz. Reg. verabschiedetes neues Statut war im Jan. 2002 vom Verfassungsrat in zentralen Teilen zurückgewiesen worden und war deshalb nicht in Kraft getreten.
Einen Tag vor dem Referendum war der lang gesuchte Separatistenführer YVAN COLONNA, der beschuldigt wird, 1998 den kors. Präfekten ermordet zu haben, auf K. verhaftet worden. Seine acht Komplizen waren bereits von einem Schwurgericht zu hohen Haftstrafen verurteilt worden.
Mitte Sept. verkündete die militante kors. Nationalistenbewegung FLNC-UC einen befristeten »Verzicht auf militär. Aktionen«.

Kosovo: MinPräs. BAJRAM REXHEPI und Präs. IBRAHIM RUGOVA riefen am 3. Juli die 200 000 kosovo-serb. Flüchtlinge in Serbien zur Rückkehr auf. Seit 1999 haben sich bislang nur wenige Tausend dazu bereitgefunden. Insbes. die Sicherheitslage ist wegen zahlreicher Übergriffe gegen die in K. verbliebenen Kosovo-Serben angespannt. Nach der Ermordung zweier Jugendlicher dieser Volksgruppe am 13. Aug. forderten kosovo-serb. Politiker die Rückkehr serb. Sicherheitskräfte in die Provinz.
Der serb. MinPräs. ZORAN DJINDJIĆ schlug Anfang März für die seit 1999 unter UNO-Protektorat stehende Provinz K. die Bildung einer serb. und einer alban. Entität nach dem Vorbild von Bosnien und Herzegowina vor, wobei den K.-Serben der zukünftige Anschluss an Serbien offen stehen solle. Die K.-Albaner und die UNO-Mission (UNMIK) wiesen den Teilungsvorschlag zurück. Erstmals seit den Kriegshandlungen 1998/99 nahmen Belgrad und Priština am 14. Okt. in Wien direkte Verhandlungen auf. Obwohl die Statusfrage ausgeklammert blieb, endeten die Gespräche ergebnislos.
Ein internat. Gericht in Priština verurteilte am 16. Juli erstmals einen Kommandeur der alban. Befreiungsarmee (UÇK) wegen Kriegsverbrechen 1998/99. RUSTEM MUSTAFA erhielt 17 Jahre Haft, seine drei Mitangeklagten zw. fünf und 13 Jahren.
Der frühere finn. MinPräs. HARRI HOLKERI trat am 25. Juli die Nachfolge des dt. Diplomaten MICHAEL STEINER als UNMIK-Chef an.

kostenpflichtige Telefonnummern, → Internet und Telekommunikation.

Krankenbehandlung: Rentnern aus EU-Staaten müssen die Kosten für eine medizin. Behandlung in einem anderen Land der EU erstattet werden. Die Übernahme der Arztkosten darf nicht von einer vorherigen Genehmigung oder davon abhängig gemacht werden, dass die Krankheit plötzlich ausgebrochen ist. Die Reise darf aber nicht zur Behandlung im Ausland angetreten worden sein.
Dieses Urteil fällte der Europ. Gerichtshof (EuGH) am 25. Febr. und bezog sich dabei auf einen chronisch erkrankten griech. Rentner, der bei einem Aufenthalt in Deutschland behandelt werden musste. Seine heim. Krankenkasse hatte eine Übernahme der Kosten abgelehnt, weil der Rentner nicht – wie für Arbeitnehmer vorgeschrieben – vor der medizin. Behandlung einen Antrag auf Kostenerstattung gestellt hatte.

Krefelds Torwart Robert Müller wehrt im letzten Finalspiel einen Schuss des Kölners Axel Hicks ab

Krefeld Pinguine: Mit 3:2-Siegen über die Kölner Haie gewannen die K.P. ihre erste dt. Eishockeymeisterschaft seit 1952. Am 21. April sicherten sie sich durch einen 3:1-Erfolg im letzten Spiel der

Playoff-Finalrunde den Titel. Neben dem 1936 gegr. Krefelder Eislauf-Verein (KEV), 1995 in K. P. umbenannt, gehörte mit Preußen Krefeld, dem dt. Meister von 1951, ein zweiter Krefelder Verein zu den acht Gründungsmitgl. der 1958 eingeführten Bundesliga.

Kriegsberichterstattung: Schon im Vorfeld des Irakkriegs, als auf diplomat. Ebene noch über die UNO-Waffeninspektionen im Irak gestritten wurde, brachten sich die Fernsehsender, v. a. in den USA, in Position. Der zu Time Warner gehörende Nachrichtenkanal CNN, der im 2. Golfkrieg von 1991 als einziger Fernsehsender Live-Berichterstattung senden durfte und damals neue Maßstäbe bei der K. gesetzt hatte, stand mit Fox News der NewsCorp. in einem harten Konkurrenzkampf um Einschaltquoten und Werbekunden. In der Präsentation der K. (CNN: ›Showdown‹, Fox: ›Target Irak‹) setzte NewsCorp. auf eine deutlich nationalist. Tonlage – und hatte damit Erfolg: In der zweiten Kriegswoche hatten sich 5,6 Mio. Zuschauer für Fox News entschieden; nur 4,4 Mio. schalteten CNN ein.

Das Pentagon, das 1991 nur einige Bilder aus den Zielkameras der Marschflugkörper beigesteuert hatte, ließ sich Neues einfallen: Etwa 500, versch. militär. Einheiten zugeordnete Reporter begleiteten die alliierten Truppen auf ihrem Vormarsch – vorwiegend Vertreter amerikan. Medien, aber auch 30 von der Nachrichtenagentur Reuters und 18 von der brit. BBC. Diese ›embedded journalists‹, ausgerüstet mit Notebook, digitaler Videokamera und Satellitentelefon, unterlagen einer Zensurvereinbarung mit dem militär. Oberkommando (›ground code‹). US-Verteidigungsmin. DONALD RUMSFELD sprach von einer histor. Entscheidung, die Nähe zum Kriegsgeschehen verbürge. Kritiker bezeichneten das Konzept als ›militainment‹ – Berichterstattung aus der Perspektive des Zielfernrohrs, die gleichzeitig der Operationsplanung und Aufklärung über militär. Ziele diene. Eine unabhängige und umfassende Berichterstattung über den Irakkrieg konnte ohnehin nur unter Schwierigkeiten gewährleistet werden, da sowohl das irak. Regime als auch die alliierten Militärs die Journalisten gezielt desinformierten bzw. bewusst über die militär. Lage im Unklaren ließen.

Kriegsverbrechertribunal: Der Sicherheitsrat der UNO beschloss am 5. Sept., alle Verfahren vor dem K. für das ehem. Jugoslawien (ICTY) bis 2010 abzuschließen. Zuvor hatte er das Mandat der Chefanklägerin CARLA DEL PONTE um weitere vier Jahre verlängert. Ihre Zuständigkeit für das K. von Ruanda (ICTR), das in Arusha (Tansania) verhandelt, ging zugleich auf den gamb. Juristen Hassan Bucaba → Jallow über.

Wichtige Urteile in Den Haag und Arusha

Im Mai wurde die Frist für die Anklage des ICTY gegen den ehem. serb. Präs. SLOBODAN MILOŠEVIĆ um 100 Tage verlängert, damit weitere Beweise gesammelt werden können; nun wird erwartet, dass sich der seit Febr. 2002 laufende Prozess bis in das Jahr 2005 hinziehen wird.

Als bislang ranghöchste Angeklagte wurde die ehem. bosn.-serb. Präs. BILJANA PLAVŠIĆ (1996–99) am 27. Febr. zu elf Jahren Haft verurteilt. Ihr wurden Verbrechen gegen die Menschlichkeit 1991/92 im Bosnienkrieg zur Last gelegt. Die Richter würdigten die Kooperation der ehem. Politikerin mit dem K. und ihren Einsatz für den Daytoner Friedensvertrag von 1995 und billigten ihr mildernde Umstände zu. Sie verbüßt ihre Haftstrafe in einem schwed. Frauengefängnis. – Am 31. Juli verurteilte das K. erstmals einen Angeklagten zu einer lebenslangen Haftstrafe. Der bosn. Serbe MILOMIR STAKIĆ war 1992 im Bosnienkrieg für die Folterung und Ermordung von Kroaten und Bosniaken in mehreren Lagern verantwortlich.

Das ICTR verurteilte am 19. Febr. GERARD NTAKIRUTIMANA wegen Völkermordes an den Tutsi zu 25 Jahren Gefängnis. Sein Vater, ein Adventistenpriester, erhielt wegen Beihilfe zehn Jahre.

Weitere Sondergerichte

In Freetown tagt ein Sondergericht zur Ahndung der Verbrechen während des Bürgerkriegs in Sierra Leone (1991–2000). Im März erhob es die ersten Anklagen, u. a. gegen den als ›Schlächter von Sierra Leone‹ bekannt gewordenen inhaftierten Führer der Bürgerkriegsmiliz Revolutionary United Front (RUF), FODAY SANKOH. – Die Einrichtung eines Völkermordtribunals in Phnom Penh, das sich mit den Verbrechen der Roten Khmer (1975–79) in Kambodscha beschäftigen wird, wurde am 6. Juni vereinbart.

Kroatien

Hauptstadt: Zagreb
Einwohner: 4,4 Mio.
Einwohner/km²: 78
Staatsoberhaupt: S. Mesić
Regierungschef: I. Sanader (seit 23. 12. 2003)
BIP/Einwohner: 4823 US-$

K. verfügte weiterhin über ein hohes Wirtschaftswachstum (2002: 4,9 %, 2003: rd. 5,7 %) bei guter Geldwertstabilität – die Inflation lag 2002 bei 1,9 % und stieg im Jahresmittel 2003 auf rd. 2,5 % an. Größte Sorge ist die hohe Arbeitslosigkeit, die immer noch ein Viertel der erwerbsfähigen Bevölkerung betrifft (2002: 25,9 %) und kaum sinkt.

Aufarbeitung der jüngsten Vergangenheit

Im Zentrum der innenpolit. Debatte stand monatelang der Streit über die Verfolgung von Kriegsverbrechen. Einem Zerwürfnis über die Zusammenarbeit mit dem → Kriegsverbrechertribunal (ICTY) in Den Haag entgingen die Reg. und Präs. STJEPAN MESIĆ nur dadurch, dass der von der Bevölkerung als Kriegsheld verehrte ehem. (Forts. S. 201)

Medien im Dienst der Militärs?

Militärs agieren nur selten offen. Unter Ausnutzung der Medien beeinflussen sie die öffentliche Wahrnehmung und nutzen die Arbeit der Journalisten für ihre Planungen. Sie wecken Erwartungen, verbreiten Szenarien und nutzen die mangelnde Transparenz gezielt für ihre Täuschungsmanöver. Sie streuen Informationen, die von Zeitungen und Rundfunk aufgenommen und verbreitet werden, ohne dass Leser, Zuhörer und Zuschauer diese bis zur Quelle zurückverfolgen und die Propagandaabsichten dahinter durchschauen können. So entwickelt sich, noch bevor die erste Rakete gezündet wird, ein Verwirrspiel, das den Gegner paralysieren soll. Information, Desinformation und Nichtinformation werden zu einer neuen Waffengattung.

Verwirrspiel vor Kriegsbeginn

Mit Drohkulissen und kolportierten Angriffsabläufen eröffneten die USA im Kampf gegen den Irak den ›Informationskrieg‹. Selbst der Bau von Zeltstädten für Flüchtlinge wurde genutzt, um der suggerierten Taktik von ›Schock und Einschüchterung‹ mit angedrohten verheerenden Bomben- und Raketenangriffen Nachdruck zu verleihen. Diese Kampagne wirkte auch auf die Korrespondenten im Irak, die vor Ort unterschiedlichsten Gerüchten ausgesetzt waren. So verbreiteten irakische Beamte beispielsweise die Nachricht, SADDAM HUSAIN werde zur Verteidigung der Hauptstadt Bagdad auch den Einsatz chemischer oder biologischer Waffen anordnen. Journalisten fürchteten, als Geisel genommen oder bei Straßenkämpfen in Bagdad erschossen zu werden.
Drei Tage vor dem Angriff lichteten sich die Reihen der Büros im Informationsministerium. Mehr und mehr Journalisten verließen das Land, vor allem Kollegen aus den USA, darunter die Teams von ABC, CBS und NBC, nachdem das Pentagon die Chefs der großen Fernsehsender vor unkalkulierbaren Gefahren gewarnt hatte. Journalisten könnten nicht mit Rücksichtnahme rechnen, zumal einige ihrer Hotels militärische Ziele seien.

Falsche und echte Drohungen

Viele Befürchtungen erwiesen sich als unbegründet. Der eine Woche vor Kriegsbeginn getestete größte konventionelle Sprengsatz aller Zeiten, die neue 9 000-kg-Bombe ›Moab‹ (Massive Ordnance Air Blast) wurde nicht eingesetzt. Auch moderne E-Bomben blieben ungenutzt. Diese hochenergetische Mikrowellenwaffe setzt einen starken elektromagnetischen Impuls frei, der elektronische Geräte und Maschinen ausschalten, in Schaltkreise und Steuerungselemente eindringen und diese zerstören kann. Eine Bombe auf das irakische Informationsministerium hätte ›Echtzeit‹-Berichterstattung aus Bagdad utopisch gemacht.

Der Autor:
Ulrich Tilgner
geboren 1948.
Studierte Empirische Kulturwissenschaften, Politik und Wirtschaftsgeschichte. Seit 1982 Berichterstatter für ZDF, SF/DRS und ARD-Anstalten über den Nahen und Mittleren Osten

Die Drohszenarien des Irak waren Bluffs, die auf einen Waffenstillstand hinarbeiten sollten, sich aber im Kriegsverlauf als untaugliche Mittel erwiesen haben. Mit ihren Drohungen versuchten die USA dagegen der irakischen Führung deutlich zu machen, dass sie mehrere Optionen hatten, Krieg zu führen. Sie konnten ihre Waffensysteme einsetzen – oder es lassen.
So leisteten die über die Medien inszenierten Täuschungsmanöver und Propagandafeldzüge genauso ihren Beitrag für den militärischen Erfolg wie modernste Computertechnologie und verdeckte Kommandoaktionen. Erst mit der Kombination dieser strategischen Elemente vor und während der ›Operation Irakische Freiheit‹ erreichten die USA eine neue Stufe militärischer Planungs- und Handlungsfähigkeit.

Gezielte Täuschung

Bei den ersten Raketeneinschlägen zu Kriegsbeginn – dem ›Enthauptungsschlag‹ – handelte es sich vermutlich um eine gezielte Irreführung. Denn statt eines Führungsbunkers wurden nur Dattelpalmen getroffen. Wichtig war wohl nicht, ob SADDAM HUSAIN und andere Mitglieder der irakischen Führung physisch getroffen wurden. Es galt vor allem, die Botschaft des Angriffs glaubhaft zu machen, dass der Krieg diesmal direkt gegen den Diktator und damit zu dessen Sturz geführt werde. Auf Pressekonferenzen und Briefings wurden Ziele und Angriffe im Rahmen dieser Aktion geschildert. Dass sich die Staatsführung zum Zeitpunkt des Angriffs gar nicht dort aufhielt, war nicht von Bedeutung.
Die amerikanischen Strategen nutzten die symbolische Kraft militärischer Operationen, um einen großen taktischen Nachteil auszugleichen: die Unterzahl der eigenen Truppen. Irreführung und Flexibilität sollten den Irak schwächen. Auf Briefings für Journalisten dachten Generäle laut darüber nach, ob es nicht sinnvoll sei, erst das gesamte irakische Hinterland zu besetzen und Bagdad von der Außenwelt abzuschneiden, um SADDAM HUSAIN zur Kapitulation zu zwingen. Schon wenige Stunden später, als eigene Truppen in die Hauptstadt einrückten, erwiesen sich diese Aussagen als gezielte Täu-

schungsmanöver. Bei dieser Verwirrtaktik wurden Journalisten als Mittler genutzt. Pressearbeit war Bestandteil der Kriegführung. Dabei wurde nicht nur der Feind, sondern auch die eigene Öffentlichkeit falsch informiert.

Journalisten beobachten in Safwan (Südirak) die Verteilung von Hilfsgütern

Journalisten werden – ob sie es wollen oder nicht – für die Militärs immer wichtiger. Der US-Generalstab gab diesem Informationskrieg sogar die Bedeutung einer eigenen Front: »Wir wollten eine Kombination aus zwei Dingen«, zog der Oberkommandierende der USA, General TOMMY FRANKS, im Juni zum Irakkrieg Bilanz: »Einerseits sollte die Öffentlichkeit von unseren Plänen möglichst wenig erfahren, und andererseits sollte das irakische Regime getäuscht werden, damit es genau so reagierte, wie wir es wollten.«

Herausforderungen für Journalisten

In der Berichterstattung muss aus der Fülle der Informationen und Desinformationen ein Gesamtüberblick herausgefiltert werden, damit Teilaspekte eingeordnet und Eindrücke vor Ort bewertet werden können. Dies gilt um so mehr, je stärker Journalisten Augenzeugen sind, als ›embedded journalists‹ oder als selbstständig operierende Korrespondenten. Dabei macht die historisch beispiellose Geschwindigkeit der Übermittlung, aber auch die zunehmende Geschwindigkeit der Kriegführung selbst Einschätzungen immer schwieriger.

Was vor Ort oft nur erahnt werden kann, zeigt sich in den Redaktionen in größerer Schärfe. Nicht mehr die Beschaffung, sondern die Auswahl von Informationen und Bildern, ihre schnelle Einordnung und Kommentierung werden zum Problem.

Das Pentagon beschreibt die moderne Kampfführung als ›netzwerkzentriert‹. Armee, Luftwaffe, Marine und Special Forces stimmen ihre Operationen direkt miteinander ab. In der Kommandozentrale in Doha können die US-Generäle auf riesigen Fernseh- und Computerschirmen praktisch live verfolgen, wie die eigenen und auch die gegnerischen Truppen agieren und sie damit auch zeitnah dirigieren. Die Berichterstattung aus den Kampfgebieten sollte diese Vernetzung widerspiegeln.

So taten sich zwischen der Berichterstattung 1991 und 2003 journalistische Welten auf. Im 2. Golfkrieg war der Kampf um Bilder und Nachrichten extrem beschwerlich gewesen; oft wurden Aufnahmen aus Bagdad in Endlosschleifen wiederholt. Im März dieses Jahres übertrugen auf dem Informationsministerium in Bagdad installierte Kameras dagegen Bilder rund um die Uhr live in alle Welt. Militärs konnten diese Bilder – oder auch die der embedded arbeitenden Teams – nutzen, um sich eine direkten Eindruck von der Wirkung der eigenen Angriffe zu verschaffen oder sogar ihre Zielplanung zu verbessern. Der Zuschauer hatte die Illusion, direkt dabei zu sein. Dieser Eindruck wurde durch Trickfilme über die Wirkung von Waffensystemen oder Angriffen verstärkt. Journalisten und die Öffentlichkeit haben es dagegen immer schwerer, den Kriegsverlauf nachzuvollziehen. Auch die Bewertung wird komplizierter, da die Aussagen von Politikern zunehmend von PR-Beratern beeinflusst sind.

Vor diesem Hintergrund ist die alte Weisheit ›Das erste Opfer des Krieges ist die Wahrheit‹ überholt: Sie ist nicht das Opfer, sondern relativiert sich, da die Grenzen zwischen Realität, Fiktion und gezielter Täuschung immer mehr verschwimmen.

Reporter bringen sich am 6. April südlich von Bagdad bei einem amerikanischen Luftangriff in Sicherheit

General JANKO BOBETKO verstarb, bevor eine Entscheidung über seine Auslieferung als mutmaßl. Kriegsverbrecher an das ICTY unausweichlich wurde. Ein Gericht in Rijeka verurteilte am 24. März erstmals einen ranghohen Militär wegen Kriegsverbrechen zu zwölf Jahren Haft. Bei einem Besuch in Belgrad entschuldigte sich Präs. MESIĆ am 10. Sept. für die von kroat. Staatsbürgern an Serben und Montenegrinern begangenen Verbrechen. Zuvor hatte auch der Präs. von Serbien und Montenegro, SVETOZAR MAROVIĆ, eine Entschuldigung für die serb. Verbrechen an Kroaten ausgesprochen. – Nach offiziellen Angaben sind bislang 137 000 serb. Flüchtlinge nach K. zurückgekehrt.

Wahlsieg der Konservativen

Aus den Parlamentswahlen am 23. Nov. ging die oppositionelle nationalkonservative Kroat. Demokrat. Gemeinschaft (HDZ) mit einem klaren Sieg hervor. Sie kam auf 66 der 152 Parlamentssitze, während die von MinPräs. IVICA RAČAN geführte sozialdemokrat. SDP zus. mit drei kleineren Parteien auf 43 Sitze zurückfiel. HDZ-Chef IVO SANADER wurde am 23. Dez. als neuer Regierungschef vereidigt.

Schwerpunkte der Außenpolitik

K. stellte am 21. Febr. einen Antrag auf EU-Mitgliedschaft in der Erwartung, 2007 gemeinsam mit Bulgarien und Rumänien der EU beizutreten.
Im Irakkonflikt unterstützte K. die USA politisch. Jedoch lehnte die Reg. es ab, ein Immunitätsabkommen für amerikan. Staatsbürger gegenüber dem → Internat. Strafgerichtshof in Den Haag zu unterzeichnen, und ging dadurch der amerikan. Militärhilfe verlustig. ■

Kuba

Hauptstadt: Havanna
Einwohner: 11,3 Mio.
Einwohner/ km²: 102
Staatsoberhaupt und Regierungschef: F. Castro Ruz
BIP/Einwohner: -

Bei den Wahlen zur Nationalversammlung am 19. Jan. erhielten alle 609 Kandidaten der Kommunist. Partei die erforderl. Mehrheit; andere Parteien waren nicht zugelassen. Die Wahlbeteiligung lag offiziellen Angaben zufolge bei 97,61 %. Am 7. März wurde FIDEL CASTRO ohne Gegenkandidaten von der Nationalversammlung für eine sechste Amtszeit zum Präs. des Staatsrates gewählt.

Hartes Vorgehen der Justiz

Mitte März kam es zu einer Verhaftungswelle unter Dissidenten und regimekrit. Journalisten, die wenige Wochen später zu langjährigen Haftstrafen verurteilt wurden. Noch drastischer ging die Justiz gegen die Entführer einer Fähre vor, die trotz scharfer internat. Proteste zum Tod verurteilt und hingerichtet wurden. Die Maßnahmen wurden im Zusammenhang mit der rapiden Verschlechterung der Beziehungen zu den USA gesehen, denen die Reg. vorwarf, auf K. gezielt Unruhe zu verbreiten, um so den Boden für eine militär. Intervention zu bereiten. Dennoch stiegen die USA 2003 zum wichtigsten Lebensmittellieferanten K.s auf: Ihre Lebensmittelexporte beliefen sich auf über 300 Mio. US-$ und stellten mehr als 25 % aller kuban. Lebensmittelimporte dar.

■ Frauen von Dissidenten vor dem Gericht in Havanna, in dem ihre Männer verurteilt wurden: Hector Palacios zu 25 Jahren Haft, Osvaldo Alfonso zu 18 Jahren, Oscar Espinosa Chepe zu 20 Jahren

Annäherung an südamerikanische Staaten

Entgegen den Versuchen der USA und der EU, K. nach den Hinrichtungen internat. zu isolieren, bauten Argentinien und Brasilien ihre Kontakte zu K. aus. Erstmals seit 15 Jahren besuchte im Okt. ein argentin. Außenmin. den Inselstaat. Bereits im Sept. hatte der brasilian. Präs. LUIS INÁCIO DA SILVA, genannt LULA, in Havanna Abkommen zur wirtschaftl. Zusammenarbeit unterzeichnet. ■

KULTURCHRONIK

9. Januar. Das Programm der Europ. Kulturhauptstadt → Graz beginnt u. a. mit der szen. Uraufführung des Musiktheaters ›Begehren‹ des Schweizers BEAT FURRER.
9. Januar. Der Sammler FRIEDRICH CHRISTIAN FLICK und der Präs. der Stiftung Preuß. Kulturbesitz, KLAUS-DIETER LEHMANN, unterzeichnen in Berlin den Vertrag über die → Flick Collection. Damit kann eine der umfangreichsten Privatsammlungen mit Werken der Kunst des 20. Jh. ab 2004 in Berlin erstmals der Öffentlichkeit zugänglich gemacht werden.
12. Januar. In Berlin wird die Urkunde zur Aufnahme der Neunten Sinfonie von LUDWIG VAN BEETHOVEN in das → Weltdokumentenerbe der UNESCO überreicht.

18. Januar. In Saarbrücken erhält Anne → Wild den Max-Ophüls-Preis für ihr Spielfilmdebüt ›Mein erstes Wunder‹.

19. Januar. Bei der Verleihung der Golden Globes erhält ›The Hours‹ von STEPHEN DALDRY die Auszeichnung als bester Film und für die beste Darstellerin (NICOLE KIDMAN) in der Kategorie Drama; bester Schauspieler wird JACK NICHOLSON (›About Schmidt‹), bester Regisseur MARTIN SCORSESE (›Gangs of New York‹). In der Kategorie Musical/Komödie wird ›Chicago‹ von ROB MARSHALL als bester Film mit RENÉ ZELLWEGER und RICHARD GERE als besten Darstellern ausgezeichnet.

25. Januar. In Hannover und Nürnberg findet gleichzeitig die dt. Erstaufführung des Liebesdramas ›Mamma Medea‹ statt. Der aus Belgien stammende Autor TOM LANOYE versetzt darin den Medea-Mythos in die Gegenwart. SEBASTIAN NÜBLING führt in Hannover Regie, GEORG SCHMIEDLEITNER in Nürnberg.

Fernsehpreise 2003 (Auswahl)

Deutscher Fernsehpreis:
Preis für den besten Fernsehfilm/Mehrteiler an ›Unter Verdacht – Eine Landpartie‹ (ZDF/Pro GmbH), für die beste Serie an ›Abschnitt 40‹ (RTL/typhoon films), für die beste Sitcom an ›Alles Atze‹ (RTL/SONY Pictures), für die beste Comedy-Sendung an ›Die Harald Schmidt Show‹ mit Harald Schmidt (Sat.1/Bonito TV), für die beste Dokumentation an ›Andreas Baader – Der Staatsfeind‹ von Klaus Stern (NDR/ARD/sternfilm), für die beste Reportage an die Irak-Berichte und -Reportagen von Antonia Rados (RTL/Point Du Jour), für die beste Informationssendung an ›HART aber fair – Das Reizthema‹ (WDR/ARD/Klarlogo), für die beste Unterhaltungssendung an ›Deutschland sucht den Superstar‹ (RTL/GRUNDY Light Entertainment), für die beste tägliche Sendung an ›Gute Zeiten, schlechte Zeiten‹ (RTL/GRUNDY UFA), für die beste Sportsendung an ›Premiere Konferenz‹ (Premiere), für die beste Regie Fernsehfilm/Mehrteiler an Torsten C. Fischer für ›Der Anwalt und sein Gast‹ (ARD/SWR/MementoFilm d&d Berlin), für das beste Buch Fernsehfilm/Mehrteiler an Alexander Adolph für ›Unter Verdacht – Eine Landpartie‹ (ZDF/Pro GmbH), für den besten Schauspieler Fernsehfilm an Edgar Selge für ›Polizeiruf 110: Pech und Schwefel‹ (ARD/BR/d.i.e.film.gmbh) und für die beste Schauspielerin Fernsehfilm an Ulrike Krumbiegel für ›Geschlecht: weiblich‹ (SWR/ARD/Gambit Film); Ehrenpreis der Stifter an Rudi Carrell

Adolf-Grimme-Preis:
Preis mit Gold in der Kategorie Fiktion und Unterhaltung für ›Die Hoffnung stirbt zuletzt‹ (NDR/ARD) an Fred Breinersdorfer (Buch), Marc Rothemund (Regie), Anneke Kim Sarnau, Axel Prahl (Darsteller); für ›Blind Date: Taxi nach Schweinau‹ (ZDF) an Olli Dittrich und Anke Engelke (Buch/Darsteller); Publikumspreis der ›Marler Gruppe‹ für ›Mein Vater‹ (WDR/ARD) an Andreas Kleinert (Regie), Götz George, Klaus J. Behrendt (Darsteller); Sonderpreis des Ministeriums für Städtebau und Wohnen, Kultur und Sport des Landes Nordrhein-Westfalen für ›War Photographer‹ (ARTE) an Christian Frei (Buch/Regie/Kamera/Schnitt/Produktion)

Doris Dörrie wird am 20. März in Leipzig mit dem Deutschen Bücherpreis ausgezeichnet

1. Februar. Im Wallraf-Richartz-Museum in Köln beginnt die in Zusammenarbeit mit dem Montréal Museum of Fine Arts in Kanada konzipierte Ausstellung ›Richelieu – Kunst, Macht und Politik‹. Rd. 160 Gemälde, Zeichnungen und Skulpturen führen in das Leben und Denken des bedeutenden Staatsmannes des frz. Absolutismus ein.

2. Februar. Die Schlussszene der Oper ›Sonntag aus Licht‹ von KARLHEINZ STOCKHAUSEN mit dem Titel ›Hoch-Zeiten‹ wird im Rahmen des 19. Festival de Música de Canarias in Las Palmas uraufgeführt. Es handelt sich um das letzte Teilstück des siebenteiligen ›Licht‹-Zyklus, an dem der Komponist seit 1977 gearbeitet hat.

4. Februar. Im Metropolitan Museum in New York wird die Retrospektive über den dt. Fotokünstler THOMAS STRUTH eröffnet.

14. Februar. Mit der Ausstellung ›Vincents Wahlverwandtschaften‹ im Van-Gogh-Museum in Amsterdam und der Schau ›Vincent & Helene‹ im Kröller-Müller-Museum in Otterlo beginnen die Feierlichkeiten zum 150. Geburtstag von VINCENT VAN GOGH.

22. Februar. CHRISTOPH MARTHALER inszeniert am Zürcher Schauspielhaus ›Groundings/eine Hoffnungsvariante‹. Er verarbeitet darin auch eigene Erfahrungen um seine kurzzeitige Entlassung und die Wiedereinstellung.

22. Februar. Die umstrittene Leichenschau → Körperwelten wird in München plangemäß für das Publikum eröffnet. Erst am Vortag hatte der Bayer. Verwaltungsgerichtshof das Verbot der Stadt München aufgehoben und die Ausstellung unter Auflagen erlaubt.

23. Februar. Bei der Verleihung der amerikan. Schallplattenpreise wird die Popsängerin Norah → Jones mit fünf Grammys ausgezeichnet, u.a. in der Hauptkategorie ›Album des Jahres‹. BRUCE SPRINGSTEEN erhält drei Grammys.

24. Februar. Die Oper ›Perelá. Uomo di fumo‹ (Perelá. Der Mann aus Rauch) von PASCAL DUSAPIN (* 1955) nach dem Roman von ALDO PALAZZESCHI wird in Paris uraufgeführt. Die Inszenierung hat PETER MUSSBACH übernommen.

20. März. Im Rahmen der Leipziger Buchmesse wird der Dt. Bücherpreis verliehen. Zu den Preisträgern zählen Peter → Härtling, der für sein Lebenswerk geehrt wird, und Doris → Dörrie, die den Preis für deutschsprachige Belletristik erhält. Der Publikumspreis geht an HENNING MANKELL.
21. März. Im Theater der Stadt Marl findet die 39. Verleihung der Adolf-Grimme-Preise statt (→ S. 202).
22. März. In Bochum wird SIBYLLE BERGS Stück ›Schau, da geht die Sonne unter‹ in der Regie von NIKLAUS HELBLING uraufgeführt. In diesem ›Spaß ab 40‹, so der Untertitel, analysieren sich die Erfolgreichen und die Gestrandeten selbst und ziehen Bilanz.
23. März. Bei der Verleihung der Academy Awards erhält mit ›Nirgendwo in Afrika‹ von CAROLINE LINK überraschend ein dt. Beitrag den ›Oscar‹ für den besten fremdsprachigen Film. Auf ›Chicago‹ von ROB MARSHALL entfallen insgesamt vier Auszeichnungen, darunter die ›Oscars‹ für den besten Film und die beste Nebendarstellerin, CATHERINE ZETA-JONES. ›Der Pianist‹ von ROMAN POLANSKI erhält drei ›Oscars‹: für die beste Regie, den besten Hauptdarsteller (ADRIEN BRODY) und das beste Drehbuch nach einer Vorlage (RONALD HARWOOD). Beste Hauptdarstellerin wird NICOLE KIDMAN (›The Hours‹).
23. März. Der Schauspieler Michael → Maertens wird in Bensheim mit dem renommierten Schauspielpreis Gertrud-Eysoldt-Ring ausgezeichnet.
29. März. Nach dreijähriger Renovierungspause werden die Münchner Kammerspiele mit ›Othello‹ wieder eröffnet. In der Bearbeitung von FERIDUN ZAIMOGLU und GÜNTER SENKEL inszeniert LUK PERCEVAL das Stück sehr frei nach WILLIAM SHAKESPEARE.
29. März. Im Garten des Schlosses Herrenhausen in Hannover wird eines der letzten Werke der frz. Künstlerin NIKI DE SAINT PHALLE (* 1930, + 2002) der Öffentlichkeit übergeben, eine dem Thema ›Tag und Leben‹ gewidmete Grotte.
11. April. Am Wiener Burgtheater wird ›Das Werk‹ von ELFRIEDE JELINEK in der Inszenierung von NICOLAS STEMANN uraufgeführt. Das dem Regisseur EINAR SCHLEEF gewidmete Stück thematisiert die Geschichte des Tauernkraftwerks von Kaprun, u. a. auch das Bergbahnunglück vom Nov. 2000.
17. April. CHRISTOPH MARTHALER inszeniert mit ›Lieber nicht. Eine Ausdünnung‹ an der Berliner Volksbühne ein Stück über Bartleby, den Protagonisten aus HERMAN MELVILLES gleichnamiger Erzählung. Der Regisseur kommt mit vier Klavieren, einer Bühne, gebaut von ANNA VIEBROCK, und wenig Text aus.
29. April. Das ZDF strahlt erstmals die neue 30-minütige Literatursendung ›Lesen!‹ mit Elke → Heidenreich als Moderatorin aus.
3. Mai. ALBERT OSTERMAIERS Stück ›Auf Sand‹ wird am Hamburger Thalia Theater uraufgeführt. Der Autor sucht darin das Mythische im Alltäglichen, und der Zuschauer folgt einem Rollenspiel, in dem Badeurlauber zu antiken Helden und olymp. Göttern mutieren. Regie führt MARTIN KUSEJ.
9. Mai. Im Pariser Louvre eröffnet die seit 1952 größte Werkschau über den italien. Universalisten LEONARDO DA VINCI.
10. Mai. Der schweizer. Schriftsteller Adolf → Muschg wird in Berlin zum Präs. der Akademie der Künste Berlin-Brandenburg gewählt.
11. Mai. Im Saarland-Museum in Saarbrücken eröffnet eine große Überblicksschau über den russ. Künstler ILJA REPIN, der als Wegbereiter des Sozialist. Realismus gilt.
11. Mai. Im Frankfurter Städel endet die Kunstausstellung ›Rembrandt Rembrandt‹ mit einem Besucherrekord: 250 000 Menschen sahen die Retrospektive über den berühmten Niederländer.
17. Mai. In der Europ. Kulturhauptstadt Graz wird im Rahmen des Festprogramms am dortigen Schauspielhaus GERT JONKES ›Chorphantasie‹ uraufgeführt. In dem Stück um einen Dirigenten, einen Konzertmeister und einen Chor führt CHRISTIANE POHLE Regie.

■ 250 000 Menschen besuchen bis zum 11. Mai die Rembrandt-Ausstellung in Frankfurt am Main

20. Mai. Der Däne Jørn → Utzon, Architekt des Opernhauses in Sydney, erhält in Madrid den Pritzker-Preis für Architektur.
22. Mai. Wolfgang → Rihm wird in München mit dem internat. Ernst-von-Siemens-Musikpreis ausgezeichnet.
23. Mai. Mit der Eröffnung der großen Sonderausstellung ›Idee Europa. Entwürfe zum Ewigen Frieden‹ wird die von IEOH MING PEI entworfene Wechselausstellungshalle des Dt. Histor. Museums in Berlin der Öffentlichkeit übergeben.
24. Mai. Am Züricher Schauspielhaus wird RENÉ POLLESCHS ›Bei Banküberfällen wird mit wahrer Liebe gehandelt‹ uraufgeführt. Zum ersten Mal führt der Autor nicht selbst Regie, er hat STEFAN PUCHER diese Aufgabe überlassen.
25. Mai. Der amerikan. Film ›Elephant‹ von GUS VAN SANT wird bei den internat. Filmfestspielen in Cannes mit der Goldenen Palme und für die beste Regie ausgezeichnet. Den großen Preis spricht die Jury ›Uzak‹ von NURI BILGE CEYLAN (Türkei) zu, der auch den Preis für den besten männl. Darsteller erhält (MUZAFFER ÖZDEMIR und MEHMET EMIN TOPRAK). Beste Schauspielerin ist MARIE-JOSÉE CROZE (›Les invasions barbares‹, Kanada).
27. Mai. Nach dreijähriger Renovierung wird die Dt. Akademie Villa Massimo in Rom wieder eröffnet. Die seit 1910 bestehende Akademie vergibt einjährige Stipendien an bildende Künstler, Architekten, Musiker sowie Literaten und ist die wichtigste Fördereinrichtung für dt. Künstler im Ausland.
30. Mai. KLAUS MARIA BRANDAUER als Sprecher ist der Star des musiktheatral. Werks ›König der Nacht‹ von JAN MÜLLER-WIELAND (* 1966), das im Rahmen des österr. Feldkirch-Festivals uraufgeführt wird.
30. Mai. In Lübeck wird der 6,4 Mio. € teure Neubau der Kunsthalle St. Annen eingeweiht. Die von der Lübecker Possehl-Stiftung finanzierte Stahlbeton-Glas-Konstruktion wurde auf den Resten der Mitte des 19. Jh. abgebrannten Klosterkirche St. Annen errichtet und beherbergt Kunst nach 1945.
31. Mai. Im Katharinenpalast in St. Petersburg übergeben der russ. Staatspräs. WLADIMIR PUTIN und Bundeskanzler GERHARD SCHRÖDER der Öffentlichkeit eine originalgetreue Kopie des → Bernsteinzimmers.
6. Juni. Aus der Verleihung des Dt. Filmpreises in Berlin geht ›Good Bye, Lenin!‹ von WOLFGANG BECKER als großer Sieger hervor. Neben dem Filmband in Gold für den besten Film erhält die Ost-West-Komödie auch den Preis für die beste Regie, den besten Hauptdarsteller (DANIEL BRÜHL), den besten Nebendarsteller (FLORIAN LUKAS), die beste Musik (YANN THIERSEN) und den Publikumspreis für den Film des Jahres. Filmbänder in Silber gehen an ›Lichter‹ von HANS-CHRISTIAN SCHMID und ›Nackt‹ von DORIS DÖRRIE. Als beste Hauptdarstellerin wird HANNELORE ELSNER (›Mein letzter Film‹) ausgezeichnet.
14. Juni. In Venedig wird die 50. Biennale für zeitgenöss. Kunst eröffnet. Rd. 380 Künstler aus 64 Nationen beteiligen sich an der globalen Kunstschau mit dem Leitthema ›Träume und Konflikte: Die Diktatur des Zuschauers‹.
15. Juni. FRANK CASTORF zeigt im Rahmen der Wiener Festwochen das 1959 am Broadway uraufgeführte Stück ›Süßer Vogel Jugend‹ von TENNESSEE WILLIAMS.
18. Juni. In Mannheim werden die 12. Schillertage mit einer Neuinszenierung der 1782 hier uraufgeführten ›Räuber‹ eröffnet.
3. Juli. Im Nationalmuseum in Bagdad wird der Goldschatz von → Nimrud, eine Prachtsammlung von 3000 Jahre alten assyr. Goldgegenständen, der

Das Nationalmuseum in Bagdad zeigt am 3. Juli erstmals den Goldschatz, der von 1988 bis 1992 bei der Fundstelle Nimrud ausgegraben wurde

Weltöffentlichkeit präsentiert. Der einzigartige Schatz war während des Irakkrieges in einem Banksafe aufbewahrt worden und so von Plünderungen verschont geblieben.
10. Juli. Die beiden größten und renommiertesten frz. Festspiele in Avignon und Aix-en-Provence müssen wegen eines landesweiten Streiks der freien Kulturschaffenden abgesagt werden.
18. Juli. Im Berliner Alten Museum eröffnet die mit 400 chin. Meisterwerken reich bestückte Ausstellung ›Schätze der Himmelssöhne‹. Anschließend wird die Schau in der Bonner Bundeskunsthalle zu sehen sein.
25. Juli. Die Bayreuther Festspiele werden mit einer Neuinszenierung von ›Der fliegende Holländer‹ eröffnet. Sowohl Dirigent MARC ALBRECHT als auch Regisseur CLAUS GUTH geben in Bayreuth ihr Debüt.
25. Juli. Mehr als ein Jahrzehnt nach dem Fall der Mauer blickt eine große Ausstellung in der Neuen Nationalgalerie in Berlin auf 40 Jahre ›Kunst in der DDR‹. Die Retrospektive präsentiert 390 Werke von 145 Künstlern.
12. August. Bei den Salzburger Festspielen wird die Oper ›L'Upupa und der Triumph der Sohnesliebe‹ von HANS WERNER HENZE uraufgeführt. Unter dem Dirigat von MARKUS STENZ spielen die Wiener Philharmoniker
16. August. MICHAEL THALHEIMERS erste Regie bei den Salzburger Festspielen dauert nur achtzig Minuten. In seiner Inszenierung von GEORG BÜCH-

NERS ›Woyzeck‹ sind am Ende alle tot, nur der Protagonist lebt noch, der hier einmal nicht Opfer, sondern Täter ist.

23. August. In der Villa Hügel in Essen eröffnet die Ausstellung ›Die fläm. Landschaft. 1520 – 1700‹. Unter den rd. 100 Gemälden befinden sich u.a. Meisterwerke von JOHANN PATINIR, JAN BRUEGHEL D. Ä. und PETER PAUL RUBENS.

29. August. In der Bonner Bundeskunsthalle wird die Ausstellung ›Japans Schönheit, Japans Seele‹ eröffnet. Die gezeigten Meisterwerke stammen aus dem Tokyo National Museum.

29. August. GIDON KREMER spielt in Hamburg die Uraufführung des Violinkonzerts von MICHAEL NYMAN im Rahmen des Schleswig-Holstein-Musik-Festivals.

4. September. In der Wiener Albertina eröffnet die Ausstellung über den dt. Renaissancekünstler ALBRECHT DÜRER. In der ersten Gesamtschau seit über 30 Jahren werden 200 Originale aus allen Werkgruppen gezeigt.

6. September. Bei den Filmfestspielen von Venedig wird die dt. Schauspielerin KATJA RIEMANN für ihre Darstellung in MARGARETHE VON TROTTAS ›Rosenstraße‹ mit der Coppa Volpi als beste Schauspielerin ausgezeichnet. Den Goldenen Löwen für den besten Film bekommt der russ. Regisseur ANDREJ SWJAGINZEW für ›Woswrastschenie‹ (Die Rückkehr). Der Preis für die beste Regie geht an den Japaner TAKESHI KITANO für ›Zatoichi‹. Bester Darsteller wird SEAN PENN für seine Rolle in ›21 Grams‹.

7. September. Für 44 Tage begibt sich der amerikan. Extremkünstler David → Blaine in eine Plexiglasbox, die in 12 m Höhe von einem Kran nahe der Londoner Tower-Bridge über der Themse hängt.

10. September. Anlässlich des zweiten Jahrestages seiner Eröffnung zeigt das Jüd. Museum in Berlin eine Ausstellung über den Architekten und Erbauer des Hauses, DANIEL LIBESKIND. Unter den 14 ausgewählten Projekten befindet sich auch der preisgekrönte Entwurf für → Ground Zero.

12. September. Am Dt. Theater in Berlin inszeniert THOMAS SCHULTE-MICHELS die dt. Erstaufführung von NEIL LABUTES Zweipersonenstück ›Tag der Gnade‹, in dem der Autor eine Beziehungsgeschichte vor dem Hintergrund des 11. Sept. 2001 erzählt.

12. September. Nach über vierjähriger Bauzeit wird das neue Erfurter Opernhaus mit einem Festakt und der Uraufführung des Auftragswerks ›Luther‹ von PETER ADERHOLD eröffnet.

13. September. Der Komponist György → Ligeti wird in Frankfurt am Main mit dem Theodor-W.-Adorno-Preis geehrt.

19. September. RENÉ POLLESCHS jüngstes Stück ›Splatterboulevard‹ wird am Dt. Schauspielhaus Hamburg uraufgeführt. Der selbst inszenierende Autor wendet sich damit wieder dem Genre der Theater-Soap zu.

27. September. Im Kölner Coloneum findet die Gala zur Verleihung der Dt. Fernsehpreise statt (→ S. 202).

27. September. In der Kulturhauptstadt des Jahres 2003 Graz wird das wegen seiner extravaganten Form auch als ›Friendly Alien‹ bezeichnete neue Kunsthaus eröffnet. Der Entwurf stammt von den Londoner Architekten PETER COCK und COLIN FOURNIER, beides Mitgl. der Archigram-Gruppe.

4. Oktober. Am Zürcher Schauspielhaus findet eine doppelte Uraufführung statt: FALK RICHTERS ›Sieben Sekunden / In God we trust‹ wird als eine Art Prolog zu ROLAND SCHIMMELPFENNIGS ›Für eine bessere Welt‹ gespielt. Beide Stücke behandeln das Thema Krieg.

10. Oktober. Das Stuttgarter ›Forum Neues Musiktheater‹ nimmt mit der Uraufführung von ANDREAS BREITSCHEIDS Musiktheater ›Im Spiegel wohnen‹ den Spielbetrieb auf. Diese Institution der Stuttgarter Oper versteht sich als Experimentallabor für neue Erzählstrukturen und mediale Technik auf der Bühne.

12. Oktober. Die amerikan. Schriftstellerin und Essayistin Susan → Sontag wird in Frankfurt am Main mit dem Friedenspreis des Dt. Buchhandels ausgezeichnet.

Szene aus dem Film »Rosenstraße« mit Katja Riemann (links), die für ihre Darstellung am 6. September bei den Filmfestspielen in Venedig als beste Schauspielerin ausgezeichnet wird

17. Oktober. Das Eröffnungskonzert der Donaueschinger Musiktage wartet mit Uraufführungen von RICARDO NILLNI, EMMANUEL NUNES und WALTER ZIMMERMANN auf.

18. Oktober. Nach der Uraufführung in Edinburgh 2002 wird JON FOSSES Stück ›Das Mädchen auf dem Sofa‹ am Schauspiel Nürnberg zum ersten Mal in Deutschland gezeigt. Regie führt DIRK SCHULZ.

19. Oktober. Zum letzten Mal ist die im Rahmen der Ruhrtriennale im Oberhausener Gasometer eingerichtete Videoinstallation des Amerikaners BILL VIOLA ›Five Angels for the Millennium‹ dort zu sehen. Mehr als 100 000 Besucher kamen in das Industriedenkmal.

23. Oktober. In Los Angeles wird die neue Walt Disney Concert Hall (2265 Plätze) des amerikan. Architekten FRANK GEHRY mit einem Galakonzert

Die Videoinstallation ›Five Angels for the Millennium‹ von Bill Viola wird im Gasometer Oberhausen am 19. Oktober zum letzten Mal gezeigt

des Los Angeles Philharmonic Orchestra unter Leitung von ESA-PEKKA SALONEN eröffnet.
25. Oktober. In Darmstadt wird der Schriftsteller Alexander → Kluge mit dem Georg-Büchner-Preis ausgezeichnet.
25. Oktober. Im Konzerthaus in Dortmund vergibt die Dt. Phono-Akademie den ›Echo Klassik‹ in 22 Kategorien. Die Sängerin ANNELIESE ROTHENBERGER wird für ihr Lebenswerk ausgezeichnet. NIKOLAUS HARNONCOURT erhält den Sonderpreis ›Artist of the Year‹. Instrumentalistin des Jahres ist die Klarinettistin SABINE MEYER, Sängerin des Jahres die Mezzosopranistin VESSELINA KASAROVA und Sänger des Jahres der italien. Tenor SALVATORE LICITRA.
1. November. In der Karlsruher Kunsthalle beginnt eine umfassende Werkschau über den frz. Maler der Romantik, EUGÈNE DELACROIX.
8. November. Bei der Düsseldorfer Uraufführung des Stückes ›69‹ führt der Autor IGOR BAUERSIMA selbst Regie. Das Stück besteht aus drei Textteilen, die bei zukünftigen Aufführungen in unterschiedl. Reihenfolge gespielt werden sollen.
9. November. Der Regisseur PETER KONWITSCHNY wird für seine drastische Neusicht von ALBAN BERGS Oper ›Lulu‹ ebenso ausgebuht wie gefeiert.
12. November. Die 1738 entstandene Oper ›Serse‹ (dt. Xerxes) von GEORG FRIEDRICH HÄNDEL erlebt in Paris die frz. Erstaufführung.
15. November. CHRISTINA PAULHOFER inszeniert am Schauspiel Hannover die Uraufführung von ›Fünf Goldringe‹, dem neuen Stück der brit. Dramatikerin JOANNA LAURENS.
16. November. Der amerikan. Bestsellerautor MICHAEL MOORE beginnt in Berlin eine einwöchige Lesetour durch Deutschland, um sein neues Buch ›Volle Deckung Mr. Bush‹ vorzustellen. Der Autor liest auf Englisch vor großem Publikum.
16. November. Unter dem Protest von rd. 100 Demonstranten wird in Erlangen das umstrittene NS-Drama ›Die Wölfe‹ von HANS REHBERG gezeigt. Die wortgetreue Inszenierung des 1944 uraufgeführten Stücks aus der Feder des NS-Dramatikers hatte einen heftigen Streit ausgelöst.
22. November. MORITZ RINKES ›Die Optimisten‹ wird am Bochumer Schauspielhaus uraufgeführt. Regie in dieser Globalisierungsfarce führt der Hausherr MATTHIAS HARTMANN.
8. Dezember. Sat.1 teilt überraschend mit, dass die Late-Night-Show mit HARALD SCHMIDT 2004 nicht fortgesetzt wird. Der Entertainer wolle eine »Kreativpause« einlegen.
10. Dezember. Der südafrikan. Schriftsteller JOHN MAXWELL COETZEE wird mit dem Literaturnobelpreis geehrt.
10. Dezember. Mit der rd. 1200 Objekte umfassenden Ausstellung ›Der Preis der Schönheit. Zum 100. Geburtstag der Wiener Werkstätte‹ erinnert das Museum für angewandte Kunst (MAK) in Wien an die bedeutende Kunst- und Designbewegung.
12. Dezember. Am Wiener Burgtheater wird ELFRIEDE JELINEKS ›Bambiland‹ uraufgeführt. CHRISTOPH SCHLINGENSIEF inszeniert das Stück, in dem die Autorin u.a. Kritik an der Kriegsberichterstattung der Amerikaner während des Irakkriegs übt: Der Irak ist Bambiland.
14. Dezember. Fast acht Jahre nach seiner Zerstörung durch einen Brand wird in Venedig das Opernhaus → La Fenice mit einem Galakonzert wiedereröffnet.
25. Dezember. Bei einem Erdbeben im Süden des Iran wird die histor. Festung von Bam zerstört. Sie gehörte zu den herausragenden Kulturplätzen des Landes und zog jährlich Tausende Besucher an.

Kulturhauptstadt Europas, → Graz.

Kündigungsschutz: Als Teil der → Agenda 2010 beschloss der Bundestag am 19. Dez. eine Änderung des K.-Gesetzes. Es erfasst ab 1. 1. 2004 nur noch Betriebe mit mehr als zehn (bisher: fünf) Beschäftigten. Jedoch gilt die Lockerung des K. nur für neu eingestellte Mitarbeiter. Die Regelung geht über die Fassung hinaus, die der Bundestag schon am 26. Sept. beschlossen hatte. Obwohl im Bundesrat nicht zustimmungspflichtig, setzten die Unionsparteien diese Reform auf die Tagesordnung des Vermittlungsausschusses und erwirkten eine Korrektur in ihrem Sinne.
Für die Sozialauswahl sind nur noch die Dauer der Betriebszugehörigkeit, das Lebensalter und die Unterhaltsverpflichtungen des Arbeitnehmers relevant. ›Leistungsträger‹ können von der Sozialauswahl ausgenommen werden. Die gerichtl. Überprüfung der Sozialauswahl wurde eingeschränkt.

Bei einer betriebsbedingten Kündigung kann der Arbeitnehmer künftig zw. einer K.-Klage (wie bisher) oder der gesetzl. Abfindung von einem halben Monatsgehalt pro Beschäftigungsjahr wählen.

KUNSTAUSSTELLUNGEN

Die schon länger spürbare Tendenz in der Kunstszene, den bisherigen Eurozentrismus aufzugeben und stärker die Perspektive einer die Kulturen verbindenden Weltkunst in den Vordergrund zu rücken, prägte das Ausstellungsjahr 2003.

Begegnung der Kulturen

Den vielschichtigsten Eindruck von der globalen Vernetzung der Gegenwartskunst gewährte die vom 14. Juni bis 2. Nov. in Venedig ausgerichtete 50. Biennale, die unter dem Leitthema ›Träume und Konflikte: Die Diktatur des Zuschauers‹ stand. Von dem neuen künstler. Leiter FRANCESCO BONAMI arrangiert, überraschte die Weltkunstschau durch zahlreiche Sonderschauen, die neben die übl. Länderpräsentationen traten. Um der Diversität der Kunstentwicklungen Rechnung zu tragen, hatte BONAMI gleich mehrere junge Kuratoren damit beauftragt, voneinander unabhängige Einzelausstellungen zu organisieren. Im Ergebnis setzte die Biennale in ihrem 50. Jubiläumsjahr v. a. hinsichtlich ihres Umfangs neue Maßstäbe. Krit. Stimmen bemängelten allerdings die Unübersichtlichkeit der Ausstellung und mahnten die Rückkehr zu stringenteren Inhalten und einheitlicheren Statements an.

Das wachsende Interesse an histor. Zeugnissen anderer Kulturen spiegelte sich in mehreren Ausstellungen wider, etwa der bereits im Herbst 2002 in London gestarteten, monumentalen archäolog. Schau über die Azteken Mexikos, die 2003 in Berlin und Bonn gastierte. Daneben bildete der asiat. Raum einen Schwerpunkt. So zeigte das Alte Museum in Berlin unter dem Titel ›Schätze der Himmelssöhne‹ ab 18. Juli ausgesuchte Meisterwerke des chin. Kaiserhofs (ab Nov. in der Bundeskunsthalle in Bonn). Die 400 Exponate aus allen Epochen der chin. Kunstgeschichte, darunter Gemälde, Keramiken, Porzellan, Bronzen, Jade- und Elfenbeinschnitzereien sowie Kalligrafien, waren erstmals in Deutschland zu sehen. Ebenfalls in Bonn spürte die Kunstschau ›Japans Schönheit, Japans Seele‹ der Entstehung und Entwicklung der spezif. japan. Kunst und Ästhetik zw. dem 15. und 18. Jh. nach. Die rd. 120 Exponate wurden ab dem 29. Aug. im Bonner Ausstellungshaus gezeigt. Als Brückenschlag zw. drei Kulturen verstand sich schließlich die am 30. Juni eröffnete Ausstellung ›Ex Oriente‹ im Aachener Dom und Rathaus. Mehr als 570 Objekte aus der islam., der christl. und der jüd. Welt verdeutlichten den Kulturtransfer um das Jahr 800, als KARL DER GROSSE von Aachen aus eine Delegation um den Juden ISAAK nach Bagdad in das Zentrum der islam. Welt schickte, um den Kalifen HARUN AL RASHID zu ehren.

Neuauflagen und Newcomer

Einige der großen Kunstereignisse des Jahres waren Retrospektiven, die das schöpfer. Werk einzelner Künstlerpersönlichkeiten in den Mittelpunkt rückten. Am 14. Febr. leiteten die Niederlande ihren Ausstellungsreigen anlässlich des 150. Geburtstages von VINCENT VAN GOGH ein. Zeitgleich eröffneten die Ausstellungen ›Vincents Wahlverwandtschaften‹ im Van-Gogh-Museum in Amsterdam und ›Vincent & Helene‹ im Kröller-Müller-Museum in Otterlo. Die Amsterdamer Ausstellung stellte Gemälde berühmter Vorfahren und Zeitgenossen – u. a. von RUBENS und GAUGUIN – den Werken VAN GOGHS gegenüber und spürte so den Einflüssen auf sein künstler. Werk nach. Hingegen war in Otterlo die beachtl. Sammlung von Gemälden und Zeichnungen VAN GOGHS zu sehen, die die Namensgeberin des Museums, HELENE KRÖLLER-MÜLLER, ab 1908 erworben hatte. Ende Juni folgte in Amsterdam eine dritte Ausstellung, ›Gogh modern‹, die den Einflüssen VAN GOGHS auf Künstler nach 1945 nachging und mit Werken von ANDY WARHOL bis BRUCE NAUMAN den Bogen bis in die Gegenwart spannte.

Besucherinnen betrachten auf der 50. Kunstbiennale in Venedig das Gemälde ›Forewood‹ des Briten Chris Ofili

Mit REMBRANDT widmete sich das Städel in Frankfurt am Main einem weiteren bedeutenden niederländ. Maler. Als einzige Stadt in Europa übernahm das Kunsthaus die vom Nationalmuseum in Kyōtō kuratierte Rembrandt-Schau, die mit Leihgaben aus aller Welt bestückt war. Die hochkarätige Ausstellung, die vom 1. Febr. bis 11. Mai zu sehen war, erwies sich als Publikumsmagnet und zählte 250 000 Besucher.

Die Aachener Ausstellung ›Ex Oriente‹ zeigt Exponate aus der islamischen, christlichen und jüdischen Welt des Mittelalters

In den Blickpunkt rückten außerdem ALBRECHT DÜRER in Wien sowie LEONARDO DA VINCI in Paris. Seit Jahrzehnten bot sich damit erstmals wieder die Gelegenheit, eine breite Werkauswahl beider Meister sehen zu können. In der Wiener Albertina, die die erste Dürer-Gesamtschau seit 30 Jahren zeigte, konnte der Besucher anhand von Originalzeichnungen den Werkprozess vom Entwurf bis zum fertigen Bild nachvollziehen. Die Ausstellung über LEONARDO DA VINCI im Pariser Louvre war mit 83 Zeichnungen, drei Gemälden und zwölf Manuskripten noch umfangreicher als die letzte spektakuläre Retrospektive über den italien. Künstler von 1952.
In der Londoner National Gallery wurde die bisher größte Tizian-Ausstellung Großbritanniens präsentiert: Die über 60 gezeigten Werke, darunter mehr als 40 Leihgaben aus aller Welt, verdeutlichten die überragende Stellung des venezian. Künstlers TIZIAN, der bereits zu Lebzeiten als einer der bedeutendsten Maler galt.
Neben den Ausstellungen Alter Meister, deren Publikumswirksamkeit von vornherein garantiert ist, konnten auch weniger spektakuläre Kunstschauen Erfolge verbuchen. Zu erwähnen ist hier die Werkschau des russ. Künstlers ILJA REPIN (* 1844, † 1930), die von Mai bis Aug. im Saarland-Museum in Saarbrücken und anschließend in der Alten Nationalgalerie in Berlin zu sehen war. Sie eröffnete einen differenzierten Blick auf das Werk des Malers, der während des Kalten Krieges von den Sowjets heroisiert wurde und deshalb im Westen lange vernachlässigt blieb. Aus Anlass des 140. Todestages von EUGENE DELACROIX (* 1798, † 1863) organisierte die Kunsthalle in Karlsruhe eine Retrospektive über den für seinen kühnen Umgang mit Farbe bekannten Vertreter der frz. Romantik. Mit 200 Gemälden, Zeichnungen und Druckgrafiken aus über 70 Museen und Privatsammlungen handelte es sich um die bislang größte dt. Delacroix-Ausstellung. In Frankreich erwies sich das Werk von EDOUARD VUILLARD (* 1868, † 1940) im Herbst als eine lohnende Wiederentdeckung: Im Pariser Grand Palais wurden 230 seiner Werke chronologisch und nach Themengebieten geordnet gezeigt. Die Auswahl gab einen vollständigen Überblick über den Künstler und Dekorateur, der mit Vorliebe Interieurs darstellte.

Die Kunst der Fotografie

Dem zunehmenden Interesse an Fotografie entsprachen 2003 mehrere hochkarätige Fotoausstellungen. Die Londoner National Portrait Gallery widmete ab März erstmals JULIA MARGARET CAMERON (* 1815, † 1879) eine große Ausstellung. Die brit. Fotografin, die durch ihre Porträts von ALFRED TENNYSON, CHARLES DARWIN, JOHN HERSCHEL u. a. berühmten Persönlichkeiten bekannt wurde, fand zu einem ganz eigenen Stil, indem sie z. B. mit Unschärfen, Weichzeichner oder Verzerrungen arbeitete. Wie CAMERON konzentrierte sich auch AUGUST SANDER (* 1876, † 1964) auf die Porträtkunst: Eine umfangreiche Werkschau mit mehr als 250 Abzügen des dt. Fotografen wurde unter dem Titel ›Menschen des 20. Jh.‹ in Köln (Stadtsparkasse) und Berlin (Martin-Gropius-Bau)

Das Van-Gogh-Museum in Amsterdam zeigt zum 150. Geburtstag des Künstlers in der Schau ›Vincents Wahlverwandtschaften‹ Kunstwerke und Künstler, die van Gogh beeinflusst haben

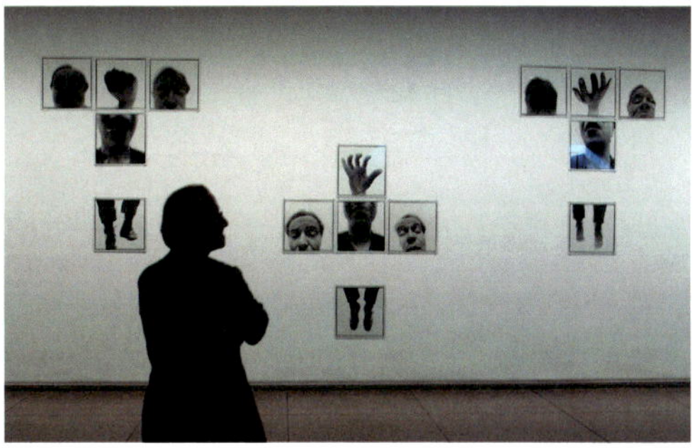

Die Installationsfotografie ›Zweite Sekunde eines Schrittes‹ von Thomas Florschuetz in der Berliner Ausstellung ›Kunst in der DDR‹

gezeigt. Im Zentrum standen seine sachlichen und detailreichen Porträts von Menschen. Erstmals wurde dabei das von SANDER entwickelte Konzept einer Gesamtschau verschiedener Gesellschaftsschichten und Berufsgruppen (z. B. ›Die Bauern‹, ›Die Stände‹) umgesetzt.
Die internat. Wertschätzung der dt. Fotokunst dokumentierte neben der 2003 in New York und Chicago gastierenden Retrospektive über THOMAS STRUTH die erste amerikan. Werkschau mit über 40 Großformaten des Leipzigers ANDREAS GURSKY im Museum of Modern Art in San Francisco.

Der Blick nach Osten

In der Berliner Nationalgalerie blickte eine große Ausstellung vom 25. Juli bis 26. Okt. auf die ›Kunst in der DDR‹. Vier Jahre nach der umstrittenen Ausstellung ›Aufstieg und Fall der Moderne‹ in Weimar, die die Kunst der DDR in die Nähe der NS-Ästhetik gerückt hatte, setzten die Kuratoren ROLAND MÄRZ und EUGEN BLUME dem seither in der dt. Kunstszene schwelenden Unbehagen ein Ende. Sie verzichteten auf eine tendenziöse Perspektive und zeigten in einem chronolog. Rundgang ein umfassendes Bild des Kunstschaffens in der DDR, wobei jedoch ausgesprochen staatstragende Propagandakunst ausgeklammert blieb. Im Ergebnis konnte die mit rd. 400 Gemälden, Skulpturen und Fotografien von 135 Künstlern bestückte Schau – darunter GERHARD ALTENBOURG, HERMANN GLÖCKNER, A.R. PENCK und WERNER TÜBKE – primär eines sichtbar machen: eine vielfältige Kunstszene, die trotz Zensur und Repressalien eine reflektierte Auseinandersetzung mit den zentralen internat. Kunstströmungen der Zeit aufweist.
Dt. und russ. Gegenwartskunst stand bei der Ausstellung ›Berlin – Moskau 1950 – 2000‹ im Mittelpunkt, die am 28. Sept. im Berliner Martin-Gropius-Bau eröffnet wurde und ab März 2004 auch in Moskau zu sehen sein wird. Die dt.-russ. Kulturkooperation zeigte Kunst im Spannungsfeld der Ideologien und konfrontierte dabei rd. 500 Arbeiten aus Ost und West nach Themenkreisen ohne Rücksicht auf kunsthistor. Kriterien. Dem lag das Bemühen zugrunde, ästhet. Grenzübergänge zw. der ehem. Sowjetunion und dem Westen aufzuzeigen.
In Anlehnung an den Russland-Schwerpunkt der Frankfurter Buchmesse präsentierte die dortige städt. Kunsthalle Schirn die Ausstellung ›Traumfabrik Kommunismus – Die visuelle Kultur der Stalinzeit‹ mit Werken von KASIMIR MALEWITSCH, ALEXANDER GERASSIMOW, GUSTAV KLUZIS und anderen. Viele der rd. 200 Exponate waren erstmals seit dem Tod Stalins öffentlich zu sehen.

Kunstraub: Bei den Plünderungen nach Ende des Irakkriegs wurde das Irak. Nationalmuseum in Bagdad Opfer eines z. T. organisierten K. gigant. Ausmaßes, bei dem über 6 000 Exponate aus der Zeit der mesopotam. Hochkulturen und der frühislam. Periode gestohlen wurden. Experten zufolge wurden dadurch wichtige Teile des Kulturerbes einer Region zerstört, die als Wiege der Zivilisation gilt. Amerikan. Polizei und Interpol hoffen, durch gezielte Überwachung des internat. Kunstmarkts einen Teil der Beute wieder aufspüren zu können.
Diese Hoffnung besteht für rd. 100 europ. Gemälde nicht mehr: Um ihren Sohn zu entlasten, zerstörte die Mutter des elsäss. Kunsträubers STÉPHANE BREITWIESER zahlreiche Meisterwerke, darunter Gemälde von PIETER BRUEGHEL, LUCAS CRANACH D. Ä. und ANTOINE WATTEAU. Von 1995 bis zu seiner Festnahme im Nov. 2001 hatte BREITWIESER mehr als 200 Gemälde und Kunstgegenstände aus versch. europ. Museen entwendet. Im Febr. 2003 wurde er von einem Schweizer Gericht zu einer vierjährigen Haftstrafe verurteilt.

Funktionsschema eines Kurbelwellen-Starter-Generators

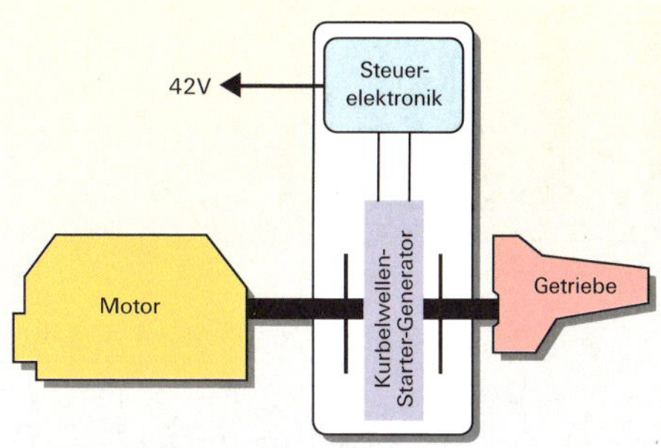

Kurbelwellen-Starter-Generator, Abk. **KSG:** Bis 2003 erlangten KSG versch. Automobilzulieferer Serienreife; sie sollen ab 2004 erstmals in PKW, zunächst in Modellen der Oberklasse, eingesetzt werden. Der zw. Kurbelwelle und Getriebe platzierte KSG dient als Generator zur Versorgung des Bordnetzes (neuer Standard: 42 Volt) mit elektr. Energie und gleichzeitig als Elektromotor zum Starten des Verbrennungsmotors. Er ersetzt die bisher getrennten Aggregate Drehstromgenerator (Lichtmaschine) und Anlasser (Starter). Mit dem KSG lässt sich eine Kraftstoffersparnis von bis zu 15 % erreichen: Da er den Motor sofort auf die notwendige Leerlaufdrehzahl bringt, werden ›Kaltstart‹-Emissionen vermieden; bei niedrigen Drehzahlen sorgt der KSG für zusätzl. Leistung bzw. Beschleunigung. V.a. aber macht er den Start-Stopp-Verkehr möglich, d.h., der Motor wird z.B. während der Fahrt bergab ausgeschaltet und durch das Betätigen des Kupplungs- bzw. Gaspedals wieder in Gang gesetzt.

Kurden: Um ihren Einfluss nach dem → Irakkrieg zu sichern und ihre Forderung nach einer autonomen Region im Norden des Irak zu bekräftigen, beschlossen die beiden Parteien Patriot. Union Kurdistans (PUK) und Demokrat. Partei Kurdistans (DPK) im Juni die Einrichtung einer gemeinsamen Reg. und Verwaltung. Aufstände der turkmen. Minderheit Ende Aug. und der Widerstand islamist. Kurdenorganisationen deuteten jedoch auf die ungelösten ethn. und religiösen Konflikte hin. Ungeklärt blieb weiterhin die Rückkehr der ca. 300000 durch SADDAM HUSAIN aus der Region Kirkuk vertriebenen Kurden. Jeweils fünf Vertreter entsandten die K. in den irak. ›Übergangsrat‹ – darunter die Führer von PUK und DPK, DSCHALAL TALABANI und MASUD BARSANI – und in die erste Reg. nach dem Sturz der Diktatur.

Die nach dem 2. Golfkrieg 1991 eingerichtete, von den USA und Großbritannien überwachte Flugverbotszone im Nordirak entzog die K. dieser Region dem Zugriff SADDAM HUSAINS und ermöglichte ihnen den Aufbau eines de facto unabhängigen Staatswesens. Politisch blieb ›Kurdistan‹ geteilt zw. den verfeindeten Lagern der DPK und PUK, die eigene Reg. bildeten. Die Wirtschaftslage besserte sich jedoch durch die Zuweisung von 13 % der irak. Erdölverkäufe im Rahmen des UNO-Programms ›Öl für Lebensmittel‹ und durch den Schmuggel, der von den UNO-Sanktionen befördert wurde.

PUK und DPK, die 1998 einen Friedensvertrag geschlossen hatten, einigten sich im Okt. 2002 auf die Einberufung der kurd. Nationalversammlung und die Bildung eines gemeinsamen Oberkommandos ihrer Milizen (Peschmerga). Unterstützt durch Spezialeinheiten der US-Armee, eröffneten diese meist leicht bewaffneten Verbände (ca. 200000 Kämpfer) im März die ›Nordfront‹ im Krieg gegen die irak. Truppen und waren maßgeblich an der Eroberung von Kirkuk beteiligt.

Kurei, Ahmed, palästinens. Politiker (Al Fatah), *Abu Dis (bei Jerusalem) 1937. – Das Parlament der Palästinens. Autonomiebehörde sprach am 12. Nov. K. das Vertrauen aus. Mit dem Votum und der Vereidigung des neuen MinPräs. endete die Regierungskrise nach dem Rücktritt von MAHMUD ABBAS im September. Ab 5. Okt. hatte K. eine vom Vors. der Autonomiebehörde JASIR ARAFAT eingesetzte Notstandsreg. geführt.

Der studierte Bankfachmann K., auch ABU ALA genannt, war jahrzehntelang für die Finanz- und Wirtschaftsaktivitäten der Palästinens. Befreiungsorganisation (PLO) zuständig, deren Zentralkomitee er seit 1989 angehört. Zu Beginn der 1990er-Jahre leitete er die Verhandlungen mit Israel, die 1993 zum Osloer Friedensabkommen führten. Ab 1996 amtierte er als Parlamentspräsident. K. gilt als gemäßigter Pragmatiker und Befürworter eines Friedens mit Israel, zugleich jedoch als harter Verhandlungspartner.

Kuwait

Hauptstadt: Kuwait
Einwohner: 2,1 Mio.
Einwohner/km²: 115
Staatsoberhaupt: Jabir al-Ahmad as-Sabah
Regierungschef: Saad al-Ahmad al-Jabir as-Sabah (seit 13. 7. 2003)
BIP/Einwohner: 15098 US-$

Nach der Weigerung von Saudi-Arabien, im Vorfeld des → Irakkriegs sein Territorium für die Stationierung amerikan. Streitkräfte zur Verfügung zu stellen, wurde K. zum Hauptaufmarschgebiet der Koalition gegen das Regime von SADDAM HUSAIN. Auch die Mitgliedstaaten des Golfkooperationsrats verlegten militär. Verbände in das Emirat. Aus dem Norden K.s rückten am 21. März alliierte Bodentruppen in den Irak vor. Bei Kriegsbeginn kam es zu Raketenangriffen auf Kuwait-Stadt, die aber nur geringe Schäden verursachten. Ein von vielen erwarteter Angriff der irak. Streitkräfte mit chem. Waffen blieb aus.

Die Hoffnungen auf Demokratisierung – seit dem 2. Golfkrieg 1991 von den USA gefordert – wurden auch nach dem Sturz des Baath-Regimes im Irak enttäuscht. Bei den Parlamentswahlen am 5. Juli mussten die Reformkräfte eine Niederlage hinnehmen: Sie büßten 13 ihrer zuvor 16 Sitze ein; erneut waren nur männl. kuwait. Bürger stimmberechtigt. Die Mehrheit in der 50-köpfigen beratenden Versammlung ging an königstreue und islamist. Kandidaten. Am 13. Juli ernannte Emir JABIR AL-AHMAD AS-SABAH seinen Bruder AHMAD, bis dahin Außenmin, zum MinPräs.; er löste den kranken Kronprinzen SAAD AL-ABDULLAH AS-SALIM AS-SABAH in diesem Amt ab. ■

L

Ladenschluss: Seit dem 1. Juni dürfen Einzelhandelsgeschäfte montags bis samstags bis 20.00 Uhr geöffnet haben. Dies ist die wichtigste Regelung in der Neufassung des Ladenschlussgesetzes. Damit entfiel auch die Vorschrift, an Samstagen vor verkaufsoffenen Sonntagen um 14.00 Uhr zu schließen. Als Ausgleich für die längere Arbeitszeit an Samstagen können die Beschäftigten in jedem Monat einen freien Samstag in Anspruch nehmen. Die Dienstleistungsgewerkschaft ver.di protestierte gegen die Neuregelung.

La Fenice: Das berühmteste Opernhaus Venedigs, das Teatro L. F., wurde nach fast achtjährigem, durch Bauskandale verzögerten Wiederaufbau am 14. Dez. wieder eröffnet. Das Gebäude war am 29. 1. 1996 bis auf die Grundmauern niedergebrannt.
1790–92 wurde das prunkvolle Opernhaus anstelle des abgebrannten Teatro San Benedetto errichtet. Daher erhielt es den Namen L. F. (dt. Phönix), nach dem legendären Feuervogel, der aus der eigenen Asche verjüngt wieder auferstanden sein soll. L. F. diente u. a. als Uraufführungsbühne für Opern von GIOACCHINO ROSSINI, VINCENZO BELLINI, GIUSEPPE VERDI, IGOR STRAWINSKY, BENJAMIN BRITTEN und LUIGI NONO. Bereits 1836 zerstörte ein Brand L. F., das danach unverzüglich wieder aufgebaut wurde.

Lange, David Russel, neuseeländ. Jurist und Politiker (Labour Party), *Otahuhu 14. 8. 1942. – Der frühere neuseeländ. Premiermin. erhielt den Ehrenpreis der Stiftung für verantwortungsbewusste Lebensführung (Right Livelihood Foundation), die alljährlich den → Alternativen Nobelpreis vergibt. Der Sozialdemokrat wurde für seinen »beharrl. Kampf über viele Jahre für eine von Atomwaffen freie Welt« ausgezeichnet.
Der Nachfahre dt. Einwanderer, ein methodist. Laienprediger, war Rechtsanwalt, bevor er in den 1970er-Jahren in die Politik ging. 1984 zum Regierungschef gewählt, erklärte er Neuseeland zur atomwaffenfreien Zone und geriet mit den verbündeten USA in Konflikt, als er deren atomar bewaffneten oder betriebenen Kriegsschiffen das Anlaufen neuseeländ. Häfen untersagte. Nach seinem Rücktritt 1989 wirkte er als Generalstaatsanwalt. Im Irakkonflikt unterstützte L. Premiermin. HELEN CLARK in der Ablehnung einer Militärintervention.

Laos

Hauptstadt: Vientiane
Einwohner: 5,5 Mio.
Einwohner/ km²: 23
Staatsoberhaupt:
K. Siphandone
Regierungschef:
B. Vorachith
BIP/Einwohner:
321 US-$

Staatspräs. KHAMTAY SIPHANDONE nahm am 5. Jan. an einer Feier zu Ehren König NYUMS teil, der 1353 das laot. Königreich begründet hatte und v. a. beim Volk als ›Vater der laot. Einheit‹ gilt. Bis vor kurzem war die Rückbesinnung auf die Geschichte des Königtums von der Reg. unterdrückt worden.
Am 30. Juni verurteilte ein Gericht zwei europ. Journalisten und ihre Begleiter zu hohen Haftstrafen. Sie hatten für eine Reportage über die Lage des Bergvolkes Hmong recherchiert, das immer wieder Menschenrechtsverletzungen ausgesetzt ist. Nach scharfen Protesten von Menschenrechts- und Journalistenorganisationen wurden die Europäer und ihr Dolmetscher, ein Amerikaner laot. Herkunft, Mitte Juli freigelassen. ■

Lauschangriff, Bez. für die Telefonüberwachung bei der Verbrechensbekämpfung in bes. schwerwiegenden Fällen. Der BGH erklärte in einem Urteil vom 23. Okt. erstmals nach einem rechtswidrigen L. Schadenersatzansprüche wegen Amtspflichtverletzungen der Staatsanwaltschaft und der Kriminalpolizei für gerechtfertigt (→ Datenschutz). In dem Fall ging es um die Fahndung nach einem Brandstifter, der in Südbaden 1992–95 auffällig wurde. Die Polizei erwirkte eine richterl. Anordnung über Abhörmaßnahmen in den Wohnungen von zwei Verdächtigen. Das zuständige Landgericht lehnte später die Prozesseröffnung mangels hinreichenden Tatverdachts ab. Der BGH befand nun, dass auch die Voraussetzungen eines L. nicht gegeben waren, denn das baden-württemberg. Polizeigesetz lässt den präventiven L. in Wohnungen nur bei einer »drohenden Gefahr für Leben und Gesundheit« zu. Der ›Große L.‹, der der Aufklärung bereits begangener Straftaten und der Überführung von Tätern dient, war nicht Gegenstand dieses Amtshaftungsprozesses. Das Bundesverfassungsgericht prüft seit Juli die Zulässigkeit des Großen L. nach dem 1998 geänderten Art. 13 GG.

■ Der amerikanische Radiologe und Nobelpreisträger Paul Lauterbur mit seiner Frau

Lauterbur, Paul C., amerikan. Chemiker und Radiologe, *Sidney (Ohio) 6. 5. 1929. – Für den Einsatz der Magnetresonanz erhielt L. zus. mit dem brit. Physiker PETER MANSFIELD den → Nobelpreis für Physiologie oder Medizin. L. entwickelte aus dem bis dahin nur von Chemikern genutzten Verfahren in den 1970er-Jahren die Grundlagen der Kernspintomographie, die dreidimensionale Bilder aus dem Innern des menschl. Körpers liefert.

L. promovierte 1962 und war 1969–85 Prof. für Chemie und Radiologie an der State University of New York. Von 1995 bis zu seiner Emeritierung 2001 leitete er das Institute for Medical Information Sciences der Univ. von Illinois in Urbana.

Lee Jong Wook, südkorean. Mediziner, * Seoul 12. 4. 1945. – L. ist seit dem 21. Juli Generaldirektor der Weltgesundheitsorganisation (WHO). Er löste die Norwegerin Gro Harlem Brundtland ab, die für eine zweite fünfjährige Amtsperiode nicht mehr zur Verfügung stand.
Der an der Nationaluniv. in Seoul promovierte Mediziner verbrachte fast sein gesamtes Berufsleben in der WHO, für die er in zahlreichen Funktionen und an vielen Orten tätig war, u. a. in asiat. Außenstellen auf Amerikanisch-Samoa, auf den Fidschi-Inseln und in der philippin. Hauptstadt Manila. In den 1990er-Jahren leitete er vom Hauptquartier in Genf aus die globalen Impfprogramme und seit 2000 das WHO-Programm gegen Tuberkulose. Bei Amtsantritt bezeichnete L. die Versorgung aller bedürftigen Menschen in den Entwicklungsländern mit lebensrettenden Medikamenten, insbes. gegen Aids, und den Kampf gegen die Ausbreitung von Seuchen wie → SARS als seine Hauptaufgaben.

Leggett, Anthony J., amerikan.-brit. Physiker, * London 26. 3. 1938. – Mit seinen Kollegen Alexej Abrikosow und Witalij L. Ginzburg teilt sich L. den → Nobelpreis für Physik. L. fand in den 1970er-Jahren heraus, wie sich bestimmte Atome in extrem kaltem flüssigem Helium verhalten, und lieferte damit einen Beitrag zur Erklärung der Eigenschaften supraleitender Materialien.
L. promovierte 1964 an der Univ. in Oxford. Er lehrt seit 1983 an der Univ. von Illinois in Urbana und hat die brit. und amerikan. Staatsbürgerschaft.

Lehrlingsausbildung: Zum 1. Aug. setzte die Bundesreg. die sog. Ausbilder-Eignungsverordnung für fünf Jahre aus, um angesichts des Lehrstellenmangels (→ Arbeitsmarkt) zusätzl. Betriebe für eine L. zu gewinnen. Bis dahin durften Betriebe nur dann ausbilden, wenn sie ihre Eignung in langwierigen und teuren Tests nachgewiesen hatten. Von der Lockerung der Vorschriften erhoffte sich die Reg. rd. 20 000 neue Lehrstellen. Nach Recherchen des Magazins ›stern‹ waren zu Beginn des Ausbildungsjahres 2003 (1. Sept.) rd. 40 % der Lehrstellenbewerber gezwungen, sich in ›Warteschleifen‹ einzureihen und berufsvorbereitende Lehrgänge oder berufsbildende Schulen zu besuchen. Mehrfach drohte Bundeskanzler Gerhard Schröder mit gesetzl. Maßnahmen, z. B. mit der Einführung einer Strafabgabe für ausbildungsunwillige Betriebe.

Leichtathletik-WM: Sportl. Höchstleistungen, spektakuläre Dopingfälle und ein ernüchterndes Abschneiden der dt. Mannschaft – so lautet das Fazit der 9. L.-WM vom 23.–31. Aug. in Paris.
Einen Dreifachtriumph feierten die äthiop. 10 000-m-Läufer. Nachdem die Konkurrenz insbes. aus Kenia durch mehrere Tempoverschärfungen abgehängt worden war, setzte sich Kenenisa Bekele im Schlussspurt mit 26:49,57 min knapp gegen Haile Gebreselassie durch; Bronze gewann Sileshi Sihine. Als ›schnellster Mann der Welt‹ darf sich der 100-m-Sieger Kim → Collins (Saint Kitts und Nevis) fühlen, dessen Siegerzeit (10,07 s) allerdings die langsamste seit der WM-Premiere 1983 war. Zum ›König der Athleten‹ krönte sich Tom Pappas (USA), der mit 8 750 Punkten den Zehnkampf gewann. Überstrahlt wurde er von seinem weibl. Pendant, der schwed. Siebenkämpferin Carolina → Klüft. Die 20-Jährige siegte mit 7 001 Punkten und eroberte durch ihr lockeres Auftreten viele Sympathien. Auf eigene Goldmedaillen mussten die Gastgeber bis zum vorletzten Tag warten, als sich Weitspringerin Eunice Barber mit 6,99 m im letzten Sprung der Konkurrenz den Titel sicherte. Nur 18 Minuten später siegte die frz. 4 x 100-m-Frauenstaffel vor den USA.
Auch Kelli → White (USA) war zunächst ein Star der L.-WM, Siegerin über 100 und 200 m. Ihre positive Dopingprobe und ein Geständnis ihres Landsmanns und 400-m-Weltmeisters Jerome Young bildeten jedoch den Auftakt für einen Dopingskandal, dessen Ausmaß noch nicht abzusehen ist (→ Doping). Im Nov. gab der Internat. Leichtathletik-Weltverband IAAF die rd. 400 Dopingproben der L.-WM für weitere Tests frei.

Lehrstellenmarkt – harte Zeiten

Präsidentengattin Christina Rau spricht mit dem von Lepra gezeichneten Nazir Alam, der die Leprastation im indischen Jaipur aufgebaut hat

Die dt. Leichtathleten blieben hinter den Erwartungen zurück und beendeten erstmals eine L.-WM ohne Goldmedaille. Einmal Silber und dreimal Bronze bedeuteten Platz 28 im Medaillenspiegel. Bes. in den Wurfdisziplinen, einst Medaillengaranten, war die Ausbeute gering: Mehrere dt. Favoriten scheiterten in der Qualifikation, lediglich im Speerwerfen gewannen STEFFI NERIUS und BORIS HENRY jeweils Bronze. Im schnellsten 50-km-Gehen-Wettbewerb aller Zeiten wurde der Potsdamer ANDREAS ERM mit neuem dt. Rekord Dritter. Erfolgreichste dt. Teilnehmerin war Stabhochspringerin ANNIKA BECKER; mit 4,70 m gewann die Erfurterin Silber.

Lepra: Weltweit infizieren sich immer noch 700 000 Menschen jährlich mit dem L.-Erreger Mycobacterium leprae. Zum 50. Welt-Lepratag am 26. Jan. räumte die Weltgesundheitsorganisation (WHO) ein, von ihrem urspr. Ziel, die Infektionskrankheit ›Morbus Hansen‹ – so die offizielle Bez. für L. – bis 2000 ausgerottet zu haben, noch weit entfernt zu sein.
Die Krankheit, die volkstümlich auch Aussatz genannt wird, galt vor 50 Jahren noch als unheilbar, heute kann ihr Fortschreiten aber aufgehalten werden. Unhygien. Lebensbedingungen, Unterernährung in vielen Ländern, v. a. in Asien, Afrika und Lateinamerika, sowie ein schwaches Immunsystem der Menschen tragen jedoch immer wieder zu ihrer Verbreitung bei. Die Krankheit verursacht tiefe Narben und Verstümmelungen und führt häufig zum Tod. Die Dt. L.- und Tuberkulosehilfe unterstützt 11 % der Leprapatienten weltweit.

Lersch-Mense, Franz-Josef, Politiker (SPD), * Eschweiler 21. 9. 1952. – Der Parteimanager L.-M. löste mit Jahresbeginn den Bundesgeschäftsführer der SPD, MATTHIAS MACHNIG, ab. Dieser hatte das Amt nach Kritik aus der Parteibasis an seinem polit. Stil und an der von ihm geleiteten Kampagne zur Bundestagswahl 2002 aufgegeben.
Nach dem Studium der Sozialwiss. und Germanistik gehörte der gebürtige Rheinländer seit 1980 zu den Parteifunktionären und polit. Beamten der zweiten Reihe. Unter HELMUT SCHMIDT war er Referent im Bundeskanzleramt (1980–82), später persönl. Referent von SPD-Bundestagsabgeordneten. Mit der Länderpolitik machte er sich vertraut als Referatsleiter im Ministerium für Bundesangelegenheiten des Landes NRW und als Bevollmächtigter des Saarlandes beim Bund. Von Nov. 1999 bis Ende 2002 war er Abteilungsleiter (Politik, Koordinierung, Zielgruppen) in der Berliner Parteizentrale tätig.

Lesotho

Hauptstadt: Maseru
Einwohner: 2,1 Mio.
Einwohner/ km²: 68
Staatsoberhaupt: Letsie III.
Regierungschef: B. P. Mosisili
BIP/Einwohner: 341 US-$

Lettland

Hauptstadt: Riga
Einwohner: 2,3 Mio.
Einwohner/ km²: 38
Staatsoberhaupt: V. Vike-Freiberga
Regierungschef: E. Repse
BIP/Einwohner: 3 581 US-$

L. war in den letzten Jahren mit einem Zuwachs von durchschnittlich 6,0 % pro Jahr das EU-Beitrittsland mit dem höchsten Wirtschaftswachstum. Beim Durchschnittseinkommen liegt das Land mit ca. 200 € – bei regional erhebl. Unterschieden – jedoch am Ende der Skala. Im Herbst war eine Arbeitslosenquote von 8,7 % zu verzeichnen, die Preissteigerung lag bei 3,0 %. Die Privatisierung ist inzwischen nahezu abgeschlossen. L. hat sich zum logist. Zentrum für den Umschlag russ. Rohstoffe, in erster Linie Erdöl und Erdgas, entwickelt. Die Abhängigkeit von russ. Erdölfirmen führte allerdings wiederholt zu Problemen.

Regierungskrise

Seit der Regierungsbildung im Nov. 2002 hat es innerhalb der Koalition wiederholt Konflikte gegeben, die meist aus der Uneinigkeit darüber resultierten, wie die von der EU geforderten Vorgaben zur Wirtschafts- und Haushaltspolitik umgesetzt werden sollen bzw. wie die Korruption effektiv bekämpft werden soll – eine der wichtigsten Regierungsaufgaben. Drei der vier Koalitionsparteien entzogen MinPräs. EINARS REPSE nach dem EU-Referendum im Sept. zunächst das Vertrauen, doch gelang es ihm in letz-

ter Minute, einen Bruch der Koalition zu verhindern. Die Abstimmung über den EU-Beitritt hatte eine Zustimmung von 67,0 % der Wahlbeteiligten erbracht.
Am 20. Juni bestätigte das Parlament VAIRA VIKE-FREIBERGA, die bei weitem beliebteste Politikerin des Landes, mit 88 von 100 Stimmen als Staatspräs. für eine zweite fünfjährige Amtsperiode. ■

Leuna-Affäre, Korruptions- und Subventionsbetrugsaffäre im Zusammenhang mit dem Verkauf der Leuna-Raffinerie in Ostdeutschland an den frz. Erdölkonzern Elf 1992: Der dt. Lobbyist DIETER HOLZER und sein frz. Geschäftspartner PIERRE LETHIER, die das Geschäft einfädelten, wurden in Frankreich im → Elf-Aquitaine-Prozess, in dem die L.-A. einen Randkomplex darstellte, zu jeweils 15 Monaten Haft ohne Bewährung und zur Zahlung von 1,5 Mio. € Strafgeld verurteilt. Sie hatten 39 Mio. € erhalten, die vom Gericht als Scheinhonorar gewertet wurden. Die Angeklagten hatten angegeben, das Geld in ›Kommission‹ genommen und großenteils weitergegeben zu haben. Der frühere Finanzchef von Elf, ALFRED SIRVEN, sagte aus, Bestechungsgelder seien auch an zwei frühere dt. Bundesmin. geflossen. HOLZER und LETHIER bestritten jedoch die Verwendung der Gelder für polit. Zwecke. Die 39 Mio. € müssen sie zurückzahlen.

Leuna-Akten: Die Staatsanwaltschaft Bonn stellte im Okt. das Ermittlungsverfahren ein, das sie im Jahr 2000 wegen des Verdachts der illegalen Aktenvernichtung und Datenlöschung im Bundeskanzleramt kurz vor dem Regierungswechsel 1998 aufgenommen hatte. Hierbei ging es v. a. um Unterlagen zur Privatisierung des ostdt. Chemieunternehmens Leuna 1992 (→ Leuna-Affäre).
Das Bundeskanzleramt erhielt seinen Verdacht aufrecht und berief sich auf Untersuchungsergebnisse des von der Reg. eingesetzten Sonderermittlers BURKHARD HIRSCH (FDP) vom Sommer 2000. Diese haben sich jedoch nach Erkenntnis der Staatsanwaltschaft als nicht stichhaltig erwiesen.

Libanon

Hauptstadt: Beirut
Einwohner: 4,4 Mio.
Einwohner/km²: 429
Staatsoberhaupt:
É. Lahoud
Regierungschef:
R. Hariri
BIP/Einwohner:
4829 US-$

Der Kurs der USA im Irakkonflikt belastete sowohl die Außen- wie die Innenpolitik Libanons. Gemeinsam mit Syrien der Unterstützung des Irak beschuldigt – der Clan des irak. Diktators SADDAM HUSAIN soll auf libanes. Konten rd. 500 Mio. US-$ deponiert haben –, fürchtete das Land einen Militärschlag der USA. Der amerikan. Außenmin. COLIN POWELL forderte im Mai die Auflösung der gegen Israel kämpfenden schiit. Hizbullah-Miliz sowie den Rückzug Syriens. Beim Besuch des iran. Staatspräs. MOHAMMED CHATAMI am 16. Mai in Beirut demonstrierten rd. 50 000 Hizbullah-Anhänger gegen Israel. Streit über die Rolle der im L. stationierten syr. Soldaten hatte im April zum Rücktritt des Kabinetts von MinPräs. RAFIK HARIRI geführt, das jedoch kurz darauf von Staatspräs. ÉMILE LAHOUD erneut berufen wurde.
Drast. Kürzungen im Haushalt für das Jahr 2004, darunter ein Lohnstopp für die Staatsbetriebe und eine erneute Erhöhung der Umsatzsteuer, waren Anlass für einen Generalstreik am 23. Oktober. Die Reg. verfolgt eine von internat. Organisationen überwachte Sparpolitik v. a. mit dem Ziel, die hohen Auslandsschulden von rd. 32 Mrd. US-$ zu verringern. ■

Liberia

Hauptstadt: Monrovia
Einwohner: 3,3 Mio.
Einwohner/km²: 33
Staatsoberhaupt und Regierungschef:
G. Bryant
(seit 14. 10. 2003)
BIP/Einwohner: -

Unter massivem internat. Druck legte Präs. CHARLES TAYLOR am 11. Aug. sein Amt nieder und ging ins Exil nach Nigeria. Sein Rückzug schuf die Voraussetzungen für eine Befriedung des Landes, das sich seit 1989 im Bürgerkrieg befindet. TAYLOR übergab die Macht zunächst vorübergehend an seinen Stellvertreter MOSES BLAH, der jedoch von den Rebellen der LURD (Liberians United for Reconciliation and Democracy), die im Juni bis in die Hauptstadt Monrovia vorgerückt waren, nicht anerkannt wurde. Am 14. Okt. wurde der Unternehmer GYUDE BRYANT zum Chef einer Übergangsreg. ernannt, die bis 2006 amtieren soll.
Im Sept. zogen sich die US-Truppen, die zur Unterstützung der Friedensbemühungen der westafrikan. Gemeinschaft ECOWAS im August ins Land gekommen waren, aus L. zurück. Der UNO-Sicherheitsrat startete im Okt. eine Blauhelmmission zur Sicherung des Friedens. Im Jan. 2004 soll unter Aufsicht der UNO die Entmilitarisierung und Reintegration von etwa 40 000 liberian. Soldaten – die Hälfte sind Kinder – beginnen. Das Programm umfasst Erziehungs- und Ausbildungsmaßnahmen für die ehem. Kämpfer und kostet etwa 50 Mio. US-$. ■

Libeskind, Daniel, amerikan. (seit 1965) Architekt poln. Herkunft, *Łodz 12.5. 1946. – Im Wettbewerb um die Neugestaltung von → Ground Zero erhielt der seit 1989 in Berlin lebende Archi-

tekt am 27. Febr. für seinen symbolkräftigen Entwurf den Zuschlag der von der Stadtplanungsbehörde von New York eingesetzten Jury.
L. verlor einen großen Teil seiner Familie im nat.-soz. Holocaust. 1957 wanderte er nach Israel aus, 1960 in die USA. Er studierte Musik in Israel, danach Kunstgeschichte und Architektur in New York und in Essex (Großbritannien). Zunächst machte sich L. als brillanter Theoretiker einen Namen und wurde schon im Alter von 32 Jahren Dekan der Architekturabteilung der Cranbook Academy of Art in Bloomfield (Michigan, USA). Seit Ende der 1980er-Jahre profiliert er sich auch als Gestalter dekonstruktivist. Architektur. Viel Aufsehen erregten seine ersten realisierten Werke, das Felix-Nussbaum-Haus in Osnabrück (1998) und das Jüd. Museum in Berlin (2001).

Libyen

Hauptstadt: Tripolis
Einwohner: 5,5 Mio.
Einwohner/km²: 3
Staatsoberhaupt: M. al-Gaddhafi
Regierungschef: S. Ganem (seit 14. 6. 2003)
BIP/Einwohner: 3390 US-$

Mit dem im Dez. öffentlich verkündeten Verzicht auf die Entwicklung von Massenvernichtungswaffen und Raketen über 300 km Reichweite sowie der Ankündigung, unangemeldete Inspektionen der Internat. Atomenergie-Agentur (IAEA) zu erlauben, führte Revolutionsführer MOAMAR AL-GADDHAFI das nordafrikan. Land endgültig aus der internat. Isolation. GADDHAFI hatte bereits nach den Terroranschlägen vom 11. 9. 2001 begonnen, im Kampf gegen das Terrornetzwerk al-Qaida mit den USA zusammenzuarbeiten. Am 20. Jan. übernahm die libysche Diplomatin NADJAT AL-HADJADJI für ein Jahr den Vorsitz der UNO-Menschenrechtskommission.
Entscheidend für die Rehabilitierung L.s. war die abschließende Regelung aller Streitfragen um das libyschen Staatsbürgern angelastete Attentat auf ein amerikan. Verkehrsflugzeug 1988 über dem schott. Ort Lockerbie, bei dem 270 Menschen getötet worden waren. Am 15. Aug. übernahm L. in einem Brief an den UNO-Sicherheitsrat offiziell die Verantwortung für den Anschlag, zugleich wurde mit den Angehörigen der Opfer ein Vertrag über Entschädigungen in Höhe von 2,7 Mrd. US-$ geschlossen.
Die Aufhebung der 1992 verhängten internat. Sanktionen (Handels- und Luftverkehrsembargo), die schon 1999 suspendiert worden waren, drohte im UNO-Sicherheitsrat jedoch am Veto Frankreichs zu scheitern, das eine ähnl. Regelung für die Opfer des Terroranschlags auf ein frz. Flugzeug über Niger 1989 verlangte; für dieses Attentat hatten frz. Gerichte den libyschen Geheimdienst verantwortlich gemacht. Nachdem sich die Vertreter der Opfer und die Internat. Gaddhafi-Stiftung (Kifca) am 11. Sept. auf ein Entschädigungsabkommen geeinigt hatten, hob der Sicherheitsrat am folgenden Tag die Sanktionen auf. Die mit dem ›Iran-Libya Sanctions Act‹ 1996 verhängten Sanktionen der USA bleiben jedoch bis 2006 gültig, obwohl v. a. die amerikan. Erdölindustrie auf eine Aufhebung drängt. ■

Liechtenstein

Hauptstadt: Vaduz
Einwohner: 32000
Einwohner/km²: 188
Staatsoberhaupt: Hans Adam II.
Regierungschef: O. Hasler
BIP/Einwohner: -

In einem Referendum am 16. März akzeptierten 64,3 % der abstimmenden Bürger die Vorschläge des Monarchen HANS ADAM II. und des Erbprinzen ALOIS zur Änderung der Verfassung. Von der erhebl. Erweiterung seiner schon umfangreichen Kompetenzen hatte der Fürst seinen Verbleib in L. abhängig gemacht. Er besitzt nun nicht nur ein Vetorecht gegenüber dem Parlament, sondern kann auch frei und jederzeit die Reg. entlassen und eine neue berufen. Die Bürger können per Volksabstimmung dem Fürsten das Misstrauen aussprechen oder die Monarchie ganz abschaffen. ■

■ György Ligeti erhält von Oberbürgermeisterin Petra Roth den Theodor-W.-Adorno-Preis

Ligeti, György, österr. Komponist ungar. Herkunft, * Diociosanmarin 28. 5. 1923. – Der 80-jährige Musiker nahm am 13. Sept. den Theodor-W.-Adorno-Preis entgegen, den die Stadt Frankfurt am Main zum 100. Mal vergab.

Der in Siebenbürgen geborene L., Kind einer jüd. Familie, überlebte den Holocaust; Vater und Bruder wurden von den Nationalsozialisten ermordet. In Klausenburg und Budapest studierte L. Musik. Nach dem Ungarn-Aufstand 1956 floh er nach Wien und nahm die österr. Staatsbürgerschaft an. Als freier Mitarbeiter von KARLHEINZ STOCKHAUSEN in Köln machte er sich mit der elektron. Musik vertraut. Seit den 1960er-Jahren gehörte er zu den führenden zeitgenöss. Komponisten und hat die neue Musik maßgeblich mitgeprägt. An der Hamburger Musikhochschule lehrte er als Prof. für Komposition (1973–89).

Trauernde am 18. September bei einer Gedenkfeier vor einem Foto der ermordeten schwedischen Außenministerin Anna Lindh

Lindh-Attentat: Am 10. Sept. wurde die schwed. Außenmin. ANNA LINDH in einem Stockholmer Kaufhaus niedergestochen. Die polit. Hoffnungsträgerin der schwed. Sozialdemokratie verstarb am folgenden Tag im Krankenhaus.
Der Täter konnte unerkannt entkommen, eine intensive polizeil. Fahndung führte zunächst zur Verhaftung eines 35-jährigen, schon mehrmals auffällig gewordenen Psychopathen aus dem rechtsradikalen Milieu, der Tage später wegen fehlender Beweise wieder freigelassen werden musste. Erst rd. zwei Wochen nach der Tat konnte ein verdächtiger 24-jähriger eingewanderter Serbe verhaftet werden, der ebenfalls als psychisch krank bekannt war. Die Verdachtsmomente gegen ihn führten schließlich zur Anklage.
ANNA LINDH wurde am 19.6. 1957 in Enskede, einem Vorort von Stockholm, geboren. Schon als Teenager im sozialdemokrat. Jugendverband (SSU) politisch aktiv, wurde sie in ihrer polit. Laufbahn von dem Parteivors. und MinPräs. OLOF PALME gefördert, der 1986 ermordet wurde. 1982 wurde sie in den Reichstag gewählt, 1984–90 war sie Landesvors. des SSU. Seit 1994 gehörte sie dem Kabinett an, zunächst als Umweltmin., 1998 übernahm sie die Verantwortung für die Außenpolitik. Es entsprach ihrer unprätentiösen Art, sich ohne Leibwächter im Alltag und in der Öffentlichkeit zu bewegen. Dies wurde ihr am Nachmittag des 10. Sept. zum Verhängnis.

Link, Caroline, Filmregisseurin, *Bad Nauheim (Hessen) 2.6. 1964. – L. erhielt am 23. März den ›Oscar‹ für den besten nicht englischsprachigen Film. Sie bekam die Auszeichnung für ihren Film ›Nirgendwo in Afrika‹, der auf dem autobiograf. Roman von STEFANIE ZWEIG basiert. Erzählt wird die Geschichte von der Flucht einer jüd. Familie aus dem Breslau des Jahres 1938 nach Kenia. Im Mittelpunkt steht ein Kind, das sich in der neuen Situation zurechtzufinden versucht.
L. studierte an der Münchner Filmhochschule (1986–90). Nach ersten Regiearbeiten entstand 1996 ihr Spielfilmdebüt ›Jenseits der Stille‹. L. beschreibt darin sehr einfühlsam die Schwierigkeiten eines Kindes taubstummer Eltern, das Musikerin werden will. Mit ›Pünktchen und Anton‹ adaptierte L. den Roman von ERICH KÄSTNER.

Linux, Betriebssystem für Computer, das von unabhängigen Programmierern entwickelt wurde und kostenlos im Internet erhältlich ist (sog. Open Source). L. ist der stärkste Konkurrent des Betriebssystems Windows, das von der Microsoft Corp. vertrieben wird. Um ihre Kosten zu mindern und eine höhere Sicherheit zu gewährleisten (→ Lovesan), stellen immer mehr öffentl. Verwaltungen ihre Computersysteme ganz oder teilweise auf L. um. So beschloss München am 28. Mai die Umstellung der 14000 städt. PC – trotz der persönl. Intervention des Microsoft-Vorstandsvors. STEVE BALMER.
Computerunternehmen wie IBM beteiligen sich an der Weiterentwicklung von L., u.a. weil es für sie kostengünstiger ist, als ein Betriebssystem zu erwerben, und weil sie aufgrund des Open-Source-Prinzips die vollständige Kontrolle über das System haben. Im Lauf des Jahres schloss IBM Verträge mit den Reg. von Großbritannien, Russland und Brasilien über die Einführung von Open-Source-Software. Allerdings verklagte ein amerikan. Softwareunternehmen, die SCO Group, IBM im März auf 1 Mrd. US-$ Schadenersatz, weil IBM einen Programmcode verwendet habe, auf den allein SCO das Copyright besitze. SCO drohte auch anderen Firmen mit Urheberrechtsklagen.

Lipobay, cholesterinsenkendes Medikament, das der Pharmakonzern Bayer AG 2001 vom Markt nahm, weil es in dem Verdacht steht, Nebenwirkungen mit evtl. tödl. Ausgang zu verursachen. Am 18. Sept. wies ein amerikan. Bundesgericht eine Sammelklage von 4000 angeblich Geschädigten zurück; die Möglichkeit der Einzelklage blieb ihnen jedoch erhalten. Bis dahin war Bayer mit 11200 Klagen konfrontiert. Mit 1342 Klägern hatte sich der Konzern bereits außergerichtlich geeinigt und dafür insgesamt 477 Mio. US-$ gezahlt. In zwei Verfahren war das Unternehmen von einer Schadenersatzzahlung freigesprochen worden. Es erklärte sich grundsätzlich zu Leistungen bereit, wollte sich aber die Prüfung jedes Einzelfalles vorbehalten.

Litauen

Hauptstadt: Vilnius
Einwohner: 3,5 Mio.
Einwohner/km²: 54
Staatsoberhaupt:
R. Paksas
(seit 26. 2. 2003)
Regierungschef:
A. Brazauskas
BIP/Einwohner:
3431 US-$

Das Wirtschaftswachstum erreichte bis Jahresmitte mit rd. 9,0% gegenüber dem Vorjahreszeitraum eine neue Rekordmarke. Dazu beigetragen haben v.a. Investitionen skandinav. Firmen. Die Arbeitslosigkeit lag weiterhin bei hohen 13,8% im Landesdurchschnitt, die Inflationsrate konnte unter 1,0% gehalten werden.

Präsidentschaftswahl: Paksas gegen Adamkus

Entgegen allen Prognosen setzte sich der frühere MinPräs. Rolandas Paksas in der Stichwahl am 5. Jan. mit 54,9% gegen Amtsinhaber Valdas Adamkus durch. Paksas hatte im Wahlkampf auf populist. Parolen gesetzt, während Adamkus auf seine Erfolge in der Außenpolitik (EU-Beitritt) verwiesen hatte. Ende Okt. geriet Paksas durch einen Bericht, nach dem mehrere seiner engsten Mitarbeiter Verbindungen zur russ. Mafia unterhalten, in schwere Bedrängnis. Paksas führte die Beschuldigungen auf eine polit. Intrige zurück und lehnte einen Rücktritt ab. Am 18. Dez. leitete das Parlament ein Amtsenthebungsverfahren gegen ihn ein.

Litauen
Inflationsrate (Veränderung der Verbraucherpreise in %)

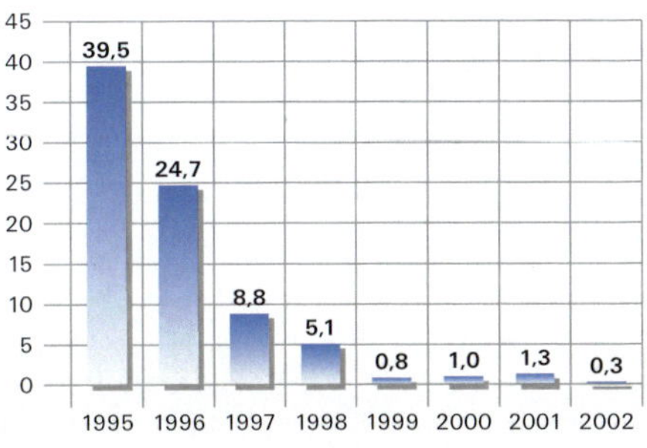

Schwerpunkte der Außenpolitik

In einem Referendum stimmten am 11. Mai 91,0% der Wähler (Wahlbeteiligung 63,0%) für einen Beitritt zur EU.
Durch die Zustimmung der russ. Duma zum Grenzvertrag mit L. und die Einigung über eine Regelung für russ. Staatsbürger im Reiseverkehr mit Kaliningrad über litau. Gebiet entspannte sich das Verhältnis zu Russland. Heftige Kritik riefen jedoch Pläne der russ. Erdölgesellschaft Lukoil hervor, vor der Küste L.s, aber noch im Seegebiet der Enklave Kaliningrad, in großem Stil nach Erdöl zu bohren. ■

LITERATUR

In den Vordergrund der literar. Debatte rückte 2003 das alte Thema von der Freiheit der Kunst. Gleich zwei Romane – ›Esra‹ von Maxim Biller und ›Meere‹ von Alban Nicolai Herbst – durften nicht verkauft werden, weil sich frühere Lebensgefährtinnen der Autoren in ihren Persönlichkeitsrechten verletzt sahen und gegen die Veröffentlichung klagten. Beide Bücher erzählen – jeweils autobiografisch gefärbt und fiktional verfremdet – die Geschichte einer gescheiterten Beziehung und enthalten explizite Schilderungen intimer Szenen. Den Gerichten ging die künstler. Verschlüsselung der realen Personen und Ereignisse in den Romanen nicht weit genug. Sie entschieden: So nah darf die Kunst der Realität nicht sein.
Literatur und Wirklichkeit stehen offenbar generell in einem spannungsreichen Verhältnis. So zeigt sich an den Memoiren des Feuilletonisten Fritz J. Raddatz (›Unruhestifter‹), dass Erinnerungen stets schon Interpretationen sind: In seiner sich zu einem kulturhistor. Dokument ausweitenden Autobiografie schildert Raddatz seine schwierige Kindheit und Jugend in Berlin, die Jahre in der DDR und seine späteren Tätigkeiten als Lektor, Redakteur und Literaturkritiker in der Bundesrep., wobei bes. die herben Angriffe auf ehem. Kollegen der Wochenzeitung ›Die Zeit‹ Gegendarstellungen nach sich zogen.

Neue deutsche Romantik?

Auffällig in der deutschsprachigen Literatur war die Wiederentdeckung eines der ältesten Topoi der Literaturgeschichte, der Liebe. Die ›Frankfurter Allg. Zeitung‹ machte sogar eine »neue dt. Romantik« aus. Zumindest der Roman ›Die große Liebe‹ von Hanns-Josef Ortheil könnte diese Deutung nahe legen. Ortheil erzählt darin die Geschichte eines Fernsehredakteurs, der nach Italien reist und sich dort in eine Meeresbiologin verliebt. In einer sehr musikal. Sprache schildert Ortheil den magisch-sinnl. Prozess des Zusammenwachsens der beiden Liebenden. Ganz anders wendet sich Michael Lentz in seinem Roman ›Liebeserklärung‹ dem Thema zu. Er lässt den liebeskranken Ich-Erzähler mit der Bahn von der Ehefrau zur Geliebten

Literaturpreise 2003 (Auswahl)

Ingeborg-Bachmann-Preis: Inka Parei
Joseph-Breitbach-Preis: Christoph Meckel, Herta Müller, Harald Weinrich
Georg-Büchner-Preis: Alexander Kluge
Friedenspreis des Deutschen Buchhandels: Susan Sontag
Kleist-Preis: Albert Ostermeier
Kranichsteiner Literaturpreis: Reinhard Jirgl
Johann-Heinrich-Merck-Preis für literarische Kritik und Essay: Klaus Theweleit
Nobelpreis für Literatur: John Maxwell Coetzee
Solothurner Literaturpreis: Hanna Johansen
Johann-Heinrich-Voss-Preis für Übersetzung: Hans Wolf

und zurück reisen und dabei auf z.T. drast. Weise über Liebe und Hass, Anziehung und Abstoßung nachdenken.

Mit dem Zusammenhang von Tanz, Sexualität und Tod befassen sich die Texte und Zeichnungen, die GÜNTER GRASS unter dem Titel ›Letzte Tänze‹ vorgelegt hat. Die Bewegung der tanzenden und kopulierenden Paare wird in Gedichten aufgegriffen, in denen er in lustvollen, gelegentlich iron. Tönen sowohl Privates (z.B. das eigene Altern) als auch Historisches (u.a. die Nachkriegszeit) poetisch umkreist.

Gegenwärtige Vergangenheit

Literar. Ausflüge in die Vergangenheit legten WOLFGANG HILBIG und REINHARD JIRGL vor. Die Figuren in HILBIGS autobiograf., sprachlich düster gehaltenem Erzählband ›Der Schlaf der Gerechten‹ begeben sich auf traumähnl. Erinnerungsreisen in die Kohlereviere der ehem. DDR und zugleich auch in die Tiefenregionen ihres Unterbewusstseins.

Sprachlich radikal zeigte sich erneut REINHARD JIRGL in seinem Roman ›Die Unvollendeten‹, in dem er die Geschichte der Vertreibung von vier Frauen aus dem Sudetenland erzählt und die Nachwirkungen dieses Heimatverlustes auf die folgenden Generationen untersucht. JIRGLS experimentelle Orthographie und Interpunktion sowie sein sich am Mündlichen orientierender Sprach- und Stilpluralismus korrespondieren dabei auf überzeugende Weise mit der zersplitterten Identität seiner Hauptfiguren.

Das schwierige zweite Buch

Nach dem Erfolgsdebüt ›Sommerhaus, später‹ (1998) wurde der neue Erzählband von JUDITH HERMANN ›Nichts als Gespenster‹ in den Feuilletons mit großer Aufmerksamkeit bedacht und sicher auch aufgrund der hohen Erwartungen sehr unterschiedlich bewertet. Während viele Kritiker bemängelten, dass HERMANNS Geschichten allzu konstruiert wirkten, sahen andere in dem lakonischen Stil der Autorin und dem melanchol. Grundton ihrer Sprache das erzähler. Pendant für ihre im Leben (und in der Welt) umherirrenden Figuren.

Ähnlich gespalten reagierte die Kritik auf das zweite Werk von MICHAEL KUMPFMÜLLER, der mit seinem Debütroman ›Hampels Fluchten‹ 2001 für Furore gesorgt hatte. In seinem sozialpsycholog. Roman ›Durst‹, der sich an eine wahre Begebenheit anlehnt, versetzt sich KUMPFMÜLLER in die Person einer Mutter, die ihre zwei kleinen Kinder verdursten lässt.

Sprachgewaltige Autoren aus Amerika

Nach seinem Welterfolg ›Die Korrekturen‹ wurde 2003 auch JONATHAN FRANZENS Erstlingswerk ›Die 27ste Stadt‹ aus dem Jahr 1988 in Deutschland veröffentlicht, ein krit. Porträt seiner von Kriminalität und Korruption zersetzten Heimatstadt St. Louis. Neben FRANZEN beeindruckten zwei weitere junge Autoren aus den USA: zum einen der mit dem Pulitzer-Preis ausgezeichnete Jeffrey → Eugenides mit seinem gewaltigen Epos ›Middlesex‹, zum anderen JONATHAN SAFRAN FOER, der mit einer fantast. Fabulierlust in seinem Debütroman ›Alles ist erleuchtet‹ die Erlebnisse eines jungen jüd. Amerikaners schildert, der sich in der Ukraine auf die Spuren seiner Vorfahren begibt.

Der russische Schriftsteller Wladimir Sorokin; sein neuer Roman ›Ljod. Das Eis‹ wird auf der Buchmesse in Frankfurt am Main vorgestellt

Erzählkunst aus Russland ...

Da Russland 2003 Gastland der Frankfurter Buchmesse war, fanden seine literar. Stimmen im dt. Buchmarkt bes. Beachtung. So erschien mit ›Ljod. Das Eis‹ von WLADIMIR SOROKIN ein furios erzählter, alle populären Genres parodierender Roman über Allmachtslehren und universalist. Fantasien. WLADIMIR MAKANIN erzählt in seinem Roman ›Underground oder Ein Held unserer Zeit‹ die Geschichte eines ehem. Underground-Schriftstellers, dessen persönl. Niedergang den moral. Zerfall der modernen russ. Gesellschaft symbolisiert. Die in unprätentiöser Alltagssprache abgefassten Erzählungen über das zw. Hoffnung und Verzweiflung schwankende Leben russ. Jugendlicher, die IRINA DENEŽKINA unter dem dt. Titel ›Komm‹ veröffentlichte, sind ein Beispiel für die Prosa junger russ. Autoren. Daneben ist mit dem grandiosen Revolutionspanorama ›Wiktor Wawitsch‹ des 1939 gestorbenen BORIS SCHITKOW auch ein Werk publiziert worden, das zu Zeiten der Sowjetunion der Zensur zum Opfer gefallen war.

... und anderen Ländern

Dem ungar. Literaturnobelpreisträger IMRE KERTÉSZ gelang mit seinem Roman ›Liquidation‹ ein virtuos komponiertes Meisterwerk, in dessen Zentrum die ›Chiffre‹ Auschwitz mit ihren vielfältigen existenziellen Implikationen steht. Die Haupthandlung des komplexen Romans spielt 1990: Der Schriftsteller B. begeht im polit. Wendejahr in Budapest Selbstmord. Neun Jahre später wird sein hinterlassenes Theaterstück mit dem Titel ›Liquidation‹ bei einem Freund und Lektor zum Gegenstand einer obsessiven Erinnerungsarbeit und eines schmerzhaften Annäherungsversuchs an Auschwitz.
Die griech. Autorin IOANNA KARYSTIANI beeindruckte in ihrem Roman ›Schattenhochzeit‹ mit einer eigenwilligen Erzählweise und einer spröden, hochpoet. Sprache. Geschildert wird die verstörende Geschichte eines griech. Wissenschaftlers, der nach fast dreißig Jahren aus Amerika in seine Heimat Kreta zurückkehrt und dort in den Sog einer Familienfehde gerät.
Die weit greifenden Veränderungen in Irland während der letzten Jahrzehnte führt DERMOT BOLGER in seinem sozialkrit. Thriller ›Die Reise nach Valparaiso‹ an der Suche eines Mannes nach seiner eigenen Geschichte vor. Nach zehn Jahren kehrt der Protagonist Brendan Brogan aus der Fremde nach Dublin zurück und sieht sich dort v.a. mit den negativen Folgen des wirtschaftl. Aufschwungs konfrontiert, z.B. mit Kriminalität, Rassismus und sozialer Kälte.

Lkw-Maut: Eine Lkw-M. von zunächst 12,4 Cent pro Kilometer, wobei die tatsächlich zurückgelegte Autobahnstrecke elektronisch abgerechnet wird, sollte am 31. Aug. die bislang gültige Vignette ersetzen. Verantwortlich für die Installierung des Systems, bei dem die Erfassungsgeräte an den Autobahnen und in den Fahrzeugen mithilfe von Satellitennavigation und Mobilfunk gesteuert werden, ist das vom Bundesverkehrsministerium beauftragte Konsortium Toll Collect um die Dt. Telekom und Daimler-Chrysler Services. Eine Fülle techn. Probleme erzwang jedoch wiederholt die Verschiebung des Einführungstermins, der auch Ende des Jahres nicht absehbar war.
Da die Vignette zum 31. Aug. abgeschafft wurde, entgehen dem Bund monatlich Einnahmen von rd. 160 Mio. €, die für die Finanzierung versch. Verkehrsprojekte eingeplant waren. Zum techn. Debakel um das als ›Exportschlager‹ gehandelte System und dem damit verbundenen Imageverlust der Beteiligten kam noch der Streit um die Erstattungen bei der Mineralölsteuer, die die Bundesreg. den dt. Unternehmen des Straßengüterverkehrs in Aussicht gestellt hatte; sie wurden von der Europ. Kommission als wettbewerbsverzerrende Beihilfen gewertet.

Loach, Ken(neth), brit. Filmregisseur, * Nuneaton (Warwickshire) 17. 6. 1936. – L. gehörte zu den Preisträgern des japan. ›Praemium Imperiale‹, der als ›Nobelpreis der Künste‹ gilt. Die Preisverleihung fand am 23. Okt. in Tokio statt.
Als Regisseur steht L. für ein wirklichkeitsnahes Kino, das soziale Probleme nicht unterschlägt und den Blick auf die Benachteiligten richtet. Bekannt wurde L. durch den für die BBC gedrehten DokuFilm ›Cathy Come Home‹ (1966) über eine obdachlose Fa-

■ ›Sommerloch‹

milie. Nach ersten Kinofilmen (u.a. ›Kes‹, 1969) arbeitete L. in den 1970er- und 1980er-Jahren v.a. für das Fernsehen und drehte Filme über Arbeiteraufstände, polit. Seilschaften und die Geschichte der Arbeiterbewegung. Mit dem Filmklassiker ›Riff-Raff‹ (1991), einer sarkast. Komödie über die brit. Arbeiterklasse, fand L. zum Kino zurück. Es folgten u.a. ›Land and Freedom‹ (1995), ›Carlas Song‹ (1995) und ›Bread and Roses‹ (2001). In einem seiner schönsten Filme, ›My Name is Joe‹ (1998), porträtierte er einen Arbeitslosen und trockenen Alkoholiker, der sich der Jugendarbeit widmet.

Lovesan: Ab Anfang Aug. verbreitete sich in mehreren Varianten das Computervirus L. (auch Blaster genannt) über das Internet auf PC, die mit den Betriebssystemen Windows 2000 oder Windows XP der Firma Microsoft Corp. liefen; gleichzeitig versuchte das Virus, durch Zugriffe von allen befallenen Rechnern einen Server von Microsoft lahm zu legen.
Wie bei den meisten Computerviren waren mangelndes Gefahrenbewusstsein und Sorglosigkeit der Anwender teilweise für die Verbreitung von L. verantwortlich. L. nutzt einen Programmierfehler bei Windows, der schon einen Monat vor dem ersten Ausbruch bekannt geworden war. Microsoft hatte eine Anleitung zum Immunisieren anfälliger PC und ein Programm zur Verfügung gestellt, das den Fehler behebt (sog. Patch). Auch konventionelle Antivirenprogramme fingen L. ab. Da jedoch viele Anwender diese Angebote nicht nutzten, konnte L. weltweit rd.1,4 Mio. PC befallen.

Luftverkehr: Der zivile L. erholte sich weiter von den Auswirkungen der Terroranschläge vom 11.9. 2001. Regionale Rückschläge gab es allerdings infolge weiterer Terroraktionen, durch den Irakkrieg und die SARS-Epidemie. Während sich die Nachfrage nach Flugleistungen insgesamt stabilisierte, verzeichneten die sog. Billigflieger ein deutl. Wachstum; allein in Deutschland nahmen ab Dez. 2002 vier neue Linien den Flugbetrieb auf. Zugleich gab es in anderen Marktsegmenten Überkapazitäten, die angesichts des Preiskampfes eine Bereinigung durch Insolvenzen wahrscheinlich machten. So musste die Ferienfluggesellschaft Aero Lloyd im Okt. wegen Überschuldung den Flugbetrieb in Deutschland und Österreich einstellen. Auch die größte Fluggesellschaft der USA, American Airlines, stand kurz vor dem Konkurs; sie beantragte im März Gläubigerschutz.
Für die als Nachfolgegesellschaft der Swissair im April 2002 gegründete Swiss musste wegen der aufgelaufenen Betriebsverluste eine Auffanglösung gesucht werden. Nachdem eine Übernahme durch die Lufthansa nicht zustande gekommen war, schloss sich die Swiss im Sept. 2003 als weiterhin selbstständiges Unternehmen der strateg. Allianz ›Oneworld‹ um British Airways an, um in einem sich verschärfenden Wettbewerb, v.a. zw. den versch. Allianzen – zu den umsatzstärksten gehörten im Vorjahr ›Star Alliance‹, ›Oneworld‹, ›Skyteam‹ und Wings‹ – als nat. Fluggesellschaft mit dem Drehkreuz Zürich weiter bestehen zu können Der Konzentrationsprozess bei den Fluggesellschaften setzte sich im Sept. mit dem Zusammenschluss von Air France und KLM (Niederlande) zu einer gemeinsamen Holding fort.

Luxemburg

Hauptstadt: Luxemburg
Einwohner: 444 000
Einwohner/km²: 170
Staatsoberhaupt: Großherzog Henri
Regierungschef: J.-C. Juncker
BIP/Einwohner: 46 021 US-$

In der Debatte über den vom → EU-Konvent vorgelegten Verfassungsentwurf gehörte L. zur Gruppe der vorwiegend kleinen EU-Mitgl., die auf eine Nachbesserung drängten. MinPräs. JEAN-CLAUDE JUNCKER warnte Ende Sept. vor einem »chaot. Tutti-Frutti-Europa«, das entstehen werde, wenn keine Klarheit über die Aufgaben des neuen Ratspräs., des gemeinsamen Außenmin. und anderer Institutionen geschaffen werde. Er forderte die EU-Staaten auf, dem Beispiel L.s zu folgen und das Volk über die neue Verfassung abstimmen zu lassen. ■

M

MacKinnon, Roderick, amerikan. Biophysiker, *Burlington (Mass.) 1956. – M. wurde zus. mit seinem Landsmann PETER AGRE mit dem → Nobelpreis für Chemie ausgezeichnet. M. gelang es 1998, die räuml. Struktur eines Ionenkanals darzustellen, durch den Wasser aus den Zellen heraus- und in sie hineintransportiert wird.

■ Der amerikanische Physiker Roderick MacKinnon ist zusammen mit Peter Agre Nobelpreisträger für Chemie 2003

M. wuchs in Burlington auf und promovierte an der Tufts Medical School in Boston. Zunächst forschte er in Harvard, bevor er eine Professur für Molekulare Neurobiologie und Biophysik an der Rockefeller University in New York erhielt.

Madagaskar

Hauptstadt: Antananarivo
Einwohner: 16,4 Mio.
Einwohner/ km²: 27
Staatsoberhaupt: M. Ravalomanana
Regierungschef: J. Sylla
BIP/Einwohner: 274 US-$

Ein Jahr nach den Unruhen, die im Mai 2002 zur Machtübernahme durch MARC RAVALOMANANA geführt hatten, litten noch immer 42% aller Kinder unter fünf Jahren an Unterernährung. Die Weltbank sagte im Okt. einen Kredit in Höhe von 10 Mio. US-$ zu, der ein Hilfsprojekt zur Reduzierung von Hunger unterstützen soll.
Der ehem. Präs. DIDIER RATSIRAKA, der im Juni 2002 nach Frankreich geflüchtet war, wurde im Okt. 2003 in Abwesenheit zu zehn Jahren Zwangsarbeit verurteilt. Er wird beschuldigt, öffentl. Gelder veruntreut zu haben. ■

Maertens, Michael, Schauspieler, * Hamburg 30. 10. 1963. – Für seine Darstellung des Anatol in ARTHUR SCHNITZLERS gleichnamigem Einakter-Zyklus unter der Regie von LUC BONDY bei den Wiener Festwochen 2002 erhielt M. den Gertrud-Eysoldt-Ring.
Nach dem Besuch der Otto-Falckenberg-Schule in München erhielt M. sein erstes Engagement am Hamburger Thalia Theater. Gleich für seine erste Rolle wurde er 1989 mit dem Boy-Gobert-Preis ausgezeichnet und in der Spielzeit 1989/90 zum Nachwuchsschauspieler des Jahres gewählt. Er war anschließend u.a. am Berliner Schiller Theater, am dortigen Dt. Theater, an den Münchner Kammerspielen und am Berliner Ensemble engagiert. Für die Titelrolle in CLAUS PEYMANNS Inszenierung von SHAKESPEARES ›Richard II.‹ wurde er 2000/01 zum Schauspieler des Jahres gewählt. Seit der Spielzeit 2001/02 ist er festes Mitgl. im Ensemble des Schauspielhauses Bochum.

Magdeburg: Ein archäolog. Sensationsfund im Mai in der Umgebung des im 13. Jh. erbauten heutigen Doms zu M. führte auf die Spur des Doms von Kaiser OTTO DEM GROSSEN (*912, †973). Der zu seiner Zeit berühmte Prachtbau wurde 955 gestiftet und 1207 durch einen verheerenden Stadtbrand vernichtet. Während die Archäologen die schon früher freigelegten Fundamentreste zunächst OTTOS Königspfalz zuordneten, weist die nun aufgefundene steinerne Gruft darauf hin, dass sie zu dem lange gesuchten Gotteshaus gehören. Aus den Maßen der Fundamentreste schlossen Archäologen, dass das Bauwerk in jener Zeit neben dem Kölner Dom das größte Gotteshaus nördlich der Alpen war.

■ Ein Grabungstechniker legt Fundamentreste des Magdeburger Doms frei

Maget, Franz, Politiker (SPD), * München 18. 11. 1953. – Ein Sonderparteitag der bayer. SPD in München schickte am 5. April den Fraktionsvors. im Landtag (seit 2000) als Spitzenkandidaten in den Wahlkampf gegen MinPräs. EDMUND STOIBER (CSU). Trotz seines unermüdl. Einsatzes im Wahlkampf und seiner auch von vielen Konservativen begrüßten Absicht, eine absolute Mehrheit der CSU im Landtag zu verhindern, erlitt M. bei der Wahl am 21. Sept. mit 19,6% der Stimmen für die SPD eine verheerende Niederlage.
M. war nach seinem Studium der Geschichte, Politik und Sozialwiss. beim Dt. Gewerkschaftsbund in Bayern tätig (1982–90). 1983–88 leitete er die Arbeiterwohlfahrt (AWO) in München, danach bis 2000 den AWO-Bezirksverband Oberbayern. Dort hielt er seit 1990 ein Landtagsdirektmandat, das ihm bei der Wahl am 21. Sept. Kultusmin. MONIKA HOHLMEIER abnahm.

Maier, Hermann, österr. Skirennläufer, * Flachau 7. 12. 1972. – 17 Monate nach seinem Unterschenkelbruch, den er sich bei einem Motorradunfall zugezogen hatte, meldete sich das Skiidol in der Weltspitze zurück. Am 27. Jan. gewann der 30-Jährige mit dem Super-G in Kitzbühel (Österreich) bereits bei seinem fünften Start wieder ein Weltcuprennen. Während der Weltmeisterschaft in St. Moritz (Schweiz) unterstrich M. sein Comeback mit der Silbermedaille im Super-G und einem achten Platz in der Abfahrt.
Seinen Durchbruch schaffte der gelernte Maurer im Jan. 1996 beim Riesenslalom-Weltcup in seinem Heimatort: Als Vorläufer ließ er Teile der Weltelite hinter sich und durfte daraufhin in Europa- und Weltcuprennen starten. Dreimal (1998, 2000, 2001) gewann M. den Gesamtweltcup und war 1999 Weltmeister in Abfahrt und Super-G. Bei den Olymp. Winterspielen 1998 in Nagano konnte er nach einem Sturz im Abfahrtsrennen noch Gold in Super-G und Riesenslalom gewinnen.

Makedonien

Hauptstadt: Skopje
Einwohner: 2,0 Mio.
Einwohner/ km²: 80
Staatsoberhaupt:
B. Trajkovski
Regierungschef:
B. Črvenkovski
BIP/Einwohner:
1853 US-$

Internat. Beobachter bewerten die Umsetzung des Friedensvertrages von Ohrid aus dem Jahr 2001, der eine bessere Integration der alban. Bevölkerung in die makedon. Gesellschaft gewährleisten soll, positiv. Dennoch stehen sich die Politiker beider Volksgruppen weiterhin misstrauisch gegenüber.

Erneute Attentate albanischer Extremisten

Mehrfach kam es im Laufe des Jahres zu Überfällen, bei denen im März auch zwei NATO-Soldaten bei einer Minenexplosion starben. Am 28. Aug. wurden in der Hauptstadt Skopje Bombenanschläge auf öffentl. Einrichtungen verübt. Anschließend gingen Sicherheitskräfte in Nord-M. gegen die Guerillagruppe Alban. Nationalarmee (AKSH) vor, der die Anschläge zugeschrieben wurden. Die Militäroperationen lösten erneut Spannungen in der multinat. Reg. aus.

EU löst NATO-Truppe ab

Die EU übernahm am 1. April die Führung der bisher unter NATO-Kommando stehenden Friedenstruppe. Bei der Operation ›Concordia‹, der ersten Militäroperation der EU in ihrer Geschichte, waren 350 Soldaten im Einsatz. Die Militärmission wurde jedoch bereits am 15. Dez. von der EU-geführten Polizeitrainingsmission ›Proxima‹ mit 200 Mitgl. abgelöst.
M. und die USA unterzeichneten am 30. Juni ein Abkommen über die Nichtauslieferung amerikan. Staatsbürger an den → Internat. Strafgerichtshof in Den Haag (ICC). Trotz des Protestes der griech. Reg. enthält der Vertragstext erstmals die Bez. ›Makedonien‹, unter der das Land international auftreten möchte, und nicht mehr die offizielle Staatsbezeichnung ›Ehem. Jugoslaw. Rep. M.‹, unter der M. aufgrund der griech. Vorbehalte gegen den gewünschten Staatsnamen 1993 völkerrechtlich anerkannt wurde. ■

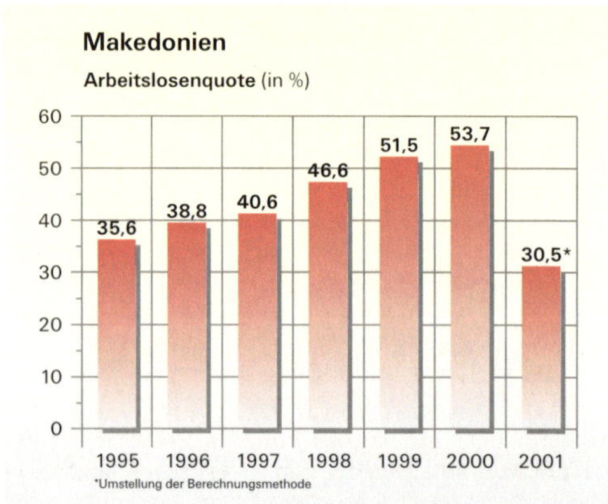

Malawi

Hauptstadt: Lilongwe
Einwohner: 10,7 Mio.
Einwohner/ km²: 112
Staatsoberhaupt und Regierungschef:
B. Muluzi
BIP/Einwohner:
180 US-$

Präs. BAKILI MULUZI kündigte im April den Verzicht auf eine weitere Amtszeit an. Für die Wahl im Mai 2004 ist bisher nur der Kandidat der Regierungspartei United Democratic Front (UDF) nominiert: BINGU WA MUTHARIKA. MULUZI hatte 1999 seine zweite und laut Verfassung letzte Amtszeit angetreten. Sein Bestreben, durch eine Verfassungsänderung eine weitere Kandidatur zu ermöglichen, hatte zu starken innenpolit. Spannungen geführt.
Der IWF stellte dem Land nach einer Untersuchung über die wirtschaftl. Entwicklung einen Kredit in Höhe von 9,2 Mio. US-$ sowie 6 Mio. US-$ Übergangshilfe in Aussicht. ■

Malaysia

Hauptstadt:
Kuala Lumpur
Einwohner: 24,3 Mio.
Einwohner/ km²: 72
Staatsoberhaupt:
Tuanku Syed Sirajuddin
Regierungschef:
A. Ahmad Badawi
(seit 31. 10. 2003)
BIP/Einwohner:
3880 US-$

Obwohl M. nur fünf Fälle der Lungenkrankheit → SARS verzeichnete, davon zwei mit tödl. Ausgang, führte die panikartige Reaktion auf die Seuche im 1. Halbjahr zu einem starken Einbruch in der Tourismusbranche. Nicht zuletzt dank starker staatl. Konjunkturförderung legte das BIP-Wachstum, das 2002 4,5 % erreicht hatte, aber schon im 2. Quartal 2003 um 4,4 %, im 3. Quartal um 5,1 % zu. Auch die Senkung der Arbeitnehmerbeiträge an die staatl. Pensionskasse um 2 % wirkte sich positiv auf die Inlandsnachfrage aus. Mit Vollbeschäftigung (Arbeitslosenquote 2,3 %) und moderater Inflationsrate

(1,8 %) gehörte M. 2002 zu den wirtschaftlich stabilen Staaten.

Ende der Ära Mahathir

Wie angekündigt trat MinPräs. MAHATHIR BIN MOHAMAD am 31. Okt. sein Amt an seinen designierter Nachfolger ABDULLAH AHMAD BADAWI ab, der schon seit 1999 als Vizeregierungschef und Innenmin. eine bedeutende polit. Rolle gespielt hatte.
In seiner 22-jährigen Amtszeit hatte der autokratisch regierende MAHATHIR aus dem ehem. Entwicklungsland M. einen prosperierenden asiat. ›Tigerstaat‹ gemacht.

■ Der neue malaysische Ministerpräsident Abdullah Ahmad Badawi während einer Rundreise in dem nördlichen Bundesstaat Penang, aus dem er stammt

Bei den Tagungen der Bewegung blockfreier Staaten und der Organisation Islam. Konferenz im Febr. zeigte sich MAHATHIR als scharfer Kritiker des amerikan. Kriegskurses gegenüber dem Irak. Mit seinem Vorschlag an die arab. Staaten, einen Erdölboykott als Mittel einzusetzen, um den Krieg zu verhindern, blieb er jedoch isoliert. Auf dem Gipfel der 57 Staaten umfassenden Organisation der Islam. Konferenz (OIC) in Kuala Lumpur Mitte Okt. löste er mit antiwestl. und antisemit. Ausfällen heftige Kontroversen aus.
Immer noch gespannt blieb das Verhältnis zu den Nachbarländern Philippinen und Indonesien nach der brutalen Ausweisung Hunderttausender als illegal geltender Einwanderer seit Herbst 2002. ■

Malediven

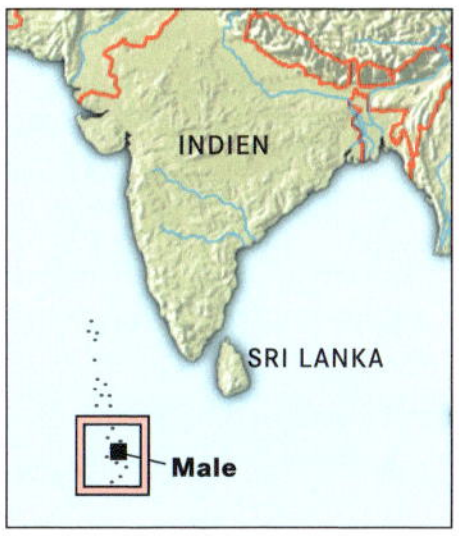

Hauptstadt: Male
Einwohner: 287 000
Einwohner/ km²: 934
Staatsoberhaupt und Regierungschef:
Maumoon Abdul Gayoom
BIP/Einwohner:
2 059 US-$

Erstmals seit mehr als einem Jahrzehnt brachen Mitte Sept. in der Hauptstadt Male blutige Unruhen aus, bei denen mehrere Personen ums Leben kamen und Hunderte von der Polizei festgenommen wurden. Ausgangspunkt des Aufruhrs war eine Gefängnisrevolte aus Protest gegen Folterungen. ■

Mali

Hauptstadt: Bamako
Einwohner: 11,3 Mio.
Einwohner/ km²: 9
Staatsoberhaupt:
A. T. Touré
Regierungschef:
A. M. Ag Hamani
BIP/Einwohner:
265 US-$

Malta

Hauptstadt: Valletta
Einwohner: 397 000
Einwohner/ km²: 1 234
Staatsoberhaupt:
G. de Marco
Regierungschef:
E. Fenech Adami
BIP/Einwohner:
9 497 US-$

Die relativ stabile Wirtschaft hatte 2002 mit 2,2 % ein schwächeres BIP-Wachstum zu verzeichnen. Die Inflationsrate betrug Ende Dez. 2002 ebenfalls 2,2 %. Mit 5,2 % ist die Arbeitslosenquote im europ. Vergleich recht niedrig.

EU-Referendum und Parlamentswahlen

Bei dem mit Spannung erwarteten Referendum über den Beitritt M.s zur EU am 8. März votierten 53,6 % der Abstimmenden für einen Beitritt, 46,4 % folgten dem Aufruf der oppositionellen Arbeiterpartei und stimmten dagegen (Wahlbeteiligung: 91 %). Die EU hatte M. bei den Beitrittsverhandlungen einige Sonderrechte eingeräumt. So wird die Einführung der Mehrwertsteuer verschoben und die Zuwanderungsfreiheit bis auf 2008 begrenzt.
Schon einen Monat später bestätigten die Malteser bei den vorgezogenen Parlamentswahlen am 12. April die Reg. unter Premiermin. EDWARD FENECH ADAMI, auf dessen Nationalist. Partei 51,8 % der Stimmen entfielen. Ihr Sieg machte den Weg zur Ratifizierung des EU-Beitrittsvertrages frei, den die Arbeiterpartei hatte blockieren wollen. ■

Mannesmannübernahme: Die bislang größte feindl. Übernahme in der europ. Wirtschaftsgeschichte – der Verkauf der Mannesmann AG an das brit. Mobilfunkunternehmen Vodafone Air-

Touch im Jahr 2000 – hat ein gerichtl. Nachspiel. Wie das Düsseldorfer Landgericht im Okt. bekannt gab, müssen sich ab 21.1. 2004 u.a. die früheren Aufsichtsratsmitgl. JOSEF ACKERMANN (Dt. Bank) und KLAUS ZWICKEL (ehem. Vors. der IG-Metall), der damalige Mannesmann-Vorstandschef KLAUS ESSER, der ehem. Aufsichtsratsvors. JOACHIM FUNK und der damalige Vors. des Betriebsrats JÜRGEN LADBERG wegen Verdachts der Untreue bzw. Beihilfe zur Untreue verantworten. Gegenstand des Verfahrens sind die seinerzeit von Vodafone geleisteten Abfindungen und Bonuszahlungen in Höhe von rd. 111 Mio. DM. Allein ESSER soll 28 Mio. DM Abfindung und zusätzlich 32 Mio. DM als Prämie erhalten haben. Nach Auffassung der Staatsanwaltschaft haben sich die Manager auf Kosten des Konzerns bereichert und die Aufsichtsratsgremien ihre Pflichten verletzt.

Mannheimer Lebensversicherung AG: Im Juni meldete die M. L. AG bei der Bundesanstalt für Finanzdienstleistungsaufsicht (BaFin) als erster dt. Versicherer Zahlungsunfähigkeit an. Wegen des Wertverlusts ihres großen Aktienbestandes nach dem Absturz der Börsenkurse ab 2000 und ihrer riskanten Anlagepolitik war die seit 1879 bestehende Versicherung in Schwierigkeiten geraten. Die Lebensversicherungsverträge der M. L. AG wurden von der Auffanggesellschaft → Protektor weitergeführt. Wie Ende Dez. bekannt wurde, soll das dt. Unternehmen unter das Dach der größten österr. Versicherungsgruppe Uniqa schlüpfen und auf diese Weise saniert werden.

Mansfield, Peter (Sir seit 1993), brit. Physiker, *London 9.10. 1933. – Für seine Entdeckungen, die zur Anwendung der Magnetresonanztomographie in der Medizin geführt haben, wurde M. mit dem → Nobelpreis für Physiologie oder Medizin ausgezeichnet. Er teilt ihn mit PAUL C. LAUTERBUR, dessen Methode der Bilderzeugung durch den Kernspintomographen er verbesserte. Angewendet werden die Verfahren seit den 1990er-Jahren.
M. promovierte 1962 an der Univ. von London und arbeitet seit 1979 an der Univ. von Nottingham.

Marokko

Hauptstadt: Rabat
Einwohner: 29,6 Mio.
Einwohner/km^2: 65
Staatsoberhaupt: Mohammed VI.
Regierungschef: D. Jettou
BIP/Einwohner: 1258 US-$

König MOHAMMED VI., der seit den Terroranschlägen vom 11.9. 2001 die prowestl. Haltung seines Landes bekräftigt und den Kampf gegen die Islamisten verschärft hatte, geriet durch den Irakkrieg in eine schwierige Situation. M. verurteilte die Militärintervention im Irak ohne UNO-Mandat, vermied aber jede Solidaritätsbekundung gegenüber dem Regime von SADDAM HUSAIN. Die USA stützten M. im Okt. 2003 durch die Ausweitung der Hilfszahlungen (seit 2000 insgesamt 42 Mio. US-$): Ab 2004 soll das nordafrikan. Land jährlich doppelt so viel Militärhilfe (rd. 20 Mio. US-$) und das Vierfache der bisherigen wirtschaftl. Unterstützung erhalten.

Bei fünf gleichzeitig ausgeführten Selbstmordanschlägen in der marokkanischen Hafenstadt Casablanca sterben am 16. Mai 42 Menschen

Am 16. Mai forderten fünf Sprengstoffanschläge in Casablanca gegen jüd. und ausländ. Einrichtungen 42 Todesopfer, darunter auch 13 der 15 Attentäter; Hunderte wurden verletzt. Als verantwortlich für die Anschläge galt die Gruppierung Salafija Jihadija, die zus. mit Al Hijra wa Takfir zu den großen islamist. Organisationen in M. gehört. Kurz darauf, am 28. Mai, verabschiedete das Parlament einstimmig ein zuvor umstrittenes Antiterrorgesetz. Nach einer Verhaftungswelle verurteilten Sondergerichte bis Ende Nov. 20 Angeklagte zum Tode und verhängten zahlreiche lebenslange Haftstrafen. Als weitere Maßnahme gegen islam. Extremisten kündigte der König am 30. Juli ein Verbot aller religiösen Parteien an. Zahlreiche Koranschulen und Moscheen waren schon Ende 2002 geschlossen worden. ■

Marović, Svetozar, montenegrin. Politiker (Demokrat. Partei der Sozialisten, DPS), *Kotor 31.3. 1955. – Das Bundesparlament von Serbien und Montenegro wählte M. am 7. März mit den Stimmen von 65 der insgesamt 126 Abgeordneten zum Staats- und Regierungschef der neu geschaffenen Staatenunion; das Amt ist nur mit wenigen Kompetenzen ausgestattet. Zuvor war am 3. März VOJISLAV KOŠTUNICA als Präs. der bisherigen Bundesrep. Jugoslawien zurückgetreten.
M. studierte Jura an der Univ. von Podgorica. Als Mitbegründer und stellv. Vors. der DPS gehörte er seit 1990 dem montenegrin. Parlament an, 1993–99 als dessen Präsident. Im Unterschied zu seinem Parteifreund MILO DJUKANOVIĆ, dem eigentl. Machthaber in Montenegro, befürwortet er den staatl. Zusammenhalt Serbiens und Montenegros, um ihnen eine Perspektive im zusammenwachsenden Europa zu sichern.

Mars: Am 2. Juni startete mit ›M. Express‹ die erste europ. Planetensonde. Sie besteht aus einem Orbiter- und einem Landeteil (›Beagle 2‹), das u.a. mit einem Bohrgerät und Stereokameras ausgestattet ist. Hauptaufgabe von ›M. Express‹ ist die Suche nach Wasser – Grundvoraussetzung für mögl. Leben auf dem Mars. Zwar schwenkte die Sonde am 25. Dez. wie vorgesehen in eine Umlaufbahn um den sog. roten Planeten ein, doch das Schicksal des Landegerätes, das die Oberfläche des M. erreichen sollte, blieb bis Jahresende unklar, da kein Funkkontakt zustande kam. Zur wiss. Untersuchung des M. schickten auch die USA zwei Raumsonden Richtung M.: ›Spirit‹ (Start: 10. Juni) und ›Opportunity‹ (8. Juli) sollen im Jan. 2004 landen. Die 174 kg schweren Fahrzeuge sollen mind. drei Monate lang den Boden untersuchen.

Marshallinseln

Hauptstadt: Dalap-Uliga-Darrit
Einwohner: 53 000
Einwohner/km²: 263
Staatsoberhaupt und Regierungschef: K. H. Note
BIP/Einwohner: 1811 US-$

Mauersegler: Der Naturschutzbund (NABU) wählte den M. zum Vogel des Jahres und machte damit erneut auf ökolog. Probleme unserer Dörfer und Städte aufmerksam. Als ein typ. Bewohner der Siedlungsräume des Menschen ist der M. – wie der im Vorjahr gekürte Sperling – zwar nicht akut vom Aussterben bedroht. Bedingt durch Neubauten und Modernisierung von Altbauten, die keine Nistgelegenheiten mehr bieten, ist die Population des M. in den letzten Jahren jedoch um 20 % gesunken.

Maultier: Amerikan. Wissenschaftlern der Univ. von Idaho (USA) ist es erstmals gelungen, ein M. zu klonen. In einer Versuchsreihe hatten sie mehr als 300 Zellkerne eines M. in Eizellen von Pferden verpflanzt und die so erzeugten Embryonen von Pferdestuten austragen lassen. Das Experiment gelang nur in drei Fällen. Am 4. Mai kam das erste geklonte M.-Fohlen zur Welt; es erhielt den Namen ›Perle von Idaho‹. Das M. ist die achte Tierart, die seit der Züchtung des Klonschafs → Dolly 1996 erfolgreich geklont wurde (→ Pferd).

Mauretanien

Hauptstadt: Nouakchott
Einwohner: 2,8 Mio.
Einwohner/km²: 3
Staatsoberhaupt: M. O. S. A. Taya
Regierungschef: S. O. M'Bareck (seit 6. 7. 2003)
BIP/Einwohner: 356 US-$

Am 9. Juni scheiterte ein Versuch von arabisch-islamisch orientierten Teilen der Streitkräfte, das prowestl. Regime von Staatspräs Maawiya Ould Sidi Ahmed Taya zu stürzen. Die zweitägigen Kämpfe, v.a. in der Hauptstadt Nouakchott, forderten 15 Todesopfer. Bei den Präsidentschaftswahlen am 7. Nov. errang Taya 67 % der Stimmen, Oppositionsführer Mohammed Khouna Ould Haidalla, 1984 von Taya als Chef der Militärjunta abgesetzt, 19 %. Er bezeichnete die Wahl als Farce. ■

Mauritius

Hauptstadt: Port Louis
Einwohner: 1,2 Mio.
Einwohner/km²: 591
Staatsoberhaupt: K. A. Offman
Regierungschef: P. Berenger (seit 1. 10. 2003)
BIP/Einwohner: 3759 US-$

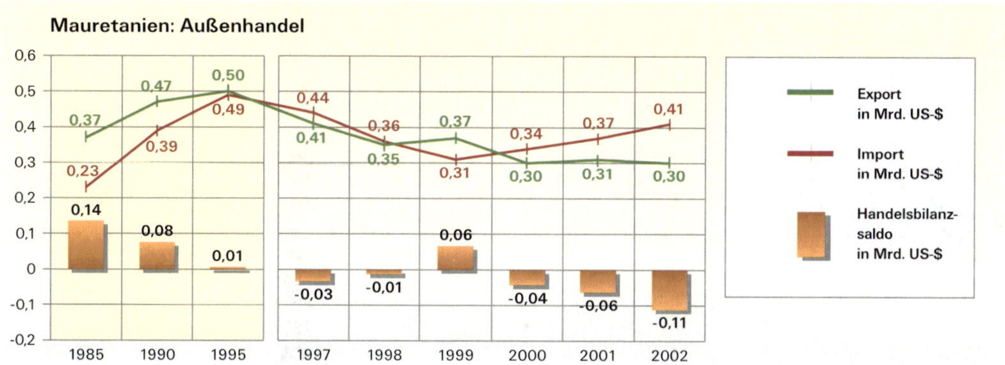

Am 1. Okt. übernahm PAUL BERENGER als erster nichthinduist. Politiker in der Geschichte des Inselstaates die Führung der Regierung. Als Folge eines Abkommens, das die beiden regierenden Koalitionspartner Mouvement Socialiste Mauricien (MSM) und Mouvement Militant Mauricien (MMM) anlässlich der Wahl im Jahr 2000 geschlossen hatten, übergab der bisherige Premiermin. ANEROOD JUGNAUTH (MSM) nach drei Jahren Amtszeit die Führung an seinen MMM-Nachfolger. ■

Mecklenburg-Vorpommern

Hauptstadt: Schwerin
Einwohner: 1,7 Mio.
Einwohner/ km²: 76
Regierungschef:
H. Ringstorff
BIP/Einwohner:
15 918 €

Die Talfahrt der Wirtschaft verlangsamte sich 2002, auch wenn das BIP erneut um 0,2 % schrumpfte (2001: - 1,1 %). Im 1. Halbjahr 2003 verringerte sich das BIP gegenüber dem Vorjahreszeitraum erneut um 1,6 %. Mit Sachsen-Anhalt litt M.-V. unter den schlechtesten Arbeitsmarktbedingungen aller Bundesländer. Die Arbeitslosenquote von 18,6 % im Jahresdurchschnitt 2002 (2001: 18,3 %) steigerte sich 2003 noch: Im Dez. lag sie bei 20,1 %.

Finanzmisere

Mit einem Nachtragshaushalt, der im Jan. von der SPD/PDS-Koalition unter MinPräs. HARALD RINGSTORFF (SPD) gebilligt wurde, sollten die massiven Steuerausfälle aufgefangen werden. Dazu wurde die Nettokreditaufnahme um 570 Mio. € auf 826 Mio. € erhöht. Die Gesamtverschuldung des Bundeslandes belief sich Ende 2002 auf 11,1 Mrd. €, das Volumen des Haushalts für 2003 auf rd. 7,4 Mrd. €. Im Entwurf für 2004/05, den sie im Juli vorlegte, reduzierte die Landesreg. den Etat für 2004 auf rd. 7,3 Mrd. € und für 2005 auf rd. 7,1 Mrd. €. Die Neuverschuldung wollte sie zugleich auf 763 Mio. € 2004 bzw. 555 Mrd. € zurückführen.

Neuer SPD-Vorsitzender

Am 6. April wählte der SPD-Landesverband TILL BACKHAUS zum neuen Vorsitzenden. 82,6 % der Delegierten stimmten für den amtierenden Min. für Landwirtschaft, Forsten und Fischerei, nachdem MinPräs. RINGSTORFF, der seiner Partei 13 Jahre lang vorgestanden hatte, sich nicht mehr zur Wahl gestellt hatte. ■

Meisterzwang, seit 1953 geltende Vorschrift, nach der sich nur dann jemand als Handwerker selbstständig machen darf, wenn er einen Meisterbrief hat; dieser setzt eine spezielle Ausbildung und eine Prüfung voraus und ist mit z. T. hohen Kosten verbunden. Die Zahl der sog. Vollhandwerke, für die der M. gilt, wurde schon 1965 und 1998 auf zuletzt 94 reduziert. Mit der → Handwerksreform wurde der M. auf ›gefahrengeneigte‹ Berufe und solche mit bes. hoher Ausbildungsplatzquote beschränkt. Doch auch in Gewerben mit M. können sich Gesellen nun in die Handwerksrolle eintragen lassen, wenn sie den Beruf sechs Jahre lang, darunter vier leitend, ausgeübt haben. Eine ähnl. Regelung galt bislang schon für handwerksähnl. Berufe.

Mercosur, Abk. für **Mer**cado **Co**mún del Cono **Sur** (Gemeinsamer Südamerikan. Markt): Die Bemühungen in Südamerika, ein Gegengewicht zu der von den USA vorangetriebenen gesamtamerikan. Freihandelszone FTAA (Free Trade Area of the Americas) zu schaffen und die Verhandlungsposition gegenüber den Industriestaaten des Nordens zu stärken, kamen wichtige Schritte voran.
Auf ihrem Gipfeltreffen am 28. Juni in Asunción vereinbarten die Staatschefs der vier Mitgliedsländer des Freihandelsblocks M. (Argentinien, Brasilien, Paraguay, Uruguay), die Zusammenarbeit zu verstärken und bis 2006 für ihre Region einen gemeinsamen Markt zu schaffen. Neben Bolivien und Chile gehört seit dem 25. Aug. auch Peru dem M. als assoziiertes Mitgl. an; Venezuela hat einen Antrag auf Aufnahme gestellt. Zu einem ganz Südamerika umfassenden Handelsbündnis würden dann nur noch Ecuador und Kolumbien fehlen. Diese bilden zz. zus. mit Bolivien und Venezuela den Andenpakt.

■ Beatriz Merino Lucero wird am 26. Juni als erste Frau in Peru als Regierungschefin vereidigt; links Präsident Alejandro Toledo

Merino Lucero, Beatriz, peruan. Politikerin, * 1949. – Unter dem Druck einer schweren sozialen und polit. Krise und um seinem Popularitätsverlust entgegenzuwirken, ernannte Präs. ALEJANDRO TOLEDO MANRIQUE am 28. Juni M. L. zur Vors. des Ministerrates. Die populäre Politikerin, die nicht der Präsidentenpartei angehört, ist die erste Regierungschefin in der Geschichte des Landes.
M. L. war nach ihrem Studium an der Univ. von Lima, an der Harvard University und an der London School of Economics zunächst Steueranwältin. Sie war 1990–92 während der Amtszeit von Präs. AL-

BERTO FUJIMORI Senatorin. 1995–2000 gehörte sie als Abgeordnete der oppositionellen Unabhängigen Moral. Front (FIM) dem Parlament an. Nach dem Amtsantritt von TOLEDO (2001) übernahm sie die Leitung der nat. Steuerbehörde SUNAT.

Mesa Gisbert, Carlos, bolivian. Historiker, Publizist und Politiker (parteilos), *La Paz 12.8. 1953. – Nach dem Rücktritt von Staatschef GONZALO SÁNCHEZ DE LOZADA setzte der Kongress den polit. wenig erfahrenen bisherigen Vizepräs. M.P. am 17. Okt. als Nachfolger ein.
M.G. studierte polit. Wiss. und Lit. in Madrid und La Paz. In Südamerika machte er sich einen Namen als Journalist, Autor histor. Werke, polit. Kommentator und beliebter Fernsehmoderator. Seit Mitte der 1990er-Jahre war er Generaldirektor und Mehrheitseigner eines TV-Senders. Präs. SÁNCHEZ DE LOZADA berief ihn im Aug. 2002 zu seinem Stellvertreter. Nach den blutigen Unruhen Mitte Okt. distanzierte sich M.G. von ihm. Der Verfassung nach kann der neue Amtsinhaber bis Ende 2007 regieren. Er kündigte an, den Weg für baldige Neuwahlen freizumachen.

Methusalem: Mithilfe des Hubble-Weltraumteleskops wurde im Juli der älteste und zugleich mit 5600 Lichtjahren am weitesten von der Erde entfernte Planet entdeckt. Der M. getaufte Himmelskörper mit der 2,5fachen Masse des Planeten Jupiter kreist um einen Doppelstern; dafür benötigt der vermutlich aus Gas bestehende Riesenplanet etwa 100 Jahre. M. entstand vor ca. 13 Mrd. Jahren, etwa 1–1,5 Mrd. Jahre nach dem Urknall. Unser Sonnensystem hat ein Alter von 4,5 Mrd. Jahren.

Metrorapid: Nach Jahren kontroverser Diskussion über den verkehrspolit. Sinn und die Wirtschaftlichkeit wurde das Projekt des M., einer Magnetschwebebahn von Dortmund nach Düsseldorf, von Bundesreg. und nordrhein-westfäl. Landesreg. im Juni einvernehmlich aufgegeben. Als Ersatz wird der Bau einer S-Bahn (›MetroExpress‹) zwischen Dortmund und Köln erwogen. Die notwendigen Schienenwege müssten nach Aussagen der Dt. Bahn AG jedoch ebenfalls neu gebaut werden, da die bisherigen Kapazitäten nicht ausreichen. Die Finanzierung des Projekts ist angesichts der leeren öffentl. Kassen ungewiss.

Metzler-Prozess: Wegen Entführung und Ermordung des elfjährigen Bankierssohns JAKOB VON METZLER verurteilte das Landgericht Frankfurt am Main am 28. Juli den Angeklagten MAGNUS GÄFGEN zu einer lebenslangen Haftstrafe. Die vom Gericht eigens festgestellte »bes. Schwere der Schuld« hat zur Folge, dass der Verurteilte nicht nach 15 Jahren aus dem Gefängnis entlassen werden darf. Über die darüber hinausgehende Haftdauer entscheidet eine Vollstreckungskammer.
Der 28-jährige Täter hatte das ihm bekannte Kind am 27.9. 2002 entführt, noch am gleichen Tag ermordet und die Leiche versteckt. Anschließend versuchte er, von der Familie seines Opfers Lösegeld zu erpressen. Nach der Festnahme GÄFGENS drei Tage nach der Tat ließ ihm der Frankfurter Polizeivizepräs. WOLFGANG DASCHNER → Folter androhen, um das Versteck der noch für lebendig gehaltenen Geisel zu erfahren. Dieses Vorgehen löste nach Bekanntwerden eine heftige öffentl. Debatte aus.

Mexiko

Hauptstadt: Mexiko
Einwohner: 100,9 Mio.
Einwohner/km²: 52
Staatsoberhaupt und Regierungschef: V. Fox Quesada
BIP/Einwohner: 6200 US-$

Wahlen schwächen Regierungspartei

Auch nach der Wahl zum Abgeordnetenhaus am 6. Juli verfügte Präs. VICENTE FOX QUESADA weder im Unterhaus noch im Senat über die absolute Mehrheit, sodass strukturelle Reformen von der Opposition blockiert werden könnten. Während der Partido Revolucionario Institucional (PRI) seine Position mit 36,9% der Stimmen und einem Zuwachs von 15 auf 224 Sitze festigte, verlor die Regierungspartei 55 ihrer 208 Sitze und war entsprechend dem Stimmenanteil von 30,5% im Parlament

Endstation Haushaltsloch

nur noch mit 153 Abgeordneten vertreten. Drittstärkste Fraktion blieb der Partido de la Revolución Democrática (PRD) mit 18,8 % der Stimmen bzw. 95 Sitzen.
Parallel zur Unterhauswahl fanden in zehn Bundesstaaten Parlaments- und Kommunalwahlen sowie in sechs Bundesstaaten Gouverneurswahlen statt, bei denen der PRI seine Position weiter ausbaute.
Begründet wurde das schlechte Abschneiden der Regierungspartei mit innen- und außenpolit. Faktoren. Dazu gehörte der Rücktritt von Außenmin. JORGE CASTAÑEDA im Januar. Er war zuletzt immer stärker in die Kritik geraten, u.a. weil es ihm nicht gelungen war, den Status der rd. 4 Mio. in den USA illegal lebenden Mexikaner legalisieren zu lassen. Das Verhältnis zu den USA wurde zudem durch die ablehnende Haltung M.s zum Irakkrieg belastet.
Ein weiterer Grund für das Wahlergebnis wird in der stagnierenden Wirtschaft gesehen, deren Wachstum stark von der US-Konjunktur abhängt. Nach einem Konjunkturtief im 1. Quartal wuchs das BIP im 1. Halbjahr um 1,2 % gegenüber dem Vorjahreszeitraum. Die strenge Haushaltsdisziplin der Reg. zus. mit einem hohen Erdölpreis führte in den ersten sechs Monaten zu einem Haushaltsüberschuss von 62,2 Mrd. Pesos. Dank der restriktiven Geldpolitik blieben die Verbraucherpreise nahezu stabil.

Weitere Liberalisierung des Handels

Am 1. Jan. trat eine weitere Stufe der Handelsliberalisierung im Rahmen der Nordamerikan. Freihandelszone (NAFTA) in Kraft. Gegen deren Folgen protestierten Ende Jan. in der Hauptstadt rd. 100 000 Vertreter von Bauern- und Landarbeiterorganisationen. Nach Gesprächen mit der Reg. Mitte Febr. stimmten die Bauern am 28. April dem ›Nat. Abkommen für den ländl. Raum‹ zu, das neben der Einrichtung eines Nothilfefonds nur unverbindl. Willensbekundungen seitens der Reg. enthält.
Am 10. Sept. begann in Cancún die fünfte WTO-Ministerkonferenz, die aufgrund des Boykotts von 32 Entwicklungsländern nach fünf Verhandlungstagen ergebnislos zu Ende ging. Überschattet wurden die Proteste der WTO-Gegner vom ›polit. Selbstmord‹ eines korean. Bauernführers während einer Demonstration.

Juristischer Präzedenzfall

Am 10. Juni schuf der Oberste Gerichtshof einen lateinamerikan. Präzedenzfall, indem er die Auslieferung des argentin. Offiziers Ricardo → Cavallo an Spanien für rechtmäßig erklärte. Sie erfolgte auf Antrag des span. Richters BALTASAR GARZÓN, der CAVALLO wegen dessen Verbrechen während der argentin. Militärdiktatur nunmehr anklagen kann.
Im Fall der Menschenrechtsaktivistin DIGNA OCHOA, die im Okt. 2001 erschossen in ihrem Anwaltsbüro in Mexiko-Stadt aufgefunden worden war, kam die Justiz im Juli zu dem Ergebnis, dass es sich um Selbstmord gehandelt hatte. ■

■ Roy E. Disney mit einer Micky-Maus-Figur; der Neffe Walt Disneys tritt Ende des Jahres als Disney-Vizepräsident zurück

Micky Maus, amerikan. Menschenmäuserich, Trickfilm- und Cartoonheld, angeblich im Febr. 1928 von WALT DISNEY im Zug auf der Fahrt von New York nach Hollywood gezeugt, * New York 28. 11. 1928. – Vor 75 Jahren erschien M.M., ge-

■ Der Künstler Alberto Caro Limon erinnert mit bemalten und beschrifteten Särgen am Grenzwall zwischen Mexiko und den USA an die zahlreichen Mexikaner, die bei dem Versuch, von Tijuana nach San Diego in Kalifornien zu gelangen, ums Leben kamen

zeichnet von UB IWERKS, in dem Trickfilm ›Steamboat Willie‹ erstmals vor einem größeren Publikum auf der Leinwand des Colony-Theaters in Manhattan: Der quirlige M. M. in der Rolle eines Dampfschiffmaschinisten rettet die liebl. Minnie aus den Fängen des fürchterl. Katers Karlo. Der Sensationserfolg dieses siebenminütigen Zeichentrickfilms, für den Disney 1932 seinen ersten ›Oscar‹ erhielt, war der Startschuss zur Erschaffung einer umfassenden Kunst- und Fabelwelt, aus der einer der größten Medienkonzerne der Welt erwuchs.

M. M., dem sein Schöpfer 20 Jahre lang höchstpersönlich die falsetthohe Stimme lieh, spielte vornehmlich dramat. Rollen – besonders gerne als Weltenretter oder Privatdetektiv. In den 1930er-Jahren war er der populärste Trickfilmstar, bis ihn Donald Duck überflügelte, der in seinem Schatten groß geworden war. In Deutschland wurde M. M. erst ab Sept. 1951 richtig bekannt, als das erste M.-M.-Heft erschien.

Mikronesien

Hauptstadt: Palikir
Einwohner: 122 000
Einwohner/ km²: 172
Staatsoberhaupt und Regierungschef: J. J. Urusemal (seit 11. 5. 2003)
BIP/Einwohner: 1975 US-$

Mikrozensus, Haushaltsbefragung über die Entwicklung der Lebensverhältnisse in Deutschland, an der seit 1957 jährlich 1 % aller Haushalte teilnehmen; jedes Jahr wird ein Viertel aller in der Stichprobe enthaltenen Haushalte ausgetauscht. Der M., auch ›kleine Volkszählung‹ genannt, schreibt die Ergebnisse der ›großen‹ Volkszählungen fort (in der Bundesrep. fand die letzte 1987, in der ehem. DDR 1981 statt).

Zu ›Leben und Arbeiten‹ ermittelte das Statist. Bundesamt, das die Ergebnisse des M. 2002 bekannt gab, beispielsweise: Mehr als jeder dritte Arbeitslose (37,3 %) sucht bereits ein Jahr oder länger nach einem neuen Job und gilt damit als sog. Langzeitarbeitsloser. Über ein Drittel oder 37 % der unter 20-jährigen Erwerbstätigen (ohne Auszubildende) waren im April 2002 unter einem befristeten Arbeitsvertrag tätig gewesen. Fast jeder siebte Schüler und Student geht in Deutschland einer Erwerbstätigkeit nach.

Miller, Bode, amerikan. Skirennläufer, * Easton (New Hampshire) 12. 10. 1977. – Mit Goldmedaillen in Riesenslalom und Kombination sowie Silber im Super-G war M. der erfolgreichste Teilnehmer der Alpinen Skiweltmeisterschaft in St. Moritz (Schweiz). Ausdruck einer guten Saisonleistung war sein zweiter Platz im Gesamtweltcup hinter dem Österreicher STEPHAN EBERHARTER.

M., der seit seinem elften Lebensjahr Skirennen fährt, ließ erstmals 1995 und 1996 mit insgesamt vier Weltmeistertiteln bei den Junioren aufhorchen. Als Vierter im Gesamtweltcup und mit Silbermedaillen in Riesenslalom und Kombination bei den Olymp. Spielen von Salt Lake City (USA) schaffte er 2002 den Sprung in die Weltspitze.

Milošević-Prozess, → Kriegsverbrechertribunal.

Miniermotten: Der Befall von Rosskastanien durch M. erreichte einen neuen Höchststand. Durch den heißen Sommer konnten sich die rd. 5 mm großen Insekten bes. stark vermehren. Ihre Larven ›minieren‹ die Blätter, indem sie sich unterhalb der obersten Blattschicht durch das Blattgewebe fressen. Die Blätter befallener Bäume zeigen eine auffällige Braunfärbung und fallen vorzeitig ab. Die vermutlich aus Asien stammenden M. verbreiten sich seit 1984 von Makedonien aus in Europa, seit 2000 in Deutschland. Auch Großbritannien und Südskandinavien sind betroffen. M. befallen v. a. die Weiße Rosskastanie.

Mittelrheintal: Am 20. Sept. wurde die Kulturlandschaft Oberes Mittelrheintal zw. Bingen/Rüdesheim und Koblenz im Rahmen einer feierl. Urkundenübergabe zum UNESCO-Weltkulturerbe erklärt. Für die Aufnahme in den Katalog der universell bedeutenden Naturstätten und Kulturleistungen im Sinne der Welterbekonvention von 1972 erfüllte das M. mehrere Kriterien: Als einer der wichtigsten Transportwege ermöglichte es über mehr als zwei Jahrtausende den kulturellen Austausch zw. dem Mittelmeerraum und dem Norden; es ist zugleich ein eindrucksvolles Beispiel für die Entwicklung der Lebens- und Kommunikationsformen in einem schmalen Flusstal, in dem terrassierte Steilhänge die Landschaft vielfältig geprägt haben.

Moçambique

Hauptstadt: Maputo
Einwohner: 18,4 Mio.
Einwohner/ km²: 23
Staatsoberhaupt: J. A. Chissano
Regierungschef: P. Mocumbi
BIP/Einwohner: 217 US-$

Modern Talking, Popduo, gegr. 1983 von Dieter → Bohlen und THOMAS ANDERS (eigtl. BERND WEIDUNG). Bei einem Konzert am 7. Juni in Rostock verkündete BOHLEN überraschend die endgültige Trennung der beiden Musiker. Trennungsursache sollen zwei Solokonzerte von ANDERS in den USA unter dem Namen von M. T. gewesen sein.

Mit Hits wie ›You're My Heart, You're My Soul‹, ›Cheri Cheri Lady‹, ›You Can Win If You Want‹ und ›Brother Louie‹ errang die Band in den 1980er-Jahren große internat. Verkaufserfolge (120 Mio. ver-

Das Popduo Modern Talking (links Thomas Anders, rechts Dieter Bohlen) tritt am 7. März bei der deutschen Vorausscheidung für den Grand Prix Eurovision in Kiel außer Konkurrenz auf

kaufte Tonträger, 57 goldene und Platin-Schallplatten). Nachdem sich M.T. 1987 aufgelöst hatte, konnten das Duo 1998 bei seinem Comeback sofort wieder an frühere Erfolge anknüpfen, u.a. mit den Alben ›Back For Good‹ und ›Victory‹.

Mohn, Liz, Verlegerin, *Wiedenbrück/Ems 21.6. 1941 – Die Ehefrau des 81-jährigen Unternehmenspatriarchen Reinhard Mohn wurde im Febr. Vorstandsvors. der Bertelsmann Verwaltungsgesellschaft (Gütersloh), des Führungsgremiums des internat. Medienkonzerns (rd. 80000 Mitarbeiter, ca. 20 Mrd. € Jahresumsatz).

M., geb. Elisabeth Bergmann, stammt aus einer Handwerkerfamilie. Die gelernte Zahnarzthelferin kam 1958 als Telefonistin einer Buchclubfiliale zu Bertelsmann. Sie stieg im Unternehmen auf und wurde Lebensgefährtin Reinhard Mohns; 1982 heiratete sie den langjährigen Unternehmenschef. Zunächst engagierte sich M. im Rahmen der 1977 gegr. Bertelsmann-Stiftung zur Förderung wiss., sozialer und kultureller Projekte. Einfluss auf die strateg. Entscheidungen des Unternehmens nahm sie in den folgenden Jahren als Präsidiumsmitgl. der Stiftung und im Aufsichtsrat der nicht börsennotierten Bertelsmann AG.

Liz Mohn am 1. Oktober nach der Verleihung des Verdienstordens des Landes Berlin, links Götz George

Moldawien

Hauptstadt: Chişinău
Einwohner: 4,3 Mio.
Einwohner/km²: 130
Staatsoberhaupt: W. Woronin
Regierungschef: W. Tarlew
BIP/Einwohner: 371 US-$

Eine moldawisch-transnistr. Verhandlungskommission begann am 21. Juli unter Vermittlung der OSZE mit der Ausarbeitung einer föderalen Verfassung. Diese soll den seit 1991 schwelenden Konflikt zw. der Zentralreg. und der abtrünnigen, internat. nicht anerkannten Rep. Transnistrien beenden.

Russland stellte den Abzug seiner Truppen, die bislang die transnistr. Separatisten unterstützten, bis zum 31. Dez. in Aussicht. Die niederländ. Reg. schlug als amtierende OSZE-Ratsvors. im Sept. die Entsendung einer EU-Friedenstruppe nach M. vor, die die russ. Streikräfte ersetzen soll. Zur Unterstützung der US-Truppen im Irak entsandte M. am 8. Sept. ein Kontingent von 42 Soldaten. Den Großteil der Kosten des Einsatzes tragen die USA.

Möllemann, Jürgen Wilhelm, Politiker (FDP, bis März 2003), *Augsburg 15.7. 1945, † Marl 5.6. 2003. – Der ehem. Spitzenpolitiker der FDP stand im Mittelpunkt einer Affäre um die ungeklärte Finanzierung seiner Kampagne zur Bundestagswahl 2002. Der passionierte Fallschirmspringer starb durch einen Fallschirmabsturz, den er vermutlich willentlich herbeigeführt hatte. Als Auslöser für diesen Schritt wurde eine unmittelbar zuvor begonnene, von der Staatsanwaltschaft Düsseldorf veranlasste Durchsuchung seiner Privatwohnung, Büros und Geschäftsräume angenommen.

M. absolvierte in Münster ein Lehramtsstudium (1966–69). Als Vors. des Landesverbandes NRW (1983–94, 1996–2002) spielte er in der FDP, für die er 1972 erstmals in den Bundestag gewählt wurde, lange eine führende Rolle, 1999–2002 als stellv. Bundesvors. der Partei. Gefördert von dem damaligen Außenmin. und FDP-Vors. Hans-Dietrich Genscher, beteiligte er sich seit 1982 an der Regierungsarbeit in Bonn, u.a. als Bildungsmin. (1987–90), Wirtschaftsmin. (1991–93) und Vizekanzler (1992/93). Er überstand mehrere Affären und Rückschläge. Mit seinem eigenmächtigen Versuch, der FDP im Wahlkampf 2002 durch eine rechtspopulist. Kampagne neue Wählerschichten zu erschließen, geriet er ins Abseits. Einem Ausschluss aus der Partei kam er durch seinen Austritt am 17. März zuvor.

Monaco

Hauptstadt: Monaco
Einwohner: 32 000
Einwohner/km²: 15 789
Staatsoberhaupt: Rainier III.
Regierungschef: P. Leclercq
BIP/Einwohner: -

Bei der Wahl zum Nationalrat am 9. Febr. gewann erstmals nach 40 Jahren die oppositionelle Union für M. (UPM). Nachdem das Fürstentum sein Wahlrecht gelockert hatte, erhielt die dem Fürstenhaus nahe stehende Nat. und Demokrat. Union (UND) nur noch drei der Sitze, deren Zahl von 18 auf 24 erhöht worden war. Von den rd. 35 000 Einwohnern besitzen nur 5 800 ›echte Monegassen‹ das Wahlrecht. ■

Mongolei

Hauptstadt: Ulan-Bator
Einwohner: 2,4 Mio.
Einwohner/km²: 2
Staatsoberhaupt: N. Bagabandi
Regierungschef: N. Enkhbayar
BIP/Einwohner: 444 US-$

Teil der allmähl. Umstellung von der Zentralverwaltungswirtschaft auf die freie Marktwirtschaft ist das am 1. Mai in Kraft getretene Bodenprivatisierungsgesetz. Staatsbürger, die sich vor dem 28. 6. 2002 haben registrieren lassen bzw. eine Familie gegründet haben, dürfen noch bis zum 1. 5. 2005 kostenlos Privateigentum an Grund und Boden erwerben: in der Hauptstadt 0,07 ha, in den Provinzzentren 0,35 ha und in allen übrigen Gebieten 0,5 ha. Danach ist nur noch käufl. Erwerb möglich. Insgesamt können jedoch nur 0,9 % des gesamten mongol. Territoriums veräußert werden, der Rest verbleibt als Staatseigentum. ■

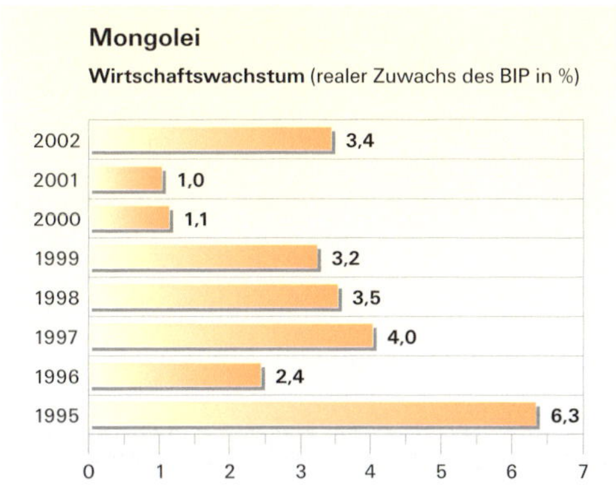

Moore, Michael, amerikan. Regisseur, Schriftsteller, *Davison (Michigan) 23. 4. 1954. – Für seinen entlarvenden und iron. Dokumentarfilm ›Bowling for Columbine‹, in dem er den Waffenfetischismus seiner Landsleute anprangert, wurde M. am 24. März mit dem ›Oscar‹ ausgezeichnet. Der Aktivist der amerikan. → Friedensbewegung nutzte seine Dankesrede für eine deutl. Kritik an der Irakpolitik von US-Präs. GEORGE W. BUSH.
M. wurde 1989 schon mit seinem ersten sozialkrit. Dokumentarfilm berühmt (›Roger and me‹). Seine Bücher ›Stupid White Man‹ (2002) und ›Querschüsse‹ (2003) besetzten in Deutschland mehrere Monate die ersten Plätze der ›Spiegel‹-Bestsellerliste.

■ Der Schriftsteller und Filmemacher Michael Moore machte u.a.durch seinen Film ›Bowling For Columbine‹ von sich reden, der in den USA mit einem ›Oscar‹ ausgezeichnet wurde

Moreno Ocampo, Luis, argentin. Jurist, *Buenos Aires 1952. – Die Versammlung der Mitgliedstaaten des → Internat. Strafgerichtshofs (ICC) in Den Haag wählte O. am 21. April zum Chefankläger des Gerichtshofs. Er trat sein auf neun Jahre befristetes Amt am 16. Juni an.
Nach seiner jurist. Ausbildung engagierte sich O. für die jurist. Aufarbeitung der Verbrechen der Militärjunta in Argentinien und wurde in seiner Heimat Symbolfigur für den Kampf um Gerechtigkeit und Bürgerrechte. 1987 zum Generalstaatsanwalt berufen, machte er u. a. den für den verlorenen Falklandkrieg verantwortl. Generälen den Prozess. Angesichts der zunehmenden Behinderung seiner Arbeit durch die Politik legte er 1992 sein Amt nieder, eröffnete eine Anwaltspraxis und widmete sich seitdem v. a. der Bekämpfung der Korruption. Er grün-

dete die darauf spezialisierte Organisation ›Poder Ciudado‹, arbeitete eng mit der internat. Antikorruptionsvereinigung ›Transparency International‹ zusammen und beriet internat. Institutionen wie die Weltbank und die UNO. Zuletzt lehrte er Rechtswiss. an der amerikan. Eliteuniv. Harvard.

Motassadeq-Prozess, → Islamistenprozesse.

Teeempfang bei Nepals König Gyanendra (rechts) mit Edmund Hillary (links) und Reinhold Messner (Mitte)

Mount Everest: Nepal feierte den 50. Jahrestag der Erstbesteigung des höchsten Berges der Erde mit einem großen Umzug der internat. Bergsteigergemeinde in der Hauptstadt Kathmandu. König GYANENDRA ernannte den 83-jährigen Sir EDMUND HILLARY zum Ehrenbürger des Landes. Der Neuseeländer hatte den 8850 m hohen Berg am 29. 5. 1953 zus. mit TENZING NORGAY vom Volk der Sherpa bezwungen. Ob sie als erste Menschen den Gipfel eroberten, ist jedoch unsicher: Der brit. Bergsteiger GEORGE MALLORY könnte ihn bereits 1924 erreicht haben, bevor er beim Abstieg tödlich verunglückte. Bis heute bestiegen rd. 1300 Menschen den Gipfel, 175 bezahlten den Versuch mit ihrem Leben. Der Südtiroler REINHOLD MESSNER schaffte am 8. 5. 1978 als Erster den Aufstieg ohne Sauerstoffflasche.
Das Jubiläum war auch von krit. Tönen begleitet. HILLARY beklagte die kommerziellen Auswüchse der Bergbesteigung, die man heute nach pauschalen Reisetarifen buchen kann. Der Vorschlag MESSNERS, zur Schonung der örtl. Kultur pro Saison nur noch eine Expedition für jede der zwölf Routen zum Gipfel zuzulassen, stieß auf die Ablehnung der Sherpas, die vom Bergtourismus abhängig sind.

Muschg, Adolf, schweizer. Schriftsteller, Literaturwissenschaftler, *Zollikon 13. 5. 1934. – M. wurde am 10. Mai in Berlin zum Präs. der Akademie der Künste Berlin-Brandenburg gewählt. Im Juli erschien sein Erzählband ›Gehen kann ich allein‹.
Seit 1965 veröffentlicht M. Romane, Erzählungen, Dramen, Hör- und Fernsehspiele. Seine gesellschafts- und sprachkrit. Texte befassen sich häufig mit dem Verhältnis von Geist und Macht und den psych. Beschädigungen des an der Enge seiner bürgerl. Existenz leidenden Individuums. Zu seinen bekanntesten Werken zählen ›Albissers Grund‹ (1974) und ›Sutters Glück‹ (2001). 1994 erhielt M. den Georg-Büchner-Preis. M. engagierte sich in der Kommission für die Vorbereitung einer Totalrevision der Schweizer. Bundesverfassung (1974–77) und bei der Konzeption der Schweizer Stiftung für Solidarität (1997). 1970–99 lehrte er als Prof. für Dt. Sprache und Lit. an der Eidgenöss. Techn. Hochschule in Zürich.

MUSIK

Wie viele Opernbühnen braucht das Land? Diese Frage wurde 2003 vielerorts aufgeworfen – und unterschiedlich beantwortet. In Berlin fanden Gedankenspiele um Fusionen oder Schließungen von Opernhäusern im Juli ein Ende, nachdem der Bund eine Finanzhilfe in Höhe von 22 Mio. € zugesagt hatte. Damit ist der Erhalt der drei Berliner Opernbühnen – Deutsche Oper, Staatsoper Unter den Linden und Komische Oper – vorerst gesichert. Um dauerhaft Kosten zu senken, soll Anfang 2004 mit der Gründung der Stiftung ›Opern in Berlin‹ eine umfassende Strukturreform in die Wege geleitet werden: Unter diesem gemeinsamen Dach können die drei Opernhäuser wirtschaftlich und künstlerisch eigenständig bleiben, zentrale Bereiche wie Werkstätten und Marketing werden aber zusammengelegt.
Zeichen in Richtung einer Vergrößerung des Opernangebots setzten hingegen Wien und Stuttgart: In der österr. Hauptstadt wird es neben Staats- und Volksoper ab 2006 ein zusätzl. Opernhaus geben – das bisher als Musicalbühne genutzte Thea-

Tänzerin Tal Betit-Halachmi probt im ›Forum Neues Musiktheater‹ für das Stück ›Im Spiegel wohnen‹ von Andreas Breitscheid

ter an der Wien. Wie im Okt. verlautete, soll sich das neue Haus, für das ROLAND GEYER als Intendant verpflichtet wurde, auf Barockopern, Mozart, Raritäten der Wiener Klassik und zeitgenöss. Musiktheater spezialisieren. In Stuttgart hat man das

Planungsstadium schon abgeschlossen: Im renovierten ehem. Römerkastell in Bad Cannstatt nahm am 10. Okt. das ›Forum Neues Musiktheater‹ seinen Spielbetrieb auf; gezeigt wurde die Uraufführung von Andreas Breitscheids Musiktheater ›Im Spiegel wohnen‹, nach einem Text von Heiner Müller. Breitscheid ist zugleich der künstler. Leiter der neuen Bühne, für die der Stuttgarter Opernintendant Klaus Zehelein lange gestritten hatte. Das interdisziplinär angelegte ›Forum‹ ist an die Staatsoper angegliedert und soll sich der Entwicklung neuer Perspektiven des Musiktheaters im 21. Jh. widmen; gleichzeitig fungiert es als Forschungs-, Produktions- und Ausbildungsstätte. Die neue Bühne verfügt über eine kleine, flexibel nutzbare Halle (180 Plätze); ihre Finanzierung ist zunächst für drei Jahre gesichert.
Ganz ohne Oper – auch ohne Schauspiel und Konzerte – musste Frankreich vorübergehend auskommen. Wo sonst in den Sommermonaten die Kulturschaffenden zu den alljährl. Festivals zusammenkommen, z. B. in Avignon und Aix-en-Provence, blieben die Bühnen in diesem Jahr leer. Grund für die Absagen der Festivals, von denen keines jemals zuvor ausgefallen ist, war der landesweite Streik der Schauspieler, Regisseure und Techniker. Sie wehrten sich damit gegen die von der frz. Reg. beschlossene Kürzung des Arbeitslosengeldes.

Neue Häuser für Oper und Konzert

Den ersten dt. Opernneubau des neuen Jahrtausends erhielt die thüring. Landeshauptstadt Erfurt: ein modernes Gebäude mit verglaster Eingangsfront und kegelförmig gestaltetem Zuschauerraum, der von außen wie eine riesige Skulptur wirkt. Der Neubau ersetzt das mehr als 100 Jahre alte Opernhaus, dessen Sanierung die Neubaukosten in Höhe von 60 Mio. € (zu zwei Dritteln vom Land getragen) um einiges übertroffen hätte. Zur Eröffnung am 12. Sept. konnten die Premierengäste im großen Saal (800 Plätze) die Uraufführung der Auftragsoper ›Luther‹ von Peter Aderhold erleben.
Ein repräsentativer Neubau entstand im kaliforn. Los Angeles mit der Walt Disney Concert Hall (2 265 Plätze), der neuen Wirkungsstätte des Los Angeles Philharmonic Orchestra unter dem Chefdirigenten Esa-Pekka Salonen. Die äußere Struktur des von dem amerikan. Architekten Frank Gehry geplanten und 274 Mio. US-$ teuren Konzerthauses erinnert mit ihren stählernen geschwungenen Bögen an eine geöffnete Rosenblüte. Der von japan. Akustikern entworfene Saal selbst orientiert sich in seiner Form an der Berliner Philharmonie. Nach vierjähriger Bauzeit wurde das Gebäude am 23. Okt. offiziell eröffnet.
In der europ. Kulturhauptstadt → Graz wurde im Jan. mit der Helmut-List-Halle eine weitere neue Spielstätte eingeweiht. Eine ehem. Industriehalle bildete den Ausgangspunkt für die neue, multifunktional nutzbare Halle des Architekten Markus Pernthaler (bis zu 1 200 Sitzplätze), die als Aufführungsort u. a. für das in Graz beheimatete Avantgardefestival ›Steir. Herbst‹ dient.

Der Neubau in Erfurt ersetzt das mehr als 100 Jahre alte Opernhaus, das 1997 wegen baulicher Mängel geschlossen werden musste

Venedig schließlich erhielt im Dez. sein berühmtestes Opernhaus → La Fenice zurück, das Anfang 1996 bis auf die Grundmauern abgebrannt war. Die erste Operninszenierung in dem wieder aufgebauten Traditionstheater – ›La Traviata‹ von Giuseppe Verdi – soll allerdings erst im Nov. 2004 stattfinden.

Neue Werke

In den Feuilletons besonders ausführlich besprochen wurden die neuen Kompositionen des gebürtigen Schweizers Beat Furrer (* 1954): Am 9. Jan. fand die szen. Uraufführung seines Musiktheaters ›Begehren‹ nach dem Orpheus-Mythos in der europ. Kulturhauptstadt Graz statt. Am 6. Juli kam seine neue Oper ›Invocation‹ nach der Novelle ›Moderato cantabile‹ von Marguerite Duras im Rahmen der Zürcher Festspiele heraus. Beide Werke setzen sich in avancierter, vielstimmiger Tonsprache mit der Gefährdung des Kommunizierens auseinander. Am 28. Nov. hoben schließlich Ernst Kovacic und die Wiener Philharmoniker unter Leitung von Ingo Metzmacher, wiederum in Graz, Furrers Violinkonzert aus der Taufe.
Die ›Donaueschinger Musiktage‹ (17.–19. Okt.) warteten 2003 gleich mit 17 Uraufführungen auf, darunter die emotional aufgeladene Orchesterkomposition ›Nachtmusik II‹ des Portugiesen Emmanuel Nunes. Reinhard Fuchs nannte seine Inspirationsquelle gleich im Titel seines Werkes: In seinem Ensemblestück ›Blue poles‹ ahmt er die Schichtenstrukturen und Übermalungen auf dem gleichnamigen Bild von Jackson Pollock nach. Das ausladende Orchesterwerk ›natures mortes‹ von Georg Friedrich Haas nutzt als musikal. Material u. a. unterschiedl. Obertonakkorde und

Komponist Karlheinz Stockhausen bei der Welturaufführung seines Werkes ›Hoch-Zeiten‹ in Las Palmas de Gran Canaria

rhythm. Rastertechniken. Filigran hingegen wirkt die ebenfalls in Donaueschingen uraufgeführte Gesangsszene ›Penelopes Atem‹ für Mezzosopran (SALOME KAMMER), Akkordeon und Orchestergruppen von ISABEL MUNDRY. Letztere machte am 31. Okt. zudem in Graz mit ihrer neuen Oper ›Lost Highway‹ nach dem gleichnamigen Film von DAVID LYNCH (Libretto: ELFRIEDE JELINEK) auf sich aufmerksam.

Im Rampenlicht standen 2003 wiederum die beiden Altmeister unter den aktiven Komponisten: KARLHEINZ STOCKHAUSEN, der am 22. Aug. seinen 75. Geburtstag feierte, und der zwei Jahre ältere HANS WERNER HENZE. STOCKHAUSEN beendete sein 1977 begonnenes Lebenswerk, den siebenteiligen Musiktheaterzyklus ›Licht. Die sieben Tage der Woche‹ mit dem ›Sonntag aus Licht‹. Daraus kamen die vierte Szene ›Düfte-Zeichen‹ (am 29. Aug. in Salzburg) sowie die fünfte und zugleich letzte Szene ›Hoch-Zeiten‹ (am 2. Febr. in Las Palmas, Gran Canaria) als Teilpremieren zur Aufführung. Als kosm.-mytholog. Welttheater verweist der ›Licht‹-Zyklus auf die Schöpfungsgeschichte mit der Menschheitsmutter Eva, Luzifer und dem Erzengel Michael als allegor. Figuren. Die musikal. Grundlage aller Teile ist aus einer einzigen Reihenkombination abgeleitet, die STOCKHAUSEN ›Superformel‹ nennt.

HENZES Oper ›L'Upupa und der Triumph der Sohnesliebe‹ feierte am 12. Aug. im Rahmen der Salzburger Festspiele Premiere. Das von Regisseur DIETER DORN auf die Bühne gebrachte und von MARKUS STENZ musikalisch geleitete Lustspiel basiert auf einem alten syr. Märchen um einen entflohenen Wiedehopf (italien.: l'upupa). Die Musik von HENZES Alterswerk erweist sich als vielseitig – sie gibt sich buffonesk, scheut aber auch vor Lyrismen und Koloraturen nicht zurück.

Musiktauschbörsen, Onlineforen, bei denen Musikdateien im MP-3-Format unter den Nutzern im sog. Peer-to-Peer-Verfahren (›P2P‹, ›von gleich zu gleich‹) direkt ausgetauscht werden. Mit Inkrafttreten des neuen dt. Urheberrechtsgesetzes am 13. Sept. ist das Bereitstellen, Herunterladen und Kopieren urheberrechtlich geschützter Musikstücke auf digitale Speichermedien nicht mehr erlaubt. Damit soll der zumeist illegalen Nutzung von M. ein Ende bereitet werden. In den vergangenen Jahren war nach Ansicht der Musikbranche die hohe Anzahl raubkopierter CDs (2002: 259 Mio.) ein Hauptgrund für den rapiden Rückgang der Verkaufszahlen (– 16,3 % im 1. Halbjahr 2003).

Mehrere Anbieter versuchten ab Herbst, nach dem Vorbild des in den USA sehr erfolgreichen Musikdienstes ›I-Tunes‹ (Apple) legale M. mit kostenpflichtigen Downloaddiensten im Internet zu etablieren (z. B. T-Online: ›Musicload‹; Universal Music: ›Popfile‹). In den USA bietet seit Ende Okt. auch die wieder eröffnete bekannteste Tauschbörse ›Napster‹ Musikstücke online zum Verkauf an; sie war wegen Verletzung von Urheberrechten 2001 geschlossen worden.

Das Napster-Logo, eine Katze mit Kopfhörer, ziert den Boden bei einer New Yorker Veranstaltung zur Neueröffnung der Online-Tauschbörse

Mutter Teresa von Kalkutta, eigtl. **Agnes Gonxha Bojaxhiu**, alban. Ordensgründerin, * Skopje 26. 8. 1910, † Kalkutta 5. 9. 1997. – Papst JOHANNES PAUL II. sprach M.T. am 19. Okt., nur sechs Jahre nach ihrem Tod, in Rom selig. Der Papst selbst hatte die Regel aufgehoben, dass ein Seligsprechungsverfahren frühestens fünf Jahre nach dem Tod eingeleitet werden darf.

Die geborene Albanerin trat im Alter von 18 Jahren in Irland in den Orden der Schwestern von Loreto ein. Sie wurde als Lehrerin nach Indien geschickt, kümmerte sich aber ab 1937 vermehrt um Sterbende und Leprakranke in den Armenvierteln von Kalkutta. 1948 erhielt M.T. die Erlaubnis, den Orden zu verlassen, um unter den Ärmsten im Slum zu leben und zu arbeiten. 1950 genehmigte der Papst die Gründung ihres eigenen Ordens ›Missionsschwestern der Barmherzigkeit‹. Für ihre Verdienste wurde M.T. 1979 mit dem Friedensnobelpreis ausgezeichnet. Heute gehören dem Orden 4000 Schwestern an, die in 697 Klöstern und Krankenhäusern in 131 Ländern tätig sind.

Mzoudi-Prozess, → Islamistenprozesse.

N

Nahostkonflikt, → Irakkrieg, → Israel, → Palästinensische Autonomiegebiete, → Roadmap.

Namibia

Hauptstadt: Windhuk
Einwohner: 1,8 Mio.
Einwohner/km²: 2
Staatsoberhaupt: S. D. Nujoma
Regierungschef: T. ben Gurirab
BIP/Einwohner: 1471 US-$

Präs. SAM NUJOMA verkündete im Nov. erneut, bei der für Ende 2004 geplanten Präsidentschaftswahl nicht mehr für eine vierte Amtszeit kandidieren zu wollen. Die Verfassung erlaubt eigentlich nur zwei Amtszeiten, die bereits 2000 nach hitzigen Debatten innerhalb der Regierungspartei, der Südwestafrikan. Volksorganisation (SWAPO), auf eine dritte Kandidatur ausgeweitet worden waren. Das zentrale Thema der Innenpolitik blieb die Landreform, die zu einer Umverteilung des Landes von der weißen Minderheit (6% der Bevölkerung) zur schwarzen Mehrheit führen soll.

Im Okt. begann ein lang erwarteter Gerichtsprozess, der über das Schicksal von 120 wegen Hochverrats Angeklagten und mehr als 200 weiteren Häftlingen entscheiden soll. Sie werden beschuldigt, 1999 an einem Putschversuch beteiligt gewesen zu sein, der das Ziel hatte, den Caprivi-Streifen im Nordosten des Landes vom restl. Staatsgebiet abzutrennen. Menschenrechtsgruppen verurteilten die Verzögerung des Prozesses. Während der vergangenen vier Gefängnisjahre waren zwölf der Beschuldigten anscheinend aufgrund von Folter in der Haft verstorben. ■

NATO: Im Mittelpunkt der Arbeit des Nordatlantikbündnisses standen neben Fragen der inneren Reform die Position der Allianz gegenüber dem → Irakkrieg sowie das Engagement in Afghanistan. Der niederländ. Diplomat Jakob Gijsbert (›Jaap‹) de → Hoop Scheffer wurde als Nachfolger von GEORGE ROBERTSON zum neuen GenSekr. gewählt und trat sein Amt im Dez. an.

Bemühungen um eine Reform

Die auf dem Prager Gipfel am 21./22.11. 2002 beschlossenen Reformen wurden z.T. schon umgesetzt. So wurde am 12. Juni in Brüssel beschlossen, in Norfolk (Virginia, USA) ein strateg. Kommando (Allied Command Transformation, ACT) auf höchster Ebene einzurichten, das die Aktionsfähigkeit der Bündnispartner verbessern soll. Die neuen Reaktionskräfte, die ›NATO Response Force‹ (NRF), die ab 1.10. 2006 voll einsatzfähig sein sollen, sind seit 1.10. 2003 für gemeinsame Übungen begrenzt operationsfähig.
Um die Notwendigkeit weiterer Reformschritte zu demonstrieren, fand auf Einladung der USA am 9./10. Okt. in Colorado eine außerordentl. Herbsttagung der Verteidigungsmin. statt. Auf ihr wurden die Min. erstmals in ein Krisenszenario einbezogen, in dem ein terrorist. Angriff mit Massenvernichtungsmitteln simuliert wurde. Ziel war es, mögliche Schwachstellen für ein rasches Eingreifen zu erkennen.

Einsätze auf dem Balkan

Die NATO setzte ihr Engagement mit der SFOR-Truppe in Bosnien und Herzegowina sowie der KFOR-Truppe in Kosovo fort. Auf der Herbsttagung 2003 wurde jedoch beschlossen, die Sol-

■ Stabschefs der am Eurokorps beteiligten Armeen bei der Kommandoübergabe an Generalleutnant Py in Straßburg am 4. September, dem zehnten Jahrestag der Eurokorps-Gründung daten für SFOR bis Juni 2004 von 12000 auf 7000 Mann zu reduzieren; die 17000 Soldaten der KFOR bleiben erhalten. Das Kommando über die seit Herbst 2001 in Mazedonien stationierten NATO-Friedenstruppe ging am 31. März auf die EU über; sie übernahm damit im Rahmen ihrer Europ. Sicherheits- und Verteidigungspolitik (ESVP) erstmals eigenverantwortlich einen Militäreinsatz.

Afghanistan-Einsatz

Verändert wurde die Kommandostruktur für die Internat. Schutztruppe für Afghanistan (ISAF), die 2002 zur Unterstützung der afghan. Reg. im Sicherheitsbereich gegründet worden war. Auf Anregung Deutschlands und der Niederlande, die zuletzt das Kommando über die Schutztruppe innehatten, wurde die ISAF ab 11.8. 2003 unter das längerfristige Kommando der NATO gestellt.

Bündnisfall und Irakkrieg

Am 15. Jan. baten die USA die NATO um Hilfe für den Fall eines Krieges gegen den Irak, was das Bündnis jedoch ablehnte. Dennoch wurde der Irakkonflikt zu einer Zerreißprobe: Am 10. Febr. beantragte die Türkei Konsultationen nach Art. 4 des NATO-Vertrags, später sogar die Ausrufung des Bündnisfalles nach Art. 5, weil sie im Fall eines Irakkrieges ihre territoriale Integrität gefährdet sah. Mit der Begründung, keine Kriegshandlungen präjudizieren zu wollen, legten Belgien, Deutschland und Frankreich ein Veto ein. Nach heftigen Diskussionen verständigte sich der NATO-Rat am 16. Febr. auf den Kompromiss, nur defensive Maßnahmen zum Schutz des Partners durchzuführen; an den AWACS-Aufklärungsflügen über der Türkei vom 24. Febr. bis 16. April waren auch dt. Soldaten beteiligt.
Nach dem offiziellen Ende des Krieges baten die USA die NATO-Partner erneut um Unterstützung. Polen erklärte sich daraufhin bereit, für einen Sektor Truppen zu stellen, wobei die NATO logist. Hilfe gewährt.

USA besorgt wegen EU-Konkurrenz zur NATO

Die Bemühungen der EU um den Aufbau einer eigenen Streitmacht im Rahmen der ESVP wurden von den USA, v. a. nach dem ›Pralinengipfel‹ zwischen Belgien, Deutschland, Frankreich und Luxemburg am 29. April in Brüssel, mit großem Misstrauen beobachtet. Insbes. die dort getroffene Vereinbarung, ein eigenes Hauptquartier für eine künftige Europ. Sicherheits- und Verteidigungsunion aufzubauen, wurde als Keim eines Konkurrenzunternehmens zur NATO interpretiert. Die transatlant. Verstimmungen standen auch im Mittelpunkt der Herbsttagung der Außenmin. am 4. Dez.; begrüßt wurde, dass inzwischen Großbritannien das EU-Vorhaben einer operativen Planungszelle mitträgt. Außenmin. JOSCHKA FISCHER (Bündnis 90/Die Grünen) betonte, es werde weder eine Abkopplung der EU von der NATO noch eine Diskriminierung von Staaten außerhalb der EU oder eine Duplizierung militär. Kapazitäten geben.

Nauru

Hauptstadt:
Yaren (Verwaltungssitz)
Einwohner: 11000
Einwohner/ km^2: 516
Staatsoberhaupt und Regierungschef:
R. Harris
(seit 6. 8. 2003)
BIP/Einwohner:
13000 US-$

Chaot. polit. Verhältnisse mit drei Präsidentenwechseln durchlebte die kleinste unabhängige Rep. Ozeaniens: Am 6. Aug. übernahm RENÉ HARRIS, der bis Jan. regiert hatte, erneut das Amt des Staats- und Regierungschefs. Zwischenzeitlich war er nach einem Misstrauensvotum von BERNARD DOWIGO abgelöst worden, der jedoch bald darauf verstarb. Sein Nachfolger wurde nach den Parlamentsneuwahlen Ende Mai LUDWIG D. SCOTTY, der aber bald darauf, ebenfalls nach einem Misstrauensvotum, zurücktreten musste.
Unter dem Druck der Financial Task Force und der USA, die Geldwäsche zu bekämpfen, widerrief SCOTTY im Juni 139 Offshore-Banking-Lizenzen. Unterdessen erklärte die Asian Development Bank in Manila (Philippinen) die Staatsbank von N. als »nach internat. Standards insolvent«. ■

Navratilova, Martina, amerikan. Tennisspielerin, *Revnice/Prag 18.10. 1956. – An der Seite von LEANDER PAES, mit dem sie im Jan. bereits die Australian Open gewonnen hatte, siegte N. am 6. Juli im Mixedfinale von Wimbledon. Mit insgesamt 20 Wimbledonsiegen egalisierte sie den Rekord von BILLIE JEAN KING. Gleichzeitig zog die 46-Jährige als ältester Champion in die Ruhmeshalle von Wimbledon ein.
Die geborene Tschechin zählt zu den erfolgreichsten Sportlerinnen aller Zeiten. Schon 1973 siegte sie auf dem brit. Rasen im Juniorenfinale. 1975 beantragte sie am Rande der US Open polit. Asyl in den USA, deren Staatsbürgerschaft sie 1981 annahm. Ihren ersten Wimbledon-Einzeltitel gewann die Linkshänderin 1978 gegen die Amerikanerin CHRIS EVERT. Insgesamt konnte sie während ihrer beispiellosen Karriere 167 Einzeltitel – davon 18 Grandslam-Erfolge – feiern und behauptete sich über 20 Jahre lang unter den besten fünf Spielerinnen der Weltrangliste, allein 332 Wochen auf Platz 1. Noch erfolgreicher war N. im Doppel (31 Grandslam-Siege), wo sie mit ihrer Partnerin PAM SHRIVER 1984 den Grandslam gewann.
Beinahe sechs Jahre nach ihrem Rücktritt kündigte die Grande Dame des Tennissports im April 2000 überraschend ein Comeback an. Nach ihrem Mixederfolg von Melbourne wurde N. mit dem ›Super Slam‹ ausgezeichnet: Sie ist die erste Spielerin, die bei allen vier Grandslam-Turnieren im Einzel, Doppel und Mixed gewonnen hat.

Neon, neue Monatszeitschrift für junge Erwachsene zw. 20 und 35 Jahren, die im Verlag Gruner+Jahr erscheint. Die im Juni erschienene Pilotausgabe der N. erreichte mit 90 000 Exemplaren einen überraschenden Verkaufserfolg. Das junge Magazin der Illustrierten ›Stern‹ stieß auf überaus positive Resonanz sowohl im Anzeigenmarkt als auch bei der anvisierten Zielgruppe einer jungen, gebildeten, motivierten Leserschaft beiderlei Geschlechts. Mit seiner speziellen Machart und den unkonventionell betitelten Rubriken – ›Wilde Welt‹, ›Sehen‹, ›Fühlen‹, ›Wissen‹, ›Kaufen‹, ›Freie Zeit‹ – traf N. das Lebensgefühl der jungen Generation. Eine zweite Testausgabe erschien im Nov.; ab Febr. 2004 wird das Magazin regelmäßig monatlich herauskommen.

Nepal

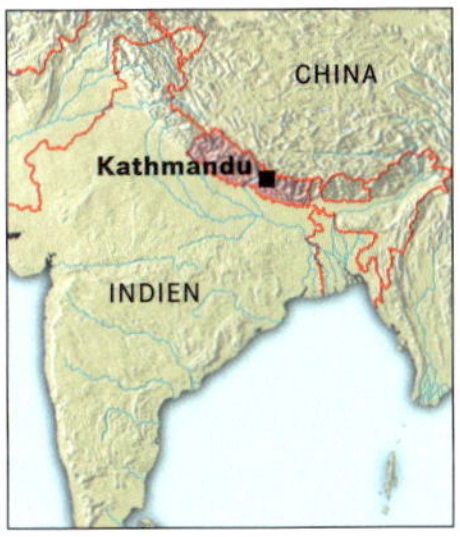

Hauptstadt: Kathmandu
Einwohner: 24,1 Mio.
Einwohner/km²: 165
Staatsoberhaupt: Gyanendra Bir Bikram Shah Dev
Regierungschef: Surya Bahadur Thapa (seit 4. 6. 2003)
BIP/Einwohner: 233 US-$

Die Innenpolitik des in hohem Maße von westl. Wirtschafts- und Militärhilfe abhängigen Himalajastaats blieb bestimmt vom Streit um die Haltung gegenüber der Kommunist. Partei N.s (CPN-M), einer maoist. Guerilla, die seit 1996 für eine umfassende Landreform und die Abschaffung der Monarchie kämpft. Ein im Jan. vereinbarter Waffenstillstand erwies sich als nicht tragfähig. Demonstrationen in der Hauptstadt Kathmandu machten deutlich, dass die von König GYANENDRA im Vorjahr nach Auflösung des Parlaments eingesetzte Reg. unter Min.-Präs. LOKENDRA BAHADUR CHAND bei den entmachteten Parteien keine Unterstützung für die im April begonnenen Friedensverhandlungen fand; CHAND wurde am 1. Mai von SURYA BAHADUR THAPA abgelöst, der ebenfalls den monarchist. Nationaldemokraten angehört.
Neue Verhandlungen mit der CPN-M scheiterten im Aug., weil die Reg. Wahlen zu einer verfassunggebenden Versammlung nicht akzeptiert, sondern nur die Beteiligung an einer Interimsreg. im Rahmen der bestehenden Monarchie angeboten hatte. Am 26. Aug. erklärte die CPN-M den Waffenstillstand für beendet. Im Sept. und Okt. kam es wieder zu schweren Auseinandersetzungen zw. den königl. Sicherheitskräften und der CPN-M, die weite Teile des Landes kontrolliert. Beiden Seiten werden schwere Menschenrechtsverletzungen vorgeworfen, u. a. Geiselnahme, Folter und Rekrutierung von Kindersoldaten. ■

■ Nepalesische Prostituierte demonstrieren am 1. Dezember, dem Welt-Aids-Tag, in Kathmandu

NEUE WÖRTER

Eine lebende Sprache entwickelt und verändert sich ständig. Neue Wörter entstehen einerseits durch techn. Fortschritt, andererseits aufgrund aktueller polit.-gesellschaftl. Gegebenheiten. Einige von ihnen haben einen eigenen Eintrag in diesem Jahrbuch erhalten (→ Bombodrom, → Book Crossing, → Bürgerversicherung, → Designerbaby, → Hotspot, → Roadmap, → SARS). Ob die neuen Wörter ein fester Bestandteil des allg. Wortschatzes werden oder ›Eintagsfliegen‹ bleiben, wird oft erst nach Jahren deutlich.

Alcopops: alkoholhaltige Mixgetränke auf Limonadenbasis, die fertig gemischt in Supermärkten angeboten werden.

das alte Europa: von der Gesellschaft für dt. Sprache gewähltes ›Wort des Jahres 2003‹, das einem Zitat von US-Verteidigungsmin. DONALD RUMSFELD in Zusammenhang mit dem Irakkonflikt entstammt; urspr. polemisch gemeint, wurde es zu einem positiven Selbstverständnis der Europäer umgedeutet.

Denkzettelwahl, *die:* ein Wahlausgang, der als Denkzettel für die zur Wahl stehenden Kandidaten interpretiert wird.

Drohkulisse, *die:* die Darstellung von Folgen einer Handlung als Drohung, mit der die Handlung verhindert werden soll.

Einmal-Adressen: Online-Wegwerfadressen, mit deren Hilfe Versender unerwünschter Werbe-E-Mails, sog. Spam, deren Herkunft verschleiern.

Ego-Taktiker, *der:* jemand, der vorrangig an sich selbst denkt und dessen typische Frage ist »Was bringt mir das?«.

embedded correspondent [engl. ›eingebetteter Reporter‹], *der:* Journalist, der eine kämpfende Truppe begleitet und aus dieser Position heraus berichtet.

Family Balancing, *das:* Vorherbestimmung des Geschlechts eines Kindes durch die Eltern mithilfe der Reproduktionsmedizin.

Flashmob [engl. ›Blitzpöbel‹], *der:* über das Internet organisierte, kurze Zusammenrottung von Menschen, die an einem bestimmten, möglichst belebten Ort zu einer bestimmten Zeit etwas Skurriles tun,

z. B. die Schuhe ausziehen, um mit ihnen auf den Asphalt zu schlagen.
freundliches Feuer [von engl. friendly fire]: *der* irrtüml. Beschuss durch eigene oder befreundete Truppen.
Kopfpauschale, *die:* Vorschlag zur Reform der Krankenversicherung; dabei zahlen alle Versicherten anstatt prozentualer Beiträge einen gleich hohen Betrag; auch Gesundheitsprämie genannt.
Kopftuchverbot, *das:* in mehreren Bundesländern geplantes Gesetz, wonach muslim. Lehrerinnen das Tragen eines Kopftuches im Unterricht verboten werden soll.
Mobilitätskarte, *die:* (als Vorschlag für die Zukunft) Fahrkarte, mit der man alle öffentl. Verkehrsmittel benutzen kann.
OBU [Abk. für **O**n **B**oard **U**nit], *die:* Gerät, das in Lkw für das Mautsystem eingebaut wird.
Praxisgebühr, *die:* Betrag, den Patienten ab 2004 pro Quartal und Arztbesuch bezahlen müssen.
rippen [engl. to rip ›reißen, entreißen‹]: jemandem auf gewaltsame Weise etwas wegnehmen, z. B. ein Handy; auch: jemanden abrippen.
sexy [Neubedeutung]: attraktiv; z. B.: Diese Partei ist für junge Leute sexy.
Taikonaut, *der:* chin. Weltraumfahrer, -navigator.
Westalgie, *die:* von CHRISTA WOLF geprägter Gegenbegriff zu Ostalgie im Hinblick auf die ›alte Bundesrepublik‹.

Neuro-Chip: Im Febr. präsentierten Wissenschaftler des dt. Chipherstellers Infineon einen zus. mit dem Max-Planck-Inst. für Biochemie entwickelten Computerchip, der die minimalen elektr. Signale lebender Nervenzellen messen kann. Diese werden auf die Sensoren des Chips aufgebracht und bleiben dabei in einer Nährlösung. Anders als bei der übl. Messung mit Nadeln werden die Zellen beim Einsatz des N.-C. nicht verletzt. Erste Experimente mit Nervenzellen von Schnecken verliefen erfolgreich. Die Forscher versprechen sich durch die neue Technik Erkenntnisse über die biolog. Funktion von Nervenzellen, neuronalen Netzen und Hirngewebe.

Neuseeland

Hauptstadt: Wellington
Einwohner: 3,9 Mio.
Einwohner/ km²: 14
Staatsoberhaupt: Elisabeth II.
Regierungschef: H. Clark
BIP/Einwohner: 14 854 US-$

Die OECD attestierte N. im Dez. eine gute wirtschaftl. Verfassung. Für das BIP wurde ein Anstieg um 2,7 % erwartet (2002: 4,2 %), die Inflationsrate

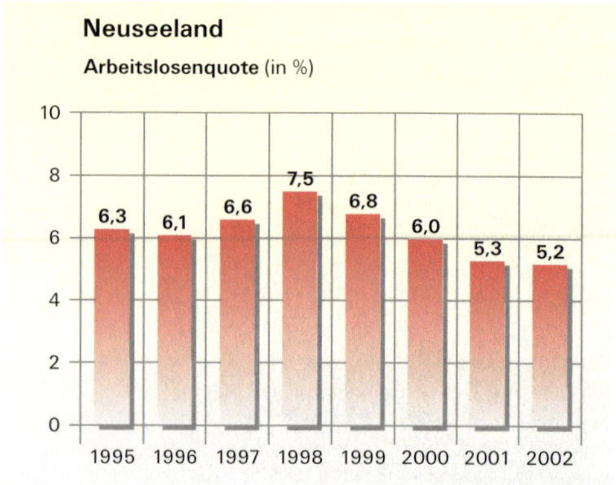

konnte danach von 2,7 auf 1,7 % verringert werden, die Arbeitslosenquote sank von 5,2 auf 4,8 %.
Der Streit um historisch verbriefte Besitzrechte der Maori flammte wieder auf. Vertreter der Ureinwohner, die etwa 8 % der Gesamtbevölkerung ausmachen, verlangen Entschädigungen für verstaatlichte Erdöl- und Gasvorkommen sowie enteignete Küstengebiete; sie drohten mit radikalen Protesten wie in den 1970er-Jahren. Seit den Wahlen von 2002 sind 20 der 120 Parlamentsabgeordneten Maori, zwei von ihnen gehören der Reg. als Min. an. Im Okt. demonstrierten Zehntausende in Auckland gegen den Plan der regierenden Labour Party, gentechn. veränderte Lebensmittel zuzulassen. Bei den Demonstrationen handelte es sich um die größten Protestveranstaltungen in N. seit der Bewegung gegen Kernkraftwerke in den 1980er-Jahren.

Konflikt mit den USA über die Irakfrage

Die Reg. wandte sich entschieden gegen das Vorgehen der USA im Irakkonflikt. Anfang April sah sich Premiermin. HELEN CLARK genötigt, sich formell für abfällige Äußerungen zu entschuldigen, die sie in diesem Zusammenhang über den US-Präs. GEORGE W. BUSH gemacht hatte. Im Mai gaben die USA bekannt, dass sie kein Freihandelsabkommen mit N. schließen werden, und begründeten dies u. a. mit der Haltung N.s in der Irakfrage.

New York Times: Die weltweit angesehene und als Gralshüterin des seriösen Journalismus geltende amerikan. Tageszeitung geriet im April in eine Glaubwürdigkeitskrise. Es war bekannt geworden, dass der 27-jährige Reporter JAYSON BLAIR über Jahre hinweg Artikel abgeschrieben, erfundene Interviews verfasst und Reportagen mit frei erfundenen Details angereichert hatte. Das Eingeständnis des Chefredakteurs HOWELL RAINES, er habe BLAIR als einer Art ›Vorzeige-Schwarzen‹ manches nachgesehen, ließ eine Reihe schon länger bestehender Managementprobleme (autokrat. Führungsstil, redaktionsinterne Kommunikationsdefizite) offenbar werden. Anfang Juni erklärten RAINES und der geschäftsführende Redakteur GERALD BOYD ihren Rücktritt. Eine erste Maßnahme des neuen Chefredakteurs BILL KELLER, der seine Stelle am 30. Juli antrat, war die Einführung eines Ombudsmanns, der auf eth. Standards achten soll und für Fragen und Klagen der Leser zuständig ist.

Ein Polizist bewacht am 5. Juni den Eingang der ›New York Times‹. Am selben Tag treten Chefredakteur Raines und sein Stellvertreter Boyd offiziell zurück

Nibelungenlied, mittelhochdt. Dichtung aus dem 13. Jh., deren sagenhafte Inhalte teilweise aus histor. Begebenheiten in der Zeit der Völkerwanderung schöpfen. Auf großes öffentl. Interesse stieß im April die Bekanntgabe eines Pergamentfundes im niederösterr. Zisterzienserkloster Zwettl, bei dem es sich nach Angaben der Stiftsarchivarin CHARLOTTE ZIEGLER um die ältesten erhaltenen Teile des N. in Schriftfassung (12. Jh.) handeln sollte. Die Pergamentstücke (Format: 3,5 x 6,5 und 4,2 x 7,5 cm) waren im Mittelalter aus nicht mehr wertvoll erachteten Werken herausgeschnitten und zur Versteifung von Buchrücken verwendet worden.
Mehrere namhafte Germanisten, darunter JOACHIM HEINZLE (Marburg), widersprachen jedoch der Datierung und Zuordnung der Pergamentschnipsel. Ihrer Ansicht nach sind die schwer lesbaren Textsplitter nicht dem N., sondern dem Artusroman ›Erec‹ zuzuordnen. Die Schriftform sei zeittypisch für die Mitte des 13. Jahrhunderts.

Nicaragua

Hauptstadt: Managua
Einwohner: 5,3 Mio.
Einwohner/ km²: 43
Staatsoberhaupt und Regierungschef: E. Bolaños Geyer
BIP/Einwohner: 481 US-$

Im Febr. drohte der IWF, N. schon gewährte Vergünstigungen auszusetzen, da der Staatshaushalt nicht den Vereinbarungen entsprach. Eine von der Zentralbank veranlasste Überprüfung der volkswirtschaftl. Rahmendaten ergab, dass das BIP um rd. 70 % unterbewertet war. Die neuen Berechnungen verringerten das Handelsbilanzdefizit von 38 % auf 24 % und die Auslandsschulden von 274 % auf 168 % im Verhältnis zum BIP.
Um seine Machtposition zu stärken, gründete Präs. ENRIQUE BOLAÑOS GEYER am 15. Juni den Bloque de Unidad Liberal, in dem er mehrere liberale Splitterparteien zu vereinen suchte. Nach der Verlegung des unter Hausarrest stehenden Expräs. ARNOLDO ALEMÁN LACAYO in eine Haftanstalt verlor Präs. BOLAÑOS im Aug. endgültig seinen parteipolit. Rückhalt. Die Mehrheit der Liberalen hielt jedoch an ALEMÁN fest und forderte dessen sofortige Freilassung.

Niederlande

Hauptstadt: Amsterdam
Einwohner: 16,1 Mio.
Einwohner/ km²: 473
Staatsoberhaupt: Beatrix
Regierungschef: J.P. Balkenende
BIP/Einwohner: 26 081 US-$

Neuwahlen und schwierige Regierungsbildung

Bei den vorgezogenen Parlamentsneuwahlen am 22. Jan., die nach dem Scheitern der Rechtsreg. im Okt. 2002 notwendig geworden waren, konnten die Christdemokraten (CDA) ihre Führung mit 28,6 % der Stimmen nur knapp behaupten. Die Sozialdemokraten (PvdA) legten kräftig zu (27,3 %), auch die Rechtsliberalen (VVD) erzielten mit 17,9 % ein gutes Ergebnis. Zu den Verlierern gehörten die rechtspopulist. LPF (Liste Pim Fortuyn), die am Scheitern der 2002 gewählten Reg. maßgeblich beteiligt war, und die linksliberalen Parteien.
Nach langwierigen Verhandlungen, in denen versch. Konstellationen ausgelotet wurden, einigten sich erst am 14. Mai CDA, VVD und die linksliberale D66 auf eine Koalition. Das neue Kabinett unter dem alten MinPräs. JAN PETER BALKENENDE wurde am 27. Mai von Königin BEATRIX vereidigt.

Neuauflage des ›Poldermodells‹

In ihrer traditionellen Thronrede stellte Königin BEATRIX am 16. Sept. das rigide Sparprogramm der neuen Mitte-rechts-Reg. vor, mit dem das Land aus der tiefsten Rezession der letzten 20 Jahre geführt werden soll. Das schon im vergangenen Jahr schwache Wirtschaftswachstum von 0,3 % des BIP ließ für 2003 einen Rückgang um 0,5 % erwarten. Gleichzeitig stieg die Arbeitslosenquote schneller als anderswo in Europa und hatte sich im Herbst mit 5,5 % ge-

genüber dem Vorjahr (2,7 %) mehr als verdoppelt. Um die Neuverschuldung des Staatshaushalts in Grenzen zu halten und den EU-Stabilitätspakt einzuhalten, sah die Reg. u. a. drast. Kürzungen bei den Gesundheitsleistungen, den Renten, bei der Sozialhilfe, der Arbeitslosenunterstützung und der Invalidenversicherung vor.
Um die anstehenden Belastungen für die Bürger abzufedern, einigten sich Reg., Arbeitgeber und Gewerkschaften am 15. Okt. auf einen histor. Kompromiss, der über das zwischenzeitlich infrage gestellte Konsensmodell von 1982 (Poldermodell) hinausgeht: Für 2004 und 2005 werden die Löhne eingefroren, dafür fallen die Einschnitte im Gesundheits- und Sozialwesen weniger drastisch aus.

Affären im Königshaus

Im März erregte die Affäre um Prinzessin MARGARITA DE BOURBON DE PARMA, eine Nichte von Königin BEATRIX, und ihren Ehemann, den sie gegen den Willen der königl. Familie geheiratet hatte, die Gemüter der Niederländer. Die Prinzessin war auf Veranlassung der Monarchin geheimdienstlich überwacht worden und hatte deshalb Strafanzeige gegen drei Min. und den Geheimdienst erstattet und Schadenersatzklage erhoben. MinPräs. BALKENENDE räumte ein, von der für legal erklärten Bespitzelung gewusst zu haben, und kündigte für die Zukunft eine größere Transparenz bei derartigen Geheimdienstaktionen an. Im Okt. verzichtete JOHAN FRISO, der zweite Sohn von BEATRIX, auf die Thronfolge; er hatte unkorrekte Angaben über die Vergangenheit seiner Braut gemacht, der ein intimes Verhältnis mit einem 1991 ermordeten Amsterdamer Gangsterboss nachgesagt wird. Zweiter Anwärter auf den Thron ist jetzt Prinz CONSTANTIJN.

Geflügelpest. Cannabis auf Rezept

Die Mitte Febr. im Gelderland ausgebrochene → Geflügelpest fügte der niederländ. Agrarwirtschaft großen Schaden zu. Zur Eindämmung der Seuche, die auch nach Belgien übergegriffen hatte, musste etwa ein Viertel des Geflügelbestandes getötet werden; außerdem galt ein strenges Transport- und Ausfuhrverbot.
Seit Anfang Sept. können an Krebs, Aids u. a. schweren Krankheiten leidende Patienten schmerzlindernde Cannabisprodukte legal in Apotheken kaufen. Im Gegensatz zu den Coffee Shops bieten diese nur einen qualitativ hochwertigen, daher auch teuren Stoff an, der als Tee oder in Speisen konsumiert wird.

Urteile in den Fällen Fortuyn und Enschede

In einem Revisionsverfahren bestätigte die Berufungskammer im Juli die Verurteilung des Mörders des rechtspopulist. Spitzenpolitikers PIM FORTUYN; der Mann war im Mai 2002 mit einer Haftstrafe von 18 Jahren belegt worden. – Drei Jahre nach dem verheerenden Explosionsunglück in Enschede wurde im Mai das Urteil wegen Brandstiftung gegen den Hauptbeschuldigten aufgehoben. Für die Besitzer der Feuerwerksfabrik wurde dagegen das Strafmaß auf ein Jahr erhöht. ■

Niedersachsen

Hauptstadt: Hannover
Einwohner: 8,0 Mio.
Einwohner/km²: 167
Regierungschef: C. Wulff (seit 4. 3. 2003)
BIP/Einwohner: 21 450 €

Obwohl sich das Wirtschaftswachstum 2002 verlangsamte, konnte im Jahresdurchschnitt mit einer Zunahme des BIP von 0,3 % knapp ein positiver Wert erreicht werden (2001: 0,6 %). Im 1. Halbjahr 2003 (0,2 %) stagnierte die wirtschaftl. Entwicklung faktisch. Auch die Arbeitslosenquote (2001: 9,1 %, 2002: 9,2 %) blieb fast konstant: Im Nov. verzeich-

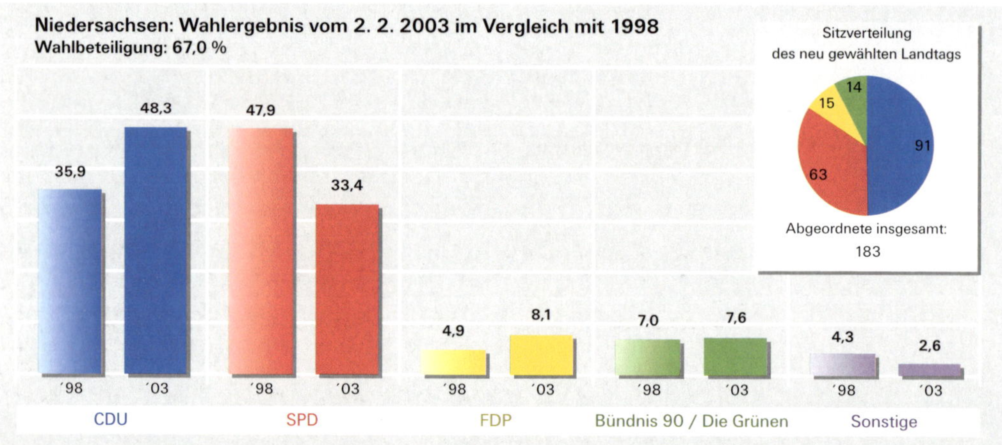

nete sie mit 8,9 % einen leicht erhöhten Stand gegenüber dem Vorjahresmonat (8,8 %).

Machtwechsel

Mit einem Erdrutschsieg der CDU bei der Landtagswahl am 2. Febr. beförderten die Wähler CHRISTIAN WULFF zum neuen Regierungschef. Mit 48,3 % verbesserte sich die CDU um 12,4 Prozentpunkte gegenüber 1998. Sie stellt nun 91 Abgeordnete im Landtag, der um 26 auf 183 Sitze vergrößert wurde. Komplementär hierzu erlebte die bisher allein regierende SPD unter MinPräs. SIGMAR GABRIEL ein Desaster: Sie verlor bei einem Stimmenanteil von 33,4 % (- 14,5 Prozentpunkte) fast ein Drittel ihrer Wählerschaft und stellt nur noch 63 Landtagsabgeordnete. Die FDP erzielte 8,1 % der Stimmen und zog nach zwei Legislaturperioden mit 15 Abgeordneten erstmals wieder in den Landtag ein. Sie überholte sogar Bündnis 90/Die Grünen, auf die 7,6 % der Stimmen (1998: 7,0 %) und 14 Sitze entfielen.
Bereits am 21. Febr. schlossen CDU und FDP ihre Koalitionsverhandlungen ab. Von den zehn Ressorts der neuen Landesreg. unter MinPräs. WULFF, der am 4. März vereidigt wurde, kamen zwei unter die Regie der FDP: Min. für Wirtschaft und Arbeit und gleichzeitig stellv. MinPräs. wurde WALTER HIRCHE, das Umweltministerium führt nun HANS-HEINRICH SANDER.
Das Amt des CDU-Fraktionschefs übernahm der bisherige GenSekr. des Landesverbandes, DAVID MCALLISTER. Nach anfängl. Zögern erklärte sich GABRIEL doch bereit, als Fraktionsvors. der SPD die Opposition anzuführen. Im Mai gab Bundesbildungsmin. EDELGARD BULMAHN den Vorsitz der Landespartei an den ehem. Landesumweltmin. WOLFGANG JÜTTNER ab.

Erste Schritte der schwarz-gelben Koalition

Im April legte die Landesreg. einen zweiten Nachtragshaushalt für 2003 vor, in dem sie trotz Einsparungen von rd. 450 Mio. € die Nettokreditaufnahme um 195 Mio. € erhöhte. Grundlage des ausgegl. Etats für 2004, dessen Entwurf im Sept. vorgestellt wurde, sind massive Ausgabenkürzungen quer durch alle Ressorts (1,45 Mrd. €).
Am 25. Juni verabschiedete der Landtag ein neues Schulgesetz. Kernpunkte sind die Abschaffung der Orientierungsstufe in den Klassen 5 und 6 sowie die Einführung eines Zentralabiturs nach Klasse 12.

Niger

Hauptstadt: Niamey
Einwohner: 11,5 Mio.
Einwohner/ km²: 9
Staatsoberhaupt:
M. Tandja
Regierungschef:
H. Amadou
BIP/Einwohner:
190 US-$

Nigeria

Hauptstadt: Abuja
Einwohner: 132,8 Mio.
Einwohner/ km²: 143
Staatsoberhaupt und Regierungschef:
O. Obasanjo
BIP/Einwohner:
316 US-$

Bei der Präsidentschaftswahl am 19. April wurde Präs. OLUSEGUN OBASANJO mit 62 % der Stimmen für eine zweite Amtszeit bestätigt. Sein wichtigster Gegenkandidat, der ehem. Diktator MUHAMMADU BUHARI, erhielt 32 % der Stimmen. Die Opposition warf der Reg. Wahlbetrug vor und weigerte sich, das Ergebnis anzuerkennen. Mit der Forderung, die Abstimmung zu annullieren, reichte sie am 21. Mai vor Gericht eine Klageschrift ein. Europ. Wahlbeobachter bestätigten, dass es in Teilen des Landes während der Wahl zu ernsthaften Unregelmäßigkeiten gekommen war. Am 6. März, also etwa sechs Wochen vor der Präsidentschaftswahl, war der führende Oppositionspolitiker und enge Vertraute BUHARIS, HARRY MARSHALL, in der Hauptstadt Abuja erschossen worden.

Wahlplakat für Präsident Obasanjo und Vizepräsident Abubakar in Lagos

Auch bei den ersten freien Parlamentswahlen nach dem Ende der Diktatur konnte sich am 12. April die regierende Demokrat. Volkspartei (PDP) von OBASANJO in beiden Kammern mit absoluter Mehrheit durchsetzen. Im Repräsentantenhaus erhielt die PDP 213 der insgesamt 360 Sitze, im Senat 73 von 109. Nach den von gewaltsamen Auseinandersetzungen begleiteten Wahlen schlossen sich mehrere

Oppositionsgruppen zusammen, um das Wahlergebnis anzufechten.
Bei blutigen Zusammenstößen zw. Angehörigen des Ijaw-Volksstammes auf der einen und Angehörigen des Itsekiri-Volksstammes sowie Regierungstruppen auf der anderen Seite kamen im März im Süden N.s etwa 80 Menschen ums Leben. Die vorwiegend im erdölreichen Nigerdelta lebenden Ijaw bekräftigten ihre Forderung nach einer gerechteren Verteilung der Erdölerlöse und nach Entschädigungen vonseiten der internat. Erdölkonzerne für Umweltschäden. Mehrere der betroffenen Konzerne stellten ihre Förderung aus Gründen der Sicherheit ein, was zu massiven Produktionsausfällen führte, die die gesamte nigerian. Wirtschaft bedrohten. ■

Nimrud, Goldschatz von: Der G.v.N., eine Prachtsammlung von 3000 Jahre alten Goldgegenständen, wurde am 3.Juli im Nationalmuseum in Bagdad für nur wenige Stunden erstmals der Weltöffentlichkeit vorgestellt. Die Goldarbeiten, darunter zahlreiche Gefäße, Schmuckstücke und eine zweiteilige Krone, stammen aus dem Umkreis des assyr. Herrschers ASSURNASIRPAL II. und werden auf das 9.Jh. v.Chr. datiert. Der bedeutende irak. Schatz wurde zw. 1988 und 1992 von Archäologen in mehreren Gräbern in Nimrud geborgen. Er war von den Plünderungen verschont geblieben, denen im Gefolge der amerikan. Invasion im April zahlreiche Kunstschätze zum Opfer fielen. Amerikan. Militärs hatten den G.v.N. im Haupttresor der Zentralbank in Bagdad entdeckt, wo er zus. mit weiteren Kunstwerken der assyr. Epoche offenbar schon längere Zeit eingelagert war.

Nobelpreise 2003

Physik	Alexej A. Abrikosow Witalij L. Ginzburg Anthony J. Leggett
Chemie	Peter Agre Roderick MacKinnon
Physiologie oder Medizin	Paul C. Lauterbur Peter Mansfield
Literatur	John Maxwell Coetzee
Erhaltung des Friedens	Schirin Ebadi
Wirtschaftswissenschaften	Robert F. Engle Clive Granger

Nobelpreise: Die Preisträger des von ALFRED NOBEL (*1833, †1896) testamentarisch gestifteten N. wurden turnusgemäß in der zweiten Oktoberwoche bekannt gegeben. Neben den von NOBEL gestifteten Preisen für Chemie, Physiologie/Medizin, Physik und Literatur wird seit 1969 der von der Schwed. Reichsbank gestiftete Preis für Wirtschaftswiss. jährlich verliehen.
Einen stark beachteten polit. Akzent setzte die Ehrung der Bürgerrechtlerin SCHIRIN EBADI, die als erste Iranerin und erste Muslimin überhaupt den Friedensnobelpreis erhielt. Das Preiskomitee verband damit die Hoffnung, der Preis an EBADI möge die vielen Menschen stärken, »die in ihrem Land, in der islam. Welt und in allen Ländern für Menschenrechte und Demokratie kämpfen«. Medien und Reg. Irans reagierten auf die Auszeichnung von E. sehr zurückhaltend. Für den Friedensnobelpreis waren insgesamt 165 Nominierungen eingereicht worden, als Favoriten hatten der ehem. tschech. Präs. VÁCLAV HAVEL und Papst JOHANNES PAUL II. gegolten.
Fast einhellige Anerkennung fand die Würdigung des Werks von JOHN MAXWELL COETZEE mit dem N. für Literatur. Der südafrikan. Autor verarbeitet in seinen Romanen die Probleme der Gesellschaft und des Individuums in der Zeit nach der Apartheid und stellt dabei moral. Gewissheiten infrage.
Die drei, auf mehrere Wissenschaftler aufgeteilten naturwiss. Preise – für Physik, Chemie und Physiologie oder Medizin – fielen an die Amerikaner PETER AGRE, PAUL C. LAUTERBUR, ANTHONY J. LEGGETT und RODERICK MACKINNON, die Russen ALEXEJ A. ABRIKOSOW (auch amerikan. Staatsbürger) und WITALIJ L. GINZBURG sowie den Briten PETER MANSFIELD. Den N. für Wirtschaftswiss. teilt sich der Amerikaner ROBERT F. ENGLE mit dem Briten CLIVE GRANGER. Von den 53 der seit 1968 in dieser Kategorie Ausgezeichneten sind 35 Bürger der USA.

Nordirlandkonflikt: Die Bemühungen der brit. und der ir. Reg., in Zusammenarbeit mit den Parteien Nordirlands den Friedensprozess wiederzubeleben, scheiterten im Herbst erneut an den Gegensätzen der Konfliktparteien.
Im Frühjahr wieder aufgenommene Verhandlungen führten im Herbst zu einer groß angelegten Vernichtung von Waffen durch die Ir.-Republikan. Armee (IRA). Diese Entmilitarisierungsmaßnahme wurde durch die von General JOHN DE CHASTELAIN (Kanada) geführte internat. Abrüstungskommission für Nordirland überwacht. Allerdings blieb der genaue Umfang der Entwaffung unklar. Dies gab dem gemäßigten Führer der prot. Ulster Unionist Party (UUP) und ehem. Regierungschef der suspendierten nordir. Allparteienreg., DAVID TRIMBLE, Anlass, sich angesichts des Widerstands in der eigenen Partei gegen eine Einigung mit dem polit. Gegenspieler, der Sinn Féin, im Okt. aus den Verhandlungen zurückzuziehen. Die von GERRY ADAMS geführte kath.-republikan. Sinn Féin gilt als polit. Sprachrohr der IRA.

Friedensprozess nach Parlamentswahl gefährdet

Trotz der unübersichtl. Lage setzte die brit. Reg. Neuwahlen für das nordir. Regionalparlament am 26.Nov. an. Das Wahlergebnis enttäuschte jedoch die Erwartung, durch den Urnengang wieder Bewegung in die verhärteten Fronten zu bringen, denn die radikalen Kräfte bzw. Gegner des Karfreitagsabkommens von 1998 siegten: Im protestant. Lager überflügelte die Democratic Unionist Party (DUP) von IAN PAISLEY die UUP von TRIMBLE als stärkste Kraft, auf der anderen Seite löste ADAMS' nationalist. Sinn Féin die von JOHN HUME, dem Friedensnobelpreisträger von 1998, geführten Sozialdemokraten (SDLP) als mächtigste Partei im kath. Lager ab.

Nordpol: Nach 64 Tagen erreichte der Brite PEN HADOW am 19. Mai den geograph. N. – als erster Mensch ganz allein und ohne moderne Hilfsmittel. Zuvor waren drei Versuche des 41-jährigen Abenteurers gescheitert, die 764 km lange Wanderung allein von Nordkanada bis zum N. zu Fuß durch Eis und Schnee zu schaffen.
Mit dem Verzicht auf jede Unterstützung – wie Abwurf von Lebensmitteln aus der Luft und bes. Ausrüstung (außer einem Satellitenhandy und einem Gewehr zur Abwehr von Eisbären) – übertrumpfte HADOW den brit. Polarforscher DAVID HEMPLEMAN-ADAMS, der im April eine 450 km lange Strecke zu Fuß und auf Skiern zum N. zurückgelegt hatte.

Nordrhein-Westfalen

Hauptstadt: Düsseldorf
Einwohner: 18,1 Mio.
Einwohner/km²: 530
Regierungschef:
P. Steinbrück
BIP/Einwohner:
24 123 €

Nach einem schwachen Wirtschaftswachstum 2001 von 0,3 % schrumpfte das BIP im Jahresdurchschnitt 2002 um 0,2 %. Der Abwärtstrend verstärkte sich im 1. Halbjahr 2003 noch mit einem Wert von –0,4 %. Die Arbeitslosenquote stieg 2002 auf 9,2 % (2001: 8,8 %) und bewegte sich im Okt. 2003 bei 9,7 % (Okt. 2002: 9,1 %).

Drastisches Sparprogramm

Im Sept. legte die Landesreg. unter MinPräs. PEER STEINBRÜCK (SPD) den Doppelhaushalt 2004/05 vor, der ein Gesamtvolumen von ca. 48 Mrd. € bzw. ca. 49,3 Mrd. € hat und massive Ausgabenkürzungen vorsieht. U. a. sollen die Landeszuschüsse zu den diversen Förderprogrammen reduziert werden. Der größte Teil der geplanten Einsparungen in Höhe von 2,1 Mrd. € bzw. 2,6 Mrd. € soll von den 260 000 Landesbeamten aufgebracht werden, deren Wochenstundenzahl von 38,5 auf 41 erhöht wurde; außerdem wurde das Weihnachtsgeld gekürzt und das Urlaubsgeld vollständig gestrichen.
Die desolate Finanzlage beschäftigte auch das Landesverfassungsgericht: Anfang Sept. erklärte es die Haushalte 2001 und 2002 für verfassungswidrig, da die Kreditaufnahme deutlich die Investitionsausgaben überstieg.

Koalitionskrise

Insbesondere die anhaltenden Differenzen über den Bau der umstrittenen Magnetschwebebahn ›Metrorapid‹ und die Subventionen für die Steinkohleindustrie mündeten im Mai in eine monatelange Krise der rot-grünen Regierungskoalition und schließlich in eine Zerreißprobe, als MinPräs. STEINBRÜCK forderte, die Zusammenarbeit auf eine neue Grundlage zu stellen.
Am 30. Juni einigten sich die Koalitionspartner auf ein als ›Düsseldorfer Signal‹ bezeichnetes Papier, das Sonderparteitage beider Parteien im Juli bestätigten. Bündnis 90/Die Grünen setzten sich u. a. mit ihrer Forderung durch, vom Bau der Magnetschwebebahn abzusehen, machten der SPD aber das Zugeständnis, einem Ausgleich der Kapazitäten des Düsseldorfer Flughafens zuzustimmen. Mit dem Kompromiss, die Steinkohlesubventionen zw. 2006 und 2012 um jährlich 40 Mio. € abzubauen, rückten beide Parteien von ihren urspr. Positionen ab.

Der nordirische Protestantenführer David Trimble blickt am 24. November aus dem Fenster der UUP-Parteizentrale in Belfast, die von Unbekannten mit Farbbeuteln beworfen worden ist

... und wenn sie nicht gestorben sind ...

Tod von Jürgen Möllemann

Am 5. Juni kam der ehem. stellv. Bundesvors. sowie Landes- und Fraktionsvors. der FDP, Jürgen W. → Möllemann, bei einem Fallschirmsprung ums Leben. Nach seiner umstrittenen Flugblattaktion vor der Bundestagswahl 2002 hatte der Bundesvorstand ein Ausschlussverfahren gegen ihn eingeleitet, dem er am 17. März durch Austritt zuvorkam. Im Zuge ihrer Ermittlungen wegen Steuerhinterziehung, Verstoßes gegen das Parteiengesetz, Betrug und Untreue hatte die Staatsanwaltschaft eine Hausdurchsuchung in MÖLLEMANNS Privat- und Büroräumen veranlasst. Ob er als Reaktion hierauf den Freitod wählte, konnte nicht abschließend geklärt werden; ein Fremdverschulden am Tod des Politikers wurde jedoch ausgeschlossen.

Anklage im Kölner Müllskandal

Am 2. Okt. eröffnete das Landgericht Köln das Hauptverfahren gegen drei von fünf Beschuldigten in der Korruptionsaffäre um den Bau der Kölner Müllverbrennungsanlage. Dabei sollen in den 1990er-Jahren Bestechungsgelder in Höhe von rd. 11 Mio. € geflossen sein, von denen ein Teil illegal für SPD-Parteikassen abgezweigt wurde. Zu den Schlüsselfiguren der Affäre gehören der ehem. Fraktionsvors. der Kölner SPD, NORBERT RÜTHER, und der ehem. parlamentar. Geschäftsführer der SPD-Bundestagsfraktion, KARL WIENAND, dessen Verfahren von dem der übrigen Angeklagten abgetrennt wurde.

Norwegen

Hauptstadt: Oslo
Einwohner: 4,5 Mio.
Einwohner/km²: 15
Staatsoberhaupt: Harald V.
Regierungschef: K. M. Bondevik
BIP/Einwohner: 41 792 US-$

Bürgerliche Parteien verlieren Einfluss

Bei den Kommunalwahlen im Sept., die in der Mitte der Legislaturperiode immer ein wichtiger polit. Gradmesser sind, erlitten die drei bürgerl. Regierungsparteien deutl. Verluste. Die rechtspopulist. Fortschrittspartei erzielte dagegen erneut Stimmengewinne. Erholt haben sich auch die Linksparteien. Die sozialdemokrat. Arbeiterpartei wurde nach dem letzten Wahldebakel im Herbst 2001 – hochgerechnet – sogar wieder stärkste polit. Kraft im Land. Auch die sozialist. Linkspartei verbuchte einen erhebl. Zuwachs.

Abhängig vom Erdölexport

Der Boom auf dem Erdölmarkt führte zu steigenden Zinsen und einer weiteren Aufwertung der Krone. Beides belastete nicht nur die Wirtschaft, sondern heizte die Debatte über die Verwendung der Einnahmen aus dem Erdölexport wieder an. Der norweg. Erdölfonds ist mit einem Portfolio von rd. 80 Mrd. € inzwischen einer der weltgrößten Spezialfonds. Außerhalb des Erdöl- und Erdgassektors ist das Wirtschaftswachstum jedoch nahezu zum Stillstand gekommen. Die Prognosen für bestimmte Industriezweige und deren Wettbewerbsfähigkeit, insbes. Holz- und Metallverarbeitung sowie Chemie, waren so pessimistisch wie seit 25 Jahren nicht mehr. Zu dieser Einschätzung trug auch der hohe Staatsanteil an der Wirtschaft bei: 40 % des BIP wurden durch staatl. Ausgaben erzielt. Die Zahl der Arbeitslosen ist auf das für N. hohe Niveau von rd. 4,5 % gestiegen.

Haltung zum EU-Beitritt

Angesichts dieser wirtschaftl. Lage, die traditionelle Wirtschaftszweige wie Landwirtschaft und Fischerei massiv bedroht, hat die Diskussion über einen EU-Beitritt wieder Fahrt bekommen. Auch die EU-Osterweiterung und die Irakkrise veranlassten MinPräs. KJELL MAGNE BONDEVIK, seine bisherige ablehnende Haltung infrage zu stellen. Im Frühjahr sprachen sich in einer repräsentativen Umfrage zwei Drittel der Befragten für einen Beitritt aus – eine Zustimmung so hoch wie nie zuvor.

Notwehr: Tötet ein Erpresster seinen Erpresser mit einem Angriff von hinten, so liegt nicht unbedingt ein heimtückischer Mord vor, es kann sich auch um N. handeln. Der BGH hob am 12. Febr. eine Verurteilung zu lebenslanger Freiheitsstrafe auf und verwies den Fall an das Landgericht Nürnberg-Fürth zurück.
Heimtücke liege deshalb nicht vor, weil der Erpresser bei der Konfrontation mit seinem Opfer, das er zur Geldübergabe gezwungen habe, nicht arglos gewesen sei, selbst wenn er nicht mit Gegenwehr gerechnet habe. Ob es sich bei der Tötung des Erpressers um N. gehandelt habe, hänge davon ab, ob die Tat erforderlich und geboten war, um den Verlust des Geldes abzuwenden.

Novum-Prozess: Das Vermögen der ehem. Ostberliner Außenhandelsfirma Novum von rd.

256 Mio. € steht der Bundesrep. Deutschland zu, nicht der Kommunist. Partei Österreichs (KPÖ).
Nach mehr als zehnjährigem Rechtsstreit befand das Oberverwaltungsgericht Berlin am 23. Sept. in letzter Instanz, das Unternehmen Novum habe zu DDR-Zeiten zum Firmenkonglomerat der DDR-Einheitspartei SED gehört und sei nach außen hin nur zur Tarnung von der Österreicherin RUDOLFINE STEINDLING für die KPÖ geführt worden. Das zum großen Teil auf Schweizer Konten deponierte Novum-Geld soll entsprechend dem dt. Einigungsvertrag der Bundesanstalt für vereinigungsbedingte Sonderaufgaben (BvS) zufließen und für gemeinnützige Zwecke in den neuen Bundesländern verwendet werden. Seit 1990 hat die BvS rd. 1,5 Mrd. € aus dem SED-Vermögen sichergestellt. Die KPÖ geriet als Folge des Urteils in eine Finanzkrise.

Angetreten zum großen Pudelbegießen

NPD-Verbotsantrag: Bundesreg., Bundestag und Bundesrat scheiterten am 18. März mit ihren Verbotsanträgen gegen die NPD, die sie im Jan. und März 2001 beim Bundesverfassungsgericht beantragt hatten. Im Zweiten Senat des Gerichts fand sich nicht die erforderl. Zweidrittelmehrheit, um das Verfahren wieder aufzunehmen, das im Jan. 2002 ausgesetzt worden war. Drei der sieben Verfassungsrichter sahen in der intensiven Beobachtung der NPD durch V-Leute ein »nicht behebbares Verfahrenshindernis«: Ihr Einsatz habe zu einer »massiven staatl. Präsenz auf den Vorstandsebenen« der Partei geführt, die noch während des laufenden Verbotsverfahrens wirksam gewesen sei. Bundesinnenmin. OTTO SCHILY kritisierte die Entscheidung als »rechtsirrig«.

O

Offshore-Gezeitenkraftwerk: Im Juni nahm vor der Atlantikküste Großbritanniens (Devon) das erste Kraftwerk der Welt den Probebetrieb auf, das im offenen Meer die durch Ebbe und Flut ausgelösten Wasserströmungen zur Stromerzeugung ausnutzt; seine max. Leistung liegt bei 300 kW. Das O.-G. ›Seaflow‹ folgt einer neuen techn. Konzeption. Anders als in den herkömml. Gezeitenkraftwerken an der Küste wird die Turbine nicht durch Schaufelräder bewegt. ›Seaflow‹ arbeitet nach dem Prinzip eines konventionellen Windrades: Die Meeresströmung treibt einen 11 m langen, ins Wasser getauchten Rotor an, der mit einem Stromgenerator verbunden ist.

Ökumene: Zum neuen GenSekr. des Ökumen. Rats der Kirchen wurde am 2. Sept. Pfarrer SAMUEL KOBIA von der methodist. Kirche von Kenia gewählt. Er wird am 1. 1. 2004 die Nachfolge des dt. Theologieprofessors KONRAD RAISER antreten, der nach elfjähriger Amtszeit in den Ruhestand geht.
Vom 3. bis 10. Mai begingen die ev. und kath. Kirche zum 13. Mal die ›Woche für das Leben‹. In zahlreichen Gemeinden und kirchl. Einrichtungen fanden Veranstaltungen, Aktionen und Gottesdienste statt, in deren Mittelpunkt ein menschenfreundl. und lebensfördernder Umgang mit neuen Möglichkeiten und Methoden der Medizin stand.
Unter dem Motto ›2003. Das Jahr der Bibel‹ rückten die christl. Kirchen, Werke und Verbände mit vielfältigen Aktionen die Bibel in den Blickpunkt der Öffentlichkeit. Mit der Losung ›Suchen. Und Finden.‹ sollte v. a. »Ungeübten und Kirchendistanzierten die Bibel neu bekannt und schmackhaft gemacht« werden. Eine Erlebnisausstellung der besonderen Art wurde in der ›BibelBox‹ gezeigt – einem 11x11x11 m großen Würfel, der u. a. auf dem Stuttgarter Schlossplatz, dem Alexanderplatz in Berlin sowie dem Erfurter Domplatz stand, um ›Suchen-und-Finden-Geschichten‹ von Menschen aus der Bibel mitten in die Gesellschaft zu tragen.

Ökumenischer Kirchentag in Berlin

Das erste gemeinsame Laientreffen von Protestanten und Katholiken vom 28. Mai bis (Forts. S. 250)

Anlässlich der deutschlandweiten Kirchen-Kampagne ›2003. Das Jahr der Bibel‹ wird am 14. Mai in Leipzig eine Bibelausstellung in einer ›BibelBox‹ eröffnet

Die Trennung überwinden

Der ökumenische Kirchentag (ÖKT) in Berlin 2003 war ganz offensichtlich ein Höhepunkt im kirchlichen Leben in der Bundesrepublik Deutschland: knapp 200 000 Dauerteilnehmende und dazu fast 40 000 Tagesteilnehmende, 400 000 Menschen beim ›Abend der Begegnung‹ zur Eröffnung und ein überwältigender Abschlussgottesdienst vor dem Reichstag. Die rund 3 000 Veranstaltungen auf den 720 Seiten des Programmheftes reichten von Bibelarbeiten und Vorträgen über Arbeitsgruppen und Podiumsdiskussionen bis zu Gospelgesang und Kabarett. Auf einer großen ›Agora‹ stellten sich ökumenische Initiativen vor, nahezu 5 000 Gäste aus dem Ausland boten die Chance zum Dialog mit Christinnen und Christen aus aller Welt. Die Abendmahlsfrage wurde ebenso intensiv diskutiert wie die Schuldenkrise, die Freude am Schweigen war ebenso groß wie die Lust am Dialog – ein ermutigendes Zeichen mitten in der so säkularen Hauptstadt Berlin. Und auch eine logistische Meisterleistung, noch dazu eine derart friedliche Veranstaltung, dass die Berliner Polizei geradezu begeistert war – sie ist andere Großveranstaltungen gewohnt.

Katholische, protestantische und jüdische Geistliche in West-Berlin bei einem Fürbittengottesdienst nach Beginn des Nahostkrieges 1967

Die ökumenische Bewegung

Das Zusammenkommen so vieler Christinnen und Christen unterschiedlicher Konfessionen zu Diskussion, Gottesdienst, Austausch und Feier am Beginn des 21. Jahrhunderts ist eine Frucht der ökumenischen Bewegung im 20. Jahrhundert. Bis dahin kannte die Kirchengeschichte zentrale Markierungspunkte in Spaltungen und Trennungen aufgrund unterschiedlicher Glaubensüberzeugungen und theologischer Prämissen, aber gewiss auch aufgrund gesellschaftlicher Gegebenheiten bzw. der Kontextualität kirchlicher Existenz. Die Spaltung in Ost- und Westkirche 1054, mag sie auch vor langer Zeit passiert sein – wer sich aber die Grenzen der EU vom Mai 2004 anschaut, wird sie durchaus noch erkennen, diese Trennung prägt Europa bis heute, ob bewusst oder unbewusst. Die Auseinandersetzungen der Reformationszeit mit der Entstehung der reformierten und der lutherischen Kirche ist ein entscheidender Faktor der europäischen Geschichte. Und die vielen Unterscheidungen innerhalb der Kirchen, die aus der Reformation im 16. Jahrhundert hervorgegangen sind: die Methodisten, die historischen Friedenskirchen, die anglikanische Kirche; sie haben die (Kirchen-)Geschichte geprägt und gleichzeitig reflektiert. Erbitterte Glaubenskriege wurden über die Frage nach der Präsenz Christi im Abendmahl, dem Amtsverständnis, der rechten Lehre geführt.

Die Autorin:
Margot Käßmann
geboren 1958.
1985 – 90 Pfarrerin in Frielendorf; 1992 – 94 Studienleiterin an der Evangelischen Akademie Hofgeismar, 1994 – 99 Generalsekretärin des Deutschen Evangelischen Kirchentages; seit 1999 Landesbischöfin der evangelisch-lutherischen Landeskirche Hannover

1910 konstituierte sich in Edinburgh die erste Weltmissionskonferenz. Auf ihr wurde deutlich: Auf dem Missionsfeld sind wir unglaubwürdig, wenn die Trennungen im Vordergrund stehen. Wir können Menschen nur zu JESUS CHRISTUS rufen und nicht in unterschiedliche Konfessionen. Ein Bischof aus dem Pazifik schilderte diese Realität noch in den 1980er-Jahren: »Unsere Insel ist eine große Gemeinschaft. Wir trennen uns nur Sonntagmorgen um 10 Uhr. Da gehen einige in die baptistische Kirche, andere in die römisch-katholische, wieder andere in die lutherische.« Jene Weltmissionskonferenz hat große Aufmerksamkeit erregt, in ihrer Folge entwickelten sich zwei große Bewegungen. Die ›Bewegung für Glauben und Kirchenverfassung‹ setzte sich zum Ziel, Übereinstimmung in der Lehre zu finden. Grundüberzeugung war: Wenn die Kirchen in den großen Lehrfragen gemeinsam formulieren könnten, wäre auch die Einheit der Kirche erreicht. So wird bis heute auf vielen Tagungen debattiert, ob und wo die unterschiedlichen Auffassungen im Verständnis der Kirche, von Taufe, Abendmahl und Amt trennend wirken. Die ›Bewegung für Praktisches Christentum‹ dagegen meinte, über gemeinsames Handeln Einheit der Kirche finden zu können. Das Motto lautete: Lehre trennt, Dienst verbindet. Und so wird bis heute darum gerungen, im gemeinsamen Einsatz für Gerechtigkeit, Frieden und

Bewahrung der Schöpfung kirchliche Einheit zu finden.
Beide Bewegungen gründeten nach dem Zweiten Weltkrieg 1948 in Amsterdam den Ökumenischen Rat der Kirchen (ÖRK), dem 1961 die Weltmissionskonferenz ebenfalls beitrat. Seit jenem Jahr waren neben vielen evangelischen auch alle orthodoxen Kirchen Mitglied im ÖRK.

Ökumene in Deutschland

Gerade in Deutschland, dem Ursprungsland der Reformation und damit einer der entscheidenden Spaltungen in der Kirchengeschichte, fiel diese ökumenische Bewegung von Anfang an auf fruchtbaren Boden. Je stärker die säkulare Gesellschaft christlichen Glauben, die Existenz der Kirche infrage stellte, desto greifbarer wurde für viele Menschen, dass Christinnen und Christen mehr verbindet als sie trennt. So bildete sich im 20. Jahrhundert die Grundüberzeugung heraus, dass unter den vielen Kirchen die eine geglaubte heilige christliche Kirche verborgen ist.
Gleichzeitig wurden die sozialethischen Impulse des ÖRK in Deutschland aufgenommen. Nachdem die Kirchen Afrikas, Asiens, Lateinamerikas ihre Situation auf die Tagesordnung gebracht hatten, gab es viele Solidaritätsaktionen vom Früchteboykott der evangelischen Frauenarbeit in Deutschland bis hin zum konziliaren Prozess für Gerechtigkeit, Frieden und Bewahrung der Schöpfung in den 1980er-Jahren und der ›Ökumenischen Dekade zur Überwindung der Gewalt‹ (2001 – 10).

Walter Kasper (rechts), Vertreter der katholischen Kirche, und Ishmael Noko vom Lutherischen Weltbund nach der Unterzeichnung der Erklärung zur Rechtfertigungslehre 1999

Vielerorts sind ökumenische Aktionen und Gottesdienste auf der Tagesordnung, als Beispiel sei die Präsenz der christlichen Kirchen auf der Weltausstellung in Hannover (EXPO) im Jahr 2000 genannt. Zudem wurde beim Katholikentag in Dresden 1994 und beim evangelischen Kirchentag in Leipzig 1997 deutlich, dass in einer Minderheitensituation Christinnen und Christen gut daran tun, sich gemeinsam öffentlich zu präsentieren.

Insofern war es nur sinnvoll und logisch, dass die beiden großen Laienorganisationen, das Zentralkomitee der Deutschen Katholiken und der Deutsche Evangelische Kirchentag, 1996 überlegten, zu Beginn des neuen Jahrtausends einen ökumenischen Kirchentag durchzuführen. Dabei gab es allerdings auch Stolpersteine auf dem Weg zum ÖKT. 1999

Der russisch-orthodoxe Patriarch Aleksij II. bei einem Gottesdienst in Moskau

wurde in Augsburg die ›Gemeinsame Erklärung der römisch-katholischen Kirche und der lutherischen Kirchen‹ weltweit zur Rechtfertigung unterzeichnet. Es wurde festgehalten: So wie die beiden Kirchen ihre Lehre hier formulieren, werden sie von den Verwerfungen des 16. Jahrhunderts nicht getroffen. Die Unterzeichnung der ›Gemeinsamen Offiziellen Feststellung zur Gemeinsamen Erklärung‹ in Augsburg am 31. Oktober war ein feierliches Ereignis. Es bedeutete allerdings nicht, dass nunmehr die Lehrbegriffe der unterschiedlichen Traditionen auf einem gleichen Verständnis beruhen. Aber die Unterzeichnung wurde begrüßt als ein Schritt auf einem notwendigen Weg der Annäherung. Ein Durchbruch schien nahe nach dem Motto: Diese Erklärung wird die Unterschiede nicht beseitigen, hoffentlich aber zur Möglichkeit führen, einander gastweise zum Abendmahl einzuladen.

Das Selbstverständnis der Kirchen

Wenig später hat die römisch-katholische Kirche mit der Erklärung ›Dominus Iesus‹ durch die Glaubenskongregation im Jahr 2000 ein klares Zeichen gesetzt. Sie selbst sieht sich weiterhin, trotz aller ökumenischen Fortschritte, allein als die eine, wahre, heilige Kirche an. »Die kirchlichen Gemeinschaften hingegen, die den gültigen Episkopat und die ursprüngliche und vollständige Wirklichkeit des eucharistischen Mysteriums nicht bewahrt haben, sind nicht Kirchen im eigentlichen Sinn; die in diesen Gemeinschaften Getauften sind aber durch die Taufe Christus eingegliedert und stehen deshalb in einer gewissen, wenn auch nicht vollkommenen Gemeinschaft mit der Kirche.«

Gleichzeitig ist in Teilen der östlich-orthodoxen Kirchen eine starke anti-ökumenische Haltung wahrzunehmen. In den Beschlüssen der Moskauer Bischofssynode im August 2000 heißt es: »Die orthodoxe Kirche ist die wahre Kirche Christi, geschaffen von unserem Herrn und Heiland selbst, die Kirche, die gefestigt und erfüllt ist vom Heiligen Geist...« Und weiter: »Die orthodoxe Kirche versichert durch den Mund der heiligen Väter, dass das Heil nur in der Kirche Christi gefunden werden kann. Doch gleichzeitig wurden die von der Einheit mit der Orthodoxie abgefallenen Gemeinschaften niemals als völlig von der Gnade Gottes verlustig gegangen angesehen...« Ökumene gilt in einigen orthodoxen Kirchen des Ostens als Häresie. Gerade in der russisch-orthodoxen Kirche setzen sich viele scharf ab gegenüber der ökumenischen Bewegung. Da ist zum einen zu denken an die Auseinandersetzungen im Ökumenischen Rat der Kirchen. Anfang September 2002 verabschiedete der Zentralausschuss in Genf ein Dokument, das für gemeinsame Gebete den Begriff ›Gottesdienst‹ verbannt und in großer Vorsicht darum ringt, den orthodoxen Vorstellungen von Beteiligung (z.B. Konsens statt Abstimmung) gerecht zu werden. Zum anderen werden die Spannungen sichtbar, wann immer ein Papstbesuch in Ländern geplant ist, die die Orthodoxie als ›kanonische Territorien‹ versteht, also z.B. in Rumänien, Bulgarien oder Russland. Die Erkenntnis, dass Kirchen Geschwister im Glauben sind, ist bei weitem noch nicht Alltagseinsicht geworden...
Im Jahr 2001 hat die evangelische Kirche in Deutschland unter dem Titel ›Kirchengemeinschaft nach evangelischem Verständnis‹ ein ›Votum zum

Papst Johannes Paul II. trifft während eines Bulgarienbesuchs 2002 im orthodoxen Rilakloster mit dem ehemaligen bulgarischen Zar Simeon (2. von rechts) und dessen Familie zusammen

geordneten Miteinander bekenntnisverschiedener Kirchen‹ herausgegeben, in dem es heißt: »In diesem Zusammenhang ist auch festzustellen, dass die Notwendigkeit und Gestalt des ›Petrusamtes‹ und damit des Primats des Papstes, das Verständnis der apostolischen Sukzession, die Nichtzulassung von Frauen zum ordinierten Amt und nicht zuletzt der Rang des Kirchenrechtes in der römisch-katholischen Kirche Sachverhalte sind, denen evangelischerseits widersprochen werden muss.«
Solche Trennungen in der Lehre müssen jedoch aus evangelischer Perspektive nicht trennend wirken. Zum Ziel wird vielmehr »versöhnte Verschiedenheit« der Kirchen erklärt, also Gemeinschaft in Vielfalt. Die lutherischen Kirchen verstehen nach dem Augsburger Katechismus es als genügend (satis est) für die Einheit der Kirche, dass das Evangelium recht verkündigt und die Sakramente einsetzungsgemäß verwaltet werden. Insofern erkennen sie die anderen Kirchen als Kirchen an und laden alle Getauften, die Mitglieder einer Kirche sind, zum Abendmahl ein, so auch beim ÖKT. Seit der Leuenberger Konkordie von 1973 gibt es zudem zwischen den lutherischen, reformierten und unierten Kirchen in Europa gegenseitige Anerkennung der Ämter und somit Kanzel- und Abendmahlsgemeinschaft. Die Kirchen der Reformation haben ein Kirchenverständnis, das erklärt, keine Kirche habe die ganze Wahrheit, sondern jede Kirche sei Zeugin der Wahrheit. Allerdings ist leider zu beobachten, dass auch im Bereich dieser Kirchen vor allem jenseits des Atlantik fundamentalistische Strömungen wachsen, die in der ökumenischen Bewegung eher eine Gefahr als eine Bereicherung sehen.

Nord-Süd-Gefälle

Schließlich sind die Spannungen groß zwischen den Kirchen des Nordens und den Kirchen des Südens. Das bezieht sich einerseits auf die ökonomischen Auseinandersetzungen. Der Reichtum der Kirchen des Nordens, der Entwicklungskonflikt, die Armut im Süden lassen fragen, was es bedeutet, in einer Kirche weltweit zusammenzukommen. Die Vollversammlung des Lutherischen Weltbundes in Winnipeg/Kanada 2003 hat noch einmal sehr deutlich gemacht, wie krass der Nord-Süd-Konflikt ist und wie stark er die Kirchen in ihrer Existenz beeinflusst. Zudem bilden sich in vielen Kirchen der Welt, vor allem auch in den USA, fundamentalistische Strömungen heraus, die gerade in ethischen Fragen zu heftigen Auseinandersetzungen führen. Von vielen afrikanischen Kirchen wird beispielsweise das Thema Homosexualität als von Dekadenz und Abfall gekennzeichnetes Thema der Kirchen des Westens gesehen. Charismatische Strömungen beginnen, vor allem auf die Kirchen des Südens tiefen Einfluss zu erlangen.

Kirchentag als Aufbruch

Trotz all dieser Auseinandersetzungen vor allem in der Lehre wurde der ÖKT zum Erfolg, weil Christinnen und Christen die großen Trennungen überwinden wollen. Er wurde aber letzten Endes auch zum Kennzeichen der Unterschiede aufgrund der Suspendierung zweier Priester, die sich bereit erklärt hatten, Evangelische gastweise zum Abendmahl einzuladen bzw. selbst sich einladen zu lassen zu einem evangelischen Abendmahl...

Angesichts all dieser auseinander treibenden Kräfte hat der ökumenische Kirchentag in Berlin den Willen und die Entschlossenheit der Christinnen und Christen in Deutschland gezeigt, das Gemeinsame in den Vordergrund zu stellen. Hier wurde gefeiert, dass uns mehr verbindet, als uns trennt! Gerade die großen Gottesdienste, die in ihren Zahlen evangelische Kirchentage wie Katholikentage weit übertrafen, haben davon gezeugt. Und sie haben deutlich gemacht, dass der christliche Glaube in Deutschland sich nicht in eine Nische abdrängen lässt. Es haben zudem viele Politikerinnen und Politiker teilgenommen und die Relevanz der Kirchen für das Land unterstrichen. Noch erfreulicher als ihre Teilnahme aber war die hohe Präsenz der Jugend – 39,4 Prozent der Teilnehmenden waren jünger als 29 Jahre!

Signale für eine ökumenische Zukunft

Insofern war dieser Kirchentag ein Signal, ein Hoffnungszeichen, und das in zweierlei Richtung: zum einen ein Impuls in die Kirchen selbst hinein, das Trennende zu überwinden, Verschiedenheit zuzulassen und dennoch Gemeinschaft zu leben und zu feiern. Aber auch ein Signal nach außen: Wir sind nicht in einem Abseits der Gesellschaft, sondern mitten im Zentrum. In den Fragen der Wertediskussion und auch der Suche nach Orientierung können wir selbstbewusst die Antworten des christlichen Glaubens einbringen, diese Gesellschaft mit Kritik und Gestaltung begleiten und ein relevanter Teil in ihr sein.

Mehr als 5000 Gäste aus dem Ausland haben am Kirchentag teilgenommen. Das war ein wichtiges Signal, dass sich die Kirchen in Deutschland nicht abkapseln wollen gegenüber Europa oder den Kontinenten des Südens. Die Schuldenkrise, Aids und Globalisierung waren gewichtige und viel diskutierte Themen. Sie wurden aufgrund der intensiven Abendmahlsdebatte öffentlich zu wenig wahrgenommen. Sie haben aber gezeigt, dass die Kirchen durch ihre weltweite Verknüpfung, durch ihren Status sowohl als Local Actor wie auch als Global Player durchaus in der Lage sind, zu Gehör zu bringen, dass das Ziel der Globalisierung nicht Gewinn für wenige, sondern soziale Gerechtigkeit für alle sein muss. Auch das bedeutet ja der Begriff Ökumene: Es geht um den ganzen bewohnten Erdkreis.

Der ÖKT war schließlich auch ein wichtiger Markierungspunkt für die beiden großen Laienbewegungen. Ihr Anspruch, Forum und ›dritter Ort‹ in der Gesellschaft sowie Innovationskraft für die Kirchen zu sein, hat sich bestätigt. Nun wird sich ihnen die Frage stellen, wie es in Zukunft weitergehen soll. Ein Wechsel zwischen Kirchentagen, Katholikentagen und ÖKTs? Oder in Zukunft nur noch ökumenisch?

8 000 Menschen nehmen am 29. Mai auf dem Gendarmenmarkt in Berlin während des ökumenischen Kirchentags 2003 an dem zentralen Gottesdienst teil

Ökumenischer Gottesdienst der katholischen und protestantischen Kirchen und der Freikirchen im Magdeburger Dom im Jahr 2000

1. Juni zog rd. 200 000 Besucher an. Unter dem Leitwort ›Ihr sollt ein Segen sein‹ bemühten sich Christen beider Konfessionen auf rd. 3 200 Veranstaltungen um Annäherung.
Obwohl die Veranstalter, das Zentralkomitee der dt. Katholiken und der Dt. Ev. Kirchentag, im Hinblick auf die von Papst JOHANNES PAUL II. veröffentlichte Eucharistie-Enzyklika »um Beachtung der in den Kirchen gültigen Regeln« gebeten hatten, luden zwei Gemeinden zu ökumen. Gottesdiensten mit Eucharistie bzw. Abendmahl für alle Christen ein. In der Folge wurden die beteiligten kath. Priester von ihren Ämtern suspendiert (→ Abendmahlstreit).

Ökumene

In der am Gründonnerstag veröffentlichten **Eucharistie-Enzyklika** stellte Papst Johannes Paul II. den wechselseitigen Zusammenhang zw. Kirche und Eucharistie dar. Grundaussage der ›Ecclesia de Eucharistia‹ ist, dass »die Eucharistie die Mitte des Wachstumsprozesses der Kirche ist«, sie möchte »Achtung und Würde gegenüber der Eucharistie wieder erstarken« sehen. Der Papst stellte erneut fest, dass es Katholiken verboten sei, in ev. Kirchen am Abendmahl teilzunehmen, und dass nur ein kath. Geistlicher bei der Eucharistiefeier Brot und Wein spenden dürfe.

Olympiabewerbung: Am 12. April wählte das Nat. Olymp. Komitee (NOK) Leipzig zur dt. Bewerberstadt für die Austragung der Olymp. Sommerspiele 2012; die Segelwettbewerbe sollen in Rostock stattfinden. Neben Leipzig treten Havanna, Istanbul, London, Madrid, Moskau, New York, Paris und Rio de Janeiro in den Ring. Die Entscheidung fällt am 6. 7. 2005 in Singapur.
Leipzigs Ansehen nahm im Herbst schweren Schaden. Zunächst sah sich DIRK THÄRICHEN, Geschäftsführer des Bewerbungskomitees, mit Stasi-Vorwürfen konfrontiert. Als zudem wegen Untreue gegen ihn ermittelt wurde, erhielt er am 18. Okt. seine Kündigung. Wenig später schieden zwei weitere Verantwortliche der O. wegen finanzieller Unregelmäßigkeiten aus. Im Nov. erfolgte ein personeller Neuanfang mit PETER ZÜHLSDORFF als neuem Geschäftsführer der Olympia-GmbH und Exaußenmin. HANS-DIETRICH GENSCHER als Leiter eines prominent besetzten Kuratoriums.

Oman

Hauptstadt: Maskat
Einwohner: 2,5 Mio.
Einwohner/km²: 8
Staatsoberhaupt und Regierungschef: Kabus ibn Said ibn Taimur
BIP/Einwohner: 7673 US-$

Bei Wahlen zur Beratenden Versammlung (Madschlis al Schura) am 4. Okt. waren erstmals alle volljährigen Männer und Frauen, die sich hatten registrieren lassen (rd. 260 000), stimmberechtigt. Die Mehrheit ging an Kandidaten der Stämme. ■

OPEC, Abk. für **O**rganization of **P**etroleum **E**xporting **C**ountries, Kartell von elf vorwiegend arab. Staaten zur Wahrung ihrer Erdölexport-Interessen: Der Irakkonflikt spaltete die OPEC in Befürworter und Gegner des amerikan. Vorgehens gegenüber dem Irak, der zu den Gründungsmitgl. gehört. So wurden auch keine Entscheidungen über Ölförderquoten getroffen, die als polit. Reaktion zu werten gewesen wären.
Um einem Verfall der Ölpreise nach der Ausweitung der unter amerikan. Regie stehenden Erdölförderung im Irak vorzubeugen, beschloss die OPEC am 25. Sept., das gemeinsame Produktionslimit vom 1. Nov. an um 900 000 Barrel (1 Barrel = 159 l) auf 24,5 Mio. Barrel zu senken.

Osbourne, Ozzy, eigtl. **John Michael Osbourne,** brit. Rockmusiker, *Birmingham 3. 12. 1948. – Die in mehreren Staffeln produzierte MTV-Dokusoap über den Alltag der Osbourne-Familie in Beverly Hills (›The Osbournes‹) machte O. 2002/03 zum Fernsehstar. Aufgrund des großen Zuschauerinteresses wurde die CD ›The Osbourne Family Album‹ veröffentlicht, die auch Tochter KELLY OSBOURNE einen Hit bescherte (›Papa Don't Preach‹). Mit der Ballade ›Dreamer‹ hatte O. international einen Top-10-Erfolg.
Als Gründungsmitgl., Songschreiber und Leadsänger der Band ›Black Sabbath‹ war O. ab 1969 ein Wegbereiter des Heavy-Metal-Stils. Ab 1979 gelang ihm mit der Gruppe ›Blizzard of Ozz‹ ein eindrucksvolles Comeback. 1996 begründete er das Hardrock-Spektakel ›OzzFest‹, bei dem er 1997 und 2001 auch ›Black Sabbath‹ in Originalbesetzung präsentierte. Als Psychopath und Satanist in Verruf geraten, stand er auch aufgrund seines exzessiven Alkohol- und Drogenkonsums immer wieder in den Schlagzeilen.

OSP, Abk. für **O**ffice of **S**pecial **P**lans: Das OSP war nach den Terroranschlägen vom 11. 9. 2001 vom US-Verteidigungsministerium (Pentagon) eingerichtet worden, um Verbindungen zw. dem Regime von SADDAM HUSAIN und dem Terrornetzwerk al-Qaida zu untersuchen; es spielte bei der Vorbereitung des → Irakkriegs eine wichtige Rolle. Vermittelt durch Vizepräs. RICHARD CHENEY und unter Umgehung des Auslandsgeheimdienstes CIA, wurde die Reg. gezielt mit Informationen versorgt, die ein militär. Eingreifen rechtfertigten, etwa mit Berichten über angebl. Urankäufe des Irak in Niger, die Präs. GEORGE W. BUSH in seiner Ansprache an die Nation vom 28. Jan. als Kriegsgrund nannte. Das OSP stützte sich weitgehend auf Informationen von freien Mitarbeitern und hatte Kontakt zur irak. Exilopposition. Nach dem Sieg der Koalition offiziell aufgelöst, bleibt die Organisation, die der parlamentar. Kontrolle entzogen war, Gegenstand mehrerer Untersuchungsausschüsse des US-Kongresses.

Ostabschlag, Gebührenreduktion für versch. freie Berufe wie Rechtsanwälte und Ärzte in den neuen Bundesländern, eingeführt auf der Grundlage des Einigungsvertrags von 1990; mit dem sog. O. soll den unterschiedl. wirtschaftl. Verhältnissen in der früheren DDR Rechnung getragen werden. Er wurde 1996 von 20% auf 10% verringert.
Das Bundesverfassungsgericht stellte am 28. Jan. fest, dass der O. bei Anwälten, die in Ostdeutschland tätig sind, verfassungswidrig ist, weil er den Grundsatz der Gleichbehandlung im Verhältnis zu den im Westen tätigen Kollegen verletzt. Am 28. Aug. legte Bundesjustizmin. BRIGITTE ZYPRIES den Entwurf eines Kostenmodernisierungsgesetzes vor, durch das zum 1. 7. 2004 der O. aufgehoben werden soll.

Die Moderatoren Franziska Schenk und Gunther Emmerlich bereiten sich am 20. August für die Ostalgieshow des MDR ›Ein Kessel DDR‹ vor

Ostalgieshows: Als neues Showformat boomten sog. O. im Spätsommer in den öffentl.-rechtl. und privaten Fernsehsendern. Den Anfang machte das ZDF am 17. Aug. mit ›Die OSTalgie-Show‹; es folgten u.a. ›Die DDR-Show‹ (RTL) sowie ›Meyer und Schulz – Die ultimative Ost-Show‹ (Sat. 1). Im Rahmen der Shows wurden versch. Aspekte der Alltagskultur der DDR unterhaltend präsentiert – von Spreewaldgurken bis zum FDJ-Ferienlager. Mit prominenten Moderatoren (u.a. AXEL SCHULZ, KATARINA WITT, OLIVER GEISSEN, GUNTHER EMMERLICH) und Studiogästen (z.B. PUHDYS, HENRY MASKE, NINA HAGEN, GREGOR GYSI) erreichten die Shows hohe Einschaltquoten.
In der öffentl. Diskussion stießen die Shows auf ein überwiegend negatives Echo. Kritiker warnten vor einer nostalg. Verklärung der DDR, bei der einseitig verkürzend nur an das Gute erinnert und unangenehme Erinnerungen ausgeblendet oder verharmlost würden.

Österreich

Hauptstadt: Wien
Einwohner: 8,1 Mio.
Einwohner/km²: 98
Staatsoberhaupt: T. Klestil
Regierungschef: W. Schüssel
BIP/Einwohner: 25 361 US-$

Mit einer Zunahme des BIP um 1,1% zeigte sich das Wirtschaftswachstum 2002 (2001: 0,5%) nur leicht erholt und fiel im Verlauf des Jahres 2003 wieder zurück: Das Österr. Inst. für Wirtschaftsforschung erwartete im Dez. einen Zuwachs von 0,7%. Die Arbeitslosenquote blieb relativ konstant: Im Vergleich zum Vorjahr stieg sie 2002 leicht um 0,5 Prozentpunkte auf 5,3% und lag im Sept. 2003 bei 6,1%. Die Inflationsrate sank von 1,8% (2002) auf 1,1% im Aug. 2003.
Trotz des nahezu stagnierenden Wirtschaftswachstums und sinkender Steuereinnahmen konnte die schwarz-blaue Reg. unter Bundeskanzler WOLFGANG SCHÜSSEL (ÖVP) dank ihres Sparprogramms das Defizit im Bundeshaushalt 2002 bei 1,0% des BIP halten. Der im Juni von der Reg. vorgelegte Doppelhaushalt 2003/04 geht von einem Fehlbetrag von 1,3% für 2003 und 0,7% für 2004 aus. Der ansteigenden Verschuldung (2002: 67,9% des BIP) soll u.a. mit dem Abbau von 30 000 Stellen im öffentl. Dienst, der weiteren Privatisierung staatl. Unternehmen und Einschnitten im Sozialsystem begegnet werden.

Neuauflage der schwarz-blauen Koalition

Nach den vorgezogenen Neuwahlen vom 24. 11. 2002, die SCHÜSSELS ÖVP einen großen Erfolg beschert hatten, setzte ein monatelanges Tauziehen um die Regierungsbildung ein. Nachdem Verhandlungen mit den Grünen gescheitert waren, bot SCHÜSSEL der FPÖ erneut die Mitarbeit in der Reg. an; dem stimmte die Bundesparteileitung der FPÖ trotz des heftigen Widerstandes ihres ehem. Vors. JÖRG HAIDER am 28. Febr. zu. Die FPÖ stellt in der neuen Koalition nur noch drei der elf Minister: Der FPÖ-Vors. HERBERT HAUPT erhielt das Ressort Soziales und den Posten des Vizekanzlers, den er Mitte Okt. auf Druck des immer noch in der FPÖ tonangebenden HAIDER an Verkehrsmin. HUBERT GORBACH abtrat; Justizmin. DIETER BÖHMDORFER ist parteilos, lässt sich jedoch der FPÖ zurechnen.

FPÖ sinkt weiter in der Wählergunst

Sowohl auf landespolit. wie auf kommunaler Ebene erlitt die FPÖ bei Wahlen starke Einbrüche. Bei der Landtagswahl in Niederösterreich, dem größten und bevölkerungsreichsten Bundesland, am 30. März brach sie um 11,3 Prozentpunkte ein, erreichte lediglich 4,8% der Stimmen und fiel hinter die Grü-

nen (6,5 %) zurück. Unangefochtener Sieger war die ÖVP, die mit 52,7 % der Stimmen (+7,8) die 1993 verlorene absolute Mehrheit zurückeroberte. Die SPÖ verbesserte sich auf 34,7 % (+4,3).
Ein ähnl. Bild ergab sich bei den Landtagswahlen in Tirol und Oberösterreich am 28. Sept.: Die ÖVP erreichte in Tirol mit einem Stimmenanteil von 49,9 % (+2,7) die absolute Mandatsmehrheit. Die FPÖ sackte um 11,7 Prozentpunkte auf 8,0 % ab und liegt damit hinter den Grünen (15,5 %). Die SPÖ steigerte sich um 4,1 Prozentpunkte auf 25,9 %. In Oberösterreich war die SPÖ der eindeutige Wahlsieger: Sie legte um 11,3 Prozentpunkte auf 38,3 % zu. Gleichwohl blieb die ÖVP mit 43,4 % (+0,7) stärkste Kraft. Für die FPÖ votierten nur noch 8,4 % der Wähler – ein Minus von 12,2 Prozentpunkten. Die Grünen kamen auf 9,1 % (+3,3) und gewährleisteten in einer erstmaligen Kooperation mit der ÖVP auf Bundesländerebene die Bestätigung von JOSEF PÜHRINGER (ÖVP) als Landeshauptmann.
Auch in Kärnten, ihrem Stammland, musste die FPÖ starke Verluste hinnehmen; bei der Kommunalwahl am 9. März büßte sie 6,0 Prozentpunkte ein und fiel auf den dritten Platz zurück. Landeshauptmann HAIDER machte die Bundespolitik für das Debakel verantwortlich und drohte damit, die Kärntner FPÖ von der Bundespartei zu lösen und einen Freistaat Kärnten schaffen zu wollen.

Kontroverse um Rentenreform

Mit den größten Streiks der österr. Nachkriegsgeschichte, an denen sich im Mai und Juni Hunderttausende beteiligten, reagierten die Gewerkschaften auf die Pläne der Reg. zur Reform des Rentensystems. Am 11. Juni stimmte der Nationalrat einem unter dem Druck der Proteste erheblich gemilderten Entwurf zu, der 2006 Ersparnisse von 557 Mio. € bringen soll. Beschlossen wurde u. a., dass die Frühverrentung bis 2017 auslaufen soll und dass die Höchstrente erst nach 45 statt bislang 40 Beitragsjahren erreicht wird.

Im Irakkonflikt »in der europäischen Mitte«

In der Irakkrise hielt Ö. an seiner neutralen Haltung fest. Da der amerikan.-brit. Vormarsch nicht durch

■ Bundeskanzler Wolfgang Schüssel (vorn, 4. von links) und Vizekanzler Herbert Haupt (5. von links) präsentieren am 28. Februar die neue Regierung

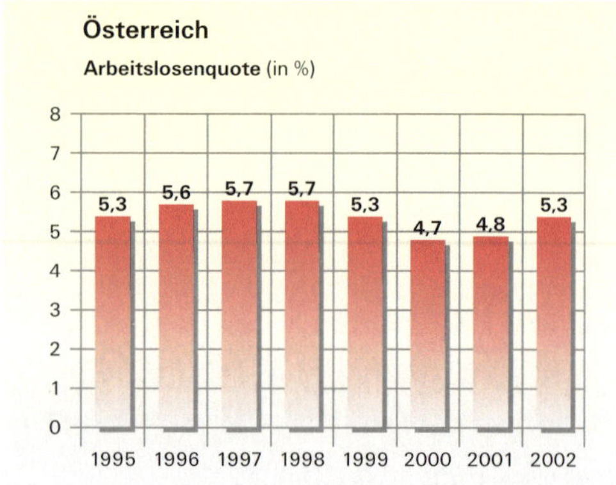

ein UNO-Mandat gedeckt war, verweigerte die Reg. mit Verweis auf die Verfassung den USA die erwünschten Transit- und Überflugrechte. Bundeskanzler SCHÜSSEL erklärte nach Beginn des Krieges vor dem Parlament, Ö. vertrete in der internat. Auseinandersetzung zw. den Befürwortern und den Gegnern des Angriffs auf den Irak eine »Position der europ. Mitte«. ■

Ost-Timor

Hauptstadt: Dili
Einwohner: 737 000
Einwohner/km²: 51
Staatsoberhaupt: J. A. Gusmão
Regierungschef: M. Alkatiri
BIP/Einwohner: –

Im zweiten Jahr seiner Unabhängigkeit blieb O.-T. abhängig von internat. Hilfe. Nach Angaben der Weltbank wurden rd. 40 % des Staatshaushalts durch das Ausland finanziert; seit 1999 brachten die Geberländer des East Timor Trust Fund (TFET) 176 Mio. US-$ auf. Das agrarisch geprägte Land muss Lebensmittel importieren und weist ein hohes Außenhandelsdefizit auf. Alle wirtschaftl. Hoffnungen richten sich deshalb auf die Erlöse aus der ab 2004 geplanten Erdöl- und Erdgasförderung vor der Küste. Nach langem Streit über Hoheitsrechte und Verwertungsanteile trat im März ein Vertrag zw. O.-T. und Australien über die Ausbeutung von Vorkommen in der Timorsee in Kraft.
Der Wiederaufbau der im Krieg gegen die ehem. Besatzungsmacht Indonesien zerstörten Infrastruktur blieb hinter den Erwartungen zurück. Parlament und Reg. verzögerten wichtige wirtschafts- und sozialpolit. Entscheidungen. Mit der Einführung des US-Dollar als Landeswährung brachte sich O.-T. außerdem um Wettbewerbsvorteile im ostasiat. Raum. Die Arbeitslosigkeit ist hoch, große Teile der Bevölkerung leben unter der Armutsgrenze. Studen-

tenproteste gegen diese Missstände im Dez. 2002 wurden von der Polizei hart unterdrückt und mündeten in Unruhen, die bis Jan. 2003 anhielten und mind. vier Todesopfer forderten. Angesichts dieser Situation verlängerte der UNO-Sicherheitsrat im Mai das Mandat der Friedenstruppe UNMISET um ein weiteres Jahr. ■

O'Toole, Peter, ir.-brit. Schauspieler, *Connemara (County Galway) 2. 8. 1932. – Für sein Lebenswerk wurde O. am 23. März mit einem Ehren-›Oscar‹ ausgezeichnet. Der 70-Jährige war zuvor bereits sieben Mal für den ›Oscar‹ nominiert gewesen, hatte die begehrte Trophäe jedoch nie erhalten.

■ Meryl Streep umarmt Peter O'Toole nach der ›Oscar‹-Verleihung am 23. März

Mit der Hauptrolle in DAVID LEANS Wüstenepos ›Lawrence von Arabien‹ wurde O. 1962 international bekannt und erstmalig für den ›Oscar‹ nominiert. Er spielte den legendären brit. Offizier, der die Araber in ihrem Freiheitskampf unterstützte. Seine intensive Darstellung, die die heroischen Töne des Films mit Sarkasmus mischte, prädestinierte ihn für weitere Herrscherrollen: Zweimal spielte er Henry II., neben RICHARD BURTON in ›Becket‹ (1964) und an der Seite von KATHERINE HEPBURN in ›Der Löwe im Winter‹ (1964). Auch in komischen Rollen zeichnete er sich aus, etwa neben ROMY SCHNEIDER in ›Was gibt's Neues, Pussycat‹ (1965) oder in ›King Ralph‹ (1991), in dem er den Privatlehrer des brit. Königs spielte.

Ottke, Sven, Boxer, *Berlin 3. 6. 1967. – Mit seinem 30. Sieg im 30. Kampf errang O. am 15. März in Berlin seinen zweiten Weltmeistertitel im Supermittelgewicht. Nach einem Punktsieg über den Weltmeister der WBA (World Boxing Association), BYRON MITCHELL (USA), trägt er die Gürtel der Verbände IBF (International Boxing Federation) und WBA, die er im Laufe des Jahres noch dreimal verteidigte: durch Punktsiege über den Briten DAVID STARIE am 14. Juni in Magdeburg, den Dänen MADS LARSEN am 6. Sept. in Erfurt und den Briten ROBIN REID am 13. Dez. in Nürnberg.

■ Sven Ottke (rechts) besiegt am 15. März Byron Mitchell in Berlin

Zw. 1985 und 1996 wurde O. als Amateur elf Mal dt. Meister, erkämpfte sich zwei Europameistertitel (1991 und 1996) und zweimal Bronze bei Weltmeisterschaften (1989 und 1991). 1997 bestritt der gelernte Stuckateur und Industriekaufmann seinen ersten Profikampf. Im Okt. 1998 konnte er in Düsseldorf mit einem Punktsieg über CHARLES BREWER (USA) den Weltmeistertitel nach Version der IBF erobern.

Ouyahia, Ahmed, alger. Politiker (Rassemblement National Démocratique, RND), *Bouadnane 2. 7. 1952. – Präs. ABD AL-ASIS BOUTEFLIKA ernannte am 5. Mai O. zum Nachfolger des entlassenen MinPräs. ALI BENFLIS.

O. studierte Wirtschaftswiss. in Paris und Politikwiss. in Algier. 1979 trat er in den diplomat. Dienst ein und vertrat sein Land in afrikan. Staaten, 1984–89 war er Botschafter bei der UNO. 1995 als Vertrauter des damaligen Präs. LIAMINE ZEROUAL zum jüngsten Regierungschef in der Geschichte A.s ernannt, gelang es ihm nicht, unter den Auflagen von IWF und Weltbank die sozialen Konflikte zu dämpfen und gegen den Widerstand des Militärs den Bürgerkrieg mit den Islamisten zu beenden. Nach seinem Rücktritt 1998 übernahm O. den Vorsitz des RND. Ab Aug. 2000 war er Justizmin. im Kabinett BENFLIS.

P

Pakistan

Hauptstadt: Islamabad
Einwohner: 144,9 Mio.
Einwohner/km²: 183
Staatsoberhaupt: P. Musharraf
Regierungschef: Z. K. Jamali
BIP/Einwohner: 446 US-$

Der Irakkonflikt erhöhte den innenpolit. Druck auf das Militärregime von Präs. PARVAIZ MUSHARRAF weiter. Aufgerufen von der islam. Opposition, demonstrierten im Jan. Hunderttausende gegen den geplanten Militärschlag der USA, den Kriegsbeginn im März markierte ein Generalstreik. Die Staatsführung sprach sich offiziell gegen die Intervention im Irak aus und verweigerte den USA militär. Unterstützung. Ihren Verpflichtungen im Kampf gegen den Terrorismus, v.a. gegen die afghan. Taleban, die aus P. weiterhin unterstützt werden, und das Terrornetzwerk al-Qaida, kam sie dagegen weitgehend nach.
USA und internat. Organisationen honorierten diese Haltung mit einer Ausweitung ihrer Militär- und Wirtschaftshilfe. Im Jan. wurden alle amerikan., seit dem Militärputsch MUSHARRAFS 1999 geltenden Sanktionen aufgehoben – eine wesentl. Voraussetzung für die Bewilligung von Finanzhilfen. Zugleich zahlte der IWF eine weitere Rate seines Kredits in Höhe von 1,3 Mrd. US-$ aus. Im Juni sicherte US-Präs. GEORGE W. BUSH P. 3 Mrd. US-$ innerhalb von fünf Jahren zu. Auch stellte die Weltbank im Okt. eine Aufstockung der jährl. Kredite auf 1 Mrd. US-$ in Aussicht.

Teilerfolge im Kampf gegen den Terror

Mit der Verhaftung von KHALID SCHEICH MOHAMMED gelang den Sicherheitskräften am 1. März ein spektakulärer Erfolg gegen al-Qaida. Razzien im Mai führten zu weiteren Festnahmen von Führungsmitgl., die Organisation blieb jedoch im Grenzgebiet zu Afghanistan weiter aktiv. Großoffensiven im Sept. und Okt. konnten den wachsenden Einfluss der Taleban in Afghanistan nicht mindern. Die USA beklagten die mangelnde Wirkung dieser Maßnahmen und unterstellten Teilen des pakistan. Militärs Komplizenschaft mit den Islamisten.

Innenpolitische Konflikte

Von Sept. bis Nov. ging die pakistan. Staatsführung mit Verhaftungen und Verboten gegen islam. Organisationen vor. Ein Anschlag radikaler Sunniten auf eine Moschee der schiit. Minderheit forderte am 4. Juli in Quetta 44 Todesopfer. Für die zwei Selbstmordanschläge auf MUSHARRAF am 11. und 25. Dez. in Rawalpindi, denen der Präs. nur knapp entging, sollen den Behörden zufolge Extremisten aus Kaschmir und Afghanistan verantwortlich sein. Im Sept. hatte AYMAN AL-ZAWAHIRI, der Stellv. von Al-Qaida-Führer USAMA BIN LADEN, in einer Videobotschaft zum Sturz MUSHARRAFS aufgerufen.
Nachdem der Präs. seinen Rücktritt vom Posten des Armeechefs für Dez. 2004 zugesichert hatte, bestätigte ihn das Parlament am 27. Dez. im Amt und verabschiedete eine entsprechende Verfassungsänderung – im Protest gegen die als Präsidialdekrete bereits geltenden Bestimmungen (Legal Framework Order), die dem Nat. Sicherheitsrat die Auflösung von Reg. und Parlament erlauben, hatte die Allianz zugelassener islam. Parteien (MMA) seit den Wahlen 2002 die parlamentar. Arbeit blockiert.

Rückkehr nach Afghanistan: Ein Konvoi mit Flüchtlingen überquert am 30. Juni den pakistanischen Grenzübergang Chaman

Entspannung im Kaschmirkonflikt

Gedrängt von den USA, begannen P. und Indien Anfang 2003 einen Prozess der Entspannung, der im Juli zur Wiederaufnahme der im Dez. 2001 abgebrochenen diplomat. Beziehungen führte. Auf einen Friedensplan Indiens für die zw. beiden Ländern geteilte Himalajaregion reagierte Präs. MUSHARRAF im Aug. mit dem Vorschlag eines Waffenstillstands. Nachdem Indien zugestimmt hatte, wurden am 25. Nov. erstmals seit 14 Jahren die Kampfhandlungen ausgesetzt. Im Dez. erklärte MUSHARRAF, sein Land werde nicht länger auf der Durchführung einer Volksabstimmung in Kaschmir gemäß der UNO-Resolutionen von 1948 bestehen. Gegen das Abrücken von dieser zentralen Forderung protestierten radikale pakistan. und kaschmir. Organisationen. ■

Paksas, Rolandas, litau. Politiker (Liberaldemokrat. Partei), * Telšiai 10. 6. 1956. – Bei den Präsidentschaftswahlen im Dez. 2002 und Jan. 2003 setzte sich überraschend der Vors. der Liberaldemokrat. Partei P. gegen den Amtsinhaber VALDAS ADAMKUS durch. Er trat am 26. Febr. das Amt des Staatsoberhaupts an. Am 18. Dez. leitete das Parlament ein Amtsenthebungsverfahren gegen ihn ein, nachdem ihm eine Untersuchungskommission Kontakte zur organisierten Kriminalität und Bestechlichkeit vorgeworfen hatte.
Von Beruf Flugzeugbauingenieur, Fluglehrer und Kunstflieger, war P. 1997–2000 Bürgermeister der Hauptstadt Vilnius. 1999 und 2000/01 stand er jeweils für wenige Monate als Regierungschef Koalitionen vor, die bald über internen Konflikten auseinander brachen. Nach führenden Funktionen in der konservativen Vaterlandsunion (1996–99) und in der Liberalen Union (seit 2000) gründete er im März 2002 die Liberaldemokrat. Partei.

Palästinensische Autonomiegebiete: Die polit. Führung der P.A. geriet Anfang 2003 unter verstärkten polit. Druck, da der vom sog. Nahostquartett vorgelegte Friedensplan (→ Roadmap) die Bildung eines Palästinenserstaats (bis 2005) erneut von demokrat. Reformen der Autonomiebehörde (PNA) abhängig macht. Der PNA-Vors. (Präs.) Jasir Arafat – von Israel zur ›unerwünschten Person‹ erklärt und am Verlassen seines Amtssitzes in Ramallah gehindert – stimmte im März einer Verfassungsänderung zu, mit der das Amt eines Min.-Präs. geschaffen wurde.

Permanente Staatskrise

Der neue MinPräs. Mahmud Abbas, ein Mitbegründer der Palästinens. Berfreiungsorganisation (PLO), stellte im April seine Reg. vor und leitete Verhandlungen über die Umsetzung des Friedensplans ein. Abbas' Aufgabe war kaum lösbar: Arafat versuchte, seine Kompetenzen zu beschneiden, vielen Palästinensern galt er als Marionette der USA. Dennoch gelang es ihm am 30. Juni, die radikalen Organisationen Hamas, Islam. Djihad und Al-Aksa-Brigaden zu einem dreimonatigen Waffenstillstand mit Israel zu bewegen. Bei der Friedenskonferenz mit dem israel. MinPräs. Ariel Scharon und US-Präs. George W. Bush am 4. Juni in Aqaba hatte Abbas ein Ende des palästinens. Aufstands (Intifada) versprochen, doch den militanten Gruppen erschienen Israels Gegenleistungen nicht ausreichend. V. a. die Fortführung der Kommandoaktionen in den besetzten Gebieten und die gezielte Tötung von Hamas-Führern beendete die Entspannungsphase: Nach einem palästinens. Selbstmordanschlag am 19. Aug. in Jerusalem verstärkte Israel wieder seine Angriffe; Waffenstillstand und Verhandlungen waren gescheitert. Abbas erklärte am 7. Sept. seinen Rücktritt, am selben Tag entging der geistl. Führer der Hamas, Ahmed Scheich Jassin, nur knapp einem israel. Attentat.

Palästinensische Frauen passieren am 20. November eine Baustelle für die israelische Grenzbefestigung in Jerusalem

Arafats Position gestärkt

Arafat rief daraufhin den Ausnahmezustand aus und ernannte Parlamentspräs. Ahmed Kurei, ein langjähriges Mitgl. der PLO-Exilführung, zum MinPräs. einer Notstandsregierung. Zugleich wurde ein nat. Sicherheitsrat unter Arafats Vorsitz geschaffen. In den nachfolgenden Kontroversen um die Besetzung der Kabinettsposten behielt Arafat die Oberhand, u. a. setzte er seinen Vertrauten Hakam Bilawi als Innenmin. durch. Am 12. Nov. sprach das Parlament der neuen Reg. das Vertrauen aus. Kureis Versuche, an die Politik seines Vorgängers anzuknüpfen, standen unter ungünstigen Vorzeichen. Anfang Dez. scheiterten Gespräche in Kairo mit den radikalen palästinens. Organisationen über einen neuen Waffenstillstand. Außerdem wurden die Parlamentswahlen erneut verschoben.

Präs. Arafat hatte die Krise genutzt, um sich innenpolitisch durchzusetzen – nicht zuletzt, um die israel. Pläne zu seiner Entmachtung bzw. Ausweisung zu durchkreuzen.

Wenig Aussicht auf Frieden

Der israel.-palästinens. Konflikt verschärfte sich noch durch den von Israel forcierten Ausbau einer Grenzanlage. Sie verläuft stellenweise innerhalb der 1967 von Israel besetzten Gebiete und wurde im Dez. von MinPräs. Scharon als mögl. einseitige Grenzziehung zw. Israel und einem künftigen Palästinenserstaat erklärt.

Palau

Hauptstadt: Koror
Einwohner: 20 000
Einwohner/ km²: 42
Staatsoberhaupt und Regierungschef: T. Remengesau
BIP/Einwohner: 6 050 US-$

Im Febr. trat P. als 149. Staat der Chemiewaffen-Konvention der UNO bei, welche Entwicklung, Herstellung, Besitz, Weitergabe und Einsatz chem. Waffen verbietet. Im Juni ratifizierte P. als 50. Staat das UNO-Abkommen über Biosicherheit, das damit am 11. Sept. in Kraft treten konnte. Das Abkommen gestattet Importverbote, wenn eine wiss. Gewissheit über die Sicherheit eines Produkts nicht möglich erscheint und es über mögl. schädl. Auswirkungen nicht genug Informationen gibt. ■

Panama

Hauptstadt: Panama
Einwohner: 2,9 Mio.
Einwohner/ km²: 39
Staatsoberhaupt und Regierungschef: M. E. Moscoso Rodríguez
BIP/Einwohner: 3 810 US-$

Vier Jahre nach Erlangung der uneingeschränkten Souveränität setzte sich die wirtschaftl. Stagnation fort, und die öffentl. Verschuldung stieg trotz der Verabschiedung eines Stabilitätsgesetzes, das sie auf 50% des BIP begrenzen sollte, auf über 70% des BIP. Die Sozialversicherung war defizitär, und die Privatisierung staatl. Betriebe sowie die überfälligen Strukturreformen des Steuer- und Sozialsystems blieben aus. Zwar verringerte sich das Leistungsbilanzdefizit weiterhin, doch litt P., dessen Wirtschaft zu 80% vom Dienstleistungssektor geprägt wird, unter dem geschwächten Welthandel und den polit. Konflikten in seinen Nachbarländern.
Die Innenpolitik stand schon im Zeichen der für Mai 2004 geplanten Präsidentschafts- und Parlamentswahlen. Umfragen rechnen mit einem Sieg des Partido Revolucionario Democrático (PRD) unter MARTÍN TORRIJOS, dem Sohn des Revolutionsführers OMAR TORRIJOS, der 1968 ARNULFO ARIAS, den Ehemann der heutigen Präs., gestürzt hatte. ■

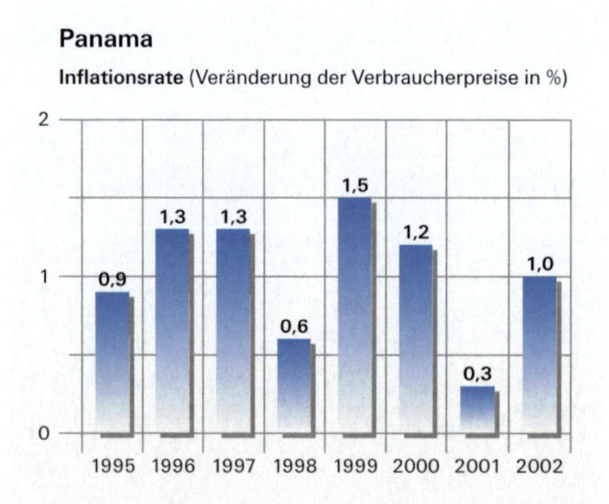

Panislamismus, im 19.Jh. entstandene geistig-ideolog. Strömung: Der P. stellt dem Konzept des europ. Nationalstaats, aber auch dem des arab. Nationalismus, einen die Gemeinschaft aller Muslime umfassenden, erneuerten Islam als kulturelles, soziales und polit. Wertsystem gegenüber. Auf panislamist. Gedanken berufen sich militant-fundamentalist. Gruppen, die ihren Feind im ›gottlosen Westen‹ sehen und diesen auch mit terrorist. Gewalt bekämpfen.

Papadopoulos, Tassos, griech.-zypr. Politiker (Demokrat. Partei, DIKO), *Nikosia 7.1. 1934. – Bei den Präsidentschaftswahlen der Rep. Zypern am 16.Febr. siegte der seit über 45 Jahren aktive Politiker P. überraschend über den amtierenden Präs. GLAFKOS KLERIDES. P. trat am 1.März das Amt des Staats- und Regierungschefs an.
P. studierte in London Rechtswiss. und beteiligte sich auf Zypern am Untergrundkampf gegen die brit. Kolonialmacht, bevor er 1959 als 25-Jähriger von Erzbischof MAKARIOS in das erste Kabinett nach der Unabhängigkeit berufen wurde. Seitdem durchlief er eine wechselvolle polit. Karriere, während der er versch. Ministerämter innehatte (bis 1970). Ende der 1970er-Jahre war er maßgeblich an internat. Verhandlungen über die Lösung der Zypernfrage beteiligt, in der er eine harte Haltung einnahm. 1970 gründete er die rechtskonservative Zentrumsunion und übernahm 2000 den Vorsitz der DIKO.

Papua-Neuguinea

Hauptstadt: Port Moresby
Einwohner: 5,4 Mio.
Einwohner/km²: 12
Staatsoberhaupt: Elisabeth II.
Regierungschef: M. Somare
BIP/Einwohner: 559 US-$

Unruhen unter den Volksgruppen und das Wirken krimineller Banden prägten die innenpolit. Lage des Landes. Im März beschuldigte außerdem die Reg. einzelne Polizeieinheiten, brutale Willkürakte und Erschießungen durchgeführt zu haben. Auf der Insel Bougainville, wo zwölf Jahre lang Bürgerkrieg geherrscht hatte, gelang es nach UNO-Angaben nicht, alle Waffen der früheren Kämpfer einzusammeln, wie es in den Vereinbarungen zum Friedensprozess bis Ende Juni vorgesehen war.
Das austral. Zentrum für unabhängige Studien befürchtete, dass P.-N. ein ähnl. wirtschaftl. und polit. Chaos drohe wie den benachbarten Salomoninseln. Im Sept. gab die Reg. dem Druck Australiens nach und stimmte der Entsendung von mind. 200 austral. Polizisten ab 2004 zu. Außerdem sollen austral. Beamte in den Behörden die Verwendung von Hilfsgeldern kontrollieren, die häufig verschwinden oder zweckentfremdet werden. ■

Paraguay

Hauptstadt: Asunción
Einwohner: 5,5 Mio.
Einwohner/km²: 14
Staatsoberhaupt und Regierungschef: Ó. N. Duarte Frutos (seit 15.8.2003)
BIP/Einwohner: 1235 US-$

Die Präsidentschaftswahlen am 27.April gewann mit 37,6% der Stimmen ÓSCAR NICANOR DUARTE FRUTOS von der Colorado-Partei. Der durch Korruptionsaffären geschwächte, seit 1999 amtierende Präs. LUIS GONZÁLEZ MACCHI war nicht mehr angetreten. Im Wahlkampf hatte sich DUARTE als Reformer präsentiert und eine harte Anti-Korruptionskampagne angekündigt. (Forts. S. 261)

Muslime im Kampf gegen die Dominanz des Westens

Der Autor:
Udo Steinbach
geboren 1943.
Studierte Islamwissenschaft und klassische Philologie; 1971–75 wissenschaftlicher Mitarbeiter bei der Stiftung Wissenschaft und Politik in Ebenhausen; seit 1976 Direktor des Deutschen Orient-Instituts in Hamburg

Die Terrorakte von Istanbul im November 2003, bislang die letzten Gewalttaten einer langen blutigen Serie im Raum zwischen Rabat und Jakarta, haben eine ideologisch-politische Strömung in der islamischen Welt wieder in das Rampenlicht treten lassen, die sich seit Jahrzehnten überlebt zu haben schien: den Panislamismus. In den die Gewalttaten rechtfertigenden Verlautbarungen wird auf den Islam Bezug genommen. Wenn auch die Objekte der Terrorakte unterschiedlicher Natur waren, so hinterließen die Täter doch in den meisten Fällen die Botschaft, dass die Aktion Teil eines Kampfes gegen ›den Westen‹ sei. In nicht wenigen Fällen stellten sie eine Beziehung zum Terrornetzwerk al-Qaida her bzw. konnten islamistische Gruppen als Drahtzieher ermittelt werden, die bereits in der Vergangenheit mit islamisch motivierter Gewalt in Verbindung gebracht worden waren. Ende 2003 war unübersehbar, dass Gewalt und Gewaltbereitschaft im Namen des Islam ausgeprägter und bedrohlicher waren als vor dem 11. September 2001. Und war die Bedrohung durch islamisch motivierte Gewalt vor diesem Datum ziemlich genau zu lokalisieren (vornehmlich Palästina und Afghanistan), so ist sie heute nach Ort der Exekution, Täterschaft und Zielen kaum noch berechenbar.

Selbstbehauptung gegen Europa

Tatsächlich ist es nicht unzutreffend, den Bezug zum djihad, d.h. den islamisch-religiös motivierten Kampf, als Antwort auf den ›Kampf gegen den Terrorismus‹ in der Dimension des Panislamismus zu sehen. Dieser war in seinen Ursprüngen eine Antwort auf den anhaltenden Niedergang des Osmanischen Reiches in der zweiten Hälfte des 19. Jahrhunderts. Der Appell an die Religion der muslimischen Untertanen des Sultans und Kalifen in Istanbul sollte das Reich festigen; er war zugleich eine Gegenstrategie gegen den aufkommenden – insbesondere arabischen – Nationalismus, der in seinen Anfängen vor allem von arabischen Christen propagiert wurde. Die Panislamisten sahen die islamische Welt – auch jenseits des Osmanischen Reichs (so etwa in Indien und in Südostasien) – vom Vordringen westlicher Mächte bedroht und appellierten an die Muslime in aller Welt, unter der Führung des osmanischen Sultans und Kalifen Widerstand zu leisten.

Die politische und militärische Überlegenheit westlicher Mächte verband sich mit dem Vordringen geistig-kultureller Konzepte, die auch den Islam als Religion und Wertesystem zu unterminieren drohten. So riefen die Panislamisten zugleich zur Rückkehr zum unverfälschten Islam der Altvorderen auf – der Widerstand gegen den Westen als politische Macht verband sich mit der Ausbildung eines deutlich traditionalistischen Islamverständnisses. Die bekannteste Persönlichkeit dieser in sich freilich ideologisch nicht einheitlichen Bewegung war

Am 15. November wird ein Anschlag auf die Synagoge Neve Schalom in Istanbul verübt; fast zeitgleich explodiert eine Autobombe vor einer weiteren Istanbuler Synagoge. Zu den Anschlägen bekennt sich eine zum Terrornetzwerk al-Qaida gehörende Gruppe

die auch politisch schillernde Figur des Persers DJAMAL AD-DIN AL-AFGHANI (* 1838/39, † 1897). Der Panislamismus hat weder den Untergang des Osmanischen Reiches noch die Unterwerfung der gesamten islamischen Welt unter westliche Mächte verhindern können. Am Ende blieb der aus Europa vordringende Nationalismus unter der großen Mehrheit der Muslime zwischen Nordafrika und Indonesien die dominante Ideologie, unter deren Vorzeichen sie die Befreiung, d.h. die politische und geistige Selbstständigkeit suchten. Der markanteste Sieg des Nationalismus über den Panislamismus war 1916 die Hinwendung der Araber unter der Führung des Scherifen HUSAIN von Mekka zu den Briten, die ihnen nicht nur die Befreiung von osmanischer Herrschaft, sondern auch die Errichtung eines arabischen Nationalstaates versprachen. Mit der Abschaffung der panislamischen Einrichtung des Kalifats durch den türkischen Nationalisten MUSTAFA KEMAL (ATATÜRK) im März 1924 war der Vision von der Zusammengehörigkeit aller Muslime auch ihr Symbol genommen.

Bemühungen, den panislamischen Gedanken unter den Bedingungen des triumphierenden Nationalstaates weiterleben zu lassen, war keine nachhaltige Wirkung beschieden: weder den panislamischen Konferenzen der 1920er- und 1930er-Jahre und den Diskussionen um die Wiederbelebung des Kalifats noch den Bemühungen um eine lockere institutionelle Vereinigung wie dem 1949 in Karatschi gegründeten Islamischen Weltkongress.

Der türkische Präsident Mustafa Kemal Pascha (Atatürk) – der Gründer der modernen türkischen Republik – 1925 im Sozius eine Motorrades

Islamische Brüderlichkeit

Die Tatsache, dass der Gründer und Führer von al-Qaida, USAMA BIN LADEN, und 15 der 19 Attentäter vom 11. September 2001 Saudis waren, kann kaum Zufall gewesen sein. Al-Qaida bedeutet ›Basis‹ – die Basis für alle Organisationen in der islamischen Welt, die das Anliegen der Al-Qaida-Führung teilen: die USA und ihre Verbündeten (zuvorderst Israel) aus der islamischen Welt zu vertreiben und durch die Rückkehr zu einem ›reinen‹ Islam die Voraussetzung dafür zu schaffen, dass die islamische Welt wieder zum ruhmvollen Zustand der Altvorderen zurückkehrt. Mit der Schwächung der Ausstrahlung des arabischen Nationalismus, insbesondere seines prominentesten Vorkämpfers GAMAL ABD EL-NASSER in den 1960er-Jahren, hat Saudi-Arabien seine Bemühungen verstärkt, panislamischem Gedankengut wieder eine begrenzte und den internationalen Rahmenbedingungen entsprechende kulturelle und politische Geltung zu verschaffen. 1962 wurde die Islamische Weltliga geschaffen, deren Ziel laut Satzung ist, »[...] die Botschaft des Islams zu verbreiten [...] und die gefährliche Verschwörung, durch die die Feinde des Islams die Muslime von ihrer Religion fortlocken und ihre Einheit und brüderliche Verbundenheit zerstören wollen, zu bekämpfen [...]«.

Die Weltliga hat mit enormen (Öl-)Mitteln über Jahrzehnte eine kaum mehr überschaubare Propagandawirkung entfaltet, aber auch konkrete politische Unterstützung geleistet. Die Gründung der Islamischen Konferenzorganisation (Organization of Islamic Conference, OIC) 1969 etwa geht auf eine Initiative des saudischen Königs FEISAL zurück. Ihr Ziel ist es, die islamische Welt politisch zu einen; sie versucht, die Vision von der Einheit aller Muslime und die Realität des Nationalstaats, zu der es auch im islamischen Raum keine Alternative gibt, zu einer Synthese zu bringen. Unter ihren heute 57 Mitgliedern befinden sich strikt säkulare Systeme ebenso wie auf dem Islam beruhende. Nach dem Ende der UdSSR sind auch die ehemaligen zentralasiatischen Sowjetrepubliken der Weltliga beigetreten.

Die saudische Spielart eines Panislamismus von oben hat unerwartete Nebenwirkungen gezeitigt: den Panislamismus von unten. Mit der Rückführung des Islams in den politischen und gesellschaftlichen Raum war ein Konzept wieder wirksam geworden, das die ›Nation‹ als politischen Gestaltungsrahmen zu überwinden suchte. Die nationale Zerrissenheit der islamischen Welt, von europäischen Mächten und den europäisierten Eliten nach dem Ende des Osmanischen Reiches durchgesetzt, wurde nunmehr für die anhaltende Stagnation und Misere des islamisch geprägten Raumes verantwortlich gemacht, der Nationalstaat ebenso delegitimiert wie die Eliten an seiner Spitze. Die militärische Niederlage gegen Israel im Juni 1967 setzte einen Umdenkungsprozess in Gang, der auf Überwindung des westlichen Prinzips des Nationalstaats sowie der Geltung westlicher Entwicklungsvorstellungen insgesamt gerichtet war.

Revolution der ›Unterdrückten‹

Die islamistische Mobilisierung hatte an einem Punkt nachhaltigen Erfolg, wo es Mitte der 1970er-Jahre die wenigstens erwartet hätten – in Iran. Das

Schah-Regime schien fest im Sattel zu sitzen, unterstützt durch die USA und weithin respektiert im Westen. Auch wurde das Land als in einem dynamischen Entwicklungszustand befindlich wahrgenommen. Nur wenige Außenstehende machten ei-

Jordanische und ägyptische Kriegsgefangene während des Sechstagekriegs im Juni 1967 in einem israelischen Gefangenenlager

ne tiefe innere Krise aus, die zum Ausgangspunkt der Revolution von 1978/79 werden sollte. Die Geistlichkeit, die in Iran seit jeher im Zentrum des politischen und gesellschaftlichen Kräftefeldes steht, vermochte die breite Öffentlichkeit gegen ein Regime zu mobilisieren, das in ihren Augen iranische Interessen an den Westen verkauft und die iranisch-islamische Identität einer weitgehenden Verwestlichung geopfert hatte.

Als erfolgreiche Protestbewegung der Massen bedeutet die iranische Revolution im Kontext der politischen Entwicklungsprozesse in der islamischen Welt im letzten Drittel des 20. Jahrhunderts einen dramatischen Paradigmenwechsel. Nicht mehr die politischen Führungseliten sind die entscheidenden Gestaltungskräfte. Die Umgestaltung geht vielmehr von unten aus, die ›Massen‹ werden zum Akteur. Dem nachhaltigen Verlust an Legitimität der Herrschenden, die sich unfähig gezeigt haben, die Anliegen der Bürger wirksam zu vertreten, tritt die ›Gesellschaft‹ (umma) gegenüber. Sie wird zum legitimen Akteur für die islamische ›Nation‹. Die Revolution ist von den ›Unterdrückten‹ (mustaz'afan) für die Unterdrückten gemacht. Ein solcher Paradigmenwechsel bedeutet zugleich eine radikale Wendung gegen den Westen. Der Panislamismus ist bei den Massen angekommen.

Legitimer Kampf gegen die Gottlosigkeit

Diese an sich schon spannungsvolle Ausgangslage verschärfte sich vor dem Hintergrund der Beziehungen zwischen den westlichen Mächten und der islamischen Welt in den letzten Jahrhunderten und erhielt eine vornehmlich gewalthafte Qualität. Der Bogen der Wahrnehmung spannt sich zwischen der Expedition NAPOLEONS 1798 als dem Beginn der imperialistischen Einordnung weiter Teile der islamischen Welt in den politischen Orbit europäischer Mächte bis zu den Entwicklungen in Palästina in den 1990er-Jahren. In den Augen kritischer Muslime tritt das Bild eines gewalttätigen Westens bzw. eines Westens hervor, der unter Anwendung doppelter Standards Gewalttätigkeit toleriert. Der amerikanisch-britische Aufmarsch am Persischen Golf und der Irakkrieg haben im arabischen Raum und darüber hinaus in weiten Teilen der islamischen Welt Irritation und Zorn hervorgerufen. Die Wahrnehmung hat sich weithin verdichtet, dass es sich beim ›Kampf gegen den Terrorismus‹ eigentlich um einen ›Kampf gegen den Islam‹ handelt. In der Lesart extremistischer Muslime wird aus dieser Wahrnehmung die Rechtmäßigkeit von Gegengewalt abgeleitet und der djihad als Mittel eines legitimen Abwehrkampfes der umma beschworen.

Es war der iranische Revolutionsführer Ajatollah KHOMEINI, der diese auf die ganze islamische Welt gerichtete Dimension des Befreiungskampfes zum politischen und militärischen Programm machte. Der Krieg gegen SADDAM HUSAIN (1980–88) wurde in der iranischen Propaganda mit dem Ziel der Befreiung nicht nur der Muslime im Irak von seinem ›gottlosen‹ Diktator geführt; vielmehr ging es am Ende um die Befreiung aller Muslime von den ›Lakaien des Westens‹. Die von ihren inneren Feinden befreite islamische Welt würde sich dann gegen die

Der nach dem Sturz des Schahs am 1. Februar 1979 in den Iran zurückgekehrte Schiitenführer Ruhollah Khomeini wird von seinen Anhängern begeistert empfangen. Am 2. April 1979 ruft Khomeini die ›Islamische Republik Iran‹ aus

äußeren Feinde wenden. In der Rückgewinnung Jerusalems von den ›Zionisten‹ würde das Wiedererstarken der islamischen Welt seine symbolische Erfüllung finden.
Diesem Ziel sollte auch ein weiterer Schritt dienen: Während die Islamische Republik als staatlicher Akteur gegen den Irak einen Krieg führte, baute das Regime in Teheran mit der Hizbullah im Libanon seit 1982 einen nichtstaatlichen Akteur auf, der als politischer und militärischer Ableger des Iran an einer zweiten Front kämpfen sollte. Die Hizbullah führte einen bewaffneten Kampf, der erklärtermaßen auch terroristische Gewalt als legitimes Mittel einbezog. Spektakuläre Terrorakte u.a. gegen amerikanische und französische Einrichtungen im Libanon kosteten Hunderten von Menschen das Leben. Unter enormem militärischem Druck räumte die israelische Armee 1985 den Großteil des besetzten libanesischen Territoriums.

Weltweite Mobilisierung

War Khomeini noch Staatsmann, so war es das Konzept Usama bin Ladens, den Kampf über ein die umma in aller Welt durchziehendes Netzwerk von Tätern zu führen. Der sorgfältig vorbereitete Terrorakt vom 11. September 2001 war wesentlich auf eine solche Mobilisierung gerichtet. Wie in der Besetzung der amerikanischen Botschaft in Teheran im November 1979, wurde nunmehr ›unter Beweis gestellt‹, dass die Geschicke der islamischen Welt und ihr Verhältnis zum dominanten Westen reversibel sind. Die Terroranschläge sollte das Fanal einer umfassenden Aufstandsbewegung sein, in der sich die umma erheben würde.
Die Qualität des Terrors, für den al-Qaida steht, unterscheidet sich dabei deutlich von den Operationen der Hizbullah, die ein konkretes Ziel, den Staat Israel, und ein klar umrissenes Gebiet, den Libanon, hatten. Al-Qaida dagegen greift vor allem ›den Westen‹ an, und das überall auf der Welt. In diesem Kontext müssen die zahllosen Gewalttaten eingeordnet werden, die dem Irakkrieg vorausgegangen waren und gefolgt sind. Der Widerstand kam und kommt aus der umma heraus. Er bedarf keiner zentralen Organisation mehr. Wenn al-Qaida auch physisch-organisatorisch zerschlagen oder entscheidend geschwächt wurde, so existiert das Netzwerk gleichsam symbolisch oder emotional weiter; seinem Ziel einer umfassenden Neuordnung innerhalb der islamischen Welt und der Beziehungen zum Westen – mutatis mutandis ein Ziel der panislamischen Bewegung seit ihrer Gründung – fühlt man sich verbunden.

Islamische Rhetorik, militanter Widerstand

Der Krieg gegen des Regime von Saddam Husain, der mit massiven Luftschlägen begann und seine ›Randschäden‹ hinterließ, war der Höhepunkt der Gewalteskalation im Gefolge des Antiterrorkampfes, der nach dem Zusammenbruch der Taleban-Herrschaft in Afghanistan geführt wurde. Frieden gab es auch nach dem offiziellen Ende der Kriegshandlungen (1. Mai) nicht. Ein Ende der Gewalt ist umso weniger in Sicht, als der Westen nicht mehr das Monopol der Bilder und Informationen hat, über die die Wahrnehmung der Menschen in der islamischen Welt, insbesondere im Nahen Osten, beeinflusst wird, und die Interpretation des Geschehens gesteuert werden kann. Die Mitte der 1990er-Jahre entstandenen arabischen Medien, für die der von Katar

■ Ein muslimischer Student betrachtet im pakistanischen Queta ein Propaganda-Poster mit einem Bild Usama bin Ladens

ausstrahlende Sender al-Djasira steht, haben während des Irakkriegs jene Qualität von Bildern verbreitet (und tun es weiterhin), die ihr arabisches Publikum stark berühren. Sie speisen sich aus der Erfahrung des Déjà-vu: Danach ist der Irakkrieg samt seiner propagandistischen Begleitmusik eine Wiederholung jener Form von Gewalt, die – in der Wahrnehmung der Menschen – den Umgang des Westens mit der islamischen Welt seit mindestens zwei Jahrhunderten kennzeichnet.
Die Islamisten werden diejenigen sein, die das geistige und politische Vakuum mit ihrer (pan)islamisch-religiösen Rhetorik, der zu widersprechen einem Muslim unter den gegebenen Bedingungen schwerfällt, und ihren Aktionen – Gewalt eingeschlossen – zu füllen bemüht sind. Wiederum bilden also nicht Staaten und deren Regierungen den Widerpart zur Politik des Westens, namentlich der USA. Der Widerpart als militanter Widerstand wird vielmehr im Bezugssystem der umma angesiedelt. Die beinahe zeitgleichen Selbstmordattentate im Mai in Riad und Rabat, im August in Djakarta sowie im November in Istanbul sind Indizien dafür.

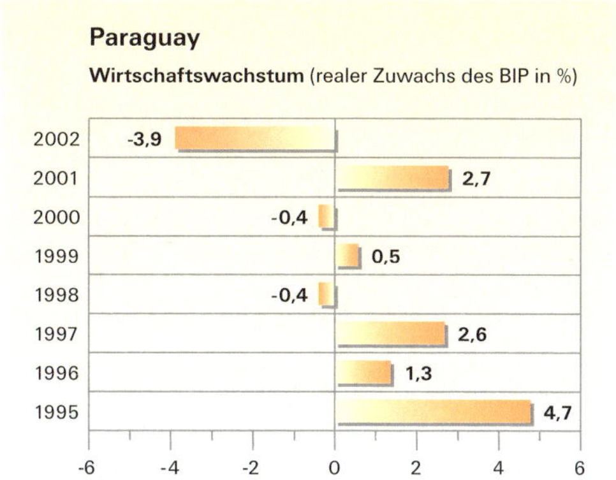

Die wirtschaftl. Lage blieb auch nach dem Amtsantritt des neuen Präs. schwierig; dennoch war eine leichte Erholung dank guter Ernteerträge zu verzeichnen. Polit. Turbulenzen, hohe Inflation und Staatsverschuldung erschwerten die dringend benötigten ausländ. Investitionen. Trotzdem stellte der IWF P. im Aug. einen Kredit von 200 Mio. US-$ in Aussicht, der jedoch an die Verpflichtung zu einem umfassenden Sparprogramm gekoppelt ist. Entgegen seiner Wahlkampfversprechen kündigte der neue Präs. daraufhin ein Bündel von Sparmaßnahmen an. ■

Parei, Inka, Schriftstellerin, * Frankfurt am Main 5. 2. 1967. – P. wurde am 29. Juni im Rahmen der ›Tage der deutschsprachigen Lit.‹ in Klagenfurt mit dem Ingeborg-Bachmann-Preis ausgezeichnet. Sie überzeugte mit einem Auszug aus ihrem neuen, noch titellosen Roman, in dem sich ein alter Mann auf das Sterben vorbereitet. Zusätzlich erhielt sie den KELAG-Publikumspreis, der per Internetabstimmung ermittelt wurde. Das Buch soll im Herbst 2004 erscheinen.

P. studierte Germanistik, Soziologie, Politikwiss. und Sinologie in Berlin, wo sie heute lebt. 1999 debütierte sie mit dem viel beachteten Roman ›Die Schattenboxerin‹, für den sie u. a. mit dem Hans-Erich-Nossack-Preis ausgezeichnet wurde.

Parmalat: Am 27. Dez. wurde in Mailand der Firmengründer und zwölf Tage zuvor zurückgetretene Präs. des viertgrößten europ. Nahrungsmittelkonzerns P., Calisto Tanzi, festgenommen. Die Staatsanwaltschaft wirft dem 65-jährigen ›Milchzaren‹ aus Parma u. a. betrüger. Bankrott, Bilanzfälschung und Manipulation des Aktienkurses vor. Zuvor hatte ein Gericht in der norditalien. Stadt Parma das Unternehmen für insolvent erklärt; P. hat eine Finanzlücke von mind. 7 Mrd. €.

Ermittelt wird auch gegen acht ehem. P.-Manager und eine Wirtschaftsprüfungsgesellschaft. Tanzi gestand kurz nach seiner Festnahme, über einen Zeitraum von acht Jahren rd. 500 Mio. € veruntreut zu haben; das Geld soll der Tourismus-Tochter Parmatour und dem Fußball-Erstligisten AC Parma, der seit 1990 in Tanzis Besitz ist, zugeflossen sein. Der Konzern hat 140 Tochterunternehmen und beschäftigt weltweit rd. 36 000 Mitarbeiter, davon rd. 4 000 in Italien.

Parts, Juhan, estn. Politiker (Res Publica, RESP), * Tallinn 27. 8. 1966. – Als Führer der zweitstärksten Partei bei den Parlamentswahlen im März bildete P. eine Drei-Parteien-Koalition und wurde am 10. April als neuer MinPräs. vereidigt.

P. stammt aus einer bäuerl. Familie und studierte Jura an der Univ. Tartu. Seine Beamtenlaufbahn begann er im Justizministerium, in dem er als stellv. GenSekr. (1992 – 98) für die Erneuerung des bis dahin geltenden sowjet. Rechts und den Aufbau eines neuen Justizwesens mitverantwortlich war. Als einer der engsten Vertrauten des ehem. Präs. Lennart Meri wurde er 1998 zum Leiter des Rechnungshofes ernannt. Popularität erwarb sich P. mit Forderungen zur Bekämpfung der blühenden Korruption und Kriminalität. Ende 2001 gründete er die liberalkonservative Partei Res Publica als Kampfansage gegen das polit. Establishment Estlands und machte sie innerhalb weniger Monate zu einer ernst zu nehmenden polit. Kraft.

Pascal: Der Fall des fünfjährigen Jungen, der in Saarbrücken seit dem 30. 9. 2001 vermisst wird und als Opfer eines Kinderschänderrings vermutlich ermordet worden ist, rief nach seinem Bekanntwerden im März bundesweit Entsetzen hervor. Zwölf Tatverdächtige, darunter vier Frauen, wurden in Untersuchungshaft genommen; sie waren z. T. geständig. In einem ersten Prozess am 17. Okt. wurde ein 49-jähriger Hilfsarbeiter wegen sexuellen Missbrauchs zu sieben Jahren Gefängnis verurteilt.

Die Gruppe hatte im Hinterzimmer einer Saarbrücker Kneipe jahrelang Kinder missbraucht. Hauptbeschuldigte ist die Kneipenwirtin, die im Verdacht steht, die Kinder gewerbsmäßig vermittelt zu haben. Sie hatte 1997 – 2000 auf der Schöffenliste des Amtsgerichts Saarbrücken gestanden und war außerdem vom Jugendamt als Pflegemutter eines Jungen eingesetzt worden, der ebenfalls jahrelang sexuell missbraucht wurde. Dessen Aussagen im März brachten die Polizei auf die Spur der Mörder von Pascal. Die Leiche des Kindes wurde bisher nicht gefunden.

PDS, Abk. für **P**artei des **D**emokrat. **S**ozialismus: Nachdem die PDS bei der Bundestagswahl 2002 mit 4 % der Zweitstimmen an der Fünfprozenthürde gescheitert war, ist sie nur noch mit zwei in Berliner Wahlkreisen direkt gewählten Abgeordneten im Bundestag vertreten. Somit verlor die Partei ihre wichtigste bundespolit. Darstellungsbühne. Bei den Landtagswahlen in Hessen, Niedersachsen, Bremen und Bayern blieb sie jeweils deutlich unter einem Stimmenanteil von 1 %. Als Regional- und Milieupartei ist sie nur noch in den fünf ostdt. Landtagen und im Berliner Abgeordnetenhaus vertreten; in Berlin und Mecklenburg-Vorpommern ist sie als Koalitionspartner der SPD an der Reg. beteiligt. Die Partei leidet unter starkem Mitgliederschwund und hatte Ende 2001 nur noch ca. 78 000 Mitgl., deren Mehrzahl sich bereits im Rentenalter befindet.

Nach innerparteil. Auseinandersetzungen machte GABI ZIMMER den Weg für LOTHAR BISKY an die Spitze der Partei frei, die dieser schon 1993–2000 geführt hatte. Bei seiner Wahl auf dem Parteitag im Juni erhielt der Vertreter des pragmatisch orientierten Reformflügels 78,2 % der Stimmen.
Bei der Verabschiedung des neuen Grundsatzprogramms auf dem Parteitag in Chemnitz Ende Okt. erlitt die Parteilinke eine weitere Niederlage. Zwar hielt die Partei an ihrer sozialist. Orientierung fest, bekannte sich jedoch zugleich zur sozialen Marktwirtschaft und akzeptiert nun »unternehmer. Handeln und Gewinninteresse« als Triebfedern des Wirtschaftslebens. Deutlich distanzierte sie sich von der Diktatur der DDR.

Der PDS-Vorsitzende Lothar Bisky am 26. Oktober während einer Abstimmung auf dem Bundesparteitag in Chemnitz

Pentagonspeak: Für die → Kriegsberichterstattung zum Irakkrieg erließ das Verteidigungsministerium der USA Sprachregelungen, z. B.: ›blue force tracking‹ – neues elektron. System der Freund-Feind-Kennung; ›decapitation‹ – massive Angriffe gegen Kommandozentralen (Enthauptungsschlag); ›embedded journalists‹ – mit den Streitkräften vorrückende (eingebettete) Reporter; ›ground code‹ – einer Militärzensur unterliegen; ›shock and awe‹ – das strateg. Motto des Krieges, Furcht und Entsetzen zu verbreiten.

Pentaquark: Unabhängig voneinander machten zwei Physikerteams dieselbe Entdeckung: Im Forschungszentrum SPring-8 bei Osaka (Japan) und im Thomas Jefferson National Lab in Virginia (USA) gelang es erstmals, ein Elementarteilchen zu erzeugen, das aus fünf Quarks besteht. Quarks sind die Grundbausteine der Materie. Bislang waren nur Elementarteilchen bekannt, die aus zwei oder drei Quarks bestehen. Seit Jahren versuchte man vergeblich, solche Teilchen zu einem P. zu verbinden. Die Teams aus Japan und den USA hatten in einem Teilchenbeschleuniger Neutronen mit Gammastrahlen kollidieren lassen. Im Juli gaben beide Teams bekannt, dass dabei mit großer Wahrscheinlichkeit für kurze Zeit das P. entstanden sei.

Perlas, Nicanor, philippin. Agrarwissenschaftler, * 1950 . – Für seinen Beitrag zur Aufklärung der Zivilgesellschaft über die Auswirkungen der Globalisierung und zur Entwicklung von Alternativen erhielt P. zus. mit dem philippin. Sozialwiss. WALDEN BELLO den → Alternativen Nobelpreis.
Der Umweltaktivist und Anthroposoph floh 1978 vor der Verfolgung durch das Marcos-Regime (1965–86) in die USA, kehrte nach dessen Sturz zurück und gründete in Manila das Zentrum für Alternative Entwicklungsinitiativen (Center for Alternative Development Initiatives, CADI), das er bis heute leitet. Dieses Inst. betreibt Forschungen, prakt. Sozialexperimente und Politikberatung, u. a. zu Fragen der Globalisierung und nachhaltigen Landwirtschaft. Durch seine zahlreichen theoret. und wiss. Werke übt P. großen Einfluss aus, v. a. auf die Arbeit von Nichtregierungsorganisationen.

Perricos, Demetrios, griech. Chemiker und Diplomat, * Piräus Dez. 1935. – Am 1. Juli löste P. HANS BLIX als Chef der UNO-Waffeninspekteure für den Irak (UNMOVIC) ab.
P. studierte Chemie in Athen (Promotion 1964) und war seit 1972 bei der Internat. Atomenergie-Agentur (IAEA) als Sicherheitsinspektor für Atomenergieanlagen in vielen Ländern tätig. 1991 wurde er Chefinspekteur der IAEA im Irak. Später überprüfte er u. a. die Schließung eines nordkorean. Atomreaktors und half bei der Zerstörung des vom Apartheidregime in Südafrika angelegten Atomwaffenbestands. In der UNMOVIC-Mission ab 2000 zunächst für die Operationsplanung zuständig, wurde P. im Jan. 2003 Stellv. von BLIX.

Peru

Hauptstadt: Lima
Einwohner: 26,7 Mio.
Einwohner/ km²: 21
Staatsoberhaupt: A. Toledo Manrique
Regierungschef: C. Ferrero Costa (seit 15. 12. 2003)
BIP/Einwohner: 1959 US-$

Popularitätsverlust des Präsidenten

Eine landesweite Streik- und Protestwelle im Mai, der Präs. ALEJANDRO TOLEDO MANRIQUE durch Verhängung des Ausnahmezustandes begegnete, war Ausdruck der allg. Enttäuschung weiter Teile der Bevölkerung. Die Ursachen für den Imageverlust

des Präs. sind u. a. dessen rhetor. Ungeschicklichkeit sowie die Tatsache, dass den Reformversprechungen keine Taten folgten.
Im Bemühen um polit. Wiedergutmachung ernannte TOLEDO im Juni BEATRIZ MERINO LUCERO zur neuen MinPräs.; diese kündigte sofort nach Amtsantritt u. a. die Umsetzung der zugesagten Lohnerhöhungen für die rd. 280 000 Lehrer an, die die Streikwelle im Mai angeführt hatten. Insgesamt zielten die Maßnahmen auf die vom IWF geforderte Verringerung der Staatsschulden. Ein Vorstoß des Wirtschaftsmin. im Juli, bestimmte Steuervergünstigungen aufzuheben, wurde nach heftigem Protest auch mit Unterstützung der neuen MinPräs. gekippt, die jedoch nach Korruptionsvorwürfen zurücktrat. Als Nachfolger ernannte TOLEDO am 15. Dez. den früheren Parlamentspräs. CARLOS FERRERO COSTA.
Anlass zur Sorge gaben Anzeichen für ein Wiedererstarken der linksextremist. Guerillaorganisation ›Leuchtender Pfad‹, die im Juni 71 Mitarbeiter einer Firma entführt hatte, die in Zentralperu mit dem Bau einer Gaspipeline beauftragt ist. Zwar kamen diese 48 Stunden später wieder frei, und die Polizei meldete mehrere Festnahmen aus dem Umfeld der Guerilla, dennoch wurde in der verunsicherten Öffentlichkeit wiederholt die Frage laut, inwieweit sich die Guerilla reorganisiert habe und ob dem Land eine neue Terrorwelle bevorstehe.

Aufwärtstrend in der Wirtschaft

Das allg. sinkende Vertrauen in Präs. TOLEDO stand im Gegensatz zur wirtschaftl. Entwicklung, die sich stabilisierte und ein Wachstum von rd. 4,0 % aufwies. Entscheidenden Anteil hatten daran die Ausfuhren. Die Inflationsrate blieb im Jahresmittel unter der Zweiprozentmarke. Nach langjährigen Verhandlungen unterzeichnete die Reg. Ende Aug. ein Abkommen mit der südamerikan. Freihandelszone → Mercosur, das P. – ähnlich wie Chile und Bolivien – den Status eines assoziierten Mitgl. gewährt. ■

Peschmerga, → Kurden.

Peters, Jürgen, Gewerkschaftsfunktionär (SPD), *Oppeln (heute Polen) 17. 3. 1944. – Obwohl P. die schwere Streikniederlage in Ostdeutschland im Juni mitzuverantworten hatte, setzte sich der stellv. Vors. der → IG Metall als Nachfolger des zurückgetretenen Ersten Vors. KLAUS ZWICKEL durch. Die Delegierten des Gewerkschaftstags in Frankfurt am Main wählten P. am 31. Aug. mit 66,1 % der Stimmen.
Der gebürtige Oberschlesier und gelernte Maschinenschlosser trat 1961 in die IG Metall ein. Nach vier Jahren Berufstätigkeit als Facharbeiter ging er als Lehrer an eine Bildungsstätte seiner Gewerkschaft. Ab 1976 leitete P. das Düsseldorfer Büro des Vorstands, 1988 wurde er Bezirksleiter in Niedersachsen, und 1998 rückte er – gegen den Willen ZWICKELS – im Hauptvorstand zum Zweiten Vors. auf. P. gilt in der Gewerkschaft als traditionalist. Linker, der der sozialen Sicherung der Beschäftigten

■ Jürgen Peters (links), neuer Vorsitzender der IG Metall, gratuliert Berthold Huber zu seiner Wahl zum Zweiten Vorsitzenden

Vorrang vor Modernisierungskonzepten gibt, auch innerhalb der eigenen Organisation.

Pferd: Italien. Wissenschaftlern des Istituto Sperimentale Italiano (Cremona) gelang es erstmals, ein P. zu klonen. Das Tier namens ›Prometea‹ kam am 28. Mai zur Welt und ist die ident. Kopie einer Haflingerstute. Über den Verlauf des Experiments berichteten die Forscher in der Augustausgabe des Fachmagazins ›Nature‹. Die Nachricht stieß v. a. in Sportkreisen auf großes Interesse, da mit derselben Technik auch teure Rennpferde geklont werden könnten. Bislang waren Klonversuche bei P. fehlgeschlagen, selbst die Geburt des ersten geklonten → Maultiers im Mai galt noch als Sensation.

■ Das weltweit erste Klon-Pferd (rechts) mit seiner Mutter, die gleichzeitig seine genetische Zwillingsschwester ist, weil aus ihrer Haut das Erbmaterial zur Erzeugung des Fohlens stammt

Pflegeversicherung: Bundesgesundheitsmin. ULLA SCHMIDT (SPD) legte am 22. Okt. Eckpunkte zur Reform der P. vor, um die Defizite zu decken, die aufgrund gestiegener Pflegekosten entstanden

sind; weiterhin will sie damit der Forderung des Bundesverfassungsgerichts von April 2002 nachkommen, bis Ende 2004 die Beitragsbemessung so zu gestalten, dass Leistungen der Kindererziehung berücksichtigt werden. Geplant ist deshalb, dass alle Versicherten, die keine Kinder (mehr) erziehen, einen nach Einkommen gestaffelten zusätzl. Beitrag zur P. zahlen.
Um den Grundbeitrag in Höhe von 1,7 % des Bruttolohns zu sichern, will SCHMIDT eine kapitalgedeckte Säule aufbauen. Den Vorschlag der → Rürup-Kommission, von den Rentnern ab 2010 einen zusätzl. ›generativen Ausgleichsbeitrag‹ zu erheben, lehnte sie ab. Der Koalitionspartner der SPD, Bündnis 90/Die Grünen, bestand dagegen auf der Bildung einer ›Demographiereserve‹. Einem Vorschlag der Rürup-Kommission folgend, sollen Sätze für die stationäre Pflege gesenkt und für häusl. Pflege angehoben werden.

Der Amerikaner Michael Phelps zeigt am Ende der Schwimm-WM in Barcelona am 27. Juli seine drei Gold- und drei Silbermedaillen

Phelps, Michael, amerikan. Schwimmer, * Baltimore 30. 6. 1985. – Mit drei Titeln und fünf Weltrekorden war P. der überragende Athlet bei der Schwimmweltmeisterschaft in Barcelona. Am 25. Juli verbesserte er innerhalb einer Stunde zunächst die Bestzeit über 100 m Schmetterling, um dann im 200-m-Lagen-Finale in Weltrekordzeit den Titel zu gewinnen. Dieses Kunststück wiederholte der 18-Jährige zwei Tage später über die 400-m-Lagen-Distanz. Eine weitere Goldmedaille gewann der Ausnahmeschwimmer über 200 m Schmetterling; im 100-m-Schmetterling-Finale blieb ihm Silber hinter seinem Landsmann IAN CROCKER, der seinerseits mit neuem Weltrekord gewann.
Dank großartiger Technik und eines enormen Trainigsfleißes sorgte P. schon früh für Superlative. In Sydney (2000) war er als 15-Jähriger der jüngste männl. Olympiateilnehmer seit 1932; mit 15 Jahren und neun Monaten war er jüngster Weltrekordhalter aller Zeiten. Seinen ersten Weltmeistertitel gewann P. 2001 in Fukuoka über 200 m Schmetterling.

Philippinen

Hauptstadt: Manila
Einwohner: 80,0 Mio.
Einwohner/ km²: 263
Staatsoberhaupt und Regierungschef: G. Macapagal Arroyo
BIP/Einwohner: 969 US-$

Das Wirtschaftswachstum war 2002 mit 4,4 % des BIP schwächer als erwartet. Die polit. Unsicherheit wirkte sich v. a. auf den Industriesektor negativ aus, in dem ausländ. Investitionen ausblieben. In den ersten neun Monaten 2003 verzeichnete die Wirtschaft einen Zuwachs von 3,8 %.

Spirale der Gewalt dreht sich weiter

Die Serie von terrorist. Aktionen verschiedener Rebellengruppen v. a. im muslim. Süden des Landes riss nicht ab. Bombenexplosionen auf Mindanao im März, Mai und Juli brachten Dutzenden von Menschen den Tod. Die Anschläge wurden sowohl der

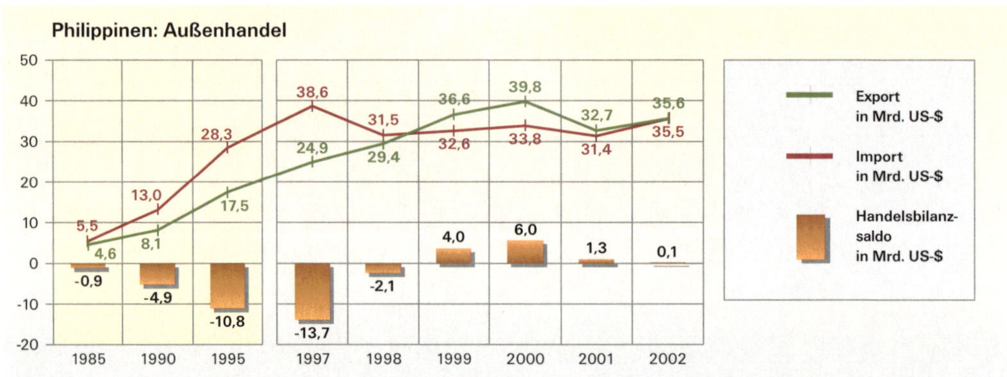

Ein Panzerwagen sichert am 27. Juli eine Straße im Finanzviertel der philippinischen Hauptstadt Manila, wo meuternde Soldaten versuchen, den Rücktritt von Präsidentin Arroyo zu erzwingen

wieder erstarkten islamist. Terrorgruppe Abu Sayyaf als auch der muslim. Unabhängigkeitsbewegung MILF (Moro Islamic Liberation Front) zugeschrieben; Letztere bestreitet die Taten allerdings. Trotz laufender Waffenstillstandsverhandlungen zw. Reg. und MILF flammten immer wieder Gefechte zw. regulären Truppen und den auf 12000 Mann geschätzten Rebellen auf. Nachdem Mitte Juli einer der MILF-Anführer gestorben war, wurde ein Waffenstillstand ausgehandelt. Zu Kampfhandlungen kam es auch mit militanten Anhängern der Kommunist. Partei CPP, die in der NPA (New People's Army) zusammengeschlossen sind und vorwiegend auf Luzon operieren. Als Reaktion auf die zunehmende Gewalt und eskalierende Kriminalität kündigte Präs. GLORIA MACAPAGAL ARROYO, die sich 2004 erneut zur Wahl stellen will, Anfang Dez. die Wiedereinführung der Todesstrafe an.

Zusammenarbeit mit den USA

Das urspr. geplante gemeinsame militär. Vorgehen philippin. und amerikan. Truppen gegen die Abu-Sayyaf-Kämpfer kam nicht zustande. Im Febr. hatten die USA begonnen, die ersten der vorgesehenen 3000 amerikan. Soldaten aus Japan einzuschiffen, ohne dass Einigung über die Einsatzbedingungen der Amerikaner bestand. Einen Kampfeinsatz ausländ. Truppen im Land erlaubt die Verfassung der P. nicht. Unter dem Druck heftiger Proteste der Bevölkerung gegen die geplanten amerikan. Operationen vertagte die Reg. im Mai die Verhandlungen über die Rahmenbedingungen der vorgesehenen Großoffensive. Amerikan. Soldaten stehen jedoch weiterhin als militär. Berater zur Verfügung und beteiligen sich an gemeinsamen Manövern. Die P. gehörten zu den entschiedenen Befürwortern eines militär. Eingreifens der USA im Irak.

Meuterei mit Folgen

Großes Aufsehen erregte die Meuterei von mehr als 350 Soldaten und Offizieren am 27. Juli in Manila. Die Meuterer hatten einen Geschäfts- und Wohnkomplex besetzt, warfen der Reg. Korruption vor und forderten den Rücktritt von Präs. ARROYO. Die Rebellen beugten sich noch am gleichen Tag einem Ultimatum der Präsidentin. Als mutmaßl. Drahtzieher des kläglich gescheiterten Putschversuchs wurden Vertrauensleute von Expräs. JOSEPH ESTRADA verhaftet, der der Korruption angeklagt ist; aber auch der Chef des militär. Geheimdienstes und der Verteidigungsmin. verloren ihre Ämter. ■

PID, → Präimplantationsdiagnostik.

Pioneer 10: Am 22. Jan. wurden zum letzten Mal Funksignale der amerikan. Raumsonde P. 10 empfangen; ein letzter Kontaktversuch scheiterte am 7. Februar. Nach über 30 Jahren war die Energieleistung der nuklear betriebenen Generatoren wahrscheinlich so gering, dass keine Funkverbindung mehr aufgebaut werden konnte. P. 10 war zu diesem Zeitpunkt 12,2 Mrd. km von der Erde entfernt.
Die Sonde war 1972 als erster Flugkörper in Richtung Jupiter gestartet. Nach dem Vorbeiflug an diesem Planeten am 3.12. 1973 bewegte sie sich zum Rand des Sonnensystems, das sie nach dem Vorbeiflug am Planeten Pluto 1983 verließ. Die wiss. Mission endete offiziell am 31.3. 1997. Ursprünglich war P. 10 für eine aktive Lebensdauer von 21 Monaten konzipiert.

Plavsić, Biljana, → Kriegsverbrechertribunal.

PLOTEUS, Abk. für **P**ortal on **L**earning **O**pportunities **T**hroughout the **Eu**ropean **S**pace: Die Europ. Kommission eröffnete im März unter der Internet-Domain www.ploteus.net das Bildungsportal PLOTEUS. Es soll Interessierten Zugang zu neutralen, aktuellen und kostenlosen Informationen über Aus- und Weiterbildungsmöglichkeiten in 30 europ. Ländern bieten. Eine Suchmaschine liefert Links zu nat. Seiten, die z. B. über Austauschprogramme oder Studiengebühren informieren.

Poincaré-Vermutung: Ein Mitgl. der russ. Akademie der Wiss. (St. Petersburg) hat wahrscheinlich eines der wichtigsten mathemat. Rätsel unserer Zeit gelöst. GRIGORIJ PERELMAN veröffentlichte im Nov. 2002 im Internet den Beweis für die P.-V. zu mathemat. Gesetzmäßigkeiten dreidimensionaler Räume, die 1904 von dem frz. Mathematiker HENRI POINCARÉ formuliert worden war, und sorgte damit in Fachkreisen für Aufsehen. Auch das Clay Mathematics Institute (Cambridge/USA) wurde auf den Russen aufmerksam. Die P.-V. gehört zu den sieben mathemat. Problemen, für deren Lösung das Inst. jeweils 1 Mio. US-$ ausgelobt hat. Das Preisgeld erhält PERELMAN aber erst, wenn er seine Lösung in einer Fachzeitschrift veröffentlicht und wenn nach Ablauf einer zweijährigen Frist keine Unstimmigkeiten in der Beweisführung entdeckt worden sind.

Polanski, Roman, poln.-frz. Regisseur und Schauspieler, * Paris 18. 8. 1933. – Für seinen Film ›Der Pianist‹ wurde P. am 23. März mit dem ›Oscar‹ für den besten Film ausgezeichnet. Die Handlung des Films basiert auf den Erinnerungen des poln.

Juden WLADYSLAW SZPILMAN, den ein Zufall in allerletzter Minute vor dem Transport nach Auschwitz bewahrte.
Kurz vor Ausbruch des Zweiten Weltkriegs zog P. mit seinen jüd. Eltern nach Krakau, wo er aus dem Getto entkam. Er studierte an der Filmhochschule in Łodz, arbeitete jedoch seit den 1960er-Jahren im Westen. In Paris entstanden ›Wenn Katelbach kommt‹ (1965) und ›Ekel‹ (1967) mit der jungen CATHÉRINE DENEUVE, in Hollywood die Vampirpersiflage ›Tanz der Vampire‹ (1967), der Thriller ›Rosemaries Baby‹ (1968) und der Neo-Film-Noir ›Chinatown‹ (1974). Nach Misserfolgen (u.a. der Big-Budget-Abenteuerfilm ›Piraten‹, 1985) konnte er mit der Adaption des Theaterstücks ›Der Tod und das Mädchen‹ (1995) Publikum und Kritik wieder überzeugen.

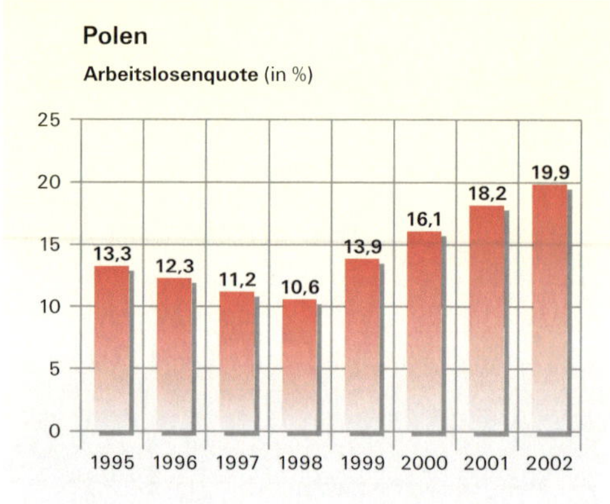

Polen

Hauptstadt: Warschau
Einwohner: 38,6 Mio.
Einwohner/km²: 127
Staatsoberhaupt:
A. Kwaśniewski
Regierungschef:
L. Miller
BIP/Einwohner:
4878 US-$

Wirtschaftsprobleme vor dem EU-Beitritt

Nachdem die durchschnittl. Wachstumsrate der Wirtschaft zw. 1992 und 2000 bei 5% des BIP gelegen hatte, sackte sie in den beiden folgenden Jahren auf rd. 1% ab. Für 2003 erhoffte sich die Reg. im Herbst wieder eine Steigerung des BIP um 3,5%. Besorgnis erregend blieb die unverändert hohe Arbeitslosenquote (2002: 19,9%). Der einzige Wirtschaftsfaktor mit positiver Entwicklung war die niedrige Inflationsrate von unter 2%. Als schwerwiegendstes Wirtschaftsproblem stellte sich neben der hohen Arbeitslosigkeit die ausufernde Staatsverschuldung dar, die inzwischen fast 50% des BIP erreicht hat.
Über die Reform der öffentl. Finanzen entzündeten sich ebenso hitzige polit. Kontroversen wie über die weitere Flexibilisierung des Arbeitsmarktes, die Privatisierung der Wirtschaft und die Vorbereitung der Landwirtschaft auf den EU-Beitritt, für den am 16. April in Athen die Beitrittsdokumente unterzeichnet wurden. Die EU-Kommission stellte P. in ihrem letzten Fortschrittsbericht zur EU-Erweiterung, der am 5. Nov. veröffentlicht wurde, das schlechteste Zeugnis aller zehn Beitrittsländer aus und stellte fest, die Reformen seien faktisch zum Stillstand gekommen.

Innenpolitische Turbulenzen

Zahlreiche Krisen und Skandale überschatteten die polit. Entwicklung. Im Parlament wurden sogar Bestechungsfälle bei Abstimmungen bekannt, die zu Fraktionsausschlüssen und staatsanwaltschaftl. Ermittlungen führten. Im Zuge eines Schmiergeldskandals im Zusammenhang mit einer Reform des Medienmarktes sah sich MinPräs. LESZEK MILLER im Juli gezwungen, einen Gesetzentwurf zurückzuziehen, der den Agora-Medienkonzern begünstigt hätte. MILLER war vorgeworfen worden, selbst in die Affäre verwickelt zu sein. Seit Anfang Dez. musste sich der prominente Filmproduzent und Agoramagnat, LEW RYWIN, wegen des Vorwurfs der versuchten Bestechung vor Gericht verantworten.
Konflikte über die Landwirtschafts- und Verkehrspolitik führten im März zum Ausstieg der Bauernpartei (PSL) aus der Koalition. Seitdem führte MILLER ein Minderheitskabinett, das sich auf die Zusammenarbeit seiner Demokrat. Linken (SLD) mit der sozialist. Union der Arbeit (UP) gründete. Bei Abstimmungen im zersplitterten Sejm setzte er auf die Ad-hoc-Zustimmung einzelner Abgeordnetengruppen. Als er im Juni die Vertrauensfrage stellte, wurde er sogar mit 23 Stimmen Mehrheit im Amt bestätigt.
Hinzu kam das gespannte Verhältnis zwischen dem Staatspräs. und dem Regierungschef. Wiederholt forderte Präs. ALEKSANDER KWAŚNIEWSKI MILLER direkt oder indirekt auf, sein Amt niederzulegen. Gleichwohl behauptete sich dieser unangefochten auch im Amt des Parteivors. der von KWAŚNIEWSKI mitbegr. SLD. Auf dem Parteitag im Juni wurde MILLER mit 90% der Delegiertenstimmen wiedergewählt.
Obwohl die Politikverdrossenheit in der Bevölkerung Umfragen zufolge Höchstwerte erreicht hatte, billigten die Polen beim Referendum am 7./8. Juni den Beitritt ihres Landes zur EU mit 77,5% Ja-Stimmen. Die Stimmbeteiligung blieb relativ niedrig (58,9%). Unter dem Druck seiner innenpolit. Probleme zu nat. Zugeständnissen außer Stande, ließ MILLER im Dez. die Verhandlungen über die EU-Verfassung im Dez. scheitern.

Im Irak an der Seite der USA

Ungeachtet der vorherrschenden Bedenken in der Bevölkerung und der Belastungen im Verhältnis zu Deutschland und Frankreich, stellte (Forts. S. 269)

Polen — das trojanische Pferd der USA in Europa?

Der Autor:
Klaus Ziemer
geboren 1948.
Studierte Politikwissenschaft, Geschichte und Latein. 1973–87 wissenschaftlicher Assistent an der Universität Heidelberg, ab 1991 Professor für Politikwissenschaft an der Universität Trier; seit 1998 Direktor des Deutschen Historischen Instituts Warschau und Professor an der Universität Warschau

Haben die Polen jegliches Maß verloren? So oder ähnlich klangen die Fragen, als die polnische Regierung auf das überraschende Angebot der Bush-Regierung einging, im Irak eine polnische Besatzungszone einzurichten. Polens Engagement im Irak hinterließ in mehreren kontinentaleuropäischen Staaten einen überaus zwiespältigen Eindruck. Hierzu zählte auch Deutschland, das seit Anfang der 1990er-Jahre die Integration Polens in die westlichen Gemeinschaften besonders nachdrücklich unterstützt hatte. Dass sich gerade Polen als größtes Beitrittsland gegen die von Deutschland und Frankreich angeführte Gruppierung der EU-Staaten stellte, die nicht auf den Kurs der USA einschwenkten, schien denen Recht zu geben, die Polen schon früher unterstellt hatten, in der NATO ein ›trojanisches Pferd‹ der USA unter den europäischen Bündnispartnern zu sein.

Die polnische Bindung an die USA

Keine andere Gesellschaft in Kontinentaleuropa ist den USA so tief verbunden wie die polnische. Für Millionen Polen bildeten die USA seit dem 19. Jahrhundert das wichtigste Emigrationsland. Der polnische Nationalheld TADEUSZ KOŚCIUSZKO war auch ein Held des amerikanischen Unabhängigkeitskrieges. Nie gab es zwischen Polen und den USA militärische Auseinandersetzungen. Die Haltung der USA gegenüber Polen wurde immer als wohlwollend wahrgenommen, sieht man freilich von Jalta 1945 ab, als die USA faktisch der Eingliederung Polens in den sowjetischen Herrschaftsbereich zustimmten. Die Zahl der Amerikaner polnischer Herkunft geht in die Zigmillionen, und selbst vom kommunistischen Polen wurde der Kontakt zu dieser wichtigen ›Polonia‹ gepflegt.

Das Bedürfnis nach Sicherheit

Die Motive der polnischen Entscheidungsträger, sich in der Irakfrage eindeutig aufseiten der USA zu positionieren, sind vielfältig. Hierzu zählt eine in Polen weit verbreitete, durch die Erfahrung nicht nur des 20. Jahrhunderts begründete Gleichsetzung von ›Sicherheit‹ mit ›harter‹, also militärischer Sicherheit. Die Kernfrage lautet: Wer garantiert im Falle eines russischen Angriffs die territoriale Unversehrtheit Polens – die EU oder die USA? Die Antwort auf diese Frage ist eindeutig. Die USA gelten als die einzige Macht, die im Ernstfall handlungsfähig ist und dies oft genug unter Beweis gestellt hat.
Die eindeutige Option für die amerikanische Position ist weder unter den politischen Eliten noch in der Gesellschaft insgesamt unumstritten. Denn wenn, wie der frühere polnische Botschafter in Deutschland, JANUSZ REITER, zu bedenken gab, sich Polen vor die Alternative gestellt sieht, einer Koalition unter Führung der USA beizutreten oder einer mit Russland und China (mitzudenken: neben Deutschland und Frankreich), ist klar, für wen es sich entscheidet. Sicher spielte auch eine Rolle, dass eine Achse Moskau – Berlin in Polen höchst ungute Assoziationen weckt, da seit Beginn des 18. Jahrhunderts ein preußisch/deutsch-russisches Zusammenspiel stets zulasten Polens ging, von den Teilungen Polens ab 1772 bis zum Ribbentrop-Molotow-Pakt 1939 als traurigem Höhepunkt.
Bemerkenswert ist freilich, dass sich die öffentliche Diskussion über den Irakeinsatz nicht wie in Deutschland und Frankreich, aber auch in den USA und Großbritannien darauf konzentrierte, ob das militärische Vorgehen gegen den Irak sachlich und völkerrechtlich gerechtfertigt war. In Polen beschränkte sich die Diskussion im Wesentlichen auf die Probleme, die der Irakkonflikt für Polens Verhältnis zu den USA einerseits und zu seinen wichtigsten europäischen Verbündeten andererseits mit sich bringen würde.

Der polnische Präsident Aleksander Kwaśniewski (links) und der amerikanische Präsident George W. Bush schreiten am 31. Mai in Krakau die Ehrengarde ab. Bush beginnt in Polen seine erste Europareise nach dem Irakkrieg

Wirtschaftliche Interessen

Ein weiterer Aspekt sollte nicht ganz außer Acht gelassen werden. Außenminister CIMOSZEWICZ äußerte sehr offen, später etwas abgeschwächt, die Hoffnung auf direkten Zugang zu irakischem Erdöl. In jedem Falle rechnete sich die Wirtschaft Polens gute Chancen auf beträchtliche Aufträge beim Wiederaufbau des Irak aus – eine Hoffnung, die bisher (Herbst 2003) bitter enttäuscht wurde. Polnische Wirtschaftsexperten, insbesondere aus der Bauwirtschaft, haben in den vergangenen Jahrzehnten, vor allem in den 1970er-Jahren, zahlreiche Projekte im Irak durchgeführt, verfügen über Landeskenntnis und persönliche Kontakte. Bisher haben diese Vorteile jedoch zu keinen größeren Aufträgen geführt.

Mithilfe der USA ein Faktor in Europa

Im Vorfeld des polnischen EU-Beitritts wachsen bei Teilen der politischen Elite die Befürchtungen vor einer deutsch-französischen Hegemonie in der EU. Vor allem deshalb wehrt sich Polen bei der Debatte über den Verfassungsentwurf des Europäischen Konvents gegen eine Verschlechterung seiner Position bei der Verteilung des Stimmengewichts im Europäischen Rat. Nach der Veröffentlichung des ›Offenen Briefes der Acht‹ vom 30. Januar, in dem MILLER zusammen mit anderen Staats- und Regierungschefs Europas seine Solidarität mit den USA erklärte, entlud sich der Zorn des französischen Präsidenten CHIRAC in Worten, die in Polen mit Befremden aufgenommen wurden (»neue Familienmitglieder sollten zunächst einmal schweigen«), die aber wohl auch darin begründet waren, dass die EU Polen viele Milliarden Euro zur Verfügung stellt, Polen aber bei der Modernisierung seiner Luftwaffe nicht französische Mirages, sondern amerikanische F 16-Jets bestellte.
Der Irakkrieg hat deutlich gemacht, dass die USA mit Polen unter den neuen Mitgliedern von NATO und EU über einen besonders zuverlässigen Verbündeten verfügen. Zwar sind auch in Polen die Sympathiewerte für die USA zurückgegangen, sie zählen aber weiterhin zu den Spitzenwerten in Europa. Unter den politischen Eliten scheint in der Sicherheitspolitik die Prioritätensetzung zugunsten der USA ungebrochen. Eine gemeinsame Sicherheits- und Verteidigungspolitik der EU dürfte bei einer solchen Ausgangslage durch den EU-Beitritt Polens nicht einfacher werden.

Sterben für die USA im Irak?

Es verwundert nicht, dass Polen als Zeichen seiner Unterstützung den Amerikanern 200 Soldaten seiner Eliteeinheit zur Verfügung stellte. Das Angebot der Amerikaner, Polen im Irak eine eigene Besatzungszone (›Stabilisierungszone‹) zuzuweisen, hat zwar auch in Warschau überrascht. Die Regierung MILLER, die so auch von innenpolitischen Schwierigkeiten ablenken konnte, sowie Staatspräsident KWAŚNIEWSKI stimmten ihm sofort zu. Denn mit der neuen Rolle war automatisch eine Aufwertung der internationalen Position Polens verbunden.
Die Haltung der polnischen Gesellschaft zum Irakengagement scheint paradox. Einerseits bekundet in Meinungsumfragen eine überwältigende Mehrheit weiterhin große Sympathien für die USA, die allerdings umso stärker abnehmen, je jünger und gebildeter die Befragten sind. Zugleich spricht sich eine wachsende Mehrheit von Bürgern gegen ein militärisches Engagement Polens im Irak aus. Allerdings macht sich der Protest in der Öffentlichkeit nur in sehr begrenztem Umfang bemerkbar.
Der Tod des Majors HIERONYM KUPCZYK bei einem Überfall irakischer Freischärler im November 2003 wurde von der polnischen Führung, mit ostentativem Patriotismus beantwortet. Die Zustimmung zum Irakengagement in der Öffentlichkeit dürfte mit wachsenden Verlusten unter den polnischen Soldaten aber weiter sinken.

300 polnische Soldaten werden am 31. Juli verabschiedet. Sie sollen in der von Polen geführten Militärzone im Irak eingesetzt werden

sich die Reg. im Irakkonflikt an die Seite der USA. MinPräs. MILLER unterzeichnete die Solidaritätserklärung im ›Offenen Brief der Acht‹ vom 30. Jan., und am 18. März beschloss das Kabinett die Entsendung von 200 Soldaten, die auch in Kampfhandlungen im Irak eingriffen. Die USA bedankten sich im Gegenzug im April mit einem ›Jahrhundertvertrag‹ über die Lieferung von Rüstungsgütern, v.a. zur Erneuerung der Luftwaffe. US-Firmen wollen in den nächsten zehn Jahren für mind. 6 Mrd. US-$ in P. investieren. Darüber hinaus stieg P. zur dritten Besatzungsmacht im Irak auf: Anfang Sept. übernahm es den mittleren Abschnitt als Militärverwaltungszone, gesichert durch eine multinat. Division unter poln. Kommando. Von 9 200 Soldaten aus 23 Nationen stellte P. selbst rd. 2 500. Nach dem Tod eines poln. Offiziers durch einen Anschlag Anfang Nov. verstärkte sich in der Heimat die Kritik an dem Irakengagement. Einer Umfrage zufolge sprach sich eine Bevölkerungsmehrheit von 58 % für einen Rückzug der poln. Truppen aus dem Irak aus.

Schwierigkeiten im Verhältnis zu Deutschland ergaben sich außer durch die Differenzen in der Irakfrage und in der Gestaltung der künftigen EU-Verfassung auch durch die Diskussion über die von privater Seite geplante Errichtung eines → Zentrums gegen Vertreibung in Berlin. ■

Polizeiübergriffe: Am 14. Juli verurteilte das Hamburger Amtsgericht drei thüring. Bereitschaftspolizisten zu zwölf Monaten Haft auf Bewährung, weil sie während eines Demonstrationseinsatzes in Hamburg im Nov. 2002 zwei wehrlose Menschen verprügelt hatten; diese waren jedoch verdeckte Ermittler in Zivil und konnten ihren Fall trotz erhebl. Widerstandes der thüring. Behörden vor Gericht bringen.

In Köln endete am 25. Juli der Prozess gegen sechs angeklagte Polizisten mit Bewährungsstrafen von zwölf bis zu 16 Monaten. Sie hatten einen geistig verwirrten Festgenommenen derart misshandelt, das er an den erlittenen Verletzungen starb.

Popakademie: In Mannheim nahm mit dem Wintersemester 2003/04 die Popakademie Baden-Württemberg unter der künstler. Leitung von UDO DAHMEN den Lehrbetrieb auf. An der Hochschule sollen jährlich 55 Studenten aufgenommen werden. Sie erreichen nach drei Jahren Ausbildung den Abschluss Bachelor of Arts. Angeboten werden die beiden Studiengänge Popmusikdesign (für Musiker, Producer, Songwriter) und Musikbusiness (für zukünftige Labelbetreiber, Konzertagenten, Musikmanager). Die Studiengebühr beträgt 500 € pro Semester. Als Lehrkräfte wurden u.a. der aus Mannheim stammende Popstar XAVIER NAIDOO, der Jazzgitarrist PETER WÖLPL und der Bassist T.M. STEVENS verpflichtet. Finanziert wird die P. (Gesamtkosten: 3,6 Mio. €) u.a. vom Land Baden-Württemberg, der Stadt Mannheim, dem Südwestrundfunk und dem Musikkonzern Universal Music.

Portugal

Hauptstadt: Lissabon
Einwohner: 10,0 Mio.
Einwohner/km²: 110
Staatsoberhaupt:
J. F. Branco de Sampaio
Regierungschef:
J.M. Durão Barroso
BIP/Einwohner:
11 980 US-$

Die Wirtschaft glitt vom Nullwachstum in die Rezession: Prognosen gingen für 2003 von einem Rückgang des BIP zw. 1,5 % und 0,8 % aus (2002: +0,4 %). Im Unterschied zu Frankreich und Deutschland konnte P. vorläufig das drohende EU-Defizitverfahren abwenden: Nach einer Nettoneuverschuldung von 4,1 % des BIP 2001 gelang 2002 eine Senkung auf 2,7 %; für 2003 wurden im Sept. 2,95 % veranschlagt, wenn auch unter Einbeziehung von ›Sondereinnahmen‹ durch Privatisierungen in Höhe von bis zu 2 % des BIP.

Pädophilieaffäre

Die Aufdeckung eines Pädophilenrings, dem mehrere prominente Persönlichkeiten angehörten, entfachte einen Skandal, der die Öffentlichkeit erschüt-

Portugal: Leistungsbilanzsaldo

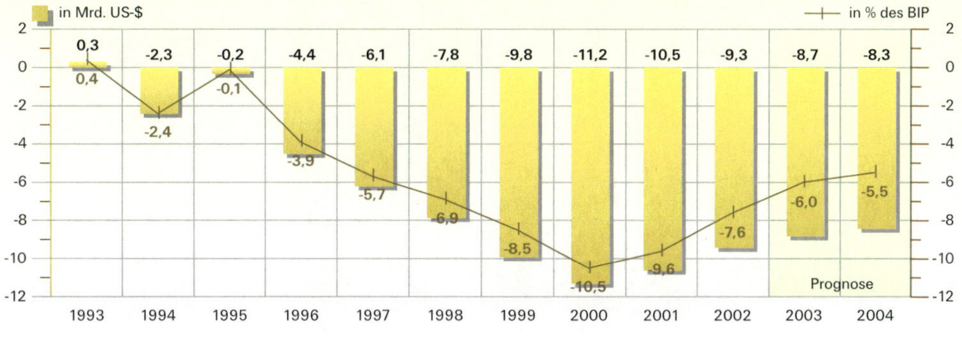

terte und die Sozialist. Partei (PS) – nicht zuletzt durch Vorverurteilungen in den Medien – in eine schwere Krise stürzte. Im Okt. verfügte der Ermittlungsrichter die Freilassung des ehem. Sozialmin. PAULO PEDROSO (PS) nach mehr als vier Monaten Untersuchungshaft, nachdem sich Zeugenaussagen gegen ihn als unglaubwürdig erwiesen hatten. PEDROSO gehörte zu den führenden Persönlichkeiten des PS. Im Zentrum der Affäre steht der jahrelange sexuelle Missbrauch von taubstummen Jugendlichen, die in einem Waisenhaus in Lissabon betreut wurden.

Verheerende Waldbrände

Die → Hitzewelle über Europa führte in P. zu wochenlang anhaltenden verheerenden → Waldbränden. Sie erstreckten sich über eine Fläche von insgesamt 600 km² und vernichteten 6 % des gesamten Waldbestandes des Landes. 18 Personen kamen ums Leben. Den unmittelbaren Sachschaden bezifferte die Reg. auf rd. 1 Mrd. €. ■

Powell, Colin Luther, amerikan. General, Politiker (Republikaner), *New York 5.4. 1937. – Der amerikan. Außenmin. warb international um Zustimmung für den Kurs der USA im Irakkonflikt. Nachdem in der Reg. von Präs. GEORGE W. BUSH die Entscheidung für einen schnellen Militärschlag gefallen war, verzichtete P. auf einen Konsens unter den NATO-Verbündeten und den Mitgl. des UNO-Sicherheitsrats. Angesichts der zunehmenden Schwierigkeiten der USA, den militärisch besetzten Irak unter ihre Kontrolle zu bringen, bemühte er sich jedoch um die Einbeziehung der UNO in den Wiederaufbauprozess.
Der erste Afroamerikaner im Amt des Außenmin. durchlief eine brillante Militärkarriere, bevor er Sicherheitsberater von Präs. RONALD REAGAN wurde (1987–89). Als Generalstabschef (1989–95) leitete P. unter Präs. GEORGE BUSH 1991 die Operation ›Wüstensturm‹ gegen den Irak (2. Golfkrieg), was ihm große Popularität einbrachte.

Präimplantationsdiagnostik, Abk. **PID:** Der von der Bundesreg. 2001 zu eth. Fragen der Gentechnik und Genetik eingesetzte Nat. Ethikrat sprach sich in einer Stellungnahme vom 23. Jan. mehrheitlich dafür aus, Gentests an Embryonen im Rahmen der PID zuzulassen. Nach mehrmonatiger Beratung stimmten 15 der 25 Mitgl. unter Auflagen für die Legalisierung. Demnach sollte PID v.a. bei Paaren erlaubt sein, die ein hohes Risiko für schwere und nicht zu therapierende Erbkrankheiten tragen. Daneben forderte das Gremium eine Pflichtberatung für betroffene Paare und eine strenge Überwachung der Einrichtungen, an denen PID betrieben wird.
Bei der PID wird das Erbgut künstlich erzeugter Embryonen auf bestimmte Erbkrankheiten untersucht, damit nur offensichtlich gesunde Embryonen in die Gebärmutter eingesetzt werden. Gegner der PID sehen darin einen ersten Schritt zur gezielten Zuchtauswahl von Menschen. Bislang ist PID durch das Embryonenschutzgesetz von 1991 verboten. Eine Gesetzesänderung würde Schätzungen zufolge pro Jahr etwa 1000 Paare betreffen.

Prestige: Die Umweltkatastrophe, die der Untergang des Tankers P. auslöste, stellte sich als weitaus dramatischer heraus als zunächst angenommen. Der am 13.11. 2002 vor der span. Küste leckgeschlagene und sechs Tage später auf offener See gesunkene Tanker verlor bis zum Aug. mehr als 63 000 t Schweröl. Die dadurch freigesetzten Giftstoffe sind mittlerweile in die Nahrungskette gelangt: Biologen der Universität in La Coruña wiesen eine erheblich erhöhte Konzentration von vermutlich Krebs erregenden Kohlenwasserstoffen in Muscheln und Schalentieren nach.
Untersuchungen des Unglückshergangs führen das Ausmaß der Katastrophe zum großen Teil auf das Fehlverhalten der span. Behörden zurück. Entgegen den Empfehlungen einer Bergungsfirma, das havarierte Schiff in eine ruhigere Bucht zu bringen, hatten sie es auf das offene Meer hinausschleppen lassen, wo es dann aufgrund des starken Seegangs rd. 130 Seemeilen vor der Küste zerbrach und sank.

Protektor, Auffanggesellschaft der dt. Versicherungswirtschaft zur Sicherung der Verträge bei Lebensversicherern, die in Liquiditätsschwierigkei-

■ Drei Jungen zeigen am Strand von San Sebastián in Nordspanien Ölklumpen, die wahrscheinlich von der ›Prestige‹ stammen

ten geraten sind. Im ersten Fall einer drohenden Insolvenz in der Branche übernahm P. am 1. Okt. den Vertragsbestand der angeschlagenen → Mannheimer Lebensversicherung AG und gewährleistete damit die unveränderte Fortgeltung von rd. 345 000 Versicherungspolicen.
Mit Blick auf die anhaltende Konjunkturschwäche, die auch die Lebensversicherungen trifft, wurde im Nov. 2002 die P. Lebensversicherung AG gegründet. Deren Gesellschafter sind 103 Mitgl. des Gesamtverbandes der Dt. Versicherungswirtschaft (GDV). Sie verpflichteten sich, im Bedarfsfall den Gegenwert von bis zu 1 % ihrer Kapitalanlagen für P. aufzuwenden. Für die Übernahme der Verträge von Mannheimer Leben mussten sie rd. 340 Mio. € aufwenden.

Q

Qatna: Unter dem Königspalast der altsyr. Stadt Q. stieß ein Archäologenteam der Univ. Tübingen im Nov. 2002 auf eine Grabanlage aus dem 14. Jh. v. Chr. In einem Vorraum fanden die Wissenschaftler zwei vollständig erhaltene, 85 cm große, ident. Statuen aus dem 18./17. Jh. v. Chr., die auf idealtyp. Weise die Könige von Q. darstellen. Bei weiteren Grabungen wurden außerdem mehrere Grabkammern mit Sarkophagen und Gefäßen aus Keramik, Alabaster und Granit entdeckt. Der Fund auf dem Ruinenhügel von Tell Mishrife, 200 km nördlich der Hauptstadt Damaskus, dokumentiert erstmals die Bestattungsriten altsyr. Könige der Bronzezeit.

R

Rabatt, → Gesetz gegen unlauteren Wettbewerb.

Radarstrahlungsopfer, → Bundeswehr.

Radsport: Wenige Monate nach Ablauf seiner Dopingsperre feierte JAN ULLRICH (Bianchi) bei der Tour de France ein beeindruckendes Comeback. Nur 1:01 min hinter dem amerikan. Ausnahmefahrer LANCE ARMSTRONG (US-Postal) belegte der Deutsche den zweiten Platz. Mit seinem fünften Sieg in Folge bewies ARMSTRONG, dass er zu den ganz Großen des Radsports gehört. Fünf Tour-Siege konnten bislang nur JACQUES ANQUETIL, EDDI MERCKX, BERNARD HINAULT und MIGUEL INDURÁIN verbuchen. Ebenfalls hart umkämpft war die Sprintwertung: Erst im Schlussspurt der letzten Etappe in Paris sicherte sich der Australier BADEN COOKE (fdjeux.com) das Grüne Trikot.
Auch bei der im Mai ausgetragenen 56. Friedensfahrt gab es einen histor. Sieg. Als erstem Fahrer gelang es dem Deutschen STEFFEN WESEMANN (Team Telekom), die Rundfahrt zum fünften Mal zu gewinnen. Beim Giro d'Italia sorgte nach den Skandalen der Vorjahre endlich wieder der Sport für die Schlagzeilen. Die zweitwichtigste Radrundfahrt der

Der Spanier Igor Astarloa (vorn) während des 260-km-Rennens zur Profi-Straßenweltmeisterschaft im kanadischen Hamilton am 12. Oktober

Welt gewann der Italiener GILBERTO SIMONI (Saeco) in souveräner Manier.
Fest in span. Hand war das Profirennen der Straßenweltmeisterschaft im kanad. Hamilton am 12. Oktober. IGOR ASTARLOA (Saeco) setzte sich am letzten Anstieg von der Spitzengruppe ab und sicherte sich den Titel vor seinem Landsmann ALEJANDRO VALVERDE (Kelme). Zwar gingen die dt. Profis im Straßenrennen leer aus, das WM-Gesamtergebnis mit fünf Medaillen stimmte aber zufrieden. Dagegen blieben die dt. Bahnradfahrer bei der Weltmeisterschaft in Stuttgart (30. Juli – 3. Aug.) hinter den hohen Erwartungen zurück und sorgten zudem für einen Eklat: Der dt. Bahnvierer, amtierender Olympiasieger, kam aufgrund interner Querelen nicht zustande. Immerhin gewannen das Trio JENS FIEDLER, RENÉ WOLFF und CARSTEN BERGEMANN im Olymp. Sprint sowie STEFAN NIMKE im 1000-m-Zeitfahren Gold.

RAF-Ausstellung: Die urspr. für Herbst 2003 in Berlin geplante Ausstellung über die ›Rote Armee Fraktion‹ (RAF) mit dem vorläufigen Titel ›Mythos RAF‹ entfachte eine kontroverse öffentl. Debatte. Im Namen der Angehörigen von RAF-Opfern protestierte HANNS-EBERHARD SCHLEYER, Sohn des 1977 ermordeten Arbeitgeberpräs. HANNS-MARTIN SCHLEYER, im Juli in einem Brief an Bundeskanzler GERHARD SCHRÖDER gegen das Vorhaben, das der Legendenbildung und Glorifizierung der RAF Vorschub leiste. Politiker forderten, die zugesagten 100 000 € Förderungsgelder aus dem Hauptstadtkulturfonds zu streichen. Angesichts der massiven Kritik rückten die Ausstellungsmacher von ihrem urspr. Konzept ab, das eine Verknüpfung von Kunst und Zeitgeschichte vorsah, und kündigten im Sept. an, sich auf den Kunstaspekt konzentrieren zu wollen. Die Bundeszentrale für polit. Bildung sagte daraufhin ihre Mitwirkung ab. Der Ausstellungsbeginn wurde auf den Herbst 2004 verschoben.
Die linksterrorist. RAF ermordete in den 1970er-Jahren mehrere hochrangige Vertreter des Staates und der Wirtschaft und provozierte eine gesellschaftl. Krise in der Bundesrepublik.

RAUMFAHRT

Die R. wurde 2003 erneut von einem schweren Unglück überschattet: dem Absturz der amerikan. Raumfähre → Columbia. Schlagzeilen machten auch Missionen zum Planeten → Mars. Neben Anwendungssatelliten, vornehmlich zur Kommunikation (USA, Russland, Indien, Griechenland, Saudi-Arabien, Japan, China und Australien), erreichten zahlreiche Kleinsatelliten ihre Umlaufbahnen: Eine Serie von nur 1 kg schweren sog. Cube-Satelliten (Start: 30. Juni) gestattet es Studenten in Japan, Dänemark, Kanada und den USA, selbst Weltraumforschung zu betreiben. Mit drei neuen Satelliten aus Großbritannien, Nigeria und der Türkei (28. Sept.) wurde das Netz des Desaster Monitoring Constellation (DMC), das der Überwachung von Katastrophenfällen dient, weiter ausgebaut. Die USA setzten die Modernisierung des Navigationssystems GPS mit neuen ›Navstar‹-Satelliten fort.

Der Versuch Brasiliens, eine eigene Trägerrakete (VLS-1) mit zwei Satelliten an Bord zu starten, misslang schon bei der Vorbereitung; bei der Explosion der Rakete am 22. Aug. kamen 21 Techniker ums Leben.

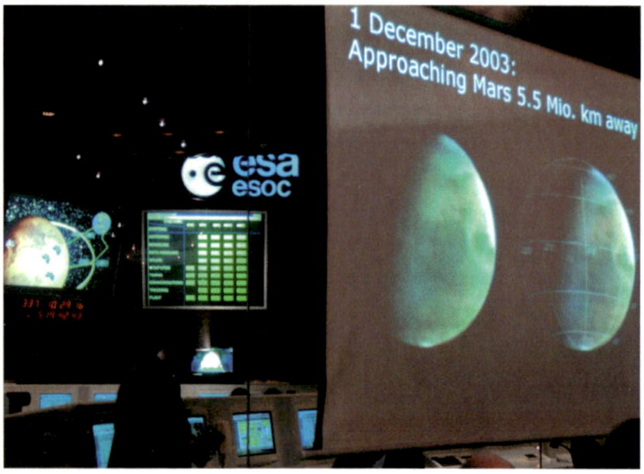

Das erste Foto, das die europäische Raumsonde ›Mars Express‹ am 1. Dezember zur Erde gefunkt hat, wird im Hauptkontrollzentrum der ESA (European Space Agency) in Darmstadt gezeigt

Wissenschaftsmissionen

Der Erkundung der Erde und der Erforschung ihrer Atmosphäre dienten zahlreiche Satellitenmissionen: ›Coriolis‹ (USA, 6. Jan.) untersucht die Windverhältnisse über den Weltmeeren, ›ICESAT‹ (USA, 13. Jan.) die Eisbedeckung der Polarregionen und ›SORCE‹ (USA, 25. Jan.) den Einfluss der Sonne auf die Atmosphäre. ›Mimosa‹ (Tschech. Rep., 20. Juni) misst die Dichte der hohen Atmosphäre; ›Scisat‹ (Kanada, 13. Aug.) überwacht u.a. die Ozonschicht der Erde, und ›OrbView 3‹ (USA, 26. Juni) liefert hochauflösende Bilder der Erdoberfläche.

Der Astronomie stehen nun zwei weitere Weltraumteleskope zur Verfügung: ›Galex‹ (USA, 28. April) untersucht die Entstehung und Entwicklung von Galaxien und ›SIRTF‹ (USA, 25. Aug.) beobachtet – der Erde auf ihrer Umlaufbahn um die Sonne in gebührender Entfernung folgend – Sterne im infraroten Licht. Der Satellit ›Urybiol 4‹ (Süd-Korea, 28. Sept.) dient der Untersuchung von Weltraum und Erdatmosphäre.

Japan startete am 9. Mai die Raumsonde ›Hayabusa‹. Sie soll 2005 an einem Asteroiden Bodenproben nehmen und diese 2007 zur Erde bringen. Mit dem Absturz in die Atmosphäre von Jupiter endete am 21. Sept. die Forschungsmission der europ.-amerikan. Raumsonde ›Galileo‹ (1989), die acht Jahre lang den Planeten umkreiste. Ihre zu den großen Jupitermonden gewonnenen Daten lassen Urozeane unter deren Oberfläche vermuten.

Militärische Raumfahrt

R. zu militär. Zwecken spielte auch 2003 eine große Rolle. Dazu wurden Navigationssatelliten – GPS (USA), ›Kosmos-Parus‹ (Russland), ›Baidou‹ (China) – und mehrere neue Kommunikationssatelliten eingesetzt, u.a. DSCS (USA) sowie ›Molnija‹ und ›Kosmos‹ (Russland); Letztere dienen auch der Fotoaufklärung und Frühwarnung. Der amerikan. ›Mentor 3‹ ist für die Funkaufklärung zuständig.

Erstmals setzte auch Japan Satelliten für militär. Aufgaben ein. Am 28. März startete an Bord einer japan. Rakete ein erstes Paar sog. Information Gathering Satellites (IGS) zur Übermittlung hochauflösender Fotos und spezieller, auch bei Wolkenbedeckung und Nacht mögl. Radaraufnahmen; ein zweites Paar erreichte im Nov. wegen eines Fehlstarts den Orbit nicht. Das IGS-Satellitennetz sollte 2004 einsatzbereit sein. Die Abkehr von der rein zivilen R. begründete Japan mit der Bedrohung durch Nord-Korea.

Bemannte Raumfahrt

Nach dem Columbia-Unglück musste die Versorgung der Internat. Raumstation (ISS) neu organisiert werden. Bis zur Neuaufnahme der Shuttle-Flüge voraussichtlich im Sept. 2004 wird nur Russland in der Lage sein, die ISS zu versorgen. Finanzielle Engpässe schränken diese Möglichkeit aber beträchtlich ein. Deshalb einigten sich Russland und die USA darauf, die Stammbesatzung von drei auf zwei Astronauten zu reduzieren; sie sollen an Bord russ. ›Sojus‹-Raumschiffe zur ISS fliegen. Die Versorgung mit lebenswichtigen Gütern und Treibstoffen übernehmen russ. Transporter vom Typ ›Progress‹. Wenn allerdings nur ein Start fehlschlägt oder eine Kopplung misslingt, muss das gesamte Programm unterbrochen werden. Stark eingeschränkt sind darüber hinaus die wiss. Arbeiten auf der ISS, da ein Teil der Arbeitszeit für die Wartung der Station benötigt wird. Dennoch konnte im Okt. beim Austausch der Besatzung ein umfangreiches Forschungsprogramm, an dem auch der span. Astronaut PEDRO DUQUE teilnahm, abgewickelt werden.

Raumfahrt

Der erste chin. Astronaut Yang Liwei wird – vornehmlich im Westen – als **Taikonaut** bezeichnet. Das Wort setzt sich aus chin. ›taikong‹ (dt. Weltraum) und griech. ›naut‹ (dt. Seefahrer) zusammen. In China verwendet man überwiegend die Bezeichnung Juhangjuan (dt. Weltraumfahrer). 14 Taikonauten trainierten 2003 für einen Einsatz. Der nächste bemannte Weltraumflug der VR China ist für spätestens Mitte 2005 geplant; an ihm sollen bis zu drei Raumfahrer teilnehmen.

Im Mai hatten JURIJ MALENTSCHENKO (Russland) und EDWARD LU (USA) die vorerst letzte Dreierbesatzung aus NIKOLAJ BUDARIN (Russland), KENNETH BOWERSOX und DONALD PETTIT (USA) abgelöst. Bei der Landung des Raumschiffs ›Sojus‹ TMA-1 am 4. Mai gerieten die drei Astronauten in Gefahr: Das Raumschiff trat zu steil in die Atmosphäre ein, was zu großen Andruckkräften und einer erhebl. Kursabweichung führte. So wurde der Landeort weit verfehlt, und die Männer mussten mehrere Stunden auf ihre Bergung warten. Im Okt. erreichte die neue Besatzung aus ALEXANDER KALERIJ (Russland) und MICHAEL FOALE (USA) die Station.
Im selben Monat unternahm die VR China ihren ersten bemannten Raumflug. An Bord von ›Shenzhou 5‹ umrundete der Astronaut (›Taikonaut‹) YANG LIWEI 14-mal die Erde, bevor er sicher wieder landete. Damit ist China nach Russland (JURIJ GAGARIN, 1961) und den USA (JOHN GLENN, 1962) das dritte Land, das in der Lage ist, bemannte R. eigenständig zu betreiben. Das der russ. ›Sojus‹ ähnl. ›Shenzhou‹-Raumschiff ist für bis zu drei Astronauten ausgelegt.

Rechtsextremismus: Die weitaus meisten politisch motivierten Straftaten gehen weiterhin auf das Konto von Rechtsextremisten. Die Zahl der registrierten rechtsextremistisch motivierten Straftaten stieg weiter an: im Vorjahresvergleich um 8,0 % auf 10 902, darunter 772 (+9,0 %) Gewaltakte, v. a. Körperverletzungen, und neun Tötungsversuche. Bei der Vorlage des Verfassungsschutzberichts für 2002 am 13. Mai führte Bundesinnenmin. OTTO SCHILY diese Steigerung teilweise auf das genauere Erfassungssystem zurück, das seit 2001 bundesweit gilt. Unterschieden wird jetzt zw. ›Gewalttaten rechts‹, ›extremist. Gewalttaten rechts‹ und ›fremdenfeindlich oder antisemitisch motivierten Gewalttaten‹.
Rechtsextreme Organisationen und Parteien büßten 2002 an Zulauf ein. Die Zahl ihrer Mitgl. sank um fast 4 000 auf 45 000, v. a. deshalb, weil die Republikaner, die DVU und erstmals seit 1996 auch die NPD Mitgl. verloren – bei dieser sollen noch 6 100 Personen eingeschrieben sein. Die Zahl der »subkulturell geprägten und sonstigen gewaltbereiten Rechtsextremisten«, v. a. der Skinheads, stieg dagegen um 3,0 % auf 10 700 Personen. Die Szene der rd. 160 örtl. oder regionalen neonazist. ›autonomen Kameradschaften‹, die sich durch ihre informelle Organisationsform der Beobachtung des Verfassungsschutzes zu entziehen versuchen, umfasst rd. 2 600 Aktivisten. Zu ihnen gehört die ›Kameradschaft Süd‹, die mit der im Sept. aufgedeckten Planung eines groß angelegten Anschlags in München den Schritt zum → Rechtsterrorismus vollzogen hat.
Am 23. März endete der erste Prozess vor dem Landgericht Dresden gegen fünf Rädelsführer der ›Skinheads Sächs. Schweiz‹ (SSS) mit Bewährungsstrafen zw. 18 und 24 Monaten. Sie hatten Überfälle auf junge Linke in Pirna und Umgebung verübt. Mit der 2001 verbotenen SSS stufte das Gericht erstmals eine rechtsextreme Gruppierung als kriminielle Vereinigung ein. Am 12. Nov. erhielten weitere zwölf SSS-Mitgl. Haftstrafen zw. sechs und 24 Monaten, die zur Bewährung ausgesetzt wurden.

Rechtshilfeabkommen: Nach mehr als 20 Jahren Verhandlungen regelten die USA und Deutschland ihre Zusammenarbeit bei der Verfolgung von Straftaten und bei der Bekämpfung des Terrorismus. Bundesjustizmin. BRIGITTE ZYPRIES und ihr amerikan. Amtskollege JOHN ASHCROFT unterzeichneten am 14. Okt. in Washington ein R. zw. beiden Staaten. Es bezieht sich u. a. auf die Beschlagnahme von Beweismitteln, die Vernehmung von Zeugen und den Austausch von Urkunden. Zu Differenzen war es v. a. im Zusammenhang mit der Verfolgung und Prozessführung gegen mutmaßl. Terroristen in beiden Staaten gekommen. Die dt. Seite stellte sicher, dass Beweismaterial aus Deutschland nicht zur Verhängung der → Todesstrafe führt. Ein ähnl. R. mit den USA hatte die EU im Juni vereinbart.

Rechtsterrorismus: Bei einer Razzia gegen die rechtsextremist. ›Kameradschaft Süd – Aktionsbüro Süd‹ in München am 10. Sept. stellte die Polizei 14 kg Sprengstoff und zahlreiche Waffen sicher. Erste Ermittlungen, die Generalbundesanwalt KAY NEHM an sich zog, ergaben, dass die Gruppe unter Führung des 27-jährigen Neonazis MARTIN WIESE offenbar für den 9. Nov. ein Attentat auf das im Bau befindl. jüd. Kulturzentrum am Jakobsplatz in München geplant hatte, dessen Grundsteinlegung an diesem Tag unter öffentl. Beteiligung erfolgen sollte. Die Gruppe soll auch Moscheen und eine griech. Schule sowie den bayer. SPD-Fraktionsvors. FRANZ MAGET im Visier gehabt haben. Die Bundesanwaltschaft ließ 14 Verdächtige u. a. unter dem Verdacht der Mitgliedschaft in einer terrorist. Vereinigung in Untersuchungshaft nehmen.
Ende Okt. wurden in Schleswig-Holstein fünf Rechtsextremisten festgenommen, die in enger Verbindung zur brit. Neonazi-Terrorgruppe ›Combat 18‹ gestanden haben sollen.

Reemtsma-Konzern: Anfang des Jahres geriet der R.-K., der seit 2002 zur brit. Imperial Tobacco gehört, ins Visier von Zollfahndung und Bundeskriminalamt. Beamte durchsuchten Geschäftsräume und Privatwohnungen von Mitarbeitern an insgesamt sechs Firmensitzen nach Beweisen für Zigarettenschmuggel – und damit verbunden für Steu-

Während des Großeinsatzes gegen den Tabakkonzern Reemstma transportieren Zollfahnder am 15. Januar auf dem Betriebsgelände in Hamburg sichergestelltes Material in Kunststofftonnen ab

erhinterziehung und Geldwäsche – sowie Verletzung des Handelsembargos der USA gegen den Irak. So soll mit Wissen des Konzerns zuvor unversteuert ausgeführte Ware illegal wieder eingeführt und auf dem Schwarzmarkt verkauft worden sein. Außerdem wird der Vermutung nachgegangen, dass Zigaretten in den Irak geliefert wurden. Der Verdacht kam nach der Verhaftung eines Großschmugglers 2001 auf, der seit Anfang der 1990er-Jahre Reemtsma-Zigaretten verschoben hatte.

Reformpolitik: Die Auseinandersetzungen über das umfangreiche Reformprogramm der rot-grünen Koalition, das Bundeskanzler GERHARD SCHRÖDER im März zum großen Teil in der → Agenda 2010 zusammenfasste, beherrschte die dt. Innenpolitik (siehe S.105, Deutschland: Reformherbst oder Aktionismus). Im Vordergrund standen die Beseitigung von Beschäftigungshindernissen (→ Arbeitslosengeld II, → Kündigungsschutzgesetz → Arbeitsvermittlung, → Handwerksreform), die → Steuerpolitik und → Haushaltspolitik sowie der Umbau der Sozialsysteme (→ Gesundheitsreform,

RBB-Intendantin Dagmar Reim (2. von links) am 29. August auf der Internationalen Funkausstellung in Berlin mit (von links): ›Polilux‹-Moderatorin Tita von Hardenberg, Ulla Kock am Brink und ARD-Programmdirektor Günter Struve

→ Pflegeversicherung, → Rentenreform). Zur Vorbereitung einer → Föderalismusreform bildeten Bundestag und Bundesrat im Okt. eine gemeinsame Kommission.

Reim, Dagmar, Journalistin, * Heidelberg 4.11. 1951. – Nach ihrer Wahl zur Intendantin des → Rundfunks Berlin-Brandenburg (RBB) am 23. März trat R. ihr Amt am 1. Mai an. Sie ist die erste Frau an der Spitze einer öffentl.-rechtl. Rundfunkanstalt.
Nach einem Studium der Geschichte, Germanistik und Publizistik in Mainz und München arbeitete R. 1975 als Redakteurin beim Bayer. Rundfunk (BR) und ab 1979 beim Westdt. Rundfunk (WDR). 1986 wechselte R. als Hörfunkredakteurin zum Norddt. Rundfunk (NDR), leitete dort ab 1992 die Pressestelle und war zwei Jahre lang ARD-Sprecherin. 1995 wurde sie Chefredakteurin des NDR-Hörfunks und Programmbereichsleiterin von NDR 4. Zw. 1998 und 2003 stand R. dem NDR-Landesfunkhaus Hamburg als Direktorin vor. 2001 konnte sie sich als Kandidatin für das Amt des ZDF-Intendanten nicht durchsetzen.

Rennsteigtunnel: Am 5. Juli wurde nach fast fünfjähriger Bauzeit Deutschlands längster Autobahntunnel (7916 m) eröffnet. Der R. vervollständigt die Autobahn A 71 zw. Erfurt und Meiningen (Thüringen). Ein Fünftel der Baukosten in Höhe von rd. 250 Mio.€ entfiel auf die Sicherheitstechnik. Die beiden Tunnelröhren mit jeweils zwei Fahrspuren werden elektronisch überwacht und sind durch Querstollen im Abstand von 350 m miteinander verbunden; sie dienen nach Unfällen als Fluchtwege.

Rentenreform: Angesichts der sich verschärfenden Finanzierungsprobleme bei der gesetzl. Rentenversicherung und der großen Belastung der Lohnnebenkosten durch steigende Beitragssätze gehörte die R. zu den Kernpunkten der → Agenda 2010. Außerdem wurde die Besteuerung von Renten und Aufwendungen zur Altersvorsorge reformiert (→ Steuerpolitik).

Notpaket

Zur kurzfristigen Stabilisierung des Beitragssatzes, der zum 1. Jan. schon um 0,4 Prozentpunkte auf 19,5 % erhöht worden war, beschloss der Bundestag am 6. Nov. versch. Sofortmaßnahmen: 2004 gibt es keine Rentenanpassung, und ab 1.4. 2004 müssen die Rentner für die Beiträge zur → Pflegeversicherung selbst aufkommen. Erstmals in der Nachkriegszeit muss diese Bevölkerungsgruppe damit reale Einkommensverluste hinnehmen. Darüber hinaus wurde die Liquiditätsreserve der Rentenversicherung von 80 % auf 50 % einer Monatsausgabe reduziert (rd. 4,8 Mrd. €). Auch die Verschiebung der Rentenauszahlung an Neurentner vom Monatsanfang auf das Monatsende, die allein der Zustimmung des Bundesrats bedurfte, erhielt Gesetzeskraft.

Reformbausteine

Am 3. Dez. brachte die rot-grüne Bundesreg. mit einem Gesetzentwurf die zweite große R. nach 2001 auf den Weg. Wesentl. Elemente orientierten sich an den Vorschlägen der → Rürup-Kommission. In die Rentenformel wird ein sog. Nachhaltigkeitsfaktor eingeführt werden, ähnlich dem ›Demographiefaktor‹, den die Koalition 1999 abgeschafft hatte. Mit ihm soll der wachsenden Zahl von Rentnern gegenüber der sinkenden Anzahl von Beitragszahlern Rechnung getragen werden. Das Alter für eine mögl. Frühverrentung nach Altersteilzeit oder Arbeits-

Deutschland – schöne Aussicht

losigkeit wird von 60 auf 63 Jahre angehoben. Die Anrechnung der Ausbildungszeiten bei Akademikern entfällt und die Konditionen für die Zusatzvorsorge nach der ›Riester-Rente‹ werden vereinfacht.

Rescue-Engineering, neuer interdisziplinärer Studiengang der Fachhochschule Köln zur Ausbildung von Fachleuten im Rettungswesen. Nach einem erfolgreichen Beginn im Wintersemester 2002/03 mit 60 Studenten wurden aufgrund der großen Nachfrage zum Sommersemester 2003 weitere 60 aufgenommen. Die Absolventen des Studiengangs schließen als Bachelor ab und können als Allroundexperten mit Managementkompetenzen Führungsaufgaben in den Bereichen Feuerwehr, Notfallrettung, Krankentransport, Katastrophenschutz u.Ä. übernehmen. Während ihres gesamten Studiums werden die Studenten von einer Mentorin oder einem Mentor begleitet. Ein viersemestriger Masterstudiengang ist in Planung.

Resolution 1441: Die vom UNO-Sicherheitsrat am 8.11. 2002 einstimmig beschlossene R.1441 zur Waffenkontrolle im Irak bekräftigte die Forderungen der Resolution 687 von 1991: Offenlegung aller Programme zur Entwicklung von Massenvernichtungswaffen und Raketen mit einer Reichweite über 150km, bedingungslose Zusammenarbeit mit den entsandten Waffeninspekteuren. Die R.1441 verlangte darüber hinaus, dass der Irak innerhalb von 30 Tagen einen umfassenden Bericht über seine Waffenproduktion vorlege, dass den Inspekteuren der Internat. Atomenergie-Agentur (IAEA) und der UNO binnen 45 Tagen Zugang zu allen Orten gewährt werde und diese auch unbeaufsichtigt Gespräche mit Personen ihrer Wahl führen könnten (→ Waffeninspektionen). Strittig war v.a. Art.13 der Resolution, der dem Irak bei Nichtbeachtung mit »ernsten Konsequenzen« drohte – die USA interpretierten ihn als ein Mandat, ggf. militär. Gewalt anzuwenden.

Rheinland-Pfalz

Hauptstadt: Mainz
Einwohner: 4,1 Mio.
Einwohner/km²: 204
Regierungschef: K. Beck
BIP/Einwohner: 21751 €

Mit einer Steigerung des BIP um 1,0% verzeichnete R.-P. 2002 das höchste Wirtschaftswachstum aller Bundesländer (2001: 0,3%). Im 1.Halbjahr 2003 schwächte sich die Konjunktur ab, das BIP wuchs nur noch um 0,3%. Die Arbeitslosenquote betrug im Jahresdurchschnitt 7,2% (2001: 6,8%) und stieg 2003 weiter leicht an. Im Nov. lag sie bei 7,3% gegenüber 7,1% im Vorjahresmonat.

Angesichts von erwarteten Mindereinnahmen in Höhe von 235Mio.€ für 2004 verordnete die Landesreg. unter MinPräs. KURT BECK (SPD) ein striktes Sparprogramm. So sollen die Ausgaben im Haushalt 2004, den die SPD/FDP-Koalition im Sept. im Landtag verabschiedete, nur geringfügig um 0,9% steigen. Die Ganztagsschulen des Landes sollen 2004 allerdings trotz der übrigen Sparmaßnahmen mit rd. 100Mio.€ unterstützt werden, 65 Mio.€ mehr als im laufenden Jahr.

Neues Hochschulgesetz

Mit dem am 9.Juli vom Landtag verabschiedeten Hochschulgesetz, das schon zum Wintersemester 2003/04 in Kraft trat, wurde u.a. die Anwesenheitspflicht von Prof. festgelegt, die darüber hinaus die Erfüllung ihrer Lehrverpflichtung nachweisen und regelmäßig persönl. Sprechstunden abhalten müssen. Studierende, die unter der Regelstudienzeit bleiben, können die eingesparten Monate auf einem ›Studienkonto‹ festhalten und sie für spätere Weiterbildungsmaßnahmen nutzen.

Kein Schadenersatz für Mühlheim-Kärlich

Im Sept. endeten die seit 1991 andauernden gerichtl. Auseinandersetzungen um das Kernkraftwerk Mühlheim-Kärlich: Der Energiekonzern RWE Power AG zog seine Klage auf Schadenersatz in Höhe von 1,2Mrd.€ gegen das Land zurück. Das Kraftwerk musste nach einer Betriebsdauer von lediglich 13 Monaten 1988 stillgelegt werden, da die damalige Landesreg. 1975 eine fehlerhafte Teilgenehmigung erteilt hatte.

Riemann, Katja, Schauspielerin, *Kirchweyhe (Bremen) 1.11. 1963. – Für ihre Darstellung in MARGARETHE VON TROTTAS ›Rosenstraße‹ erhielt R. bei den Filmfestspielen von Venedig die ›Coppa Volpi‹ als beste Schauspielerin. In dem Drama spielt sie eine mutige Frau, die sich 1943 für die Freilassung ihres Mannes einsetzt.

R. studierte an der Hochschule für Musik und Theater in Hannover und wurde 1986 von Peter Beauvais mit ›Ein Sommer in Lesmona‹ für das Fernsehen entdeckt. Nach weiteren Fernseharbeiten war sie 1993 in der Rolle einer frustrierten Comiczeichnerin in ›Abgeschminkt!‹ von Katja von Garnier im Kino zu sehen. Danach wurde R. zu einer Art Markenzeichen der dt. Komödien und spielte in ›Ein Mann für jede Tonart‹ (1993), ›Der bewegte Mann‹ (1994) und ›Stadtgespräch‹ (1995). Dieser Rollenfestlegung versuchte R. schon Ende der 1990er-Jahre zu entkommen, etwa durch den TV-Zweiteiler ›Else‹ (1999), in dem sie eine jüd. Frau darstellt, die aus Nazi-Deutschland nach Rumänien flieht.

Riems: Auf der Ostseeinsel R. begann im Jan. unter Leitung der Bundesforschungsanstalt für Viruskrankheiten der Tiere die bis dahin größte dt. Studie zur Rinderkrankheit BSE. Die Studie soll klären, wie der Krankheitserreger vom Darm ins Gehirn gelangt. Zu diesem Zweck werden seit Jan. 56 Kälber täglich mit infiziertem Hirngewebe gefüttert. Um den Krankheitsverlauf zu untersuchen, werden den Tieren regelmäßig Blut, Harn und Rückenmarksflüssigkeit entnommen. Auch werden Rinder in bestimmten Abständen getötet und untersucht. Die dabei gewonnenen Gewebeproben werden Mäusen injiziert, die bes. schnell auf den BSE-Erreger reagieren.
Die Ergebnisse der Langzeitstudie sollen zur Entwicklung neuer BSE-Tests beitragen, die bereits kurz nach der Infektion zuverlässige Ergebnisse liefern und an lebenden Rindern durchgeführt werden können. Bislang kann der BSE-Erreger nur durch Tests am Gehirn älterer, toter Tiere nachgewiesen werden.

Rihm, Wolfgang, Komponist, *Karlsruhe 13. 3. 1952. – Der renommierte dt. Komponist erhielt am 22. Mai in München den internat. Ernst-von-Siemens-Musikpreis (150 000 €). Die Jury würdigte die »unerschöpfl. Fantasie, vitale Schaffenslust und scharfe Selbstreflexion« des Musikers, die zu einem facettenreichen, bereits über 400 Werke umfassenden Œuvre geführt hätten.
R. war Schüler von Eugen Werner Velte, Wolfgang Fortner, Karlheinz Stockhausen und Klaus Huber. 1973 wurde er Dozent, 1985 Prof. an der Karlsruher Musikhochschule. Zu seinen bekanntesten Kompositionen zählen die Opern ›Die Hamletmaschine‹ (1987) und ›Die Eroberung von Mexiko‹ (1992) sowie die Orchesterwerke ›Sub-Kontur‹ (1976) und ›Tutuguri – Musik nach Antonin Artaud‹ (mehrere Werke, ab 1981).

Rinke, Barbara, Politikerin (SPD), *Nordhausen 8. 1. 1947. – Seit dem 23. Mai ist R. die neue Vors. (Präses) der Synode der Ev. Kirche in Deutschland (EKD) und damit Nachfolgerin von Jürgen Schmude, der sich nach 18 Jahren an der Spitze des Kirchenparlaments nicht mehr zur Wahl gestellt hatte. Die Synode ist das gesetzgebende Organ der EKD und vertritt ca. 27 Mio. Protestanten.
Nach dem Studium der Werbeökonomie arbeitete die gelernte Betriebsschlosserin in der väterl. Kfz-Werkstatt. Seit 1973 engagiert sich R. ehrenamtlich in der ev. Kirche. Sie gehörte sieben Jahre lang zur Leitung der Kirchenprov. Sachsen. Seit 1994 ist sie Oberbürgermeisterin der thüring. Stadt Nordhausen. R. gehört dem Präsidium des Dt. Ev. Kirchentages an, von 1997 bis 1999 war sie dessen Präsidentin. Als Präses will sie die EKD-Synode künftig »moderieren«. Eines ihrer Hauptanliegen ist die soziale Gerechtigkeit, denn zu den kommenden Sozialreformen habe die Kirche »ein gewichtiges Wort« beizutragen.

Roadmap, unter Federführung der USA erstellter Friedensplan für den Nahen Osten. Nach langer Zurückhaltung startete die US-Reg. am 30. April eine Initiative zur Beendigung des Nahostkonflikts. Der unter Mitwirkung Russlands, der EU und der UNO, des sog. Nahostquartetts, erarbeitete ›Fahrplan‹ soll in drei Stufen bis 2005 zur friedl. Koexistenz zw. Israel und einem »unabhängigen und lebensfähigen« Palästinenserstaat führen. Von Israel fordert die R. den militär. Rückzug aus den → Palästinens. Autonomiegebieten, von den Palästinensern ein Ende der Terroranschläge und die Schaffung demokrat. Institutionen. Beide Seiten akzeptierten den

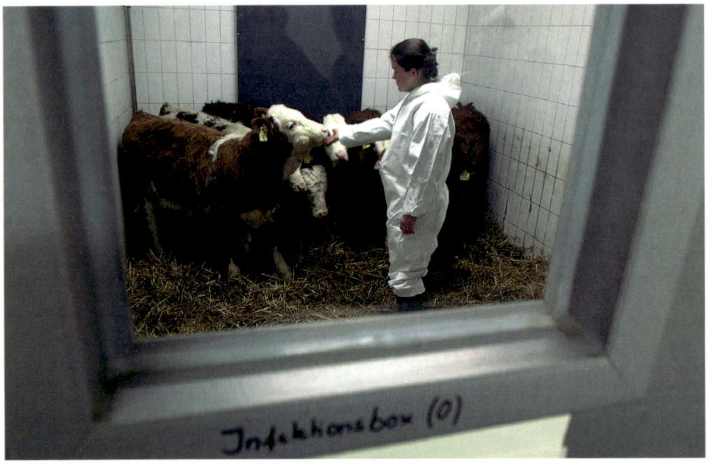

Eine Tierärztin bereitet auf der Ostseeinsel Riems Kälber in einer sog. Infektionsbox für den bislang größten deutschen BSE-Versuch vor, der den Infektionsweg des Erregers klären soll

Plan, die israel. Regierung allerdings nur unter zahlreichen Vorbehalten, insbes. hinsichtlich der anvisierten Grenzziehung zwischen dem zu schaffenden Palästinenserstaat und Israel.

Rockwell, Sam, amerikan. Filmschauspieler, *Daly City (Kalifornien) 5.11. 1968. – Für seine Verkörperung des Entertainmentproduzenten Chuck Barris in GEORGE CLOONEYS Regiedebüt ›Geständnisse – Confessions of a Dangerous Mind‹ wurde R. am 15. Febr. auf der Berlinale mit dem Silbernen Bären als bester Darsteller ausgezeichnet.
R. schlug sich mit kleinen Film- und Fernsehrollen sowie Werbearbeiten durch, bis ihm der Durchbruch mit dem Independent-Film ›Box of Moonlight‹ von TOM DICILLO gelang. Er spielte darin einen jungen Mann, der im Nirgendwo in einem Wohnwagen lebt und Chaos in das Leben eines Ingenieurs bringt. Immer wieder hat R. Außenseiter und Kleingangster dargestellt. In der Satire ›Galaxy Quest‹ (2000) war er als minderbemittelter Schauspieler zu sehen, in dem Gefängnisdrama ›The Green Mile‹ (2001) als verrückter Killer. In seinem neuesten Film ›Tricks‹ (2003) spielt er an der Seite von NICOLAS CAGE einen Trickbetrüger.

Der neue südkoreanische Präsident Roh Moo Hyun am 25. Februar mit seiner Frau in Seoul kurz nach der Amtseinführung

Roh Moo Hyun, südkorean. Jurist und Politiker (Millenniumspartei, MDP), *Gimhae 6.8. 1946. – Als Außenseiter zur Präsidentschaftswahl angetreten, setzte sich der liberale Rechtsanwalt und Menschenrechtsaktivist am 12.12. 2002 gegen den favorisierten konservativen Kandidaten, den ehem. MinPräs. LEE HOI CHANG, mit 48,9 % der Stimmen durch. Am 25. Febr. wurde er als Nachfolger von KIM DAE JUNG vereidigt.
R. M. H. stammt aus einfachen Verhältnissen und erwarb sich als Autodidakt die Qualifikation für die Anerkennung als Rechtsanwalt (1975). 1978 eröffnete er eine eigene Praxis, spezialisiert auf Arbeitsrecht und die Vertretung von Bürgerrechtlern gegen die Übergriffe des damaligen Regimes. 1987 war er für einige Monate inhaftiert. Auf dem polit. Parkett engagierte sich R. M. H. insges. sechs Jahre als Abgeordneter und 2000/01 als Fischereiminister. Im April 2002 wurde er zum Präsidentschaftskandidaten der regierenden MDP gekürt.

Rosenholz-Dateien, umfangreiches Dateienmaterial des Ministeriums für Staatssicherheit (MfS) der ehem. DDR. Es enthält 350 000 Aktenvorgänge über beobachtete Personen und Zuträger der Auslandsspionage der Stasi. Die Karteien gelangten 1992 in einer Operation unter dem Decknamen ›Rosenholz‹ über den russ. Geheimdienst KGB in die Hände der amerikan. CIA. Den dt. Behörden wurden zw. 1999 und Frühjahr 2003 insges. 380 CD-ROMs übergeben. Der dt. Justiz war das Material in den USA schon früher zugänglich gemacht worden. Nachdem der Straftatbestand der Spionage für die DDR verjährt war, wurde im Juni die Geheimhaltung aufgehoben, sodass Medien und Forscher nach dem Stasi-Unterlagengesetz bei der sog. Gauck-Behörde Einblick verlangen können. Noch nicht enttarnte Zuträger des MfS aus dem Westen müssen nun mit ihrer Enttarnung rechnen. In den R.-D. ist auch GÜNTER WALLRAFF erfasst (→ Wallraff-Affäre).

Röspel, René, Biologe und Politiker (SPD), *Hagen 9.7. 1964. – Als einer der wenigen Naturwissenschaftler im Dt. Bundestag wurde R. am 5. Mai zum Vors. der Enquete-Kommission ›Ethik und Recht der modernen Medizin‹ gewählt. Schwerpunkte der Kommissionsarbeit sind die Vorbereitung gesetzgeber. Entscheidungen zur → Gentechnik (z. B. therapeut. Klonen) und Sterbehilfe.
Der gelernte Versicherungskaufmann studierte in Bochum Biologie (Diplom 1993), anschließend Ökologie in Essen und war 1994–98 wiss. Mitarbeiter im Bereich Tumorforschung am Univ.-Klinikum Essen. Seit 1983 Mitgl. der SPD, wurde R. 1998 und 2002 als Direktkandidat in den Bundestag gewählt. In der SPD-Fraktion gehört er zum linken Flügel und stellte sich mehrmals gegen die in der → Agenda 2010 zusammengefassten Reformpläne von Bundeskanzler GERHARD SCHRÖDER.

Royal Ahold: Der niederländ. Einzelhandelsriese R. A. musste im Febr. Bilanzfälschungen großen Ausmaßes eingestehen: In den Geschäftsjahren 2001 und 2002 hatte er einen um mind. 500 Mio. € überhöhten Gewinn ausgewiesen. Die Manipulationen wurden v. a. bei dem amerikan. Tochterunternehmen U. S. Foodservice entdeckt. Das Bekanntwerden des Skandals löste einen tiefen Kurssturz der Aktie aus, die bis zu 68 % an Wert verlor. Bis dahin hatte R. A., das in den vergangenen zehn Jahren über 19 Mrd. US-$ für Akquisition ausgegeben hat, als Vorzeigeunternehmen gegolten und war in wichtigen Aktienindizes vertreten. Als Konsequenz traten der Vorstandsvors. CEES VAN DER HOEVEN und Finanzchef MICHIEL MEURS von ihren Posten zurück.

Ruanda

Hauptstadt: Kigali
Einwohner: 8,2 Mio.
Einwohner/km²: 352
Staatsoberhaupt:
P. Kagame
Regierungschef:
B. Makuza
BIP/Einwohner:
200 US-$

Bei den ersten Präsidentschaftswahlen nach dem Völkermord 1994 wurde Präs. PAUL KAGAME am 25. Aug. mit 97 % der Stimmen im Amt bestätigt. Seine Partei, die Front Patriotique Rwandais (FPR), konnte bei den ersten Wahlen zum Zweikammerparlament vom 29. Sept. bis 2. Okt. die absolute Mehrheit erringen und bildete mit vier weiteren Parteien eine Regierungskoalition. Europ. Wahlbeobachter verwiesen auf zahlreiche Unregelmäßigkeiten bei der Abstimmung.
Am 26. Mai sprach sich die Bevölkerung in einem Referendum für eine neue Verfassung aus, die eine demokrat. Entwicklung gewährleisten soll. Als Konsequenz aus den blutigen Konflikten zw. Hutu und Tutsi verbietet sie u. a. die unumschränkte Herrschaft einer Partei.

■ Anhänger des ruandischen Präsidenten Paul Kagame bei einer Wahlkampfveranstaltung in Muwumba am 21. August – vier Tage vor der Wiederwahl Kagames

Das von der UNO unterstützte Internat. Kriegsgericht für R. (ICTR), das sich die Aufarbeitung des Genozids zur Aufgabe gemacht hat, verurteilte am 15. Mai den ehem. Informationsmin. ELIEZER NIYITEGEKA wegen Beteiligung am Völkermord und Verbrechen gegen die Menschlichkeit zu lebenslanger Haft. Das in Tansania ansässige Gericht befand ihn für schuldig, auf Demonstrationen und über die Massenmedien offen zu Gewalttaten gegen Tutsi aufgerufen zu haben. Das Tribunal hat seit 1996 erst zwölf Verfahren abgeschlossen. Die ruand. Reg. und Überlebende des Völkermordes warfen dem ICTR mangelnde Aktivität und Unfähigkeit vor. Als Reaktion auf diese Kritik erklärten Präs. KAGAME und der neue Staatsanwalt des Kriegsgerichts, HASSAN JALLOW, die Prozesse beschleunigen zu wollen.
Aufgrund der katastrophalen Verhältnisse in den überfüllten Haftanstalten, in denen Ende 2002 etwa 110 000 Menschen einsaßen, wurden im Febr. gegen die Proteste von Genozid-Überlebenden 22 500 inhaftierte Mitläufer des Völkermordes zur Umerziehung in sog. Solidaritätslager eingewiesen. Im Mai konnten sie unter gewissen Auflagen die Lager verlassen. ■

Rückmeldegebühr: Die 1997 von den Hochschulen Baden-Württembergs eingeführte R. für Studierende ist verfassungswidrig, da es sich dabei um eine versteckte Studiengebühr handelt. Das Bundesverfassungsgericht gab am 19. März in letzter Instanz der Klage von Studenten statt, die sich gegen die Erhebung einer R. in Höhe von 100 DM (= 51,13 €) gewehrt hatten. Nach heftigen Protesten der Studierenden war die Einziehung der R. 1998 auf richterl. Anordnung ausgesetzt worden. Die Univ. müssen nun rd. 20 Mio. € zurückzahlen. Das Bundesverfassungsgericht verwirft in seinem Urteil nicht grundsätzlich die Erhebung von Gebühren für die Rückmeldung, doch müssen diese dem realen Kostenaufwand entsprechen; dieser lag pro Rückmeldung bei ca. 4,25 €.

Ruhrgebiet: In NRW starteten die Regierungsparteien SPD und Bündnis 90/Die Grünen Initiativen zu Verwaltungs- und Organisationsreformen, die u. a. das R. erstmals zu einer eigenen Verwaltungseinheit machen sollen. Geplant ist, die Zahl der Regierungsbezirke von fünf (Köln, Düsseldorf, Arnsberg, Detmold, Münster) auf drei zu reduzieren (Rheinland, R., Westfalen). Im Nov. legten die Koalitionsparteien einen Gesetzentwurf zur Umwandlung der von der Landesreg. unabhängigen beiden Landschaftsverbände in drei Regionalverw. vor; dabei tritt anstelle des für die Bereiche Freizeit, Tourismus und Öffentlichkeitsarbeit zuständigen Kommunalverbandes R. (KVR) die Regionalverw. R. (RVR). Kern der Reform, die bis Ende 2004 verwirklicht werden soll, ist die weitgehende Übernahme der Regionalplanung (Raumordnung, Flächennutzung, Verkehr) durch die RVR.

Rumänien

Hauptstadt: Bukarest
Einwohner: 22,4 Mio.
Einwohner/km²: 97
Staatsoberhaupt:
I. Iliescu
Regierungschef:
A. Năstase
BIP/Einwohner:
1915 US-$

Nach einem Anstieg des BIP um 4,9 % im Vorjahr konnte R. für 2003 erneut mit einem hohen Wirtschaftswachstum von ca. 5,2 % rechnen. Die Arbeitslosigkeit sank zwar auf etwa 7,5 % (2002: 8,3 %), jedoch lebt mehr als ein Drittel aller Rumänen unterhalb der offiziellen Armutsgrenze.

EU legt sich auf Beitritt bereits 2007 fest

Auf dem EU-Gipfel in Thessaloniki im Juni erhielt R. die Zusage für einen EU-Beitritt 2007, vorausgesetzt, die Beitrittsverhandlungen werden bis Ende 2004 abgeschlossen. Bei einem Referendum am 18./19. Okt. billigten 89,7 % der Wähler den Entwurf für eine neue, EU-konforme Verfassung (Wahlbeteiligung 55,7 %). Sie schreibt das Recht auf Privatbesitz fest und ermöglicht Ausländern den Immobilienerwerb. Außerdem wird nat. Minderheiten der Gebrauch ihrer Sprachen in den Behörden zugestanden. Die Wehrpflicht wird 2007 abgeschafft.

In der Koalition der Willigen

R. stellte sich im Irakkonflikt auf die Seite der USA und entsandte im April 278 Soldaten zur Unterstützung der Operationen. Der Militärflughafen bei Constanța, der den USA zur Verfügung gestellt wurde, soll künftig zur dauerhaften amerikan. Militärbasis am Schwarzen Meer ausgebaut werden. Zur Sicherung der Lage nach dem Irakkrieg bot R. rd. 700 Soldaten auf.

Kritik an verbreiteter Korruption

Ungeachtet eines vom Parlament im März verabschiedeten umfangreichen Pakets von Antikorruptionsgesetzen forderte der amerikan. Botschafter in R. Anfang Sept. ein schärferes Vorgehen der Behörden gegen die weit verbreitete Korruption. Die Organisation Transparency International stuft R. als den Staat mit den größten Korruptionsproblemen in Europa ein. Wegen des Missbrauchs von EU-Fördergeldern, Schmiergeldannahme bzw. Betrugs mussten am 20. Okt. drei Min. von ihrem Amt zurücktreten. ■

Rumsfeld, Donald, amerikan. Politiker (Republikaner), *Chicago 9. 7. 1932. – Im Irakkonflikt war Verteidigungsmin. R. neben Vizepräs. Richard Cheney die treibende Kraft in der amerikan. Reg. für ein militär. Vorgehen gegen den Irak auch ohne UNO-Mandat. Durch seinen kompromisslosen Kurs und mit seinen polarisierenden Äußerungen verschärfte er die Auseinandersetzungen über den Irakkonflikt in der internat. Öffentlichkeit. Mit der schnellen militär. Unterwerfung des Landes erwarb sich R. große Anerkennung als Kriegsplaner. Dagegen offenbarte die Besatzungspolitik die mangelhafte Vorbereitung auf die Nachkriegsphase. Im Okt. legte R. in einem internen Memorandum des Pentagon ungeschminkt die Schwierigkeiten der USA im Kampf gegen den Terrorismus dar.
Der zum rechten Flügel seiner Partei zählende frühere Marineflieger diente seit den 1960er-Jahren vier Präs. in hochrangigen Positionen, u. a. Gerald Ford als jüngster Verteidigungsmin. in der Geschichte der USA (1975 – 77). Bevor Präs. George W. Bush ihn in sein Kabinett holte (2001), arbeitete R. erfolgreich in der Privatwirtschaft.

Rundfunk Berlin-Brandenburg (RBB): Am 1. Mai übernahm der RBB als neue öffentl.-rechtl. Rundfunkanstalt für Berlin und Brandenburg die Gesamtrechtsnachfolge der Sender Freies Berlin (SFB, gegr. 1954) und des Ostdt. Rundfunks Brandenburg (ORB, gegr. 1991). Der neue Sender mit Sitz in Berlin und Potsdam verfügte nach der Fusion über 1750 Mitarbeiter. Die Intendantin Dagmar → Reim schloss für den notwendigen Personalabbau betriebsbedingte Kündigungen nicht aus; auch solle die Zahl der freien Mitarbeiter reduziert werden.
In der Fernsehsparte ist eine Zusammenlegung der bisherigen Programme ›RBB Berlin‹ und ›RBB Brandenburg‹ mit neuem Sendeschema für Anfang 2004 vorgesehen. Das aus dem DDR-Fernsehen übernommene ›Sandmännchen‹ wurde im Nov. mit dem Start des neuen Boulevardmagazins ›RBB-Journal‹ auf einen früheren Sendetermin verlegt.
Im Hörfunkbereich blieben sieben der neun bestehenden Programme erhalten, u. a. der Jugendsender ›Fritz‹, der Nachrichtensender ›Inforadio‹ und ›Antenne Brandenburg‹. Die bisherigen Kultursender ›Radio 3‹ und ›Radio Kultur‹ wurden am 1. Dez. durch das neue ›Kulturradio‹ ersetzt.

rbb
RUNDFUNK BERLIN-BRANDENBURG

■ Das Logo des aus SFB und ORB hervorgegangenen Rundfunksenders

Rürup-Kommission: Die von der rot-grünen Bundesreg. eingesetzte, aus 26 Mitgl. bestehende ›Kommission für Nachhaltigkeit in der Finanzierung der Sozialen Sicherungssysteme‹ unter Vorsitz des Wirtschaftswissenschaftlers Bert Rürup legte am 28. Aug. ihre Empfehlungen vor:
Bei der gesetzl. Rentenversicherung soll den kräftigen Beitragssteigerungen, die aufgrund der ungünstigen demograph. und wirtschaftl. Entwicklung notwendig werden, entgegengewirkt werden. Deshalb empfiehlt die R.-K. u. a., das Renteneintrittsalter 2011 – 35 schrittweise von 65 auf 67 Jahre anzuheben. Ab 2005 soll mit einem sog. Nachhaltigkeitsfaktor auf die zurückgehende Zahl der Beitragszahler reagiert werden. Das bedeutet, die Renten steigen langsamer, wenn sich die Zahl der Rentner im Verhältnis zur Zahl der Beitragszahler erhöht. Außerdem schlägt die R.-K. vor, das Finanzpolster der gesetzl. Rentenversicherung (sog. Schwankungsreserve) aufzustocken, sobald dies ohne höhere Beitragssätze möglich ist. Das Rentenniveau von knapp 48 % des durchschnittl. Bruttolohns würde bei Verwirklichung dieser Maßnahmen nach den Berechnungen der Kommission bis 2030 auf 41,6 % sinken; gemeinsam mit der privaten Altersvorsorge aus der

sog. Riesterrente läge das Versorgungsniveau 2030 aber dennoch bei 48,1 % (→ Rentenreform).
Im Bereich der gesetzl. Krankenversicherung (GKV) empfiehlt die R.-K., die Beiträge von den Lohnkosten abzukoppeln. Dazu schlägt sie zwei Alternativmodelle vor: die → Bürgerversicherung sowie die Einführung einer einkommens- und altersunabhängigen Kopfpauschale an die GKV (derzeit rd. 210 €); dabei sind Kinder weiterhin beitragsfrei mitversichert. Der bisherige Arbeitgeberbeitrag würde den Arbeitnehmern dann mit dem Bruttolohn ausgezahlt (→ Gesundheitsreform).
In der → Pflegeversicherung sollen Rentner nach Vorstellung der R.-K. ab 2010 2,6 % statt bisher 0,85 % ihrer Altersbezüge an die Kassen abführen. Die Umsetzung dieses Vorschlags würde bei einer Standardrente zu einer zusätzl. Belastung von 20 € pro Monat führen.

Russland

Hauptstadt: Moskau
Einwohner: 144,1 Mio.
Einwohner/km²: 9
Staatsoberhaupt: W. Putin
Regierungschef: M. Kasjanow
BIP/Einwohner: 2402 US-$

Die Rede von Präs. WLADIMIR PUTIN zur Lage der Nation am 16. Mai war der Auftakt zur Wahlkampagne für die Präsidentschaftswahlen im kommenden Jahr. PUTIN vermied konkrete Versprechungen und appellierte an traditionelle Werte und Überzeugungen: Das Land solle seine Energien auf den Aufbau eines wirtschaftlich entwickelten und internat. einflussreichen Staates richten, der »eines großen Volkes würdig« sei. Die Popularitätsrate des Präs. lag in Umfragen kontinuierlich bei über 70,0 %. Hingegen fand die Politik der Reg. unter MinPräs. MICHAIL KASJANOW nur wenig Zustimmung in der Bevölkerung.
Überschattet wurde der Wahlkampf durch Morde an Managern und Politikern, u. a. an dem Chef der Partei ›Liberales R.‹ am 17. April. Im Juni endete mit der Schließung des letzten landesweit ausstrahlenden Fernsehsenders TWS durch das Presseministerium die Epoche des nichtstaatl. Fernsehens in Russland.

Yukos-Affäre

Über mehrere Monate beherrschte das Vorgehen der Behörden gegen die zweitgrößte Erdölgesellschaft des Landes, Yukos, die Innenpolitik. Am 2. Juli wurde der Bankenchef PLATON LEBEDJEW, zugleich Anteilseigner von Yukos und enger Vertrauter des Hauptgeschäftsführers MICHAIL CHODORKOWSKIJ, verhaftet. Der Vorwurf, LEBEDJEW sei für Unregelmäßigkeiten bei einer knapp zehn Jahre zurückliegenden Privatisierung verantwortlich, weckte die Befürchtung, die Reg. könnte den Reform- und Modernisierungsprozess drosseln. Im Aug. genehmigte die Reg. zwar die Fusion von Yukos mit der Erdölgesellschaft Sibneft zum viertgrößten Erdölproduzenten der Welt. Dennoch dehnte die Staatsanwaltschaft ihre Untersuchungen auf Betrugsvergehen, Steuerhinterziehung und Verwicklung in Mordkomplotte aus. Höhepunkt der Affäre war die Verhaftung CHODORKOWSKIJS am 25. Okt.; eine Woche später gab CHODORKOWSKIJ den Vorstandsvorsitz von Yukos an seinen Vorstandskollegen SIMON KUKES ab. Die polit. Ambitionen des Ölmilliardärs und seine Unterstützung für die liberale Partei Jabloko legen nahe, dass mit der Kampagne auch auf Popularitätsgewinne für die Regierungsparteien im Vorfeld der Parlamentswahlen spekuliert wurde. Die Fusion von Yukos und Sibneft wurde im Dez. ausgesetzt.

■ Soldaten stehen am 7. Dezember vor einem Wahllokal in Moskau an, um ihre Stimme für die Parlamentswahlen abzugeben

Im Ausland verhaftet, aber nicht ausgeliefert, wurden auch die Unternehmer BORIS BERESOWSKIJ (März) und WLADIMIR GUSSINSKIJ (Aug.). Abweichend von früheren Erklärungen, nicht gegen das Großkapital vorgehen zu wollen, betonte PUTIN im Herbst mehrfach die Schwere der Vorwürfe gegen Yukos und lehnte eine Intervention ab.

Russland

Inflationsrate (Veränderung der Verbraucherpreise in %)

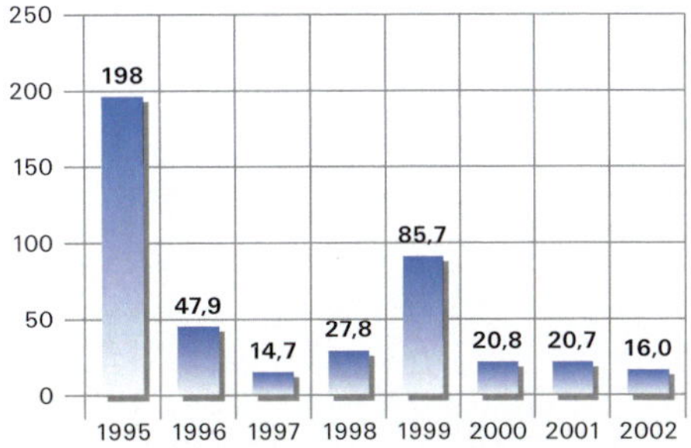

Parlamentswahlen

Bei den Dumawahlen vom 7. Dez. erzielten die regierungsnahen Parteien eine Zweidrittelmehrheit. Die Präsidentenpartei Einiges Russland kam auf 37,1 % der Stimmen (222 von 450 Sitzen); es folgten die Kommunisten (12,7 %) und die ultranationalist. LDPR (11,6 %). Die erst während des Wahlkampfes im Sept. mit offizieller Unterstützung gegründete Vereinigung Heimat erreichte auf Anhieb 9,1 %. An der Fünfprozentklausel scheiterten die liberalen Parteien Jabloko und Union der rechten Kräfte. Da der Kreml-Block unter der Führung von Einiges Russland auf die Unterstützung von LDPR, Heimat und Unabhängigen rechnen kann, bilden die stark geschwächten Kommunisten die einzige Opposition. Internat. Beobachter kritisierten die massive Einmischung des Regierungsapparats und der staatl. Medien in den Wahlkampf.

Wirtschaft auf Wachstumskurs

Während die Wirtschaft im 1. Halbjahr mit 7,1 % – insbes. dank hoher Rohölpreise auf dem internat. Markt und hoher Auslandsinvestitionen – doppelt so stark wuchs wie im Vorjahreszeitraum, verhielt sich die Reg. bei Strukturreformen zurückhaltend. Beim Umbau des öffentl. Dienstes, beim Verkauf von Staatsbeteiligungen, bei der Privatisierung des Energiemonopolisten Gasprom, der Liberalisierung des Elektrizitätssektors oder der Rentenreform gab es lediglich Absichtserklärungen für die nächsten Jahre. Die Arbeitslosenrate fiel im Juli auf 7,8 %, die Inflationsrate auf 14,0 %.

Der Anteil der Bevölkerung, der offiziell unter der Armutsgrenze lebt, ging von einem Viertel im Vorjahr auf ein Fünftel zurück. Die Abmilderung der absoluten Armut änderte an der scharfen sozialen Ungleichheit wenig. Die fortschreitende langsame Konsolidierung des Agrarsektors wurde durch die ungünstige Witterung beeinträchtigt; die Getreideernte fiel schlecht aus.

Außenpolitik

Im Irakkonflikt versuchte R., eine eigene Position zu vertreten, ohne die Beziehungen zu den USA ernsthaft zu belasten. Dabei wahrte es die Balance zw. scharfer Verurteilung und pragmat. Annäherung. Bei der amerikan. Politik in Nahost fand die russ. Haltung weniger Berücksichtigung als beim Konflikt um die Atomprogramme Irans – die R. selbst durch die Lieferung von Brennmaterial unterstützte – und Nord-Koreas; dort hatte R. im Jan. eine sog. stille Diplomatie gefordert. Über eine Beteiligung russ. Gesellschaften am Wiederaufbau der irak. Erdölindustrie wurde jedoch keine Einigung erzielt. Amerikan. Aufklärungsflüge über Georgien lösten im Juli russ. Proteste aus. Die Gipfeltreffen PUTINS mit US-Präs. GEORGE W. BUSH im Juni in St. Petersburg und im Sept. in Camp David unterstrichen das persönl. Einvernehmen der beiden Politiker, die polit. Beziehungen beider Länder wurden aber nicht wesentlich ausgebaut. Die grundsätzl. Meinungsverschiedenheiten über die amerikan. Präventivstrategie, die Nachkriegspolitik im Irak, das Raketenabwehrprogramm, die Nuklearlieferungen R.s an Iran, die Präsenz der USA in Zentralasien und ihre Beteiligung an der Erdölpipeline Baku–Tiflis–Ceyhan blieben bestehen.

Die russ. Bemühungen um Sicherheitsabkommen mit den GUS-Staaten Armenien, Weißrussland, Kasachstan, Kirgistan und Tadschikistan kamen nicht über unverbindl. Vereinbarungen über eine Vertragsorganisation für kollektive Sicherheit hinaus. Im April wurde die Bildung einer gemeinsamen schnellen Eingreiftruppe zum Kampf gegen Terrorismus und Drogenschmuggel in Zentralasien beschlossen.

Auch im Verhältnis zur EU, R.s wichtigstem Wirtschaftspartner, konnten die Meinungsunterschiede über Gasexporte, Visumregelungen und den Beitritt zur WTO nicht überwunden werden. Am 1. Juli trat die Transitregelung für die russ. Exklave Kaliningrad in Kraft, die wegen des Beitritts Litauens zur EU notwendig geworden war. Wiederholt kritisierte die EU das russ. Vorgehen in → Tschetschenien. In der Menschenrechtskommission der UNO hingegen fand im April eine Resolution keine Mehrheit, die das Vorgehen der Sicherheitskräfte in der Kaukasusrep. verurteilte. ■

S

Saakaschwili, Michail, georg. Politiker, * Tiflis 21. 12. 1967. – Der Vors. der ›Nat. Bewegung‹ und des Stadtparlaments von Tiflis wird als Kandidat seiner Partei und der ›Vereinigten Demokraten‹, geführt von NINO BURDSCHANADSE und SURAB SCHWANIJA, bei den Präsidentschaftswahlen am 4. 1. 2004 antreten. Die von ihm maßgeblich ini-

tierten Proteste gegen die manipulierten Parlamentswahlen vom 2. Nov. hatten zum Rücktritt von Präs. EDUARD SCHEWARDNADSE geführt.
Der Jurist studierte ab 1992 in Kiew, am Internat. Institut für Menschenrechte in Straßburg und an der Columbia University (New York); in den USA arbeitete er auch in einer großen Anwaltskanzlei. 1995 wurde S. Abgeordneter des georg. Parlaments und 1998 Fraktionsvors. der Schewardnadse-Partei Bürgerunion. Im Okt. 2000 zum Justizmin. ernannt, gab er sein Amt schon 2001 auf, da ein von ihm eingebrachtes Antikorruptionsgesetz abgelehnt worden war. Der ehrgeizige und machtbewusste Politiker wird von den USA unterstützt.

Saarland

Hauptstadt: Saarbrücken
Einwohner: 1,1 Mio.
Einwohner/ km^2: 415
Regierungschef:
P. Müller
BIP/Einwohner:
22 816 €

Die Wirtschaftslage des Landes blieb 2002 stabil: Wie im Vorjahr erhöhte sich das BIP um 0,9 %, deutlich mehr als der Bundesdurchschnitt von 0,2 %. Im 1. Halbjahr 2003 brach die Konjunktur jedoch deutlich ein: Das BIP schrumpfte um 0,6 %. Auch die Arbeitslosenquote bewegte sich mit einem Anstieg von 0,1 Prozentpunkten auf 9,0 % auf Vorjahresniveau, von dem sie sich auch 2003 nicht löste (Nov.: 8,9 %).

Sparhaushalt

Im Juni verabschiedete die Landesreg. den Haushalt 2004, der erstmals geringere Ausgaben als im Vorjahr ausweist – und zwar um 1,4 %. Die Gesamtausgaben sinken damit auf rd. 3,3 Mrd. €. Die Nettokreditaufnahme wurde auf 339 Mio. € begrenzt, 85 Mio. € weniger als im Haushaltsjahr 2003.

Spitze im Länderranking

Ungeachtet der Finanzprobleme des kleinsten Flächenstaates erhielt das S. in einer im Juli veröffentlichten Vergleichsstudie der von führenden Wirtschaftsverbänden unterstützten ›Initiative Neue Soziale Marktwirtschaft‹ die Bestnote aller 16 Bundesländer. Unter dem Christdemokraten PETER MÜLLER, der als »erfolgreichster MinPräs.« eingestuft wurde, habe das S., gefolgt von Bremen und Hessen, in den letzten drei Jahren die größte wirtschaftl. Dynamik entfaltet. ■

Saban, Haim, israel.-amerikan. Medienunternehmer, * Alexandria 1945. – Am 5. Aug. trat S. im Zuge der Liquidierung der insolventen → Kirch-Gruppe das Erbe des dt. Medienmagnaten LEO KIRCH an: Ein von ihm kontrolliertes Konsortium übernahm die Aktienmehrheit der Fernsehkette ProSiebenSat. 1. Dem Vertragsabschluss, der S. zunächst 72 % der Stammaktien zu einem Gesamtpreis von 525 Mio. € sicherte, war nach einem monatelangen Bieterwettwerb und für S. erst im zweiten Anlauf zustande gekommen. Damit ist S. der erste ausländ. Unternehmer, der einen dt. Medienkonzern kontrolliert.
Der in Ägypten geb. und in Israel aufgewachsene Sohn eines Spielwarenhändlers war Major der israel. Armee, bevor er sich 1975 in der Pariser Musikszene als Bassgitarrist, Produzent und Manager etablierte. Der Durchbruch gelang ihm mit der Titelmusik zur TV-Serie ›Dallas‹. 1983 zog S. nach Los Angeles, gründete die Saban Entertainment und kooperierte mit dem austral. Medienmagnaten RUPERT MURDOCH. Sein Vermögen, rd. 1,7 Mrd. US-$, machte er vornehmlich mit Hollywood-Trickfilmen (u. a. ›Power Rangers‹, ›Ninja Turtles‹).

■ In München begrüßen Staatsminister Erwin Huber (links) und der ehemalige bayerische Finanzminister Georg von Waldenfels den Medienunternehmer Haim Saban (rechts)

Sachsen

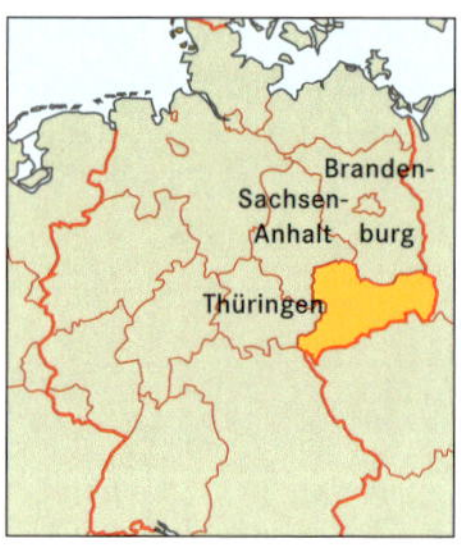

Hauptstadt: Dresden
Einwohner: 4,3 Mio.
Einwohner/ km^2: 238
Regierungschef:
G. Milbradt
BIP/Einwohner:
16 359 €

Das Wirtschaftswachstum des Freistaats erreichte 2002 mit einer Zunahme des BIP um 0,1 % nur knapp einen positiven Wert; 2001 war noch ein Plus von 0,9 % zu verzeichnen gewesen. Im 1. Halbjahr

Die neue sächsische Sozialministerin Helma Orosz (CDU) leistet am 10. Juli im Landtag in Dresden ihren Amtseid

2003 legte das BIP entgegen dem Bundestrend mit 1,4 % im Vergleich zum Vorjahreszeitraum wieder deutlich zu. Die Arbeitslosenquote verringerte sich 2002 nur wenig: Sie stieg um 0,3 Prozentpunkte auf 17,8 % und befand sich im Nov. 2003 mit 16,6 % wieder auf Vorjahresniveau.

Neue Sozialministerin. Bildungspolitik

Im Juli wurde HELMA OROSZ (CDU) als neue Sozialmin. vereidigt. Sie löste CHRISTINE WEBER (CDU) ab, die das Amt aus gesundheitl. Gründen aufgegeben hatte. WEBER war zuvor in die öffentl. Kritik geraten, weil sie finanzielle Hilfe zur Beseitigung der Flutschäden an ihrem Privathaus beantragt und auch erhalten hatte.
Das im Juni beschlossene Schulgesetz setzte neue Klassenstärken fest: Für Grundschulen ist eine Mindestschülerzahl von 15 Kindern in der ersten und von 14 Kindern ab der zweiten Klasse vorgeschrieben, an Mittelschulen und Gymnasien soll eine Klasse nicht mehr als 20 Schüler umfassen. Außerdem soll bereits ab der dritten Klasse eine Fremdsprache unterrichtet werden. Schulkonferenz und Kommunen erhalten mehr Kompetenzen in schul. Belangen.
Im Juli unterzeichnete MinPräs. GEORG MILBRADT (CDU) den lange umstrittenen Hochschulvertrag. Er gewährt den Univ. und Fachhochschulen bis zum Jahr 2010 weitgehende finanzielle Planungssicherheit und erlaubt ihnen, über ihre Mittel flexibler zu verfügen. Im Gegenzug verpflichten sich die Hochschulen, rd. 1000 Stellen abzubauen.

Bombe im Dresden. Leipzig Olympiastadt

Am 9. Juni wurde auf dem Hauptbahnhof in Dresden ein Koffer mit einem selbst gebauten Sprengsatz sichergestellt, der jedoch rechtzeitig entschärft werden konnte. Ein im Sept. festgenommener Tatverdächtiger gestand, dass er damit seinem Versuch, die Dt. Bank zu erpressen, hatte Nachdruck verleihen wollen. Er gab sich als Einzeltäter aus, die Kriminalpolizei hielt jedoch die Mitwirkung eines Komplizen bei der Tat für möglich.
Das Nat. Olymp. Komitee wählte am 13. April Leipzig für die dt. → Olympiabewerbung um die Olymp. Spiele 2012 aus. Die Messestadt setzte sich gegen Frankfurt am Main, Düsseldorf, Stuttgart und Hamburg durch. Im Herbst drohte die Bewerbung nach Aufdeckung unsauberer Geschäftspraktiken vorzeitig zu scheitern.

Bilanz der Flutschäden

Ein Jahr nach der verheerenden Flut waren noch nicht alle Schäden beseitigt. Die Katastrophe an der Elbe und ihren Nebenflüssen verursachte im Aug. 2002 in S. etwa zwei Drittel aller Schäden. Bei der Sächs. Aufbaubank waren 71 000 Fluthilfeanträge eingegangen. An 650 Wohngebäuden wurde ein Schaden von 1,7 Mrd. € ermittelt; die gewerbl. Wirtschaft meldete Schäden in Höhe von 1,9 Mrd. €. Für die Wiederherstellung der kommunalen Infrastruktur rechnete die Landesreg. mit Gesamtkosten von 6,3 Mrd. €.

Sachsen-Anhalt

Hauptstadt: Magdeburg
Einwohner: 2,5 Mio.
Einwohner/km²: 126
Regierungschef: W. Böhmer
BIP/Einwohner: 15 769 €

Die wirtschaftl. Entwicklung blieb desolat: Nachdem das BIP im Vorjahr noch um 0,5 % geschrumpft war, stagnierte es danach faktisch (2002: +0,1 %, 1. Halbjahr 2003: -0,2 %). Die Arbeitslosenquote war unverändert die höchste unter allen Bundesländern: Nach 19,7 % im Vorjahr lag sie 2002 bei 19,6 % und erreichte im Sept. 2003 19,8 %.

Finanzprobleme. Armutsbericht

Trotz aller Bemühungen um eine sparsame Haushaltsführung – im März erließ Finanzmin. KARL-HEINZ PAQUÉ eine Haushaltssperre – sieht der Haushaltsentwurf der Landesreg. unter MinPräs. WOLFGANG BÖHMER (CDU) eine deutlich höhere Neuverschuldung als geplant vor: rd. 949 Mio. € bei einem Ausgabenvolumen von 10,2 Mrd. €. Der Etat ist aber verfassungskonform, da die Nettoneuverschuldung die Investitionen nicht übersteigt. Unter den neuen Bundesländern ist S.-A. am höchsten verschuldet. Als Erstes unter ihnen legte es im April einen eigenen Armutsbericht vor. Danach gelten 18 % der Haushalte als arm. Dieser Wert übersteigt den Durchschnitt in der Bundesrep., aber auch in den ostdt. Ländern (12 % bzw. 17 %). Als arm gilt ein Haushalt, wenn sein Einkommen unter 60 % des Bundesdurchschnitts liegt.

Bundesland als ›Modellregion‹

Im Febr. stimmte der Landtag mit den Stimmen der CDU/FDP-Koalition einem Antrag zu, S.-A. als ›Modellregion für Deregulierung und Bürokratieabbau‹ auszuweisen. Die von der Bundesreg. unterstützte Initiative hat das Ziel, investitions- und beschäftigungshemmende Gesetze in den Bereichen Arbeits-, Planungs- und Baurecht den örtl. Gegebenheiten anzupassen und die Auswirkungen zu erproben; u.a. sollen der Kündigungsschutz weiter gelockert und Abweichungen vom Flächentarifvertrag ermöglicht werden.

Bildungspolitik

Angesichts weiter sinkender Schülerzahlen wurden landesweit 89 allgemein bildende Schulen geschlossen; damit hat sich ihre Anzahl auf 1205 verringert. Mit Beginn des Schuljahres 2003/04 wird in der Grundschule auch das Lern- und Sozialverhalten bewertet; außerdem wurden ab dem 1. Schuljahr wieder Zensuren eingeführt. Im gymnasialen Bereich wurde die Schulzeit auf zwölf Jahre verkürzt und das Kurssystem durch verbindl. Kernfächer im Klassenverband ersetzt. Außerdem starten die Gymnasien nun wieder mit der 5. Klasse. ■

Saharatouristen: Nach 178 Tagen endete am 18. Aug. in Bamako, der Hauptstadt von Mali, ein Geiseldrama in der Sahara, das Politiker und Angehörige in den Heimatländern der 32 Entführten in Atem gehalten hatte – 16 kamen aus Deutschland, zehn aus Österreich, vier aus der Schweiz, je einer aus den Niederlanden und aus Schweden. Eine der dt. Geiseln, eine 45-jährige Frau, überlebte die Strapazen der Entführung nicht. Sie starb am 29. Juli.
Die Touristen, die in kleinen Reisegruppen im Südosten Algeriens unterwegs gewesen waren, wurden zw. dem 22. Febr. und dem 22. März als vermisst gemeldet. Am 13. Mai befreite eine Spezialeinheit der alger. Armee nahe Tamanrasset 17 Geiseln. Mit den anderen Verschleppten setzten sich die Entführer nach Mali ab. Erst zu diesem Zeitpunkt wurde bekannt, dass eine Gruppe der islamist. Salafiten für die Aktion verantwortlich war. Eine zentrale Rolle als Vermittler bei den Verhandlungen über die Freilassung spielte der Tuareg-Führer IYYAD AG GHALI. Medienberichten zufolge wurden für jede Geisel 4,6 Mio.€ an Lösegeld gefordert. Zu der Frage, ob sie an einer Zahlung beteiligt war, nahm die Bundesreg. keine Stellung. Das Außenministerium kündigte im Okt. eine Kostenbeteiligung der Touristen an ihrer Befreiung und Rückführung an.

Saharatouristen

In der seit 1998 bestehenden **Salafitischen Gruppe für Predigt und Kampf (GSPC)** unter der Führung von Hassan Hattab sind die letzten 300 bis 500 Kämpfer des islamist. Untergrunds in Algerien organisiert, die sich der Selbstauflösung der Islam. Armee des Heils (AIS) 1997 und der Bewaffneten Islam. Gruppe (GIA) 2001 widersetzt haben. Der Name verweist auf eine ägypt. islam. Reformbewegung aus dem 19. Jh., die auch den antikolonialen Widerstand in Algerien und Marokko mit beeinflusst hat. Mokhtar Benmokhtar, ein lokaler GSPC-Führer im Südwesten Algeriens, gilt als berüchtigter Schmuggler und Organisator der Touristenentführungen.

Saint Kitts und Nevis

Hauptstadt: Basseterre
Einwohner: 46 000
Einwohner/ km²: 125
Staatsoberhaupt: Elisabeth II.
Regierungschef: D. Douglas
BIP/Einwohner: 6 937 US-$

Saint Lucia

Hauptstadt: Castries
Einwohner: 159 000
Einwohner/ km²: 257
Staatsoberhaupt: Elisabeth II.
Regierungschef: K. Anthony
BIP/Einwohner: 4 112 US-$

Saint Vincent and the Grenadines

Hauptstadt: Kingstown
Einwohner: 117 000
Einwohner/ km²: 297
Staatsoberhaupt: Elisabeth II.
Regierungschef: R. Gonsalves
BIP/Einwohner: 3 219 US-$

Salomoninseln

Hauptstadt: Honiara
Einwohner: 443 000
Einwohner/ km²: 15
Staatsoberhaupt: Elisabeth II.
Regierungschef: A. Kemakeza
BIP/Einwohner: 686 US-$

Im größten Militäreinsatz im Pazifik seit dem Zweiten Weltkrieg rückte am 24. Juli eine von Australien angeführte Eingreiftruppe mit 2500 Soldaten und Polizisten in dem kleinen Inselstaat ein. Zuvor hatte das 49-köpfige Parlament einstimmig um eine Intervention gebeten, nachdem die Reg. durch die Aktivität von Rebellengruppen, Korruption und Staatsbankrott die Kontrolle über das Land verloren hatte. An der Operation ›Helpem Fren‹ (Freundschaftshilfe), die von verschiedenen Nichtregierungsorganisationen als neokolonialist. Manöver Australiens kritisiert wurde, beteiligten sich auch mehrere der pazif. Inselstaaten.
Schon zwei Wochen nach Eintreffen der internat. Eingreiftruppe stimmten der mächtigste Rebellenführer HAROLD KEKE und seine Milizen ihrer Entwaffnung zu. Anfang Aug. wurde KEKE verhaftet; ihm werden zahlreiche Morde zur Last gelegt. Insgesamt wurden 340 Personen festgenommen, darunter 25 hochrangige Offiziere. Von urspr. 1700 austral. Soldaten sollen 2004 noch 600 auf den S. bleiben und beim Wiederaufbau der Infrastruktur helfen. ■

Sambia

Hauptstadt: Lusaka
Einwohner: 10,5 Mio.
Einwohner/km²: 14
Staatsoberhaupt und Regierungschef: L. Mwanawasa
BIP/Einwohner: 332 US-$

Präs. LEVY MWANAWASA übergab im Febr. im Rahmen einer Kabinettsumbildung zwei Ministerposten an Politiker der Opposition, sieben weitere erhielten den Rang von Staatssekretären. Der Präs. versuchte mit diesem Vorgehen, das seit seiner umstrittenen Wahl im Dez. 2001 angespannte Verhältnis zw. Reg. und polit. Gegenlager zu verbessern. Die Opposition kritisierte die fehlende Rücksprache mit der Parteiführung bei der Neubesetzung.
Am 9. Dez. wurde der Korruptionsprozess gegen den ehem. Präs. FREDERICK CHILUBA eröffnet. Er muss sich vor Gericht dafür verantworten, dass er während seiner zehnjährigen Präsidentschaft mehr als 40 Mio. US-$ veruntreut hat. Außerdem sollen weitere Gelder in Höhe von 300 Mio. US-$ ins Ausland geflossen sein.
Missernten, anhaltende Dürre und Misswirtschaft verschlechterten die Lage der Bevölkerung. Etwa 120 000 Angestellte des öffentl. Dienstes traten im Sept. wegen nicht gezahlter Löhne in einen mehr als zweiwöchigen Streik, was die Reg. zu einem Krisentreffen mit Oppositionsparteien sowie Kirchen- und Gesellschaftsgruppen veranlasste. Der IWF stoppte seine Zahlungen wegen zu hoher Staatsausgaben der samb. Regierung. ■

Samoa

Hauptstadt: Apia
Einwohner: 176 000
Einwohner/km²: 61
Staatsoberhaupt: Malietoa Tanumafili II.
Regierungschef: Tuilaepa Sailele Malielegaoi
BIP/Einwohner: 1415 US-$

Sanders, Cornelius Johannes (Corrie), südafrikan. Boxer, *Transvaal 17.1. 1966. – Durch einen Sieg gegen Titelverteidiger WLADIMIR KLITSCHKO eroberte S. am 8. März den Weltmeistertitel der WBO (World Boxing Organization) im Schwergewicht. In Hannover siegte er durch techn. K. o. in der zweiten Runde.
S., der 1989 seinen ersten Profikampf bestritt, wurde im Nov. 1997 in Pretoria durch einen Punktsieg gegen ROSS PURITTY (USA) Schwergewichtsweltmeister der WBU (World Boxing Union). Nach drei Titelverteidigungen, jeweils durch techn. K. o. in den ersten beiden Runden, verlor er den Gürtel zweieinhalb Jahre später an HASIM RAHMAN (USA).

■ Corrie Sanders geht triumphierend in seine Ringecke, Wladimir Klitschko liegt am Boden. Durch den K.-o.-Sieg in der zweiten Runde wird Sanders Schwergewichts-Weltmeister der WBO

San Marino

Hauptstadt: San Marino
Einwohner: 27 000
Einwohner/km²: 430
Staatsoberhaupt und Regierungschef: ›Capitani Reggenti‹
BIP/Einwohner: –

São Tomé und Príncipe

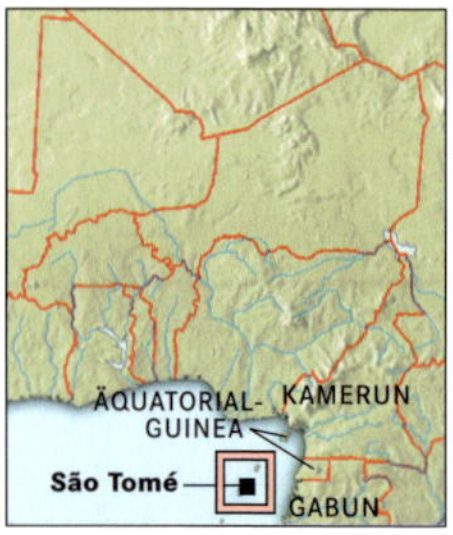

Hauptstadt: São Tomé
Einwohner: 154 000
Einwohner/ km²: 157
Staatsoberhaupt: F. de Menezes
Regierungschef: M. de Neves
BIP/Einwohner: 354 US-$

Ein Militärputsch unter Führung von FERNANDO PEREIRA, dem Chef der Militärakademie, enthob am 16. Juli den aufgrund eines Staatsbesuchs abwesenden Präs. FRADIQUE DE MENEZES seines Amtes. Nachdem sich die Putschisten zu Gesprächen bereit erklärt hatten, kehrte DE MENEZES eine Woche später nach S.T.u.P. zurück und wurde wieder als Staatsoberhaupt eingesetzt. Im Gegenzug erhielten die Aufständischen Generalamnestie. Außerdem sagte der Präs. die Bildung einer neuen Reg. und eine Stärkung des Parlaments zu.
Die Putschisten begründeten die kurzfristige Regierungsübernahme mit der massiven Korruption und der trotz der neu entdeckten Erdölvorkommen vor der Küste anhaltenden Armut der etwa 150 000 Einwohner des Inselstaates, der in den nächsten zehn Jahren zu einem der führenden Erdölexporteure Afrikas aufsteigen könnte. ■

SARS, Abk. für **S**evere **A**cute **R**espiratory **S**yndrome (dt. Schweres Akutes Atemwegssyndrom): Die neuartige Infektionskrankheit brach erstmals im Nov. 2002 in der VR China aus und verbreitete sich Anfang 2003 von dort aus in andere Länder, v.a. in Asien. Übertragen wird SARS durch eine bis dahin unbekannte Form des Coronavirus. Erste Symptome (Fieber, Halsschmerzen) treten etwa zehn Tage nach der Infektion auf. Im weiteren Verlauf entwickelt sich häufig eine Lungenentzündung, die bes. bei alten Menschen zum Tod führen kann. Da es kein Heilmittel gibt, beschränkt sich die Behandlung auf die Gabe von Medikamenten, die das Immunsystem unterstützen.
Weltweit starben nach Angaben der Weltgesundheitsorganisation (WHO) insgesamt 774 Menschen (Stand: 26. Sept.). Schuld an der hohen Zahl der Todesopfer war neben der anfangs mangelhaften Aufklärung der Bevölkerung insbes. die ungenügende medizin. Versorgung in den Krankenhäusern, die oft selbst zu Infektionsherden wurden. In Kanada wurden 251 Infizierte gezählt, von denen 43 starben. Im Großraum Toronto waren zeitweise bis zu 6 000 Menschen unter Quarantäne gestellt. Einziges europ. Land mit einem SARS-Opfer war Frankreich. In Deutschland wurden bis zum Ende der Epidemie insgesamt drei Infizierte erfolgreich behandelt.
Der Verlauf der Epidemie zeigte, dass Infektionskrankheiten in der mobilen Weltgesellschaft leicht zu einer ernsthaften Bedrohung werden können. So trug der rege Flugverkehr zw. den Kontinenten dazu bei, dass sich SARS schnell über Asien hinaus ausbreitete. Da die WHO eine Ansteckung über die Lüftungssysteme in Flugzeugen nicht ausschließen konnte, kam es bei vielen Luftfahrtgesellschaften im 1. Halbjahr zu rückläufigen Buchungszahlen. Entsprechend den Weisungen der Gesundheitsbehörden verließen viele Menschen in den betroffenen Regionen ihre Wohnungen kaum noch. Das öffentl. Leben kam zum Erliegen, Industrie und Handel verzeichneten große Einbußen.

SARS: CHRONIK

Nov. 2002: In der südostchin. Provinz Guangdong erkranken die ersten Menschen an einer bisher unbekannten Form der Lungenentzündung, die später als Schweres Akutes Atemwegssyndrom (SARS) bezeichnet wird.
März: Ein Krankenhaus in Hanoi, Vietnam, meldet Anfang März Fälle von SARS an die Weltgesundheitsorganisation (WHO). In Frankfurt am Main wird am 15. März ein Arzt aus Singapur mit Verdacht auf SARS in eine Klinik eingeliefert; tags darauf bestätigt sich der Verdacht. Bis Ende März sterben weltweit 62 Menschen an SARS, die Krankheit tritt v.a. in China und Hongkong auf.
April: Forschern des Hamburger Inst. für Tropenmedizin, die das SARS-Virus bereits Ende März identifiziert haben, gelingt die Entwicklung eines SARS-Schnelltests. Die chin. Regierung in Peking, die das Ausmaß der Seuchengefahr monatelang beschönigt hat, räumt Ende des Monats dem Kampf gegen SARS oberste Priorität ein. Die Krankheit breitet sich dennoch weiter aus. Bis Ende April sterben weltweit mehr als 350 Menschen an SARS, ein Großteil davon in Asien. Neben Hongkong und China ist nun auch Kanada von der Seuche betroffen.

SARS

Ansteckung und Schutz: Das Schwere Akute Atemwegssyndrom SARS wird v. a. durch Tröpfcheninfektion übertragen, also durch winzige Schleimpartikel, die beim Husten, Niesen und Sprechen freigesetzt werden. Atemschutzmasken können das Infektionsrisiko mindern. Wegen der großen Ansteckungsgefahr wird von Reisen in betroffene Regionen abgeraten. Wer sich dennoch dort aufhält, sollte direkte Hautkontakte und große Menschenansammlungen meiden. Nach Personenkontakten, der Benutzung von Sanitäreinrichtungen und vor dem Essen sollten die Hände gründlich gewaschen werden.

Mai: Mittlerweile haben insgesamt 32 Staaten Fälle von SARS gemeldet. In Asien steigt die Zahl der Infizierten weiter an, bes. betroffen ist nun Taiwan. Ende Mai kommt es in Kanada zu einem erneuten Ausbruch der Seuche.
Juni: Dank umfassender Vorbeugungsmaßnahmen geht die Zahl der Infizierten in China zurück. Mitte

SARS

Im Zuge der SARS-Epidemie wurde am 16. März in Frankfurt am Main der erste **Infektionsalarm** in Europa ausgelöst. Im Falle eines solchen Alarms bestehen gemäß dem seit 2001 geltenden Infektionsschutzgesetz für Ärzte und Krankenhäuser bes. Meldepflichten. So muss das zuständige Gesundheitsamt innerhalb von 24 Std. über jeden weiteren Krankheitsfall unterrichtet werden. Die Gesundheitsämter übermitteln die Daten an das Robert-Koch-Inst., die Leitinstitution des öffentl. Gesundheitswesens in Deutschland. Das Inst. ist u. a. für die Koordination länderübergreifender Maßnahmen zuständig und leitet alle Informationen an die Weltgesundheitsorganisation (WHO) weiter.

Juni zeichnet sich erstmals ein Ende der SARS-Epidemie ab. Die WHO warnt jedoch weiterhin vor Reisen nach Toronto (Kanada), Peking (China) und Taiwan.
Juli: Am 5. Juli erklärt die WHO Taiwan als weltweit letztes Gebiet für SARS-frei.
Dezember: Das chin. Gesundheitsministerium meldet am 27. Dez. einen neuen SARS-Verdachtsfall aus der Provinz Guandong.

Sat.1, Fernsehsender im Verbund der ProSiebenSat.1 Media AG; als Kernstück der → Kirch-Gruppe wurde das Fernsehunternehmen im Aug. von einem Konsortium unter Führung des amerikan. Medienunternehmers Haim → Saban übernommen. Noch im gleichen Monat wurde der Sat.1-Geschäftsführer MARTIN HOFFMANN entlassen. Als Nachfolger berief Vorstandschef URS ROHNER den Schweizer ROGER SCHAWINSKI. Am 8. Dez. teilte der Sender überraschend mit, dass die ›Harald-Schmidt-Show‹ zum Jahresende eingestellt wird. HARALD SCHMIDT brauche eine »Kreativpause«. In Branchenkreisen wurde allerdings vermutet, dass SCHMIDTS Abgang mit den Sparplänen des Senders in Zusammenhang steht.

Saudi-Arabien

Hauptstadt: Riad
Einwohner: 22,1 Mio.
Einwohner/ km²: 10
Staatsoberhaupt und Regierungschef:
Fahd ibn Abd al-Asis
BIP/Einwohner:
8658 US-$

Das saud. Königshaus, traditioneller Verbündeter der USA im Nahen Osten, wandte sich gegen die amerikan. Intervention im Irak und ließ offiziell keine Militäroperationen von seinem Territorium aus zu. Im Aug. wurden die seit 1990 im Land stationierten amerikan. Truppen nach Katar verlegt. Dennoch geriet S.-A. ins Visier islam. Extremisten. Am 12. Mai starben bei Selbstmordanschlägen auf ein Ausländerwohnviertel in der Hauptstadt Riad 34 Menschen, darunter acht Amerikaner; bei einem Anschlag am 8. Nov. in einer Siedlung für arab. Ausländer kamen 17 Menschen ums Leben. Gefechte bei Razzien und Verhaftungen von Islamisten forderten weitere Opfer; so wurden am 28. Juli bei einem Schusswechsel sechs militante Islamisten und zwei Polizisten getötet.
Wirtschaftlich profitierte S.-A. vom Irakkonflikt: Steigende Erdölpreise bescherten dem Land erstmals seit 20 Jahren einen Haushaltsüberschuss. Für 2003 rechnet die Reg. mit einem BIP-Wachstum von 6,4 %. Im Nov. schloss die staatl. Erdölfirma Aramco mit den europ. Konzernen Shell und Total einen Vertrag über die Förderung von Erdgas im Auftragswert von 2 Mrd. US-$.
Gedrängt von den USA, begann das Königshaus im Febr. Gespräche mit versch. Menschenrechtsgruppen. Am 11. Okt. kündigte die Reg. an, innerhalb eines Jahres Gemeinderatswahlen abzuhalten – es wären die ersten Wahlen seit 1932. ■

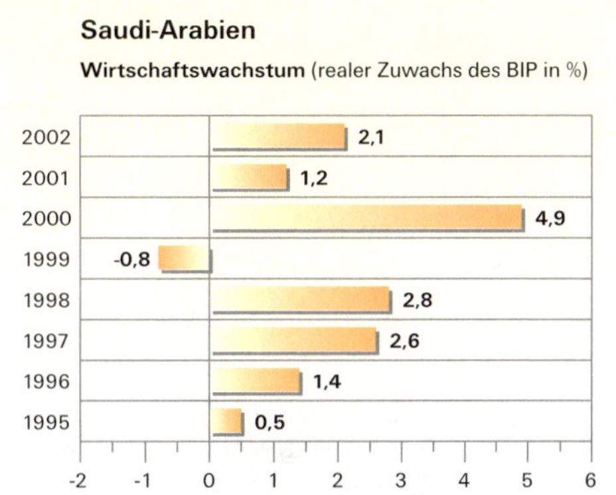

Schaar, Peter, Ökonom, Datenschutzexperte und Politiker (Bündnis 90/Die Grünen), * Berlin 1954. – Der Bundestag wählte S. am 14. Nov. zum neuen Bundesdatenschutzbeauftragten für eine Amtszeit von fünf Jahren. Er folgt JOACHIM JACOB nach, dessen Amtszeit schon im Juli ausgelaufen war. Das Vorschlagsrecht für dieses Amt hatte sich Bündnis 90/Die Grünen bei den Koalitionsverhandlungen mit der SPD 2002 gesichert, die CDU/CSU-Fraktion lehnte S. ab.
S. studierte Volkswirtschaft in Berlin, Frankfurt am Main und Hamburg und trat 1980 in die Dienste des Hamburger Senats. Seit 1986 war er im Referat des Datenschutzbeauftragten beschäftigt, seit 1994 als stellv. Leiter der Behörde. 2002 schied er aus dem Staatsdienst aus und machte sich als Experte für Internetsicherheit und Berater in Datenschutzfragen selbstständig. S. war Gründungsmitgl. der Grün-Alternativen Liste Hamburg (GAL) und 1997–2000 Vorstandssprecher der Hamburger GAL.

Ein Virus hält die Welt in Atem

Im Vorfeld des Irakkrieges beschäftigte die vermeintliche Gefahr eines bioterroristischen Anschlags mit Pockenviren Fachwelt und Öffentlichkeit. In dieser angespannten Atmosphäre ereignete sich ab März 2003 mit dem vermehrten Aufkommen von SARS (Severe Acute Respiratory Syndrome) der seit langem folgenschwerste Ausbruch einer gefährlichen neuartigen Infektionskrankheit. Seit Anfang der 1990er-Jahre beschäftigen solche ›emerging infections‹ Wissenschaftler und Gesundheitspolitiker – SARS ist das vorerst letzte Beispiel. Im Unterschied zu Viren wie Ebola, Hanta und Nipah, die nur lokal begrenzte Auswirkungen haben, zeigte SARS früh seine Fähigkeit, sich entlang der internationalen Flugrouten sehr schnell auszubreiten. Darin liegt seine besondere Gefährlichkeit, und tatsächlich sah es eine Zeit lang so aus, als bekomme man den Ausbruch nicht unter Kontrolle.

Bedrohung der Weltgesundheit

Zu den Aufgaben der Weltgesundheitsorganisation (WHO) gehört es, Infektionsausbrüche möglichst früh zu erkennen und die Mitgliedstaaten bei ihren Bekämpfungsmaßnahmen zu unterstützen. Das so genannte Global Outbreak Alert and Response Network (GOARN) erhielt seit Mitte Februar 2003 aus der südostchinesischen Provinz Guangdong (Kanton) Berichte über den Ausbruch einer unklaren Atemwegserkrankung. Zeitgleich waren in Hongkong – wie schon 1997 und 1999 – Menschen an Vogelgrippe erkrankt; man rätselte über einen möglichen Zusammenhang und befürchtete den Beginn einer Influenza-(Grippe-)Pandemie. Dann aber gab China offiziell bekannt, es handele sich in Guangdong um eine Chlamydien-Infektion und der Ausbruch sei unter Kontrolle.

Der Autor:
Wolfgang Preiser
geboren 1965.
Studierte Humanmedizin. Nach der Facharztausbildung für Mikrobiologie und Virologie seit 2000 Oberarzt am Institut für Medizinische Virologie des Klinikums der Johann-Wolfgang-Goethe-Universität in Frankfurt am Main

Mitte März meldete ein WHO-Mitarbeiter in Vietnam, Dr. Carlo Urbani, Ungewöhnliches aus einem Krankenhaus in Hanoi; dort hatten sich etliche Mitarbeiter an einem aus Hongkong eingereisten Patienten mit einer schweren atypischen Pneumonie (nichtbakterielle Lungenentzündung) angesteckt, die nicht auf Antibiotika ansprach. Tragischerweise wurde Urbani selbst infiziert und verstarb später. Ähnliche Berichte kamen aus Hongkong. Die WHO veröffentlichte deswegen am 12. März einen ›global alert‹.

Dieser Alarm kam gerade zur rechten Zeit, denn nur wenige Tage später zeigte die mittlerweile als Severe Acute Respiratory Syndrome (SARS) bezeichnete Krankheit ihr Potenzial, sich innerhalb kürzester Zeit über große Entfernungen auszubreiten. Die ersten Fälle erreichten Europa am 15. März: Ein Arzt aus Singapur (der sich wie Urbani bei der Behandlung von aus Hongkong eingereisten Patienten angesteckt hatte) und seine Begleiterinnen wurden unter SARS-Verdacht in die Hochsicherheits-Isolierstation des Universitätsklinikums Frankfurt am Main aufgenommen; ähnliche Fälle wurden aus anderen Ländern, darunter Kanada, gemeldet.

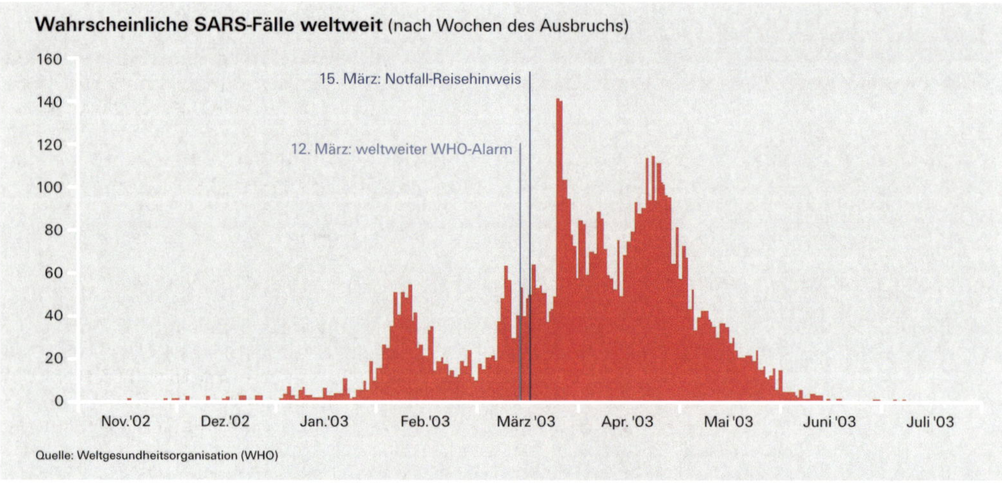

SARS war also nicht nur eine schwere, hochansteckende und ursächlich nicht zu behandelnde Krankheit, sondern Infizierte konnten zudem den noch unbekannten Erreger in bislang nicht betroffene Gebiete verschleppen.

WHO koordiniert Bekämpfung

Das bedrohliche Szenario und die unüberschaubare Lage veranlassten die WHO, am 15. März einen notfallmäßigen Reisehinweis (emergency travel advisory) auszusprechen. Zugleich rief sie internationale Netzwerke von Experten ins Leben, die durch Telefonkonferenzen und über geschützte Internetseiten in ständiger Verbindung miteinander standen. Diese von der WHO koordinierten Netzwerke suchten den ursächlichen Erreger, erforschten Infektionsübertragung und -ausbreitung (Epidemiologie) und widmeten sich der bestmöglichen Behandlung Erkrankter. Enge gegenseitige Abstimmung und Information sowie der freie Austausch von Probenmaterialien und Reagenzien ermöglichten es den beteiligten Laboratorien, binnen weniger Wochen einen unbekannten Vertreter aus der Gruppe der sog. Coronaviren zu identifizieren, das SARS-assoziierte Coronavirus (SARS-CoV). Ein derartig schneller Durchbruch ist bislang in der Seuchengeschichte einzigartig; er war nur möglich durch konsequente Anwendung sowohl ›traditioneller‹ als auch hochmoderner virologischer Methoden und hätte ohne die Koordination durch die WHO gewiss viel länger gebraucht.

Zugleich nahm die Ausbreitung der Krankheit bedrohliche Ausmaße an. Wohl verbreitete sich SARS in etlichen Ländern (darunter Deutschland) nach der Einschleppung vereinzelter Fälle lokal nicht weiter, und in Vietnam schienen strikte Krankenhaushygiene und konsequente Isolierung Erkrankungsverdächtiger die Krankheit einzudämmen. In Singapur und Toronto (Kanada) aber kam es zu folgenschweren Ausbrüchen, und fast täglich wurde von ›importierten‹ Fällen in weiteren Ländern berichtet.

Am größten jedoch war die Ungewissheit über die Lage in China. Die Regierung blieb zunächst bei der Darstellung, die Krankheit sei unter Kontrolle. Doch schien es nicht plausibel, dass sich SARS einerseits durch einen von Guangdong nach Hongkong gereisten, infizierten Arzt global ausgebreitet haben sollte, dass China selbst aber andererseits von der Seuche kaum betroffen zu sein schien. Ein in das Land entsandtes WHO-Expertenteam stellte denn auch erhebliche Mängel im Meldewesen fest. Auf internationalen Druck hin vollzog die Regierung im April eine Kehrtwendung: Mit bedauerlicher Verzögerung wurde den Verantwortlichen nun klar, dass Erfolge bei der Bekämpfung der Seuche nur durch Offenheit und unter Aufbietung aller verfügbaren Kräfte zu erzielen waren. Der chinesische Gesundheitsminister und der Pekinger Bürgermeister wurden für die verfehlte SARS-Politik verantwortlich gemacht und entlassen. Doch hatte sich SARS bereits in vielen Regionen ausbreiten können, wobei unzulängliche Vorkehrungen zu teils katastrophalen Ausbrüchen in Krankenhäusern geführt hatten. Erst nach Stärkung des Meldewesens – was zunächst zu drastisch steigenden SARS-Zahlen führte – und durch strikte Maßnahmen zur Ermittlung und Isolierung Infizierter gelang auch in China die Eindämmung von SARS.

Ausländische Touristen und ihr chinesischer Führer mit Atemschutzmasken vor dem Porträt von Mao Zedong auf dem Platz des Himmlischen Friedens in Peking

Mittlerweile griff die WHO zu einem ungewöhnlichen und für die betroffenen Länder und Gebiete folgenschweren Mittel: Am 2. April sprach sie für Hongkong und Guangdong Reisewarnungen (travel recommendations) aus, am 23. April für Peking, die chinesische Provinz Shanxi und das kanadische Toronto, später für weitere Provinzen auf dem chinesischen Festland und für Taiwan. Erst nachdem die unkontrollierte Weiterverbreitung von SARS im jeweiligen Gebiet unterbunden war, wurden diese Reisebeschränkungen sukzessive wieder aufgehoben, zuletzt am 24. Juni für Peking.

Die am meisten betroffenen Länder und Gebiete wie Singapur, Toronto, Peking und Taiwan unternahmen größte Anstrengungen, um die weitere Ausbreitung von SARS zu verhindern. Dazu gehörten etwa die Schließung von Schulen und anderen öffentlichen Einrichtungen und die Verkürzung von Ferien. Die wirtschaftlichen und sozialen Auswirkungen waren enorm. Trotzdem gelang es erst nach teilweise bitteren Rückschlägen, die Lage unter Kontrolle zu bringen. Am 5. Juli meldete die WHO die Unterbrechung der letzten Ansteckungskette. Bis dahin hatte es weltweit 8098 Fälle gegeben, davon 774 mit Todesfolge (WHO-Statistik, Stand 26. 9. 2003). Am schlimmsten betroffen war das chinesische Festland mit 5327 Erkrankungs- und 349 Todesfällen, gefolgt von Hongkong (1755/299), Taiwan (346/37), Kanada (251/43) und Singapur (238/33).

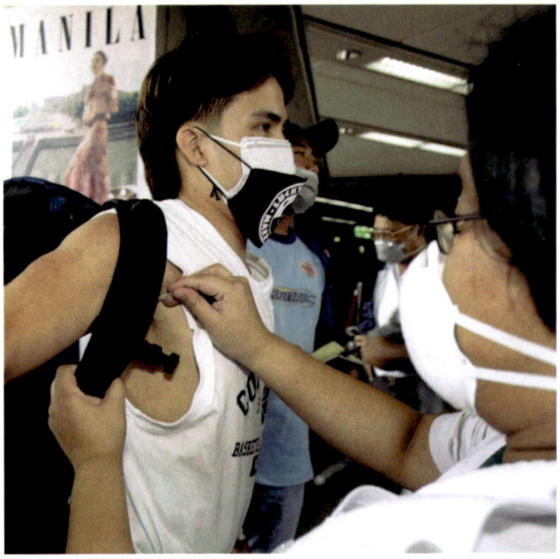

Bei einem Passagier wird am 28. April auf dem Flughafen von Manila als Mittel zur SARS-Früherkennung die Temperatur gemessen

Vorläufige Bilanz

Die rasend schnelle Ausbreitung von SARS wäre ohne die heutigen Reiseaktivitäten undenkbar gewesen; erst der interkontinentale Flugverkehr ermöglichte dem Erreger, verborgen im Körper Infizierter, neue Gebiete zu erreichen. Zugleich entpuppten sich – ähnlich wie bei Ebola – gerade die Krankenhäuser als Hauptverbreitungsstätten der Seuche. Allerdings war es dort – anders als bei Ebola, bei dem oft unsterile Injektionsnadeln und Ähnliches zu Ausbrüchen führen – zu keinen schweren Verstößen gegen grundlegende Hygieneregeln gekommen. Man hatte es mit einem Übertragungsweg zu tun, der zuvor keine nennenswerte Rolle gespielt hatte: dem engen Kontakt mit Atemwegssekreten von SARS-Patienten. Etwa ein Fünftel der weltweiten Fälle trat bei Krankenhauspersonal auf. Mittlerweile weiß man, dass geeignete Atem- und Gesichtsschutzmasken einen wirksamen Schutz bieten.
So, wie die moderne Zivilisation die Ausbreitung von SARS begünstigte, stellte sie andererseits die Mittel zu seiner erfolgreichen Bekämpfung zur Verfügung. Die engmaschige weltweite Vernetzung von Spezialisten verschiedener Fachgebiete erlaubte ein einzigartiges Unterfangen: Unter Leitung der WHO trat Kooperation an die Stelle des die Wissenschaft ansonsten prägenden Konkurrenzdenkens und ermöglichte so schnelle Erfolge. Außerdem wurden unabhängig voneinander und doch in enger Abstimmung miteinander sämtliche verfügbaren virologischen Labormethoden konsequent eingesetzt, von der Elektronenmikroskopie über die Anzucht in Zellkulturen und Antikörpernachweisen bis zu modernsten molekularbiologischen Verfahren wie Polymerase-Kettenreaktion (PCR) und Genomsequenzierung.
Dennoch ist die erfolgreiche Bekämpfung des SARS-Ausbruchs ›altmodischen‹ Maßnahmen wie sofortiger und strenger Isolierung von Verdachtsfällen und gründlicher Ermittlung möglicher Kontaktpersonen zu verdanken. Bei umfassenden Seuchenschutzmaßnahmen sind nichtdemokratische Länder eher im Vorteil, da sie die erforderliche Einschränkung der Bürgerrechte leichter umsetzen können. Andererseits hapert es dort oft an der notwendigen Offenheit, was sich, wie das Beispiel China zeigte, als kontraproduktiv erwies. Zwar ist das Bestreben, das Ausmaß des Problems zu verniedlichen oder zu verschweigen, wegen der nachteiligen wirtschaftlichen und sonstigen Auswirkungen solcher Infektionsausbrüche verständlich. Doch verhindert eine solche Strategie, dass andere rechtzeitig gewarnt werden und sich wappnen können, und lässt sich zudem im Internetzeitalter ohnehin nicht durchhalten.
SARS konnte durch die strikte Einhaltung relativ simpler Maßnahmen eingegrenzt werden; bei einem neuen Grippevirusstamm wäre dies wegen der deutlich höheren Ansteckungsfähigkeit kaum gelungen. Die durchschnittliche Sterblichkeitsrate von knapp 10% ist deutlich geringer als etwa bei Ebola. Dennoch sind nicht nur alte und durch andere Krankheiten geschwächte Menschen schwer erkrankt und verstorben, sondern auch junge und ansonsten gesunde. Und berücksichtigt man die zum Teil gewaltigen Ausbrüche in Krankenhäusern und ihre Folgen – es heißt, in Toronto seien mehr Menschen wegen SARS-bedingter Krankenhaussperrungen, Operationsverschiebungen etc. gestorben als an SARS selbst –, so zählt SARS gewiss zu den bedrohlichsten unter den ›emerging infections‹.

Fragen und Herausforderungen

Der überwältigende Erfolg der von der WHO koordinierten Maßnahmen wird hoffentlich Pate stehen für ähnlich gelagerte Fälle, die uns die Zukunft bringt. Vielleicht lässt sich durch konsequentes und rasches Handeln sogar einer Bedrohung durch eine Influenza-Pandemie wirksam begegnen. Derzeit kann niemand sagen, ob SARS jemals wieder auftaucht. Man hofft, dass die Übertragungsketten von Mensch zu Mensch unterbrochen sind. Man weiß aber nicht, woher der Erreger kommt – vermutlich aus dem Tierreich; bei wild lebenden Schleichkatzen und anderen Tierarten, die in China gegessen werden, wurden SARS-ähnliche Viren nachgewiesen. So kann derzeit keiner die Frage beantworten, ob das

Virus die Schranke zum Menschen erneut überspringen wird. Anlass zur Besorgnis gibt, dass die Behörden einen zeitweilig verhängten Handelsstopp für verschiedene Wildtierarten wieder aufgehoben haben. Die Verarbeitung von Wildtieren in der chinesischen Küche und Medizin ist schon lange ein brennendes Problem, auch für den Artenschutz.

Die Methoden für die Labordiagnose des SARS-CoV müssen weiter verbessert werden, um bei künftigen Verdachtsfällen eine schnelle und zuverlässige Klärung zu gewährleisten. Besonders dringend ist dies in Anbetracht der bevorstehenden Grippesaison, die zu einer Vielzahl von SARS-ähnlichen Erkrankungen führen wird. Würden solche Patienten für längere Zeit isoliert, wäre die medizinische Versorgung so gut wie lahm gelegt. Der Ausbruch einer milden Atemwegsinfektion im August in einem Altenheim in Vancouver (Kanada) führte aufgrund falscher Laborergebnisse kurzzeitig zu einem SARS-Fehlalarm; auch dies zeigt die Notwendigkeit weiterer Verbesserungen.

Unklar ist auch, wie viele der gemeldeten Fälle tatsächlich auf SARS zurückgehen. Da die Falldefinition nach wie vor nur auf klinischen und epidemiologischen Kriterien beruht, ist anzunehmen, dass ein Teil der vermeintlichen SARS-Patienten in Wahrheit unter einer anderen Erkrankung litt. Ein weiteres Problem betrifft die Möglichkeit milder oder gänzlich ›stumm‹ verlaufender Infektionen. Über beide Fragen können Antikörper-Studien Aufschluss bringen.

Untersucht werden muss auch, wann SARS-Infizierte selber infektiös sind. Möglicherweise wird der Erreger auch in Körpersekreten wie Stuhl oder Urin in ausreichender Menge ausgeschieden, sodass auch verunreinigte Lebensmittel, Trinkwasser oder Gegenstände bei der Ansteckung eine Rolle spielen könnten. Für den Fall, dass SARS erneut auftreten sollte, laufen die Forschungen zu antiviralen Wirkstoffen und Impfstoffen bereits auf Hochtouren.

Eine gefangene Schleichkatze: Die Tiere stehen im Verdacht, Stammwirt des SARS-Virus zu sein

Der im September in Singapur aufgetretene einzelne SARS-Fall verdeutlicht, dass bei nachlassender Aufmerksamkeit ein Wiederaufflackern droht. Zwar handelte es sich hier offenbar um die erste bekannte Laborinfektion aufgrund unzulänglicher Schutzmaßnahmen, doch ist der Erreger noch in einer großen Zahl ähnlicher Einrichtungen vorhanden. Ermutigend hingegen sind die frühzeitige Erkennung dieses Falles und seine strikte Isolierung, sodass Ansteckungen vermieden wurden.

Die größte Herausforderung wird sein, ein mögliches Wiederauftreten von SARS rechtzeitig zu erkennen. Dazu hat die WHO, gestaffelt nach regional jeweils vermutetem Risiko, detaillierte Empfehlungen herausgegeben. Jede Verzögerung bei der Erkennung und Isolierung eines SARS-Falles könnte erneut zu größeren Ausbrüchen führen. Außerdem sollte man SARS zum Anlass nehmen, die bislang unzulänglichen Impfraten der alljährlichen Influenza-Schutzimpfung deutlich zu erhöhen.

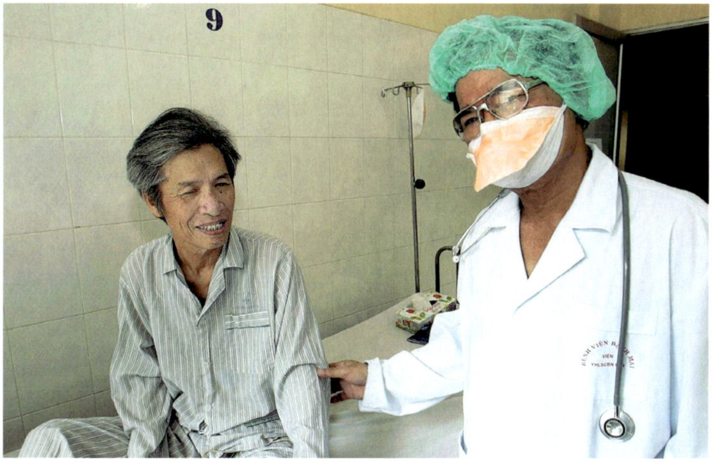

Der Direktor des Instituts für Tropenkrankheiten in Hanoi (Vietnam) freut sich am 29. April mit einem geheilten SARS-Patienten

Scheibenwischer: Nach 23 Jahren verabschiedete sich DIETER HILDEBRANDT mit seiner polit. Satiresendung ›S.‹ vom Bildschirm. Insgesamt 144 Mal hatte der scharfzüngige Kabarettist die Sendereihe des Ersten Dt. Fernsehens moderiert und damit jeweils bis zu 3,5 Mio. Zuschauer erreicht. Nach der letzten regulären Sendung am 15. Mai fand am 2. Okt. eine 90-minütige Abschiedsgala statt, in der HILDEBRANDT zus. mit langjährigen Weggefährten (u.a. WERNER SCHNEYDER, RICHARD ROGLER, VOLKER PISPERS, KONSTANTIN WECKER) noch einmal gewohnt pointiert die dt. Tagespolitik kommentierte.
Ein Nachfolgeformat des ›S.‹ mit den Kabarettisten MATHIAS RICHLING, BRUNO JONAS und GEORG SCHRAMM soll ab Jan. 2004 unter gleichem Titel ausgestrahlt werden.

Kabarettist Dieter Hildebrandt vor seiner letzten Ausgabe des ›Scheibenwischer‹

Schiiten: Nach dem Sieg der von den USA und Großbritannien geführten Allianz im → Irakkrieg gewannen die S. an Einfluss: Jeweils 13 S. gehörten dem aus 25 Mitgl. bestehenden irak. ›Übergangsrat‹ und der von diesem benannten ersten irak. Reg. nach dem Sturz SADDAM HUSAINS an. In beiden Gremien ist auch die bedeutendste Schiitenorganisation, der ›Hohe Rat der islam. Revolution im Irak‹ (SCIRI) vertreten, dessen Führer Ajatollah MUHAMMAD BAQIR AL HAKIM nach seiner umjubelten Rückkehr aus dem iran. Exil zwar eine »unabhängige islam. Republik« forderte, einen religiösen Staat aber ablehnte. Nach der Ermordung AL HAKIMS am 29. Aug. in Nadschaf stieg allerdings der radikale Imam MUQTADA AL SADR, zum neuen Führer der S. auf; seine Milizen (›Armee der Gläubigen‹) kontrollieren die Armenviertel der Hauptstadt Bagdad.
Etwa 60 % der irak. Bevölkerung bekennen sich zum schiit. Islam. Der Nachbarstaat Iran ist nicht nur ebenfalls mehrheitlich schiitisch, sondern wird auch von Schiiten regiert. Im Süden des Irak, wo auch die heiligen Städte der S., Kerbela und Nadschaf, liegen, besteht seit langem ein wohlhabendes Handelsbürgertum, v.a. in Basra. Unter dem laizistisch und sunnitisch geprägten Regime SADDAM HUSAINS waren die S. von polit. Ämtern ausgeschlossen. Am Ende des Golfkriegs 1991 versuchten sie, von den USA ermutigt, einen Aufstand, der jedoch blutig niedergeschlagen wurde.

Schleswig-Holstein

Hauptstadt: Kiel
Einwohner: 2,8 Mio.
Einwohner/km²: 178
Regierungschef: H. Simonis
BIP/Einwohner: 22 112 €

Mit einer Zunahme des BIP um 0,6 % (2001: +0,2 %) bewegte sich das Wirtschaftswachstum 2002 marginal nach oben, schrumpfte allerdings im 1. Halbjahr 2003 im Vergleich zum Vorjahreszeitraum um 0,7 %. Auch die Arbeitslosenquote folgte der negativen Entwicklung: Sie stieg 2002 um 0,3 Prozentpunkte auf 8,7 % und lag im Nov. 2003 bei 9,6 %, 0,8 Prozentpunkte mehr als ein Jahr zuvor.

Kabinettsumbildung

Mit der Umbildung des Kabinetts am 1. Febr. regelte MinPräs. HEIDE SIMONIS (SPD) die Zuständigkeiten in Teilen neu: Das Agrarministerium wurde aufgelöst und damit die Anzahl der Ressorts von acht auf sieben verringert. Als Folge wurden die Zuständigkeiten des Wirtschafts- und des Gesundheitsministeriums erweitert. Nachfolger des ausgeschiedenen Finanzmin. CLAUS MÖLLER wurde RALF STEGNER.

Kommunalwahlen

Bei den Kommunalwahlen am 2. März erlitt die SPD erhebl. Verluste: Sie erreichte nur 29,3 % der Stimmen, 13,1 Prozentpunkte weniger als bei der letzten Wahl. Stärkste Partei wurde die CDU, für die 50,8 % der Wähler votierten (+11,7 %). Bündnis 90/Die Grünen steigerten sich auf 8,4 %, die FDP rutschte auf 4,8 % ab, und der Südschleswig'sche Wählerverband (SSW) stagnierte bei 2,5 %. Bei der Oberbürgermeisterwahl in der Landeshauptstadt Kiel setzte sich im März mit ANGELIKA VOLQUARTZ zum ersten Mal eine CDU-Politikerin durch. Unter dem Eindruck der Niederlage ersetzten die Delegierten des SPD-Landesparteitags im April bei der Vorstandswahl den Vors. FRANZ THÖNNES durch den ehem. Finanzmin. CLAUS MÖLLER.

Diätenerhöhung gekippt

Mit Unverständnis reagierte die Öffentlichkeit auf die ›Diätenstrukturreform‹, die der Landtag mit den Stimmen von SPD und CDU im April verabschiedete. Sie sah vor, die Einkünfte der Abgeordneten um rd. 1800 € anzuheben, ihnen dafür aber u.a. die Fi-

Ministerpräsidentin Heide Simonis applaudiert am 13. April auf dem SPD-Landesparteitag in Bad Segeberg Claus Möller, dem neuen Vorsitzenden der SPD in Schleswig-Holstein

nanzierung ihrer Alters- und Krankenversorgung aufzubürden. Im Mai gaben SPD und CDU schließlich ihre Pläne auf.

Schlussverkauf, → Gesetz gegen unlauteren Wettbewerb.

Schneider, Nikolaus, ev. Theologe, *Duisburg 3.9. 1947. – Am 27. April übernahm S. von seinem Vorgänger Manfred Kock das Amt des Präses der Ev. Kirche im Rheinland. Damit steht er der zweitgrößten ev. Landeskirche in Deutschland (ca. 3,1 Mio. Mitgl.) vor.

Nach dem Theologiestudium arbeitete der Sohn eines Stahlarbeiters als Gemeindepfarrer in Duisburg, als Diakoniepfarrer sowie als Superintendent im Kirchenkreis Moers. Seit 1997 war er Leiter der Abteilung ›Dienst von Theologinnen/Theologen und Kirchenbeamtinnen/-beamten‹ sowie Vizepräses der Ev. Kirche im Rheinland. Für S. stehen Fragen der Sozialethik und Gesellschaftspolitik im Mittelpunkt seines Schaffens: Zentrale Aufgabe der Kirche sei das Eintreten für die Schwachen.

Schumacher, Michael, Automobilrennfahrer, *Hürth-Hermühlheim 3.1. 1969. – Mit zwei Punkten Vorsprung vor dem Finnen Kimi Räikkönen (McLaren-Mercedes) sicherte sich S. am 12. Okt. beim Saisonfinale im japan. Suzuka seinen sechsten Weltmeistertitel. Damit ist er vor dem Argentinier Juan Manuel Fangio (fünf Titel) erfolgreichster Formel-1-Pilot aller Zeiten. Mit seinem Teamkollegen Rubens Barrichello gewann S. für Ferrari zudem die Konstrukteurs-WM.

Der gelernte Kfz-Mechaniker, seit 1991 in der Formel 1, gewann mit Benetton-Ford bzw. Benetton-Renault 1994 und 1995 seine ersten WM-Titel. 1996 wechselte er zu Ferrari und wurde 2000 zum dritten Mal Weltmeister. Die Titelverteidigungen 2001 und 2002 gerieten zu Demonstrationen der Überlegenheit von Fahrer und Wagen. Mit 70 Siegen und 1038 Punkten führt S. die wichtigsten Formel-1-Statistiken klar an, jeweils vor dem Franzosen Alain Prost (51 Siege, 798,5 Punkte).

Schümann, Jochen, Segler, *Berlin 8.6. 1954. – Mit dem Gewinn des America's Cup an Bord der schweizer. Yacht ›Alinghi Challenge‹ stieg S. endgültig in die Riege der weltbesten Segelsportler auf.

Bereits als Elfjähriger sammelte S. erste Erfahrungen im Segeln. Nach ersten Erfolgen als Jugendlicher und dem Gewinn der DDR-Meisterschaft 1973 im Finn-Dingi erlebte der Ausnahmesportler 1976 mit der Goldmedaille in der gleichen Bootsklasse bei den Olymp. Spielen in Montreal einen ersten Höhepunkt seiner Karriere. Weitere Olympiasiege folgten 1988 und 1996. Scheiterte der zweifache Weltmeister und neunmalige Europameister bei seiner ersten Teilnahme am America's Cup 1999/2000 noch abgeschlagen in den Ausscheidungsrennen, so gelang ihm und seiner Mannschaft im März 2003 der große Triumph bei der Traditionsregatta.

Schüttler, Rainer, Tennisspieler, *Korbach 25.4. 1976. – Der seit 1994 in der Weltrangliste geführte S. feierte die bislang erfolgreichste Saison seiner Karriere. Im Jan. erreichte er bei den Australian Open von Melbourne sein erstes Grandslam-Finale, das er aber gegen Andre Agassi (USA) mit 2:6, 2:6 und 1:6 klar verlor. Im Okt. gewann S. hintereinander die Turniere von Tokio und Lyon und sicherte sich damit erstmals die Teilnahme an der ATP-Weltmeisterschaft in Houston. Dort drang er bis ins Halbfinale vor, wo er am 15. Nov. erneut gegen Agassi verlor (7:5, 0:6, 4:6).

Mit dem Sieg beim ATP-Turnier von Doha (Katar) hatte S. 1999 auf sich aufmerksam gemacht, im gleichen Jahr spielte er erstmals im dt. Davis-Cup-Team.

Das Programm

Schwarzenegger, Arnold, amerikan. Filmschauspieler und Politiker (Republikaner) österr. Herkunft, *Graz 30.7. 1947. – Aus den vorgezogenen Gouverneurswahlen in Kalifornien am 7. Okt., die zur Abwahl (›Recall‹) des amtierenden Gouv. Gray Davis (Demokraten) führten, ging Hollywoods zugkräftigster Actionfilmheld unter 135 Kandidaten mit 48,5 % der Stimmen als Sieger hervor.

Politisch unerfahren, doch von einem hochkarätigen Beraterkreis umgeben, hatte sich S. als progressiver Gefolgsmann von Präs. GEORGE W. BUSH präsentiert und versprochen, die schwere Finanzkrise des wirtschaftlich bedeutendsten und bevölkerungsreichsten US-Bundesstaates zu beenden.
Der Sohn eines österr. Gendarms begann mit Bodybuilding, wurde 1967 ›Mister Universum‹ und ging 1970 in die USA. Nach seinem sechsten Titelgewinn als ›Mister Olympia‹ wechselte er ins Filmmetier. Ab Anfang der 1980er-Jahre etablierte er sich als Darsteller wortkarger Kampfmaschinen (›Terminator‹-Filme).

Schwarzerle: Das ›Kuratorium Baum des Jahres‹ wählte die S. (Alnus glutinosa) zu der Baumart, der 2003 bes. Beachtung geschenkt werden sollte. Es machte damit auch auf das gefährdete Biotop der nach ihr benannten Erlenbruchwälder aufmerksam, deren bevorzugte Standorte nasse Ufer und Sümpfe sind. In jüngster Zeit ist die S. auch akut durch die Wurzelhalsfäule bedroht – eine Pilzkrankheit, die 1993 erstmals in England beobachtet wurde und sich schnell weiter ausbreitet.

Schweden

Hauptstadt: Stockholm
Einwohner: 8,9 Mio.
Einwohner/km^2: 22
Staatsoberhaupt: Carl XVI. Gustav
Regierungschef: G. Persson
BIP/Einwohner: 26 880 US-$

Nachdem das BIP 2002 mehr als doppelt so rasch wie im Euroraum gewachsen war (2,1 %), konnte sich die Wirtschaft 2003 der im Ausland herrschenden Rezession nicht mehr entziehen. So schwächte sich der Anstieg deutlich auf knapp über 1 % im Jahresmittel ab, womit S. vergleichsweise immer noch gut abschnitt. Belebend wirkte die immer noch hohe Konsumbereitschaft der Bevölkerung. Dabei hielt sich die Inflationsrate unter 1,6 % (2002: 2,4 %). Die Arbeitslosenquote stieg im Jahresdurchschnitt von 4,0 % auf etwa 5,0 %. Der Konjunktureinbruch ließ auch strukturelle Probleme des schwed. Sozialsystems deutlich werden, die zu einer Schieflage des Haushalts zu führen drohten. Im Frühjahr nahm die Minderheitsreg. von GÖRAN PERSSON, die im Okt. 2002 angetreten war, Abstriche am Wohlfahrtsstaat vor. Betroffen waren v. a. das Rentensystem, das von einer Volks- in eine – zu versteuernde – Garantierente umgewandelt wurde, die Finanzierung des Gesundheitswesens und die Familienförderung.

Ablehnung des Euro

Zur Belebung der Konjunktur und des Arbeitsmarktes stellte die Reg. im Herbst Steuersenkungen in Aussicht. Diese Ankündigung wurde auch als Reaktion auf den negativen Ausgang des Euro-Referendums gewertet. Unerwartet hatte sich am 14. Sept. eine deutl. Mehrheit von 56,1 % der Wähler gegen die Einführung der gemeinsamen europ. Währung ausgesprochen. Nachdem im Frühjahr noch die Euro-Befürworter die Oberhand zu haben schienen, wandelte sich danach angesichts der hohen Haushaltsdefizite v. a. in Deutschland und Frankreich das öffentl. Meinungsbild, sodass selbst das Regierungslager in dieser Frage gespalten war. Wirtschaftsverbände und Unternehmen zeigten sich über den Ausgang des Referendums stark enttäuscht. Mit der versprochenen steuerl. Entlastung will die Reg. die Unternehmen im Land halten, die eine Abwanderung in Länder des Euroraums erwägen.

Parteienentwicklung

Im Gefolge der für sie verheerenden Wahlniederlage im Herbst 2002, bei der die konservativen Moderaten (MS) ein Drittel ihrer Stimmen und Parlamentssitze verloren, erlebte die größte Oppositionspartei im 1. Halbjahr einen innerparteil. Machtkampf. Aus ihm ging im Okt. der 38-jährige FREDRIK REINFELDT als neuer Parteivors. hervor.
Auch bei der Linkspartei (VP) gab es einen Wechsel in der Parteiführung, nachdem die seit 1990 an der Spitze stehende GUDRUN SCHYMAN wegen des Vorwurfs der Steuerhinterziehung im Jan. auf den Parteivors. verzichten musste.

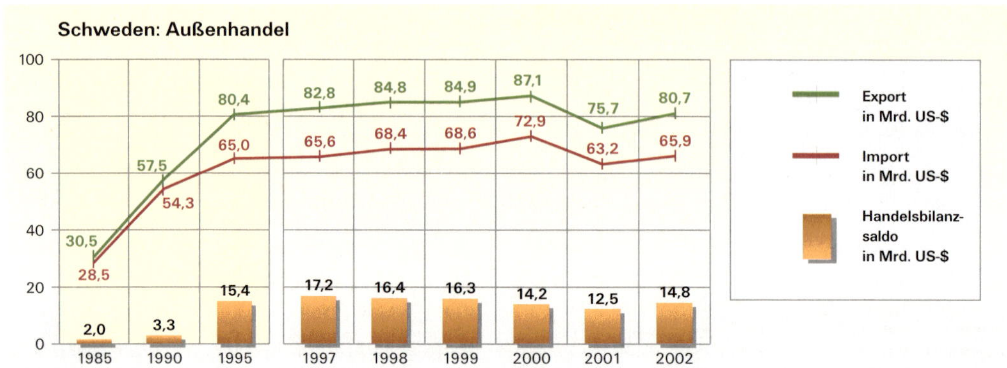

Attentat auf Außenministerin Anna Lindh

Einen Schock für das liberale und weltoffene Land bedeutete die Ermordung der populären Außenmin. ANNA LINDH am 10. Sept. während eines Kaufhausbesuchs in Stockholm. Die Tat aktualisierte das Trauma des Attentats auf MinPräs. OLOF PALME 1986. ANNA LINDH galt allg. als Nachfolgerin von GÖRAN PERSSON – sowohl als Parteichefin wie auch als MinPräs. einer sozialdemokrat. Regierung. Mit ihrem Tod verlor S. die beliebteste Politikerin im Land, die auch im Ausland und bes. in der EU hoch angesehen war. Der Mord entfachte eine landesweite Debatte über die desolate Lage der Psychiatrie, deren Einrichtungen der am 24. Sept. gefasste Täter frequentiert hatte.
Nachfolgerin von LINDH im Amt der Außenmin. wurde überraschend LAILA FREIVALDS, die bereits 1988–91 und 1994–2000 der Reg. als Justizmin. angehört hatte. Zugleich entließ PERSSON die Gleichstellungsmin., die sich in der Euro-Abstimmung gegen die Einführung der neuen Währung ausgesprochen hatte. ■

Schweiz

Hauptstadt: Bern
Einwohner: 7,2 Mio.
Einwohner/km²: 183
Staatsoberhaupt:
P. Couchepin
(seit 1. 1. 2003)
BIP/Einwohner:
36 739 US-$

Der weltweite Konjunktureinbruch zog auch die Wirtschaft der S. in die Rezession: Nach einem realen Zuwachs des BIP im Jahr 2002 um lediglich 0,1 % (2001: 0,9 %) schrumpfte die Wirtschaftsleistung in den ersten beiden Quartalen 2003. Das Staatssekretariat für Wirtschaft (Seco) für 2003 erwartete im Nov. einen Rückgang der Wirtschaftsleistung um 0,3 %. Analog zu dieser Entwicklung stieg die Arbeitslosenquote und erreichte im Nov. mit 3,9 % den höchsten Stand seit sechs Jahren (2002: 2,5 %).
Die schlechte Wirtschaftslage hinterließ auch im öffentl. Haushalt ihre Spuren. Statt des erwarteten Überschusses von 356 Mio. sfr verbuchte der Bundesrat ein Defizit von 3,3 Mrd. sfr. Ein Sparprogramm, das mit Kürzungen bei den Sozial- u. a. Staatsausgaben dieses Defizit bis 2006 wieder ausgleichen sollte, setzte der Bundesrat nur teilweise durch: Mit Blick auf die bevorstehenden Nationalwahlen genehmigte der Nationalrat am 2. Okt. lediglich Einsparungen von insgesamt rd. 2,7 Mrd. sfr bis 2006.
Am 13. Juni beschloss der Nationalrat Steuerentlastungen von rd. 2 Mrd. sfr. Elf Kantone, die sich durch die vorgesehenen Einzelmaßnahmen übervorteilt und in ihren Rechten verletzt sehen, lancierten eine Volksabstimmung gegen das Steuerpaket.

Schweiz

Unabhängig vom Ergebnis der Wahlen zum Nationalrat teilen sich die großen Parteien seit 1959 die Regierungsmacht durch eine damals festgelegte Sitzverteilung im Bundesrat im Verhältnis 2:2:2:1. Nach dieser **›Zauberformel‹** stellten bisher CVP, FDP und SPD jeweils zwei Min., der SVP als ehemals kleinster Partei stand ein Posten zu. Die Zauberformel ist ein Kernstück der Schweizer Konkordanzdemokratie, die eine Opposition im Sinne der klass. parlamentar. Demokratie nicht kennt. Umso größer ist die Bedeutung von Instrumenten der direkten Demokratie (v. a. der Volksabstimmungen).

Umbau der Sozialsysteme

Mit der am 1. Juli in Kraft getretenen Reform der Arbeitslosenversicherung, die in einer Volksabstimmung am 24. 11. 2002 mit 56,1 % der Stimmen angenommen worden war, trug der Bundesrat der steigenden Arbeitslosigkeit Rechnung. Die max. Bezugsdauer für Arbeitslosengeld wurde von 520 auf 400 Tage gesenkt und die Beitragszeit für den Anspruch auf Arbeitslosengeld verdoppelt. Der an den Lohn gekoppelte Beitragssatz wurde auf 2,5 % (2003) bzw. 2,0 % (2004) reduziert.
Im Mai entbrannte eine erste Debatte um die Rentenreform, als Sozialmin. PASCAL COUCHEPIN (FDP) vorschlug, das Rentenalter auf 67 Jahre zu erhöhen und die Pensionen von der Lohnentwicklung abzukoppeln. Das Land hat mit den Folgen der demograph. Entwicklung zu kämpfen: 2040 wird auf fast jeden Erbwerbstätigen ein Rentner kommen.

Wahlsieg der Rechten und der Linken

Bei den Nationalwahlen am 19. Okt. errang die nationalkonservative Schweizer. Volkspartei (SVP) unter ihrem umstrittenen Vors. CHRISTOPH BLOCHER einen klaren Sieg. Sie gewann im Vergleich zur Wahl 1999 4,1 Prozentpunkte hinzu, wurde mit 26,6 % der Stimmen erstmals stärkste polit. Kraft und stellt mit 55 (+11) von 200 Mitgl. die größte Fraktion im Nationalrat. Die Sozialdemokrat. Partei (SP) kam bei 23,3 % der Stimmen (+0,8) auf 52 Mandate (+1). Die nicht in der Reg. vertretene Grüne Partei (GP) konnte mit einem Stimmenanteil von 7,4 % (+2,4) einen beträchtl. Erfolg feiern, sie entsendet nun 13 statt bisher neun Vertreter ins Parlament. Wahlverlierer sind die Freisinnig-Demokrat. Partei (FDP) und die Christlichdemokrat. Volkspartei (CVP), die bei einem Stimmenanteil von 17,3 % (–2,6) bzw. 14,4 % (–2,5) jeweils sieben Sitze verloren; sie stellen im Nationalrat nur noch 36 bzw. 28 Abgeordnete.

Rechtsrutsch mit neuer Zauberformel

Angesichts der großen Stimmengewinne der SVP geriet die seit 1959 praktizierte Aufteilung der sieben Ministerposten, die sich als ›Zauberformel‹ eingeprägt hat, – SP, FDP und CVP je zwei Ressorts, die SVP eins – ins Wanken. Nach dem Aufstieg seiner Partei von der damals kleinsten zur heute größten polit. Kraft forderte BLOCHER ultimativ für die SVP ein zweites Ressort, das er für sich selbst beanspruchte. Für den Fall einer Verweigerung drohte er mit dem Auszug seiner Partei aus der Konkordanzregierung.

Die Drohung mit einer harten Opposition verfehlte ihre Wirkung nicht: Bei der Kampfabstimmung in der Vereinigten Bundesversammlung über die Besetzung der Posten im Bundesrat am 10. Dez. setzte sich BLOCHER im dritten Wahlgang gegen die bisherige Bundesrätin RUTH METZLER (CVP) mit 121 zu 116 Stimmen durch und erneuerte damit die Zauberformel zugunsten seiner Partei und zulasten der geschwächten CVP. Für Bundesrat KASPAR VILLIGER (FDP), der schon vor der Wahl sein Ausscheiden aus Altersgründen angekündigt hatte, wurde der Außerrhoder Ständerat HANS-RUDOLF MERZ (FDP) gewählt. Er übernahm von VILLIGER das Finanzdepartement. BLOCHER wurde Justizmin. und ist damit auch für Einbürgerungsfragen zuständig, bei denen er bislang einen rigiden polit. Kurs vertreten hat. An der neuen, siebenköpfigen Reg. der Eidgenossenschaft ist nur eine Frau beteiligt.

Zum neuen Bundespräs. für das Jahr 2004 wählte die Bundesversammlung JOSEPH DEISS (FDP).

Schwerpunkte der Außenpolitik

Die Irakkrise löste im Febr. und März die größten polit. Demonstrationen seit Jahrzehnten aus. Mit Berufung auf den Neutralitätsstatus der S. verweigerte der Bundesrat im März amerikan. Flugzeugen die Nutzung des schweizer. Luftraumes in militär. Mission und beschloss darüber hinaus ein Exportverbot für Kriegswaffen an die am Irakkrieg militärisch beteiligten Staaten. Nach Ende der Kampfhandlungen kam sie dem Wunsch der USA nach, die auf schweizer. Konten angelegten Gelder des irak. Regimes zu sperren.

Die Verhandlungen mit der EU über einen Beitritt der S. zum Schengener Abkommen scheiterten im Juli, da sich der Bundesrat weigerte, das Bankgeheimnis in Fällen von Steuerhinterziehung zu lockern. ■

Scorsese, Martin, amerikan. Filmregisseur, * Flushing (N. Y.) 17. 11. 1942. – Am 15. Febr. wurde S. Film ›Gangs of New York‹ als Abschlussfilm der 53. Berlinale erstmalig in Deutschland gezeigt. Das bislang umfangreichste Werk des Regisseurs zeigt den Zusammenstoß der ersten irischen Einwanderer mit dem protestant. Establishment.

Der Sohn sizilian. Einwanderer studierte bis 1966 Filmwiss. in New York. 1973 kam sein erstes wichtiges Werk ›Hexenkessel‹ in die Kinos, eine Milieustudie unter italien. Kleinganoven. Mit ROBERT DE NIRO und HARVEY KEITEL, die durch diesen Film bekannt wurden, drehte S. auch die Geschichte des traumatisierten Vietnamheimkehrers ›Taxi Driver‹ (1976). Meisterwerke wie das Musical ›New York‹ (1977) und das Billardspieler-Roadmovie ›Die Farbe des Geldes‹ (1986) folgten. Nach dem Melodram ›Die letzte Versuchung Christi‹ (1988), das auf der ganzen Welt Proteste hervorrief, entstanden Filme wie ›Zeit der Unschuld‹ (1993), ›Casino‹ (1996) und ›Bringing Out the Dead‹ (1999).

Senegal

Hauptstadt: Dakar
Einwohner: 10,0 Mio.
Einwohner/km²: 51
Staatsoberhaupt: A. Wade
Regierungschef: I. Seck
BIP/Einwohner: 500 US-$

Im Okt. fanden Friedensgespräche zw. der von Min.-Präs. IDRISSA SECK geführten Reg. und der für die Unabhängigkeit der südl. Prov. Casamance kämp-

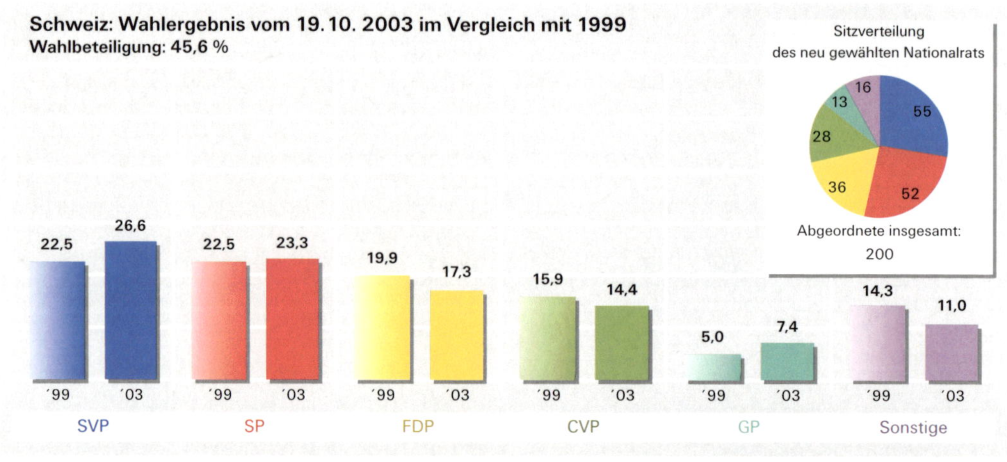

fenden Rebellengruppe Mouvement des Forces Démocratiques de Casamance (MFDC) statt. Die Rebellen, die sich von der muslim. Bevölkerungsmehrheit der Wolof unterdrückt fühlen, gaben ihre Forderung nach einem autonomen Staat auf, verlangten jedoch von der Reg. eine Stärkung ihrer Position. Es wurde befürchtet, dass sich die Hardliner in der Bewegung nicht an den Aufruf ihrer eigenen Führung, die Waffen niederzulegen, halten werden. ■

Serbien und Montenegro

Hauptstadt: Belgrad
Einwohner: 10,7 Mio.
Einwohner/ km²: 108
Staatsoberhaupt und Regierungschef: S. Marović (seit 7. 3. 2003)
BIP/Einwohner: 1022 US-$

Am 4. Febr. konstituierte sich der Staatenbund S. u. M. als Nachfolgestaat der Bundesrep. Jugoslawien. Zum ersten Präs. wurde am 7. März SVETOZAR MAROVIĆ aus Montenegro gewählt. Er ist zugleich Vors. des Ministerrates und des obersten Verteidigungsrates. US-Präs. GEORGE W. BUSH hob am 29. Mai alle noch bestehenden Sanktionen auf, die von den USA gegen Jugoslawien verhängt worden waren. Außenmin. GORAN SVILANOVIĆ beantragte im 19. Juni die Aufnahme des Landes in das NATO-Programm ›Partnerschaft für den Frieden‹.

Ermordung von Zoran Djindjić

Der serb. MinPräs. ZORAN DJINDJIĆ fiel am 12. März vor dem Regierungssitz in Belgrad einem Attentat zum Opfer. Als Organisator des Attentats identifizierten die Behörden MILORAD LUKOVIĆ, ein Mitgl. des Mafia-Clans von Zemun. LUKOVIĆ, der sich seiner Verhaftung entziehen konnte, war bis 2001 Kommandeur der Einheiten für Spezialoperationen (JSO), einer als ›Rote Barette‹ bekannten Elitetruppe des ehem. Milošević-Regimes. Vermutlich wollte DJINDJIĆ gegen den Zemun-Clan und die JSO vorgehen. Als mutmaßl. Todesschützen verhafteten die Sicherheitsbehörden am 24. März den stellv. JSO-Kommandeur Oberst ZVEZDAN JOVANOVIĆ. Die Zemun-Mitgl. DUŠAN SPASOJEVIĆ und MILAN LUKOVIĆ wurden am 27. März bei ihrer Verhaftung in Barajevo erschossen. Zu DJINDJIĆS Beisetzung am 15. März in Belgrad fand sich eine halbe Million Menschen ein.
Am 18. März wählte das serb. Parlament den ehem. jugoslaw. Innenmin. Zoran → Živković zum Regierungschef. Er übernahm in der Nachfolge DJINDJIĆS den Vorsitz der Demokrat. Partei (DP).

Ausnahmezustand

Während des Ausnahmezustandes (12. März bis 22. April) wurden zeitweise mehrere Tausend Menschen in Untersuchungshaft genommen, die in Verbindung mit der organisierten Kriminalität oder dem Milošević-Regime gebracht wurden. Zahlreiche Bürgerrechte wurden außer Kraft gesetzt. Die Reg. enthob 35 Richter ihres Amtes, darunter sieben des Obersten Gerichtshofes. Im Zuge der Ermittlungen wurden nach Angaben der Reg. 28 bislang ungelöste Mordfälle geklärt, darunter auch der Fall des seit Aug. 2000 verschwundenen ehem. serb. Präs. IVAN STAMBOLIĆ. Für dessen Ermordung wird der ehem. Staatschef SLOBODAN MILOŠEVIĆ verantwortlich gemacht. Am 22. Dez. begann das Verfahren zur Aufklärung der Ermordung von DJINDJIĆ. Vor einem Sondergericht in Belgrad müssen sich 36 Mitgl. des Zemun-Clans verantworten, acht Angeklagte waren flüchtig.
Nach der Aufhebung des Ausnahmezustandes übten die aus der regierenden Demokrat. Opposition Serbiens (DOS) in die Opposition gewechselten Parteien G17-plus von MIROLJUB LABUS und Demokrat. Partei Serbiens (DSS) von VOJISLAV KOŠTUNICA scharfe Kritik an der Reg. und warfen ihr vor, den Reformprozess zu verschleppen.

Serbien und Montenegro

Mit der Gründung der **Staatenunion Serbien und Montenegro** wurde der 84 Jahre alte jugoslaw. Staat aufgelöst (Königreich Jugoslawien 1918–41, sozialist. Jugoslawien 1945–91, Bundesrep. Jugoslawien 1992–2003). Während die innenpolit. Zuständigkeiten bei den selbstständigen Rep. Serbien und Montenegro verbleiben, obliegt den Institutionen der Union die Verantwortung für Verteidigung, Außenpolitik, Minderheiten, Außenhandel und Teilbereiche der Wirtschaft. Ob der Staatenbund Bestand hat, wird sich in drei Jahren zeigen, wenn Unabhängigkeitsreferenden abgehalten werden können.

■ Milo Djukanović, seit dem 8. Januar Ministerpräsident, auf dem Weg zu einer Gedenk-Regierungssitzung für den ermordeten Zoran Djindjić

Verfassungskrise. Sieg der Ultranationalisten

Mit der Stimmbeteiligung von nur 38,5 % wurden bei den serb. Präsidentschaftswahlen am (Forts. S. 302)

Eine Staatenunion auf Zeit?

Ex-Jugoslawiens Veteranen aus der Tito-Zeit waren schockiert. Am 4. Februar wurde im Belgrader Föderationsparlament sang- und klanglos die Bundesrepublik Jugoslawien aufgelöst. Eine Stimmenmehrheit der Abgeordneten genügte, um die Neugründung der Staatenunion Serbien und Montenegro auszurufen (Srbija i Crna Gora, SCG) – ein äußerst lockeres Gebilde, das letztlich nur auf Druck der EU-Diplomatie und der USA zustande kam. In Brüssel wie in Washington wollte man mit der drohenden Abspaltung durch die Regierung in Podgorica einen Dominoeffekt verhindern: Ein selbstständiger Kleinstaat Montenegro hätte auf dem Balkan sicherlich zu neuen Spannungen geführt, den Kosovokonflikt verschärft und die ethnischen Auseinandersetzungen im benachbarten Makedonien womöglich neu aufflammen lassen. Erst in drei Jahren soll eine wiederholt verschobene Volksabstimmung im ›Land der schwarzen Berge‹ darüber befinden, ob es künftig in Europa einen neuen Kleinstaat gibt, dessen Überlebensfähigkeit fraglich ist.

Der Doppelstaat

Lange und intensive Verhandlungen waren nötig, um die auseinander driftende jugoslawische Föderation irgendwie als Staatenbund zu erhalten. Selbst die Regierung Serbiens (mit offiziell rund zehn Millionen Einwohnern) war unwillig geworden, auf immer neue separatistische Vorstöße aus Podgorica reagieren zu müssen. Zudem musste der wesentlich

Polizisten suchen die Umgebung vor dem Regierungssitz in Belgrad ab, wo am 12. März auf den serbischen Ministerpräsidenten Zoran Djindjić geschossen wurde

Der Autor:
Peter Miroschnikoff
geboren 1942.
Seit 1978 Nachrichtenkorrespondent in Südosteuropa. Leiter des Wiener ARD-Studios für diese Region

kleinere Bündnispartner Montenegro (650 000 Einwohner) regelmäßig mit Wirtschafts- und Kredithilfen saniert werden. »Lieber ein Ende mit Schrecken als ein Schrecken ohne Ende«, war vor Vertragsabschluss die Stimmungslage in Belgrad.

Der mühsam erreichte Kompromiss sieht eine Union von praktisch zwei Staaten vor, was der realen Situation der letzten Jahre entspricht. Einen Präsidenten, der die beiden Republiken nach außen repräsentiert, wird es nur für ein paar Monate geben. An der neuen Verfassung wird noch abschließend gearbeitet. Sie sieht ein Staatsoberhaupt vor, das vom gemeinsamen Parlament gewählt wird. Ein Ministerrat umfasst nur noch fünf Ressorts mit den Ministerien für Verteidigung, Außenpolitik, Außenwirtschaftliche Beziehungen, Binnenwirtschaftliche Harmonisierung, Bürger- und Minderheitenrechte. Die auch künftig in Belgrad tagenden 126 Volksvertreter aus Serbien und Montenegro sollen sich primär damit beschäftigen, wie ihre Union baldmöglichst die angestrebte EU-Integration erreichen kann. Außerdem müssen sich die Abgeordneten auf eine neue Fahne, ein Staatswappen und eine Nationalhymne einigen.

Erst 2004 ist mit einer Regelung zu rechnen, wie sich die neue Union nach außen darstellen will. Auf die eigene Währung wollen die zwei Teilstaaten keinesfalls verzichten. In Serbien wird weiterhin mit dem Dinar gerechnet, in Montenegro auch künftig überwiegend mit dem Euro bezahlt.

Das Attentat und seine Folgen

Die tödlichen Schüsse auf Ministerpräsident Zoran Djindjić am 12. März vor dem Belgrader Regierungssitz haben die politischen Spannungen in Serbien noch verschärft. Dem Mord war innenpolitisch mit dem Machtkampf zwischen dem Ministerpräsidenten und dem früheren jugoslawischen Präsidenten Vojislav Koštunica eine ständige Zerreißprobe vorausgegangen. Nach einem gemeinsamen siegreichen Wahlkampf mit dem erreichten Sturz des Milošević-Regimes waren die einstigen Weggefährten zu erbitterten Gegnern geworden. Durch die Nacht- und Nebelaktion, mit der Premier Djindjić die Auslieferung des gestürzten jugoslawischen Präsidenten SLOBODAN MILOŠEVIĆ nach Den Haag bewerkstelligt hatte, begann eine Dauerfehde. Der nationalkonservative KOŠTUNICA war strikt gegen eine Auslieferung von Serben an das Kriegsverbrechertribunal, ohne sie verhindern zu können.

Der ermordete DJINDJIĆ war bei der Mehrheit seiner Landsleute bis zu dem Attentat alles andere als populär gewesen. Während ihn seine Anhänger und ausländische Diplomaten als durchsetzungsstarken Reformer schätzten, diffamierten ihn politische Gegner als ›Handlanger des Westens‹. Viele Serben standen noch unter dem Einfluss nationalistischer Propanda und der Bombardierung während des Kosovokrieges. Sie konnten deshalb den prowestlichen Kurs ihres Regierungschefs nicht nachvollziehen, schon gar nicht sein Drängen, Serbien in die EU und in die NATO zu integrieren.

Das Attentat sorgte kurzzeitig für einen Sinnes- und Imagewandel. Rund eine halbe Million Menschen gingen beim Staatsbegräbnis in Belgrad auf die Straße. Der kaltblütige Mord hatte breite Bevölkerungsschichten geschockt und aufgerüttelt. Viele Serben erkannten erst nach dem Anschlag, dass mit ihrem Regierungschef ein Hoffnungsträger auf eine bessere Zukunft zu Grabe getragen wurde. Bei Umfragen wurde sogar für eine Verlängerung des verhängten Ausnahmezustands plädiert, um Korruption und organisierter Kriminalität und den mit ihnen alliierten Seilschaften des alten Milošević-Regimes endlich den Garaus zu machen.

Trauergottesdienst für den ermordeten Zoran Djindjić im Belgrader Dom. Eine halbe Million Menschen folgte dem Sarg am 15. März beim Trauerzug durch die Stadt

Der Täterkreis wurde relativ schnell ermittelt. Einige Mitglieder des so genannten Zemun-Clans wurden festgenommen bzw. getötet, der Verbrecherring im Neu-Belgrader Stadtviertel zerschlagen. Die Mafiosi hatten balkanweit hauptsächlich mit Drogenhandel und Entführungen Millionen gemacht, ihre engen Verbindungen mit der Spezialpolizei des Ge-

Die Chefanklägerin des UNO-Kriegsverbrechertribunals Carla Del Ponte fordert bei einem Besuch in Belgrad am 3. Oktober erneut die Festnahme des früheren bosnisch-serbischen Armeechefs Ratko Mladić; rechts Präsident Svetozar Marović

heimdienstes und mit der Justiz genutzt. Der Bericht einer Untersuchungskommission machte unmissverständlich klar, dass es einen ›Staat im Staate‹ gab, der für Politiker und Ordnungshüter lange als unantastbar gegolten hatte.

Auch wenn der getötete Premier DJINDJIĆ jeden Deal mit dem vermutlichen Drahtzieher des Attentats leugnete, gilt doch als bewiesen, dass er sich mit dem früheren Kommandeur der inzwischen aufgelösten Gendarmerieeinheit ›Rote Barette‹, MILORAD ULEMEK alias LUKOVIĆ alias LEGIJA, mehrmals getroffen hat. Nie aufgeklärt werden dürfte wohl, was dieser Truppe dafür versprochen worden war, dass sie beim Umsturz des Milošević-Regimes nicht gegen Demonstranten der Opposition aktiv geworden ist. Die Entscheidung von Regierungschef DJINDJIĆ, dieser Seilschaft von Geheimpolizisten und Kriminellen Einhalt zu gebieten, dürfte sein Todesurteil bedeutet haben. Kritiker in Belgrad werfen dem Ermordeten jetzt vor, mit einer naiven Konsenspolitik dieses ›heiße Eisen‹ viel zu spät angepackt zu haben.

Alarmzeichen in Belgrad

Längst ist in der serbischen Metropole jegliche Euphorie verflogen. Von den insgesamt rund 10 000 kurzzeitig Verhafteten und Verhörten wird vorerst lediglich 44 Verdächtigen der Prozess gemacht. Ein Dutzend von ihnen ist angeklagt worden, direkt in das Attentat gegen DJINDJIĆ verwickelt gewesen zu sein. Als skandalös wird bewertet, dass die von der Bevölkerung erhoffte ›Säuberungsaktion‹ bei serbischen Geheim- und Sicherheitsdiensten sowie der Justiz weitgehend unterblieben ist. Von Aufklärung oder Konsequenzen angesichts dubioser Verbindungen der organisierten Kriminalität zu Regierungskreisen gar nicht zu reden – ähnlich wie bisher die Versprechungen nicht eingehalten wurden, die noch gesuchten bosnischen Serben RADOVAN KARADŽIĆ und RATKO MLADIĆ festzunehmen und nach Den Haag zu überstellen.

Die Prozessführung des Internationalen Kriegsverbrechertribunals gegen Exstaatschef MILOŠEVIĆ hat in Serbien wenig dazu beigetragen, sich mit der jüngsten Vergangenheit auseinander zu setzen. Zwar ist die Anhängerzahl seiner Sozialistischen Partei inzwischen erheblich geschrumpft. Doch hat der so genannte patriotische Block in der Opposition wieder Zulauf. Dazu ist die Radikale Partei des ebenfalls in Den Haag angeklagten Wortführers eines Groß-Serbien, VOJISLAV ŠEŠELJ, zu zählen, aber auch der aus der politischen Versenkung wieder aufgetauchte frühere Vizepremier VUK DRAŠKOVIĆ mit seiner monarchistisch orientierten Serbischen Bewegung. Weiterhin im Parlament vertreten ist die Partei der Serbischen Einheit, die von dem getöteten Mafioso und Kriegsverbrecher ›ARKAN‹ geführt worden war. Seine Witwe, die bekannte Popsängerin CECA, wurde aus der Untersuchungshaft entlassen, obgleich ihre Villa Mitbeteiligten des Djindjić-Attentats als Unterschlupf und Waffenlager gedient haben soll. Hartnäckig halten sich Gerüchte, dieser Anschlag sei als Fanal für einen Putschversuch von chauvinistischen Verschwörern gedacht gewesen.

Mit dem erschossenen Premier verlor die Regierungskoalition ihr Zugpferd und zugleich ihre Integrationsfigur. Das frühere Oppositionsbündnis DOS war mit seinen 18 Parteien ohnehin nur gegen das Milošević-Regime vereint. Nach der Koštunica-Partei scherte auch eine andere politische Gruppierung aus: die neue Partei G17-plus mit ihrem anerkannten Wirtschaftsfachmann MIROLJUB LABUS an der Spitze. Ein drohendes Misstrauensvotum, an dem das in Fraktionen und Machtkämpfe zerriebene Regierungsbündnis wohl endgültig gescheitert wäre, verhinderte der neue Ministerpräsident ZORAN ŽIVKOVIĆ durch Ausschreibung von Neuwahlen. Im künftigen serbischen Parlament könnten zum Jahreswechsel wieder die alten Parteien des Milošević-Regimes die Mehrheit haben. Beim dritten Wahlgang für die vergebliche Präsidentschaftskür hatte der Kandidat der Radikalen Serbischen Partei mehr Stimmen erhalten als der Repräsentant der DOS-Parteien. Wegen der Korruptionsskandale und der stagnierenden Armut ist die Bevölkerungsmehrheit von den Reformpolitikern tief enttäuscht.

Der von DJINDJIĆ forcierte Demokratisierungsprozess ist ins Stocken geraten. Regierungskreise versuchten, nach Aufhebung des Ausnahmezustands die serbische Presse zu gängeln. Die längst überfällige Zuteilung von landesweiten Frequenzen für elektronische Medien wurde mit Pressionen und Auflagen verbunden. Zugleich kaufen sich ausländische, vor allem deutsche, Investoren in die Printmedien ein, wobei auch in Serbien meist die Zielsetzung ist, aus kritischen Zeitungen möglichst auflagenstarke Boulevardblätter zu machen.

Schmaler Silberstreif am Horizont

Als ›Gewissen der Nation‹ versteht sich die von Schülern und Studenten gegründete Oppositionsbewegung gegen das Milošević-Regime: OTPOR (Widerstand) ließ seinerzeit Polizei und Geheimdienst mit effektiven und fantasievollen Organisations- und Aktionsformen ins Leere laufen. Sie hat die damaligen Oppositionsparteien mit dazu gedrängt, sich zusammenzuschließen. Nun nimmt sie deren Regierungsarbeit kritisch unter die Lupe. OTPOR erwägt, sich künftig als eigene Partei für vorwiegend junge Wähler zu etablieren.

Anhänger der inhaftierten Svetlana Ranatović, unter dem Namen ›Ceca‹ eine der bekanntesten Folkmusikerinnen des Landes und Witwe des Freischärlerführers ›Arkan‹, demonstrieren am 14. Juni in Belgrad für deren Freilassung

Montenegro: erster ökologischer Staat Europas?

Die Adria und ein Meer von schwarzen Bergen haben wir zu bieten, heißt es bei dem kleinen Unionspartner Serbiens. Die Regierung in Podgorica hat Montenegro zum ›ersten ökologischen Staat Europas‹ erklärt. Auch damit sollen Touristen als wichtigste Devisenbringer angelockt werden. Mangels Bodenschätzen benötigt das Land Urlauber am Küstenstreifen und Besucher der Naturschutzgebiete als Einnahmequelle.

Aber der Kleinstaat hat noch immer erhebliche Infrastrukturprobleme, ist auf Straßenbauprojekte der EU und Energielieferungen aus Nachbarländern angewiesen. In der Tourismusregion werden Wasser und Strom aus Kroatien benötigt. Industrie und Handel sind fürs Erste weiter eng mit Serbien verzahnt. Ohne wirtschaftliche Unterstützung und ausländische Kredite kann das Land eigentlich nicht selbstständig existieren.

Nach Ermittlungen der italienischen Mafiakommission wurde bislang das halbe Staatsbudget aus Zigarettenschmuggel und anderen illegalen Geschäften finanziert. Die EU hat deshalb weitere Hilfsleistungen davon abhängig gemacht, dass die organisierte Kriminalität künftig rigoros bekämpft wird. Offen wird MILO DJUKANOVIĆ, dem früheren Präsidenten und jetzigen Premier von Montenegro, vorgeworfen, von diesen Machenschaften persönlich zumindest profitiert zu haben. Der einstige KP-Funktionär und Mitstreiter von MILOŠEVIĆ hat sich zum Vorreiter eines unabhängigen Nationalstaates Montenegro gemausert.

Allerdings ist zweifelhaft, ob DJUKANOVIĆ sein Ziel beim nächsten Referendum in drei Jahren erreichen kann. Das ›Land der schwarzen Berge‹ ist ethnisch und politisch nicht homogen. Während seine Heimatregion im südlichen Teil Montenegros seinem Abspaltungskurs folgte, votierte der Norden mit seiner eher proserbischen Bevölkerung zuletzt für einen Verbleib in der jugoslawischen Föderation. Kaum bekannt ist, dass mehr Montenegriner außerhalb als innerhalb der Landesgrenzen leben. Allein in Serbien ist die Zahl weit größer als die 650 000 in der Heimat selbst.

Cetinje wird neue Residenzstadt

Die nationalbetonte Regierungspolitik fördert die Rückbesinnung auf Montenegros Geschichte. Bis 1916 war das Land Königreich auf dem Balkan. Die Dynastie Petrović-Njegos stellte jahrhundertelang nicht nur die regierenden Fürstbischöfe, sondern auch den letzten Monarchen. Die Metropole der einstigen Königsfamilie zählt kaum 15 000 Einwohner. Dennoch wurde Cetinje 2003 zur Residenzstadt erkoren, in der fortan der Präsident seinen Sitz hat und repräsentieren muss. Damit leistet sich Montenegro quasi eine Zwillingskapitale mit Podgorica als offizieller Hauptstadt.

Keine Lösung für das Kosovoproblem

Gescheitert sind Pläne der internationalen Gemeinschaft, mit Montenegro auch das umstrittene Kosovo in eine Übergangslösung einzubinden. Die albanischen Politiker und Parteien der völkerrechtlich noch immer südserbischen Provinz wollen sich nicht mit mehr Autonomie begnügen, sondern streben nach vollständiger Loslösung von Belgrad. Selbst für ihren als gemäßigt geltenden gewählten Präsidenten IBRAHIM RUGOVA kommt nach den Kriegsgräueln und Zerstörungen irgendeine Form staatlicher Föderation mit Serbien nicht mehr in Betracht.

Erstmals seit dem Krieg in der serbischen Provinz Kosovo 1999 setzen sich Spitzenpolitiker der Serben und Albaner am 14. Oktober in Wien zusammen. Themen sind Flüchtlinge, Vermisste, Energieversorgung und die Verkehrsinfrastruktur

Bilaterale Verhandlungen mit der Belgrader Regierung mussten UNO-Vertreter 2003 regelrecht erzwingen, selbst als es nur darum ging, zwischen Serben und Albanern technische Fragen zu erörtern wie z. B. Kommunikations- und Verkehrsverbindungen. Noch immer müssen KFOR-Soldaten eskortieren und schützen.

Weder Washington noch Brüssel haben bislang ein Konzept erkennen lassen, um dieses Problem nachhaltig zu entschärfen oder gar ganz aus der Welt zu schaffen. Im De-facto-Protektorat der UNO ist man krampfhaft bemüht, eine staatliche Neugliederung mit möglichen Grenzveränderungen zu verhindern, damit die gesamte Balkanregion nicht ein weiteres Mal in Aufruhr gerät. Eine einigermaßen funktionierende Verwaltung und Wirtschaftshilfen sollen Spannungen abbauen helfen. Verstärkt wird die organisierte Kriminalität bekämpft, die im Bund mit politischen Extremisten neue Konflikte zu schüren sucht, um ihren Schmuggel und andere illegale Geschäfte in der Region weiterbetreiben zu können.

Serbien und Montenegro

Als Führer der Opposition gegen den ehem. Staatschef Slobodan Milošević übernahm **Zoran Djindjić** nach den Wahlen im Dez. 2000 das Amt des serb. Ministerpräsidenten. Er leitete ein umfangreiches Reformprogramm ein, führte Serbien aus der internat. Isolation und lieferte Milošević an das Haager Kriegsverbrechertribunal aus. Der Dauerkonflikt mit seinem polit. Hauptgegner, dem jugoslaw. Präs. Vojislav Koštunica (bis 5. März im Amt), und die Kosovofrage setzten seiner Handlungsfähigkeit jedoch enge Grenzen. Im Land selbst war Djindjić weniger populär als im westl. Ausland.

16. Nov. – nach den Fehlschlägen vom Okt. und Dez. 2002 – erneut das gesetzlich vorgeschriebene Quorum von 50 % verfehlt. Das Scheitern der Wahlen wurde als Antwort der Wähler auf das polit. Chaos, die Unzulänglichkeit der Reformmaßnahmen und die Verschlechterung der Lebensbedingungen gewertet. Die meisten Stimmen errang mit 46,5 % der Politiker der oppositionellen nationalist. Serb. Radikalen Partei (SRS), TOMISLAV NIKOLIĆ. Die Oppositionsparteien DSS und G17-plus hatten zum Wahlboykott aufgerufen. Das seit Jan. 2003 vakante Präsidentenamt blieb somit unbesetzt. Ungeklärt blieben zunächst die Folgen für die weiteren institutionellen Schritte, u. a. die Einsetzung der neuen Reg. nach den vorgezogenen Parlamentswahlen, die MinPräs. ZORAN ŽIVKOVIĆ für den 28. Dez. ausgeschrieben hatte, nachdem er im Parlament die Mehrheit verloren hatte. Seine Partei wurde mit rd. 12,6 % drittstärkste polit. Kraft – ohne Aussicht, die Entwicklung weiter maßgeblich zu gestalten. Siegerin wurde die SRS, deren Führer VOIJISLAV ŠEŠELJ in Den Haag als Kriegsverbrecher angeklagt ist (rd. 27,7 %). Die nationalkonservative Partei des ehem. Präs. und und Djindjić-Gegners VOIJISLAV KOŠTUNICA belegte den zweiten Platz (rd. 18 %).

Zusammenarbeit mit Den Haag

Der bis Anfang Jan. amtierende serb. Präs. MILAN MILUTINOVIĆ stellte sich am 20. Jan. dem → Kriegsverbrechertribunal (ITCY), das ihn gemeinsam mit MILOŠEVIĆ im Mai 1999 wegen Kriegsverbrechen in → Kosovo angeklagt hatte. Seinem Beispiel folgte am 24. Febr. auch der Ultranationalist und Vors. der SRS, VOJISLAV ŠEŠELJ. Mitte Okt. scheiterte ein groß angelegter Versuch, den mutmaßl. Hauptkriegsverbrecher RATKO MLADIĆ zu verhaften. Eine Auslieferung von zwei wegen Kriegsverbrechen in Kosovo angeklagten Generälen lehnte Innenmin. DUŠAN MIHAJLOVIĆ im Okt. ab.

Vujanović Präsident Montenegros

Mit der Wahl des ehem. MinPräs. FILIP VUJANOVIĆ am 11. Mai zum Präs. von Montenegro (mit 64,2 % der Stimmen) fand die Rochade mit MILO DJUKANOVIĆ, der am 8. Jan. ins Amt des Regierungschefs gewechselt war, ihren Abschluss. VUJANOVIĆ kündigte an, in drei Jahren ein Referendum über den Austritt Montenegros aus dem neu gegr. Staatenbund S. u. M. abzuhalten. ■

Sesamstraße: Die beliebte Fernsehserie für Vorschulkinder ›S.‹ feierte in Deutschland ihr 30-jähriges Jubiläum. Als dt. Koproduktion der amerikan. Kinderserie ›Sesame Street‹ war sie am 8. 1. 1973 erstmals ausgestrahlt worden. Die Serie will Kindern auf spieler. Weise v. a. kognitive Fähigkeiten (z. B. Farben und Formen erkennen, Zählen, Lesen) vermitteln. In den Rahmengeschichten werden ihnen darüber hinaus Werte wie Selbstbewusstsein, Toleranz und gegenseitige Achtung nahe gebracht. Die von JIM HENSON erfundenen Puppen Ernie, Bert, Oskar und das Krümelmonster gehörten als Identifikationsfiguren von Anfang an zu den ›Markenzeichen‹ der Sendung.
Urspr. als Bildungssendung für sozial unterprivilegierte Kinder konzipiert, wurde die Serie im Lauf der Jahre mehrfach überarbeitet und den gesellschaftl. Veränderungen angepasst. Bereits 1978 ersetzten die dt. Fernsehmacher die Straßenszenen des amerikan. Originals, und dt. Schauspieler übernahmen die Rahmenhandlung. Als neue Puppen kamen u. a. Samson und Tiffy, zuletzt Pferd und Wolle hinzu. Seit 2000 wird die S. mit neuem Comedy-Konzept und neuer Dekoration ausgestrahlt.
Die ›Sesame Street‹ ist mittlerweile in 20 nat. Koproduktionen in 148 Ländern der Welt zu sehen und erreicht mehr als 100 Mio. Kinder.

Seychellen

Hauptstadt: Victoria
Einwohner: 84 000
Einwohner/ km²: 183
Staatsoberhaupt und Regierungschef: F. A. René
BIP/Einwohner: 7 183 US-$

siamesische Zwillinge: Am 6. Juli begann in der Raffles-Klinik in Singapur ein 48-stündiger Operationsmarathon, bei dem zwei 29-jährige s. Z. getrennt werden sollten. Die beiden iran. Frauen waren am Kopf zusammengewachsen, hatten aber jeweils ein eigenständiges Gehirn. Der Eingriff, der von 28 Ärzten durchgeführt wurde, war der weltweit erste seiner Art und endete erfolglos: Beide Frauen starben kurz nacheinander, bevor sie aus der Narkose erwachten. Zwei Wochen später wurde an derselben Klinik eine ähnl. Operation durchgeführt. Dabei gelang es den Ärzten, zwei vier Monate alte s. Z. zu trennen, die am Rückgrat zusammengewachsen waren. In Dallas (Texas) wurden im Okt. zwei zweijährige s. Z. aus Ägypten, die am Kopf zusammengewachsen waren, getrennt. Die beiden Jungen haben ein eigenes Gehirn, waren jedoch über ihre Blutgefäße eng miteinander verbunden.
S. Z. sind eineiige Zwillinge, die sich im Mutterleib nicht vollständig trennen und durch Gewebebrücken am Kopf oder Rumpf miteinander verwachsen blei-

ben. Operationen zur Trennung von s. Z. werden seit Ende der 1960er-Jahre mit unterschiedl. Erfolg durchgeführt. Trennungen gelingen v. a., wenn sie in den ersten Lebensmonaten erfolgen.

Sierra Leone

Hauptstadt: Freetown
Einwohner: 5,2 Mio.
Einwohner/ km²: 72
Staatsoberhaupt und Regierungschef: A. T. Kabbah
BIP/Einwohner: 156 US-$

Der Friedensprozess in dem zw. 1991 und 2002 vom Bürgerkrieg erschütterten Land kam weiter voran. Der von der UNO eingesetzte Sondergerichtshof zur Ahndung von Kriegsverbrechen erhob im März die ersten Anklagen, u. a. gegen den früheren Rebellenführer FODAY SANKOH, der am 30. Juli eines natürl. Todes starb. Auch die Wahrheits- und Versöhnungskommission, die die Kriegsuntaten dokumentieren soll, nahm im April ihre Arbeit auf. Sie befragte u. a. Präs. AHMAD TEJAN KABBAH, der erklärte, er habe die brutalen Menschenrechtsverletzungen der regierungstreuen Kamajor-Milizen nicht verhindern können. ■

Simbabwe

Hauptstadt: Harare
Einwohner: 13,0 Mio.
Einwohner/ km²: 33
Staatsoberhaupt und Regierungschef: R. G. Mugabe
BIP/Einwohner: 1363 US-$

Die rigide Führung von Präs. ROBERT MUGABE, der an der Landenteignung weißer Farmer festhielt und jegliche Opposition massiv unterdrückte, hielt S. weiter in seiner tiefen wirtschaftl. und polit. Krise gefangen. Die Inflation erreichte im Herbst etwa 500 %, rd. 80 % der Bevölkerung waren arbeitslos. Die extreme Lebensmittelknappheit wird nach Schätzungen der UNO bis zum Jahresende die Zahl der Hungernden auf 5,5 Mio. ansteigen lassen. Etwa ein Drittel der Bevölkerung flüchtete in benachbarte Länder.
Einen Generalstreik der Opposition, die u. a. die Wiederherstellung demokrat. Grundrechte und die Auflösung der paramilitär. Truppen forderte, ließ die Reg. im März brutal niederschlagen. Mehrere hundert Menschen wurden festgenommen.

Ebenfalls im März begann ein Hochverratspozess gegen MORGAN TSVANGIRAI, den Führer der Oppositionspartei Movement for Multiparty Democray (MDC). Er wird beschuldigt, im Vorfeld der Präsidentschaftswahlen 2002 einen Anschlag auf Präs. MUGABE vorbereitet zu haben. Der zuständige Richter setzte TSVANGIRAI jedoch gegen Kaution auf freien Fuß. Bei Verurteilung droht ihm die Todesstrafe.

Simbabwe
Inflationsrate (Veränderung der Verbraucherpreise in %)

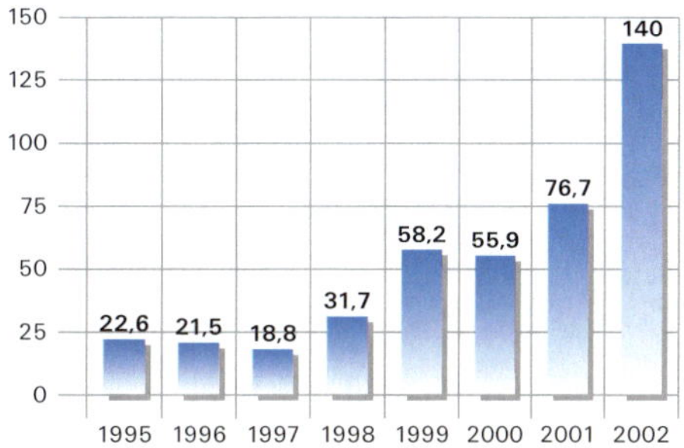

Im Mai erklärte das oberste Gericht von S. einen Paragraphen des Mediengesetzes für verfassungswidrig. Er sah lange Haftstrafen für Journalisten vor, die bewusst oder unbewusst eine Falschinformation veröffentlichen.
Außenpolitisch blieb S. weitgehend isoliert. Die EU und die USA verlängerten im Febr. bzw. März ihre 2002 verhängten Sanktionen, die u. a. Einreiseverbote für MUGABE und seine Gefolgsleute sowie das Einfrieren von Guthaben umfassen. Die Staaten des Commonwealth einigten sich im Dez., die Suspendierung S.s beizubehalten. MUGABE verkündete daraufhin, sein Land werde von sich aus den Bund verlassen. ■

Simma, Bruno, Jurist, *Quierschied 29. 3. 1941. – Nach seiner Berufung durch die UNO-Generalversammlung trat der renommierte Völkerrechtler am 6. Febr. sein neues Amt als einer von 15 Richtern beim → Internat. Gerichtshof in Den Haag (Niederlande) an.
Nach Studium und Promotion an der Univ. Innsbruck (1966) schlug S. eine akadem. Berufslaufbahn ein. Seit 1973 ordentl. Prof. für Völkerrecht und Europarecht an der Univ. München, lehrte er zugleich als Gastprof. u. a. in den USA an der Michigan Law School in Ann Arbor (1986–95) und war zuständig für die völkerrechtl. Ausbildung der Attachés im Auswärtigen Amt. Im Rahmen der UNO war er 1987–96 Mitgl. des Ausschusses für wirtschaftl., soziale und kulturelle Rechte, anschließend Mitgl. der Völkerrechtskommission. Darüber hinaus erwarb sich S. als Verfasser eines Standardwerks zur Charta der Vereinten Nationen internat. Autorität in Völkerrechtsfragen.

Singapur

Einwohner: 4,2 Mio.
Einwohner/km^2: 6772
Staatsoberhaupt:
S. R. Nathan
Regierungschef:
Goh Chok Tong
BIP/Einwohner:
21699 US-$

Der Stadtstaat gehörte zu den am stärksten von der Lungenkrankheit → SARS betroffenen Ländern. Von den 206 registrierten Erkrankten starben 31. Die WHO strich S. am 1. Juni von der Liste der SARS-Gebiete, doch wurde im Sept. ein neuer Fall gemeldet. Ein erneuter Ausbruch der Epidemie konnte verhindert werden.

Infolge SARS erlitt die Wirtschaft zunächst einen dramat. Einbruch von 9,8 % des BIP im 2. gegenüber dem 1. Quartal, erholte sich anschließend jedoch rasch und expandierte im 3. Quartal um 17 %. So rechnete die Reg. im Nov. mit einem Zuwachs für das Gesamtjahr um 1 % des BIP (2002: 2,2 %). Ausländ. Firmen verlagern zunehmend Arbeitsplätze in billigere Nachbarstaaten. Um die Lohnnebenkosten zu mindern, kündigte die Reg. eine Revision der Alters- und Gesundheitsvorsorge an.

Das am 6. Mai unterzeichnete Freihandelsabkommen mit den USA tritt am 1. 1. 2004 in Kraft. S. unterstützte die USA in ihrem Vorgehen gegenüber dem Irak. ■

Skinheads, → Rechtsextremismus.

Slowakische Republik

Hauptstadt: Bratislava
Einwohner: 5,4 Mio.
Einwohner/km^2: 112
Staatsoberhaupt:
R. Schuster
Regierungschef:
M. Dzurinda
BIP/Einwohner:
4389 US-$

Für das Jahr 2003 konnte die S. R. erneut mit einem weiterhin vergleichweise kräftigen BIP-Wachstum von ca. 4 % rechnen (2002: 4,4 %), allerdings verbleibt die wirtschaftl. Leistung pro Ew. noch unter der Hälfte des EU-Durchschnitts. Die Arbeitslosigkeit (rd. 17,4 %) stellte weiterhin ein großes Problem dar (2002: 18,6 %). Das Durchschnittseinkommen ist nach Berechnungen unabhängiger Experten mit 340 € im Monat weiterhin sehr niedrig. Die Reg. beschloss im Aug., das Steuersystem radikal zu vereinfachen: Der einheitl. Satz für die Einkommen- und Körperschaftsteuer wird ab 1. 1. 2004 nur 19,0 % betragen.

Spannungen in der Regierung Dzurinda

Die Mitte-rechts-Koaliton unter MinPräs. MIKULÁŠ DZURINDA wurde durch diverse Skandale und personelle Querelen erschüttert. Die Entlassung von Verteidigungsmin. IVAN ŠIMKO und seine Ersetzung durch JURAJ LIŠKA am 10. Okt. lösten innerhalb der NATO Bedenken hinsichtlich der Kontinuität der Militärreformen des künftigen Mitgl. aus. Parteispaltungen in der Viererkoalition führten Mitte Dez. zum Verlust ihrer parlamentar. Mehrheit.

■ Der slowakische Präsident Rudolf Schuster unterzeichnet am 15. April in Bratislava den Beitrittsvertrag seines Landes mit der NATO

Klares Ja zur EU und zur NATO

Bei dem Volksentscheid über die EU-Mitgliedschaft der S. R. am 16./17. Mai stimmten die Wähler mit 92,5 % überraschend deutlich für den Beitritt zum 1. 5. 2004. Allerdings überschritt die Wahlbeteiligung mit 52,2 % das laut Verfassung notwendige Quorum von 50,0 % nur knapp. In der auf europ. Ebene geführten Diskussion um die zukünftige EU-Verfassung plädierte MinPräs. DZURINDA für eine rotierende EU-Ratspräsidentschaft und für einen Kommissar je EU-Mitgl., um den Einfluss der kleineren EU-Staaten zu stärken.

Ein Referendum über die NATO-Mitgliedschaft lehnte die Reg. angesichts großer Vorbehalte in der Bevölkerung ab. Am 10. April stimmte das Parlament allerdings mit großer Mehrheit für einen Beitritt zu der Militärallianz.

Im Irakkrieg stellte sich die S. R. in der → Koalition der Willigen auf die Seite der USA. Das Parlament beschloss am 8. Febr., 75 Soldaten als Teil einer tschech.-slowak. Spezialeinheit zur Abwehr von ABC-Waffen nach Kuwait zu entsenden. Zur Sicherung der Lage nach dem Krieg stellte die Reg. weitere 72 Soldaten zur Verfügung. Dagegen war sie nicht bereit, mit den USA ein Immunitätsabkommen für amerikan. Bürger vor dem Internat. Strafgerichtshof zu schließen. ■

Slowenien

Hauptstadt: Ljubljana
Einwohner: 2,0 Mio.
Einwohner/ km²: 99
Staatsoberhaupt:
J. Drnovšek
Regierungschef:
A. Rop
BIP/Einwohner:
10 639 US-$

S. ist das wirtschaftlich am weitesten entwickelte Land unter allen EU-Beitrittsstaaten. Mit einem BIP von 11 700 € pro Kopf hat es nach Angaben von Eurostat 2002 74,0 % des EU-Durchschnitts erreicht. Der IWF prognostizierte im Sept. ein BIP-Wachstum für 2003 von 2,2 % (2002: 3,2 %). Die Arbeitslosenquote verblieb knapp über 6 % (EU-Standard), die Inflationsrate über 5 %.

Mehrheit für EU- und NATO-Mitgliedschaft

In dem Doppelreferendum am 23. März befürworteten 89,6 % der Wähler einen EU-Beitritt, hingegen votierten nur 66,0 % für eine NATO-Mitgliedschaft (Stimmbeteiligung: 60,3 %). MinPräs. ANTON ROP kündigte im Sept. die Einführung des Euro bis spätestens 2008 an. In der Frage der Immunität für US-Bürger vor dem Internat. Strafgerichtshof in Den Haag nahm S. die EU-Position ein und lehnte im Mai den Abschluss eines Nichtauslieferungsabkommens mit den USA ab. – Zum 1. Okt. hob die Reg. die Wehrpflicht auf. Geplant ist die Bildung eines Berufsheeres mit 18 000 Soldaten bis 2010.

Verschlechterte Beziehungen zu Kroatien

Mit der zeitweiligen Abberufung des slowen. Botschafters in Kroatien Anfang Sept. protestierte die Reg. gegen kroat. Pläne zur Errichtung einer Sonderwirtschaftszone (EEZ) in der Adria. Auch ein kroat. Regierungsbeschluss vom 2. Okt., statt der EEZ eine Fisch- und Ökologiezone in der Adria zu etablieren, wurde von der slowen. Reg. als unilaterale Maßnahme kritisiert. Ursachen für die slowen.-kroat. Kontroverse sind der seit der Unabhängigkeit 1991 umstrittene Verlauf der See- und Landgrenzen zw. beiden Staaten sowie Interessenkonflikte bei der ökonom. Ausbeutung der Adria. ■

Söder, Markus, Journalist, Jurist und Politiker (CSU), * Nürnberg 5. 1. 1967. – Nach der Landtagswahl berief MinPräs. EDMUND STOIBER den Landtagsabgeordneten S. zum neuen GenSekr. der CSU. Der Parteivorstand bestätigte ihn als Nachfolger von THOMAS GOPPEL im Amt des führenden Managers und Marketingchefs der Partei.
Als Vertreter der jungen Generation in der CSU verfügt S. über vergleichsweise umfangreiche berufl. und polit. Erfahrung. Der Jurist (Promotion 1998) wurde schon mit 16 Jahren Mitgl. der CSU und der Jungen Union, deren Landesvors. er seit 1995 war. 1994 wurde er erstmals für den Wahlkreis Nürnberg-West in den bayer. Landtag gewählt, in dem er sich bei der Wahl am 21. Sept. mit 54,8 % der Stimmen erneut behauptete. Als gelernter Fernsehjournalist nahm S. für die Partei zahlreiche Ämter im Medienbereich wahr, u. a. seit 2000 als Vors. der Medienkommission, und gilt als geschickter Rhetoriker und Freund der Polarisierung.

Somalia

Hauptstadt: Mogadischu
Einwohner: 9,4 Mio.
Einwohner/ km²: 14
Staatsoberhaupt:
A. Salat Hassan
Regierungschef:
M. Abdi Yusuf
(seit 31. 12. 2003)
BIP/Einwohner: -

Nach dem Waffenstillstand vom Okt. 2002 verhandelten Delegierte der rivalisierenden somal. Clans über eine neue Verfassung. Die in Kenia unter Leitung der Afrikan. Union geführten Gespräche brachten am 6. Juli den Beschluss, ein Übergangsparlament zu berufen, das einen Staatspräs. und eine Reg. bestimmen soll. Die seit der Friedenskonferenz von Djibouti (Aug. 2000) amtierende ›Nat. Übergangsreg.‹ (TNG) unter Präs. ABDULKASSIM SALAT HASSAN weigerte sich jedoch, am Ende ihrer dreijährigen Amtsperiode zurückzutreten; nach der Entlassung von MinPräs. HASSAN ABSHIR FARAH wurde MOHAMED ABDI YUSUF am 31. Dez als neuer MinPräs. vereidigt. Die TNG kontrolliert nur Teile der Hauptstadt Mogadischu.
Bei den Präsidentschaftswahlen in der selbst ernannten Rep. ›Somaliland‹ siegte am 14. April der Amtsinhaber DAHIR RIYALE KAHIN. Seit Ende der 1990er-Jahre haben sich auch die Regionen Puntland (Osten) und Jubaland (Südwesten) für selbstständig erklärt. ■

Sonne: Unser Zentralgestirn überraschte Ende Okt./Anfang Nov. mit heftigen Gasausbrüchen. Am 30. Okt. fotografierte der europ. Satellit SOHO bes. starke sog. Sonnenflairs, bei denen aus ungewöhnlich aktiven Regionen der S. riesige Mengen von Materie in den Weltraum geschleudert wurden. Wenige Stunden nach den Ausbrüchen erreichten die Partikel die Erde, was u. a. zu Nordlichtern führte, die noch im Alpenraum zu sehen waren. Ähnlich starke Ausbrüche liegen 40 Jahre zurück.
Das Naturphänomen konnte erstmals in diesem Umfang vom Weltraumwetterdienst der NASA und der Atmosphärenbehörde NOAA (USA) beobachtet und erforscht werden, da die Partikel die obere Atmosphäre der Erde, die Ionosphäre, stark beeinflussen und Störungen im Funkverkehr und in der Energieversorgung hervorrufen können. Größere Schäden, auch an Satelliten, blieben (Forts. S. 308)

Mehr als Licht und Wärme

Der Autor:
Gottfried Mann
geboren 1953.
Ab 1982 wissenschaftlicher Mitarbeiter am Observatorium für solare Radioastronomie des Zentralinstituts für Astrophysik, später am Astrophysikalischen Institut Potsdam; ab 1993 Lehraufträge an der Technischen Universität Berlin, seit 2003 Professor an der Universität Potsdam

Im Oktober schreckten Nachrichten über starke Nordlichter, Störungen des Funkverkehrs und der Navigation von Flugzeugen und Schiffen sowie das vermehrte Auftreten schädlicher Strahlung auf, vor der Astronauten und Satelliten geschützt werden mussten. Als Ursachen wurde heftige Eruptionen auf der Sonne ausgemacht. Sie treten zwar selten auf, liegen aber in der Natur unseres Zentralgestirns. Wir Menschen leben schon seit Jahrtausenden damit, ohne dass sich unser Leben dadurch verändert hätte. Da in unseren Alltag aber immer mehr hochempfindliche elektronische Geräte Einzug gehalten haben, ist auch die Anfälligkeit gegen Störungen angestiegen – auch durch die Aktivität der Sonne.

Heißer Gasball mit Atmosphäre

Um den Zentralkörper unseres Sonnensystems bewegen sich alle Planeten, vom Merkur über die Erde bis zum Pluto, und das nahezu in einer Ebene, der Ekliptik. Der mittlere Abstand Sonne – Erde beträgt 149,6 Mio. km oder eine Astronomische Einheit (AE). In 26 bis 27 Tagen rotiert die Sonne einmal um ihre eigene Achse. Dabei zeigt sie eine besondere Eigenschaft, die differenzielle Rotation, d. h., am Äquator dreht sie sich schneller als an den beiden Polen.

Nordlicht über Finnland am 31. Oktober; Ursache für diese spektakuläre Naturerscheinung sind starke Eruptionen auf der Sonne

Die Sonne ist ein riesengroßer Gasball mit einem Durchmesser von 1,4 Mio. km und einer Masse von 2×10^{33} kg. In ihrem Innern wird durch thermonukleare Reaktionen Kernenergie in Wärme und elektromagnetische Strahlung umgewandelt. Diese Strahlung transportiert die freigesetzte Energie nach außen. Dabei kühlt sich das Gas so weit ab, dass der Energietransport in der äußersten Schicht, der Wasserstoffkonvektionszone, durch Konvektion erfolgt. Im Alltag beobachten wir Konvektion beispielsweise, wenn ein mit Wasser gefüllter Topf auf dem Herd erwärmt wird. Das Wasser wird leichter und steigt auf. Oben in der Luft kühlt es sich ab, wird schwerer und sinkt wieder ab. So wird durch Konvektion Wärmeenergie im Wassertopf von unten nach oben transportiert.

Auf der Sonne bilden sich durch diesen Prozess Konvektionszellen, die als Granulen sichtbar sind. Sie vereinigen sich zu Supergranulationszellen, die die gesamte Sonne netzartig überziehen. Am Rand dieser Zellen konzentrieren sich starke Magnetfelder. Erzeugt werden sie ähnlich wie bei einem Fahrraddynamo. Dabei wird Bewegungsenergie in Magnetfeldenergie umgewandelt. Dieser Vorgang basiert auf einem komplexen Zusammenspiel zwischen Konvektion und differenzieller Rotation.

Wie die Erde hat auch die Sonne eine Atmosphäre. Mit bloßem Auge erkennen wir die Photosphäre. Dort herrscht eine Temperatur von etwa 5000 K. Während einer Sonnenfinsternis, wenn also der Mond die Sonne verdeckt, können wir die äußersten Schichten besonders gut beobachten: Der bunte Saum am Sonnenrand ist die Chromosphäre. An sie schließt sich als ein schwacher heller Schein die Korona an. Sie kann ein Ausmaß von mehreren Sonnendurchmessern haben und ist mit einer Temperatur von einigen Millionen Kelvin sehr heiß. In diesem Aggregatzustand ist das Gas vollständig ionisiert. Dieses so genannte Plasma besteht aus Elektronen, Protonen und geringen Beimengungen schwerer Ionen, zum Beispiel Sauerstoff und Eisen.

Alle elf Jahre Sonnenflecken

Die Sonne ist kein ruhiger, sondern ein aktiver Stern. Dies zeigt sich am deutlichsten an den schon von GALILEO GALILEI beobachteten Sonnenflecken, die verstärkt etwa alle elf Jahre auftreten. Der Zyklus ist nicht vollkommen starr. So beobachtete man im 17. Jahrhundert lange Zeit überhaupt keine Sonnenflecken; außerdem stellen sie nur eine Seite der Sonnenaktivität dar. Zurzeit befinden wir uns nahe am Minimum der Sonnenaktivität, d.h., es sind nur wenige oder gar keine Sonnenflecken auf der Sonnenscheibe zu sehen. Dagegen gab es vor fünf Jahren besonders viele.

Sonnenflecken entstehen durch eine starke Magnetfeldkonzentration. In ihrem Innern ist das Magnetfeld häufig einige Tausend Mal stärker als außerhalb. Sonnenflecken unterschiedlicher Magnetfeldpolarität werden durch Magnetfeldschleifen miteinander verbunden. Diese weit bis in die Korona reichenden Schleifen werden besonders im ultravioletten (UV-)Licht und im Röntgenlicht der Sonne sichtbar. Da die Erdatmosphäre diese Strahlen absorbiert, kann man Bilder von der Sonne im UV- und Röntgenbereich nur von Satelliten wie dem japanischen Satelliten ›Yohkoh‹ oder der europäischen Raumsonde ›SOHO‹ aus aufnehmen.

Die Sonnenflecken befinden sich in einem Gürtel um den Äquator. In einem elfjährigen Zyklus wandert ihr Erscheinungsort von den hohen zu den niedrigen Breiten, also Richtung Äquator. Um die Pole gibt es dagegen nur wenig Sonnenaktivität. Röntgenbilder zeigen, dass sich dort dünnes Plasma befindet. Diese Gebiete werden Koronalöcher genannt.

Schneller und langsamer Sonnenwind

Von der Sonne geht ein stetiger Plasmastrom aus, der Sonnenwind, wobei zwischen einem schnellen und einem langsamen Strom unterschieden werden kann. Quelle des schnellen Sonnenwindes sind die Koronalöcher, der langsame Sonnenwind stammt dagegen aus den aktiven Regionen, sprich Sonnenflecken, nahe dem Äquator. Der Sonnenwind umströmt alle Planeten unseres Sonnensystems und formt zusammen mit dem Erdmagnetfeld unsere Magnetosphäre.

Die Weltraumsonde ›Ulysses‹ der Europäischen Raumfahrtagentur ESA hat die dreidimensionale Struktur des Sonnenwindes untersucht. Beim Überflug über die Pole hat sie eine Sonnenwindgeschwindigkeit von 800 km/s gemessen, in der Ekliptik nur etwa 400 km/s. ›Ulysses‹ war das erste Raumfahrzeug, das die Ekliptik verlassen hat.

Energiereiche Eruptionen

Gelegentlich gibt es auf der Sonne starke Eruptionen, so genannte Flares. Dabei wird gespeicherte Magnetfeldenergie innerhalb von Sekunden bis Stunden in Wärme, energiereiche geladene Teilchen und große Massenbewegungen in der Korona umgewandelt. Das Auftreten der Flares unterliegt ebenfalls einer elfjährigen Periode. Gerade in der Spätphase eines Sonnenfleckenzyklus, in der wir uns in diesem Jahr befinden, können zwar wenige, aber dafür besonders starke Flares auftreten. Da die Raumsonde ›SOHO‹ im sog. Lagrange-Punkt positioniert wurde, d.h. dort, wo sich die Anziehung der Erde und der Sonne aufheben, kann die Sonnenaktivität rund um die Uhr mit einer Vielzahl von unterschiedlichsten Instrumenten beobachtet werden.

Gefährliche Teilchen auf dem Weg zur Erde

Wirklich dramatische Sonnenaktivitäten sind die koronalen Massenauswürfe. Hier wird während einer Sonneneruption eine gigantische Blase von Sonnenmaterial ausgestoßen, das mit Geschwindigkeiten von 300 bis 2000 km/s durch den interplanetaren Raum rast und nach ein bis drei Tagen auch auf die Erde treffen kann. Dabei wird das Erdmagnetfeld zusammengestaucht, und es kommt zu Schwankungen im Magnetfeld unseres Planeten, den Magnetfeldstürmen, die auch die Navigation von Schifffahrt und Flugverkehr stören können.

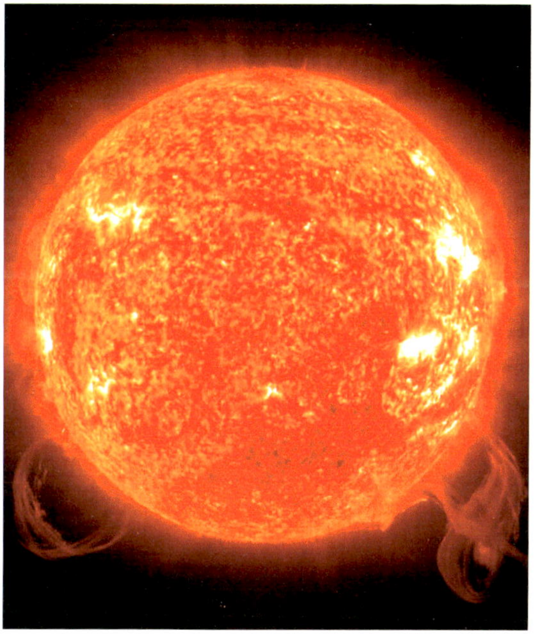

Die 1995 von Cape Canaveral gestartete Raumsonde ›SOHO‹ (Solar and Heliospheric Observatory) nimmt am 18. März zwei große Sonnenprotuberanzen in extremem ultraviolettem Licht auf

Mit den Sonneneruptionen werden aber auch große Mengen energiereicher geladener Teilchen in den interplanetaren Raum geschleudert, die ebenfalls die Erde erreichen können. Astronauten müssen vor diesen gesundheitsgefährdenden Teilchen geschützt werden. Aufgrund der Struktur des Erdmagnetfeldes können die Teilchen am besten oberhalb der Polargebiete in die Erdatmosphäre eindringen und Polarlichter hervorrufen, die bei besonders starken Sonneneruptionen – wie zum Beispiel im Oktober – auch in Deutschland beobachtet werden können. Diese energiereichen Teilchen können auch mikroelektronische Bauelemente schädigen.

jedoch aus. Durch die Frühwarnung der Beobachtungsstationen und Satelliten konnte sich die Besatzung der Internat. Raumstation (ISS) in bes. vor der Strahlung abgeschirmte Räume begeben. Sonnenflairs geringerer Intensität gelten als normale Aktivitäten der Sonne.

Sonnenobservatorium, → Goseck.

Sontag, Susan, amerikan. Schriftstellerin und Essayistin, *New York 16.1. 1933. – S. nahm am 12. Okt. in Frankfurt am Main den Friedenspreis des Dt. Buchhandels entgegen. In ihrer viel beachteten Dankesrede beleuchtete S. die Ursachen der Entfremdung zw. den USA und Europa und kritisierte u. a. das »imperiale Programm« von US-Präs. GEORGE W. BUSH.
1966 wurde S. mit dem Essayband ›Against Interpretation‹ (1966, dt. Auswahl u. d. T. ›Kunst und Antikunst‹, 1968) als scharfsinnige Kunst- und Kulturtheoretikerin bekannt. Sie gilt als eine der originellsten Essayistinnen der westl. Kulturindustrie (u. a. ›Krankheit als Metapher‹, dt. 1989). S. verfasste auch vom Nouveau Roman und Postmodernismus beeinflusste Romane (u. a. ›Todesstation‹, dt. 1985; ›In Amerika‹, dt. 2002) und Erzählungen (u. a. ›Ich, etc.‹, dt. 1979). 2003 erschien ihr Buch ›Das Leiden anderer betrachten‹, in dem sie sich mit dem Thema Kriegsfotografie befasst.

Susan Sontag, Trägerin des Friedenspreises des Deutschen Buchhandels, beginnt am 23. Juni eine Vorlesungsreihe an der Universität Tübingen

Sorgerecht: Ledige Väter erhalten auch in Zukunft das Sorgerecht für ihr Kind nur mit der Zustimmung der Mutter. Das Bundesverfassungsgericht bestätigte am 29. Jan. eine seit der Reform des Kindschaftsrechts 1998 geltende Regelung, wonach verheiratete Eltern automatisch das gemeinsame Sorgerecht haben, das auch nach einer Scheidung erhalten bleibt. Nicht verheiratete Paare können das gemeinsame Sorgerecht erhalten, wenn sich die Mutter des Kindes damit ausdrücklich einverstanden erklärt. Dagegen können ledige Väter, die sich vor 1998 von den Müttern ihrer Kinder getrennt haben, ein gemeinsames Sorgerecht auch gegen den Willen der Mutter einklagen.

Der amerikanische Schauspieler Kevin Spacey (links) mit Elton John, dem Vorsitzenden des ›Old-Vic‹-Theaters; Spacey ist ab 2004 künstlerischer Leiter des Londoner Theaters

Spacey, Kevin, eigtl. **Kevin Spacey Fowler,** amerikan. Schauspieler, *South Orange (New Jersey) 26. 7. 1959. – Am 5. Febr. wurde S. zum neuen künstler. Leiter des traditionsreichen ›Old Vic‹-Theaters in London ernannt. Er wird sein Amt im Herbst 2004 antreten.
S.s Karriere begann am Theater. 1982 debütierte er am Broadway in IBSENS ›Gespenster‹. Erst in den 1990er-Jahren wurde er auch in Hollywood zu einer festen Größe. Seine stoische Mimik und der schwer zu durchschauende Blick prädestinierten ihn zum Bösewicht, den er u. a. in ›Glengarry Glen Ross‹ (1992) und ›Outbreak‹ (1995) verkörperte. Er perfektionierte dieses Image in ›Die üblichen Verdächtigen‹ (1995) und in ›Seven‹ (1995). Als korrupter Polizist trat er in der Film-Noir-Hommage ›L. A. Confidential‹ (1997) auf. 1997 drehte er seinen ersten eigenen Film, ›Albino Alligator‹. Für seine Darstellung des Durchschnittsamerikaners Lester Burnham in ›American Beauty‹ (1999) wurde er mit dem ›Oscar‹ belohnt.

Spam, Bez. für unerbetene elektron. Massenpost, benannt nach einem in Großbritannien und den USA verbreiteten Dosenfleisch der Marke ›Spam‹. Der zuständige finn. EU-Kommissar ERKKI LIIKANEN wies Mitte Juli darauf hin, dass die Überschwemmung des Internet mit Mail-Müll zu einem der größten Probleme der Internetwelt geworden ist. Mehr als die Hälfte aller weltweit versandten E-Mails dürften aus S. bestehen. Allein durch das Aufräumen der elektron. Briefkästen hätten die Unternehmen in der EU 2002 Produktivitätsverluste von etwa 2,5 Mrd. € erlitten. Über die ergriffenen und in Vorbereitung befindl. Maßnahmen in der EU und in einzelnen Staaten hinaus forderte LIIKANEN einen weltweiten ›Feldzug‹ gegen Spamming. Die EU-Staaten hatten sich verpflichtet, bis Okt. eine EU-Richtlinie von 2002 in nat. Recht

umzusetzen, die das Verbot unerbetener Massenpost an Personen vorsieht (→ Gesetz gegen unlauteren Wettbewerb).
In den USA verhängten mehrere Gerichte erste drast. Strafen für die Belästigung von Bürgern mit Spams. In einzelnen Bundesstaaten, so in Kalifornien Ende Sept., wurde Spamming verboten. Der amerikan. Kongress verabschiedete am 9. Dez. mit dem Anti-Spam-Gesetz erstmals bundesweite Richtlinien gegen Spamming. Das Gesetz gibt u. a. Internet-Nutzern die Möglichkeit, sich in sog. Do-not-spam-Register eintragen zu lassen, wenn sie keine elektron. Werbung erhalten möchten.

Spanien

Hauptstadt: Madrid
Einwohner: 41,2 Mio.
Einwohner/ km²: 82
Staatsoberhaupt: Juan Carlos I.
Regierungschef: J. M. Aznar López
BIP/Einwohner: 16 253 US-$

Das stetige Wirtschaftswachstum trotz der Flaute der Weltkonjunktur und einer straffen Haushaltspolitik ließ den viertgrößten Mitgliedstaat zum Musterknaben des Euroraums aufsteigen: Insbes. dank eines Booms im Bausektor und der Ankurbelung des Konsums durch Steuersenkungen legte das BIP im 3. Quartal 2003 um 0,7 % gegenüber dem 2. Quartal zu, auf Jahressicht stieg es um 2,4 % (2002: 2,0 %). Für 2004 wurde ein weiterer Zuwachs um rd. 3,0 % erwartet. Über dem Durchschnitt der EU lagen allerdings weiterhin die Inflationsrate mit rd. 3,0 % (2002: 3,5 %) und die Arbeitslosenquote, die bei über 11 % verharrte. Das Pro-Kopf-Einkommen stieg auf 85 % des EU-Durchschnitts. Mit einem gesetzl. Mindestlohn von 450 € belegte S. zus. mit Portugal den letzten Platz in der EU.
Angesichts der allg. positiven wirtschaftl. Entwicklung behauptete sich die konservative Reg. im letzten Amtsjahr von MinPräs. José María Aznar trotz dessen unpopulärer Haltung im Irakkonflikt in den innenpolit. Auseinandersetzungen sowie bei Wahlen und präsentierte sich auf dem außenpolit. Parkett mit gewachsenem Selbstbewusstsein.

Batasuna

Die bask. Separatistenbewegung **Batasuna** (›Einigkeit‹) ging aus der 1978 gegr. Herri Batasuna (›Einiges Volk‹) hervor und hieß zw. 1998 und 2001 ›Euskal Herritarok‹ (›Wir bask. Bürger‹). Sie fordert einen unabhängigen, sozialist. Staat, bestehend aus den von Basken bewohnten span. und frz. Prov., und pflegte enge Kontakte zu der Terrororganisation ETA. Über 400 verurteilte ETA-Kämpfer waren Mitgl. der Batasuna. Im bask. Parlament war sie zuletzt mit sieben Abgeordneten vertreten, in Stadt- und Gemeinderäten mit 882; in 61 Kommunen stellte sie den Bürgermeister.

Separatisten in der Offensive

Nach den Regional- und Kommunalwahlen in 14 von 17 Regionen am 25. Mai büßte Aznars Volkspartei (PP) zwar ihren bisherigen geringen Stimmenvorsprung vor den Sozialdemokraten (PSOE) ein, doch sie behielt die Mehrheit der Mandate; in acht Regionen stellt sie weiterhin die Regierungschefs. Im Baskenland profitierten die regierenden bask. Nationalisten (PNV) vom Zustrom der Anhänger der extremist. ETA-nahen Separatistenpartei Batasuna, die am 17. März vom Obersten Gericht verboten worden war. Auch der Ausgang der Regionalwahl in Katalonien am 16. Nov. zeugte vom Erstarken der Autonomiebewegungen: Die Republikan. Linke (ERC), die für die Unabhängigkeit Kataloniens eintritt, verdoppelte fast ihren Stimmenanteil (16,5 %) und die Zahl ihrer Mandate; damit wurde sie zum ›Königsmacher‹ bei der Bildung der Regionalregierung.

Spanien
Arbeitslosenquote (in %)

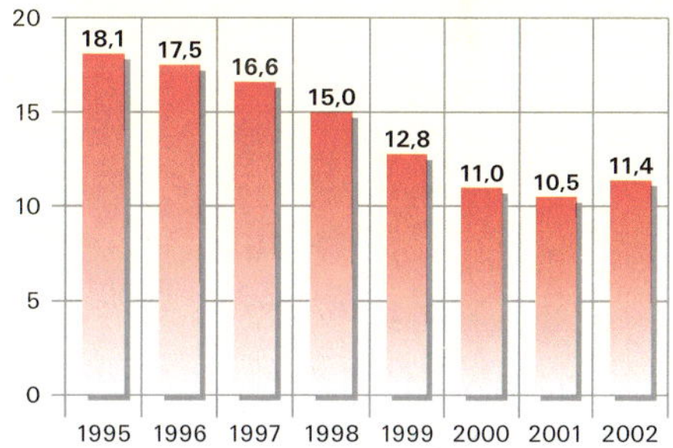

Im Baskenland ermordete die ETA – offenbar als Rache für das Verbot der Batasuna – im Febr. und im Mai drei Polizisten und verunsicherte im Juli mit mehreren Bombenanschlägen in Feriengebieten die Tourismusindustrie. Ihre insgesamt nachlassende Aktivität zeigte jedoch, dass das harte Vorgehen der span. Sicherheitsbehörden und die Inhaftierung von zahlreichen ETA-Angehörigen nicht ohne Wirkung blieben. Ungeachtet seiner Distanzierung von der Terrororganisation ETA und ihrem ›polit. Arm‹ Batasuna, reichte der bask. Regionalpräs. Juan José Ibarretxe Anfang Sept. Klage beim Europ. Gerichtshof für Menschenrechte in Straßburg gegen das im Juni 2002 erlassene Verbot der Batasuna ein. Ende Okt. brachte er – wissend, dass er so die span. Verfassung brach – im Parlament in Vitoria eine Gesetzesinitiative für ein Unabhängigkeitsreferendum über eine einseitige fakt. Loslösung des Baskenlandes ein, das 2005 abgehalten werden soll. Das span. Parlament belegte im Dez. die Abhaltung einer solchen verfassungswidrigen Abstimmung mit strenger Strafandrohung.

An der Seite der USA

Im Irakkonflikt stellte sich die Reg., auch als nichtständiges Mitgl. im UNO-Sicherheitsrat, hinter die USA und distanzierte sich klar von der dt.-frz. Gegenposition. Damit stand sie in offenkundigem Widerspruch zum weitaus größten Teil der Bevölkerung, verzichtete jedoch auf eine direkte Beteiligung am → Irakkrieg. Im Sept. entsandte die Reg. rd. 1300 Soldaten in die unter poln. Verantwortung stehende Militärzone im Irak. Der Tod von sieben Sicherheitsagenten bei einem Überfall irak. Freischärler am 29. Nov. schockierte das Land. ■

SPD, Abk. für Sozialdemokrat. **P**artei **D**eutschlands: Nach dem hauchdünnen Sieg bei der Bundestagswahl im Sept. 2002 konnte die SPD mit Bündnis 90/Die Grünen weiterregieren und stellte in der von ihrem Parteivors. GERHARD SCHRÖDER geführten Bundesreg. zehn von 13 Ministern. Mit 251 Abgeordneten bildete die SPD die größte Fraktion

■ »Herr Westerwelle, hier ist jemand, der sich für unser Projekt 18 interessiert.«

im Dt. Bundestag. Sie regierte in Brandenburg und Bremen (mit der CDU), NRW und Schleswig-Holstein (mit Bündnis 90/Die Grünen), Mecklenburg-Vorpommern und Berlin (mit der PDS) sowie in Rheinland-Pfalz (mit der FDP). Zunehmende Sorge bereitet der Partei der beschleunigte Mitgliederschwund: Im Sept. zählte sie noch rd. 660000 Mitgl., rd. 110000 weniger als zu Beginn ihrer Regierungszeit.

Niederlagen, Krisen, Stimmungstief

Die Landtagswahlen am 2. Febr. in Hessen (29,1 %) und in Niedersachsen (33,4 %) sowie in Bayern am 21. Sept. (19,6 %) brachten der SPD jeweils das schlechteste Ergebnis in der Geschichte der drei Bundesländer; in Niedersachsen, dem Stammland des ehem. MinPräs. SCHRÖDER, verlor sie die Regierungsmacht. Lediglich bei der Bürgerschaftswahl in Bremen am 25. Mai behauptete sich die SPD mit 42,3 %. Auch bei den Kommunalwahlen in Schleswig-Holstein (März) und Brandenburg (Okt.) erlitt sie zweistellige Stimmeneinbußen.

SPD

Um Änderungen in der Agenda 2010 durchzusetzen, brachte die SPD-Linke erstmals in der Geschichte der Partei ein **Mitgliederbegehren** auf den Weg, das einen **Mitgliederentscheid** herbeiführen sollte. Wenn das Mitgliederbegehren innerhalb von drei Monaten die Unterstützung von mind. 10 % der Parteimitgl. findet, wird ein Mitgliederentscheid angesetzt, d. h. eine Urabstimmung über einen Antrag durchgeführt. Dieses Verfahren, die Parteibasis direkt in die polit. Willensbildung einzubeziehen, war 1993 in das Parteistatut aufgenommen worden.

Für die schlechten Wahlergebnisse übernahm der Bundeskanzler und Parteivors. eine Mitverantwortung, da es der Partei nicht gelungen sei, ihre Reformpolitik angemessen zu vermitteln, die den Bürgern teilweise schwere Opfer zumute, um den Sozialstaat »im Kern« zu erhalten (→ Agenda 2010). Zu dem schlechten Erscheinungsbild der Partei in der Öffentlichkeit trug auch die wochenlange Regierungskrise in NRW im Mai und Juni bei, die Min.-Präs. PEER STEINBRÜCK ohne zwingende Gründe und ohne Erfolg vom Zaun gebrochen hatte. Die Kommentatoren verwiesen darüber hinaus auf ›handwerkl.‹ und konzeptionelle Fehler der Regierungsarbeit, verbunden mit einem Mangel an programmat. Perspektive.

Innerparteiliche Konflikte

SCHRÖDERS Konzept zur Revision des Sozialstaats führte zu heftigen Auseinandersetzungen mit dem (kleinen) linken Parteiflügel und den SPD-dominierten Gewerkschaften. Ein Mitgliederbegehren mit dem Ziel, die Agenda 2010 substanziell zu korrigieren, ließ die Parteiführung durch einen Sonderparteitag am 1. Juni in Berlin ins Leere laufen, indem sie sich dort mit geringen Zugeständnissen an die Linken klar durchsetzte. Allerdings sah sich SCHRÖDER gezwungen, sich die Gefolgschaft hier wie auch bei den wichtigen reformpolit. Abstimmungen im Bundestag durch mehrmalige Rücktrittsdrohungen zu sichern. Die Wahlen zur Parteiführung auf dem Parteitag in Bochum (17. – 19. Nov.) versetzten der Parteiführung einen deutl. Dämpfer. Zwar wurde SCHRÖDER mit 80,8 % wiedergewählt, abgestraft wurden jedoch GenSekr. OLAF SCHOLZ (52,6 %) sowie Wirtschafts- und Arbeitsmin. WOLFGANG CLEMENT (56,7 %).

SPORTCHRONIK

5. Januar. Bei der Europameisterschaft im Eisschnelllauf-Mehrkampf in Heerenveen triumphiert die Deutsche ANNI FRIESINGER. Mit Streckensiegen über 500, 1500, 3000 m sowie dem zweiten Platz über 5000 m gewinnt sie den Titel (162,965 Punkte).
6. Januar. Den Sieg der Vierschanzentournee sichert sich der finn. Skispringer JANNE AHONEN. Dem 25-Jährigen reicht beim letzten Springen in

Bischofshofen der vierte Platz zum Gesamterfolg vor dem dt. Vorjahressieger SVEN HANNAWALD.
25. Januar. Im hart umkämpften Frauenfinale der Australian Open in Melbourne bezwingt die Amerikanerin SERENA WILLIAMS ihre ältere Schwester VENUS mit 7:6, 3:6 und 6:4.
25. Januar. In Winterberg krönt der dt. Bobfahrer RENÉ SPIES seine Karriere und wird erstmals Europameister im Zweierbob. Nach zwei Läufen verweist er mit einem Vorsprung von 0,75 s das dt. Duo ANDRÉ LANGE/KEVIN KUSKE auf Platz zwei.
26. Januar. Im Endspiel der Australian Open in Melbourne muss sich der Deutsche RAINER SCHÜTTLER dem Amerikaner ANDRE AGASSI mit 2:6, 2:6 und 1:6 geschlagen geben.
2. Februar. Einen gelungenen Einstand in die Wettbewerbe der alpinen Ski-Weltmeisterschaft feiert der Österreicher STEPHAN EBERHARTER. In St. Moritz gewinnt der 33-Jährige zum Auftakt der WM im Super-G (1:38,80 min.).
2. Februar. Nach überzeugenden Leistungen werden die dt. Handballer bei der Weltmeisterschaft in Lissabon mit der Silbermedaille belohnt. Dem Finalgegner Kroatien unterliegt das Team mit 31:34.
8. Februar. Einen Überraschungserfolg verbucht die dt. Eisschnellläuferin DANIELA ANSCHÜTZ. Bei den Mehrkampfweltmeisterschaften in Göteborg erringt sie die Bronzemedaille.

Der Kroate Ivano Balić steigt im Finalspiel der Handball-Weltmeisterschaft am 2. Februar in Lissabon zum Sprungwurf hoch; rechts der deutsche Kreisläufer Mark Dragunski

8. Februar. Bei der alpinen Ski-Weltmeisterschaft in St. Moritz feiert der Österreicher MICHAEL WALCHHOFER einen sensationellen Erfolg: Ohne vorher jemals ein Abfahrtsrennen gewonnen zu haben, sichert sich der Skiprofi die Goldmedaille in der Herrenabfahrt (1:43,54 min.).
12. Februar. Auf Mallorca unterliegt die dt. Fußballnationalmannschaft im ersten Länderspiel dieses Jahres der span. Auswahl mit 1:3.
22. Februar. Bei den Rodelweltmeisterschaften in Sigulda (Lettland) lassen die dt. Fahrerinnen ihrer Konkurrenz keine Chance: SYLKE OTTO, SILKE KRAUSHAAR und BARBARA NIEDERNHUBER belegen die ersten drei Plätze.
22. Februar. Mit AXEL TEICHMANN gewinnt nach 29 Jahren erstmals wieder ein Deutscher einen Weltmeistertitel im Langlauf. In Val di Fiemme holt sich der 23-Jährige die Goldmedaille über 15 km im klass. Stil.
23. Februar. Nachdem er bereits den Weltmeistertitel im Zweierbob gewonnen hat, holt sich der Deutsche ANDRÉ LANGE mit seinen Anschiebern RENÉ HOPPE, KEVIN KUSKE und CARSTEN EMBACH bei der Bobweltmeisterschaft in Lake Placid auch die Goldmedaille im Viererbob (3:36,59 min.).
24. Februar. Zwei Tage nach AXEL TEICHMANN gewinnen auch die dt. Langläuferinnen eine Goldmedaille. Bei der Nord. Ski-WM in Val di Fiemme siegt die Frauenstaffel über 4 x 5 km in der Besetzung MANUELA HENKEL, VIOLA BAUER, CLAUDIA KÜNZEL und EVI SACHENBACHER.
2. März. Einen sensationellen Erfolg erringt die Crew der Schweizer Yacht ›Alinghi Challenge‹. Sie gewinnt als erstes europ. Team die Hochseeregatta America's Cup.
5. März. In Kopenhagen verabschiedet die 2. Welt-Anti-Doping-Konferenz einstimmig den weltweit gültigen Anti-Doping-Code. Er sieht vor, dass jeder Dopingsünder bereits beim ersten Vergehen für zwei Jahre gesperrt wird.
9. März. Der Schotte DAVID COULTHARD (McLaren-Mercedes) entscheidet das erste Rennen der Formel-1-Saison, den Großen Preis von Australien, zu seinen Gunsten. MICHAEL SCHUMACHER (Ferrari) belegt den vierten Platz.
15. März. Bei der Radfernfahrt Paris–Nizza wiederholt Radprofi ALEXANDER WINOKUROW (Team Telekom) seinen Vorjahreserfolg. Der Kasache sichert sich den Gesamtsieg mit 43 s Vorsprung vor dem Spanier MIKEL ZARRABEITIA.
15. März. In Berlin holt sich der dt. Supermittelgewichtler SVEN OTTKE, Weltmeister der International Boxing Federation (IBF), mit einem Punktsieg nach zwölf Runden gegen BYRON MITCHELL (USA), Weltmeister der World Boxing Organisation (WBA), auch den Titel der WBA.
16. März. Einen Doppeltriumph feiern die dt. Biathleten bei der Biathlonweltmeisterschaft im russ. Khanty Mansiysk: RICCO GROSS erringt die Goldmedaille im Jagdrennen, MARTINA GLAGOW gewinnt das Verfolgungsrennen über 10 km.
16. März. Als überragende Eisschnellläuferin der Einzelstreckenweltmeisterschaft in Berlin erweist sich die Deutsche ANNI FRIESINGER: Nach Siegen über 1500 und 3000 m gewinnt FRIESINGER auch die Goldmedaille über 1000 m.
21. März. Nach seinem Einzelerfolg im Verfolgungsrennen läuft RICCO GROSS bei der Biathlonweltmeisterschaft in Khanty Mansiysk auch mit der Mannschaft zu Gold: PETER SENDEL, SVEN FISCHER, GROSS und FRANK LUCK gewinnen das Staffelrennen über 4 x 7,5 km.
22. März. Mit einem zweiten Platz beim Skiflugweltcup in Planica (Slowenien) sichert sich der Pole

Vorjahressieger Tiger Woods hilft dem Kanadier Mike Weir, diesjähriger Gewinner des US-Masters-Turniers, am 13. April in das grüne Siegerjacket

ADAM MALYSZ bereits vor dem letzten Wettkampf den Gesamtweltcup (1357 Punkte). Auf Platz zwei der Gesamtwertung rangiert der Deutsche SVEN HANNAWALD (1235 Punkte).

28. März. Zum zweiten Mal in seiner Karriere wird der Russe JEWGENI PLUSCHENKO Weltmeister im Eiskunstlaufen. Der 20-Jährige gewinnt bei den Titelkämpfen in Washington die Goldmedaille.

4. April. Im Endspiel der Tischtenniseuropameisterschaft in Courmayeur unterliegt der dt. Sensationsfinalist TORBEN WOSIK, Nummer 37 der Weltrangliste, dem Weißrussen WLADMIR SAMSONOW mit 0:4.

6. April. Bei der Flandernrundfahrt machen belg. Radprofis den Sieg unter sich aus: Im Schlusssprint siegt PETER VAN PETEGEM vor FRANK VANDENBROUCKE.

13. April. Als erster kanad. Golfprofi trägt sich MIKE WEIR in die Siegerliste des US-Masters ein. WEIR setzt sich in Augusta (USA) nach vier Runden (70+68+75+68) erst im Stechen gegen den Amerikaner LEN MATTIACE durch.

13. April. Eine Woche nach seinem Erfolg bei der Flandernrundfahrt triumphiert der belg. Radprofi PETER VAN PETEGEM erneut: Der 33-Jährige gewinnt den Radklassiker Paris – Roubaix.

22. April. Beim Großen Preis von San Marino in Imola fährt Formel-1-Weltmeister MICHAEL SCHUMACHER seinen ersten Saisonsieg ein. Der Ferrari-Pilot siegt vor seinem Teamkollegen, dem Brasilianer RUBENS BARRICHELLO.

26. April. Mit einem 2:0-Sieg gegen den VfL Wolfsburg steht der FC Bayern München bereits vier Spieltage vor Saisonende als dt. Fußballmeister fest. Für den Rekordmeister ist es der 18. Titelgewinn.

5. Mai. Der Internat. Tennisverband (ATP) sperrt den Tschechen BOHDAN ULIHRACH für zwei Jahre wegen Dopings. Der Tennisprofi war im Okt. 2002 beim Turnier in Moskau positiv auf Nandrolon getestet worden.

11. Mai. Bei den German Open in Berlin verteidigt die Tennisspielerin JUSTINE HENIN-HARDENNE ihren Titel. Die Belgierin bezwingt KIM CLIJSTERS mit 6:4, 4:6 und 7:5.

18. Mai. Das rein argentin. Finale der German Open am Hamburger Rothenbaum entscheidet GUILLERMO CORIA zu seinen Gunsten. Er besiegt AGUSTIN CALLERI mit 6:3, 6:4 und 6:4.

18. Mai. Mit seinem Sieg bei der 56. Friedensfahrt gewinnt der Team-Telekom-Profi STEFFEN WESEMANN als erster Fahrer zum fünften Mal die traditionsreiche Rundfahrt.

25. Mai. In Paris erobert WERNER SCHLAGER den Titel als Tischtennisweltmeister. Im Finale besiegt der Österreicher den Südkoreaner JOO SE-HYUK mit 11:9, 11:6, 6:11, 12:10, 8:11 und 12:10.

28. Mai. Der AC Mailand setzt sich die europ. Fußballkrone auf. Im rein italien. Finale der Champions League in Manchester besiegen die Mailänder Juventus Turin nach Elfmeterschießen mit 3:2.

31. Mai. Nach dem Gewinn der Meisterschaft sichert sich der FC Bayern München auch den DFB-Pokal. Im Berliner Olympiastadion bezwingen die Bayern den 1. FC Kaiserslautern mit 3:1.

2. Juni. Formel-1-Pilot JUAN PABLO MONTOYA beschert BMW-Williams den ersten Saisonsieg beim Großen Preis von Monaco. MICHAEL SCHUMACHER (Ferrari) belegt den dritten Platz.

Spieler von Bayern München freuen sich am 31. Mai über den Gewinn des DFB-Pokals (von links): Michael Ballack, Giovane Elber, Jens Jeremies, Bixente Lizarazu

7. Juni. In Paris feiert die Tennisspielerin JUSTINE HENIN-HARDENNE ihren ersten Grandslam-Erfolg. Im rein belg. Endspiel der French Open besiegt sie KIM CLIJSTERS mit 6:0 und 6:4.

7. Juni. Mit einem 1:1 gegen Schottland in Glasgow behauptet die dt. Fußballnationalmannschaft die Führung in der Qualifikationsgruppe 5 zur Europameisterschaft.

8. Juni. In souveräner Manier besiegt der Spanier JUAN CARLOS FERRERO den Niederländer MARTIN VERKERK im Finale der French Open in Paris. Mit 6:1, 6:3 und 6:2 holt sich FERRERO den ersten Grandslam-Titel seiner Karriere.

12. Juni. Im Qualifikationsspiel zur Fußballeuropameisterschaft gegen die gastgebenden Färöer Inseln

gibt die dt. Nationalmannschaft eine schwache Vorstellung. Erst in der 89. Minute und in der Nachspielzeit fallen die Tore zum 2:0.
22. Juni. Zum dritten Mal gewinnt der dt. Springreiter LUDGER BEERBAUM den Großen Preis von Aachen. Beim 66. CHIO setzt sich der 39-Jährige auf ›Goldfever‹ im Stechen gegen MARCUS EHNING durch. Den Großen Preis der Dressur sichert sich die dt. Europameisterin ULLA SALZGEBER auf ›Rusty‹ mit 83,51 Punkten.
25. Juni. Bei der 67. Tour de Suisse feiert das Team Telekom einen Doppelerfolg: Den Gesamtsieg holt sich der Kasache ALEXANDER WINOKUROW. Zweiter wird sein italien. Teamkollege GUISEPPE GUERINI mit 1:14 min. Rückstand.
7. Juli. Eine Woche nach seinem Sieg beim Großen Preis von Europa auf dem Nürburgring triumphiert RALF SCHUMACHER erneut. Der BMW-Williams-Pilot fährt auch beim Großen Preis von Frankreich in Magny Cours als Erster über die Ziellinie.
26. Juli. Bei der Schwimmweltmeisterschaft in Barcelona steigt HANNAH STOCKBAUER zur erfolgreichsten dt. Schwimmerin aller Zeiten auf. Die Ausnahmeathletin gewinnt über 800 m Freistil ihre insgesamt dritte Goldmedaille bei den Wettkämpfen. Zuvor hatte STOCKBAUER schon über 400 und 1500 m Freistil triumphiert.

Hannah Stockbauer am 26. Juli mit der Goldmedaille für den Sieg über 800 m Freistil

27. Juli. Zum fünften Mal in Folge gewinnnt der Amerikaner LANCE ARMSTRONG (US-Postal) die Tour de France. Zweiter mit 1:01 min. Rückstand wird der Deutsche JAN ULLRICH (Bianchi), der ARMSTRONG lange Paroli geboten hatte.
27. Juli. Am letzten Tag der Schwimmweltmeisterschaft in Barcelona gibt es für die dt. Mannschaft noch einmal Gold: Über 50 m Rücken gewinnt THOMAS RUPPRATH in Weltrekordzeit (24,80 s).
30. Juli. Für einen goldenen Auftakt aus dt. Sicht sorgt bei der Bahnradweltmeisterschaft in Stuttgart STEFAN NIMKE: Der Schweriner gewinnt in 1:01,225 min. den Titel im 1000-m-Zeitfahren.

Jan Ullrich (links) blickt während eines Berganstiegs auf der 13. Etappe der Tour de France zu seinen Konkurrenten Alexander Winokurow (Mitte) und Lance Armstrong (rechts), der das Rennen am 27. Juli zum fünften Mal gewinnt

15. August. Die dt. Dressurequipe stellt erneut ihre Ausnahmestellung unter Beweis: Bei der Dressureuropameisterschaft im engl. Hickstead sichern sich ULLA SALZGEBER (›Rusty‹), HEIKE KEMMER (›Bonaparte‹), ISABELL WERTH (›Satchmo‹) und KLAUS HUSENBETH (›Piccolino‹) das 20. EM-Mannschaftsgold in Folge.
17. August. Nach dem Gewinn der Goldmedaille mit der Mannschaft ist ULLA SALZGEBER auch in der Einzelwertung erfolgreich. Mit 85,44 Punkten in der abschließenden Kür gewinnt die 42-Jährige auf ›Rusty‹ souverän den Europameistertitel.
24. August. Beim Großen Preis von Ungarn in Budapest feiert der span. Formel-1-Pilot FERNANDO ALONSO (Renault) einen Start-Ziel-Sieg. Den zweiten Platz belegt der Finne KIMI RÄIKKÖNEN im McLaren-Mercedes.
25. August. Schnellster Mann der Welt ist der Amerikaner KIM COLLINS. Der Sprinter siegt im 100-m-Finale der Leichtathletikweltmeisterschaft in Paris in 10,07 s.
30. August. Bei der Leichtathletikweltmeisterschaft in Paris sorgt die amerikan. Sprinterin KELLI WHITE, Siegerin über 100 und 200 m, für einen Dopingskandal. Der Leichtathletikweltverband (IAAF) gibt bekannt, dass bei WHITE in der nach dem 100-m-Finale entnommenen Dopingprobe das Stimulanzmittel Modafinil gefunden worden sei.
30. August. Ausgerechnet bei der Ruderweltmeisterschaft in Mailand endet die Serie des Deutschen MARCEL HACKER von 41 Siegen. Im Einerfinale unterliegt der Titelverteidiger seinem Dauerrivalen, dem Norweger OLAF TUFTE (6:46,29 min.).
5. September. Auch beim letzten der sechs Golden-League-Meetings (Oslo, Paris, Rom, Berlin, Zürich, Brüssel) bleibt die 800-m-Läuferin MARIA

Den Sieg im Einer bei der Ruder-WM in Mailand holt sich am 30. August der Norweger Olaf Tufte (Mitte) vor dem Deutschen Marcel Hacker (links) und Iztop Cop aus Slowenien

Mutola ungeschlagen. In Brüssel siegt die aus Moçambique stammende Leichtathletin in 1:57,78 min. und sichert sich damit die für sechs Siege ausgelobte Prämie von 1 Mio. US-$.

6. September. Zum ersten Mal gewinnt Justine Henin-Hardenne die US Open. In New York entscheidet die Tennisspielerin auch die Neuauflage des Finals von Paris gegen Kim Clijsters mit 7:5 und 6:1 zu ihren Gunsten.

7. September. Dem Spanier Juan Carlos Ferrero bleibt der Triumph bei den US Open versagt. Im Endspiel unterliegt er dem amerikan. Shootingstar Andy Roddick mit 3:6, 6:7 und 3:6.

12. September. Für eine Überraschung sorgt der dt. Judoka Florian Wanner bei der Weltmeisterschaft in Osaka. In der Gewichtsklasse bis 81 kg beschert der 25-Jährige dem Dt. Judo-Bund (DJB) den ersten Weltmeistertitel seit 1995.

13. September. Zum sechsten Mal krönen sich die dt. Hockey-Herren zum Europameister im Feldhockey. In Barcelona bezwingen sie Gastgeber Spanien im Siebenmeterschießen mit 5:4.

14. September. Beim Stadtlauf von Tübingen beendet der dt. Langstreckenläufer Dieter Baumann, 5000-m-Olympiasieger von 1992, seine Karriere.

21. September. Das dt. Daviscupteam steigt aus der Weltgruppe der 16 besten Tennisnationen ab. In Sundern unterliegen die Deutschen im Abstiegsduell Weißrussland mit 2:3.

28. September. Fest in span. Hand ist die 58. Spanien-Rundfahrt. Roberto Heras (US Postal) siegt vor seinem Landsmann Isidro Nozal (Once).

5. Oktober. In Tokio feiert der dt. Tennisprofi Rainer Schüttler seinen insgesamt dritten ATP-Turniersieg. Im Finale des mit 118 000 US-$ dotierten Turniers bezwingt Schüttler den Franzosen Sebastien Grosjean mit 7:6 und 6:2.

5. Oktober. Mit dem Sieg beim Weltcupradrennen Paris – Tours vor seinem Dauerrivalen Alessandro Petacchi (Fassa Bortolo) verbucht Team-Telekom-Profi Erik Zabel seinen größten Saisonerfolg.

11. Oktober. Die dt. Fußballnationalmannschaft hat sich für die Europameisterschaft 2004 in Portugal qualifiziert. In der Hamburger AOL-Arena schlägt die DFB-Elf Island mit 3:0.

12. Oktober. Michael Schumacher (Ferrari) schreibt Sportgeschichte: Mit einem achten Platz beim Großen Preis von Japan in Suzuka sichert sich der Deutsche als erster Formel-1-Pilot zum sechsten Mal die Weltmeisterschaft. Mit zwei Punkten Rückstand wird der Finne Kimi Räikkönen (McLaren-Mercedes) Vizeweltmeister.

12. Oktober. Bei der Radweltmeisterschaft im kanad. Hamilton gewinnt der Spanier Igor Astarloa (Saeco) im Straßenrennen der Profis über 258 km den Titel.

12. Oktober. Die dt. Frauen-Fußballnationalmannschaft wird in Carson (USA) erstmals Weltmeister. Im Endspiel besiegt das Team die Auswahl Schwedens mit 2:1. Damit ist Deutschland das erste Land, das den Weltmeistertitel bei den Männern und den Frauen gewonnen hat.

Rainer Schüttler bei einem doppelhändigen Schlag; der deutsche Tennisprofi gewinnt am 5. Oktober das ATP-Turnier in Tokio

31. Oktober. Nach fast dreijähriger Wettkampfpause feiert Gunda Niemann-Stirnemann bei den dt. Eisschnelllaufmeisterschaften in Erfurt ein Comeback. Die 37-Jährige gewinnt den Titel über 5000 m (7:09,13 min.).

5. November. Die Welt-Anti-Doping-Agentur (WADA) nimmt das von einem kaliforn. Unternehmen entwickelte anabole Steroid Tetrahydrogestrinone (THG) in die Liste der weltweit verbotenen Substanzen auf. Mitte Okt. hatte die amerikan. Anti-Doping-Agentur (USADA) bekannt gemacht, dass in den A-Proben zahlreicher amerikan. Athleten THG nachgewiesen worden war.

11. November. Das Finale der WTA-Championships in Los Angeles entscheidet die belg. Tennisspielerin Kim Clijsters zu ihren Gunsten. Ihre frz. Endspielgegnerin Amelie Mauresmo unterliegt mit 2:6 und 0:6.

16. November. In souveräner Manier gewinnt der Schweizer Roger Federer die Tennis-Weltmeisterschaft in Houston. Im Finale schlägt er den

Amerikaner ANDRE AGASSI in nur 88 Minuten mit 6:3, 6:0 und 6:4.

27. November. Bereits in der zweiten Runde des UEFA-Cups scheidet mit Borussia Dortmund das letzte dt. Team aus. Nach einem 2:2 im Hinspiel kommen die Westfalen beim FC Sochaux (Frankreich) mit 0:4 unter die Räder. Wenige Stunden zuvor war Erzrivale Schalke 04 dem dän. Vertreter Bröndby IF im Elfmeterschießen unterlegen.

11. Dezember. In Dublin beeindrucken die dt. Schwimmer zum Auftakt der Kurzbahn-Europameisterschaft. Nach Gold für SARAH POEWE über 50 m Brust (30,40 s) siegt das 4x50-m-Lagen-Quartett (THOMAS RUPPRATH, MARK WARNECKE, FABIAN FRIEDRICH und CARSTEN DEHMLOW) in 1:34,46 min. mit neuem Weltrekord.

15. Dezember. Bei der World Player Gala des Fußball-Weltverbandes FIFA in Basel wird die dt. WM-Torschützenkönigin BIRGIT PRINZ als ›Weltfußballerin des Jahres‹ geehrt. Zum ›Weltfußballer des Jahres‹ wählen die FIFA-Nationaltrainer den Franzosen ZINEDINE ZIDANE. Einen Sonderpreis erhält der irak. Fußballverband.

18. Dezember. Der Internat. Sportgerichtshof (CAS) gibt in Lausanne bekannt, dass dem für Spanien startenden dt. Skilangläufer JOHANN MÜHLEGG wegen Dopings nun auch die Goldmedaillen über 30 km Freistil und im Verfolgungsrennen aberkannt werden, die er 2002 bei den Olymp. Winterspielen in Salt Lake City gewonnen hatte.

21. Dezember. In Baden-Baden kürt die Internat. Sportkorrespondenz (ISK) die dt. ›Sportler des Jahres‹. Ausgezeichnet werden die Schwimmerin HANNAH STOCKBAUER, der Radprofi JAN ULLRICH sowie die Fußballnationalmannschaft der Frauen.

27. Dezember. In Gelsenkirchen gewinnen die norweg. Biathleten GUNN MARGIT ANDREASSEN und OLE EINAR BJÖRNDALEN die zweite Auflage des World Team Challenge in der Arena AufSchalke. Mit 29,3 s Vorsprung verweisen sie das dt. Duo KATJA BEER/MICHAEL GREIS auf Platz zwei.

Springsteen, Bruce, amerikan. Rockmusiker (Gesang, Gitarre), *Freehold (New Jersey) 23.9. 1949. – Für sein unter dem Eindruck der Terroranschläge auf das World Trade Center entstandenes Album ›The Rising‹ und die gleichnamige Single wurde S. am 23. Febr. mit drei Grammys ausgezeichnet.

S., der seit 1972 mit der Begleitgruppe E-Street-Band auftrat, hatte 1975 mit der LP ›Born to Run‹ seinen ersten großen Erfolg. 1984 gelang ihm der endgültige Durchbruch mit der LP ›Born in the U.S.A.‹, die seither über 13 Mio. Mal verkauft wurde. 1989 startete S. eine Solokarriere. Als Liebling des Publikums und der Kritik erhielt er zahlreiche Grammys und 1993 sogar einen ›Oscar‹ für den Song ›Streets of Philadelphia‹ (zum Film ›Philadelphia‹). Seit 2002 spielt er wieder mit der E-Street-Band zusammen.

Sri Lanka

Hauptstadt: Colombo
Einwohner: 19,0 Mio.
Einwohner/km²: 290
Staatsoberhaupt: C. Kumaratunga
Regierungschef: R. Wickremesinghe
BIP/Einwohner: 823 US-$

Hoffnungen auf eine baldige Beendigung des seit 20 Jahren anhaltenden Bürgerkriegs, die sich mit den anfänglich erfolgreichen Friedensgesprächen zw. der Reg. und der tamil. Rebellenorganisation ›Befreiungstiger von Tamil Eelam‹ (LTTE) im Vorjahr verbanden, zerschlugen sich. Nach sechs Gesprächsrunden geriet der Dialog im April in eine Sackgasse. Obwohl die LTTE den Waffenstillstand vom Febr. 2002 eingehalten hatte, waren Zweifel an ihrem Friedenswillen aufgekommen, nachdem mehrfach mit Waffen für den Norden bestückte Schiffe aufgebracht worden waren. Außerdem weigerte sich die LTTE, ihre Kampfgruppen wie ausgehandelt zu entwaffnen. Die USA stuften sie als terrorist. Vereinigung ein und blockierten damit deren Teilnahme an der internat. Geberkonferenz für S. L., die im Juni in Tokio stattfand.

Anhänger der Vereinten Nationalen Front von Ranil Wickremesinghe demonstrieren nach der Rückkehr des Ministerpräsidenten am 7. November in Sri Lankas Hauptstadt Colombo gegen Präsidentin Chandrika Kumaratunga

Staatskrise

Der Konflikt über Zugeständnisse an die Rebellen, die eine autonome Herrschaft über den tamilisch dominierten Norden und Nordosten des Inselstaats verlangen, mündete in einen Machtkampf zw. der Reg. und der Präs., die zugleich die Führerin der größten Oppositionspartei im Parlament ist. Als sich Anfang Nov. eine Wiederaufnahme der Gespräche abzeichnete und die Reg. ihre Bereitschaft zu Konzessionen signalisierte, nutzte Präs. CHANDRI-

KA KUMARATUNGA einen Auslandsaufenthalt von Premiermin. RANIL WICKREMESINGHE zu einem ›kalten‹ Staatsstreich. Am 4. Nov. setzte sie die Min. für Inneres, Verteidigung und Information ab und zog deren Funktion an sich, suspendierte das Parlament für zwei Wochen und verhängte einen zehntägigen Ausnahmezustand. WICKREMESINGHE, der die Mehrheit der Bevölkerung hinter sich weiß, lehnte die Forderung der Staatschefin nach Bildung einer ›Reg. der nat. Einheit‹ ab. Norwegen zog sich aus seiner Vermittlerrolle zw. den Rebellen und der Reg. zunächst zurück.

Stade: Am 14. Nov. wurde das Kernkraftwerk (KKW) S. (Niedersachsen) vom Netz genommen. Der Druckwasserreaktor war seit 1972 in Betrieb und damit nach Obrigheim (Baden-Württemberg) das zweitälteste dt. KKW. Der Abriss des Reaktors soll bis 2015 beendet sein. Die Brennelemente werden der Wiederaufarbeitung zugeführt, für die Wärme entwickelnden radioaktiven Abfälle soll auf dem Gelände ein Zwischenlager entstehen.
Mit der Stilllegung von S. begann der schrittweise Ausstieg aus der Kernenergie, auf den sich die rot-grüne Bundesreg. und die Elektrizitätswirtschaft 2001 im ›Abkommen über den geordneten Ausstieg aus der Atomenergie‹ geeinigt hatten. Darin waren für jedes der insgesamt 19 KKW Restlaufzeiten und -strommengen vereinbart worden. S. hätte demnach noch bis 2004 in Betrieb bleiben können. Der Betreiber zog die Stilllegung jedoch aus wirtschaftl. Gründen vor und übertrug die verbleibende Reststrommenge auf ein anderes KKW.

Staatsvertrag: Mehr als 50 Jahre nach Gründung des Zentralrats der Juden in Deutschland haben die Bundesreg. und die polit. Vertretung der rd. 100 000 jüd. Bürger ihre Beziehungen erstmals vertraglich geregelt. In dem am 27. Jan. unterzeichneten S. vereinbarten beide Seiten eine »kontinuierl. und partnerschaftl. Zusammenarbeit«. Die Bundesreg. bekannte sich zur »bes. geschichtl. Verantwortung des dt. Volkes für das jüd. Leben in Deutschland« und verpflichtete sich, »zur Erhaltung und Pflege des dt.-jüd. Kulturerbes, zum Aufbau einer jüd. Gemeinschaft« sowie zu den »integrationspolit. und sozialen Aufgaben« des Zentralrats beizutragen. Hierfür stellt sie jährlich 3 Mio.€ zur Verfügung; dies entspricht einer Verdreifachung der bisherigen staatl. Mittel. Darüber hinaus fördert die Bundesreg. die Hochschule für Jüd. Studien und das Zentralarchiv zur Erforschung der dt.-jüd. Geschichte (beide Heidelberg). Der Bundestag ratifizierte das Abkommen am 6. Juni.

Staugebühr: Die Londoner Stadtverw. führte am 17. Febr. eine Maut für das Fahren oder Parken von Kfz innerhalb einer 22 km² großen Zone ein. Montags bis freitags (außer an Feiertagen) müssen zw. 7.00 Uhr und 18.30 Uhr 5 £ (7,50 €) pro Tag entrichtet werden. Infolge dieser sog. S. nahmen die Verkehrsstaus innerhalb der Zone um 30 % ab, die Anzahl der Fahrzeuge verringerte sich um 60 000, wobei 50 – 60 % der vormaligen Autonutzer auf öffentl. Nahverkehrsmittel umstiegen.

Steuerpolitik: Die Finanzpolitik der rot-grünen Bundesreg. konzentrierte sich auf die Haushaltskonsolidierung, die ursprünglich angestrebte Senkung der Steuerbelastung kam nicht zustande. Im Gegenteil, der Körperschaftsteuersatz wurde – befristet auf das Jahr 2003 – um 1,5 Prozentpunkte auf 26,5 % angehoben, die Ökosteuer und die → Tabaksteuer wurden erhöht, Steuervergünstigungen wurden abgebaut, und die Einkommensteuerbelastung nahm progressionsbedingt zu. Erst 2004 soll die Steuerbelastung zur Stärkung der Wachstumskräfte verringert werden. Dann tritt neben den Entlastungen durch die zweite Stufe der Steuerreform ein Teil der – urspr. für 2005 vorgesehenen – dritten Stufe in Kraft: Die Progressionszone wird durch die Senkung des Eingangssteuersatzes von 19,9 % auf 16 % sowie des Spitzensteuersatzes von 48,5 % auf 45 % abgeflacht und das steuerfreie Existenzminimum (Grundfreibetrag) von 7235 € auf 7664 € angehoben. Diese Maßnahmen entlasten die Einkommensteuerpflichtigen um rd. 15 Mrd.€. 2005 wird der Einkommensteuertarif dann – den Planungen für die dritte Stufe der Steuerreform entsprechend – noch weiter abgeflacht, d. h. der Eingangssteuersatz auf 15 % und der Spitzensteuersatz auf 42 % gesenkt. Die hieraus resultierende Entlastung beläuft sich auf rd. 7 Mrd.€. Eine von der Bundesreg. geplante → Gemeindefinanzreform kam nicht zustande; die Kommunen sollen jedoch u. a. durch die Zusammenlegung von Arbeitslosen- und Sozialhilfe zum → Arbeitslosengeld II finanziell entlastet werden.

Steuerpolitik

Bruttoinlandsprodukt und Steueraufkommen
(Deutschland in Mrd. Euro)

	2001	2002	2003	2004
BIP	2 037,7	2110,4	2135,0	2189,4
Steueraufkommen	446,2	441,7	441,6	453,4
Steuerquote (in %)	21,52	20,93	20,93	20,71

Teilfinanzierung der Steuerentlastungen

Den Steuerentlastungen stehen höhere Belastungen aus der Einschränkung von steuerl. Sondervergünstigungen und von Abschreibungsmöglichkeiten gegenüber. So wird u. a. die Eigenheimzulage gekappt, die Entfernungspauschale für Fahrten zw. Wohnung und Arbeitsstätte gekürzt sowie die Unternehmensbesteuerung, u. a. durch Streichung der sog. Halbjahres-AfA (Absetzung für Abnutzung) und durch Einschränkung der steuerl. Verlustvorträge, verschärft. Außerdem wird ein Teil der Vorschläge der MinPräs. ROLAND KOCH (Hessen) und PEER STEINBRÜCK (NRW) zum → Subventionsabbau verwirklicht: U. a. werden der Arbeitnehmerfreibetrag und der Sparerfreibetrag gesenkt, Veräußerungsgewinne stärker besteuert und die degressiven AfA-Sätze für Mietwohnungsneubauten gesenkt.

Steueramnestie

Im Juli legte die Reg. einen Gesetzentwurf vor, der Steuerhinterziehern durch eine befristete Amnestie die Möglichkeit bietet, ihre bislang nicht versteuerten Kapitalerträge straf- und bußgeldfrei zu deklarieren, wenn sie darauf eine pauschalisierte Abgabe von 25 % (2004) bzw. 35 % (2005) entrichten; die erwarteten Mehreinnahmen veranschlagte das Bundesfinanzministerium auf 5 Mrd. €. Die vormals beabsichtigte zeitgleiche Einführung einer pauschalen Abgeltungssteuer von 25 % auf Zinserträge (→ Zinssteuer) wurde vertagt.

Steueraufkommen und Steuerquote

Der Arbeitskreis Steuerschätzungen prognostizierte im Nov. die Entwicklung des Steueraufkommens für 2003 und 2004 auf Basis des geltenden Rechts, d. h., ohne die geplanten Steuerrechtsänderungen zu berücksichtigen. Außerdem legte er die Vorgaben der Bundesreg. zur Wirtschaftsentwicklung zugrunde, denen zufolge das nominale BIP 2003 um 1,2 % und 2004 um 2,5 % wachsen wird. Unter diesen Annahmen wird erwartet, dass das Steueraufkommen 2003 nicht weiter sinkt und im Folgejahr um 11,8 Mrd. € auf 453 Mrd. € steigt, also mit 2,7 % etwas stärker expandiert als das nominale BIP, was zu einer höheren Steuerquote führen würde. Bei Umsetzung der geplanten Steuerentlastungen wäre die Steuerquote allerdings geringer als 2003.

Rentenbesteuerung

Neben ihren Reformprojekten beschloss die Reg. auch Eckwerte für den Entwurf eines Gesetzes zur Neuordnung der einkommensteuerl. Behandlung von Aufwendungen für die Altersvorsorge und Altersbezüge (Alterseinkünftegesetz). Ab 2005 soll schrittweise zur nachgelagerten Besteuerung übergegangen werden, d. h., Altersvorsorgebeiträge sind steuerfrei, für die darauf beruhenden Renten fallen Steuern an. Beginnend mit dem Jahr 2005, sollen die Beiträge zur gesetzl. Rentenversicherung bis 2025 mehr und mehr steuerlich freigestellt werden. Dies entlastet die Beschäftigten und gibt ihnen Raum für zusätzl. private Vorsorge. Ebenfalls ab 2005 soll der Anteil der Sozialrenten, welcher der Besteuerung unterliegt (Ertragsanteil), bis 2040 nach und nach angehoben werden. Dabei sollen die Rentner über den gesamten Zeitraum des Rentenbezugs einen persönl. Steuerfreibetrag behalten, sodass es zu keiner Doppelbesteuerung kommt. Diese beiden gegenläufigen Prozesse führen insgesamt zu Steuermindereinnahmen; für 2005 wurden sie auf 1 Mrd. €, für 2006 auf 1,1 Mrd. € und für 2007 auf 2 Mrd. € veranschlagt.

Alternative Konzepte

Umfassende Vorschläge zur Reform des Steuersystems legten im Nov. auch der stellv. Vors. der CDU/CSU-Bundestagsfraktion, FRIEDRICH MERZ, und die ›Forschungsgruppe Bundessteuergesetz‹ um den früheren Verfassungsrichter PAUL KIRCHHOF vor. Die zehn Leitsätze zur Neuordnung des Einkommensteuerrechts von MERZ sehen vor, dass der linear-progressive Steuertarif durch einen Stufentarif mit Steuersätzen von 12 %, 24 % und 36 % ersetzt und das Steuerrecht durch Abbau von Steuervergünstigungen radikal vereinfacht wird. Nach diesem Konzept soll künftig jeder Steuerpflichtige und jedes Familienmitgl. einen Grundfreibetrag von 8000 € erhalten. Der Eingangssteuersatz greift ab 8000 € Jahreseinkommen, der mittlere Satz ab 16 000 € und der obere Satz ab 40 000 €; außerdem erhält jeder Arbeitnehmer einen Freibetrag von 1000 €. Sonderausgaben und außergewöhnl. Belastungen werden zusammengefasst und reduziert. Für unternehmer. Einkünfte wird der Tarif auf 24 % begrenzt, solange auf diese zusätzlich Gewerbesteuer erhoben wird. Die erwarteten Mindereinnahmen sollen weitgehend durch die Abschaffung von Steuervergünstigungen finanziert werden. Damit die Steuerlast nicht wie in der Vergangenheit ›heimlich‹ steigt, sollen die Tarife alle zwei Jahre an die Geldentwertung angepasst werden.

Einkommensteuertarife im Vergleich (Grundtarife)

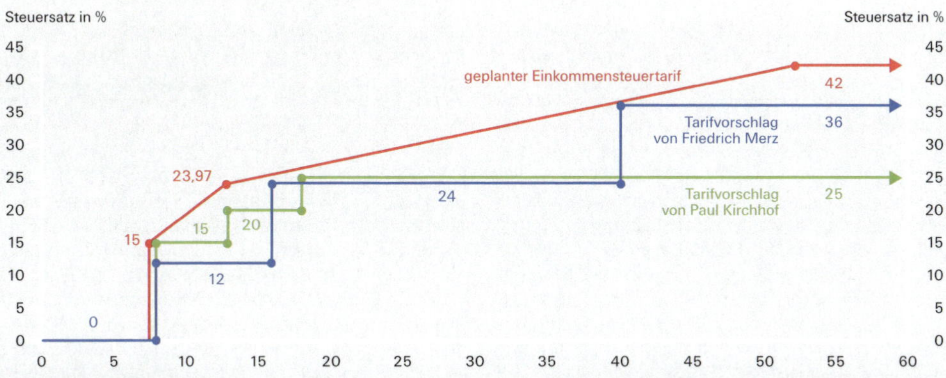

Quelle: RWI, Essen

Ab in den Keller

KIRCHHOFS Vorschläge sehen eine noch stärkere Vereinfachung des Steuerrechts vor. Danach soll künftig auf jede Form von Einkommen ein einheitl. Steuersatz von 25 % erhoben werden; außerdem sollen sämtl. Ausnahmen und Privilegien abgeschafft werden. Um das Existenzminimum steuerfrei zu stellen, wird ein Grundfreibetrag von 8000 € pro Person vorgeschlagen. Ferner werden aus »Vereinfachungsgründen« bei natürl. Personen 2000 € jährlich freigestellt und Beiträge zur Rentenversicherung abzugsfähig sein; Alterseinkünfte sind dann zu versteuern. Die ersten 5000 € oberhalb des Grundfreibetrages werden nur zu 60 %, die folgenden 5000 € zu 80 % besteuert; die volle Steuerpflicht setzt erst bei Einkommen oberhalb von 20 000 € ein.

Stiftungsprozess: Der sog. S. gegen Vertreter dt. parteinaher Stiftungen in der Türkei endete am 4. März vor dem Staatssicherheitsgericht in Ankara mit einem Freispruch. Die Anklage hatte 15 Mitarbeitern von Friedrich-Ebert-, Konrad-Adenauer-, Friedrich-Naumann- und Heinrich-Böll-Stiftung sowie des Dt. Orient-Inst. in Ankara Verschwörung gegen die Türkei vorgeworfen. Als Beweise führte die Staatsanwaltschaft die Arbeit mit Vertretern ethn. und religiöser Minderheiten sowie die Unterstützung einer Bürgerinitiative gegen ein Bergbauprojekt der Reg. bei Bergama an. Bei einer Verurteilung hätten den Stiftungsmitarbeitern zw. acht und 15 Jahren Haft gedroht. Das Verfahren hatte die dt.-türk. Beziehungen seit Mitte 2002 belastet.

Stockbauer, Hannah, Schwimmerin, * Nürnberg 7. 1. 1982. – Mit drei Goldmedaillen war S. die überragende dt. Teilnehmerin der Schwimmweltmeisterschaft in Barcelona. Nach Siegen über 400 und 1500 m Freistil gewann die 21-Jährige im Duell mit der Amerikanerin DIANA MUNZ auch den Titel über 800 m. Für ihre bes. Leistungen wurde sie am 21. Dez. als ›Sportlerin des Jahres 2003‹ ausgezeichnet.
Als Zwölfjährige begann S. ihre Karriere als Schwimmerin. Ihren internat. Durchbruch schaffte die vielfache dt. Meisterin 1999 in Istanbul mit zwei Europameistertiteln. Bei den Olymp. Spielen in Sydney (2000) war sie in zwei Endläufen noch knapp an den Medaillenrängen vorbei geschwommen, gewann ein Jahr später jedoch gleich vier Mal Edelmetall: Im japan. Fukuoka wurde S. Weltmeisterin über 800 und 1500 m Freistil, gewann Bronze über 400 m sowie Silber mit der 4 x 200-m-Staffel.

Stonehenge: Im Febr. sorgte die Veröffentlichung der Forschungsergebnisse zum sog. Bogenschützen von Amesbury für Aufsehen. Der Mann, der nach Ansicht von Fachleuten für den Bau der megalith. Anlage von S. bei Salisbury verantwortlich gewesen sein könnte, stammte nicht aus England, sondern aus dem Alpenraum.
Forscher des Wessex-Zentrums für Archäologie hatten die etwa 4 300 Jahre alte Grabstätte des ›Bogenschützen‹ im Mai 2002 rd. 6,5 km südöstlich von S. nahe der Ortschaft Amesbury gefunden. Das Grab enthielt neben dem Skelett eines Mannes zahlreiche kostbare Beigaben. Alter und Wert der Fundstücke deuten darauf hin, dass der Mann eine hoch stehende Persönlichkeit war und bei der Aufrichtung der ersten Monolithen (2400 – 2200 v. Chr.) eine wichtige Rolle gespielt haben könnte.

Giebelhäuser der Mühlenstraße in der Stralsunder Altstadt; Stralsund wird mit Wismar in das Weltkulturerbe der UNESCO aufgenommen

Stralsund: Die Hansestadt S. gehört seit dem 25. Mai zus. mit der Schwesterstadt → Wismar zum Weltkulturerbe der UNESCO. Beide Städte waren im Juni 2002 vom Welterbekomitee auf Empfehlung

des Internat. Rats für Denkmalpflege nominiert worden, der neben dem »universellen Wert« insbes. die Zusammenarbeit der beiden Städte und ihre Bemühungen um den Denkmalschutz würdigte.
S. war im 14. Jh. neben Lübeck die bedeutendste Stadt im Ostseeraum. Von dieser Blütezeit zeugen zahlreiche erhaltene Backsteinbauten im Stadtkern, die u.a. mit der gewaltigen Nicolaikirche und dem aufwendig gestalteten histor. Rathaus ein unverwechselbares Ensemble bilden.

Streeter, Tanja, brit. Taucherin, * George Town (Grand Cayman) 10.1.1973. – Am 21. Juli erreichte S. in der Disziplin ›Variable Weight‹ eine Tiefe von 122 m. Damit stellte sie nicht nur einen Frauenweltrekord auf, sie übertraf auch die von PATRICK MUSIMU (Belgien) gehaltene Höchstleistung der Männer um zwei Meter.
Ihre erste Rekordtiefe tauchte die Insulanerin im Alter von 25 Jahren, acht weitere Bestleistungen folgten. Aktuell ist sie Inhaberin von vier Weltrekorden: In den Disziplinen ›Constant Weight‹ und ›Free Immersion‹ liegt sie mit jeweils 70 m Tiefe vorn. Mit ihrer Bestleistung von 160 m in der Disziplin ›No Limit‹ aus dem Jahr 2002 liegt S. nur zwei Meter hinter dem Männerrekord.

Reisende warten am 28. September während des Stromausfalls in Italien auf ihre Züge

Stromausfälle: Der Nordosten der USA und weite Teile Kanadas erlebten am 14. Aug. den schwersten Stromausfall ihrer Geschichte. Zeitweise waren 50 Mio. Menschen ohne Strom, in einigen Orten dauerte der ›Blackout‹ mehr als 24 Stunden. In New York wurde der Bahn- und Flugverkehr für mehrere Stunden eingestellt. Auslöser war der Zusammenbruch von drei Hochspannungsleitungen im Bundesstaat Ohio, den das veraltete und chronisch überlastete amerikan. Überlandnetz nicht auffangen konnte. Durch den Stromausfall entstand ein wirtschaftl. Schaden von ca. 6 Mrd. US-$.
Wegen eines techn. Problems musste ein engl. Energieversorgungsunternehmen am 28. Aug. die Stromversorgung unterbrechen. Von dem halbstündigen Stromausfall, der Teile Londons und der angrenzenden Grafschaft Kent lahm legte, waren rd. 500 000 Menschen betroffen.
Am 23. Sept. fiel in insgesamt 3,5 Mio. skandinav. Haushalten für sieben Stunden der Strom aus. Ursache war ein Schaltfehler in einem schwed. Atomkraftwerk, der die Energieversorgung in Teilen Dänemarks und in Südschweden außer Betrieb setzte.
Am 28. Sept. erlebte Italien seinen bis dahin schwersten Stromausfall. Nachdem ein Sturm zwei Hochspannungsleitungen von Frankreich nach Italien beschädigt hatte, brach das gesamte italien. Stromnetz zusammen. 57 Mio. Menschen waren zwölf Stunden lang von der Elektrizitätsversorgung abgeschnitten. Da es an einem Sonntag passierte, blieb der wirtschaftl. Schaden relativ gering.

Studiengebühren: Die Finanznot von Bund und Ländern verschärfte die Auseinandersetzung über die Finanzierung der Hochschulen. Der Widerstand der Studenten gegen drast. Sparmaßnahmen und die geplante Einführung von S. mündeten im Nov. und Dez. in zahlreiche Demonstrationen u.a. Protestaktionen.
Im Mai reichten sechs unionsgeführte Bundesländer Klage beim Bundesverfassungsgericht gegen das Verbot von Studiengebühren für das Erststudium während der Studienzeit ein. Sie sehen in dieser Bestimmung des Hochschulrahmengesetzes (HRG) von 2002 eine unzulässige Einschränkung der im GG verankerten Länderhoheit im Bereich der Forschung und Lehre.
Zugleich gab es länder- und parteiübergreifende Vorstöße, S. in unterschiedl. Formen zur Finanzierung des Hochschulbetriebs heranzuziehen; in Erwartung eines Urteils der Karlsruher Verfassungsrichter wurden zunächst Langzeitstudierende ins Visier genommen. So beschloss der Landtag von NRW die Einführung sog. Studienkonten mit Wirkung zum Sommersemester 2004: Wer das Studienkonto ›überzieht‹, muss künftig 650 € pro Semester bezahlen.

Subventionsabbau: Die MinPräs. von Hessen und NRW, ROLAND KOCH (CDU) und PEER STEINBRÜCK (SPD), legten am 30. Sept. gemeinsame Vorschläge zum Abbau von Steuervergünstigungen und Finanzhilfen vor, um das hohe staatl. Budgetdefizit zu verringern und Handlungsspielräume für Steuersenkungen zu gewinnen. Die Subventionen sollen 2004–06 i.d.R. um jeweils 4% pro Jahr gekürzt werden. Die aus dem Abbau von Steuervergünstigungen (z.B. Eigenheimzulage, Arbeitnehmer-Pauschbetrag, Entfernungspauschale) resultierenden Mehreinnahmen wurden auf 3,9 Mrd. € (2004), 1,0 Mrd. € (2005) bzw. 1,0 Mrd. € (2006), die erwarteten Einsparungen auf 1,5 Mrd. € pro Jahr veranschlagt.
KOCH und STEINBRÜCK bezogen allerdings nicht das gesamte, vom Inst. für Weltwirtschaft (IfW) ermittelte Subventionsvolumen (157 Mrd. €) in ihre Vorschläge ein, sondern nur bundesrechtlich geregelte Steuervergünstigungen (38,9 Mrd. €) und Finanzhilfen (38,5 Mrd. €). Bereiche wie die Rentenbesteuerung oder Grundsteuer wurden ausgespart, weil dort umfangreiche Reformen geplant sind. Andere Subventionen, z.B. für Forschung und Entwicklung oder für die ostdt. Bundesländer, sollen

nicht verringert werden; auch die Steuerbefreiung für soziale, kulturelle und staatspolit. Einrichtungen soll bestehen bleiben. Bei den steuerfreien Lohnzuschlägen zur Sonntags-, Feiertags- und Nachtarbeit sowie den Ausnahmen von der Ökosteuer gab es keine Einigung.

Südafrika

Hauptstadt: Pretoria
Einwohner: 43,6 Mio.
Einwohner/km²: 35
Staatsoberhaupt und Regierungschef: T. M. Mbeki
BIP/Einwohner: 2 303 US-$

Hohe Arbeitslosigkeit und chronische Armut

Obwohl S. mit einem Wachstum von 3,0 % (2002) einen wirtschaftl. Aufschwung erlebte, stellt die hohe Arbeitslosenquote, die von internat. Wirtschaftsinst. auf 37 % geschätzt wird, nach wie vor eine der größten Herausforderungen für die künftige Entwicklung dar. Die Volkswirtschaft blieb geteilt in eine auf dem globalen Markt konkurrenzfähige, gut ausgebildete Arbeitnehmerschaft und einen informellen, nicht ausgebildeten Sektor. Eine geplante Bodenreform soll eine gerechtere Landverteilung zw. weißer und farbiger Bevölkerung herbeiführen und die weit verbreitete Armut sowie die damit verbundene hohe Kriminalität eindämmen helfen. Präs. Thabo Mbeki schloss illegale Landbesetzungen nach dem Vorbild Simbabwes jedoch aus.

Eine aidskranke Südafrikanerin (rechts) in ihrer Wohnung mit einer Krankenschwester; mehr als zehn Prozent der südafrikanischen Bevölkerung sind mit HIV infiziert

Aufarbeitung des Apartheidsunrechts

Am 21. März legte die seit 1995 tätige Wahrheitskommission zur Aufarbeitung der Verbrechen während des Apartheidregimes (1948–91) ihren Abschlussbericht vor. Sie schlug als Wiedergutmachung einen Betrag von insgesamt rd. 340 Mio. € vor, der den etwa 22 000 namentlich bekannten Betroffenen ausgehändigt werden sollte. Die Reg. kündigte im April an, jedem Opfer eine einmalige Entschädigung von 3 500 € zahlen zu wollen. Eine in den USA seit Nov. 2002 anhängige Sammelklage von Apartheidsopfern gegen mehrere multinat. Großunternehmen lehnte sie jedoch ab.

Neue Wege im Umgang mit Aids

Die Reg. verabschiedete am 19. Nov. einen nat. Rahmenplan zur Vorbeugung und Behandlung von Aids, in dem sie sich u. a. verpflichtet, den mehr als 5 Mio. HIV-Infizierten in S. kostenlose Medikamente zur Verfügung zu stellen. Mehrere Jahre hatten Aidsinitiativen vor Gericht um ein derartiges Programm gefochten. Die Umsetzung des Plans stellt das Gesundheitssystem vor enorme Herausforderungen: Kliniken und Gesundheitszentren müssen modernisiert, Ärzte und Pflegepersonal ausgebildet werden. 2004 sollen in den rd. 50 Gesundheitsdistrikten Verteilungszentren für Medikamente eingerichtet werden. Zz. sterben in S. täglich etwa 660 Menschen, die meisten zw. 15 und 49 Jahre alt, an der Immunschwächekrankheit. Einem Expertenbericht zufolge könnten durch die Abgabe von Medikamenten bis 2010 etwa 1,7 Mio. Todesfälle verhindert werden. ■

Sudan

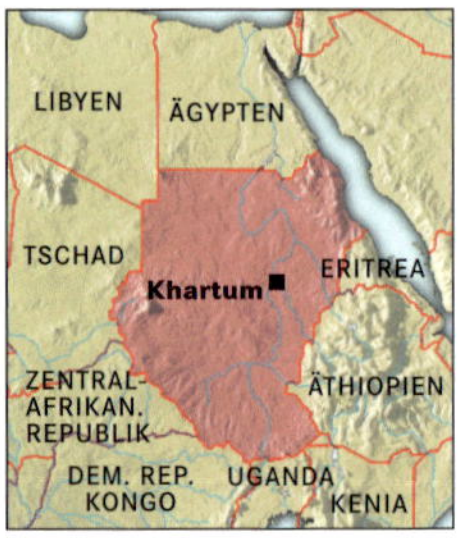

Hauptstadt: Khartum
Einwohner: 32,4 Mio.
Einwohner/km²: 13
Staatsoberhaupt und Regierungschef: O. H. A. al-Bashir
BIP/Einwohner: 418 US-$

Mit dem Sieg der USA im Irakkrieg verstärkte sich der Druck auf das einst proirak. und islamist. Regime in Khartum, zu einer Einigung im seit 20 Jahren dauernden Konflikt mit dem aufständ. christl.-animist. Süden zu kommen. Direkte Drohungen der USA mit Sanktionen brachten die Friedensverhandlungen entscheidend voran.

Frieden im Süden

Der im Okt. 2002 geschlossene Waffenstillstand zw. der Reg. und der Sudanes. Volksbefreiungsarmee (SPLA) wurde mehrfach verlängert; am 24. Sept. vereinbarten die Konfliktparteien ein Sicherheitsabkommen, das den Rückzug der sudanes. Streitkräfte und die Bildung einer gemeinsamen Armee vorsieht. Ein entscheidender Streitpunkt, die Verteilung der Einnahmen aus der Erdölförderung im Süden, wurde am 20. Dez. geregelt: Der Norden und der Süden sollen jeweils die Hälfte der Erlöse erhalten. Ein umfassendes Friedensabkommen, von den USA ultimativ bis zum Ende des Jahres gefordert, scheiterte jedoch an der Frage der Machtverteilung in drei südl. Prov. während der sechsjährigen Teilautonomie.

Krieg im Westen

In der westl. Prov. Darfur verschärfte sich der Konflikt um Land und Wasser zw. arab. Nomaden und schwarzafrikan. Bauern, deren Sudanes. Befreiungsbewegung (SLM) seit Febr. Geländegewinne im Krieg gegen die massiv von der Reg. in Khartum gestützten arab. Milizen verzeichnete. Über eine halbe Mio. Menschen floh vor den Kampfhandlungen. Der Hohe Flüchtlingskommissar der UNO, RUUD LUBBERS, warnte im Nov. vor einer humanitären Katastrophe in dem von Dürre heimgesuchten Gebiet. Nach dem Scheitern von Friedensverhandlungen verhängte der Gouv. der Prov. im Dez. den Ausnahmezustand und verweigerte Internat. Hilfsorganisationen den Zugang. ■

■ Den Casting-Wettbewerb des libanesischen Fernsehsenders Futur TV gewinnt die Jordanierin Diana Carazon (rechts), die am 19. August zum ›Superstar der arabischen Welt‹ gekürt wird

Superstar: Unter dem Titel ›Deutschland sucht den S.‹ strahlte RTL von Nov. 2002 bis März 2003 eine von MICHELLE HUNZIKER und CARSTEN SPENGEMANN moderierte Gesangstalentshow aus, die sich mit bis zu 5 Mio. Zuschauern (Finalsendung: 12,84 Mio.) als Quotenhit erwies. Das Casting der 10 000 Bewerber übernahm eine Jury, der neben THOMAS STEIN (Bertelsmann Music Group), THOMAS BUG (Hörfunkmoderator) und SHONA FRASER (Musikjournalistin) auch Dieter → Bohlen angehörte, der die gemeinsame CD der zehn Finalisten produzierte und mehrere Songs für die Show (u. a. ›We Have a Dream‹) schrieb. Sieger wurde mit 70 % der Publikumsstimmen der 19-jährige ALEXANDER KLAWS. Als bes. Publikumsliebling erwies sich indes der ›schräge‹ DANIEL KÜBLBÖCK. Am 27. Sept. erhielt die Talentshow den Dt. Fernsehpreis in der Kategorie ›Beste Unterhaltungssendung‹. Eine zweite Staffel des RTL-Musikwettbewerbs mit 19 500 Bewerbern startete im Herbst. Der Erfolg des TV-Formats löste eine regelrechte Castingshow-Welle sowohl bei privaten (z. B. ›Popstars‹, Pro7) wie bei öffentl.-rechtl. Fernsehsendern (›Dt. Stimme 2003‹, ZDF; ›Deutschlands Talente‹, ARD) aus.

Surinam

Hauptstadt: Paramaribo
Einwohner: 423 000
Einwohner/ km²: 3
Staatsoberhaupt und Regierungschef:
R. Venetiaan
BIP/Einwohner:
1893 US-$

Swasiland

Hauptstadt: Mbabane
Einwohner: 1,1 Mio.
Einwohner/ km²: 62
Staatsoberhaupt:
Mswati III.
Regierungschef:
S. B. Dlamini
BIP/Einwohner:
1191 US-$

Die Senatswahlen am 21. Okt. blieben angesichts der Machtfülle des seit 1986 amtierenden Staatsoberhauptes, König MSWATI III., nahezu bedeutungslos. Die Hälfte der 20 ernannten Abgeordneten des Senats entstammt der königl. Familie, mit THEMBA DLAMINI wurde ein Mitgl. des Königshauses zum Premiermin. ernannt. MSWATI III. bestimmt die nat. Politik in der letzten absoluten Monarchie südlich der Sahara; polit. Parteien sind verboten, und Demonstrationen werden mit Polizeigewalt unterdrückt. ■

Syrien

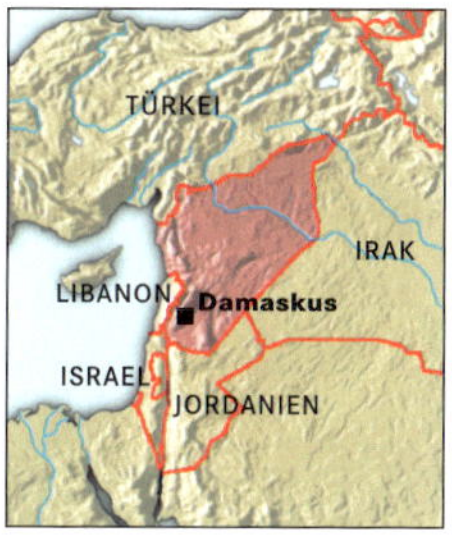

Hauptstadt: Damaskus
Einwohner: 17,0 Mio.
Einwohner/ km²: 90
Staatsoberhaupt:
B. al-Assad
Regierungschef:
M. Naji al-Otari
BIP/Einwohner:
1286 US-$

Infolge des Irakkriegs geriet S. in eine schwierige Lage. Als nichtständiges Mitgl. des UNO-Sicherheitsrates hatte es im Nov. 2002 noch für die → Resolution 1441 gestimmt. Gegen die Militärintervention nahm das Baath-Regime jedoch in bes. scharfer Form Stellung. Die USA beschuldigten S., den Irak durch Lieferung von Kriegsgerät zu unterstützen.

Sanktionsdrohung

Der Irakkrieg führte zu einem Rückgang des Tourismus, v.a. aber blieben die billigen Erdöllieferungen aus dem Irak (ca. 200000 Barrel pro Tag) aus. Ein im Nov. 2003 vom US-Kongress beschlossenes Gesetz, der Syria Accountability and Lebanese Sovereignty Restoration Act, forderte S. auf, sich aus Libanon zurückzuziehen, die Unterstützung der gegen Israel operierenden Hizbullah und radikalen Palästinenser einzustellen sowie auf Kurz- und Mittelstreckenraketen zu verzichten. Andernfalls werde S. zum ›feindl. Staat‹ erklärt. Allerdings bleibt die konkrete Umsetzung des Gesetzes, d.h. die Verhängung von Sanktionen, der US-Reg. überlassen. Im April hatte S. die Büros der palästinens. Organisationen Hamas, Islam. Djihad und Volksfront zur Befreiung Palästinas in Damaskus geschlossen.

Schleppende Reformen

Die von Präs. BASCHAR AL-ASSAD versprochene Politik einer wirtschaftl. und polit. Öffnung wurde im In- und Ausland als unbefriedigend bewertet. Nach dem Rücktritt des seit 2000 amtierenden MinPräs. MUHAMMAD MUSTAFA MIRO berief ASSAD eines neues Kabinett unter MUHAMMAD NAJI AL-OTARI, der zum Reformflügel der Baath-Partei gezählt wird. Bei den Parlamentswahlen vom 5. März hatte die von der Baath-Partei dominierte ›Nat. Fortschrittsfront‹, der alle zur Wahl stehenden Parteien angehören, die ihr gesetzlich garantierte Zweidrittelmehrheit erreicht (167 von 250 Sitzen) – allerdings bei gesunkener Wahlbeteiligung. ■

T

Tabaksteuer: Das Aufkommen aus der T., das ab den 1990er-Jahren allmählich auf rd. 11 Mrd. € pro Jahr gestiegen ist, wird künftig erheblich höher ausfallen. Nachdem die T. bereits zum 1.1. 2002 und zum 1.1. 2003 um jeweils 1 Cent pro Zigarette erhöht worden war, soll sie erneut in drei Schritten (1.3. und 1.12. 2004, 1.9. 2005) um 1,2 Cent je Zigarette, mit der Begründung angehoben werden, die gesetzl. Krankenversicherung und deren Beitragszahler sollen entlastet werden. Das Mehraufkommen aus dieser Erhöhung schätzt das Bundesfinanzministerium auf 1 Mrd. € (2004), 2,2 Mrd. € (2005) bzw. 2,7 Mrd. € (2006).

Tabakwerbeverbot: Die Bundesreg. reichte am 9. Sept. gegen die am 2.12. 2002 vom EU-Ministerrat beschlossene Richtlinie zum T. Klage beim Europ. Gerichtshof (EuGH) ein. Sie sieht darin einen Eingriff in ihre nat. Gesetzgebungszuständigkeit sowie in die Grundrechte der Meinungs- und Pressefreiheit. Das Verbot soll ab 2005 für Printmedien, Radio, Fernsehen und Internet gelten; Tabakwerbung im Kino und auf Plakaten bleibt weiterhin möglich. Die Richtlinie war von den meisten EU-Staaten aus gesundheitspolit. Gründen befürwortet wurden. Die Gegner, insbes. Wirtschaftsverbände, Verlage und Werbeagenturen, kritisierten, dass einerseits die Tabakwerbung verboten, andererseits aber die → Tabaksteuer erhöht würde; auch zahle die EU Subventionen für den Tabakanbau. Mit einem Urteil des EuGH wird in eineinhalb bis zwei Jahren gerechnet.

■ Ein teilweise abgerissenes Werbeplakat für Zigaretten; Plakat- und Kinowerbung fällt nicht unter das Werbeverbot der EU für Tabak

Tadschikistan

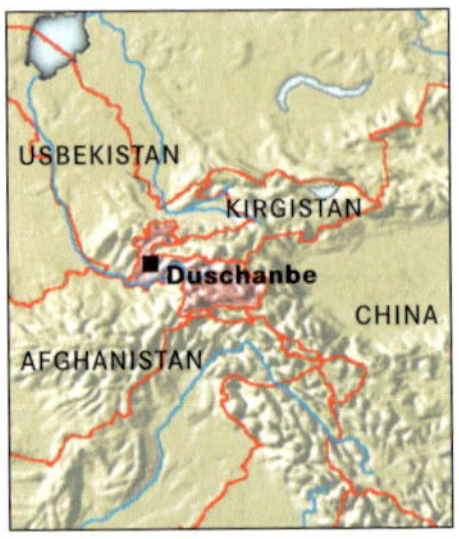

Hauptstadt: Duschanbe
Einwohner: 6,3 Mio.
Einwohner/km²: 44
Staatsoberhaupt: E. Rachmonow
Regierungschef: A. Akilow
BIP/Einwohner: 169 US-$

Im Juni wurden bei einer Volksabstimmung zahlreiche Verfassungsänderungen angenommen, für die nach offiziellen Angaben 93 % der Wähler stimmten. Sie ermöglichen es u.a. Präs. EMOMALI RACHMONOW, nach Ablauf seiner jetzigen Amtszeit 2006 für zwei weitere siebenjährige Wahlperioden zu kandidieren. Internat. Wahlbeobachter waren nicht zugelassen, die OSZE kritisierte den Ablauf des Referendums als undemokratisch.

Die innere Sicherheit wurde durch Drogen- und Waffenschmuggel sowie islamist. Gruppen gefährdet, die dem Terrornetzwerk al-Qaida zugerechnet werden. Im Sept. teilte die Reg. mit, dass in einem Zeitraum von zwei Jahren über 200 potenzielle islamist. Terroristen verhaftet worden seien. Durch seine Grenze zu Afghanistan sei T. einer ständigen Bedrohung durch kriminelle Banden und Anhänger des früheren Taleban-Regimes ausgesetzt.

Seit 2001 ist T. eine wichtige Basis für die in Afghanistan operierenden amerikan. Streitkräfte. Außenpolitisch orientiert sich das Land an Russland und China. Den Irakkrieg lehnte es ab. In T. sind rd. 10 000 russ. Soldaten stationiert; das Militärkontingent soll nach einer Ankündigung des russ. Präs. WLADIMIR PUTIN bei einem Staatsbesuch im April weiter aufgestockt werden.
Das am wenigsten entwickelte zentralasiat. Land erzielte 2002 ein reales BIP-Wachstum von 9,1 %; die Wirtschaftsleistung erreichte damit nur 55 % des Niveaus von 1989. Die hohe Inflationsrate, die 2001 noch bei 38,6 % gelegen hatte, wurde auf 12,2 % gesenkt. Ein Programm von Weltbank und IWF dient dem Wiederaufbau von Infrastruktur, Sozial- und Gesundheitswesen, die seit Ende des Bürgerkriegs 1997 in desolatem Zustand sind. ■

■ In Tadschikistan stationierte russische Militärhubschrauber überfliegen eine Bergregion im tadschikisch-afghanischen Grenzgebiet

Tagesspiegel, Berliner Tageszeitung mit einer Aufl. von 140 000 Exemplaren. Der monatelang schwelende Kampf um den Berliner Zeitungsmarkt nahm im Herbst eine überraschende Wende, als die Verlagsgruppe Holtzbrinck am 29. Sept. den Verkauf des ›T.‹ an den früheren Manager der eigenen Verlagsgruppe, PIERRE GERCKENS, bekannt gab. Gleichzeitig zog Holtzbrinck (›Handelsblatt‹, ›Die Zeit‹) den bestehenden Antrag auf eine Ministererlaubnis zurück. Mit der Ministererlaubnis hatte die Stuttgarter Verlagsgruppe ursprünglich die Genehmigung erhalten wollen, neben dem ›T.‹ auch die im Juli 2002 gekaufte ›Berliner Zeitung‹ (bisher Gruner+Jahr) zu besitzen. Das Kartellamt hatte dies im Dez. 2002 untersagt, weil die Fusion zu einer marktbeherrschenden Stellung auf dem Berliner Zeitungsmarkt (61 %) geführt hätte. Auch der Verkauf des ›T.‹ steht noch unter kartellrechtl. Vorbehalt. Kritik kam vonseiten des Bauer-Verlags, der ebenfalls Interesse am Kauf des ›T.‹ bekundet hatte.

Taikonaut, → Raumfahrt.

Taipeh 101, mit 508 m höchster Wolkenkratzer der Welt. Am 1. Juli feierte Taiwan Richtfest für das neue Finanzzentrum des Landes in der Hauptstadt Taipeh. Das Rekordbauwerk, das einem Turm aufeinander gestapelter Kartons ähnelt, überragt die bisher höchsten Petronas Towers im malays. Kuala Lumpur um rd. 50 m. Die volkstüml. Bez. erhielt ›T.

■ Der höchste Wolkenkratzer der Welt steht in der taiwanesischen Hauptstadt Taipeh. Der Neubau ›Taipeh 101‹ übertrifft die Petronas Towers in Kuala Lumpur um rund 50 m

101‹ wegen seiner 101 Stockwerke. Sie werden vom schnellsten Lift der Welt bedient: Vom ersten bis zum 89. Stockwerk benötigt er nur 39 Sekunden. Nach seiner Fertigstellung 2004 werden in dem Gebäude täglich Hunderttausende Menschen ein- und ausgehen, um in den Büroetagen zu arbeiten oder die Einkaufsmöglichkeiten, Clubs, Restaurants und anderen Einrichtungen zu nutzen. In einer erdbebengefährdeten Region gelegen, wurde der Riesenturm so konstruiert, dass er angeblich Erdbeben der Stärke sechs auf der Richterskala standhalten kann. Eine riesige, frei schwingende Metallkugel im Innern des Hochhauses soll Schwankungen des Gebäudes ausgleichen.

Taiwan (Republik China)

Hauptstadt: Taipeh
Einwohner: 22,2 Mio.
Einwohner/km²: 616
Staatsoberhaupt: Chen Shui-bian
Regierungschef: Yu Shyi-Kun
BIP/Einwohner: 12452 US-$

2002 konnte T. die Wirtschaftskrise des Vorjahres überwinden und ein Wachstum von 3,5 % erzielen. Viele Firmen verlagerten jedoch weiterhin Teile der Produktion auf das chin. Festland, sodass die Arbeitslosigkeit auf 5,1 % anstieg. Besorgnis löste die deflationäre Tendenz aus (Rückgang der Verbraucherpreise um 0,2 %).

Ende 2002 scheiterte eine Finanzreform der landwirtschaftl. Genossenschaften am Widerstand der Bauern, deren Massendemonstrationen zum Rücktritt des Landwirtschaftsmin. führten.

Verhältnis zur VR China

Im Jan. fanden erstmals Direktflüge zw. Taipeh und Schanghai statt; bisher hatten die Passagiere in Hongkong oder Macao zwischenlanden müssen. Solche Direktverbindungen in Handel, Post- und Transportwesen waren zuvor stets daran gescheitert, dass sowohl die Reg. in Peking als auch die Reg. auf T. einen Alleinvertretungsanspruch für ganz China erheben, den die VR China jedoch für sich international durchsetzte. Belgien verweigerte dem taiwanes. Präs. CHEN SHUI-BIAN im März die Einreise, weil er in seiner offiziellen Funktion als Staatsoberhaupt das EU-Parlament besuchen wollte. Die EU und ihre Mitgliedsländer unterhalten jedoch keine staatl., sondern nur wirtschaftl. Beziehungen zur taiwanes. Republik.
Präs. CHEN hatte 2000 mit seiner Demokrat. Fortschrittspartei (DPP) die Wahlen gegen die Kuomintang (KMT) gewonnen, weil er angedeutet hatte, T. könne ein unabhängiger Staat werden. Die Absicht, seine Wiederwahl im März 2004 erneut mit der Ansetzung einer Volksabstimmung über Fragen der Verfassung und Souveränität des Landes zu fördern, beantwortete Festlandchina, das alle Bestrebungen T.s in Richtung Souveränität scharf bekämpft, mit der Androhung militär. Gewalt. Während des Besuchs des chin. MinPräs. WEN JIABAO in Washington warnte US-Präs. GEORGE W. BUSH die Führung T.s deutlich vor jedem Versuch, den Status quo in der Region zu ändern.

SARS-Epidemie

T. war mit 37 Todesfällen nach dem chin. Festland und Hongkong am stärksten von der Epidemie der Lungenkrankheit → SARS betroffen. Seit Anfang Juli galt die Insel nach Angaben der WHO nicht mehr als Ansteckungsgebiet. ■

Tansania

Hauptstadt: Dodoma
Einwohner: 35,2 Mio.
Einwohner/km²: 39
Staatsoberhaupt: B. W. Mkapa
Regierungschef: F. T. Sumaye
BIP/Einwohner: 267 US-$

Tarifpolitik: Aufgrund länger laufender Vereinbarungen gab es 2003 nur eine relativ kleine Tarifrunde. Die hartnäckige Konjunkturschwäche und die anhaltend hohe Arbeitslosigkeit drängten die Gewerkschaften tarifpolitisch immer mehr in die Defensive. Konnte etwa die IG Bergbau, Chemie, Energie im Frühjahr für die chem. Industrie noch eine Tariferhöhung von 2,6 % durchsetzen, sahen die Abschlüsse in der zweiten Jahreshälfte meist nur noch Steigerungen von weniger als 2 % vor. Auch um diese bescheidenen Ergebnisse musste z. T. hart gerungen werden: Streiks gab es u. a. in der monatelangen Tarifrunde im Einzelhandel sowie in der Druck- und Papierindustrie. Als Erfolg verbuchten der DGB und seine Gewerkschaften die Vereinbarung von zwei bundesweit geltenden Tarifverträgen in der Zeitarbeitsbranche, die neben den Löhnen und Gehältern auch die Arbeitszeit und die allg. Arbeitsbedingungen der Beschäftigten von Leiharbeitsfirmen regelt.
Eine herbe Niederlage erlitt die → IG Metall bei dem Versuch, in der ostdt. Metallindustrie die 35-Stunden-Woche durchzusetzen. Nach vierwöchigem Streik brach sie den Arbeitskampf ergebnislos ab. Nur in der ostdt. Stahlindustrie konnte das angestrebte Ziel in einem Stufenplan (bis 2009) erreicht werden.

■ Die IG-Metall demonstriert am 3. Dezember in Sindelfingen für den Erhalt der Tarifautonomie

Im Zentrum der Diskussion stand der Flächentarifvertrag. Parteien, Wirtschaftsverbände und der Sachverständigenrat zur Begutachtung der gesamtwirtschaftl. Entwicklung (›fünf Weise‹) forderten einen Kurswechsel weg von verbindl. Standards hin zu betriebl. Lösungen. CDU/CSU und FDP legten Vorschläge zur Änderung des Tarifvertragsgesetzes und des Betriebsverfassungsgesetzes vor. Nachdem auch Bundeskanzler GERHARD SCHRÖDER (SPD) in seiner → Agenda 2010 gesetzl. Maßnahmen androhte, falls die Tarifvertragsparteien sich nicht auf eine größere Flexibilität des Tarifsystems und mehr betriebl. ›Bündnisse für Arbeit‹ einigten, intensivierten die Gewerkschaften ihren Widerstand gegen Öffnungsklauseln und andere Eingriffe in die Tarifautonomie. An Protestveranstaltungen und Arbeitsniederlegungen im Herbst beteiligten sich Hunderttausende Arbeitnehmer.

Tätervolk-Affäre, Antisemitismusskandal in der CDU, ausgelöst durch den hess. CDU-Bundestagsabgeordneten MARTIN HOHMANN. Dieser hatte

sich in einer Rede zum Nationalfeiertag am 3. Okt. in seiner Heimatgemeinde Neuhof pseudohistorisch u.a. mit der angeblich führenden Rolle von Juden in der Russ. Revolution 1917 und in der jungen Sowjetunion beschäftigt und daraus abgeleitet, wegen der damaligen Verbrechen könnten die Juden mit dem gleichen Recht als »Tätervolk« bezeichnet werden wie die Deutschen, für die er diese Klassifizierung jedoch ablehnte.
Nach Protesten gegen die als antisemitisch kritisierte Rede distanzierte sich die CDU-Führung von ihrem Abgeordneten. Am 3. Nov. erteilte sie ihm eine Rüge und versetzte ihn aus dem Innenausschuss des Bundestags in den Umweltausschuss. Als sich abzeichnete, dass die Affäre mit der einfachen Disziplinierung nicht zu bereinigen war, schloss die Bundestagsfraktion Hohmann am 14. Nov. aus (195 Ja-Stimmen, 28 Nein-Stimmen, 16 Enthaltungen). Zuvor hatte Verteidigungsmin. Peter Struck (SPD) am 4. Nov. Brigadegeneral Reinhard Günzel entlassen. Der Chef des Kommandos Spezialkräfte (KSK) hatte sich mit Hohmann solidarisch erklärt. Am 21. Nov. beschloss der hess. CDU-Landesvorstand einstimmig die Einleitung eines Parteiausschlussverfahrens gegen Hohmann. Teile der Parteibasis, nicht nur seines Wahlkreises Fulda, in dem er 2002 mit 54 % der Erststimmen wiedergewählt worden war, protestierten gegen die Ausgrenzung des Abgeordneten.

taz, Abk. für die **ta**ges**z**eitung: Die linksgerichtete überregionale Tageszeitung für Politik und Kultur, die mit einer Aufl. von 58 000 Exemplaren (50 000 Abonnenten) in Berlin erscheint, feierte 2003 ihr 25-jähriges Erscheinen. Entstanden vor dem Hintergrund einer starken linksalternativen Szene in den späten 1970er-Jahren, konnte sich die taz als einzige Neugründung der Alternativpresse bis heute auf dem dt. Pressemarkt behaupten. Sie erschien erstmals am 22.9. 1978, seit dem 17.4. 1979 täglich.

Zum Jubiläum gestalten ›Lieblingsfeinde‹ (links ›Bild‹-Chefredakteur Diekmann, rechts RTL-Chefredakteur Mahr) eine Ausgabe der ›taz‹; im Hintergrund ›taz‹ Chefredakteurin Basch Mika

Ein dauerhaftes Problem blieb die schwache finanzielle Grundlage: Die erste größere Finanzkrise 1984 leitete die Wende der taz von einem linken Bewegungsblatt zu einer Nachrichtenzeitung ein, die sich nicht mehr vorrangig als polit. Projekt, sondern als publizist. Unternehmen versteht. Nach einer weiteren finanziellen Notlage wurde 1991 der Kollektivverein in eine Genossenschaft umgewandelt.

TCPA/Palladium, Abk. für **T**rusted **C**omputing **P**latform **A**lliance (dt. Allianz für vertrauenswürdige Computerplattformen): Im April ging die TCPA – eine Arbeitsgruppe von 200 IT-Firmen, die einen gemeinsamen Standard für Hard- und Software beim sog. Trusted Computing erarbeiten soll – in der Trusted Computing Group (TCG) auf. Ausgehend von der Arbeit der TCPA, will der erweiterte Industrieverband Standards festlegen und das Konzept der TCPA über den PC hinaus auf Handy, Personal Digital Assistent (PDA) und Unterhaltungselektronik ausdehnen.

Sicherheitschip

Kern des TCPA-Systems ist ein zusätzl. Sicherheitschip (TPM, Trusted Platform Module), der zur Ver- und Entschlüsselung von Daten dient und der in jeden neuen PC integriert werden soll. Dieser Chip arbeitet mit einem Teil des Betriebssystems zusammen, den der Softwarekonzern Microsoft ursprünglich unter dem Namen Palladium für Windows entwickelt hatte; seit März heißt das Projekt ›Next Generation Secure Computing Base‹ (NGSCB). Die Verschlüsselungsfunktion des TPM soll u.a. für die Datenübertragung beim elektron. Handel (E-Commerce) eingesetzt werden.

Identifizierung

Jeder TPM soll einen einmaligen Schlüssel enthalten und so den PC eindeutig identifizierbar machen. Auch soll sichergestellt werden, dass nur Daten und Software benutzt werden, die der Anbieter für genau diesen PC vorgesehen hat. Der Anwender kann dieses System nicht umgehen, sondern muss ausschließlich Software mit TPM-Anbindung benutzen. Wer das System komplett deaktiviert, kann nicht mehr auf TPM-Anwendungen und -Daten zugreifen, also nicht mehr selbst entscheiden, welche Programme er nutzen will; er ist auf die Produkte der TCG-Mitgl. festgelegt. Die Firmen der TCG können auf diese Weise leicht Konkurrenzprodukte aussperren und Lizenzbedingungen auf techn. Wege durchsetzen, die nach geltendem Recht nicht einklagbar wären.

Datenschutz

Datenschützer kritisieren, dass der Anwender bei der Anpassung der Software auf seinen Rechner persönl. Daten angeben muss, sodass leicht ein Profil seiner PC-Nutzung erstellt werden kann. Sie fordern Änderungen an dem Konzept, u.a. die Kontrolle über die Verschlüsselungsfunktion des Chips durch den Anwender, die Übertragung des Schlüssels beim Wechsel des PCs und eine Garantie, dass es keinen Zweitschlüssel gibt. IT-Experten haben darauf hingewiesen, dass es den Herstellern möglich ist, ›Hintertüren‹ in die vorgesehenen Verschlüsselungsverfahren einzubauen. Wer diese kennt, kann den Datenverkehr belauschen.

Teichmann, Axel, Skilangläufer, *Ebersdorf 14. 7. 1979. – Bei der Nord. Skiweltmeisterschaft im italien. Val di Fiemme feierte T. die größten Erfolge seiner Karriere. Am 21. Febr. gewann der Thüringer Gold über 15 km im klass. Stil. Vier Tage später sicherte er als Schlussläufer der Staffel über 4 x 10 km in einem dramat. Rennen den zweiten Platz hinter Norwegen und vor Schweden.
Als dt. Meister über 30 km (klassisch) und zweifacher Juniorenweltmeister machte T. 1999 auf sich aufmerksam. Zwei Jahre später gewann er mit der Staffel WM-Bronze. Sein erster Sieg im Weltcup gelang ihm im Dez. 2002 – es war zugleich der erste Langlaufsieg für die dt. Männer seit 1989 durch den jetzigen Bundestrainer JOCHEN BEHLE.

Telefonüberwachung: Die Polizei darf zur Verfolgung ›schwer wiegender Straftaten‹ auf die telefon. Verbindungsdaten von Journalisten zugreifen, wenn diese in Kontakt mit mutmaßl. Tätern stehen (→ Datenschutz). Das Bundesverfassungsgericht wies am 12. März die Verfassungsbeschwerde von drei Journalisten zurück, deren Handys überwacht worden waren.
In dem einen Fall führten die Telefondaten einer Journalistin des ›stern‹ auf die Spur des ausgestiegenen ehem. RAF-Terroristen HANS-JOACHIM KLEIN, der 1998 festgenommen wurde. Im anderen Fall versuchte die Polizei, den flüchtigen Bankrotteur JÜRGEN SCHNEIDER zu fassen, und kontrollierte die Kontakte von zwei ZDF-Reportern.
Journalisten, Verleger und einzelne Politiker kritisierten das Urteil und forderten vom Gesetzgeber, das in der Verfassung verankerte Fernmeldegeheimnis besser zu schützen. Journalisten dürften nicht zu unfreiwilligen Spürhunden der Strafverfolgungsbehörden gemacht werden.

Telomere: Forscher der Univ. von Utah in Salt Lake City (USA) veröffentlichten im Febr. die Ergebnisse einer Studie über die biolog. Ursachen des Alterns. Sie bestätigen eine der bekanntesten Theorien, wonach der Alterungsprozess durch die Endabschnitte der Chromosomen, die T., gesteuert wird. Im Rahmen ihrer Studie hatten die amerikan. Wissenschaftler das Erbgut von mehr als 100 Menschen untersucht. Dabei stellten sie fest, dass zw. dem Auftreten altersbedingter Krankheiten wie Krebs oder Herzerkrankungen einerseits und der Länge der T. andererseits ein enger Zusammenhang besteht. Je kürzer die T., desto kürzer die Lebenserwartung und desto größer die Anfälligkeit für bestimmte Krankheiten, so das Ergebnis der Studie.

Tennis: Souveräne Masterssieger setzten den Schlusspunkt unter eine vorwiegend von jungen Athleten dominierte Saison. Am 10. Nov. verteidigte die 20-jährige KIM CLIJSTERS (Belgien) in Los Angeles ihren Titel mit 6:2 und 6:0 gegen die Französin AMELIE MAURESMO. Sechs Tage später besiegte der 22-jährige Schweizer Roger → Federer in Houston den um elf Jahre älteren Titelträger von 1990, ANDRE AGASSI (USA), mit 6:3, 6:0 und 6:4.
Zwei Duelle bestimmten die Grandslam-Saison der Damen. Bei den Australian Open und in Wimbledon knüpften SERENA und VENUS WILLIAMS (beide USA) an ihre drei Grandslam-Finals des Vorjahres an; SERENA (21 Jahre) besiegte ihre um ein Jahr ältere Schwester jeweils in drei Sätzen. In Paris und New York kam es zu rein belg. Endspielen. Die 21-jährige JUSTINE HENIN-HARDENNE bezwang CLIJSTERS bei den French Open im Juni mit 6:0 und 6:4 und behielt auch im Sept. bei den US-Open mit 7:5 und 6:1 die Oberhand.
Gleich drei Herren gewannen ihren jeweils ersten Grandslam-Titel. In Paris ließ Vorjahresfinalist JUAN CARLOS FERRERO (Spanien) dem Niederländer MARTIN VERKERK mit 6:1, 6:3 und 6:2 keine Chance; in Wimbledon triumphierte FEDERER mit 7:6, 6:2, 7:6 über den Australier MARK PHILIPPOUSSIS; in New York legte der 21-jährige ANDY RODDICK (USA) mit 6:3, 7:6 und 6:3 gegen FERRERO den Grundstein für seine Spitzenposition in der Weltrangliste.

Der Tennisprofi Roger Federer gewinnt am 6. Juli als erster Schweizer das Herreneinzel-Finale in Wimbledon gegen den Australier Mark Philippoussis

Doch die Altmeister gingen nicht leer aus. Für eine Sensation sorgte die 46-jährige Martina → Navratilova (USA), die im Mixed ihren insgesamt 20. Wimbledontitel gewann. Bei den Australian Open siegte mit AGASSI im Herreneinzel ebenfalls eine Tennislegende. Sein dt. Finalgegner RAINER SCHÜTTLER, mit 2:6, 2:6 und 1:6 chancenlos, krönte seine erfolgreichste Saison mit dem Halbfinaleinzug beim Masters und Platz 6 in der Weltrangliste. Im Daviscup allerdings besiegelte er gegen Weißrussland am 21. Sept. mit seiner Niederlage zum 1:3 den Abstieg des dt. Teams.

Der kenianische Leichtathlet Paul Tergat gewinnt den Berlin-Marathon am 28. September

Tergat, Paul, kenian. Leichtathlet, * Baringo 17. 6. 1969. – In 2:04:55 Std. gewann T. am 28. Sept. den Berlin-Marathon und verbesserte den Weltrekord um 43 s. Im Schlussspurt schlug er seinen Landsmann SAMMY KORIR um eine Sekunde.

Als 18-Jähriger vom Basketball zum Laufen gekommen, ließ T. 1995 mit WM-Bronze über 10 000 m aufhorchen. Bei Olymp. Spielen (1996, 2000) und Weltmeisterschaften (1997, 1999) wurde er auf dieser Strecke viermal Zweiter. Erfolgreicher war T. im Crosslauf und im Halbmarathon mit fünf bzw. zwei WM-Titeln. Bei seinem sechsten Marathonstart (seit 2001) feierte er in Berlin seinen ersten Sieg.

Terminatorgensaaten: Gegen Freilandversuche mit sog. T. protestierten im Febr. brit. Umweltschützer. Kurz zuvor hatten Wissenschaftler vom Institute of Science in Society (ISS) herausgefunden, dass im Rahmen einer vierjährigen Versuchsreihe des brit. Umweltministeriums auf 150 Feldern Raps mit Terminatorgenen angebaut wurde. Das Saatgut stammte von einem Unternehmen des Bayer-Konzerns. Aus T. gehen Pflanzen hervor, deren Samen steril sind und nicht für eine weitere Aussaat verwendet werden können. Bauern müssten daher jedes Jahr neues – und teures – Saatgut kaufen; in den Entwicklungsländern könnte sich dies kaum jemand leisten. Umweltschützer befürchten außerdem, dass Terminatorgene auf artverwandte, wild lebende Pflanzen ›überspringen‹ und diese dadurch unfruchtbar werden.

TERRORANSCHLÄGE

5. Januar. Tel Aviv. 24 Israelis sterben bei zwei Selbstmordanschlägen des Islam. Djihad.
8. Februar. Bogotá. Eine Autobombe der kolumbian. Guerilla FARC tötet 35 Menschen.
5. März. Haifa. Ein Selbstmordattentäter der Hamas sprengt einen Bus; 17 Menschen sterben.
12. Mai. Riad. Selbstmordanschläge in Ausländervierteln der saudi-arab. Hauptstadt fordern 34 Todesopfer.
16. Mai. Casablanca. Fünf Selbstmordanschläge marokkan. Islamisten auf ausländ. und jüd. Einrichtungen töten 42 Menschen.
4. Juli. Quetta. Ein Anschlag pakistan. sunnit. Extremisten auf eine schiit. Moschee tötet 44 Menschen.
1. August. Mosdok. 50 russ. Soldaten sterben in der nordosset. Stadt bei einem Anschlag tschetschen. Extremisten auf ein Militärhospital.
5. August. Jakarta. Die Explosion einer Autobombe vor dem Marriot-Hotel der indones. Hauptstadt fordert zehn Todesopfer und 150 Verletzte.
7. August. Bagdad. Bei der Detonation einer Autobombe vor der Botschaft Jordaniens sterben 17 Menschen, mehr als 50 werden verletzt.
19. August. Bagdad. Die Explosion eines mit Sprengstoff beladenen Lkw vor dem UNO-Hauptquartier tötet 22 Menschen, darunter den Sondergesandten SERGIO VIEIRA DE MELLO.
19. August. Jerusalem. Bei einem Selbstmordanschlag von Hamas und Islam. Djihad auf einen Bus werden 23 Israelis getötet.
25. August. Bombay. Bei der Detonation zweier Autobomben in der ind. Metropole sterben 52 Menschen, ca. 150 werden verletzt.
29. August. Nadschaf. Vor einem schiit. Heiligtum explodiert eine Autobombe und tötet mind. 90 Menschen, darunter den Schiitenführer Ajatollah MUHAMMAD BAQIR AL HAKIM.
4. Oktober. Haifa. Ein Selbstmordanschlag des Islam. Djihad in einem Restaurant fordert 19 Todesopfer.
27. Oktober. Bagdad. Anschläge, u. a. auf das Rote Kreuz, fordern 42 Todesopfer und 200 Verletzte.
8. November. Riad. 18 Menschen sterben bei einem Anschlag auf ein Ausländerviertel.
12. November. Nassirija. 19 italien. Polizisten kommen bei einem Anschlag auf ihr Hauptquartier im Südirak ums Leben.
15. November. Istanbul. Zwei Selbstmordattentate auf zwei jüd. Synagogen reißen 24 Menschen in den Tod., über 300 werden verletzt.
20. November. Istanbul. Bei Selbstmordanschlägen auf brit. Einrichtungen kommen 27 Menschen ums Leben, mehr als 400 werden verletzt.
14. Dezember. Khalidiya. Eine Autobombe zerstört eine Polizeiwache der irak. Stadt – 19 Tote.

Thailand

Hauptstadt: Bangkok
Einwohner: 61,6 Mio.
Einwohner/km²: 120
Staatsoberhaupt: Rama IX.
Regierungschef: Thaksin Shinawatra
BIP/Einwohner: 1989 US-$

Trotz Irakkrise und der Auswirkungen der Epidemie → SARS hat sich die Wirtschaft kräftig entwickelt. Mit einem Zuwachs des BIP um 5,3 % 2002 und um mehr als 6,3 % in den ersten drei Quartalen 2003 im Vergleich zum Vorjahresjahreszeitraum lag das Wachstum T.s in Südostasien an der Spitze. Bes. robuste Wachstumszahlen weisen der private Konsum, der von den günstigen Krediten profitiert, und der Export auf. Dank rechtzeitig eingeleiteter Vorsichtsmaßnahmen blieb die Zahl der SARS-Infizierten mit neun registrierten Fällen niedrig. Für die dennoch unter starken Einbußen leidende Tourismusbranche wurde eine aufwendige Werbekampagne initiiert.

Kampf gegen Drogen und Terrorismus

Premiermin. THAKSIN SHINAWATRA versucht, das Drogenproblem des Landes – über 3 Mio. Thailänder nehmen angeblich Drogen, 500 000 gelten als abhängig – durch eine rigide Antidrogenpolitik in den Griff zu bekommen. Während einer dreimonatigen Kampagne wurden zw. Febr. und Mai mehr als 17 000 mutmaßl. Drogenhändler und -hersteller verhaftet, rd. 14 Mio. Metamphetamintabletten sichergestellt und 76 Mio. US-$ Drogengelder beschlagnahmt; mehr als 2 300 Menschen sollen ums Leben gekommen sein. Vertreter von Menschenrechtsorganisationen sprachen von systemat. Tötungsaktionen durch die mit Sondervollmachten ausgestatteten Polizeiorgane. Die Mehrheit der Bevölkerung begrüßte allerdings die Maßnahmen. Anfang Dez. verkündete THAKSIN seinen »Sieg über die Drogen«.

Im Aug. konnte der mutmaßl. indones. Terrorist RIDWAN ISAMUDDIN, genannt HAMBALI, in T. festgenommen werden. Ihm werden Verbindungen zur Spitze der Terrororganisationen → al-Qaida und al-Djemaah al-Islamija nachgesagt. Er soll außerdem Anschläge auf den APEC-Gipfel geplant haben, der im Okt. in Bangkok stattfand. Nach seiner Festnahme trat das erste Antiterrorgesetz des Landes in Kraft. ■

THEATER

Das Theater ums Geld, das in Zürich im Herbst 2002 mit der zurückgenommenen Entlassung CHRISTOPH MARTHALERS seinen vorläufigen Höhepunkt erreicht hatte, fand im weiteren Verlauf der Saison 2002/03 seine Fortsetzung: MARTHALER gab im Juni seinen vorzeitigen Abschied vom Züricher Schauspielhaus zum Ende der Spielzeit 2003/04 bekannt, weil er künstler. und finanzielle Einschränkungen, d. h. Entlassungen, nicht mittragen wollte.

Auch Hamburg war Schauplatz eines Theaterstreits. Dem dortigen Schauspielhaus fehlt es sowohl an Geld als auch an Zuschauern. Da die heftig umstrittene Kultursenatorin DANA HORÁKOVA den Vertrag des glücklosen Intendanten TOM STROMBERG nicht über 2005 hinaus verlängern will, begann schon jetzt die Suche nach einem Nachfolger für STROMBERG. Als Wunschkandidat galt der Intendant des Bochumer Schauspielhauses MATTHIAS HARTMANN, dessen Vertrag 2005 ausläuft. Dieser liebäugelte jedoch mit der Konkurrenz und kündigte seinen Wechsel nach Zürich an. HORÁKOVA engagierte stattdessen den Stuttgarter Schauspielintendanten FRIEDRICH SCHIRMER als neuen Schauspielchef.

Die meisten der deutschsprachigen Theater beklagen eine zu geringe Auslastung. Im Vergleich zum Vorjahr sank ihre Zuschauerzahl um 1,5 %. In Pforzheim wurde deshalb schon nach einer Spielzeit der Intendant GEORG KÖHL entlassen. Erfreuliches gibt es jedoch aus Deutschlands heiml. Theaterhauptstadt München zu berichten. Hier wurden im März die Kammerspiele nach dreijähriger Renovierung mit SHAKESPEARES ›Othello‹ wieder eröffnet.

Shakespeare-Renaissance

Auffallend viele Theater begannen die Spielzeit mit Shakespeare-Aufführungen – als wollte man damit das Publikum besänftigen. Am Züricher Schauspielhaus zeigte STEFAN PUCHER ›Richard III.‹ mit dem wunderbaren ROBERT HUNGER-BÜHLER als Titelheld. In München setzte CHRISTIAN STÜCKL ›Titus Andronicus‹ am Beginn seiner Intendanz am

■ Hamburgs Kultursenatorin Dana Horákova mit dem künftigen Schauspielchef Friedrich Schirmer

Volkstheater als blutige Farce in Szene, während ELMAR GOERDEN am Residenztheater das Frühwerk sauber und gedämpft inszenierte.

In Köln spielte man eine ›Othello‹-Dekonstruktion von OLA MAFAALANI, zur Wiedereröffnung der Münchner Kammerspiele im März gab es eine Reduktionsfassung von LUK PERCEVAL in einer zeitgemäßen Übersetzung von FERIDUN ZAIMOGLU und GÜNTER SENKEL. In Frankfurt begann das Schauspielhaus die Spielzeit 2002/03 mit ›Hamlet‹ in der braven Stadttheater-Regie von ANSELM WE-

BER, während das traditionsreiche TAT mit einem letzten, von UTE RAUWALD inszenierten ›Kaufmann von Venedig‹ endgültig die Türen schloss. Nicht unerwähnt bleiben soll schließlich die Inszenierung von ›Macbeth – nach Shakespeare‹ von ANDREAS KRIEGENBURG am Thalia Theater in Hamburg und ebenso KLAUS MARIA BRANDAUERS ›Hamlet‹ an der Wiener Burg, der kein Erfolg für den Regisseur war.

Doch nur PUCHERS Shakespeare-Inszenierung wurde zum Berliner Theatertreffen eingeladen. Dagegen konnte sich der ebenfalls viel gespielte HENRIK IBSEN mit gleich zwei ›Nora‹-Produktionen durchsetzten. THOMAS OSTERMEIERS Berliner Schaubühnen-Inszenierung zeigte eine sehr aktuelle ›Nora‹, in der die Konfliktsituationen der Eheleute Helmer wichtiger sind als die Emanzipationsbemühungen Noras, sodass die Kritik von der Entdeckung des Textes für das 21. Jh. sprach. Auch für STEPHAN KIMMIG stand am Hamburger Thalia Theater die Nicht-Beziehung der Helmers im Mittelpunkt des Interesses. OSTERMAIERS Nora-Darstellerin ANNE TISMER wurde für ihre Rollengestaltung zur Schauspielerin des Jahres gewählt.

Anne Tismer als Nora in Ibsens gleichnamigem Stück in der Schaubühne am Lehniner Platz in Berlin. Für diese Rolle wird sie zur ›Schauspielerin des Jahres‹ gekürt

Jelineks Alpträume

In der Saison 2002/03 wurden gleich mehrere Stücke von ELFRIEDE JELINEK uraufgeführt, die zudem mit Preisen überhäuft wurde. In die zweite Jahreshälfte 2002 fiel die Verleihung des Heine-Preises der Stadt Düsseldorf. Als Hommage an die Autorin inszenierte MARTIN OELBERMANN am dortigen Schauspielhaus zusätzlich eine dramatisierte Fassung ihres Romans ›Die Liebhaberinnen‹ aus dem Jahr 1975.

Zu Beginn der Spielzeit brachte CHRISTOPH MARTHALER an den Münchner Kammerspielen JELINEKS Stück über das Bergbahnunglück in Kaprun zur Uraufführung und hielt sich dabei ausnahmsweise streng an den Text. ›In den Alpen‹ handelt nicht nur vom Massentourismus, österr. Nachlässigkeiten und deren Vertuschungsversuchen, sondern auch vom gern verleugneten Antisemitismus. Zum Personal, den Untoten des Tunnelunglücks, gesellt sich im zweiten Teil des Stückes der jüd. Dichter PAUL CELAN, den die Autorin eine Passage aus dessen Prosatext ›Gespräch im Gebirg‹ sprechen lässt.

Am Wiener Akademietheater kam im April das Jelinek-Stück ›Das Werk‹ zur Uraufführung, in dem wiederum das alpine Staukraftwerk Kaprun als Ausgangpunkt dient. NICOLAS STEMANN, der in dem EINAR SCHLEEF gewidmeten Stück Regie führte, hat den kunstvoll komponierten Sprachmüll aus Konsumphrasen, Wissenschaftsjargon und Heimattexten bühnentauglich gemacht.

›Prinzessinnendramen‹ ist der Titel mehrerer Dramolette, die teils am Schauspielhaus in Hamburg (›Der Tod und das Mädchen‹, Teile I–III), teils am Dt. Theater in Berlin (Teil IV und V) uraufgeführt wurden. In Hamburg inszenierte LAURENT CHÉTOUANE die Geschichten um Schneewittchen, Dornröschen und Rosamunde, die bei JELINEK alle »Aus-Trägerinnen von Beschlüssen« sind, »die andere für sie fassen«.

In Berlin nahm sich HANS NEUENFELS den Zweiteiler ›Jackie und andere Prinzessinnen‹ vor, wobei ELISABETH TRISSENAAR die Rolle der ONASSIS, ALMUT ZILCHER und JULIA WIENINGER im zweiten Stück die Rollen der Dichterinnen INGEBORG BACHMANN und SYLVIA PLATH spielen: Untote also auch hier.

Ursina Lardi und Florian Lange in einer Szene von Jelineks ›Der Tod und das Mädchen I-III‹ im Schauspielhaus Hamburg

Eine Wiederentdeckung und wirklich Neues

Die Spielzeit 2002/03 stand auch im Zeichen der Wiederentdeckung des bürgerl. Trauerspiels, wobei es den Regisseuren weniger um die gesellschaftspolit. Sprengkraft der Stücke ging als vielmehr um die emotionalen Befindlichkeiten der Protagonisten. FLORIAN BOESCH zeigte am Münchner Residenztheater SCHILLERS ›Kabale und Liebe‹ als Drama der gefühlstoten Väter und der leidenschaftlich liebenden Kinder. ANDREA BRETH gelang es in LES-

SINGS ›Emilia Galotti‹, Zwischenmenschliches schwerelos und lustvoll herauszuarbeiten, wofür sie zum Berliner Theatertreffen eingeladen wurde.
Bei den neuen Stücken und großen Inszenierungen trifft man auf die hinlänglich bekannten Namen. ›zeit zu lieben zeit zu sterben‹, der zweite Teil der Osttrilogie von ARMIN PETRAS, der sich als Autor FRITZ KATER nennt, wurde in einer Umfrage der Zeitschrift ›Theater heute‹ zum deutschsprachigen Stück des Jahres gewählt. KATER schildert darin Jugend-, Familien- und Liebesgeschichten, die in der DDR spielen, und inszenierte den ohne Punkt und Komma geschrieben Text selbst rasant und knapp am Thalia Theater, wo auch im Mai ALBERT OSTERMAIERS ›Auf Sand‹ von MARTIN KUSEJ uraufgeführt wurde. ROLAND SCHIMMELPFENNIGS ›Vorher/Nachher‹ brachte am dortigen Schauspielhaus JÜRGEN GOSCH zum ersten Mal auf die Bühne. Den neuen MARTHALER am Züricher Schauspielhaus gab es mit ›Groundings‹, einem Schweizer Heimatabend für Manager mit viel Musik und schwyzerdütschem Dialekt, bei dem »Ähnlichkeiten mit ähnl. Personen rein zufällig« sind.
FRANK CASTORF hielt sich auch in dieser Saison wieder an die russ. Epik und die amerikan. Dramatik. Im Okt. 2002 adaptierte er DOSTOJEWSKIS ›Der Idiot‹ für die Berliner Volksbühne. Mit seinem in Zürich neu inszenierten Stück ›Trauer muss Elektra tragen‹ (EUGENE O'NEILL) wurde CASTORF zum Berliner Theatertreffen eingeladen.

Theune-Meyer, Tina, Fußballtrainerin, *Kleve 4.11. 1953. – In Carson/Los Angeles feierte die dt. Frauenfußballnationalmannschaft mit der Bundestrainerin T.-M. ihren bislang größten Erfolg: Durch ein Golden Goal der Einwechselspielerin NIA KÜNZER gewann das Team im Finale der Fußball-WM mit 2:1 gegen Schweden und wurde erstmals Weltmeister. T.-M. ist die erste Trainerin, die eine Mannschaft zum WM-Titel führte.
Als erste Frau in Deutschland ließ sich die Diplomsportlehrerin 1985 zur DFB-Fußballtrainerin ausbilden. Seit 1986 Assistentin des Bundestrainers GERO BISANZ, war sie am Aufschwung des dt. Frauenfußballs maßgeblich beteiligt, der sich in drei Europameistertiteln (1989, 1991 und 1995) und einer Vizeweltmeisterschaft (1995) niederschlug. Als Cheftrainerin (seit 1996) feierte sie mit der DFB-Auswahl zwei weitere EM-Titel (1997 und 2001) und die Bronzemedaille bei den Olymp. Spielen 2000 in Sydney.

Fußball-Bundestrainerin Tina Theune-Meyer (rechts) mit Mittelfeldspielerin Maren Meinert

Thissen, Werner, kath. Theologe, *Kleve 3.12. 1938. – T. wurde am 25. Jan. in sein Amt als Erzbischof von Hamburg eingeführt. Er trat damit die Nachfolge von LUDWIG AVERKAMP an, der im Febr. 2002 aus Altersgründen auf sein Amt verzichtet hatte.
T., der 1974 mit einer Dissertation über das Markusevangelium promoviert hatte, wurde 1978 Leiter der Hauptabteilung Seelsorgepersonal im Bischöfl. Generalvikariat in Münster. Ab 1999 war er Weihbischof von Münster. T. ist der zweite Erzbischof des 1995 gegr. Bistums Hamburg, das zwar flächenmäßig das größte der 27 dt. Bistümer ist, aber nur ca. 405 000 Katholiken in Hamburg, Mecklenburg und Schleswig-Holstein zählt.

Thüringen

Hauptstadt: Erfurt
Einwohner: 2,4 Mio.
Einwohner/km²: 149
Regierungschef: D. Althaus (seit 5.6. 2003)
BIP/Einwohner: 15 799 €

Nach einer leichten Steigerung des BIP 2001 um 0,2 % schrumpfte es im Folgejahr um 0,6 %. Im 1. Halbjahr 2003 bewegte sich der Wert mit einem Plus von 0,8 % im Vergleich zum Vorjahreszeitraum wieder nach oben. Die Arbeitslosenquote war nur geringen Schwankungen unterworfen: Sie stieg 2002 um 0,6 Prozentpunkte auf 15,9 % und lag im Nov. 2003 bei 16,6 % (Vorjahr: 14,9 %).

Neuer Ministerpräsident

Am 5. Juni wurde der seit langem geplante Wechsel an der Regierungsspitze des Freistaats vollzogen: Deutschlands dienstältester MinPräs. BERNHARD VOGEL (CDU) trat nach elfjähriger Amtszeit zurück; er ist zugleich der einzige MinPräs., der das Amt in zwei Bundesländern innehatte. Sein polit. Ziehsohn und designierter Nachfolger, der CDU-Landesvors. DIETER ALTHAUS, wurde am gleichen Tag mit 47 von 83 Stimmen zum neuen Chef der Landesreg. gewählt. Er berief drei neue Min. in sein Kabinett: Der bisherige stellv. Fraktionsvors. KLAUS ZEH übernahm das Sozialministerium, JÜRGEN REINHOLZ das Wirtschaftsministerium, und Min. für Bundes- und Europaangelegenheiten wurde HANS KAISER. Als Chef der Staatskanzlei wurde GEROLD WUCHERPFENNIG vereidigt.

Nachtragshaushalt beschlossen

Als Konsequenz aus einer »katastrophalen Entwicklung der Steuereinnahmen« sah sich die Landesreg. im Sept. zur Vorlage eines Nachtragshaushalts gezwungen, mit dem eine Deckungslücke im Doppelhaushalt 2003/04 in Höhe von insgesamt rd. 1 Mrd. € zu schließen war. Kürzungen in Höhe von 204 Mio. € im Jahr 2003 steht die Verdoppelung der Neuverschuldung auf 710 Mio. € gegenüber. ■

■ Eine Amtstierärztin begutachtet am 24. Juli auf der Autobahnraststätte bei Sinsheim den Zustand der Schweine auf einem Tiertransporter

Tiertransporte: Jährlich werden etwa 300 Mio. Schlachttiere quer durch Europa transportiert – unter Bedingungen, die häufig der Tierquälerei gleichkommen. Die EU-Kommission legte am 16. Juli eine Verordnung vor, die ab 2005 tiergerechte Transporte gewährleisten soll. Sie schreibt u. a. die max. Fahrtzeit vor (9 Std. Fahrt, 12 Std. Rast), zudem werden Fahrer, Viehverkäufer und Abnehmer in persönl. Verantwortung genommen und Verstöße wesentlich schärfer geahndet.

Time Warner: Der weltgrößte Medienkonzern AOL-T. W. meldete für 2002 mit 98,7 Mrd. US-$ den größten Verlust der amerikan. Unternehmensgeschichte – die Summe entspricht in etwa dem jährlichen BIP von Ägypten. Der Verwaltungsratsvors. (Chairman) und Gründer von America Online (AOL) STEVE CASE sowie dessen Stellv. TED TURNER, der zugleich größter Einzelaktionär ist, traten im Mai zurück. Neuer Verwaltungsratsvors. wurde RICHARD PARSONS, der im Sept. die Änderung des Konzernnamens in ›T. W.‹ in die Wege leitete; darunter hatte das Unternehmen schon einmal bis zum Zusammenschluss mit AOL im Jahr 2000 firmiert. Dem Schuldenabbau diente u. a. der im Nov. beschlossene Verkauf der Warner Music Group für 2,6 Mrd. US-$ an ein Konsortium um den Medienunternehmer EDGAR BRONFMAN JR. Der hohe Verlust war v. a. auf Abschreibungen auf den Firmenwert zurückzuführen. Allein im vierten Quartal 2003 musste der Konzern rd. 45 Mrd. US-$ abschreiben, wobei nahezu drei Viertel auf die Internetsparte AOL entfielen. Im Wesentlichen stammen die Verluste aus hohen Investitionen während der Dotcom-Euphorie, die sich nicht rentiert haben.

Todesstrafe: In den USA löste der Gouv. von Illinois, GEORGE H. RYAN, eine neue Debatte über die T. aus, als er unmittelbar vor dem Ausscheiden aus dem Amt am 10./11. Jan. vier Todeskandidaten begnadigte und alle bestehenden 156 rechtskräftigen Todesurteile in lebenslange Freiheitsstrafen umwandelte. Gegen seine Entscheidung können keine Rechtsmittel eingelegt werden.
Der republikan. Politiker begründete seinen Aufsehen erregenden Schritt mit der Feststellung, das System der T. sei »willkürlich und unberechenbar und daher unmoralisch«. Urspr. ein Verfechter der T., hatte er 2000 ein Moratorium verhängt, nachdem sich seit Wiedereinführung der T. in Illinois 1977 13 Todesurteile als unrechtmäßig herausgestellt hatten; zwölf Urteile waren vollstreckt worden. Eine Untersuchungskommission kam zu dem Schluss, das Rechtssystem des Bundesstaates könne nicht gewährleisten, dass kein Unschuldiger zum Tode verurteilt wird. – US-Präs. GEORGE W. BUSH forderte im Sept. die Ausweitung der T. auf Sabotagedelikte, wenn dabei Menschen getötet werden.

Togo

Hauptstadt: Lomé
Einwohner: 4,8 Mio.
Einwohner/km²: 86
Staatsoberhaupt: É. G. Eyadéma
Regierungschef: K. Sama
BIP/Einwohner: 271 US-$

Bei den Präsidentschaftswahlen am 1. Juni wurde das mit 36 Amtsjahren dienstälteste Staatsoberhaupt Afrikas, ÉTIENNE GNASSINGBÉ EYADÉMA, mit 57 % der Stimmen in seiner Position bestätigt; eine Verfassungänderung im Dez. 2002 hatte EYADÉMA diese dritte Amtszeit ermöglicht. Oppositionsführer GILCHRIST OLYMPIO, Sohn des früheren Staatschefs SYLVANUS OLYMPIO, war von der Wahl ausgeschlossen worden, weil er im Jahr vor der Stimmenabgabe nicht in T., sondern im Exil in Ghana gelebt hatte. Der Ersatzkandidat der Opposition, EMMANUEL BOB AKITANI, konnte 34 % der Stimmen auf sich vereinen. Die Opposition warf der Reg. Wahlmanipulation vor. Beobachter der → Afrikan. Union stellten dagegen keine Unregelmäßigkeiten fest. Die EU hatte sich in Hinblick auf mangelnde demokrat. Strukturen geweigert, eigene Beobachter zu entsenden. ■

Tonga

Hauptstadt: Nuku'alofa
Einwohner: 101 000
Einwohner/ km²: 140
Staatsoberhaupt: Taufa'ahau Tupou IV.
Regierungschef: L. Ulukalala
BIP/Einwohner: 1 507 US-$

Tour de France: Mit der 90. Austragung der T. de F. und dem fünften Sieg des Amerikaners LANCE ARMSTRONG feierte das nach den Olymp. Spielen und der Fußballweltmeisterschaft bedeutendste internat. Sportereignis seinen 100. Geburtstag. Am 1. 7. 1903 waren in Paris erstmals 60 Profiradsportler für ein Preisgeld von 20 000 FF zur ersten T. de F. gestartet; nach 2 428 km auf ungepflasterten Straßen quer durch ganz Frankreich erreichten nur 21 das Ziel. Das Rennen war von dem ehem. Weltrekordler HENRI DESGRANGES organisiert worden, der mit der ›größten Radprüfung der Welt‹ die Auflage seiner neu gegr. Zeitung ›L'Auto‹ (später ›L'Equipe‹) steigern wollte. Seine Rechnung ging auf: ›L'Equipe‹ wurde die größte Sportzeitung Frankreichs und die T. de F. eines der größten Medienereignisse des Sports, zugleich eine der bedeutendsten kommerziellen Veranstaltungen. Die Geschichte der T. de F. ist untrennbar mit Skandalen und Doping verbunden. 1998 wurde im größten Dopingskandal das komplette italien. Team Festina von der weiteren Teilnahme am Rennen ausgeschlossen.
Als erfolgreichster dt. Radsportler gewann JAN ULLRICH 1997 die T. d. F., fünfmal wurde er, wie 2003 auch, Zweiter. Jeweils fünfmal siegten LANCE ARMSTRONG, JACQUES ANQUETIL, EDDI MERCKX, BERNARD HINAULT und MIGUEL INDURÁIN.

Tour de France

Die Rekordsieger

Name	Starts	Siege
Jacques Anquetil	8	1957, 1961–1964
Eddy Merckx	7	1969–1972, 1974
Bernard Hinault	8	1978/79, 1981/82, 1985
Miguel Induráin	11	1991–1995
Lance Armstrong	9	1999-2003

Trichet, Jean-Claude, frz. Bankmanager, * Lyon 20. 12. 1942. – Nach seinem Freispruch in einem Finanzprozess trat der frz. Notenbankchef am 1. Nov. sein neues Amt als Präs. der Europ. Zentralbank (EZB) an.
Der Sohn eines Verwaltungsbeamten studierte zunächst in Nantes an der Bergbauakademie, dann in Paris am Inst. für Polit. Studien und an der Elite-Verwaltungshochschule ENA (1969 – 71). Seine Karriere in der Finanzverw. führte T. 1987 an die Spitze des Schatzamtes im Finanzministerium. Zugleich Chefberater von Finanzmin. EDOUARD BALLADUR, ernannte ihn dieser als Premiermin. 1993 zum Gouv. der Banque de France. In dieser Funktion war T. auch Vizegouv. des IWF und der Weltbank sowie seit 1998 stellv. Präs. der neu geschaffenen EZB. Staatspräs. JACQUES CHIRAC hatte ihn vergeblich als Präs. der EZB vorgeschlagen, konnte jedoch erreichen, dass die Staats- und Regierungschefs der EU-Staaten sich auf T. als Nachfolger des Niederländers WIM DUISENBERG festlegten. Der Prozess um einen Finanzskandal der Bank Crédit Lyonnais, in dem T. vorgeworfen wurde, die Schieflage der Bank 1992/93 verschleiert zu haben, verzögerte seinen Amtsantritt um Monate.

Der neue EZB-Präsident Jean-Claude Trichet am 4. Dezember bei einer Pressekonferenz

Tricolor: Nach einer Kollision mit einem Containerschiff sank am 14. 12. 2002 der norweg. Frachter T. 35 km nordwestlich von Dünkirchen im Ärmelkanal. Das in 35 m Tiefe liegende Schiff, das 2 862 fabrikneue Luxusautos geladen hatte, stellte in der viel befahrenen Schifffahrtsrinne eine erhebl. Gefahr dar: Bereits zwei Tage später kollidierte ein dt. Frachtschiff mit dem Havaristen, am 2. Jan. lief ein türk. Tanker auf. Ende Jan. traten aus der T. rd. zehn Tonnen Schweröl aus; die befürchtete Ölpest an der belg. Nordseeküste blieb jedoch aus. Im April wurde eine niederländ. Bergungsfirma mit der Räumung der Unfallstelle beauftragt, die das Wrack zunächst in neun Teile zersägte. Die Hebung der ersten beiden, rd. 3 000 t schweren und 30 m langen Teilstücke begann im August.

Trinidad und Tobago

Hauptstadt: Port of Spain
Einwohner: 1,3 Mio.
Einwohner/ km²: 255
Staatsoberhaupt: M. Richards (seit 17. 3. 2003)
Regierungschef: P. Manning
BIP/Einwohner: 6 711 US-$

Premiermin. PATRICK MANNING und der venezolan. Präs. HUGO CHÁVEZ unterzeichneten im Aug. Vereinbarungen zur gemeinsamen Ausbeutung der zw. den beiden Ländern gelegenen riesigen Erdgas- und Erdölvorkommen. ■

Trusted Computing, → TCPA/Palladium.

Tschad

Hauptstadt: N'Djamena
Einwohner: 8,1 Mio.
Einwohner/ km²: 6
Staatsoberhaupt: I. Déby
Regierungschef: M. Faki (seit 24. 6. 2003)
BIP/Einwohner: 247 US-$

Präs. IDRISS DÉBY eröffnete am 10. Okt. eine 1070 km lange Erdölleitung, die T. im südlich gelegenen Doba-Becken mit seinem Nachbarland Kamerun verbindet. Die beiden Staaten, die zu den ärmsten Ländern der Welt zählen, handeln seit Juli gemeinsam mit Erdöl und wollen in den nächsten 25 Jahren jährlich 80 Mio. US-$ (T.) bzw. 20 Mio. US-$ (Kamerun) erwirtschaften. Die Weltbank beaufsichtigt die Transaktionen um sicherzustellen, dass die Einnahmen der Entwicklung des Landes zugute kommen. Die mangelnde technische Infrastruktur ist einer der Faktoren, die einen Fortschritt in T. verhindern. So haben z. B. nur 2 % der Einwohner des Staates Zugang zu Elektrizität. ■

Tschechische Republik

Hauptstadt: Prag
Einwohner: 10,2 Mio.
Einwohner/ km²: 132
Staatsoberhaupt: V. Klaus (seit 7. 3. 2003)
Regierungschef: V. Špidla
BIP/Einwohner: 6 874 US-$

Die im Vergleich zum Euroraum insgesamt positive Wirtschaftsentwicklung setzte sich mit einem im Herbst prognostizierten Zuwachs des BIP um rd. 2,8 % fort (2002: 2,0 %). Allerdings begann die Arbeitslosigkeit zu steigen und erreichte ein Jahresmittel von knapp 10 % (2002: 9,2 %). Die Inflationsrate verharrte auf niedrigem Niveau bei ca. 1,5 %. In ihrer Anfang Nov. veröffentlichten Jahresbilanz, die den Fortschritt der Beitrittsländer in der Anpassung an die EU-Standards bewertet, setzte die EU-Kommission die T. R. nach Slowenien, Litauen und Estland auf den vierten Platz.

Václav Klaus neuer Präsident

Der sozialliberalen Reg. gelang es trotz nomineller Mehrheit in den beiden Parlamentskammern im Jan. und Febr. nicht, ihren Kandidaten JAN SOKOL für die Präsidentschaft durchzusetzen. Mit den Stimmen von Abweichlern aus der Koalition wurde in der dritten Runde des dritten Wahlgangs am 28. Febr. der Spitzenpolitiker der oppositionellen Demokrat. Bürgerpartei (ODS), VÁCLAV KLAUS, gewählt. Der ehem. MinPräs. (1992–97), ein bekennender EU-Skeptiker, trat am 7. März die Nachfolge seines ehem. präsidialen Gegners VÁCLAV HAVEL an.

Regierungskrise und Finanzreformen

Die Niederlage der Mitte-links-Koalition bei der Präsidentschaftswahl stürzte die sozialdemokratisch geführte Regierungskoalition in eine Krise. Min.-Präs. VLADIMÍR ŠPIDLA bewältigte sie im März mit einer knapp gewonnenen Vertrauensabstimmung im Parlament, der Entlassung seiner Widersacher im Kabinett und seinem knappen Sieg bei der Neuwahl des Parteichefs der Sozialdemokraten.

Tschechische Republik

Am 2. Febr. endete die Präsidentschaft von **Václav Havel**, dessen Wiederwahl für eine dritte Amtszeit die Verfassung ausschloss. Der Dramatiker war seit 1989 Staatsoberhaupt der Tschechoslowakei, seit 1993 der Tschech. Rep. (wiedergewählt 1998). Die Regierungspolitik und Machtspiele der Parteien bedachte der frühere Dissident häufig mit deutl. Kritik, vehement setzte er sich für den Beitritt zur NATO und zur EU ein. In Würdigung seiner Verdienste um die dt.-tschech. Verständigung wurde Havel am 18. Juni in Berlin mit dem Dt. Nationalpreis ausgezeichnet.

Finanzmin. BOHUSLAV SOBOTKA legte im Sept. Pläne für massive Kürzungen der öffentl. Ausgaben vor, die v. a. die Bereiche Rente, Gesundheitswesen und Beamtenbesoldung betreffen. Ziel der Reg. ist es, das Haushaltsdefizit einzugrenzen, um die Kriterien für einen Eintritt in den Euroraum (Europ. Wirtschafts- und Währungsunion) 2008 oder 2010 zu erreichen. Nach dem Austritt eines Abgeordneten aus der sozialdemokrat. Fraktion aus Protest gegen diese Maßnahmen verfügte die Koalition mit nur noch 100 von 200 Mandaten nicht mehr über die notwendige Mehrheit im Parlament. Dennoch scheiterte die Opposition am 26. Sept. mit einem Misstrauensvotum gegen ŠPIDLA, da sich der Dissident der Stimme enthielt. Anschließend brachte die Reg. die ersten elf Gesetze der Finanzreform durch das Parlament.

Ehemaliger Staatssekretär Srba verurteilt

Das Oberste Gericht verurteilte den ehem. Staatssekr. KAREL SRBA am 30. Okt. wegen versuchten Auftragsmordes zu acht Jahren Haft. Nach Ansicht der Richter beabsichtigte SRBA 2002, die Journalistin SABINA SLONKOVÁ ermorden zu lassen. Sie hat-

■ Der neue NATO-Oberbefehlshaber in Europa James Jones macht am 26. Juni seinen Antrittsbesuch beim tschechischen Präsidenten Václav Klaus

te über Korruption in SRBAS Amtsbereich im Außenministerium recherchiert.

Uneinheitliche Haltung zum Irakkrieg

In der Irakkrise stellte sich die T. R. auf die Seite der USA. Bereits am 17. Jan. billigte das Parlament mit 144 gegen 43 Stimmen die Unterstützung der amerikan. Truppen durch eine 385 Mann starke ABC-Abwehreinheit, die bereits in Kuwait – im Rahmen der auf Afghanistan bezogenen Mission ›Enduring-Freedom‹ – stationiert war. Mit der eigenmächtigen Unterzeichnung des ›Offenen Briefs der Acht‹ vom 30. Jan. durch Präs. HAVEL galt die T. R. als Mitgl. der → Koalition der Willigen, doch lehnte die Reg. von MinPräs. ŠPIDLA eine Beteiligung an Kampfhandlungen ohne UNO-Mandat ab. Die Beziehungen zu den USA verschlechterten sich mit dem Beginn des Irakkrieges, weil sich der neue Präs. KLAUS deutlich vom Vorgehen der USA distanzierte und sich auch in der Reg. krit. Stimmen mehrten.

Ja zum EU-Beitritt – Nein zur EU-Verfassung?

Bei dem Referendum am 13./14. Juni billigten 77,3 % der Wähler die Mitgliedschaft in der EU (Wahlbeteiligung 55,3 %). Wenige Tage später beseitigte die Reg. einen Stolperstein für den reibungslosen Beitritt: In einer offiziellen Stellungnahme erklärte sie die Vertreibung der Sudetendeutschen nach dem Zweiten Weltkrieg als nicht mit EU-Standards vereinbar und »vom heutigen Standpunkt als unannehmbar«. Eine formelle Aufhebung der sog. Beneš-Dekrete, auf deren Grundlage die Vertreibung stattfand, lehnt sie jedoch ab.

Bei den Diskussionen über den Vorschlag des → EU-Konvents für eine künftige EU-Verfassung verfocht die Reg. das Prinzip ›Ein Land – ein Kommissar‹. Im Okt. sprach sich MinPräs. ŠPIDLA für eine Volksabstimmung über eine EU-Verfassung aus. ■

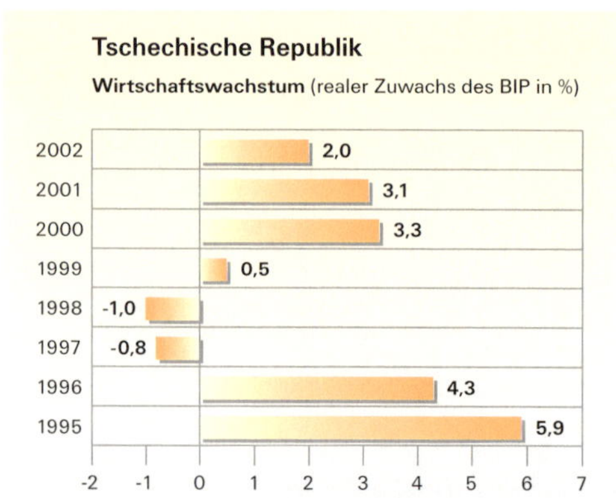

Tschetschenien: Am 23. März führten die russ. Behörden in T. unter schwierigen Sicherheitsbedingungen ein Referendum durch: Zwölf Jahre nach der einseitigen Unabhängigkeitserklärung der Kaukasusrep. stimmten die Wähler mit rd. 96 % der Stimmen einer Verfassung zu, die T. als integralen Bestandteil der Russ. Föderation ausgibt. Der Text war ohne wesentl. Mitwirkung der Betroffenen verfasst worden und der Bevölkerung im Wortlaut kaum bekannt. Am 6. Juni verabschiedete das russ. Parlament eine Amnestie für Guerillakämpfer, die im vergangenen Jahrzehnt »gesellschaftlich gefährl. Taten« begangen hätten, die Waffen aber niedergelegt und sich von den Aufständischen distanziert hätten; Straftaten wie Mord waren von der Amnestie ausgenommen.

Bei den Präsidentenwahlen am 5. Okt. siegte Moskaus Favorit, der Leiter der proruss. Verwaltung ACHMED KADYROW, mit rd. 80 % der Stimmen. Das offizielle Ergebnis und die Angaben zur Wahlbeteiligung – rd. 86 % bei etwa 560 000 Stimmberechtigten – wurden von internat. Beobachtern infrage gestellt. Zuvor hatte die russ. Reg. drei der aussichtsreichsten Gegenkandidaten zum Verzicht gezwungen. Da sich die Moskauer Strategie einer ›Tschetschenisierung‹ der Politik ausschließlich auf KADYROW und seine Gefolgsleute stützt, trug dieser Erfolg wenig zu einer Lösung des Konflikts mit den Rebellen bei. Der Wahlsieger verlangte für T. keinen Sonderstatus, sondern nur wirtschaftl. Autonomie. Einen Dialog mit dem im Untergrund lebenden ehem. Präs. ASLAN MASCHADOW schloss KADYROW aus.

Seit dem Jahreswechsel kam es wiederholt zu bewaffneten Angriffen auf russ. Militärverbände und zu Terroranschlägen. Die radikalen tschetschen. Kämpfer verlagerten die Auseinandersetzungen immer häufiger in andere Regionen der Russ. Föderation. Sprengstoff- und Selbstmordanschläge gab es in Nordossetien (5. Juni, 1. Aug.), der Region Stawropol (3. Sept., 5. Dez.) und in Moskau (5. Juli, 9. Dez.).

Auf der anderen Seite verschwanden in T. zahlreiche junge Männer, die nachts von Maskierten in Tarnanzügen entführt worden waren; im 1. Halbjahr wurden offiziell 267 solcher Fälle registriert. ›Säuberungen‹ und ›Sonderaktionen‹ von Armeeteilen und Milizen verbreiteten Angst und Schrecken. Im April wurden im Norden der Rep. Massengräber mit verstümmelten Leichen entdeckt. Menschenrechtsorganisationen machten die russ. Streitkräfte, Moskau hingegen die Rebellen für die Hinrichtungen verantwortlich. Am 25. Juli verurteilte ein Militärgericht in Rostow am Don erstmals einen russ. Offizier wegen Mordes an einer Tschetschenin zu zehn Jahren Haft. Zuvor hatte das Oberste Gericht einer Klage der Eltern stattgegeben und ein Urteil aufgehoben, das den Angeklagten für unzurechnungsfähig erklärt hatte.

Tunesien

Hauptstadt: Tunis
Einwohner: 9,8 Mio.
Einwohner/km²: 62
Staatsoberhaupt:
Z. al-Abidine Ben Ali
Regierungschef:
M. Ghannouchi
BIP/Einwohner:
2162 US-$

Obwohl die Verschärfung des Nahostkonflikts und der Irakkrieg die Einnahmen im Tourismussektor weiter zurückgehen ließen (seit 2001 um 13 %) und damit die Wirtschaft belasteten, erwies sich die von internat. Strukturprogrammen gestützte allg. ökonom. Entwicklung als stabil. Der IWF schätzte das reale BIP-Wachstum für 2003 auf 5,5 %; im Vorjahr hatte es ein Plus von 1,7 % gegeben.
Das Regime unter Präs. Zine al-Abidine Ben Ali wandte sich offiziell gegen die Militärintervention im Irak, ließ jedoch Antikriegsdemonstrationen von Gewerkschaften und Oppositionsgruppen im Dez. 2002 und Febr. 2003 gewaltsam unterdrücken. In einem umfassenden Länderbericht kritisierte die Menschenrechtsorganisation amnesty international die fortdauernde Verletzung von Grundrechten, insbes. willkürl. Verhaftungen und Verurteilung von Zivilisten durch Militärgerichte, und warnte vor einer Verschärfung durch die im Sept. dem Parlament vorgelegten Antiterrorgesetze. Gegen die Verweigerung demokrat. Rechte hatte die Menschenrechtsanwältin Radia Nasaroui mit einem zweimonatigen Hungerstreik protestiert. ■

Türkei

Hauptstadt: Ankara
Einwohner: 69,6 Mio.
Einwohner/km²: 86
Staatsoberhaupt:
A. N. Sezer
Regierungschef:
R. T. Erdogan
(seit 14. 3. 2003)
BIP/Einwohner:
2765 US-$

Die Wirtschaft hat sich von der schweren Krise des Jahres 2001 erholt: Das BIP legte 2003 um ca. 6 % zu (2002: 5 %), und die Inflation erreichte im Aug. mit 24,9 % auf Jahresbasis den niedrigsten Stand seit Jahrzehnten (2002: 44,9 %). Als Folge der wirtschaftl. Strukturreformen verblieb jedoch die Arbeitslosenquote, die 2002 schon auf 10,1 % gestiegen war, über der Zehnprozentmarke; in den Städten lag sie bei 14 %. Das Pro-Kopf-Einkommen bewegt sich gegenwärtig bei 22 % des EU-Durchschnitts.

Erdogan führt die Reformen fort

Das Parlament hob mit der Mehrheit der regierenden Partei für Gerechtigkeit und Entwicklung (AKP) am 27. 12. 2002 durch eine Verfassungsänderung alle Vorstrafen wegen sog. polit. Vergehen auf und ebnete damit dem vorbestraften AKP-Vors. Recep Tayyip Erdogan den Weg an die Macht. Präs. Ahmet Necdet Sezer ernannte ihn am 14. 3. 2003 zum Regierungschef. Sein Statthalter in diesem Amt, Abdullah Gül, wechselte ins Außenressort.

■ Trauerfeier für die sechs jüdischen Opfer der Bombenanschläge in Istanbul vom 15. November

Erdogan, der mit der AKP eine islam.-konservative Reg. anführt, trieb den auf einen Beitritt zur EU ausgerichteten Reformkurs mit bemerkenswerter Konsequenz voran. Am 19. Juni beschloss das Parlament das sechste EU-Reformpaket: Das Antiterrorgesetz, das früher vornehmlich auf die Niederhaltung der kurd. Separatisten zielte, bezieht sich nur noch auf schwere Gewaltdelikte, die Meinungsfreiheit wurde bedeutend erweitert, und den Privatmedien wurde die Verwendung der kurd. Sprache erlaubt. Die EU begrüßte bes. das siebte EU-Reformpaket von Ende Juli. Es beschneidet die Machtbefugnisse des Nat. Sicherheitsrates, über den das Militär bislang eine Art Vetorecht gegenüber Parlament und Reg. ausübte.

Auf dem Weg in die EU? Türkisch-deutsche Beziehungen

Die EU-Kommission lobte Anfang Nov. in ihrem Fortschrittsbericht über die Anpassung der Beitrittsaspiranten an die EU-Standards die von der T. beschlossenen Reformen, mahnte aber ihre baldige

Umsetzung in die polit. und administrative Praxis an. Sie signalisierte der T. zudem, dass die Lösung der Zypernfrage Voraussetzung für die Aufnahme von EU-Beitrittsverhandlungen sei.
Bei einem Besuch von MinPräs. ERDOGAN in Deutschland Anfang Sept. sprach sich Bundeskanzler GERHARD SCHRÖDER grundsätzlich für einen EU-Beitritt der T. aus, der in Deutschland wie auch unter den Reg. der EU umstritten ist. – Mit Unverständnis wurde in der türk. Öffentlichkeit das Urteil eines Kölner Gerichts aufgenommen, das am 27. Aug. die beabsichtigte Abschiebung des Islamistenführers METIN KAPLAN (›Kalif von Köln‹) in die T. blockierte und dies mit der Erwartung begründete, KAPLAN sei in der T., die seine Auslieferung beantragt hatte, kein rechtsstaatl. Verfahren garantiert. Der → Stiftungsprozess gegen 15 Mitarbeiter dt. Stiftungen in der T. endete am 4. März in Ankara mit einem Freispruch.

Im Irakkonflikt kein Verbündeter der USA

Die Planungen der USA für einen Krieg gegen den Irak mobilisierten in der T. Bedenken, aus einem zerfallenden Irak könne ein kurd. Staat im Nordirak erwachsen. MinPräs. ABDULLAH GÜL (bis 14. März im Amt) sagte den USA im Febr. dennoch die Unterstützung für die Errichtung einer Nordfront im Irak und die Stationierung von 62 000 amerikan. Soldaten in der T. zu. Ein entsprechender Antrag der Reg. fand jedoch am 1. März im Parlament keine Mehrheit. Allerdings öffnete es am 20. März den türk. Luftraum für die beginnenden Militäroperationen der USA. Am 11. April entsandte die T. mehrere Militärbeobachter in die nordirak. Stadt Kirkuk, um den vereinbarten Abzug kurd. Milizen aus der erdölreichen Region zu überwachen.
Im Sept. ersuchte die US-Reg. die T. um einen militär. Beitrag im Irak und sicherte einen Kredit für die T. in Höhe von 8,5 Mrd. US-$ zu. Im Gegenzug billigte das Parlament am 7. Okt. mit 358 gegen 183 Stimmen die Entsendung von 10 000 Soldaten in den Irak. Nach Protesten des provisor. Irak. Regierungsrates in Bagdad gegen eine türk. Truppenpräsenz verzichteten die USA auf die Unterstützung der türk. Soldaten; am 7. Nov. zog die türk. Reg. ihr Angebot zurück.

Terroranschläge in Istanbul

Bei zwei terrorist. Doppelschlägen in Istanbul am 15. und 20. Nov. starben mehr als 60 Menschen, Hunderte wurden teils schwer verletzt. Die ersten der mit Autobomben ausgeführten Angriffe galten zwei Synagogen, die nachfolgenden einer brit. Bank und dem brit. Generalkonsulat. Nach Erkenntnis der Ermittlungsbehörden waren die Selbstmordattentäter Mitgl. der türk. ›Kampffront des Großen Islam. Ostens‹ (IBDA-C). Diese Organisation und das mit ihr offenbar kooperierende internat. Terrornetzwerk al-Qaida bekannten sich in Erklärungen zu den Terrorakten, denen – während des Fastenmonats Ramadan – überwiegend Muslime zum Opfer fielen. Mehrere Verbindungsleute und ein mutmaßl. Drahtzieher der Attentate wurden noch im Nov. festgenommen. ■

Turkmenistan

Hauptstadt: Aschchabad
Einwohner: 5,5 Mio.
Einwohner/km²: 12
Staatsoberhaupt und Regierungschef: S. Nijasow
BIP/Einwohner: 1126 US-$

Das außenpolitisch weitgehend isolierte Land wird diktatorisch von dem auf Lebenszeit gewählten Präs. SEPARMURAD NIJASOW regiert, der sich selbst in Turkmenbaschi (Turkmenenführer) umbenannte und in einem grotesken Personenkult verehren lässt. Einem angebl. Attentat auf ihn im Nov. 2002 folgte eine Verhaftungswelle. Der frühere Außenmin. BORIS SCHICHMURADOW wurde in einem Schauprozess zu 25 Jahren Gefängnis verurteilt; das Urteil wurde noch zu lebenslängl. Haft verschärft. Im März wurden Auslandsreisen für turkmen. Staatsbürger genehmigungspflichtig. Im Juni hob die Reg. die doppelte Staatsangehörigkeit

Türkei: Leistungsbilanzsaldo

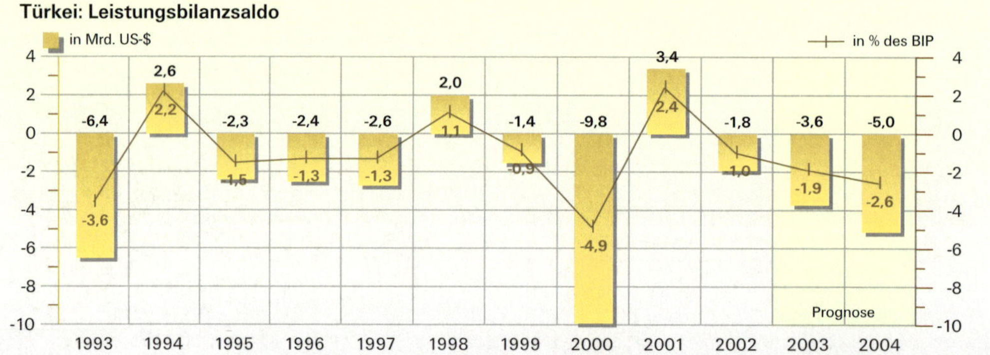

von Bürgern mit russ. Pass auf. Etwa 100000 Betroffene mussten entweder ihre Pässe abliefern oder T. umgehend verlassen und ihr Eigentum aufgeben.
Im April wurde das Parlament neu besetzt. 135 Abgeordnete ernannte der Präs., 65 Abgeordnete wurden gewählt; in den einzelnen Wahlkreisen gab es zwar mehrere Kandidaten, doch waren alle Anhänger NIJASOWS. ■

Tuvalu

Hauptstadt: Vaiaku
Einwohner: 11 000
Einwohner/km²: 423
Staatsoberhaupt: Elisabeth II.
Regierungschef: S. Sopoanga
BIP/Einwohner: -

U

Uganda

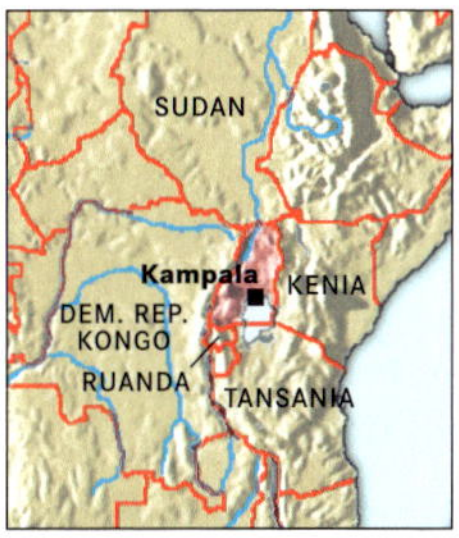

Hauptstadt: Kampala
Einwohner: 23,4 Mio.
Einwohner/km²: 116
Staatsoberhaupt: Y. K. Musevini
Regierungschef: A. Nsibambi
BIP/Einwohner: 257 US-$

Trotz mehrerer Gesprächsangebote der Reg. und einer am 3. März vereinbarten Waffenruhe hielten die Überfälle der Rebellen der Lords Resistance Army (LRA) auf Dörfer und Flüchtlingslager im Norden von U. an. Die LRA kämpft seit 1987 für einen eigenen Staat in den nördl. Grenzregionen zum Sudan. Sie greift dabei v. a. die Zivilbevölkerung an und hat Tausende von Kindern entführt, die als Kindersoldaten oder Sexsklavinnen benutzt werden.
Im März zog U. seine letzten Truppen aus dem östl. Teil der Demokrat. Rep. Kongo zurück. Nach einem von Milizen verübten Blutbad in der Prov. Ituri flüchteten im Mai Tausende Kongolesen über die Grenze nach Uganda. ■

Ukraine

Hauptstadt: Kiew
Einwohner: 48,7 Mio.
Einwohner/km²: 85
Staatsoberhaupt: L. D. Kutschma
Regierungschef: W. Janukowitsch
BIP/Einwohner: 855 US-$

Unpopulärer Präsident

Die Innenpolitik wurde von der im Okt. 2004 anstehenden Präsidentenwahl bestimmt. Die Oppositionsparteien konnten sich auf keinen gemeinsamen Kandidaten einigen, während die Popularität von Präs. LEONID KUTSCHMA einen Tiefstand erreichte. Dies war einerseits KUTSCHMAS fragwürdiger Rolle in zahlreichen polit. Skandalen, andererseits seiner wenig erfolgreichen Wirtschafts- und Sozialpolitik geschuldet. Seine Vorschläge, die Kompetenzen des Parlaments (u. a. Wahl des Präs.) zu stärken, wertete die Opposition als Versuch des Präs., sich eine von der Verfassung nicht vorgesehene dritte Amtsperiode zu sichern. Allerdings entschied das Oberste Gericht im Dez., dass KUTSCHMA ein drittes Mal antreten dürfe, weil er erstmals 1994, also vor Inkrafttreten der Verfassung 1996, zum Präs. gewählt worden sei.

Anlehnung an Russland

In der Außenpolitik demonstrierte die U. ihr Interesse an einer engen Kooperation mit den USA und

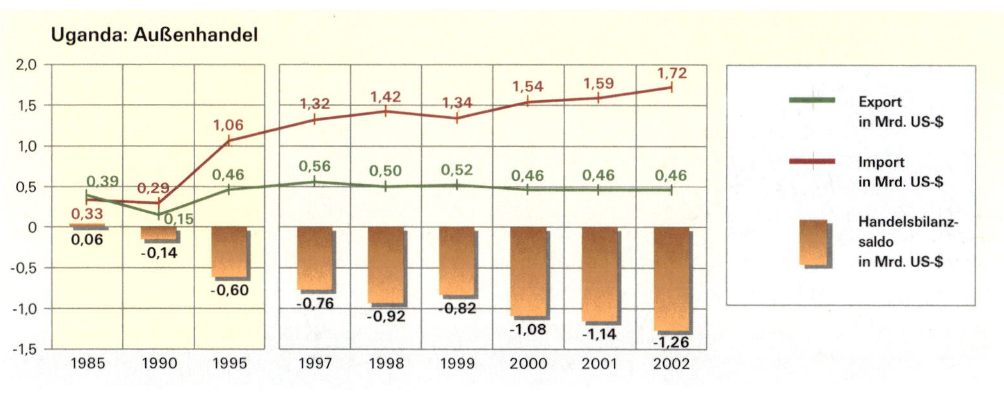

entsandte ein Militärkontingent in den Irak. Gleichzeitig setzte sie zu einer Neuausrichtung ihrer internat. Beziehungen an. Nachdem die EU erklärt hatte, dass eine Mitgliedschaft der U. auf absehbare Zeit nicht anstehe, erfolgte eine neuerl. Wende hin zu Moskau und zu einer aktiveren Politik im Rahmen der GUS. Im April wurde die Bildung eines einheitl. Wirtschaftsraums mit Russland, Weißrussland und Kasachstan beschlossen. Da Außenmin. ANATOLIJ SLENKO diese Politik nicht billigte, wurde er am 2. Sept. durch KONSTANTIN GRISCHTSCHENKO abgelöst.

■ Bei ihrem Treffen in Kiew am 29. Januar vereinbaren die Mitglieder der Gemeinschaft Unabhängiger Staaten die Errichtung einer Freihandelszone

Schlechtes Investitionsklima

Zur Jahresmitte wies das BIP einen deutl. Anstieg um 7,4 % gegenüber dem Vorjahreszeitraum auf. Dynamisch entwickelten sich v. a. die Industrieproduktion und der Bausektor. Die Inflationsrate lag bei rd. 8 %. Massive Lohnerhöhungen haben die Kaufkraft und den Konsum ansteigen lassen. Doch verzögerte sich der ökonom. Transformationsprozess, v. a. infolge der schleppenden Privatisierung. Staatsintentionen, umfassende Subventionen, fehlende rechtsstaatl. Stabilität und Korruption trugen dazu bei, dass die U. weiterhin zu den europ. Staaten mit dem schlechtesten Investitionsklima zählte. Der Anteil der Schattenwirtschaft am BIP lag bei schätzungsweise 50 %. ■

Ullrich, Jan, Straßenradfahrer, * Rostock 2. 12. 1973. – Mit der Wahl zum ›Sportler des Jahres‹ honorierten die Sportjournalisten das Comeback des Bianchi-Fahrers bei der Tour de France: Am Ende eines spannenden, aber fairen Duells musste sich U. mit 1:01 min. Rückstand dem Amerikaner LANCE ARMSTRONG geschlagen geben.
Mit dem Gewinn der Tour de France 1997 entfachte U. in Deutschland eine neue Radsporteuphorie; bei vier weiteren Starts (1996, 1998, 2000, 2001) wurde er jeweils Zweiter. Nach einer Knieverletzung, einer Dopingsperre und der Trennung vom Team Telekom stand 2002 die Karriere des Olympiasiegers im Straßenrennen (2000) und zweimaligen Zeitfahrweltmeisters (1999, 2001) am Scheideweg.

UMTS, Abk. für **U**niversal **M**obile **T**elecommunication **S**ystem: MobilCom und Quam, die im Vorjahr ihre Pläne für den neuen Mobilfunkstandard wegen finanzieller Schwierigkeiten aufgegeben hatten, fanden keine Käufer für ihre UMTS-Lizenzen. Die Lizenzen, für die sie jeweils 8 Mrd. € gezahlt hatten, fallen Ende des Jahres entschädigungslos an die Regulierungsbehörde für Telekommunikation und Post zurück. Immerhin gelang es MobilCom, bereits angekaufte Standorte und installierte Technik für 20 Mio. € an E-Plus zu verkaufen. Keiner der verbleibenden Lizenznehmer – E-Plus, O2, T-Mobile und Vodafone – konnte die im Vorjahr auf 2003 verschobenen Starttermine für den Netzbetrieb einhalten. Für den Beginn der Vermarktung wurde nun das Frühjahr 2004 ins Auge gefasst. Die vier Netzbetreiber sahen dennoch die Lizenzauflage erfüllt, bis Ende des Jahres 25 % der Bevölkerung mit UMTS zu versorgen. In den Ballungszentren seien die Funknetze betriebsbereit, es fehlten lediglich UMTS-taugl. Handys.
Im europ. Ausland, in Österreich, Schweden, Italien und Großbritannien, gingen bereits 2003 UMTS-Netze in Betrieb.

Ungarn

Hauptstadt: Budapest
Einwohner: 10,2 Mio.
Einwohner/km²: 110
Staatsoberhaupt: F. Mádl
Regierungschef: P. Medgyessy
BIP/Einwohner: 6 460 US-$

Die nachlassende wirtschaftl. Dynamik schlug sich in einem geringen Wachstum des BIP nieder, das im 1. Halbjahr 2,4 % betrug und im Herbst für das Gesamtjahr auf rd. 2,6 % veranschlagt wurde (2002: 3,3 %). Die Arbeitslosenrate hielt sich im 3. Quartal mit 5,7 % weiterhin auf relativ niedrigem Niveau. Sorge bereitete der Zustand der Staatsfinanzen, die 2002 ein Etatdefizit von 9,7 % des BIP aufwiesen. Für 2003 wurde eine Inflationsrate von 4,5 % angestrebt (2002: 5,3 %).

EU-Beitritt

Bei der Abstimmung über den EU-Beitritt U.s zum 1. 5. 2004 votierten am 12. April 83,8 % der Wähler mit Ja. Dies reichte aus, um dem Votum trotz der niedrigen Wahlbeteiligung von 45,6 % Geltung zu verschaffen, denn die Zahl der positiven Stimmen überschritt die Quote von 25 % der 8 Mio. Wahlberechtigten. Auf dem EU-Gipfel am 16. April in

Athen unterzeichnete MinPräs. PÉTER MEDGYESSY die Beitrittsurkunden.

Proamerikanischer Kurs im Irakkonflikt

U. unterstützte in der Irakkrise die Position der USA, beteiligte sich jedoch nicht aktiv an den Militäroperationen. MinPräs. MEDGYESSY gehörte zu den acht Unterzeichnern des ›Offenen Briefes‹ vom 30. Jan., der als Solidaritätserklärung für den US-Präs. interpretiert wurde und die Spaltung Europas in der Irakfrage offenkundig machte. Trotz großer Vorbehalte in der Bevölkerung stimmte das Parlament am 25. Febr. einstimmig der Nutzung von Militärflughäfen für amerikan. Truppen- und Waffentransporte zu. Als Beitrag zur Sicherung der Besetzung und des Wiederaufbaus im Irak stellte das Parlament am 2. Juni eine 300 Soldaten starke Logistikeinheit zur Verfügung. Das Parlament verlängerte am 3. Nov. den Einsatz im Irak bis Ende 2004.
Im Aug. wurden Pläne der USA bekannt, auf der Luftbasis Taszár 28 000 Iraker zu Polizisten auszubilden. Bereits im Febr. und März hatten die USA dort Exiliraker für die Verwaltung des Nachkriegsirak trainiert, das Ausbildungsprogramm Ende März jedoch vorzeitig abgebrochen.

Statusgesetz auf dem Weg zur Anwendung

Seit Inkrafttreten des umstrittenen sog. Statusgesetzes Anfang 2002 haben bis zur Jahresmitte 2003 etwa 650 000 Auslandsungarn einen Antrag auf einen ›U.-Ausweis‹ gestellt, der zur Wahrnehmung der durch das Gesetz garantierten Vorteile berechtigt. Während mit Rumänien am 23. Sept. eine Übereinkunft über die Umsetzung des Gesetzes erreicht wurde, einigten sich U. und die Slowak. Republik auf einen bilateralen Vertrag, der das Statusgesetz ersetzen soll und die gegenseitige Unterstützung der nat. Minderheiten regelt. Eine Einigung für Serbien steht noch aus. ■

Ungarn

Inflationsrate (Veränderung der Verbraucherpreise in %)

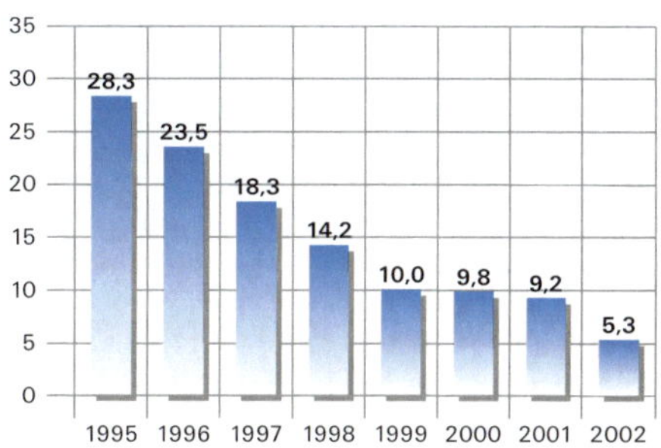

Universum: Aus den Daten des WMAP-Satelliten der amerikan. Raumfahrtbehörde NASA konnte im Febr. der Zustand des U. 380 000 Jahre nach dem Urknall rekonstruiert werden. Zwölf Monate lang war das Echo des Urknalls untersucht und damit der Grundaufbau des U. mit bisher unerreichter Genauigkeit vermessen worden.
Die Forschungen ergaben, dass die ersten Sterne bereits 200 Mio. Jahre nach dem Urknall entstanden sind. Der Urknall selbst soll vor 13,7 Mrd. Jahren stattgefunden haben. Das U. soll nur zu 4 % aus Urmaterie, zu 23 % aus unbekannter ›dunkler‹ Materie und zu 73 % aus geheimnisvoller ›dunkler Energie‹ bestehen. Angenommen wird, dass das U. sich in einem unendlichen Prozess ausweitet, und zwar schneller als bisher angenommen.

UNO, Abk. für **U**nited **N**ations **O**rganization, dt. Vereinte Nationen. Die Weltorganisation zählt 191 Mitgliedstaaten; nur der Vatikan sowie die um ihre internat. Anerkennung bemühten Staaten Palästina (derzeit qualifizierter Beobachterstatus), Taiwan und Westsahara (DARS) gehören nicht der UNO an. Dem Sicherheitsrat gehörten 2003 außer den fünf ständigen Mitgl. China, Frankreich, Großbritannien, Russland und USA folgende Staaten an: Angola, Bulgarien, Chile, Deutschland, Guinea, Kamerun, Mexiko, Pakistan, Spanien und Syrien. Gen.-Sekr. der UNO ist KOFI ANNAN (seit 1997).

Die UNO und der Irakkrieg

Im Jan. erklärten UNMOVIC-Chef HANS BLIX und IAEA-Generaldirektor MOHAMMED EL BARADEI vor dem Sicherheitsrat mehrfach, dass die durchgeführten Inspektionen keine Beweise für die Existenz irak. Massenvernichtungswaffen erbracht hätten. Um die vom Irak ausgehende Gefahr zu verdeutlichen, legte US-Außenmin. COLIN POWELL am 5. Febr. dem Sicherheitsrat angebl. Erkenntnisse der Geheimdienste über irak. Bemühungen vor, in Afrika an Nuklearmaterial zu gelangen (die Berichte erwiesen sich später als falsch). Frankreich und andere Mitgl. des Sicherheitsrates forderten dennoch am 14. Febr., den Inspektoren mehr Zeit zu geben. Die folgenden Versuche der USA und Großbritanniens, einen Sicherheitsratsbeschluss zu erwirken, der ausdrücklich zur Gewaltanwendung ermächtigt, scheiterten an der Ankündigung eines frz. Vetos. Daraufhin teilte US-Präs. GEORGE W. BUSH am 17. März mit, den Irak auch ohne UNO-Mandat anzugreifen. Einen Tag später zog die UNO die Inspektoren und anderen UNO-Mitarbeiter aus dem Irak ab. Am 20. März begannen die USA und Großbritannien die Angriffe gegen den Irak, dessen Regime am 9. April zusammenbrach.
Nachdem der Sicherheitsrat am 22. Mai alle Handelssanktionen gegen den Irak außer dem Waffenembargo aufgehoben hatte, ernannte ANNAN am 27. Mai SERGIO VIEIRA DE MELLO zum Sonderbeauftragten für den Irak. DE MELLO kam am 19. Aug. bei der Explosion einer Autobombe vor dem UNO-Hauptquartier in Bagdad ums Leben, die zahlreiche weitere Menschenleben forderte. Daraufhin zog die UNO ihr Personal aus dem Irak ab. Parallel dazu bemühte sich der Sicherheitsrat um eine Resolution, in der die Rolle der UNO beim Wiederaufbau des Irak neu bestimmt und ausgeweitet werden soll. Da die USA nicht bereit waren, an die UNO genügend Kompetenzen abzugeben, konnte

keine Einigung erzielt werden. Daher benannte Annan am 10. Dez. Ross Mountain zum vorläufigen UNO-Sonderbeauftragten mit Sitz in Nikosia und Amman.

UNO-Friedenssicherungskräfte

Am 29. Mai beging die UNO erstmals den ›Tag der Friedenssicherungskräfte‹ in Erinnerung an das erste Blauhelmmandat vor 55 Jahren. Kofi Annan unterstrich, dass die Aufgaben der Vereinten Nationen inzwischen komplexer geworden seien: Sie reichten vom Kampf um die Menschenrechte und die Geschlechtergleichheit bis zur Unterstützung beim Aufbau einer Rechtsordnung in Afghanistan.
2003 waren 37 000 Friedenssicherungskräfte in 14 Missionen auf drei Kontinenten eingesetzt. Am 30. Mai beschloss der Sicherheitsrat die Entsendung einer Friedenstruppe mit einem ›robusten Mandat‹ nach Bunia (Demokrat. Rep. Kongo), die dort bis zum Sept. blieb. Ebenfalls neu entsandt wurde im Mai eine Beobachtermission in die Elfenbeinküste. Am 1. Aug. billigte der Sicherheitsrat eine ECOWAS-Militärmission mit 3 000 Soldaten für Liberia, die am 1. Okt. durch UNO-Blauhelmtruppen abgelöst wurden.

Vermittlungsversuch im Zypern-Konflikt

Im Febr. legte Kofi Annan einen überarbeiteten Plan zur Überwindung des Zypern-Konfliktes vor. Er sieht die Bildung eines aus zwei gleichberechtigten Teilstaaten bestehenden Staates vor; komplizierte Entscheidungsmechanismen sollen gewährleisten, dass keine der beiden Bevölkerungsgruppen die andere majorisiert. Am 11. März scheiterten Annans Verhandlungen mit den Präs. Zyperns und der ›Türk. Rep. Nordzypern‹. Auch nach den Parlamentswahlen in Nord-Zypern am 14. Dez. blieb die Zukunft der geteilten Insel weiterhin ungewiss: Gegner und Befürworter der Wiedervereinigung und des EU-Beitritts erhielten jeweils 25 Sitze im 50-köpfigen Parlament.

Weltinformationsgipfel

Vom 10. bis 12. Dez. fand in Genf der Weltgipfel über die Informationsgesellschaft statt mit dem Ziel, die Weichen für die techn. und inhaltl. Entwicklung der Wissens- und Informationsgesellschaft für die nächsten Jahrzehnte zu stellen; ferner wird nach Wegen gesucht, die ›digitale Spaltung‹ zw. armen und reichen Ländern zu überwinden.

Unwort: Zum U. des Jahres 2002 wählte die Jury um den Sprachwissenschaftler Horst Dieter Schlosser die aktuelle Wortbildung ›Ich-AG‹. Die Entscheidung wurde am 21.1. 2003 bekannt gegeben. Zur Begründung hieß es, der Begriff aus dem Maßnahmenkatalog der Hartz-Kommission gegen Arbeitslosigkeit sei unlogisch, da ein Individuum keine Aktiengesellschaft bilden könne. Außerdem würden menschl. Schicksale auf sprachl. Börsenniveau herabgestuft.

Urheberrecht: Mit der Novellierung des U., die am 1. Aug. in Kraft trat, passte der Gesetzgeber den Schutz des geistigen Eigentums an die veränderten Bedingungen der digitalen Informationsgesellschaft an. Das Gesetz stellt klar, dass Kopien nur von legalen Quellen erstellt werden dürfen und – wie bisher schon bei Druckwerken – nur für private Zwecke erlaubt sind. Mit dem Verbot, Musik, Filme, Computerspiele u. a. Software im Internet zum Herunterladen anzubieten oder zu verbreiten, wurde dem freien Download z. B. im Rahmen von Internettauschbörsen ein Riegel vorgeschoben. Verbraucherschützer kritisieren auch, dass das Recht auf private Musikkopien faktisch beseitigt wurde. Das Verbot, die Kopiersperre von CDs zu umgehen und dafür geeignete Geräte und Software zu verkaufen, habe zur Folge, dass Musikfreunde die Inhalte ihrer CDs auf sog. MP3-Playern nicht hören könnten.
Forschungseinrichtungen (gegen Vergütung) und Schulen (unentgeltlich) dürfen ohne die spezielle Genehmigung von Autoren und Verlagen einzelne Beiträge oder Teile eines Werkes in ihrem Intranet einem begrenzten Personenkreis zur Verfügung stellen, wenn das Material Unterrichts- oder Forschungszwecken dient. Diese Regelung, in der Verleger ihr Recht zur Verwertung und damit den geistigen Urheberschutz gefährdet sehen, ist zunächst bis 2006 befristet.

Uruguay

Hauptstadt: Montevideo
Einwohner: 3,4 Mio.
Einwohner/km²: 19
Staatsoberhaupt und Regierungschef: J. Batlle Ibáñez
BIP/Einwohner: 5 486 US-$

Am 10. April präsentierte die ›Kommission für den Frieden‹ ihren Abschlussbericht, der zwar schwere Vergehen der Militärdiktatur zugibt, aber mangels Unterstützung durch die öffentl. Stellen wenig aussagekräftig ist. Über 40 000 Demonstranten protestierten am 20. Mai dagegen, mit diesem Bericht einen Schlussstrich unter die Vergangenheit zu ziehen, wie urspr. von Präs. Jorge Batlle Ibáñez vorgesehen.
Das Land erholte sich nur langsam von der Wirtschaftskrise des Jahres 2002. Nach anfänglich schwacher Auslands- und Binnennachfrage und einer weiterhin angespannten Lage im Bankensektor wuchs die Wirtschaft geringfügig um 0,5 % im ersten Quartal.
Nach dem Auszahlungsstopp von IWF-Geldern Ende 2002 flossen infolge einer Anpassung des laufenden Programms wieder 680 Mio. US-$ ins Land. In den Verhandlungen mit dem IWF wurde U. von den USA unterstützt, erhielt aber die Auflage, in der UNO-Menschenrechtskommission die Interessen der USA zu vertreten und seine abwartende Haltung in der Irakkrise aufzugeben. ■

USA

Hauptstadt: Washington (D.C.)
Einwohner: 288,4 Mio.
Einwohner/ km²: 31
Staatsoberhaupt und Regierungschef: G. W. Bush
BIP/Einwohner: 36 210 US-$

Feldzug gegen Saddam Husain

Politisch stand das Jahr fast völlig im Zeichen des → Irakkriegs. Nachdem es Präs. George W. Bush nicht gelungen war, ein UNO-Mandat für eine militär. Intervention zu erhalten, entschlossen sich die USA und Großbritannien zu einer Invasion des Irak ohne völkerrechtl. Absicherung. Der Feldzug begann am 20. März; bereits am 9./10. April fiel Bagdad. Den Oberbefehl über die Truppen im Irak führte General John Abizaid, als Zivilverwalter fungierte zunächst Jay Garner, dann Paul Bremer, der im Juli einen aus 25 Irakern bestehenden ›Übergangsrat‹ einsetzte.
Die Stabilisierung der Lage gestaltete sich jedoch schwieriger als erwartet. Zwar wurden führende Mitgl. der Führungsriege des Regimes von Saddam Husain verhaftet oder getötet, darunter im Juli seine beiden Söhne. Aber es mehrten sich Anschläge, Attentate und Übergriffe gegen Soldaten – sie forderten mehr Tote als die von Bush am 1. Mai für beendet erklärten Kriegshandlungen –, die die amerikan. Reg. massiv unter Druck geraten ließen. Der Präs. musste eingestehen, in seiner Rede zur Lage der Nation vom Jan. falsche Informationen zur Rechtfertigung des Krieges eingesetzt zu haben; die vorgebrachten Gründe – Bedrohung durch Terrorismus und Massenvernichtungswaffen – hatten sich inzwischen als substanzlos erwiesen.
Demokrat. und republikan. Kongressabgeordnete meldeten ab Mai vermehrt Zweifel an, ob die Truppenstärke von rd. 140 000 amerikan. Soldaten und rd. 22 000 Militärs aus 19 weiteren Staaten ausreiche, um den Irak zu befrieden; sie forderten eine Verständigung mit den vor dem Krieg brüskierten Verbündeten. Auf Kritik stieß auch die Vergabe von Großaufträgen im Irak an Firmen im Umfeld der Reg. (→ Halliburton). Da wichtige Alliierte der USA die Entsendung von Truppen oder Finanzhilfen für den Wiederaufbau ohne UNO-Mandat verweigerten, die militär. Ressourcen der USA durch andere Engagements, u. a. in Afghanistan und auf dem Balkan, nahezu erschöpft waren, öffnete sich die Reg. im Aug. der Forderung nach einer Aufwertung der Rolle der UNO.

Keine Intervention in Nord-Korea und Liberia

Konziliant verhielten sich die USA gegenüber dem kommunist. Nord-Korea, das Präs. Bush ebenfalls zur ›Achse des Bösen‹ gezählt hatte. Im Juli einigte man sich, wie von Washington gefordert, auf multilaterale Gespräche zus. mit China, Süd-Korea, Japan und Russland, die Ende Aug. in Peking aufgenommen wurden. Ziel der amerikan. Politik war der Verzicht Nord-Koreas auf die Weiterführung seines Atomwaffenprogramms; im Gegenzug erwogen die USA, auf nordkorean. Forderungen nach einer Nichtangriffsgarantie und Wirtschaftshilfe einzugehen.
Nur zögernd reagierten die USA auf Rufe, den brutalen Bürgerkrieg in Liberia durch eine Militärintervention zu beenden. Zwar entsandte Präs. Bush einen Flottenverband und 2 300 Marineinfanteristen nach Westafrika, doch machte er rasch deutlich, dass die USA eine von Nigeria geführte afrikan. Friedensmission nur mit einem kleinen Truppenkontingent unterstützen und am 1. Okt. die Verantwortung an die UNO übergeben würden.

Aufschwung mit Makel

Im 3. Quartal gewann die Konjunkturerholung an Dynamik; für das Gesamtjahr wird ein Wachstum von mind. 3 % erwartet. Die relative Schwäche des US-Dollars kam dem Exportsektor zugute. Dennoch wird für 2003 mit einem Außenhandelsdefizit von deutlich mehr als 500 Mrd. US-$ gerechnet. Aufgrund der im 1. Halbjahr nur verhaltenen Belebung der Investitionstätigkeit und der gestiegenen Produktivität wirkte sich der Aufschwung zunächst

USA: Leistungsbilanzsaldo

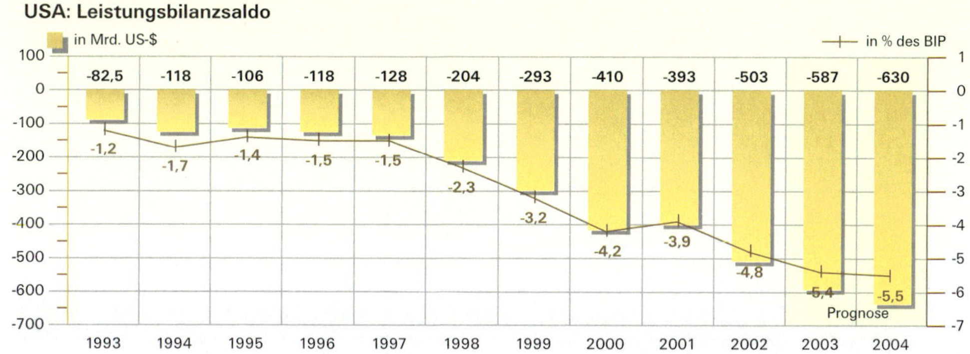

nicht positiv auf die Beschäftigung aus. Bei einer Arbeitslosenquote von 6,4 % im Juni waren erstmals seit zehn Jahren wieder mehr als 9 Mio. Amerikaner erwerbslos. Zugleich wuchs die Zahl der Armen und nahm die Einkommensungleichheit zu. Ab Juli stieg jedoch die Zahl der Beschäftigten wieder, bis Nov. um 328 000 auf 138,6 Mio., die Arbeitslosenquote sank auf 5,9 %.

Gedämpft wurde der wirtschaftl. Aufschwung durch die Haushaltskrise der Bundesstaaten, die sich trotz einer Finanzspritze des Bundes in Höhe von 20 Mrd. US-$ zu Steuer- und Abgabenerhöhungen sowie massiven Budgetkürzungen, v. a. zulasten der Sozialfürsorge und des Erziehungswesens, gezwungen sahen.

Niedrige Steuern, hohe Ausgaben, Rekorddefizit

Präs. BUSH führte die Konjunkturbelebung auf das im Mai beschlossene dritte Steuersenkungspaket seiner Amtszeit und die expansive Fiskalpolitik zurück. Die Senkung der Kapitalertrag- und Dividendensteuer soll den amerikan. Bürgern Erleichterungen in Höhe von 350 Mrd. US-$ bringen; hinzu kommen die Erhöhung des Kinderfreibetrags, Steuerbegünstigungen für karitative Organisationen und die Abschaffung der Erbschaftsteuer im Jahr 2010. Zusätzliche Leistungen zur Abdeckung von Medikamentenkosten im Gesundheitsprogramm ›Medicare‹ für Senioren (ab 2006), wie sie im Juni verabschiedete Gesetzesvorlagen vorsehen, schlagen über einen Zeitraum von zehn Jahren voraussichtlich mit rd. 400 Mrd. US-$ zu Buche.

Mindereinnahmen und Mehrausgaben – so wurde u. a. der Militäretat auf 369 Mrd. US-$ aufgestockt, und dem im Nov. 2002 eingerichteten Ministerium für Heimatschutz wurden 29 Mrd. US-$ bewilligt – verwandelten den von der Clinton-Reg. übernommenen Haushaltsüberschuss von 158 Mrd. US-$ (2001/02) in ein deutlich über 4 % des BIP geschätztes Defizit von rd. 480 Mrd. US-$ (2003/04) – den größten Fehlbetrag aller Zeiten, ohne Berücksichtigung der Kosten für die Stationierung amerikan. Streitkräfte und den Wiederaufbau im Irak und in Afghanistan, für den der Kongress im Nov. einen Nachtrag von 87,5 Mrd. US-$ für das Haushaltsjahr 2003/04 bewilligte.

Terror und Bürgerrechte

Im Juli bestimmte Präs. BUSH trotz wachsender Kritik aus dem In- und Ausland die ersten sechs der ca. 660 von den USA auf dem Militärstützpunkt Guantánamo Bay (Kuba) festgehaltenen mutmaßl. Terroristen für Verfahren vor Militärtribunalen; zuvor war die auf rechtsstaatl. Garantien weitgehend verzichtende Prozessordnung fixiert worden. Im selben Monat veröffentlichten die Geheimdienstausschüsse des Kongresses einen Untersuchungsbericht, der dem Nachrichtendienst CIA und der Bundespolizei FBI Versagen im Vorfeld der Terroranschläge vom 11. 9. 2001 vorwarf. Auch mehrten sich die krit. Stimmen gegen den im Okt. 2001 im Kongress durchgepeitschten sog. Patriot Act, der behördl. Überwachungsbefugnisse ausweitet und Bürgerrechte massiv beschneidet. Ein im Juni veröffentlichter Report prangerte die harte Behandlung Hunderter illegaler Immigranten an, die nach dem 11. 9. 2001 interniert worden waren. Ein interner Ermittlungsbericht des Justizministeriums berichtete im Juli über Dutzende von Fällen, in denen Beamte beschuldigt worden waren, bei der Umsetzung des Patriot Act die Rechte v. a. arabischstämmiger und muslim. Bürger verletzt zu haben. Der Kongress hatte im Mai eine vorzeitige Verlängerung von Teilen des Gesetzes über 2005 hinaus verhindert; im Juli votierte das Repräsentantenhaus mit großer Mehrheit für die Rücknahme von Bestimmungen, die u. a. Wohnungsdurchsuchungen und die Beschlagnahmung von Geschäftsunterlagen ohne Information der Betroffenen erlaubt hatten.

›Recall‹ in Kalifornien

Nat. Beachtung fand die Initiative zur Abwahl des 2002 erst wieder gewählten demokrat. Gouv. GRAY DAVIS in Kalifornien, dem v. a. die kaliforn. Energie- und Haushaltskrise angelastet wurde. Sein Amtsnachfolger wurde der für die Republikaner angetretene ARNOLD SCHWARZENEGGER. In der amerikan. Geschichte war bis dahin erst ein Gouv. in einer solchen ›Recall‹-Wahl gestürzt worden. Weiter festigten die Republikaner ihre Position durch Siege bei den Gouverneurswahlen im Nov. in Kentucky und Mississippi. ■

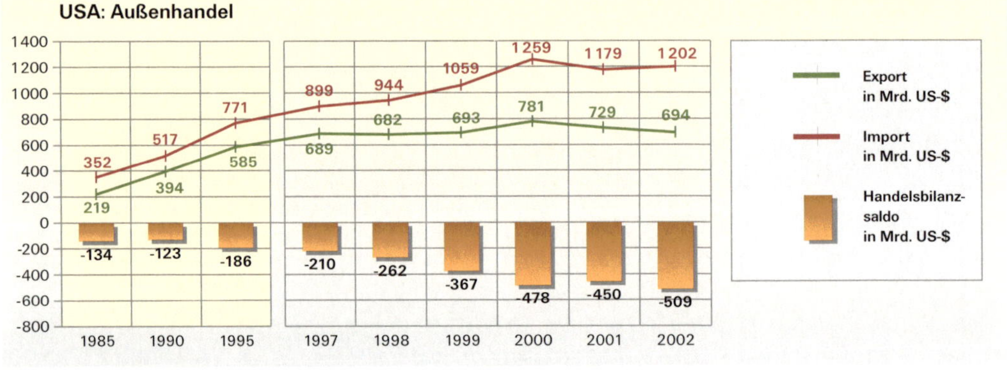

Die neue Weltordnung des George W. Bush

Tiefe geschichtliche Einschnitte verlangen von allen Beteiligten Zeit, sich auf die neue Lage einzustellen. Das Ende der Sowjetunion im Herbst 1991 stellte einen solchen Einschnitt dar. Nach 74 Jahren war das gigantische Experiment gescheitert, das die Welt seit der Oktoberrevolution 1917 fast das ganze Jahrhundert hindurch beschäftigt hatte. Mit dem Gesellschaftssystem war ein Imperium ohne Krieg zusammengebrochen, das Moskau als zweite Supermacht beherrscht hatte. Nachdem »Das Reich des Bösen«, wie Präsident RONALD REAGAN den großen Herausforderer einmal genannt hatte, Geschichte geworden war, fand sich Amerika unversehens in der fundamental neuen Situation der alleinigen Supermacht. Dieses Ziel wurde schon während der Präsidentschaft JOHN F. KENNEDYS (1961–63) diplomatisch formuliert: ›second to none‹; nirgendwo wollte Amerika der Zweite sein. Niemanden konnte es wundern, wenn es selbstverständlich der Erste bleiben wollte. Die erste logische Folgerung zog PAUL WOLFOWITZ schon 1992, als er für seinen Chef, den damaligen Verteidigungsminister RICHARD CHENEY, die Überlegung formulierte, die gewonnene Position auszubauen, neue Waffen auf allen Gebieten zu entwickeln, biologische, chemische und atomare, und gegebenenfalls durch Krieg zu verhindern, dass andere Länder in den Besitz derartiger Waffen kämen.

Der Autor:
Egon Bahr
geboren 1922.
1969–70 Staatssekretär im Bundeskanzleramt, 1972–74 Bundesminister für besondere Aufgaben, 1976–81 Bundesgeschäftsführer der SPD; 1984–94 Direktor des Hamburger Instituts für Friedens- und Konfliktforschung

Der stellvertretende US-Verteidigungsminister Paul Wolfowitz frühstückt am 25. Oktober 2003 während eines Irak-Besuchs mit Soldaten in Tikrit

Primus inter Pares

Präsident GEORGE BUSH (1989–93) machte sich das nicht zu Eigen. Er hielt sich an das begrenzte Mandat der Vereinten Nationen zur Befreiung Kuwaits und unternahm weder den Versuch, Bagdad zu erobern noch SADDAM HUSAIN zu stürzen. BUSH wusste, dass die gewonnene Überlegenheit seinem Land eine einzigartige Rolle zugewiesen hatte. Es war fast überall auf dem Globus unentbehrlich geworden. Er schlug deshalb vor, eine neue Weltordnung zu schaffen, zu der Amerika führen sollte. Eine Weltordnung verlangt, dass alle sich an die Regeln dieser Ordnung halten, also auch die USA. Seine Doktrin fasste er in die Worte: »Eine Welt, in der die Herrschaft des Rechts die Welt des Dschungels ablöst, eine Welt, in der die Starken die Rechte des Schwachen respektieren«. BUSHS Vision sah sein Land als Primus inter Pares, als Erster unter Gleichen, aber nicht als Herren unter abgestuft Ungleichen. Wäre er wieder gewählt worden, hätte die Welt sich auf die Regelung der Fülle ihrer Probleme konzentrieren können, von der Sicherheit, der Umwelt über die Bekämpfung von Armut und Seuchen bis zur Lösung der vielen regionalen Konflikte. Der gewonnene Golfkrieg half nicht. Die Amerikaner bevorzugten BILL CLINTON, der ihnen Konzentration nach innen versprach. Die Wähler folgten der Tradition, das Wohlergehen ihrer Wirtschaft wichtiger zu nehmen als außenpolitische Ambitionen, besonders wenn sie sich nicht bedroht fühlen. Nach der eindrucksvollen Demonstration ihrer Streitkräfte im ›Wüstensturm‹ konnte weder von Bagdad noch von Moskau oder Peking Gefahr ausgehen.

Präsident CLINTON (1993–2001) begann dann auch mit der Bekämpfung der Arbeitslosigkeit, des Drogenhandels, der Verbesserung der Krankenversicherung, der Senkung der Verteidigungsausgaben (für Erforschung und Beschaffung neuer Waffen sogar um mehr als 50%) und der Beseitigung des Haushaltsdefizits. Er schaffte sensationell sogar Überschüsse im Haushalt, die sein Nachfolger schon im ersten Jahr seiner Amtszeit verbrauchte. Aber auch nach den Kürzungen gaben die USA immer noch 40% der Verteidigungsausgaben der ganzen Welt aus, mehr als alle Staaten außerhalb der NATO zusammen genommen.

Es stellte sich heraus, dass die Interessen einer Weltmacht, früher getroffene Entscheidungen und das eingefahrene Denken ihrer Eliten stärker waren als der gute Wille eines Einzelnen, auch wenn der Präsident war. Zu Anfang seiner Amtszeit schloss CLINTON nicht aus, dass die USA Streitkräfte unter das Kommando der Vereinten Nationen stellen könnten; später wollte er den Europäern überlassen,

Sudanesische Soldaten bewachen eine von amerikanischen Marschflugkörpern auf Befehl von US-Präsident Bill Clinton 1998 zerstörte Fabrik in Khartum

die Probleme des zerfallenden Jugoslawien zu regeln. Aber als diese sich unfähig zeigten, bewies sein Land, dass es dazu fähig war – allerdings zu seinen Bedingungen. Schließlich wollte CLINTON nicht als Schwächling dastehen und wieder gewählt werden. Im Ergebnis wurde er der erste Präsident, der den Weg verließ, als er ohne UNO-Mandat völkerrechtswidrig einen unerklärten Krieg gegen Jugoslawien begann. Zur Vergeltung von Terrorakten, die USAMA BIN LADEN zugeschrieben wurden, ließ er mit Cruise Missiles den Staub Afghanistans pflügen, die Ausbildungslager der Terroristen treffen sollten und eine Fabrik im Sudan bombardieren, die Arzneimittel herstellte, statt der vermuteten chemischen Kampfmittel.

»Vorzüge der Freiheit in jeden Winkel der Erde tragen«

Als GEORGE W. BUSH im Januar 2001 das Präsidentenamt antrat, war die Konzeption, die WOLFOWITZ neun Jahre vorher formuliert hatte, zu operativ umsetzbaren Plänen herangewachsen. Unter der Überschrift »Die große Abschreckung« legte er, nunmehr stellvertretender Verteidigungsminister, dem Streitkräfteausschuss des Senats schon im Frühsommer ein gigantisches Aufrüstungsprogramm vor, das jeden Staat und jede denkbare Gruppe von Staaten »entmutigen« sollte, sich auf einen Wettlauf um militärische Ebenbürtigkeit mit Amerika überhaupt einzulassen. Die USA würden kontinuierlich neue, z.T. exotische Waffen und Techniken in ihre Streitkräfte einführen, zu Lande, auf See, in der Luft und im Weltraum. Kleine und kleinste Atomwaffen, Raketenabwehrsysteme und im Weltraum Träger für Laserwaffen, die jeden Punkt auf dem Globus angreifen können. Amerika sollte die Unverwundbarkeit wiedererlangen, die es Ende der 1950er-Jahre verloren hatte, als die Sowjetunion Interkontinentalraketen mit Atomsprengköpfen in Dienst stellte. Unverwundbar zu sein, aber schlagen zu können, ist schlechthin die Definition der Überlegenheit.

Drei Monate später mussten das Land und seine Führung den 11. September erleben und erleiden, den Beweis der Verwundbarkeit durch nichtstaatliche Gewalt. Diese Art von Terror, die jeden Staat destabilisieren kann, führte zu einer globalen Antiterrorkoalition, einem Bündnis ohne Vertrag, das allen anderen Problemen und unterschiedlichen Interessen übergeordnet wurde. Dieser große Erfolg, zu dem die Terroristen Washington unwillentlich verhalfen, wurde von der Regierung sofort benutzt, um das große Aufrüstungsprogramm fast ohne Diskussion beschließen zu lassen.

Washington profitierte zusätzlich: politisch, weil es durch den Terror einen neuen großen Feind gewann, der mit der Sowjetunion abhanden gekommen war, ein umfassender Krieg von unbestimmter Dauer konnte überzeugend geführt werden – strategisch, weil das erste Ziel, die Zerschlagung der Al-Qaida-Organisation von BIN LADEN und der Talebanherrschaft über Afghanistan, Amerika praktisch zu einer Macht in Asien werden ließ. Es erhielt Überflugrechte und Stützpunkte in Republiken der früheren Sowjetunion, insbesondere in Usbekistan. Amerika ist im Rücken Chinas aufgetaucht. Die Vereinten Nationen gaben dem Feldzug ein Mandat und organisierten nach dem Abschluss der wesentlichen Kampfhandlungen eine umfangreiche internationale Unterstützung zur Stabilisierung des Landes.

Fanal des Terrors: das brennende World Trade Center am 11. September 2001

Damals war noch nicht bekannt, dass die engste Führungsgruppe um den Präsidenten bereits unmittelbar nach dem 11. September überlegt hatte, den Irak zum ersten Ziel zu machen. Außenminister COLIN POWELL setzte sich mit dem Argument durch, dass damit die globale Allianz gegen den Terror gefährdet und ein UNO-Mandat für einen Krieg gegen den Irak unsicher sei. Als im Lauf des ersten Halbjahres 2002 deutlich wurde, dass der Irak das ungleich wichtigere Ziel war, während Afghanistan noch längst nicht befriedet oder stabilisiert war, be-

gann sich weltweit die Einstellung zu den USA zu wandeln: Von der Solidarisierung mit Amerika nach dem 11. September zur Sorge vor einem Amerika, das offenbar entschlossen war, seinen Weg zu einer neuen Weltordnung zu verfolgen, soweit es seine Macht gestattet.
Am 17. September 2002 wurde die ›Nationale Sicherheitsstrategie der Vereinigten Staaten‹ veröffentlicht. Das umfangreiche Dokument formuliert die grundlegende Neuausrichtung der amerikanischen Außen- und Sicherheitspolitik. Es definiert, dass die neuen tödlichen Gefahren von ›Schurkenstaaten‹ und Terrorismus ausgehen, die Massenvernichtungswaffen einsetzen könnten. Deshalb »werden die Vereinigten Staaten präemptiv handeln, um solche feindlichen Akte ... zu vereiteln oder ihnen vorzubeugen«. Dabei seien sie auch bereit, allein zu handeln, wenn ihre »Interessen und besondere Verantwortung dies erfordern«. In der Welt der neuen Gefahren sei »der einzige Weg zu Frieden und Sicherheit der Weg des Handelns«. Die Vereinigten Staaten würden »die Gunst der Stunde nutzen, um die Vorzüge der Freiheit ... in jeden Winkel der Erde zu tragen«.

Macht und Mission

Machterweiterung haben alle Präsidenten betrieben. GEORGE W. BUSH ist der erste Präsident, der das Recht seines Landes zur Doktrin erhebt, auch außerhalb der etablierten internationalen Ordnung mit dem Monopol der UNO zur Legitimierung von staatlicher Gewaltanwendung Kriege zu führen, auch vorsorglich ohne unmittelbare Bedrohung. Er kann sich internationalen Verpflichtungen wie dem Kyōtō-Protokoll zum Klimaschutz entziehen, den Internationalen Strafgerichtshof sabotieren, Verträge kündigen wie den ABM-Vertrag zur Begrenzung der Raketenabwehr, sich Verträgen verweigern (wie der Verbannung der Landminen). Nachdem es kein Gleichgewicht mehr gibt, bestimmt er die weitere Aufrüstung, soweit die Fähigkeiten seines Landes es erlauben, zur Hypermacht. Kein Land, keine Gruppe von Ländern, kann das verhindern.
Die Welt muss sich darauf einstellen, dass diese Doktrin Gültigkeit hat, bis sie durch eine neue seines Nachfolgers ersetzt wird. Je länger sie gilt, desto schwerer mag es einem neuen Präsidenten fallen, das Land in eine Führungsqualität zurückzubringen, wie sie der Vater des jetzigen Präsidenten beschrieb. Zumal das große Thema der Prävention angesichts staatlicher Grenzen überschreitenden Gewaltanwendung tatsächlich ungeregelt ist und Verständnis aufgebracht werden muss, wenn die Supermacht mit ihrer unvergleichlichen Verantwortung es ablehnt, sich jedem Mehrheitsvotum der 190 UNO-Mitglieder zu beugen.
Die militärische Macht wird nicht nur von der wirtschaftlichen und kulturellen Kraft, also der Attraktivität des American way of life unterstützt, sondern durch ein religiöses Sendungsbewusstsein, das sich über Jahrhunderte verfestigt hat. Die Überzeugung, ›Gottes eigenes Land‹ zu sein, ist so verinnerlicht, dass Washington die Operation gegen Afghanistan ganz unbekümmert als ›Unbegrenzte Gerechtigkeit‹ benannte, was Christen jedoch als Anmaßung verstanden; sie wurde dann in ›Dauerhaften Frieden‹ umgetauft. Der Präsident drückte seine Überzeugung aus, »dass Gott Amerika diese Stärke verliehen hat, um den Frieden in der Welt herzustellen«. Er ergänzte: »Ich werde die Gelegenheit ergreifen, große Ziele zu erreichen. Es gibt kein größeres Ziel als Frieden auf Erden zu erreichen«. Das ist nicht mehr weit entfernt von der Vision: Ich forme die Welt nach meinem Bild.

Ein amerikanischer Soldat während des Anti-Terror-Feldzugs in Afghanistan Ende 2001

Der Präsident meint es ernst. Macht und Mission bestimmen seinen Weg. Er wird sich auch durch Rückschläge nicht davon abbringen lassen. Anders als Europa fühlt er sich in einem totalen Krieg, und anders als Europa hält er jeden für einen Feind, der nicht Freund ist. Weder Anpassung wie der Kurs der britischen Regierung bringt entscheidenden Einfluss, noch Antiamerikanismus.

US-Präsident George W. Bush bei einer Gedenkfeier für die Kriegsopfer auf dem Heldenfriedhof in Arlington

Widerspruch und Grenzen

Die militärisch brillanten Operationen im Irak haben viele europäische Experten überrascht; sie wussten nicht, bis zu welchem Grad die amerikanischen Streitkräfte schon modernisiert worden waren, um trotz der zahlenmäßigen Unterlegenheit von 1:5 und trotz des Ausfalls der vorgesehenen Nordfront bei erstaunlich geringen eigenen Verlusten in kurzer Zeit den Irak zu erobern. Die europäischen Experten haben sich nicht in der Aussage geirrt, dass dann die Schwierigkeiten erst beginnen. Amerika hat seit dem 1. Mai, als Präsident BUSH das Ende der Hauptkampfhandlungen verkündete, bereits mehr Tote zu beklagen als im ganzen Feldzug. Dennoch werden die USA, gestützt auf ihre neue Doktrin, ihr Konzept weiter verfolgen, in der ganzen Region eine neue Stabilität zu schaffen. Noch nie hat Amerika sich durch Rückschläge von großen Zielen abhalten lassen.

Es ist im Herbst 2003 auch noch weit von der Erkenntnis entfernt, dass die Völker Europas, unabhängig von einigen ihrer Regierungen, den Krieg gegen den Irak abgelehnt haben und damit Amerika den Monopolanspruch genommen haben, den Westen zu verkörpern oder im Namen des Westens, der Freiheit, der Demokratie zu handeln. Es ist nur gut, übrigens auch für Amerika, dass die Völker des Islam erlebt haben, dass Frankreich, Deutschland, Russland und andere, nicht zuletzt der Papst, Amerika die Unterstützung verweigert und damit einem Zusammenstoß der Zivilisationen entgegenwirkt hatten.

Zum ersten Mal ist Deutschland in einer wichtigen Frage der transatlantischen Beziehungen an die Seite von Paris getreten. Die Erkenntnis ist gewachsen, dass die Selbstbestimmung Europas, schon während des Kalten Krieges postuliert, nach dem Ende der Sowjetunion nur noch gegenüber Amerika erreicht werden kann. Und schließlich ist klar geworden, dass Deutschland auch künftig in keinem Fall Amerika unterstützen darf, sofern Amerika sich das Recht auf einen Angriffskrieg nimmt: Die deutsche Verfassung verbietet das durch ihren Artikel 26.

In der zweiten Hälfte des Jahres 2003 zeichneten sich die Grenzen dessen ab, was militärisch uneinholbare Überlegenheit ausrichten kann. Unterschiedliche Werte, unterschiedliche Kulturen entfalten ihre Wirkung. Die Doktrin der neuen Weltordnung, wie sie GEORGE W. BUSH entwickelt hat, ist nicht gleichbedeutend mit amerikanischer Weltherrschaft. Das Problem liegt eine Stufe tiefer und ist groß genug: In den nächsten Jahrzehnten wird unser Globus die neue Erfahrung machen, wie mit der amerikanischen Vorherrschaft umzugehen ist.

Demonstration gegen den bevorstehenden Irakkrieg am 3. März vor dem spanischen Parlament in Madrid

Usbekistan

Hauptstadt: Taschkent
Einwohner: 25,4 Mio.
Einwohner/ km²: 61
Staatsoberhaupt:
I. A. Karimow
Regierungschef:
O. Sultonow
BIP/Einwohner:
384 US-$

Das an Afghanistan grenzende zentralasiat. Land ist ein wichtiger Partner der USA im Kampf gegen die Taleban und das Terrornetzwerk al-Qaida. In U. sind amerikan. und dt. Truppen stationiert. Bei seinem Besuch im Febr. hob Bundesverteidigungsmin. PETER STRUCK die gute militär. Zusammenarbeit hervor. Im Unterschied zu anderen GUS-Staaten unterstützte das von Präs. ISLAM KARIMOW autoritär regierte Land die Position der USA im Irakkonflikt.
Im März wurde SADIK SAFAJEW zum Außenmin. ernannt; er hatte das Amt schon einmal inne und war danach u.a. Botschafter in Deutschland. Menschenrechtsorganisationen kritisierten Misshandlungen und Folter in usbek. Gefängnissen sowie Repressalien gegen regimekritische Journalisten. ■

Utzon, Jørn, dän. Architekt, *Kopenhagen 9.4. 1918. – U. wurde am 20. Mai mit dem Pritzker-Preis ausgezeichnet, der als ›Nobelpreis der Architektur‹ gilt und mit 100 000 US-$ dotiert ist. Die Hyatt-Stiftung würdigte damit insbes. den kühnen Entwurf des Opernhauses in Sydney (1973), dessen Dachkonstruktion aus ineinander geschachtelten Betonschalen besteht. Mit diesem Bau habe U. bewiesen, dass »in der Architektur das scheinbar Unmögliche erreicht werden kann«.
U. gilt als Altmeister des sog. organ. Bauens mit freien Grundriss- und Außenformen. Er studierte 1937–42 an der Kunstakademie in Kopenhagen und arbeitete später mit dem weltberühmten finn. Architekten ALVAR AALTO in Helsinki zusammen. Zu seinen großen Werken gehören das Schauspielhaus in Zürich (1964), das Parlamentsgebäude in Kuwait (1972) und die Bagvaerd-Kirche in Kopenhagen (1976).

V

Vanhanen, Matti Taneli, finn. Politiker (Zentrumspartei, KESK), *Jyväskylä 4.11. 1955. – Der bisherige, erst seit April amtierende Verteidigungsmin. V. wurde am 24. Juni zum MinPräs. gewählt. Er löste seine Parteifreundin ANNELI JÄÄTTEENMÄKI ab, die wegen Kritik an der Verwendung von geheimen Regierungsakten im Wahlkampf nach nur 63 Tagen zurücktreten musste.
Der aus Südfinnland stammende konservativ-liberale Politiker studierte Staatswiss. und ist von Beruf Journalist. 1991 wurde er erstmals für die KESK, deren Jugendorganisation er lange geleitet hatte, in den Reichstag gewählt. Im → EU-Konvent profilierte er sich als Gegner eines dt.-frz. Übergewichts im künftigen Europa.

■ Regisseur Gus Van Sant erhält am 25. Mai in Cannes die Goldene Palme für seinen Film ›Elephant‹

Van Sant, Gus, amerikan. Filmregisseur, *Louisville (Kentucky) 24.7. 1952. – Für seinen Film ›Elephant‹ erhielt V. am 25. Mai bei den Filmfestspielen von Cannes die Goldene Palme und den Preis für die beste Regie.
International bekannt wurde V. durch ›My Private Idaho‹ (1991), eine Liebesgeschichte zw. zwei Strichern. Nach den beiden Mediensatiren ›Even Cowgirls Gets the Blues‹ (1993) und ›To Die For‹ (1995) mit NICOLE KIDMAN gelang ihm mit ›Good Will Hunting‹ (1997) sein bisher kommerziell größter Erfolg, an den auch ›Forrester gefunden!‹ (2001) mit SEAN CONNERY nicht heranreichen konnte. 1998 inszenierte er ›Psycho‹ als detailgetreues Remake des berühmten Thrillers von ALFRED HITCHCOCK (1960).

Vanuatu

Hauptstadt: Port Vila
Einwohner: 206 000
Einwohner/ km²: 17
Staatsoberhaupt:
J. Bani
Regierungschef:
E. Natapei
BIP/Einwohner:
1159 US-$

Vaterschaftstest: Vermeintl. Väter dürfen ohne Wissen der Mutter feststellen lassen, ob sie der biolog. Vater eines Kindes sind. Dies ist der Tenor eines umstrittenen Urteils, das das Landgericht Münster am 10. Juli in einem Wettbewerbsstreit fällte. Ein auf Vaterschaftstests spezialisiertes Inst. war von einem Konkurrenzunternehmen verklagt worden, durch heiml. Tests gegen den Datenschutz und Kindesgrundrechte verstoßen zu haben. Das Gericht folgte der Klage jedoch nicht, sondern billigte dem tatsächl. oder rechtl. Vater das Recht auf die Information über die Abstammung des Kindes zu.
Zahlungspflichtige vermeintl. Väter konnten schon bisher durch ein förml. Verfahren die Vaterschaft feststellen lassen.

Vatikanstadt

Einwohner: 455
Staatsoberhaupt: Johannes Paul II.
BIP/Einwohner: -

Die Ernennung von 31 neuen Kardinälen am 21. Okt. durch Papst JOHANNES PAUL II. war der krönende Abschluss der Feierlichkeiten zu seinem 25. Amtsjubiläum; die Kardinäle bilden das Gremium, das den Papst wählt. Zwei Tage zuvor hatte der Pontifex → Mutter Teresa von Kalkutta selig gesprochen. In seinem ebenfalls zum Jubiläum veröffentlichten apostol. Schreiben ›Hirten der Herde‹ forderte er die rd. 4 000 Bischöfe zum Gehorsam gegenüber dem Vatikan auf und betonte das Festhalten am Primat des Papstes. Die Bischöfe sollten sich v. a. für Menschenrechte und Frieden einsetzen.
Trotz seines schlechten Gesundheitszustandes setzte der Papst seine Missionsreisen unermüdlich fort. Anfang Mai mahnte er rd. 600 000 span. Jugendliche, die ihn bei seiner Ankunft jubelnd empfangen hatten, »nie das Handeln vom Gebet zu trennen«, um »die Geburt eines neuen Europa des Glaubens« zu ermöglichen. Nach seinen Reisen nach Kroatien, Bosnien und Herzegowina forderte der Papst in seinem im Juni veröffentlichten Text ›Ecclesia in Europa‹, den Gottesbezug in der künftigen europ. Verfassung zu verankern. Der Bezug auf das jüd.-christl. Erbe müsse deutlich werden und nicht nur, wie bisher vorgesehen, auf das »kulturelle, religiöse und humanist. Erbe Europas«.

Öffnung der Archive

Neue Erkenntnisse über die Rolle von PIUS XII. und der kath. Kirche während des Nationalsozialismus erhofft sich der Vatikan durch die vorzeitige Freigabe der Deutschlandakten, die während des Pontifikats von PIUS XI. (6. 2. 1922 – 10. 2. 1939) angelegt worden waren. EUGENIO PACELLI, der spätere PIUS XII., war päpstl. Nuntius im Dt. Reich sowie von 1930 – 39 Kardinalstaatssekr. und somit verantwortlich für die Aushandlung des Reichskonkordats von 1933 gewesen. ■

Venedig: Am 14. Mai wurde in V. der Grundstein für das Deichsystem MOSE (Abk. für **Mo**dule **s**perimentale **e**lettromeccanico) gelegt. V. leidet seit Jahrzehnten unter wiederkehrendem Hochwasser, das den zahllosen histor. Bauwerken der zum Weltkulturerbe gehörenden Stadt zusetzt. Das Deichsystem soll ab 2011 bei drohendem Hochwasser den Wasserzufluss vom Meer in die Lagune stoppen. Die Anlage wird aus mehreren Schleusentoren bestehen, die bei Bedarf mit Luft gefüllt werden können und sich dadurch aufrichten.
Umweltschützer protestieren schon seit Jahren gegen das 6 Mrd. € teure Vorhaben. Infolge der Klimaerwärmung rechnen sie mit einem Anstieg des Wasserpegels, sodass der Deich ständig im Einsatz und der notwendige Wasseraustausch in der Lagune verhindert würde.

Venezuela

Hauptstadt: Caracas
Einwohner: 25,1 Mio.
Einwohner/ km²: 28
Staatsoberhaupt und Regierungschef: H. Chávez Frías
BIP/Einwohner: 3 787 US-$

Am 4. Febr. endete der im Dez. 2002 begonnene Generalstreik, doch die sozialen Spannungen hielten weiter an. In den Konflikt um den umstrittenen Präs. HUGO CHÁVEZ schalteten sich auch CÉSAR GAVIRIA, GenSekr. der Organisation Amerikan. Staaten (OAS), und der ehem. US-Präs. JIMMY CARTER ein: Ende Mai vereinbarten die Konflikt-

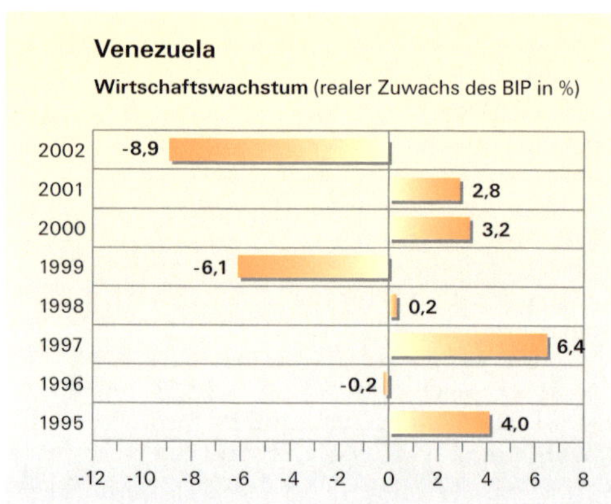

parteien, im Herbst ein Referendum über die Abberufung von Präs. CHÁVEZ abzuhalten. Nach mehrfacher Verzögerung begann am 28. Nov. eine viertägige Unterschriftenaktion zur vorzeitigen Absetzung von Präs. CHÁVEZ. Das Vorhaben der Opposition scheiterte jedoch, da nur 3,2 Mio. statt der erforderlichen 3,8 Mio. Unterschriften zusammenkamen, von denen außerdem über 800 000 für ungültig erklärt wurden.
Der Generalstreik schwächte die Wirtschaft erheblich. Der am stärksten betroffene Erdölsektor, der mit rd. 30 % zum BIP beiträgt, erholte sich jedoch dank der hohen Erdölpreise unerwartet schnell. Infolge rückläufiger Exporte und der hohen Kapitalflucht sanken die Devisenreserven, die Inflationsrate stieg an, und es kam zu Treibstoff- und Nahrungsmittelknappheit. Daraufhin suspendierte die Reg. im Jan. kurzzeitig den Devisenhandel, band die Nationalwährung Bolivar erneut an den US-Dollar und setzte Preishöchstgrenzen für Grundbedarfsgüter fest. Für das Gesamtjahr wurde jedoch ein Rückgang des BIP um rd. 14,5 % gegenüber dem Vorjahr erwartet. ■

Vereinigte Arabische Emirate

Hauptstadt: Abu Dhabi
Einwohner: 3,0 Mio.
Einwohner/ km²: 36
Staatsoberhaupt: Said ibn Sultan an-Nuhajan
Regierungschef: Maktum ibn Rashid al-Maktum
BIP/Einwohner: -

Im Irakkonflikt zählten die VAE zu den arab. Verbündeten der von den USA geführten Koalition. Amerikan. Streitkräfte wurden auf dem Marinestützpunkt Djebel Ali stationiert; die VAE entsandten im Rahmen ihrer Verpflichtungen im Golfkooperationsrat ein eigenes Truppenkontingent nach Kuwait. Beim Gipfeltreffen der → Arab. Liga im März hatte das Staatsoberhaupt der VAE, der Emir von Abu Dhabi, Scheich SAID IBN SULTAN AN-NUHAJAN den irak. Diktator SADDAM HUSAIN zum Rücktritt und Gang ins Exil aufgefordert.
Im Jan. unterzeichnete Scheich SAID ein Abkommen mit Oman, das den langjährigen Streit um den Grenzverlauf zw. beiden Staaten beendete. ■

Verschuldung: Die V. privater Haushalte in Deutschland hat sich 2003 drastisch erhöht. Betroffen war etwa ein Viertel aller Haushalte bzw. 10 Mio.; sie nahmen für ca. 230 Mrd. € Kredite auf, 3,5 % mehr als im Vorjahr. Hauptursachen sind die wachsende Arbeitslosigkeit, eine falsche Haushaltsführung und das Konsumverhalten. Neue Zahlungsformen – per Handy oder Internet – bergen zusätzl. Risiken bei der Einschätzung der eigenen Liquidität. Weitere Gründe sind Ereignisse wie Scheidung, Krankheit, Unfall, Tod oder Wegfall eines Verdienstes bei der Geburt eines Kindes.
Ob verschuldete Haushalte verarmen, hängt von der Erwerbsbeteiligung weiterer Familienmitgl., von finanziellen Reserven oder Wohneigentum ab. Eine große Rolle spielt auch, wie rasch sich die Betroffenen an die geänderten Lebensverhältnisse anpassen und beispielsweise frühzeitig eine Schuldnerberatung aufsuchen.

Verschuldung

Ratenkredite an Privatpersonen in Deutschland
(ohne Wohnungsbaukredite; Stand zum Quartalsende)

Zeit	Mio. Euro
1999 März	101 143
Sept.	106 171
2000 März	107 306
Sept.	109 248
2001 März	108 573
Sept.	110 312
2002 März	109 515
Sept.	114 563
2003 März	115 507
Sept.	116 148

Quelle: Deutsche Bundesbank

Vietnam

Hauptstadt: Hanoi
Einwohner: 80,5 Mio.
Einwohner/ km²: 244
Staatsoberhaupt: Tran Duc Luong
Regierungschef: Phan Van Khai
BIP/Einwohner: 428 US-$

Trotz sich ständig ändernder Politikvorgaben und einer sehr langsamen Deregulierung wächst die Wirtschaft seit 1997 stärker als in jedem anderen ASEAN-Staat. Das BIP stieg im 2. Halbjahr 2003 um 6,9 % (2002: 6 %) und soll in den kommenden beiden Jahren noch gesteigert werden. Bes. der Industriesektor legte kräftig zu. Exportiert werden neben Motoren, Kaffee und Kautschuk v. a. Textilien, die von dem seit einem Jahr leichteren Zugang zu den Märkten in den USA profitieren. Die in noch stärkerem Maße gestiegene Nachfrage nach Maschinen, Ausrüstungen sowie Erdölprodukten ließ allerdings auch das Handelsdefizit wachsen. Der Wunsch nach ausländ. Investitionen war daher ein Hauptthema beim Staatsbesuch von Bundeskanzler GERHARD SCHRÖDER im Mai.

Kampf gegen SARS und Korruption

Im Frühjahr erkrankten 63 Menschen, von denen fünf starben, an der Lungenkrankheit → SARS. Doch schon am 28. April konnte die Weltgesund-

heitsorganisation WHO V. als erstes betroffenes Land von der Liste der SARS-Gebiete nehmen. Dennoch hatte der Tourismussektor große Einbußen zu verzeichnen.
Aufsehen erregte der Großprozess gegen den ›Paten von Saigon‹, TRUONG VAN CAM, und 154 weitere der Mafia zugerechnete Angeklagte, unter ihnen mehrere hohe Polizeioffiziere und Spitzenfunktionäre. Der im Juni wegen Mordes, Bestechung und Korruption zum Tode verurteilte Mafiaboss unterhielt enge Verbindungen bis in die Spitzen der Kommunist. Partei und der Sicherheitsdienste. ■

Vogel, Dieter, Industrie- und Medienmanager, *Eger 14.11.1941. – Nach dem Rücktritt von GERD SCHULTE-HILLEN übernahm V., sein bisheriger Stellv., interimistisch die Leitung des Aufsichtsrats der Bertelsmann AG.
V. schloss 1969 ein Maschinenbaustudium in Darmstadt mit Promotion ab und begann seine berufl. Laufbahn als Vorstandsassistent bei Bertelsmann. Nach erfolgreicher Sanierung des Teppichfabrikanten Pegulan (1975–86) wechselte er in den Vorstand des Stahlkonzerns Thyssen (ab 1996 Vorstandsvors.). Nach der Fusion mit Krupp (1997) schied V. 1998 aus dem neuen Konzern aus, gründete eine Vermögensverwaltungsgesellschaft und nimmt seitdem zahlreiche Aufsichtsratsmandate wahr, u.a. als Vors. bei der Bahn AG (1999–2001) und der Mobilcom AG (ab Febr. 2003).

Vujanović, Filip, montenegrin. Politiker (Demokrat. Partei der Sozialisten, DPS), *Belgrad 1.9.1954. – Nach zwei vergebl. Anläufen wurde V. am 11. Mai in das Amt des Staatsoberhaupts gewählt, das er schon seit dem Rücktritt von MILO DJUKANOVIĆ im Nov. 2002 als Parlamentspräs. übergangsweise wahrgenommen hatte.
Der frühere Rechtsanwalt gestaltete schon seit Anfang der 1990er-Jahre an der Seite von DJUKANOVIĆ die Politik in Montenegro mit. Dessen Kabinett gehörte er 1993–98 als Justiz- und Innenmin. an. Als der Premiermin. 1998 das Präsidentenamt übernahm, rückte V. nach. Im Nov. 2002 leitete er mit seinem Wechsel auf den Posten des Parlamentspräs. den Rollentausch mit DJUKANOVIĆ ein.

VW Käfer: 67 Jahre, nachdem der Automobilkonstrukteur FERDINAND PORSCHE im Auftrag ADOLF HITLERS den Prototyp des ›Volkswagens‹ (V 30) entwickelt hatte, lief am 30. Juli um 9.05 Uhr Ortszeit im Werk Puebla (Mexiko) das 21529464ste und letzte Gefährt mit dem robusten luftgekühlten Vierzylinder-Boxermotor im Heck vom Band. Der VW K. gehört zu den meistgebauten Automodellen und war ein Symbol des dt. ›Wirtschaftswunders‹.
In Deutschland wurde er, technisch veraltet und vom VW Golf abgelöst, seit 1978 nicht mehr hergestellt. Bis 1985 konnten Nostalgiker den VW K. noch aus Mexiko beziehen, wo seit 1954 insgesamt rd. 1,7 Mio. ›Vochos‹ produziert wurden. Die Serienfertigung für den zivilen Bedarf hatte 1947 in der eigens dafür gegr. ›Volkswagen-Stadt‹ Wolfsburg begonnen.

W

Waffeninspektionen: Am 18.11.2002 kehrten die 1999 ausgewiesenen Inspekteure der Internat. Atomenergie-Agentur (IAEA) und der Waffenkontrollkommission der UNO (UNMOVIC; Nachfolgerin der UNSCOM) in den Irak zurück. Gemäß der vom Irak akzeptierten → Resolution 1441 konnten die Inspekteure unangemeldet die Paläste von Präs. SADDAM HUSAIN kontrollieren und unbeaufsichtigt Gespräche mit irak. Waffenexperten führen. Der Irak erstattete der UNO am 19.12. 2002 Bericht über seine Waffenprogramme und begann Anfang März 2003 mit der Vernichtung von Raketen, deren Reichweite 150 km überschritt. Der Leiter der UNMOVIC, HANS BLIX, bescheinigte den irak. Behörden eine verbesserte Kooperation und forderte in seinem letzten Bericht an die UNO vom 7. März die Fortsetzung der W., die bis dahin keine Massenvernichtungswaffen aufgespürt hatten. Seinem Wunsch wurde jedoch nicht entsprochen, sodass die Inspekteure am 17. März das Land verließen. Nach dem militär. Sieg der von den USA geführten Allianz forderten UNO-GenSekr. KOFI ANNAN und IAEA-Direktor MOHAMMED EL BARADEI die Wiederauf-

■ Von Mariachi-Musikern begleitet, verlässt der weltweit letzte VW Käfer am 30. Juli im mexikanischen Volkswagenwerk Puebla das Band nahme der W. nach Maßgabe der geltenden UNO-Resolutionen – die USA lehnten dies ab.

Waffenrecht: Am 1. April trat das Gesetz zur Neuregelung des W. in Kraft. Es fasst die Vielfalt der bestehenden Bestimmungen neu zusammen und integriert die seit 2002 geltenden neuen Vorschriften. Zugleich wurde der Katalog verbotener Waffen und Munition erweitert.
Das Führen von sog. Gas- und Schreckschusswaffen erfordert nun eine spezielle waffenrechtl. Erlaubnis, den ›kleinen Waffenschein‹. Außer sog. Pumpguns, die schon seit Okt. 2002 nicht mehr erlaubt sind, wurde auch der Umgang mit Wurfsternen und gefährl. Messern (Spring-, Fall-, Faust- und Butterflymesser) verboten. Dagegen dürfen sich Jugendliche bereits ab 14 Jahren mit Reizstoffsprühgeräten ausstatten, um sich wirksamer verteidigen zu können.

Mit Wassereimern versucht diese Frau in Vila de Rei in Portugal ihr Haus vor der herannahenden Feuerwand zu schützen

Waldbrände: Auch 2003 richteten W. verheerende Schäden an. Großfeuer in 15 von 18 Bezirken Portugals vernichteten im Juli und Aug. mehr als 600 km^2 Wald und forderten mehrere Todesopfer. Die Regierung erklärte das gesamte Land zum Katastrophengebiet.
In den kanad. Prov. British Columbia und Alberta mussten Anfang Aug. mehr als 10 000 Personen evakuiert werden. Begünstigt von böigen Winden, breiteten sich rd. 400 Feuer auf einer Fläche von 100 km^2 aus; die Hälfte von ihnen soll von Menschen verursacht worden sein.
Ein Jahrhundertbrand suchte Ende Okt. Kalifornien heim. Insgesamt 17 Feuer, von denen einige vermutlich auf Brandstiftung zurückgehen, zerstörten von Los Angeles bis an die mexikan. Grenze eine Fläche von ca. 3000 km^2 sowie 3400 Häuser; ganze Ortschaften fielen den Flammen zum Opfer. Der Gesamtschaden wird auf bis zu 12 Mrd. US-$ geschätzt.

Wallraff-Affäre, Debatte über mögl. frühere Verbindungen des Enthüllungsschriftstellers GÜNTER WALLRAFF (u. a. ›Der Aufmacher‹ 1977, ›Ganz unten‹ 1985) zum Staatssicherheitsdienst der DDR (Stasi). Anfang Sept. teilte die Bundesbeauftragte für die Stasi-Unterlagen, MARIANNE BIRTHLER, mit, in den sog. → Rosenholz-Dateien sei auch WALLRAFF als inoffizieller Mitarbeiter der Stasi erfasst. Hinweise auf eine aktive Tätigkeit als ›IM Wagner‹ lägen für den Zeitraum 1968 bis 1971 vor. Die Behörde könne die früher ausgesprochene Entlastung des Schriftstellers nicht länger aufrecht erhalten. WALLRAFF hatte nach Vorwürfen konspirativer Arbeit für die DDR, die schon 1992 erhoben worden waren, eine wissentl. IM-Tätigkeit abgestritten und wies die erneut erhobenen Vorwürfe zurück. Möglich sei allenfalls, dass er von Mitarbeitern in DDR-Archiven, in denen er recherchiert habe, geheimdienstlich ›abgeschöpft‹ worden sei.

Wanderarbeiterkonvention: Als Letzte der UNO-Menschenrechtskonventionen trat am 1. Juli die W. in Kraft. Sie definiert erstmals den Status von sog. Arbeitsmigranten und will sie vor Missbrauch in der Arbeitswelt schützen. Nach Schätzungen der UNO arbeiten über 170 Mio. Menschen außerhalb ihrer Heimatländer. Unter den bisher 22 Beitrittsstaaten befindet sich kein Industrieland.
1990 von der UNO-Vollversammlung verabschiedet, geht die W. auf eine Initiative von Staaten zurück, die ihre zahlreichen emigrierten Bürger vor Diskriminierung, Gewalt und Ausbeutung bewahren wollen. In 71 Artikeln werden die Rechte der Migranten konkretisiert – einschl. der ›illegalen‹ Wanderarbeiter, deren Menschenrechte ausdrücklich über das Recht des Staates auf Ausweisung gestellt werden. Zugesichert wird den Migranten und ihren Kindern u. a. das Recht auf vereinbarten Lohn, auf Schulbesuch, Zugang zur Justiz und zur Gesundheitsversorgung sowie auf Familiennachzug.

Wasserstoff-Tankstelle: In der isländ. Hauptstadt Reykjavík nahm im April die erste öffentl. W.-T. ihren Betrieb auf. Mit ihr versorgt das Unternehmen Shell Hydrogen zunächst drei Stadtbusse, mit denen die Reg. ihr Projekt begann, den Inselstaat völlig von fossilen Energieträgern unabhängig zu machen. Zur W.-T. gehören auch die techn. Anlagen, die benötigt werden, um mithilfe der Brennstoffzellen-Technologie per Elektrolyse aus Wasser Wasserstoff herzustellen. Schon jetzt deckt Island seinen gesamten Bedarf an Elektrizität mit Wasserkraft und Erdwärme.

Wein, → Großes Gewächs.

Weinjahrgang 2003: Die → Hitzewelle, die alle klimat. Rekorde brach, sorgte für einen bes. guten Wein – die Winzer erwarteten einen ›Jahrhundertjahrgang‹, der die Güte der hervorragenden Jahrgänge 1911, 1921, 1953, 1959, 1971 und 1976 erreichen dürfte. Bes. günstig wirkten sich die anhaltende Hitze und Trockenheit, der Regen zum Abschluss der Reife und eine weitere Sonnenschein-

Eine Goldriesling-Traube auf dem Weinberg ›Goldener Wagen‹ in Radebeul bei Dresden

periode im Okt. aus. Durch die hohen Mostgewichte, die z. T. mehr als 300 Oechsle erreichten, war der Anteil an edelsüßen Spitzenweinen und kraftvollen Spätlesen bes. hoch. Dagegen mangelte es an einfachen Trink- und Kabinettweinen. Die Erntemenge lag um 20–30 % unter dem langjährigen Durchschnitt.

Weißrussland

Hauptstadt: Minsk
Einwohner: 9,9 Mio.
Einwohner/km²: 48
Staatsoberhaupt: A. G. Lukaschenka
Regierungschef: S. Sidorsky (seit 10. 7. 2003)
BIP/Einwohner: 1563 US-$

Desolate Wirtschaft fordert Opfer

Die prekäre Wirtschaftslage, ein Ergebnis anhaltender Reform- und Modernisierungsdefizite, forderte erste polit. Opfer: Am 10. Juli wurde MinPräs. GENNADIJ NOWITSKI entlassen und durch Industriemin. SERGEJ SIDORSKY ersetzt. Abgelöst wurden auch Landwirtschaftsmin. MICHAIL RUSIJ, dem SENON LOMOT im Amt folgte, sowie etwa 40 hohe Regierungsbeamte.
Nach offiziellen Angaben soll das BIP im 1. Halbjahr 2003 um 4,5 % und das Realeinkommen um 2 % gegenüber dem Vorjahreszeitraum gestiegen sein. Allerdings erreichte die Inflationsrate mit monatlich 2,4 % ein hohes Niveau, und die Staatsunternehmen machten weiterhin hohe Verluste. Die Zahl der Arbeitslosen (offizielle Quote: 3,3 %) nahm um etwa ein Viertel zu. 42 % der Bevölkerung lebten unterhalb der Armutsgrenze, das durchschnittl. Monatseinkommen lag unter 100 €.

Autoritäres Regime

Die Verfolgung von Journalisten, Oppositionellen, und Nichtregierungsorganisationen bestimmte die Innenpolitik. Auch zahlreiche Protestaktionen gegen das Regime von Präs. ALEXANDER LUKASCHENKA konnten daran wenig ändern. Dies zeigten auch die Kommunalwahlen vom 2. März, bei denen administrative Eingriffe für Ergebnisse sorgten, die das Monopol der ›Partei der Macht‹ nicht infrage stellten: Es siegten die regimetreuen kommunist. Parteien KPB und PKB sowie die Agrarier.

Entspannung nach außen

Die internat. Isolation des Landes wurde z. T. beendet: Nachdem im Jan. das Büro der OSZE in Minsk wieder eröffnet worden war, wurde im Febr. die weißruss. Delegation wieder zur Parlamentar. Versammlung der Organisation zugelassen. Die Einreiseverbote für Präs. LUKASCHENKA und seine Reg. wurden von den USA und den EU-Staaten aufgehoben. ■

Weltbank (amtlich Internat. Bank für Wiederaufbau und Entwicklung, engl. International Bank for Reconstruction and Development, Abk. IBRD): Die W. setzte in ihrer Politik zur Förderung der langfristigen Entwicklung vier Schwerpunkte: Bildung für alle, Bekämpfung von → Aids, Verbesserung von Wasserversorgung/Hygiene und Gesundheit. Die von der Weltbankgruppe (IBRD und Internat. Entwicklungsorganisation, IDA) neu ausgezahlten Kredite an Entwicklungsländer sanken im Geschäftsjahr 2002/03 um 5 % auf 18,5 Mrd. US-$. Die größten Kreditnehmer mit Volumina von jeweils über 1 Mrd. US-$ waren Indien, Brasilien, Mexiko, China und Argentinien. Mit 3,4 Mrd. US-$ dominierten Kredite für Projekte im Gesundheits- und Sozialsystem (3,4 Mrd. US-$) sowie für Ausbildung (2,3 Mrd. US-$).
Zus. mit dem IWF und der UNO erarbeitete die W. eine Expertise zu Schwerpunkten und Umfragen der Hilfe für den Irak, welche die notwendigen Kosten für den Wiederaufbau auf rd. 36 Mrd. US-$ veranschlagte. Diese Daten waren Verhandlungsgrundlage für die Irak-Geberkonferenz im Okt. in Madrid.

Weltdokumentenerbe, 1992 begründetes UNESCO-Programm mit dem Ziel, das dokumentar. Erbe der Menschheit zu sichern und mit moderner Informationstechnik weltweit zugänglich zu machen (›Memory of the World‹). Am 12. Jan. wurde die Neunte Symphonie von LUDWIG VAN BEETHOVEN in Berlin per Urkundenüberreichung in das W. aufgenommen. Die Originalhandschrift des Meisterwerks der klass. Musik befindet sich zum größten Teil in der Berliner Staatsbibliothek Preuß. Kulturbesitz. Am 30. Aug. beschloss das internat. Beratungskomitee, auch die sog. Reichenauer Handschriften aus dem 10. und 11. Jh. in das W. aufzunehmen, die sich in versch. europ. Bibliotheken befinden. Die Buchmalerei des auf einer Bodenseeinsel gelegenen Klosters Reichenau gilt als repräsentativ für die otton. Buchmalerei Deutschlands.

Unter den bislang 91 Dokumenten der Liste befinden sich noch vier weitere aus Deutschland, darunter die Göttinger Gutenberg-Bibel.

Welthandel: Wie im Jahr zuvor wuchs der W. aufgrund der schwachen Konjunktur in vielen Ländern kaum. Für 2003 wird preis- und wechselkursbereinigt mit einer durchschnittl. Ausweitung des Warenhandels um rd. 3 % gerechnet.

Regionale Unterschiede

In den asiat. Ländern entwickelte sich der Außenhandel sehr lebhaft; Aus- und Einfuhren stiegen real um rd. 10 %. Hauptgrund waren die im internat. Vergleich niedrigen Preise. Außerordentlich kräftig, mit Raten über 30 %, wuchs der Warenhandel der VR China, die immer mehr zur treibenden Kraft der Wirtschaftsentwicklung in dieser Region wird.
In Lateinamerika belebte sich der Außenhandel dagegen nur leicht. Zwar erholte sich Argentinien etwas von der Verschuldungskrise, unverändert große polit. Unsicherheiten in anderen lateinamerikan. Ländern ließen jedoch Ein- und Ausfuhren nur um 2–3 % steigen.
Der Außenhandel der Transformationsländer Ostmitteleuropas nahm aufgrund der recht robusten Konjunktur, aber auch wegen der fortschreitenden Einbindung in die internat. Arbeitsteilung weiter zu. Aus- und Einfuhren stiegen real um ca. 7 %. Russland weitete dank gestiegener Einnahmen aus dem Erdöl- und Erdgasgeschäft seine Einfuhren um mehr als 10 % aus.
Die Ex- und Importe der Industriestaaten legten 2003 – wie in den Jahren zuvor – nur in bescheidenem Umfang zu. Relativ günstig verlief die Entwicklung in Japan; das Land profitierte von der hohen Nachfrage in Asien und erhöhte aufgrund der verbesserten Binnenkonjunktur auch seine Einfuhren. Die Exporte der USA legten im Jahresdurchschnitt nur wenig zu, umso kräftiger stiegen die Einfuhren, sodass sich das ohnehin schon enorme Leistungsbilanzdefizit auf ca. 570 Mrd. US-$ bzw. 5,5 % des BIP erhöhte. Die Ausfuhren der EU blieben fast unverändert, die Einfuhren wuchsen nur wenig. Auch der dt. Außenhandel konnte sich real nur wenig verbessern, belebte sich aber in der zweiten Jahreshälfte wieder.

Welthandel

Warenhandel nach Regionen
(Veränderung gegenüber dem Vorjahr in %)

Region	Export 2001	Export 2002	Import 2001	Import 2002
Nordamerika	-6,5	-4,3	7,2	8,9
Lateinamerika	-3,2	0,8	0,6	11,5
Westeuropa	0,2	5,5	6,3	4,4
Mittel-/Osteuropa	11,5	11,9	-5,7	11,9
Afrika	-6,1	1,0	0,2	2,7
Mittlerer Osten	7,5	-1,5	4,1	2,1
Asien	-9,0	7,8	-7,1	6,2
Welt	**-4,0**	**4,0**	**5,5**	**6,6**

Quelle: WTO

Dienstleistungshandel

Der internat. Dienstleistungshandel – statistisch weniger gut dokumentiert – stieg 2002 um rd. 6 %. Bes. der Luft- und Reiseverkehr erholte sich wieder von den kräftigen Einbrüchen nach den Terroranschlägen vom 11. 9. 2001. Der Umfang des gesamten W. wurde für 2002 auf 8 100 Mrd. US-$ geschätzt. Davon entfielen 6 500 Mrd. US-$ auf den Dienstleistungs- und 1 600 Mrd. US-$ auf den Warenhandel.

Teilnehmer des Weltsozialforums in Porto Alegre bei einem Protestmarsch gegen das Weltwirtschaftsforum (WEF) in Davos am 23. Januar

Weltsozialforum: Das dritte W. im brasilian. Porto Alegre vom 23. bis 28. Jan. geriet zu einer Großkonferenz, die nur mit Mühe dem inhaltl. Anspruch, den sie sich gestellt hatte, gerecht werden konnte. Etwa 100 000 Globalisierungsgegner aus aller Welt befassten sich mit Themen, die mit den Auswüchsen der von wenigen reichen Ländern dominierten ›neoliberalen‹ Globalisierung, dem Widerstand dagegen und der Entwicklung von Alternativen in den kulturellen, sozialen, wirtschaftl. und polit. Bereichen verknüpft waren.
Das von einem ›Internat. Rat‹ geleitete W. versteht sich als Gegenveranstaltung zum Weltwirtschaftsforum, das gleichzeitig im schweizer. Davos tagte, und als Aufbruch zu einer ›Weltöffentlichkeit‹, die die Voraussetzungen für eine gerechtere Weltordnung schaffen soll. Die Veranstaltungen des W. waren vom drohenden → Irakkrieg überschattet, gegen den in Porto Alegre am ersten Tag über 100 000 Menschen protestierten.

Weltwasserforum: Im ›Jahr des Süßwassers‹, zu dem die UNO 2003 ernannt hatte, hielt der Weltwasserrat der UNESCO vom 16. bis 23. März in den japan. Städten Kyōtō, Osaka und Shiga das W. ab. An der dritten Großkonferenz dieser Art – nach Marrakesch (1997) und Den Haag (2000) – nahmen rd. 23 000 Vertreter von Nichtregierungsorganisationen, Wiss., Privatwirtschaft und Reg. teil. Überschattet vom Beginn des → Irakkriegs, fand das W. in der Öffentlichkeit wenig Beachtung.
Im Zentrum standen u. a. Fragen zur Trinkwasserversorgung und -hygiene, Möglichkeiten des Was-

serressourcenmanagements sowie das regionale und globale Konfliktpotenzial, das mit steigender Wasserknappheit verbunden ist. Die abschließende Erklärung der Ministerkonferenz (22./23. März), an der 180 Regierungsdelegationen teilnahmen, gelangte über die Bestätigung der schon auf dem Weltgipfel für Nachhaltige Entwicklung in Johannesburg im Aug. 2002 verabschiedeten Ziele im Wasserbereich kaum hinaus. Im Hinblick auf grenzüberschreitende Gewässer verpflichteten sich die Reg. zu einer engeren Zusammenarbeit.
Den Beratungen des W. lag der erste im März 2003 von der UNESCO veröffentlichte Welt-Wasserbericht zugrunde. Danach droht der Weltbevölkerung in den nächsten 20 Jahren ein katastrophaler Trinkwassermangel. Zur Abwendung der Wasserkrise sind nach Einschätzung der UNO jährlich zw. 50 und 100 Mrd. US-$ notwendig.

Wen Jiabao, chin. Politiker (Kommunist. Partei, KPCh), *Tianjin Sept. 1942. – Der Nat. Volkskongress wählte am 17. März W. J. zum neuen Ministerpräsidenten. Der Wirtschaftsexperte folgte ZHU RONGJI nach, dessen Stellv. er seit 1998 gewesen war.

Chinas Ministerpräsident Wen Jiabao (rechts) am 7. Dezember mit UNO-Generalsekretär Kofi Annan (links) bei einer Pressekonferenz im Hauptquartier der Vereinten Nationen in New York

Der offiziellen Biografie zufolge trat W. J. 1965 der KPCh bei und studierte an der Pekinger Hochschule für Geographie Geologie und Tektonik (1960–68). Während und nach der Kulturrevolution arbeitete er als Geologe und Ingenieur in der nordwestl. Prov. Gansu. Als Parteifunktionär schuf er sich hier auch die Grundlage für seinen Aufstieg in der Pekinger Zentrale, in die er 1982 zurückkehrte. Seit 1985 nahm er führende Aufgaben in der Parteibürokratie wahr. 1997 trat er, gefördert von Parteichef und Staatspräs. JIANG ZEMIN, als Mitgl. des Politbüros und des Sekretariats des Zentralkomitees (ZK) in den inneren Zirkel der Macht ein. Seit Herbst 2002 gehört er auch dem höchsten Parteigremium an, dem Ständigen Ausschuss des Politbüros. Als Vizepremier war er v.a. für soziale Fragen, Landwirtschaft und Finanzen zuständig. Er gilt als außerdem Befürworter einer durchgreifenden Reform des Finanzwesens.

WestLB: Im Mai gab die fünftgrößte dt. Bank mit 1,7 Mrd. € den größten Jahresverlust (2002) unter den Großbanken bekannt. Risikoreiche Engagements im internat. Geschäft, für die u.a. die Londoner Investmentbankerin ROBIN SAUNDERS mitverantwortlich gemacht wurde, hatten die Krise bei der W. ausgelöst. Allein das Engagement für die brit. Fernsehleasingfirma Box Clever erforderte Wertberichtigungen von rd. 680 Mio. €. Die Sonderprüfung der Bundesanstalt für Finanzdienstleistungsaufsicht (Bafin) stellte schwer wiegende Fehler des Vorstands bei der Risikokontrolle fest. Der Vorstandsvors. JÜRGEN SENGERA musste am 6. Aug. sein Amt an seinen Stellv. JOHANNES RINGEL abgeben; auch das für das betroffene Geschäftsfeld zuständige Vorstandsmitgl. ANDREAS SEIBERT verlor seinen Posten. Größte Anteilseigner des auf Großkunden und Investmentbanking spezialisierten Kreditinst. (Sitz: Düsseldorf) sind das Land NRW (43,2 %), die Sparkassenverbände und die beiden Landschaftsverbände in NRW.

West-Nil-Virus: Das aus Afrika stammende W.-N.-V. wurde 2003 erstmals auch bei Vögeln in Großbritannien nachgewiesen. In den USA, wo sich der Erreger schon seit Ende der 1990er-Jahre verbreitet, sind bisher rd. 4000 Menschen an dem Virus erkrankt und 270 gestorben. Seit einigen Jahren tritt es verstärkt in Europa auf, etwa 1998 in Italien. Gegen das Virus gibt es bislang kein Gegenmittel.
Das W.-N.-V. wird von Stechmücken übertragen und wurde zum ersten Mal 1937 im West-Nil-Distrikt von Uganda nachgewiesen. Durch Vögel, die Wirtstiere des Virus, gelangte es zunächst in den Nahen Osten und später nach Osteuropa und in die USA. Beim Menschen kann der Erreger das sog. West-Nil-Fieber hervorrufen. Zu den Krankheitssymptomen gehören hohes Fieber und Hautausschläge, in seltenen Fällen auch eine Hirnhautentzündung. Bei älteren oder geschwächten Patienten kann die Krankheit zum Tod führen.

White, Kelli, amerikan. Leichtathletin, *Oakland 1.4. 1977. – Bei der Leichtathletik-WM in Paris gewann W. Gold über 100 m und 200 m, wurde nach dem Wettbewerb jedoch positiv auf das Stimulanzmittel Modafinil getestet. Die 26-Jährige behauptete, ihr Arzt habe ihr den Wirkstoff gegen Müdigkeit verschrieben. Als Strafe drohten eine zweijährige Sperre sowie die Aberkennung der Medaillen. Am 10. Sept. sprach der Internat. Leichtathletikverband W. schuldig; die Weiterverhandlung durch den amerikan. Verband soll 2004 erfolgen. Bis zur endgültigen Entscheidung darf die Kalifornierin weiter an Wettbewerben teilnehmen.
Die amerikan. Juniorenmeisterin über 200 m (1995) schaffte ihren internat. Durchbruch 2001 in Edmonton als Weltmeisterin mit der 4 x 100-m-Staffel und mit Bronze über 200 m.

Wien, → Zürich.

Wild, Anne, Filmregisseurin, *1967. – Für ihr Spielfilmdebüt ›Mein erstes Wunder‹ erhielt W. am

Die deutsche Regisseurin Anne Wild bei der Verleihung des Max-Ophüls-Preises in Saarbrücken

18. Jan. in Saarbrücken den Max-Ophüls-Preis, die wichtigste Auszeichnung für den dt. Filmnachwuchs. Der Film beschreibt die Beziehung zw. einer pubertierenden Elfjährigen und einem Familienvater jenseits aller Lolita-Klischees als innige Freundschaft und keusche Zuneigung.
W. absolvierte in Stuttgart 1988–92 eine Schauspielausbildung und arbeitet seitdem als freie Journalistin und Texterin. Daneben schrieb sie Drehbücher und realisierte zwei Kurzfilme (›Nachmittag in Siedlisko‹, 2000; ›Ballett ist ausgefallen‹, 2001). Als Coautorin für das Drehbuch zu der Szenekomödie ›Was tun, wenn's brennt‹ (2001, zusammen mit STEFAN DÄHNERT) erhielt sie den Baden-Württemberg. Drehbuchpreis.

Winterbottom, Michael, brit. Filmregisseur, * Blackburn (Lancashire) 29. 3. 1961. – Für sein Flüchtlingsdrama ›In This World‹ erhielt W. am 15. Febr. auf der Berlinale den Goldenen Bären.
W. kam über das Fernsehen zum Film. Er drehte Dokumentarfilme für den Sender ›Thames Television‹ und inszenierte Folgen der Serie ›Cracker‹. Bei jedem seiner Filme sucht W. nach einem neuen Stil für sein Sujet. So arbeitete er in seinem ersten langen Spielfilm ›Butterfly Kiss‹ (1995) mit ungewöhnl. Kameraperspektiven, um die Annäherung zw. einer Serienmörderin und einer Tankstellenbesitzerin zu verdeutlichen. In ›Herzen in Aufruhr‹ (1996) beschwor er die düstere Atmosphäre des viktorian. England herauf, in der eine Liebe zw. den Klassen scheitern muss. Mit den Themen Flucht, Vertreibung und den Folgen beschäftigte sich W. in ›Welcome to Sarajevo‹ (1997) und ›I Want You‹ (1997).

Wintersport: Bei der alpinen Ski-WM in St. Moritz stellte Österreich mit drei Gold-, fünf Silber- und einer Bronzemedaille die erfolgreichste Mannschaft. Durch STEPHAN EBERHARTER und MICHAELA DORFMEISTER gingen im Super-G beide Titel in die Alpenrep.; den Abfahrtstitel der Herren sicherte sich MICHAEL WALCHHOFER. Zum weibl. Star der WM stieg die Kroatin JANICA KOSTELIĆ auf, die Slalom und Kombination gewann. Die dt. Skiasse fuhren ohne Medaille nach Hause.
Weltklasse waren dagegen die Leistungen dt. Sportler in anderen Wintersportdisziplinen. Im Eisschnelllauf bewies ANNI FRIESINGER einmal mehr ihre Ausnahmestellung. Sie verteidigte in Heerenveen (Niederlande) den Europameistertitel im Mehrkampf und war mit drei Goldmedaillen über 1000, 1500 und 3000 m die erfolgreichste Athletin der Einzelstrecken-WM in Berlin. Auch im Rodelsport waren die dt. Damen Weltklasse. Bei der Weltmeisterschaft im lett. Sigulda feierten SYLKE OTTO, SILKE KRAUSHAAR und BARBARA NIEDERNHUBER einen Dreifachtriumph. Ebenfalls in bestechender Form präsentierte sich Bobpilot ANDRÉ LANGE.

Janica Kostelić gewinnt am 8. März das Weltcup-Slalom im schwedischen Are

Bundestrainer Jochen Behle (links) feuert Axel Teichmann während seines 15-km-Langlaufs in Val di Fiemme an; Teichmann wird am 21. Februar bei der Nordischen Ski-WM Weltmeister im klassischen Stil

Der 29-Jährige wurde in Lake Placid Weltmeister im Zweier- und Viererbob. Die dt. Biathleten gewannen bei der Weltmeisterschaft in Khanty Mansiysk (Russland) drei Titel: MARTINA GLAGOW siegte in der 10-km-Verfolgung, RICCO GROSS wurde Weltmeister im Jagdrennen und mit der 4x7,5-km-Staffel.

Für eine Überraschung sorgte AXEL TEICHMANN bei der Nord. Ski-WM in Val di Fiemme (Italien). Mit dem Titel über 15km im klass. Stil bescherte der 23-Jährige dem Dt. Skiverband den ersten Weltmeistertitel im Langlauf seit 29 Jahren. Ebenfalls Gold gewann die dt. 4x5-km-Frauenstaffel. Bei der Vierschanzentournee erreichte Vorjahressieger SVEN HANNAWALD in diesem Jahr den zweiten Platz hinter dem Finnen JANNE AHONEN. Auch im Gesamtweltcup blieb dem dt. Skisprungstar Platz zwei, es gewann der Pole ADAM MALYSZ.

Wismar: Zus. mit → Stralsund wurde die von Backsteinarchitektur geprägte Hansestadt W. in Mecklenburg-Vorpommern im Mai offiziell in die Weltkulturerbeliste der UNESCO aufgenommen. Trotz schwerer Zerstörungen im Zweiten Weltkrieg besitzt W. noch fast 400 Einzeldenkmale. Die meisten von ihnen befinden sich in der Altstadt, die in ihrer Größe und Geschlossenheit einzigartig ist und ein authent. Bild von der Bau- und Lebensweise im mittelalterl. Norddeutschland vermittelt.

Wissenschaftspublikationen: Die Frage, ob bestimmte W. künftig der Zensur unterliegen sollen, wurde bes. in den USA kontrovers diskutiert. Den Anstoß für die Diskussion hatten der Terroranschlag vom 11.9. 2001 sowie die darauf folgende Bedrohung durch virenverseuchte Postsendungen geliefert. Bereits im März 2002 hatte die US-Reg. in Washington die zuständigen Behörden aufgefordert, W. aus dem Verkehr zu ziehen, wenn diese Hinweise auf die Herstellung von biolog. Kampfstoffen, z.B. Anthraxviren, lieferten. Weiteren Zündstoff erhielt die Debatte durch die Meldung eines New Yorker Forscherteams, dem es 2002 erstmals gelungen war, ein Poliovirus auf künstl. Weg herzustellen. Sowohl der Bauplan für das Virus als auch die dafür notwendigen Gensequenzen waren frei über das Internet verfügbar.

Eine Zensur von W. hielten dennoch viele Wissenschaftler nicht für sinnvoll, da sie den grenzüberschreitenden Austausch behindern würde. Zensurmaßnahmen könnten den Missbrauch von Forschungsergebnissen letztlich sogar fördern, denn erst die Freiheit von Forschung und Lehre mache wiss. Forschung für die Öffentlichkeit transparent.

Wolf: Der W. (Canis lupus) wurde von der Schutzgemeinschaft Dt. Wild, die sich der Erhaltung der frei lebenden Tierwelt widmet, zum Wildtier des Jahres 2003 gewählt. Die Organisation begrüßte, dass das ›Rotkäppchen-Syndrom‹ vom bösen, Menschen fressenden Raubtier inzwischen abgebaut werden konnte. In Deutschland fast ausgerottet, hat sich seit Herbst 2000 ein kleines Wolfsrudel auf dem sächs. Truppenübungsplatz Muskauer Heide angesiedelt, wo die Tiere weitgehend ungestört leben können.

Gesa Kluth (links) und Ilka Reinhardt untersuchen am 25. November in der Oberlausitz eine Wolfsspur. Im Auftrag des sächsischen Umweltministeriums beobachten sie die eingewanderten Wölfe

Wolfowitz, Paul, amerikan. Politiker (Republikaner), *Brooklyn (N.Y.) 22.12. 1942. – Der polit. Berater von Präs. GEORGE W. BUSH und stellv. Verteidigungsmin. gilt als strateg. Vordenker der → Bush-Doktrin. Im Regime von SADDAM HUSAIN sah W. schon 1979 eine Bedrohung, nicht nur für den Nahen Osten, sondern auch für die USA. Unmittelbar nach den Terroranschlägen vom 11.9. 2001 riet W. dem Präs., den Irak zum Ziel im ›Feldzug gegen den Terror‹ zu erklären. Am 26. Okt. überstand W. einen Anschlag in Bagdad unverletzt.

Der Sohn poln. Einwanderer, Diplom-Mathematiker und promovierter Politikwissenschaftler, arbeitete unter den republikan. Präs. RONALD REAGAN und GEORGE BUSH in versch. Funktionen für das Verteidigungs- und das Außenministerium. Während der Präsidentschaft des Demokraten BILL CLINTON Prof. für Politik in Yale und Harvard, kehrte W. nach dem Wahlsieg der Republikaner 2001 nach Washington zurück.

World Trade Center, → Ground Zero.

WTO: Abk. für World Trade Organization (dt. Welthandelsorganisation): Vom 10. bis 14. Sept. fand in Cancún (Mexiko) die 5. Ministerkonferenz der WTO statt. Mit ihr sollte der 2001 in Doha (Katar) in Gang gesetzten neuen Welthandelsrunde, die seitdem kaum vorangekommen war, neues Leben eingehaucht werden (→ Welthandel). Die Konferenz scheiterte jedoch an unüberbrückbaren Differenzen zw. den Industrie- und den Entwicklungsländern. Erster Streitpunkt war erneut die Agrarpolitik. Bes. der EU gingen die Vorschläge zum Abbau der Agrarsubventionen zu weit, während einige Schwellen- und Entwicklungsländer (→ G-21-Gruppe) strikt auf der Einhaltung der in Doha gemachten Zusagen bestanden. Zweiter Streitpunkt waren die von den Industrieländern geforderten Fortschritte bei der Handelsförderung, der Transparenz im öffentl. Beschaffungswesen, beim Investitionsschutz und bei Wettbewerbsregeln (sog. Singapur-Themen), bei denen einige Entwicklungsländer zu keinerlei Zugeständnissen bereit waren.
Zwar bedeutet das Scheitern in Cancún kein Ende der Verhandlungen, jedoch ist der Fahrplan für den Abschluss der Doha-Runde ernsthaft gefährdet; er war ursprünglich für Ende 2004 geplant. Dies gilt um so mehr, als Ende 2003 ein mit Blick auf Fortschritte bei der Handelsliberalisierung geschlossenes Stillhalteabkommen ausläuft, das Klagen gegen Behinderungen des Agrarhandels verhindern sollte. Insgesamt besteht die Gefahr, dass sowohl die USA als auch die EU wieder vermehrt versuchen, ihre Außenhandelsbeziehungen in bilateralen Abkommen weiterzuentwickeln.
Am 10. Nov. erklärte die WTO die 2002 von den USA eingeführten Strafzölle auf Stahlimporte, insbes. aus der EU, für rechtswidrig und verlangte bis Dez. die Aufhebung dieser Zölle. Dieser Forderung kamen die USA nach.
Mit der Aufnahme von Kambodscha und Nepal stieg die Zahl der WTO-Mitgl. auf 147. Erneut nicht abgeschlossen werden konnten die Beitrittsverhandlungen mit Russland.

Wulff, Christian, Politiker (CDU), * Osnabrück 19. 6. 1959. – In seinem dritten Anlauf führte W. die CDU bei der Landtagswahl in Niedersachsen am 2. Febr. zum Sieg. Am 4. März wurde er als derzeit jüngster MinPräs. in Deutschland vereidigt. Der Nachfolger von SIGMAR GABRIEL (SPD) kündigte bei seinem Amtsantritt eine »dauerhafte und tief greifende Konsolidierungspolitik« an.
W. studierte Rechtswiss. in Osnabrück und trat 1990 in seiner Heimatstadt in eine Anwaltskanzlei ein. Als Bundesvors. der Jungen Union (1978–80) wurde er schon im Alter von 18 Jahren Mitgl. des Bundesvorstands der CDU (1979–83). Seit 1984 gehört er dem niedersächs. Landesvorstand an, dessen Führung er 1994 übernahm. Zuvor hatte er mit der Kandidatur für das Amt des MinPräs. vergeblich versucht, Amtsinhaber GERHARD SCHRÖDER abzulösen; auch 1998 verfehlte er dieses Ziel. Trotz der Niederlage stieg er in der Partei im gleichen Jahr zu einem der stellv. Bundesvors. auf.

Die Wahlplakate werden nach der Landtagswahl in Niedersachsen am 2. Februar abgebaut; rechts der neue Ministerpräsident Christian Wulff, links der unterlegene Kontrahent Sigmar Gabriel

Z

Zeiler, Gerhard, österr. Journalist und Fernsehmanager, * Wien 20. 7. 1955. – Z. wurde im März als Nachfolger von DIDIER BELLENS zum Vorstandsvors. des europ. Fernsehkonzerns RTL Group ernannt. Zur RTL Group gehören europaweit 23 TV-Sender und 22 Hörfunkstationen; in Deutschland zählen u. a. RTL und Vox dazu.
Z. verfügt über umfangreiche Erfahrung im TV-Geschäft. Er war u. a. Geschäftsführer der privaten Fernsehsender Tele 5 und RTL II, bevor er 1994–98 als Generalintendant zum Österr. Rundfunk (ORF) wechselte. Seit 1998 ist Z. Geschäftsführer des TV-Senders RTL und seit 2002 Mitgl. des Aufsichtsrates der Bertelsmann Stiftung.

Zeller, Joachim, Diplom-Sprachmittler und Kommunalpolitiker (CDU), * Opole (Polen, dt. Oppeln) 1. 7. 1952. – In einer Kampfabstimmung um den Berliner CDU-Landesvors. setzte sich Z. gegen den ehem. Berliner Finanzsenator PETER KURTH durch. Z. war von der Gruppe um den ehem. Regierenden Bürgermeister EBERHARD DIEPGEN unterstützt worden. Er ist der erste Ostpolitiker an der Spitze der Landes-CDU.
Z. wuchs in Luckenwalde auf, studierte Slawistik in Berlin und im poln. Krakow. 1977–92 war er wiss. Mitarbeiter an der Bibliothek der Humboldt-Univ. in Berlin. Seine polit. Karriere begann er 1990 als CDU-Bezirksverordneter in Berlin-Mitte. Seit 1992 war Z. dort hauptamtlich Bezirksstadtrat, seit 1996 ist er Bezirksbürgermeister.

Zementkartell: Die sechs führenden Zementhersteller haben teilweise seit den 1970er-Jahren Preise und Lieferquoten für einzelne Regionen abgesprochen und eine marktbeherrschende Position gewonnen. Mit dieser Begründung verhängte das Bundeskartellamt Mitte April gegen sie ein Bußgeld von insgesamt 661 Mio. €, die höchste von dieser Instanz bisher ausgesprochene Strafe. Einige der Unternehmen kündigten Klage gegen den Bescheid vor dem OLG Düsseldorf an. Weitere Verfahren der Bonner Wettbewerbshüter waren noch gegen insgesamt 13 Zementproduzenten anhängig.

Zentralafrikanische Republik

Hauptstadt: Bangui
Einwohner: 3,8 Mio.
Einwohner/km²: 6
Staatsoberhaupt: F. Bozizé (seit 15. 3. 2003)
Regierungschef: A. Goumba (seit 1. 4. 2003)
BIP/Einwohner: 274 US-$

Das Militär unter Führung des ehem. Armeechefs FRANÇOIS BOZIZÉ stürzte am 15. März Präs. ANGE-FELIX PATASSÉ. Die Rebellen, die bereits im Okt. 2002 einen erfolglosen Putschversuch unternommen hatten, nutzten die Abwesenheit des Präs. zum Putsch. BOZIZÉ setzte die Verfassung außer Kraft und löste das Parlament auf. Am 1. April ernannte er eine 25-köpfige Reg., die er selbst als Übergangsreg. bezeichnete und die bis zu Neuwahlen Ende 2005 im Amt bleiben soll. Ihr gehören Politiker verschiedener Parteien sowie Militärvertreter an. Im Okt. hob BOZIZÉ die bei der Machtübernahme verhängte Ausgangssperre auf. ■

Zentralafrikanische Republik
Inflationsrate (Veränderung der Verbraucherpreise in %)

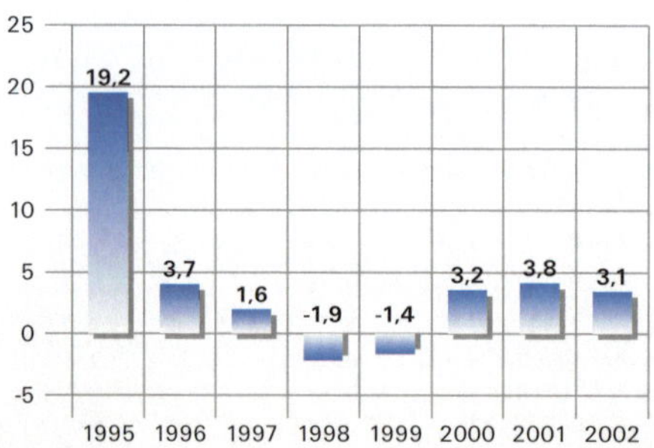

Zentrum gegen Vertreibung, geplante Erinnerungsstätte an Flucht und Vertreibung in Europa im Gefolge des Zweiten Weltkriegs. Das Projekt wird von der im Jahr 2000 vom Bund der Vertriebenen (BdV) gegr. ›Stiftung Z. g. V.‹ vorangetrieben, Stiftungspräs. sind die BdV-Vors. ERIKA STEINBACH und der Kommunikationswissenschaftler und SPD-Politiker PETER GLOTZ.

Die im Juli veröffentlichte Absicht der Stiftung, im Berliner Stadtteil Kreuzberg einen ehem. Luftschutzbunker erwerben zu wollen, um in ihm die Gedenk- und Erinnerungsstätte zu errichten, löste heftige Kontroversen aus und wurde v. a. in Polen und der Tschech. Rep. scharf verurteilt. Dort wurde befürchtet, ein Vertriebenenzentrum in Berlin werde eine selektive nat. Erinnerungskultur befördern und den hist. und gesamteurop. Kontext vernachlässigen, insbes. auch die dt. Schuld relativieren.
Während eines Treffens Ende Okt. sprachen sich Bundespräs. JOHANNES RAU und der poln. Präs. ALEXANDER KWAŚNIEWSKI in ihrer ›Danziger Erklärung‹ für ein europ. Dokumentationszentrum aus, in dem allen Opfern von Vertreibung, Umsiedlung und Flucht gemeinsam gedacht werden sollte. Eine solche übernat. Einrichtung wird von der Bundesreg. und vielen europ. Intellektuellen unterstützt. Die Frage nach dem Standort blieb ungeklärt.

■ Catherine Zeta-Jones als Nachtclubsängerin Velma Kelley in dem Musicalfilm ›Chicago‹

Zeta-Jones, Catherine, brit. Sängerin und Schauspielerin, * Mumbles (Swansea) 25. 9. 1969. – Für ihre Rolle als Nachtclubsängerin in dem Musicalfilm ›Chicago‹ erhielt Z.-J. am 23. März den ›Oscar‹ als beste weibl. Nebendarstellerin.
Dem brit. TV-Publikum wurde Z.-J. 1991 durch die Erfolgsserie ›The Darling Buds of May‹ bekannt. Nach versch. Bühnenengagements, Kino- und TV-Rollen gelang ihr mit dem Abenteuerfilm ›Die Maske des Zorro‹ (1998) der internat. Durchbruch. Sie spielte u. a. neben SEAN CONNERY in ›Verlockende Falle‹ (1999) und in STEVEN SODERBERGHS ›Traffic‹ (2001). Ihr neuester Film, die turbulente Screwballkomödie ›Ein (un)mögl. Härtefall‹ (2003), zeigt sie als gewiefte Heiratsschwindlerin an der Seite von GEORGE CLOONEY.

Zinssteuer: Der Rat der EU-Finanzmin. (Ecofin-Rat) einigte sich am 3. Juni auf eine grenzüberschreitende Z. mit Wirkung ab 2005. Die entsprechende Richtlinie (Rahmengesetz) sieht in zwölf EU-Staaten einen gegenseitigen Informationsaustausch über Kapitalerträge von Nichtgebietsansässigen vor. Ausnahmen gelten zunächst für Belgien,

Luxemburg und Österreich. Diese Länder werden ab 2005 eine Quellensteuer auf Zinserträge von mind. 15 %, ab 2008 von mind. 20 % und ab 2011 von 35 % einführen; die Einnahmen fließen zu 75 % an das Land, in dem der Anleger wohnt. Ihr Bankgeheimnis müssen die drei Staaten erst aufheben, wenn die EU einstimmig feststellt, dass Drittstaaten wie die Schweiz ebenfalls Kontrollmitteilungen einführen.
Die Einigung in der EU machte in Deutschland den Weg frei für eine Abgeltungssteuer auf Zinserträge; sie sollte ursprünglich mit der geplanten Steueramnestie (→ Steuerpolitik) verabschiedet werden, wurde jedoch von der Bundesreg. verschoben. Zinseinnahmen aus Kapitalvermögen würden dann pauschal mit 25 % belastet; die Einkommensteuer gälte damit als abgegolten. Die Sparerfreibeträge könnten erhalten bleiben; erst oberhalb dieser Grenzen würde die Z. erhoben. Steuerpflichtige mit einem individuellen Steuersatz von weniger als 25 % erhielten über die Einkommensteuererklärung die zu viel gezahlten Beträge zurück. Bis zur Neuregelung müssen Zinserträge noch mit dem persönl. Einkommensteuersatz versteuert werden.

Als Nachfolger des ermordeten Zoran Djindjić wählt das Parlament in Belgrad dessen langjährigen Mitarbeiter Zoran Živković am 18. März zum serbischen Ministerpräsidenten

Živković, Zoran, serb. Politiker (Demokrat. Partei, DS), *Niš 22.12. 1960. – Nach der Ermordung des serb. MinPräs. ZORAN DJINDJIĆ am 12. März wählte das Parlament am 18. März den bisherigen jugoslaw. Innenmin. Ž. zum Nachfolger. Der langjährige Weggefährte von DJINDJIĆ, seit 1994 sein Stellv. in der Partei, übernahm auch die Führung der DS, konnte sich als parteienübergreifende Autorität auf der polit. Bühne und in der Öffentlichkeit jedoch nicht durchsetzen. Ohne Aussicht, den Zerfall des regierenden Parteienbündnisses DOS aufhalten zu können, setzte er für den 28. Dez. Neuwahlen für das Parlament an und verzichtete auf eine Spitzenkandidatur.
Ž. studierte Wirtschaftswiss. in Belgrad. 1992 schloss er sich der von DJINDJIĆ gegr. DS an, übernahm die Parteiführung in seiner Heimatstadt Niš. und wurde ins serb. Parlament gewählt (1993–97). 1996 organisierte er in Südserbien die demokrat. Opposition gegen das Milošević-Regime und wurde Bürgermeister von Niš. Im Jahr 2000 wiedergewählt, wechselte er nach dem Sturz des serb. Präs. SLOBODAN MILOŠEVIĆ nach Belgrad und wurde Innenmin. der Bundesrep. Jugoslawien.

Der neue Freiburger Erzbischof Robert Zollitsch nach seiner Weihe mit Gratulanten vor dem Freiburger Münster

Zollitsch, Robert, kath. Theologe, *Filipovo (Jugoslawien) 9.8. 1938. – Am 20. Juli wurde Z. in sein Amt als 14. Erzbischof von Freiburg eingeführt. Er folgt OSKAR SAIER nach, der 2002 in den Ruhestand getreten war. Freiburg ist mit 2,1 Mio. Katholiken nach Köln das zweitgrößte dt. Bistum.
Nach Vertreibung und Flucht siedelte Z. mit seiner Familie 1946 in den Landkr. Tauberbischofsheim und 1953 nach Mannheim um. Nach dem Studium der Theologie in Freiburg und München wurde er 1965 zum Priester geweiht und promovierte 1974. Seit 1983 war Z. Personalreferent des Erzbistums und somit verantwortlich für den Einsatz aller in der Seelsorge tätigen Mitarbeiter.

Zschernitz, → Adonis von Zschernitz.

Zürich: Eine internat. Studie zeichnete Z. als Stadt mit der weltweit höchsten Lebensqualität aus. Z. ist Hauptstadt des gleichnamigen Kantons und mit 340 000 Ew. die größte Stadt der Schweiz. Das Prädikat wurde der Stadt zum dritten Mal in Folge verliehen.
Der sog. Quality of Living Report wird jährlich von dem Londoner Unternehmen William Mercer durchgeführt, um weltweit operierenden Firmen Hinweise für ihre Auslandsaktivitäten zu liefern. Im Rahmen dieser Studie wird die Lebensqualität von insgesamt 215 Großstädten auf der ganzen Welt untersucht. Die Bewertung erfolgt nach 39 Kriterien, darunter die polit. und wirtschaftl. Situation, Einkaufsmöglichkeiten, das kulturelle Angebot sowie die Qualität des Bildungswesens, des Wohnungswesens und der Gesundheitsversorgung. Die Sieger-

stadt Z. war den anderen Städten v.a. in den Bereichen Arbeiten, Wohnen, Freizeit, Bildung und Sicherheit überlegen. Auf Platz zwei der Studie rangierte Wien, gefolgt von Vancouver, Sydney, Genf und Frankfurt am Main.

Zuwanderung: Nach der Nichtigkeitserklärung des Bundesverfassungsgerichts aus formalen Gründen vom 18.12. 2002 beschloss der Bundestag das von der Bundesreg. als unveränderte Vorlage erneut eingebrachte Gesetz zur Z. am 9. Mai mit der Mehrheit der rot-grünen Koalition. Zuvor war die Suche nach einem Kompromiss gescheitert, als die CDU/CSU-Fraktion mehr als 100 Änderungsforderungen angemeldet hatte.
Erwartungsgemäß lehnte der Bundesrat den Entwurf mit der Mehrheit der unionsgeführten Bundesländer ab. Im Vermittlungsausschuss beharrten die Unionsvertreter im Nov. darauf, das neue Gesetz müsse darauf angelegt sein, jede Art von weiterer Z. zu vermeiden. Im Gegenzug deuteten sie die Bereitschaft an, durch ein Integrationsgesetz den Aufenthaltsstatus von Flüchtlingen zu verbessern.
Am 26. Mai konstituierte sich der ›Sachverständigenrat für Z. und Integration‹ unter Vorsitz der ehem. Bundestagspräs. RITA SÜSSMUTH (CDU). Nach dem Vorbild der fünf ›Wirtschaftsweisen‹, die jährlich der Bundesreg. über die konjunkturelle Entwicklung berichten, soll die unabhängige Kommission in jedem Juni Empfehlungen zur Zuwanderungspolitik vor dem Hintergrund der weltweiten Entwicklung der Flucht- und Wanderungsbewegungen abgeben. Das dem Nürnberger Bundesamt für die Anerkennung ausländ. Flüchtlinge zugeordnete Gremium ist mit sechs Experten aus Wirtschafts- und Kommunalverbänden, Gewerkschaften sowie der Migrationsforschung besetzt. Urspr. sollte der Zuwanderungsrat auf der Grundlage des Zuwanderungsgesetzes gebildet werden. Nach dessen Scheitern veranlasste Bundesinnenmin. OTTO SCHILY (SPD) seine Konstituierung per Erlass.

Mit einer groß angelegten Razzia zerschlägt die Polizei am 7. Oktober einen Menschenhändlerring im Großraum Hamburg

Zwangsprostitution: Das Berliner Landgericht eröffnete am 18. Nov. den Prozess gegen drei mutmaßl. Menschenhändler aus der Ukraine und Polen, die einen Callgirl-Ring betrieben haben. Sie sollen mind. 15 Frauen aus Osteuropa, die meisten von ihnen mit Gewalt oder durch Täuschung, nach Berlin geholt und zur Prostitution gezwungen haben. Die Ermittlungen in diesem Fall brachten die → Friedman-Affäre ins Rollen. Diese lenkte die öffentl. Aufmerksamkeit auch auf den Skandal, dass sich Prominente aus Medien und Politik, ohne sich

Blick über die Altstadt von Zürich mit dem Zürichsee im Hintergrund

strafbar zu machen, vielfach als Kunden an der sexuellen Ausbeutung von Frauen beteiligen, die sich als Opfer der organisierten Kriminalität illegal in Deutschland aufhalten und zu ihren jeweiligen ›Dienstleistungen‹ mit psych. und körperl. Gewalt gezwungen werden.
Das Bundeskriminalamt geht von 140 000 osteurop. Prostituierten in Deutschland aus. Von den etwa 800 Opfern, die im Zuge der 289 Ermittlungsverfahren im Jahr 2002 erfasst wurden, war mehr als die Hälfte der Frauen getäuscht und mit falschen Versprechen nach Deutschland gelockt worden, zwei Drittel der Opfer waren mit Gewalt zur Prostitution gezwungen worden.
Die Verfolgung der Menschenhändler erschwert nicht zuletzt die Praxis der Ausländerbehörden, illegale Prostituierte in ihre Heimat abzuschieben, ohne ihre Fälle aufzunehmen. Auf diese Opfer können sich die Strafverfolgungsbehörden bei der Erbringung von Tatnachweisen nicht mehr stützen. Das im Jahr 2000 angenommene Zusatzprotokoll über Menschenhandel zur UNO-Konvention gegen das organisierte Verbrechen gewährleistet Opfern von Zwangsprostitution eine Aufenthaltserlaubnis. In Deutschland ist es noch nicht in Kraft.

Zwickel, Klaus, Gewerkschaftsfunktionär (SPD), *Heilbronn 31.5. 1939. – Wenige Wochen vor seinem geplanten Ausscheiden legte Z. den Vorsitz der → IG Metall nieder und zog damit die Konsequenz aus seiner Niederlage im Konflikt mit dem Zweiten Vors. JÜRGEN PETERS. Z. muss sich ab Jan. 2004 vor dem Landgericht Düsseldorf im Fall der → Mannesmannübernahme durch Vodafone verantworten.
Der gelernte Werkzeugmacher leitete seit 1968 zunächst die Bezirksverw. der IG Metall in Neckarsulm, dann in Stuttgart, bevor er 1986 in den geschäftsführenden Hauptvorstand aufrückte. 1993 trat er an die Spitze der größten Einzelgewerkschaft der Welt.

Zypern

Hauptstadt: Nikosia
Einwohner: 765 000
Einwohner/km^2: 82
Staatsoberhaupt und Regierungschef:
T. Papadopoulos
(seit 1.3. 2003)
BIP/Einwohner:
15 742 US-$

Papadopoulos neuer Präsident

Bei den Präsidentschaftswahlen der Rep. Z. am 16. Febr. setzte sich überraschend schon im ersten Wahlgang TASSOS PAPADOPOULOS mit 51,3 % der Stimmen gegen den seit zehn Jahren regierenden Amtsinhaber GLAFKOS KLERIDES (38,1 %) durch. KLERIDES hatte im Wahlkampf für eine Annahme des UNO-Friedensplanes für Z. geworben, über den seit Nov. 2002 verhandelt wurde. Sein Herausforderer kritisierte hingegen den UNO-Vorschlag, der die Wiedervereinigung Z.s durch die Bildung eines Bundesstaates aus dem griech.-zypr. (Rep. Z.) und dem türk.-zypr. Teil (der international nicht anerkannten ›Türk. Rep. Nord-Z.‹) vorsah. Mit der Wahl von PAPADOPOULOS ist der UNO-Friedensplan gescheitert, zumal ihn auch der Präs. Nord-Z.s, RAUF DENKTASCH, abgelehnt hatte. – PAPADOPOULOS bildete Ende Febr. eine neue Koalitionsreg. aus seiner rechtskonservativen Demokrat. Partei (DIKO), der postkommunist. AKEL und der sozialdemokrat. KISOS.

EU-Beitritt

Obwohl also die Teilung der Insel weiter bestehen bleibt, unterzeichnete PAPADOPOULOS, der völkerrechtlich Gesamt-Z. vertritt, am 16. April in Athen die EU-Beitrittsverträge. Das Parlament der Rep. Z. ratifizierte die Verträge am 14. Juli einstimmig. Damit bleibt das türk. Nord-Z. vorerst von einem EU-Beitritt ausgeschlossen.

Proteste in Nord-Zypern

DENKTASCHS ablehnende Haltung zum UNO-Friedensplan stieß bei der Bevölkerung Nord-Z.s zunehmend auf Kritik. Am 14. Jan. demonstrierten im türk. Teil Nikosias 50 000 Menschen für eine Annahme des Plans. Um von der wachsenden Kritik an seiner Politik abzulenken, ließ DENKTASCH am 23. April die Grenze der seit 1974 geteilten Insel öffnen. Allein in den ersten zwei Wochen besuchten sich 200 000 Zyprer beider Inselteile gegenseitig. Mehr als 20 000 türk. Zyprer stellten im Lauf des Jahres einen Antrag auf Staatsbürgerschaft im Süden. Dadurch werden sie nach dem EU-Beitritt der Rep. Z. am 1.5. 2004 als EU-Bürger anerkannt.

Politisches Patt

Bei den Parlamentswahlen in Nord-Z. am 14. Dez. büßte das Parteienlager des Präs. rd. 18 Prozentpunkte ein und kam auf 46 % der Stimmen, während die Opposition um knapp 20 Prozentpunkte auf 48,5 % zulegte. Dennoch konnte sie nicht allein die Reg. bilden, weil sie mit 25 der 50 Parlamentssitze über keine Mehrheit verfügt. Gleichfalls können die nationalist. Konservativen erstmals seit 30 Jahren nicht mehr allein regieren. Die Wahlen galten als eine Art Referendum darüber, ob sich der Nordteil mit dem griech. Teil im Süden der Insel nach 29 Jahren der Trennung wieder vereinigen sollte, sodass im Mai 2004 ein gemeinsamer Beitritt zur EU möglich wäre. Die pro-europäische Opposition unter Führung von MEHMET ALI TALAT von der Republikan. Türk. Partei (19 Sitze) hatte für den Fall eines Sieges angekündigt, die Gespräche über eine Wiedervereinigung unter Schirmherrschaft der UNO wieder aufzunehmen und sie so schnell wie möglich zu einem positiven Ergebnis zu führen.
Innerhalb von zwei Monaten müssen die Parteien einen Ausweg aus dieser Pattsituation finden, andernfalls muss die Parlamentswahl noch einmal wiederholt werden. ■

Abich, Hans Karl Heinrich, Filmproduzent und Rundfunkpublizist, * 1918, † Freiburg 17.7.2003
Aga Khan, Prinz Sadruddin, iran. Philanthrop und Umweltschützer, * 1933, † Boston (Mass.) 12.5.2003
Agnelli, Giovanni (Gianni), italien. Industrieller, * 1921, † Turin 24.1.2003
Alijew, Hajdar, aserbaidschan. Politiker, * 1923, † Cleveland (Oh.) 13.12.2003
Amin Dada, Idi, ugand. Politiker, * 1925, † Djidda 16.8.2003
Arana Osorio, Carlos Manuel, guatemaltek. Militär und Politiker, * 1921, † Guatemala 6.12.2003
Arnie, Ralf, Komponist, * 1924, † Hamburg 19.1.2003
Autrum, Hansjochem, Zoologe, * 1907, † München 23.8.2003
Azzaro, Loris, italien. Modeschöpfer, * 1933, † Paris 20.11.2003

Die Mezzosopranistin Fedora Barbieri wurde in Deutschland vor allem durch gemeinsame Plattenaufnahmen mit Maria Callas bekannt

Bachmann, Guido, schweizer. Schriftsteller, * 1940, † St. Gallen 19.10.2003
Bäcker, Heimrad, österr. Schriftsteller und Verleger, * 1925, † Linz 8.5.2003
Baj, Enrico, italien. Maler und Kunsttheoretiker, * 1924, † Vergiate (Prov. Varese) 16.6.2003
Banana, Canaan Sodingo, simbabw. Politiker, * 1936, † Harare 10.11.2003
Barbieri, Fedora, italien. Opernsängerin, * 1919, † Florenz 4.3.2003
Baumann, Jürgen, Jurist, * 1922, † Tübingen 26.11.2003
Baumgart, Reinhard, Schriftsteller und Literaturkritiker, * 1929, † Berlin 2.7.2003
Bause, Arndt, Komponist, * 1936, † Berlin 11.2.2003
Behling, Heinz, Karikaturist, Zeichner und Kinderbuchautor, * 1920, † Berlin 5.6.2003
Ben Khedda, Yousouf, alger. Politiker, * 1920, † Algier 4.2.2003
Bergson, Abram, amerikan. Wirtschaftstheoretiker, * 1914, † Cambridge (Mass.) 23.4.2003
Berio, Luciano, italien. Komponist und Dirigent, * 1925, † Rom 27.5.2003
Bettger, Lyle, amerikan. Schauspieler, * 1915, † Atascadero (Calif.) 24.9.2003
Beutler, Christian, Kunsthistoriker, * 1923, † Frankfurt am Main 1.3.2003
Bielenberg, Christabel, brit. Journalistin und Schriftstellerin, * 1909, † Irland 2.11.2003
Blake, Lord Robert Norman William, brit. Historiker und Schriftsteller, * 1916, † Brundall (Norfolk) 20.9.2003
Blanchot, Maurice, frz. Schriftsteller und Literaturkritiker, * 1907, † Paris 20.2.2003
Boesch, Hans, schweizer. Schriftsteller, * 1926, † Stäfa 21.6.2003
Boghossian, Alexander (Skunder), äthiop. Maler, * 1937, † Washington 4.5.2003
Bolano, Roberto, chilen. Schriftsteller, * 1953, † Barcelona 15.7.2003
Bolewski, Hans, Theologe, * 1912, † Hannover 17.11.2003
Bölkow, Ludwig, Flugzeugkonstrukteur, * 1912, † Grünwald (bei München) 25.7.2003
Bondy, François, schweizer. Publizist und Schriftsteller, * 1915, † Zürich 27.5.2003
Borel, Armand, amerikan. Mathematiker, * 1923, † Princeton (N. J.) 11.8.2003
Brakhage, Stan, amerikan. Filmregisseur, * 1933, † Victoria (British Columbia) 9.3.2003
Brandt, Jürgen, General, * 1922, † Meckenheim (Rhein-Sieg-Kreis) 26.7.2003
Brauchitsch, Manfred von, Autorennfahrer, * 1905, † Gräfenwarth (bei Schleiz) 5.2.2003
Brockhouse, Bertram Neville, kanad. Physiker, * 1918, † Hamilton (Prov. Ontario) 13.10.2003

Zu den größten Erfolgen des Schauspielers Charles Bronson zählte der Thriller ›Ein Mann sieht rot‹

Bronson, Charles, amerikan. Filmschauspieler, * 1921, † Los Angeles (Calif.) 30.8.2003

Brumel, Walerij, russ. Hochspringer, * 1942, † Moskau 26.1.2003
Buchholz, Horst, Schauspieler, * 1933, † Berlin 3.3.2003
Burckhardt, Lucius, schweizer. Architekt, * 1925, † Basel 26.8.2003
Bykow (Bykau), Wassili Wladimirowitsch, weißruss. Schriftsteller, * 1924, † Minsk 22.6.2003

Campos, Haroldo de, brasilian. Schriftsteller, * 1929, † Sao Paulo 16.8.2003
Carney, Art, amerikan. Schauspieler, * 1918, † Chester (Conn.) 9.11.2003
Carter Cash, June, amerikan. Sängerin, * 1929, † Nashville (Tenn.) 15.5.2003

Der amerikanische Countrymusiker Johnny Cash 1968 mit seiner Frau, der Sängerin June Carter

Carter, Benny, amerikan. Jazzmusiker, * 1907, † Los Angeles (Calif.) 12.7.2003
Cash, Johnny, amerikan. Countrysänger, * 1932, † Nashville (Tenn.) 12.9.2003
Chadwick, Lynn, brit. Bildhauer, * 1914, † Stroud 25.4.2003
Chiang Kai-shek, Madame, chin. Ehefrau von Chiang Kai-shek, * 1897, † New York 23.10.2003
Choukri, Mohammed, marokkan. Schriftsteller, * 1935, † Rabat 15.11.2003
Christiansen, Günther, Buchhändler, * 1926, † Hamburg 29.10.2003
Coenen, Lothar, Theologe, * 1925, † Osterwald 25.4.2003
Conable, Barber B., amerikan. Jurist und Finanzpolitiker, * 1922, † Sarasota (Fla.) 30.11.2003
Constantin, Michel, frz. Filmschauspieler, * 1924, † Draguignan 29.8.2003
Corelli, Franco, italien. Sänger, * 1921, † Mailand 29.10.2003
Coser, Lewis Alfred, amerikan. Soziologe, * 1913, † Cambridge (Mass.) 8.7.2003
Crepax, Guido, italien. Comicautor, * 1933, † Mailand 31.7.2003

›Salsakönigin‹ Celia Cruz bei einem Auftritt im spanischen Benicasim im Juli 2003

Cruz, Celia, kuban. Sängerin, * 1925, † Fort Lee (N. J.) 16.7.2003

Dacko, David, zentralafrikan. Politiker, * 1930, † Yaoundé 20.11.2003
Daddah, Mokhtar Ould, mauretan. Politiker, * 1924, † Paris 14.10.2003
Dankert, Pieter, niederländ. Politiker, * 1934, † Molitg-les-Bains (Dep. Pyrenees-Orientales) 21.6.2003
Dave, Dudley, amerikan. Musiker, * 1928, † Danburry (Wis.) 22.12.2003
Davidson, Donald, amerikan. Philosoph, * 1917, † Berkeley (Calif.) 30.8.2003
De Mello, Sergio Vieira, brasilian. Politiker, * 1948, † Bagdad 19.8.2003
Dehler, Wolfgang, Schauspieler, * 1936, † Rio de Janeiro 25.4.2003
Deray, Jacques, frz. Filmregisseur, * 1929, † Paris 10.8.2003
Dib, Mohammed, alger. Schriftsteller, * 1920, † bei Paris 2.5.2003
Djindjić, Zoran, serb. Politiker, * 1952, † Belgrad (ermordet) 12.3.2003
Dowiyogo, Bernard, Politiker von Nauru, * 1946, † Washington (D. C.) 9.3.2003
Durniok, Manfred, Filmproduzent, * 1934, † Berlin 7.3.2003

Edelmann, Otto, österr. Sänger, * 1917, † Wien 14.5.2003
Ederle, Gertrude, amerikan. Schwimmerin, * 1905, † Wyckoff (N. J.) 30.11.2003
Eisenberg, John Frederick, amerikan. Biologe, * 1935, † Bellingham (Wash.) 6.7.2003
Eisendle, Helmut, österr. Schriftsteller, * 1939, † Wien 20.9.2003
Emmerich, Lothar, Fußballspieler, * 1941, † Hemer (Märk. Kreis) 13.8.2003
Enright, Dennis Joseph, brit. Schriftsteller, * 1920, † London 7.1.2003

Fackenheim, Emil Ludwig, kanad. Philosoph und Theologe, * 1916, † Jerusalem 19.9.2003
Fassbind, Franz, schweizer. Schriftsteller und Komponist, * 1919, † Adliswil (Kt. Zürich) 9.7.2003

Ein Foto des UNO-Sonderbeauftragten im Irak, Sergio Vieira De Mello, neben einem Kondolenzbuch im UNO-Büro für Menschenrechte in Genf: De Mello starb infolge eines Terroranschlags in Bagdad

Maurice Gibb (links) bildete mit seinem Zwillingsbruder Robin (Mitte) und dem älteren Bruder Barry die legendäre Popgruppe Bee Gees. Das Foto entstand bei einem Auftritt in London 1998

Fast, Howard Melvin, amerikan. Schriftsteller, * 1914, † Old Greenwich (Conn.) 12.3.2003
Fiedler, Leslie A., amerikan. Literaturwissenschaftler und Schriftsteller, * 1917, † Buffalo (N. Y) 29.1.2003
Fischer, Kurt von, schweizer. Musikforscher, * 1913, † Bern 27.11.2003
Ford, Gorden Onslow, brit. Maler, * 1912, † Inverness (Calif). 16.11.2003
Frisé, Adolf, Journalist und Schriftsteller, * 1910, † Frankfurt am Main 2.5.2003
Frost, Sir Terry, brit. Maler, * 1915, † Newlyn (Cornwall) 1.9.2003
Fruchtmann, Karl, Fernsehregisseur, * 1916, † Bremen 10.6.2003

Galtieri, Leopoldo Fortunato, argentin. General, * 1926, † Buenos Aires 12.1.2003
Gardner, Herb, amerikan. Schriftsteller, * 1934, † New York 24.9.2003
Gaul, Winfred, Maler, * 1928, † Düsseldorf 3.12.2003
Gelber, Jack, amerikan. Dramatiker, * 1932, † New York 9.5.2003
Ghent, Emmanuel, amerikan. Komponist, * 1925, † New York 31.3.2003
Gibb, Maurice, brit.-austral. Popmusiker, * 1949, † Miami (Fla.) 12.1.2003
Gibson, Althea, amerikan. Tennisspielerin, * 1927, † East Orange (N. J.) 28.9.2003
Gironella, José Mariá, span. Schriftsteller, * 1917, † Arenys de Mar (bei Barcelona) 3.1.2003
Girotti, Massimo, italien. Schauspieler, * 1918, † Rom 6.1.2003
Giroud, Françoise, frz. Journalistin und Politikerin, * 1916, † Paris 19.1.2003
Goez, Werner, Historiker, * 1929, † Sterzing 13.7.2003
González, Rubén, kuban. Pianist, * 1919, † Havanna 8.12.2003
Goode, William Josiah, amerikan. Soziologe, * 1917, † Washington (D.C.) 4.5.2003

Die amerikanische Schauspielerin Katharine Hepburn brillierte u.a. 1951 in ›African Queen‹ zusammen mit Humphrey Bogart

Graber, Pierre, schweizer. Politiker, * 1908, † Lausanne 19.7.2003
Groer, Hans Hermann, österr. kath. Theologe, * 1919, † St. Pölten 24.3.2003
Guggenmos, Josef, Schriftsteller, * 1922, † Irsee 24.9.2003

Hacks, Peter, Schriftsteller, * 1928, † bei Berlin 28.8.2003
Hakulinen, Veikko, finn. Skilangläufer, * 1925, † Valkeakoski (Prov. Häme) 25.10.2003
Hallhuber, Erich, Schauspieler, * 1951, † München 21.9.2003
Harrison, Lou, amerikan. Komponist, * 1917, † Lafayette (Ind.) 2.2.2003
Hasenau, Beate, Schauspielerin, Kabarettistin und Chansonnette, * 1936, † Hamburg 1.10.2003

Beate Hasenau bei Aufnahmen für die NDR-Fernsehserie ›Großstadtrevier‹; sie begann als Kabarettistin in den 1970er-Jahren bei den Berliner ›Stachelschweinen‹

Hatfield, Bobby, amerikan. Sänger, * 1940, † Kalamazoo (Mich.) 5.11.2003
Heimann, Alexander, schweizer. Schriftsteller, * 1937, † Bern 28.5.2003
Hemmings, David, brit. Schauspieler, * 1941, † Rumänien 3.12.2003
Hepburn, Katharine, amerikan. Filmschauspielerin, * 1907, † Old Saybrook (Conn.) 29.6.2003
Hiller, Dame Wendy, brit. Schauspielerin, * 1912, † Beaconsfield 14.5.2003
Hilligen, Wolfgang, Sozialwissenschaftler, * 1916, † Wiesbaden 13.1.2003
Hirsal, Josef, tschech. Schriftsteller, * 1920, † Prag 15.9.2003
Hirschfeld, Al, amerikan. Karikaturist, * 1903, † New York 20.1.2003
Hokanson, Leonard, amerikan. Pianist, * 1931, † Bloomington (Ind.) 21.3.2003
Höllerer, Walter, Schriftsteller, * 1922, † Berlin 20.5.2003

Hope, Bob, amerikan. Komiker, * 1903, † Toluca Lake (Calif.) 27.7.2003
Hotter, Hans, Sänger, * 1909, † München 6.12.2003

Ishii, Maki, japan. Komponist, * 1936, † bei Tokio 8.4.2003
Istomin, Eugene George, amerikan. Pianist, * 1925, † Washington (D.C.) 10.10.2003
Izetbegović, Alija, bosnisch-herzegowin. Politiker, * 1925, † Sarajevo 19.10.2003

Japrisot, Sebastien, frz. Kriminalautor, * 1931, † Vichy 4.3.2003
Jenkins, Roy Harris, brit. Politiker, * 1920, † East Hendred (Oxfordshire) 5.1.2003
Joans, Ted, amerikan. Schriftsteller (eigtl. Theodore Jones), * 1928, † Vancouver (British Columbia) 7.5.2003

Kamen, Michael, brit. Filmkomponist, * 1948, † London 18.11.2003
Kartte, Wolfgang, Volkswirtschaftler, * 1927, † Berlin 21.3.2003
Kasack, Wolfgang, Slawist, * 1929, † Much 10.1.2003
Katz, Sir Bernard, brit. Biophysiker, * 1911, † London 20.4.2003
Kazan, Elia, amerikan. Regisseur, * 1909, † New York 28.9.2003
Kellner, Lonny, Schauspielerin und Sängerin, * 1930, † Hamburg 22.1.2003
Kempson, Rachel, brit. Schauspielerin, * 1910, † New York 23.5.2003
Kerbel, Lew, russ. Bildhauer, * 1917, † Moskau 14.8.2003
Keutner, Herbert, Kunsthistoriker, * 1916, † Köln 6.10.2003
Kiechle, Ignaz, Politiker, * 1930, † Kempten (Allgäu) 2.12.2003

Der CSU-Politiker Ignaz Kiechle saß von 1969 bis 1994 im Bundestag, 1983-93 war er Bundeslandwirtschaftsminister

Kitzinger, Ernst, Kunsthistoriker, * 1912, † Poughkeepsie (N. Y.) 22.1.2003
Klimow, Elem Germanowitsch, russ. Filmregisseur, * 1933, † Moskau 26.10.2003
Kling, Karl, Automobilrennfahrer, * 1910, † Hemmenhofen 18.3.2003
Klinger, Kurt, österr. Schriftsteller, * 1928, † Wien 23.4.2003
Kluxen, Kurt, Historiker, * 1911, † 16.4.2003
Knepler, Georg, Musikwissenschaftler, * 1906, † Berlin 14.1.2003
Knie, Fredy, schweizer. Zirkusdirektor, * 1920, † bei Zürich 11.10.2003

Zirkuschef Fredy Knie zeigte 1990 in Zürich bei einer Galavorstellung zu Ehren seines 70. Geburtstags seine berühmte Pferdedressurnummer

Knobloch, Heinz, Schriftsteller, * 1926, † Berlin 24.7.2003
Koschatzky, Walter, österr. Kunsthistoriker, * 1921, † Wien 9.5.2003
Kosík, Karel, tschech. Philosoph, * 1926, † Prag 21.2.2003
Kourouma, Ahmadou, ivor. Schriftsteller, * 1927, † Lyon 11.12.2003
Krekeler, Heinz L., Chemiker und Politiker, * 1906, † Bad Salzuflen 5.8.2003
Kriegel, Volker, Jazzgitarrist u. -komponist, * 1943, † in Spanien 14.6.2003
Krohn, Karlhans, Spieleautor, * 1908, † Idstein 4.6.2003
Krüger, Pit, Schauspieler und Kabarettist, * 1934, † Frankfurt am Main 6.11.2003
Kupferman, Meyer, amerikan. Komponist, * 1926, † bei Rhinebeck (N. Y.) 3.12.2003

Lagardère, Jean-Luc, frz. Unternehmer, * 1928, † Paris 14.3.2003
Leonhardt, Rudolf Walter, Publizist, * 1921, † Hamburg 30.3.2003

Schwedens Außenministerin Anna Lindh erlag nach einem Messerattentat in einem Stockholmer Kaufhaus ihren Verletzungen

Lindh, Anna, schwed. Außenministerin, * 1957, † Stockholm (ermordet) 11.9.2003
Llamas, Armando, span.-frz. Dramatiker und Übersetzer, * 1950, † Paris 29.5.2003
Lutz, Dieter S., Politikwissenschaftler und Friedensforscher, * 1949, † Berlin 13.1.2003

Machovec, Milan, tschech. Philosoph, * 1925, † Prag 15.1.2003
Mäder, Otmar, schweizer. Bischof (St. Gallen), * 1921, † St. Gallen 25.4.2003

Der Modeschöpfer Heinz Oestergaard kreierte nicht nur Haute Couture, sondern entwarf auch Versandhausmode für ein breites Publikum

Malipiero, Riccardo, italien. Komponist, * 1914, † Mailand 27.11.2003
Malkowski, Rainer, Schriftsteller, * 1939, † Brannenburg 1.9.2003
Mann, Herbie, amerikan. Jazzflötist, * 1930, † Pecos (bei Santa Fé, N. Mex.) 1.7.2003
Marinho, Roberto, brasilian. Verleger, * 1904, † Rio de Janeiro 6.8.2003
Mascioni, Grytzko, schweizer. Schriftsteller, * 1936, † Brusio (Kt. Graubünden) 12.9.2003
Mauldin, Bill, amerikan. Karikaturist, * 1922, † Newport Beach (Calif.) 22.1.2003
Meissner, Boris, Jurist und Ostwissenschaftler, * 1915, † Köln 10.9.2003
Menze, Clemens, Erziehungswissenschaftler, * 1928, † Köln 12.10.2003
Mertens, Klaus, Schauspieler, * 1928, † Berlin 27.4.2003
Merton, Robert King, amerikan. Soziologe, * 1910, † New York 23.2.2003
Merz, Mario, italien. Künstler, * 1925, † Turin 9.11.2003
Modigliani, Franco, amerikan. Volkswirtschaftler, * 1918, † Cambridge (Mass.) 25.9.2003
Mohler, Armin, Publizist, * 1920, † München 8. 7. 2003
Moix, Terenci, katal.-span. Schriftsteller, * 1943, † Barcelona 2.4.2003
Möllemann, Jürgen W., Politiker, * 1945, † Marl 5.6.2003
Monteforte Toledo, Mario, guatemaltek. Soziologe, Schriftsteller und Politiker, * 1911, † Guatemala 4.9.2003
Monterroso, Augusto, guatemaltek. Schriftsteller, * 1921, † Mexiko-Stadt 7.2.2003
Monti, Eugenio, italien. Bobfahrer, * 1928, † Cortina d'Ampezzo 30.11.2003
Mora, Ute, Schauspielerin, * 1945, † München 3.9.2003
Moynihan, Daniel Patrick, amerikan. Politiker, * 1927, † Washington (D. C.) 26.3.2003
Mühlher, Robert, österr. Literaturwissenschaftler, * 1910, † Wien 23.6.2003
Müller, Robert, schweizer. Bildhauer, * 1920, † Villiers-le-Bel (Dép. Val-d'Oise) 15.10.2003

Oestergaard, Heinz, Modedesigner, * 1916, † Bad Reichenhall 10.5.2003
Osborne, Adam, amerikan. Computerpionier, * 1939, † Kodiakanal (Indien) 18.3.2003
Oteiza, Jorge, span. Bildhauer, * 1908, † San Sebastian 7.4.2003
Otto, Herbert, Schriftsteller, * 1925, † Ahrenshoop 23. 8. 2003

Pahlen, Kurt, österr.-argentin. Dirigent, * 1907, † Lenk (Kt. Bern) 24.7.2003
Papp, László, ungar. Boxer, * 1926, † Budapest 15.10.2003
Pawlow, Walentin Sergejewitsch, russ. (sowjet.) Politiker, * 1937, † Moskau 30.3.2003
Peck, Gregory, amerikan. Schauspieler, * 1916, † Los Angeles (Calif.) 12.6.2003
Petrassi, Goffredo, italien. Komponist, * 1904, † Rom 3.3.2003
Pfitzmann, Günter, Schauspieler und Kabarettist, * 1924, † Berlin 30.5.2003
Philipp, Gunther, Schauspieler und Kabarettist, * 1918, † Bonn 2.10.2003
Pialat, Maurice, frz. Filmregisseur, * 1925, † Paris 11.1.2003
Pintor, Luigi, italien. Journalist, * 1925, † Rom 17.5.2003
Piontek, Heinz, Schriftsteller, * 1925, † Rotthalmünster (Landkreis Passau) 25.10.2003
Pontiggia, Giuseppe, italien. Schriftsteller, * 1934, † Mailand 27.6.2003
Postman, Neil, amerikan. Publizist, * 1931, † Flushing bei New York 5.10.2003
Poujade, Pierre, frz. Politiker, * 1920, † La Bastide L'Eveque (Dép. Aveyron) 27.8.2003
Prawy, Marcel, österr. Musikwissenschaftler, * 1911, † Wien 23.2.2003
Prechtl, Michael Mathias, Maler, Zeichner und Grafiker, * 1926, † Nürnberg 19.3.2003
Price, Cedric, brit. Architekt, * 1934, † London 10.8.2003
Prigogine, Ilya, belg. Physikochemiker, * 1917, † Brüssel 28.5.2003
Prinz, Friedrich, Historiker, * 1928, † 27.9.2003
Prisco, Michele, italien. Schriftsteller, * 1920, † Neapel 19.11.2003

Quadflieg, Will, Schauspieler und Regisseur, * 1914, † bei Bremen 27.11.2003

Will Quadflieg spielte bei seinem Abschied von der Bühne 1999 im Hamburger Thalia-Theater den Boten Ferapont in Tschechows ›Drei Schwestern‹

Queirós, Raquel de, brasilian. Schriftstellerin, * 1910, † Rio de Janeiro 4.11.2003

Rahn, Helmut, Fußballspieler, * 1929, † Essen 13.8.2003
Raine, Kathleen Jessie, engl. Lyrikerin und Kritikerin, * 1908, † London 6.7.2003
Rasmussen, Norman, amerikan. Kernphysiker, * 1927, † Concord (Mass.) 18.7.2003
Redding, Noel, brit. Gitarrist und Bassist, * 1945, † Clonakilty (Irland) 11.5.2003
Redgrove, Peter William, brit. Schriftsteller, * 1932, † Falmouth (Cty. Cornwall) 16.6.2003
Reina Idíaquez, Carlos Roberto, honduran. Politiker, * 1926, † Tegucigalpa 19.8.2003
Rentzsch, Gerhard, Hörspielautor, * 1926, † Berlin 1.6.2003
Restany, Pierre, frz. Kunstkritiker, * 1930, † Paris 29.5.2003
Riefenstahl, Leni, Tänzerin, Filmschauspielerin und -regisseurin, * 1902, † Pöcking (am Starnberger See) 8.9.2003
Riehl-Heyse, Herbert, Journalist und Publizist, * 1940, † Eichenau (bei Fürstenfeldbruck) 23.4.2003
Ringier, Hans, schweizer. Unternehmer, * 1906, † Zofingen 6.4.2003
Robbins, Frederick Chapman, amerikan. Bakteriologe und Kinderarzt, * 1916, † Cleveland (Oh.) 4.8.2003
Roc, Patricia, amerikan. Schauspielerin, * 1915, † Locarno 30.12.2003
Rosenbluth, Marshall Nicholas, amerikan. Physiker, * 1927, † San Diego (Calif.) 28.9.2003
Rosenfeld, Gerhard, Komponist, * 1931, † bei Potsdam 5.3.2003
Rosenkranz, Moses, rumän. Schriftsteller, * 1904, † Lenzkirch (Kr. Breisgau-Hochschwazwald) 17.5.2003
Rosenthal, Franz, Orientalist, * 1914, † New Haven (Conn.) 8.4.2003
Rosenthal, Manuel, frz. Komponist, * 1904, † Paris 5.6.2003
Roski, Ulrich, Liedermacher und Kabarettist, * 1945, † Berlin 20.2.2003
Rostow, Walt Whitman, amerikan. Volkswirtschaftler, Historiker und Politiker, * 1916, † Austin (Tex.) 13.2.2003

Safar, Peter, amerikan. Anästhesiologe, * 1924, † Pittsburgh (Pa.) 3.8.2003
Said, Edward W., palästinens. Kulturwissenschaftler, * 1935, † New York 24.9.2003

Leni Riefenstahl (links) beging 2002 in Feldafing am Starnberger See ihren 100. Geburtstag; noch einmal wurde sie als große Regisseurin gefeiert – und wegen ihrer NS-Filme kritisiert

Samarakis, Antonis, griech. Schriftsteller, * 1919, † Athen 8.8.2003
Sandback, Fred, amerikan. Bildhauer, * 1943, † New York 23.6.2003
Scanziani, Piero, schweizer. Schriftsteller, * 1908, † Mendrisio 26.2.2003
Schell, Jozef Stefaan, belg. Biochemiker, * 1935, † Brüssel 17.4.2003
Schenkel, Carl, schweizer. Filmregisseur und Drehbuchautor, * 1948, † Los Angeles (Calif.) 1.12.2003
Scheuch, Erwin K., Soziologe, * 1928, † Köln 12.10.2003
Schimmel, Annemarie, Islamwissenschaftlerin, * 1922, † Bonn 26.1.2003
Schipperges, Heinrich, Medizinhistoriker, * 1918, † Heidelberg 10.5.2003
Schlesinger, John, brit. Regisseur, * 1926, † Palm Springs (Calif.) 25.7.2003
Segundo, Compay, kuban. Sänger und Gitarrist (eigtl. Maximo Francisco Repilado Munoz), * 1907, † Havanna 13.7.2003
Seibt, Ferdinand, Historiker, * 1927, † Haar (bei München) 7.4.2003
Shawcross, Hartley William, brit. Jurist und Politiker, * 1902, † Cowbeech (bei London) 10.7.2003
Shearman, John, brit. Kunsthistoriker, * 1931, † 11.8.2003
Shields, Carol, kanad. Schriftstellerin, * 1935, † Victoria (British Columbia) 16.7.2003
Shoemaker, William (Bill), amerikan. Jockey, * 1931, † San Marino (Calif.) 12.10.2003

Simone, Nina, amerikan. Jazzsängerin und Pianistin (eigtl. Eunice Waymon), * 1933, † Carry-le-Rouet (bei Marseille) 21.4.2003

Die Jazzsängerin Nina Simone wurde in Deutschland in den späten 1980er-Jahren durch ihren Titel ›My Baby Just Cares For Me‹ (von 1958) bekannt

Singer, Maria, österr. Volksschauspielerin, * 1914, † Aschheim bei München 4.6.2003
Sisson, Charles Hubert, brit. Schriftsteller, * 1914, † Somerset 5.9.2003
Sisulu, Walter Max Ulyate, südafrikan. Politiker, * 1912, † Johannesburg 5.5.2003
Smithson, Peter, brit. Architekt, * 1923, † London 3.3.2003
Sölle, Dorothee, Theologin und Schriftstellerin, * 1929, † Göppingen 27.4.2003
Sordi, Alberto, italien. Schauspieler, * 1920, † Rom 25.2.2003

Stengel, Hansgeorg, Schriftsteller und Kabarettist, * 1922, † Berlin 30.7.2003
Stettler, Michael, schweizer. Architekt und Schriftsteller, * 1913, † Bern 18.6.2003
Straaten, Werenfried van, belg. kath. Theologe, * 1913, † Königstein im Taunus 31.1.2003

Teller, Edward, amerikan. Physiker, * 1908, † Stanford (Calif.) 9.9.2003
ten Hoff, Hein, Boxer, * 1919, † Hamburg 13.6.2003
Thesiger, Wilfred, brit. Forschungsreisender, * 1910, † Coulsdon (Surrey) 21.8.2003
Thurmond, Strom, amerikan. Politiker, * 1902, † Edgefield (S. C.) 26.6.2003
Tisma, Aleksandar, serb. Schriftsteller, * 1924, † Novi Sad (Prov. Wojwodina) 16.2.2003
Topitsch, Ernst, österr. Philosoph und Soziologe, * 1919, † Graz 26.1.2003
Toscan du Plantier, Daniel, frz. Filmproduzent, * 1941, † Berlin 11.2.2003
Treff, Alice, Schauspielerin, * 1906, † Berlin 8.2.2003
Trevor-Roper, Hugh, brit. Historiker, * 1914, † Oxford 26.1.2003
Trintignant, Marie, frz. Filmschauspielerin, * 1962, † Neuilly-sur-Seine 1.8.2003
Tureck, Rosaly, amerikan. Pianistin, * 1914, † New York 18.7.2003

Úrculo, Eduardo, span. Künstler, * 1937, † Madrid um30. 03. 03
Uris, Leon, amerikan. Schriftsteller, * 1924, † Shelter Island (N. Y.) 21.6.2003

Vad, Poul, dän. Schriftsteller, * 1927, † 18.8.2003
Varga, Tibor, brit. Violinist, * 1921, † Grimisuat (Kt. Wallis) 4.9.2003
Vázquez Montalbán, Manuel, span. Schriftsteller, * 1939, † Bangkok 18.10.2003
Vesely, Jan, tschech. Radrennfahrer, * 1924, † Prag 10.2.2003
Vester, Frederic, Biochemiker und Biokybernetiker, * 1925, † München 2.11.2003

Wakabayashi, Isamu, japan. Künstler, * 1936, † Tokio 10.10.2003
Weston, Cole, amerikan. Photograph, * 1919, † Monterey (Calif.) 20.4.2003
White, Barry, amerikan. Soulsänger, * 1944, † Los Angeles (Calif.) 4.7.2003
Wilhelmy, Herbert, Geograph, * 1910, † Tübingen 1.2.2003
Willberg, Hans Peter, Buch- und Schriftkünstler, * 1930, † Eppstein im Taunus 29.5.2003
Williams, Bernard, brit. Philosoph, * 1929, † Oxford 10.6.2003
Williamson, Malcolm, austral. Komponist, * 1931, † Cambridge 2.3.2003
Willschrei, Karl-Heinz, Schriftsteller und Produzent, * 1939, † Altea (Spanien) 25.5.2003
Wilson, Sloan, amerikan. Schriftsteller, * 1920, † Colonial Beach (Va.) 25.5.2003
Winsor, Kathleen, amerikan. Schriftstellerin, * 1919, † New York 26.5.2003
Withalm, Hermann, österr. Politiker, * 1912, † Wolkersdorf im Weinviertel 19.8.2003
Wittig, Monique, frz. Schriftstellerin, * 1935, † Tucson (Ariz.) 3.1.2003
Wladimow, Georgi Nikolajewitsch, russ. Schriftsteller, * 1931, † Frankfurt am Main 19.10.2003
Wollheim, Richard Arthur, brit. Philosoph, * 1923, † London 4.11.2003
Wright, Georg Henrik von, finn. Logiker und Wissenschaftstheoretiker, * 1916, † Helsinki 11.6.2003

Der Verhaltensforscher und Wolfsexperte Erik Zimen mit drei Polarwölfen des Wildparks Lüneburger Heide in Nindorf

Yanne, Jean, frz. Schauspieler und Regisseur, * 1933, † Reims 23.5.2003
Young, Hugo, brit. Journalist, * 1938, † London 22.9.2003

Zahrnt, Heinz, Theologe und Publizist, * 1915, † Soest 1.11.2003
Zangs, Herbert, Maler und Objektkünstler, * 1924, † Krefeld 25.3.2003

Walter Zapp erfand 1936 die Minox-Kleinstbildkamera, die als Spionagekamera in die Geschichte der Fotografie einging

Zapp, Walter, Erfinder, * 1905, † Binningen 17.7.2003
Zenker, Helmut, österr. Schriftsteller, * 1949, † Wien 7.1.2003
Zhecun, Shi, chin. Dichter, * 1905, † Schanghai 19.11.2003
Zimen, Erik, Verhaltensforscher, * 1941, † Haarbach (Landkr. Passau) 19.5. 2003

ABKÜRZUNGSVERZEICHNIS

Abb. . . . . . Abbildung
ABGB . . . . Allgemeines Bürgerliches Gesetzbuch (Österreich)
Abk. . . . . . Abkürzung
Abs. . . . . . . Absatz
AG . . . . . . Aktiengesellschaft
allg. . . . . . . allgemein
Art. . . . . . . Artikel
Aufl. . . . . . Auflage
Aug. . . . . . August
bes. . . . . . . besonders, besonderer
Bez. . . . . . . Bezeichnung
BGB . . . . . Bürgerliches Gesetzbuch
BGH . . . . . Bundesgerichtshof
BIP . . . . . . Bruttoinlandsprodukt
BSP . . . . . . Bruttosozialprodukt
bzw. . . . . . . beziehungsweise
ca. . . . . circa
chin. . . . . . chinesisch
D.C. . . . . . District of Columbia
Dez. . . . . . . Dezember
dgl. . . . . . . dergleichen, desgleichen
d.h. . . . . . . das heißt
d.i. . . . . . . das ist
dt. . . . . deutsch
DDR . . . . . Deutsche Demokratische Republik
ebd. . . . . . . ebenda
EG . . . . Europäische Gemeinschaft(en)
ehem. . . . . . ehemalig, ehemals
eigtl. . . . . . eigentlich
einschl. . . . einschließlich
EstG . . . . . Einkommensteuergesetz
EU . . . . Europäische Union
europ. . . . . europäisch
ev. . . . . evangelisch
e.V. . . . . . . eingetragener Verein
evtl. . . . . . . eventuell
Ew. . . . . . . Einwohner
EWWU . . . Europäische Wirtschafts- und Währungsunion
Febr. . . . . . Februar
frz. . . . . . . französisch
geb. . . . . . . geborene(r)
gegr. . . . . . gegründet(e)
Gem. . . . . . Gemeinde
GenSekr. . . Generalsekretär(in)
GG . . . . . . Grundgesetz
ggf. . . . . . . gegebenenfalls
Ggs. . . . . . . Gegensatz
GmbH . . . . Gesellschaft mit beschränkter Haftung
Gouv. . . . . . Gouverneur(in)
hebr. . . . . . hebräisch
Hg. . . . . . . Herausgeber(in)
hg.v. . . . . . herausgegeben von
hpts. . . . . . hauptsächlich
i.A. . . . . . . im Allgemeinen
i.d.F.v. . . . in der Fassung vom
i.d.R. . . . . in der Regel
i.e.S. . . . . . im engeren Sinn
insbes. . . . . insbesondere
Inst. . . . . . . Institut
internat. . . . international
IWF . . . . . . Internationaler Währungsfonds
i.w.S. . . . . im weiteren Sinn
Jan. . . . . . . Januar
Jh. . . . . Jahrhundert
jr. . . . . Junior
kath. . . . . . katholisch
Kfz . . . . . . Kraftfahrzeug
KG . . . . . . Kommanditgesellschaft
Kr. . . . . Kreis
Kt. . . . . Kanton
Kw. . . . . . . Kunstwort, Kurzwort
kW . . . . . . Kilowatt
l . . . . Liter
lat. . . . . lateinisch
Lit. . . . . . . Literatur
max. . . . . . maximal
MdB . . . . . Mitglied des Bundestages
MdEP . . . . Mitglied des Europäischen Parlaments
MdL . . . . . Mitglied des Landtages
min. . . . . . . minimal
Min. . . . . . . Minister(in)
mind. . . . . . mindestens
MinPräs. . . Ministerpräsident(in)
Mio. . . . . . . Million
Mitgl. . . . . Mitglied
Mrd. . . . . . Milliarde
nat. . . . . . . national
nat.-soz. . . . nationalsozialistisch
n.Br. . . . . . nördliche Breite
Nov. . . . . . . November
Nr. . . . . Nummer
N.Y. . . . . . New York
o.ä. . . . . . . oder ähnlich
OECD . . . . Organization for Economic Cooperation and Development, dt. Organisation für wirtschaftliche Zusammenarbeit und Entwicklung
Okt. . . . . . . Oktober
ö.L. . . . . . . östliche Länge
OLG . . . . . Oberlandesgericht
orth. . . . . . . orthodox
österr. . . . . österreichisch
OSZE . . . . Organisation für Sicherheit und Zusammenarbeit in Europa
portug. . . . . portugiesisch
Präs. . . . . . Präsident(in)
Prof. . . . . . Professor(in)
prot. . . . . . . protestantisch
Prov. . . . . . Provinz
rd. . . . . rund
Reg. . . . . . . Regierung
Rep. . . . . . . Republik
s. . . . . siehe
S. . . . . Seite
s.Br. . . . . . südliche Breite
Sekr. . . . . . Sekretär(in)
Sept. . . . . . September
sog. . . . . . . so genannt
St. . . . . Sankt
Staatspräs. . Staatspräsident(in)
Std. . . . . . . Stunde
stellv. . . . . stellvertretende(r)
Stellv. . . . . Stellvertreter(in)
StGB . . . . . Strafgesetzbuch
svw. . . . . . . so viel wie
t . . . . Tonne
Tab. . . . . . . Tabelle
Tsd. . . . . . . Tausend
u.a. . . . . . . und andere; unter anderem
u.a.m. . . . . und anderes mehr
u.ä. . . . . . . und ähnlich
UdSSR . . . . Sowjetunion
u.d.T. . . . . unter dem Titel
Univ. . . . . . Universität
Urauff. . . . . Uraufführung
urspr. . . . . . ursprünglich
usw. . . . . . . und so weiter
u.U. . . . . . . unter Umständen
u.v.a. . . . . . und viele(s) andere
v.a. . . . . . . vor allem
verh. . . . . . verheiratete(r)
versch. . . . . verschieden
Verw. . . . . . Verwaltung
vgl. . . . . . . vergleiche
Vors. . . . . . Vorsitzende(r)
VR . . . . Volksrepublik
wiss. . . . . . wissenschaftlich
...wiss. . . . . wissenschaft(en)
Wiss. . . . . . Wissenschaft(en)
w.L. . . . . . . westlicher Länge
WTO . . . . . World Trade Organization, dt. Welthandelsorganisation
z.B. . . . . . . zum Beispiel
z.T. . . . . . . zum Teil
zus. . . . . . . zusammen
zw. . . . . zwischen
zz. . . . . zurzeit

DIE MITARBEITERINNEN UND MITARBEITER DES JAHRBUCHS 2003

Ellen Astor, Reilingen
Henning Aubel, Dortmund
Egon Bahr, Berlin
Christa Becker, Hemsbach
Dr. Marc Beise, München
Prof. Dr. Walther L. Bernecker, Nürnberg
Dr. Reinhard Bispinck, Düsseldorf
Prof. Dr. Robert Bohn, Kiel
Sabine Christiansen, Berlin
Dr. Roland Döhrn, Essen
Andrea Effelsberg, Swisttal
Johannes Endres, Hannover
Wieland Eschenhagen, Griesheim
Elke Eßmann, Dortmund
Arno Fellenberg, Essen
Prof. Dr. Thomas Fischer, Hamburg
Dr. Petra Klara Gamke, Leipzig
Heinz Gebhardt, Mülheim/Ruhr
Dr. Martina Graf, Seeheim
Lars Günther, Uedem
Heiko Hänsel, Berlin
Dr. Friedrich Heinemann, Mannheim
Dr. Jürgen Hess, Mannheim
Dirk Husemann, Münster
Dr. Werner Karr, Erlangen
Dr. Margot Käßmann, Hannover
Prof. Dr. Nikolaus Katzer, Hamburg
Herwig Kenzler, Münster
Prof. Dr. Gottfried Mann, Potsdam
Dr. Rudolf A. Mark, Lüneburg
Harald Martenstein, Berlin
Alexander Merseburg, Dortmund
Prof. Dr. Berthold Meyer, Rodenbach
Peter Miroschnikoff, Wien
Joachim Mölter, München
Dr. Wolfgang Müller, Mannheim
Andreas Pastowski, Wuppertal
Edgar Peinelt, Darmstadt
Udo Pini, Hamburg
Thomas Plaul, Frankfurt a.M.
Dr. Wolfgang Preiser, Frankfurt a.M.
Dr. Thomas Saalfeld, Canterbury
Günter Schäfer, Essen
Christiane Schmidt-Rüppel, Aschaffenburg
Dr. Wolfgang Schneider, Münster
Steffen Schneider, München
Martina Schwikowski, Johannesburg (Südafrika)
Hans von Sponeck, Genf
Prof. Dr. Udo Steinbach, Hamburg
Klaus Stübler, Oberhausen
Ingrid Suvak, Mannheim
Ulrich Tilgner, Hamburg
Wolf-Dieter Wabschke, Asendorf
Rudolf Worschech, Frankfurt a.M.
Prof. Dr. Wichard Woyke, Münster
Dr. Bernd Zegowitz, Heidelberg
Prof. Dr. Klaus Ziemer, Warschau

BILDQUELLENVERZEICHNIS

M. Beise, München *105*
Bibliographisches Institut & F. A. Brockhaus, Mannheim *257*
T. Fischer, Hamburg *192*
G. Mann, Potsdam *306*
H. Martenstein, Berlin *150*
P. Miroschnikoff, Wien *298*
J. Mölter, München *111*
picture-alliance/dpa, Frankfurt am Main *9–12, 14–51, 53–55, 57–60, 63, 65, 67, 70–76, 78f., 81, 83f., 86f., 88, 89f., 94–97, 100, 102–104, 105, 106–110, 111–116, 118, 120, 121f., 124f., 128f., 131f., 134–136, 138, 140, 141–143, 145, 148, 149, 150, 151, 153f., 156–158, 161f., 164, 167, 168–170, 172, 175, 179–181, 184–190, 192, 193–197, 199–209, 211, 213, 215f., 218, 220f., 223f., 226, 228, 230–235, 237, 239, 241, 243, 245, 246, 247, 248f., 251–255, 257–260, 262–265, 267f., 270–272, 274, 276–280, 282f., 285, 289–292, 293, 297, 298, 299–301, 304, 306, 307f., 311–315, 318, 319–332, 334f., 338, 343–347, 350–360, 363–369*
U. Pini, Hamburg *120*
T. Plaßmann, Essen *88, 91, 101, 138, 140, 212, 227, 275, 318*
W. Preiser, Frankfurt am Main *288*
H. v. Sponeck, Genf *167*
J. Tomicek, Werl *92, 99, 152, 163, 165, 219, 244, 293*
G. Wiedenroth, Flensburg *99, 149, 159, 245, 310*
K. Ziemer, Warschau *267*

PERSONENREGISTER

Vorbemerkung: Das Personenregister führt in alphabetischer Reihenfolge alle Personennamen auf, die im Einleitungsessay, in der Chronik und im Lexikon enthalten sind. Seitenzahlen in Normalschrift weisen auf Erwähnungen im Text hin, Seitenzahlen in *kursiver Schrift* auf Bildunterschriften. Ist eine Seitenzahl in **fetter Schrift** angegeben, so beginnt auf dieser Seite ein biographischer Artikel über die betreffende Person.

C

D

M

S

T

U

V

W

Y

Z